电力企业
社会责任及 ESG
优秀案例集 上册

中国电力企业联合会 ‖ 编

中国电力出版社
CHINA ELECTRIC POWER PRESS

图书在版编目（CIP）数据

电力企业社会责任及 ESG 优秀案例集 . 上册 / 中国电力企业联合会编 . —北京：中国电力出版社，2024.5
ISBN 978-7-5198-8874-9

Ⅰ.①电… Ⅱ.①中… Ⅲ.①电力工业—工业企业—企业责任—社会责任—中国—文集 ②电力工业—工业企业管理—中国—文集 Ⅳ.① F426.61-53

中国国家版本馆 CIP 数据核字（2024）第 086779 号

出版发行：中国电力出版社
地　　址：北京市东城区北京站西街 19 号（邮政编码 100005）
网　　址：http://www.cepp.sgcc.com.cn
责任编辑：莫冰莹　王杏芸　杨　扬　崔素媛　丁　钊　马淑范
责任校对：黄　蓓　王海南　马　宁　朱丽芳　郝军燕
装帧设计：赵丽媛
责任印制：杨晓东

印　　刷：三河市万龙印装有限公司
版　　次：2024 年 5 月第一版
印　　次：2024 年 5 月北京第一次印刷
开　　本：889 毫米 × 1194 毫米　16 开本
印　　张：49
字　　数：1021 千字
定　　价：218.00 元（上、下册）

编委会

牟雯雯　劳浙龙　杜文聪　杜成龙　李　敏　李　博　李　彬　李　榕
李　鑫　李大路　李云峰　李文华　李玉磊　李冬雪　李旭然　李明柱
李岩薇　李凉笛　李浩然　李惠霞　李　强　杨　飞　杨　芳　杨　渺
杨　源　杨　鑫　杨苏亮　杨学林　吴　放　吴沛键　吴坤祥　吴哲彬
邱婷婷　何迎纳　佘一阳　邹维祥　闵　俊　沈亦钦　沈佳明　沈海涛
宋帅佳　张　玲　张　键　张　民　张　雷　张　静　张小乐　张小甜
张小强　张云晓　张冬梅　张永进　张庆岗　张志远　张志蔚　张佳羽
张承禹　张娅玲　张敏丽　张雯雯　张富升　张黎琳　陈　杰　陈　思
陈　浩　陈　骞　陈　刚　陈方达　陈书瑶　陈永柏　陈希希　陈思成
陈艳红　陈望达　邵　帅　邵　媛　武玉琨　范　宽　范娇阳　茅东华
林　屹　林平平　林向荣　林科伟　易国章　罗宏洋　罗梦麒　金　芳
金　霞　周　毅　周　松　周丹萍　周成勇　周冰竹　周起凡　周宸成
周雳波　郑九德　郑鸿超　房佳欣　孟永平　项京锋　赵　伟　赵伟明
赵辰昕　赵佳伟　赵金泉　郝　睿　郝　露　胡　金　胡又渝　胡依婷
胡泉光　钟谷婷　俞　涛　俞功瑾　俞晓松　姜　波　姜　浩　姜海波
姜婧波　姚　沅　姚　磊　姚德文　秦　玥　袁承翌　贾　蕾　贾冠宇
夏　伟　夏寅场　顾　峰　晁　阳　钱金跃　钱新月　徐迎华　徐剑鹏
殷友伟　凌　璟　凌　龙　高　艳　高丹凤　高西望　高振立　高颂九
郭　宇　郭亚斌　郭利军　席广辉　唐　昊　唐　啸　唐锡良　陶奇伟
黄双湖　黄伟军　黄宇清　黄秀清　曹丽芳　龚以帅　崔　灿　崔　杰
符晶晶　符鹤仙　章何平　梁　军　梁敏君　彭干于　彭丹霖　董学曼
蒋项华　蒋琳燕　韩　煦　韩　静　程　亮　程亮亮　程谋举　温健尧
谢思琳　蒲轶林　雷献雨　虞亦隆　詹　宏　鲍长庚　蔡得全　裴秀生
廖光荣　廖先旭　廖青松　熊　浩　熊衍夫　颜楚丁　潘　洁　潘承亮
潘家俊　魏　剑

前　言

电力是国民经济发展战略中的重点和先行产业，对于经济协调发展、社会平稳运行以及人民日常生活都具有重要影响。"人民电业为人民"作为电力行业的行业宗旨，体现了党和国家、人民对电力行业存在及发展的价值诉求。多年以来，电力企业秉承初心使命，牢固树立社会责任理念，在转变发展方式、促进就业、改善民生、维护社会稳定、保护资源环境等方面做出了积极贡献。

作为全国电力行业企事业单位的联合组织，中国电力企业联合会积极推动电力企业履行社会责任，与广大电力企业一起，携手构建新机制，合力搭设新平台，不断取得新成果。连续13年举办"中国电力主题日"活动，集中宣传展示电力行业的履责实践和良好形象，展现"忠诚担当、求实创新、追求卓越、奉献光明"的电力精神，得到社会和公众的充分肯定。发布了《全国电力行业履行社会责任倡议书》，牵头完成《电力企业社会责任实施指南》《电力行业 ESG 体系研究》等重点课题研究。连年组织电力企业社会责任优秀案例征集工作，大力宣传推广电力企业的履责成效。可以说，承担社会责任、塑造责任品牌，已经成为电力行业的共同认知。

本书收录了 2023 年评选出的企业社会责任优秀案例和 ESG 优秀案例，以及电力行业 ESG 体系研究报告。优秀案例讲述了电力企业在各领域的履责故事，多维度真实再现履责典型，彰显了电力企业的责任担当。如国网浙江省电力有限公司的《全国首创用能预算"e 本账"，多方联动破解高能耗城市精准降碳难题》，讲述了企业坚持合作共赢理念，通过引入"e 本账"概念，协同推进用能预算化数智管控，创新提升社会能效水平和降碳能力的新路径；南方电网广东广州供电局的《社会责任管理体系在基层电网企业落地的探索与实践》，讲述了企业将社会责任管理体系融入日常管理全过程，探索生态友好的低碳转型举措，打造城市面向国际的"绿色会客厅"；华电新能源集团股份有限公司上海分公司的《"村企共建"助力"世界级生态岛"建设》，讲述了企业运用村企共建、党廉共建、精准帮扶、产业赋能等方式，把政治优势、组织优势转化为发展效能、建设优势，走出了一条兼顾绿色能源发展、村民增收和碳排放有效控制的乡村振兴高质量发展之路；大唐国际发电股份有限公司的《保障"电热满格"，共赴冰雪之约》，讲述了企业将服务创新与奥运精神相融合，以绿色低碳、安全高效的现代智慧新能源体系助力冬奥场馆绿色运行，践诺履责为北京冬奥会同心护航；龙源电力集团股份有限公司的《光伏汇蓝海，沙漠变绿洲——宁夏腾格里沙漠新能源基地项目》，讲述了企业持续谋划大基地项目开发，坚持将 ESG 理念切实融入项目的全生命周期，为沙戈荒漠大基地项目建设提供了"新能源 + 融合发展"的新思路、新路径、新示范。

发展新质生产力、释放责任新势能。一个个鲜活的案例,一次次用心的实践,集中展现了电力企业高度的社会责任感和历史使命感,塑造了电力行业的责任品牌,树立了电力行业的良好社会形象。

我们真诚地希望,通过本书能够进一步促进电力企业履责实践的交流与传播,为电力行业内外的广大企业提供借鉴和参考,同时也希望各位读者对本书提出宝贵的意见和建议。

编　者

2024 年 5 月

目录
CONTENTS

乡村振兴

环境保护

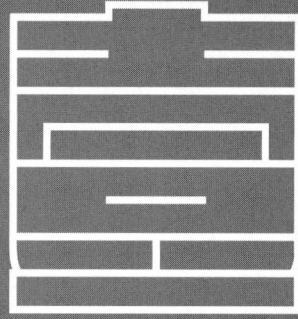

壹

服务
创新

一桩 N 位——社会责任根植老小区充电桩建设

国网天津市电力公司

一、单位简介

国网天津市电力公司滨海供电分公司（以下简称"国网天津滨海供电公司"）于 2010 年被国家电网公司列为大型重点供电企业，致力于为天津市滨海新区经济社会发展提供清洁低碳、安全高效的电力能源供应。截至 2022 年，国网天津滨海供电公司供电面积 2270 千米^2，供电户数 97 万户，服务天津市近 20% 供电面积、为国网天津电力贡献近 25% 负荷、近 30% 售电量，业绩考核和内部对标常年处于国网天津电力前列，获评国家电网有限公司管理提升标杆企业。

二、案例背景

在碳达峰、碳中和目标的指引下，新能源汽车产业快速发展。截至 2020 年，天津市新能源汽车保有量为 18.85 万辆，到 2022 年年底，新能源汽车保有量增长至 37.32 万辆，增幅将近 98%。与此同时，天津市公共充电桩仅从 2020 年的 2.2 万台增长到 2022 年的 3.76 万台，增幅不及 71%，明显落后于新能源汽车的增速。截至 2022 年，天津市公共车桩比高达 9.9∶1，明显不及全国同期 7.3∶1 的平均水平。这种情况下，很多市民在购车时，因充电难问题对新能源汽车望而却步，制约新能源汽车产业的健康可持续发展。

此外，随着新能源汽车的快速普及，居民建设私人充电桩的需求日益旺盛，供电企业因居民充电桩建设问题产生的咨询、投诉、建议等越来越多，给供电企业的客户服务管理和品牌形象提升带来挑战。据统计，2020—2022 年的三年时间里，国网天津滨海供电公司受理的私人充电桩业务量和充电桩业务工单均实现了"三连增"。

显然，"充电桩焦虑"已经成为困扰新能源车主和供电企业的"老大难"问题。特别是在老小区，这种焦虑更为突出，其根源主要在于：

一是老小区普遍没有固定车位或长期租赁车位，不能开具车位证明，无法办理私人充电桩接电业务。

二是老小区车位资源普遍难满足现有车辆停车需求，规划新能源汽车专用车位非常容易激发油车占位矛盾，很难征得燃油车主、无车业主业主同意。

三是老小区地面可利用空间资源、电缆路径资源十分有限，基本不具备大批量建设充电桩的客观条件。

因此，如何有效缓解"充电桩焦虑"，让老小区的新能源车主实现"回家充电"，让供电企业免受充电桩业务投诉的困扰，让新能源汽车产业更好地服务"双碳"目标落地，需要进一步探索与创新。

三、实施路径

（一）实施思路

引入利益相关方共同破题。以试点应用、规模化推广"一桩 N 位"充电桩不同阶段的工作需要为导向，全面发掘有意愿参与合作的利益相关方，例如在试点应用阶段，辨识出社区居委会、小区业主等利益相关方；在规模化推广阶段，辨识出滨海新区住建委、社会化运营充电桩企业等利益相关方，充分发挥各方资源优势，共同推动"一桩 N 位"充电桩进老小区。

厘清利益相关方责任边界。全面梳理老小区推广应用充电桩的工作流程，结合利益相关各方参与意愿、资源优势，明确各方参与环节和参与方式，进一步厘清责任边界，梳理责任分工，建立科学高效的工作机制，确保合作顺利，实现多方共赢目标。

加强社会与环境风险管理。在"一桩 N 位"充电桩推广应用过程中，着重加强国家电网有限公司组合标识的规范使用，以及 LED 电子屏、充电设施表面张贴内容的审核把关，避免因组合标识使用不当、相关展示内容不符合国家电网有限公司企业文化主旋律等，对国家电网有限公司企业形象产生负面影响，甚至引发负面舆情。

实施透明度管理。积极引入透明度管理工具，在充电桩选址建设过程中保持公开透明，确保小区内燃油车业主、无车业主、新能源车业主等利益相关方应知尽知，避免因部分业主不知情、不赞同而产生纠纷。此外，充电桩充电电价和服务费收费标准时刻对新能源车车主公开，避免因车主对收费标准不清楚产生负面舆情。

加强品牌化传播。充分利用"时代楷模""改革先锋"张黎明作为全国重大先进典型的品牌形象和广泛的社会影响力，对"一桩 N 位"充电桩进行品牌化打造和传播，争取更多利益相关方的理解、支持和参与，助力"一桩 N 位"充电桩顺利在老小区推广应用。

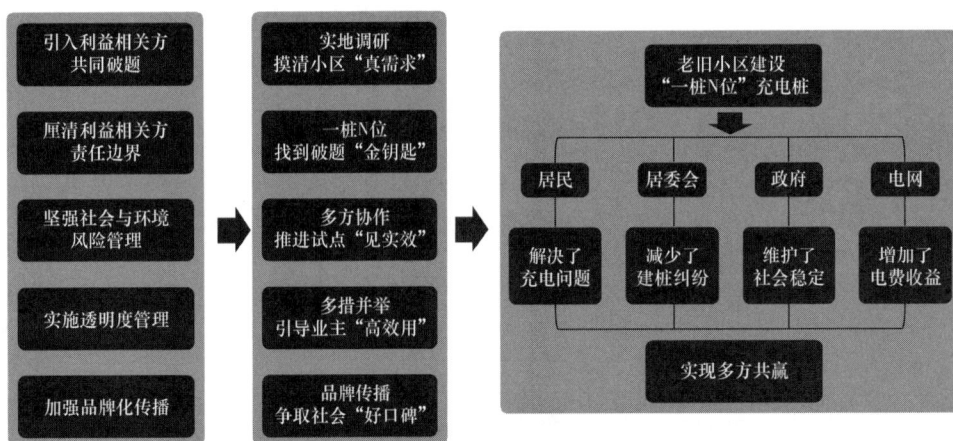

"一桩 N 位——社会责任根植老小区充电桩建设"项目实施路径示意图

（二）实施举措

实地调研，摸清小区"真需求"。联合老社区居委会，对滨海新区正义里、惠安里等老小区进行实地勘察，同时对社区工作人员、新能源车主、燃油车主、无车业主共计 81 人进行调研，找准影响老小区建桩的痛点、难点和堵点，摸清利益相关方的真实诉求。

一桩 N 位，找到破题"金钥匙"。创新提出"一桩 N 位""移动""共享"的破题思路，通过整合传统充电桩、龙门架等现有机械设计成熟技术，将充电枪升级为可在龙门架上自由滑动的移动式充电枪，实现用少量的充电桩和电源资源，满足多车位的充电需求，同时实现油车和电车共用车位，提升车位兼容性。

多方协作，推进试点"见实效"。按照"电网牵头，社区配合，业主参与"，成立试点应用工作小组，协同推进滨海新区正义里、惠安里等老小区建设"一桩 N 位"充电桩。在惠安里"一桩 N 位"充电桩相邻位置，增建一套传统充电桩，对比验证"一桩 N 位"充电桩的应用成效。

电网企业负责 100% 出资建桩，通过收取充电电费、服务费实现盈利。社区居委会负责协调场地，告知业主建桩、选址事宜，确保全过程公开透明，同时及时劝解疏导反对试点工作的业主，最大限度争取理解支持。

多措并举，引导业主"高效用"。联合社区居委会通过现场演示等向业主讲解"一桩 N 位"充电桩的使用方法、收费政策等，引导车主非必要不长时间占用充电枪、非必要不长期占用充电桩覆盖的车位。

品牌传播，争取社会"好口碑"。将张黎明作为"一桩 N 位"充电桩代言人，策划在人民日报、新华社、中央电视台等媒体上的新闻宣传，将全国重大先进典型的社会影响力与权威主流媒体的社会公信力进行叠加，进一步提升充电桩的影响力，争取社会各界广泛支持。

四、履责成效

目前，已在滨海新区惠安里、正义里等 10 座老小区建成投运 12 台"一桩 N 位"充电桩，每个充电桩能够满足 6~8 个车位共享充电需求。

（一）多方共赢局面初步显现

对于老小区居民而言，缓解了无法在小区为新能源车充电的焦虑，保障了燃油车业主、无车业主的权益，避免了充电桩建设过程中可能产生的居民纠纷。

对于社区工作人员而言，避免了因不能为申请建设私人充电桩业主出具车位证明引发的纠纷，减少了频繁为业主答疑充电桩建设事宜的工作量。

对于政府部门而言，找到了切实可行的解决老小区充电桩建设问题的方案，规模化推广应用后，有利于维护社会和谐稳定。

（二）电网企业实现增收

移动共享充电桩一方面可以帮助电网企业提高充电桩市场竞争力和市场占有率，促进充电桩业务增长，增加经营收益，提升企业形象，另一方面可以提升电网资源利用率，大幅降低对小区电源容量的要求，减少电网企业对小区电源增容的投资。以 2022 年 10 月在滨海新区惠安里建成投运的移动共享充电桩为例，移动共享充电站月均提供充电服务 36 次，月均充电量 367.2 千瓦·时，而作为对比在相邻位置建设的传统"一桩一位"充电桩月均提供充电服务 11 次，月均充电量 86.6 千瓦·时，移动共享充电桩的月均充电服务次数和充电量分别提升了 227.2% 和 324%。

五、工作展望

（一）持续迭代升级移动共享充电桩

联合社区居委会、老小区电动汽车车主持续做好移动共享充电桩的使用情况调研，聚焦老小区的特殊地形、车主使用过程中发现的问题以及提出的改进建议进行迭代升级，不断提升移动共享充电桩适应性、便利性和耐用性，实打实地为老小区百姓绿色安全出行带去便利。

（二）持续做好移动共享充电桩推广应用

依托中央、地方、行业等各级各类媒体资源，以及各类高水平展会、展示交流活动等对移动共享充电桩进行广泛宣传，持续提升移动共享充电桩的影响力。积极对接天津市发展改革委、滨海新区住建委等政府部门，力争将移动共享充电桩推广纳入政府扶持政策，加速推动移动共享充电桩推广应用。

"碳"路先锋——创新超大型城市全链路治碳模式

国网上海市电力公司浦东供电公司

一、单位简介

国网上海市电力公司浦东供电公司（以下简称"国网上海浦东供电公司"）隶属于国网上海市电力公司，2010年1月挂牌成立，并于2012年12月升格为国家电网公司大型重点供电企业，主要承担浦东新区的电网规划、建设和供电服务任务。其中供电区域涵盖浦东自贸区、金桥和张江国家级开发区、外高桥保税区、陆家嘴金融贸易区等重点区域。近年来，国网上海浦东供电公司高水平开展电网发展、安全生产、经营管理、优质服务等工作，受到电力行业和上海市多次嘉奖。2015年，国网上海浦东供电公司在服务行业中成为首家获得党中央批准、国务院授予的代表我国质量领域最高荣誉的"中国质量奖"企业。2016年、2018年，国网上海浦东供电公司获得全国质量诚信标杆企业荣誉称号，还先后获评"中央企业先进集体"、全国五一劳动奖状、中央企业先进集体和上海市文明单位等荣誉，营造了"政府支持、媒体理解、客户满意、企业与员工和谐发展"的良好局面。

二、案例背景

"十四五"期间，浦东新区作为社会主义现代化建设引领区，经济社会高速发展，用电需求随之持续增长，如不加以干预，浦东新区碳排放总量势必随着用电量激增而持续增加。同时，《浦东新区资源节约和循环经济发展"十四五"规划》（浦府〔2021〕112号）设定了"2025年单位增加值能耗比2020年下降14%，力争完成15%"的降碳目标，经济增长与减碳矛盾日益严峻，区域降碳压力大。

随着浦东新区重点产业领域，如生物医药、集成电路、人工智能等先进高端制造业产业快速发展，用电需求高、能耗高，尤其在国际碳关税（碳边境调节机制）政策冲击的大背景下，浦东新区各企业降碳需求更盛。但由于商业形态的复杂，碳排放数据缺乏统一标准，政府及企业需要数据支撑，碳排放量难以核算；知晓碳排放情况后，仍不明确如何精准降低碳排；降碳成本高、难度大，企业自发主动参与降碳的积极性不高。

三、实施路径

为应对以上问题，国网上海浦东供电公司着力打造符合超大城市定位的全链路降碳方案，联合能源企业、能源客户、金融机构、政府部门、供电部门、能源服务市场等形成降碳伙伴生态，通过云平台、虚拟电厂、能源管家、碳金融等手段全面赋能区域各主体降碳。

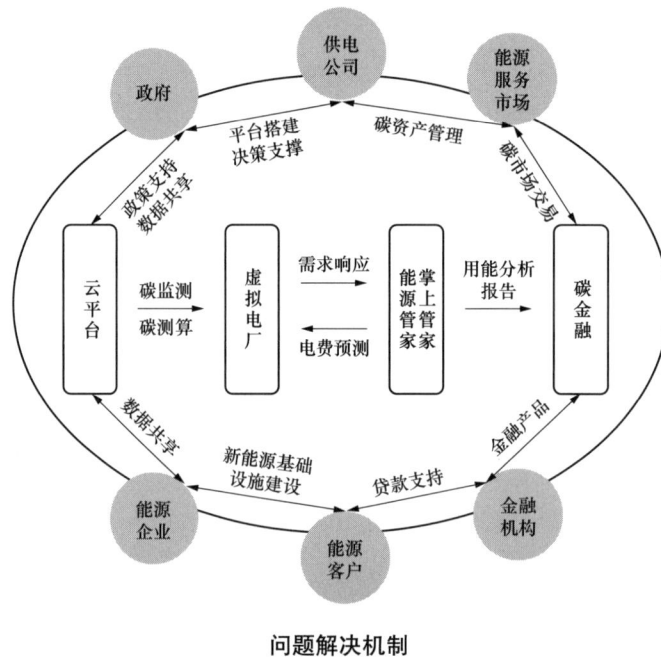

问题解决机制

（一）解决"排多少"的问题——一屏"观碳"，让减碳更有"数"

系统汇聚全区"排放源"。国网上海浦东供电公司依托智慧能源双碳云平台，全面整合浦东全域的电力、水务、燃气、政府监管等多方系统平台数据，可按地理分布、电压等级、排放源种类等多维度实时监测、分析浦东新区供电设备、电力用户的用能活动情况。

科学实现企业"碳计算"。国网上海浦东供电公司科学构建碳排放测算模型，精准测算碳排放量，可提供实时、动态、可信的碳排放数据，并以区域历史 GDP、用电量、清洁能源占比等数据为基础，为产业链上下游提供碳排放趋势预测，支持企业拓宽碳排管理范畴至范围三，以数据和市场手段切实统筹能源电力发展与节能减碳目标的实现。

赋能园区行业"碳管理"。国网上海浦东供电公司在智慧能源双碳云平台内为产业园区管委会开放能源管控功能，园区通过云平台，可全面掌握配电间的实时运行情况、入驻企业能耗排名以及园区当月综合能耗等。同时，为园区提供城市能级评价指标、同行用电情况对标、整体能耗趋势预测等服务，方便各产业园区开展对标管理，查找碳排放管理短板，提升产业园区整体治碳水平。

（二）解决"怎么减"的问题——一键响应，让减碳更精准

"一户一案""电力能源管家＋掌上管家"一站式服务，让减碳更精准。国网上海浦东供电公司以客户需求为中心，依托高效的大数据业务中台，对传统供电服务迭代升级，打造"电力能源管家＋掌上管家"（"1 人 +1 机"）的服务模式，为企业提供"一户一案"的能源数智化解决方案。2023 年，"掌上管家"上线"电费预测"功能，用户可根据自身企业历史数据及行业数据，精准预测未来用能及碳

排放情况，鼓励用户将可降负荷汇入虚拟电厂平台，参与需求响应，实现可降负荷量化与精准管理，为企业科学规划降碳量、合理规划生产与用能平衡提供依据。

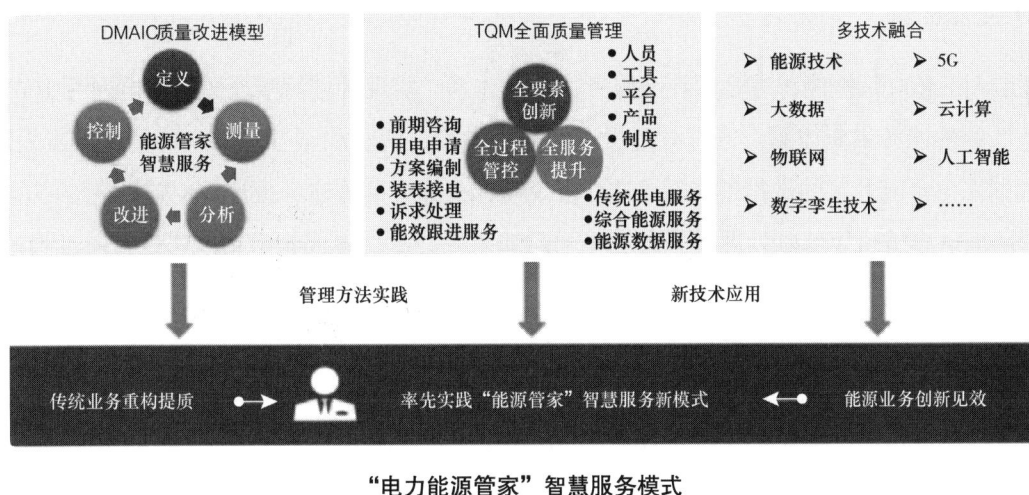

"电力能源管家"智慧服务模式

（三）解决"降碳没动力"的问题——盘活降碳的经济效益，激活企业降碳积极性

打造"虚拟电厂"，帮助企业在"能降碳"的同时"能省钱"。虚拟电厂可在新能源出现间歇性波动时，或电网负荷高峰、低谷期间，将用户侧散落的柔性负荷整合成具有一定规模的、可控制的负荷资源，参与电力需求响应，降低终端电能消耗，实现电网平衡。国网上海浦东供电公司积极推动能源客户资源接入省级虚拟电厂和浦东虚拟电厂平台，通过对虚拟电厂用户池全景化、可视化、精细化管理，实现可调控资源备用能力精准感知、实时感知，实现可调控资源清单线上一键推送、一键确认，指导用户调节设备用电负荷，缓解电网调峰压力、优化用户能耗水平，让客户在不影响正常生产经营的情况下参与电网调节，同时享有一定电费补贴。

开展"政企银"联动多方合作，繁荣碳金融生态，将"碳成本"变成"碳资本"。针对企业绿色转型资金压力大、融资难等突出问题，国网上海浦东供电公司依托智慧城市能源云平台数据资源和企业用能行为分析报告，创新打造能源数字化产品，并主动对接银行等信贷机构，将用能分析报告作为贷款审批的重要依据，根据企业能耗指标数值，匹配相应的贷款年化利率，将利率与绿色用能挂钩，助力企业获得普惠性质贷款，促进上海首笔"碳中和科技贷"入市。

（四）扩大影响度——搭建"双碳"战略合作联盟

国网上海浦东供电公司精准识别政府、能源企业、能源客户、能源服务市场、金融机构等关键利益相关方诉求与资源，构建以政府为主导、以浦东供电公司为支撑的"双碳"战略合作联盟，聚焦"双碳"管理中的信息流管理，共同议定能源消费、碳治理等关键议题解决方案，共同推动消费侧电气化、高效化发展，共创共享，通过能耗和碳排的精细化管理赋能城市现代化治理能级提升。

四、履责成效

（一）社会效益

环境层面。依托智慧能源综合管控与服务一体化体系，实现区域清洁能源接入电网并 100% 消纳，构建清洁低碳的能源供应体系。通过打造贯通新能源供给、消费和碳管理的全价值链低碳发展模式，2022 年仅浦东临港新片区的碳排量降低已达 6 万余吨，全部方案落地后预计减少碳排量 19 万吨。

政府层面。多方协同低碳发展模式有利于上海浦东社会主义现代化引领区建设，通过构建协同运作组织模式，持续优化业务流程，提升工作效能，打通多系统间的技术壁垒、体制壁垒和市场壁垒，促进多系统协调优化，形成能源消费碳治理体系。

企业层面。"碳排放一张图"可以更好让企业了解自身能源结构，调整自身能源结构；能源管家可以为企业降碳提供良好的工具及抓手；虚拟电厂和碳金融服务可以有效降低企业降碳压力。

（二）经济效益

经济效益体现在以下方面：一是成功中标自贸区临港管委会平台建设项目，辅助临港管委会深度挖掘数据价值，开展区域、行业、企业用能分析，辅助管委会谋划区域发展决策，项目合同金额 149 万元。二是为临港管委会提供新片区能源管控平台运维、开发服务、技术指导等服务，支撑区域高质量发展，预计总体收入超过 3000 万元。三是通过提供支撑碳交易金融服务，开展个性化能耗诊断、定制化节能方案、精细化能源设施管理等增值服务，预计可获得年收入近 3000 万元。

（三）推广价值

通过"掌上管家"快速出具供电方案，已累计为重点产业的 47 家企业提供定制化服务，全部方案落地后预计每年可节约其用能成本 1 亿多元，可较好节约企业成本，支持企业提质增效。虚拟电厂技术、"电力能源管家"服务的孕育和探索为传统能源行业复制推广数智化能效服务提供经验做法，可以更广泛地应用于超大城市的能源管理及电力转型。"掌上管家"已在客户服务一线班组推广应用，覆盖 20 个班站、130 名员工，各项功能累计使用次数超 10 万次，极大提升员工现场作业效率，全面提升电力营商环境建设。

五、工作展望

通过总结多方经验，形成在国家电网有限公司范围内可复制可推广的典型经验，尤其是探索绿色金融的新发展模式，有助于进一步打通产融通道，集结多方力量助力实现"双碳"目标。

结合数字化转型和新型电力系统建设，不断优化云平台、能源管家等相关数智化产品的功能，推动消费侧降碳工作做好做实。

保粮光伏——绿色能源新模式

广西国能能源发展有限公司

一、单位简介

广西国能能源发展有限公司成立于2012年8月，是一家以开发风能、光伏资源，建设、经营及管理风电场、光伏电站为主的新能源发电企业。当前，管理口径投产容量83.49万千瓦（风电装机容量80.9万千瓦，光伏装机容量2.5976万千瓦），在建容量58万千瓦（风电3个、光伏1个）。在册职工94人，下属子分公司7家、代管单位3家。十年来，广西国能能源发展公司始终以建设绿色能源、降低碳排放为己任，大力推进整县资源获取，致力于打造区域一流新能源企业，始终践行精益求精的管理理念，不断加强风电场全过程设计优化，风电场利用小时均高于可行性研究值，并在广西区内排名前列。

二、案例背景

2020年9月22日，国家主席习近平在第七十五届联合国大会一般性辩论上宣布，中国将提高国家自主贡献力度，采取更加有力的政策和措施，二氧化碳排放力争于2030年前达到峰值，努力争取2060年前实现碳中和。当前我国生态文明建设已经进入以降碳为重点战略方向、推动减污降碳协同增效、促进经济社会发展全面绿色转型、实现生态环境质量改善由量变到质变的关键时期。

在"双碳"目标的背景下，光伏是未来发展的趋势。大力发展光伏发电依赖大面积土地，尤其近年来，中东部地区多个省份陆续收紧光伏用地政策，"一地难求"已经成为中东部甚至西南地区的新能源发展瓶颈。广西国能能源发展公司（以下简称广西能源发展公司）开拓发展思路，开启创新发展模式，与南京农业大学合作，将光伏发电与水稻种植相结合，在保证粮食生产的同时也能进行光伏发电，提高土地利用效率，开创土地可持续利用的新模式，即实现水稻生产的粮食战略安全和能源战略安全。

三、实施路径

（一）项目基本概况

广西国能能源发展有限公司横县峦城新型LED补光技术保粮光伏（以下简称：峦城光伏项目）位

于广西横州市峦城镇新兴村和格木村，总装机容量为 30 兆瓦，总投资为 1.3 亿元，计划用地面积约为 500 亩，共安装 590 瓦双面双玻单晶硅组件 51120 块，128 台 196 千瓦组串式逆变器，分成 8 个光伏发电方阵，每个方阵容量为 3.77 兆瓦。项目运营期 25 年预计总发电量约为 79216.47 万千瓦·时，年平均发电量 3168.66 万千瓦·时，首年有效利用小时数为 1139.14 小时，25 年年等效利用小时数为 1030.59 小时。

峦城光伏项目是我公司与南京农业大学专家团队联合推进的光伏发电和主粮生产保粮供能创新试验项目，也是国内首个光伏发电与主粮（水稻）生产融合发展的保粮供能创新模式试验项目。项目于 2021 年 4 月 1 日取得广西壮族自治区发展改革委备案，2022 年 4 月 10 日开工建设，2022 年 6 月选取了新兴村约 22 亩旱地改造为水稻补光种植试验田，2022 年 7 月进行了试验田平整翻耕，8 月初进行首季水稻秧苗栽种，2022 年 11 月初取得了水稻丰收，第二季水稻于 2023 年 4 月 1 日种植，2023 年 7 月 26 日完成收割。

（二）存在的困难及问题

一是，峦城光伏项目的选地难度较大，土地是非耕地的属性，还要保证水稻正常生长；二是，水稻补光类型及补光形式不好确定；三是，水稻试验光伏发电项目造价高于普通光伏项目造价。

广西能源发展公司首先将光伏发电用地瞄准规划园区，规避项目发展占用耕地风险，经过多点排查最终选定横州市峦城镇内，得到横州市政府大力支持，圆满解决用地问题。通过了解，南京农业大学在水稻补光类型及补光形式方面有较深入的研究且具有多项专利技术，为此广西能源发展公司与南京农业大学合作确定补光形式和补光技术要求。

（三）首季试验成果及后续计划

2022 年 11 月 15 日，峦城光伏项目种植的首季水稻迎来大丰收，折算亩产 300 公斤，水稻的品质与普通种植方式的品质无差别，剔除首季水稻种植时间晚、补光调试阶段因素之外，水稻试验效果达到预期的 80%。第二季水稻收割后相关数据南京农业大学研究团队正在整理测评。

1. 首季试验成果

2022 年 11 月初，峦城光伏项目试验田项目取得了首季水稻丰收，平均亩产约 343.59 公斤 / 亩，其中产量最高试验区域为光伏板外红光区（LR），亩产为 489.71 公斤。产量最低试验区为光伏板下无补光区（CK），亩产为 147.6 公斤。

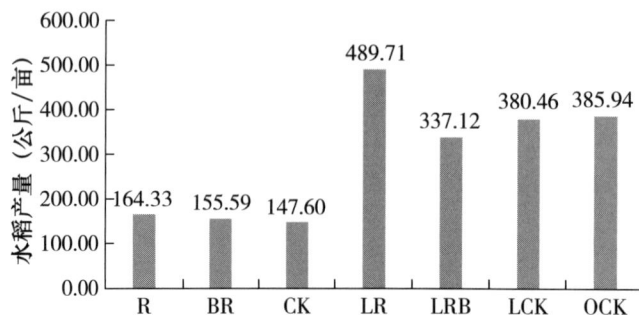

首季水稻产量分布图

各小区水稻产量构成对比

处理	千粒重（克）	每米² 有效穗数	每穗粒数	结实率（%）	单株穗数
R	16.71	138.04	151.96	70.86	7.17
RB	17.25	148.00	129.09	70.58	6.83
CK	17.35	119.69	153.17	73.68	6.23
LR	17.67	328.78	174.70	71.75	17.67
LRB	17.77	255.13	177.83	62.47	11.97
LCK	17.62	271.27	183.65	66.67	12.87

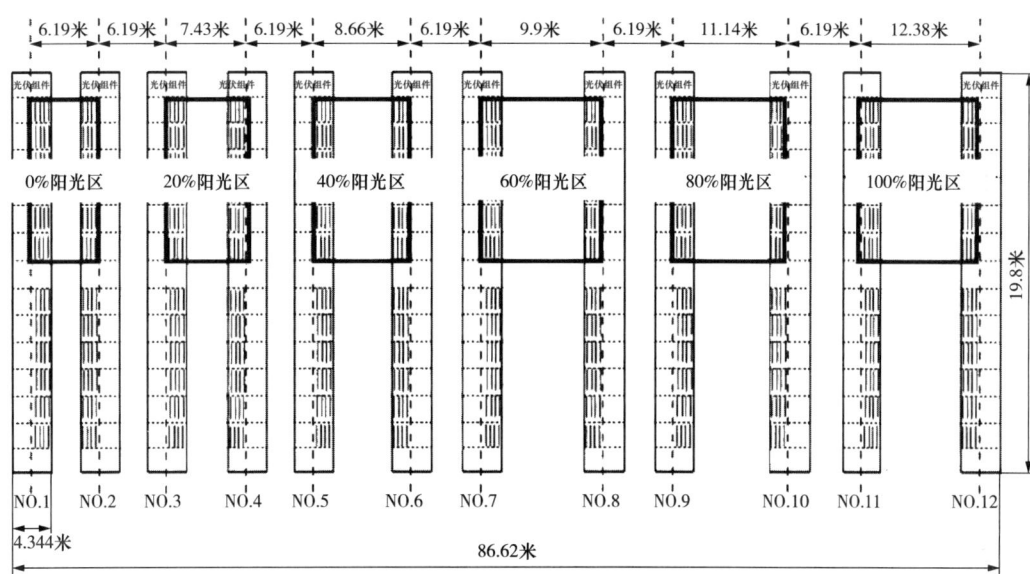

试验区光照间距分布图

2. 改进措施及后续计划

（1）光伏区试验田为旱地（黄土地）改水田，首季栽种准备工作较为仓促，未能有效改良原有土地贫瘠，导致供肥不足，或存在对产量有一定影响。在 2023 年晚稻种植收割后，择优改良土壤。

（2）LED 灯具安装高度固定为 2 米，不可调节，或影响补光效果。在 2023 年早稻种植中已将该灯具改为可调节模式，在后期每季水稻种植环境中采取不同补光高度及范围取得最优数据。

（3）按照相关规范要求，实验 3 年为一个研究周期。在每一次水稻种植收获数据的基础上，解析光伏板不同布设间距所导致的水稻产量差异，解析光伏板不同布设间距所导致发电量差异、光能利用效率差异和总收益差异，揭示差异形成的生理机制和数理机制，构建基于光伏布设变量、补光功率变量与水稻产量变量以及光伏发电量变量的函数关系，推动 LED 补光模式下水稻光伏的探索、建设和推广。

（四）履责成效

项目投产后，年平均发电量约为 3110.59 万千瓦·时，每年可节约标煤 1.00 万吨，减排二氧化碳约 2.45 万吨，减排烟尘 106.2 吨，具有良好的收益和社会效益，得到了《中国电力报》《企观国资》等众多媒体的报道。保粮光伏项目通过科学试验，探明广西区域农田光伏不同布设技术方案对主粮作物生长发育、产量品质的影响，利用原有荒地、旱地改造为适合主粮农作物生长的水田，实现光伏发电与主粮生产统筹并进、太阳能和土地资源综合高效利用。两季水稻丰收为补光技术保粮光伏试验提供大量珍贵的基础数据，也标志着国内首个光伏发电与主粮（水稻）生产融合发展的保粮供能创新模式试验项目取得阶段性成果。

峦城光伏项目采用了全国首创的"保粮光伏"新模式，利用新型 LED 补光灯，将光伏发电与水稻种植相结合，在保证粮食生产的同时，提升土地综合利用率和产出率，增强对新耕地的创造及农田生态环境的保护，通过在光伏组件背板布置新型 LED 补光设备，将光伏发电中获取的少量电能直供 LED 灯，从而补偿光伏板遮挡而减少的自然光照，为水稻光合作用和健康生育提供适宜光照，有效实现了立体构造、一地两用、复合收益。投运后，将极大地改善该村的村容村貌，提升村民生活的整体环境水平。同时，该项目将发展成为科普教育基地、农工结合的科技旅游基地和观光与休闲农业基地，为后续的乡村振兴设奠定坚实的硬件基础。

广西能源发展公司将结合水稻与光伏模式的成功经验以及国家产业政策、藤县百万清洁能源基地总体规划等，探索油茶＋光伏、六堡茶＋光伏等更多农光互补模式，通过技术创新、试验、试点不断积累经验，推动制定相应农光互补项目的建设规范、验收标准，解决农光互补项目建设标准不明确、重光伏轻农业等问题，全面做好推广应用，真正实现一地多用、一地多产，发挥综合效益最大化，用实际行动践行国家粮油安全和能源安全战略。

（五）工作展望

峦城光伏项目初见成效，后续广西能源发展公司将针对项目的光伏发电数据、水稻种植收获数据进行系统性分析，与南京农业大学研究团队共同解析光伏板不同布设间距所导致发电量差异、光能利用效率差异和总收益差异，进行设备改进与技术提升。在项目实施过程中，广西能源发展公司将加大人才培养的力度，培养"保粮光伏"的专业人才，为后续的领域发展注入新的活力，同时加强与高校的合作，借助高校的科研技术，进行项目的实时更新迭代，创造更大的项目效益。作为国内首个光伏发电与主粮（水稻）生产融合发展的保粮供能创新模式试验项目，广西能源发展公司承担示范引领的作用，将通过技术创新、试验、试点不断积累经验，推动制定相应农光互补项目的建设规范、验收标准，推动 LED 补光模式下水稻光伏的探索、建设和推广。

为大湾区首座"近零能耗"变电站提供可靠装备

山东电力设备有限公司

一、单位简介

山东电力设备有限公司（以下简称"设备公司"）始建于1958年，隶属中国电气装备集团有限公司所属山东电工电气集团有限公司，是集电力变压器类产品研发、设计、制造、销售、运维检修、设备成套及相关设备配套为一体的大型电工装备骨干生产企业。企业包括三个厂区，总占地面积55.1万米^2（约827亩）。其中输变电厂区占地面积600余亩，规划产能8000万千伏·安，主要从事330千伏及以上产品和换流变压器、电抗器产品的生产，是目前世界上单厂产能、工装设备先进性和试验能力名列前茅的电工装备制造基地。放眼未来，在实现"碳达峰 碳中和"和构建新型电力系统的世纪大考中，设备公司将秉承特高压精神，坚持"团结、沟通、严格、和谐"等一系列工作理念，全力支撑和保障特高压电网工程建设，为加快建设世界一流智慧电气装备集团，推动我国电力装备制造业迈向全球价值链高端做出应有贡献。

二、案例背景

500千伏科北变电站位于广州市黄埔区新龙镇，是广州第400座公用变电站，也是广州电网首个全部采用国产设备的500千伏变电站，对于国产装备的推广应用具有很好的示范效应。科北变电站建成投产后，将与500千伏木棉变电站拉手运行，共同保障黄埔区中部、北部和天河中心区供电，为广州黄埔区、高新区快速崛起的科技创新产业集群供应充足电能，大大提高电压质量及供电可靠性，有效推动经济快速发展。另外科北变电站是全国首座近零能耗的500千伏变电站、首座电压等级最高的全面自主可控示范变电站，同时也是南方电网公司首个安防提升示范站，具有很好的推广意义。

三、实施路径

目前我国的电网已进入超高压、超远距离输送、超大载荷的新时期，500千伏变电站是整个超高压电网的关键节点，是超高压电网的重要组成部分和电能传输的重要环节，特别是现在我国电网构架中，500 千伏交流变电站是电网之间连接的重要枢纽，是网架的重要支撑。500 千伏变压器作为变电站的核心设备之一，是电力系统可靠运行的重要环节，因此变压器自身性能的好坏是关系整个电网运行的关键因素。

（一）100% 选用国产技术和材料

500 千伏科北变电站是国内 100% 选用国产技术和材料，首个设备电压等级最高的全面自主可控变电站。设备公司作为电站主要设备供货商，致力于推进超高压交流变压器绝缘材料的国产化，一再突破国外技术封锁，全部采用国产设备，并全面验证了设备功能、性能和运行的稳定性，践行国有企业的责任和担当。

该项目产品从电磁线、硅钢片、绝缘件、无励磁分接开关、套管等主要材料及组部件到气体继电器、油位计及密封垫圈等小的配套件，100% 选用国产技术和材料。

设备公司超前策划，针对开关调压范围大、电流大、绝缘水平高、局放量小等要求，提前与国内开关厂家进行充分沟通，采用体积小、可靠性高、开关触头载流能力及一致性均高于进口开关的产品，国产开关在满足使用要求的同时，解决了进口开关价格高、交货期长等制约生产的难题。联合国内套管厂家进行技术攻关，对套管结构、尺寸及重量进行优化，通过采用强力弹簧、整体铸造集油盒、改进末屏引线结构等措施，提高了套管的机械性能，减少了密封面的数量，套管整体结构更加可靠。联合密封垫厂家及国内高校，通过多组加速老化试验及仿真分析，开展国产绝缘材料及密封件的老化研究及寿命预测，保证了国产材料的可靠性，满足变压器长期安全运行的要求。

（二）节能降碳"全拉满"

500 千伏科北变电站变压器空负载损耗值均优于二级能效要求值，通过采用新型、高效的漏磁控制方法，创新节能技术等措施，使产品更加符合节能降碳的要求，为建设美丽城市提供绿电。

科北变电站是"近零能耗"的 500 千伏变电站，以绿色低碳的电能为新时代粤港澳大湾区高质量发展提供源源不断的强大动力。设备公司为满足项目绿色环保需求，在产品节能降碳等方面提出更高要求，研制出具有损耗低、体积小、重量轻、低局放、可靠性高等特点的优质产品，6 台变压器均一次性通过全部出厂试验，现场一次投运成功，正在安全运行。

（三）安全系数"大突破"

科北 500 千伏变电站主变压器型号为 ODFS-334000/500，共有 9 个分接，调压范围、分接位置数量是常规产品的 2 倍，较以往同容量、同电压的常规结构主变压器，调压线圈合成电流明显增大，引线漏磁明显增强。

设计人员从电、磁、热、力等方面对变压器结构进行全面优化，采用新型漏磁控制技术，确定合理的磁屏蔽位置及面积，有效控制结构件中的杂散损耗及温升。优化主柱调压结构和无励磁分接开关布置位置，大幅度减小变压器的体积及重量。改进调压线圈结构，提高调压线圈整体强度及抗短路能力，确保变压器质量和长期安全稳定运行。

研发人员利用专业软件，对国产绝缘材料在电热耦合作用下的电气性能及密封件的机械性能，以及泄露进行综合仿真分析，确保产品质量和长期安全稳定运行。基于模型试验开展国产绝缘材料的电气特性、散热特性及机械特性研究，形成各种国产绝缘材料及密封件的性能参数库。

四、履责成效

截至 2023 年 9 月，在广东省广州市黄埔区九龙镇的半山之间，总投资 5.7 亿元的 500 千伏科北变电站稳定运行 200 余天。该站是全国首个"近零能耗"双碳示范站，中国电气装备所属山东电工电气山东电力设备有限公司提供的 6 台 500 千伏主变压器，为黄埔区、广州开发区的用电需求提供了可靠设备，为快速崛起的科技创新产业集群新增一个"大电源"。

五、工作展望

充分解放思想，激发改革发展新活力。按照集团"内部孵化裂变谋发展，外部合资合作求发展"要求，积极谋划业务布局，推动做大做优做强。按照成熟一个发展一个的原则，不断延长产业链条，扩大生产规模。根据公司业务需求及产业发展规划，以智能化、信息化、绿色化为方向，加快推进变压器产业布局。坚持以数字化转型推动公司高质量发展，提升员工数字化认知，推动数字化转型广泛融入企业经营管理各领域。系统组织、通盘考虑，充分调研了解公司专业人才需求，按专业需求实施差异化招聘，拓宽人才引进渠道，补齐经营管理、质量管控方面"高精尖缺"人才短板，为企业高质量发展奠定良好人力资源基础。

加强产品研发，打造创新驱动新引擎。以市场需求为导向，贯彻"721"研发模式，深入解读《新型电力系统发展蓝皮书》，积极对接各网省公司、科研院所及高校等，科学布局研发攻关方向，完善公司新产品研发规划。持续搭建高端装备电磁特性、冲击特性等试验平台，丰富各类电工材料的关键参数数据库。围绕水电、核电等新兴业务领域持续开展技术储备。加快推进制造业创新中心注册、运营及验收工作。推进铁心自动打叠设备、撑条自动加工生产线等 6 项智能制造项目进展落地见效，常态化开展板块内部技术协同，稳步推进 110 千伏双绕组产品降本措施固化及推广，完成集团级技术标准编制发布，推进站用变自主能力建设。

增强质量意识，奠定安全质量新格局。深刻认识质量对企业发展的极端重要性，坚持问题导向，强化源头管控，采取有力措施全力提升质量管理水平。规范特高压工程质量策划，严格特高压产品工艺纪律执行，确保质量管控措施有效落实落地，开展特高压质量"再回头"，全力确保川渝联网、陇东－山东等特高压工程优质交付。严格进行重大质量问题绩效考核，强化产品抽检管控，完善抽检管理实施方案和工作流程。完善供应商管理体系。开展立功竞赛、技能比武、质量承诺等系列活动，选树质量先进典型，激发全员重质量、保质量的主动性，树立积极向上质量氛围。推动民用核安全设计、制造许可证办理工作，提升质量管控能力及水平。

强化提质增效，开拓经营管理新局面。对标实现"撞线五百亿"的宏伟目标，加强经营指标管控，推动经营业绩指标明细管控、过程控制，深挖指标异常中的管理原因，夯实基础性经营管理工作。纵深开展全面成本费用打开工作，加大"三成本"管控力度，继续推进完工成本线上管控，做细产品盈利能力分析，积极开展内外部对标，稳步提升产品盈利水平。强化预算引领作用，以年度预算为内控点，以月度预算为切入点，按月、按部门分解跟踪，严禁预算外支出；持续推进 SAP 营销全链条、采购全链条及存货全链条系统应用和优化，持续对标一流，增强经营全链条的信息化管理能力。持续开展精益课题注册和精益成果分享，将精益管理成果固化形成规范制度，实现数字化管控。完善重大项目、重大合同风险审查机制，强化从业人员法律意识和风险意识，实行合同经理区域负责制，落实事前风险识别及防范，加强项目投标、合同审签及履约全过程风险管理。

"电酿酒"增值服务体系赋能酱香白酒行业高质量发展的创新实践

南方电网贵州遵义供电局

一、单位简介

南方电网贵州遵义供电局（以下简称"遵义供电局"）下辖 14 个分县局，肩负贵州北部 16 个县、市、区的供电任务，供电面积 3.08 万千米²，区域内人口约 800 万，用电客户数 369.6 万户。现有员工 5623 人，党员 1998 人，局所属党委 10 个，党总支 8 个，党支部 251 个。2022 年供电量为 285.16 亿千瓦·时。变电站 260 座，变电容量 2038.56 万千伏安，现有 500 千伏变电站 4 座，220 千伏变电站 22 座，110 千伏变电站 92 座，35 千伏变电站 142 座；35 千伏及以上输电线路 520 回、线路总长度 10036.46 千米。

二、案例背景

（一）利益相关方的期望需求

2022 年 7 月 27 日发生的酒企燃油泄漏事件，引起了国家有关部门对仁怀酿酒业安全生产的高度重视，并启动了"油改"工作。电网企业电能替代市场在"油改电"和"气改电"等领域面临新的拓展机会。

站在高质量发展的新起点上，酒业进入自然生态和酿酒微生态的表达时代，"双碳"目标与中国酒业的发展方向高度契合。"碳寻——中国酒业生态发展论坛"开展以来，酒业开始寻找建设"零碳工厂"和"零碳产区"的途径，酒类生产企业要对传统能源结构进行优化调整，通过技术改造和技术升级，满足中长期酒类生产全行业节能减碳的技术供应需要。

（二）当地经济、社会、环境发展过程中遇到的问题

国务院针对贵州经济发展制定并下发了《关于支持贵州在新时代西部大开发上闯新路的意见》（国发〔2022〕2 号），文件提出发挥赤水河流域酱香型白酒原产地和主产区优势，建设全国重要的白酒生产基地，打造世界级酱香白酒核心产区。全市白酒行业迎来高速发展期。承担贵州经济发展的赤水河流域酱香白酒生产区域的环境保护尤为重要。同时，随着酿酒行业的快速发展，近年来碳排放量和有害气体的排放急剧增长，对赤水河流域的生态环境造成巨大的影响。如何守好发展和生态两条底线，

统筹发展和安全，是对当地政府和电网公司的巨大考验。

（三）支持行动方向

根据南方电网公司和贵州电网公司安排，遵义供电局组成专项工作专家团队，按照解放用户 VOSA 模型，充分发挥电网企业自身平台优势以及电力的绿色环保优势，积极开展"电酿酒"增值服务产品的研发工作，实现供电企业、酿酒企业用户和生态合作伙伴的价值共创。经过反复优化与实践，逐步形成具有南网底色、贵州特色、遵义茅台标签的"电酿酒"增值服务产品体系成果。

三、实施路径

（一）走访了解酿酒企业痛点，针对性提供解决方案

产品创新团队分层分类走访 30 多家电酿酒企业，通过深度走访、提供现场技术帮扶等方式，收集酿酒企业用电用能需求及生产经营中的痛点、难点问题。

通过走访了解，酿酒企业生产经营的焦虑点在于五方面：一是电酿酒是否能保证出酒率和酒质存疑；二是冬季不同程度存在天然气荒风险，影响企业的正常生产；三是对配电设备了解不足，价格、质量、维护方面存在短板；四是酿酒生产过程中存在热能损耗高、蒸汽气压无法灵活控制等情况；五是现有部分电锅炉属于特种设备、维护困难。

（二）针对性提供解决方案

针对上述用户焦虑，创新团队逐一进行用电用能深度分析，制定产品子项明细，充分发挥南网大平台作用，聚合电锅炉及配套设备、配电设备、智慧运维、绿色用能监测、金融保险服务等各行业内的优质企业或服务作为生态合作伙伴，为酿酒企业提供产品定制、成本节约、设备保险兜底、智能运维、金融贷款等多种组合套餐可选服务，创新出电酿酒增值服务产品。同时，也为酿酒企业提供电酿酒出酒率研究、碳排放监测、绿色用能升级、峰平谷电价用能等免费服务。

在标准制定方面，遵义供电局与仁怀市酱香白酒行业协会共同编制了《酱香白酒"电酿酒"生产技术规范》，率先制定了"电酿酒"行业标准；在电酿酒增值服务产品项目实施方面，编制电酿酒增值服务产品技术标准、工程标准、云平台监控标准、生态合作伙伴管理办法等，高质量推进电酿酒电能替代工作；在畅通工作流程方面，创新建立起"敏捷前台、高效中台、坚强后台"的现代服务体系高效运作流程，在前台方面，组建仁怀供电局现代供电服务团队，打破供电局内部横向专业壁垒，高效协同，充分发挥服务优势，市局中台实施服务全过程管控及产品的迅速迭代升级，后台负责为前中台服务提供必要的人财物支撑。

（三）积极开展宣传推广，持续推进电能替代

遵义供电局坚持党建引领，积极开展产品宣传工作，在《人民日报》《南方电网报》《中国电力报》等媒体报道 30 余篇，讲出具有贵州特色、遵义标签的"电酿酒"产品故事，开展宣传注册。编制电酿

酒宣传手册，录制电酿酒增值服务产品宣传视频，数字化赋能，建设电酿酒电能替代可视化系统、电酿酒增值服务产品数字化展示平台，将产品特点、生产经营成本对比分析等情况，在茅台电酿酒展示厅循环展示，方便酿酒企业直观了解产品，持续提升品牌形象及美誉度。

四、履责成效

定量成效。2022 年，遵义市在运酿酒企业超过 1000 家（不含茅台集团），酒甑约 9000 个，2022 年签约改造 50 台电锅炉，根据酿酒企业对产品的评价反馈结果，因产品用电设备配合度高、蒸汽气压稳定、蒸汽量足，在相同原料情况下，可增加 6% 出酒率，且酒质可达优级。

根据遵义供电局"十四五"主网及配网规划，在不考虑新增酿酒产能以及部分酿酒企业可优化生产方式的前提下，预计至 2025 年，电酿酒电能替代项目可改造酒甑约 4000 个，高峰用电负荷净增约 27 万千瓦，年用电量增长约 15 亿千瓦·时，电酿酒改造费用预估 20 亿元。以酿酒蒸汽为换算媒介，740 千瓦·时的电产生 1 吨蒸汽，与气酿酒相比，电酿酒每产生 1 吨蒸汽就减少 0.16 吨二氧化碳排放，每年可减少 32 万吨二氧化碳排放。

定性成效。通过电酿酒增值服务产品的推广，坚定不移走好生态优先、绿色发展之路，按照最严格的生态环境保护标准，立足职能、对标对表、全面整改，坚决打好生态环境问题整改攻坚战，以生态环境高水平保护推动全市经济社会高质量发展，切实承担起赤水河流域生态环境保护企业主体责任。

五、工作展望

2022 年，遵义供电局在网省公司的指导下，创新电酿酒增值服务产品，通过动态的用户跟踪服务，扎实推广电酿酒增值服务产品，高质量开展电能替代工作，助力国家"双碳"目标实现。

遵义供电局已引入熔盐谷电储热蒸汽系统、高温热泵蒸汽系统等集中供汽的生态合作伙伴，迭代升级"电酿酒 2.0 版本"，充分利用谷电电价优惠政策，进一步为酿酒企业降低生产经营成本。同时探索了电碳服务，帮助茅台集团完成一亿度的绿色能源交易。

下一步，遵义供电局将继续探索碳检测、"碳交易"服务全覆盖的能效管控、统筹的碳资产运营，以及开创性的酿酒行业的国家核证自愿减排量（CCER）的价值开发，带动酿酒行业践行"双碳"目标，从而实现产业升级和转型，推动酿酒行业绿色发展，助力酿酒企业打造"造绿色工厂""零碳工厂"，提升酿酒企业的品牌附加值和获得增值效益，为遵义地区"双碳"目标的实现和经济的高速发展提供高效支撑。

让城市用能会"呼吸"，为高质量发展注入循环动力

国网浙江省电力公司平湖市供电公司

一、单位简介

国网浙江省电力公司平湖市供电公司（以下简称"国网平湖市供电公司"）管辖平湖市杭浦高速以北约 374 千米² 的区域；现有全民员工 216 人、农电员工 164 人、其他编制员工 169 人；设有恒创集团平湖分部党总支和 12 个党支部，共有党员 184 人；现有公用 220 千伏变电站 2 座、110 千伏变电站 14 座、35 千伏变电站 1 座、20（10）千伏配电变压器 4021 台，专用变压器用户 2607 户，电力客户 26.54 万户。2022 年，完成售电量 34.87 亿千瓦·时，同比增长 5.63%；网供最高负荷 75.07 万千瓦，同比增长 12.63%；全员劳动生产率 149.82 万元 /（人·年）；全口径供电可靠性 99.9951%。平湖供电公司先后荣获国家电网有限公司"一流县级供电企业"、浙江省"文明单位"、省公司"卓越管理单位"、电力系统行风建设和优质服务"十佳县供电局"、嘉兴市"文明行业"、嘉兴公司"精神文明建设先进单位"等称号。

二、案例背景

党的二十大报告指出："高质量发展是全面建设社会主义现代化国家的首要任务"。平湖市积极响应高质量发展规划，坚持把发展经济的着力点放在实体经济上，以数字化转型创新为牵引，从产业规模、质量和韧性等方面入手，打造高质量发展的创新之城。

近年来，平湖市经济飞速发展，经济总量持续扩大，经济高涨的同时地方高质量发展挑战愈演愈烈。首先，平湖二、三产业发达，整体经济结构发展用能需求高、依赖大，但对于能源的利用较为粗放，能源利用率低。其次，电力作为城市发展和运行的"生命线"，产业发展带来用能压力大，夏季高峰时段电网供电不足，制约经济发展。再次，平湖有着全省前列的光伏渗透率，缺乏统一管理，电能波动性过大制约了清洁能源发展。最后，以第二产业为主的整体经济结构处于工业化中期，工业经济高速发展的同时，以煤炭为主的能源消费结构和相对刚性的能源消费特点，导致碳排放急剧增加，节能降碳压力大，环境受到威胁。因此，亟须实施能源清洁化和产业数字化创新转型。

面对城市经济发展痛点，国网平湖市供电公司主动参与治理，主动携手地方政府、通信运营企业（中国移动等）、负荷集聚商和智慧楼宇所有者等多边利益相关方，以城市用能数据汇聚、分析、应用等为切入点，以全省首个县域虚拟电厂为大数据支撑，汇聚分布式发电、储能、工业、充电桩、智慧楼宇、制冷空调等 6 大类负荷资源实时动态数据，通过与电网数据的联动分析，实现其在电网结构中的动态映射及系统自动完成电网需求调节匹配，以此提升现有能源再利用效率，摒弃"保供靠增供"的传统思维，创新打造"数据汇聚赋能产业能效提升"的经济高质量发展模式，让城市的用能负荷也能随着需求不断呼吸，有出有进，为城市经济高质量经济发展"添动力"。

三、实施路径

（一）携手多方合作，共建共赢

采取整合型合作模式，主动走访政府单位、负荷集聚商、通信运营单位和智慧楼宇等利益相关方，全面了解利益相关方诉求、期望、面临问题及优势资源，梳理各方需求清单及问题清单，明确各方分工定位和职责权限，与各方共同探讨合作机制，发挥专业协同、聚力攻坚优势，明确各方角色分配及职责权限，以实现共赢局面为合作目标，建立基于优势互补、资源共享、项目共建、互利互惠、合作分工、可持续发展的模式，探索建立统一调度全社会各类清洁能源的"虚拟电厂"，共同推进"负荷聚合大数据平台"数字化建设，实现海量需求侧资源在电网拓扑的动态映射，技术上实现清洁能源流动的可调可配。

（二）创新工作模式，打造多维举措

在技术层面，立足平湖市能源资源禀赋，以虚拟电厂为大数据支撑核心，充分发挥光伏、储能等清洁能源之间的耦合作用，重点接入分布式光伏、新型储能、5G 基站、空调柔性调控、智慧楼宇、电动汽车充电桩建设等六大负荷资源和数据，实现负荷聚合大数据平台对全市现有可再利用资源的统一集中高效调配，使全社会共享各行业各自的清洁能源资源，建成最大可调负荷资源池规模达到全市最高负荷的 10% 以上，以降低单位 GDP 能耗的方式实现消费侧节能降碳。

在政策层面，推动社会低碳治理、能源高效利用纳入政府自身体制改革项目，并将虚拟电厂建设纳入平湖市政府 2023 年 3 个"一号工程"中，出台配套"电力 - 经济"政策，政企联建全省首个县域级负荷管理中心，运用虚拟电厂对光伏、储能的耦合促进作用，重点开展分布式光伏、新型储能、5G 基站、空调柔性调控、智慧楼宇、充电桩等 6 大工程建设，全力打造"五位一体"综合示范项目，保障全市用电需求，发挥好"有为政府、有效市场、有志企业"作用，形成全社会共建共担的绿色低碳发展方式和生活方式，构建能源转型良好政策环境。

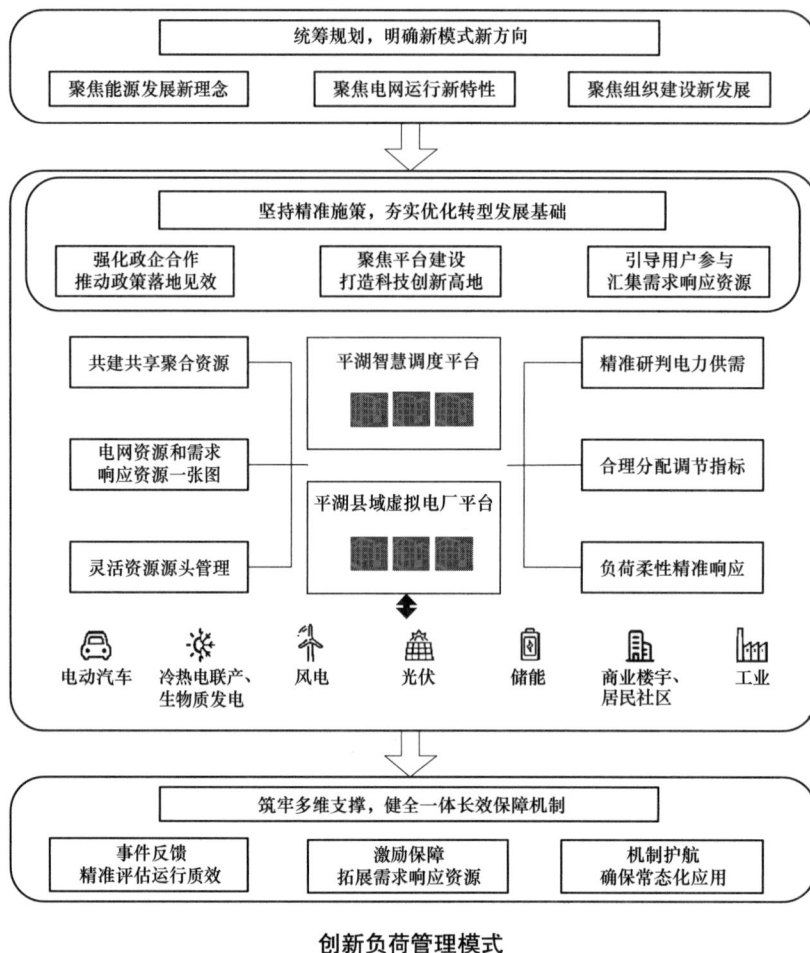

创新负荷管理模式

（三）考虑综合价值，实现可持续发展

发挥各利益相关方优势，共建可持续发展模式，一方面满足各方诉求和期望，探索共赢模式；另一方面考虑匹配虚拟电厂统调统控模式下的不同主体参与调节的激励政策，发挥市场化的优势，将沉睡绿色资源唤醒，考虑公司行为给环境带来的积极影响；同时形成一套可在全省、全国范围推广的能源高效调节再利用"平湖样板"，并积极适应电力体制和电力市场化改革，不断探索灵活性资源参与市场化交易，降低终端用户用能成本，最终实现根植项目对经济、社会、环境的综合价值最大化。

（四）发挥品牌效应，提升履责形象

重点关注政府、企业、市场参与机制中的可持续性，以拥有可调能源的主体方获益的可持续性为重要组成部分，多方共建一套可在全省、全国范围推广的能源高效调节再利用"平湖样板"。以"让城市用能会呼吸"为大主题，以"五位一体"综合示范项目、5G 基站储能接入、空调负荷调节等亮点特色工作为重要记忆点，打造形成被社会广泛认可的社会责任品牌，不断提升电网企业履责形象。

▤ 四、履责成效

（一）社会效益

构建良好政策环境。推动以"虚拟电厂"为中心的节能降碳新模式纳入政府体制改革项目和营商环境优化提升"一号改革工程"，促成政府发布《关于促进平湖市能源绿色低碳发展的若干政策意见（试行）》《关于新一轮鼓励光伏发电项目建设的若干意见》，以及空调柔性直控补贴等一揽子政策，全面、精准建立覆盖"光、储、充、空调"等全要素负荷资源和地方局部需求响应的激励体系，提升社会各方参与负荷调节、能源高效利用的意愿。其中，2023 年累计发放空调补贴 16.2 万元；按照"五位一体"示范项目建设计划，年底预计发放各品类资源补贴 600 余万元。

创新负荷管理模式。打造"数据汇聚赋能产业能效提升"的经济高质量发展模式，打破所有权边界限制，完成综合写字楼、商业综合体、酒店、人才公寓、工业制冷风机等不同场景下，水冷机组、风冷水循环机组、风冷热泵、VRV 多联机空调四类空调冷负荷发掘和接入，规模达到 2.6 万千瓦以上，部署平台群控策略，明确各类机组调控模式，结合环境温度等触发条件，实现空调负荷精准"无感"直控，降低部分企业能耗投资和使用成本。完成全市 8132 个 5G 基站的接入工作，将其配置的储能装置纳入"负荷聚合大数据平台"管控，实现负荷可调能力新增 5.45 万千瓦。试点开展类储能资源接入，围绕用户自备电厂、沼气发电、水蓄冷等负荷资源，构建"充储放"一张网，累计汇集浙江景兴纸业自备电厂、沼气发电，润泽大数据水蓄冷等"类储能"资源 11 万千瓦。

提升清洁能源利用效率和消纳能力。全社会可以共享清洁能源建设红利，无需全口径高密度发展光伏，可以结合行业所需择优装配不同类型可调负荷资源，再接入虚拟电厂统一灵活调度，提升能源利用效率。通过引导负荷侧资源在电网调峰困难时段参与电网调节，增加电网负备用，提高清洁能源消纳能力。以 100 万千瓦负荷可调资源计算，预计每年可提高清洁能源消纳空间 9600 万千瓦·时电量。

（二）经济效益

降低终端用户用能成本。新增分布式光伏装机 5 万千瓦，新型储能 1.18 万千瓦，聚合空调柔控负荷 2.2 万千瓦以上，打造 3 家智慧楼宇典型场景，全部接入虚拟电厂统一管理，全市空调、储能等非工业负荷可调能力达到常规缺口的 50%，以 100 万千瓦负荷可调资源计算参与高峰负荷削减调节，预计每年可节约 3 亿元电网新建投资成本，项目用电成本下降 10%（预计工业光伏用户自用电量每度可优惠 9 分，居民普通光伏自用电量每度可优惠 5 分 6 厘，光储一体化自用电量每度可优惠 5 分 7 厘）。同时，通过落地负荷参与调节的补贴（《关于促进平湖市能源绿色低碳发展的若干政策意见》），可以增加参与主体的获利，降低能源支出。

提升能源消费市场活力。构建了"有为政府、有志企业、有效市场"的能源高效利用新体系，进一步激发能源投资活力，开展地方碳交易探索，促成 CCER、绿证落地，在节能降碳领域推动"用能数据"向"公共产品"创新转化，推动构建高效协同管理模式。

减少用能损失降低用能成本。建立"空调柔控—移峰填谷—需求响应—有序用电"四级负荷管理策略，创新"移峰填谷"措施，明确以工业企业为主题，鼓励企业通过合理调产等方式，将工作日高峰用电转移至周日低谷用电，今年累计开展移峰填谷企业 79 户次，平均压降高峰负荷 1.2 万千瓦。以平湖南方水泥有限公司为例，在低谷时段增加生产计划，7 天可移峰填谷电量约 2.4 万度，30 天减少电费支出约 7.7 万元。

（三）推广价值

适用场景广阔。随着电力系统顶峰装机容量裕度在中短期仍将短缺，叠加电力市场化改革在全国推进，虚拟电厂推广的主观条件和客观需求正在快速成型，虚拟电厂项目有望常态化运营，正成为新型电力系统中的重要的调节资源之一。平湖虚拟电厂通过建设、运营模式创新和配套政策机制突破，公司已形成可复制、可推广的新范式，根据测算，如推广到全省全行业，可调负荷资源将达到 1191 万千瓦，相当于新建 2 座大型火电厂，极大增加全省电力可调资源规模，助力破解各区域迎峰度夏等电力保供难题。

构建低碳足迹。依托各类资源数据，政企能够共建建立碳排放弹性体系，根据各类数据的实时测算，进行碳排放评测，选取代表性区域，编制精细用电优化方案，从理论上测算节能降碳成果，极大助力各地地方低碳绿色发展。

加速节能降碳。虚拟电厂通过提升能源利用率，引导负荷侧资源参与电网调峰，可平均提高燃煤机组负荷率 0.1%，降低煤耗 0.05%，每年节约燃煤 2.25 万吨 ~3.15 万吨，节省二氧化碳排放量 5.9 万吨 ~8.8 万吨、二氧化硫 18 万吨 ~27 万吨，对全国各地有很大的应用价值。

平湖市"虚拟电厂"作为国家重点研发项目《规模化灵活资源虚拟电厂聚合互动调控关键技术》在浙江的落地应用之一，相关成果获浙江省时任常务副省长陈金彪批示肯定，入选浙江省第一批"微改革"项目，获 2023 年"直通乌镇"全球互联网大赛特等奖、2023 年"金钥匙·国家电网主题赛"金奖、中国电子企业协会 2023 年能源互联网技术典型应用案例，其各方效益得到广泛肯定。

🗃 五、工作展望

下一步，国网平湖市供电公司将多层次推进低碳场景创新应用，提升清洁能源占比，深入在虚拟电厂商业化运营领域的实践探索，形成具有示范意义的新模式，为全省能源低碳发展贡献更多"平湖经验"。

聚合可调资源。应用政策等多重激励开展空调、储能、智慧楼宇资源聚合，扩大灵活性负荷资源总量。

强化政策配套。确保配套"电力－经济"政策应出尽出，加大政策配给和资源倾斜力度，适度予以补贴。

扩大合作范围。探索与售电企业的合作，实现职权范围内的双向数据对接，形成负荷侧弹性资源有效聚合的良性商业互动。

辅助碳资产交易。关注各级碳市场资源，做好地方碳市场资源池建设，做好方法学研究，探索可持续的、市场化的碳资产开发和价值研究。

"反向扫码"——社会责任根植创新"适老化"供电服务

国网内蒙古东部电力有限公司

一、单位简介

国网内蒙古东部电力有限公司满洲里市供电公司（以下简称"国网满洲里市供电公司"）成立于 1984 年 4 月 11 日，2009 年 6 月 29 日正式划转国家电网公司统一管理。国网满洲里市供电公司现有员工 316 人，设置 6 个职能部门和 5 个业务实施机构，下设有 13 个班组、2 个供电所。在职党员 62 人，9 个党支部，党员服务队 2 支（队员 39 人），党员示范岗 5 个，党员责任区 2 个。供电区域东至嵯岗牧场、西至新巴尔虎右旗西佰卢克，北侧与俄罗斯接壤，南至新巴尔虎右旗呼伦镇，当前供电面积约为 3000 千米^2，服务电力客户 19.32 万户。2020 年供电量完成 15.21 万千瓦·时，售电量完成 14.94 万千瓦·时，综合线损率完成 1.83%，销售收入完成 71640.24 万元，电费回收率 100%。公司先后荣获全国文明单位、全国"安康杯"优胜班组、中国电力行业企业文化建设先进单位等荣誉。

二、案例背景

截至 2021 年，中国 60 岁及以上老年人口达 2.67 亿，占总人口的 18.9%。据测算，预计"十四五"时期，60 岁及以上老年人口总量将突破 3 亿，占比将超过 20%，进入中度老龄化阶段。随着老年人口持续增加，人口老龄化程度不断加深，给公共服务供给可持续发展带来挑战，应对任务艰巨。推进智能化服务如何适应老年人需求，并做到不让智能工具给老年人日常生活造成障碍是公共服务单位亟须解决的一大难题。

作为与老年群体直接面对面，关系民生的供电企业，国网满洲里市供电公司在推进"互联网＋供电服务"工作模式的进程中发现，老年客户群体存在线上渠道办理业务难、交费难等问题，尤其是一对一线下服务时，部分老年客户因不会使用智能手机、记不住用电户号等重要信息，业务办理较为低效。为解决老年客户群体线上"供电服务难"问题，公司根植社会责任理念与方法，转变服务视角，以综合价值创造为原则，创新推出"反向扫码"应用服务，从老年客户扫码转变为供电服务人员反向扫码，开展适应老年人生活习惯的供电服务，使老年客户交电费和用电业务办理更加快捷高效，助力提升优质服务水平，形成多方共赢的服务机制。

三、实施路径

（一）组织开展需求调研，达成"关怀码"应用的共识

国网满洲里市供电公司以利益相关方需求为基础，通过供电营业厅窗口问询、主动上门了解老年客户群体的线上交费及办理用电各项业务出现的"扫码难"等问题及诉求，收集整理相关方关键诉求及期望，厘清老年客户群体线上用电服务的问题关键。并以调研梳理出的主要问题为导向，组织相关部门开展 10 余次"社会责任 +"沙龙活动与社会责任根植项目小组内部研讨，决定在保障用户信息安全前提下，制定开展"关怀码"推广活动方案。

利益相关方诉求与期望

利益相关方	关键诉求	主要期望
供电公司	• 希望政府相关部门牵头支持"关怀码"推广应用。 • 相关公用事业单位协同支持"关怀码"升级版应用服务，推动"集成码"应用推广。 • 不发生老年客户群体因线上用电服务困难引起的客户投诉	• 解决老年客户群体的线上交费和用电服务难题，为民生办实事，提升优质服务水平，实现提质增效，彰显良好供电品牌形象
政府	• 保障个人信息安全与隐私的前提下实现公用事业单位的公共服务水平提升	• 推动适老化公共产品和服务推广，助力人民生活水平持续提升
老年客户	• 不因为不记得用户户号信息、没有智能手机或不会使用智能手机影响交电费和用电业务办理	• 为老年客户提供方便、快捷、高效的用电服务
社区	• 保障老年居民的生活便利，不因断电、用电交费等问题困扰居民生活	• 建设和谐文明社区，保障社区公众的生活便利

（二）试点推出"反向扫码"服务，为老年客户量身定制"关怀码"

为了解决部分老年客户群体没有智能手机、不会使用智能手机，甚至记不住用电户号的问题，公司创新服务手段，以扎赉诺尔供电服务中心大厅为试点，大厅供电服务人员主动为前来办理业务的老年客户定制"关怀码"，即将用电户号、客户经理联系电话及"网上国网"下载推广等信息通过信息技术手段打印成个人专属二维码——"关怀码"，并制作成容易保存的挂牌发放到有需求的老年客户手中。老年客户持有"关怀码"到供电营业厅办理业务或客户经理上门服务时，供电服务人员通过"网上国网"或微信扫一扫功能即可获取用户编号、户名（脱敏）、网格员信息、"网上国网"推广信息等信息，无需老年客户使用智能手机或登录任何 App 操作办理用电服务，大大便捷了老年客户的用电交付和用电服务办理。

（三）防范信息安全风险，保障老年客户安全用"码"

公司极为重视老年客户的信息安全与隐私保障，在"关怀码"的二维码信息采集阶段，一对一与

客户确认需采集的信息，确保客户信息使用的知情权，同时将用户户名采取脱敏处理，确保本人提供给服务人员扫码使用，防范"关怀码"丢失后的个人信息泄露风险。在"关怀码"推广应用过程中，供电服务人员联合社区服务人员，主动上门为老年客户群体发放卡片并讲解"关怀码"的应用场景、注意事项和规范流程，开展扫码使用现场演示，确保"关怀码"安全规范使用。

（四）总结经验复制推广，提升责任品牌形象

国网满洲里市供电公司坚持试点应用、分步推广原则，以扎赉诺尔供电服务中心大厅、怡园社区为试点，将使用"反向扫码"的客户信息做好存档，通过总结供电营业厅和社区服务过程中的应用问题，及时更正或解决。例如公司根据"关怀码"推广应用中的问题，针对老年客户看不清字体问题，持续改善和升级"关怀码"信息界面，"关怀码" 2.0 版本显示信息字体变大，并实现客户经理电话号码超链接。公司持续动态优化"反向扫码"工作机制，形成可复制可推广的典型经验，为下一步在满洲里地区全面推广、向其他旗县供电公司宣传推广和跨行业推广经验奠定良好基础，展示公司负责任的品牌形象。

四、履责成效

（一）解决老年群体用电缴费难题，提升客户服务体验

截至 2022 年 10 月，国网满洲里市供电公司累计制作"关怀码" 830 个，社区批量制作 140 个，并已全部发放。"反向扫码"这一项创新服务，有效解决了部分老年客户群体查询户号难的问题，既方便了用户，也促使供电服务效率快速提升，部分老年客户携带"关怀码"办理业务，大大缩短了业务办理时间，用户信息准确率 100%，降低客户投诉率，优化老年客户服务体验，让老年人得到幸福关怀和优质的供电服务。

（二）联动推广用"码"服务，增强公共服务便利性

国网满洲里市供电公司在试点推广"反向扫码"服务过程中，致力于与其他公用事业单位协同合作，增强公共服务的便利性。目前，已与供热、供水公司试点推出"集成码"应用，即将客户的供水、供热相关信息加载至"集成码"，促使老年客户办理其他公共服务也享受到"反向扫码"的便利性，为民生办实事。

（三）共享履责实践经验，推动责任理念传播推广

国网满洲里市供电公司围绕社会责任理念传播与应用，持续开展"反向扫码"应用经验的分享，累计为呼伦贝尔 13 家旗县单位开展线上集中培训讲解，并对其提出的问题作出针对性的解答，促进公司履责实践的经验共享，责任理念传播，增强公司的责任品牌认可度。

五、工作展望

一是纳入更多利益相关方参与，推出升级版"集成码"。联合政府有关单位、新冠肺炎疫情防控部

门、市政供热、供水和燃气公司等公用事业单位推出公共服务"集成码"，即将"关怀码"升级为"集成码"，实现老年客户持有"集成码"即可全网业务"一码通办"，让老年客户群体获得更加便捷高效的公共服务。

二是持续提升"反向扫码"服务能力，提升优质服务水平。开展四个营业厅和四个营业站的全面推广工作和员工制作流程细致化培训。简化制作流程，提升卡片制作速度，让更多老年客户群体获得"反向扫码"的便捷服务。

三是持续扩大项目覆盖面，传播供电企业责任品牌形象。持续开展"反向扫码"应用推广，让有需求的客户群体获得应用，获得更多客户的认可，践行"人民电业为人民"的企业宗旨。

打造"佛山 E 来电（易来电）"服务品牌——创新企业用电"五优"服务

南方电网广东佛山供电局

一、单位简介

南方电网广东佛山供电局（以下简称"佛山供电局"）是广东电网公司直属特大型供电企业，负责佛山全市五区（禅城、南海、顺德、三水、高明）的安全供电、电网建设和供用电服务。供电面积 3797.72 千米 ²，供电人口 961.26 万人，供电客户 410.06 万户。2022 年全市供电量 747.59 亿千瓦·时，售电量 729.04 亿千瓦·时，人均用电量 7584.22 千瓦·时，户均用电量 17959.91 千瓦·时。截至 2023 年 3 月 31 日，佛山供电局共有 110 千伏及以上输电线路 5081.054 千米，变电站 242 座（500 千伏 6 座，220 千伏 38 座，110 千伏 197 座，35 千伏 1 座），主变压器 623 台，容量 64583 兆伏·安。佛山供电局紧密围绕社会经济发展需求，全力做好电力供应保障，曾获全国"五一劳动奖状"、全国总工会"工人先锋号"等多项国家荣誉。供电可靠性连续 12 年排名全国前十，供电服务连续 14 年位居公共服务满意度第一名。

二、案例背景

佛山是全国闻名的制造业城市，2022 年，佛山地区生产总值达到 12698.39 亿元，规上工业总产值和增加值双双提升至全国第五位，在广东省制造业 500 强名单中，佛山入选 90 家，居全省第一。2022 年，佛山招商引资签约投资总额达到 3132.94 亿元，创历史新高。在制造业快速发展过程中，企业的用电需求也越来越旺盛。2022 年，佛山供电局共收集到 657 宗高压潜在用电需求，合计需求容量约 182.59 万千伏·安，其中属于工商业等企业生产经营用电约 130.72 万千伏·安，占比 72%。

企业项目的落地效率不断加快，对办电效率、办电便利度、办电成本也提出了更高的要求。为进一步推动企业项目快速落地，佛山市政府开展工程建设项目审批制度改革工作，提出深化"拿地即开工"改革，工业项目全面推行"标准地"供应，全面推行工业项目"拿地即开工"。目前佛山市正在大力推进统建工业园区开发改造，新开发的统建工业园区内购买了工业厂房的用户在园区投产后均可办理独立的产权证明，具备独立报装用电的资格，但是在办理产权证明前均由开发商统一先行办理报装用电手续，导致园区用户无法直接与供电企业建立供用电关系进行电费结算，只能通过园区专用变压器进行转供电。同时佛山市在不断探索产业集群数字化智能化转型的新模式，推动"制造大市"向"制造强市"迈进，一大批专精特新中小企业不断落地佛山发展，对于供电可靠性和电能质量的要求不断提高，对于用电用能产品的多样性也有急迫需求。

为及时满足企业用电需求，有力支持制造业经济发展，需要供电企业不断创新供电服务手段，进一步压减企业办电用时、降低企业办电成本，提升供电可靠性和电能质量稳定性，增强多样化用电用能产品供给，全力做好企业用电服务。

佛山供电局努力加快构建佛山"益晒你"企业服务体系打造一流用电营商环境，结合佛山优化用电营商环境各项创新举措，向全社会公开发布"佛山 E 来电（佛山易来电）"服务品牌，从 Easy（便捷）、Economical（经济）和 Excellent（卓越）三个维度，凸显佛山"获得电力"在新时代的在线便捷、接电高效、省钱经济、专业可靠、服务卓越。

结合本地制造业发达的特征，创新推出企业用电"五优"服务，全方位创新和优化供电服务手段，使得企业用电办理更加便捷、用电成本更加实惠、用电保障更加可靠、用电用能更加绿色、定制服务更加贴心。

三、实施路径

（一）推行"便捷优质"服务，打造政企协同办电新速度

2023 年，佛山地区上线"水电气电视和网络主题服务专区"，率先在全国一体化在线政务服务平台实现电、水、气、电视、互联网报装联办，实现市政公共服务"一件事一次办"，全面提升电水气网办理效率。2022 年 6 月，佛山供电局与属地政府部门成立优化用电营商环境联席办公室，签订优化用电营商环境战略合作协议，出台《佛山市重大重点项目供电需求对接工作机制》，创新政企协同办电信息共享，首创"电力预装共享"服务，推广在地块拍卖或转让前，利用政企信息共享，提前获取地块用地用途信息，由供电企业配合政府部门或地块管理机构预先安装好变配电设施，并确定临电共享租赁方案，企业拍地后即可马上动工建设，无需办理用电报装手续，政企合力实现"拿地即用电"。

（二）推行"实惠优质"服务，打造工业园区套餐式报装新模式

为进一步优化制造业企业用电营商环境，助力政府打赢统建工业园区改造攻坚战，佛山供电局针对统建工业园区转供电问题，印发《统建工业园区业扩报装工作指引》，全国首创统建工业园区"套餐式"报装模式，根据用户不同需求提供整体产权报装、个体产权报装两种用电报装"套餐"，创新性将投资界面延伸至园区内厂房用户红线，高效解决统建工业园区用电问题，实现厂房用户电费独立结算，进一步从源头防范了转供电加价行为的发生，助力用户享受政府电价政策优惠，切实将电价红利传递至终端用户，大大降低了园区用户办电成本。通过实施"套餐式"用电报装服务模式，广东省重点项目佛山南海万洋众创城统建工业园区项目仅用时 1 个月就完成外线配套工程建设送电，提前 2 个月满足用户用电需求，该案例也获得了佛山市委、市政府的肯定。

（三）推行"可靠优质"服务，打造智能电网故障自愈新高度

佛山供电局创新"配网自愈"，不断提升供电可靠性，目前已实现全区域100%的配电网能够实现故障自愈。以"配网故障自愈、巡视无人化、检修专业化、预安排停电零时户"为特征打造配电网智慧运维，实现了配网线路永久故障点的自动隔离，和非故障区段自动转供复电，将故障复电时间由传统人工处理的小时级缩短到分钟级，有效缩小故障影响范围，减少客户停电时间。同时以输电不影响变电、变电不影响配电、配电少影响用户"两不一少"为目标，利用网架智能诊断机器人对网架问题进行自动分析，优化改善企业周边配电网，开展配网合环转供电工程改造，实现在电压没波动的情况下完成转供电。"专业化管理、产业化运作"的总体发展思路，打造全电压等级、全业务、产学研一体的"世界一流水平不停电作业体系"，全国首创并建成覆盖佛山全域的配网"广义双电源网架"，实现预安排停电"零时户"，填补国内高压线路分支线和配电变压器台区低压线路"双电源"规划建设空白，企业用电可靠性进一步提升。

（四）推行"绿色优质"服务，打造体系团队平台新聚合

佛山供电局是南方电网首批现代供电服务体系建设试点地市局，佛山供电局通过基础业务引流、数字化转型与组织微改造，创新前中后台新模式探索最佳实践。首创"数字运营＋价值创造"全业务中台模式，在南网范围内率先建立全业务全场景数字中台，通过数智驱动实现绿色用能产品运营模式创新，推动跨专业协作和产品迭代，提供多元化用电用能服务满足客户需求多样性。深化建设现代供电服务体系普适性样本，创新组建"1+5+N"聚焦型敏捷前台柔性团队，聚合跨专业技术专家，通过需求-匹配-产品-服务-运营评价，以及需求转化等一系列全业务中台运转机制，撮合平台型服务，为企业提供光伏、储能、虚拟电厂、能源托管、工业节能以及"光伏＋储能＋需求响应"能源管理等一揽子绿色用能解决方案。

（五）推行"定制优质"服务，打造"基础＋"供电服务新能力

为进一步提升企业用电电能质量，佛山供电局为企业用户生产设备表后用电问题提供定制化解决方案，满足自动化生产线、精密工艺等新兴制造业对电能质量的高要求。举办宣讲会并派发电压骤降释疑手册，培养专业技术人员，为企业开展用电设备电能质量现场检测分析，出具专业分析报告及治理方案，提供电压暂降治理、无功治理、三相不平衡治理等电能治理服务，减少因电能质量波动造成的经济损失，保障企业用电生产无忧。

四、履责成效

通过实施"电力预装共享"报装模式，进一步提升企业办电效率，平均为企业节约办电用时9个月。实施以来采用"套餐式"用电报装模式的统建工业园区用电价格平均较总表分摊费用下降约25%，平均为每个园区节省办电成本超过400万元，进一步降低了企业用电成本，有效减轻了企业经营压力。

佛山成为南方电网范围内首个配电网故障自愈覆盖率 100% 的地级市，位于佛山南海的广东金融高新区供电可靠性达 99.9998%，年平均停电时间 2.25 分钟，供电可靠性比肩纽约曼哈顿、巴黎核心区。2022 年累计撮合绿色用能及技术服务 573 宗，项目规模达 2.7 亿元。佛山市累计光伏并网客户达 1.51 万户，并网容量超过 1605.17 兆瓦，光伏并网规模连续 5 年位居全广东省第一。2022 年累计为 16 家重点制造业企业提供电能质量检测服务，为 3 家大型企业提供电能质量专业治理服务。已为美的集团、海天集团、一汽大众汽车等大型重点制造业企业提供电能质量检测以及专业治理服务等个性化定制服务方案。

2022 年 12 月 1 日，国务院推进政府职能转变和"放管服"改革协调小组优化营商环境专题组编制印发《全国优化营商环境简报》（第 156 期），其中"营商环境深度看"收录了佛山供电局关于提供企业用电优质服务的典型经验案例，面向全国范围通报。

佛山供电局积极开展"获得电力"指标提升工作，把满足人民群众追求美好生活的电力需求作为一切工作的出发点和落脚点，主动对标最高最好最优，持续优化佛山用电营商环境，"获得电力"提升成效显著，企业办电获得感持续提升。在 2021 年发布的国家优化营商环境评价中，佛山市"获得电力"指标获评全国"标杆指标"。在 2022 年国家能源局供电可靠性评分中，佛山连续 12 年进入全国前十名。在 2022 年广东省省情调查研究中心发布的满意度调查中，供电服务连续 14 年位居佛山政府公共服务满意度第一名。在南方电网公司第三方客户满意度评价中，满意度连续 5 年居全省首位。在 2022 年广东省营商环境评价中，佛山市"获得电力"指标位列全省第二档次第一名，成为佛山市 19 个一级指标唯一满分指标。2023 年 7 月，佛山供电局《打造"佛山 E 来电（易来电）"服务品牌——创新企业用电"五优"服务》获中国质量协会第十一届全国品牌故事大赛（电力行业分赛场）暨首届"卓越品牌"电力品牌故事大赛创新成果一等奖。

五、工作展望

通过认真分析党中央国务院关于优化营商环境的决策部署，我们认为优化用电营商环境与供电企业一直所倡导的"电力招商"理念不谋而合，只有为用电客户提供可靠、优质的电力供应与服务，才能"引来金凤凰"。在经济社会不断发展中，人民群众对电力的需求已经从用上电逐渐转变为用好电，佛山供电局将不断创新服务手段，打造一流用电营商环境吸引高端经济要素，支持地区经济高质量发展。

"进一家门，办多家事"——社会责任根植"宜商三电"公共服务管理创新

国网山东省电力公司

一、单位简介

国网山东省电力公司淄博供电公司（以下简称"国网淄博供电公司"）是国网山东省电力公司直属供电公司，位居山东电力发源地，售电量曾连续50年全省第一。20世纪70年代，供电规模曾有"南到沂蒙山、北到渤海边、横跨两个省、电送三十二县"的美誉。国网淄博供电公司始终坚持"人民电业为人民"的宗旨，肩负"为美好生活充电，为美丽中国赋能"的使命，全面履行政治责任、经济责任、社会责任，积极服务经济社会发展、保障电力供应、优化电力营商环境、服务脱贫攻坚、清洁能源消纳、促进节能减排等工作，积极展现作为"大国重器"和"顶梁柱"的责任担当，公司履行社会责任工作得到地方党委政府和社会各界的高度评价。公司先后荣获"中央企业先进集体""国家电网公司先进集体""山东省优化营商环境先进集体""山东省脱贫攻坚先进集体"等荣誉称号，连续8年被省电力公司授予"先进单位"称号，连续7年在全市经济社会发展考核中获评"优秀"。

二、案例背景

据统计，淄博市每年高压用电报装用户约1800户，低压非居民报装用户约7700户。其中约43%的用户在办理用电业务的同时，也有涉及用水、用气、用暖、通信等报装需求。但由于电、水、气、暖、信隶属不同市政公用行业部门，用户需要逐一到相关专营单位进行报装，并按照不同单位的业务办理要求分别提交申报资料、分头进行工程施工和竣工验收。"多头跑""分别办"的业务模式大幅度增加了企业的时间成本和资金成本。

为推动高质量服务，提升市政公用行业服务水平，破解企业报装烦琐问题，国网淄博供电公司联合政府相关部门和各市政公用行业企业，聚力打造电水气暖信报装"进一家门，办多家事"项目，努力打通服务企业"最后一公里"。但新服务模式在建设过程中面临着一定的困难与阻碍。

国网淄博供电公司从"宜商三电"（用上电、用好电、不停电）服务理念出发，将"全周期客户服务"延伸推广至各市政公用服务行业，全面运用责任边界、利益相关方参与及合作、风险管理、社会化沟通等社会责任理念、工具和方法，深入分析电、水、气、暖、信五大利益相关方诉求，发挥各利

企业报装难点

益相关方优势资源，全流程合作打造"进一家门，办多家事"集成式服务，持续提升客户满意度，促进淄博市营商环境不断优化。

三、实施路径

（一）明确需求，充分调研挖掘参与意愿

国网淄博供电公司通过"走出去"和"请进来"两种方式，充分了解利益相关方对项目的参与意愿及诉求期望，以供电"合伙人"模式明确联动服务思路，以此作为项目实施基础。

"走出去"和"请进来"两种方式

（二）建好机制，明确职责打牢合作基础

1. 政府牵头保质量

出文件、表态度。通过专题汇报、联合汇报等形式，向政府相关部门汇报4次，说明项目实施对城市营商环境优化的重要作用，促请政府出台文件，为调动利益相关方参与积极性、保障项目落实争取政策支持。

提要求、明分工。积极承办淄博市电水气暖信联办工作推进会，宣贯"进一家门，办多家事"工作要求，明确各方职责。

2. 常态恳谈促透明

依托市、县（区）、乡镇三级"宜商三电"联席恳谈会，打造定期会商机制，研究解决项目难点、堵点。同时，建立定期汇报机制，向利益相关方报送联办推进情况月度报告，确保信息透明。

（三）步步联合，深度调动各方优势资源

公司联合各利益相关方，按照"能并则并、能简则简、能优则优"的原则，在业扩报装的各个环节开展全面合作。

1. 提前介入，需求对接一轮做好

● 线上贯通，前置信息。促请贯通政府工程项目审批系统与各专营单位业务系统，各专营单位工作人员能第一时间联系客户，安排服务专员与办事群众进行对接，提升服务主动性。

● 线下联审，前置服务。在电水气暖信专营单位明确首席服务专员参与市、县（区）政府投资项目线下联审会。

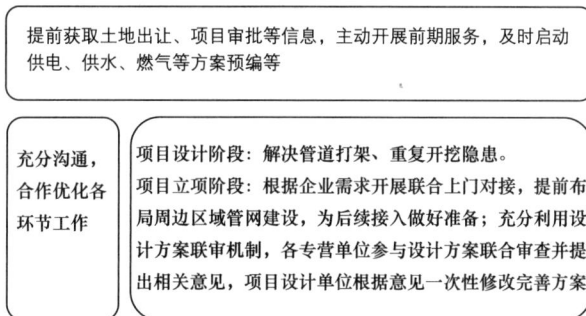

项目线下联审

2. 一表申请，信息填报一单就行

会同各专营单位编制通用的《水电气暖信有线电视报装服务联系单》同时，进一步精简各专营单位要求提供的受理材料，减轻客户信息填报冗余。

联合报装接入申请"一张表单"

3. 一窗受理，业务办理一站实现

● 线上一体化。作为全国首批上线地市级供电单位，国网淄博供电公司联合政府相关部门在"网上国网"App 打造"水电网（气暖）"联办专区，并在一体化在线政务服务平台、"爱山东"App 等渠道，设置水电气暖信联合报装专区。

● 线下一站式。与利益相关方合作在全市 10 个县级及以上政务服务大厅设置"电水气暖信"综合报装窗口。同时，在各自营业场所建设共享营业厅"电水气暖信"综合受理窗口，实现市域范围内电水气暖信报装业务无差别受理。

4. 联合踏勘，情况摸排一步到位

针对有外线工程项目，组织专营单位和相关审批部门实施 VIP 组团服务，与用户企业约定统一踏勘时间，进行联合现场踏勘，同步完成方案设计及费用预算工作。

5. 并联办理，申报材料一起审批

"进一家门，办多家事"项目将电水气暖信设计文件审查统一纳入施工图设计文件审查，同步申报、审查、出具意见，大幅压减原有申报办理工作时限。

6. 协同接入，项目施工一拨完成

结合踏勘阶段联合优化的施工方案，按照"协同一体"的原则，统筹电水气暖信施工单位通过共享利用施工沟渠，有效减少单独施工带来重复成本，最大限度地减轻企业负担。

7. 联合验收，多项服务一次贯通

对有条件联合验收的报装接入项目，公司会同各专营单位进行联合验收，并根据企业需求提供预约接通服务，打造出同步通电、通（排）水、通气、通暖、通网的竣工验收新模式。

四、履责成效

（一）践行服务变革

客户层面。业务办理更加便捷，全市营商环境更加优化，企业获得感和满意度显著提升。

电 水 气 暖 信

到各专营单位单独办理业务全业务办理时间需要2~3天电水气暖信分别开挖施工

同步推进，只跑一次全业务2小时办理完成同步施工，同步敷设贯通工程建设项目审批管理系统，建立企业网上报装模块和信息推送机制，客户可线上联合申请，无需线下跑腿

供电服务创新成效

政府层面。出台可操作、易执行的市政公用基础设施联办政策，推进市政公用基础设施统一规划、统筹建设、联合服务，促进淄博市营商环境不断优化。

专营单位层面。实现跨行业信息共享、工单分派流转，提高企业的经营效益和管理水平。同时联办服务促使工作人员业务知识更加广泛，培养了一批业务能力精、综合素质高、服务意识强的复合型人才。

（二）降低舆情风险

利益相关方之间实现高效协作、透明沟通，有效减少了客户在资金、人力上的成本投入，降低各类舆论事件和投诉的产生。

（三）形成示范模式

公司携手政府、专营企业等利益相关方从合作机制、责任分工、落地事项、沟通方式等方面，探索出来一套利益相关方协作优化营商环境新模式，对于相关经验在地域间、行业间复制和推广，起到了带动示范效应。

（四）彰显品牌形象

打通服务"最后一纳米"，实现了服务品牌的广泛传播和大众口碑的建设，在广大用户群体中树立了办事便捷、高效、优质的良好口碑。《人民日报》《大众日报》等媒体对项目进行了多角度宣传报道，有力彰显了国家电网有限公司优质服务品牌形象。

五、工作展望

将"进一家门　办多家事"的"宜商三电"公共服务管理创新模式打造成为知名服务品牌，成为企业无形资产，在社会形成强烈反响和正面影响。

畅渠道，合作信息更透明。良好的沟通是合作顺利开展的基础。国网淄博供电公司将充分考虑项目涉及利益相关方较多的现状，强化社会化沟通，架设多方交流桥梁，通过主动沟通、多向互动、全程透明等形式，与各利益相关方开展全方位交流，实现多方良性互动，提高合作成效。

化风险，潜在问题严防控。"进一家门，办多家事"涉及众多利益相关方，在信息量巨大、人员复杂的情况下，可能会存在数据与舆情风险。国网淄博供电公司在项目中根植风险管理理念，将识别出的风险从多维度制定管控措施，全力避免风险的发生。

强策划，品牌形象促提升。从传播策划、导向、议题、策略、手段、组织等多个方面入手，对何时宣传、宣传什么、在哪宣传等问题进行探索。积极宣传"进一家门　办多家事"的"宜商三电"公共服务管理创新模式典型案例，通过网络传播放大效应，促进品牌传播，打造有生命力和影响力的传播品牌事件，深化公众记忆。

矢志不渝保障民生，助力光谷绿色发展

中国长江三峡集团有限公司

一、单位简介

中国长江三峡集团有限公司（以下简称"三峡集团"）因建设三峡工程而生，成立于 1993 年 9 月，是国务院国资委确定的首批创建世界一流示范企业之一。历经近 30 年持续快速高质量发展，目前集团业务遍布国内 31 个省、自治区、直辖市以及全球 40 多个国家和地区，现已成为全球最大的水电开发运营企业和中国领先的清洁能源集团。三峡集团致力实施清洁能源和长江生态环保"两翼齐飞"，"十四五"时期将基本建成世界一流清洁能源集团和国内领先的生态环保企业。

二、案例背景

坐落于关南工业园区的三峡集团湖北能源综合能源投资有限公司（以下简称"公司"）是武汉市东湖高新区唯一集中热源点及重要能源支撑点。公司两台燃气－蒸汽联合循环发电机组总装机容量 350 兆瓦，年发电量可达 15 亿千瓦·时。截至 2023 年，公司运营的热力管网总长度约 100 千米，年热力供应量约 88 万吨，为东湖高新区近 170 家工商业用户提供热力服务，集中供暖居民小区 11 个，供暖面积 230 万米^2。

艰难苦困，玉汝于成。党的十八大以来，面对行业转型升级、机组更新迭代、疫情稳产保供等接踵而至的各项历史性大考，公司自始至终把保障民生放在首位，把握机遇与挑战，强化生产运行维护管理，持续推进技术创新，节能降耗，致力走好绿色低碳发展之路，不断书写责任与担当。燃气发电机组替代了原有的小型燃煤机组，每年折算减少耗用标煤 15 万吨，减少二氧化硫、氮氧化物、烟粉尘排放约 3400 吨。自 2015 年底投产以来，取得了连续 5 年机组零非停的好成绩，成为"中国光谷"促发展、调生态、保民生的重要绿色能源生命线，有效保障了园区经济社会与发展大局，为东湖高新区民生稳定和经济社会发展作出了重要贡献。公司多次被评为东湖高新区安全生产"优秀企业"称号，2020 被三峡集团评为"抗疫先进集体"，2021 年喜获"全国工人先锋号"称号，2022 年被全国总工会授予"安康杯"竞赛优胜单位。

三、实施路径

（一）以高质量党建工作引领企业高质量发展

公司始终遵循"党建工作是'红色引擎'，高质量党建是企业高质量发展最有力保障"的原则，开展支部领先指数管理，将党建工作全面、有效覆盖到公司经营管理各环节。

大力加强党建工作，坚持探索创新，不断提升党委的领导能力、支部的组织能力、党员的战斗能力，为企业高质量发展提供有力支撑。优先给予党员机会，让有能力的核心骨干"冒尖"，拥有更多学习和锻炼机会。公司党委着力把优秀员工发展成党员，把优秀党员推荐到管理岗位，选优配强党支部书记，充分给想干事、能干事的优秀人才以施展平台，最终让标杆起到内外双向驱动的作用，带动整个组织正向前进。

在新冠肺炎防疫战线上，公司成立多支党员先锋队，组织党员加入志愿者服务队伍，下沉社区，开展测温登记，为小区居民分发物资等。关南社区作为公司的联系点，公司多次为社区送去口罩、酒精等防疫物资，安排志愿者与社区工作人员一同守护人民健康。

（二）抗疫保供，坚守一线勇当排头兵

2020年1月24日，新冠肺炎疫情告急，武汉迎来封城。公司党委迅速决策，统筹安排，领导带头驻厂、率先垂范，教育引导党员职工践行国企员工担当，发电部运行人员主动放弃与家人春节团聚的机会，纷纷写下请战书请缨驻守，紧急返厂，一手抓疫情防控，一手抓生产保障，24小时轮班坚守；公司党委开展心理关怀，为驻厂职工送防疫知识、送防护物品，让驻厂职工和后方家庭安心，团结驻厂职工守望相助。驻厂76天，无一例新冠肺炎感染病例，无一例安全生产责任事故，保障了疫情期间高新区企业和社区的供电和供热，为推进企业复工复产做出了积极贡献。

在新冠肺炎疫情阻击战的关键时期，公司接到紧急任务，为新冠肺炎定点救治医院——湖北省妇幼保健院光谷院区——铺设近300米热力管网。为了不影响医院收治病患，公司克服疫情感染风险和设备紧缺、恶劣天气影响，迅速集结全员，奋勇逆行，同时间赛跑、与生命竞速。31名战士昼夜鏖战、克难攻坚，对设计方案反复修改，不断优化，提出采用型钢管道支架替代混凝土现浇支架方案，大幅度降低了施工作业周期，仅用42小时就贯通237米热力管网，完成了原本需要15天才能完成的安装工作，创造了工程建设的奇迹，获得"学习强国"、澎湃新闻等主要媒体的相继报道。

（三）勇担重任，主动作为扛起社会责任

克服诸多困难，仅用180余天顺利建成投产供热连通管项目，长度14.7千米的连通管项目，创下国内同类型、规模项目建设工期最短纪录，实现工程建设质量安全"双零"目标。

供热连通管工程的投用使东湖高新区有了"双汽源"，实现了光谷片区"双燃料""双汽源""双管路"的供热保障升级，有效提升了区域内蒸汽保供能力和供应品质。公司持续推进老旧管网改造工程，以更加稳定优质的气源为医药企业安全生产保驾护航，让光谷生物城区域内二十余家生物医药企业用

户的供热质量得到了大幅提升。

加州幼儿园位于关南线蒸汽管道沿线上，因管线使用年限较长，"跑、冒、漏"现象较为严重。自加州幼儿园建园以来，公司加强周边巡查及消缺力度，积极向幼儿园老师及家长普及蒸汽管道运输的相关知识，保障园区安全。

两次突发状况的紧急抢修处理，为加州幼儿园砌起了一道安全"屏障"，2016 年 6 月 5 日凌晨，一辆电动汽车因操作不当，撞到加州幼儿园旁关南线蒸汽管道上，造成管道歪斜，滑动支墩偏移出来，公司立即组织相关人员，当天就完成了被撞管道的管道更换及保温恢复等工作。2019 年 1 月，加州幼儿园旁房屋拆迁时突然倒塌，掩埋蒸汽管道，公司紧急拉红线，设置警告牌，并对该段支线进行降压，及时处理维稳，每天派专人进行巡查守护，经过 2 天夜以继日的抢修，完成该段管道的恢复工作，经过一周的降压运行，确保管道安全后进行升压正常运行。不久，加州幼儿园送来一面写着"情系百姓解民忧，困难之时尽高效"的锦旗，表达感谢。

（四）提前谋划，24 小时值班守护机组安全

2019 年 10 月，第七届世界军人运动会在武汉拉开帷幕。光谷区域设有比赛场地，在近 10 天的赛事期间，公司全力保障发电生产安全运行。为确保机组迎峰度夏及"军运会"保供的用气需求，公司根据年度发电计划安排，提前与上游天然气供应方沟通协商，引入中石油气源，形成稳定的双气源供应格局。提前谋划，积极同电网协调落实机组检修时间安排，于 9 月 27 日前完成了 3 号机、4 号机检修及 1 号机、2 号机消缺工作，检修项目完成合格率为 100%。此外，公司积极落实电网调度、天然气供应、设备备品备件及大宗物资储备到位。

在军运会期间，公司采取了一系列加强现场巡检及设备消缺的措施，通过技术优化提升运行人员的应急处突能力，合理安排机组运行方式提高机组的灵活性和经济性，开展技术攻关消除设备隐患，积极推行专项巡检，即便是在市政施工高峰期，公司生产运行依然稳如泰山。

连续 10 天公司安排人员在保供第一线昼夜值守、默默奉献，凭借出色的设备可靠性，公司圆满地完成了军运会保供的任务，向世界展示着中国光谷的无限魅力与生机。

（五）不计得失，全力以赴保障民生不停供

受国际局势影响，燃料成本不断上涨，企业持续亏损的不利因素，公司坚持保障民生不停供，不计成本、不求回报，坚决服从电网调度，开展迎峰度夏、迎峰度冬等一系列能源保供工作，彰显了央企的社会责任与担当。

2022 年年底，随着国家优化疫情防控措施的出台，就医和药品的需求骤然激增，东湖高新区多家医院进入新冠肺炎救治高峰期。关山及周边的旧管线、延伸至武汉国家生物产业基地的新管线、连通管沿线遍布了数十家生物医药企业和武汉市第三医院、同济医院光谷院区两家医院等热用户，其中武汉中联药业、武汉人福药业等多家医药企业是新冠肺炎感染预防和治疗药物的重要生产来源。

公司多措并举，全力以赴保障供热覆盖范围内医院及医药企业的用热需求。公司建立健全供热保障应急预案，成立 24 小时值守的供热应急抢险队伍，加强人员安全培训工作，配备充足的抢险工具和

物资，确保在出现设备故障、极端天气等情况时，能够做到反应迅速、处置妥善，最大限度降低对药企、医院用热的影响，切实把供热安全管理工作落到实处。

加强对重点设备、重要管线运行情况、用户端蒸汽压力的监控，以保障民生为宗旨、针对不同类型用户的用气特点，科学安排管网施工及维保计划。公司还成立排查故障、入户检查的专业维修队伍，对辖区内供热设备、管网、换热站进行全面检修维护、缺陷处理，及时清理场站及管网周边杂草、易燃物，消除安全隐患，确保蒸汽管网运行安全稳定。

☰ 四、履责成效 ///

从 2015 年底投产至今，公司已实现安全运行 2700 多天，未发生因操作错误导致的非计划停运事件，未发生人员伤亡和重大设备事故。公司始终坚持"安全第一、预防为主、综合治理"的安全生产方针，牢固树立"安全第一、生命至上"的安全理念，统一部署，迎难而上，多措并举，用好每一方气，发好每一度电，扎实做好安全生产各项工作，全力保供，打造优质品牌，力争行业标杆，为东湖高新区电力安全稳定供应提供了可靠保障。在疫情防控和保供中做出了突出贡献，公司受到东湖高新区疫情防控指挥部的高度赞扬，还收到了发改委致谢能源保供感谢信，多次被高新区政府评为"安全生产优秀企业"。

在 2019 年中电联全国火电机组能效水平对标竞赛中，公司 1 号机组荣获同类别唯一 5A 评级，2 号机组获得 4A 评级，E 级供热机组综合评价第一，荣登 2018 年度全国同类别机组榜首；公司认真分析研究碳排放履约政策，减少公司碳排放履约缺口 3.5 万吨，荣获 2018 年度湖北碳市场履约模范奖；2021 年喜获"全国工人先锋号"；2022 年度被全国总工会授予"安康杯竞赛优胜单位"。

▣ 五、工作展望 ///

回望来时路，每一份成绩的获得都来之不易。雄关漫道真如铁，而今迈步从头越。

公司将深入贯彻落实党的二十大精神，矢志不渝保障人民群众生命健康和能源稳定供应，切实担负起能源企业的责任使命，全力以赴保供热、保供电，践行绿色低碳，实现生态环境保护和经济效益的双项提升，助力光谷建设成为高质量发展的生态文明示范区。

多方合作，分类破解小区配电间内涝问题

国网江西省电力有限公司

一、单位简介

国网江西省电力有限公司南昌供电分公司（以下简称"国网南昌供电公司"）始建于 1958 年，负责江西省南昌市地区电网规划、建设及运行管理。2022 年，公司服务用电客户 335.94 万户，售电量 277.21 亿千瓦·时，同比增长 8.42%，资产总额 151.2 亿元，电网发展投入 22 亿元。

国网南昌供电公司始终秉持"理念引领、管理融入、实践试点、推进有序"的社会责任管理与实践工作思路，以爱心公益、民生保障、生态实践为切入点，积极推动社会责任理念融入业务运营、融入公司管理，推出"助力岸电建设 为赣江流域注入'绿色动能'""'放心电'照亮乡村振兴路"等一批社会责任根植项目，接连数年开展"服务南昌'五大功能片区'发展八大举措"等多项社会责任实践，探索出独具特色的社会责任"南昌模式"。

二、案例背景

南昌市内涝严重，小区地下配电间被淹时有发生，加大停电和触电风险，影响居民生产生活。作为全国首批确定的 25 座重点防洪城市之一的南昌，地处赣江中游南岸的冲积扇区，地势低洼平坦，市内河流湖泊纵横交错，年均降水达 1600 毫米。一到汛期，南昌各城区易涝点就会出现"威尼斯式"水景，小区配电间被淹"屡见不鲜"。以往，为了减少配电间对土地的占用，多数小区选择将配电间建在地下，雨水倒流，配电室积水。而配电室里放置着低压器、变压器、电缆等关键设备，配电柜底部浸于水里，会加速生锈侵蚀，带来安全供电隐患；积水浸泡到带电部位会引发短路故障或电器安全事故，甚至造成区域性电力无法正常运转，严重影响居民正常生活，由此引发大量投诉。

小区配电间防涝整改涉及小区管治的众多方面，亟待借助多方合力"破解难题"。传统的电力设施防涝涉及的主体往往是居民、社区和供电企业三方，各自"单打独斗"现象突出。例如，小区配电间被淹后，电力恢复或是凭借居民自行维护，或是求助于社区电工，或寄托于供电公司的紧急救援，单个主体短期内解决用电难题，不可持续。而要从根本上解决配电间（新建小区或老旧小区）被淹问题，无论是规范新建小区配电间建设标准，还是整改或者加固老旧小区配电间，都需要众多利益相关方共同参与，从问题源头找出新的解决方案。

三、实施路径

（一）深入调研，摸排小区配电间内涝现状

摒弃传统的投诉后再处理、有问题再解决的思想，国网南昌供电公司主动调研统计辖区内的小区配电间建设情况，提前介入和预防安全隐患的产生，避免小区配电间内涝的安全事故和投诉。

南昌市小区配电间内涝排查情况

用户名称	配电间位置（地上／地下）
江西省地质局水文地质大队	地面
南昌骏恒房地产开发有限公司（中骏、世界城）	地下
发达控股集团有限公司（上海南路沿线安置房）	地面
江西谱洋实业有限公司（谱洋府小区）	地下
江西省运动训练保障中心	地面
南昌青山湖投资集团有限公司［辛家庵（许村）安置房］	地面
华侨城（南昌）实业发展有限公司（华侨城6-2A地块）	地下
江西中金黄金珠宝置业有限公司	地下
南昌昌南城市建设投资发展有限公司（青云谱区下尧村城中村改造安置房）	地面
江西省地质局水文地质大队	地面
江西宜锦房地产开发有限公司（悦湖华苑）	地面
南昌嘉悦房地产开发有限公司（中粮大悦城）	地下
南昌青山湖投资集团有限公司（塘山安置小区）	地面
江西泽林房地产开发有限公司（赣江明珠小区）	地下
中铁建设集团有限公司南昌分公司（南莲路安置房）	地面
中国建筑一局有限公司（桃花镇安置小区）	地下
南昌青山湖投资集团有限公司（张燕村安置房）	地下
江西工程高级技工学校（员工住宅小区）	地面
中铁十一局集团有限公司（南镇村安置房）	地面
南昌市地美房地产开发有限公司（美的新力公园天下）	地下
南昌市金茂大厦商住楼业主委员会（金茂大厦户表改造）	地面
南昌鑫资房地产开发有限公司（南昌雍江花园小区）	地下
南昌轨道交通集团有限公司（金盘苑安置房）	地面
江西泰旺成置业有限公司（华林青山湖）	地下
华侨城（南昌）实业发展有限公司（华侨城5-2B地块）	地下

续表

用户名称	配电间位置（地上／地下）
华侨城（南昌）实业发展有限公司（华侨城 4-2 地块）	地下
江西建工第二建筑有限责任公司（顺外路安置房）	地面
华侨城（南昌）实业发展有限公司（华侨城欢乐象湖五期地块）	地下
南昌天翌置业有限公司（中大汇）	地下
南昌市百盛实业投资有限公司（百盛隆和小区）	地下
南昌市钜美房地产开发有限公司（保利美的云筑）	地下

（二）寻求伙伴，促成多利益相关方参与支持

为更好赢得各方支持，国网南昌供电公司开展政府、开发商、物业、居民、社区（居委会）、媒体等利益相关方调研，了解利益相关方的心声和诉求。基于调研基础信息，了解各方优势和需求，深入分析各方可供资源和可获利益。通过结合利益相关方合作的意愿与资源优势，寻找可合作的方式，为供求双方搭建沟通桥梁。针对不同需求群体，结合其参与意愿和可供资源，共同对小区配电间整治问题进行探讨，推动与利益相关方展开洽谈。

利益相关方沟通情况

利益相关方	沟通方式	诉求	资源
政府	致函说明项目基本情况、电话拜访	不发生安全事故。维护社会和谐	具备行政执法权，协调解决配电间整改用地问题的资源和能力
开发商	线下座谈沟通。线上会议沟通。电话沟通	快速回笼建设成本。提升经济利润	资金优势，场地协调
物业	线下座谈沟通。线上会议沟通。微信沟通。电话沟通	减少工作量。提升住户满意度	支持项目推进，减轻工作负担，配合宣传，使小区居民支持理解改建
居民	面对面沟通。电话沟通。问卷调查	稳定安全用电。减少维修麻烦	支持项目推进，体验服务，反馈效果，提出建议
供电单位	线下座谈沟通。线上会议沟通。微信沟通。电话沟通	减少小区配电间安全事故。降低投诉。提高经济收益	作为牵头方，梳理流程，制定方案，明确各方需要做什么
社区（管委会）	线下座谈沟通。微信沟通。电话沟通	保障社区用电。确保社区稳定	社区事宜的协调力
媒体	线下座谈沟通。电话沟通	获取新闻热点。扩大影响力。信息公开透明	传播渠道，舆论引导，积极推广，监督追踪

（三）风险分类，确定各类小区配电间整治措施

针对南昌市内各小区配电间设备的老化程度以及发生内涝问题的可能性大小，国网南昌供电公司将居民小区划分为高风险、中风险和低风险三类小区，展开详细的摸底调查和风险评估，为后续的小区配电间整治策略制定提供信息依据。

南昌市小区配电间内涝风险评估及整治措施

风险类型	评判标准	描述	整治措施
低风险	属于物业管理小区，往往为新建小区；电力设施和线路较新或很新；小区配电间很少或未发生用电故障	低风险小区由于配电间设施较新，加上小区刚刚建成，很少发生客户侧一端的电力故障，对电网公司而言风险很低	新建小区按照《南昌市建设项目供配电设施设置标准（试行）》建设配电间
中风险	小区建设时间较长，且往往缺乏物业管理；电力设施和线路老化较为严重；配电间一般设在地下，偶尔因进水发生零星的用电故障	中风险小区由于配电间设施和线路存在一定老化的问题，且选址在地下，容易因进水发生小范围停电故障并造成对供电公司的负面影响	配电间防涝加固（采取防止涝水倒灌措施、设置封堵装置等方式）
高风险	属于弃管小区或开放式老旧居民楼；小区建设时间最长；电力设施和线路严重老化；配电间设在地下，常因进水发生较大面积用电故障	高风险小区配电间设施陈旧老化严重，有屡次发生故障的先例，易因内涝引发较大面积停电或触电、火灾等安全故事，给电力公司和社会造成较大的危机	配电间防涝迁移改造

（四）因地制宜，开展小区配电间差异化整治

在对市内小区配电间内涝风险程度界定后，国网南昌供电公司摸排测算了市内31个小区配电间内涝情况，发现内涝隐患12处。其中，低内涝风险小区6个，中内涝风险小区4个，高内涝风险小区2个。公司针对这三类小区，开展差异化整治。

1. 低内涝风险小区

政企联动推动低内涝风险小区电力设施改造。针对低内涝风险的小区（主要为新建小区），国网南昌供电公司积极参与江西省《新建住宅供配电设施建设标准》编制大纲审查会，推动江西省住建厅、国网江西省电力有限公司联合发布《新建住宅供配电设施建设标准》；经南昌市政府同意，协同南昌市自然资源局联合制定了《南昌市建设项目供配电设施设置标准（试行）》，对新建住宅小区、服务型公寓自用供配电设施设置位置进行规范。文件指出，配电室不宜设置于地下层；如受条件所限且建筑物有地下二层及以下的，配电室可设置在地下负一层独立房间内，但应满足相应的空间及排涝设备安装等要求。

2. 中内涝风险小区

应用在线监测技术推动中内涝风险小区配电设施防涝加固。除采取防止雨水倒灌措施、设置封堵装置等常见措施，落实配电房挡水门槛安装、水泵安装、电缆孔洞（穿墙孔）封堵、电缆沟防水等基本要求外，国网南昌供电公司还对配电房进行了物联网智能配电自动化防涝补强。公司基于配电智能融合终端及各类传感技术，推进配电间在线监测技术应用，在红谷滩高可靠性配电网示范区内247个配电间内安装水浸、环境温湿度等传感器，并接入配电自动化系统，实时感知设备运行环境、水位情况，实现故障隐患、汛情早知道，科学指导配网设备精准运维。2022年，国网南昌市红谷滩供电公司"红电"QC小组成果"缩短10千伏地下配电间故障抢修时间"，在第47届国际质量管理小组大会斩获国际金奖。

3. 高内涝风险小区

以市场化机制推动高内涝风险小区配电间改造。这类小区建设时间相对久远，配电间一般位于地下，常年积水，设备隐患多。为解决此类问题，国网南昌供电公司组建攻坚队伍，由公司主要领导担任组长，综管部、营销部、运检部及通源分部相关人员为成员，与政府部门、项目单位沟通，促成配电间迁改。

以南昌市丰和新城小区为例，该小区居配工程由社会单位施工，居配设施属开发商资产，于2007年开盘售楼。由于其配电设施绝大多数属客户产权，日常疏远管理，地下配电间常年积水，且杂乱无章，几乎处于"真空"弃管状态。为促成弃管小区配电设施的改造与资产的顺利接管，红谷滩公司主动与用电客户沟通，解释产权关系；促进政府多方协调，由开发商出资改造，并委托通源公司红谷滩分部实施。改造后，配电间设备地址选在了地面，考虑内涝因素，加高了离地高度。客户用电环境得到了根本改变，用电可靠性得到显著提升，真正实现了政府满意、客户满意、开发商信任等多赢局面。

（五）防汛应急，加强常态化应急预防及演练

一是与市防汛指挥部联动，通过微信工作群聊，提前知悉暴雨气象预警，有序做好防汛工作应对。此外，公司积极参与市防汛指挥部的相关工作会议，协同水利、气象、水文、自然资源、住建、城管等部门共同响应市防汛指挥部的工作部署。

二是依托电缆运检中心所辖隧道防汛信号监测系统，一方面，在线监测汛期辖区内积水情况，有针对性开展防汛应急。公司电缆运检中心管辖董家窑、桃苑、阳明东、卫国等9条隧道，主要分布在东西湖区、青山湖区、南昌县及经开区。隧道在线监测目前布置在中心运维的电缆精益化管理平台系统上，该系统在公司的互联网大区上稳定运行，并通过了市公安局及省市公司信通安全认证，其主要对隧道环境及电缆线路进行全面监视及感知。另一方面，中心在每个隧道的集水井处都设置了水位传感器，可实时监测隧道内水位高低，该功能模块在青云谱、董家窑、乌沙河、临空、阳明东等地势较低或邻水隧道积水抽排方面发挥了重要的作用。

三是组建南昌公司应急领导小组，组织参练队伍参加由江西省人民政府主办的"江西省2022年灾害事故应急救援综合演练"，积极配合南昌"地铁被淹"演练，出动一辆200千伏·安的UPS电源车、一辆500千瓦发电车现场值守，一辆400千瓦发电车作为演练保电车。配合轨道交通集团，对现场受灾电力设备开展排查和快速抢修恢复工作；协同公益紧急救援机构蓝天救援队，对汛期被困人员进行排练救援，守护人民群众生命线。

（六）传播推广，吸纳更多利益相关方参与

强化新闻宣传，促进经验推广。一是确保宣传时效，前线宣传员全程采集现场一线素材，及时组

稿并刊发，包括但不限于《红谷滩公司：积水配电间里的执着坚守》《国网南昌市昌北供电公司：水退即送电，锦旗诉情长》等稿件。二是加强前后方联动，组建前线宣传团队，并充分借助后方宣传力量，组织市、县公司各级宣传人员协同撰稿、剪辑、发布等工作。三是拓宽新闻渠道，新闻发布既有人民日报、新华社等外部媒体，又有公司要闻、"领航台"等内部窗口。表现形式既有综述性、纪实类的文字稿件，又有现场连线、视频新闻等动态报道。国网南昌供电公司充分利用媒体的宣传推广影响力，传播公司整治小区配电间内涝问题的经验和做法，为项目在更大范围内推广复制打好基础。

四、履责成效

（一）减少小区配电间内涝，保障居民用电安全

内涝造成的电力设施破坏隐患降低，公司运检部门运维压力减小，在小区地下配电间采取防涝改建和加固措施，近年，国网南昌供电公司改建小区配电间 22 个，对"三供一业"等老旧小区用电环境实施改造，降低了老旧小区居民因内涝造成的用电安全隐患。2022 年，国网南昌供电公司配网联络率提升至 95.86%，故障停运同比下降 26.4%，台区平均停电时长下降 23.7%，供电可靠率达 99.93%。供电公司收到的与配电间内涝相关的投诉降 0 起。极大减少了居民抱怨情绪，进一步营造了安全的电力环境。

（二）促进多主体沟通合作，实现综合价值提升

就外部视角而言，依托小区配电间防涝整治项目，使社区、物业、供电公司等通力协作，开展小区配电间差异化整治。同时，与市防汛指挥部、市自然资源局、市气象局等利益相关方形成良好的沟通交流平台，促进参与方发挥各自资源优势，常态化开展防汛应急工作。就内部视角而言，项目的协作实施，使综管部、营销部、运检部等专业部门打破专业壁垒、通力配合，增强专业部门间的沟通能力，提升部门间的协作水平，为其他工作协调有序开展打下基础。依托内外部沟通合作，项目也促进了多方利益共赢。对社区管委会、物业而言，规范了社区管理，有效控制了配电间进水引发的安全隐患，减少了人员触电和火灾安全事故，维护了社会稳定和社区居民的人身财产安全；对政府部门（如市防汛指挥部、市自然资源局、市气象局）而言，减少了内涝问题带来的居民财产损失，维护了社会稳定和谐；对供电公司而言，解下了长久以来悬挂在头上的安全隐患利剑，降低了日常运维成本。

（三）提升供电服务质效，树立良好品牌形象

通过利益相关方参与及合作，公司对高、中、低三类内涝风险小区进行防涝整治，显著减少辖区内因配电间进水引发的断电问题，2022 年未发生因配电间进水引发的人身伤亡情况，有效降低了经济风险和法律风险，维护了"可靠、可信赖"的良好企业形象。此外，在常态化防治内涝、提升防汛应急能力方面，公司积极响应市防汛指挥部的倡议，实现防汛应急管控制度化、群防群治意识增强、信息共享更及时，应急响应更高效，为抗洪防汛做好后勤用电保障。2022 年，国网南昌供电公司投入抢修队伍 234 支、人员 1719 人次、车辆 277 台次，为辖区内 9 个滨湖乡镇架设临时防汛照明线路 170 千米，装设照灯具 4500 余盏，为抢险一线带去光明，与人民群众心手相连，为助力"韧性城市"建设贡献力量。

五、工作展望

目前国网南昌供电公司"多方合作，分类破解小区配电间内涝问题"已入选国家电网有限公司2022 年度社会责任根植重点项目。国网南昌供电公司将坚守中央企业、供电企业责任担当，扛牢保供责任，强化客户电力设施防汛措施落实，指导各小区物业落实相关防汛要求，补齐防汛防台短板，针对地下供电设施不符合要求、未实施防涝加固的小区及重要客户，形成防汛防涝合力。对分类破解小区配电间内涝问题形成的典型经验，将面向全省其他地区推广。

当好独居老人"电保姆"，下足社区履责"及时雨"

国网上海市电力公司市北供电公司

一、单位简介

国网上海市电力公司市北供电公司（以下简称"国网上海市北供电公司"）成立于1991年8月28日，主要为上海中北部区域四个行政区——静安区、普陀区、宝山区以及杨浦区提供输配电服务。

在新的时代背景下，作为社会发展的支柱、央企子公司，国网上海市北供电公司面临着严峻复杂的外部考验与艰巨的改革发展任务，承接经济发展任务意味着承担着更多更重的社会责任，也必然不断面临着可持续发展与经济发展并行的矛盾问题。在国家电网有限公司各级领导的坚强领导下，国网上海市北供电公司逐渐形成了更加成熟定型的社会责任管理体系来应对各类社会责任与可持续发展过程中遇到的问题，以党建引领为积极推动企业在服务"双碳"目标、确保城乡可靠供电、衔接乡村振兴、服务区域战略等工作上保持高质量发展，不断促进社会公平与进步。

二、案例背景

全球人口正在快速老龄化。据世界经济论坛官网报道，预计在未来的几十年中，全球老龄化人口将从目前的7%上涨到20%，上海是我国最早进入老龄化社会的城市，2020年末上海独居老人已达30.52万人，其中孤老2.26万人。人口老龄化不仅对家庭产生影响，产生的独居老人养老难等新问题也将迫使整个现行社会系统进行变革。独居老人居家存在多种生命安全隐患，因此政府希望在保护独居老人方面电力大数据能出奇招。

曹杨新村街道、临汾路街道是上海典型的老龄化社区，经过对街道部分居委和116位独居老人的沟通走访、入户检查发现，独居老人家中安全用电问题多发，许多独居老人存在安全用电隐患。加之独居老人身体机能下降，隐藏着非常多的安全隐患，例如发生摔倒等意外事故，一旦无法自救且长时间无救援，生命安全将受到严重威胁。

由此可见，对于每一个即将进入或已经进入老龄化社会城市的公共服务而言，如何精准定位到有需求的老龄群体并提供帮助，又能做到悄无声息不打扰老年人的日常生活就显得尤为重要。

三、实施路径

国网上海市北供电公司对外强化与街道社区、独居老人等各利益相关方的诉求沟通。目前已获取曹杨新村街道 1202 户、临汾路街道 2263 户独居老人用电地址，为开展"独居老人"指数测算奠定基础。

（一）必尽责任——设置四道防线，确保独居老人安全用电

"四道防线"守护独居老人用电安全。针对老人用电安全意识与隐患排查能力薄弱问题，国网上海市北供电公司为独居老人用电安全增加四道防线。**第一道技术防线**，基于 HPLC 载波数字技术，在独居老人电表箱上安装温度感应装置，一旦过热可发出报警，有效保障老人供电安全。**第二道抢修防线**，为独居老人开辟抢修绿色通道，压缩抢修响应时间，保障独居老人及时复电。**第三道服务防线**，定期上门为独居老人开展线路故障排查、用电指导，为独居老人消除用电隐患。**第四道宣传防线**，通过设计案例推演、情景模拟等趣味性教学互动活动，提升独居老人用电安全意识，提高老人居家安全用电、科学用电及文明用电意识。

（二）应尽责任——提供增值服务，提升独居老人生活质量

"三步走"实现独居老人无忧用电。国网上海市北供电公司通过设立街道"关爱老人"专项工作小组，扩展志愿增值服务。专项工作小组延伸服务窗口设置，**第一步提供智慧服务**，在社区居委会设置智能移动终端机器，指导包括独居老人在内的社区老人使用线上办理电力业务；**第二步提供上门服务**，安排专项工作小组为行动不便的独居老人提供上门办理业务；**第三步提供省钱服务**，配合居委会为包括孤老在内的困难独居老人等人群建立特殊电力客户档案，提供节能分析、能效诊断，为贫困独居老人用户提供电费优惠，提升其生活质量。

"两举措"保障独居老人乐享生活。一方面从老年人的实际需求出发，推动智慧家电进社区便捷老人生活。在街道社区服务中心设置智能用电虚拟展示厅，在展示厅，由社区志愿者与供电团队为老人详细说明产品信息与使用方法，让老人不再对高科技产品望而却步，真正有能力享受智慧化带来的便捷生活。另一方面服务社区加装电梯改造，让更多老人告别爬楼时代。国网上海市北供电公司积极响应包括曹杨新村街道、临汾路街道在内的辖区老旧小区改造需求高质量落地。老旧小区加装电梯的办电环节压缩至 2 个，装表接电时间缩短至 3.6 天。

（三）愿尽责任——监测老人安全，助推美好和谐社区建设

打造大数据信息预警产品。临汾路街道每家每户都装上了可远程采集数据的智能电表，基于街道提供的独居老人用电地址采集独居老人日常用电数据，**开发大数据产品"独居指数"，构建出"动态"+"静态"相结合的独居老人状态判断模型**。静是"静态"电力画像。通过五个维度对独居老人日常用电情况进行大数据分析，刻画出五类独居老人画像。动是"动态"行为判断。"独居指数"监测系统智能识别独居老人居家时段，判断独居老人长时间不在家、用电异常和用电习惯改变等情况。一

且老人家中用电情况异常，监测系统能迅速捕捉并"报警"。

建立"第一联系人"机制。国网上海市北供电公司与临汾路街道管辖的阳曲小区、汾西小区、临汾小区等 20 个居民委员会建立"第一联系人"机制，由每个居委会确定一位工作人员作为"独居老人"指数异常问题处理的第一联系人以及责任人，一旦出现异常情况，国网上海市北供电公司便会立即通知居委会"第一联系人"上门查看，保证预警问题的快速响应解决。

推动预警信息闭环管理。针对"独居老人"指数异常情况，国网上海市北供电公司联合临汾街道自治办设计信息展示功能模块，将异常提示通过临汾街道民情日志系统数据大屏进行公开展示。系统同步发送预警短信至居委会"第一联系人"，保障"第一联系人"及时开展独居老人的上门关心服务。现场核实后由居委会"第一联系人"短信反馈核实情况至民情日志系统。

（四）循环提升——重视多方反馈，持续优化电力服务体系

国网上海市北供电公司在服务社区独居老人的过程中，依据 PDCA 循环流程实现项目动态提升，每季度通过入户访谈、组织社区沟通会等形式，向居委、独居老人、社区居民等利益相关方介绍项目已有成效，并将各方的反馈建议和诉求作为持续优化老龄化社区定制电力服务的基础，推动服务内容和方式的不断改善。

四、履责成效

习近平总书记在 2020 年的企业家座谈会上指出："企业既有经济责任、法律责任，也有社会责任、道德责任。任何企业存在于社会之中，都是社会的企业。"企业的关注点不能仅仅局限于经济利益，需要用更全面的眼光看待企业发展，主动承担社会责任与道德责任，关注社会均衡发展的多方面需求。

（一）关键突破

国网上海市北供电公司在应对独居老年群体发展对供电提出的高要求中，主要有以下突破性和创新性：

以责任三层次理论深化全方位服务独居老人履责路径。国网上海市北供电公司立足独居老人发展诉求及存在的问题，利用责任三层次理论深化履责路径，以电力大数据守护老人居家安全的愿尽责任，不断拓展责任边界，发挥电力优势，全方位服务独居老人。

开发电力大数据服务产品"独居指数"无声、精准关怀独居老人。国网上海市北供电公司开发大数据服务产品"独居指数"，通过"动态监测＋实时对比"独居老人住户每日用电量的变化，及时告知居委所辖独居老人用电异常的情况，以辅助居委会及时关心独居老人的生活，无声无息而又精准可靠地把帮助变成了一种体面的关怀。

（二）多重价值

社会价值——提升独居老人社区养老幸福感。国网上海市北供电公司整合街道社区居委资源，开创多种老龄化社区定制电力服务模式，强化独居老人对供电服务与社区服务感知度，提升独居老人的安全感和幸福感。项目获 2023 年金钥匙·国家电网主题赛金奖、2022 年金钥匙——面向 SDG 的中国行动全国优胜奖、第六届中国青年志愿服务项目大赛铜奖、"奉献杯"第三届上海青年志愿服务项目大赛铜奖。

截至 2023 年 6 月，国网上海市北供电公司的"独居指数"已解析曹杨新村街道 1202 户、临汾路街道 2263 户独居老人家中的用电量数据。通过"独居指数"曹杨新村街道、临汾路街道与供电团队及时监测到 96 次老人用电习惯改变，18 次老人用电异常，为 6 位身体不适的老人提供及时帮助。

行业价值——为解决社会化养老服务难题提供行业力量。国网上海市北供电公司通过与曹杨新村街道、临汾路街道社区居委联动、积极合作，推动形成"居家为基础、社区为依托、供电为补充"的养老新模式，为供电企业参与解决社会化养老服务难题提供有效思路与有益示范，以"国网力量"提升更多区域独居老人关爱水平。

企业价值——精准服务，提升用户安全用电水平。国网上海市北供电公司通过为独居老人精准开展电力服务，进一步提升曹杨新村街道、临汾路街道社区独居老人安全用电水平及意识，减少安全事故的发生。截至 2023 年 6 月，曹杨新村街道、临汾路街道社区独居老人电表箱上的温度感应装置 23 次自动报警实现主动预防线路故障。通过绿色通道国网上海市北供电公司为曹杨新村街道、临汾路街道独居老人开展 6 次电力故障抢修。"明灯"（市北）共产党员服务队 18 次上门为独居老人开展线路故障排查、用电指导，9 次进社区开展科学用电宣讲。

五、工作展望

截至 2023 年，国网上海市北供电公司已与第三个供电辖区内的街道政府机构大宁路街道办事处取得沟通，积极筹备街道内"独居指数"产品的推进工作。

未来，国网上海市北供电公司将继续深挖"独居指数"在不同领域能带来的积极效应，如应用在残障人士、居家疗养重病患者等，拓展"独居指数"服务维度；同时发挥党建引领、联建示范等作用，推广"独居指数"在各个街道"多点开花"，力求在上海市层面落地生根，助力打造所有独居老人都能享有的"老有所安"的宜居环境。

整县屋顶分布式光伏项目开发
与风险防控管理体系建设

大唐苏州热电有限责任公司

一、单位简介

大唐苏州热电有限责任公司（以下简称"公司"）成立于 2011 年 6 月，是中国大唐集团公司第一个自建燃机热电项目，位于长三角一体化示范区核心板块之一的汾湖高新技术产业开发区。一期工程建设规模为 2×180 兆瓦 E 级燃气 – 蒸汽联合循环热电联产机组，两套机组分别于 2013 年 3 月 27 日、5 月 27 日相继投运，两台机组最大对外供热能力可达每小时 240 吨。二期重型调峰燃机项目已列入《苏州市能源发展"十四五"规划》。现在册在岗员工 132 人，员工平均年龄 35 岁。

二、案例背景

（一）落实国家战略部署的客观要求

2022 年 6 月，国家发展改革委、国家能源局等九部门联合发布《"十四五"可再生能源发展规划》，提出大力推动光伏发电多场景融合开发，全面推进分布式光伏开发，重点推进工业园区、经济开发区、公共建筑等屋顶光伏开发利用行动，在新建厂房和公共建筑积极推进光伏建筑一体化开发，规范有序推进整县（区）屋顶分布式光伏开发。全面推进全县屋顶分布式光伏发展，充分发挥新能源在能源供应保障、能源双控调节中的作用，加快推动绿色低碳发展，推进清洁生产，降低碳排放强度，确保如期实现"碳达峰碳中和"目标。

（二）落实集团公司绿色低碳转型发展的需求

2021 年 11 月 22 日，大唐集团公司以《关于投资建设集团公司整县屋顶分布式光伏试点项目的批复》（大唐集团投〔2021〕584 号），同意吴江整县（区）屋顶分布式光伏项目列为集团公司整县屋顶分布式光伏 4 个试点项目之一，大唐吴江整县屋顶分布式光伏项目规划总装机 210 兆瓦，拟分三期开发建设，一期开发建设 50 兆瓦。在通过创新开发整县屋顶分布式光伏项目，了解到开发过程中存在的安全风险、投资风险，针对不同开发模式下的各类风险，研究制定对应的管控措施，寻找可复制、推广的屋顶分布式光伏开发新路径，为集团整区县屋顶分布式光伏开发争做示范。

（三）企业高质量发展的迫切需求

2021 年 9 月，国家能源局公布了试点名单，吴江区纳入国家首批试点区县。苏州公司地处长三角一体化示范先行区，"碳达峰""碳中和"带来的能源变革发展机遇，结合区域的资源禀赋，充分挖掘各类空间资源潜力，在复杂的市场竞争中，抢抓屋顶分布式光伏发展机遇，深入了解屋顶分布式光伏开发、风险防控方面存在的问题，积极总结开发经验，优化开发路径，降低开发风险，为区域高质量发展提供有力支撑。

三、实施路径

（一）整县屋顶分布式光伏项目开发实施过程

目前，吴江整县屋顶分布式光伏项目已储备 100 余万米^2 屋顶资源，综合考虑资源条件、电价水平、消纳空间、履约能力等因素，首批优中选优，遴选出 15 个单体项目共计 14.15 兆瓦先行先试，项目已成功并网发电，运行稳定。

健全工作机制。根据屋顶分布式光伏开发建设总体要求，公司结合实际，制定落实方案、完善优化工作机制，成立以公司一把手为组长的分布式光伏开发推进专项小组，形成公司领导牵头抓、责任部门负责抓、攻关小组具体抓的工作机制，每日反馈工作进展，每周召开高质量发展推进会并形成书面报告，每月开展月度分析会形成会议纪要及督办任务，坚持"日调度、周提醒、月分析"，全面开展光伏资源排查、风险排查，统筹协调重大事项，科学有序推进屋顶分布式光伏开发建设。

加大政策支持。为建设环境美、素质高、管理精、后劲足的"美丽苏热"，增强发展后劲，提升公司全体员工参与屋顶分布式光伏项目资源开发的积极性，确保吴江屋顶分布式光伏项目目标任务务期必成，公司印发了《大唐苏州热电有限责任公司鼓励全员参与屋顶分布式光伏项目资源开发的意见》（大唐苏州热电项〔2022〕2 号），鼓励全体员工利用自身优势和各类资源积极提供屋顶资源，完成项目风险排查、资料收集，针对有效资源予以一定的奖励。同时，苏州公司为抢抓屋顶分布式光伏机遇，加快高质量发展步伐，修订并印发《大唐苏州热电有限责任公司电源项目前期工作考核奖励实施细则的通知》（大唐苏州热电制〔2022〕43 号），屋顶分布式光伏从项目开发到完成备案的各个关键节点予以奖励。

创新审批模式。公司严格落实属地管理责任，与地方能源主管部门及审批部门加强沟通协调，进一步优化光伏发电项目审批备案流程，对于集中连片的屋顶资源创新提出编制整体实施方案，作为单体项目履行备案手续。其中，苏州天吴电梯装潢有限公司 2.959 兆瓦项目通过创新审批模式，四个厂区集中打包备案，打造成江苏省首个集中连片式屋顶分布式光伏整体打包备案项目，同时被评为 2022 年吴江区优化营商环境十佳优秀案例。

智慧全过程管控模式。公司建立独立的智慧管控中心，该系统实现数据采集与历史数据存储、全厂实时画面监视、趋势分析、性能计算与分析、耗差分析、生产报表、事故回放、设备状态监测和事件与报警管理等内容，帮助项目开发人员分析前期存在的风险，确保项目异常发生后半个小时以内进行跟踪处理。同时每个单体项目录入"吴江区数字化管理平台"，从项目备案、并网申请、建设阶段、验收阶段、并网运行，实行全过程管控，保障项目稳定运行。

（二）整县屋顶分布式光伏项目风险防控管理体系的运作

在整县屋顶分布式光伏项目的开发过程中，大唐苏州发现了很多风险点，并根据风险点制定了相应的防控措施，确保整县屋顶分布式光伏项目开发和实施过程风险点可控在控。

1. 业主履约能力的风险

分布式光伏发电项目合同周期一般为25年，周期较长，项目前期应深入开展风险排查，重点对业主房屋产权、消纳能力、变压器容量、屋顶结构等情况要进行必要的调研和梳理，同时应考虑用能方拖欠电费、减产、关停、破产、搬迁等造成项目中止的风险。项目开发前期，应加强对拟开发企业经营预期的调研和预判，择优开发央企国企、知名民企、上市公司等具备稳定经营预期的企业，分析判断投资价值后，再决定是否签订开发协议。

2. 区域规划调整带来的风险

分布式光伏点多面广、布局分散，可能因当地政府政策、规划调整等原因，导致厂房拆迁难以获取拆迁补偿的风险。结合区域特点，项目建设及运营期间应充分考虑受政府政策调整、厂房拆除等不可抗力影响，积极对接地方规划主管部门，最大限度避免在投资期内企业拆迁带来的投资风险。

3. 屋面漏雨致业主设备损坏产生的索赔风险

屋顶光伏项目合同周期较长，开发的屋面存在年久失修的情况，在安装光伏设备前已存在漏雨的情况。所以，在签订正式合同前与业主共同鉴定屋面防雨情况，合同中明确安装光伏前、后漏水的责任划分，项目建设及运营期间购买充足的第三者责任险，防止因项目施工造成屋面漏雨、设备损坏，引发纠纷及索赔风险。

4. 项目施工和投产后运维的安全风险

屋顶分布式光伏项目作业面广，施工安装与企业办公存在交叉，工程现场管理难度大，项目施工和后期运维存在高处坠落、触电、机械伤害等风险。须坚持做到不安全不作业、措施不落实不作业、隐患不排除不作业，确保施工安全，且项目建设及运营期间购买充足的第三者责任险，避免后期运维存在纠纷。

5. 变压器容量变更存在的风险

针对低压项目，国网吴江区供电分公司要求分布式光伏项目接入容量不应超过变压器设备额定容量的80%，严禁超容量接入，该占比在未来可能进一步下降，压缩了部分区域分布式光伏可接入容量，导致项目备案容量远远大于实际投产容量。因此，在分布式光伏项目开发前，要做好现场踏勘收资和资源评估，重点了解需接入的现有变压器容量和计划接入光伏规模的匹配关系，防止出现光伏接入容量超过现有变压器允许容量的情况，避免项目开发规模、效益不及预期，同时还应做好项目储备，实现项目开发一批、储备一批，保障整体项目满足目标要求。

6. 项目开发过程中重要关注事项

关注区域规划。光伏发电项目的寿命较长，结合区域特点，项目建设及运营期间应充分考虑受政府政策调整、厂房拆除、地震、水灾、海啸、台风、战争、动乱等不可抗力影响，积极对接地方规划主管部门，最大限度避免在投资期内企业拆迁带来的一系列风险。

关注屋面辐照及荷载。光伏发电项目选址应优先考虑太阳辐照量大、阴雨天气少、污染程度小的地区。若企业靠近海边，则还需注意防盐雾防腐蚀、抗台风措施；若沙尘大则需考虑防风沙和增加清洗的措施；若在寒冷地区则应考虑防冻和除雪措施。光伏电站需要运营 25 年，项目前期除落实除屋面自重外，还应关注是否额外增加其他荷载，如管道、吊置设备、屋面附属物等，同时考虑极限状况下暂时施加于屋面风载、雪载等可变荷载，并核算房屋是否有余量铺设光伏设备。

关注开发模式及投资收益。屋顶分布式光伏发电项目开发模式主要包括电价优惠模式、屋顶租赁模式、合资模式等，前期应综合考虑业主经营方式、业主消纳能力、运营维护难度、房屋使用年限及材质等因素，优先选择企业实力强、行业前景好、企业经营规范、财务正规的业主进行合作，确保项目投资收益满足集团公司要求。

关注施工管理及安全责任。屋顶分布式光伏一般装在混凝土或者彩钢板屋面，在混凝土或彩钢板屋面上安装光伏支架，混凝土屋面安装钢支架，彩钢板屋面安装铝合金导轨，依托支架或导轨安装光伏组件。落实工程建设安全、质量管理责任，督导强化工程现场管理，落实业主带班管理，坚决制止安全违章行为，强化培训与考核；结合分布式光伏智慧化管控，发挥基建现场远程监控作用，对项目现场安全进行数字化集中管控，确保工程现场安全、质量可控在控。

四、履责成效

（一）管理效益方面

通过开发屋顶分布式光伏项目，加强分布式光伏基础设施发展顶层设计，做精做细做实项目开发方案，合理布局分布式光伏发电开发区域，力求规划符合吴江区地区发展实际，立足特色布局，加大公共资源整合力度，完善电网基础设施建设。充分发挥市场主导作用，通过创新开发合作模式、加大地方政策扶持、建立合理价格机制等方式，引导社会资本参与分布式光伏发电设施体系建设运营。

（二）经济效益方面

吴江屋顶分布式光伏项目已投产 14.15 兆瓦，按照正常年份计算电站每年将向社会提供电力 1367 万千瓦·时电量，增加的电力供应使得社会生产潜能得以释放。经社会报告测算 1 千瓦·时电力可产生 9.72 元产值，由此可算出电站每年向社会提供的电力使地方 GDP 的增加值达到约 1.33 亿元。其次，在电厂经营期间平均每年上缴企业所得税、产品销售增值税、城市维护建设税和教育附加费等，通过上述数据可见本项目投产后对国家和地方经济建设、市政建设和教育事业的发展都有显著贡献。

（三）社会效益方面

随着气候变化和环境污染，可再生能源重要性凸显，对人类的生存和发展至关重要。2020 年 9 月，国家碳达峰碳中和目标的提出，进一步推动新能源产业发展备受关注。"十四五"期间，在能源结构加速转型的前提下，新能源发电将成为新增能源主要贡献力。其中，光伏发电作为重要的战略性新兴产业，对推动能源技术创新、优化能源结构、保障能源安全、改善生态环境、转变城乡用能方式具有重要意义。相比于集中式光伏，分布式光伏发电拥有更广阔的应用前景，是"稳增长、调结构、促改革、惠民生"的重要举措，大力开发分布式光伏，不仅能够降低企业的用能成本，同时可以降低区域的总体能耗水平。

（四）生态效益方面

吴江区日照强度属于三类地区，全年辐射量为 4200 兆焦 / 米 ^{2}~5400 兆焦 / 米 ^{2}，吴江屋顶分布式光伏项目已投产 14.15 兆焦，按照正常年份计算电站每年将向社会提供电力 1367 万千瓦·时电量，25 年共生产 3.42 亿千瓦·时电量。与相同发电量的火电相比，每年可节约标煤 4183 吨（以平均标煤煤耗为 306 克 / 千瓦·时计），每年可减少多种大气污染物的排放，其中减少二氧化碳（CO_2）约 1.07 万吨 / 年，二氧化硫（SO_2）排放量约 81.85 吨 / 年，氮氧化物（NO_x）27.72 吨 / 年，同时还可节约大量淡水资源。由此可见，大力开发太阳能资源，发展光伏发电，不但可节约宝贵的一次能源，还可以避免由于火力发电厂的建设造成的环境污染。所以，发展光伏发电是实现能源、经济、社会可持续发展的重要途径，成为地方经济的一个新增长点。

五、工作展望

优化开发模式。自主开发模式市场化程度低、开发效率低、规模增长慢，应打破自主开发路径依赖，创新拓展投资开发路径，着力提升项目整体开发速度和效率。合作模式选择方面，借鉴市场成熟商业合作模式，针对不同项目资源，采用不同投资模式，新建项目采用合资（合作）开发模式，已投产项目采用股权并购模式。形成优势互补、合作共赢合作机制，为共同抢占分布式光伏市场奠定基础。

优化招标模式。分布式光伏项目在工程建设上具有建设场地零散、屋顶形式多样、建设周期短的特点，屋顶资源竞争激烈，谈判周期较长，建议简化招标流程，具备条件的项目先行开展招标工作，实现早施工、早投产、早收益，避免规模化招标导致部分资源流失的风险。

强化风险管控。坚持底线思维，全面防控风险，针对不同开发模式下的各类风险，研究制定对应的管控措施，全面防控项目投资开发、建设、运维过程中的各类风险。积极寻求合作方参股，形成风险共担、利益共享关系，进一步提升项目开发、建设、运维全过程管控能力。做好光伏市场调研，及时掌握市场行情，科学把握投资时机，最大限度地降低项目造价，提高项目投资收益。

千"眼"护线——社会责任根植输电线路防外力破坏工作创新

国网山西省电力公司

一、单位简介

国网山西省电力公司晋城供电（以下简称"国网晋城供电公司"）公司组建于 1990 年 7 月，1993 年 1 月正式独立为省公司直管供电单位，担负着晋城六县（市、区）的电力供应和建设维护任务。下设职能部门 12 个、业务机构 15 个、县级供电公司 5 个、乡镇供电所 64 个，供电面积 8344 千米 ^{2}，供电人口约 214 万，服务客户 101 万户，全口径用工 2856 人。近年来，晋城公司积极履行社会责任，开展社会责任实践，推动将社会责任理念融入企业战略和日常运营，实践和探索出了一条全面社会责任管理与企业发展相融互促、同向发力的新路。2022 年，晋城公司被国家电网公司命名为 2022—2024 年度"国家电网有限公司社会责任示范基地"。同时晋城公司先后荣获全国文明单位、山西省模范单位、文明单位标兵，国家电网有限公司先进集体、红旗党委、党建责任落实标杆，晋城市"五一劳动奖状"、改革创新先进集体、转型发展先进集体、促进经济社会发展贡献奖等荣誉称号。

二、案例背景

随着经济社会的快速发展，社会大众对电力供应的要求越来越高。保障电力安全可靠供应、提供优质电力服务是国家电网有限公司践行"人民电业人民"服务宗旨的政治宣言，也是供电公司的中心工作。输电线路是电力供应的重要环节，长期以来，外力破坏一直是困扰输电线路运行的重要问题。

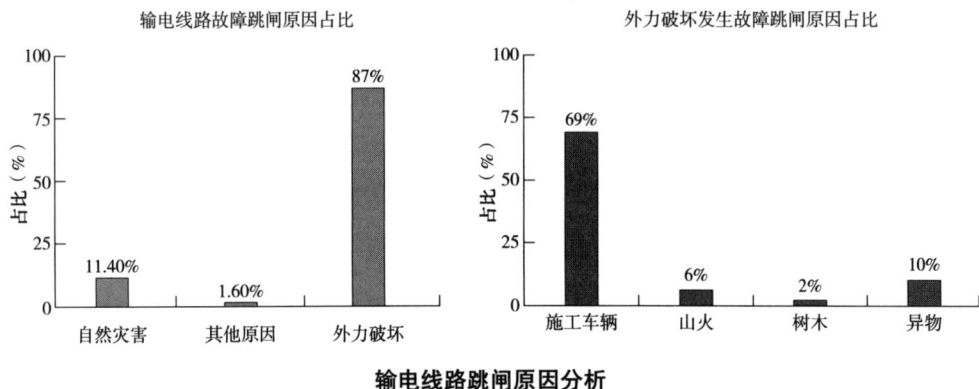

输电线路跳闸原因分析

以山西省晋城市为例，近年来，晋城市域内因外力破坏引发的输电线路故障跳闸占比87%，其中因施工车辆和异物原因占比69%，给客户安全可靠用电造成了不利影响。

国网晋城供电公司总结分析前期输电线路治理中的难点痛点，发现主要存在四个方面：

一是运维环境复杂。随着城市发展，输电线路外部运维环境呈多元化态势，通道内施工现场和临时建筑逐年增加，流动性小型作业现场有增无减，严重影响了输电线路可靠运行。

二是社会重视不足。政府和社会对输电线路防外破的关注度不足，参与有限，造成了电网企业单打独斗现象。施工单位生产作业人员电力设施保护知识匮乏，不具备相关专业知识。

三是应急处置时间长。面对突发情况，运维人员无法在极短时间内到达现场。

四是交流机制滞后。各方不具备良好及时的信息交流平台，无法与供电公司进行良好交流沟通。

运维环境复杂　社会重视不足　应急时间较长　交流机制落后

输电线路防外破的问题矛盾点

据此，国网晋城供电公司以创造综合价值最大化为目标，整合现有资源，开发了具有"群聚效应"的护线平台，邀请利益相关方共同参与，积极引导利益相关方从相互"矛盾"方转化为相互"利益"方。充分发挥群众力量，采用激励机制，调动全员积极性，有效推动了输电线路防外破工作取得显著成效和电网高质量发展，保障了供电安全，增加了群众收入，形成了合作共赢局面。

三、实施路径

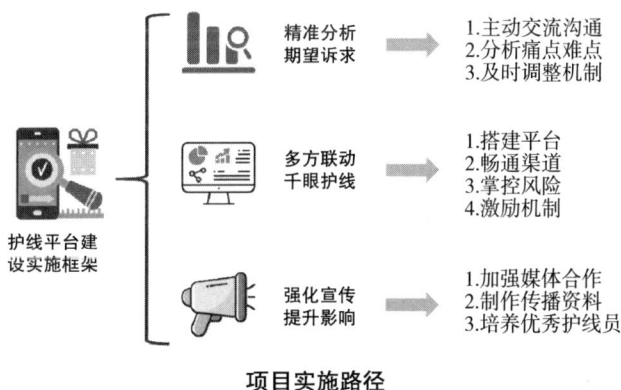

精准分析 期望诉求	→	1.主动交流沟通 2.分析痛点难点 3.及时调整机制
多方联动 千眼护线	→	1.搭建平台 2.畅通渠道 3.掌控风险 4.激励机制
强化宣传 提升影响	→	1.加强媒体合作 2.制作传播资料 3.培养优秀护线员

护线平台建设实施框架

项目实施路径

（一）精准分析期望诉求

输电线路防外破工作涉及利益相关方众多，各方诉求各不相同。晋城公司通过问卷调查、座谈会、实地走访等形式实现利益相关方精准调研，并运用社会责任管理工具分析各方核心诉求和资源优势，确定各方的参与形式，形成输电线路防外力破坏工作的有效方案。

公司累计现场走访175次，收回有效问卷734份，现场座谈6次，同时根据各方期望诉求，及时

利益相关方诉求分析

利益相关方	诉求	优势	问题分析	预期成效
政府及相关职能部门	减少因野蛮施工造成的社会影响，杜绝安全事故，防范化解重大风险。安全稳定的供用电大环境	统筹协调	不掌握专业的电网安全知识，缺乏高效的监控措施	减少停电事件对社会稳定的影响。电力设施满足地区发展需求
供电企业	电网安全运行	专业的运维团队。优质的护线资源。完整的监控措施	责任主体单一，力量薄弱	顺利解决外力破坏矛盾。获得司法部门、建设单位、社会公众的理解与认可
施工单位	理想的施工进度。确保施工安全，线路附近施工现场有安全监护	施工人员管控力度。可现场监管、提醒司机安全施工。可优先为安全施工特种机械司机提供相关务工场所推荐	缺乏有效的沟通途径。分包、临包人员安全意识低下。缺乏专业安全指导	认同、理解输电网重要性，遵守电力设施保护条例
群众护线员	额外的经济来源	地域优势，时间充沛	没有可靠的供职平台	认同、理解输电网重要性，主动参与护线，有一定的护线知识
特种车辆司机	安全行驶、安全作业。需要安全告知和提醒	掌握诸多同行业司机信息，事故发现人	没有可靠的供职平台。不掌握专业的电网安全知识	认同、理解输电网重要性，主动参与护线，有一定的护线知识

调整管理机制。

（二）多方联动千"眼"护线

根据利益相关方对施工防护区影响程度进行分类，引入责任边界管理方法，分析现有资源，划定责任边界。不断推动各利益相关方共同参与，最大限度优化配置各方资源，形成优势互补，提高防外力破坏成效。

构建护线平台。依托微信小程序构建护线平台，通过主动调研宣传，吸引群众、司机等利益相关方加入到护线平台，同时将电力安全知识和工作语言社会化，制作线路巡视关键点手册，提高专业知识的可理解性，方便群众胜任护线任务。

畅通交流渠道。平台各方用户可将日常发现的隐患及时上传至平台，施工单位将施工现场信息发布至平台，电网工作人员负责对信息和隐患进行评估并发布护线任务，群众护线员接受任务详细调查外力破坏隐患信息，以确保公司掌控隐患情况。平台具备日常巡线打卡和疑似安全隐患上报功能，实现对输电线路设施设备灵活监控。

精准掌控风险。平台集成地理位置信息，平台用户报送缺陷后，能精准识别隐患地理信息。通过平台派单机制，由接单的护线员到现场对输电线路安全运行情况进行反馈，便于运维人员能够及时调

核心诉求：杜绝安全事故，防范化解重大风险，安全稳定的供用电大环境

责任边界：按照政策、法律、法规要求开展公共事务管理，依法维护社会秩序

政府及相关职能部门

核心诉求：电网安全运行，提供优质电力服务

责任边界：根据《电力法》《电力设施保护条例》《电力设施保护条例实施细则》及地方性法规解决外力破坏

电网企业

利益相关方核心诉求及责任边界

核心诉求：施工进度理想，施工环境安全，输电线路附近有安全监护

责任边界：根据政策及地方性法规进行合理性施工建设

施工单位

核心诉求：额外的经济来源缓解经济压力，保证正常用电

责任边界：根据政策及地方性法规对国家电力设施进行保护

群众护线员

核心诉求：安全行驶，安全作业，有一定的安全告知和提醒需求

责任边界：根据政策及地方性法规对国家电力设施进行保护

卡车司机

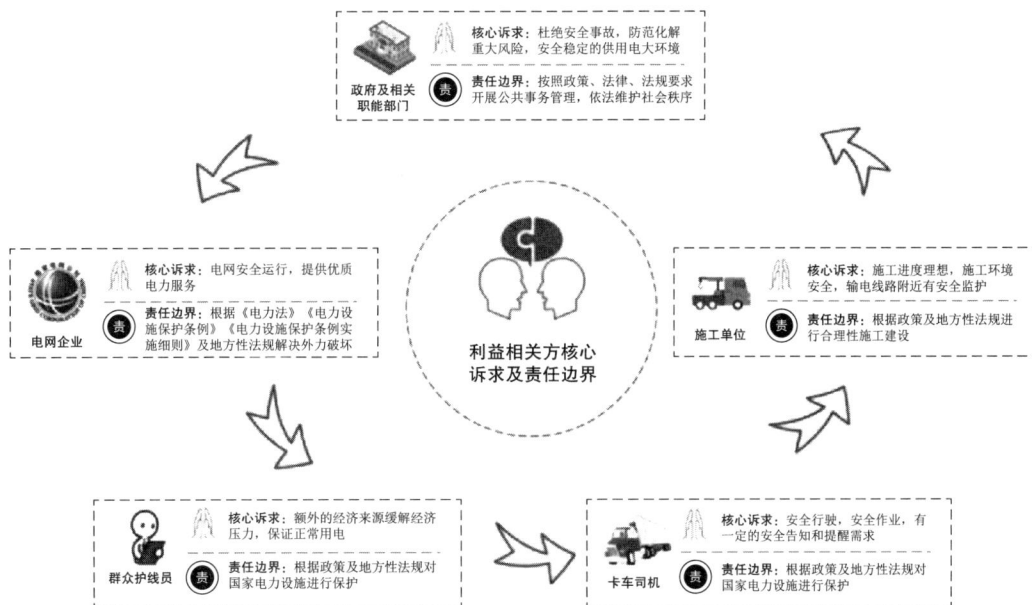

各方诉求及责任边界

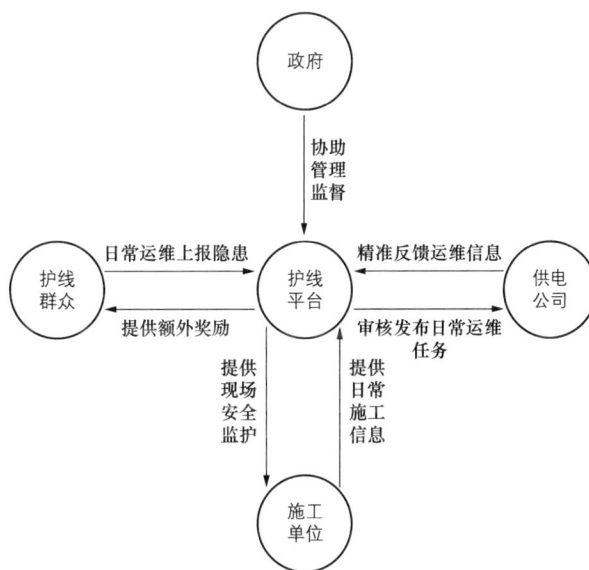

政府

协助管理监督

护线群众　　日常运维上报隐患　　护线平台　　精准反馈运维信息　　供电公司

提供额外奖励　　　　　　审核发布日常运维任务

提供现场安全监护　　提供日常施工信息

施工单位

平台管理流程

整运维策略、靶标性调配资源。

优化激励机制。根据群众的贡献度制定兑换现金或奖品的积分激励，依照护线员表现情况，进行考核并给予积分奖励。对表现突出的护线员给予表彰和额外奖励。

定期结合工作开展情况，评价护线员积分等级，高等级用户具有优先接单权限，不同等级用户对应相应等级护线任务，较高等级任务完成后有较高积分和额外物质奖励。

（三）强化传播提升影响

加强媒体合作。公司积极对护线平台"小故事"和运行情况开展互动性和趣味性宣传，扩大项目影响力。同时加强与政府和媒体携手宣传，促进各方共同努力。

制作传播资料。定期走访沿线村庄，发放手册、水杯、扑克牌等宣传展品，对平台进行宣传。

培养优秀护线员。主动选择有参与兴趣的群众介绍护线日常工作和奖励机制，提升其安全意识和运维参与度，开放协助发展护线群众的功能，并提供一定物质奖励，通过社交网络效应推动平台不断扩大规模。

四、履责成效

项目实施整合政府、群众、司机等利益相关方的资源优势，实现了输电线路防外力破坏的多方共治。

（一）外部成效

推动各方合作共赢。通过政府部门、供电企业、施工单位多方参与，形成信息互通、交流顺畅的局面，防外力破坏护线体系逐步形成，各方责任划分更为清晰，各方诉求得到解决，政府层面，电力能源更为安全，社会层面电力供应更为可靠，施工环境更为良好，卡车司机行驶更为安全，护线员获得了额外收入，人均年收入增加约 3300 元，有力保障，通过"神经网络"护线平台提供优质护线服务，满足各利益方诉求，形成和谐共赢的电网安全"共生体"生态。

彰显公司品牌形象。将社会责任理念融入平台管理，通过公开、透明的管理模式，电网供电可靠性进一步提高，得到了政府、社会媒体、电力用户、群众的支持与好评，增进了社会公众对公司的利益认同、情感认同和价值认同，彰显了国网公司品牌美誉度和品牌形象。

（二）内部成效

减少运维成本。2020—2022 年，护线平台已累计吸纳 1100 余名的群众护线员和 600 余名的施工吊车司机加入，共消除工程施工等潜在安全隐患 458 起，直接减少经济损失约 300 万元。小型隐患现场仅需 2 名经受专业培训的护线员，应对突发隐患实际到位时间由 90 分钟缩短至 30 分钟，单次消除安全隐患平均节约 1600 元，年均直接节约消缺成本 100 万元。极大程度上缓解一线运维人员的运维压力，提升了供电可靠性。

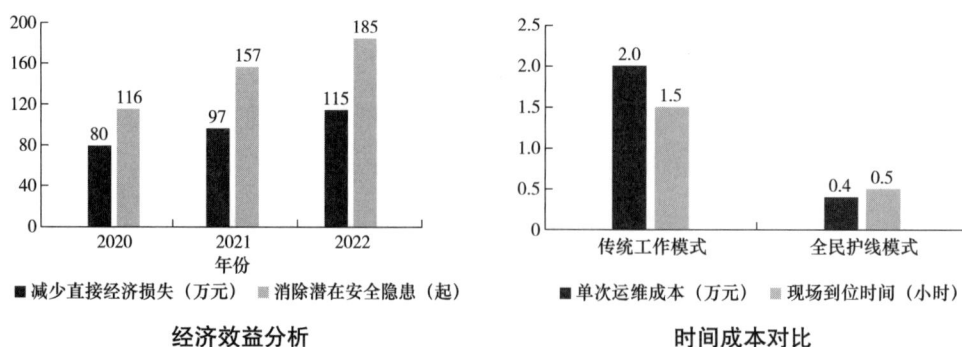

经济效益分析

时间成本对比

降低负面影响。输电线路护线平台的投入使用，减少了停电次数，降低了停电时长，大大降低了因停电事件而导致的负面舆情，给企业带来了长远效益。

五、工作展望

扩大应用范围。基于"护线平台"建立更广、更优范围的全民护线模式，扩大平台的使用范围，组建输电、配电线路运维人际网络，加大护线员的布点密度，进一步提升针对突发隐患的应急能力。同时，可将平台扩展应用于其他电力设备的保护，通过"互联网+"模式，可将从日常运维工作中节省出来的精力和时间转移至更有价值的领域，大大提升人员的专业能力和团队组织的核心竞争力。

广泛推广平台。注重探索线路保护新模式新方法，将施工矛盾应急处理和长效预防新模式推广到所有线路保护工作中，对输电线路沿线所有区段分类保护，并将工作方法、平台、经验推广应用至山西省各市区的线路保护工作中。同时，充分利用社会资源，共同开展护线公益活动，借助多方平台宣传电力设施保护常识，构建多方参与的护线有机工作体系。

坚持政企联动、市场导向、价值共创，助力打造电动汽车"柳州模式"

南方电网广西柳州供电局

一、单位简介

南方电网广西柳州供电局（以下简称"柳州供电局"）成立于 1965 年，负责柳州全域的电网运行和电力供应，营业面积 1.86 万千米²，供电人口 419 万，供电客户 187 万户。下设 13 个职能部门、13 个直属机构，管辖 6 家县级供电企业，职工 3443 人，下辖党委 6 个、党（总）支部 109 个、党员 1637 人。柳州电网是国家"西电东送"通道的重要枢纽和广西电源重要落点，以 800 千伏柳州换流站、500 千伏沙塘、柳东和桂中站为主要电源点，以 220 千伏电网环网、110 千伏电网双 T 结构为主，共有 110 千伏及以上变电站 85 座，输电线路 5461 千米，资产总额 101.64 亿元。

二、案例背景

党中央提出："推动绿色发展，推进碳达峰碳中和，推动能源清洁低碳高效利用，推进工业、建筑、交通等领域清洁低碳转型。"实现碳达峰碳中和是一场广泛而深刻的经济社会系统性变革。推动绿色发展，能源是主战场，电力是主力军。电力行业的碳达峰碳中和的进度将直接影响国家"双碳"目标实现的总体进程，是推动经济社会绿色、低碳转型的重要领域。

柳州市经济和电网规模居广西第二，以汽车为第一支柱产业，是全国唯一拥有四大汽车集团（上汽、东风、一汽、重汽）整车生产基地的城市，在汽车生产制造、产业规模上都走在全国前列。2017年以来，受市场饱和、发动机及变速箱核心技术无法突破等因素影响，国内传统汽车产业都面临了产销规模、产值快速下降问题，柳州汽车工业产值从 2017 年的 2534.92 亿元下降到 2020 年的 1718.47 亿元，汽车年产销量从 253 万辆下降到 170 万辆，产业链呈现整体快速下滑态势，产业转型与升级迫在眉睫。作为能源央企，柳州供电局担负着重大政治责任与光荣使命，坚持以人民为中心的发展思想，贯彻"四个革命、一个合作"能源安全新战略，发挥作为关系国家安全和国民经济命脉的骨干中央企业作用，把满足人民对美好生活的电力需要作为一切工作的出发点和落脚点，有效结合柳州城市资源禀赋，积极探索、大胆实践，以大电网力量助力地方产业发展，推动柳州汽车产业转型升级，实现电网与经济社会的同步发展。

三、实施路径

柳州供电局在改革实践中积极探索，配合政府激活新能源汽车产业链，以"一圈两轴四环"充换电网络培育电动车市场，联合车企积极创新，持续推进电能替代与清洁能源建设，全力支持与推动柳州汽车产业转型升级，以实际行动践行"解放用户"。

（一）依托优势打造柳州模式

积极优化新能源车产业链用电营商环境，吸引企业落户，场地建设环节主动提前做好电网配套支撑，提前规划做好园区主网和配网建设，压减办电时间，简化办电流程，降低用电成本，提升供电可靠性和"获得电力"水平。联合政府开展"政企三级联动工程"，通过领导组、协调组和现场组实现"整体规划及重大问题决策、具体指导及资源协调、工作落实"的三级良性循环。打通了从企业生产到用户使用的完整生态链条，形成"产、销、用、停、充"的新能源汽车产业发展与推广应用"柳州模式"。

新能源汽车产业链分主要包括上游关键原材料及核心零部件、中游整车制造、下游充电服务及后市场服务。**在上中游环节**，促成政府出台《柳州市新能源汽车推广应用财政补贴资金管理实施细则》等政策，对符合条件的新能源汽车生产企业给予产业补助，引进了国轩、华霆、鹏辉等一批新能源核心零部件企业，促成柳工机械与宁德时代签订战略合作协议，以中游吸引上游模式效应明显。拓展中游车型生产，从单乘用模式向纯电动洒水车、扫地车、清洗车、垃圾压缩运输车、工程用货车等车型拓展。柳州新能源汽车产品序列日益完善。**下游环节**，创新配置新能源车专属资源，激励电动化购置与出行。实施40%购置补贴，设立新能源汽车专用泊位1.7万个，新能源车与公交车享用专用车道，享受里程奖励，停车场免费停车2小时等一系列措施，面向新能源汽车的公共资源政策进一步优化和倾斜。

（二）推进充换电设施布局演化

电动汽车较传统汽车在充能成本与驾驶体验方面优势明显，但续航与充能便利性问题成为消费群体转型的主要顾虑因素，有效培育市场的第一要务，就是建立完善的系统性充电网络，消除消费群体的主要顾虑。柳州供电局有效结合城市特征，打造了全市范围"一圈两轴四环"充换电新格局，先试先行多元化高品质用电用能服务模式。

以"双轮驱动"战略布局全市充电网络。充分把握市场规律，管制业务与新兴业务相互促进、共同发展，共享改革发展成果。管制业务注重策划，抢占先机全方位布局，在土地供给、项目建设方面支持新兴业务。以在核心区域建设大型综合站，在骨干节点上建设集中充电站，在支线区域建设便捷补电站策略推进工作。5年来累计建设河西、柳北、鹿山、黄村、新风、鹿寨、融安等8座大型综合站，建设390个集中式、便捷式充电站，建设充电桩3700多台，形成梯级配置的系统性充电网络。

解决续航焦虑与便利性问题，打造"一圈两轴"。建设便民利民充换电网络，成功打造"十分钟充电圈"，市区道路范围内任何一个点，十分钟车程内都能找到南网充电点。以汕昆高速、三江至北海高速为充电干线发展的横轴和纵轴，大力拓展充电服务点，解决车主长续航里程焦虑问题，百姓的用电获得感更强。

大幅提高充能效率，打造"四环"换电网络。一环以八一换电站为中心，辐射柳州中心半岛区，二环以河西、新风、工博站为支撑点，辐射市区二环主干路网范围，三环以黄村、潭中、芭蕉洞站为支撑点，辐射市区三环主干路网范围，四环以柳北、雀山、鹿山、鱼峰、九头山、鸡喇、柳江站为支撑点，辐射市区四环主干路网范围。"四环"格局促进了换电业务实现井喷式增长，日换电突破1300辆车·次，月均换电量100万千瓦·时，成为新能源汽车用电新的增长点。

（三）创新链引领带动行业发展

柳州供电局与上汽通用五菱、广西汽车集团、东风柳汽、柳工集团开展战略合作，围绕电动化转型开展全方位合作，助力地方车企转型升级。一是在智能化方面发力，参加五菱、移动、华为、驭势科技等共同合作的全球首个5G智能网联汽车示范区建设，建成全球首条具备5G、C-V2X技术，实现远程驾控、无人驾驶场景的智能网联测试道路。二是与上汽通用五菱、广西汽车集团联合开展高性能电动汽车双向无线充放电技术研究及装置研究，实现了搭载车辆、电气与通信接口、集成无线充电对位引导功能的研究与实践。三是与上汽通用五菱联合完成了V2G车网互动研究，实现了车端、桩端、网端的互动运行。四是联合上汽通用五菱开展大数据分析，对片区的人口、热力分布状态、消费群体特征、趋势路径等关键因素开展综合分析，提高了布局选址与市场策略制定的科学性，提高了投资的精准有效性。五是联合国轩高科开展退役电池梯次利用，对电动汽车退役电池进行筛选建设储能站。

（四）推动绿色生产生活方式转型

完成综合能源互联管控平台一期建设工作，实现了全网区源网荷储的综合管理。对负荷、电源分布、网架、用电、发电、电力交易、碳排放、清洁能源预测等情况实时展示，对各综合能源站和充电站的用电、充电、换电、放电、发电、储能数据进行收集与分析。在居民领域、生产制造领域、交通运输领域、电力供应与消费领域四个方面推进电能替代，5年累计完成电能替代13.86亿千瓦·时，年均增长9.1%。积极服务政府，从源头抓好全网区范围内的碳排与清洁能源出力监测，推进可再生能源发展，发展风电和光伏发电，完成602座光伏站、6座风电场、5座生物质发电站接入大电网，大幅提升清洁能源出力。

四、履责成效

一是助推柳州汽车产业转型升级成功。建成"一圈两轴四环"充换电新格局，解决了市民"充电难、打车难"问题，助推柳州汽车业转型升级成功，成为新能源汽车赛道的领跑者。2017—2021年，柳州的新能源汽车产量从2万辆增加到14万辆，在汽车总量占比从2.8%提高到14.5%，2018—2022年，柳州市新能源汽车产量连续4年在全国名列前三。

二是绿色发展成效显著。柳州供电局 5 年全网区累计新接入清洁能源出力 56 万千瓦，清洁能源出力占比提高到 56.37%，累计完成电能替代 13.86 亿千瓦·时，社会环境及自然生态得到极大改善，柳州全年空气优良天数达到 96.7%，柳江水质连续两年蝉联全国地表水质排名第一名，完成从"酸雨之都"到"宜居城市"的华丽转变。

三是对外彰显能源央企担当。2022 年，柳州供电局投资 5.52 亿元，建成投产 593 项农配网项目，建成中压线路 558 千米、台区 372 个。集中整治低电压台区 261 个、高跳线路 75 条，乡村综合电压合格率提升 0.56 个百分点，城乡供电服务均等化指数下降 4%。在大电网强有力的支撑下，全力支持新能源汽车下乡，加快推进充电基础设施建设，尊重市场规律，开发补贴退出后仍有生命力的产品，由市区向周边县域辐射，以点带面开拓乡镇充电市场，结合新能源汽车下乡政策率先布局乡镇充电网络。以 25 个乡镇供电所充电站为试点厚植品牌优势，服务乡村振兴，协调区域发展。该局获得政府的高度认可和大力支持，为电网划拨 13 宗 120 亩土地用于站桩建设，安排节能减排资金 480 万元支持充电桩建设，乡镇充电站政府专门给予 50 万元建设补贴，并将河西站列入自治区第一批示范站，柳州局荣获柳州市"2021 年先进企业"称号。

五、工作展望

坚持"人民电业为人民"，全面融入服务国家重大发展战略，聚焦地方经济高质量发展、推动绿色转型等政治大局，全力服务中国式现代化建设。一是持续构建电网、充电网络、社会经济发展相辅相成的和谐大生态，全力提升绿色能源在全社会能源领域的占比，促进国家碳达峰碳中和战略目标实现。二是积极跟进政府社会发展规划与产业布局，持续完善充换电网络布局，提高服务品质，更好服务人民对美好生活的向往。三是综合能源技术迭代迅速，加紧对前沿技术的跟踪和试点应用。重点在无人驾驶、智慧泊车、无线充电、V2G 技术、虚拟电厂、超级快充方面发力，以科技创新引领企业进步发展。四是以数字化转型在新能源领域实现更大的赋能，完善系统平台对新能源的全方位支撑作用，打通规划、并网、运行、用电、交易、结算等各环节，实现"源网荷储、上下游企业、政府"的应用服务。

"内协外推，拉手相伴"——社会责任根植助力防触电治理优化项目

国网西藏电力有限公司

一、单位简介

国网西藏电力有限公司是由国家电网有限公司控股、西藏自治区人民政府持股的大型国有企业，以电网建设、运维和运营为核心业务，承担着为西藏自治区经济社会发展和长治久安提供安全、经济、清洁、可持续电力供应的使命任务。国网西藏电力有限公司拉萨供电公司（以下简称"国网拉萨供电公司"）于 1996 年 6 月 24 日成立。经营范围包括：输变电运行及检修、电力供应电力工程安装施工、电力物资供应销售、机电设备安装检修；房屋出租等。2022 年 5 月，国网拉萨供电公司城区供电服务中心被评为第 18 届"西藏青年五四奖章"集体。

二、案例背景

触电的惨剧让原本幸福的家庭陷入痛苦的深渊，而触电安全事故的无过错责任原则让供电企业负担着无法预料的风险，也蒙受了巨大损失。随着藏区农牧民群众接触电气设备机会的增多，因安全用电知识的缺乏造成的触电事故也随之增多，严重影响农牧民生命财产安全。为防止和减少安全事故，国网拉萨供电公司扎实开展农村牧区用电安全隐患专项整治活动，但还存在很多问题：

（一）涉及面多，协同难

农牧区触电隐患整治和安全用电传播的侧重点和涉及利益相关方各有不同，且由于发展和交通问题，藏区农牧民群众普遍汉语水平不高，协调沟通也存在一定难度，使得安全隐患排查配合度与参与积极性不高。

（二）信息多元，传递难

日常安全用电宣传、相关政策解读、电力设施维护等宣传每年多达十余次，印制发放宣传材料多达千余份，但部分偏远乡镇、农牧区仍未做到精准对接。2020 年，针对藏区农牧民安全用电认知开展调研，农牧民安全用电认知得分平均分为 53.14 分，仅 35.7% 的农牧民群众有较好的安全用电意识，

各类安全用电信息知识宣传效果不佳。

（三）舆情频发，处理难

社会媒体对民生领域关注度较高，每年都有触电人身伤害事件发生，百度搜索关键词"藏区农牧民触电事故"相关新闻9870条，2021年《女网红徒步西藏直播时遇难，疑似触电身亡》新闻更是刷爆网络，藏区用电安全被大众关注。

基于此，国网拉萨供电公司将履行社会责任理念和推进可持续发展的理念融入防触电治理工作中，组织实施针对藏区农牧民用电安全的社会责任根植项目，引入社会责任根植理念和工具，整合内外部资源，了解各方诉求，明确责任边界，聚合社区、街道、媒体、居民等各方资源优势，形成"内协外推"工作模式，高效开展触电防治宣传推广工作，强化用户安全用电意识，加强防触电的安全防护，减少藏区农牧民触电人身伤害案件发生，不断提高全社会普遍服务水平，满足人民日益增长的美好生活需要。使电力服务给人民带来的获得感、幸福感、安全感更加充实、更有保障、更可持续。

三、实施路径

（一）前期梳理，层层递进明思路

鱼骨拆解明问题。国网拉萨供电公司为更加清晰地分析藏区农牧民用电安全宣传方面的问题与不足，运用鱼骨图分析法进行剖析，通过搭建集合各相关方的统一沟通平台以实现最快速、高效的对接，将单向沟通转化为多向沟通，推动实现各方的高效协调，联合推进安全用电宣传。

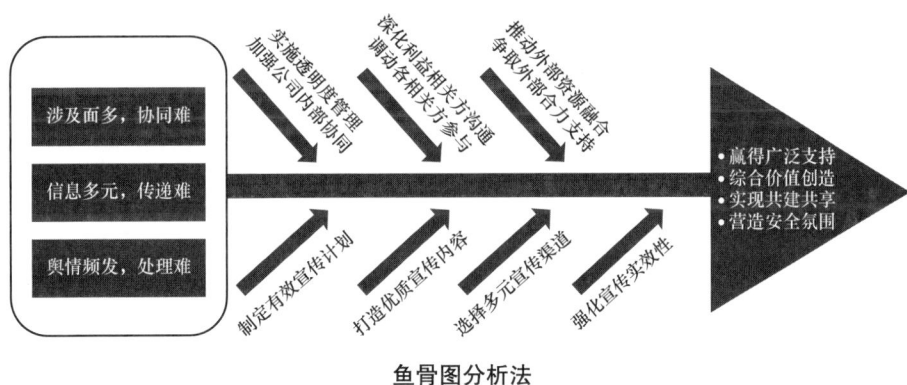

鱼骨图分析法

明确责任聚合力。藏区农牧民安全用电问题，不只是某一个企业或政府职责部门存在的问题，而是与社会公众有紧密联系的社会问题，国网拉萨供电公司引入多方参与共治为核心的根植理念，制定"四度协同"工作机制，对各利益相关方的优势资源进行拆解整合，形成多方参与的共治机制，带动更多利益相关方参与到农牧区用电安全的宣传与监督中。

国网拉萨供电公司"四度协同"藏区农牧民安全用电宣传工作推进思路

协调联动畅沟通。国网拉萨供电公司树立透明运营意识，将项目实施过程中所涉及的各个环节进行宣传公示，积极同内外部各利益相关方开展进度沟通，通过工作月报、定期协商会、微信群等方式积极同内外部各利益相关方开展交流，做到沟通及时，务求实效。

（二）高效实施，"四度协同"深推进

1. 识别——识别需求度，达成共识

聚焦问题。国网拉萨供电公司以实地走访、调研的形式，对当前农牧区安全用电宣传教育存在的问题及对策建议进行探讨，聚焦宣传手段、宣传内容、宣传重心、宣传方式等广泛听取各方意见建议。共计访谈农牧群众317人、内部专业部门8个、外部单位11家，开展专题研讨会3次，协同村委会开展沟通会14次。

识别需求。基于调研访谈对利益相关方进行识别分析，识别出包括消防部门、村委会、学校、农牧群众等主要利益相关方，结合农牧区安全用电宣传需求，发掘有意愿参与项目的利益相关方，根据公司根植项目内容，充分发挥内外部各方资源优势。

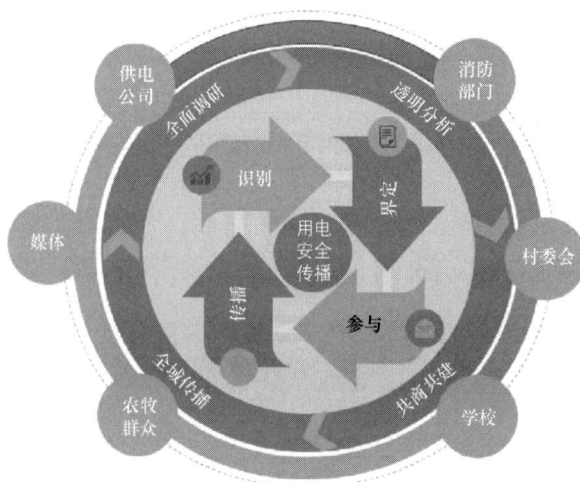

识别需求

建立通道。充分利用利益相关方理念，识别相关方诉求，主动对接，推进与利益相关方的合作，对接消防部门，实施"消防＋电力"联动合作；联系村委会，试点"变身"安全用电宣传站，不断丰富安全用电宣传活动。

利益相关方梳理与分析清单

利益相关方	识别需求度	资源	意愿
供电公司	供电安全可靠	信息收集、整合、传递能力。电力法律法规、安全用电知识等专业知识	非常强烈
村委会	安全，用电有保障	行政管理能力、公信力、协调组织力	非常强烈
消防部门	用电安全、避免发生火灾	消防电气安全知识、宣传平台	非常强烈

利益相关方	识别需求度	资源	意愿
学校	针对需求助力项目更精准对接服务地方发展	培训平台。 师资力量。 联络平台	非常强烈
农牧民	保障人身安全,确保生产生活顺利开展	隐患自查与隐患处置配合。 日常用电检查。 群众护线工作主要力量	较为强烈
媒体	关注公众关心的热点问题	宣传影响力和公信力	较为强烈

2. 界定——界定关联度,厘清边界

梳理——明确责任边界。根据各利益相关方所具有的资源优势,通过界定利益相关方与项目的关联度,明晰各方责任边界,开展相关方分类管理,成立专项工作小组,明确各方在农牧区安全用电宣传中的职责,找到多方共赢的解决途径,激发各方共同参与的积极性。

利益相关方责任边界和职责分析表

利益相关方	责任边界和职责
国网拉萨供电公司	统筹制定藏区农牧民安全用电宣传优化行动任务方案
拉萨消防救援支队	组织"敲门服务队"。 开展"宣传入户"活动。 发放消防宣传资料
西藏职业技术学校	电缆及通道隐患排查治理。 明确电缆通道办理流程,完善准入制度
农牧区各村委会	单相接地故障快速处置应急物资采购。 西安地区电缆通道断面图等基础数据管理
农牧群众	生产符合电网稳定安全需求的设备产品。 保证产品质量安全
媒体	前沿理论指导。 技术监督。 技术方案支持

完善——深化内外联动。以利益相关方核心诉求与优势资源分析为基础,运用社会责任根植理念,探索搭建各方共同参与、合作,可充分发挥各方优势资源、满足各方核心诉求协同处理机制。

3. 参与——提升参与度,实现共赢

联动消防,丰富宣传手段。2022 年 6 月 17 日,国网拉萨供电公司与拉萨市消防救援支队签订协议,达成合作推广藏区农牧民安全用电宣传。秉承"资源共享、优势互补、互学共鉴、互利共赢"的原则,确定了双方的工作职责,为项目开展提供了良好的合作平台。

联动学校,优化宣传内容。国网拉萨供电公司与西藏职业技术学校进行合作,一方面让学生和老师共同参与藏汉双语安全用电教育课件的制定,用通俗易懂的语言和内容强化安全用电教育的普适性。

另一方面，结合双方优势，在供电企业制定安全用电教育课件的基础上，考虑藏族社会电工及农牧区电工的实际需求进行针对性课程开发，开展社会电工培训，培育成为"安全用电宣传员"。

联动村委会，创新宣传方式。国网拉萨供电公司将"体验式"宣传概念引入，联合村委会组织开展各类互动性安全用电主题活动，增强与农牧群众的互动交流，将村委会"变身"安全用电宣传站，并选派村干部作为安全宣传"播音员"，录制安全用电方面的宣传内容，通过双语广播进行传播，以丰富的宣传形式提升成效。

4. 传播——加强传播度，提高影响

对群众传播，倡导共同参与。扎实开展各类安全用电宣传，充分利用社会媒体、手机 App、网络、营业厅等宣传渠道，开展各类集中性宣传用电安全活动 12 次，向广大藏族农牧民群众普及安全用电知识，共覆盖农牧民家庭 297 户。

对社会传播，强化示范引领。制作藏汉双语《藏区农牧民安全用电》宣传小视频，并通过加强与传统媒体合作，邀请地方媒体在各平台对视频进行推广播放，引起社会广泛关注。2022 年，与安全用电相关的媒体报道 49 条，小视频播放量达到 1263 次。

四、履责成效

（一）有效防范触电事故

项目实施过程中，安全用电宣传累计覆盖 17 个村镇。2022 年，藏区农牧民触电安全事件降至 23 起，较 3 年前降低了 39%，触电人身伤害事件降为 0。

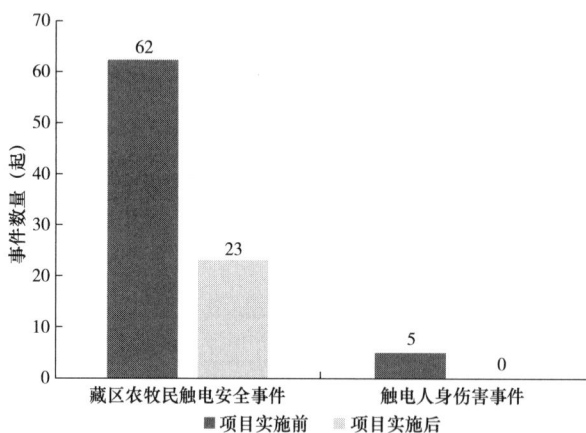

项目实施前后藏区农牧民触电安全事件指标变化

（二）充分凝聚各方合力

项目共整合西藏职业技术学院、拉萨消防支队等外部利益相关方，以及内部 8 个部门，实现"内协外推"的合力。以"问题解决和履行责任"为导向，全面调动整合内外部力量优势，将利益相关方参与的理念融入项目执行全过程，充分回应利益相关方的诉求，有效提升农牧民用电安全教育宣传效果。

（三）提升公众安全意识

项目实施过程，累计开展藏区农牧民安全用电宣传活动 36 次，走进拉萨市下辖村镇 17 个，集中性播放《藏区农牧民防触电》宣传小视频 55 次，惠及农牧民家庭 297 户，发放各类安全用电宣传资料手册 400 余册。项目推行后，最新藏区农牧民安全用电认知调研结果显示，农牧民安全用电认知得分平均分为 73.71 分，较项目前得分提升 38.71%。项目推行后，有效提高公众的安全用电意识，营造了"人人关注电力安全，人人知道触电危害"的良好氛围，在一定程度上降低触电安全隐患，有效创建了拉萨安全稳定的供用电环境，维护了拉萨居民正常生产生活，促进社会和谐。

（四）工作方式得到转变

通过社会责任根植项目的实施，国网拉萨供电公司积极建立以利益相关方为主导思维模式，社会责任理念也进一步在公司上下融会贯通，内外部沟通也得到了更进一步的提升，促进了公司员工思维方式和工作方式的转变，使员工有意愿、有能力从外部视角出发，深入理解利益相关方有关诉求与期望，将合理诉求转化为内部工作要求，使工作流程不断得到优化，服务能力得到进一步提升。

（五）赢得社会广泛认同

通过根植项目实施，国网拉萨供电公司积极融入外部视角，对外沟通机制得到了进一步的优化与完善，有效推进了公司的透明运营，密切了与利益相关方的关系，赢得了利益相关方的理解与支持，大幅提升藏区农牧民安全意识同时，也进一步深化了其对电网企业社会责任形象和品牌价值的认同度。

五、工作展望

国网拉萨供电公司在推动社会责任根植项目过程中，积极运用共建共享的社会责任理念，从实施内容手段和传播模式上都进行了转化改变，同时联合其他利益相关方，共同推动项目的具体运用及实施。公司将积极总结提炼经验模式，通过不断的优化完善，以期最终形成可复制可推广的责任驱动项目推进模式，在拉萨城区范围及各县公司进行复制推广，希望能够助力到更多地区的触电防治工作、用电安全、电力发展水平、供电服务管理得以有效提升，让更多的用户享受更优的用电服务，更安全的用电环境，让更多利益相关方受益。

"1+5+X" 智慧城市能源共生体示范工程案例

上海电力设计院有限公司

一、单位简介

上海电力设计院有限公司（以下简称"上海院"）隶属于全球最大电力建设企业、世界 500 强公司——中国电力建设集团有限公司，是国内知名的电力行业勘测、设计、咨询甲级资质工程咨询公司。现有业务范围主要包括电网、新能源、综合能源规划的咨询、设计和总承包业务。上海院以"特、优、强"的技术优势，积极贯彻国家可持续发展的能源战略，传递低碳能源理念，在发、输变电设计技术和建设方面创造了多项"全国第一"的记录——设计了国内第一座户内型 220 千伏变电站、第一座城市地下桥高压电缆敷设，设计的 500 千伏虹杨变电站荣获中国建设质量最高荣誉"鲁班奖"，设计并投运了世界上第一个大型风光储输联合发电系统，设计了大量的市内电动汽车充电站，均取得显著社会效益。

二、案例背景

国家主席习近平在第七十五届联合国大会一般性辩论上的讲话中指出：中国将提高国家自主贡献力度，采取更加有力的政策和措施，二氧化碳排放力争于 2030 年前达到峰值，努力争取 2060 年前实现碳中和。

在党中央新发展理念和"双碳"目标要求下，雄安新区积极构建科学合理的空间布局，对各类市政设施融入城市提出了更高要求。新区规划强调按照绿色、智能、创新要求，推广绿色低碳的生产生活方式和城市建设运营模式，采用先进环保节能材料和技术工艺，高质量建设现代化能源、通信、环卫、综合管廊和智能基础设施系统，减少邻避效应，营造优质绿色市政环境，筑牢绿色低碳城市基础，促进智能化与经济社会发展深度融合。

新区规划要求落实能源生产和消费革命战略，突出节约、智能，以技术创新为引领，倡导绿色生活模式，逐渐形成以电力为核心的终端能源消费结构；加强区域绿色能源输配网络和应急储备设施建设，科学开发利用可再生能源，实现电力、燃气等清洁能源稳定安全供应，打造绿色低碳、安全高效、智慧友好、引领未来的现代能源系统。

城市变电站作为城市电力能源供电的枢纽，成为城市建设过程中不可或缺的成分。以往变电站建设只注重自身建设需要，而忽略了变电站与周边区域的景观融合，为落实中央关于城市公共基础设施开放共享建设理念的要求，同时为满足人民群众日益增长的美好生活的需要，亟需解决城市变电站与周边城市环境融合的问题。在国家提出"双碳"目标背景下，探索充分利用城市供电设施自身优势，建设以电为主体、协调多种能源综合利用的能源综合体，同步助力"双碳"目标的实现，也有重要的战略意义。变电站作为城市供电核心单元，天然具有供电可靠性高、保障能力强的特点，结合国家新发展理念对于应急救灾、智慧城市建设方面的需求，将供电设施的本质功能向周边延伸，以开放共享为目标，建设与城市功能融合能源供应保障设施也具有广泛的现实需求。

三、实施路径

（一）"1"的创新——与城市景观完美融合

目前国内变电站多建于郊外，高大、冰冷的外观与城市风貌难以融合，而近年来在北京、上海等发达城市建设的地下变电站又存在投资高、安全风险大的特点。因此，上海院在"雄安首站"率先提出了覆土空间建设新模式，通过地上覆土的建设型式，改善变电站原有外观风貌，同时应用 BIM 三维设计、表皮功能设计，变电站屋顶在大形态上，和公园连为一体。

雄安首站——220 千伏剧村变电站区域效果图

变电站屋面设计以立体化的国网标志——能源球——作为主题和构图中心。变电站作为城市能源立方，是城市动力的源泉，变电站上方设计立体化的国网标志，是整个电力公园范围内的能源球，由能源球到能源环，再到周边，在绿地中以发散状布置小型片墙和休息长凳，形成若隐若现的磁力线，并延伸到屋面周边的公园，寓意能量流。由此衍生和生长出一系列的配套设施，从而体现环保健康的驱动力。整个设计生态有机将地形和变电站融合在一起，犹如自然生长出的能量中心。

变电站周边的消防通道上方，主变压器和电抗器的散热器上方采用在"绿地"中开孔的方式加以解决，这些孔洞解决了消防问题、散热问题、同时也改善了坡地下变电站的外部环境，给运行提供良好的光照。在变电站屋顶，结合绿地，设置亭、廊、展示厅三个建构筑物，形成一个序列。开放时，可作为人员休憩和观景场所；封闭时展示厅可作为雄安新区电力建设的展示场所。

变电站屋顶公园人视效果图

通过将变电站融入公园绿地覆土下方的方式，不仅改善了变电站在景观上与周边环境的融合。同时利用覆土的局部遮挡及屋顶种植绿化还减少了外部冷热环境对变电站本身的影响，利用覆土下方变电站北、西、南三侧的通道与东侧外部空间联通，同时在通道上方设置合理的开孔。可以形成"烟囱"效应，对变电站主变压器区域通风散热可以起到气流组织和引导的作用。同时覆土还减少了外部阳光的直射，并能起到保温隔热的作用，结合有针对性的复合金属夹心板外墙设计方案，可有效降低变电站的能耗。

周边的覆土也对变电站环境噪声的传播起到了有效的阻隔作用，辅以常规的变电站隔声、吸声、隔振、降噪措施，本工程的噪声排放可以满足1类厂界噪声排放标准，对周边的环境敏感点，噪声影响能满足0类排放标准要求。

在周边覆土及全金属建筑结构的双重阻隔影响下，变电站的电磁环境影响也大大低于常规户内变电站。

通过以上创新的建设模式，实现了变电站与城市景观完美融合。以"站"为核心打造开放式花园广场，形成电力公园体验区。

（二）"5"的融入——与城市功能无缝衔接

"要抓住人民最关心最直接最现实的利益问题，既尽力而为，又量力而行，一件事情接着一件事情办，一年接着一年干。坚持人人尽责、人人享有，坚守底线、突出重点、完善制度、引导预期，完善公共服务体系，保障群众基本生活，不断满足人民日益增长的美好生活需要，不断促进社会公平正义，形成有效的社会治理、良好的社会秩序，使人民获得感、幸福感、安全感更加充实、更有保障、更可持续。"质朴的话语饱含着党对民生的关切。改善民生是我们党永恒不变的价值追求，我们党不懈努力让改革发展成果更多更公平惠及全体人民，朝着实现全体人民共同富裕的目标不断迈进，实现人们对美好生活的向往。

城市变电站以往基于安全等因素的综合考虑禁止进入相关区域，在普通人中始终蒙着一层神秘的面纱。如何让城市变电站发挥开放共享的城市功能为周边人民群众提供便利这一目标，通过在"雄安首站"利用变电站周边覆土空间建设5大开放共享场所，包含边缘计算、充放电站、综合展厅、绿能健身、应急保障功能，与百姓生活服务融为一体。

绿能健身中心站。包含游泳池、健身房，通过吸收变电站余热为各场馆提供热能。建筑面积1072米^2，游泳馆泳池面积12.5米×25米。健身区域安装单车、跑步机、划船机、椭圆机、哑铃卧推凳、健身手环等健身器材及配套设施，为周边居民提供健身服务。

作为体育公园功能定位的延伸，完善体育类别选项，丰富周边居民业余生活，宣传绿色健身理念，打造健身与电力相结合的时尚生活。作为公园配套附属设施，提高能源综合利用效率，降低运营费用，达到节能减排、服务公众的目标。

● 智能充放储电站。依托变电站强大的电源优势为周边居民提供电车充电、停车服务，创新S2G（站网互动）技术，通过增加柔性储能环节，有效缓解电车充电对电网的冲击，实现站网互动。

● 综合能源服务中心站。作为一个对外开放的会议场所，为企业、高校等重要客户提供永不停电的会议服务。

● 应急保障中心站。通过变电站持续的电能供给，为百姓提供紧急救助，成为城市应急管理体系的强大支撑。建设应急医疗救助站、智能便民服务等面向公众服务的设施。保障站含会议室、办公室、休息室等房间，在满足应急保障中心功能要求的同时，解决集控站办公、住宿及物业人员的保障需求。附属体育公园，为健身、娱乐人员提供应急所需，具备远程就医、处置应急突发状况的功能。

● 边缘计算中心站。通过围绕具备强大供电能力的变电站，打破行业壁垒，创新在电力设施中构建城市边缘计算场所，为城市通信行业提供稳定电源支撑，提高供电可靠性的同时大幅降低周边网络延时，提升互联网使用体验。

项目建成后可为新区提供智慧交通、政务等公共服务，以及为工业物联网、智慧家庭、人工智能、5G等产业发展提供基础设施服务资源。通过打造城市边缘计算体系，边缘计算设备下沉至终端，解决了困扰实时高清音视频、智慧社区、智慧医疗等场景下算力不足、网络时延等问题，满足在5G场景下对新需求、新市场的需求供给，助力雄安新区智能城市建设。

（三）"X"的技术创新

党的二十大报告指出："实现碳达峰碳中和是一场广泛而深刻的经济社会系统性变革。立足我国能源资源禀赋，坚持先立后破，有计划分步骤实施碳达峰行动""深入推进能源革命""加快规划建设新型能源体系"。

实现碳达峰碳中和，事关中华民族永续发展和构建人类命运共同体，中国经济社会将发生广泛而深刻的变革。碳达峰碳中和是一项系统工程，电力行业肩负着重要的历史使命，将承担主力军作用。就城市变电站如何助力"双碳"目标的实现，上海院与国网雄安新区供电公司及相关产业单位共同合作，通过应用多种新技术，为电力设施融入共生城市提供技术支撑。

● 碳管理服务中心。雄安碳管理服务中心位于容东片区剧村220千伏智慧变电站附属建筑内，占地面积960米^2，主要定位是服务河北省碳排碳汇监测、"碳达峰碳中和"路径推演、国家政策和绿色低碳理念宣贯、碳交易场所储备等，是国内首家集实践、监测、科普于一体的碳管理服务中心。

● 综合能源站。为满足剧村变电站周边公共服务设施地下空间能源供给需求，建设高温型地源热泵系统＋双蓄系统，其中夏季制冷负荷922.5千瓦、冬季采暖负荷为1138千瓦。

本项目充分考虑雄安新区资源禀赋，利用夜间谷段电量进行蓄能，白天尖峰时段进行放能，满足地下空间部分用能需求，降低系统能源供给运营成本。冷热源选择地埋管形式的地源热泵系统，地源热泵机组供冷的同时可以回收部分比例的冷凝热，能够为泳池等需要热水的场所提供热量，凸显一机多用的同时，又能实现绿色环保的设计理念。同时，通过CIEMS系统进行能源生产、传输、消费等全过程管控，实现多种形式能源的高效生产、灵活控制以及智能化利用。

● 低压直流。依托剧村开关站，搭建包含"分布式光伏－分布式储能－直流电器"的低压直流生态系统，实现急保障中心、充电站、无人智慧营业厅及站外廊道、屋顶国网logo等多场景直流供电。

● 屋顶光伏。利用剧村站屋顶花园屋面，装设建筑一体化光伏发电站，采用定制薄膜组件，光伏与建筑深度结合，满足建筑美学的同时产生绿色电力，同时配置储能系统，储存光伏冗余电量，保证负荷高可靠供电。

● 北斗、5G、环境监测。利用屋顶花园的开阔空间，建设北斗、5G、环境监测站。5G基站实现周边5G网络覆盖、气象监测站实现气象数据采集、北斗增强站提供精度定位及授时功能。

● 发电步道。利用屋顶花园长廊走道建设发电步道，当行人在发电步道上行走、跑步、跳跃时，将人体行走时产生的动能转化为电能，供应周边照明用电，同时触发灯光、声音等效果，也兼具人流量统计等功能，实现人与能源间的互动体验。

● 无人机巡检。利用剧村站屋顶花园空间建设无人机智能库房，布置无人机全自动机场和配套控制系统等设施，满足无人机智能化管理、远程巡检管控、巡检数据管理、工作成果展示等业务需求，展示无人机自主巡检、5G图传、北斗导航、远程控制、AI缺陷识别等技术应用。

● 城市智慧能源管理系统（CIEMS）。在剧村站周边附属电力设施内建设一套高效的CIEMS，包含设备监控（配电、能源站、智能家居、智能照明、微电网、DCIM、环境感知）、能耗管理（用能分析、光伏分析、空调分析）和能源调控三个二级功能。

● 集控站监控系统。利用剧村变电站内预留空间，由生产运维部门立项建设新一代集控站监控系统，实现主辅设备工作要求，大幅提升设备监控强度、运维管理细度、生产信息化程度。

（四）分层确权新模式

通过积极对接，与雄安供电公司共同努力，促请新区管委会创新土地分层确权模式，5大场景上方为公园绿地，地下为电力设施，为融合建设提供政策支撑。

（五）创下国内六项首个

本项目过程中积极探索多规合一的创新模式和新发展理念，通过集约用地，共享空间的设想开展相应工作，将电力设施空间和公园绿地空间的功能进行深度融合。基础设施和城市绿地在用地上充分结合，变电站功能同城市数据中心功能跨行业充分融合。通过多站合一有机互动的城市共享新业态，以开放共享的新姿态融入城市建设与功能服务之中。成为国内首个覆土空间景观融合变电站、首个获得绿色二星级工业建筑认证的 220 千伏变电站、首个分层划拨并成功确权的电力附属设施、首个城市级零碳智慧能源体系、国内首创 S2G 站网互动技术、国内首个从规划层面嵌入供电网络的边缘计算部署体系。

四、履责成效

（一）社会效益

增强片区宜居度。通过多个场景的构建，开发便民共享的空间（增加可利用面积约 8600 米 ^{2}，建设数据机柜 400 面，停车位 48 个，泳池 1 座等），服务地块周边市民生活、出行、娱乐、办公需求。

提升电力获得感。通过综合利用开放的能源设施及周边公众空间资源，以灵活多变的方法，让社会公众对能源设施及生产有更好的认知感、参与感、获得感，构建能源设施与社会公众和谐共生的示范体。

树立雄安新区城市融合变电站的典范，起到了社会示范效果。通过灵活建站、景观融合的设计理念，雄安首站达到了电力基础设施可以通过灵活的建站形式，共享的设计理念达到和城市风貌共同发展的目标。近期开展的电力设施建设项目通过灵活建站形式减少了变电站投资。为国家电网在新区树立了能源互联网企业的形象，同时为国网向能源互联网企业转型进行了新试点。

项目已于 2021 年 6 月建成投运，满足了容东片区全面建设用电需求，并对现状电网的可靠性起到了较大的改善作用。项目通过电力设施空间和公园绿地覆土空间的融合，实现了多种模式的创新，使能源、生态和服务等功能得到了有机结合，实现了价值叠加升级，成为可实施、可复制、可扩展、可推广的典范。本智慧能源共生体打造了新区乃至全国城市变电站建设新样板，打造了国家电网的新品牌，并荣获电力行业优秀项目咨询成果一等奖和优秀工程设计一等奖。建设及运行期间，多次受到中国雄安官网、河北新闻网、河北卫视、新华社及中央电视台等各级新闻媒体关注报道。

（二）经济价值

本项目建成可形成 360 兆伏·安变电容量，可满足整个容东、周边起步区和容城片区部分区域的供电需求，直接供电能力 360 兆伏·安，服务 25 万人口，每年实现经济效益约 3 亿元，并实现年碳排放量减少 17.5 万吨。

同时项目的融入式立体开发，综合利用了约 8600 米 ^{2} 的额外空间，在全寿命周期内提升了约 3.5 亿米 ^{2} 潜在土地的利用价值。

在解决传统能源设施与城市环境的融合方面起到示范作用，解决了大型电力设施在城市中落地难的问题，创新的建设形式具有推广应用价值。

（三）推广价值

剧村智慧能源共生体以创新的建设形式，充分挖掘了变电站站址周边绿地下方的空间资源价值，利用变电站北侧和西侧的坡地下方空间，探索并开创实践新区首个地下空间分层确权的土地利用政策。

利用覆土空间拓展了变电站附属功能应用，根据推进跨界业务融合要求，以"1+5+X"项目为试点，形成以变电站为核心，融合边缘计算、智能充放电、综合能源、应急保障、公益健身服务等五大功能的网络架构，可以更有效地发挥电网本身所具备的许多互联网的特质和优势，推动实现以电网为载体的多功能市政基础设施融合共享发展的新业态。

剧村"1+5+X"智慧能源共生体以变电站为核心，融入了边缘计算、S2G 智能充放电站、综合能源供应及新技术展示、建筑低压直流配电技术应用、分布式光伏建筑一体化技术应用等众多新基建、绿色、节能、新能源新技术的应用探索，将对新区推广分布式绿色数据中心、智能充电、绿色低能耗建筑等新型产业起到推动作用。

剧村"1+5+X"智慧能源共生体受到各级领导高度关注，其中应用的景观融合设计思路、分层确权模式已在新区范围广泛应用。通过项目的示范效应，更多的智慧城市公共服务共生体会在未来的城市交通、建筑、能源等各领域得到应用，所有要素都得到良性循环，最终实现城市、环境和资源互相协调的综合效益。

五、工作展望

上海院作为国内电网、新能源、绿色城市基础设施领域设计、建设领域的重要参与者，也将继续响应国家"双碳"目标、"绿色基建、绿色能源"的倡议，做能源建设和服务领域的创新者、引领者，发挥"特、优、强"的技术、服务、品牌优势，为客户提供绿色、安全、高效的能源，为客户提供智慧化的综合解决方案。

上海院将继续以"绿色高效能源"为建设目标，以"低碳智慧城市"为服务愿景，以技术深耕为客户提供智慧化综合解决方案，以产品创新回馈社会、服务大众。

"绿金"挺"绿能"，创新助"双碳"

国家电投集团财务有限公司

📇 一、单位简介

国家电投集团财务有限公司（以下简称"财务公司"）是经中国银行业监督管理委员会批准，于2005年2月改制成立的全国性非银行金融机构，由国家电力投资集团有限公司控股。截至2022年，公司注册资本金75亿元人民币，资产规模815亿元，实现利润12.85亿元。公司主要对标指标处于领先水平，监管评级连续四年位居前列，居行业第一梯队。公司具备《企业集团财务公司管理办法》规定的全部经营资质，并获批跨境双向人民币资金池业务资格、跨国公司跨境资金集中运营管理资格、承销成员单位企业债券资格、即期结售汇业务资格，是全国银行业同业拆借市场会员、银行间外汇市场会员、银行间交易商协会会员。公司坚持服务集团战略发展的宗旨，坚持资金管理和金融服务的基本定位，始终践行"集团价值最大化、金融服务差异化、内部经营市场化、司库服务信息化"的经营理念和"修己达人"的企业文化品格，稳健经营、规范运作，不断创新金融产品与服务，资产规模持续扩大，整体实力和竞争力快速提升。

📜 二、案例背景

在新发展理念和"双碳"目标的引领下，绿色发展成为实现经济社会高质量发展的必由之路。党的二十大报告指出，"坚持把发展经济的着力点放在实体经济上，推进新型工业化，加快建设制造强国、质量强国、航天强国、交通强国、网络强国、数字中国。"绿色金融既是经济社会高质量发展的重要推动力，也是金融业自身转型发展的长久动力源，对企业发展提出了更高要求。

（一）从国家政策层面看，发展绿色金融是全面落实"双碳"目标的重要工具

在国家"双碳"目标提出之后，我国金融机构普遍将绿色金融发展提上日程并上升至战略层面，绿色金融发展步入了快车道。2023年7月，习近平总书记在全国生态环境保护大会上指出，"要完善绿色低碳发展经济政策，强化财政支持、税收政策支持、金融支持、价格政策支持。"绿色金融成为助力清洁能源开发，加速实现"双碳"目标的重要路径和有效促进经济、社会和环境可持续发展的催化剂、加速器。财务公司坚决贯彻落实党中央、国务院决策部署，充分发挥主业优势，用金融智慧为清洁能源发展和绿色低碳转型提供充沛的源头活水，在助力实现"双碳"目标、推动高质量发展中发挥

"稳定器""压舱石"的作用。

（二）从行业层面看，发展绿色金融是提升金融质效和转型的有力推手

国家气候战略中心的数据显示，为实现"碳中和"目标，到 2060 年我国新增气候领域投资需求规模约 139 万亿元，年均约为 3.5 万亿元，长期年均资金缺口在 1.6 万亿元以上。作为支持绿色低碳经济发展的有力抓手，绿色金融已经成为助力国家和地区绿色发展的重要工具，是推动我国经济社会高质量发展的强大内生动力，并且在提升金融行业整体质效，保持长期可持续发展方面，亦将发挥至关重要的作用，这为金融企业提供了广阔的发展空间和机遇。

（三）从集团层面看，发展绿色金融是助推集团公司高质量发展的内在要求

作为全球最大的清洁能源企业，国家电投集团定位为先进能源技术开发商、清洁低碳能源供应商、能源生态系统集成商，致力于建成具有全球竞争力的世界一流清洁能源企业。集团肩负保障国家能源安全的重要使命，以"新能源+"驱动绿色未来。作为国家电投集团金融服务平台，财务公司大力发展绿色金融，能够深度契合集团产业发展需要，跟上集团战略节奏和业务步伐，在更大范围更广层次上为集团发展贡献金融力量。

三、实施路径

金融是现代经济的核心，绿色金融是推动绿色发展的重要力量。财务公司以党的二十大精神为指引，聚焦国家电投"十四五"战略规划，不断开拓创新金融服务模式，持续做好金融服务"三个转型"：由单一信贷业务向全周期信贷服务转型；由自营业务为主向统筹内外部金融资源提供综合顾问服务转型；由传统信贷服务向创新绿色信贷转型。通过不断提高金融服务质效，为国家"3060"目标和集团"2035 一流战略"实现注入"绿金"力量。

一是创新顶层设计，强化绿色金融战略引领。财务公司聚焦国家碳达峰碳中和规划方针，将绿色发展理念融入自身的服务体系和贷款策略：调整信贷政策，在年度信贷政策中明确清洁能源信贷投放占比目标，将风、光、水、核电等清洁能源项目以及氢能、储能、生物质等新型能源示范项目纳入重点支持范围；优化授信模型，让授信评价体系更贴合清洁能源项目特点，模型打分卡全方位、精准评估项目情况，授信评价方式更加科学；完善审批流程，设立清洁能源项目绿色通道，从贷前调查、贷中审批到贷款发放全周期缩短至 5 个工作日以内，提升效率保障项目资金需求；编制服务方案，编制《支持综合智慧能源金融服务方案》《新兴产业金融服务方案》，明确服务目标、思路及具体工作举措，进一步提升了金融服务集团智慧能源发展的针对性和有效性。

二是创新金融服务，打造全周期差异化金融服务。风电、光伏等新能源项目建设"短平快"，前期资金需求量大，资金到位时效性强，通常都在上亿元甚至数亿元规模。财务公司深入分析项目前期、投资期、建设期、运营期不同阶段的金融需求，提供"投标保函+搭桥贷款+票据融资+中长期固定资产贷款+流动资金贷款"等全周期差异化金融服务，形成具有特色的绿色金融产品谱系。在项目前期，通过投标保函和履约保函等非融资类保函，协助成员单位锁定潜在目标项目，满足成员单位项目工程投标、履约以及配售电业务的需求；通过项目前期搭桥贷款，以项目前期搭桥贷款保障项目快速推进，以科技研发贷保障研发成果快速转化应用。在项目建设期，通过票据业务，满足成员单位设备及原材料采购、工程款支付需求，拉长付款账期，降低财务费用；通过中长期固定资产贷款，整合资源、深挖产业链价值潜力，推出固定资产贷款、银团贷款、联合贷款，保障项目中长期建设资金需求。在项目运营期，通过流动资金贷款，补充经营期流动资金，发挥资金优势，提供项目日常经营周转、临时性搭桥资金，助力项目融资债务优化，创新金融服务带动绿色产业发展的作用日益凸显。

三是创新银团模式，整合资源助力大基地建设。当前，国家电投将全力推进集中式电力大基地（大项目）建设放在五大产业板块之首。内蒙古、青海、甘肃等区域一批千万千瓦级能源外送大基地、自消自纳大基地、风光储多能互补大基地项目成为国家电投争夺追逐的目标。银团贷款具有大额融资、分散风险的特点，既是支持实体经济发展的重要方式，又是管控金融风险的重要手段。作为国家电投金融服务平台，财务公司坚持服务集团发展战略，持续发挥金融专业优势，创新财银"1+1"银团模式，破解银行低成本资金无法跨区域贷款难题；深化与金融机构"总对总"战略合作，完成了国家电投与中、农、工、建四大行签署合作协议，建立300亿专项资金池，中长期融资成本不超过5年期以上LPR-160BPS，并为项目审批开通绿色通道；推动与国开行、农发行政策性银行、邮储、交行、招行、北京银行等股份制商业银行签署金融服务合作协议，低成本资金池规模将突破500亿元全方位保障新兴产业长期建设资金需求，通过组建银团贷款引金融活水，助力绿色清洁能源产业发展。

四是创新金融研究，点燃金融生态发展新引擎。新兴产业是国家电投"创新驱动、落地见效"战略的新业态和新领域，也是实现转型发展的重要的发力点、创新点和新增长点。财务公司作为金融工作小组参与集团绿电转化、用户侧智慧能源、融投业务、三网融合等多个工作专班，全面梳理集团新兴产业重点示范项目，与相关二级单位逐一对接，建立并完善项目金融服务清单。2023年，针对绿电转化项目，公司围绕集团18个绿电转化示范项目开展金融服务，特别是对吉林大安、新疆塔城等绿电转化制氢、制氨等重点项目开展全面需求分析；针对用户侧智慧能源项目，公司将围绕集团48个首批"雪炭行动"示范项目，尤其是15个综合智慧零碳电厂优选项目进行服务推进，指定专人每周定期跟踪服务，"点对点"保障项目资金需求。

四、履责成效

在知重负重、砥砺前行之年，财务公司在应对挑战、攻坚克难中，不断探索新路径、激发新动能，绿色金融业务快速发展，在集团整体战略支撑中的价值和作用不断彰显，实现以高质量发展新成效服务大局、应对变局、开创新局。

第一，服务大局，绿色金融发展全面壮大。账务公司聚焦绿色产业发展主基调，持续优化信贷资源配置、不断提升金融供给能力和质量：清洁能源信贷占比三年翻两番，实现集团风、光、水、核清洁能源大基地金融服务全覆盖，绿色信贷投放增速保持同业领先；具有国家电投特色的绿色金融产品谱系和全寿命周期金融服务模式成为行业新范式；充分发挥"大协同"，累计为集团42个大型项目通过银团或联合贷款方式组织融资超 2000 多亿元，融资成本全部下浮 10% 以上，实现核电、水电等重大项目长期贷款融资成本屡创国内行业新低。

第二，应对变局，高质量发展迈出坚实步伐。 在绿色金融理念的引导下，2022 年，账务公司资产规模持续扩大，整体实力和竞争力快速提升。账务公司资金池规模突破 900 亿元，业务规模加倍扩张；全口径资金集中度 75% 以上；日均存款规模 650.06 亿元，贷款日均规模 516.89 亿元，金融产品投资日均规模 83.51 亿元。公司在全国 246 家财务公司处于第一梯队，主要经营指标在四大发电集团财务公司中位列第一位。

第三，开创新局，创新发展迸发出新活力。 账务公司围绕集团关心的资金管理、金融创新等重要课题开展专题研究，定期编写金融内参，加强与多边机构合作，研究并梳理央行结构性金融工具、金融机构绿色信贷优惠政策，推动优惠金融政策落地，协助成员单位落实碳减排、煤炭清洁高效利用等央行政策性金融工具合计超 600 亿元；协同 6 家成员单位等联合承担揭榜挂帅任务，协调银行突破长期贷款融资成本低于 5 年期 LPR-200bp 的目标。

五、工作展望

党的二十大报告提出，到 2035 年，我国发展要广泛形成绿色生产生活方式，碳排放达峰后稳中有降，生态环境根本好转，美丽中国目标基本实现。这是一场经济社会系统性变革，也是一项复杂工程和长期任务。未来，财务公司将继续以习近平新时代中国特色社会主义思想为指导，全面贯彻党的二十大精神，完整、准确、全面贯彻新发展理念，坚决落实党中央、集团党组各项决策部署，坚持"稳中求进"工作总基调，以绿色、创新、融合为发展方向，加快实施"国际化、创新型、一流战略"，奋力建设国际化创新型一流财务公司。

探索创新能源新领域，服务地方经济产业链

国能浙江宁海发电有限公司

一、单位简介

国能浙江宁海发电有限公司（以下简称宁海电厂）注册成立于 2002 年 7 月，由北京国电电力有限公司和浙江浙能电力股份有限公司按 6∶4 的比例共同投资组建，投资总额 162 亿元，电厂位于宁波市象山港畔的宁海县强蛟镇，距宁波市区 70 千米。目前公司总装机容量 4520 兆瓦，包括一期工程 4×630 兆瓦亚临界燃煤机组和二期工程 2×1000 兆瓦超超临界燃煤机组。首台机组（一期 2 号机组）于 2005 年 12 月 31 日投入商业运行，是中国电力装机容量突破 5 亿千瓦标志性机组。整个工程于 2009 年 10 月 14 日建成投产，一期工程获得国家优质工程金质奖，二期工程获得中国建设工程质量最高奖项"鲁班奖"。

二、案例背景

宁海电厂响应国家倡导的企业要以经济社会发展全面绿色转型为引领，以能源清洁低碳发展为关键，加快完善节能减排机制，统筹推进能源利用效率提升和碳减排。能源是社会发展的重要物质基础，是经济的驱动力，也是人类社会面临的最重要的全球性问题，当今社会，能源发展面临的环境形势发生着深刻的变化，影响能源发展的不稳定性和不确定性因素超过以往任何时期，2021 年以来，国际大宗商品价格持续走高，国内电煤价格大幅上涨，煤电企业经营困难，为了有效促进电力资源优化配置、企业向能源清洁低碳转型，宁海电厂贯彻落实集团公司关于单一电热供应站向综合能源服务供应商转型的工作部署，推进浙江公司"一体两翼三支撑"协同发展战略，整合公司内有效的资源，开创供电、蒸汽、热水、原水、压缩空气、石膏、灰渣等"七联供"新模式。

三、实施路径

宁海电厂贯彻落实国家能源集团全面推进综合能源产业发展要求，深入践行"一体两翼三支撑"协同发展战略，走出厂门、融入社会，依托自身丰富的禀赋资源，借助外部科技研发团队，政府搭台、强强联合、盘活存量、发展增量，目前已经形成了科企合作、地企合作、企企合作、园区合作等多种创新合作开发模式，并以签订框架协议形式，巩固成果、抢占市场，为社会企业提供"七联供"一站

式服务。

（一）委托同济大学进行园区规划

借助同济大学的科技力量，进行综合能源利用方案的研究，开展现场收资、低碳转型规划编制、重点专题编制等工作内容。在地方政府的大力支持下，最终完成《宁海湾开发区循环经济2.0升级规划》《宁海湾开发区循环经济2.0升级规划电厂低碳转型报告》《宁海湾开发区循环经济2.0升级规划可再生能源发展报告》等多项成果，对公司及地方政府具有重大参考价值。

（二）与优秀企业开展战略合作

为实现发电的副产品资源利用率，与园区内企业北新建材、海螺水泥签订战略合作协议，进行深度融合。电厂生产的脱硫石膏直接由两家战略合作单位消纳，实现石膏百分百畅销。此外还与北新建材开展售电、光伏发电、蒸汽、原水等业务合作，与海螺水泥开展售电、灰渣、压缩空气等业务合作。

（三）跟踪市场需求把握机遇

积极走访地方政府和园区企业，2021年初了解到宁海湾园区企业存在水资源紧张的局面，部分企业需用自来水来进行企业生产使用，当地水利局对此也在思索解决办法。通过调查掌握园区企业实际用水量，及当地水库等最大供水量，测算未来几年我厂实际用水量，评估我厂可供应原水指标，精心编制调查报告，向地方政府建言献策，最终在政府的促成下，利用节约下来的水资源来开展企业间水资源转让项目。

（四）盘活存量实现资源再利用

在供压缩空气项目上，盘点电厂压缩空气使用量，电厂拥有压缩空气机41台，设计产能每分钟1337.6标准立方米（Nm^3/min），核算出富裕供气能力每分钟405标准立方米（Nm^3/min），在此基础上积极调研周边企业压缩空气需求，制定合理售气价格，把富裕的压缩空气供应周边有需求的企业，实现企业间合作共赢。在供热水项目上，统计出机组发电产生的排污余热规模可观，利用二级热水管网系统的供热方式，将原水通过排污余热加热后以85℃热水对外供应，实现变废为宝，提高综合能源利用率。

四、履责成效

宁海电厂锚定"发电+"综合能源供应基地建设，供电、供蒸汽、供热水、供原水、供压缩空气、供石膏、供灰渣的"七联供"新模式在2021年年底均全部实现，为公司带来了较大的经济效益和社会效益。

（一）供电

公司煤机装机容量452万千瓦，包括一期4台63万千瓦亚临界燃煤机组和二期2台100万千瓦超超临界燃煤机组，于 2009 年 10 月 14 日全部建成投产。2022 年全年累计发电 274.98 亿千瓦·时，同比超发 6.47 亿千瓦·时、增幅 2.41%，有力保障了浙江省能源供应安全。建厂以来，公司已累计发电 3667 亿千瓦·时。"十四五"期间，聚焦光伏发电、风力发电、海岛核电等清洁能源领域，着力构建绿色低碳的电力体系。

（二）供蒸汽

公司于 2016 年 6 月开始对外供蒸汽。截至 2022 年，累计供汽 210 万吨，实现供热收入 28483 万元。目前集中向循环经济开发区供应蒸汽，已形成"煤 – 电 – 蒸汽 – 集中供热 – 用热能企业"的产业链。"十四五"期间将改造二期机组的抽汽供热能力，将承担向宁海湾循环经济开发区、宁海县科技园区、宁海城区等周边集中供热输送蒸汽等任务，实现最大热负荷 302 吨 / 时（折算到热源围墙出口），主管总长约 26.8 千米，管网总长约 41.7 千米，拟替代分散锅炉共 62 台、231 吨 / 时，助力宁海县节能环保工作。

（三）供热水

供热水项目充分利用机组发电产生的排污余热，采用二级热水管网系统的供热方式：一次网管线布置采用双管闭式系统，热源为锅炉连排、定排及吹灰疏水产生的废热，汇总后接入至换热器，温度降低后送至电厂回收水槽再利用；二次网管线布置采用闭式系统，杨梅岭水库的原水通过处理后经换热器换热后送入蓄热水箱，以 85℃热水对外供应。本项目于 2021 年 12 月正式投用，市场辐射至宁海全县，是宁海唯一集中供热水源，2022 年供热水量 8016 吨。

"十四五"期间，计划采用多形式消纳电厂供热后产生的回水，扩大供热水规模。一是在厂前区 60 亩地，规划引进 ORC 余热发电项目，利用回水余热发电；二是未来等二期供热改造完成后，利用二期管网末端（开元酒店），建设"热水站"，利用管网末端疏水或加热自来水，向城区集中供热水。随着远期供热水市场开拓，供热水收入将成倍增长。

（四）供原水

宁海电厂充分利用节约下来的水资源指标，向园区企业供应原水，开创国内企业间水资源权转让先河，成为浙江省试点。水权交易改革，破解了宁海县水资源时空分布不均的难题，确保水资源配置与经济社会发展需求相适应，消除了当地企业因缺水带来的发展瓶颈。2022 年供水量为 8.24 万吨，实现为企业每年增收 23 万元。随着水权方案的正式落地，未来将充分利用富裕水资源指标，向园区更多企业有偿供应原水，预计年供应量上百万立方 / 年，预计水资源转让年收益可达 300 万元。

（五）供压缩空气

宁海电厂拥有压缩空气机 41 台，利用压缩空气富裕量向海螺水泥厂供应压缩空气，于 2021 年 12 月 29 日实现通气。年供气量 2600 万米^3，实现为企业每年增收 221 万元。目前，以和海螺水泥的商业模式作为范本，进一步投资扩建压缩空气站，利用空压机规模化效应以及厂用电优势，自建压缩空气管网对外供气，年供气量可达 1 亿米³ 以上。

（六）供石膏

宁海电厂年均生产石膏 20 万吨，2016 年在政府协调下，按市场价格直销给北新建材（制成石膏板）和海螺水泥厂（水泥辅料）战略合作单位，在区域内质量上乘，市场反应好，产销稳定。2022 年度销售石膏 32 万吨，实现销售收入 1415 万元。

（七）供灰渣

宁海电厂年产 100 万吨的等级灰及 20 万吨的炉渣，通过多渠道、多途径利用，使电厂正常运营过程中产生的粉煤灰就地被"吃干榨净"，实现大宗工业固体废物的源头减量化。灰渣主要用于水泥厂、搅拌站、新型墙材等建材的基础辅料。2021 年度销售粉煤灰 124 万吨，炉渣 29 万吨，实现销售收入 14799 万元。

五、工作展望

宁海电厂全面推进综合能源产业发展，依托现有资源禀赋和区位优势，打造"以电为中心、辐射周边"的"发电 +"综合能源供应体，高效利用能源资源条件，主动提升存量资产价值，深化节能、减排、降碳，提高各要素生产率，目前已经实现"七联供"（供电、供蒸汽、供热水、供原水、供压缩空气、供石膏、供灰渣）等多元化综合能源供应商发展新模式，并形成了以宁海电厂为龙头的循环经济产业链工业园区。该厂正加大资源储备力度，积极跟踪拓展新领域，逐步向中长远地区辐射，全方位、多渠道地开发新的产品，"营""销"结合，打造循环经济 2.0 版本，助力地方经济高质量发展，2022 年公司非电利润实现 1.99 亿元，占公司总利润的 12.89%。

着力优化营商环境，擦亮电力服务新名片

内蒙古电力（集团）有限责任公司巴彦淖尔供电公司

一、单位简介

内蒙古电力（集团）有限责任公司巴彦淖尔供电公司乌拉特前旗供电分公司（以下简称"分公司"）主要担负着全旗 11 个乡镇苏木，6 个农牧渔场 20 万用户的供电任务。分公司供电营业区内共有 500 千伏变电站 1 座、220 千伏变电站 6 座、110 千伏变电站 23 座、35 千伏变电站 38 座；运行维护 35 千伏变电站 17 座，检修维护 35 千伏变电站 25 座；管辖 35 千伏输电线路 49 条，10 千伏配电线路 185 条，共计 5116.594 千米，专线 66 条，共计 458.492 千米；管辖公用变压器容量 3970 台，运行环网柜 43 台，0.4 千伏线路 4196.2 千米，配电变压器 9226 台，总容量 1608.691 兆伏·安，2022 年售电量 19.80 亿千瓦·时。

二、案例背景

分公司坚持以集团公司"1469"中长期发展战略与营销服务"3321"专项行动为指引，以营销小指标竞赛、同业对标工作为抓手，突出"夯基础、补短板、强弱项"工作纲领，针对老年群众服务盲区、老旧小区服务痛点问题，乌拉特前旗供电公司以问题为导向，为了更好地服务地方经济发展，进一步优化电力营商环境，提升"获得电力"优质服务水平，坚持"你用电·我用心"，构建以客户需求为导向，简化用电报装手续，压缩办电流程，完善服务机制，强化业扩全流程管控，最大限度地确保客户"早接电、早用电"，不断提高居民用电获得感、满意度。

三、实施路径

（一）强化三级管理体系，确保指标到岗到人

构建优化用电营商环境三级管理体系，由分管领导统一调度，营销服务室牵头抓总，用电检查班网格化、分区域落实，基层所站专人对接，实行"日管控、周调度、月评价"工作机制，采用监控、监督、监管三位一体的预警管理模式。组建分公司优化用电营商环境服务管理工作群，强化监督管理，实行客户预回访制度，依据集团公司以及市公司优化用电营商工作要求，修编分公司业绩考核管理办法，突出考核管理，确保责任到人，指标到人。在集团公司 2022 年 6 月的"优化用电营商环境"劳动竞赛对标中，分公司排名由 76 名提升为并列第一名，提升排名 75 位。

（二）完善服务设施，提升服务硬件水平

为了深入贯彻落实中央、自治区、巴彦淖尔市以及乌拉特前旗"放管服"改革和优化营商环境总体部署，扎实推进"放管服"改革和优化营商环境各项工作，提升服务能力和水平，分局按照巴彦淖尔市、乌拉特前旗发展和改革委员会以及乌拉特前旗政务服务局要求，在乌拉特前旗政务大厅增设服务窗口，受理电力相关业务，同时为了便于客户交纳电费，在政府大厅 24 小时服务厅内加装自助缴费机以及自助业务办理机，让客户真正体验"只进一扇门，最多跑一次"的便捷服务。

分公司辖区共有客户服务中心 25 个，通过完善客户服务中心服务设施以及服务环境，全面推行"线上报装""一证受理""一站服务""同城异地受理"，利用网站、手机 App 等线上渠道，受理客户报装业务，主动向客户提供业务办理告知书，一次告知客户需提交的资料清单、业务办理流程、收费项目及标准、监督电话等信息，提高报装表接电质量和效率；通过对营销信息系统集成应用，实现流程融合，信息共享，做到"一口对外、内转外不转"；全面推行"互联网＋服务"模式，大力推广 95598 网站、微信、蒙电 E 家 App 等电子渠道办理业扩报装、缴费、报修、咨询（查询）等业务，实现业务全流程、全过程管控，保证客户获取信息的时效性，实现客户办电更省力，用电更透明。2022 年完成"业扩包"项目总投资 2862 万元，其中低压客户工程 5195 户、中压客户工程 231 户，有效提升线上业务报装办理水平。

（三）推行网格化服务，打造 5 分钟快响机制

分公司在乌拉特前旗地区全面推行网格化服务，完善"巴电云格"网格化数据，形成网格管理图，分地区建立网格经理，充分发挥网格经理的职能，强化客户用电服务能力，及时给予客户解决用电方面需求。同时"巴电云格"强化快响机制，分公司快响中心及时派发客户需求工单，强化内部联动，真正做到"内转外不转"，及时响应客户用电需求，打造电力服务 5 分钟快响机制，切实提升"获得电力"客户服务满意度。

强化营商环境政策执行，积极与巴彦淖尔市邮政局签署电费代收协议，充分利用邮政的 75 个便民服务站以及 26 个邮政网点，实现近期服务的便捷，切实解决老弱群体客户交费困难问题，全面提升优化营商环境服务水平。

（四）开展办电主动服务，加强客户侧安全管理

强化"一口对外"，由各级客户服务中心指定客户经理（客户代表）主动对接客户，开展预约上门服务，采取"预安排"方式，提前启动配套电网工程建设。对于优质客户和特殊需求客户，提供预约上门服务，并将客户需求及时传递到内部相关部门和单位，协调推进，跟踪进展情况，确保客户知情权。同时强化用电检查班的专业管理，将客户侧安全管理属地化，结合"设备主人制"模式，实现人人有指标，人人盯指标，客户侧差异化延伸服务，探索管辖客户代维管理，提高客户侧安全用电管理水平，有效降低跳闸率。

四、履责成效

（一）社会效益

按照上级优化营商环境等相关决策部署要求，分公司自加压力，主动谋划，形成了创新服务举措，典型的做法取得了积极成效。特别是 2021 年"煤改电"民生项目方面，逐户调查客户报装"煤改电"设备容量，逐台区、逐线路地核查电网接带能力，针对主电网以及配电网薄弱的现状，及时上报工程项目，有效受理报装业务 8069 户（其中高压客户 132 户，低压客户 7937 户），线上报装客户 8002 户，线上报装率 99.17%。统筹协调推进 3975 户"煤改电"工作。全年受理"三零"服务业扩报装低压客户 7937 户，小微企业高压用户含低压线路 268 户，线上报装率 99.71%，切实解决电网接带能力不足及民生用电方面问题，有效提升获得电力满意度。

"去年村里的老赵家新装了电采暖，又省钱又干净，电暖气炉热腾腾的，家里羊羔都不受冻，这不我今年也申请了改造！""自从村会开始推进'厕所革命'，废水有处倒、垃圾不乱飞，村里可是干净卫生多了，供电公司还给新盖的公厕通了电，起夜方便也亮堂堂的！"在乌拉特前旗额尔登布拉格苏木村委会门前的议事广场，村民们正在喜气洋洋地分享乡村生活的新变化。

近年来，由于过度开垦、过度放牧、围湖造田、矿山开采和污水排放，乌梁素海流域生态系统结构和功能损坏严重、退化趋势明显。乌拉特前旗供电分公司心系乡村民生需求、及时回应社会关切，深入推进、有序开展"清洁能源"改造工程，全力满足居民电供暖设施的用电需求，为额尔登布拉格苏木 509 户居民完成清洁能源改造，新架设 10 千伏线路 28.38 千米、0.4 千伏线路 30 千米，新建配电变压器 35 台共计 4800 千伏·安，总投资达 1384 万元。同时，协助旗政府"厕所革命"项目新建 955 渔场线和 956 河口线共计 15 座杆塔、9 座变台，新建 10 千伏 0.4 千米、0.4 千伏架空线路 1.15 千米及 0.4 千伏电缆线路 0.135 千米，1.15 千米及 0.4 千伏电缆线路 0.135 千米，总投资达 146 万元，有效助推清洁能源与生态保护融合发展，构建起地区电网助力生态环境治理新模式。

（二）经济效益

通过深入开展"优质服务深化年"活动，实施优化用电营商环境两年行动计划，贯彻落实国家、自治区关于"放管服"改革优化营商环境的决策部署，进一步提升"获得电力"服务水平，分公司从点负荷抓起，主动对接属地政府相关部门了解新增项目情况，紧盯蒙牛园区、牧原二期、天昱园等新增项目，做好"三零""三省"服务，提前了解客户用电需求、报装容量、预计开工时间，预计投产时间，并设置客户经理积极对接企业，依据内蒙古电力集团公司投资原则，对于符合投资条件的客户，纳入电力投资，通过提升优质服务工作，有效降低了客户电力投资成本及百万客户投诉量，确保客户项目及时落地，切实推进乌拉特前旗地区招商引资项目投产落地，实现全年服务态度"零投诉"。

在乌拉特前旗的阿力奔嘎查，蒙牛集团现代有机高端奶产业园区的液态奶事业部负责人望着憨态可掬的牛群们感慨无限："早就听闻一句话：'宁让电力等发展，莫叫发展等电力。'多亏了你们供电公司的及时服务，提前十几天竣工成功送电，为园区生产实现 350 吨产奶量目标提供了更加坚强的电力保障，我代表 10 万头牛儿们为大伙点赞！"

据了解，乌拉特前旗供电分公司主动对接蒙牛集团乌拉特前旗现代有机高端奶产业园区，了解到园区需要接入 16000 千瓦负荷后随即组织专业人员为企业开辟绿色通道、简化办事流程，多方寻源、积极调配，为园区免费架设双回 10 千伏专用线路 9.22 千米，组立 15 米电杆 154 基、13 米钢管塔 2 基，安装杆上断路器 2 套，敷设电缆 2.33 千米，为企业节约成本 722 万元。同时园区的落成投产有利于促进农牧民就业增收、带动优质饲草料种植、形成立体化农副产品产业链条等，为乡村振兴计划的落地书写出属于新时代的壮美篇章。乌拉特前旗供电分公司以快速稳定的电力供应和优质高效的用电服务为乡村振兴、产业发展装上牛气冲天、电力十足的"能源引擎"，助推乡村振兴的美丽蓝图变成农业农村现代化的现实图景。

（三）推广价值

通过全力实施服务升级工程，着力强化服务渠道建设，以"办电效率最高、供电质量最好、服务品质最优"为目标，不断深化拓展十二项服务举措，加快实现供电服务从"有感"向"无感"、"线下"向"线上"、"单元"向"多元"转变，把优化用电营商环境的工作要求落实到助力地方招商引资、服务企业、乡村振兴、保障民生的方方面面，为地区经济社会高质量发展赋能、赋力、赋效。

五、工作展望

巴彦淖尔供电公司乌拉特前旗供电分公司将继续践行"人民电业为人民"的企业宗旨，把习近平总书记的殷殷嘱托转化为自觉行动，牢牢把握团结奋斗的时代强音，立足巴彦淖尔资源禀赋和生态治理要求，以强有力的用电保障和用电服务，助力地方经济社会发展实现整体跃升，努力在生态环境保护、乡村振兴、优化营商环境、筑牢"两个屏障"中展现新作为，为人民生活美好充电，用心用情用力解决好群众的"急难愁盼"，擦亮电力服务"金名片"。

城市大型综合体用上绿色低碳"智慧大脑"

国网上海市电力公司市南供电公司

一、单位简介

国网上海市电力公司市南供电公司（以下简称"国网上海市南供电公司"）历史最早可以追溯到成立于 1960 年的上海供电所，2009 年 12 月劳动组织综合改革后重新组建成立。供电服务区域包括徐汇、闵行两区，总面积 427.49 千米^2，是上海市主要的政治中心、交通枢纽中心、航天中心、科教文卫中心，也是上海市最大的工业基地和最繁华的商业圈之一。公司下设 13 个部门、45 个班组、7 个营业网点，员工 817 人。城网累计供电可靠率 99.998%、农网累计供电可靠性 99.994%，城网累计综合电压合格率 99.999%，农网累计综合电压合格率 100%。公司先后荣获中央企业先进集体、全国文明单位、全国电力行业优秀企业、全国电力行业用户满意服务单位、连续八届全国"安康杯"竞赛活动优胜单位、全国厂务公开民主管理工作先进单位、上海市五一劳动奖状、上海市重点工程实事立功竞赛金杯公司、金杯集体等荣誉称号，为全面展现具有中国特色国际领先的能源互联网企业贡献市南力量。

二、案例背景

近年来，商业综合体（购物中心）深受消费者的喜爱。2023 年，上海拟新开 3 万米^2 以上购物中心达 45 家，面积超 300 万米^2，为近三年来最多的一年。以万象城为例，该商业体基础设施多样，用能系统各硬件组成彼此独立，用能控制技术落后，优化策略算法应用不够。在当前倡导低碳经济和可持续发展的背景下，商业综合体的用能模式与降低能源消耗、保护生态环境的社会共识相矛盾，具体表现为：

一是商业综合体对各空间各商户设备、系统状态的全面感知能力不足，无法满足能效提升和各类资源参与电网互动，客户用能海量数据挖掘与应用还处于较低水平。二是目前国内智能建筑仅有 34% 能实现用能系统的全局或局部自动优化，在商业综合体中大部分处于只监不控状态；仅有 7% 的智能建筑应用自动化系统，手动调节设备运行状态实现节能控制仍是普遍现象，难以适应全面节能减排的趋势要求。三是综合能效水平普遍低下。2022 年我国商业楼宇运行能耗约占全社会能耗的 1/8（约 8000 亿千瓦·时），单位面积能耗为其他建筑的 2~3 倍。商业楼宇用能管理普遍存在能效管理粗放、节能技术短缺、缺乏优化调度等问题，不满足高质量发展要求，能效管理存在较大提升空间。

同时，从目前我国碳排放治理的实践来看，存在着大型综合体和园区投资动力不足，创新方式方法不够，职能管理部门多、杂，管理理念与决策依据不一的情况。这些问题都表明了目前碳排放治理中政府单方面治理的高成本、低效益，以及利益相关者的力量未得到有效利用的现状。

三、实施路径

2021年起，国网上海电力在万象城率先开展了用能优化系统应用。通过对空调等用能装置加装感知、采集和控制设备，国网上海电力帮助万象城实现了相关信息全息感知。

首先，国网上海市南供电公司针对客户侧设备数据采集不全面的问题，对中央空调及相关设备进行了改造，通过安装采集控制设备、传感设备以及设备通信改造，实现上海万象城中央空调系统物联资源的全息感知。

其次，国网上海市南供电公司开发了专门的能效管理系统，把空调系统相关数据接入，通过本地计算系统得出最优的能耗管理方案。整个系统结合万象城现场用能实际，包括信息总览、可视化运维、能效分析、电网互动四大模块。信息总览模块能够展示万象城需求响应相关信息包括当前实时负荷，基线负荷及可调节潜力预测，历次的需求响应执行情况。同时展示环境信息及万象城的能效提升情况。可视化运维模块能够整合万象城当前接入设备的实时运行状态，提供远程运维服务。可以看到中央空调系统、三联供系统的在线运行状态，也可以监测各传感器的状态。电网互动模块能够显示万象城历次参与上海市需求响应活动的具体情况，并可以查看历次需求响应的执行过程。

国网上海市南供电公司为万象城打造用能优化"数字孪生"系统

再者，国网上海市南供电公司搭建了万象城通信专网，将系统接入上海市虚拟电厂交易平台，实现电网对用户侧负荷的灵活调配。针对协调互动链路未建立的问题，通过搭建"云管边端"的物联技术架构体系，实现电网对用户侧负荷资源的灵活调配。整个系统架构为"云–管–边–端"模式，通过云边路由器将标准化的模型、用能策略等控制软件嵌入到物理设备中，成为智能化设备，实现实时优化、就地控制、灵活响应、节能运行。通过与上级虚拟电厂平台，实现电网互动，参与需求响应及市场交易等。

也就是说，万象城的这个智慧大脑不仅能调整设备运行方式来降低自身的能耗，还能和电网互动，将省下电能留给电网，实现"用电方"与"发电方"角色的灵活转换。

四、履责成效

项目主要面向万象城大型综合体在碳排放评估诊断与减碳落地推进上的痛点难点问题展开。通过此次数据应用产品及 CPS 能效优化系统，构建从碳排放测算，用能评估诊断，再到电网联动的"一揽子"服务，其方法论、技术路径及应用功能均具备较强的复制性与推广性，可结合各商业综合体及产业园区实际情况实现落地应用。成果能够切实提升商场、园区、企业自身能效水平，降低能耗成本与碳排强度，完成碳排目标，促进产业高质量，形成"减碳排头兵"模式示范效应。目前，万象城用能优化项目已成为中国最大、最具示范效应的单体商业楼宇 CPS 项目。

管理效益。通过此次电力大数据产品的应用，国网上海市南供电公司服务电网企业数据集成共享与业务协同优化。以商业体能源碳排管控产品的打造为基础，推进公司内外部多元数据集成，形成可复用的业务推进流程与数据处理方式，固化数据挖掘算法模型，为公司后续数据资产管理与数据产品运营提供规范化、可借鉴的模式，大幅节约人力成本，有力提升工作效率。对于用户而言，该套系统的投运，进一步支撑万象城商业综合体能源碳排管控精益化与管理决策高效化，提升商业体碳效报告的灵活性与时效性，同时万象城进一步精准定位节能降碳优化方向，推进综合能源改造的高效实施。

经济效益。通过该系统的应用，万象城项目最大可实现 3500 千瓦的可调节负荷能力，可延缓发电投资约 1050 万元，延缓输电和配电设备等设施投资约 2100 万元，提高输配电资产利用率，有效保障了电力供需平衡和促进资源优化配置。同时，该项目采用合同能源管理（EMC）模式，每一个能源消耗周期结束后，经双方认可的第三方审计机构完成年度节能率审计，根据节能率对应分配比例计算由万象城向电网企业支付费用。对于用户而言，项目投运以来，上海万象城已累计参与 15 次需求响应活动，累计响应负荷 29676.61 千瓦，平均负荷响应完成率 96.3%，其中 2022 年 8 月实现最大响应负荷 3204.09 千瓦。需求响应期间总减少电量 33958.56 千瓦·时，减少二氧化碳排放 23.33 吨。同时，万象城购物中心空调系统整体能耗下降了 14.66%，共节省电量 31.12 万千瓦·时，减排二氧化碳约 331.4 吨。

同时，通过本项目的应用，国网上海市南供电公司也进一步服务国家"双碳"目标，面向节能降碳重点领域，发挥能源电力大数据价值作用，为各类产业、综合体、园区输出能源管理能力，支撑企业碳效优化方向的充分识别，助力提升全社会终端用碳效率。通过社会关注度高、市场潜力大的综合体"双碳"数据示范的打造，有力提升社会、市场、客户认可度，引领推动区域、行业双碳工作开展，推进全社会节能提效。

五、工作展望

目前，万象城用能优化"智慧大脑"项目已成为中国单体最大、最具示范效应的商业楼宇智慧用能项目，并在上海浦江万达广场等近 10 座商业体、园区建筑实现推广应用，累计负荷调控能力已高达 24500 千瓦。可以说，该项目的实施与推广，为推进全社会节能提效、服务国家"双碳"目标持续注入绿色智慧的新动能。

打造山东电工威海银凯特零碳园区

山东电工电气集团数字科技有限公司

一、单位简介

山东电工电气集团有限公司（以下简称"集团"）隶属中国电气装备集团有限公司，是中国特大型输变电产业集团，所属企业30余家，分布在山东、北京、重庆、江苏、浙江、安徽、陕西等省市，是国内最大的电力装备及整体解决方案供应商之一，致力于建设国际一流的电力装备制造商和系统服务商。集团拥有1家院士工作站、1家国家企业技术中心、5家省级企业技术中心、11家高新技术企业、3家省级工程技术研究中心、1家省级工业设计中心、1家省级制造业创新中心，技术研发及应用实力雄厚，131项新产品通过国家级鉴定，其中112项达到国际领先水平。

二、案例背景

随着我国经济社会的持续发展，能源生产和消费模式正在发生重大转变。面对能源转型，在保障能源安全的同时，积极担责、加速转型，推动"绿色低碳"发展战略落地，肩负着国家节能减排、绿色发展的使命。推动新一代的智慧能源服务业务是贯彻落实习近平总书记关于"四个革命、一个合作"能源安全新战略，和国家"节约、清洁、安全"战略方针的具体措施，也是全面响应"双碳"目标和"十四五"规划的重要手段。

在我国，总体能耗近一半发生在工业，而工业的主要实体载体就是各类产业园区。截至2022年8月，全国累计共有开发区2781个，其中国家级经开区230个，国家级高新区172个。各类产业园区在带来高额GDP产出的同时产生着巨量能源消耗，是碳排放的主要源头。在"双碳"目标背景下，产业园区作为碳排放最集中的空间与场景，势必是未来降碳减排工作的重心。园区的低碳化是国家高质量发展的保障，各类型园区必将在"双碳"目标实践中发挥至关重要的作用，成为碳中和的先锋和主力军。

根据全国信标委智慧城市标准工作组编制的《零碳智慧园区白皮书》中定义，零碳智慧园区是指在园区规划、建设、管理、运营全方位系统性融入碳中和理念，依托零碳操作系统，以精准化核算规划碳中和目标设定和实践路径，以泛在化感知全面监测碳元素生成和消减过程，以数字化手段整合节能、减排、固碳、碳汇等碳中和措施，以智慧化管理实现产业低碳化发展、能源绿色化转型、设施集聚化共享、资源循环化利用，实现园区内部碳排放与吸收自我平衡，生产生态生活深度融合的新型产业园区。

零碳智慧园区的内涵主要体现在以下几个方面：

● 通过能源升级、产业转型等各种碳减排和碳中和措施，实现园区二氧化碳净排放量为零。

● 对多元分布式能源体系进行升级，构建多能转换、多能互补、多网融合的综合协同能源网络，基于数字管理平台实现园区碳排放等数据的全融合，赋能园区全面减排，降低园区二氧化碳直接排放和间接排放量。

● 结合碳捕捉、碳吸收、碳交易等方式抵消园区内剩余的二氧化碳，从而实现园区零碳排放。

当前，零碳智慧园区已在全国范围广泛铺开建设，基于现有的园区数字化基础，贯彻碳中和理念、整合零碳应用已成为智慧零碳园区建设的主流方向。特别是 2022 年，全国掀起建设零碳智慧园区的热潮，涌现出多个新建或改建的零碳智慧园区，零碳智慧园区元年似乎到来，推动实现生产要素科学配置和产业链供应链的高效协同，成为零碳的突破点和新标杆。

三、实施路径

威海银凯特园区位于山东省威海市环翠区嵩山路 106-2 号，整个园区总用地面积 66664.84 米²，共建设 6 个生产车间。园区已在 2018 年建成两项分布式光伏发电系统，其中 1.25 兆瓦光伏发电直接上送至大电网，228 千瓦光伏采用优先自用，余电上网的形式。根据园区 2021 年发、用电量数据，园区发电量大于总用电量，满足自发自用功能需求，由于光伏发电集中于白天，用电较为分散，且随着园区发展完善，用电量会逐渐增加，需要对园区进行节能改造，将光伏发电优先满足自发自用，补充部分清洁能源，对用电设备进行节能改造，将园区打造成为新型零碳智慧园区。

项目以"大集成、深融合，可伸缩、易部署，一个平台全掌控"为出发点，以"新能源建设、高效用能、碳资产管理"为目标，以"数字零碳"为整体思路，从用能结构优化、用能输配监测、用能设备控制、用能计量分析四方面，对用能的供应、输配至用能管理进行全链路闭环式管理，建设多能互补、高效用能、安全用能的零碳智慧园区。

针对园区零碳建设需求，项目围绕风、光、储、充进行方案设计与实施，基于园区已有 1.5 兆瓦光伏，建设 5 千瓦水平轴风机两座、100 千瓦/（200 千瓦·时）储能系统一套、120 千瓦双枪直流充电桩一台、7 千瓦交流充电桩 6 台，满足园区新能源系统需求，设备运行数据已通过通信管理机上传至园区综合能源管理平台。

项目同时对园区空调、照明等用能设备进行节能改造，借助智能化手段如设备状态可视化、智能控制等方式将原有的遥控器控制改造为智慧面板控制，在提升体验舒适性及管理高效性的同时，制定自动节能运行策略，减少对空调、照明设备的重复性操作，减少资源浪费，提升办公效率。

项目构建园区综合能源管理平台，实现对园区厂房建筑的电、水等能源进行数据采集，从用途、建筑、楼层等不同维度进行能源监控、能源统计、能源成本分析、重点能耗设备管理、能源分时段管理工作，使园区管理者对园区的能源成本比重，发展趋势有准确的掌握。系统平台合理计划和利用能源，降低客户能源消耗，降低成本，提高经济效益。

系统平台基于聚类算法、深度学习算法，建立相似日期组成的历史数据集合，构建长短期记忆神经网络模型，结合需求侧弹性矩阵及协调控制模型，实现短期综合能耗精准预测及管控；基于企业用能特征，生成面向经济最优解的用能模型，计算企业碳排放总量，为实现低碳园区及碳交易市场提供决策与数据支撑；基于结构均匀化分析、子模型及模型降阶技术，结合多源异构数据及模型融合法建立相关模型，实现监测数据精准展示及运维精益化管理。

四、履责成效

威海银凯特零碳园区项目建设以来，实现了园区能源管理"可观、可感、可控"，在满足原有生产需求的基础上，实现用能费用整体下降超过 10%；对园区内风电、光伏、储能等新能源以及充电桩、空调、照明等设备的实时运行信息、报警信息进行全方面掌控，园区新能源发电 3.3 吉瓦·时 / 年，整体实现园区运营过程中碳排放量全部中和，达到净零排放，产生效益 60 万元 / 年。

五、工作展望

零碳园区不是零碳孤岛，在推动产业链和自身区域绿色发展的同时，有必要作为关键枢纽在企业、园区、城市、区域等不同层面互联互通，上承低碳省市、下牵低碳企业，内通零碳产业、外联零碳园区，综合考虑环境、社会、产业和经济之间的强相关性，深入打造有零碳辐射性的微观基础单元和有绿色影响力的宏观空间载体。

纵向上，园区的零碳生态将积极响应全球气候行动、推动落实国家"双碳"目标、助力深化城市绿色规划、深化刺激绿色金融市场发展、创新驱动企业零碳转型、绿色引领社区低碳践行。园区作为宏观制度和微观企业的关键枢纽，将结合产业特征贯通绿色发展模式，提供绿色基础设施、零碳能源、零碳资源、零碳技术以及智慧化的管理模式，打造开放创新的运营平台，引导企业高质量发展；企业在园区的零碳生态链上，充分利用园区在信息、技术、资源等方面的整合优势，加快产业节能改造和智能制造升级，构建清洁化的用能结构，互相借鉴成功的绿色发展模式，践行企业绿色低碳责任，实现全链条的合作共赢。

横向上，扩大合作园区"朋友圈"，加强园区层面的交流与合作，构建智慧信息网络，联通零碳科技资源，共享碳排放数据库，强化碳资产互动，形成多园区合作共生的零碳未来。从内而外逐渐放开共享网络，逐层破解信息茧房。加强园区间既有合作伙伴的交流，先行构建互动网络，中小范围探索资源共享运行模式，内部园区间合理调度碳排放量，取长补短，实现小规模整体碳中和目标；逐步辐射城市、省市、国家园区，协同打造多中心、分布式的大型园区交互网络，信息资源动态共享，精细化零碳管理高效升级，优化调控园区间物质流、能流、碳流的流动代谢，稳步实现宏观层面智慧零碳转型。

"碳"路未来，数赋新生。山东电工电气集团将以威海零碳园区项目为示范，继续推动综合能源及碳管理关键核心技术攻关，围绕服务"双碳"目标，扩大综合能源、零碳园区领域业务，持续推进能源转型、绿色发展，为国家绿色低碳发展提供坚强服务支撑。

坚持党建引领，优化服务创新，持续推进接诉即办工作高质量发展

北京市热力集团有限责任公司

一、单位简介

北京市热力集团有限责任公司成立于 2000 年 6 月，其前身是 1958 年 8 月成立的北京市煤气热力公司。2011 年 12 月与北京能源集团有限责任公司合并重组，成为京能集团的全资子企业。经营范围为供热相关的技术、产品、装备的设计、制造、施工、销售、运行、服务等业务，注册资金 76.025 亿元。截至 2022 年，管理供热面积达到 5.23 亿米^2，其中市域内 3.48 亿米^2，市域外 1.75 亿米^2；管理锅炉房 592 座，一次管线 2901 千米，热力站 6459 座，热用户 368 万户。

二、案例背景

京能集团北京热力客户服务中心成立于 2010 年 7 月，同年 10 月开通 96069 供热服务热线，2014 年成为北京市非紧急救助中心（现 12345 市民服务热线）分中心，2019 年成为京能集团接诉即办分中心；在服务面积上，截至 2022 年，96069 供热服务热线服务范围达到 11 亿米^2，其中，覆盖北京市 16 区及经开区，共计 9.33 亿米^2，负责受理、转派全市 1200 余家供热企业所辖面积的用户诉求，提供全年 24 小时的专业化业务咨询、故障报修、投诉举报、服务监督、客户回访的一站式服务，成立十多年来处理用户供热诉求超 320 万件。

近几年，接诉即办工作逐渐成为社会治理的重要方面，也是践行初心使命的生动实践，是党建引领基层治理服务群众的有效机制。京能集团北京热力深入学习贯彻党的二十大精神，积极落实市委、市政府关于"民有所呼、我有所应""闻风而动、接诉即办"的工作要求，始终坚持以人民为中心发展理念，紧紧围绕"七有"目标和"五性"需求，以解决人民群众的操心事、烦心事、揪心事为出发点，以接诉即办作为解决民生诉求问题的有力抓手，加强体系建设、突出科技助力、注重"冬病夏治"，逐步由接诉即办到实现"未诉先办"，全面落实《北京市接诉即办工作条例》，不断提升城市供热服务保障能力和用户满意度，为用户温暖过冬提供有力保障。

三、实施路径

京能集团北京热力始终坚持党建引领接诉即办工作，多年来，从"件件有落实、事事有回音"到"百姓冷暖我先知"再到"我为群众办实事""每月一题"，逐步总结提炼，形成接诉即办各项工作机制，真正做到让"百姓满意，政府放心"。

（一）党建引领高位推动，接诉即办压实责任

加强谋划统筹，层层传导压力。接诉即办工作开展以来，不断深化党组织书记负总责，班子成员齐抓共管的工作机制，坚持京能集团党委"一单通办、全程负责"的工作要求，全面统筹接诉即办工作。建立每日调度会、每周协调会、每月二级企业书记会制度，层层压实压紧责任；各级领导带头"跑工单、走流程、蹲点位、办实事"，研究解决重点难点问题，形成书记抓、抓书记的责任链条和工作格局。定期召开二级企业党组织书记会，通报各企业"三率"完成情况和存在的问题，直击痛点、直面问题，刀刃向内促提升。

健全工作体系，优化组织保障。总结形成"1 个主责、2 个载体、3 个目标、4 个标准、5 个机制"的"12345"工作法，"党建引领组织化、日常管理精细化、问题处置高效化、综合协调机制化、线上三率智能化"的"五化"工作标准，确立"接单、派单、督办、点评、通报、考核"的"六步法"工作流程，形成全流程闭环管理的接诉即办管控体系，保障用户诉求得到及时反馈、限时解决，力争实现"响应率、解决率、满意率"三个"百分百"。"1 分钟派单、10 分钟回复、1 小时上门，1 次性解决"的"四个一"工作模式得到市领导、市有关部门高度肯定。持续推进"每月一题"机制，强化主动治理、"未诉先办"，明确牵头领导和牵头部门，相关单位协同配合，集中解决重点难点问题，扎实办好民生实事。

突出政治责任，积极担当作为。在疫情防控的关键时期，充分发挥基层党组织引领作用，客户服务中心成立并多次启动"96069 青年突击队"，冲锋在抗疫一线，全力保证百姓供热服务 24 小时不间断，维系好为民服务这一桥梁和纽带，圆满完成接诉即办、疫情防控和服务保障等各项政治任务。

（二）聚焦服务提质，多措并举治理，保障民生福祉

强化"冬病夏治"，做好"未诉先办"。坚持"冬病夏治"和问题整改，结合"我为群众办实事"接诉即办问题整治清零行动，协同推进，落实到人，对上一供热季遗留问题进行全过程督办，制定"一区一策""一户一方案"，确保用户诉求得到彻底解决。2020—2022 年三年入户巡检完成率 106.65%，及时消除隐患。持续开展供热服务宣传，主动走访对接街道、社区居委会；张贴、发放宣传册页及管家名片，为用户安装室温自动采集装置；推广散热器安装一条龙服务，真正实现服务"最后一公里"。大力推广供热管家"包干"到户，一对一、点对点的服务模式，第一时间获取用户需求，充分发挥管家与街道社区协同优势，实现管家服务前置，将打通服务"最后一公里"有效实施和真正落地。

倾听民生诉求，确保居民温暖过冬。开展"访民问暖"服务月入户回访，各级领导带队接听用户

热线、回访工单，重点抽查提级管控台账和升级督办工单，验证问题清单和上一供热季遗留问题整改效果和供热服务质量，倾听民生诉求。采取多种测温方式，如入户测温、电话询问测温、短信测温及自动室温采集设备测温的形式，及时了解用户室温情况，及时进行调节处理，确保居民温暖过冬。

（三）发挥政企协同优势，推广创新服务模式，彰显国企担当

打造"服务输出"品牌。2018年建立军委机关服务热线，搭建监管系统，客服坐席驻场服务。截至2023年，"八一"热线接听来电突破18万件，响应率、解决率100%，满意率98%以上，得到部队首长好评。2022年，"军民融合"服务延伸拓展，派驻优秀坐席为空军机关"蓝天服务热线"提供专业化、定制化、7×24小时驻场服务。将"雄安新区供热服务监督热线"打造成为96069供热服务管理向外输出模式的典范，服务质量得到雄安新区政府和用户的高度认可。开展业务协同，为京能东风（十堰）公司所辖用户提供热线诉求受理、手机客户端服务、服务监管与技术支持等专业化服务保障。

发挥行业领军优势，优化营商环境护航民生保障。京能集团北京热力代表全市供热企业，进驻市政务服务大厅，选派热线优秀员工常驻服务，所属区域分公司派驻20人为10个区政务服务大厅供热服务窗口无偿提供常驻服务，为同行业企业树立典范。

做好与市、区两级城管委互联互通，发挥政企协同作用。2016年，96069供热服务热线升级为北京市城市供热服务管理平台，负责全市12345热线供热类工单的转派和督办工作。2017年，正式开通全国供热服务热线400-81-96069，成为京津冀一体化乃至全国客服平台建设的重要组成。2020年，96069热线覆盖全市，为16区建立供热服务保障平台；完成市、区供热服务平台运行数据分析及专报报送、平台数据更新，赢得了政府部门高度认可。

四、履责成效

为民服务水平持续提升。通过"三个服务年"持续改进提升，共整改低温区138个，解决20余万户居民室温偏低问题；专项整改615个集中热点小区，供热质量明显提升，2021—2022年供热季实现低温区"清零"。用户回访满意度从2015年82.1%提升至2022年99.79%。2022年，市属40家国企考核，京能集团北京热力"三率"月考核年度综合得分99.56分，同比上升2.75分；"响应率"99.58%，"解决率"99.84%，"满意率"99.35%；全年12345热线诉求工单19091件，同比下降37.33%。2022—2023年供热季首日工单同比降低87.14%。2022—2023年供热季室温抽测合格率99.94%。

接诉即办工作荣获国家级、市级奖项。以《大型国有供热企业"接诉即办"管理体系》为题的管理创新成果，荣获2021年第七届国企管理创新成果案例一等奖。2022年，客户服务中心荣获北京市接诉即办先进集体荣誉称号；《"冬病夏治"确保居民温暖过冬》被评为北京市接诉即办工作优秀案例。2022年，以《以党建为引领的大型国有供热企业"接诉即办"管理体系的构建与实施》为题的管理创新成果，荣获第三十五届北京市企业管理现代化创新成果一等奖。

客户服务中心团队荣获多项荣誉。客户服务中心主任何迎纳2020年荣获"北京市劳动模范、先进工作者""北京市三八红旗奖章"；2021年荣获北京市2019—2020年度"首都精神文明建设奖"、市国资委系统 2021 年度"国企楷模 北京榜样"年度十大人物；2022 年荣获"全国住房和城乡建设系统劳动模范"、北京市政务服务管理局"贴心服务标兵"等多项荣誉。客户服务中心及 96069 供热服务热线团队荣获全国"2015—2016 年度青年文明号""北京市三八红旗集体""2017—2018 年度青年文明号""北京市首都文明单位""北京市首都文明单位标兵""一星级全国青年文明号""市最美城市运行及环境保障团队""北京市接诉即办工作先进集体"等多项荣誉。

五、工作展望

建立产业数字化、数字产业化、服务信息化新模式。提升热力品牌影响力，打造全国性供热智慧客服平台。努力将全市供热服务管理平台升级成为智慧客户综合服务平台，引领行业实现更高质量的智慧、绿色、高效、安全发展，延伸供热服务平台功能，拓展业务向市场化迈进。优化智慧客服功能，延伸智慧客服触角，打通客服、生产平台，精准定位服务诉求坐标，自动梳理用户信息、历史报修信息，获取当前及历史供热运行数据，逐步实现智慧、精准、高效服务。以接诉即办为导向，建立供热系统运行评价体系，探索采用人工智能的热量调控自学习模式，逐步实现个性化、精细化的按需供热。

延伸供热服务平台功能，拓展业务向市场化迈进。利用工业互联网平台，将服务管理数据及运营数据高度整合，通过"微服务"输出运营理念与技术体系。全面提升智慧化供热服务保障体系，深入挖掘 96069 供热服务平台潜在的商业价值，延伸服务链条、拓宽业务范围，努力在产融结合上取得新突破，实现资源整合和共赢共享。以智慧客户平台业务拓展为切入点，打造政府监管、企业协同和企民互动的智慧客户综合服务平台，增强北京热力的市场影响力，以五位一体的功能定位打造智慧客服综合平台。

持续推进党建引领接诉即办，以问题解决促进市民"三感"提升。继续坚持党建引领接诉即办工作，全面落实《北京市接诉即办工作条例》要求，紧紧围绕"七有""五性"，坚持问题导向，精准研判用户诉求，充分发挥供热管家作用，强化主动治理，实现"循数决策""数智治理"，精准服务，力争在用户诉求产生前已经发现并解决问题；进一步开拓思路，科技助力，更好地满足多层次多样化民生需求，不断提高供热服务能力和水平，真正做到让政府放心，让百姓满意。

推动以数智化转型为核心的招投标质量管理

华能招标有限公司

一、单位简介

　　华能招标有限公司（以下简称"招标公司"）成立于 2000 年 1 月，2015 年，按照集团公司物资采购体制改革的总体部署，转由集团公司直接管理。2021 年 4 月，中国华能集团有限公司成立"中国华能集团有限公司招标分公司（采购中心）"，与招标公司实行"多块牌子、一个机构"管理。招标公司是全国招标行业第一批获得甲级资质的代理机构之一，是华能集团系统内唯一获得过建设工程、中央投资、政府采购项目三项甲级代理资质的代理机构，形成了完整的招标质量体系文件，通过了中质协质量体系认证，在业界树立了严谨、规范的企业形象，受到国家、省市等监督管理部门和合作伙伴的高度认可，连续多年被中国招标投标协会评为"诚信创优企业"。

二、案例背景

　　落实国家"十四五"规划的重要举措。 国家"十四五"规划明确把"加快发展现代产业体系，推动经济体系优化升级"作为经济社会发展的重点任务，提出"提升产业链供应链现代化水平"。华能作为国有重要电力骨干企业，电力装机容量约占全国 10%，担负着电力能源保供、促进社会发展的重大责任，每年相关采购额超千亿元，以数字化、智能化转型提升采购服务质量，是确保满足新时代电力建设发展对工程、物资、服务采购的需要。**创建一流现代化清洁能源企业的内在需要。** 2021 年，华能提出加快建设世界一流现代化清洁能源企业的战略，坚持增量以清洁能源为主体，加快构建高质量发展新格局。创建世界一流现代化清洁能源企业战略对采购效率和质量提出了更高要求，招标公司作为服务全集团的招标采购专业化机构，以数字化、智能化转型提升采购质量效率效益，是推动集团公司加快建设世界一流现代化清洁能源企业的重要保障之一。**助力企业自身高质量发展的需要。** 招标公司聚焦集团公司战略发展任务，提出"四个定位"（为集团公司采购风险防控承担责任、为集团公司生产经营发展提供保障、为集团公司提升竞争力做出贡献、为公司和全体员工共成长搭建平台）和建设"四型企业"（专业型、数字型、科技型、智慧型）的发展战略，以数字化、智能化转型助推采购质量变革，是实现"四个定位"和"四型企业"战略，打造一流现代化采购科技公司，实现高质量发展的现实需要。

三、实施路径

招标采购作为供应链资源要素优化配置中至关重要的组成部分，是供应链管理及创新应用的核心环节，是企业投资决策和生产经营的重要支持性活动。招标公司主动融入新发展格局，高质量推动数字化智能化转型升级，通过建立"一个体系"（"1+5+N"采购体系），建设"四大系统"（智能招标系统、智能辅助评标决策系统、智能远程评标监管系统、采购大数据平台），提升采购服务质量，为集团公司提供强有力的采购服务保障。

（一）建立"1+5+N"采购体系，提升采购服务能力

2020年新冠肺炎疫情暴发后，招标公司坚持统筹疫情防控、服务生产经营、建设发展和加强采购监管需要，按照建设、管理、监督"三统一"标准，优化建设选址，统一标准配置，在全国范围内建立"1+5+N"采购体系（即1个北京集中开评标中心、5个采购分中心和24个远程评标分中心），依托采购招标投标系统，实现"投标不见面、评标不聚集、集中＋远程"管理，并与区域公司、场地物业合作方三方力量共同监督、管理、形成监管合力，形成"统一平台、线上集中、分级分散、全程可控"的"集中＋远程"招评标管理新模式，做到采购工作不断、秩序不乱，切实保障了集团公司基建、生产、服务等采购工作的正常运转。

（二）建设智能招标系统，实施智慧采购

2020年全面投运第三代招标系统，系统以大数据为支撑、网络化共享、智能化协作，依托"大云物移智边链"现代技术手段，以实现全流程数字化、智能化招投标，实现招标源头到末梢全流程、各环节的管控为目标，以招标信息结构化、数字化为基础，以智能化为创新思路，采用全新的微服务架构，与内外部17个系统互联互通，实现了业务流程自动流转、关联数据自动传输、业务数据有效汇集、多场景深度融合，有效推进公司采购流程智慧化升级转型。

（三）建设智能辅助评标决策系统，提升采购保障能力

设计开发风力发电机组、光伏逆变器、火电三大主机、新能源施工、物业服务五大功能模块，对接集团公司新能源运维中心实时传输风力发电机组、光伏逆变器的生产运行指标，将火电项目历史性能数据纳入系统，通过将设备实际运行状况与招标环节技术评审深度融合，为评标专家评标提供快捷、客观辅助决策。系统具备一键查询、可视化多维度呈现功能，同时开发评标参考界面，将设备关键性能指标与技术评审因素建立一一对应关系，量化部分评审因素，为专家评审提供工作辅助和数据支撑，解决招评标与生产实际相分离的问题，引导供应商持续关注设备全寿命周期质量情况。

（四）建设智能远程评标监管平台，强化采购监督管理

智能远程评标监管平台具备视频会议、监控视频融合、智能识别、智能预警四大功能，智能预警评标专家的相关异常行为，形成了全方位、全时段、全链条的智慧监管闭环管理机制，实现了远程评标工作的公正性和严肃性，解决了远程评标工作存在的专家缺席、中途离席、接打电话等问题，招标全流程规范化水平明显提升，风险防控能力明显增强。2022年，共处理智能监管平台预警信息超6000条，通报违纪专家多人，通过日常监管，违纪评标专家受到惩戒，评标专家纪律得到明显改善。采购项目异议投诉同比下降明显，切实为集团公司采购风险防控承担责任。

（五）积极建设采购大数据平台，构建集团采购业务大数据中心

打通多业务系统，实现采购全流程数据汇总和多系统数据的互联、互通、共享，构建起集团级数据资源池。深化大数据智能分析，利用采购历史数据、生产实时数据、市场主体数据、政府及行业数据等，构建了集团采购业务大数据中心。2023年以来，平台利用准确、全面的企业数据和市场情报，通过一定的数据服务开发和数据治理工作，已为长城证券公司提供华能产业链供应商工商数据基本信息查询服务，为信息公司提供股权信息查询服务等，帮助其通过平台数据了解目标客户或供应商的经营状况、市场份额、财务状况、信用评级和法律诉讼等信息，从而更有针对性地制定营销策略和商业决策，降低企业商业风险，提升企业的竞争力和市场占有率。

四、履责成效

（一）采购质量效率明显提升

"1+5+N"评标新模式运营管理，以遍布全国的29个远程评标分中心为支撑，以开评标计划为统领，利用智能招标系统智慧化功能，推动了评标全流程再造，形成分工明确、责任到位、反应快速、运转高效的精细化智能运营管理体系，克服了疫情不利影响，切实保障了集团公司基建、生产、服务采购工作的正常运转。"四大系统"运用标准化、结构化、数字化、智慧化技术手段，有力推动中集团公司采购数字化转型实践，实现采购招标全流程数字化、智慧化运转，为专家快速、精准、客观评标提供在线辅助，降低招标失败率和异议投诉率，全方面提高采购质量和效率。截至2021年，5个采购分中心、24个远程评标分中心先后全部建成投入使用，2021—2022年，共有15668人（专家、招标人代表）在远程评标分中心开展评标，相比集中北京评标，全年节约会议费、交通费约1000万元，全面提升了采购调度和保障水平。

（二）服务保障能力显著增强

招标公司通过数字化、智能化转型助推采购质量提升，为集团公司提供强有力采购服务保障，助力集团公司向着"双碳"目标稳步推进，2022年集团公司新能源项目实体开工超过2300万千瓦，低碳清洁能源装机占比提升至41.6%。成立采购保障小组，制定采购保障方案，有力保障了能源电力安

全稳定供应，集团公司能源电力保供工作多次得到国家发改委、能源局和有关地方党委、政府高度肯定，充分彰显了华能"三色"宗旨和责任担当。"1+5+N"招标采购体系，有效克服了疫情的不利影响，有力夯实了采购服务管理基础，提升了采购服务保障能力，保障了国家电力安全和清洁能源转型，助力经济社会发展和生态文明建设。与北京产权交易所签署合作协议，共同开发电子采购平台并上线，成为首个面向北京市国有企业提供平台化招采服务的采购平台，平台顺利完成国务院国资委 2023 年度研究课题项目的招标保障工作，累计注册用户 370 余家。

（三）企业发展动力更加强劲

招标公司《智能远程评标监管平台在华能"集中 + 远程"招标采购体系中的应用》获得全国电力行业物资管理创新成果管理类特等奖；《采购文件标准化结构化推动集团公司采购工作数字化转型应用研究》获中国华能软科学研究优秀成果奖。招标公司获得集团公司数字化转型示范企业、集团公司党风廉政建设示范企业称号，取得党建工作责任制考核"优秀"，连续两年荣获中国华能"先进企业"称号，连续五年获得年度绩效考核 A 级。

五、工作展望

下一阶段，招标公司将深入贯彻落实集团公司战略部署和要求，按照"12345"（一个中心：以深入学习宣传贯彻党的二十大精神，推动公司高质量发展；两个目标：为集团公司节支增效贡献力量和扩大自身经营利润；三条主线：以科学采购方案为基础提升专业化能力，以"四个中心"体制机制运行为基础加快高质量发展，以核心竞争力提升为基础创建一流企业；四个十大项目：十大采购方案项目、十大质量提升项目、十大科技项目、十大管理项目；五个支撑：加强党的建设、持续深化改革、加大干部人才队伍建设、加快数字化转型、强化战略合作）的工作思路，以"依法合规、价值创造、服务大局、争创一流"十六字总要求为引领，立足"四个定位"（为集团公司采购风险防控承担责任、为集团公司生产经营发展提供保障、为集团公司提升竞争力做出贡献、为公司和全体员工共成长搭建平台），突出打造"四个中心"（采购中心、科技中心、交易中心、咨询中心），积极投身领跑中国电力，争创世界一流新征程，为集团公司加快建设世界一流企业做出新的更大贡献。

燃煤电厂大规模二氧化碳捕集、利用与封存（CCUS）技术

国家能源集团新能源技术研究院有限公司

一、单位简介

国家能源集团新能源技术研究院有限公司（以下简称"新能源院"）成立于 2010 年，是国家高新技术企业、北京市企业技术中心，在集团公司"1+2+3+N"科技创新体系中，作为前沿技术研究院之一，承担集团公司下达的重大共性关键技术攻关和战略性新兴技术开发，定位为新能源、智慧能源、综合能源、CCUS、灵活发电等原创技术的策源地，新型电力系统产业链链长的科技支撑。新能源院围绕新能源、智慧能源、综合能源、储能、CCUS、灵活发电领域，开展科技项目 70 项，其中国家级项目 4 项，省部级项目 2 项，集团十大重点攻关项目 6 项，集团 2030 先导项目 2 项，集团十大软课题 2 项，集团揭榜挂帅项目 1 项。获得国家及省部级各类科技奖励 140 余项，获得授权专利 440 项，起草发布国家、行业标准 33 项。具备转化条件的科研成果有 22 项，其中 16 项经鉴定达到国际领先及国内领先水平。

二、案例背景

2021 年 3 月 15 日，习近平总书记在主持召开中央财经委员会第九次会议时强调，实现碳达峰、碳中和是一场广泛而深刻的经济社会系统性变革，要把碳达峰、碳中和纳入生态文明建设整体布局。目前我国的电力供应仍以火电为主，受到资源禀赋、能源安全等因素的影响，我国火力发电机组的装机容量占比和燃煤电厂的煤炭消费量在短期内难以实现大幅度调整。因此，在高碳能源结构和能源需求迅速增加的双重作用下，碳捕集利用和封存技术（CCUS）是大型燃煤电站实现低碳发展的不二选择。

国家能源集团泰州发电有限公司（以下简称"泰州电厂"）在习近平总书记"3060"目标指引下，于厂内开展 50 万吨 / 年燃煤电厂碳捕集示范工程建设。项目于 2021 年获批集团"十大科技攻关项目"，并获批"国家发改委关键核心技术攻关项目"及"江苏省碳达峰碳中和重大科技示范项目"。项目总投资 38582 万元，投入人员 180 人，实施周期为 2021—2023 年。

新能源院聚焦我国"30·60"碳达峰碳中和战略目标和集团低碳清洁能源转型重大需求，致力

于解决火电、煤化工等能源行业碳排放问题，开展CCUS全产业链技术的科技研发、技术服务、关键设备研制、检测评估、工程应用及战略咨询等业务，打造国家级CCUS技术创新平台及产业创新中心，推动CCUS科技成果转移转化和产业发展。积极开展CCUS技术研发和推广应用。2023年，新能源院作为技术总负责单位，牵头开展泰州电厂碳捕集示范项目研发和实施，完成亚洲最大燃煤电厂燃烧后50万吨/年碳捕集示范工程建设并于2023年6月2日投产运行，二氧化碳捕集率≥90%，纯度≥99.9%，捕集热耗≤2.4吉焦/吨CO_2，捕集电耗≤70千瓦·时/吨CO_2，二氧化碳完全成本≤250元/吨，各项指标均处于领先水平。

2021年，牵头承担了国家重点研发计划"用于CO_2捕集的高性能吸收剂吸附材料及技术"课题，作为调试负责单位，完成15万吨/年碳捕集与封存示范工程建设并投产。

三、实施路径

针对我国目前存在的大规模CO_2捕集能耗和成本控制技术水平较低，深度贯通的CO_2综合利用途径匮乏问题。本案例产学研结合攻关新型高效吸收剂完成开发和评估，成功研发小齿角填料、胺排放控制装置等关键装备内件，并进行了关键核心设备优化设计，开展碳捕集节能工艺系统优化与先进控制技术集成，碳捕集关键核心技术创新取得显著突破。主要采取以下做法：

（一）关键零部件研发及设计优化

● 塔器。由于燃煤烟气中CO_2的浓度低、气体流量巨大，导致捕集系统反应器庞大、投资高、能耗大。因此，如何强化反应器传热传质降低反应器成本和能耗是关键。通过开发新型低成小齿顶角填料塔，以大幅度降低吸收塔的投资和能耗。进一步研发特殊结构的传质分离元件，优化塔内件的分布器，梁槽一体集油箱的超大通气面积能够最大限度地减小阻力，降低压降，降低风机的能耗。提高化学吸收溶剂的吸收效率及装置大型化的操作稳定性，降低能耗及溶剂损耗量。

● 换热器。再沸器是再生单元主要的设备，关系到整个系统的能耗，本项目再沸器采用釜式换热器。釜式换热器有一个扩大的壳体，气液分离过程在壳体中进行。优点是维修和清洗方便，传热面积大，气化率高，操作弹性大，可在真空下操作。但其传热系数小，壳体容积大，物料停留时间长易结垢，占地面积大，金属耗量大，投资较高，重点研究釜式换热器结构优化。水洗塔换热器、贫富液换热器、贫液冷却器、级间冷却器、洗涤液冷却器均采用板式换热器，板式换热器具有传热系数高、端差小、占地面积小、重量轻、容易清洗等优点、但压力损失大，易堵塞。重点研究高传热效率板式换热器开发。

● 压缩机。捕集纯化后得到的CO_2气体经分离器分离除去携带的游离水后进入压缩机，增压至2.5兆帕后进入脱水装置进行脱水。项目拟采用两台离心式压缩机，有压缩机故障检修时，系统50%负荷运行。

（二）材料研发

项目联合浙江大学制定了新型低能耗低损耗吸收剂研发方案，通过功能基团设计和溶剂匹配，选取能耗低、吸收容量大的三级胺与空间位阻胺作为主剂，吸收速率快的一级胺与环状胺作为辅剂，创新研发筛选出具有自主知识产权的综合性能最优的新型三元复合胺吸收剂合成方法，掌握规模化制备工艺。完成新型吸收剂配方性能的实验室对比分析，小试、中试装置测试评价及万吨级碳捕集工业装置的长周期性能验证。研究结果表明，新型吸收剂循环负荷 41 升 / 升，再生热耗优于锦界项目所采用的吸收剂，且单位成本降低 30% 以上，降解速率较 30%MEA 下降 41.2%，大幅度降低碳捕集系统运行能耗和成本。

（三）集成、规模化生产工艺技术提升情况

● 工艺系统优化。为进一步降低吸收剂损耗，降低运行成本，本项目在吸收塔塔顶增设胺回收装置，该装置在丝网除沫器的基础上，通过干法絮凝 + 高效除雾器，有效去除液滴与气溶胶夹带，以进一步降低吸收剂的挥发，解决胺损失与二次环境污染，预计胺损失降低 30%；同时通过优化液气比、优化工艺系统以及优化级间冷却和分流解吸集成工艺的运行参数，大大降低了系统的电耗。根据初步设计收口文件，碳捕集系统用电负荷约为 4000 千瓦，折合 64 千瓦 / 吨 CO_2，较传统工艺降低了 28.9%。

● 热力系统耦合优化。开展了碳捕集系统和电厂热力系统进行深度耦合优化，解吸反应所需蒸汽引自汽动引风机排汽，蒸汽疏水回收至机组低温省煤器，热量全部回收利用，有效提高火电 + 碳捕集系统的经济性。

● 碳捕集控制系统优化。建立了碳捕集智能控制策略，具备 APS 一键启停、子系统的单目标及多目标的整体控制优化等功能，实现了碳捕集系统智能化、少人化运行，大幅提高装置安全性。

案例通过对碳捕集系统中塔器、换热器、压缩机、引风机等核心设备进行重新设计、布置和选型，捕集系统规模 ≥ 50 万吨 / 年，CO_2 捕集率 ≥ 90%，CO_2 纯度 ≥ 99%，预计系统捕集热耗 < 2.4 吉焦 / 吨 CO_2，捕集电耗 ≤ 70 千瓦·时 / 吨 CO_2，碳捕集装备 100% 国产化，脱碳总成本 ≤ 250 元 / 吨，较目前燃煤电厂碳捕集运行成本 300 元 / 吨 ~500 元 / 吨降低约 17%~50%，能耗及利用率指标优于国内外类似重大技术装备，达到行业领先水平；工程建设总费用不超 3.2 亿元，二氧化碳投资成本不超 640 元 / 吨，相较同类项目下降约 40%。

四、履责成效

生态效益。我国以化石能源为主的能源结构导致二氧化碳与主要大气污染物的排放具有很强的"同根、同源、同过程"特征，本项目在泰州电厂火电机组加装 CCUS，有助于推进二氧化碳和大气污染物的协同治理。

经济效益。本 CCUS 项目经设计优化，充分利用泰州电厂一、二期工程资源，结合厂址地形、取水和出线等条件，规划厂区总格局，进行合理的规划与布置，使工程用地面积大为降低，与当地社会环境相容适应。

节约土地资源、节约能源、节约水资源是本工程建设的原则，通过各项措施，尽可能地提高热力循环效率，有效地节约和合理利用能源，同时把节省投资、降低造价和节约、合理利用能源有机地结合起来。二氧化碳捕集示范项目通过合理选用吸收剂，并对工艺系统进行优化，在辅机招标时选择高效节能的辅助设备，合理采用变频设备，落实各项节能减排措施，降低厂能耗水平。本示范项目的实施，对社会经济影响起到积极的作用。

社会效益。案例所涉及的示范工程建设已于 2023 年 6 月 2 日完成投运，并被央视、人民日报、新华社等 10 余家国内外权威媒体报道。

开展基于二氧化碳捕集、封存、销售、利用全产业链的综合性整体分析，构建面向大型热力发电厂的碳减排综合解决方案，有效应对碳减排对大型热力发电厂的变革性影响，为碳减排途径提供模型支撑。CO_2 的资源化利用对于人类的可持续发展至关重要，作为一种重要碳资源和可再生资源，CO_2 可用于合成多种化工品、能源产品和材料。通过二氧化碳捕集与工业副产氢结合制取甲醇，实现二氧化碳减排，并得到燃料或化学品甲醇，为国内乃至国际上火力发电行业二氧化碳减排提供行之有效技术路线，为减排技术综合应用、绿色循环经济运行奠定理论及应用基础。有助于实现我国化石能源低碳化、集约化利用，有利于优化能源结构，保障我国能源安全，促进电力行业绿色、低碳排放的转型和升级。为 2030 年前实现"碳达峰"和 2060 年实现"碳中和"起到示范引领作用。

🗄 五、工作展望

在建设 CCUS 示范工程过程中存在诸多问题，最主要的还是技术创新，未来进一步降低成本还需碳捕集新技术的加持。因此需要加快研发低能耗、低消耗、大规模二氧化碳捕集技术，发展地面/地下矿化、化工利用、驱油、驱气、驱水、微藻制油等技术，研究二氧化碳安全可靠封存、长周期监测及远距离运输技术，加强源汇匹配分析、碳捕集与主体工业系统的能量耦合优化。此外，碳捕集全流程存在上下游产业链不匹配的问题，各主要工业源 CCUS 产业链需进一步提高技术研发，尽快构建低成本、低能耗、安全可靠的 CCUS 技术体系和产业集群，努力实现 CCUS 各个环节技术的均衡发展，尽快进入大规模推广应用商业化阶段，为化石能源低碳化利用提供技术选择。

我国还需要进一步建立健全 CCUS 法规和标准体系。国内 CCUS 项目在实践过程中，面临所有权不明确、管辖部门及审批程序不明确、相关技术规范缺乏等亟待解决的问题，需要制定明晰、完善的 CCUS 法律法规，减少利益相关方各种顾虑，确保 CCUS 项目稳健开展；严格、清晰界定 CCUS 项目边界，防止 CCUS 概念泛化；基于标准体系，实施 CCUS 从选址到减排量的第三方核查制度。

"精准把脉"，赋能农业灌溉用水精益管理

国网陕西省电力有限公司

一、单位简介

国网陕西省电力有限公司是国家电网有限公司的控股子公司，由国家电网有限公司、陕西省国资委共同出资，于 2021 年 8 月 6 日正式揭牌成立。

国网陕西省电力有限公司（以下简称"国网陕西电力"）负责陕西省行政区域内电网建设、管理和运营，为陕西经济社会发展和城乡广大电力客户提供安全可靠电力供应。陕西电网通过 4 回 750 千伏线路与甘肃电网相联、通过 ±800 千伏陕北—武汉特高压直流及 330 千伏交流至河南灵宝直流背靠背与华中电网联网，通过 ±500 千伏德宝直流与西南电网联网。另外在陕北通过 1000 千伏榆横—潍坊特高压输电线路以及 500 千伏锦界、府谷两座电厂送出线路以点对网方式直供华北电网，电力外送能力达 2235 万千瓦。截至 2022 年，全省电网发电装机 8110.4 万千瓦，35 千伏及以上变电站（开关站、高抗站）1409 座、变电容量 15846.7 万千伏·安，35 千伏及以上输电线路总长 6.3 万千米；全省电网最大用电负荷 3976 万千瓦、最大日用电量 8.5 亿千瓦·时。

二、案例背景

农业灌溉用水亟须加强管理。据统计，2021 年全国用水总量为 5920.2 亿米³，农业用水占用水总量的 61.5%，且其中主要为灌溉用水。农业灌溉在推动农业稳产增收、保障国家粮食安全方面具有重要意义，但农业灌溉过量用水却往往导致地下水超量开采，造成地面沉降、地下水污染、水土流失等生态环境问题，既导致水资源浪费，也不利于农业生产的可持续发展。作为传统农业大省和水资源紧缺省份，陕西水资源总量严重不足，人均和耕地亩均水资源量仅为全国平均水平的一半，加强农业灌溉用水管理刻不容缓。

农业灌溉用水管理手段缺乏。一方面，灌溉机井数量多分布广，管理难度大。据初步统计，陕西省灌溉机井数量达 13 万余口，灌溉机井分布十分广泛、分散，且大多数机井并未安装用水计量装置，难以机井用水量常态化监测；另一方面，计量装置安装成本高，运维难度大。如果选择在机井上全部直接安水计量设备，不仅成本高、投资大，而且存在易破损的风险，运维管理难度大。

三、实施路径

国网陕西电力充分发挥自身专业技术服务优势，利用电力数据覆盖面广、时效性强、准确度高等特点，联合地方政府、水利部门、村委、农户、科研机构等核心利益相关方，共同推动"以电折水"项目高质量实施，发挥各方资源优势，共同破解"以电折水"项目实施过程中基础数据收集难、数据分析不精准、数据共享程度低等关键难题，建立"以电折水"项目多方协作、共同推进的合作机制，确保项目成果获得多方认可、实现多方共享，增强农户水资源节约意识，为水利部门水资源管理提供低成本、高效率的管理手段，共同推动实现农业灌溉用水精益化管理，在保护水资源的同时，助力农业可持续发展。

（一）固化合作机制，厘清职责边界

前期诉求精准识别，凝聚多方共识。在项目实施开始前，国网陕西电力积极转变工作思维，从项目全流程的宏观视角出发，深入分析"以电折水"项目在数据准备、折算系数测算、场景完善固化以及成果应用等阶段涉及的核心利益相关方，了解不同利益相关方的关键诉求，明确项目实施可能存在的难点以及影响数据准确性的关键阻碍，争取达成多方共识，以共识促进合作，瞄准共同推动。

重视项目顶层设计，提供政策支撑。与陕西省水利厅共同签署《陕西省水利厅国网陕西电力战略合作框架协议》，围绕水资源管理、新型电力系统建设、数字经济发展等领域共同探索"水利＋电力"政企战略合作新模式，为"以电折水"项目的顺利实施奠定坚实政策基础和政策保障，协同推进水资源管理现代化。

明确项目实施路径，完善组织保障。联合陕西省水利厅印发《陕西省"电力看水资源"农用灌溉机井以电折水取水计量监管应用工作方案》，共同建立省、市、区三级工作组织，在西安市鄠邑区、渭南市临渭区共选取 1.4 万余眼农灌机井作为试点，从"档案匹配－系数测算－水电转换－融合应用"等四方面，开展陕西省"电力看水资源"应用体系的构建工作。

（二）过程深度协作，坚持多方共为

坚持相互配合，推动水电数据融合。在西安、渭南水利部门提供的机井行政地点、经纬度信息、取水口信息等机井数据的基础上，建立井表关联关系。依据水利厅提供的西安、渭南取水许可电子证照库有关机井基础台账信息，采用"自动＋人工"相结合的方式完成"水－电"档案匹配。建立机井－管理单位－取水用途的基本数据关联模型，并以此为基础，构建管理单位组织架构、水井责任范围划分等基础数据关联关系。

共同深入调研，确保数据充实准确。国网陕西电力组织专业调查队伍，促请政府部门下文协同文件，联合各地供电所、镇政府、村委等逐乡镇逐村组开展取用水机井摸底调查，并利用档案匹配工具，进行水电档案匹配，细化井表关联现场采录工作分工，完成井表关系关联及基础信息采录，为开展"以电折水"系数测算提供准确的数据支撑。截至 2022 年 10 月，累计完成对西安、渭南两地 335 个行政村 14302 眼农灌机井档案数据核查工作。

多元沟通服务，消除群众疑惑。在深入田间地头开展数据核查工作的过程中，为了增加村民对于核查工作和水资源保护工作的认识与了解，一方面调查组联合各级水利部门，积极协调乡镇政府及村委会共同参与，详细向村民和机井所有人进行宣传沟通，耐心解答当地群众的疑问和咨询；另一方面，调查组联合属地供电所服务人员以及水利部门，及时解决核查过程中发现的影响机井用电服务问题，积极宣传节能灌溉的技术及产品应用，帮助群众解决实际问题，赢得群众的认可与支持。

（三）协同分析，拓展应用场景

多方协作，确定折算系数。积极联合西安理工大学水利水电学院等科研单位，通过依据机井用电数据和取水数据，结合西安、渭南地理特色、区域水位、气候、土壤等特色，以及水井深度、水泵类型、运行工况等台账数据，配合水利厅进行现场勘查、反复实践、形成一套符合实情的过程完整、易于落地的动态折算系数。

多维监测，完善场景应用。通过机井电表采集的日用电量，结合机井"电－水"折算系数实现用水量换算，以日、月、年、区域等不同等级监测、分析。对各类型（灌溉、饮用）及深、浅层机井用电量用水量占比、趋势进行统计分析，实现不同维度用水量的精准监测。

（四）平台打造，推动成果共享

提高成果可视化水平。以机井水利档案和电表采集数据为基础，以陕西电力数据中台为数据融合分析平台，对外服务平台为运营渠道，实现电－水转换及丰富的数据应用服务，实现按月、季、年等时间频度统计各机井的用电量及用水量，形成多维度用水量分布和变化趋势分析模型，量化各区域、深浅水层日用水情况，并定期向水利部门报送机井超额用水情况。

建立常态化分享机制。对全量机井进行统计、电表关联统计、工作进度跟踪、电量使用统计、水资源折算统计，从省、市、区（县）、管理单位各个视角对整体数据统计细化。定期根据不同地区编制"电力看水资源"监测分析报告，并报送陕西省水利厅、西安市水务局、渭南市水务局等政府单位，完成机井用电用水量监测（用电用水分布情况、用电用水趋势分析）。截至 2022 年，向政府部门提供分析报告总计 12 份，帮助政府部门及时了解机井用水异常预警情况、机井超采趋势变化，为政府部门加强农灌机井对地下水开采的控制措施，对重点地区实施控电控水措施提供数据支撑。

四、履责成效

获得广泛认可。依托"电力看水资源"平台已编制完成第二期"电力看水资源"监测分析报告，获得陕西省水利厅的充分认可，肯定了电力大数据应用在全省水资源管理方面取得的突出成效，该平台将逐步在全省推广。项目成果得到了中国电力报、中央广电总台国际在线、陕西省水利厅官网等媒体发表宣传报道 14 篇。

创造综合价值。"电力看水资源"平台致力于服务陕西水治理体系和治理能力信息数字化，从严从细管好水资源。在精准化管控用水方面，通过机井电表采集的日用电量，结合机井"电-水"折算系数实现用水量换算和日级监测；在节约水表成本方面，以电表实现用水量监测，可一次性节约水表成本上亿元，且电表平均寿命高达 13 年，可节约后期运维和更换成本；在支撑水资源管理方面，通过"以电折水"管控平台，对超额用水进行智能识别，支撑水利部门超限用水机井监管、水资源税测算征收等工作。

五、工作展望

下一步，国网陕西电力将在总结前期试点经验的基础上，继续深挖电力数据应用价值，拓展数据应用边界，围绕"精准取水管理、精确服务农户、以电控水"等领域与水利部门进一步开展深度合作，推动农业用水方式由粗放向节约集约转变，促进农业用水管理的数字化、智能化、精细化，为提高水资源承载能力，促进农业可持续发展贡献更大力量。

贰｜乡村振兴

牦牛背上的电站

国网浙江省电力有限公司绍兴供电公司　　国网浙江省电力有限公司绍兴市上虞区供电公司

一、单位简介

国网浙江省电力有限公司绍兴供电公司（以下简称"国网绍兴供电公司"）是国家电网有限公司特大型供电企业，用电户数 277.6 万余户，供电区域覆盖绍兴全地区。公司于 1997 年成为原国家电力公司首批"国家电力公司一流"供电企业，2002 年被原国家电力公司命名为"国际一流供电企业"（全国首批五家之一）。近年来，在浙江省电力系统唯一实现全国文明单位"六连冠"，连续十六年获"全国用户满意企业"，先后荣获全国"五一劳动奖状"、全国五四红旗团委、全国安康杯竞赛优胜单位、国网公司首批对标世界一流管理提升标杆企业、国网公司先进集体、浙江省企业文化建设示范单位、浙江省学习型党组织建设先进单位、绍兴市"改革开放创新发展突出贡献奖"先进集体等多项荣誉。

国网浙江省电力有限公司绍兴市上虞区供电公司（以下简称"国网绍兴市上虞区供电公司"）是国网浙江省电力有限公司下属分公司，以建设和运营电网为核心业务，服务供电区域 1403 千米^2，电力用户 40 余万户。公司先后荣获全国模范职工之家、浙江省劳动模范集体、浙江省文明单位、国家电网有限公司"一流"县级供电企业、省公司科技进步先进县供电企业、绍兴市企业文化示范点、上虞区先进集体、全国工人先锋号等称号，连续第 7 年获目标责任制考核一等奖单位。

二、案例背景

党的十八大以来，以习近平同志为核心的党中央对西藏生态文明建设作出了一系列战略部署，制定了一系列重大政策举措。在习近平生态文明思想的指引下，加强西藏的生态文明建设与环境保护，促进西藏经济社会高质量发展，取得了显著成效。

为保护当地生态环境和提升西藏地区游牧民用电水平，公司在社会责任实践中长期关注如何跨区带动偏远地区供电服务质量提升和高原生态环境保护，自 2018 年以来，通过对口支援西藏那曲进行电网建设与升级改造的同时，以公益捐赠的方式为那曲试点地区村民提供光伏电源，为提升牧区用电覆盖率做出了有益探索。然而，全那曲目前有 2 万户牧民家庭游牧时不能享受稳定的电网供电服务，如何以小规模探索试点最大化撬动社会资源，填补 2 万牧民甚至更多地区牧民对高品质用电的缺口，实现跨区域带动供电服务均等化、电网与自然环境和谐共存，是可持续解决牧民用电难题的关键所在。

前期调研发现，西藏地区游牧民众多，居住分散，架空线形式的传统电网可解决集中住户用电，但对于分散游牧民，传统电网缺乏经济性和技术合理性，也会对生态环境也会产生不利影响。本项目着眼于用绿色供电方式因地制宜解决藏区游牧民生活用电难题，在通过捐赠家庭光伏电源的前期探索基础上，实施更符合藏区牧民生活需要、更加绿色环保的"分布式光伏发电 + 移动储能"的供能方式，并通过跨区域的多元利益相关方资源协同，探索可持续爱心物资平台化众筹捐赠模式、可持续光伏电源运维体系，以一种绿色可持续的供能方式解决藏区牧民用电难题。

三、实施路径

- 一是探索更适应牧民需求的绿色供电模式。通过问卷调查、访谈座谈以及沉浸式观察等调研方式，了解牧民的生产生活现状，评估移动电源对牧民的实际使用价值和需求。在前两代光伏产品基础上，开发更适用高原气候，安全性、可靠性、耐用性更好的第三代可折叠、便携式光伏电源。通过"分布式光伏发电 + 移动储能"新型绿色供电方式，为牧民提供更可靠、更持续的电力供应，改善牧民生产生活环境，带动当地经济发展，护航生态环境保护。

- 二是通过公益基金"众筹"解决资金短缺问题。携手腾讯公益、四川电视台赴西藏那曲热萨村开展直播和纪录片拍摄活动，引入平台化履责理念，在腾讯公益推出"牦牛背上的电站——帮助牧民走出黑暗、照亮家园"公益募捐活动，持续扩大项目影响力，提升社会公众对藏区用电问题的关注度。

- 三是搭建面向社会的电网资源供应平台。"移动式光伏电源 + 储能"的绿色供能方式解决游牧民用电的核心是电力基础设施设备的铺设、安装、运维及升级，需要大量电网设备资源和技术服务资源参与。该项目转变以往公益捐赠单打独斗方式，从战略公益的角度预判项目长远发展的目标、价值和需求，提前沟通并搭建项目工作团队，确保项目顺利实施。将平台化聚力思维应用于爱心物资的筹集，以系统内兄弟单位、其他电力设备企业为主要对象，搭建起电网设备资源的捐赠平台，吸引越来越多的系统内单位参与进来，确保设备捐赠可持续性进行。

- 四是建立本地主导、多方协作的运维服务生态。以国网西藏那曲供电公司为主体组建多方、多手段协同的光伏电源巡检服务体系。将牧区光伏电源的巡检纳入无人机巡检等智能巡检工作内容，相关巡检信息可经由用户智能管理系统进行反馈并提供解决方案；以"红船共产党员服务队"牵头开展跨区域爱心巡检协助工作，作为本地巡检、供应商运维的补充；联合光伏设备供应商将光伏电源运维内容纳入西藏那曲本地社保局及村政府电工培训内容，搭建多元主体协同的运维服务生态。

- 五是建立推进项目顺利实施的保障体系。结合当前现实基础与未来远景规划，将工作分为试点期、深耕期与扩大期三个阶段，制定"三步走"战略。试点期着力解决技术问题，通过小范围捐赠和试用，不断优化改进光伏产品；深耕期实施模式探索，商讨光伏电源的长效运维机制，致力于形成可持续的牧民用电解决方案；扩大期着力于公益品牌运作和社会传播，努力唤起更多团体和公众对牧区的社会关注，拓宽项目资金来源渠道，扩大牧民受助群体。2023 年 3 月，公司联合江苏淮安供电公司、天津城西供电公司、江西南昌供电公司、陕西延安供电公司和辽宁铁岭供电公司等五家"学习周恩来崇高品德"党建联盟成员，启动"牦牛背上的电站"公益项目，开展"雪域光明行·共富牧民家"专项行动，持续为牧民安装移动式光伏能源，助力雪域高原的藏区牧民享受"绿色电力"。

四、履责成效

（一）社会效益

在实现藏区供电服务均等化，解决游牧民生活用电难题的同时，避免了传统架空线供电方式对高原生态环境的不利影响，向当地政府、当地供电部门、游牧民群体宣贯了绿色用能、保护自然生态环境的观念，让"绿水青山就是金山银山"发展理念深入人心。从长远来看，"牦牛背上的电站"项目开展对于助力实现乡村振兴、共同富裕和碳达峰碳中和目标起到强力推进作用。实现了社会各利益相关方的合作共赢，对于国家电网有限公司而言，该项目实施赢得了当地牧民对国家电网公益品牌的认可和尊重，塑造了国企积极履行社会责任的良好形象；对于慈善基金组织而言，北京大鸢翔宇慈善基金会等社会组织与媒体机构实现了自身业务发展与成长，并通过与腾讯公益平台合作进一步拓宽了合作伙伴网络；对于西藏那曲当地政府而言，通过联合推进社会电工培训，一定程度上为探索解决新就业提供了可能，同时用电品质的改善提升了当地牧民对政府的满意度。

（二）经济效益

目前已累计捐赠近百套光伏电源，"分布式光伏发电＋移动储能"新型清洁供电模式的有效推广，带动了牧民家庭用电体验优化提升；实现了加工制造、储藏的稳定用电供应，带动西藏广大牧民家庭创收共富，每个月可以为普通游牧民家庭增加收入近 2000 元；相比传统电网，移动式光伏电源的经济性特性为当地供电公司节约了大量电网建设资金，同时替代了本地牧民柴油发电机等落后污染型发电设备，更好地助力高原地区环境保护。

（三）推广价值

"牦牛背上的电站"系列报道受到新华社、浙江卫视、《中国电力报》等行业内外主流媒体高频关注，获得当地政府、援藏部门、公益组织等单位高度认可。2022 年，该项目参加"向光奖"角逐，与阿里巴巴、腾讯、小米等头部企业同台竞技，脱颖而出获"向光奖年度商业向善 TOP10"，为国家电网系统首家获此奖项的单位；被评为国家电网有限公司优秀社会责任根植项目，入选中国工业和信息化部 2022 年可持续发展案例集；纪录片获 2023 年中电联电力精神微视频大赛特等奖；以该项目为主要内容的演讲作品《三张证书看"电等发展"》获 2023 年全国品牌故事大赛（天津赛区）一等奖，项目社会影响力正持续扩大。

五、工作展望

● 一是拓宽项目资金渠道。积极做好与上级部门的沟通，争取更多项目资金支持。此外，通过引入以北京大鸢翔宇慈善基金会为主的其他公益基金组织，联合那曲当地的社会公益组织、国网公司其他公益品牌、政府单位，建立起电网服务均等化公益基金平台，专注于跨区域提升电网设施升级、用电服务提升的专项帮扶工作。

● 二是完善光伏电池后期运维体系。光伏电源捐赠完成后，后续的维修和服务更值得关注和深思。随着牧民光伏电源的覆盖度逐渐提升，需要建立起一个可长期运营的牧区电源运维服务体系提供长期可持续的高质量电源运维服务。项目计划建立社会电工为主的光伏电源运维服务体系，解决运维服务难的问题。

● 三是扩大项目影响力和受益群体覆盖面。持续广泛开展社会传播，提高社会组织、社会公众对西藏地区牧民用电问题的关注度，吸引越来越多的社会利益相关方参与行动，提高该行动的受益群体；在原有项目基础上，探索更加有效、更加绿色、更加可持续的项目开展模式，力争让该案例惠及更多藏区的牧民。

"村企共建"助力"世界级生态岛"建设

华电新能源集团股份有限公司上海分公司

一、单位简介

华电新能源集团股份有限公司上海分公司（以下简称"上海公司"）成立于 2021 年，是华电新能源集团股份有限公司在上海区域的新能源管理平台。上海公司主要负责华电集团上海区域新能源项目的前期拓展、投产后的生产运营管理以及部分新能源项目的工程建设。截至 2023 年 8 月，上海公司所管理的新能源企业共 8 家，总装机容量 67.4 兆瓦，储备项目资源超 300 兆瓦。

二、案例背景

推进农业农村领域碳达峰碳中和，是加快农业生态文明建设的重要内容，是落实乡村振兴战略的重要举措，是上海市崇明区世界级生态岛建设的重要途径。近年来，上海公司作为华电在沪新能源管理平台，坚持以习近平新时代中国特色社会主义思想为指导，全面贯彻党的二十大精神，积极践行"创新奋进、奋勇争先"企业文化，大力实施"四力四推"党建工程，不断深化与崇明区的合作，根据上海市委组织部、市委农办关于持续深化城乡党组织结对帮扶工作的相关精神，上海公司与崇明区绿华镇华星村先后签订第四、第五轮城乡党组织结对帮扶协议，深入开展"村企共建"结对帮扶活动，深度融入崇明区绿华镇华星村乡村振兴示范村建设，建成"渔光旅"综合体绿色低碳能源项目，助力打造"零碳华星、橘黄蟹肥"特色品牌，以高质量党建助推乡村振兴产业引领高质量发展。

上海公司投资建设的上海华电崇明绿华 44 兆瓦渔光互补光伏发电项目（以下简称"绿华项目"）是上海市人民政府与华电集团战略合作协议项目，是融入绿华旅游小镇一体化打造的生态绿色能源综合体，也是华电在沪首个落地投产的集中式光伏项目，项目场址位于上海市崇明区绿华镇水产养殖场，投资 2 亿元，占地面积 1263 亩，建设规模 44 兆瓦（MWp）。该项目于 2020 年 12 月 31 日开工建设，2021 年 6 月 25 日并网发电。

三、实施路径

上海公司顺应时代发展潮流，抢抓新能源发展机遇，在党的政策支持下持续发力，以绿华项目的运营管理为发力点，以村企共建、党廉共建、精准帮扶、产业赋能等方式，把政治优势、组织优势转化为发展效能、建设优势，高水平推进双碳工作，走出一条兼顾绿色能源发展、村民增收和碳排放有效控制的乡村振兴高质量发展之路，让党旗在乡村振兴一线高高飘扬，以人民的获得感、幸福感、安全感助力华星村乡村振兴示范村建设和崇明世界级生态岛碳中和示范区建设。

（一）村企共建同谋致富路

"我们现在正在开展碳中和乡村示范区建设，华电的加入给了我们很大帮助！"在党建联建共建座谈会上，崇明绿华镇华星村党总支书记胡惠春似乎有说不完的话。基层党建是乡村振兴的根本保证，建设美丽乡村，必须坚持和加强农村基层党组织建设。公司成立"乡村振兴党员服务队"深入华星村开展节能减排及用电安全检查志愿服务活动，为乡村振兴示范村建设提供专业技术支持。为把工作做深、做细、做实，在结对共建的基础上，还特派基层工作经验丰富的青年干部到绿华镇挂职，有效提升了双方基层党组织的党员教育水平，为乡村振兴工作架起了畅通无阻的沟通桥梁；公司利用自身专业优势，深入崇明村镇开展光伏科普教育，使"上有光伏，下有产业，农光互补"的理念深入村民心；公司结合绿华镇"上海蟹港"产业布局，与崇明绿华镇合作开发的绿华项目，致力打造"光伏＋零碳乡村＋高端农业"有机融合发展新样板，既让公司发展壮大的同时获取丰厚的利润，又能使乡村农业转型升级、增加村级集体经营性收入、村民渔业收入，真正实现村企互利共赢。

（二）廉政共建同沐廉洁风

为进一步推动党风廉政建设共建，弘扬党的优良传统和作风，涵养风清气正的政治生态，上海公司和上海市崇明区绿华镇委员会、上海市崇明区绿华镇人民政府联合主办了"崇启海"三地廉政书画展活动。三地书画大师通过书写廉洁诗词、格言警句，手绘山水墨画等形式，将廉洁文化与书画艺术完美结合，在书香墨韵中"话"廉洁，感受廉洁文化的魅力，厚植崇廉守廉的清廉理念，展现了与"崇启海"三地党风廉政建设的丰硕成果。

（三）精准帮扶同建幸福村

上海公司按照党中央、国务院以及华电集团部署要求，以切实解决人民群众最关心最直接最现实的利益问题为出发点，把惠民生的事办实。绿华项目发挥企业引领作用，配合绿华"上海蟹港"产业布局，引入上海市养蟹协会开展水产养殖，叠加光伏和养殖收益的同时，根据现场需要，提供了若干日常工作岗位，优先考虑本地劳动力，带动村民就业，增加了村级集体经营性收入以及村民收入。在村企共同努力下，崇明绿华镇华星村率先列入上海市乡村振兴示范村建设计划。与华星村党总支部签订《城乡党组织结对帮扶协议书》，2022年面对上海疫情带来的蔬菜瓜果滞销问题，主动对接绿华镇党委，共同制订方案，帮助当地村民缓解蔬菜瓜果滞销燃眉之急，助力7200余斤农产品顺利销售，有效缓解了疫情影响，切实提高了农民收入，把乡村振兴落到了实处。

（四）产业赋能同造生态岛

《崇明世界级生态岛发展规划纲要（2021—2035年）》中指出，未来崇明生态岛要找准生态产业发展方向与重点，促进生态优势转化为发展优势。位于长江入海口的崇明区水域滩涂广阔、渔业资源丰富、开发潜力巨大，绿色生态农业是未来崇明世界级生态岛碳中和示范区建设的后劲所在、潜力所在、希望所在。绿华项目光伏板下奏响的渔光曲，是近年来华电携手崇明，围绕乡村振兴、产业兴旺，高效整合利用土地资源，坚持走绿色、生态、可持续的循环经济发展道路的一个缩影。绿华项目通过"村企共建""渔光互补"产业发展模式，实现了新能源产业和农村养殖业跨界合作，工业牵手农业，二产带动一产，实现渔电双双丰收，既改善了大气环境、促进节能减排，又优化了国土资源，实现蓝色产业绿色转型。

四、履责成效

盛夏时节，万物繁茂，生机勃发。在已投产的绿华项目光伏电站内，鱼塘里的螃蟹自顾自地"横行霸道"，塘面上一排排深蓝色的光伏板折射着耀眼的日光，源源不断地把太阳能转化为电能，照亮当地群众增收致富路。

绿华项目自投产以来，上海公司以安全高效的绿色能源供应赋能碳中和乡村示范区建设，以村民扎实的获得感和幸福感助力崇明"世界级生态岛"建设。截至 2023 年，该项目已发出绿色电能 1.25 亿千瓦·时，节约标煤约 3.8 万吨，减排二氧化碳近 13.8 万吨。进一步提升了崇明区绿色能源比率，有效解决了地区电力负荷增值的需求。绿华项目通过对传统高密度、高污染、低经济值养殖模式进行升级改造，水上集中式光伏发电全额上网，水下开展清水蟹养殖，与传统养殖模式相比，水上铺设光伏板对提高清水蟹成活率有很大帮助，村民经济效益显著提升，持续增强了当地村民群众的获得感、幸福感和安全感。助力绿华镇"上海蟹港"产业布局，成功打造"光伏＋零碳乡村＋高端农业＋文旅产业"有机融合的乡村振兴新样板，2022 年，绿华镇华星村成功列入上海市乡村振兴示范村建设计划，彰显了绿华项目的社会影响力。

绿华项目，是上海公司落实上海市政府与中国华电集团的战略合作协议的重要举措；是华电在沪企业携手上海各级政府贯彻新发展理念、落实国家减碳减排战略、实施乡村振兴战略、推进崇明世界级生态岛建设、践行央企社会责任的生动实践；是推动实现村企共建、企地共赢，生态环境保护与经济社会发展共赢的有力行动，为华电在沪绿色转型高质量发展提供了宝贵经验。

五、工作展望

（一）继续坚持党建引领，服务"双碳"目标

坚持和加强党对国有企业的全面领导，这是国有企业的"根"和"魂"，任何时候都不能有丝毫动摇。公司党支部将继续认真学习贯彻习近平生态文明思想和习近平总书记关于碳达峰、碳中和工作的重要指示精神，严格落实党建引领，突出思想引领和行动引领，不断加强党支部岗区队建设，充分发挥"崇明乡村振兴党员服务队""党支部书记领衔的新能源提质增效项目"的作用，扎实推进"党建＋双碳"行动走深走实，激励党员在党建与业务融合互促中发挥先锋模范作用，助力实现"双

碳"目标。

（二）积极融入地方发展战略，抢抓新项目发展机遇

通过绿华项目建成投产的先行示范效应，公司继续抢抓新能源项目发展机遇，充分发挥品牌、技术、资源等优势，加快开发建设上海华电崇明华星 81 兆瓦渔光互补光伏发电项目（以下简称"华星项目"）。华星项目作为崇明区绿华镇华星村水产养殖场内二期集中式光伏发电项目，装机总容量为 81 兆瓦（MWp），25 年平均发电量为 8674 万千瓦·时。2023 年 6 月 28 日，该项目正式开工建设，预计将于 2023 年底建成投产。

公司将以使命在肩、锐意进取的担当，继续深耕崇明乡村振兴一线，持续深化党建联建、村企共建，全面履行好华星项目建设主体责任，以咬定青山不放松的毅力、不达目的不罢休的韧劲，锚定年度投产目标，争分夺秒，紧追快赶。坚持高起点谋划、高水平建设、高质量投产，组织好施工、设备供给，落实好要素、资源保障，全力打造华星项目精品工程。

（三）坚持以人民为中心，新能源发展优先惠民利民

党来自于人民，植根于人民，服务于人民。以人民为中心的发展思想，贯穿于习近平新时代中国特色社会主义思想的各个方面，也是新能源发展的根本遵循。

绿华项目、华星项目通过有效利用鱼塘资源优势，构建"水上光伏、水下养殖"的渔光互补能源经济系统，实现渔业和光伏的垂直空间错位利用，提高水面资源的利用率、单位面积土地的经济价值和土地的产出率，吸引游客前来观光旅游、休闲品蟹，共同将绿华镇打造成为绿色生态、现代化农业与智慧能源一体的国内一流、国际领先田园综合体示范区，形成造血机制，为当地人民群众带来切实可见的增量收益，让新能源发展成果更好惠及人民，实现村企共建、互利共赢。

（四）坚持创新发展，履行社会责任

唯改革者进，唯创新者强，唯改革创新者胜。浩浩荡荡的长江与波澜壮阔的东海相逢之处，交汇冲积成了上海这块改革开放的热土，也孕育了开放的胸襟和无畏的创新精神。上海公司将以绿华项目、华星项目为蓝本，总结小容量光伏项目"生态农渔＋文旅＋低碳"发展模式经验，探索新能源项目发展新思路，在党建责任、环境责任、经济责任、安全责任、员工责任、民生责任、公司治理发展等方面履行社会责任，助力崇明乡村振兴和世界级生态岛建设不断结出新果实，谱写华电上海区域新能源高质量发展新篇章。

"清洁能源＋月季工坊"助力共富先行

浙江省能源集团有限公司

一、单位简介

　　浙江省能源集团有限公司（以下简称"浙能集团"）成立于 2001 年，是浙江省委省政府发展能源产业的主抓手、能源合作的主平台、能源供应的主渠道、保障能源安全的主力军、能源科技创新的主引擎和环境保护的主战场。在习近平总书记 9 次调研重要指示精神和"四个革命、一个合作"能源安全新战略指引下，在历届省委省政府的坚强领导下，经过 20 多年艰苦创业，已从单一发电企业逐步发展成为电力、油气、能源服务三大核心主业，以及氢能、储能和先进能源装备制造的"3+1"现代能源产业体系。首创的超低排放技术荣获国家技术发明奖一等奖。拥有浙能电力、宁波海运、浙江新能、中来股份四家 A 股上市公司和新加坡上市公司锦江环境。荣列 2023 中国企业 500 强第 162 位。荣获浙江省高质量发展领军企业称号。"数智＋低碳"助力共同富裕的浙能模式获 2022 年度浙江省改革突破奖银奖。成功入选国务院国资委创建世界一流专业领军示范企业。

二、案例背景

　　近年来，浙能集团勇担国企责任，与常山县新昌乡郭塘村结对，依托能源主业优势，大力推动新能源下乡、光伏进村入户，帮助村集体经济创收，助力农户增收。借着帮扶带去的东风，郭塘村借势借力，深挖优势资源，做强特色产业，用一朵月季花让风景如画、产业兴旺逐渐成了现实，真正走出了一条生态美、产业兴、百姓富的绿色低碳美丽乡村的发展之路。郭塘村实现了从负债到收益超百万元的华丽转变，成为远近闻名的明星村、网红村。

三、实施路径

（一）"光伏板"助推郭塘之变

　　浙能集团充分利用自身优势，将具有可持续发展特色的光伏发电项目作为帮扶工作主抓手，为曾经的薄弱村带去新思维、新观念、新项目，使郭塘村面貌焕然一新。**一是观念之变**。按照"帮项目、帮兴业、帮富民、帮育人、帮美村、帮党建"的"六帮"要求，通过光伏"消薄"带动思想破冰，推动当地形成"头雁带领、乡贤回归、村村抱团"致富模式。思想破冰带动经济突围，村里目前已实现森林康养、高端民宿、文化旅游等多元发展，吹响了郭塘村乡村振兴号角。**二是发展之变**。浙能集团立足优势，精准施策，选取"准""快""优""实"的光伏项目作为壮大村集体经济的源头活水。仅用100天时间就完成郭塘村85户户用光伏并网发电，实现"当年帮扶、当年建成、当年见效"的目标，成为全省项目落地最快、投产见效最快、效益最好的项目之一。项目帮扶实现从外部"输血"到内生"造血"后，让郭塘村集体经济扭亏为盈，后进村变先进村。目前，郭塘村家庭屋顶光伏项目覆盖面积约6000米^2，年均发电量130万千瓦·时，每年可为村集体增收50多万元，农户增收20多万元。

（二）"摇钱花"助推郭塘之兴

企地合作激活村庄发展动能，郭塘村以月季作为主打产业，助力美丽乡村向美丽经济"蝶变"。**从一根刺到一朵花**。立足本地自然资源优势，挖掘低碳农产价值，通过多次调研实地考察，找准切入点，成功利用本地野荆刺嫁接月季花卉，将无人问津的野荆刺变废为宝，焕发经济新景。**从一朵花到一个花园**。郭塘村从河南引进大批月季花苗，通过盘活闲置土地资源，在浙能集团扶持帮助下，打造占地150多亩的月季共富花园，预计可为村民增收80万元，直接为村集体带来经济效益约150万元。此外，村企共谋发展良策，浙能通过创新推广认领月季种植园模式，扩大绿化采购、定额供销等销售路径，大力帮助郭塘村牵线销售月季苗木，累计销售超130余万元，助推郭塘村月季产业蓬勃发展。**从一个花园到一个产业**。浙能集团全面助力郭塘村探索实践"公司＋农户＋基地"的共建共享共富模式，投入250余万元建成占地面积3亩的"郭塘月季共富工坊"，其中包括1个月季低碳智能育苗中心和1个全球月季数字化展销中心，并以光伏发电作为绿色电源保障，每年可节省电力能耗成本约6万元。郭塘村依托月季产业打造"网红"景点，将农业、文化、旅游等产业有机结合，推动乡村旅游繁荣，带动农村高质量发展。

（三）"共同体"助推全域致富

浙能集团充分利用自身的资金、技术、人才、项目、信息等优势，按照"帮户扶村、联村带乡、全面提升"工作思路，在原来四个村帮扶基础上进一步扩大至整乡帮扶。一是点面结合。坚持项目帮扶与产业投资双管齐下，在帮扶地区新昌乡投入捐赠资金1950万元用于整乡光伏建设，装机容量4.156兆瓦，目前已建成投产。在常山县大桥头乡推进"农光互补"光伏项目，装机容量10万千瓦，总投资4.2亿元，将新能源发电与农业种植有机结合，为农民与村集体增收开辟新路径。二是纵向联动。集团机关党委与新昌乡党委、集团下属7家公司党组织与新昌乡10个村党支部开展党建共富联盟签约，在"培训""文旅""消费"三方面进行全方位合作。浙能培训公司与新昌乡联手打造"共同富裕教育实践基地"。开启"浙能·共富"U行动，通过外部媒体、电商平台、内部"年货节"等形式，帮助宣传推介帮扶地区农产品，2022年累计消费帮扶共计300余万元。三是横向协同。浙能集团向常山县富好生态资源开发有限公司（新昌乡10个村共同出资）捐赠资金100万元，与山海协作方宁波慈溪市合作打造"千亩丝瓜络山海协作共富产业园"，通过"资金＋人才"助力，盘活"资源变资金，资金变资本"，为村集体平均增收约10万元，为低收入农户提供30多个工作岗位。

四、履责成效

● 一是产业更兴旺。助力郭塘村做大做强月季产业，落实"产业景区化，景区产业化"发展目标，让月季产业贯穿村庄发展。开展"U见月季·遇见爱"打卡网红村活动，共计吸引游客1.3万人次。完善"月季＋农产品＋工艺品＋旅游"多点开花模式，扩大产业规模，预计年育苗量将达20万株。深化打造特色乡村旅游产业链条，推进"农文旅"结合，以点带面，将立体农业与乡村氛围美学融入地域产业特色，结合郭塘月季文化IP和休闲观光，催生活力十足的"美丽经济"。

● 二是乡村更宜居。浙能集团帮扶的光伏发电项目，为改善乡村人居环境，带动乡村绿色低碳发展提供了新动能。经初步测算，全年郭塘村的碳汇量为1643.06吨CO_2，抵扣掉碳排放总量（660.78吨CO_2）后，郭塘村总碳排放为–982.28吨CO_2。新昌乡被列为全省低（零）碳乡镇（街道）试点创建单位，郭塘村入选常山县低碳试点（乡镇）村。

● 三是农民更富裕。浙能集团的"真金""真心"与"真情"，换来了共富之路上的硕果累累。通过落实光伏项目、支持乡村产业、改善村容村貌、党委结对共建等多措并举，帮扶地区村集体经济不断发展壮大。据悉，2022年常山县新昌乡10个村的村均集体收入已达到119万元，同比增长124%，其中郭塘村集体经济收入突破300万元。村强民富带来乡村治理新气象，郭塘村帮扶典型案例入选省委组织部"百个支部看共富"，新昌乡多村联动、抱团共富的"三塘模式"得到了省领导的批示肯定。

五、工作展望

站在新起点上，浙能集团将全面贯彻落实习近平总书记考察浙江重要讲话精神，围绕"地方所需、浙能所能"，努力将地方资源禀赋与企业自身优势有机结合，从一块光伏板建起的共富"盆景"，到多维发力打造的共富"风景"，初心如磐、笃行致远。在"产业帮扶、绿色发展、项目带动、农民增收"多点发力，努力形成可复制、可推广、可持续的能源产业整县帮扶新模式。

聚焦"乡+"模式，绘就和美乡村画卷

中国长江电力股份有限公司

一、单位简介

中国长江电力股份有限公司（以下简称"长江电力"）创立于2002年9月29日，2003年11月在上交所IPO挂牌上市，可控水电装机容量增至7,179.5万千瓦，是中国最大的电力上市公司和全球最大的水电上市公司。长江电力运行管理长江干流上乌东德、白鹤滩、溪洛渡、向家坝、三峡、葛洲坝6座梯级水电站，构成了世界最大的清洁能源走廊，在防洪、发电、补水、航运、生态调度等方面发挥了巨大效益，有力地促进了国民经济和社会发展。

二、案例背景

水，让长江电力与库区紧密相系；坝，让长电人与库区群众心心相连。长江电力的跨越式发展，离不开湖北、重庆、四川、云南等库区政府和群众的倾力支持。长江电力饮水思源、不忘初心，2022年立足公司发展实际，结合自身优势，持续加大库区帮扶和乡村振兴工作力度，逐步探索出"乡+"的库区帮扶路径，通过"乡知""乡融""乡育""乡宜""乡守"，将公司发展方向、业务重心与库区重大战略、重点产业和民生保障需求紧密结合，助力建设产业兴旺、生态宜居、乡风文明、治理有效、生活富裕的宜居宜业新农村，助推库区经济社会可持续发展。

三、实施路径

（一）"乡知"：全面调研，构建信息沟通"双通道"

长江电力按照"实事求是、因地制宜、分类指导、精准帮扶"的原则，建立"实地调研、制定计划、项目实施、考核评价"的全生命周期库区帮扶项目管理机制，不断提高库区帮扶工作的规范性、科学性与有效性。实地调研。多次派出工作组赴帮扶地区对接督导帮扶工作开展，并定期与地方乡村振兴部门召开工作协调会，通过实地走访调研、库区相关方讨论、项目参与对象抽样访谈等方式，充分调研库区、坝区在产业发展、基础设施建设、教育培训等方面的需求，有效提升库区帮扶项目精准度。制定计划。对需求项目进行甄选比对、可行性研究及审核，并与项目实施方共同编制项目实施方案，确保项目切实可行。派驻干部。派驻6名挂职干部扎根帮扶地区一线，形成县级挂职干部统筹，驻村挂职干部落实的帮扶体系，积极督促帮扶项目实施、帮助当地引进帮扶资金、推进乡村产业发展。考核评价。建立库区帮扶项目考核评价体系，在项目投入使用后，择时抽取部分项目对项目前期立项、实施及管理、验收等全过程进行回顾，对项目目标实现程度、效益和影响、持续性能力进行评价，总结经验教训，提出改进建议，确保项目发挥实效。

（二）"乡融"：三产融合，汇聚乡村产业兴旺动能

长江电力深知产业发展不能仅靠帮扶资产，需要增加"造血细胞"，为此长江电力积极探索以一产为主导的二、三产融合发展模式，实现包含特色农产品加工服务、旅游观光、休闲及度假等内容的全产业链发展模式。延伸农业产业链。长江电力按照"政府＋龙头企业＋专业合作社＋种植户"种植经营模式，在巫山县帮扶柑橘、脆李等农产品种植产业，开展技术服务和果园种植等培育，就地收购鲜果深加工推向市场；在奉节县建设白茶、土家山珍等产业配套车间近 1500 米^2，实施土地整治 500 亩，推进乡村农产品产业化经营；在三峡、葛洲坝、向家坝、溪洛渡等库区帮助发展蔬菜、山茶和有机芦笋等农业产业 350 余亩，并通过定向购买、纳入电商平台等拓展销售渠道，实现农副产业与市场流通、存储的有机衔接。拓展农业多种功能。长江电力在促进库区农业产业发展的同时，推动农业与旅游、文化等产业的深入融合，大力发展休闲农业、乡村旅游等，实现农业从生产向生态、生活功能拓展。投入 2200 万元援建巫山下庄、摩天岭和小三峡片区特色示范项目，推进农产品种植、观光、销售一体化产业链建设，打造人居环境综合整治示范和农旅融合典范。引导产业集聚发展。在巫山奉节两县创建融合绿色低碳、智慧现代、产业兴旺的三峡特色品牌智慧小镇，搭建草堂工业园区智慧管理和服务平台，建设依托库区一、二、三产业在空间上的叠合发展，构建"全产业链"发展模式，通过在农产品生产优势区域发展产品加工，配套相应的电商销售、技术培训、数字信息平台等，形成生产、加工、流通一体化的融合形式，实现一、二、三产融合发展。

（三）"乡育"：教育赋能，推动库区发展成效更可持续

教育是库区振兴的重要支点，是阻断返贫与贫困代际传递的根本之策。长江电力持续探索教育帮扶新模式、新路径，为库区的孩子带来希望。提升库区办学条件。投入帮扶资金 1.1 亿元，有序推进四川雷波三峡中学和马边初级中学建设，建成后将容纳近 5000 名高中生，有效改善库区周边教育教学基础设施，缓解当地教学资源紧缺局面，努力让孩子们享受到更加优质公平的教育。夯实库区教学质量。连续多年在巫山奉节两县开展新任教师、家庭教育、专业学科提升和信息技术应用等教育培训，建设乡村教师培育工作站，培养乡村骨干教师，提高教师专业素质和教育理念，不断提升乡村教育教学质量。开展慈善助学活动。在宜昌市夷陵中学、宜昌市第一中学和昆明市第一中学开展"慈善阳光班"公益资助活动，资助更多优秀贫困学生进入重点高中学习；通过"研学活动走进来，公益活动走出去"的活动方式，邀请库区学子赴公司昆明调控中心和梯级电站开展研学活动，让青少年们感受大国重器的风采和祖国建设的伟大成就。促进库区学子就业。与武汉大学等 5 所高校签订"订单＋联合"培养协议，合作成立"三峡班"，让三峡库区生源优先享受校企合作成果；在公司招聘工作中，对符合专业要求的电站库区生源学生给予适当降低英语水平要求的倾斜政策，大力支持库区高校毕业生就业。

（四）"乡宜"：环境整治，建设美丽宜居家园

人居环境整治关乎群众生活质量，与群众利益休戚相关。长江电力全面治理乡村人居环境，提升村容村貌，提高人民生活舒适度、幸福感。道路交通建设。实施巫山县四好农村路建设、宜昌市西坝建设路维修改造、夷陵区乐天溪镇公路改扩建等帮扶项目，改善乡村基础设施，助力库区群众便捷、安全出行，方便农产品运输、促进经济发展。保障饮水安全。开展会东县柏云村生产生活引水工程，修建堰沟 3.3 千米，解决全村 2236 人生产生活用水困难问题。村容村貌改善。实施固阳县绿地公园、宜昌西坝口袋公园和巫山县光明村生态环境提升等项目，修建移民文化广场，对乡村街道、庭院围墙、道路景观进行改造，提升人居环境，同时完善停车场、垃圾收集等服务配套，与库区群众共同建设良好的生活环境。

（五）"乡守"：兜底保障，守护库区发展"健康线"

受医疗条件有限、医疗水平较低等因素影响，帮扶地区人口面临较大的健康风险，而导致困难群众存在返贫风险。长江电力紧扣"贫困患者看得起病、看得上病、看得好病"目标任务，持续加大健康帮扶力度。医疗兜底保障。在巫山奉节两县实施三峡健康扶贫医疗救助基金项目，在"先诊疗后付费、一站式结算"基础上，帮扶两县近 3 万人医疗自付比例控制在 10% 以内，有效保障贫困群众基本医疗。医疗条件改善。针对库区乡镇医院医疗设备紧缺的情况，投入捐赠资金 470 万元，向库区医院捐赠呼吸机、生化仪、彩超机和救护车等，有效提升疾病筛查与治疗水平。公益慈善捐赠。在武汉市口腔医院实施"幸福微笑"等公益项目，为 30 多名困难家庭唇腭裂儿童进行修复手术，助力特殊儿童改变命运；在巫山奉节两县实施"同舟工程 - 救急难行动"和"人工耳蜗助听资助项目"，帮扶 200 多个困难家庭进行大病救助，帮助近百名困难聋哑人安装助听器。

四、履责成效

2022 年，长江电力组织实施履行社会责任项目共计 58 项，投入捐赠资金 3.4 亿元，在项目、资金、人才、技术、管理等方面积极开展对口支援，持续推进社会产业、人才、文化、生态、组织等全面振兴，助力库区基础设施和社会事业蓬勃发展，乡村面貌焕然一新，人民生活水平显著提高，库区移民已从搬迁安置逐步转入安稳致富的新阶段，库区群众获得感与幸福感逐步增强，为开启库区和美乡村建设奠定坚实基础。2022 年公司获得 2022 年中国电力行业"责任信息披露卓越企业"奖，编制发布《社会责任报告》获"金蜜蜂 2022 优秀企业社会责任报告·长青奖"。

● 加快发展乡村产业，形成库区向上发展力量。长江电力聚焦帮扶地区重点产业和资源要素，投入产业帮扶资金超 1 亿元，建设产业帮扶生产车间 4 座，打造乡村振兴示范点 7 个，帮助转移就业 400 人，推动农村一、二、三产业融合发展，丰富乡村经济业态，拓展农民增收空间，构建乡村振兴新格局。帮助巫山奉节两县引进帮扶资金共计 5475 万元，助力招商引资 2 亿元，采购帮扶地区农副产品共计 880 万元，协助联系夷陵区政府等单位采购帮扶地区农副产品共计 5300 万元，帮助库区走出一

条稳定的产业高质量发展的路径。

● 实施乡村建设行动，筑牢库区稳步发展根基。根据帮扶地区村庄规划建设，保护传统村落和乡村风貌，完善乡村基础设施，建设宜居宜业和美乡村。投入资金5192万元，硬化库区道路超50千米，建成乡村畜牧栅栏83千米，修建引水沟渠5千米，建设文化广场和绿地公园，提升库区群众出行、饮水和安居条件，惠及库区群众近百万人；开展巫山县竹贤乡下庄村、奉节县三峡村和宜昌市牛扎坪村等新农村建设，深入实施村庄清洁行动和绿化美化行动，因地制宜改善乡村生活环境、村民居住环境，提高库区群众生活质量。

● 兜住民生健康底线，解决库区看病就医难题。长江电力积极开展健康帮扶，在健康政策救助、医疗设施建设、医技能力提升和儿童医疗保障等方面持续加大帮扶力度，织密健康帮扶"保障网"。2022年，投入健康帮扶资金4700万元，对3万人次困难群众进行医疗兜底，帮助100名听障群众安装助听器，帮扶200个困难家庭进行大病救助，改善村镇卫生院医疗条件，捐赠医用救护车，加强库区医疗保障，不断筑牢帮扶群众健康底线。

● 爱心浇灌希望，成就库区学子出彩人生。教育扶贫润物无声，其用时长，其效果缓，往往声闻不彰，但却是斩断贫困代际传播的得力"武器"。长江电力致力于补齐帮扶地区教育发展短板，让困难家庭子女都能接受公平而有质量的教育。投入1.1亿元用于雷波县三峡中学、马边初级中学和永善县第二幼儿园等学校建设等，进一步优化库区育人环境，提高办学水平，惠及库区学生近万人。开展库区乡村教师培训，培训教师1753人，不断夯实库区教学质量。实施"慈善阳光班"和"库区大学生奖学金"公益资助活动，共计捐赠善款340万元，资助学生超过500人次。开展"企业开放日""暖冬行动""点亮微心愿"等活动，组织库区学子参观大国重器，感受责任担当的爱国情怀。

五、工作展望

较之脱贫攻坚，乡村振兴的复杂性、艰巨性、长期性更甚，助力库区更好、更可持续发展任重而道远。深度上，助力帮扶地区乡村振兴，要着眼解决发展不平衡不充分问题，全方位改善提高乡村发展条件和发展能力，促进农业高质高效、乡村宜居宜业、农民富裕富足。广度上，助力帮扶地区乡村振兴，要求三峡库区和金沙江库区全域统筹推进，立足农业农村现代化总目标，助力乡村产业、人才、文化、生态、组织等全面振兴，着力让广大库区群众共享现代化成果。难度上，助力帮扶地区乡村振兴，需围绕"产业兴旺、生态宜居、乡风文明、治理有效、生活富裕"总体要求，着力缩小城市和乡村差距，力争乡村逐步在现代化进程中逐步赶上来。

面向未来，长江电力将持续健全履责工作机制，携手帮扶地区政府和群众，立足库区特色资源，统筹乡村振兴和业务发展，助力发展优势产业，巩固拓展库区发展成果，全面推进库区乡村振兴高质量发展，为助力国家经济发展和库区建设做出更大贡献。

关爱山区留守儿童，助力乡村教育振兴

中国华能集团有限公司江西分公司

一、单位简介

中国华能集团有限公司江西分公司（以下简称"华能江西分公司"）是中国华能集团有限公司在江西区域的二级单位，成立于 2009 年 7 月，负责中国华能在江西的电力资产管理和电力项目开发运营，拥有总资产 260 亿元，目前管理 7 个基层单位。公司自成立以来，坚定践行华能"三色"央企使命，围绕"管理作示范、创效勇争先"创建一流区域公司目标，高质量发展不断取得新成绩，所属安源电厂投产了国内首台套 66 万千瓦超超临界二次再热燃煤机组、瑞金电厂建成了国内首座 100 万千瓦超超临界二次再热机组全国产 DCS/DEH+SIS 一体化智慧电厂，两个电厂的能效水平保持国内领先；搭建了电力行业首个"一日经营核算平台"，创立的以"精益 = 精细 + 成本控制 + 价值增长"为核心的精益管理品牌被国资委选树为央企标杆；截至 2023 年 8 月，在运总装机 726.29 万千瓦，占江西省统调的 18.1%，其中煤电 594 万千瓦，新能源 132.29 万千瓦，当前在建新能源装机 139.6 万千瓦，累计发电 2857 亿千瓦·时，在保障地方能源保供、引领发电行业科技创新、深化绿色转型发展、助力江西经济社会高质量跨越式发展中，充分展现了央企"国之大者"的责任担当。

二、案例背景

留守儿童是我国经济社会发展转型过程中出现的，并将在今后较长一段时间存在的特殊社会群体。据统计，80% 以上的留守儿童是由祖父母隔代监护和亲友临时监护，年事已高、文化素质较低的祖辈监护人基本没有能力辅导和监督孩子学习。农村学校受办学条件、师资力量、教学理念的局限与制约，针对留守儿童的需求提供特殊有效的教育和关爱力不从心。留守儿童长期与父母分离，在长期情感缺失和心理失衡的影响下，留守儿童因"情感饥饿"而产生畸形心态，如自制力差、自我中心、金钱主义、自私、自卑、孤僻、任性、暴躁、逆反等，是最需要关注的特殊儿童群体之一。

莲花县以前是国家级贫困县，虽然早已脱贫摘帽，但该县六市乡垭坞村地处偏远，外出务工人员多，有义务教育阶段脱贫户儿童 24 人，留守儿童 26 人，华能江西分公司对口帮扶联系人在调查走访村民家庭时发现，该村留守儿童没有良好的学习习惯，学习成绩较差；感情脆弱、焦虑自闭、缺乏自信等问题突出。

华能江西分公司在为垭坞村提供屋面光伏、民宿等项目开展产业帮扶的同时，针对该村留守儿童现状，结合自身优势，引入社会力量，通过整合资源，先后建设了"守望之家""童心港湾"等项目，紧紧围绕"亲情陪伴、情感关怀、自护教育、励志教育"等主要内容，组织开展日常陪护、家访校访、主题活动、志愿服务等留守儿童公益服务工作，关心关爱留守儿童健康成长。

三、实施路径

（一）劳模牵头，多元合作唱戏

留守儿童关爱项目成败，关键在于选人。孩子们的关爱和教育是个系统工程，仅靠企业自身力量难以完成，需要整合社会资源。为此，华能江西分公司选派安源电厂麋文宇同志负责留守儿童关爱项目的建设。麋文宇同志担任过5年的驻村第一书记，是萍乡市麦田志愿者协会负责人，国家二级心理咨询师、国家助理社工师，先后荣获"第十届中国青年志愿者优秀个人奖"、第十二届全国"五好家庭""全国农村留守儿童关爱保护和困境儿童保障工作先进个人""江西省五一劳动奖章""中国好人"等荣誉，他不但本人热心公益的，多年从事公益活动以及个人良好社会形象积累了不少社会教育资源。通过麋文宇的牵线搭桥，让垭坞村委会、萍乡学院人文与传媒学院义教队、华能安源电厂团委、萍乡麦田志愿者协会走到了一起，搭建起了搭建"乡村＋学校＋企业＋社会组织"多元合作的留守儿童关爱平台，由垭坞村委会提供活动场地，萍乡学院人文与传媒学院义教队、麦田志愿者协会提供志愿服务人员、华能安源电厂每年提供2万元固定经费、图书和学习用品以及专题活动费用等，项目在场地、人员、资金等方面有了充足保障，从2021年10月开始建设的"守望之家"，到2022年7月"童心港湾"揭牌成立，留守儿童关爱项目不断成长壮大、迭代升级。

（二）童心港湾，爱心温暖童心

"一个人，一个家，一条纽带。""童心港湾"项目以帮助留守儿童健康成长为宗旨，以帮扶留守儿童弥补情感缺失、提高道德修养为目标，聚焦亲情陪伴、情感关怀，需要有人长期提供稳定的关爱服务。安源电厂出资在当地选聘了一名有文化素养、有爱心、有责任心的"童伴妈妈"。在"童心港湾"的每一处设计都那么温馨又有"心"："童心港湾——爱心温暖童心"10个字里含有50颗"爱心"。装饰在墙上的卡通画，有茁壮成长的参天大树，有鳞次栉比的高楼大厦，有坐在巨型蘑菇上读书的孩子，也有镶嵌在爱心里的绘画作品。这一切，都是"童伴妈妈"谢琼亲自参与设计的，用心用情为留守儿童营造一个温馨的"家"。谢琼到50个孩子家中走访，了解其年龄大小、家庭状况等方方面面，逐一建档立卡，填写、掌握《留守儿童入户调查表》《留守儿童基本情况登记表》等资料，做到留守儿童一人一档一袋，及时掌握留守儿童最新情况，实时动态更新。"童伴妈妈"谢琼保证每周不少于16个小时陪留守儿童，为孩子们辅导作业，陪伴阅读课外书，开展唱歌、游戏等活动，在家长微信群内分享孩子们的照片、视频，让在外务工家长安心，每月围绕"亲情陪伴、情感关怀、自护教育、励志教育、红色教育"等主要内容，组织开展家访校访、日常陪护、主题活动、志愿服务等主题活动。

（三）多元整合，助力志愿"童"行

华能江西分公司通过整合企业、高校、公益组织的各方力量，以在垭坞村建设的"童心港湾"为

阵地，形成了"1+6"关爱留守儿童志愿服务模式（"1"是指 1 个项目，"6"是指六大关爱活动）。通过吸纳多方志愿力量，为留守儿童提供了更加丰富的活动内容和更专业的陪伴指导。在每个星期六，萍乡学院人文与传媒学院义教队与萍乡市麦田志愿者协会的志愿者定期开展红色研学、课业辅导、艺术教育、素质拓展、心理疏导、自我保护能力提升六大关爱活动。大学生志愿者为留守儿童辅导语文、数学、英语、绘画等课程，架起教育资源新桥梁；麦田志愿者开展素质拓展和安全知识讲座培训特色活动，丰富留守儿童课余生活；电厂团委志愿者开展线上科普讲座活动、组织参观红领巾纪念馆和安源工人运动纪念馆；糜文宇等心理咨询师成立心理咨询室，为孩子们进行心理疏导和亲子教育。每次志愿活动通过"文明江西"点单打卡，记录服务时长，并通过社群网络做好活动通知，收集活动反馈，由志愿者做好活动记录，推动了"童心港湾"项目的落地见效和提质升级，将常规的儿童服务活动打造为高质量、常态化、可持续的品牌项目。

（四）伴爱成长 绘就七彩童年

每个假期都是溺水、交通等意外事故的高发期，安全问题不容忽视，为防范孩子们意外伤害发生，糜文宇结合垭坞村实际，邀请派出所、供电局、交警队等相关部门工作人员来为"留守儿童"开展预防溺水、注意交通、防性侵等等安全教育，给孩子传授相关知识和技能，不断加强孩子安全意识和自我保护意识，提高孩子们的避险防灾和自救能力，严防意外事故的发生。

为了让放假在家的"留守儿童"度过有意义的暑假和寒假时光，安源电厂团委的志愿者每到假期都会举办"情暖童心"夏（冬）令营，给孩子捐赠图书、赠送学习用品，带领他们唱红歌、讲政策、悟思想，引导"留守儿童"从小感党恩、念亲恩、明大理、立大志，纯洁思想，崇德向善，还组织孩子们走进六市乡敬老院陪伴探望孤寡老人，学习包饺子，和老人一同享用美味之余，还为老人送上自己的画作，培养留守儿童尊老、敬老、爱老、孝老的传统美德。团员志愿者们结合自身优势，开设了为"碳中和、碳达峰"专题"空中课堂"，宣传习近平生态文明思想；通过《云游中国》栏目，以及通过大量图片材料的演示和用古诗吟诵的方式引导孩子们走出家乡，感受中国的大千美景，进一步实现城乡教育"零距离"。一根网线、一台电脑，连接起了乡村和城市，也拉近了孩子和"大师"的距离，疫情期间通过互联网的力量，孩子们足不出户就能学习到农业科学、航空航天、人工智能等领域的知识。孩子们开心地说："以前暑假都是自己在家玩手机，现在感觉生活更加丰富多彩了。"

四、履责成效

华能江西分公司自 2021 年 6 月至今对口帮扶垭坞村以来，在屋面光伏、民宿、"童心港湾"等项目上累计投入资金 67.24 万元，经济效益和社会效益显著，通过产业帮扶每年能为垭坞村带来 15 万元的稳定收入。截至 2023 年 9 月，"童心港湾"开展特色志愿活动 160 余次，开展助学活动 1200 多小时，惠及"留守儿童"2300 余人次，"童心港湾"为孩子们提供学业辅导，解决了他们学习上遇到的问题；举办亲子趣味运动会，促进了亲子感情交流，化解情感隔阂；为孩子们提供心理疏导，帮助他们克服了成长上的烦恼，健康快乐成长；通过开展安全知识讲座，提升了孩子们保护自身合法权益意识，防止意外伤害；还培养了孩子们的兴趣爱好，手工、唱歌、跳舞、绘画……2023年8月17日，央广网以《"1+6"志愿服务模式，护航七彩童年》题进行了专题报道，同年10月，"童心港湾"关爱留守儿童志愿服务项目荣获首届江西省文明实践社会化志愿服务项目大赛优秀项目、垭坞村入选2023年江西省乡村振兴示范村。项目负责人糜文字同志在2022年荣获江西省五一劳动奖章、第四季度"中国好人"。

五、工作展望

爱心没有起点、帮扶没有终点。"留守儿童"是乡村发展的短板，也是最需要关爱帮扶的群体，华能江西分公司随着关爱保护农村"留守儿童"的步伐加快而宗旨未变、初心未改，将更加聚焦亲情陪伴、情感关怀、自护教育等服务，与"留守儿童"共赴心灵之约。

采煤沉陷区的"绿色蝶变"

中国能源建设集团安徽省电力设计院有限公司

一、单位简介

中国能源建设集团安徽省电力设计院有限公司（以下简称"中国能建安徽院"）成立于 1958 年，是一家集规划咨询、勘测设计、工程建设、投资开发和运营维护等全生命周期、全过程服务、全业务链的国家高新技术企业，拥有电力、建筑等 5 个行业的 10 项甲级资质、9 项乙级资质，始终秉承"诚信为先 品质为本"的经营理念，致力建设"两型三化"具有国际竞争力的工程公司。中国能建安徽院全面推进光伏、风能、储能及氢能业务布局。累计设计风电、光伏等项目 200 余项，总装机容量超 15 吉瓦。设计的六安氢能综合利用科技示范站，是国内首座兆瓦级氢能发电厂。参与总承包建设的阜阳市南部 650 兆瓦光伏 EPC 项目是目前全球最大的水面漂浮式光伏电站。

二、案例背景

项目所在地安徽省颍上县位于淮河、颍河交汇处，这里文化底蕴深厚，春秋时期的管仲、鲍叔牙，战国时期的甘茂、甘罗等都是颍上的杰出代表人物，同时这里还是花鼓灯艺术和推剧的发源地，被誉为"千年古县城"。

颍上是皖北地区的鱼米之乡，盛产小麦、水稻、玉米、红薯、水产等农产品，粮食产量连续 19 年突破 100 万吨。境内河湖众多，素有"五河三湾七十二湖"之称，淮河、颍河流经颍上 200 千米，水资源丰富，内河航运潜力巨大。境内矿产资源丰富，已探明铁矿储量上亿吨，煤炭储藏量达 100 多亿吨，是华东地区重要的煤炭生产基地，支撑着江、浙、沪、皖等地区的电力发展，为国家的经济发展做出了重大贡献。由于多年煤炭的开采，县城逐渐被"掏空"，加之地面沉降和地下水、雨水不断汇集，形成了如今万亩塌陷湿地，给生态环境和当地群众生产生活带来了不利影响，严重制约了当地经济和社会的可持续发展。

三、实施路径

"绿水青山就是金山银山"，中国能建安徽院作为能源电力领域的国家队，始终胸怀"国之大者"，主动肩负起服务地方经济和社会发展的央企使命，为地方绿色转型提供一揽子解决方案。如何解决沉陷区这块"不毛之地",中国能建建设者创新性地将采煤沉陷区综合治理与光伏产业发展有机结合,在水面上建设光伏电站,探索出一条新的可持续发展道路。

阜阳市南部650兆瓦光伏项目总建设规模65万千瓦(一期建设25万千瓦,二期建设40万千瓦),占地面积约一万三千亩。项目建成后将成为全球单体规模最大、综合利用采煤沉陷区闲置水面最多的漂浮式光伏电站。该项目由三峡集团投资建设,是长三角地区唯一新能源大型风光基地项目——三峡能源阜阳市南部风光储基地项目中的光伏项目部分。

三峡能源阜阳市南部风光储基地包含光伏发电65万千瓦,风力发电55万千瓦,同步配套建设30万千瓦/(60万千瓦·时)的电化学储能电站,在保障自身充分消纳同时为电网提供一定调峰能力。项目总投资超80亿元,年纳税超1亿元。

项目全部利用采煤沉陷区闲置水面,以"以光养水,净水养绿,水光互补"为原则,通过合理布局光伏抑制藻类过快繁殖,在常规发电基础上结合"渔光互补"模式发展渔业养殖,实现了水体环境改造,构建了具有自我调节能力的浅水湖泊水生态系统。

自2016年安徽省启动"两淮采煤沉陷区国家先进技术光伏示范基地项目"建设以来,中国能建安徽院积极响应,第一时间成立研究团队,开展水上浮漂式光伏电站技术研究,多次针对组件选型、方阵锚固、电缆敷设等建设难点召开研讨会进行技术分析,为后续水上漂浮光伏项目的承接提供有力支持。在安徽院敢想、敢做、敢拼的努力下,安徽院先后承接《两淮采煤沉陷区1吉瓦"光伏领跑者基地"规划》《两淮采煤沉陷区国家先进技术光伏示范基地规划》的编制以及淮南150兆瓦水面光伏电站、颍上古城镇采煤沉陷区130兆瓦光伏电站等多个项目的建设。有了同类项目积累的经验,项目团队对此次的建设任务信心满满,但真正开工建设过程中却遇到了一个个"拦路虎"。不仅面临清淤清障工程量大、水面作业风险高、设备供货紧缺等严峻复杂形势,更有2022年底两个多月的疫情影响,给项目一期如期全容量并网带来了巨大挑战。

项目一期光伏场区水域面积约4600亩,相当于450个足球场,主要涉及养鱼附属设施、电线杆、钢管、废弃房屋、水下障碍物、离岸浅滩、淤泥等,需拆除清理完成后方可施工建设。项目团队经过多方沟通协调研讨,采用多套特种机械设备全方位开展水域清淤清障,以方阵为单位,标记一块清除一块,仅用20天的时间就将光伏区域杂物全部清理,跑出了"能建速度"。

46万块光伏组件、3300万个浮体及配件,每一个设备的安装、每一处连接的施工都是精细活,不能有任何差错。如此巨量的光伏组件和浮体,如何高效完成组装施工呢?据了解,施工人员要在岸边搭建一处平台,用于组件安装及下水。然后将光伏组件及支架安装在浮体上,当组件安装6~8排后,将安装好的浮体推入一半到水中,然后在平台上继续拼接后续浮体,直到单阵列安装完,最后由施工船只拖拽至水面上。这样既节省施工场地、提高工作效率,又便于安装就位。

同时本项目采用柔性连接电缆敷设、缩短箱变平台高压电缆进线等诸多新技术,为项目的高效建设、降本增效起到了积极推进作用。基于项目技术创新点,中国能建安徽院共申请水面漂浮式方面知识产权8项,获得省部级QC优秀成果6项。

看似寻常最奇崛,成如容易却艰辛。从现场踏勘到方案设计、从项目实施到首批发电,从汗流浃背的夏日到寒风凛冽的冬日,再到春意盎然的春日,一路走来,项目团队坚持不懈,攻坚克难,最终高效完成项目一期全容量并网的任务。

四、履责成效

（一）社会效益

如今的采煤沉陷区一改往日荒芜的景象，呈现出勃勃生机，水面上成片的光伏板整齐排列，在阳光的照射下熠熠生辉，水面下一条条鱼儿自由自在地游来游去，形成了一道亮丽的风景线。

"家门口的环境变好了，清澈的湖水不仅能提供清洁发电场所，还能发展渔业，曾经的'包袱'变成今日的'财富'，看着眼前这块'福地'，心里格外开心。"附近的村民笑着说。

这里的村民以前都是以采煤为生，缺少其他产业支撑。项目建设不仅推进了采煤沉陷区综合治理，改善了生态环境，而且采用了"水上发电、水下养鱼"的建设模式，有效将采煤沉陷区治理与光伏产业扶贫有机结合起来，让废弃的沉陷区成为村民的钱袋子。除水面租金、养鱼收入外，在建设过程中项目还为附近村民提供将近100个临时就业岗位，直接帮助村民增收。

电站建成后，年平均发电量可达7.1亿千瓦·时，每年可节约标准煤约22.8万吨，减少二氧化碳排放约60万吨，有利于当地能耗指标双控，为当地优先分享要素资源溢出、承接产业转移提供更多增量空间。

（二）经济效益

该项目直接拉动投资20亿元以上，推动国内能源开发与装备制造上下游产业在阜阳的发展，带动新型风电、光伏制造、储能、电力电子器件装备制造、5G通信、能源大数据等产业链在阜阳壮大，预计产值可达上百亿元，对于地方经济发展具有重要意义。

（三）推广价值

项目"板上光伏发电、板下生态恢复"的综合治理方案不仅解决了采煤沉陷区水土流失问题，推动地貌形态由"沉陷区"变为"风景区"，同时结合渔业、农业和生态治理等，培育"光伏+"优势产业，带动现代高效农业、装备制造和精品旅游等一、二、三产业融合发展，新产业的注入将进一步带动当地就业，对改善农民生活和乡村振兴具有积极意义，实现当地经济效益、社会效益和环境效益的全面提升，对于我国资源型城市矿区生态综合治理具有引领示范作用。

五、工作展望

党的二十大报告中指出中国式现代化是人与自然和谐共生的现代化，尊重自然、顺应自然、保护自然是全面建设社会主义现代化国家的内在要求。中国能建安徽院将继续牢固树立和践行绿水青山就是金山银山的理念，站在人与自然和谐共生的高度谋划发展，以实际行动为国家双碳目标实现和能源绿色转型贡献力量。

百美村宿绘就美丽乡村新画卷

中国长江三峡集团有限公司

一、单位简介

中国长江三峡集团有限公司（以下简称"三峡集团"）因建设三峡工程而生，成立于1993年9月，是国务院国资委确定的首批创建世界一流示范企业之一。历经30年持续快速高质量发展，目前集团业务遍布国内31个省、自治区、直辖市以及全球40多个国家和地区，现已成为全球最大的水电开发运营企业和中国领先的清洁能源集团。中国三峡集团致力实施清洁能源和长江生态环保"两翼齐飞"，"十四五"时期将基本建成世界一流清洁能源集团和国内领先的生态环保企业。

二、案例背景

为深入贯彻落实习近平总书记关于巩固拓展脱贫攻坚成果、全面推进乡村振兴系列重要讲话重要指示精神，推动美丽乡村建设、打造乡村振兴旅游示范样板，促进乡村旅游产业可持续发展，中国三峡集团携手中国乡村发展基金会，在江西省万安县捐资建成百美村宿旅游帮扶一期和二期项目，有效促进了万安县乡村三产融合，推动了万安县乡村经济发展和精神文明建设。

三、实施路径

万安县百美村宿旅游帮扶项目位于万安五丰镇西元村高岭古村落，距离县城22千米。项目坚持高端休闲旅游度假区定位，规划面积近千亩，累计投资6000余万元，先后被评为江西省3A级乡村旅游点、吉安市优秀旅游民宿，荣获中国民宿榜黑松露奖，是万安县乡村振兴旅游示范项目。

（一）强化市场引领，注重设计理念

以西元村独特的自然风貌、农耕文化、风土人情、建筑特色为基础，结合对旅游市场的分析研判，为村庄找到市场定位，对村庄发展进行整体策划。项目强化"宿集"理念，致力于将西元村打造成为一个承载乡村振兴理念、充满极致民宿品牌文化和乡村风情的民宿村落，满足消费市场对中高端商务、社交、度假、会议、培训等需求，让游客贴近自然和乡村，倡导有机、健康、环保的生活理念。项目尊重村庄地理条件、乡村文化肌理和建筑特色，坚持依循自然的地形地貌，顺应自然规律，将传统文

化、本土标识与现代居住舒适性相兼顾，保持乡土特色与现代生活的高度统一。在外观上，保持村庄原有的夯土外观效果，在民宿室内体现现代和舒适，融入西元村的银杏元素，推窗可观景，关窗可感受乡村生活的休闲时光。项目尊重本土文化，充分挖掘和开发村内银杏、竹（竹笋）等农副产业，进而带动相关产业发展。

（二）四方共同参与，发挥各自优势

高岭宿集由"三峡集团 + 乡村发展基金会 + 地方政府 + 专业团队"四方共同参与建设，集聚资源，集成合力，打造精品项目。三峡集团先后无偿投入帮扶资金 2500 余万元，与万安县政府、中国乡村发展基金会一道，开展前期的选村和运营遴选，并对项目进行整体监督。中国乡村发展基金会发挥专业团队策划能力，对项目概念进行推演和论证。地方政府作为业主单位，协调各方关系，匹配资源，参与建设，协调好村内关系，做好房屋、土地流转工作，高效率完成项目建设内容；同时落实政务服务保障，使高岭宿集成为全市第一批"四证"齐全的民宿。在专业团队方面，引入著名建筑设计团队安哲建筑，高起点规划设计项目；引进全国民宿行业排名前五的专业运营团队"借宿"，对项目进行整体运营。

（三）建立共享机制，共享发展成果

项目不仅是一个商业文旅项目，更是一个公益帮扶项目。项目致力于让所有村民参与村庄的发展，村庄发展成果让所有村民受益。项目在建设之初，便指导村庄成立集体合作社，建立"三级联动、五户联助"的互帮互助管理体系，帮助整个村庄实现高效管理。除此之外，项目还搭建了一套完善的利益链接机制，基本原则是全民共享、困难帮扶、多劳多得、多投多得。项目利润按"5311"的比例进行分配。"5"，即项目 50% 的利润用于给全村分红和村内建档立卡户的特别分配。"3"，即 30% 的利润用于充实合作社发展基金，主要用于合作社资产积累和再投资等。"1"，即 10% 的利润用于村庄公共事务帮扶资金，对村内因病返贫、意外返贫、因学返贫、困难老人、事实孤儿等特殊困难人群进行慰问帮扶，或者设立公益性岗位，解决村内公共事务。"1"，即 10% 的利润用于建立村庄发展爱心反哺基金，用于解决其他村困难户的生活或产业发展问题。让村民从受助者转变为帮助者，让爱心得到传承和扩散。

（四）推动积分治理，实现村民共建

依托"百美村庄积分管理系统"，将全村所有涉及乡村治理的事项整理归类，梳理出了包括产业发展、生态宜居、乡风文明、治理有效、共同富裕等五大类 47 项具体指标，其中，31 项为正面指标，16 项为负面指标。正面指标突出正向激励引导功能，着重在种植、养殖、产业就业、乡村文明、治理有效、生活富裕、生态宜居等方面引导村民"怎么做"，负面指标设置底线约束指标，针对违法违章、参与非法宗教信仰、赌博斗殴等行为，坚决遏制，明确不能逾越的"红线"。村民获得积分后可享受分红兑换，兑换比例为 1 元 / 分，每 20 可兑换一次热敏灸服务，大大地提高了村民共建积极性。

四、主要亮点

（一）高标准规划

通过整体规划和专业设计对村庄、旧民居进行内部改造，对村庄和周边生态环境进行维护整治，委托国内知名设计团队，按照4A级景区标准规划设计，建设了18栋甲级标准民宿，共有43个房间，53张床位。

（二）原生态呈现

在保护村庄内百余棵古银杏的同时，利用山林地势完成配套服务设施建设，最大限度保留原有风貌，村庄生态环境优美，环拥万亩幽幽竹林，空气中每立方厘米负氧离子含量有9万多个。

（三）舒适化体验

民宿内部空间宽敞舒适，全屋地暖等硬件设施齐全，每栋民宿配备一名管家、玻璃餐厅、网红高空景观栈道、无边泳池、热敏灸体验馆、药膳等服务设施齐全，是坐落在高岭乡间的"五星级宾馆"。

（四）专业化运营

项目一期引进实力雄厚、经验丰富的专业团队浙江"借宿"入驻运营。吸引了长三角地区游客，整体入住率达到70%；同时目前二期项目正在对接广东民宿协会和重庆中治旅业，计划借助专业运营团队，引入西南地区、粤港澳大湾区客流。

（五）持续性富民

项目与合作社300多户农户建立了利益联结机制，项目实现整体规模营业后，年营收可突破500万元，合作社年分红可达50万元以上，30多位村民在村里就业，人均年收入可超过3万元。

（六）长效化治理

自推行"百美村庄积分管理系统"以来，提升了乡村治理能力，提高了村民自我管理、自我生产和参与村级集体经济发展的积极性。开展热敏灸兑换3200多场次，积分提现2万余元，持续推动乡村治理提质增效。万安县五丰镇西元村"双积分制＋热敏灸治疗，赋能乡村治理新模式"获评"首届江西新时代乡村振兴优秀案例"。

五、履责成效

（一）促进了村庄产业发展

项目依托村庄独特自然景观，发掘民宿业态，优化村庄产业结构，创建中医药旅游线路，助力乡村旅游产业发展。建立中药山香圆种子种苗基地，种植山香圆示范基地，带动老百姓致富，促进了乡村可持续发展。

（二）带动了村民创业就业

项目不仅培养乡村致富带头人和年轻人回乡就业创业，同时，村宿管家全部由村民经过专业培训后上岗，优先录取原建档立卡脱贫户，让村民实现了在家门口就业的愿望，拓宽了村民增收渠道。

（三）壮大了村集体经济

项目 50% 的利润用于全村分红，壮大了项目村集体经济，巩固了项目村的脱贫成果，探索出了乡村振兴的可持续发展之道。

（四）推进了乡村文明建设

依托村两委和合作社进行民主协商和管理，建立成员共享、利益联结的收益分配机制，实施积分管理，既促进了村民致富增收，也促进了乡村组织建设和文明建设，提升了群众的获得感、幸福感和满意度。

（五）保障了人民群众健康

依托江西省中医院定点帮扶的资源优势，共同打造了村级"热敏灸"馆和景区"热敏灸"体验体验站，融入艾灸、推拿按摩、药膳、药浴等保健项目，提升了人民群众健康水平，实现了"小病不出村，大病帮忙防"效应，不断增强了老百姓的安全感。

（六）打造了乡村振兴示范村

项目立足特色资源，不断挖掘村庄潜力，激发村庄新活力，释放村庄新动能，将村庄打造成一个集产业强、生态美、文化兴、机制活、百姓富为一体的乡村振兴综合示范村和乡村旅游帮扶示范村。

六、工作展望

乡村振兴正当时，百美村宿添活力。三峡集团将积极响应党中央关于乡村振兴的系列重大决策部署，实施乡村旅游精品工程，帮助定点帮扶县建设一批设施完备、功能多样、环境优良的乡村民宿，打造特色突出、主题鲜明的乡村旅游精品，助力定点帮扶县全面推进乡村振兴。

创新"葛泥优选"直播平台，真情助农赋能乡村振兴

中国葛洲坝集团水泥有限公司

一、单位简介

中国葛洲坝集团水泥有限公司（以下简称"葛洲坝水泥公司"）是中国能源建设集团有限公司的成员企业，前身为1971年配套葛洲坝水利枢纽工程而兴建的葛洲坝水泥厂，为以三峡工程、葛洲坝工程为代表的一批"国之重器"建设做出了积极贡献。截至2023年，公司注册资本42亿多元，资产总额170亿元，水泥年产能2550万吨，商混年产能750万方，砂石骨料年产能570万吨，水泥熟料产能位居全国第13位，湖北省第2位，是中国水泥协会副会长单位、湖北省水泥工业协会会长单位。葛洲坝水泥公司是国家重点支持的60家大型水泥企业（集团）之一，拥有全国最大的特种水泥生产基地，水泥品种包含13大类28个品种，以生产中低热大坝水泥著称，被誉为"中国的大坝粮仓"。

二、案例背景

党的二十大报告中提出"全面推进乡村振兴，坚持农业农村优先发展，巩固拓展脱贫攻坚成果，加快建设农业强国"。中国能建葛洲坝水泥公司建企50多年来，生产的水泥广泛应用于公路、铁路、桥梁等一大批国家重点工程，联通了湖北省内与省外、城市和农村，为封闭的地方农业发展打开了新窗口。新媒体直播时代下，中国能建葛洲坝水泥公司坚持把责任扛在肩上，抢抓新风口，开辟新赛道，创新社会责任履行方式，立足自身所属企业深度扎根湖北湖南乡镇农村、企地高度相依共存的特点特色，策划并开通抖音官方平台"葛泥优选"直播助农账号，不断提升品牌基础之上的社会传媒影响力，促进企地良性互动，打造政府、企业、农村多赢的可持续发展生态链。

三、实施路径

（一）搭建三位一体平台，助力实现多方共赢

中国能建葛洲坝水泥公司迅速组建起由公司领导牵头主抓、相关业务部门全面投入的筹备工作团队，"线上＋线下"同步开展调研分析，先后多次召开研讨会，围绕商业模式、运营规划、实施步骤、

远景分析等方面进行讨论交流，明确了打造"央地合作平台、扶企助农平台、文化传播平台"三位一体的目标定位，为推动乡村振兴背景下的直播助农之路行稳致远奠定了坚实基础。

在运营模式上，公司成立由市场营销事业部、党群工作部牵头的专项工作小组，经过深入调研、系统策划，选拔了一批年轻、充满激情、有奉献精神的职工作为主播，明确采取以"达人模式为主 + 自营品牌为辅"的直播模式，以"农副产品为主 + 地方特色产品为辅"的选品模式，突出品牌、主播、互动、选品、定价、售后等环节优势，系统推动"乡村振兴 + 电商直播"高效运行。

在产品选品上，公司牵头与属地政府乡村振兴局、农业农村局及农业合作社深度洽谈合作，并组织所属 11 家基层单位成立报品小组，建立初步审核、资质审核、试样测评、上播前复审的选品流程，重点选取各地特色农副产品，严把产品质量、服务关，打通"产供销配"一体化供应链服务，真正做到全流程高效、可靠，目前已上架各类助农商品 200 余种。

在直播方式上，坚持以需求为导向，提高用户使用体验。直播团队根据不同产品定位，进行差异化营销。针对普通农产品，挖掘其乡土化特征，突出产品自然、新鲜优势；针对地方特色产品，利用特色风味、特色包装等元素将产品与地方文化相结合。与此同时，注重围绕激发受众兴趣，突出"农家""乡土"主题，现场前往农田、工厂等真实场景进行互动式直播，强化情感输出与价值输出，提升直播"粘性"。

"葛泥优选"助农直播行动从零开始，在短短的数月时间里，迅速吸引了一群对公司品牌有认同感的圈内外粉丝，联手地方政府打造起一片扶企助农、多方共赢的生态产业基地，构建起一个以农产品为代表的产品和科技平台、一个能够充分发挥影响力和回馈社会的文化传播平台。

（二）紧盯民心所盼，持之以恒促发展惠民生

中国能建葛洲坝水泥公司通过深入农村调研了解农产品销售面临的困难，先后策划实施的元宵专场、秭归专场、端午专场、黄桃专场等专场直播活动，切实解决农产品销售的难点痛点，实现产业农户、地方政府和企业经济效益、品牌效应的多维合作共赢。

湖北省秭归县是著名的"中国脐橙之乡"，当地村民家家户户种有脐橙，种植面积近 40 万亩。然而，受降水因素影响，今年的脐橙虽然肉脆汁多、酸甜可口，但单果个头却不如往年，导致部分村民的伦晚脐橙滞销。在了解到这一信息之后，"葛泥优选"助农直播团队来到秭归县，开展伦晚脐橙专场直播，以优质伦晚产地直发和现拍现摘的销售模式，吸引了一大批对生鲜水果有需求的优质粉丝，最终帮助果农完成 5000 斤伦晚脐橙销售任务。

同年 6 月，"葛泥优选"助农直播团队接到在鄂退伍军人邹侃侃黄桃滞销的求援消息。据了解，该军人退伍后，主动响应地方政府关于乡村振兴、发展地方特色产业的号召，于 2020 年独立承包湖北钟祥市石牌镇近百亩山地，发展黄桃种植产业。6 月雨季即将来临，黄桃集中挂果，如果一周之内没有销路，黄桃将掉落枝头、烂在地里。由于时间紧、任务重，"葛泥优选"助农直播团队仅用 1 天时间完成现场踏勘、直播预热、设备架设调试等系列工作，并迅速在黄桃园搭建起户外直播间。伴随着主播们热情的"吆喝售卖"与田间地头的"实景展示"，直播间内的订单也纷至沓来，一时间周边邻居和农户也纷纷投入到采摘装箱的队伍中，热火朝天的销售景象让在场的每一位深受感染，成功创下开播 3

天就销售黄桃 5000 余斤的销售纪录，这也更加坚定了当地产业农户打造"明星"农产品增收致富的信念和决心。在后续对接过程中，公司坚持线上线下齐助农、共发力，公司所属企业自发来到线下采购无法线上发货的熟透黄桃近 3000 斤，三万斤滞销黄桃问题已基本得到解决。

（三）打造助农品牌，探索乡村振兴长效机制

"葛泥优选"直播团队不断挖掘短视频和直播形式的助农价值，探索乡村振兴多元路径，建立助农品牌，助力优质农产品"走出去"，有效扩大社会覆盖面和影响力，为乡村振兴持续注入强劲动能。

西林县位于广西最西端，隶属于百色市。2012 年以来，中国能建在西林县开展定点帮扶，帮助改善基础设施，发展特色富民产业，助力全面推进乡村振兴。"葛泥优选"助农直播团队主动对接当地农户，周密策划西林专场直播。7 月 24 日，葛泥优选广西行首场助农直播在西林县九龙山山顶顺利开启，团队实行了两种风格不同的助农直播形式，一是通过产品溯源的方式，带着广大网友跟随主播漫步果园，真切地看到农产品的生长环境，让大家看得放心、下单省心、吃得安心；二是通过"云打卡"的方式，借助直播展现西林的自然生态和山水风光，吸引更多的游客前来观光游玩，实现农旅融合，带动当地经济发展。身着壮族服饰的主播们激情澎湃地进行直播，洪亮的歌声萦绕山顶，引来了当地少数民族村民和线上观众"围观"。一周内，成交助农订单数 400 余笔，直播间曝光人数 15.74 万人，直播间观看次数 2.23 万人次，助农短视频浏览量超 10 万，带动西林的火姜茶、麻鸭粉、芒果、百香果、火龙果等特色农产品沿着助农直播路走进了千家万户，品牌影响力和销售范围持续扩大。

同年 10 月，"葛泥优选"助农直播团队专程前往湖南省常德市石门县，深度参与当地一年一度的湖南石门柑橘节，通过带领观众"云打卡"柑橘节的方式，进一步提高石门县农特产品知名度和影响力，把城市人群的消费吸引到农村来，让更多农特产品走出山门，搭上直播"顺风车"，成功帮助当地果农售卖蜜橘上万斤。在此基础上，直播团队联手地方政府、特色产业、乡村农户三方成功开辟"云推介""云打卡"特色直播带货新模式，实现了由单一产品推介向产业生态多维宣传的突破。

目前，直播团队已与湖北省宜昌市秭归县、长阳土家族自治县相关方完成"九月红"脐橙和高山脆柿专场直播方案，并与广西壮族自治区百色市达成皇帝柑、砂糖橘达成长期直播合作意向，充分彰显直播助农成效与潜力，助力打造属地特色农产品品牌，加速推动农产品产业化。

四、履责成效

"葛泥优选"助农平台让本土特色农产品坐上了从"田间"到"舌尖"的"直达列车"，为乡村农产品销售增添新的渠道，有效促进地区产业提质增效和群众稳定增收，推动消费持续恢复，赋能地方经济发展。首播至今，开播场次 290 场，发布的助农相关短视频浏览量已超百万，成交助农订单近7000 单，总成交额超过百万元，直播间累计观看超过 245 万人次，为乡村振兴提供了多样化的赋能支持，有效扩大了社会覆盖面和影响力，得到国务院国资委社会责任局、湖北省乡村振兴局、人民网、中新网、湖北日报、湖南日报等主管部门和权威媒体广泛关注报道，多条内容被"央企头条""微博三农""微博政务""湖北日报""新浪集团乡村振兴合作办公室"等微博大 V 点赞转发，展现了国资央企在助力乡村振兴和履行社会责任方面的良好成效，有效提升了品牌价值和核心功能。

五、工作展望

展望未来，中国能建葛洲坝水泥公司"葛泥优选"助农直播团队将以践行乡村振兴战略为基础，始终坚持把社会效益、内容品质放在首位，打造以农产品为代表的产品和科技平台；为客户和观众带来价值的文化传播平台；与地方紧密合作发挥央企影响力、回馈社会的价值平台，持续借助短视频＋直播带货，帮助属地滞销农产品拓展销售渠道，推动农业农村经济发展，为乡村振兴提供多样化的赋能支持，继续以不变的初心、坚实的行动展现央企在持续巩固脱贫攻坚成果、助力乡村振兴中的责任和担当。

大唐湖北罗田三里畈农光互补项目助力乡村振兴

大唐湖北能源开发有限公司

一、单位简介

大唐湖北能源开发有限公司隶属于大唐集团，成立于 2018 年 2 月。大唐罗田三里畈 50 兆瓦农光互补光伏发电项目是大唐湖北能源开发有限公司在黄冈市布局的新能源项目之一，项目于 2020 年 12 月正式开工建设，2021 年 6 月 25 日实现全容量并网发电，项目占地面积 1200 余亩，总投资 2.5 亿元，装机容量 5 万千瓦，年发电量超 7000 万千瓦·时，年产值超 3000 万元，投运后每年节约标准煤约 2.6 万吨，节能减排效益显著，符合国家产业政策。在电量盈利的基础上，通过复式利用土地种植农作物，实现了荒地利用、生态改善、农民增收等多重效益。

二、案例背景

罗田县三里畈镇位于鄂东大别山南麓，坐落在巴水上游河畔，地处东经 115°16′，北纬 30°50′，是 1999 年等多次"全国科技下乡"举办地。全镇版图面积 203.5 平方千米，下辖 43 个行政村，总人口 7.5 万，扼进出大别山的咽喉要道，是连接鄂豫皖的交通枢纽，麻武高速、麻阳高速公路穿境而过，有麻阳高速三里畈入口，到达武汉市 45 分钟。

三里畈镇只设县直属乡公所，一条宽约 3 米、长 350 米的石板老街以木柱瓦房为主，居住不到 70 户人家。新中国成立后，尤其是 2000 年以来，镇委、镇政府紧紧抓住小城镇建设综合改革机遇，按照"城镇现代化、乡村城镇化、城乡一体化"的思路，加强文明城镇建设力度，特别注重抓好基础设施建设和集镇管理。通过三年努力，三里畈镇寺城镇建设规模不断扩大，品位显著提升，居民素质逐步提高，小城镇建设步伐加快，推进了城镇化进度。三里畈镇寺已成为全县农副产品集散中心，商品贸易中心、交通运输中心、信息传递中心。

三里畈镇 1995 年被确定为全省 56 个综合改革试验镇之一，1998 年被国务院扶贫办确定为全国现代化农村扶贫开发综合示范区，2000 年 6 月三里畈镇党委被中共湖北省委授予"六好乡镇党委"；2002 年 9 月，被省委、省政府命名为"文明乡镇"；2003 年 6 月被中共黄冈市委评定为"红旗乡镇党委"。

项目所在地大崎镇所属地块平整，以旱地为主，呈阶梯式分布，不便开展大面积的机械化作业，光伏板离地面 2.5 米，遮盖后地面温度平均降低 2~4℃，可种植喜阴低温作物。综合考虑以上因素，择种植性价比高的羊肚菌和适应性强的中药草石菖蒲，羊肚菌是世界公认的著名珍稀食药兼用菌，其香味独特，营养丰富，富含多种人体需要的氨基酸和有机锗，是人体营养的高级补品，投资回报率高，其耕作期在 11 月至来年的 2 月，有效避开当地的雨水季节；石菖蒲是常用中草药，为多年生草本，喜阴，具有开窍、豁痰、理气、活血、散风、去湿功效，有镇静、抗惊厥、改善记忆再现缺失、镇咳祛痰、解痉、抗菌、抗心律失常、降血脂、开窍、抗肿瘤等药理作用，市场需求量较大。

三、实施路径

（一）项目建设目的

深入贯彻习近平新时代中国特色社会主义思想，助力传播责任理念、树立责任典范、探索责任创新，为项目所在地实施乡村振兴战略，发展乡村产业，实现一镇一品助力，积极树立大唐良好的社会形象，通过让更多农民参与分享羊肚菌产业发展红利，满足人民吃得健康的需求，帮助社会解决民生问题。

（二）相关政策要求

2021 年 11 月 26 日，自然资源部办公厅发布关于《土地卫片执法图斑合法性判定规则》（自然资办发〔2021〕65 号）的通知，针对不改变原用地性质的复合光伏项目用地，国土的后续执法会更加严格，将联合能源、农业等主管部门对光伏农业的开发进行督办。湖北省政府已严重关切光伏农业开发的问题，根据 2020 年 12 月 30 日湖北省能源局、湖北省自然资源厅联合印发的《关于规范光伏发电项目用地管理有关事项的通知》（鄂能源新能〔2020〕69 号）要求，光伏场区不得硬化地面、破坏耕作层，应当科学种（养）植，严禁抛荒、撂荒。

（三）项目建设原则

● 生态环保原则。生产过程中不许使用化学农药、化肥、除草剂、植物激素等，保护生态环境，所生产产品无污染，有益于身体健康。

● 循环经济原则。利用种植羊肚菌之后的废弃营养袋，制作有机蔬菜所需的有机肥及有机基质。将上一级生产环节产生的废弃物，变成下一级生产环节的有益物质，参与产业链的循环，保护环境，节约生产成本。

● 与乡村振兴战略相结合原则。羊肚菌产业属于绿色、生态、环保、循环经济。符合国家乡村振兴战略的需要，让国家乡村振兴战略项目落地，有利于乡村产业发展，有利于农业现代化建设，有利于农业供给侧结构性改革，有利于发展县域经济。

（四）市场调研情况

近几年来羊肚菌干品在我国市场收购价一直稳定在 900~1200 元 / 千克，随着我国经济的发展，市场在不断需求，价格不断上涨。特别在西欧国家更加珍贵，需要大量货源。作为一类珍稀的食（药）

用真菌，羊肚菌被认为仅次于块菌的珍稀菌类，其肉质鲜美，香甜可口，世界各国消费者高价索求的珍品，国际市场价格高达 400~600 美元 / 千克。我国明代李时珍的《本草纲目》中关于羊肚菌就有"性平、甘寒无毒、益肠胃、助消化、化痰理气"的记载，现代医学研究表明，羊肚菌具有调节机体免疫力、抗疲劳、抗菌、抗病毒、抗氧化、抗肿瘤、降血脂和保肝护肝等功效。由于天然野生羊肚菌量极少，人工研发羊肚菌菌种技术难度很大，种植设施投资高，未来 5~10 年，市场上羊肚菌需求量还会上升，具有很好的开发前景。

（五）项目具体内容

三里畈项目光伏场区在大崎镇区域占用土地 860 亩，该区域沿泗泊河分布，由于河床的落差和内部田海拔差不到一米，内河沟几乎没有落差，历年来都是种田人的顽疾，每年雨季均出现农田积水情况，十种九难收。考虑到此种情况，公司以与地方民企合作为基础，我方负责提供土地及建设相关配套设施以解决汛期洪涝问题，民企方负责具体种植工作。

1. 泵房

大崎镇区域的李婆墩村邱家湾光伏农田 420 亩，拟设计泵房两座；岗背畈村占地面积 260 亩，拟设计泵房两座；共四座。单个泵房设计明细如下：

（1）设计排水量：400 米³/ 时（100 亩 ×0.25 米深积水，约 4 小时内排完）。

（2）设计排污泵总功率：22 千瓦，扬程 30 米。

（3）设计排污泵台数：4 台一组。

（4）基坑造价为 4×3×2 米，造价单个材料加人工约 10000 元 / 个（包含挖基坑、运输、白砖、水泥、砂石、人工）。

2. 水渠疏通

光伏场区用地的内河沟的排水一直处于不畅通的状态，由于无人管理，杂草丛生，各种杂物堵塞排水渠，以至于流速缓慢，当遇到大雨天气，河水水位上升，农田的排水更是积流成河，这是导致内涝的主要原因之一。现需对全线农田周边的沟渠 1000 米长，2 米宽的两条主要渠道进行机械清理，以达到排水畅通的状态，确保农作物的安全和丰收。

（六）项目风险点及其控制方法

1. 市场价格波动问题

羊肚菌市场价格近几年比较平稳，但市场经济，商品价格波动是遵循价值规律，存在价格波动起伏概率，对年度利润会有影响。防控方式一是不断提高种植技术，增加产量，缓冲市场降价过快带来的损失；二是加强管理，促进增产，节约成本，稳定预期收益；三是尽量利用闲置资源，如租赁闲置房屋改造建设菌种厂、租赁闲置的塑料大棚种植羊肚菌，均可大大降低成本，化解投资风险。

2. 销售渠道问题

目前项目羊肚菌销售主要依赖国内收购商，存在收购商压价收购，产品销售受制于人的风险。防控方式一是建立多个收购商渠道；二是自主建立羊肚菌销售档口，进军羊肚菌主要消费市场北上广深；

三是注册商标，强化品牌意识；四是进行深加工，可以开发羊肚菌辣椒酱产品，从而消化羊肚菌次品，增加产值，破解销售瓶颈；五是同北上广深的农产品销售公司合作，同大型商超合作。

3. 重茬风险

羊肚菌菌丝生长期间，细胞代谢产生有害废弃物，进入土壤，影响下一轮羊肚菌种植。防控方式一是一般种植一年后，原地需要轮作其他作物；二是连续种植 2 年后，重新换地种植；三是换地种植，原来大棚需要移地，人工成本增加，可采用 4 米宽的钢管大棚，便于移动，节省人工费；还可以租赁大棚种植；四是为了减少轮作成本，可以种植蔬菜，增加收益。

四、履责成效

项目土地三分之二为河滩地，土壤含沙量高，保水性差，基本撂荒，该项目通过光伏板可以吸收绝大部分阳光这一优势，有效利用光伏板下的土地进行羊肚菌种植，目前试种的 300 亩羊肚菌正常收获可产生 1000 余万元的经济收益，不但节约了普通种植所需的大棚建设成本，同时羊肚菌也可以防止土地荒草丛生产生火灾，间接维护光伏设施，"光伏发电 + 生态农业"一举多得，相得益彰。

不仅如此，在该项目的另外 400 亩光伏方阵下，喜欢半阴半阳环境的中药材石菖蒲也在茁壮成长，该中药材平均每亩产量为 1000 千克，折合经济收入 5000 元 / 亩。

湖北三里畈农光互补项目为当地注入了新的绿色动力，与经济发展产生良性循环，打造了三里畈低碳农业发展新的增长极，为推动电力行业社会责任工作高质量发展做出了巨大贡献。

五、工作展望

大唐罗田三里畈项目 50 兆瓦农光互补光伏发电项目羊肚菌种植目前已取得良好成效，未来将考虑与地方民营企业合作投资建设羊肚菌菌种厂、标准化种植钢架大棚基地、羊肚菌加工车间，利用好厂区、基地土地继续将"光伏 +"走向深入。

"能量家"让乡村振兴有"质"更有"智"——打造 Energy Plus 智慧乡村建设解决方案

国网上海市电力公司

一、单位简介

国网上海市电力公司浦东供电公司（以下简称"浦东公司"）隶属于国网上海市电力公司，2010年1月挂牌成立，并于2012年12月升格为国家电网有限公司大型重点供电企业，主要承担浦东新区的电网规划、建设和供电服务任务。其中供电区域涵盖浦东自贸区、金桥和张江国家级开发区、外高桥保税区、陆家嘴金融贸易区等重点区域。近年来，浦东公司高水平开展电网发展、安全生产、经营管理、优质服务等工作，受到电力行业和上海市多次嘉奖。2015年，浦东公司在服务行业中成为首家获得党中央批准、国务院授予的代表我国质量领域最高荣誉的"中国质量奖"企业。2016年，浦东公司获得亚洲质量创新奖；2016年、2018年公司获得全国质量诚信标杆企业荣誉称号，2019年，公司荣获"市重大工程立功竞赛金杯公司"称号。还先后获评"中央企业先进集体"、全国五一劳动奖状、中央企业先进集体和上海市文明单位等荣誉，营造了"政府支持、媒体理解、客户满意、企业与员工和谐发展"的良好局面。

二、案例背景

浦东供电公司联合上海科学院、上海交通大学等组成产学研项目团队，通过逐户入户调研、现场实地勘察，了解连民村用能需求及治理需求，确定存在的**"能源不够用、管理不够细、意识不够强"**三大问题，为工作开展找准方向。

● 能源不够用：因乡村振兴工作带动民宿等产业高速发展，导致用能负荷激增和用能结构突变。受限于乡村郊野规划变更难、"邻避效应"矛盾大、清洁能源利用效率低等情况，城市大规模集中供电发展模式无法复制到乡村。

● 管理不够细：乡村普遍存在基础配套设施老旧、不完善的情况，且乡村治理工作点多、人少，精益化程度低，环境污染等老大难问题长期无法有效解决。

● 意识不够强：乡镇管理人员、农村企业、村民对乡村智慧化治理缺乏了解，导致各方使用积极性不高。

浦东供电公司高度重视利益相关参与管理，充分识别利益相关方诉求，聚合优势资源，搭建合作平台，逐个突破三大难题，共同推进连民村"智慧能源第一村"示范建设。

利益相关方诉求分析表

责任范围	利益相关方	诉求	资源
智慧发展主体	连民村村委会等政府部门	• 乡村绿色、可靠用能，数字化治理	• 智慧发展服务主体之一 • 具有土地使用批复等权限，可服务项目开展
	连民村民宿等产业企业	• 减少用能成本 • 提高产业发展水平	• 智慧发展服务主体之一
	连民村村民	• 减少用能成本 • 便捷用能、生活	• 智慧发展服务主体之一
科研支持	上海电力大学	• 开发符合乡村发展需求的能源服务产品	• 专业技术和人才
	上海科学院		
	上海交通大学		
设备支持	施耐德、ABB、西门子等设备厂商	• 创新业务应用场景 • 扩大业务规模	• 专业设备的研发与定制化、模块化、预制化能力
建设支持	上海综合能源公司等能源专业服务供应商	• 扩大业务规模	• 电气化改造和综合能源业务开展专业能力
设计支持	文化公司	• 扩大业务范围	• 展览专业策划、设计
—	供电公司	• 资源整合能力以及能源服务专业能力	• 拉动公司业务增长

三、实施路径

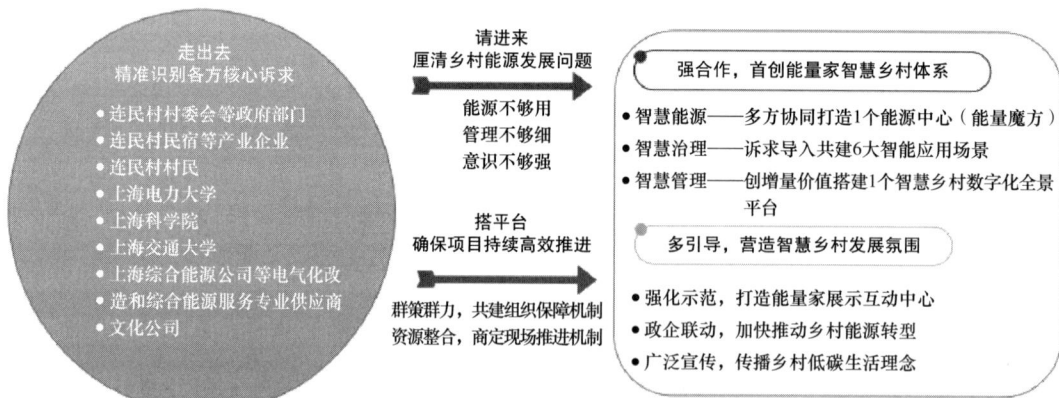

合力建设连民村智慧能源第一村示范项目

（一）强强合作，首创能量家智慧乡村体系

充分挖掘利用乡村资源禀赋，融合数字技术优势，首创"能量家—Energy+"智慧乡村建设解决方案，率先在连民村打造"能量家"绿色能源应用样板工程，走出了能源变革助力乡村智慧治理的有效路径。

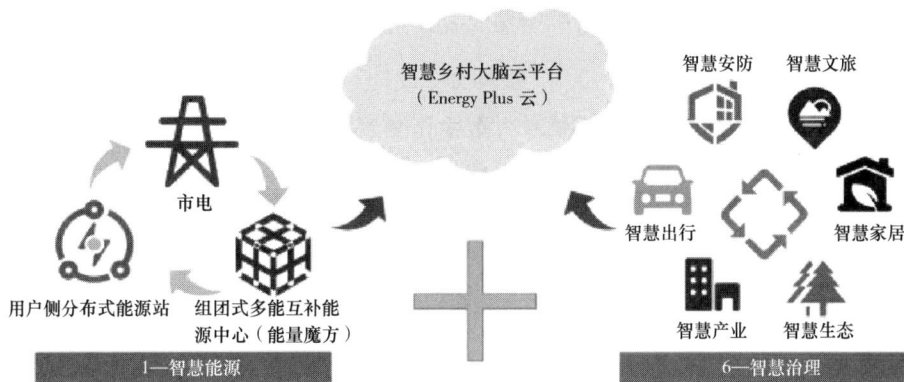

"1+6+一朵云"Energy Plus 智慧乡村体系

1.智慧能源——多方协同打造1个能源中心（能量魔方❶）。

聚焦问题：如何因地制宜推动乡村高效、集约、绿色使用能源

为破解技术卡脖子、资金不足等问题，引入西门子等设备单位、上海科学院等具有资源优势的利益相关方，采用效益分成等形式形成稳固的商业合作模式，共同打造能源中心（能量魔方）。每个"魔方"都有着独特而强大的能源转换利用功能，可创造性地根据乡村资源禀赋，实现能源拼搭组合，达到产能、供能、用能、储能、节能"五能合一"。

"能量魔方"最大的特点是，可以充分识别并响应村域生产、生活诉求，根据每个自然村的资源禀赋情况、独特的地理风貌及商业化合作模式，创造性地拼搭，有机地选择相应的"魔方"组合，真正做到"一村一策"，切实提高村里能源利用率。

2.智慧治理——拓展服务共建6大智能应用场景

聚焦的问题：如何提高乡村治理水平

通过调查问卷、走访等形式，收集村委会在村域数字化治理难题，汇集村民对未来乡村功能的畅想创意，最终确定大家**最为迫切的六大治理领域**。联合上海综合能源公司等利益相关方共同在连民村

"安防、生态、出行、文旅、产业、家居"六版块数字化乡村治理

---

❶ "能量魔方"外观形似一个个长方形的集装箱，五大系统被分别高度集成在相应的集装箱内，模块化、可移动，好似一个个"魔方"，每个"魔方"都有着自己独特而强大的能源转换利用功能。

助力开展智慧安防、智慧生态、智慧出行、智慧文旅、智慧产业、智慧家居六大版块的治理工作，为数字化乡村治理提供有效支撑。

3. 智慧管理——价值增创搭建1个智慧乡村数字化全景平台

聚焦问题：如何以智慧能源引领数字乡村智慧治理升级

打造更多能源大数据的应用场景，携手利益相关方开发智慧乡村数字化全景平台，激活大数据的管理、分析功能，实现以智慧能源引领数字乡村智慧治理升级，也让村域治理对供电公司服务形成高度依赖，进一步稳定商业合作服务模式。

智慧乡村数字化全景平台，接入电力、热水等能源数据，在平台上显示区域内能源供给、消费、分析等相关信息，为乡村治理者打造了"一屏知乡村"的可视化入口

纳入多方诉求，实现智慧出行、智慧安防、智慧产业、智慧生态、智慧文旅、智慧家居与智慧能源互通互联，构成以智慧能源为引擎的乡村智慧治理生态圈

（二）多方引导，营造智慧乡村发展氛围

● 强化示范，打造能量家展示互动中心。抓住各方展示诉求，请设备方出具设备，村委会出具场地，联合打造"浦电能量家"乡村低碳绿色能源示范项目与体验中心，设置双碳能源展厅、智能家居馆、智慧乡村能源平台和四楼的露台空间等区域，对外进行乡村绿色能源应用和智慧乡村建设的示范展示。

● 政企联动，加快推动乡村能源转型。与川沙新镇政府形成《川沙新镇党委与浦东公司党委签订能源变革引领智慧乡村建设的合作框架协议》共识，为连民村等川沙新镇下辖乡镇智慧能源工作开展打牢政策和资金基础。

● 广泛宣传，传播乡村低碳生活理念。借力使力，将连民村"智慧能源第一村"示范工程建设与

"智慧党建＋低碳五进"有机融合，向村内产业及村民宣传低碳生产生活的具体内容，浸润式改变乡村生产生活理念。

四、履责成效

（一）社会：引领乡村智慧治理

以能源为引领打造"能量家—Energy+"智慧乡村建设方案，利用乡村自然禀赋，结合能量魔方及智慧乡村数字化全景平台，为乡村产业发展找到可靠、充足的能源供应途径。打造"浦电能量家"乡村低碳绿色能源示范项目与体验中心，开展了包括上海市委常委、浦东新区区委书记，华能华东分公司书记、执行董事等 18 批次约 250 人次的调研，为未来在上海 1500 余个自然村或更大范围，开展乡村振兴深化合作奠定坚实基础。依托市科委项目支持，探索美丽乡村可持续发展的规划依据、建设标准，通过 5 个课题开展乡村能源规划研究，获得 3 项专利，编写 1 项行业标准，发表 4 篇科技论文，发表论文获得中国电力企业管理创新实践优秀论文二等奖、上海市企业管理现代化创新成果二等奖。

（二）经济：节约乡村用能开支

能量魔方实现能源梯级利用，极大提高供能侧设备的能源利用效率，相较常规纯电供能模式，每年可节省大量能源费用。在碳排放权交易市场形成及成熟后，还可以获得额外有效的、可出售交易的碳资产。

（三）环境：推动乡村绿色用能

通过为连民村用户开展能量魔方供能、电气化改造等能源服务，实现连民村整体碳排放强度降低 50%~55%，示范工程核心区的碳排放强度降低 65%~70%，年减排二氧化碳约 2 万吨。

五、工作展望

● 通过总结多方经验，形成在国家电网有限公司范围内可复制可推广的典型经验，尤其是探索多方利益相关方共建，打造生态型、智慧型的数字化乡村治理典范，有助于集结多方力量探索"双碳"目标下的乡村振兴模式。

● 结合数字化平台、智慧能源系统建设，不断优化"能量魔方"、智慧乡村数字化全景平台、浦电能量家展示厅，推动乡村振兴工作做好做实。

● 持续加强政企联动，与川沙新镇政府加强党建联建，加快推动乡村能源转型。

华润·赤壁长江经济带乡村振兴示范区，打造乡村振兴新典范

华润新能源（赤壁）有限公司

一、单位简介

华润新能源（赤壁）有限公司（以下简称"华润电力"）隶属于华润电力新能源投资有限公司，所属示范区地处江汉平原与幕府山脉的连接点，京港澳、武深、武洪、武松、武监、江北等高速公路的交会点，赤壁、洪湖、临湘、嘉鱼四县市的接合部，主体规划区 64.02 千米^2 以及赤壁古战场 0.56 千米^2、港口 2 千米^2，涉及四个乡镇场、12 个村级组织、54 个村民小组，总户数 3926 户、15982 人，土地确权总面积 10.2 万亩，其中，水田面积 33559.3 亩，旱地面积 12857.3 亩，山林面积 28603.8 亩，水面面积 17883.6 亩，其他土地面积 9345.3 亩。示范区以大型综合性能源基地建设为龙头，同时响应政府诉求，成立平台公司推动新能源配套产业落地，助力政府产业园和文旅康养项目的招商引资，打造一、二、三产高度融合的乡村振兴模式，实现"企业 + 政府 + 农民"三方共赢。示范区是华润集团积极响应国家乡村振兴战略、彰显集团国有资本投资公司作用的一次创新探索实践。

二、案例背景

为助力湖北疫后重振和高质量发展，落实习近平总书记"搭把手、拉一把"重要指示精神，承接中央一号文件——《中共中央　国务院关于全面推进乡村振兴加快农业农村现代化的意见》，响应集团领导在华润第二届改革发展论坛上提出的"打造华润特色世界一流超级产业平台"愿景，推动长江经济带农业农村绿色发展，打造生态文明建设与产业发展协调并进的样本，华润集团勇担央企责任，2020 年 8 月与湖北省人民政府签署战略合作框架协议，在打造"生态治理及乡村振兴示范区"等方面达成共识。

华润电力为推动集团战略合作协议落地，基于自身"十四五"战略转型的需要，契合国家乡村振兴、长江经济带、共同富裕、"双碳"等战略方针，充分利用华润集团多业态优势试点建设超级产业平台，和地方政府、高校院所、设计规划院和咨询公司共同商讨，提出了在赤壁市开发建设长江经济带乡村振兴示范区的方案，以打造可复制推广的绿色发展样板。2021 年 2 月，华润电力与咸宁市人民政府签署合作框架协议，投资 500 亿共建华润赤壁长江经济带乡村振兴示范区。

三、实施路径

示范区以国际标准建设"生态为基、产业为核、文化为魂、智慧多元"的中国最前沿模式的乡村振兴示范区和全国样板构建由农业生长出来的一、二、三产融合发展的绿色产业生态圈,探索现代农村农业发展路径,创新"企业+政府合作共赢模式",建设全球高品质的内陆开放国际级文化旅游目的地、国家高标准的未来乡村发展样板区、长江经济带高质量的绿色乡村发展示范区、赤壁市高起点的支撑中部崛起特色化增长极。

以"五个万亩"即万亩优质稻、万亩中药材、万亩名优鱼养殖、万亩茶叶、万亩果园作为一产龙头项目,由一产种养殖入手,推动由一产到"一点五产"的演进,增加农业体验项目,探索农民增收途径,打造农业特色合作社。

结合农业农村基础,延伸二产绿色化发展产业链,以生态食品加工产业园、绿色能源产业园、绿色建材产业园、中医药产业园"四大产业园"为重点,推进农业产业延伸发展。

探索新型农村发展模式,以农为基延长服务业链条,以乡村建设行动为抓手,以公共服务、商业服务、文旅服务、康养服务为载体,推进现代服务业发展。

四、履责成效

自乡村振兴示范区工作启动以来,已完成平台公司规划方案编制、战略投资方遴选、渔光互补光伏发电项目和综合服务中心建设、矿山矿权转让等重点工作等工作。目前相关工作进展如下:

● 政府支持。2021年3月,赤壁市政府印发《赤壁市重大产业、重大项目、重大事项推进实施方案》,成立以市委书记为组长的示范区建设领导小组,市委组织部下发《关于抽调工作人员到华润投资赤壁项目建设协调指挥部工作的函》,从全市各部门抽调10名干部职工专职从事示范区建设协调工作。项目启动后,政府以月度专题会议形式与示范区共同磋商,研究解决一系列问题,双方互派干部参与决策谋划,互派工作人员现场办公,坚持问题导向,深入村组农户,解决实际问题,推进工程进展,市委书记多次深入现场督办项目进展。

● 谋划平台公司。赤壁市政府、华润电力和优质战投三方注册成立平台公司,将所得超额收益用于地方社会责任项目,将有效促进地方经济社会高质量发展,打造华润央地合作示范项目新名片。2023年3月29日,《华润赤壁乡村振兴示范区规划方案》通过华润集团常务会审议。4—7月,示范区项目组就平台公司补充协议以及章程内容与赤壁市政府展开多轮磋商并基本达成一致意见,待各自履行内部审批流程后签订正式协议。8月10日,示范区与赤壁市政府联合发布平台公司招商引资计划书,目前已收集绿色材料和航运物流板块共8家单位战略合作方案,并完成初步遴选。

● 新能源百万基地。结合国家"3060"目标和"十四五"能源规划方案,统筹推进华润赤壁新能源百万基地,总装机1600兆瓦,计划总投资80亿元,累计完成投资14.6亿元。日曜350兆瓦和车埠120兆瓦渔光互补光伏发电项目分别于2022年3月和2022年5月动工,2022年12月底完成并网目标。目前，一期40万千瓦已转商业运营。赤壁赤马港光伏、嘉鱼簰洲湾风电项目已取得建设指标23万千瓦指标，正在进行开工前手续办理工作。本工程的建设有利于增加社会就业机会及当地经济发展，有利于建成"清洁低碳、安全高效"的清洁能源体系，有利于探索可推广、可复制、可持续的乡村振兴新模式。

● 发展现代农业。为推动农业农村现代化，助力国家乡村振兴，示范区坚持多产业协同发展的理念，积极探索"光伏+"创新发展模式，包括渔光互补、农光互补等，建设日曜现代农业产业园项目。示范区现代农业将以板下经济为主要发展方向。日曜现代渔业项目将水产养殖与光伏发电深度融合，践行"水下产出绿色水产品、水上产出清洁能源"的绿色发展模式，项目采取"设施渔业+生态养殖+池塘圈养"结合的模式，养殖加州鲈、饲料鳜等高价值品种。项目建成后，将成为国内最大的加州鲈陆基循环水养殖和池塘圈养生产基地，最具示范效应的板下生态养殖示范点。在满足环境治理和产业升级需求的同时，为周边百姓创造就业岗位，实现政府、企业、百姓三方共赢，是新能源建设助力乡村振兴的有益尝试。日曜现代农业项目重点发展农光互补、设施果蔬和中草药育苗，具有开展科普教育、农技培训和休闲观光的完备条件。通过建设标准化的温室智能控制系统、水肥一体化系统和物联网系统，打造华中地区标杆性的现代农业产业园，有效提升区域内的农业产业现代化水平，奋力开创乡村振兴新局面。现代农业项目建成后，可提供就业岗位约150个。

● 水系治理及生态修复工程。示范区坚持低碳优先、环保先行原则，强化生态环境治理，积极推动日曜水系治理工程建设。该项目分为清淤并塘、水生态修复和水利工程三个部分，清淤并塘工程于2022年3月开工，截至2023年已完成6690亩并塘、填方施工，累计完成率100%；水利工程已基本完工。本工程可显著改善沧湖流域水环境质量，提高日曜光伏场区防洪、灌溉水平，并为现代渔业和现代农业项目提供优质水源，实现设施化渔业养殖尾水零排放。项目通过对氮磷污染严重区域实施水生态修复，构建动植物生态系统，使区域内水质三年达到四类，最终达到三类，有效提升长江水域环境。

● 未来乡村综合服务中心。在小柏村小学旧址的基础上设计修建，集展示、办公、生活等功能为一体，建筑面积6628米²。2022年10月25日，综合服务中心完成建设，示范区全体员工入驻办公。2022年11月，综合服务中心多功能展厅开放参观。综合服务中心多功能展厅作为示范区规划、建设成果的展示平台，是示范区对外宣传、招商的窗口，通过宣传视频、壁挂沙盘投影等多种展现形式，利用现代化多媒体数字展示，为参观者带来丰富的交互体验。

● 绿色材料。以赤壁市丰富的石灰石矿山资源为依托，利用长江流域的水运优势，结合长江沿线巨大的黑色冶炼熔剂和建筑用石料的需求，将矿山资源开发、生态修复、绿色材料生产全产业链布局。项目可建设成为华润电力华中大区蒲圻电厂、仙桃电厂、宜昌电厂，华东大区长江沿线火电机组脱硫剂保供基地，降低电厂外部采购成本，提升发电经济效益。同时，充分利用华润电厂火力发电所产生的副产品（粉煤灰、炉渣、脱硫石膏、蒸汽），进行装配式建筑预制构件、管桩等建筑材料的生产，实现资源的回收利用、建立绿色循环经济生态圈。

● 物流航运。航运物流项目规划内容包括：陆水河口至车埠码头段航道等级由目前的Ⅳ级逐步提升至Ⅱ级（2000吨船舶通航保障率95%），力争提升至Ⅰ级（满足3000~5000吨级船舶通航），同时对陆口大桥进行改建，满足 3000 吨级船舶通航；节堤船闸拟按照 Ⅱ 级船闸改建，槛上水深兼顾 5000 吨级船舶通航需要，双向年通过能力为 3000 万吨；码头改造建设拟按照近期年通过能力 2000 万吨，远期年通过能力 3000 万吨进行建设，码头后方配套建设物流产业园，园区内包括存储量不低于 50 万吨全封闭国家级战略煤炭储运基地一座。

五、工作展望

　　示范区将全面贯彻落实党的二十大精神，以华润集团"四个重塑"为抓手，紧紧围绕华润集团国有资本投资公司定位，聚焦主业提升产业竞争力。为深入落实国家乡村振兴、"双碳"目标战略，示范区以战略组织文化一致性为思路，加快新型能源体系落地，实施绿色发展，推进区域乡村振兴和现代化建设，服务于国家民生大计。示范区始终坚持农业农村优先发展，未来将利用优良生态环境、完善配套基础设施、政企平台吸引更多产业落地，营造舒适宜居环境、提供完善休闲和公共服务，推进文旅康养、商业服务发展，拓宽农民增收致富渠道。示范区结合地方资源禀赋，以贯彻落实国家乡村振兴战略为核心，以华润电力所长、所能，实现政府所想、所望为依托，打造可复制的绿色乡村示范样板。

"四位一体"精准消费帮扶，助力"乡村振兴"加速跑

内蒙古电力（集团）有限责任公司鄂尔多斯供电分公司

一、单位简介

内蒙古电力（集团）有限责任公司鄂尔多斯供电分公司（以下简称"鄂尔多斯供电公司"）是直属于内蒙古电力（集团）有限责任公司的国有特大型供电企业，承担着鄂尔多斯市 8 个旗区（除准格尔旗）工农牧业生产及城乡居民生活供电任务，供电范围 7.95 万千米 ^{2}，服务用户 123.99 万户，是内蒙古电力集团范围内管辖输电线路最长的供电单位。全网最大供电负荷 561 万千瓦。内设本部部门 16 个、所属单位 27 个，共有职工 3571 人。鄂尔多斯供电公司连续六届蝉联"全国文明单位"，荣获"全国五一劳动奖状""全国脱贫攻坚先进集体""全国五四红旗团委"；被中国电力企业联合会授予"AAAA 级标准化良好行为企业"及"信用体系建设示范企业"荣誉称号；获评"自治区优秀企业""自治区先进基层党组织"、自治区国资委系统"四强基层党组织""五好班子创建先进集体"，优化营商环境"获得电力"指标连续四年居自治区首位；获得集团公司业绩考核"三连冠"、技能大赛团体优胜奖"四连冠"；连续四年被评定为鄂尔多斯市"包联驻村先进单位"，获得"健康示范企业"等多项荣誉称号。

二、案例背景

（一）消费帮扶是推进乡村振兴产业发展的有效方式

消费帮扶作为一项创新性政策举措，其显著成效已经在脱贫攻坚伟大实践中得到充分证明。目前农村牧区，特别是脱贫地区农副产品受限于当地市场化水平等因素的影响，消费市场脱节，销路不能完全打开，不同程度在各地各产业存在。在巩固拓展脱贫攻坚成果同乡村振兴有效衔接的过渡期，消费帮扶将进入乡村振兴产业可持续发展的"长期助跑"阶段。

（二）国有企业是助力消费帮扶的助推器

国有企业在巩固拓展脱贫攻坚成果和推进乡村振兴过程中，发挥着愈加重要的引领和表率作用。消费帮扶是其中一个重要途径，要充分发挥国有企业的社会责任与力量，国有企业和广大干部员工在消费帮扶领域先行示范，探索实施市场化为主、政府积极引导、企业深度参与的消费帮扶之路。

（三）企地合力是助推消费帮扶的必要路径

消费帮扶一头连着乡村振兴的产业，一头连着消费市场，在实际工作中，政府、企业、社会资源分散，责任边界不清晰、资源能力范围不明确，缺乏有效统筹，无法高效利用。需要在农村牧区和消费市场之间架起桥梁，构建企地合力模式，为消费帮扶创造更加便利的条件，建立长期稳定的产销关系，推动实现企业与农牧民互利共赢，为消费帮扶的可持续发展打下市场基础。

三、实施路径

鄂尔多斯供电公司将社会责任理念和工具引入包联驻村及乡村振兴工作，立足供电企业特点，结合自身信息、技术、人员等优势条件，充分掌握政府、企业、农牧民等利益相关方的合作意愿和资源优势，整合包联资源，厘清责任边界，创新消费帮扶举措，建立"党建引领、工会赋能、全员参与、企地联动"四位一体的精准消费帮扶模式，推动形成各方合作助力乡村振兴的平台与机制，协同利益相关方各尽其能、各得其所，扎实有力开展包联驻村和脱贫地区农副产品消费帮扶，实现资源优化配置，为国有企业参与消费帮扶提供了解决模式和实践经验，为巩固拓展脱贫攻坚成果和助推乡村振兴作出国有企业应有的贡献。

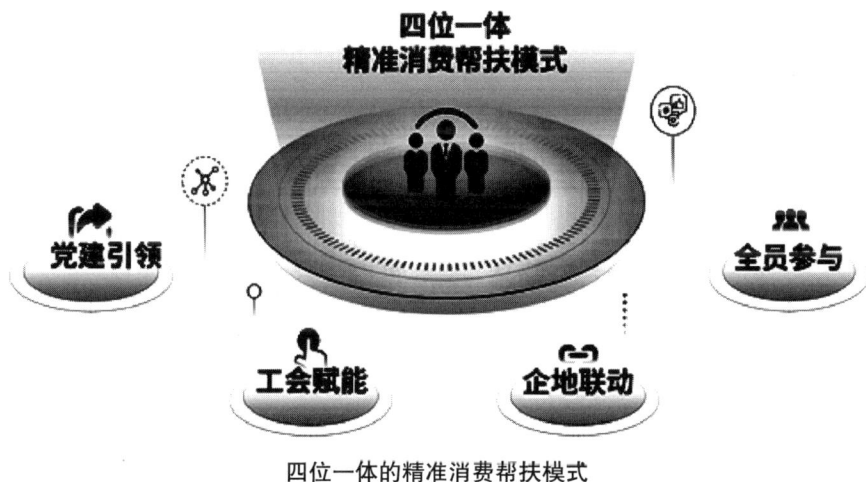

四位一体的精准消费帮扶模式

（一）党建引领，持续推动定向认购消费帮扶

鄂尔多斯供电公司充分发挥党委"把方向、管大局、保落实"作用，强化组织保障，定期研究部署，把消费帮扶作为党史学习教育"我为群众办实事"实践活动的重要内容，组织实施消费帮扶"党建+"模式，让消费帮扶成为所属基层党组织主题党日活动的一个必要环节，党组织书记实力"带货"，率先认购帮扶产品，发挥共产党员、劳模标兵、青年团员示范带头作用。与此同时，公司党委印发专项方案，依托"电靓暖城"共产党员服务队、"一区两岗三队"、党建联盟等党建引领工程实施载体，发起"爱心认购消费、助力乡村振兴"倡议，把党员干部组织起来，把职工群众凝聚起来，"以购代帮、以买代捐"。截至 2023 年，四村大米、白柜村小米、哈布其勒村牛肉，已经成为职工日常生活中的热销品牌，有针对性地解决农村牧区农副产品滞销问题，也进一步巩固树立了该公司"受尊敬、负责任、有美誉"的企业品牌形象。

（二）工会赋能，不断拓展区域协作消费帮扶

充分发挥集中力量办大事的体制优势，构建全覆盖、多层次、可持续消费帮扶模式，新冠肺炎疫情期间，鄂尔多斯供电公司积极响应自治区总工会号召，争取政府主管部门政策支持，鼓励职工参与提振消费集中行动，一次性消费 144 万元，积极与嘎查村委会对接协调，为达旗地区四村大米、蛇肯点素村白面等村集体经济农副产品打开销路，拓宽市场销售渠道，逐步建立消费回购机制，实现可持续消费帮扶的良性循环。同步通过内蒙古消费帮扶集中采购展销服务中心等利益相关方平台，购买各类农副产品，开展工会会员节日普惠慰问，并且将节日会员普惠慰问、日常慰问与消费帮扶结合形成常态，累计消费帮扶 400 余万元。2023 年春节期间，创新"线上直播带货，线下年货节购物"等举措，积极拓宽脱贫地区和包联驻村滞销农产品的销售渠道，带动激发全员、全社会参与消费帮扶的积极性，累计消费帮扶金额达 86.79 万元，进一步提升了消费帮扶的全员知晓率和知名度，提振了特色产业发展信心和自我发展能力，助推全市消费帮扶工作向纵深发展。

（三）全员参与，广泛动员形成常态消费帮扶

鄂尔多斯供电公司将定点帮扶和消费帮扶工作"两手抓"，推动包联驻村和农村牧区特别是脱贫地区农副产品消费帮扶，系统部署、统筹规划，不断提高职工消费帮扶的思想自觉和行动自觉。指导所属单位和职工通过开展"五个一"消费方式形成工作整体合力，实现消费帮扶全覆盖：一是利用本单位食堂采购、食材配送、现场慰问等渠道开展一次线下认购；二是通过自治区农特商城电商平台开展一次线上邮购；三是通过"党日活动""团日活动""工会会员活动"等主题活动开展一次主题消费；四是通过鄂尔多斯市《农特产品展恰会产品名录》开展一次电话消费；五是通过食材配送"爱心消费帮扶角"等其他形式开展一次自愿认购。直观的形式和明确的流程，指导所属单位落实责任，引导职工积极参加，逐渐由"要我买"向"我要买"转变，并带动身边更多人消费。职工以实际行动彰显国有企业的社会责任和使命担当，让消费帮扶融入职工日常，成为企业新风尚，推动形成消费帮扶"人人皆可为、人人皆愿为、人人皆能为"的全员参与格局。

（四）企地合力，协同联动精准助推包联帮扶

围绕乡村"五大振兴"，该公司充分发挥电网企业行业优势，统筹对接"双包联"嘎查的用电需求，因地制宜实施定点帮扶村电气化改造，推进智能化用电服务，确保重点项目及时可靠供电，推动各项帮扶任务落实落地，为夯实产业发展基础、升级畜牧业生产模式、发展文化旅游产业奠定了良好基础。聚焦嘎查向日葵产业园、巴音可汗万头肉牛养殖、盛世牧业和琪浩牧业奶牛养殖、土地利用"沙漠土壤化"等项目，积极配合鄂尔多斯市包联驻村办整合资源，企地合力助推消费帮扶，通过交流座谈会、农副产品推荐会、现场观摩等多种形式推荐本地优质农副产品，帮助农牧民打开和站稳"家

门口的市场"，持续壮大嘎查集体经济和促进农牧民增收，以稳定的供需和产销合作来推进消费帮扶。

四、履责成效

（一）助力农牧民增收致富

丰富的消费形式和畅通的供需渠道，既满足企业和职工的消费需求，也推动农村牧区做大做强集体产业经济，带动农牧民增收致富。截至 2023 年，鄂尔多斯供电公司累计区域协作帮扶了 5 个旗县，包联驻村帮扶了 12 个嘎查村，定向认购帮扶了 10 个企业，日常消费多种农副产品，以消费帮扶增加集体经济收入，确保包联驻村工作取得实效，累计消费帮扶 2000 万余元，实现了利益相关方互利共赢，政府企业双满意。

（二）解决农副产品滞销问题

该公司通过集中式消费和定向性帮扶等方式，实现产销对接，切实帮助农牧民把滞销的积粮换成致富的活钱，有效解决了部分农副产品受疫情影响、销售受阻、滞销在田等问题，拓宽销售渠道，助推提升农副产品质量，扩大农副产品品牌知名度。

（三）企业形象得到社会认可

消费帮扶过程中，该公司充分体现了国有企业的社会责任与力量，在消费帮扶中的责任担当和社会影响力深入人心，发挥了示范引领作用。连续五年获评鄂尔多斯市"包联驻村脱贫攻坚先进单位"，荣获了鄂尔多斯市乡村特产年货节"优秀组织单位"、地企合力助推消费扶贫工作"优秀驻地央企国企"，以及"全国脱贫攻坚先进集体"的殊荣，并作为自治区代表参加全国脱贫攻坚总结表彰大会。

五、工作展望

鄂尔多斯供电公司四位一体的精准消费帮扶模式围绕提高脱贫质量、夯实脱贫基础，将产业帮扶、行业帮扶、消费帮扶有机结合，利用行业优势、地域特点，充分整合政府、企业资源，不仅实现了"1+1 ＞ 2"帮扶效果，更在过程中培养了农牧民发家致富的意识，提高了农牧民自我发展能力。项目工作经验和模式得到人民网等主流媒体的传播与推广，得到了社会各界与鄂尔多斯市政府的高度认可，深化了"责任蒙电"品牌影响力。

未来，鄂尔多斯供电公司将继续创新和拓展消费帮扶模式，实现消费帮扶规范、有序、可持续发展。始终坚持党建引领，继续加强消费帮扶支持力度，发挥工会优势，推动消费帮扶工作精准化、常态化，带动激发全员、全社会参与消费帮扶的积极性，助推鄂尔多斯市消费帮扶工作向纵深发展，为持续推进乡村振兴注入强劲动力。

还乡镇"整洁"蓝天

国网冀北电力有限公司

一、单位简介

滦南县位于唐山市东南部，县域面积 1482.6 千米²，辖 16 个镇、1 个街道办事处，589 个行政村，常住人口 56.5 万，是冀东文艺三枝花评剧、皮影、乐亭大鼓的发祥地。亚洲最大地下单体铁矿马城铁矿位于滦南县境内。2022 年滦南县生产总值 314.1 亿元，连续多年获评全国粮食生产先进县。国网冀北电力有限公司滦南县供电公司（以下简称"国网滦南县供电公司"）共有主业员工 318 人，下设 7 个管理部室、2 个业务实施机构，8 个供电所，18 个党支部。2022 年完成售电量 19.33 亿千瓦·时。国网滦南县供电公司连续 16 年保持河北省文明单位，近三年先后获得河北省先进志愿服务组织、唐山市先进基层党组织和唐山市基层党建示范点。

二、案例背景

2022 年中央一号文件发布《中共中央国务院关于做好 2022 年全面推进乡村振兴重点工作的意见》，明确了乡村振兴的重点工作内容。乡村水利线路及"房檐线"产权归属为村委会或小区物业、农户个人，供电公司没有权限对这类线路进行规范、整改。

滦南县域内电力杆塔约 2.5 万~3 万基。随着城乡经济快速发展，空中线缆数量日益增多。由于长期缺乏规范性管理，通信线随意搭挂在电力杆塔上，老旧小区电线私拉乱接现象严重，形成密密麻麻的"蜘蛛网"和横七竖八"飞线"，既存在严重安全隐患，又增加了通道维护、线路改造的难度，更影响了乡容乡貌，与文明乡村、美丽乡村建设目标要求相去甚远。

对于供电企业而言，空中线缆治理主要存在"三大难题"：一是缺乏政策支持，协调难度大。供电公司没有通信线路、用户线路的管辖权限和相关政策文件支持，无法随意拆除光缆和私拉乱接电线。协调过程中通信运营商、广电部门和用户配合意愿不大。二是缺乏技术支持，维护难度大。供电公司无法区分光缆产权归属，更缺少光纤捆扎专业设备，若对电杆搭挂的通信线路捆扎梳理或强行拆除，极易造成通信中断，引发舆情事件。三是缺乏资金支持，改造难度大。"飞线"多为老旧小区私拉乱接电线，最优的治理方案是线缆入地。但老旧小区供电设备为物业产权，物业公司无力承担高额改造费用，供电公司更无改造权限和资金支持。

空中线缆治理涉及政府、广电和通信运营商、供电、物业、用户等多方参与。本项目的实施以问题为导向，引入诸多利益相关方广泛参与，为利益相关方提供解决问题方案。

三、实施路径

空中缆线协同治理旨在多方协作发力，共享资源，共同推进，一方面避免出现电力与三大电信运营商之间各自为政，导致空中线缆改造不彻底现象，另一方面把政府的协调作用发挥到最大，并借助老旧小区改造，由政府出资，供电公司配合，形成 1+1+1+…＞N 效果，从根本性上一次性完成空中线缆整治。同时开展协同方案创建，有效解决因不同主体单位分别改造，给周边居民商户造成影响等问题。合理化利用资源，节约时间和改造成本，并对空中线缆形成档案化管理，明确责任方，进行跟踪式、精准式治理。

● 明确责任划分。从单一作战转变为协同作战，改变以往"各自为战"的情况，形成协同高效的"处置网"。促请政府定期召开由通信、广电、供电、物业及居民代表参加的空中线缆整治专项会议，听取各方诉求，统计分析空中线缆点位、归属。政府出台空中线缆治理红头文件，提出"去除废线、并归散线、合理入地、管线成景"的治理要求，将空中线缆情况量化为"影响值"，明确利益相关方责任，制定改造计划，并建立常态化整治长效机制。充分发挥各利益相关方的力量，供电、通信、政府、用户等，从自身角度或线缆出发，充分挖掘细枝末节、街边小巷，不放过一个死角。

● 搭建"双共平台"。搭建共管平台，政府部门牵头组建由督导组、利益相关方、居民用户组成的空中线缆治理微信群，畅通信息沟通渠道，督导治理进度。搭建共享平台，第一时间收集物业、居民、市政等各部门反馈意见，精确定位需治理线缆位置、责任方，形成信息共享的资源库和数据台账。与通信企业做好协调联动，制定合理化方案，涉及缆线入地改造时，由政府规划施工地下管道，使电缆和光缆一并进行施工，避免二次施工造成重复性工作。

● 组建专项队伍。充分发挥供电、信通、市政等各利益相关方技术优势，协调组建空中线缆治理专项队伍，从"各自为战"转变为"协同作战"。经协商，对于可以单独布线改造的通信线路，由运营商自行解决；确实没有路径的，在满足电力安全要求的前提下，梳理整齐后暂时挂接在电力杆塔上，供电公司有权对通信线路的改造进度和工艺质量督导。据统计，改造前挂接通信的电力杆塔共 4131 基，改造后暂时挂接的共 1320 基。

● 治理成果共享。对于城区空中线缆，由政府利用专项资金，供电公司与通信运营商共同制定城区空中线缆入地方案，电缆和光缆一并治理，避免二次施工。累计改造地下管线 6.8 千米，涉及电力电缆 4.5 千米。对于 32 个存在飞线的物业产权小区，供电公司通过共管平台，及时将小区储藏室通电建议反馈至政府相关部门。结合政府出资的老旧小区改造，一并将光缆、电线穿管入地，治理完成"飞线"小区 21 个。剩余的 11 个小区，通过"物业出资 + 政府补贴"的方式，完成了线路改造。此举从根本上解决了"飞线"问题，消除了安全隐患。通过滦南电视台和"大爱滦南"等公众号持续跟踪发布空中线缆整治动态，赢得社会各界赞誉。

四、履责成效

● 一是协同高效，空中线缆治理效果显著。通过政府主导、理清界面、信息共享、协同作战，治理电力及通信、广电空中线缆 82027 米，治理"飞线"小区 45 个，投入人力 1757 人次，吊车 102 台次，升降斗臂车 131 台次，其他车辆 197 台次，较单独治理降低人力物力近 70%。通过透明度管理，规范了通信运营商施工并形成长效治理机制，有效避免和减少了通信线挂接等空中线缆问题的再次发生。

● 二是多方共赢，利益相关各方达成诉求。滦南县政府在短时间内完成了空中线缆治理，城市面貌更加整洁，是全国文明城创建的一项重要成果。通信运营商、广电公司光缆管理更加规范，并通过政府出资将部分线路穿管、入地，节约了自身投资。物业公司节省了大量改造资金，小区人居环境得到极大改善，业主委员会满意度提升。居民用户居住环境更加简洁舒适，"飞线"穿管改造提升了用电的安全性和便捷度。供电公司线路维护通道变得通畅，供电可靠率和线路安全水平有效提升。

● 三是履职尽责，供电公司践行社会责任。本次项目除政府出资入地改造的线路外，其余并未涉及供电公司投资改造电力线路。但在项目持续推进过程中，供电公司的部分数据变化则印证了该项目取得积极成果。

五、工作展望

空中"飞线"整治一直是城市治理的难点。国网滦南县供电公司引入全面社会责任管理思路，推动相关各方发挥优势，形成了共治多赢的良好局面，实现了共创"整洁"蓝天的美好愿望，为美丽乡村建设提出了新的思路和模式。

● 厘清责任边界。变被动为主动，一改以往"供电公司跑断腿、运营商们只动嘴"模式，促请政府部门牵头，通过文件形式厘清各相关方治理界面、明确治理标准，建立长效监督机制和长效治理机制。

● 开展需求分析。积极思考如何统筹政府部门、通信及广电公司、物业、供电和用户等"核心利益相关方"需求和资源优势，尝试找出激发各方积极参与空中线缆治理合作的动机和"蜘蛛网""飞线"的有效措施。

● 整合社会资源。引入"责任 1+N"利益相关方管理机制，以政府部门的"1"为主体搭建沟通、交流、合作平台，建立工作例会、督导沟通机制，汇聚通信及广电部门、物业公司、供电公司和用户等核心利益相关方，组建专项整治队伍，以高效满足各方诉求为前提，提高各方参与度。通过共管平台畅通沟通机制，巩固治理成效，形成长效机制。

● 强化信息公开。发挥地方媒体资源，通过微信公众号、微信工作群等平台，及时向社会各界通报线缆治理成效，引导、协调居民解决阻工难题，最大程度获取利益相关方的理解和支持，向利益相关方提出改进建议。

小蚕桑展现大作为，编织产业振兴"新丝路"
——中国能建扶持镇巴县蚕桑产业高质量发展

中国电力工程顾问集团西北电力设计院有限公司

一、单位简介

中国电力工程顾问集团西北电力设计院有限公司（简称"中电工程西北院"）成立于 1956 年 10 月，隶属于中国能源建设股份有限公司，是具有工程设计、工程勘察 2 项综合甲级资质的大型勘察设计企业，同时具有电力工程施工总承包壹级资质，致力于能源规划、勘察设计、工程总承包、咨询监理、投建营一体化等业务，在能源规划研究、发电、电网、新能源、勘测、市政、环境等工程领域保持全面的行业技术领先优势。具备为客户提供全生命周期一体化服务的雄厚实力，已与全球四十多个国家和地区建立了业务往来关系。截至 2022 年，西北院 15 次入选中国《建筑时报》/ 美国 ENR 联合评选的"中国工程设计企业 60 强"，6 次入选"中国承包商 80 强"，连续 11 年入选"陕西百强企业"。近年来，西北院荣获"全国五一劳动奖状""中央企业先进集体""全国勘察设计行业国庆 60 周年十佳工程承包企业""全国勘察设计行业新中国成立 70 周年优秀勘察设计企业""全国电力行业优秀企业""全国电力行业用户满意企业""电力行业卓越绩效标杆 AAAAA 企业""全国电力工程行业文化建设先进单位"等多项殊荣。

二、案例背景

镇巴县发展蚕桑产业具有悠久的发展史，同时也具有得天独厚的环境优势。自国家乡村振兴政策启动以来，中国能建结合镇巴产业发展现状和实际需求，通过深入调研，确定了以"基地建设、主体培育、产业融合、品牌打造"为重点，以"政府引导、政策扶持、主体带动、科技创新"为支撑的全产业链帮扶发展思路。优选带动能力强、覆盖范围广、带贫益贫效果明显的蚕桑产业进行精准帮扶，在桑园新建、养蚕场、标准化蚕室建设、丰产桑园培育和提质增效方面予以资金支持，并联合县蚕技站实施全过程技术指导，建立智能化、集约化小蚕共育体系，拓展蚕茧烘干、茧丝深加工等系列产品，并通过桑叶菜和桑叶茶系列产品的研发、开发，产业链条进一步延伸，促进镇巴县桑蚕产业向更深入更宽广更具辐射带动力的领域延伸。

三、实施路径

（一）建基地，发展有平台

通过选择发展产业意愿较强，有责任心和事业心并致力带动农户发展的主体，按照统一规划、合理布局、集中成片的原则，投入资金帮扶标准化桑园建设，修建蚕室、积极引进养蚕专业设施设备，聘请专家开展培训，指导做好饲养管理和联农带农各方面工作。并重点从小蚕催青共育集约化、标准化、智慧化方向和蚕茧深加工两个分别具有代表性的产业链前后端领域，重点进行打造和培育，建设成具有引领本区域农业产业发展的示范明星企业。

（二）立机制，帮扶有举措

建立"五促"制度，促进产业发展。一是"请进来"与"走出去"相结合。聘请或引进蚕桑专家、技术人员，采取集中课堂讲授，进村入企现场培训、示范讲解、蹲点指导等方式，让经营主体和零星散户学到先进实用技术。此外组织相关的技术指导人员及管理人员，深入生产厂家和基地实地考察及学习培训，制作宣传展示画册或视频影像资料，展板及标识牌，全面进行宣传和推介；二是卡住源头，集约化蚕种催青共育促进产业高质高效发展。通过采购小蚕共育智能化设备，配套生产流水线及技术工艺，新建温控自动化调节设备、智能化桑叶保鲜储藏室，电力设施设备升级改造，建立集约化智能化小蚕基地，充分利用好新型先进设施、设备、新技术，适度规模集中（主体集中、区域集中）养蚕主体抱团开展集约化催青共育，保障了小蚕的健康整齐，为蚕茧高产优质打下坚实基础；三是优良品种引进促进产业发展。所帮扶企业（公司、合作社）引进了"农桑十四""强桑一号"高产抗逆性桑品种，推广了"青松＊皓月""华康三号"，"蜀水＊川山"等抗高温多湿、抗病力强的优良蚕品种，蚕茧产质量提高，效益持续上升；四是培育主体示范促进产业发展。以西片区的"山旭农牧专业合作社"重点进行集约化、智慧化小蚕催青共育技术的示范推广和桑园立体开发的试验和探索；东片区的"秦巴锦绣茧丝绸开发有限公司"重点进行蚕丝被系列产品的开发。两个项目通过自身的发展壮大，在全县起到典型的示范引领作用，带动更多农户参与蚕桑生产增收；五是完善产业链条促进产业发展。实施蚕茧深加工基地建设项目，采购蚕丝棉设施设备 8 台，建设蚕茧烘干房，蚕丝棉提取车间及原料茧存储库等，在县城和兴隆镇进行门店建设，解决蚕茧烘储存，蚕丝深加工以及销售一系列难题，进一步延伸了产业链，实现了产业增值。

（三）重实效，增收有支撑

蚕桑产业链的建设，以现代管理的理念和集约化的发展思路，带动农户市场参与意识，逐步淘汰落后产能。以"公司＋基地＋农户"的产业发展模式，按照"以点带面，以面带片"的辐射带动方式扩大发展规模，以培育扶持龙头企业，带动各个经营主体发展农业生产的积极性。通过深度开发，进行延链补链强链，大力进行蚕茧加工及销售带动全县桑蚕产业的快速发展，并最终带动周边农户共同发展，实现增收的目的。

在帮扶过程中，中国能建不断创新思路，立足帮扶企业的镇情和村情，实施总结了"五带"模式。一是土地流转增收。企业（公司、合作社）流转农户（脱贫户）的闲置土地，按年支付土地流转费，每亩土地费用 100~500 元；二是带资入企增收。经营主体吸纳农户的闲散资金加入企业作为股金，年底分红，收益率 5%~8%；三是入企务工增收。农户修枝、锄草、施肥、采叶每亩地收入在 500~3200 元；四是产品回收增收。经营主体市场价收购农户蚕茧、种养的农副产品；五是多种经营增收。经营主体带领农户桑园养鸡，桑园套种中药材、魔芋、土豆、蔬菜、豆类等作物增收。如：永乐镇白阳村茶白垭小组罗耀聪（原贫困户）农户，全家 4 口人，2020 年，通过流转土地，参与双滩农牧专业合作社桑园管理、摘桑叶、饲养、园区务工等年收入达到 31000 元，不但实现了脱贫，还走上了致富路。

四、履责成效

一是采用新型的集约化催青共育方式。解决了西片区所有蚕桑经营主体和养蚕农户饲养时间长、小蚕饲养技术难的问题，并显著缩短养蚕时间，不但节约了农户养蚕成本，还确保了蚕茧的产品质量和效益最大化，蚕茧产量每张可增加 6~10 千克，在全县蚕桑养殖企业中起到新技术革新、创新引领和科技示范带动作用。

二是建强补强了镇巴蚕桑产业链条。在中国能建的支持和帮扶下，秦巴锦绣茧丝绸开发有限公司强基地、建工厂、购置蚕丝被生产设备，引进工艺、生产流水线，攻克各项技术难关，建立了全县唯一蚕丝被系列产品加工基地，现年加工蚕丝被可达 3000 床以上，产值达到 600 万元，并在兴隆镇和镇巴县城民俗街黄金地段开办了"秦巴锦绣"蚕丝被专营店。此外围绕蚕桑产业延链补链强链发展模式，建好桑叶茶、桑叶菜生产基地各一个，通过综合利用、多元化发展，有效增强了蚕农抵御市场风险的能力。

经过几年的帮扶，通过以点带面、示范引领，极大地促进镇巴蚕桑产业的快速发展，帮扶企业在自身发展壮大的过程中，也带动了周边区域产业发展步伐，其中永乐、简池、三元带动了大池、长岭等镇 9 家经营主体发展蚕桑产业；兴隆带动了观音、巴庙镇等 12 家经营主体发展蚕桑产业，同时带动农户 2200 余户从事蚕桑生产和产业发展，发展桑园面积达 8000 余亩，其中 1000 余户低收入（脱贫户、三类人群）人群，通过产业带动，实现了增收脱贫，户均增收达 2300 余元。

五、工作展望

立足现有帮扶成效和取得的成绩，进一步拓展帮扶空间、帮扶力度、帮扶区域，让更多的经营主体受益，走全产业链帮扶之路。

（一）抓基地建设，打好产业发展基础

一是突出抓好优质桑园建设，按照统一规划、合理布局、集中成片的原则，积极推进标准化桑园

管理，大力培育丰产桑园，大幅度提高养蚕量；二是强力推进蚕桑产业强镇、产业强村建设，积极培育蚕桑企业、专业合作社、种养大户、职业蚕农等蚕桑经营主体、技术人员，把蚕桑培育成为镇巴重要支柱产业之一。

（二）抓试验示范，助推产业转型升级

抓好桑、蚕新品种新技术的试验示范推广。一是积极推广多批次养蚕模式，彻底改变传统的低效养殖模式，由原先全年饲养 3 批次蚕，转型升级为年养 5~7 个批次，全面提升蚕农的经济效益。二是大力推广省力化蚕台、小蚕共育、方格簇自动上簇等先进实用技术，通过推广普及自动、半自动升降立体饲养模式，不但节省空间，还省力省时省工，达到事半功倍的效果。

（三）抓综合利用，推进产业多元化发展

积极进行蚕桑全产业链帮扶，加大蚕桑副产品资源开发力度，在桑叶茶、桑叶菜、桑枝食用菌、蚕丝被等产品开发方面给予一定倾斜和重点扶持，走全产业链开发之路。通过综合利用、多元化发展，有效增强经营主体、蚕农抵御市场风险的能力。

（四）强化科技保障，补齐人才技术短板

立足实施乡村振兴人才培育的需要，公司在力所能及的范围内，重点对技术人才引入、聘请；先进工艺的引进、产品宣传、品牌创建；组织科技人员开展科研攻关，组织企业经营人员、技术骨干、蚕农外出观摩学习和集中培训等方面，予以支持，补齐科技落后、人才匮乏短板，有效推动镇巴蚕桑产业高质量发展，确保帮扶工作卓有成效、亮点纷呈。

实施"四大行动"，推进乡村振兴——小鸡蛋小绿叶铺就章当村乡村振兴致富路

中国水利水电第十二工程局有限公司

一、单位简介

中国水利水电第十二工程局有限公司（以下简称"中国水电十二局或公司"）前身为电力工业部新安江水力发电工程局，因建设我国第一座自己设计、自制设备、自行施工的大型水力发电站——浙江新安江水电站而诞生。现为世界 500 强企业中国电力建设集团有限公司成员企业，国家高新技术企业。进入新时代，中国水电十二局秉承"诚信、担当、共赢、感恩"的企业精神，践行"以品牌赢得市场，用真诚回报顾客"的经营理念，为建设产业多元化、管理数字化、经营国际化的现代化一流企业而努力奋斗。

二、案例背景

中国水电十二局作为驻浙央企，坚决贯彻落实党的二十大精神，全面认真落实浙江省委、省政府和电建集团部署要求，积极履行央企政治责任、社会责任。2021 年 7 月，根据浙江省委、省政府统一部署安排，中国水电十二局开始结对帮扶浙江省温州市永嘉县茗岙乡章当村。

章当村，距永嘉县茗岙乡 6 千米，全村由 1 个行政村和 2 个自然村（甘田村、里平村）合并组成，耕地面积 551 亩，山地 1600 余亩，共有 340 户，户籍人口 1148 人。森林覆盖率高、空气清新，生态环境优美，气候温润宜人，有着得天独厚的生态优势。但村集体产业基础薄弱，较缺乏经济收入来源。

自结对帮扶茗岙乡章当村以来，中国水电十二局党委严格落实"四不摘"要求，建立结对帮扶工作机制，成立乡村振兴工作领导小组，以党建引领、产业帮扶、消费帮扶、畅通提升"四大行动"，全面助力帮扶村产业振兴，推动实现党建"强"村、增收"富"村、文明"乐"村、宜居"美"村，取得了可喜的成果。

三、实施路径

（一）实施党建引领行动，共谋发展思路

习近平总书记在党的二十大报告中指出，全面建设社会主义现代化国家，最艰巨最繁重的任务仍

然在农村。全面推进乡村振兴，必须扎实推动乡村产业、人才、文化、生态、组织振兴。

中国水电十二局党委全面贯彻落实习近平总书记关于乡村振兴的重要论述和重要指示精神，牢固树立和践行绿水青山就是金山银山的理念，把发展壮大村级集体经济作为一项重大而紧迫的任务来抓。中国水电十二局党委与章当村村委建立党支部联建共建机制，公司党委与属地党委政府建立定期动态沟通协调机制，共商共谋乡村振兴发展；中国水电十二局帮扶工作组与村党支部联建共建，共同抓好乡村振兴措施落实。采取了产业帮扶、消费帮扶等措施，由村党支部牵头，中国水电十二局资助，紧紧抓住产业振兴这个关键，发展符合自身实际的特色产业。实施以绿色产品培育为基础、特色品牌打造为引领、集体经济增收为核心的乡村振兴路径，深入推进"万企兴万村"行动。采取"党建＋企业＋农户"模式，以建生态养鸡场，出售无公害土鸡蛋，采购五井茶等作为抓党建促乡村振兴的重要措施，培育壮大村集体经济，促进村集体、村民持续稳定增收。实现巩固拓展脱贫攻坚成果同乡村振兴有效衔接，推动章当村产业发展。

（二）实施产业帮扶行动，打开造血通路

● 建设共富绿色养殖场——生产生态土鸡蛋。2022年初，中国水电十二局投入10万元帮扶资金，在距离村口约1千米的山间峡谷打造章当村首个生态养鸡场。生态土鸡养殖场建有5间鸡舍，先后购买两批1300羽高山土鸡苗，遵循自然散养方式喂养，吃的是农家谷子、玉米等，喝的是高山泉水，全程不添加激素和药物，同时加强鸡群疫苗接种和卫生消杀工作，是纯天然养殖，保证土鸡蛋绝对绿色生态。同时，注册"瑞农丰"品牌，以售卖高山土鸡蛋为主要特色，统一包装销售。漂亮外观和鲜美口味，给人留下深刻的印象。鸡蛋供不应求，客户主动上门采购，2022年为章当村创造了10余万元的经济收益，2023年上半年销售收入超5万元。成为茗岙乡完成经营性收入第一村，被茗岙乡评为先进村，获一等奖。生态养殖已成为章当村一张靓丽的名片，为章当村产业振兴插上了腾飞的翅膀，为村民致富增收书写了更广阔的"诗与远方"。

2023年餐饮行业得以迅速发展，鸡蛋的需求量也在不断上升。中国水电十二局配合属地政府充分利用现有养鸡场资源，因地制宜做好养殖产业，在抓好品质的前提下，将养殖规模扩大至1500只以上，同时继续助力销售"瑞农丰"品牌的土鸡蛋，为章当村振兴提供更加有力的保障。

● 做实特色精品茶产业——打造致富"黄金叶"。茶叶是章当村村民主要收入来源，也是该村的核心产品，用它加工的五井茶曾获得多个奖项。为带动村民共同富裕，中国水电十二局安排消费帮扶资金30万元，组织总部、所属单位千名职工采购宣传章当村村民、村集体种植的特色五井茶，切实解决章当村的茶叶销售问题。让"小"绿茶变"黄金叶"。随着章当村五井茶品牌影响力的不断提升，茶叶市场行情持续向好，章当村顺势而为积极投身茶产业发展，让村民的生活有了实实在在的变化，致富路也越走越宽。如今，这里的茶农人人都是打理生态茶园的好手，茶产业成为实现乡村振兴的一把"金钥匙"。

五井茶负责人潘毅说，上一代人做茶是为了谋生，现在做的是茶文化，茶的文化属性不断提升，越来越多年轻人喜欢上茶饮，说起这里的变化他如数家珍。两年来，章当村认真做好"小"绿叶这篇文章，不断丰富和提炼茶历史文化资源，从单一茶叶营销向茶文化、茶旅游观光综合营销转变。同时茶叶优质率和精制率也不断提升，茶叶收购价得到了有效提升。一片"小"绿叶，正在撬动一个绿色乡村振兴产业。

（三）实施消费帮扶行动，打通产品销路

全面宣传推广。中国水电十二局在提供资金打造生态鸡蛋、五井茶、甜橘柚、早香柚等精品农产品的基础上，针对当地"全国摄影小镇"和特色农产品特点全面做好产品推广，在公司自有的微信号、网站、抖音号等媒体宣传，同时在属地电视台、电建集团网站等进行宣传，扩大产品的品牌传播力和影响力。

单位组织采购。乡村振兴结对帮扶以来，中国水电十二局始终把消费帮扶作为扶持产业的重要举措，通过组织动员广大干部职工购买，向上级单位和合作伙伴推荐，采购章当村村民、村集体种植的特色农产品，其中甜橘柚95400元、茶叶206280元，早香柚95500元，合作伙伴采购30000元。切实解决章当村的茶叶、甜橘柚、早香柚等农产品的销售问题，调动村民种茶叶、甜橘柚的积极性，带动村集体经济发展壮大。促进村民增加收入的同时，有力地推进茶、柚产业的发展，为村集体经济稳定创收打好基础。

（四）实施畅通提升行动，打通振兴道路

要想富，先修路。2023年5月，由中国水电十二局捐资20万元帮助章当村里平自然村修建的"惠民路"顺利完工，崭新的道路为乡村振兴注入了新的活力。

此前，里平村内部巷道泥泞不堪、杂草丛生，路边堆放着垃圾、柴木，还建有多处旱厕，卫生环境堪忧。2022年10月，中国水电十二局党委书记、董事长刘光华到里平村开展乡村振兴调研工作，慰问低保户时，村民反馈最多的问题就是修路。在与茗岙乡政府领导座谈时，大家都想改善里平村的人居环境，提升村民的生活质量。

2023年1月，中国水电十二局捐助的20万元修路资金到位后。村民们就迫不及待按照规划图纸，着手开展排水沟、排污管、阴井、砌筑挡墙等建设工作。清明节后，一条近300米长、4.5米宽的村内水泥路开始平整路基，碾压并浇筑混凝土。随着工作有序推进，村民们期盼已久的村内道路在5月底顺利完工，村里生产生活环境得到彻底改善。

看着新修的水泥道路，里平村负责人尤伯荣说，这曾是1米多宽的黄泥路，严重影响了村民出行和村庄发展。路不好的时候，村里都留不住年轻人，现在路修好了，彻底改善了村内卫生环境，提高了村民出行质量。乡村振兴路先行，修的不仅是民心路，也是经济路。这是村民盼望已久的事情，更是我们村追求的目标。中国水电十二局的结对帮扶为我们村做了一件大好事、大实事。村民看着新修的道路，脸上满是幸福的笑容，心里都是对美好未来的期待。

章当村党支部书记潘成旦感慨地说：中国水电十二局帮扶我们村发展养鸡，帮我们销售茶叶，盘活了村集体经济产业项目，村集体经济也获得了新生。在增加我们村集体和村民收入的同时，也走出了一条前景广阔的特色发展之路，助力我们村振兴驶入"快车道"。真的非常感谢中国水电十二局。

四、履责成效

中国水电十二局结对帮扶茗岙乡章当村两年来，始终坚持"乡村振兴为村民而兴，乡村建设为村民而建"的理念，多措并举助力章当村全面振兴，不断提升村民的幸福感、获得感、安全感。

2021 年，章当村取得了茗岙乡综合排名第一的好成绩。2022 年，章当村集体总收入 58 万元，经营性收入 21 万元。章当村党支部书记潘成旦自信地说：2023 年，在中国水电十二局的帮扶下，村集体经营性收入要突破 50 万元，还清 20 万元历史欠债，彻底消除账户的红字，打个漂亮翻身仗，让村民享受到经济发展带来的红利，把章当村建设成茗岙乡的振兴示范村。

如今，章当村容村貌变得靓丽了，村民的主人翁意识也提升了，越来越多人主动参与到家乡建设中来，更多的人"相约茗岙、爱在章当"。一幅和美幸福、充满希望的乡村振兴图景正在章当村缓缓打开。

五、工作展望

未来，中国水电十二局将充分发挥自身优势，进一步强化央企担当，继续加大对章当村的帮扶力度，紧紧抓住产业振兴这个关键，助力章当村培育推广特色农产品品牌、壮大集体经济，推动章当村加速实现共同富裕、建设美丽宜居乡村，以实际行动与帮扶成效彰显央企责任担当。

助推澄城县和家楼村特色发展之路

大唐陕西发电有限公司

一、单位简介

大唐陕西发电有限公司（以下简称"大唐陕西公司"）是中国大唐集团有限公司在陕西设立的全资子公司，成立于 2004 年 6 月。2020 年底国务院国资委推动央企煤电资源区域整合，成为中央企业在陕煤电发展的唯一主体。截至 2023 年，大唐陕西公司管理在陕基层企业 26 家，包括 17 家煤电企业、3 家水电企业、2 家风电企业、3 家专业公司和 1 个前期机构，资产规模 707 亿元，职工总数 12225 人，是陕西省最大的发电、供热企业。在役机组参与市场交易容量占全省 52.75%，年供热量约 4600 万吉焦，承担省内 176 家重点企业用气和 5 个地市、25 个区县、110 余万户居民采暖供热重任，总供热面积 1.11 亿米^2，占全省集中供热面积 30%。大唐陕西公司是中国大唐集团有限公司在陕西省帮扶事宜具体落实单位。

二、案例背景

澄城县寺前镇和家楼村坐落在渭北高原澄城县东南部，这里沟壑纵横，海拔较高，自然条件较差。全村 3 个自然村、4 个村民小组、377 户 1260 人，其中党员 49 人，建档立卡贫困户 95 户 345 人。长期以来，该村党组织薄弱、党员队伍涣散、缺乏战斗力，加之集体经济乏力、群众创业积极性不高、人居环境差，属于典型的贫困村，排名位于乡镇倒数。

2018 年 5 月，和家楼成为中国大唐集团有限公司的定点帮扶村。中国大唐连续向该村选派了四任驻村干部，直接投入资金 485 万余元，消费帮扶超过 450 万元，并探索实践出央企驻村特色发展之路。中国大唐积极履行央企社会责任，坚持"三扶三真""五位一体"特色帮扶体系。在脱贫攻坚和乡村振兴政策背景下，会同村"两委"班子，强党建、兴产业、抓治理、办实事。提高村民幸福指数，帮助乡亲们成功走出困境，摆脱贫困，在巩固拓展脱贫攻坚成果同乡村振兴有效衔接方面初见成效。

三、实施路径

（一）强组织　赋能乡村振兴

脱贫攻坚开展以前，该村党组织薄弱、党员队伍涣散、缺乏战斗力，加之集体经济乏力、群众创业积极性不高、人居环境差，属于典型的贫困村，排名位于乡镇倒数。集团定点帮扶后，高度重视农村基层党组织建设，坚持学习习近平总书记系列重要讲话精神和来陕考察重要指示精神，全面贯彻落实党中央关于巩固拓展脱贫攻坚成果同乡村振兴有效衔接的决策部署，以高质量党建引领高质量乡村振兴。一是抓阵地建设。利用集团公司30万元党费，建设高标准党群服务中心，为和家楼村开展党建工作，规范"三会一课"，提升基层党建工作，提供了基础支撑。二是抓队伍建设。积极组织全村党员赴延安、安康、杨凌学习，通过实地研学，党支部的创造力、凝聚力和战斗力不断增强。同时坚持把支部建在产业链、把党员聚在产业链，引导党员带头发展产业，有效激发村民干事创业热情，涌现出一大批致富带头人。三是抓示范样板。设立党员先锋示范岗，让党旗飘扬在抗疫救灾和产业发展一线，举办"六好村民"和"致富带头人"评选，走访慰问老党员和留守儿童，开展移风易俗、文明行动、环境保护等一系列实践活动，2023年8月份成功创建"渭南市级基层党建示范支部"。

（二）兴产业　壮大集体经济

过去的和家楼，产业结构保守，集体经济薄弱。集团定点帮扶和家楼村后，创造性提出"产业基地＋消费帮扶＋扶智扶志"的帮扶思路，会同村"两委"班子，抓产业，强基础，树信心，成立集体经济组织。形成了"113"发展新格局，即：1个标准化包装晾晒基地，1个村级电商服务平台，3个产业园（薯业种植加工、现代设施大棚、百亩樱桃产业园），大唐集团特色帮扶模式，以典型案例形式入选《陕西省新型农村集体经济优秀案例》。具体做法如下：一是因地制宜，发展粉条产业。和家楼属于渭北台塬地区，所产红薯品质好，出粉率高，特别适合加工粉条。2018年，大唐集团帮扶和家楼后，第一时间调研市场，投入资金100万元，争取政府资金85万元，援建了粉条加工厂，设计年产值30万斤。注册自主品牌"沟窝窝"，并借助全国十四运官方特许商品，销往全国。红薯粉条每年为村集体经济产出利润30万元。二是抢抓机遇，发展设施农业。累计争取500多万元，建成53座设施大棚产业集群（其中集团投入100万元，建成村集体大棚13座），以普罗旺斯西红柿、高石脆瓜、绿宝甜瓜为主打产品，实现了产、销两旺和村民快速增收。村集体大棚每年为村集体经济产出利润20万元。三是联农带农，拓宽增收渠道。如今，和家楼村集体经济利润每年达到50万元以上。支付本村劳务用工工资每年30余万元左右，直接带动脱贫户就业26户42人、户均增收9000元以上；间接带动全村一半以上村民发展产业、实现就业，村民整体收入不断提高，合作社累计向村民分红30余万元。目前，和家楼村集体经营性资产已经达到400万元，农村居民人均可支配收入达到18200元，超过澄城县整体水平。

（三）抓治理　提升治理水平

过去的和家楼，村干部素质能力不适应新形势下乡村治理的需求，习惯于"经验"为主、靠"面子"办事，党员参与乡村治理意识不强，大批青壮年外出务工经商，空心化、老龄化严重，精神文化生活匮乏。集团定点帮扶后，在一任又一任驻村工作队的努力下，聚焦治理有效，乡村治理水平不断提升。一是加强乡风文明建设。健全以村党组织为核心，村民委员会、村务监督委员会、集体经济组织、社会组织广泛参与的"一核多元"村级治理架构，重新修订完善和家楼村村规民约，规范村级重大事项"四议两公开"制度，重新选举产生了新一届村民议事会、道德评议会、红白理事会等，全面提升乡村治理水平。二是持续创建文明村。每年组织开展新时代文明实践工作宣讲、十星级文明户评比等各类活动，培育文明生活方式。大力号召年轻人回乡创业，组织村内创业青年骨干、职业农民等外出参观新兴产业，拓宽视野，解放思想。新时代文明实践站按期挂牌，各类群众性精神文明创建活动蓬勃开展，和家楼村被评为渭南市文明村、澄城县文明村。三是深入开展平安乡村建设。践行新时代"枫桥经验"，确保信访矛盾不出村，推进"一村一法律顾问"制度，积极调处化解基层矛盾纠纷，推进治安联防和警务室共建工作，切实保障村民生产、生活安全，提升平安乡村建设。2023年参加"全国乡村治理示范村镇"创建工作，和家楼村计划用1~2年时间达到全国乡村治理先进示范水平。

（四）办实事　厚植群众福祉

一是消费帮扶暖人心，2018年以来，和家楼村先后经历强降雪、大风暴雨、新冠肺炎疫情，村里农副产品出现大面积滞销，集团公司立即行动，通过消费帮扶形式，尤其是利用央企"兴农周"全国直播带货，直接采购群众因灾因疫滞销农副产品达450余万元，帮助村民联系客商销售产品100万元。二是就业帮扶促增收。通过直接招聘和劳务用工的形式促进村民脱贫致富，帮助和家楼村5名大学生进入大唐陕西公司系统，通过劳务用工形式解决农村剩余劳动力10人，后续还将重点招收符合条件的大学生入职大唐，实现一人就业，全家脱贫致富的目的。三是基础设施强保障。累计争取社会项目及资金1000余万元，修建灌溉工程、照明设施、基础道路、便民服务、饮水系统、文化设施六大基础工程，全村基础设施水平全面提升。还建成2座村级污水处理站，实施全村"厕所革命"，整修产业园等。同时利用集团60万元帮扶资金对村容村貌进行提升改造，极大改善了群众的生产生活条件。

四、履责成效

中国大唐集团定点帮扶和家楼村，坚持把巩固拓展脱贫攻坚成果同乡村振兴有效衔接作为底线任务。通过中国集团六年的定点帮扶，如今的和家楼村，4000余亩土地上密布灌溉水网，硬化道路纵横交错，一年四季瓜果飘香，和家楼粉条成为中华人民共和国第十四届运动会组委会官方特许商品销往全国，村集体经营性资产已经达到400余万元。直接带动脱贫户就业26户42人，支付本村劳务用工工资每年40万元，为全村分红超过30万元，总营业额达到600余万元。一跃成为远近闻名的"渭南市文明村镇"和"渭南市集体经济发展示范村"。为助力澄城县巩固脱贫攻坚，推进乡村振兴贡献了央企力量。

通过央企定点帮扶，和家楼村实现了基础党建从"软弱涣散村"到党建先进示范村的蝶变，集体产业从"空壳村"到集体经济发展示范村的蝶变，乡村治理从"约定俗成"的经验管理模式，到形成"现代规范"乡村治理体系的蝶变。群众生活从"申请办"，到"主动办"的蝶变。

五、工作展望

今后，我们将继续履行好央企社会责任，按照中国大唐集团"三扶三真五位一体"的特色帮扶体系，做深做实脱贫攻坚同乡村振兴的有效衔接。短期实现"输血"变"造血"，乡村振兴政策下，初步实现党支部、村委会、监委会高效运转，打造一支带不走的驻村工作队。中期实现高质量乡村振兴，村集体经济一、二、三产业实体化、专业化、企业化运转，资产达到千万元以上，带动村民发展产业，实现逐步富裕。长期实现农业高质高效、乡村宜居宜业、农民富裕富足目标，将和家楼村建成宜居宜业和美乡村，打造全省，乃至全国乡村振兴的示范样板。

践行初心使命，助力富民兴黔，打造乡村振兴国企奉献的生动实践

华电贵州乌江水电开发有限责任公司

一、单位简介

华电贵州乌江水电开发有限责任公司（以下简称"乌江公司"）成立于 1992 年 10 月，是国务院批准组建的国内第一家流域水电开发公司，是中国华电在黔控股企业，其中股权比例为中国华电 51%，贵州省 49%。截至 2023 年，公司资产总额 583.1 亿元，装机规模 1435.5 万千瓦，其中，水电 869.5 万千瓦、火电 450 万千瓦、光伏发电 116 万千瓦，是贵州省统调装机容量最大、清洁能源装机占比最高的综合能源企业。公司入选国务院国资委国有重点企业管理标杆创建行动"标杆企业"名单，先后荣获国务院国资委"双百企业"，荣获贵州省五一劳动奖状、脱贫攻坚先进集体；连续 3 年获中国华电业绩考核 A 级、党建考评 A 级、先进企业、安全环保先进企业；荣获中国华电"先进基层党组织"、文明单位标兵等荣誉。

二、案例背景

2003 年 6 月，时任浙江省委书记的习近平同志作出在全省实施"千万工程"的战略决策。20 年来，"千万工程"造就万千美丽乡村，造福万千农民群众。党的十八大以来，习近平总书记提出精准扶贫、乡村振兴战略，多次指示国有企业要在脱贫攻坚中发挥重要作用。贵州一直是我国脱贫攻坚的主战场，全国十四个集中连片贫困特区中，有三个位于贵州。乌江公司党委深入学习贯彻习近平总书记关于脱贫攻坚、巩固拓展脱贫攻坚成果同乡村振兴有效衔接的重要讲话和重要指示精神，始终牢记"初心使命"、胸怀"国之大者"，深入践行"千万工程"，坚决担起国有企业职责使命，积极投身贵州"大扶贫"战略，始终保持力度不减、劲头不松，充分发挥自身优势，创新帮扶举措，践行初心使命，助力脱贫攻坚、乡村振兴、富民兴黔走深走实。

三、实施路径

习近平总书记在浙江工作期间对"千万工程"既绘蓝图、明方向，又指路径、教方法，到中央工

作后继续给予重要指导。乌江公司党委认真学习运用"千万工程"经验，深入谋划推进、加强实践探索，推动"千万工程"乌江实践持续向纵深迈进。

（一）切实加强党的领导，精准施策扎实推进

始终把决战脱贫攻坚和助力乡村振兴作为重要政治任务和第一民生工程，切实强化组织领导，注重针对性、精准性、实效性，确保打好打赢攻坚战。

- 高度重视，强化领导。坚持全局出发、统筹考虑，做好顶层设计。近年来，组织召开专题会议42次，与沿河县委、县政府每年定期召开工作联络会。领导班子成员先后43次深入帮扶村和项目点，职能部门、基层单位现场调研指导472人次。

- 精心组织，扎实推动。坚持将脱贫攻坚、乡村振兴工作纳入年度重点工作和党委会、总经会决策事项，先后制定《对外捐赠管理办法》《乌江公司结对沿河县工作方案》等制度方案100个，科学化、制度化、规范化开展帮扶工作。

- 精准施策，务求实效。坚持因地制宜、精准施策，着力解决贫困地区的根本问题。修水渠、建公路解决庆阳村发展短板，建基地、搞养殖，为坪塘村村民谋了新的出路。通过教育帮扶、产业帮扶、消费扶贫、环境改善于一体的帮扶模式，帮助村民增加经济收入，改善人居环境，提升知识文化水平，实现从经济到精神上的全面脱贫。

（二）牵手沿河倾情相助，同心聚力共战贫困

沿河县是贵州省14个深度贫困县之一，也是国家级深度贫困县。2015年以来，乌江公司把结对帮扶沿河县作为重要政治责任，投入真金白银、选派精兵强将，真扶贫、扶真贫，助力沿河县同步小康。

- 心之所系，倾情相助。结对帮扶以来，投入扶贫资金8666万元，开展扶贫项目80多个，派出驻村第一书记13人，带动贫困人口增收近万人，助力沿河县摘帽脱贫，彻底撕掉了千百年来的绝对贫困标签。2021年，为巩固拓展脱贫攻坚成果同乡村振兴有效衔接，继续选派驻村干部，开展定点帮扶。

- 产业帮扶，长远带动。投入帮扶资金1650万元，引进"白叶一号"，推广种植2800亩，注册"屾山""携茶"两个商标品牌，助力"云中仙寨·万亩茶乡"建设。捐资800万元，助推"红色美丽村庄"试点建设。探索构建利益联结机制，打造地方特色和优势的产业体系，牵头扶贫项目28个，撬动社会资金约7.9亿元，实现与4138余户13548余贫困人口的利益联结。

- 解忧纾困，惠民暖心。注重解民忧、纾民困，每年为每个驻村点提供不少于15万元的资金，用于基础设施和村级阵地建设、发展产业和教育、改善人居环境等。先后投入帮扶资金706万元，改善4个村的基础设施、党支部阵地建设，修建茶坛村村委会和文化活动中心、扩建复兴村店子小学操场等群众关心关注、得实惠的项目。

（三）民之所盼企业所向，帮群众过上好日子

将帮助群众过上好日子作为积极投身大扶贫战略的出发点和落脚点，紧扣百姓之想，民之所盼，把教育、培训、公路、饮水、环境等群众关心的民生事当作责任田。

- 扶智扶志 "拔穷根"。各单位及职工先后捐资 970 余万元，修建 11 所 "乌江水电希望学校"，资助 40 多所中小学及贫困学生数万人。探索拓展 "救助—发展" 模式，走访留守儿童 1900 余人次，结对救助学生 2000 余人次。开展教育培训，按一户一人每年支持沿河县培训 1000 户以上贫困对象，实现培训 1 人、就业创业 1 人、致富 1 户的目标。

- 逢山开出 "致富路"。投入帮扶资金 302 万元，先后为大方县兴林村、播州区坪塘村、沿河县茶坛村等 9 个乡村修建产业路、通村路、串户路，进行道路硬化，安装路灯等，打通了当地群众摆脱贫穷困苦的通道，增强了致富希望。

- 无水引水 "解民渴"。投入帮扶资金 50 万元实施饮水工程，解决了牛棚镇 6 个行政村，2000 余户 12000 余人的饮水安全问题，帮助沿河县和平村 65 户 220 名村民、茶坛村茶坛小学师生解决饮水难的问题。

- 改善环境 "山村美"。投入帮扶资金 629 万元，在沿河县井田堡村、大方县柏杉村等 7 县 10 村，开展农村人居环境整治行动，发展村集体经济和现代种植、养殖产业，助力打造富饶乡村、美丽乡村。

（四）开发能源服务社会，担当使命富民兴黔

乌江公司秉持 "开发乌江、富民兴黔" 的历史使命。在数十年的艰苦创业中，守江担责，以高度的社会责任感，致力于为贵州经济腾飞和群众致富提供源源不绝的电力支撑。

- 贡献清洁能源，赋能美好生活。始终把满足人民群众对美好生活的用电需求作为根本出发点，全面贯彻新发展理念，坚持绿色低碳发展，持续为用户提供清洁、安全、经济的优质能源供应，服务经济社会持续健康发展。同时，立足主业、发挥优势，捐建威宁县板底 100 千瓦光伏项目，为当地村集体经济带来稳定收益。

- 建设一座电站、造福一方百姓。坚持 "建设一座电站、造福一方百姓" 的理念，把妥善安置移民作为电站工程建设的重要组成，累计投资 115 亿元用于移民搬迁，安置沿江移民 10 余万人，帮助他们离开了交通不便、居住条件差的河谷，搬进了水、电、路、通信齐备的移民集镇。承担 8 个移民集镇的基础设施和库区 19 座公路桥梁建设，吸纳数以万计的农村劳动力参与电站辅助设施施工，超过 40 万沿江群众的生产生活条件得到显著改善。

- 消费带动振兴，双赢促进增收。从 "农企对接" 到消费扶贫，公司始终秉承把贫困地区的产品变成商品，把商品变成贫困群众的收入的理念，组织公司系统单位食堂采购贫困地区农产品，工会优先采购结对帮扶沿河县的农产品。既满足了职工对生态农产品的需求，也增加了帮扶地区农产品的销量，消费扶贫实现 "双赢"。

四、履责成效

从 20 世纪 90 年代初期的基础设施帮扶到如今的 "万亩茶乡"，从捐资助物到结对帮扶，从党建扶贫到精准扶贫，从脱贫攻坚到巩固拓展脱贫攻坚成果同乡村振兴有效衔接，乌江公司助力富民兴黔工作从未间断，为贫困地区捐款捐物，架设桥梁新建公路，复建移民集镇，捐建希望小学，修建产业路

通村路串户路，助力沿河县实现同步小康，试点建设红色美丽村庄，累计投入资金近 1.5 亿元，派出帮扶干部 38 人，"乌江足迹"遍布了黔南州贵定县，毕节市大方县、赫章县，安顺市普定县，遵义市播州区、余庆县，铜仁市沿河县、印江县等多个贫困县，乌江公司用心用情用力做好帮扶工作，为开创百姓富生态美的多彩贵州新未来贡献乌江力量。

五、工作展望

乌江公司多年来用心脱贫攻坚，接续乡村振兴取得的成效，根本在于习近平新时代中国特色社会主义思想的科学指引，在于坚持以人民为中心的发展思想。乌江公司将更加深刻领悟"两个确立"的决定性意义，增强"四个意识"、坚定"四个自信"、做到"两个维护"，认真学习运用"千万工程"所蕴含的理念方法，将把推动企业自身改革发展同巩固拓展脱贫攻坚成果、全面推进乡村振兴有机统一起来，以更有力的举措将党中央决策部署落到实处，为全面建设社会主义现代化国家作出更大贡献。

（一）必须坚持以人民为中心的发展思想，让企业的发展成果惠及四方

要始终坚持以人民为中心的发展思想，把满足人民群众对美好生活的用电需求作为根本出发点，坚持创新发展、协调发展、绿色发展、开放发展、共享发展，积极履行社会责任，让乌江事业发展惠及广大人民群众。

（二）必须坚持以高质量发展为首要任务，发挥自身优势全面助力乡村振兴

要始终践行"六个力量"，坚守奉献清洁能源，服务社会发展职责使命，不断优化产业布局，做强做优做大国有资本，以企业高质量发展，助力贵州加速构建现代能源体系，打造新型综合能源基地，为贵州经济社会更好发展做出更多更大贡献。

（三）必须坚持一张蓝图绘到底，奋力书写乡村振兴的亮丽"答卷"

要始终把脱贫攻坚、乡村振兴作为国有企业履行政治责任、经济责任、社会责任大事要事，接续奋斗不停歇、锲而不舍抓落实，源源不断投入人、财、物，将一张蓝图绘到底，久久为功，助力乡村振兴"规划图"转化为"实景图"，充分彰显"国家队""顶梁柱"的责任担当。

创新监测帮扶机制，筑牢防返贫底线

中国南方电网有限责任公司

一、单位简介

中国南方电网有限责任公司（以下简称"南方电网公司"）是中央管理的国有重要骨干企业，由国务院国资委履行出资人职责。公司负责投资、建设和经营管理南方区域电网，参与投资、建设和经营相关的跨区域输变电和联网工程，为广东、广西、云南、贵州、海南五省区和港澳地区提供电力供应服务保障；从事电力购销业务，负责电力交易与调度；从事国内外投融资业务；自主开展外贸流通经营、国际合作、对外工程承包和对外劳务合作等业务。

二、案例背景

党的十八大以来，以习近平同志为核心的党中央把脱贫攻坚摆在治国理政的突出位置，作为实现第一个百年奋斗目标的重点任务，全面打响脱贫攻坚战，困扰中华民族几千年的绝对贫困问题历史性地得到解决，脱贫攻坚成果举世瞩目。南方电网公司坚决贯彻党中央国务院决策部署，践行"人民电业为人民"的宗旨，凝心聚力、攻坚克难，累计投入定点扶贫资金5.94亿元，派出扶贫干部1702名，帮助1011个扶贫点、45.55万贫困人口实现脱贫摘帽，圆满地完成了脱贫攻坚目标任务，向党中央和五省区人民交上了一份满意的答卷。

脱贫摘帽不是终点，而是新生活、新奋斗的起点。南方电网公司以习近平新时代中国特色社会主义思想为指导，落实"四个不摘"和"三个转向"要求，在巩固拓展脱贫攻坚成果的基础上，助力做好乡村振兴这篇大文章，接续推进脱贫地区发展和群众生活改善。2021年以来，公司累计选派帮扶干部超900人次，投入定点帮扶资金3亿元，助力495个帮扶点推进乡村"五大振兴"。在定点帮扶工作的实践过程中，帮扶干部聚焦产业帮扶项目高质量发展，不断创新探索健全利益联结机制，将产业振兴和消费帮扶成效转化为实实在在的益农助农效能，形成了许多成功的经验和具有推广应用价值的成果。

2021年7月，按照广东省乡村振兴驻镇帮镇扶村组团结对帮扶工作部署，南方电网公司联合广东省政协办公厅派出5名帮扶干部成立工作队，进驻云浮市新兴县太平镇开展结对帮扶工作。进驻以来，工作队始终把防返贫作为巩固拓展脱贫攻坚成果的核心任务，着力健全防返贫动态监测和帮扶机制，坚决守住不发生规模性返贫的底线。为进一步筑牢织密防返贫底线，工作队在做好定期入户排查、加大帮扶研判、完善信息台账等工作的基础上，创新性按照"帮扶单位＋渠道公司＋本地企业＋农户"的帮扶模式，以消费帮扶为主要依托，结合南方电网产业帮扶项目收益和社会爱心人士捐赠，建立了太平镇防返贫互助基金，以助困、助病、助残、助学、助老为重点目标，将巩固脱贫攻坚成果兜底保障安全网织得更密更牢。

三、实施路径

2021年，工作队在开展《新兴县太平镇驻镇帮镇扶村五年工作规划》编制过程中，便开始探索建立防返贫互助基金事宜。半年时间，工作队遍访太平镇19个村委社区和830户脱贫户，发现一些村民仍然存在因灾因病因疫等苗头性问题，极易导致出现返贫风险。能否找到更具针对性的措施作为太平镇巩固脱贫攻坚成果的有力补充，是摆在工作队面前的一项重要任务。为此，工作队充分发挥南方电网公司的资源优势，以消费帮扶收益为切入点，开始探索设立防返贫互助基金，逐步形成"1345"防返贫互助机制。

（一）开设一个工作队资金专户

2021年12月，工作队向镇政府申请设立工作队专用存款账户，用于管理工作队筹集资金，为防返贫互助基金筑起资金池。2022年3月，经新兴县政府审批同意正式成立了"新兴县太平镇人民政府乡村振兴驻镇帮镇扶村工作队资金专户"，同时，工作队安排专人管理，专账核算，确保帮扶资金专款专用。

（二）建立三个资金来源渠道

工作队全面梳理了当地资源和帮扶单位资源，最终确定出三类主要资金来源，即消费帮扶返还捐赠、南方电网公司产业帮扶项目收益（如光伏项目）、社会爱心人士捐赠等。三类资金经过合法规定程序，按照商定比例合法合规地汇入工作队资金专户，实现良性循环运转。

（三）规范四级申报程序

工作队严格执行《新兴县乡村振兴驻镇帮镇扶村资金筹集使用监管细则》中规定的五项正面清单和十项负面清单，对脱贫不稳定户、边缘易致贫户、突发严重困难户及时采取有针对性的预防性措施和事后帮扶措施。印发《新兴县太平镇防返贫互助基金管理办法》，明确了四级申报程序，即个人申请、村级审核、镇级复核（现场抽查）、镇政府会议决策（工作队参与），在确保基金规范管理的前提下，兼顾公平高效原则。

（四）明确五个基金重点使用方向

工作队经过与镇政府相关部门、村委座谈，走访村民等多种形式，了解到容易导致村民返贫的主要原因是因灾因疫等突发问题或者因病因老等长期性问题。为此，工作队将防返贫互助基金帮扶的重点聚焦为"五助",即助困、助病、助残、助学、助老,在太平镇政府政策性防返贫保障措施的基础上,进一步延伸拓展帮扶覆盖面。

(五)做强做优乡村产业,支撑防返贫互助基金可持续发展

为保障防返贫互助基金稳定的资金来源,工作队充分发挥南方电网公司和广东省政协的行业优势和资源优势,重点聚焦消费帮扶和产业振兴,为互助基金的可持续发展奠定了坚实的基础。

● 打造特色农产品牌。工作队遴选太平镇内 4 大类共 24 个优质帮扶农副产品,打造"新兴·太平"品牌,依托南方电网公司推动产品与市场深度对接,持续加大消费帮扶力度。同时,工作队通过与广东翔顺象窝禅茶有限公司、新兴县太平镇绿生源畜禽专业合作社、广东甜心屋食品有限公司等当地有实力的企业建立长期稳定的农产品购销合作关系,持续扩大消费帮扶渠道,充实防返贫互助基金的资金来源。

● 推进电商化销售。为进一步拓宽帮扶农产品销售渠道,推动帮扶企业规模化、电商化、市场化发展,南方电网公司在南网商城(赫兹乐购)开辟益农助农专区,为帮扶点提供免费的电商销售服务。2022 年 7 月,太平镇政府与连南瑶族横坑农业公司签订《特色农产品品牌推广助力乡村振兴战略合作协议》,推动"新兴·太平"农副产品上线南方电网公司"赫兹乐购"电商平台销售,并在当年销售利润计中提 8% 注入互助基金。

● 打造光伏帮扶项目。南方电网公司捐赠产业帮扶资金 270 万元,利用悦塘村村民小组文化楼、悦唐小学等 10 个闲置屋顶建设光伏发电系统,总面积达 2800 米^2,光伏组件容量 486 千瓦。项目使用南网赫兹能源云进行光伏的数智化管理,保障了光伏发电的实时监测和运维保障。按年平均发电量 52 万千瓦·时计,光伏项目每年为村集体增加收入约 23 万元。同时,公司发挥行业优势,为项目开发了广东省首张乡村振兴 PHCER 绿证,预计每年增加额外收益 8000 元。工作队依托光伏发电收益,制订二次分配方案,主要用于防返贫互助基金、村人居环境整治等方面。

● 引进蓝莓产业基地。2022 年,工作队围绕撂荒土地和农业现代化发展做文章,前往华南农业大学园艺学院了解设施蓝莓产业项目,对设施蓝莓产业项目的用地需求、发展前景、市场情况等进行详细调研,最终确立了在太平镇建设云浮市首个设施蓝莓产业基地。项目首期于 2022 年 5 月正式开工建设,项目首期占地约 200 亩,投资约 2700 万元。项目稳定运行后预计每年产值 1400 万元,每年为村集体经济收入增加 8 万元,为关联的若干居民小组带来每年近 20 万元的土地租金收入,并且提供了近 200 个就业岗位,切实带动农民就业,增加农民收入。目前,该项目经过近一年的建设与运营,已经在今年 3 月迎来了首个收获期,首批蓝莓销售利润率达 23%。同时,蓝莓基地也与太平镇达成长期合作,帮助当地困难群众,每年从利润中提取 2 万元注入防返贫互助基金。

四、履责成效

截至 2023 年 10 月,防返贫互助基金共注入 36.9 万元,其中公司采购太平镇农产品累计 304 万元,为太平镇防返贫互助基金注入 23.3 万元,为当地政府和工作队开展"助学、助病、助困、助残、

助老"活动提供资金原动力；社会爱心人士捐赠 11.6 万元，已为 49 名太平镇困难群众免费完成白内障手术，补助金额 5.6 万元；悦塘村光伏发电项目累计收益约 23.65 万元，每年将提取约 2 万元用于困难群众帮扶，创造就业机会。

2023 年，太平镇政府与工作队开展的"五助"活动惠及 34 户脱贫户，共计 8.9 万元，其中助病 2 户，助残 3 户，助困 7 户，助老 4 户，助学 18 户，为乡村振兴驻镇帮镇扶村事业注入了全新动力。

太平镇防返贫互助基金获评广东"千企帮千镇　万企兴万村"典型案例，同时也入选了南方电网公司乡村振兴典型案例。

五、工作展望

下一步，工作队将进一步夯实现有资金来源渠道，一方面从产业帮扶项目收益、消费帮扶收益及社会爱心人士捐赠等筹集更多资金。另一方面，拓展丰富新的基金来源渠道，力争太平镇防返贫互助基金每年可以稳定注入 20 万元以上，使太平镇 830 户，2500 余人收益。同时，工作队还将对符合条件的困难群众采取节日慰问、助学金、阅读之星、光明行动、困难补贴、公益岗位等多种形式给予及时的帮扶。

南方电网公司已结合广东省云浮新兴县太平镇防返贫互助基金典型实践经验，印发了《南方电网公司防返贫基金建设指引》，下一步将在南方五省区的帮扶点进一步推广应用，力争在更大范围让更多困难群众受益，用扎实举措支持地方政府做好防返贫动态监测和帮扶工作。

因地制宜谋发展，全心全意促振兴

中国广核集团有限公司

一、单位简介

中国广核集团有限公司（以下简称"中广核"）起步于大亚湾核电站建设，40多年来积极落实国家战略要求，逐步发展成为以核能为主要特色的世界一流清洁能源企业，并持续优化构建"6+1"产业体系，涵盖核能、核燃料、新能源、非动力核技术应用、数字化、科技型环保和产业金融，拥有2个内地上市平台及3个香港上市平台。

二、案例背景

2016年，根据党中央、国务院关于脱贫攻坚工作的战略部署，按照湖北省统一安排，中广核下属湖北分公司定点帮扶湖北省阳新县白沙镇吴东城村。2021年6月，湖北省委明确中广核在湖北继续负责驻点帮扶吴东城村乡村振兴工作。

吴东城村于2018年底脱贫出列，2019年通过了脱贫"国检"验收检查，2021年进入乡村振兴阶段。中广核多次获湖北省通报表扬。

三、实施路径

2021年，吴东城村虽已脱贫出列，但各方面基础仍相当薄弱，面临很大挑战。主要表现在基础设施不够完善，人才储备乏力、产业发展后劲不足、精神文明建设存在短板。在省、市、县各级政府的支持和领导下，中广核持续巩固脱贫攻坚成果，全面推进乡村振兴。针对基础设施不够完善，中广核积极协调相关部门，争取900万元高标农田建设及200万元水利设施专项资金，极大改善了村道路和水利设施；针对人才储备乏力，中广核从抓党建入手，建立坚强的村党支部班子，打造一支不走的工作队，广泛发动群众，凝聚创业致富的力量；针对产业发展后劲不够，中广核邀请专家团队充分分析全村土壤性状，挖掘村里土地潜能，引入稻田养虾项目，将撂荒地"劣势"迅速转变"优势"，新建屋顶光伏电站，持续壮大光伏产业；针对精神文明建设存在短板，中广核积极响应湖北省委"共同缔造"活动，充分组织和发动群众，开展"优秀党员""文明家庭"评比活动，并形成常态化机制，挖掘身边典型，树立学习榜样，让群众实实在在感受到身边人践行社会主义核心价值观的事迹，为吴东城村乡村振兴精神文明凝聚更大的力量。同时，全面加强"两不愁、三保障"兜底、环境整治、教育、公益等工作，多措并举，夯实了吴东城村脱贫攻坚成果，为全面推进乡村振兴奠定了坚实的基础。

四、履责成效

一是提高政治站位，坚持党建引领"领头羊"。中广核高度重视乡村振兴工作，始终从讲政治的高度，落实湖北省委统一部署，履行在鄂央企社会责任，从资金、人员、政策等多方位提供保障，为乡村振兴工作顺利实施奠定了基础。二是健全动态监测机制，筑牢防返贫"防火墙"。中广核在健全防止返贫动态监测机制和帮扶机制同时，积极引导村集体各产业项目就地招工，优先吸纳低收入人群务工，有效解决了脱贫边缘户返贫现象。三是持续壮大村集体产业，牵好产业"牛鼻子"。因地制宜，创新产业发展方式，吴东城村已形成"五个一"（光伏"一片板"、苎麻"一根草"、鞋厂"一双鞋"、稻田"一只虾"、蛋鸡"一颗蛋"）产业齐头并进发展格局。截至 2022 年，各产业每年给村集体带来 26 万元稳定收入。同时，吴东城村已结余 30 万元产业资金（专项资金），可用于产业项目再投资，实现由"输血"向"造血"转变。四是协调项目就地招工，打造保障村民务工收入"稳定器"。中广核协调各产业每年为超过 100 名村民提供就业岗位，实现家门口就业，年务工收入超过 360 万元，既能取得务工收入，又无需背井离乡，极大提升了村民幸福感。五是改善乡村环境，按下乡村"美颜键"。近几年来，中广核与村"两委"积极协调湖北省财政厅和黄石市、阳新县等相关部门，争取 1500 多万项目资金，改善村基础设施建设，并将中广核企业文化融入其中。六是开展党建联建，做好党组织建设"好助手"。中广核多次组织内部及兄弟党委党支部赴吴东城村开展党建联建活动，更好地发挥了基层党组织的战斗堡垒作用和党员的先锋模范作用。2022 年 7 月阳新发生严重旱情时，中广核协调下属新能源湖北分公司党总支支持抗旱资金 2 万元，有效缓解旱情。七是持续提升精神文明建设，弘扬文明"树新风"。中广核与村"两委"围绕"崇尚文明，纯正家风"这个主题，持续开展"文明家庭""文明庭院"等评比活动，并形成常态化机制，为吴东城村乡村振兴精神文明凝聚更大的力量。八是彰显中广核央企社会责任，讲好"帮扶故事"。中广核定点帮扶取得积极成效，湖北日报、湖北广播电视台先后6 次到村采访，从产业发展壮大、精神文明建设、盘活 500 亩撂荒地、增加务工岗位实现家门口就业等多维度，将中广核作为全省乡村振兴帮扶先进典范进行了报道，彰显了央企社会责任，取得良好效果。九是做好新冠肺炎疫情防控，扎紧保障村民健康"铁栅栏"。2022 年 11 月中旬，阳新县新冠肺炎疫情暴发，感染人数激增。中广核紧急采购部分防疫物资送到村里，并由村"两委"引导村民检查核酸检测，掌握因疫情防控导致生活不便村民动态并及时解决。十是响应共同缔造活动，共谋"美好生活"。积极响应湖北省委号召全省开展美好幸福生活"共同缔造"活动，商议吴东城村"共同缔造"建设方案，共同建设美丽吴东城。

截至 2023 年，中广核累计在湖北（汉川、襄阳、阳新等）投入直接帮扶资金 720 余万元，争取项目资金 1500 多万元，帮扶多个村实现脱贫和开展乡村振兴工作。中广核探索总结了一条可持续、可复制的乡村振兴良好实践，受到当地党委政府和广大干部群众的好评，展示了央企良好的社会形象。

（一）创新性

一是巧打"金算盘"，吸引社会资金投入，放大帮扶资金功效。中广核队积极主动，以有限的帮扶资金，推动村基础设施根本性改善，撬动发展并壮大了苎麻、鞋厂等产业，有力地支持了村集体经济建设；二是积极防范产业发展风险，践行"严慎细实"，确保扶贫产业行稳致远。吴东城村底子薄，产业规模小，帮扶路上每一分钱都十分宝贵，在产业发展上务必做到"零风险"。中广核针对吴东城村产业发展中的市场风险、自然风险、人身伤害风险等，提前防范。

（二）可持续性

一是因地制宜，充分利用土地资源，发展特色产业。中广核引进稻田养虾项目，将水田撂荒"劣势"迅速转为"优势"。盘活撂荒地 500 亩打造稻虾养殖基地，为后续打造村养虾产业奠定了基础；二是借助集团能源企业优势，光伏产业发展成为增加村集体收入中坚力量。中广核充分利用中广核能源企业优势，选择光伏项目作为壮大村集体产业的中坚力量。同时，项目的成功实施和稳定运行为我们在凌云县、乐业县整县帮扶推进屋顶光伏项目提供了"湖北经验"。

（三）可复制性

一是引进劳动密集型项目，吸纳本地务工，增加村民收入，提升幸福感。在乡村振兴产业发展过程中，积极引入劳动密集型项目，尽可能吸纳本地务工，为乡村人才创业提供基础，村民实现在家门口就业，也方便照顾老人和小孩，提升了幸福指数；二是充分发挥龙头企业或致富能人在帮扶产业发展中的带动作用。借助龙头企业或致富能人的技术和市场，合理确定产业收入和风险分担机制，采取引进该行业龙头企业或致富能人投资，或者与之合作的方式发展。实践证明，这种方式是促进帮扶产业快速成长的有效途径。

五、工作展望

（一）持续巩固脱贫攻坚成果，确保不出现返贫现象

需继续加强对"三类人员"的对接帮扶，坚持动态监测，按要求每两个月进行一次全面走访，宣传各项帮扶政策，有针对性地开展帮扶。

（二）千方百计谋发展，推动产业帮扶项目取得实效

吴东城村产业持续发展的基础依然不牢，抗风险能力、产业发展人才储备等方面都不足，后续需制定针对性提升措施。

（三）持续美化村容村貌提质增效，开展美丽乡村建设

围绕学习党的二十大精神、弘扬社会主义核心价值观，展示新农村精神面貌。

（四）中广核作为能源央企，在自身发展中同步发挥项目、管理优势，助力湖北地方乡村振兴

中广核充分利用在湖北省内已建成项目，为当地居民提供约 200 人次的务工机会，总创收金额 1100 万元，体现了中央企业的责任与担当。

深化"核我一家·零碳共富"乡村振兴，打造央企和地方融合新典范

中核集团三门核电有限公司

一、单位简介

中核集团三门核电有限公司（以下简称"三门核电"）成立于 2005 年 4 月 17 日，位于浙江省东部沿海的台州市三门县，由中国核能电力股份有限公司控股，是国有大型核电营运单位，全面负责三门核电工程的建造、调试、运营和管理工作，全面履行核安全责任。核电厂址自然条件优越，三面环海，西侧有山体形成的自然屏障，厂区地坪标高 12 米，占地面积 3000 亩左右。三门核电项目规划建设 6 台百万千瓦级的核电机组，分三期建设。一期工程 1、2 号机组分别于 2018 年 9 月 21 日，2018 年 11 月 5 日商运。作为中国首个三代核电自主化依托项目，对中国核电自主化能力提升有着重要意义，大大提高了中国核电技术升级及装备制造业水平。二期工程 3 号机组于 2022 年 6 月 28 日正式开工，4 号机组于 2023 年 3 月 22 日正式开工。6 台机组全部建成后，三门核电总装机容量将达到 750 万千瓦，年发电量可达到 600 亿千瓦·时，相当于三峡年发电量的 6 成，是助力浙江省建设国家清洁能源示范省、保障国家能源安全和促进碳达峰碳中和的重要力量。

二、案例背景

2021 年 9 月，三门核电启动与三门县健跳镇三核村结对帮扶工作，每年直接投入帮扶资金 150 万元，拉动地方政府帮扶配套资金上千万元，帮助三核村加强基础设施建设、打造特色农产品，探索致富新路径。2022 年 10 月 28 日，《浙江省碳达峰碳中和工作领导小组办公室关于公布全省第二批低（零）碳乡镇（街道）、村（社区）及减污降碳协同试点创建单位名单的通知》印发，三门县健跳镇三核村成功入选浙江省第二批低（零）碳村试点创建单位。为深入贯彻落实习近平总书记关于乡村振兴工作重要论述，不断增强央企政治担当和责任担当，助力推动乡村振兴工作，三门核电统筹内外资源，立足实际，通过党建引领融合创新，产业赋能乡村振兴，基础设施提颜增质、民生改善温暖人心的特色模式，以"核我一家"党建联建为载体，推动建设全国首个核电站周边的"零碳示范村"，打造乡村振兴工作央企和地方融合新典范。

三、实施路径

三门核电聚力打造"一个聚焦、两条主线、五共依托"的"核我一家"党建联建乡村振兴工作模式，即：聚焦"零碳示范村"建设，以抓党建促乡村振兴、推项目促共同富裕为主线，以组织共建、阵地共创、活动共办、资源共享、产业共富为依托，搭建运转顺畅的组织架构，理顺共议共商的工作机制，建好开放共享的党群阵地，加强企地融合发展，建设"零碳示范、生态休闲、乡风文明、产业兴旺、环境宜居"的高质量融合发展的现代化美丽乡村，实现政企村合作共赢。

一是统筹谋划，擘画"零碳示范村"建设蓝图。三门核电与三门县人民政府签订《党建联建 共富先行 企地共建"零碳示范村"协议书》，成立企地共建"零碳示范村"工作领导小组，双方将聚焦乡村振兴和共同富裕主题主线，在党建联建、清廉村居、产业培育、绿色帮扶、科普文化等方面全方位开展共建工作。成立零碳示范项目小组、美丽乡村建设人居环境整治小组、农业产业转型升级提升小组、共同富裕小组、"核我一家"党建联建小组、核电科普宣传小组、生物多样性宣传小组等7个专项工作组，统筹各方力量，共同推进"零碳示范村"建设。

二是积极探索，形成"核我一家"党建联建乡村振兴工作新路径。三门核电党建工作处党支部与健跳镇党委、各协作单位党组织开展"核我一家"党建联建，签订《"核我一家"党建联建协议书》《农业产业扶持协议书》，成立理论宣讲团、治理先锋团、产业帮扶团、人才助富团、公益服务团，聚力打造"一个聚焦、两条主线、五共依托"的"核我一家"党建联建乡村振兴工作品牌，即：聚焦"零碳示范村"建设，以抓党建促乡村振兴、推项目促共同富裕为主线，以组织共建、阵地共创、活动共办、资源共享、产业共富为依托，推动建设"零碳示范、生态休闲、乡风文明、产业兴旺、环境宜居"的高质量融合发展的现代化美丽乡村。

三是加强外部合作，共促乡村振兴。加强与清华大学、同济大学、浙江大学、台州学院等院校合作，将在文创产品设计、核能科普、文艺活动等方面进行探索，结合地方民俗与核能发电"零碳"特点，推出系列文化产品，助力乡村振兴。与人民网、浙江卫视、台州传媒、三门传媒加强合作，围绕品牌推广、生物多样性、典型人物、产业发展等方面加大宣传力度，展示共富成果，推动"零碳示范村"创建工作。

四是先行先试，实现零碳产业创富。光伏入村方面，投资8600万建设18兆瓦"渔光互补"项目，年发电量约1800万度；启动1兆瓦整村屋顶光伏建设，惠及农户约300户。商贸进村方面，成立三核村经济发展公司，为核电工程及光伏项目提供劳务输出、食材供应、房屋出租等生产生活配套服务。目前，三核村在核电销售农产品已超100万元，42名村民在核电工程就业，出租120多户闲置民房。农场兴村方面，投资309万，建设35亩零碳智慧果蔬大棚基地，投资10万，建设4亩核电共享农场，并注册三核村特色农产品商标、在核电站开设农产品展销专柜，直供核电2个食堂和海逸酒店。

五是关注民生，推动零碳生活润富。设立"两个基金"，每年提供10万元注入村爱心专项基金，5万元春苗奖助学基金，强化困难群众兜底保障，资助本村学子们完成学业。2022年、2023年两年高考，本村学生考取1名浙江大学、1名上海财经大学、1名西安电子科技大学、1名南昌大学、1名中国计量大学和 6 名浙江省内知名二本高校；2023 年共资助村里家庭困难学生 16 人次、奖励 43 名成绩优秀学生。实现"两个免费"，免费为 24 户低收入农户安装屋顶光伏，每年收益 1300 元；免费为村里改造光伏路灯。打造"两个阵地"，投资 50 万元，建好核电科普长廊和清廉村居文化广场。

四、履责成效

（一）构建"组织共建"新载体，规范党建联建机制

三门核电联合地方政府、各协作单位负责人成立党建联建联合委员会，定期召开联席会议，在活动规划、重点问题等方面共商共议。定期开展党的二十大精神、学习贯彻习近平新时代中国特色社会主义思想主题教育及相关政治理论学习。常态化开展"党课开讲啦""我是党员我先说"等多种形式的组织生活，进一步促进相互交流，取长补短，共享党建工作经验、凝聚思想共识、筑牢理论根基，全面夯实党建联建基础。

（二）塑造"阵地共守"新面貌，激活零碳示范效能

按照"场地合一、功能多元、常态使用"的要求，围绕党建服务、办公议事、便民办事、基层治理、关爱帮扶、助力发展、志愿服务、文体休闲、应急保障、宣传展示等十个方面的基本功能，规范设置党建联建办公室，将党建联建的组织架构、工作制度和年度工作计划等规范上墙，通过办公环境建设提升党建联建的凝聚力和向心力。通过光伏、商贸、农场入村，村集体经济保守估计增收 60 万元，1400 多村民，人均可增收 5000 元，低收入农户户均收入可超 2 万元。同时，18 兆瓦的甲鱼塘渔光互补项目，可复制可推广，为各地养殖塘增收探索一条新路径。

（三）开创"活动共办"新方式，激发新农村活力

采取"轮值"形式，制定季度主题活动安排表及目标清单、责任清单、问题清单等三张清单，强化工作统筹力、执行力。依托党员志愿服务平台，形成"村民点单—组织派单—党员志愿者接单"的"菜单式"闭环志愿服务新模式。积极开展核科普工作，推进科普进农村、进社区、进学校，引导党员"八小时外"深度融入村社，激发活力。通过就业帮扶，村内可增加就业 200 人。三核村的零碳环境，提升了群众的幸福感。"两个基金"有力保障了困难群众生活、缓解了困难学生压力。

（四）推进"资源共享"新局面，推进联动体系高效

整合各方资源优势，推进政企村深度融合，实现资源共享、优势互补。精准帮扶就业和用活闲置房屋，通过租赁供给和送活上门，实现村集体经济和村民双创收；地方政府牵头，解决企业生产经营和持续发展中在征地、环保、用工、安全等方面的实际困难。积极发挥"核我一家"党建联建桥梁和纽带作用，形成互通互利、互帮互助的共建格局。三门核电结对帮扶三核村、打造"核我一家·零碳共富"，入选三门县"共富窗口"十佳典型案例。

（五）探索"产业共富"新路径，助力地方经济发展

以"零碳示范村"创建为目标，企地双方签订合作协议，聚焦乡村振兴和共同富裕主题主线，因地制宜，不断探索延伸链条，围绕营销手段、产业升级、前沿技术等方面培育乡土人才。全力推动新能源基建项目，以核电共享农场为代表的企业补助项目，以特色产业为代表的集约化经营项目建设，助推村集体增收、村民致富。2020 年，三核村集体经济收入不足 15 万元，是三门县集体经济薄弱村；2022 年，三核村集体经济收入为 61.38 万元，较 2020 年增长 3 倍多，其中经营性收入达到 53.27 万元。

五、工作展望

未来两年，三门核电及地方政府在三核村的总投资将超过 9000 万元，将带来村集体经济收入 100 万元以上，惠及全村 544 家农户，实现从"绿水青山"迈向"零碳富地"的蝶变升级。

三门核电将持续深化"核我一家"党建联建，统筹地方政府与三门核电项目各协作单位资源，以满足群众对美好生活的向往为出发点，以中核人、中国核电人的责任担当和实干作为，推动三核村集体经济收入翻番，实现"渔光互补"新能源项目落地，为乡村振兴、共富先行贡献"核动力"。

"点亮工程"——特高压工程建设赋能乡村振兴

上海送变电工程有限公司

一、单位简介

上海送变电工程有限公司（以下简称"上海送变电"）创立于 1956 年，是国网上海市电力公司下属全资子公司，主营高压、超高压、特高压输变电工程和用户电力配套工程，具有中华人民共和国住房与城乡建设部颁发的电力工程施工总承包一级、房屋建设工程施工总承包二级资质证书，国家能源局颁发的一级承装（修、试）电力设施许可证，中国电力企业联合会颁发的送变电工程类甲级调试单位资质证书，上海市住房和城乡建设管理会员会颁发的电力行业（送电工程、变电工程）专业设计丙级资质证书。取得 GB/T—19001、GB/T—50430 质量双标、GB/T—28001 职业健康安全和 GB/T—24001 环境的管理体系认证。在"艰苦奋斗、同舟共济"的信念激励下，在历代劳模精神的薪火相传中，上送人紧紧凝聚成一个团结有力的团队，爱岗敬业、履职尽责、迎难而上、锐意进取。

二、案例背景

2022—2023 年，国家电网公司计划开工建设"三交九直"，预计新建特高压交直流工程 16000 千米左右，其中交流 2000 千米，直流 14000 千米。作为国网上海市电力公司基建单位，上海送变电工程有限公司承建特高压工程建设是近年来所面临的重要任务。2022—2023 年，上海送变电承建特高压输电工程共 6 项。在工程建设中，施工进程受限于当地交通条件制约、与当地居民沟通协调精准度欠缺、特高压建设不适应当地基础经济发展等，"建设垃圾处理难、工程建设人力少、建设工作理解低、原料采购成本高"成为了常态化的四大难题，这些在上海送变电的特高压建设中都比较突出。传统上，上海送变电在特高压工程建设中也会针对这些问题尝试一些解决办法，但经常都是"事后控制"为主。

利用在建特高压工程，通过实施社会责任项目，调研项目建设地区，积极参与当地乡村振兴事业，通过"点亮工程——特高压工程建设赋能乡村振兴"公益项目，满足利益相关方诉求，助力工程顺利开展，树立企业良好的社会形象，有利于建设良性的企业文化，提高外地员工的荣誉感和归属感。

三、实施路径

为解决特高压工程建设中面临的"建设垃圾处理难、工程建设人力少、建设工作理解低、原料采购成本高"四大难题，上海送变电通过利益相关方走访调研，识别利益相关方期望和诉求，并在此基础上系统建立扶贫工作流程，进而优化乡村振兴工作流程，并持续形成为上送"点亮工程"品牌，有效融入当地政策，助力工程建设顺利开展，增强公司品牌美誉度。

识别利益相关方诉求，建立工作服务模式

特高压工程建设初期，上海送变电项目部在施工当地往往人生地不熟，项目部便可通过工程属地供电公司入手，以"点亮工程——特高压工程建设赋能乡村振兴"作为敲门砖，快速与当地政府取得沟通。

● 服务内容一：基础设施建设是乡村振兴的根本。农村地区在脱贫攻坚过程中，实施了大批补短板项目，农村的基础设施和公共服务得到了极大改善。但明显的是，目前农村基础设施和公共服务与城乡统筹发展的要求还有差距，与农民对美好生活的向往还有差距，要稳步提升水、电、路、气、信等基础设施支撑能力，让下乡创业的人才留下来、待得住。

在特高压工程建设中，山区搭建铁塔和基础开挖会产生较多的工程弃渣，再征用山坡、空地建成废渣场进行存放，难以落实工程建设中生态文明建设要求，环境保护成为了特高压工程较大的环境制约因子。为最大程度地实现人与自然的和谐发展，上海送变电思考怎样处理工程弃渣才能最大程度减少对地方生态影响。

经过前期调研，上海送变电因地制宜找到了特高压工程建设与乡村振兴的结合点，不断完善施工基础周边村庄交通网络，利用自身在勘察设计、建筑施工方面的优势，对工程项目建设进行科学规划，通过修建"乡镇干线路、村组水泥路、村村循环路"，把工程施工建设与社会责任工作结合起来，将容易"扰民"的便道修建、弃渣处理等项目优化，并有针对性地提高基础设施水平和改善民生、助产丰收等助民项目，既处置了工程弃渣，又不破坏生态，还为村民创造了良好土地资源，取得了一举三得的实效。

● 服务内容二：人才就业是乡村振兴的关键。在40年来改革开放的春风中，我国东部地区逐渐成为先富起来的地区，但中西部地区仍在发展中。但现在受国际经济环境影响，特别是对外出口订单的减少，劳动岗位也变少了，一些以前在外务工的人员现在又回到家乡，但想要解决人口流出的情况，就好好发展本省的经济。而工程建设人力少的难题同样摆在了上海送变电的眼前。

为此，上海送变电根据当地政府各村镇青壮年和建档立卡情况，结合工程建设进度需要，探索建立项目工程建设与促进就业的联动机制，积极调整项目实施计划，增岗拓岗。以特高压工程建设为平台，结合当地电力专业学校毕业生就业，招聘当地青壮年进入施工现场，并采用"传帮带"方式为当地培养钢筋、模板、机械、电工、焊工等基础技术工种，吸纳更多劳动力就业，为他们带来一份"家门口"的工作，稳步促进就业。特高压电网的建设同时也让年轻人回来不只靠政策、靠情怀，更是让他们看到家乡建设得越来越好，机会越来越多。

● 服务内容三：乡村教育是乡村振兴的起点。构建以当地教育部门为主导，上海送变电协同参与。结合实际定向筹建困难学生"教育基金"；加强教育基础设施建设，主动参与素质教育提升，捐赠图书馆及远程教育多媒体教室，逐步形成上海学校与贫困地区学校的共建桥梁，通过以强帮弱的方式，开展帮扶行动，最终实现共同的教育发展目标；充分发挥公司知识、人才、资源等优势，积极探索集中扶贫、榜样扶贫、持续扶贫、全员扶贫、带动扶贫"五位一体"的教育扶贫长效机制，努力实现可持续教育振兴。

● 服务内容四：消费是乡村振兴的推手。注重脱贫攻坚与乡村振兴的产业衔接，深入推进扶贫协作和对口帮扶工作，确保贫困地区的群众生活富起来、腰包鼓起来。结合工程建设需要和指挥部乡村振兴方针政策，就近购买当地水泥、沙石等原材料，雇用当地车辆进行材料、工器具运输。与当地党委、政府沟通协商，了解当地特色产品，并进一步拓宽销售渠道，打通帮扶"新思路"，带回上海、带进社区、带到农贸市场设立消费点位，深入企业员工及群众，采取"以购代捐""以买代帮"，全面开拓低线消费市场，助力乡村振兴战略发展。

▤ 四、履责成效

（一）社会效益

从目标上看，脱贫攻坚解决绝对贫困问题，乡村振兴缓解相对贫困、缩小收入差距。乡村振兴是党和国家的重大战略决策，全党工作的重中之重，也是社会各界高度关注的重大议题，不仅在上海，支撑全国乡村振兴工作也是国网上海电力履行社会责任的核心业务。通过"点亮工程"乡村振兴履行企业社会责任，为部分地区消除贫困、改善民生、逐步实现共同富裕作出了重要贡献，持续巩固脱贫摘帽成果，全力助推乡村振兴战略。

据数据统计，贵州每年有300多万劳动者到外省务工，以雅中－江西特高压直流工程贵州台江段为例，根据国家有关政策，上海送变电已在台江缴纳工程税款超百万元。现场项目部聘用30名当地居民从事后勤、运输等非专业技术工种，增加贫困县就业岗位，在农闲时段参与特高压工程建设的台江居民实现人均增收5000元。据统计，曾参与的施工大多数居民在贵州工程后，加入到了当地的施工队伍中，少部分居民在自愿的情况下加入了上海送变电的施工队伍，征战下一个特高压工程，不仅实现了技术务工增加了收入，也不用面临以往务农时的"看天吃饭"，收入逐渐稳定。

（二）经济效益

通过当前和长远的结合，有效处理好投入与产出的关系，达到投资效益最大化。上海送变电通过实施乡村地区乡村振兴公益项目，切实推动了效益的提升，有效改善了"建设垃圾处理难、工程建设人力少、建设工作理解低、原料采购成本高"的工程四大难题。例如在工程沿途立塔过程中，涉及占用农田、青苗等行为，通过公益为抓手，通过当地政府与失地农民更好地沟通交流，除去包括土地赔偿费、青苗和附着物赔偿费、安置补贴费等常规补偿，让他们意识到工程是建设家园、振兴乡村的必经之路，看到后续发展建设的优势，从而取得谅解。通过公益项目实施，搭建起了与相关方的"心桥"，也进一步加快了上海送变电电网建设的步伐。

以2022年白鹤滩—浙江±800千伏特高压直流输电线路工程（川2标段）所处地雷波县金沙镇为例，雷波县作为脐橙核心产区，由于近期成都地区疫情严峻态势，主要销售渠道受限，部分果农更是由于家中劳动力不足，雷波脐橙面临滞销困境。为此，上海送变电开展爱心助农采摘活动，并依托"采购直通车"，计划组织各生产基地累计采购当地农副产品，累计采购脐橙5吨，共计7万余元，并为该村寻找直播带货等新形式拓展销售渠道，帮助地区农户解决农产品销售难问题，助力乡村振兴。

（三）推广价值

"点亮工程"项目，不仅将成为上海送变电的一张名片，也成为了国网上海电力公司的一个品牌。从中国的第一盏电灯在上海点亮到"点亮工程"为全国点亮乡村振兴之路，通过社会责任根植项目的实施，公司感受到"品牌"给企业和社会带来的增量价值，让特高压建设这样一个专业工作融入了"人情味"以及"趣味性"。

上海送变电公司正在南昌市境内承建的武汉至南昌双回1000千伏特高压输电线路工程（赣4标）。象山镇位于赣江西岸，地貌为低丘和平原，人口3万余人，耕地面积约5.5万余亩。2022年7月起，象山镇出现较为严重的旱情，尤其是距离主水渠较远长征村灾情更为严重。上海送变电武南线（赣4标）项目部在开展前期复测工作的过程中了解到该村的这一情况，发挥专业优势，按照《水文地质施工规范》要求，在施工间隙利用施工机械旋挖转机免费为长征村村民开钻两口水井，可以解决近200亩农田的灌溉问题。

五、工作展望

下阶段，上海送变电将突出发挥自身优势，主动与政府、用户沟通，寻求合作，整合资源，让利益相关方在项目开展的前、中、后期都能积极参与进来，真正实现了共赢。"特高压建到哪里，扶贫开展到哪里"模式得到各相关方的普遍认可，提升在社会上的形象。

（一）追因溯源：特高压配套社会责任工作努力做到因地制宜、量身定制

社会责任理念引入后，上海送变电根据每个特高压建设地区的产业结构、地域特性和生产生活等特点，从解决施工难题入手，结合适应各地区多元化发展需要的、个性化的方案，确保乡村振兴工作开展确实做到当地政府、村民心里去，使方案体现区域差异性和社会经济发展多样性。

（二）着眼长远：方案主动落实可持续发展要求，形成具有复制性的服务模式

电力施工企业在特高压工程建设中，要全面考虑工程建设安全、环保、生态等因素，同样要充分评估、分析和预防工作中可能出现的问题，如何坚决守住脱贫攻坚成果，做好巩固拓展脱贫攻坚成果同乡村振兴有效衔接，工作不留空档，全面推进乡村振兴任务，必须发挥好特高压配套社会责任工作的普惠性、根本性作用。"特高压工程项目部乡村振兴服务模式"可应用于公司在建各特高压项目，按照当地乡村"缺什么补什么"的原则，根据对象的发展需求及时开展针对性帮扶。

（三）多方合作：过程积极推动利益相关方参与

上海送变电在特高压建设区域开展社会责任工作过程中，将重视加强与乡镇政府、居民等利益相关方的沟通协调，以乡镇为单位，统筹分析目前乡村振兴情况存在问题，将特高压建设和社会责任工作，直接纳入区域经济发展规划。社会责任工作应充分考虑施工配套方式和用户诉求，主动邀请关键利益相关方参与特高压建设，保证各方的知情权、监督权、参与权。

电力赋能，责任担当，服务送向田间地头

内蒙古电力（集团）有限责任公司乌兰察布供电公司

一、单位简介

内蒙古电力（集团）有限责任公司乌兰察布供电公司（以下简称"乌兰察布供电公司"）是内蒙古电力（集团）有限责任公司直属国有特大型供电企业，担负着乌兰察布地区 5.5 万千米^2 内 11 个旗县市区和锡盟部分地区 122.57 万户居民生活电力供应任务。截至 2022 年，公司资产总额 99.25 亿元，共有本部统设职能部门 9 个、专设职能部门 7 个、本部内设机构 5 个、供电分支机构 12 个、专业生产机构 9 个、营销服务机构 4 个、其他机构 6 个，员工总人数 4130 人。电网运行 500 千伏变电站 7 座，220 千伏变电站 28 座，110 千伏及以下变电站 164 座；110 千伏及以上输电线路 6057.428 千米。近年来，在集团公司坚强领导和乌兰察布市经济社会高质量发展带动下，公司售电量始终保持高速增长，2022 年售电量完成 532.81 亿千瓦·时，连续 8 年领跑蒙西电网供电单位，为地方经济社会发展做出巨大贡献的同时，也赢得了社会各界的广泛认可。公司将坚定不移走"生态优先、绿色发展"的高质量发展新路子，以做大做强电网、服务地方经济社会发展为目标，为全力助推地方经济高质量发展作出新的更大贡献。

二、案例背景

电网企业作为农村经济社会发展的重要支撑，对电力服务质量开展持续优化至关重要。优化农村电力服务质量有利于优化农业产业、维护乡村环境、提高乡村经济、增强乡村用电安全性，更有利于中国式现代化、乡村振兴战略、新农村建设的全面开展。为此，乌兰察布供电公司积极探索"智能电网 + 乡村振兴"模式，聚焦乡村振兴进程中群众"急难愁盼"的问题，通过加快构建新型电力系统、持续优化乡村用电营商环境、支持乡村特色产业发展壮大等一系列措施，着力建立安全、可靠、智能、绿色的乡村电网，为实现乡村振兴计划奠定坚实电力保障。

三、实施路径

（一）春耕生产保护航

乌兰察布供电公司察右中旗铁沙盖镇供电所内一派忙碌景象，不少农户前来缴纳春耕电费，工作

人员耐心详细地讲解缴费步骤以及用电安全知识。与此同时，察右中旗铁沙盖镇供电所的党员服务队来到田间地头，深入了解农户需求、宣传用电知识，并检查农耕配电线路、机井等，及时消除用电隐患和缺陷，打通供电服务最后一公里。

每年供电所的工作人员都会对辖区内用于农业生产的农灌变压器、综合变压器及线路进行巡视排查，切实做到春耕生产期间电力供应充足，让村民用上放心电、不误农时。

为确保春耕供电服务无隐患、无疏漏，察右中旗铁沙盖镇供电所积极组织辖区的农村供电设备进行春季检修，特别是对春灌路线和用电设施进行重点检查和维护。他们不光走村串户为辖区居民排查用电设备的安全情况，还会深入田间地头，检查春灌农排线路，将安全隐患及时消除到位，现场解决问题。对危及安全的供电线路和缺陷配电台区进行及时整改和消除，以良好的电网运行状态确保春耕生产。

（二）"流动课堂"进田间

乌兰察布供电公司察右前旗供电公司土镇供电所党员服务队主动深入田间地头检查灌溉用电设备，村民刘大哥对志愿者的行为连连称赞。

该公司党员志愿者带着工具包、安全用电宣传单深入田间地头对春耕生产用电线路及灌溉用电设备进行巡查和维护。巡查过程中，队员们力争做到全面检查、不留死角。针对发现的安全隐患，及时进行整改。同时，队员现场帮助村民解决春耕生产中碰到的用电问题。为进一步提高村民安全用电意识，该公司党员志愿者为正在田地干活的村民现场分发安全用电宣传单。队员们为村民讲解安全用电知识的同时结合农用设备使用方法，向农民讲解防止私拉乱接、浇灌设施用电等知识。

（三）"羊"帆起航助养殖

在四子王旗忽鸡图乡麻黄洼村一排宽敞明亮的新羊舍内，乌兰察布供电公司四子王供电分公司党员服务队成员段亮亮正对接羔保育房的用电线路及设备展开拉网式检查，确保养羊户用电无忧。

麻黄洼村是四子王旗乡村振兴示范村，全面贯彻"生态优先、绿色发展"的高质量发展理念，走以种促养、以养促调、种养结合的路子，建起了麻黄洼村杜蒙肉羊育种联合体标准化繁育小区。小区占地面积128亩，规划建设高标准羊舍36座，每座均配套储草棚、青储窖、接羔保育房、储粪池、加工机械等基础设施，建设小型有机肥加工厂一处，集中回收农户羊粪生产有机肥，实现人居与牲畜饲养分开、生产区与生活区分离。

为消除肉羊育种户的用电后顾之忧，四子王供电公司定期安排人员上门开展用电检查，帮助接羔保育房检查开关、排气扇、温控器等用电设备，及时排除安全隐患。随着天气渐冷，雨雪加多，电气设施使用操作不当容易影响设备的运行，段亮亮现场向养殖户讲解安全用电常识、排气扇保养方法及出现用电故障时的应急处置办法，让村民真正做到"羊"帆起航，保障养殖用电安全放心。

（四）民生为本搭"桥梁"

在乌兰察布宏福四季番茄小镇，乌兰察布供电公司的党员服务队正在紧张有序地为种植基地通电做最后的调试。从申请报装到全线通电，仅仅用了 5 天时间。为持续推进乡村振兴，让脱贫基础更加稳固、成效更可持续，2020 年 9 月，在京蒙帮扶政策的指引下，乌兰察布宏福农业产业园（当地人称为"四季番茄小镇"）顺利奠基，并于 2021 年初建设，围绕"小番茄"写好"大文章"，为全面深化京蒙协作探索产业振兴新路径。而乌兰察布供电分公司则担负起保障园区电力供应的重任。在克服疫情防控、迎峰度冬、间隔不足、负荷紧张等困难的情况下，该分公司提前介入，多次对接属地政府，为宏福农业产业园提供"容缺受理"，积极探寻有效临时过渡方案，最大限度减环节、压时限、降成本，推动项目早日落地，按期完成园区 32000 千伏安负荷接带任务。2021 年年底，宏福农业产业园正式开园。这座高 8 米、占地 30 万米^2 的全智能温室，做到了当年建设、当年投产、当年出果，给冬季寒冷的塞外草原带来无限暖意，也为北京新增了一个"大菜篮"。

番茄小镇从落户至今已近一年，乌兰察布供电分公司根据实际情况划分责任片区，组织党员服务队常态化开展温室大棚种植"超前介入"服务，主动走访大棚种植地，对供电线路"把脉问诊"，确保温室大棚四季挂果、果品常年供应。针对棚内由于湿度大、一些用电设备及导线极易老化破损的实际问题，党员服务队缩短巡视周期，加大巡视频率，重点对棚内供电线路、开关、照明取暖、卷帘机及漏电保护装置等进行排查，及时消除安全隐患，并引导园区购置采用防潮、防水的灯具、开关和插座，使用电缆线或护套线作为电源线。同时，立足园区用电需求，为种植户讲解用电注意事项及生产设备用电保养、常见故障处理方法，随时了解农户种植计划和服务建议等。

（五）筑巢引凤强动力

内蒙古骏羊牧业有限责任公司作为内蒙古地区最大的奶山羊牧业公司，2018 年 11 月注册于凉城县，总投资 15 亿元，倾力打造全国乃至世界最大的羊奶产业公司，引领羊奶产业标准。

"以前企业办理用电，要先到供电营业厅，手续多，耗时费心，现在好了，供电师傅们主动上门服务，一次都不用跑就能办妥，供电服务真是越来越贴心了。"内蒙古骏羊牧业有限责任公司永兴镇花家夭行政村养殖场区负责人提起供电服务赞不绝口。"有任何用电需求，请及时联系我们。"乌兰察布供电公司凉城供电分公司党员团青志愿者服务队来到内蒙古骏羊牧业有限责任公司永兴镇花家夭行政村养殖场区，送惠企政策，送供电保障。

这是凉城供电公司不断优化营商环境助力乡村振兴地方经济社会发展的一个侧影。为进一步优化营商环境，凉城供电公司积极构建"便民、提速、保电、建设"服务新模式，全面提升客户"获得电力"满意度。该分局专门制定了重要客户重点企业走访方案，为企业上门办理用电申请、现场勘查、"量身定制"供电方案，推行"网上办、掌上办、指尖办"，提高办电服务效率。该公司下一步持续开展对政府及工业园区的走访工作，第一时间掌握重大企业用电需求，扎实推进增供扩销各项举措，提升重点项目供电服务水平，密切关注已经落地实施的重点项目，力争客户工程提前送电，实现企业增供扩销目标。同时，该公司认真落实电费让利政策，帮助企业降本减负，用全方位服务保障，为支持企业生产、服务地方经济社会发展注入强劲动力，如今安全可靠稳定的电力供应和优质的电力服务成为当地招商引资的一块金字招牌。

四、履责成效

（1）截至 2023 年，乌兰察布供电公司党员服务队共开展春耕生产用电专项检查 98 次，巡视春耕农排线路 152 条。并通过大力推广网上办电及开辟绿色服务窗口，优化业扩报装流程，确保农户春耕生产用电无忧。

（2）截至 2023 年，乌兰察布供电公司四子王供电分公司为麻黄洼村杜蒙肉羊育种联合体繁育小区新装 50 千伏安变压器 2 台，提供各类服务 10 余次，提出整改意见 3 条，帮助排除安全用电隐患 2 处，为肉羊育种提供安全可靠的电力保障。

（3）走进繁育小区，饲料传输带轰轰转动，电气化搅拌机全力运转……36 户养殖户已全部搬迁进入，户均养殖 30 只基础母羊，年育肥羔羊出栏规模可达 6000 只，可实现基础母羊只均收益突破 1000 元、户均增收 2 万元的发展目标。

（4）番茄小镇的快速发展不仅为地区乡村振兴、经济高质量发展注入了强劲动力，更成为当地群众增收致富的"聚宝盆"。目前，宏福农业产业园已解决当地农民就业岗位 300 个，并定期向大家进行技术培训察右前旗各乡镇 200 余村民纷纷进园打工，人均增收 3500 元以上。

（5）骏羊牧业有限责任公司预计在 2025 年左右进入资本市场，涉及全县 7 个乡镇 9 个行政村。内蒙古骏羊牧业有限责任公司种植饲草料、养殖奶山羊、山羊奶加工全部实现电气自动化，总用电容量 4275 千伏安 /18 台

五、工作展望

电力赋能，把服务送向田间地头，让乡村更美丽，耕作养殖业更智能。下阶段，乌兰察布供电公司将继续提升供电服务水平，加强与农户和养殖户间的交流，了解用电需求，助力乡村振兴，激活村集体经济，铺平发家致富路，为乡村共同富裕注入不竭动力。同时，乌兰察布供电公司用心践行"人民电业为人民"的服务宗旨，合力推动党建工作与生产经营全面融合，团结带领全体党员干部职工踔厉奋发、勇毅前行。

"三扶三真"践行央企使命担当，
"五位一体"助推乡村全面振兴

大唐甘肃发电有限公司兰白武新能源事业部

一、单位简介

大唐甘肃发电有限公司组建于 2004 年 6 月，是中国大唐集团公司成立的第一家区域子公司。甘肃公司作为省内最早开发新能源的发电企业之一，风电、水电、光伏项目遍布全省，拥有国家"863 计划"的第一个荒漠化兆瓦级光伏电站，截至 2022 年 10 月，在役总装机 206.48 万千瓦。大唐甘肃发电有限公司兰白武新能源事业部成立于 2021 年 12 月 20 日，设立"一中心，两场站"，分别为景泰运维中心、红沙岗风电场和武威光伏电站，总装机容量 34.25 万千瓦，管理资产总额 18.41 亿元，年上缴税款 3 千余万元。负责大唐甘肃发电有限公司在古浪县西靖镇古山村和七墩台村的乡村振兴帮扶工作。

二、案例背景

西靖镇地处武威城乡融合发展核心区、古浪县生态移民暨易地扶贫搬迁黄花滩项目区，东邻大靖镇、民权乡，南依黄羊川镇，西靠黄花滩镇，北连腾格里沙漠，镇域面积 219 千米 ^{2}。地势南高北低，属干旱丘陵沙漠地带，年平均降雨量 200 毫米左右，无霜期 150 天。2021 年底全镇辖 10 个建制村，101 个村民小组，共 6578 户 26924 人，其中 7 个建档立卡贫困村在册人口 3250 户 14986 人。2013 年底建档立卡人口 2449 户 10920 人，贫困发生率 72.86%，全镇主要致贫原因是产业培育基础薄弱。2014—2019 年，累计脱贫 2485 户 10975 人，2020 年剩余未脱贫 8 户 48 人，贫困发生率下降至 0.32%。2019 年底确定脱贫监测户 209 户 1007 人，边缘户 81 户 367 人。

大唐甘肃发电有限公司帮扶的古山村位于古浪县西靖镇 S308 省道南 1 千米处，是 2006 年由县内山区群众搬迁的移民村。现有 8 个村民小组，383 户，1668 人。耕地面积 7899 亩，其中，水浇地 4826 亩，人均土地 2.9 亩。种植作物以小麦、马铃薯、玉米为主；养殖业以养羊为主。2013 年底全村建档立卡人口 141 户 684 人，贫困发生率 41%，2019 年底建档立卡贫困户 153 户 675 人，剩余 1 户 3 人贫困发生率降至 0.18%，2019 年实现整村脱贫摘帽。2020 年底实现全部贫困户的脱贫。目前"三类户"共 15 户 51 人，其中脱贫不稳定户 7 户 25 人，边缘易致贫户 8 户 26 人。低保户 35 户 110 人，其中一类低保 9 户 20 人，二类低保 11 户 36 人，三类低保 15 户 54 人。分散供养特困户 1 户 1 人，残疾人22人。

三、实施路径

大唐甘肃发电有限公司结合省市县"三变"改革扶贫政策，从2018年开始捐赠帮扶资金51万元，以捐赠的方式入股帮助古山村成立村集体经济众益农牧专业合作社，利用古浪县特有的寒旱生态环境，得天独厚的资源和区域优势，投资建设肉牛养殖基地一处，占地面积300亩，建设标准养殖大棚10座。引进高端西姆塔尔、安克斯、海福特、夏洛莱等肉牛品种，发展肉牛养殖产业。按照"农户自愿，棚圈流转，资金入股，收益分红"的原则，合作社通过入股分红，订单养殖等方式，形成了"公司＋基地＋合作社＋贫困户"的扶贫模式。对无养殖能力和条件的贫困户，采取每户"2000元基础分红＋每年递增"的阶梯式分红方式，分红年限为3年，满3年后根据群众意愿续签分红协议或按程序为农户退股。对具备养殖能力和条件的贫困户，动员其自主入园养殖，贫困户可自主投资，也可由合作社提供担保贷款，养殖周期结束后合作社和农户共同核算成本和收入，养殖效益全部归贫困户所有。大唐甘肃发电有限公司协助严格按照统一管理，统一服务，统一销售的方式，充分发挥企业资金，管理，品牌，技术，市场营销等方面的优势对合作社进行一体化管理。

四、履责成效

大唐甘肃发电有限公司兰白武事业部乡村振兴帮扶工作队始终坚持"三扶三真、五位一体"的大唐特色帮扶体系，充分发挥帮扶村资源优势，不断推进特色产业发展，以强村富民为根本，让特色产业的红利成为群众增收致富的"发动机"。目前，古山村众益农牧专业合作社运营规范，发展良好，已成为镇上的肉牛养殖基地，存栏量超过3000头，吸引了超过5000万的投资，并完成了养殖基地二期建设。合作社探索出了"牛银行"运行模式，优先为贫困户以成本价提供4月龄牛犊，并提供技术服务，鼓励农户依靠自身发展产业，帮助农户获得可支配收入达万元以上。合作社通过入股分红、技术服务等措施带动西靖镇贫困户352户走上了致富路，并带动西靖镇及周边乡镇16个村发展壮大了村集体经济。2019-2022年，合作社为西靖镇10个村发放666.24万元分红资金，每个村集体分红超过66万元，年均分红在16.5万元。村集体经济利用收益的65%通过设置公益岗位等方式重点扶持未脱贫户就近就地就业增加收入，用于村级公益事业建设，15%设立村级文明股，奖励产业发展、社会治理、尊老爱幼等方面涌现出的先进个人和文明家庭。合作社还为22个贫困劳动力提供了就业岗位，人均年收入达3万元左右，让他们过上了稳步增收致富的好日子。切实为巩固拓展脱贫攻坚成果同乡村振兴有效衔接打好了基础做好了保障。

根据合作社发展模式，西靖镇探索推进了"三变"＋羊产业、"三变"＋鸡产业等模式，成立了西靖镇扶贫产业开发有限公司，立足地域资源优势，充分依托独特的自然条件、资源禀赋及产业基础，因地制宜调整产业结构，因村施策推进村集体经济快速发展，依托传统养殖产业，打破"就村抓村"的孤立封闭思维和发展模式，整合财政涉农专项、东西部扶贫协作、世行项目、到户产业扶持、部门帮扶和农户自筹等各类资金 1.37 亿元，建设完成了占地 725 亩，包括肉牛、肉羊、蛋鸡、种鸽繁育基地和饲料加工车间的西靖镇村集体经济产业园，逐步建立百姓增收致富的产业链，助推乡村振兴。

目前，产业园存栏牛 4000 头、羊 1.5 万只、鸡 10 万羽、鸽 4 万羽、年产饲料 1 万吨。2022 年实现经营性收入 577.46 万元。利用村集体经济广泛开展乡村建设和为民办实事，开发公益岗位解决了全镇 580 名弱劳动力就业问题；通过评选表彰奖励最美家庭、优秀学子、最美劳动者等，培养文明社会风气，2021 年以来累计发放奖励资金 202 户 30.2 万元（2022 年表彰优秀学子 83 人 14.9 万元，其中古山村 7 人 1.5 万元）；开展健康西靖、发放暖心煤、免费抽污、乡村绿化美化等行动，持续对"一老一少一困"等人群进行关爱服务，群众幸福感、获得感显著提升。

五、工作展望

聚焦"守底线、抓发展、促振兴"，确保"幸福路上一个都不能少"，健全完善长效机制，全力推动乡村振兴工作取得新成效。当前我国发展不平衡不充分的问题仍然突出，巩固拓展脱贫攻坚成果的任务依然艰巨。对古山村而言，脱贫后的基础还较为薄弱，如果没有产业做支撑，脱贫攻坚成果巩固拓展的难度就很大。新的形势和任务对国有企业帮扶工作提出了新的更高要求。产业兴则乡村兴。加大产业帮扶，是帮助农民群众稳定增收、巩固脱贫攻坚成果的重要方式和重点工作之一，大唐甘肃发电有限公司兰白武事业部要以更有力的举措，汇聚更强大的力量帮助加快发展乡村产业。要坚持多式融合、相互促进，推动农牧业与旅游、生态、文化、科教、商贸、物流深度融合，优化农牧产业结构，调整农畜产品优势品种，完善"牧草种植＋饲草加工＋设施养殖＋畜产品深加工＋冷链物流"等产业链条，探索适宜的产业融合发展模式及路径。随着村集体经济的不断壮大，村党组织的战斗力、凝聚力和号召力越来越强，大唐甘肃发电有限公司兰白武事业部将进一步发挥帮扶村资源优势，持续推进特色产业发展，以强村富民为根本，让特色产业成为村集体经济的"顶梁柱"，为全面实施乡村振兴战略打下坚实的基础。

以树易树促和谐——社会责任根植破解树线矛盾工作创新

国网安徽省电力有限公司

一、单位简介

国网安徽省电力有限公司濉溪县供电公司（以下简称"国网濉溪县供电公司"）成立于2000年12月31日，2015年4月改制为国网安徽省电力有限公司分公司，同年7月升级为国家电网有限公司大型县公司。县域内220千伏变电站5座、110千伏变电站10座、35千伏变电站15座；10千伏公共配电变压器4220台、专用变压器2628台，营业客户51.04万户，户均容量2.46千伏安/户。供电可靠率99.952%，综合电压合格率99.801%。2022年，公司持续保持全国文明单位、全国"安康杯"竞赛优胜单位称号。辖区供电所刘桥中心供电所和韩村中心供电所获评国家电网有限公司同期线损"百强供电所所"，其中刘桥中心供电所同时获评国家电网有限公司工人先锋号。

二、案例背景

濉溪县是典型的平原地区，绿化面积较大，农村地区多种植高大茂盛的杨树，而且随着农村人口外出务工，树木种植面积不断扩大，"树线矛盾"日益突出。尤其是夏季大风雷雨天气的增多，多次造成树木扫线停电事故，给全县居民生活用电和企业生产造成了严重影响。每年因此而引发的电网跳闸停电不计其数，且容易引发人身安全、森林火灾、权益纠纷等各类隐患，既影响用户获得电力感，又危及公共安全。

电力牵涉千家万户，电力设施是电力生产顺利进行的重要载体，是加快经济建设和维护公共安全的重要保障，电力设施的安全事关经济运行安全、社会稳定和人民生命财产安全。"树线矛盾"隐患的存在，严重影响了电网安全和有序用电。

国网濉溪县供电公司针对树障因素导致电力线路故障进行分析，发现原因主要有三方面：

（1）审批周期长。公共树木多是由于管理部门多、处置流程复杂、工作协同困难，清理审批周期长，错过清障最佳时机。据统计属地供电所处理涉及需协调清理的树障，平均清障周期长达55天。

（2）权益沟通难。群众树木易发生权益纠纷，多为沟通不畅，导致清障工作开展困难。

（3）处理方式差。供电公司清理树障，一般采用修剪、砍伐等方式，修剪树木治标不治本，每年工作

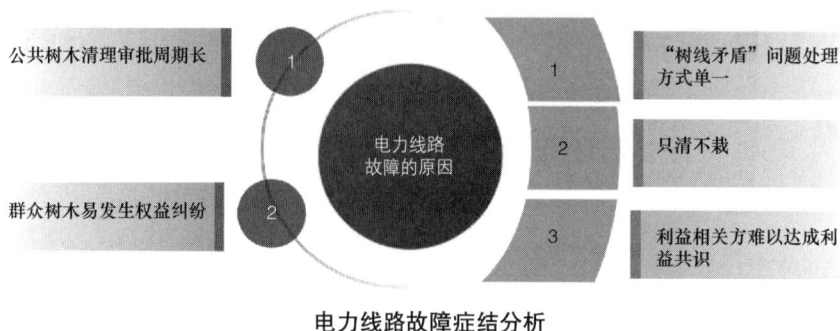

电力线路故障症结分析

量巨大；砍伐方式难以得到林农的支持，林业部门也会因为砍伐林木进行执法，导致清理树障难以进行。

三、实施路径

（一）思路创新

针对"树线矛盾"问题，国网濉溪县供电公司创新思路，与政府（发改委）、林业部门、村委会多部门协作，以在电力线路走廊推行种植经济价值更高的林木，置换影响线路安全运行的高大树木为核心任务，彻底解决"树线矛盾"引发的频繁停电、公共安全等问题，增加农民收入。

1. 新方法，运用社会责任管理工具

充分运用利益相关方沟通、利益相关方参与及合作、责任边界管理等工具，有效解决政策法规难落地、责任边界不清晰、沟通协调不顺畅等树障清理工作中遇到的问题。

2. 新视角，转变观念创新工作方式

引导员工转变以我为中心的工作观念，站在利益相关方的视角考虑和看待问题，关注利益相关方诉求和期望，改变过去单一运用《电力法》《电力设施保护条例》等法律法规约束政策解决问题的方法，通过认真调研分析，找准问题症结，分区域因地制宜，按需施策，创新等价置换、苗木移植等工作方法。

3. 新平台，畅通各方协商沟通渠道

为解决"树线矛盾"问题，国网濉溪县供电公司打破以往"各自为政""孤军奋战"的工作模式，

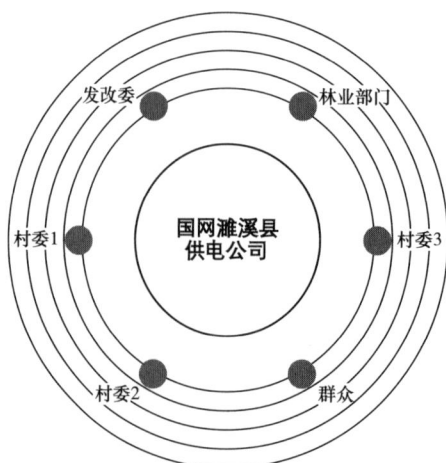

"1+N"协作小组

与林业部门、政府（发改委）和村委等组成"1+N"协作小组，建立"1+N"协作小组微信群，聚合协作队伍、搭建交流沟通平台，形成有效沟通渠道。

（二）实施举措

1. 诉求识别，从孤军奋战到并肩前行

国网濉溪县供电公司在项目开展前期，通过走访、座谈交流等方式，针对"树线矛盾"问题，了解相关利益方诉求和对共同维护电力线路安全运行合作意愿，积极探索保护电力线路安全运行、保障社会安全用电的机制方法，经统计如下表所示：

利益相关方诉求统计表

利益相关方	诉求	成立协作小组意愿
政府（发改委）	完成改善民生相关指标，解决群众关心的难点热点问题，落实企业安全生产	参与
林业部门	严格管理林木采伐，合理规划城市绿带	参与
国网濉溪供电公司	清理威胁电力线路的树木，保障电网安全稳定运行，避免群众触电伤亡	参与
村委	为群众生命财产安全负责，协调群众生活与发展之间的矛盾	配合

基于对利益相关方资源优势及关键诉求的分析，国网濉溪县供电公司联合政府（发改委）、林业部门、村委成立"1+N"协作小组，以国网濉溪县供电公司为"1"，以政府（发改委）、林业部门、村委等公共部门为"N"，制定"树线和谐"相关协商处理工作机制及规范，督促有关部门落实保障社会安全用电的举措，协调处理妨碍社会安全用电的重大问题，促成各利益方达成利益共识。

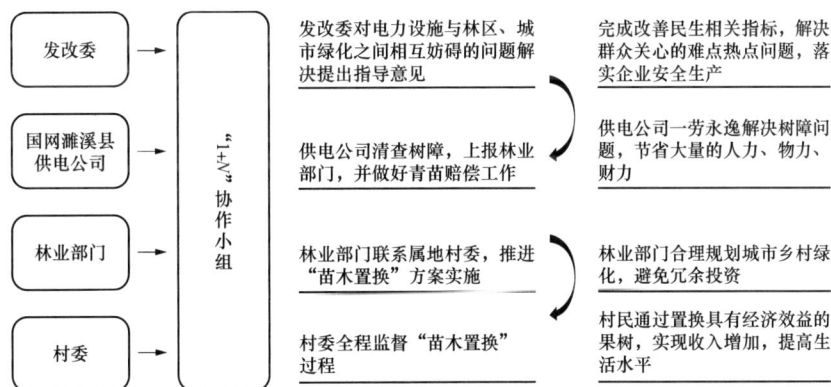

"1+N"协作小组工作流程图

2. 内外结合，从纵向审批到横向推进

（1）多方协作。"1+N"协作小组成员以微信群为联动渠道，各方信息透明共享，发挥资源优势，提供专业意见，为解决"树线矛盾"方案落地贡献力量。政府（发改委）颁布《淮北市解决涉电产权相互妨碍问题的指导意见（试行）》（淮涉电法制保障组〔2022〕2号），对电力设施与林区、城市绿化之间相互妨碍的解决提出指导意见；林业部门联合濉溪县公司实现规划信息共享，避免造成资源浪费

与冗余投资；**属地村委**负责核定树木所有者及数量，为林业部门提供规划思路，并协调解决方案落地工作中与群众发生的利益冲突。

（2）优化审批流程。针对审批周期长这个重大影响因素，领导小组经过商讨，决定将清障流程优化，规定"当月事当月毕"，每月最后一个周的周二开展一次领导小组会议，"电力线路树障紧急消缺报备单"和"树木采伐"在会上进行审批，并确定清障方式、具体分工、清障时间及其他事项，尽力缩短清障周期。对于阻碍清障的外部因素，必要时刻由公安或村委进行协调。

3. 因地制宜，从修剪砍伐到苗木置换

协作小组因地制宜，以可持续发展的工作思路，提出了"苗木置换"方案。将危及线路安全运行的高大树木置换为较高经济效益的矮化苗木。由供电企业承担砍伐林木及高经济苗木（果树）置换的资金，林业部门负责种植技术指导，村两委负责配合协调，村民养护果树并获得成果。

4. 透明共享，从监督要求到价值认同

国网濉溪县供电公司以榴园村为试点，通过村委加强与群众沟通，宣传"苗木置换"方案优势，引导群众思想从"不想种"到"我想种"；借助媒体平台，如人民网、中国能源网、市县主流媒体等对维护电力线路安全进行科普与宣传；充分利用党员服务队、电力营业厅等载体，普及电力设施保护常识，获得更多群众用户的价值认同；公开电力服务电话 6880888，形成"人人都是护线员、人人都是监督者"的树障共清氛围。

5. 科学评估，筑牢地方生态防线

国网濉溪县供电公司积极与林业部门、村委对接，将地方生态保护作为置换工作的前提，在苗木置换前对置换地块进行生态环境状况指数（生态环境指数 =0.25× 生物丰度指数 +0.2× 植被覆盖指数 +0.2× 水网密度指数 +0.2× 土地退化指数 +0.15× 环境质量指数）评估，并在置换后第一年、第二年进行生态环境状况指数复评验收，对于未达到原有生态指数的置换地块，邀请农林专家实地调研，制定可行方案并公示，同时持续跟踪反馈，确保每个地块都达到验收标准，牢固构筑地方生态防线；通过近两年数据分析，得出结论苗木置换不但不会破坏地方生态，还通过激励地方群众置换、种植热情，使地方生态环境状况指数得到提升。

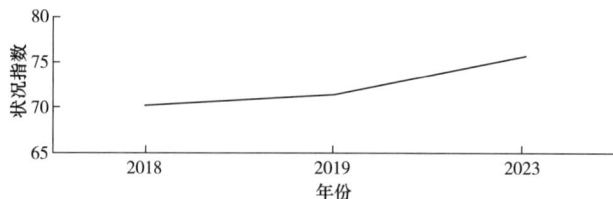

2018—2023 年置换区域生态环境状况指数

四、履责成效

（一）推动地方经济发展，助力乡村振兴

榴园村通过用石榴树置换的方式，扩大了石榴园的种植规模，发展成为中国软籽石榴基地，特色

旅游景点每年吸引游客 50 余万人次，创造经济收益 2000 多万元；双堆村、沈湖村、张圩村 500 户村民实现果树置换 1 万多棵，收获果子 100 万千克，预收益 600 万元（金额由村委提供）。2023 年，国网濉溪县供电公司继续扩大项目成效，在素有濉溪县城区"后花园"的借助党建 + 平台蒙村实施"苗木置换"方案，不仅解决了"树线矛盾"问题，助力蒙村桃园扩大规模，还将桃树果实引进企业食堂，将项目成果转化为实际的经济效益和社会价值，实现项目的可持续发展。置换方式推广后，农民收入也在逐年稳步提升，为乡村振兴全面落实打下坚实的基础。

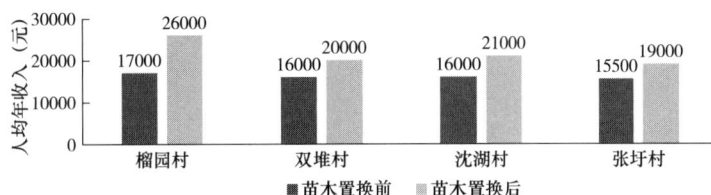

"苗木置换"实施后人均年收入对比图

（二）提高居民"获得感"，降低运维成本

2022 年，濉溪县树障引发停电时长同比降低 27.2%，供电可靠性增长 0.03%。项目还一劳永逸地解决了每年都要实施的树障清理工作，每年节省运维人工、机械费用 2000 元 / 千米，以及大量的青苗赔偿费用。同时，基层班组在巡视维护方面有了更好的视野，大幅提升了工作效率，减轻了基层的负担。

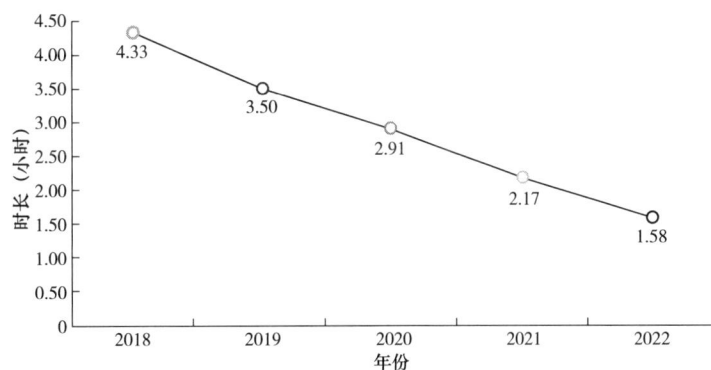

2018—2022 年树障引发停电时长

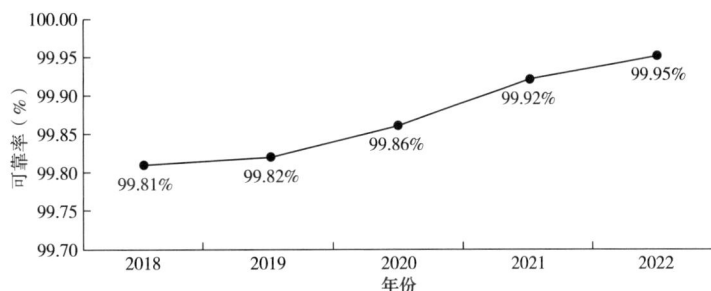

2018—2022 年供电可靠率

（三）联合多方资源协作，实现利益共赢

通过项目实施，实现绿色走廊和电网线路共同规划，有效避免规划局、林业部门及电力部门的冗余投资，也为农民致富开拓了一条新路子。

（四）生态文明落地生根，社会效益明显

榴园村从杂树丛生的小山村变为风景宜人的美好乡村，是解决生态环境保护和经济社会发展的形象表达。项目的实施，带动当地产业链的丰富，增加就业机会2000多个，榴园村青年回乡创业意愿强烈，当地群众生活幸福指数显著提升。

五、工作展望

针对"树线矛盾"问题，国网濉溪县供电公司因地制宜，以可持续发展的工作思路，提出了"苗木置换"方案。在榴园村、双堆村、沈湖村、张圩村试点，该项目通过联合多方资源协作，有效地推动了地方经济发展，创造了巨大的社会效益，检验了项目的有效性。国网濉溪县供电公司在持续推广项目成效的过程中，在蒙村试点中发现借助党建＋平台不仅使项目具备了党建监督功能，还使项目具备了成果保障功能，进一步完善了项目不足之处，使项目的完整性进一步提升。

为进一步推广"苗木置换"项目成效，国网濉溪县供电公司将"苗木置换"项目与"树线矛盾"治理工作深度结合，借助党建＋平台，继续将项目成果转化为实际的经济效益和社会价值，实现项目的可持续发展。

太行山"种"太阳，助力乡村振兴

三峡新能源曲阳发电有限公司

一、单位简介

中国长江三峡集团有限公司（以下简称"三峡集团"）因建设三峡工程而生，成立于 1993 年 9 月，是国务院国资委确定的首批创建世界一流示范企业之一。历经近 30 年持续快速高质量发展，目前集团业务遍布国内 31 个省、自治区、直辖市以及全球 40 多个国家和地区，现已成为全球最大的水电开发运营企业和中国领先的清洁能源集团。三峡集团致力实施清洁能源和长江生态环保"两翼齐飞"，"十四五"时期将基本建成世界一流清洁能源集团和国内领先的生态环保企业。

二、案例背景

党的二十大报告中提出，"全面推进乡村振兴。巩固拓展脱贫攻坚成果，增强脱贫地区和脱贫群众内生发展动力。"成立于 2012 年 11 月的三峡新能源曲阳发电有限公司（以下简称"曲阳公司"）从诞生之日起就同新能源行业的非凡十年牢牢绑定。曲阳县境内干旱少雨、多为荒山荒坡的太行山区，山体主要是石灰岩材质，虽不适宜林木作物生长，却蕴藏着充足的光照资源，曲阳公司在此地深耕细作十年，如今这里连绵起伏、一望无际的山地光伏阵列，一度创下亚洲单体最大的山地光伏项目盛誉，不仅是当地村民口中带着大家奔富路的"阳光银行"，更是将太行山变成"太阳山"的秘密武器。

三、实施路径

（一）"光伏 + 帮扶"助力乡村振兴

从 2012 年曲阳公司成立，2013 年一期项目开始实施产业帮扶、科技帮扶，到 2015 年实现光伏发电产业与精准帮扶紧密结合，再到 2018 年创新开展金融帮扶。曲阳公司已沿着乡村振兴之路走过了 10 个年头，每年帮扶捐助资金达 1020 余万元，帮扶户数高达 3960 户。10 年来，在曲阳公司光伏项目的带动下曲阳县光伏产业异军突起，形成了多点开花的发展局面，荒山里种下的"太阳"，给困难家庭致富找到了新路子，为实现乡村全面振兴贡献力量。

征地补偿撑起老百姓的"钱袋子"。为更好地解决老百姓用钱需求，曲阳公司把项目占地征地补偿（区别于曲阳县其他光伏企业）25 年一次性付清。项目占用土地多为荒山荒地，很多农户反映，荒地的土地利用价值基本为零，自垦地也只能望天收，年收益实际达不到880元。25年用地补偿一次性付清，惠及3个乡镇22个村近2000余户村民，使村民收入大幅增加，鼓了老百姓的钱袋子。

劳务用工解决老百姓的"打工难"。一是项目建设期劳务用工。在工程建设总包单位进场后，曲阳公司督促总包单位在工程施工用工过程中使用当地有劳动能力的困难群众。当地村民参与工程建设的内容包含：打桩、灌桩、支架安装、组件安装、电缆沟开挖、升压站主体施工等，占工程内容总量的70%以上，解决了当地村民外出务工难、讨薪难的现状。村里闲置的女劳动力也上山干活，既照顾了家庭又保障了困难户的经济来源。据不完全统计，曲阳项目工程建设期间，累计为当地增加就业岗位近300个，累计用工近20万人次，人均支付劳务报酬5000多元。二是项目运营期劳务用工。曲阳光伏电站在运营期的劳务用工内容主要为：光伏场区的电池板擦拭、光伏场区割草、场区围栏维护、电站安全巡视防护等。曲阳电站每年至少要进行2次电池板擦拭、2次割草工作、冬季场区防火以及围栏修补等，基本形成了一个全年用工周期，解决了大批当地群众务工问题。

志智双扶变"输血"为"造血"。授人以鱼不如授人以渔，曲阳公司在解决当地群众务工问题的同时不断从中培养有潜质的技术人员，培育出了一大批技术带头人。据统计，光伏电站自建设以来培育各方面技术人才超200人。

曲阳公司利用光伏电站运行和维护的技术优势，组建了志愿服务队，定期对附近7个村级光伏电站和光伏入户的家庭进行光伏知识培训和用电安全宣传，使其掌握必备的日常维护和故障处理方法。2014年，曲阳公司组建了志愿服务队，定期对周边村落屋顶光伏发电设备进行巡检和维修，确保农民利益得到保障。自开展志愿服务以来，志愿服务队完成了公司附近4个村庄屋顶发电设备的18次巡检工作，处理故障设备30余次，为农民及时挽回了经济损失，形成企地和谐共处的良好局面。

资金帮扶捧起老百姓的"聚宝盆"。结合光伏资源开发，曲阳公司积极响应国家乡村振兴战略的重大决策部署，实施资金帮扶。为此，曲阳公司创设性将曲阳4-1期及4-2期光伏项目定位为光伏帮扶项目，帮扶户数1500户，每户每年帮扶资金3000元，连续20年，合计需9000万元帮扶资金。自2018年，曲阳公司、县政府再次创新性提出金融帮扶模式，与银行、政府合作开展金融帮扶，每年再增加帮扶户数1960户。截至2022年，共捐赠帮扶4674万元，帮扶户数高达3960户。在助力曲阳县脱贫攻坚与乡村振兴工作有效衔接的同时，曲阳公司聚焦教育帮扶，在当地开展金秋助学项目，累计向曲阳县教育和体育局捐赠20.92万元，助力曲阳县学子完成学业，实现大学梦。

（二）清洁能源助力地方绿色发展

曲阳公司聚焦"双碳"目标，秉承发展与保护相协调的理念，兼顾经济效益和社会效益，积极融入当地政府发展战略，实现与当地和谐共存。曲阳光伏项目的落地，加速了地方"四万一千"工程的实施，为扎实稳步推进乡村振兴工作奠定了基础的同时，曲阳公司严格落实环境政策，作为清洁、绿色能源改变了高耗能、高污染的格局，促进了节能减排，为环境保护做出新的贡献。曲阳公司200兆瓦的装机规模，平均每年可向当地提供约2.6亿千瓦·时绿色电能，每年可减少氮氧化合物3900吨、减少二氧化硫排放7800吨、减少碳粉尘排放7.1万吨、减少二氧化碳排放量25.9万吨、可节约标煤9.4万吨。逐步转变了曲阳县以水泥、化工、石材、雕刻为主的产业结构，对于县域能源结构的转型，构建"资源节约型、环境友好型"社会具有重要意义。

（三）创新应用引领高质量发展

曲阳公司自 2012 年成立起，已滚动开发建设了 7 期项目，总装机 20 万千瓦，累计投资超过 13 亿元，是当时全国乃至亚洲单体最大的山地光伏电站之一。自成立以来，曲阳公司坚持以工艺创新、设备创新、材料创新和应用创新带动工程高质量快速推进，有效提高设备发电效率和运维效率，降低了安全风险，实现高质量发展。

实现工艺创新。针对山地光伏大坡度建设的难题，曲阳公司先后创新探索了山地钢梁幕墙式、山地快速锚栓式、山地微孔浅井式以及山地装机牵式等 30°~75° 大坡度施工方案，效果显著，在国内山地光伏建设中被广泛应用。

实现设备创新。2013 年之前，国内大部分的光伏逆变器都是采用集中式逆变器。集中式逆变器在建设、运营过程中面临着施工、失配、安全和运维等诸多挑战。为解决山地集中式光伏电站的应用问题，曲阳项目联合华为公司首次创新引入 28K 组串式逆变器。经多年的数据统计，组串式逆变器较集中式逆变器的发电效率高出 4.11%，优势比较明显。

实现材料创新。在曲阳二期项目，创新采用了 GFRP 新型材料。这种新材料比传统钢材具有明显的成本优势，且材料的耐腐蚀、抗老化、绝缘性、绝热性均非常理想。经过现场近 10 年的自然条件下的运行试验，GFRP 新型材料强度仅降低 5.54%，优于普通钢材。

实现应用创新。为切实提高运维效率，降低生产成本。曲阳公司探索了水峪齐村区域小型集控，实现了水峪电站少人值守。依托承试四级资质，自主开展预防性试验和安全工器具检测，积极响应区域自主检修。创新应用无人机开展架空线路和光伏组件精准巡检，实现了从"人工车巡"向"自主机巡"的突破。建立了山地光伏智能清扫试验区，加装智能清扫、环境监测和灰尘度对比系统。

同时，在运维过程中积极开展"五小"、QC 和专利申报等创新活动，并取得了丰硕成果。研制了更换光伏组件专用攀登梯、汇流箱无线通信改造、逆变器交流电容改造、SVG 防潮变频改造和直流电缆高阻燃改造等为企业节能增效和安全生产奠定了坚实基础。2 项 QC 课题荣获电力行业创新荣誉成果一、二等奖，申报实用新型专利 3 项，发表期刊论文 10 余篇。关于组串式逆变器应用的总结报告获得三峡能源 2021 年度科技创新成果优秀奖。2021 年获得"河北省科技型中小企业"称号。

四、履责成效

曲阳明星品牌实现大效应。在曲阳公司光伏项目带动下曲阳县光伏产业异军突起，短短几年的时间把太行山变成能发电的"太阳山"，照亮了山区群众致富路。同时，曲阳公司积极践行央企社会责任和山地光伏建设创新理念也获得了国家、省市各级政府及集团公司的肯定与支持。2014 年 5 月，国务院办公厅秘书二局到曲阳公司调研，并撰写《关于河北曲阳县地面光伏电站项目的调研与思考》的专题报告，得到了国务院主要领导的高度关注和亲自批示。中央电视台系列频道及省市各大媒体多次宣传报道曲阳公司山地光伏发展模式。2019 年曲阳公司荣获国资委及人社部"中央企业先进集体"荣誉称号；2021 年曲阳公司入选河北省脱贫攻坚先进集体拟表彰对象；2021 年曲阳公司 4-1 期 30 兆瓦"金融 + 光伏"帮扶新模式被收录为电力企业社会责任优秀案例；2022 年获得"河北省职业健康企业"称号；2023 年获得中国电力设备管理协会标杆工程项目。

五、工作展望

"头顶太阳帽、山间林果绕、山下鱼儿跳"已成为企地共建的榜样，太行山沟里的"光伏 +"正在被多渠道探索、多路径推广。"艰苦创业、攻坚克难、因地制宜、求变创新、积极上进、开拓进取"，在二十四字曲阳精神的引领下，三峡集团三峡能源曲阳公司继续保持顺势而为、主动作为、奋发有为的拼劲与干劲，全面贯彻党的二十大精神，为绿色生活赋能，不断践行"在保护中发展、在发展中保护，更好造福人民"的使命，服务"奋进两翼齐飞，创建世界一流"的愿景，为全面建成社会主义现代化强国贡献新能源人的力量！

"大"党建引领聚合力，"小"山村蝶变换新颜

中国水利水电第八工程局有限公司

一、单位简介

中国水利水电第八工程局有限公司（以下简称"水电八局"）组建于1952年，总部位于湖南省长沙市，是世界500强企业——中国电力建设股份有限公司旗下的重要骨干子企业，拥有水利水电工程、建筑工程、市政公用工程施工总承包及中国钢结构制造企业特级资质，具有设计、施工、科研、制造、安装以及投融资一体的全产业链服务综合性优势，可承接建筑、公路、铁路、市政公用、港口与航道、水利水电、矿山、冶金、石油化工、电力各类别工程的施工总承包、工程总承包和项目管理业务。

二、案例背景

乡村振兴是党中央、国务院加快农村现代化建设的重要举措。2021年5月7日，中国水电八局乡村振兴工作队按照湖南省委组织部统一部署，进驻湖南省湘西州泸溪县兴隆场镇五里坪村，正式开启乡村振兴驻村帮扶，坚持"学理论、强组织、固成果、兴产业、美村庄、共治理、育人才、优服务"，围绕乡村产业振兴、人才振兴、文化振兴、生态振兴、组织振兴，帮助推动五里坪村乡村振兴各项工作全面落实落地。

三、实施路径

习近平总书记在党的二十大报告强调，坚持农业农村优先发展，对全面推进乡村振兴作出重要部署，提出加快建设农业强国，明确了新时代新征程上推进农业农村现代化的重大任务，为我们走好新时代乡村振兴路指明了方向、提供了遵循。

水电八局深入贯彻落实党的二十大精神，选派驻村帮扶工作队入驻泸溪县兴隆场镇五里坪村，在巩固拓展脱贫攻坚成果的基础上，通过开展产业发展、消费帮扶、扶危助困等多种形式，积极参与和推动当地乡村振兴战略，并持续加大帮扶力度、广度和深度，用扎实的工作成效践行了中央企业的初心与使命。

"感谢党和政府的好政策，让咱们的日子越过越滋润"

"感谢你们水电八局的帮扶，村里的路通业兴人富了，和以前大不一样哩！"五里坪村的村干部、

群众纷纷发出感慨。

五里坪村位于泸溪县西南部，全县最高峰巴斗山下，距县城 68 千米，离兴隆场镇约 2 千米。过去，由于其公共基础设施薄弱、内外交通不便，且农业经济支柱型产业发展较差，导致了大部分青年选择外出务工，劳动力大量流失，留守村里的大部分是老人和小孩，人均收入不高，属于当地乡村振兴驻村帮扶重点对象。

水电八局积极响应乡村振兴政策号召，立即选派驻村帮扶工作队入场。帮扶过程中，始终坚持党建引领，主动探索"党建+"发展模式，把基层党建深度融入乡村振兴全过程体系，融入各项发展任务。

——"党建+班子队伍建设"，夯实基层组织堡垒。结合实际，工作队通过贯彻民主集中制、协调村支两委关系，指导村支两委相互关心、并公平对待全体村民等方法来凝聚人心，共谋发展，充分激发了村干部谋事干事能力；通过不断引导和指导，村干部渐渐从原来的"不想干、不会干、干不好"转变到现在的"主动干、争着干、不计较个人得失地干"，班子的凝聚力和战斗力不断加强。

——"党建+基础设施建设"，夯实乡村建设基础。队员积极对接上级部门，投入约 350 万元新建一栋占地面积 1000 米² 以上、使用面积达 600 米² 的党群服务中心；累计加固整治护坡 3800 多米，完成四条进村组公路项目的提质改造；安装完成 180 多盏太阳能路灯，水、电、路、网基础设施日趋完善。水电八局扎扎实实地给群众办实事，老百姓踏踏实实地享受看得见、摸得着的实惠，夯实了新农村建设基础。

——"党建+特色产业发展"，激活乡村造血能力。工作队在上级政府的支持，村支两委的协助下，先后对 3000 多亩低产茶林进行改造，建成安装 20 栋烤烟房和 1 栋烘干房；改厕 40 余座，清理菜园围挡 4000 余米，清理乱堆乱放 5000 余米²；新建景观墙 1236 米，修建人饮水池 2 座，清理疏通垮塌道路 15 处，清理河道 2 条 150 余米；打造完成富硒水稻种植基地、高标准烤烟种植示范样板田、玻璃椒种植基地、油茶种植基地等，村民可以按时节种植相对应的农产品，不让土地"闲下来"，致力让群众的口袋"鼓起来"，激活新时代乡村造血致富能力。

现如今，五里坪村可谓是大不一样，村庄变美了、农民变富了、设施完善了，实现了从"发展不畅"的小山村到"富足美善"的新村庄的华丽蜕变。

四、履责成效

——因地制宜"谋"发展，扩大特色产业规模。"五里坪村环境优美，物产资源丰富，如果这些资源能够顺利'变现'，当地就不愁产业，群众就业也就有了保障。"工作队队长夏冠文说道。

产业兴旺是乡村发展致富的关键环节，水电八局聚焦产业强链，紧盯产业帮扶方向，真正做到让一方水土富一方百姓。水电八局因地制宜，结合村内实际，重点打造完成了富硒水稻种植基地、高标准烤烟种植示范样板田、玻璃椒种植基地、油茶种植基地，让以往老百姓发愁的"望天收"，变成了锡瓦河畔的"米粮川"，无人问津的"老茶林"，变成了巴斗山上的"大油田"。

在发展规模的同时，积极壮大村劳务收入。工作队协同村支两委采取奖补措施、技术培训等手段带动当地劳务收入，充分地调动了烟农积极性，鼓励烟农通过村劳务公司雇佣在家的老人、妇女等半劳力务工，每年村劳务公司收入可达 10 万元以上，极大地鼓舞了村支两委的信心。

——因地制宜，整合特色产业收益。要想富，先修路，首当其冲就是要解决交通问题。水电八局投建完成四条进村组公路提质改造工程，有效解决了农产品外运问题，惠及当地约 2400 名群众。

按照"工作队主导、村两委组织、全村合力发展"的思路，持续巩固脱贫成效，促进产业健康发展，带动村民增收致富，工作队开展消费帮扶，发动村支两委、党员干部，上门收取村民的腊肉、辣椒、大米、菜油等土特产，进行加工和包装后销给我们的机关员工，当年仅消费帮扶一项销售达 126 万元，净利润 39 万元；成功组织开展了直播带货、"文艺大篷车消费帮扶巡展"、消费帮扶进村入户等活动，广泛吸引社会力量帮扶群众，解决农产品销售难问题，让五里坪村群众的钱袋子越来越鼓，日子越过越红火，良好的经济环境又慢慢吸引了在外打工的年轻人回乡创业。

"以前外出打工，一年到头攒不下几个钱，现在水电八局来了，家乡发展迅速，我在家种烟叶进行销售，一年能挣 20 多万呢。"回乡创业青年梁一谷热情地说道，他靠着勤劳的双手，已经成为村里的种烟大户，每年发放给当地村民的务工费也在 15 万元以上，像这样的缩影在五里坪村还有很多很多……

一项项实实在在工作的落实，使五里坪村村民真切感受到了乡村的变化、身边人和事的变化。水电八局驻村帮扶工作队和村支两委像吸铁石一样把村民群众紧紧联系在一起，坚定跟党走的决心和信心，村民们切身感受到日子越过越有奔头。

五、工作展望

2023 年是深入推进乡村振兴战略实施的关键之年，产业兴旺是乡村振兴的经济基础，水电八局工作队将采取多种措施，确保老百姓收入稳定增加，村集体经济持续增长。

一是结合五里坪村土地实际，持续提高土地集约化、规模化、机械化程度，让传统农业走向现代化农业，在确保"粮田"变"良田"的同时，更进一步抓好"烟稻连种"，打造烟叶种植示范点，保障五里坪传统经济作物与粮食作物共同发展，实现一田双收，充分激活农村资源，促进乡村振兴，带动全村村民增收致富。

二是投入适当的产业发展基金，支持村民发展烟叶、辣椒、大米等特色优势产业，鼓励、培养专业合作社、家庭农场、种养大户及想干事、能干事的村民以及回乡发展的农户走产业致富之路，对其进行产业扶持、技术培训，紧紧围绕"留得住人、引得来人、旺得起人"来培养打造一支有文化、懂技术、会经营、善管理的乡村创业人才队伍，解决他们在产业发展中遇到的难题，鼓励其立足脚下土地，成为产业致富的领头人。

三是加强土地流转，壮大村级集体经济。由村部牵头开垦村民的荒田荒地，统一进行精耕、培管，鼓励有能力的村民进行土地流转或由村部统一经营；加强扶贫资产的管理与利用，按照市场经济规律和要求，进行有偿服务，有计划地壮大村集体经济；引导有能力的村民开展辣椒、大米等农产品加工，设法提高农产品的附加值，有计划地发展第二、第三产业。

"犯其至难而图其至远"，乡村振兴驻村帮扶工作是起点，但绝不会是终点，水电八局将一如既往，紧握奋斗之桨、高扬实干之帆，以坚如磐石的信心、坚韧不拔的毅力，不断巩固拓展脱贫攻坚成果，跑出乡村振兴新征程的加速度，以担当和实力绘就乡村好诗篇。

引水思田——社会责任根植电力服务引黄灌溉通电工作创新

国网河南省电力公司

一、单位简介

国网河南省电力公司滑县供电公司（以下简称"国网滑县供电公司"）属国家中一型供电企业，于2016年11月完成"子改分"工作，成为国网河南省电力公司分公司。公司内设机构13个，下辖20个供电所，供电服务面积达1814千米²，服务电力客户72万户。近年来，公司先后荣获"全国敬老文明号""河南省社会主义核心价值观建设示范点""河南省文明单位标兵""国家电网有限公司文明单位""国网河南省电力公司先进集体""安阳市五一劳动奖状"等荣誉称号。

二、案例背景

河南滑县地处华北平原，被誉为"中国小麦第一县""豫北粮仓"，现有耕地195万亩，粮食生产灌溉水源以地下水为主。近年来由于地下水位下降、采补失调，滑县加快"引黄补源"工程建设，大功、人民胜利渠、桑村3个引黄灌区河渠沿线50余万亩农田季节性实现河水灌溉。

随着"引黄补源"工程的实施，河水灌溉也面临着以下三点问题：一是配套设施不齐全。政府部门兴建水利工程时没有考虑配套电力设施，导致水渠附近没有规划抽水用的电源，大部分群众采用拖拉机带动水泵方式浇地，费时费力费钱。二是用电安全无保障。部分距离电源点较近的田地，老百姓私自接电到水渠边，其电力线路属临时架设，电线安全标准较低、接头裸露、线号粗细不一，存在人身和设备双重安全隐患。三是建设资金没着落。群众高度认可电灌模式，但是由于引黄灌溉是季节性

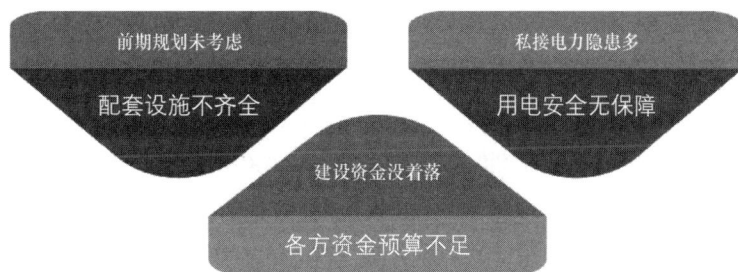

问题分析

灌溉，水利部门、农业部门、乡镇政府及村委、供电部门都没有相应电力设施建设的资金预算，老百姓个人投资意愿不强烈。因此，传统的拖拉机灌溉模式重登舞台，与高标准粮田建设要求格格不入。

对此，国网滑县供电公司联合滑县政府部门和乡政府共同推进解决引黄灌溉通电问题。

三、实施路径

为确保"引黄补源"工程发挥出最大效益，同时消除群众私自接电灌溉存在的安全隐患，保障粮食生产稳产高产，国网滑县供电公司通过顶层设计重塑服务格局，创新构建"引黄灌溉"管理模式，对内，开展引黄河渠周边 500 米（400 伏供电半径为 500 米）内配变台区排查，建立全口径台账，更好规划出引黄灌溉最佳取电点。对外，联合水利、农业、乡镇政府、村委、群众等利益相关方，搭建沟通交流平台，让各方现有资源配置实现最大化最优化，共同探索解决引黄灌溉用电问题的新路径，让黄河水流入老百姓"心田"。

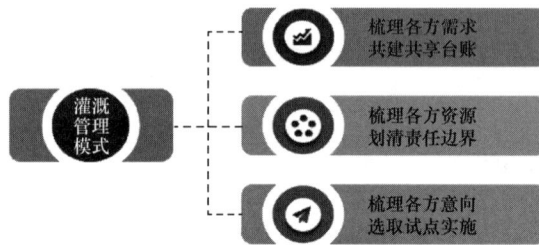

"引黄灌溉"思路创新

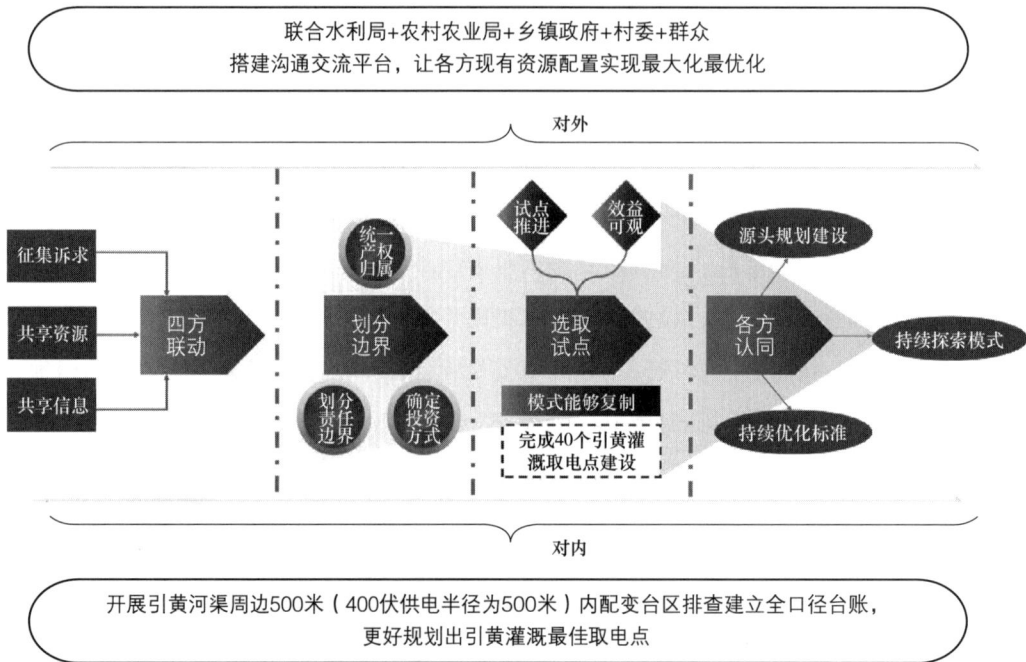

引黄灌溉"定制式"实施框架图

（一）"四方联动"建立信息共享平台

国网滑县供电公司联合县水利局、县农业农村局、桑村乡政府人员组成引黄电灌"四方"联合工作小组，围绕保障农民群众引黄灌溉用电的工作目标，分别安排专人负责，制定了详细的工作计划。

一是征集各方诉求。由桑村乡政府牵头在沿河的 10 个村庄发放 500 份调查问卷，找准项目推进过程中的困难点、各方诉求和优势，找到工作推进的关键点。

核心利益相关方诉求、资源优势及存在问题分析表

利益相关方	主要诉求	资源优势	存在问题
桑村乡政府	● 水利工程、农业生产、电网建设等发展相协调，兼顾安全生产	● 提供政策支持，统筹协调各方利益	● 缺少电灌设备，缺少专项资金
供电公司	● 安全用电，减少违章用电给人身和电网设备带来的伤害	● 电网分布广，可调动资源量大，掌握技术标准	● 目前电灌存在私拉乱扯现象，安全隐患大
水利局	● 提高引黄水源的利用率，遏制地下水位下降	● 掌握信息比较全面，有部分电力设备资源	● 灌溉形式落后，资源利用率低
农村农业局	● 加快高标准良田建设、提高粮食生产机械化自动化水平	● 掌握信息比较全面，持续有资金投入	● 目前农业生产模式落后，与要求不相符
村委、村民	● 灌溉省时、省力、省钱	● 可以联合投资	● 对电源点不清楚，缺乏符合技术标准的电力线缆

二是共享各方资源。"四方"联合工作小组将桑村乡 10 千伏线路位置分布图、引黄灌溉工程水渠分布详图、农田分布区域图、沿渠电力需求图统一整合，建立"一图两台账"。

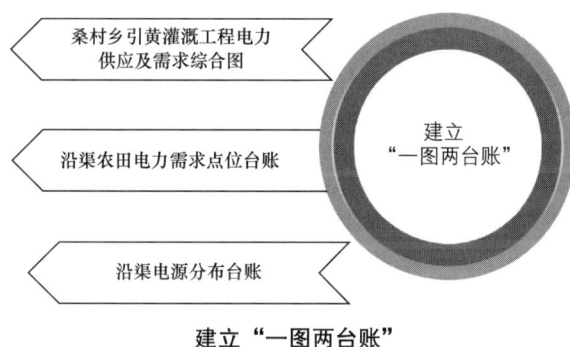

建立"一图两台账"

三是共享各方信息。建立信息共享及实时更新制度，联合工作小组及相关村委、村民可以随时申请查阅使用相关资料，为各方工作开展提供便利和可靠的支撑。

（二）"划分边界"明晰各方责任义务

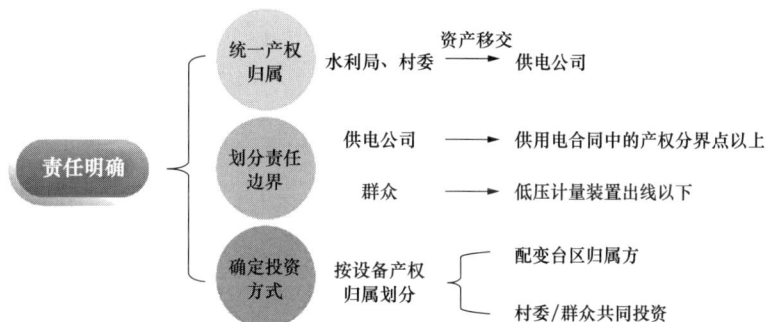

明确各方责任

● 一是统一产权归属。根据沿渠电源分布台账，对桑村乡21台配变台区产权归属进行了统一。通过加装计量装置、开关设备改造等方式，实现了为附近群众提供灌溉用电的条件。

● 二是划分责任边界。为便于后期管理，供电公司与群众划分产权分界，通过边界划分，明确了各方责任义务。

供电公司
低压计量装置及以上设备、产权、投资及运维责任

产权分界

群众
低压计量装置出线以下设备，包括低压电缆、开关、漏电保护器、水泵等，产权、投资及运维责任

产权分界

● 三是确定投资方式。经过调研，大部分村委和群众反馈采用"村委村民联合投资"方式，即产权和使用权共同所有。

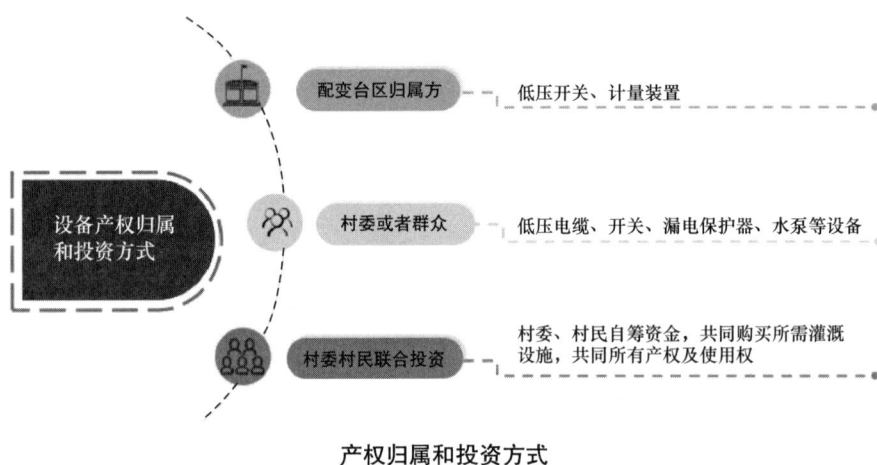

设备产权归属和投资方式

配变台区归属方 —— 低压开关、计量装置

村委或者群众 —— 低压电缆、开关、漏电保护器、水泵等设备

村委村民联合投资 —— 村委、村民自筹资金，共同购买所需灌溉设施，共同所有产权及使用权

产权归属和投资方式

（三）"选取试点"推进创新模式落地

● 一是选取试点推进。"四方"联合工作小组对沿河村庄进行走访调研，采纳桑村乡政府建议，决定选取投资意愿较大的桑村乡陈大召村作为试点推进。陈大召村沿河配变台区有1台，供电公司及村委按照责任边界对资产进行改造，预留出低压接线口。陈大召村村委按照耕地分布，组织陈庆然、陈秋保、张喜云等6户村民进行协商，共同出资1200元购置两套符合安全技术标准的低压线缆、开关、漏电保护器等设备，加上现有的水泵、水带，完全具备了电灌条件。供电公司安排工作人员对村民进行了安全用电培训，村民掌握了接线、铺设电缆等基本技巧，具备了安全用电的基本能力。

2022年8月，滑县利用桑村干渠从封丘红旗闸引取黄河水，用于桑村乡等乡镇农田灌溉。桑村乡陈大召村6户村民25亩耕地采用电灌模式进行了灌溉。

● 二是综合效益可观。经对比，电灌与拖拉机灌溉具有以下几点优势：**省力**：电灌只需一人操作，老人、妇女均能操作，机灌操作麻烦，需要会驾驶拖拉机、会连接复杂灌溉设备等，至少需要两

人操作，其中包含一名青壮年。**省时**：电力灌溉一亩农田需要 50 分钟，拖拉机灌溉一亩农田需要 65 分钟，电灌效率更高。**省钱**：按照目前农业电价 0.4842 元 / 千瓦·时计算，浇完一亩地需要 0.62 千瓦·时电，共计 0.3 元；按照目前柴油价格 6.27 元 / 升计算，浇完一亩地需要 0.09 升柴油，共计 0.56 元，电灌更省钱。**环保**：从社会效益来讲，拖拉机燃烧柴油会排放二氧化碳、二氧化硫等废气，会造成环境污染，电灌清洁无污染。

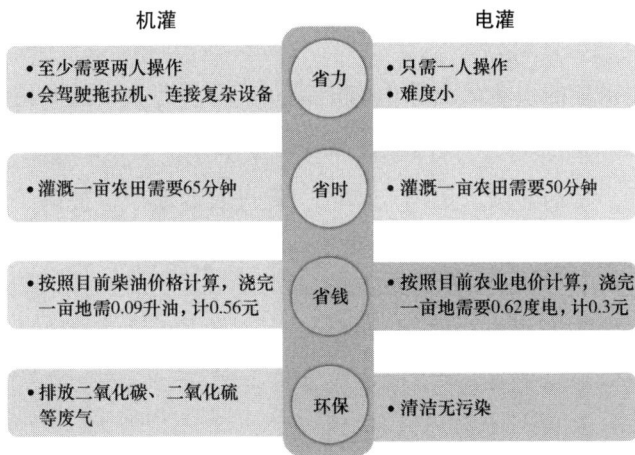

电灌和机灌对比图

● 三是模式能够复制。通过"四方"联合工作小组前期大量的工作，建立了"一图两台账"的共享和更新机制，并对供电设施产权及相应职责划清了责任边界、投资边界，周边沿河村庄对该模式具有较高的可复制性。前期调研的桑村乡 10 个村庄均采用该模式，完成 40 个引黄电灌取电点建设。

四、履责成效

（一）为黄河流域农业发展提供充足的电力支持

通过整合政府及相关部门、电力企业等利益相关方的优势资源，实现引黄灌溉工作多方会商沟通、共治共赢。为沿途群众利用河水灌溉农田，提供安全便利的取电条件。滑县公司"引黄补源"工程建设将在桑村灌区计划沿河建设 147 个引黄灌溉供电点，覆盖 5 万多亩粮田，助力乡村振兴建设，为当地粮食生产保驾护航。

（二）与政府建立良好的重大工程合作机制

通过政府主导、水利部门主抓、利益相关方共商共议的引黄灌溉管理模式，最大程度发挥了利用黄河水灌溉的作用，与利益相关方建立稳定的合作方式和合作关系，明确在联合推进地区重大战略、工程等发展中各方的合作机制，有力推进地方发展。

（三）持续优化电力高质量发展的外部环境

滑县公司助力春耕春灌相关工作被央视焦点访谈报道，增进了社会公众对电力工作的正确认识和理解，增强了利益相关方对国家电网品牌的情感认同、价值认同，获得了滑县社会各界广泛好评。2022 年，滑县县委县政府送锦旗至安阳供电公司，以表彰滑县供电公司对当地经济社会发展作出的积极贡献。当地群众对电力优质服务，安全、方便、快捷的电灌方式给出满意答卷。滑县桑村乡赵庄村村民韩素梅："现在用电灌，老百姓种地方便，用电一刷卡就出水了，一亩地合五六块钱，省钱还省力，这几亩地我自己就把活干了。"

（四）电力支撑引黄灌溉有效补充当地地下水源

功能齐全、分布合理密集的引黄灌溉取电点的设立，为沿河农田灌溉提供了坚强电力能源支撑，使用黄河水灌溉成为群众首选方式。引黄灌溉既减少地下水开采量，涵养地下水源，又降低了群众灌溉成本，增加了粮食产量，带动灌区农民增产增收，促进农业增效，提高了农民种田积极性。同时，多年不竭的黄河水使滑县部分盐碱地改良，改善了水土资源和生态环境，实现人与自然和谐相处。

五、工作展望

下一步，国网滑县供电公司将不断增进各方认同，持续改进合作模式，助力乡村振兴建设。一是从源头上规划。在规划新建农业排灌台区时，采取多方协作管理的全新模式，并与农业农村局协商达成共识，设计预留引黄灌溉用电接线口。二是持续探索模式。目前仅利用现有河渠在桑村、半坡店、牛屯、白道口等少数乡镇推广引黄灌溉，而且仅为季节性灌溉，政府投资意愿不强。在下一步农田水利工程建设中，争取协调政府、水利局将电力工程纳入其建设范围。三是持续优化标准。在合作的基础上，规定接电标准、电线标准、运维标准，划清接入条件、多方责任、电器标准等，形成多方共赢局面。

探索特色帮扶路径，助推乡村共同富裕——中广核破解定点帮扶县发展难题推进乡村振兴

中国广核集团有限公司

■ 一、单位简介

中国广核集团有限公司（以下简称"中广核"）起步于大亚湾核电站建设，40 多年来积极落实国家战略要求，逐步发展成为以核能为主要特色的世界一流清洁能源企业，并持续优化构建"6+1"产业体系，涵盖核能、核燃料、新能源、非动力核技术应用、数字化、科技型环保和产业金融，拥有 2 个内地上市平台及 3 个香港上市平台。

■ 二、案例背景

实施乡村振兴战略是党中央基于解决城乡发展不平衡不充分的矛盾，破解乡村发展难题，推进共同富裕而作出的重大战略部署。中广核党委以学习贯彻习近平新时代中国特色社会主义思想主题教育为引领，把乡村振兴融入主题教育全过程，扎实开展定点帮扶工作，推动定点帮扶的广西百色市凌云县、乐业县向产业兴旺、生态宜居、乡风文明、治理有效、生活富裕迈进，用心用情用力，以实干和担当交出了新时代定点帮扶工作的一份亮眼答卷。

■ 三、实施路径

（一）实干担当、促进发展，探索形成特色帮扶新路径

中广核从主题教育中汲取前行动能，把习近平新时代中国特色社会主义思想转化为指导实践、推动工作的强大力量，多次到帮扶地区实地调研，真心实意为脱贫群众出实招、干实事，创新帮扶举措，促进地方经济发展，实现从"输血"到"造血"的转变。中广核实施的"央企入桂"重大项目——乐业 17.2 万千瓦风电产业帮扶示范项目，作为连接 63 个乐业县村集体的重要纽带，成为以风力发电助力当地产业振兴、生态振兴的重要平台。

继风电产业帮扶项目之后，中广核接续推进乡村振兴工作，先后在乐业县逻沙乡投资建设 2 万千瓦林光互补产业帮扶项目，在凌云县逻楼镇建设仰村 6 兆瓦光伏产业帮扶项目，在凌云县捐资试点建

设村级光伏电站，新能源产业正在成为定点帮扶县乡村振兴的新希望、新动力。

保护生态环境就是保护生产力，改善生态环境就是发展生产力。中广核立足定点帮扶县生态环境保护以及老百姓对经济发展的迫切需求，深入调研、反复论证，将新能源产业帮扶作为促进农民增收的重要途径，以"入股分红＋赠股分红＋保底收益""让渡部分收益权模式"等创新型帮扶模式，结合新能源成熟的技术水平，既保住了百姓的"钱袋子"，更保住了当地生态环境的"金银山"。从单一的"风电产业帮扶"到"风电光伏组合发力"，再到"风光储一体化齐头并进"，中广核构建起了多元一体、融合发展的新能源产业帮扶模式，让石漠化不毛之地成为乡村振兴的"聚宝盆"。

（二）凝心铸魂、筑牢根本，教育帮扶激发内生动力

乡村兴则国家兴，教育强则国家强。中广核把深入开展主题教育与教育帮扶紧密结合起来，把习近平新时代中国特色社会主义思想转化为坚定理想、锤炼党性的强大力量，在定点帮扶县实施"白鹭班"教育帮扶项目，按照"扶志、扶智、扶技"相结合的总方针开展工作，坚守"志心立学、爱心助学、真心引学、筑梦未来"初心，积极引入先进教育理念和优质资源，创新帮扶方式，通过白鹭大讲堂、白鹭夏令营、白鹭研学营、优秀师生奖励、结对帮扶、接力支教、技能培训等多种方式，提升学校教学质量，培养学生的学习能力，锤炼意志，拓宽视野，帮助学生树立远大志向，将来成为社会有用之才和家庭的顶梁柱。

其中，在凌云县览金小学实施面向留守儿童的"白鹭班"彩虹计划教育帮扶公益项目，号召中广核 70 余个基层党支部近百名志愿者与孩子们一一结对，定期给予生活上的关心、学习上的指导，将主题教育"重实践"要求落到实处。

中广核基层党支部为览金小学表现优秀的 26 个孩子定制了个性化梦想之旅，利用暑假，带领学生们分别前往中国科学技术馆、国家博物馆、陕西师范大学、广西科技馆、广西医科大学、广东惠东海龟国家级自然保护区、大亚湾核电站、防城港核电站等地参观学习。同时，45 名志愿者跨越山海，不远千里，从全国各地奔赴广西凌云县，不间断开展 23 期接力支教。从实施"志智双扶"、激发内生动力、阻断贫困代际传递的高度，进一步鼓励教育孩子们"敢于有梦、勇于追梦、勤于圆梦"。

（三）践行宗旨、为民造福，执笔书写乡村振兴华章

中广核积极组织乡村振兴挂职干部深入开展主题教育，以学促干，提升干部政治素质、能力本领，营造良好氛围，务求取得实效。在乡村振兴工作中，党员干部就如高楼的地基，是乡村振兴工作的直接推动者、组织者、实践者，是推动党的"三农"政策落地生根的中坚力量。

中广核挂职乐业县委常委、县人民政府副县长金万兵，带着"乡村振兴"的使命与职责，走遍了乐业县 8 个乡镇 2633 千米^{2}的土地，始终与当地干部想在一起、干在一起，一同在巩固脱贫攻坚成果和全面推进乡村振兴上精准发力，一同穿梭于各类招商引资会场……为盘活乐业县土地资源，金万兵深入走访乡村，细致了解人文地理概况、优势地域资源、特色产业结构、村民所需所盼等情况。经多方考察，他积极促进乐业县与福建茶企合作，引入高山有机茶项目，建设产销一体的茶叶全产业链，打造乐业本土的茶叶特色品牌。为推动全县绿色产业做强做大，他探索打造了绿色生态产业链中广核特色帮扶模式，风电项目、光伏项目、生物质有机肥项目、电子束保鲜项目、垃圾渗滤液处置项目、猕猴桃产业园、农产品深加工项目、林业碳汇等一批帮扶项目落地见效，带动县域经济发展。他关心关注教育，特别是首发提出关爱女童行动，组织全县中小学骨干女性教师50人前往广西师范大学学习，将乐业县关爱女童行动提高到一个新的水平。中广核派驻乐业县挂职干部金万兵在这片石漠化土地上写下的丰收故事，是新时代乡村振兴战线上万千党员干部的一个缩影。

四、履责成效

（一）从"产业项目帮扶"到"全产业链帮扶"

截至2023年9月，乐业风电项目累计分红已达1373万元，平均每个村集体增收超21.7万元，有效解决了当地村集体经济收入落后问题，促进兴业强村和兴农富民。风电帮扶案例成功入选第三届全球最佳减贫案例，在全球范围内展示和推广。依托乐业风电项目建设的风车花海科技馆即将拔地而起，作为草王山风景区的重要场馆，集能源科普、科技体验、教育展览、旅游观光等功能于一体，为当地旅游发展添加新动能。

此外，伴随着风电项目的成熟，在解决当地人口就业的基础上，中广核帮扶延伸出的"风车花海"景观带动了养蜂产业，为勤劳的村民打开了另一条增收渠道；依托"网红打卡点"带动了旅游业及其他产业，村民们用自己的双手创造着越来越美好的生活。以乐业县全达村为例，在中广核的帮扶下，通过风电项目分红、猕猴桃种植、养蜂等多举措，村民的日子"甜"起来，在乡村振兴的道路上走得更稳、更快、更好，获得百色市首批"产业兴旺红旗村""生活富裕红旗村"称号。

乐业风电项目是习近平新时代中国特色社会主义思想指导实践的生动体现，是中广核二十年帮扶路上的小小剪影。从"产业项目帮扶"到"全产业链帮扶"，中广核发挥自身产业优势，在乐业、凌云两县实施风电光伏、生物有机肥、电子束保鲜等三大产业帮扶项目，打造"由点到线再到面"的市场化产业链帮扶模式，两县也由此实现了从"单兵作战"的"攻坚战"逐步转向县域"多方联动"的"振兴战"。

（二）优质项目驱动资源要素，助力县域社会经济发展

中广核实施的产业帮扶项目驱动了两县社会经济发展。截至2023年10月31日，中广核在乐业、凌云两县新能源产业项目投资额超16亿元。以乐业风电项目为例，总投资额约12亿元，在固定资产投资、税收、产值等各方面为乐业"十四五"时期工业发展提供巨大支撑，为其他项目的落地起到了良好的示范作用。项目帮扶周边村庄新增硬化道路34千米，方便群众出行，还推动了乐业县电网配套设施建设，改变网架结构，新增一座110千伏变电站，保证了供电稳定性，为乐业县经济发展提供了电力支撑。免税期结束后，项目每年向乐业县贡献税收约2000万元，将积极助力县域社会经济发展。

（三）"白鹭班"教育帮扶：从广西走向全国

"白鹭班"教育帮扶品牌于2017年在广西百色正式启动，截至2023年9月，中广核已在5省10校开设27个"白鹭班"，分布在广西百色、四川凉山、云南楚雄、广东阳江、内蒙古兴安盟等地的原

脱贫地区，通过多种激励方式，开展"精准滴灌式"帮扶，构建前后衔接的帮扶共同体，形成了标准化、制度化、特色化、可推广的特色模式。

目前，已有累计近 3000 名学生接受了"白鹭班"教育，在校生规模近 1500 人，其中 355 名学生考入本科院校。特别是在乐业、凌云两县，建成小学至高中阶段"白鹭班"，12 名学生考入双一流院校。"小白鹭们"大学毕业后，"飞"到了祖国各地或"飞"回了家乡，成为各行各业的专业人才，积极投身祖国发展和乡村振兴事业。

这一系列措施，综合运用融合、发展、互动、整合等理念，"一地一方案"，持续建设"有力量、有品质、有温度"的"白鹭班"，推动脱贫地区教育事业从基本均衡跨向优质均衡，学生的"出山路"越走越宽，"白鹭班"这块招牌也被越擦越亮。

五、工作展望

习近平总书记在党的二十大报告中指出："全面建设社会主义现代化国家，最艰巨最繁重的任务仍然在农村。巩固拓展脱贫攻坚成果，增强脱贫地区和脱贫群众内生发展动力。"

站在乡村振兴的新起点，任务重大艰巨，目标恢宏长远。在定点帮扶地区充满希望的田野上，中广核广大党员干部将时刻牢记"姓党为党"的政治本色，紧扣乡村振兴五大核心要义，把乡村振兴与主题教育有机结合，扎实开展帮扶工作，充分发挥清洁能源产业优势，为帮扶地区全面推进乡村振兴提供坚实保障，以实际行动和丰硕成果有力展现坚决扛牢帮扶责任、全力打造乡村振兴样板的使命担当，促进帮扶地区农业高质高效、乡村宜居宜业、农民富裕富足，为国家乡村振兴事业和农业农村现代化目标实现作出新的贡献。

电力赋能乡村振兴，助力革命老区经济发展

南方电网广西河池供电局

一、单位简介

南方电网广西河池供电局（以下简称"河池供电局"）是广西电网公司的分公司，始建于1971年。全局有1143名职工，主要担负河池市11个县（区）电网运行和供电服务，公司连续三年全市公共服务行业满意度测评保持第一，近年获得主要荣誉有全国精神文明创建工作先进单位、中央定点帮扶先进单位、中央企业五四红旗团支部、全国"安康杯"竞赛优胜单位、全区脱贫攻坚先进集体、自治区军民共建精神文明先进单位、自治区直属机关2016—2018年度先进基层党组织、自治区卫生先进集体、自治区数字广西建设标杆、南方电网公司脱贫攻坚先进集体、南方电网科技创新先进集体、南方电网模范职工之家、南方电网公司优秀志愿集体、南方电网扶贫开发先进集体、南方电网公司农电先进集体、南方电网公司星级劳模（技术能手）创新工作室等56项荣誉。2023年上半年累计为企业节省业扩延伸投资2390万元，为全市工业企业完成票据和信用证缴费1.7亿元解决资金周转，在服务全市发展、稳住经济大盘中做出巨大贡献。

二、案例背景

习近平总书记强调："民族要复兴，乡村必振兴。"电网作为农村经济社会发展的重要支撑，积极服务乡村振兴战略是电网的历史使命，也是践行"人民电业为人民"的企业宗旨和服务地方经济发展大局的必由之路。

河池供电局深入践行"国之大者"，聚焦乡村产业、人才、文化、生态、组织振兴大力开展行业帮扶、产业帮扶项目建设、南网知行书屋教育帮扶基地建设、党支部结对共建等，持续优化定点帮扶村农业产业、维护乡村环境、提高乡村经济、增强乡村用电安全，全面推动农民从"用上电"到"用好电"的转变，为农民生活的基本需求、生产需求提供更可靠的保障，为乡村教育提供南网知行力量。

其中，东兰县坡索村在南方电网公司帮扶前，集中表现为"三难三穷"。一是用电难，户均配变容量只有1.2千伏安；二是行路难，远离县城，交通极不方便，20户以上自然屯未通道路高达16条；三是饮水难，靠天用水，6个屯126户群众未解决饮水安全问题；四是地穷，坡陡山高，耕地面积少，自然环境恶劣；五是人穷，2015年人均年收入2538元，低于国家脱贫线，全村无集体经济；六是志

233

穷，群众等靠要思想严重。

三、实施路径

（一）加大电网升级投资力度，为河池革命老区经济社会发展"赋能"

脱贫攻坚战打响以来，一方面盯紧"有电用"的行业扶贫责任，尽锐出战、人扛马拉完成电网建设改造任务，累计投资118亿元用于全市乡村电网升级改造，实现村屯、农户100%通电，"两率一户"三大关键指标提前一年达标，有力支撑脱贫攻坚取得全面胜利。一是聚焦服务地方经济发展的重点项目开展攻坚。将双碳、新型电力系统、示范区建设、城镇化建设等元素增至"十四五"电力合作协议中，促成公司与河池市政府签订"十四五"电力合作协议，完成与11个县区政府签订"十四五"电力合作协议。精准开展电网规划，成立运作网局电网规划中心、县级企业电网规划专班，重过载主变、高压线路全部落实规划项目。2022年共实施2692个农网改造升级工程，在东兰率先实现配电自动化100%有效覆盖，极大缩减客户停电时长，推动电网向数字化转型。二是锚定电网绿色发展方向，建设新型电力系统。通过数字化转型、设备智能化升级、运维智能化提升，来解决转型问题：抓住"标杆项目"机遇重点突破，打造东兰现代化农村电网示范。深入落实南方电网对口帮扶东兰的契机，率先探索出一条"简单、经济、实用、高效"的现代化农村电网建设道路。"十三五"以来，东兰县域电网投资12.81亿元，建成了广西首座220千伏智能变电站向阳站，大力开展无人机自动巡视维护电力线路，在广西率先实现县域配电自动化100%有效覆盖，打通用户用电信息感知的"最后一公里"。"东兰智能电网"作为国家能源建设创新项目在海南博鳌国际论坛进行主旨演讲。顺应数字变革趋势推进全面提升，全市新能源消纳发展有了可靠保障。河池供电局对河池市7个大型新能源项目建设提升行业服务，开通新能源项目并网申请绿色通道，助力提升新能源并网服务水平，实现河池境内光伏新能源全额消纳排名广西第一，助力河池电网经济绿色、可持续发展，实现河池碳达峰、碳中和绿色发展目标的"硬支撑"。2022年全网区新能源发电量11.52亿千瓦·时，同比增长9.46%，连续5年实现清洁能源全额消纳。实现全市138个乡镇充电桩设施全覆盖。与新华社记者联动推出的新能源消纳有关工作的深度报道在《国内动态清样》刊登，获得国家能源局高度关注及肯定，得到国家能源局副局长任志武表扬。积极推进"十四五"电网规划项目实施，成立"两高"（高速、高铁）服务专班、重大项目工作专班，推动大任产业园誉升锗业、超威鑫锋能源等重大项目投产，巴马至大化巴羌高速公路项目提前15天送电投产。三是全力落实电力体制改革"一张网"任务要求，使新电力县域电网变个样子。新电力集团2019年成立后，原水利电业提供电力服务的40个县融入南方电网管理，其中河池接收了都安、巴马等5个新电力县，"一张网"融合任务为全区最重之一。针对新电力各项基础极度薄弱的情况，优先开展"治标"，循序推进"治本"，把大部分的资源和精力投入到新电力县域的电网建设管理提升上。在摸清家底上"下功夫"，规范了新电力县域电网经营行为，用电报装实行全部免费。在打通用电堵点上"下功夫"，近4年投资近30亿元用于河池新电力区域农村电网建设，完成投资额是原农投集团"十三五"期间投资的4倍以上，为河池市打赢脱贫攻坚战作出了积极贡献。近两年继续加大台区改造力度，打通了用电"最后一公里"，低电压、用电"卡脖子"等现象大幅减少，城乡居民用电潜能充分释放。售电量年均增速约 15%、故障跳闸数同比降低 85%、平均停电时间同比降低 106%，电力保障实实在在地惠及广大人民群众对美好生活的追求。

（二）加大对口定点帮扶力度，为河池革命老区乡村振兴"蓄势"

一是解决行路难问题。积极开展村屯道路、产业路建设，于 2015 年底率先实现村村通水泥硬化（柏油）路目标，解决近 20 万人行路难、产品运输困难问题。**二是依托自然资源发展产业。**东兰县自然条件恶劣、土地资源匮乏，人均耕地仅 0.6 亩，不适合机械化生产，培育发展规模化产业困难较大。在充分地调查研究后，努力在石头缝里挖掘产业文章，带领村民种植核桃 28.9 万亩、板栗 32.5 万亩、油茶 29.5 万亩、桑园 5.1 万亩等，"5+2"特色产业覆盖建档立卡贫困户比例达 99.06%。**三是筑巢引凤引进龙头企业。**重点引进广西立腾农牧发展有限公司、广西东兰贵隆生态农业科技有限公司、广西渝桂农业开发有限公司，积极探索"公司 + 农户 + 基地"的运作模式，依靠资金入股、托管托养、反包倒租等方式发展乌鸡、食用菌、花椒等特色种养产业，实现 147 个行政村 100% 集体产业全覆盖。**四是搭建农村电商平台。**通过线下持续落实"两超过"要求，指导各单位与属地帮扶点签订中长期销售协议，大力开展消费帮扶，线上指导东兰县帮扶农产品入驻"南网商场"等平台，丰富广西帮扶农产品线上种类。

（三）加大南网知行书屋教育帮扶力度，为河池革命老区人才发展"增智"

一是大力开展教育文化扶贫建设。投入 2700 余万元援建东兰县国清中学 1 号楼，建成 72 所南网知行书屋、1 所电力科普馆，实现河池巴马、大化、东兰、都安、凤山、环江、南丹各中心小学教育帮扶全覆盖，为河池大石山区的孩子们建立了一个寓教于乐的精神家园，让孩子们足不出户也能探索世界，享受更优质的教育资源。**二是大力开展志愿服务持续擦亮南网"蓝公益"品牌。**依托"南网知行书屋"，打造了"志愿服务基地 + 春苗成长营 + 志愿者服务队"的青春帮扶工作模式，依托电力行业特征、践行南网企业宗旨，开展电力服务与宣传活动的同时深入少数民族革命老区 72 所"南网知行书屋"开展行业帮扶、教育帮扶、公益帮扶等系列活动，针对少数民族困难学生、留守儿童的性格特征和心理特点，开展思想引导、学习辅导、心理疏导、生活教导，通过真情陪伴、真心关怀帮助他们健康快乐成长。精心组织开展了"向雷锋同志学习，南网蓝在行动""开学第一课""我的文字会唱歌""阅读无限　知行致远""图书漂流""电博士送科学"等"南网知行书屋"系列公益活动，极大丰富了孩子们的精神世界，让孩子们接受正规的课堂训练之余，在一处休闲舒心的书屋中建立良好的人生价值观。

四、履责成效

脱贫攻坚战打响以来，河池供电局累计投资 118 亿元用于全市乡村电网升级改造，实现村屯、农户 100% 通电，"两率一户"三大关键指标提前一年达标，有力支撑脱贫攻坚取得全面胜利。42 名扶贫干部轮番接力定点帮扶 1 县 11 村，共 7 万多贫困人口通过脱贫"双认定"，把东兰坡索村打造成第一个"南方电网扶贫示范村"，在东兰县建设南方电网系统首个"电力行业扶贫示范县"，定点扶贫连续 3 年获河池市总体评价最高等级"好"，先后获评中央定点帮扶先进单位、"自治区脱贫攻坚先进集体"、南方电网扶贫开发先进集体等荣誉，持续聚焦产业振兴，建成油茶、板栗、乌鸡等一批永续发展的好项目，打造了东兰县"南网扶贫车间"食用菌、坡索村"统种包销"产业示范项目等。通过线上线下大力开展消费帮扶，从 2022 年开始坡索村成为集体收入"百万村"。建成投运 72 所"南网知行书屋"，依托书屋大力开展行业帮扶、教育帮扶、公益帮扶等系列活动 400 余次，受益对象超过 40000 余人次，其中"我的文字会唱歌"相关报道在中央电视台、人民日报发表，其他相关活动得到学习强国、广西新闻网等媒体多次报道。南网电网广西河池供电局"蓝公益"志愿服务队获评南方电网优秀志愿者集体。

五、工作展望

河池供电局将以习近平新时代中国特色社会主义思想为指导，全面贯彻党的二十大精神，深入落实习近平总书记对广西"五个更大"重要要求和视察广西"4·27"重要讲话精神，在上级党委（党组）的正确领导下，坚持稳中求进工作总基调，秉持"唯真唯实、严谨严格"的工作作风，完整、准确、全面贯彻新发展理念，持续巩固行业帮扶、教育帮扶成果，全力以赴服务好"六新河池"发展目标，助力乡村振兴战略实施。

万里长江第一坝，劲笔绘就牛村巨变

中国长江电力股份有限公司

一、单位简介

中国长江电力股份有限公司（以下简称"长江电力"）创立于 2002 年 9 月 29 日，2003 年 11 月在上交所 IPO 挂牌上市，可控水电装机容量增至 7，179.5 万千瓦，是中国最大的电力上市公司和全球最大的水电上市公司。长江电力运行管理长江干流上乌东德、白鹤滩、溪洛渡、向家坝、三峡、葛洲坝 6 座梯级水电站，构成了世界最大的清洁能源走廊，在防洪、发电、补水、航运、生态调度等方面发挥了巨大效益，有力地促进了国民经济和社会发展。葛洲坝，万里长江第一坝，2020 年获评"国家工业遗产"，是中国人自己勘测设计、施工建设、制造安装、运行管理的 20 世纪中国最大的水利枢纽工程，是中国共产党领导下中国人民自力更生、艰苦奋斗创造出来的社会主义建设伟大成就。

二、案例背景

距离葛洲坝直线距离约 1 千米的牛扎坪村，又被称为三峡第一关、坝上第一村，该村是葛洲坝水利枢纽工程建设的移民村，大江截流的石头就取自这里，一衣带水的情谊从葛洲坝工程建设之初便深植于两地之间。牛扎坪全村 11.26 千米^2，耕地面积 1127 亩，常住人口 1878 人，2010 年建档立卡贫困户 116 户 348 人。"山高石头多，出门就爬坡，吃水下大河；男儿下枝江，女儿嫁宜昌；剩下几个老梆梆（老人家），趴在山上挖黄姜……"这段顺口溜曾是牛扎坪村的写照。由于山高水少、石多地少，当地人称牛扎坪为"荒石包"。10 年前，由于交通条件差、产业基础薄弱，该村曾是宜昌市级插花贫困村。

三、实施路径

长江电力积极践行"建好一座电站、带动一方经济、改善一片环境、造福一批移民"的水电开发理念，从 2011 年起对口支援牛扎坪村，坚持"真情实意、真金白银、真招实策"的原则大力援助，出资修建村组公路、引来长江水、打造水果蔬菜基地、实施环境美化工程、建设长江力量广场……葛洲坝电厂作为社会责任项目的具体实施单位，紧密联系牛扎坪村，真心真情贴民心、真抓实干解难题、真帮实扶促发展，坚定地扛起了携手发展的责任担当。

为确保援建项目真正建在群众心坎上，葛洲坝电厂因地制宜做好扶贫项目前期规划，深入实地调研援建需求，真正摸清民意，对项目可行性、必要性充分考量。在项目实施期间，科学合理推进援建项目，做好过程跟踪，经常性开展监督检查、随机抽查，严格验收隐蔽工程，确保项目质量符合要求。多措并举推动援建项目，切实将每一分援建款花在刀刃上，真正把好事做好，最大程度提升援建成效。

- 引来"幸福水"，浇出"春与希望"。牛扎坪属于喀斯特地貌，溶洞较多，蓄不住水，在2014年以前，村民一直在为吃水发愁，吃上干净、安全的水，曾是一种奢望。老百姓挖个坑，修个蓄水池，把雨水或泉水蓄起来后用水桶挑回去用，连最基本的吃水都无法保障，产业致富更是无从谈起。2014年，长江电力围绕保障饮水安全，捐赠120万元，援建2座加压水泵房和3个水槽，并协调内部水厂供水，通过三级加压，使困扰牛扎坪村民祖祖辈辈的吃水难问题历史性地得到了解决。干净清澈的涓涓水流润泽民生，也激活了村民干事创业热情，村里的种植业、养殖业开始兴起，脱贫致富的"春天序曲"从此奏响。

- 铺就"发展路"，奔向"诗与远方"。"以前都是土路，坑坑洼洼的，大车小车进不了村，农产品销售难，大人小孩出村不易，就业上学更难。现在修成了沥青路，蔬菜、水果成熟后，坐在家中就有人来采摘收购，不愁卖不出。"说起村里修建的道路，村民们十分感慨。2011年，长江电力资助60万用于道路修建硬化，这不仅让该村380位村民摆脱了下雨一身泥、天晴一身灰的落后出行环境，更修通了村民心中奔向小康、向往美好的发祥路。2018年，支持兴修4个产业园区的道路配套设施，解决了农产品运输问题，进一步打牢了牛扎坪村休闲农业发展的基础。村里的主干道变了样，入户的道路也要配套建设好，2020年，资助80万元用于牛扎坪村通户水泥道路建设，对村内入户的2800米道路进行设计美化、硬化改造；修复道路排水沟350米、堡坎200米³，使村民出行难题得到切实解决。同时，还援助安装了120盏太阳能路灯，对村组主干道进行了亮化，受益群众达1200人。路通百业兴，产业因路而兴，旅游因路而活，全村阔步走在奔向小康的大道上。

- 绘好"产业图"，共建富美乡村。为加快牛扎坪乡村振兴、建设美丽乡村的步伐，长江电力加大了对产业扶持、环境美化等方面的援助力度。先后建成桃子、枇杷、猕猴桃等8个水果基地，为村里脱贫奠定了基础。2016年，用于扶持发展绿色瓜果、蔬菜种植的30万援建资金从长江电力汇出，牛扎坪村以百斗千山合作社为试点，架设蔬菜瓜果大棚5000米²，并带动70户农户发展种植面积50亩。2019年，根据发展实际，资助80万元用于该村环境美化工程，使村容村貌焕然一新。2021年，支持建设2000米²的农产品交易中心市场，综合治理3000米²的周边环境，有力拓宽村民农产品销售平台。2023年，计划资助80万用于牛扎坪村四季小水果基地产业建设工程。在长江电力的大力援助下，牛扎坪村农业、旅游产业项目蓬勃发展，全村呈现出生态美、环境优、产业兴的良好态势，宜居宜业和美乡村新画卷正徐徐展开。

- 打造"金名片"，擦亮旅游品牌。乡村美了，日子甜了，乡村文化也要跟上。2021年，长江电力将退役的葛洲坝电站转轮体捐赠给牛扎坪村，用于建设长江力量广场，这些象征国之重器荣誉功勋的"老物件"，是展示我国水电工业文化的"历史教科书"，也是水电科普的"活教材"，为丰富乡村文化写下浓墨重彩的一笔，助推牛扎坪提档升级。2022年，继续投入专项资金100万元，对长江力量广场进行了升级改造，通过艺术性创意安装和改造，形成独具地域特色的广场中心雕塑，宛如盛开的花朵一般，给牛扎坪村增添一道亮丽的风景线，为推行乡村旅游产业发展打造了又一处"网红打卡点"，让"坝上第一村"更名副其实，也有力推进了乡村文化建设，推动铸就乡村振兴之魂。

一个个项目，把央企责任凝聚成一股股甘露，滋润着曾经贫瘠的"荒石包"一步步蜕变、发展，开出耀眼的"幸福花"。"每一次去牛扎坪，都会惊喜于村子的新变化，看到环境越来越美，看到援建的苗木开花结果为村民带来收益，看到长江力量广场游人如织……便深深感受到援建工作的意义！"负责社会责任项目对接实施的长江电力葛洲坝电厂青年员工石笔超如是说。为将援建工作落到实处，石笔超经常往返于牛扎坪与葛洲坝，戴着草帽，行走田间地头、踏遍村巷角落，用有温度、有情怀的落地方式为牛扎坪村送去央企关爱。看到村民日渐富裕的成就感和感同身受的幸福感，不一样的收获让石笔超成长为心中有大爱、身上有担当的长电青年。

在牛扎坪，长江电力构建以水润心、以路兴业、以文富民的"新图腾"，点亮了新时代移民村产业、文化、生态全面振兴的"新图景"，将一衣带水的情谊转化为携手共发展的美好现实。

四、履责成效

"看今朝，组组通公路，户户电灯亮，穿的是新衣裳，住的是大楼房，山窝里飞来金凤凰，嫁出去的姑娘回家乡，思一思，想一想，还是党的政策好，富裕了我们穷山岗。"如今，那首流传多年的顺口溜也有了新的续篇。现在的牛扎坪村，花开一路，步步皆景，在村头观景平台，雄伟的水轮发电机静静矗立；居高临下，宜昌城区全景一览无余，万里长江第一坝葛洲坝横卧碧波之上，蔚为壮观。该村年接待游客量达60万人次以上，村内不同风格的农家乐已近50家，村民人均年收入从2010年的6000余元，现在已达到2万余元。牛扎坪村原贫困户张启富夫妻，在村子旅游产业兴起后，将房屋出租给农家乐老板，一年光租金就有6万元，再加上在农家乐打工的工资，一家人年收入达到了14万元。景美民富旅游兴的新画卷劲笔绘就，"坝上第一村"已成为远近闻名的"网红村"。2021年，牛扎坪村荣获湖北省"旅游名村"荣誉称号。

明月好同三径夜，绿杨宜作两家春。长江电力发挥"顶梁柱""主心骨"作用，因地施策、积极作为，铸就了企地共建央企样本，创造了良好的外部经营环境，进一步提升了长江电力可持续发展能力、品牌影响力，有力推动企业高质量发展。

五、工作展望

党的二十大擘画了新时代中国特色社会主义的宏伟蓝图，为新时代新征程国资国企事业指明了前进方向。党的二十大作出一系列重大部署，很多需要国资国企通过履行社会责任来具体落实。后续，长江电力将继续肩负起高质量发展的时代责任，真抓实干、主动作为，在促进区域协调发展、乡村全面振兴上再立新功，不断丰富央企履行社会责任的"长电品牌"内涵。

"四领四促"点靓乡村振兴"新画卷"

中国华电集团有限公司安徽分公司

一、单位简介

中国华电集团有限公司安徽分公司（华电国际电力股份有限公司安徽分公司，以下简称"华电安徽公司"）是国资委监管的特大型中央能源企业中国华电集团有限公司在安徽省的平台管理主体。成立于 2006 年 2 月，目前管理企业 5 家。其中：火电企业 3 家，分别是芜湖公司 2 台 66 万千瓦和 1 台 100 万千瓦超超临界机组，六安公司 2 台 66 万千瓦超超临界机组，宿州公司 2 台 63 万千瓦超临界机组；新能源公司是区域新能源管理平台，下辖法人主体单位 28 家，分布于合肥、芜湖、安庆、池州、铜陵等地；售电公司负责集团公司在皖售电业务。公司在运装机容量 563.16 万千瓦，资产总额 161 亿元，现有职工 1249 人。公司成立 17 年来，累计完成发电量 2909 亿千瓦·时，上缴利税 62.01 亿元，为安徽经济发展做出了应有贡献。公司及所属企业先后荣获全国文明单位、全国模范职工之家、全国电力系统企业文化建设标杆企业、安徽省文明单位、安徽省五一劳动奖状、省劳动竞赛先进集体、华电集团先进企业等荣誉称号。

二、案例背景

金星村位于六安市舒城县南港镇北部，原属贫困村，典型的农业村，国土面积 8.2 千米^2，共有耕地面积 3450 亩。村辖 21 个村民小组，户籍人口 1190 户 3712 人，该村党支部一个，4 个党小组，现有正式党员 74 名。2017 年底实现村出列，有建档立卡脱贫户 129 户 312 人，2019 年年底实现所有贫困户全部稳定脱贫。2021 年，按照安徽省委省政府安排，中国华电集团有限公司安徽分公司定点帮扶金星村。公司选派陈浩同志担任驻村第一书记兼工作队队长，该同志驻村后发现，金星村以水稻种植为主，村资源单一，永久基本农田覆盖全村，年轻劳动力大量外流，当地百姓以务农为主，人均年收入低，村集体急需提升收入来源。

三、实施路径

金星村工作队以习近平新时代中国特色社会主义思想为指引，坚决贯彻党的全面领导，不断巩固党在农村工作中的核心地位，积极探索"四领四促"党建引领乡村振兴工作模式。"四领四促"模式内涵：一是领航"火车头"，促组织有力；二是领跑"先锋队"，促民生救助；三是领办"村企业"，促产业兴旺；四是领创"新载体"，促长效治理。

（一）领航"火车头"，促组织有力

工作队时刻铭记抓党建就是第一要务。通过建强组织、强强联合、凝心聚力三项措施，给乡村振兴装上领航"火车头"。

第一项建强组织。2021 年年底，工作队配合村支部完成换届选举工作。引导在外人才积极参与村"两委"换届选举，吸收返乡大学生 3 名、退伍转业军人 1 名充实到支部班子中来，让金星村党组织队伍更加年轻、高效、团结、向上，不断提升村支部的政治领导力、贯彻执行力、群众组织力。

第二项强强联合。工作队联合华电安徽公司、华电六安公司，舒城县司法局、金星村党支部组建乡村振兴党建联盟。工作队发挥联盟各单位特点优势，开展帮扶项目与共建活动 13 项，包括党建文化广场项目、党建联盟宣讲、"送思想理论·助乡村振兴""雷锋日·送光明"、关爱留守儿童、金星村普法等活动。从基层组织联建、党建资源联享、乡村振兴联动、民生实事联办方面入手，形成共建共创共治共享的新格局。

第三项凝心聚力。由于金星村在外流动人口较多，工作队提出建立"村党支部 + 在外流动党小组"模式，增设 4 个在外"流动党小组"，由村两委成员逐一对接负责，每个小组联系 5~6 名在外党员，每名在外党员再服务 10 名在外群众，构建本地 + 流动党组织体系，发挥组织优势为在外党员群众排忧解难、提供服务，并同步推动"双招双引"工作，积极组织在外成功人士和青年才俊带技术、带项目、带资金回乡发展创业，为乡村振兴注入"源头活水"，增强发展新动能。

（二）领跑"先锋队"，促民生救助

工作队紧紧团结村"两委"，将本村党员干部组织起来创建"先锋队"。围绕群众所思、所想、所盼、所需，发挥党员先锋模范作用，务实解决困扰群众"老大难"问题。驻村以来，"先锋队"带头"跑"政府、帮扶单位及社会救助，为本村农田水利、基础设施、民生救助筹集项目资金共计 1043.55 万元，用于高标准农田改造，自来水管网建设，修建村组道路，沟渠硬化及清淤，水毁河段抢险，群众急救难保障，爱心超市等方面。认真做好民生救助最后一公里。

（三）领办"村企业"，促产业兴旺

工作队协助村"两委"领办"村企业"，实现"1+N"产业发展模式，以"1"个村集体合作社为核心，整合本村人、物、地等资源，成立劳务公司、康养服务等相应的"N"家村级企业。

"1"：一个村集体合作社，其资产包括扶贫光伏电站、屋顶光伏电站、入股过湾科技农业等项目收益。其中华电安徽公司捐赠 120 万元建成 240 千瓦光伏电站，成为村支柱产业，年均收益约 22 万元。2023 年，工作队已争取到舒城县委组织部下达的屋顶光伏建设项目，建成后年均收入 6 万元以上。

"N"：根据本村实际，筹建多家"村企业、村公司"。

（1）"舒城县港金劳务公司"。工作队为保证光伏电站稳定运行，培养本村村民转型加入光伏运维队伍，既解决了光伏电站"本土化"运维难题，又打造一支光伏劳务队伍，并由华电安徽公司捐赠5万元，协助金星村成立"舒城县港金劳务公司"。工作队积极联系劳务公司人员参与华电安徽公司光伏项目建设，分批送出劳务人员11人，平均工资300元/天，总收入约21.5万元，实现了互惠双赢。

（2）"舒城县亿家人康养服务中心"。工作队为盘活闲置金星村小学，联系华电安徽公司出资39万元修建村小学至主干道直通路，改善营商环境，立即吸引在外能人回乡投资210万元改造成立"舒城县亿家人康养服务中心"，将原本无人问津村小学转变成为本村及周边老人提供康养、护理、就餐服务的好去处，该企业每年为村集体带来5万元以上收入。

（四）领创"新载体"，促长效治理

创新"网格化管理"与"华电爱心积分超市"相结合"新载体"，促进乡村治理，完善服务机制，实现乡村"有效治理"向"长效治理"转变。

● 一是组建网格化管理团队，以南港镇党委政府、村两委、网格员（党员）为主的三级网格管理体系。南港镇党委政府任一级网格长，工作队兼任一级网格员，村两委任二级网格员，各村组党员纳入三级网格员。科学划分网格范围，合理安排网格工作，网格管理责任明晰，构建沟通无障碍、管理无盲点、服务无距离的"红色网络"。网格化管理以"华电爱心积分超市"正向激励机制为抓手，更好地完善服务机制。

● 二是"华电爱心积分超市"，华电安徽公司指导工作队创建本村爱心积分超市，并年投入5万元资助超市运营。2021年年底，超市开业以来，实行"12345"积分管理模式。金星村"两委"将日常工作划分成各项积分任务进行发布，网格员落实任务完成评比，群众完成任务获得积分，根据积分来超市兑换相应分值物品。

金星村以网格化管理与"华电爱心积分超市"结合的新载体，推动"勤劳改变旧面貌、环境提振精气神、全民共建和美乡村"的新模式。

四、履责成效

（一）社会效益

● 一是村容村貌从"简"到"实"。华电安徽公司投入帮扶项目422.45万元，开展道路硬化，文化广场，亮化路灯，公交车站，危房改造，旱厕改造，垃圾处理，消费帮扶，助学成才，大病救助，爱心超市等项目。这些实实在在的成果，从村民的笑容看得到，从崭新的村貌中感受得到，从村民的话语中体会得到。让群众对未来充满向往和希望。

● 二是基层组织从"弱"到"强"。俗话说："给钱给物，不如建个好支部"。工作队配合新一届村"两委"班子，下力气修炼"内外"功夫，团结群众，建设宜居宜业和美乡村。

对内增强组织力：建立三级网格化管理，增强支部凝聚力战斗力，及时化解网格内不和谐因素，为党群关系构建无障碍、无盲点、无距离的"红色网络"。提升基层党支部凝聚力、执行力、创新力，以"时不我待只争朝夕"的精神投入到乡村振兴工作中去。

对外增强凝聚力：创建5个在外"流动党小组"，不仅为党员群众排忧解难、提供服务，还是本村"千里眼""顺风耳"，给在外成功人士和青年才俊回乡创业搭桥牵线，为乡村振兴注入"源头活水"，增强发展新动能。

（二）经济效益

一是集体经济从"少"到"多"。

驻村以来，工作队坚持发展产业，2022年金星村集体经济由0增长到58.5万元/年，较上年增加4%。其中光伏电站收益约21万元，与邻村进行农业合作产业收益约6.8万元，各项资产和大棚租赁收益约1.6万元，养老机构及屋顶光伏收入约10万元，村级劳务公司收入19.1万元。

二是营商环境从"冷"到"热"。

工作队一方面努力探索现代化乡村绿色能源品牌。在村、镇、县周边寻找可开发的新能源项目，争取合作参与项目建设，打造以新能源为引导的产业新模式。另一方面盘活本村闲置校舍，打通至主干道的致富"直通路"，校舍由原来的无人问津，到吸引多家企业主动到金星村谈合作，其中有从事网络电商、养老服务、粮食加工与仓储等企业。再一方面整合本村人力与物力资源，提升改变本村营商环境，吸引多人次返乡洽谈合作事项，调动村民主动参与积极性，探索产业发展新方向。经不懈努力，预计2023年村集体收入突破60万元，脱贫户年均收入1.6万元，126户脱贫户与1户监测户，无一户一人返贫。

五、工作展望

在华电安徽公司党委正确领导下，金星村工作队以"四领四促"模式激发"党建引领"核心驱动力，带领广大党员，联合帮扶单位，回引在外群众，让村容村貌从"简"到"靓"，营商环境从"冷"到"热"，集体经济从"少"到"多"，村民腰包从"小"到"大"，这些实实在在的成果，从村民的笑容看得到，从崭新的村貌中感受得到，从村民的话语中体会得到，为党建引领乡村振兴创造"无限可能"，描绘金星村党建引领乡村振兴"新画卷"。

依托市场化手段，助推乡村振兴产业项目升级创效

大唐吉林发电有限公司

一、单位简介

大唐吉林发电有限公司（以下简称"大唐吉林公司"）坐落在东北美丽的北方春城——吉林省省会长春市，是中央直接管理的国有独资公司、世界 500 强企业——中国大唐集团有限公司在吉林省投资设立的全资子公司。公司成立于 2004 年 9 月 30 日，注册资本 40.03 亿元，主要负责中国大唐集团有限公司在吉林区域存量资产管理、增量资产开发和区域内资产整合。公司现有装机容量 561 万千瓦，其中在役 551 万千瓦，在建风电项目 10 万千瓦，资产总额 220 亿元。所属企业 12 家，主要分布在长春、吉林、四平、辽源、松原、白城、延边等地区。近年来，吉林公司先后被授予吉林省五一劳动奖状、中国大唐集团公司先进单位、中国大唐集团公司文明单位、中央企业先进集体、全国电力行业优秀企业等荣誉称号。

二、案例背景

2016 年以来，大唐吉林公司响应党中央号召，认真贯彻中国大唐集团公司工作部署，牵头包保吉林省珲春市密江乡解放村帮扶工作，创新工作模式，做实"三扶三真，五位一体"大唐特色帮扶，依托市场化手段，全力助推包保村产业项目升级创效。

珲春市密江乡解放村，位于珲春市西部距市区 30 千米，辖区面积 66.34 千米^2，户籍人口 106 户 266 人，朝鲜族占比 100%。其中常住人口 32 户 52 人，空心化率 80.45%，平均年龄 67 周岁以上，农户的收入主要依靠种植、养殖为经济来源。主要致贫原因为百姓年纪过大，无法从事繁重的农事劳作，村集体经济活力不足，导致百姓收入较少。

2016 年前，这个只有不到百人的小山村就是一个人均纯收入不足 2000 元的穷乡僻壤，2016 年开始包保帮扶后，为切实帮助解放村百姓过上更加富足的生活，大唐吉林公司坚持"造血＋输血"并举的帮扶理念，立足从"帮"到"兴"的转变，把产业项目带动作为参与乡村振兴的主要渠道，通过发挥企业优势，依托乡村特色资源，打造农业全产业链，让百姓能够更多分享产业创效带来的收益。

八年来，通过产业帮扶、政策争取和消费兜底等举措，全面提升了解放村百姓的人均收入和幸福指数。解放村 2017 年出列，2018 年全部实现脱贫，人均年收入从 2016 年不足 2000 元到 2022 年底突破 2.3 万元，用实实在在的业绩诠释了大唐企业的践行社会责任的大爱和担当。

三、实施路径

自 2016 年初至今，大唐吉林公司先后选派基层单位 6 名中层干部和 2 名骨干管理人员 24 小时驻村开展帮扶，依托解放村"地广、人稀、山青、水美"的乡村特点，与村民同吃同住，积极探索出了三种产业升级创效模式，带领百姓在乡村振兴的攻坚道路上一往无前。

（一）依托产品特点，打造资源集约联营型产业

2022 年，为进一步增加百姓收入，大唐吉林公司依托密江乡集中种植非转基因优质大豆资源，积极谋划冷榨豆油加工厂，全力推动乡村特色农产品附加值最大释放。经过近半年时间的项目策划、市场调研、产品预售等前期工作，2023 年冷榨豆油加工厂项目正式进入实施阶段。

大唐吉林公司牵头协调地方政府和专业公司，以党支部领办合作社形式建设豆油加工厂，并向政府争取 50 万元专项资金，项目分红、土地收益均反哺给解放村集体。2023 年 5 月 8 日，豆油加工厂项目正式开工建设。7 月 30 日，豆油加工厂项目完成设备安装。8 月 14 日，开始试生产，并将豆油样品送吉林省相关机构进行检测。8 月 21 日，豆油品质超出预期并顺利取得检验合格证。目前，豆油厂已办理完全部手续并正式生产。该项目预测年产豆油可达 10 万斤，豆粕 70 万斤，每年运营管理费用达 240 万元。

项目建设初期，大唐吉林公司已经对接吉林省农业银行帮助豆油产品上架网上扶贫商城，并携手南航吉林分公司、吉林电子信息职业技术学院等企业，共同对豆油产品进行消费帮扶。所产豆油均采取私人订制形式，由大唐吉林公司帮助设计独立包装、个性标签，打造独具大唐文化的专属扶贫产品。截至 2023 年 9 月初，豆油厂今年所有产品均已通过预定方式销售一空。

2016 年至今，大唐吉林公司始终依托解放村自身特点，因地制宜选项目，先后成立了 10 公顷黏苞米领办合作社，并充分利用已经建成的冷链设施，实施黏苞米产、销、存储一条龙。积极依托大健康产业发展，不断扩大缓坡人参、优质稻米、蓝靛果、黑果等优势农产品种植面积，引进了配套的冷库和农产品深加工项目，进一步拓宽优势种植产业，不断向项目要效益，不断提升解放村百姓收入。

（二）依托闲置资源，打造要素配置联享型产业

观念一变天地宽，发展围绕市场开。结合解放村天然无污染的优势卖点，大唐吉林公司从闲置土地资源上做文章，依托村企合作模式，持续在土地＋生态＋旅游上下功夫。

结合解放村青山绿水的田间优势，大唐吉林公司加大宣传、招商、推介力度。2022 年，通过蜜糖院、河边露营等特色民宿旅游项目，吸引外来旅客 11360 人次，在解放村闲适地欣赏自然美景、了解历史文化、体验风土人情。2023 年，正在推进冷水鱼基地大桥建设和密江河北岸露营地及水上游乐项目，结合村北瀑布和游客山菜采摘体验路等一系列原生态游玩项目，努力打造独具解放村特点的城市热门网红打卡地。

2022 年，大唐吉林公司引导推进了中草药公园产业区建设，争取了项目投资 200 万元，租赁村域一般田地建设了中草药田园区，主要投资经济价值与种植收益高的中草药景天三七等中草药种苗，全力培育了密江乡域无药害中草药地理标识品牌。同年，重点建设了珲春市密江乡解放村冷水鱼基地项目，再次通过土地租赁的方式，建设占地 1 万米²、2000 万尾大麻哈鱼扩繁增殖放流基地，此项目每年可为村集体增加收入 95 万元。

（三）依托帮扶协同，打造线上线下连接型产业

大唐吉林公司着力帮助解放村构建产品、厂商、市场间的连接机制，打通帮扶农产品线上线下供销各环节，搭好相互间的利益、供应和市场连接桥。为扩大解放村农产品销售规模，大唐吉林公司依托互联网平台，邀请著名主播，现场直播乡村振兴成果，介绍解放村土特产、村容村貌、民俗风情、露营地和民宿等乡村旅游产品，提升解放村知名度，促进乡村振兴和乡村旅游发展。此外，大唐吉林公司与吉林省农业银行沟通协调，帮助富硒大米、豆油等农产品上架农行"网上商城"，促进解放村农产品形成了"互联网＋农产品"的消费帮扶对接模式。邀请农行销售专家对网店搭建、品牌宣传、营销方法进行专题培训，助力解放村农产品线上销售，解决了扶贫产品"产、供、销"中的一系列难题。

同时，结合解放村农副产品种类丰富的实际情况，通过食堂采购、员工选购和帮助销售等方式，积极开展消费扶贫。八年来，大唐吉林公司帮助解放村贫困户和村民销售土鸡、蜂蜜、松茸、玉米、土豆、萝卜等农副产品，累计实现收入 150 余万元，有效地提高了贫困户和村民的收入。

四、履责成效

2023 年 3 月，吉林省委景俊海书记亲自到解放村慰问调研，并勉励驻村干部继续服务好百姓乡亲，带动农村一二三产业融合发展。为此，大唐吉林公司继续坚持把乡村振兴作为企业的职责与使命，聚焦包保村镇、紧盯特困人群，扶持优势项目、放大投入效应、创新扶贫模式、拓展帮扶途径，积累了一些经验和做法。我们认为，包保企业资金"一次投入式"的项目扶持，难以从根本上让百姓摆脱依赖感。为此，大唐吉林公司着力打好项目组合拳，提倡"少花钱，多办事"的原则，坚持项目整合机制，重点培育区域特色强、竞争能力强、成长空间大、带动作用大的农业产业项目，形成稳定增加群众收入的长效产业，并通过对"产、供、销"全流程的优化服务，从根本上提升包保村自身的"造血"功能，有效增强贫困群众的自我发展能力。

大唐吉林公司坚持以创新驱动和融合发展理念打好组合拳，促进帮扶模式转变。把扶持发展以特色农产品为主的电子商务作为乡村振兴的重要手段，通过引进电商服务平台、朋友圈销售、主播带货等电商销售模式，解决农产品销售渠道狭窄的难题。同时，大唐吉林公司坚持把生态文明建设与乡村开发有机结合，把发展乡村旅游与乡村开发有机结合，积极争取财政扶持，引进旅游产业项目，促使解放村村容村貌得到大幅提升，百姓幸福指数节节攀升。

五、工作展望

一是在党建引领方面，2024 年继续加强党支部领办合作社豆油加工厂扩建，预计年市场销售豆油 300 万元以上；党支部领办合作社准备种植 10 公顷黏苞米，充分利用已经建成的冷链设施；继续扩大种植黄芪、景天三七药材，进一步提高村集体收入和村民就业。

二是在人气集聚方面，重点推进环球之旅密江温泉会馆、环球之旅度假区项目，计划投资 2.28 亿，重点实施景区户外漂流、房车露营、滑雪场等设施建设；推进投资 1000 万元冷水鱼基地大桥建设，努力打造成珲春市网红打卡热门地；推进密江河北岸露营地和水上游乐项目建设，完善其餐饮、垂钓相关设施建设；谋划推进村北瀑布和游客山菜采摘体验路建设。

三是在产业兴旺方面，继续推进珲春市密江乡解放村冷水鱼环球之旅产业园项目，2024 年计划建设一座养殖基地，民宿群、温泉等，并推进相关建设用地批复工作；计划投资 1.1 亿元，实施珲春市密江乡解放村冷水鱼基地项目、珲春市密江乡解放村冷水鱼基地（二期）项目、珲春密江冷水鱼基地基础设施建设项目、珲春密江冷水鱼基地基础设施建设项目、珲春市密江乡污水处理厂项目、珲春市密江乡解放村整村提升项目，推动大马哈鱼孵化车间、冷水鱼养殖车间、养殖沉淀池及引水管网、园区道路及电力系统、全乡及园区污水处理系统、铺设排污管网及水厕等设施建设。

2016 年以来，认真贯彻中国大唐集团公司工作部署，牵头包保吉林省珲春市密江乡解放村帮扶工作，创新工作模式，做实"三扶三真，五位一体"大唐特色帮扶，依托市场化手段，全力助推乡村振兴产业项目升级创效。珲春市解放村位于珲春市西部距市区 30 千米，户籍人口 106 户 266 人，平均年龄 67 周岁以上，朝鲜族占比 100%。农户的收入主要依靠种植、养殖为经济来源。主要致贫原因为百姓年纪过大，无法从事繁重的农事劳作，村集体经济活力不足，导致百姓收入较少。2016 年前，这个只有百余户的小山村就是一个人均纯收入不足 2000 元的穷乡僻壤，2016 年开始包保帮扶后，为切实帮助解放村百姓过上更加富足的生活，大唐吉林公司坚持"造血 + 输血"并举的帮扶理念，立足从"帮"到"兴"的转变，把产业项目带动作为参与乡村振兴的主要渠道，通过发挥企业优势，依托乡村特色资源，打造农业全产业链，让百姓能够更多分享产业创效带来的收益。八年来，通过产业帮扶、政策争取和消费兜底等举措，提升解放村百姓的人均收入和幸福指数。解放村 2017 年出列，2018 年全部实现脱贫，人均年收入从 2016 年不足 2000 元到 2022 年底突破 2.3 万元，诠释了大唐企业的践行社会责任的大爱和担当。

"双联共建"激发乡村振兴活力

上海电力建设有限责任公司

一、单位简介

中国电建集团福建工程有限公司（以下简称"公司"）成立于1958年，现已发展成为具有电力工程总承包能力的综合性大型企业，是世界五百强中国电力建设集团有限公司在闽骨干企业、上海电力建设有限责任公司全资子公司，海西能源建设的龙头企业。公司具有电力工程施工总承包壹级资质，可广泛开展对外承包工程经营、工程施工总承包、专业承包、工程监理、检测调试及建设管理、咨询服务等业务。近年来逐步建立起"国内、国际"两个市场，发电、送变（配）电、新能源、房建及基础设施、电力检修运维、检测调试、咨询和培训"7+1"多元业务发展格局；业务范围遍及国内22个省市及全球16个国家和地区；凭借先进的管理和卓越的施工能力，为全球电力建设做出了积极的贡献，赢得广泛赞誉。

二、案例背景

党的二十大报告指出，从现在起，中国共产党的中心任务就是团结带领全国各族人民全面建成社会主义现代化强国、实现第二个百年奋斗目标，以中国式现代化全面推进中华民族伟大复兴。作为贯彻落实党和国家发展方略、引领产业发展方向的经营主体，国有企业有责任有能力在履行社会责任、助推乡村振兴中发挥重要作用。

党的十八大以来，公司遵循习近平总书记擘画的"努力建设机制活、产业优、百姓富、生态美的新福建"宏伟蓝图，积极参与基础设施、城市开发、新能源等项目建设，为新发展阶段新福建建设贡献"电建力量"。与此同时，公司始终不忘履行社会责任，主动融入项目属地社会公益，彰显使命担当。

位于福建霞浦的古县村因地处温麻县衙故址而得"古县"地名，"时代楷模"孙丽美生前曾担任该村党支部书记。自2021年以来，公司党委携手古县村开展"双联共建"系列工作，通过"三帮扶、一保障"工程，倾情倾力，真帮实扶，让楷模家乡更加悦目，让群众评价更加悦耳，让广大村民更加悦心。

三、实施路径

- 一是做好"建设帮扶"。古县村是时代楷模孙丽美的家乡和生前工作过的地方，任村支书时，她最大的心愿就是要把村子的村容村貌给整治好。为学习、弘扬、践行"时代楷模"精神，也为完成她的遗愿，公司先后向古县村先后捐资 20 万元，用于改善当地民生，修缮村小学门外沿河护栏、便民台阶、惠民早市、巾帼文化广场等民生工程，最大限度方便群众办事、生活，把实事办到群众的心坎里。不仅如此，公司聚焦当地文化传承和保护，出资完善建造了孙丽美先进事迹展示馆以及温麻船屯记忆馆（村史馆）等公共文化设施，并先后组织三批近百名党员干部前往古县村现场学习时代楷模事迹，感受温麻历史文化，弘扬奉献精神。

● 二是做好"助农帮扶"。"我们上次种的花菜收成了，看到这一颗颗硕大饱满的花菜，真是太高兴啦……"第一次农作就能取得大丰收，公司党员志愿者喜笑颜开。在一次联学过程中，公司党委了解到古县村尽管山清水秀，环境适宜作物生长，但由于劳动力大量外流，许多田地闲置了。为此，践行央企社会责任，联动古县村深入开展"我在乡间有亩田"活动，通过连续 2 年认领 10 亩荒田，组织党员干部深入田间地头，开展劳动体验教育，宣传扶农惠粮政策，协助解决农业生产问题。看到"抛荒田"变成"丰收田"，古县村驻村第一书记也难掩心中喜悦，"我对接下去继续鼓励村民开荒种田更有信心了。"

● 三是做好"消费帮扶"。作为霞浦县主要蔬菜生产基地，受疫情及市场等多种因素影响，2022 年以来古县村许多农副产品出现滞销。公司党委采取"以购代捐、以买代帮"的形式，积极采购花菜干、玉米等农副产品，丰富职工福利清单。"他们的玉米又糯又甜，价格还实惠，我自己要买 10 斤……"公司的帮扶采购活动还意外打响了古县村绿色优质农产品品牌，干部职工自发组成"买买团"，进一步拓宽了销售渠道。

● 四是做好"电能保障"。由公司检测调试院承接的华能霞浦核电厂外三通运维项目坐落于古县村旁。项目作为华能霞浦核电的配套运维工程，为当地乡村产业发展提供充足电力保障。自驻场以来，公司运维服务团队吃苦耐劳，战酷暑、防疫情，爱岗敬业、勇于奉献，坚持"安全第一、预防为主、综合治理"的生产方针，严格遵守各项管理制度，积极参与安全生产活动，狠抓水电路运维生产安全质量，高效优质完成霞浦核电基地三通运维工作目标，以实际行动为当地乡村经济发展持续提供电能保障。公司连续三年收到华能霞浦核电发来的感谢信、表扬信。在做好项目运维的同时，运维服务团队主动扛起社会责任，配合完成古县村供电线路隐患排查及改造工作，多次携手业主单位在台风来临前配合完成古县村防台防汛物资及隐患排查。2020 年新冠肺炎疫情暴发期间，运维项目团队逆向而行、坚守岗位，与业主管理团队紧密合作，共克时艰，在抗旱救灾等活动中，全力以赴，合力完成向周边 1.6 万群众的供水任务，全面展示电建央企为民服务的本色。2021 年 8 月，在接到福建省第六批乡村振兴驻点村霞浦县古县村党支部书记孙丽美落水求助电话的关键时刻，运维服务团队秉持"一方有难，八方支援"的大爱精神，积极伸出援助之手，奋不顾身参与紧急排查搜救工作，并积极参与后续重建工作，受到了业主单位及当地村民的高度认可与肯定。

四、履责成效

（一）社会效益

公司紧跟时代潮流，秉承中国电建"事耀民生，业润社会"的可持续发展理念，立足项目优质履约的同时，通过"双联共建"等特色公益项目，深度融入当地经济社会发展，持续提升品牌形象，践行社会公益责任，以实际行动彰显了电建企业的使命和担当。古县村近年先后被评为福建省"乡村振兴实绩突出村"、宁德市"一村一品"专业村、霞浦县"全县先进基层党组织""平安乡村""美丽乡村"、松山街道"先进基层党组织"等。公司也被授予"保障粮食安全　践行央企担当"锦旗。"你们支持的项目落地效果都很好，我们的村民都很高兴，助力了我们乡村振兴事业的发展，真的非常感谢！"古县村驻村第一书记聊到公司的支持时，语气里满是感激。

（二）经济效益

公司华能霞浦核电厂外三通运维项目目前正处于大干快上施工阶段，工期计划于 2026 年 6 月结束。通过"双联共建"系列工作的实施，既让村企共建的成果更多惠及于民，也让村企建立了良好的互动互促和谐关系，实现了"互利共赢"的良好局面，为公司今后进一步拓展当地业务、核电业务打下坚实基础。

（三）推广价值

"双联共建"系列工作以满足群众对美好生活的向往为出发点，结合电建企业特色，充分发挥村企优势，为古县村大力挖掘葛洪文化，开发农业特色产业，发展乡村旅游，加快打造成为"金牌旅游村"提供积极助力，对新时期国有企业践行社会责任的路径作出有益参考。

五、工作展望

如今，古县村在乡村振兴的道路上迈上了新征程。公司还将进一步发挥自身优势，结合发展实际，进一步深化企村共建，以知重负重和攻坚克难的实际行动，助力乡村振兴工作落到实处，落在群众心底。

大力发展新能源，赋能乡村振兴

中国三峡新能源（集团）股份有限公司

一、单位简介

中国三峡新能源（集团）股份有限公司（以下简称"三峡能源"）作是全球最大的水电开发企业、中国领先的清洁能源集团，将新能源业务作为核心主业进行全力打造。三峡能源为三峡集团新能源战略主体和上市平台，坚持生态优先、绿色发展，风光协同、海陆并进，截至2022年，装机规模超2600万千瓦、资产总额超2600亿元，持续在我国清洁能源产业升级和创新发展中承担引领责任。

三峡能源始终坚持将清洁能源产业优势与农村地区资源禀赋相结合，以"新能源＋乡村振兴"为主抓手、主平台、主战场，通过产业带动、环境优化、就业帮扶、教育启智、党建共建等多维发力，扎实推进乡村振兴，促进农业高质高效、乡村宜居宜业、农民富裕富足。

二、案例背景

民族要复兴，乡村必振兴。实施乡村振兴战略，是党中央作出的重大战略部署，是新时代"三农"工作的总抓手，在党和国家发展大局中具有重要战略意义。中共中央从2004年至今，连续20年发布以"三农"为主题的中央一号文件，最近三年，更是把乡村振兴作为文件主题。三峡能源深入学习贯彻党的二十大精神，将习近平总书记关于实施乡村振兴战略重要讲话精神纳入各级党组织理论学习计划，坚持将清洁能源产业优势与农村地区资源禀赋相结合，着眼长远、精准施策，通过产业带动、环境优化、就业帮扶、教育启智、党建共建等多维发力，促进农业高质高效、乡村宜居宜业、农民富裕富足，为乡村振兴贡献三峡力量。

近年米，在"双碳"目标的指引下，我国新能源发展势头强劲，截至2023年4月，新能源装机已经占全国发电装机的30.9%。根据国家能源局刚刚发布的《新型电力系统发展蓝皮书》，预计到2040年，新能源装机占比将超过50%，成为装机结构的主体。到2060年，新能源发电量占比将超过50%，成为发电结构的主体。这涉及数百万亿的投资，新能源行业已经成为我国经济增长的新动力和新引擎。

更重要的是，高比例的绿电将带动全社会电气化、电动化水平的提升。特别是对于风能、太阳能资源丰富的广大农村地区，大力发展新能源，一方面将改善农村用电水平、加快农村能源绿色转型，另一方面将有助于促进农村产业提档升级、拓宽农民增收致富渠道，为乡村振兴提供有力支撑。

三、实施路径

（一）坚持发展特色产业、打造乡村振兴"新引擎"

产业发展是乡村振兴的基础所在，离开高质量产业发展，乡村振兴就会成为无源之水、无本之木。三峡能源结合自身技术、管理、人才、组织等方面优势，加大在革命老区、民族地区、边疆地区和偏远地区开发建设新能源项目力度，在全国 30 个省份建设近 300 座风电、光伏电站，通过增加税收就业、带动周边产业发展、助推当地传统产业结构升级。由于新能源产业链条长、配套企业多、集聚效应明显，三峡能源在新能源项目开发中，有效带动设计、研发、制造、建设、运行、物流等全产业体系，由发达地区向欠发达地区的梯度转移，推动城乡要素流动，促进区域协调发展，进一步让资源禀赋变成农民致富和乡村发展的源头活水，提升农村自主发展能力。

三峡能源因地制宜创新"光伏＋畜牧""光伏＋种植"等新能源开发模式，为农村土地综合利用赋予更大价值。根据地域特色，"量身定制"了江西万安渔光互补、吉林双辽农光互补、海南三亚天涯农光互补等"新能源＋"产业融合项目，通过深入论证调研、精益运维管理，确保项目发挥最大效用，将新能源资源开发红利更多留在当地、造福群众。在河北曲阳、河北沽源、黑龙江大安等地区投运 9 个光伏帮扶电站，以"保底＋分红"等模式，使发电收益直接增加村集体收入，有效解决"村集体无收入、办事无资金"的难题，不仅鼓了村民的"钱袋子"，更为村集体开展基础设施维护、道路维修、环境卫生整治等小型公益事业开辟了"新路子"。

（二）坚持践行绿色发展道路、注入乡村振兴"绿动力"

乡村能源是保障农民生活、发展农业生产、改善农村环境的重要基础。面对当前我国农村地区依然存在的能源消费结构不合理、能量利用效率低等问题。三峡能源充分发挥新能源在"双碳"目标推进中的"先锋队"作用，开展"驭风沐光"行动，推动乡村新能源建设工程，因地制宜发展农村清洁能源。截至 2022 年，三峡能源累计为社会输送清洁电力超 1833 亿千瓦·时，相当于节约标准煤超 5523 万吨、减少二氧化碳排放超 1.4 亿吨，相当于种植阔叶林 39 万公顷，在大幅度提高农村用电保障的同时，造福更多农村群众用上清洁电能。

三峡能源在广大农村推广"新能源＋生态修复"模式，打造环境友好型新能源"精品工程"，实现治理恢复与综合利用、保护生态相结合，经济效益与社会效益、环境效益共提升。在安徽淮南，建设水面漂浮式光伏电站，将长期开采煤炭造成的大面积采煤沉陷区治理与现代生态农业观光、现代渔业及新型清洁能源产业结合，年发电量可达 1.8 亿千瓦·时，相当于每年节约标准煤约 5.49 万吨，减少二氧化碳排放约 14.09 万吨，惠及 27 个乡镇、31.1 万居民。在内蒙古库布齐沙漠，三峡能源已建成装机 10 万千瓦的达拉特光伏发电领跑基地项目，正在建设装机 200 万千瓦的库布其光伏治沙项目和我国首个千万千瓦级"沙戈荒"新能源大基地项目，建成后将使荒凉沙漠变成"光伏发电蓝海"和"生态治理绿洲"。

三峡能源坚持以高质量、高标准，同步推进项目建设和环境保护、水土保持和植被恢复，打造环境友好型新能源"美丽工程"，新能源项目与自然风光融为一体，成为乡村生态休闲、旅游观光的亮丽风景。在青海省海南州共和县瑞泽风电场，通过科学合理规划布局，精心设计施工方案，让风力发电机组与蓝天白云、茵茵绿草相伴，描绘出一幅融汇工业与自然之美的画卷。在云南弥勒风电场，高大风机与百亩菊花相映成景，花农们提着竹篓穿梭其间，而场区道路也成为运送花朵的"致富路"。

（三）坚持激发发展活力、筑牢乡村振兴"压舱石"

就业是民生之本，三峡能源将扩大就业作为巩固脱贫攻坚成果的根本之举。三峡能源数百个风电场、光伏电站，大多数毗邻农村，在项目建设及生产运营中，三峡能源创造了大量本地就业机会。例如江苏如东柔性直流输电工程项目，仅建设期就为当地提供 2500 余个工作岗位。目前三峡能源在建的纳入国家首批清单的 9 个新能源基地项目，建设高峰期每个项目用工约万人，将有效带动地方就业。

三峡能源坚信教育是实现人才振兴的根本途径，是功在当代、利在千秋的大事。因此，三峡能源从改善教学环境、助力教育均衡发展、呵护农村儿童健康成长等方面持续发力，为乡村振兴奠定坚实的教育根基和人才基础。在山东省昌邑市，联合地方政府设立"三峡昌邑奖学金"已资助 512 名家境困难学生继续学业；在广东省阳江市阳西县，连续五年对上洋镇石门村考上大学专科及以上学生一次性 2000 元的助学金；在青海共和、四川凉山、新疆五家渠、甘肃天水等，全国数百个项目所在的广大农村，三峡能源开展捐资助学、教育设施改善、留守儿童关怀等一系列活动，助力乡村教育事业的良好发展。

目前，我国东西部差异、城乡差异背后的一个重要原因是观念、理念和视野的差异。新能源有个普遍特点，越是风光资源较好的地区，越是地形地貌复杂、人口密度低、经济条件较落后。同时，新能源电站的建设运营期一般长达 25 年以上。结合以上特点，三峡能源将每个电站，打造成推动乡风文明建设的支点，立足地方、深耕农村，开展了数百场次的"送文化送温暖""助农扶农""爱心助老""科普讲座""用电安全宣传""防电信网络诈骗宣传"等多种多样、内容丰富的文化建设活动，丰富村民业余文化生活，助力农村物质文明与精神文明的协调发展。同时，三峡能源鼓励各级党组织以"点对点"的方式，与项目所在地村镇党组织签订结对共建协议，通过宣讲主题党课、联合主题党日、帮扶困难党员群众等形式，把党建工作融入推进乡村经济发展中，提升抓党建促振兴的成效。

四、履责成效

国以农为本，重农固本是安民之基、治国之要。三峡能源始终坚持党建引领乡村振兴，践行"建设一座电站、带动一方经济、改善一片环境、造福一方百姓"，充分激活地方发展内生动力，助力高质量发展。三峡能源重庆巫山两坪汇集电站等 8 个项目入选中国能源研究会 2023 年百县千项清洁能源示范项目典型案例；编写《以清洁能源为绿色低碳发展提供强劲动能》，入选南方周末中国企业社会责任研究中心汇编的《"碳"路可持续：企业双碳行动案例集（2022—2023 年）》；荣获江西省 2021 年脱贫攻坚先进集体、南方周末 2023 年中国企业社会责任年度低碳先锋奖等称号。

五、工作展望

　　一千多年前，北宋画家王希孟在中原大地，挥笔创作了歌颂锦绣山河的《千里江山图》。时代如潮，江山如画。三峡能源相信，未来的广大农村，不仅是沃野千里的富饶粮仓，是留住乡愁的绿水青山，更是清洁高效的能源基地。三峡能源衷心期待与各位同仁携手并进、共同努力，持续推进新能源高质量发展，积极助力乡村振兴，绘就新时代的"千里江山图"。

　　未来，三峡能源将继续发挥新能源主业优势，坚持新能源与生态建设、环境治理、乡村振兴的多种结合、互补的开发模式，推进新能源项目实施，促进农村能源结构优化转型，在现代化农村这片大有可为的土地、充满希望的田野上绘就新时代"富春山居图"。

心系总书记的牵挂——独龙江乡告别"电力孤岛"

中国能源建设集团云南省电力设计院有限公司

一、单位简介

　　中国能源建设集团云南省电力设计院有限公司（以下简称"云南院"）成立于 1958 年，坐落于春城昆明，是云南省最早从事电力工程勘察设计的专业设计企业。

　　历经 65 年发展，云南院已成为专业人才齐全，技术力量雄厚，装备水平精良，具有丰富实践经验的云南省高新技术企业、云南省企业技术中心。持有工程勘测综合类甲级、电力行业设计甲级、工程咨询甲级、测绘甲级等多项甲级资质证书。业务范围包括新能源与新型电力、传统电力、生态环保、城镇建设、数字与信息，涵盖规划、咨询、勘测、设计、总承包、投资运营、科技研发"七大"领域，为国内外客户提供系统化、定制化的一站式解决方案和全生命周期的综合服务，提供绿色、安全、高效、环保的能源解决方案，业务覆盖近 20 个国家和地区。先后荣获国家、省部级奖项近 400 项，拥有多项专利和专有技术。

二、案例背景

　　独龙江乡是全国唯一的独龙族聚居地，位于金沙江、澜沧江和怒江三江并流的横断山脉地区，曾长期是云南乃至全国最贫穷的地区之一。党的十八大以来，独龙江经济社会跨越式发展，电力需求也随之大幅增长。为提升独龙江乡的供电保障能力，云南省提出实施独龙江乡联网供电和智能微网供电"双保障"供电工程。2022 年 5 月 11 日，由中国能建云南院研究设计的独龙江乡 35 千伏联网工程正式投运，至此，标志着地处祖国西南边陲的独龙江乡结束了历时 8 年独立电网的历史，与南方电网主网连通。"一步跨千年"的独龙族群众再迎新跨越，彻底告别"电力孤岛"，用上"致富电"。

三、实施路径

　　独龙江乡 35 千伏联网工程正式投入运行，与国家大电网连通后，送电容量比过去提升了 10 倍，彻底结束了当地孤网运行的时代，新线路抗灾害能力更强，供电更稳更足。独龙江乡地处滇缅藏交界处的深山峡谷中，作为将独龙江乡与大电网连接的供电线路，勘测人员需要翻越雪山，在平均海拔3100 米的高黎贡山，架设铁塔和输电线路。这条 52 千米的高原输电线路不仅有建设工人的身影，还有无数前往现场、埋头伏案的云电设计人。

（一）全力以赴，攻坚克难

独龙江乡 35 千伏联网工程项目分 3 个子项实施，包括 35 千伏独龙江变电站工程、110 千伏茨开变加 35 千伏独龙江间隔工程、独龙江变至茨开变 35 千伏茨开段与独龙江段、20 千伏麻孔线开断接入独龙江变工程；独龙江变至茨开变 35 千伏线路工程老公路绕行段、35 千伏箱变工程；独龙江乡智能微电网改造提升。线路全长约 53 千米，共 163 基铁塔，其中新建 147 基，工程总投资约 1.5 亿元。

本工程最低海拔 1449 米，最高海拔 3693 米，线路 80% 以上为原始丛林无人区。项目线路路径所经地段山坡坡度较陡，局部地形较差，线路路径的选择及塔基定位面临巨大挑战。该区域一年中雨雪天气长达 9 个月，再加上滑坡、崩塌、泥石流等地质灾害频发等因素，受交通条件、实际特殊地形限制，具体勘测过程极为艰辛。

外业勘察人员在平均坡度超过 45 度的原始丛林中，抗冰雪、战严寒、斗酷暑、防蛇虫，顽强克服了地质灾害频发、施工难度大等不利因素，如期完成建设任务，全力以赴建功一线。设计人员克服外部协调多、涉及专业多、技术难度大等难题，竭尽全力为业主提供优质服务和整体解决方案。

（二）发挥优势，通力合作

2017 年 2 月，中国能建云南院启动"独龙江供电能力提升方案研究"工作，充分发挥自身优势，先后完成了《怒江州贡山县独龙江乡电力发展规划报告》《独龙江智能微电网可行性研究报告》和《独龙江"互联网+"智慧能源示范项目可行性研究报告》等专业研究报告，为独龙江采用 20 千伏独立电网供电和智能微电网建设提供了创新、专业的解决方案。

2017 年 9 月下旬，中国能建云南院中标独龙江乡 35 千伏联网线路工程可行性研究和勘察设计项目。本项目勘察设计技术较为复杂，涉及系统、变电、线路、勘察四大板块，参与专业多达 18 个。线路方面有架空线，还有电缆，电压等级涉及 35 千伏、20 千伏、10 千伏三种。变电方面 35 千伏独龙江变电站为 35 千伏、20 千伏两个电压等级，该型变电站属于定制设计，设计周期、工作量大。变电站站址下埋有软弱地基，需对地基进行加固处理。从方案研究到项目立项，云南院各专业积极配合、持续推动，为推进工程项目高效开展通力合作。

（三）保护生态，优化设计

为最大限度保护沿线生态，该工程按"全线高塔跨树、把环境保护摆到首要位置"的原则，云南院结合实际定制设计了两套 35 千伏自立式铁塔，包含轻、重两个冰区共 9 个塔型，全线平均塔高 45 米，杆塔最高 65 米，塔腿最大极差长达 10 米，远超常规 35 千伏架空输电线路。科学合理避免出现诸多不利条件在同一塔型叠加使用，不断优化杆塔规划。尽可能利用山形山势，在高山脊上立塔，优化杆塔排位。

为有效解决雪山段暴雪凝冻等影响，雪山路段还安装了覆冰智能在线监测装置，通过科技手段，实现了重点线路的实时观测。为增强重冰区线路的抗冰能力，对此设计采取相应措施对重冰区线路及杆塔设计进行加强。同时，智能微电网改造提升后实现独龙江电网的并网、离网、并／离网切换等相关控制功能，使微电网更加智能化。

四、履责成效

（一）社会效益

该项目的投产充分满足了独龙江乡经济社会长远发展用电需求，提升了独龙江电网供电质量和供电可靠性，为独龙江乡的旅游业、乡村产业发展提供源源不竭的能源动力，为把独龙江乡打造成为文化独龙、生态典范、和谐民居、边陲明珠的全国著名旅游小镇提供坚实保障。

（二）经济效益

大网电就是"致富电"，独龙江乡经济有韧性、发展稳，两大支柱产业发展很好，草果、灵芝等特色种养殖业正向农副产品加工延伸，原生态旅游业也趁着淡季加快上马新项目，大网电来得及时，让独龙江乡争做乡村振兴示范乡的信心更足。

因为有了充足的电能，当地的村民也过上了"智慧"的生活。随着独龙江联网工程的投运，2022年7月22日，中国移动贡山分公司在独龙江乡建设的7个5G基站正式投入使用，实现光纤网络、5G信号全覆盖，"互联网＋教育""互联网远程就医"全面实施，上学难、看病难成为历史。

（三）推广价值

企业是社会的细胞，社会是企业利润的源泉。尤其是中央企业在享受社会发展赋予的条件和机遇时，也就应主动回报社会、奉献社会，促进社会的和谐进步与经济的高质量发展，这是中央企业不可推卸的责任。只有胸怀"国之大者"，牢记"两个初衷"，用心履行社会责任，塑造和展现有益于人民、有益于社会发展的良好形象，取得社会公信，企业才能更被社会青睐，具有更强的竞争力。

五、工作展望

五年来，中国能建云南院以高度的政治责任感使命感，牢记初心使命，主动履行央企社会责任和担当，不计成本和代价，勇挑项目勘察设计咨询重担，克服了种种困难，如期完成建设任务。为提升独龙江乡的供电保障能力，改善独龙族群众生活、保障边疆和谐稳定提供安全可靠的电力保障。未来，云南院将继续积极履行企业社会责任，积极响应国家"双碳"目标，坚持发展，创造精品，担当作为，努力做负责任的企业典范，加快构建现代化能源体系，为建设美丽中国贡献力量。

蓝色光伏板，铺就金色致富路

国家电投集团贵州金元股份有限公司

一、单位简介

国家电投集团贵州金元股份有限公司（以下简称"贵州金元公司"）是国家电投集团在黔二级单位，是贵州省特大型综合能源企业，公司注册资本为 46.92 亿元。经营业务主要涉及火电、水电、新能源、煤炭、综合智慧能源、电站服务业、锰系合金、水泥和物业管理等产业。电力装机容量 1680.16 万千瓦，位居贵州省第二。其中：火电装机接近贵州区域火电三分之一；光伏、风电装机 682.07 万千瓦，位居全省第一，是贵州省颇具影响的能源企业。威宁光资源丰富，依托电力企业产业优势，通过与威宁的深度战略合作，开发威宁丰富的光伏资源，转化为经济优势，以促进地方高质量发展成为贵州金元与威宁县委县人民政府的共识。

二、案例背景

威宁彝族回族苗族自治县是贵州省直管县，面积 6295 米^2，2016 年常住人口 128.71 万人，少数民族人口占 25.1%，人均地区生产总值 16908 元，是国家新阶段扶贫开发工作重点县之一。威宁县是贵州省面积最大、海拔最高、人口最多的县，也是国务院确定的连片特困地区县、国家扶贫开发工作重点县，具有低纬度、高海拔、高原台地的地理特征，光资源丰富，年辐射总量约为 5821 兆焦 / 米^2，年均日照时数 1812 小时，俗称"阳光之城"。然而这一丰富的自然资源未能得到有效开发，当地资源优势转换为经济优势的需要迫切。

三、实施路径

（一）积极开发新能源项目，释放资源优势

威宁的宝贵资源，资源优势转换为经济优势刻不容缓，贵州金元作为贵州省最重要的电力企业，责无旁贷。在威宁县委县人民政府的大力支持下，短短几年，从最初的平箐，到么站，再到中梁子、小官山等，贵州金元投资的一座座光伏电站在黔西北高原拔地而起，先后建成威宁百万新能源基地一期、二期项目，电力装机达到 255 万千瓦，总投资计 100 多亿元。

（二）大力提升道路等基础设施

由于在光伏项目建设中，大型机械需要进出，大件设备需要运输，因此新建或修缮了很多当地道路。

（三）同步投资建设雨水收集和灌溉供水系统

威宁海拔高度在 2300~2500 米之间，土地贫瘠、干旱缺水，要么一下大雨就把土地冲得到处是沟沟壑壑，土地流失严重。为解决这一问题，贵州金元在项目建设中，十分重视对生态环境的保护和种植环境改良。譬如，在么站光伏项目建设过程中，就投资 300 万元建设了当地雨水收集和灌溉供水系统，解决种植经济作物的灌溉问题。

（四）推动农光互补，大力发展板下经济

贵州金元在威宁新能源项目基本采用"农业种植 + 光伏发电"模式设计，在光伏发电的同时，科学合理利用板下闲置土地，提高光伏电站土地的综合利用率和种植养殖项目落地，助力威宁乡村振兴。为此，贵州金元威宁能源公司专门成立了乡村振兴工作部来推进农产业相关工作。通过邀请省内外专家座谈、走访农业种植养殖大户和组织专家到现场进行可行性调研与论证，拟定了 1+1 = 3 的农业发展思路（光伏电站 + 农业发展＝老百姓、政府、企业三方受益的农业发展思路），逐步实现光伏电站与种养殖业科学化、规模化和效益最大化的有效衔接。截至 2022 年 12 月，已经流转土地 53807 亩，可用面积约 35050 亩，累计种植面积达 11855 亩。

四、履责成效

（一）社会效益

● 通过光伏资源开发，让群众看到了产业发展带来的实实在在的经济成效，增强了当地老百姓脱贫致富的信心。通过项目受益感恩党和人民政府，增强了民族的向心力和凝聚力。

● 清洁发电，有利于早日实现"双碳"目标。"30·60"碳达标碳中和目标指引下，以光伏产业为代表的新能源行业，将在我国能源结构中占据更重要的位置，为加快推进我国"十四五"乃至更长时期能源高质量发展提供有力支撑。截至 2022 年，贵州金元在威宁已建成投产 255 万千瓦农光互补项目，2019—2022 年累计完成发电量 74.75 亿千瓦·时，共节省标准煤约 241 万吨，减少二氧化碳排放 745 万吨。

（二）经济效益

1. 发电项目带动农民实现稳收增收

通过发展农光互补，农民收入得到增加。一是土地租金收入。百万基地项目占用土地采取流转方式，公司一次性支付 3637 户持地农民 20 年租金 2.6 亿元，户均约 7.15 万元，土地流转涉及 9800 余

户，其中贫困户约3800余户，确保持地农民通过土地流转获得稳定收入。二是合作社入股分红。按照"企业＋合作社＋农户"的组织方式，公司无偿提供高支架光伏板下的土地给合作社作为农业产业园区使用，政府指导合作社统筹种植经济作物，持地农民可将土地面积折合成合作社股份，按土地占比获得分红。三是个人劳务收入。项目投产后，持地农民为合作社出工种植经济作物，就地解决劳务用工约3000人，同时电站聘用村民定期清洁太阳能光伏板，也给当地农民提供了就业机会。

"光伏项目落地在了我们村，我家闲置的土地被租用了10来亩，这让我在电站运营期有近10万元的租金，这笔钱，我用来换了房子。"村民张广芬谈到。

"我好几年没外出打工了，因为本地就可以打工赚钱。现在我在这帮华峰伟业商贸公司板下种植做工一天有80元，去年我上了8个月班，收入2万多元，还方便照顾家。十年前，我们这里还是一片荒坡，现在准备依托光伏电站发展农光旅游。日子比以前好过多了！"说起这些，张广芬滔滔不绝。

和张广芬一样，不少老百姓在拿到土地租金后，把自家居住的土房子改建成了小平房，欢天喜地地乔迁新居，新家宽敞明亮，前后通透，居住条件和安全性比土房好了许多，他们把能搬新家的功劳归集给了自家田间地头的那抹"蓝色"。

"光是项目租赁土地这一块，就一次性支付村里村民租金2000多万元，确保了我们土地流转稳定的收入。电站投产以来，占地2000多亩的光伏发电站，光伏板下1500多亩土地又全部交给合作社种植，我们通过蔬菜或万寿菊种植，又获得了收益"。威宁县么站镇岔河村党支部书记蔡永斌谈到。

"过去靠种植玉米和土豆，全家在土地上忙活一年仅能吃饱饭，却要为孩子读书费用发愁。现在家门口打工，能照顾孩子和家人，还有稳定的收入，真是没想到。"龙秋香说。

2. 山地种植条件改善，农产品价值提升

威宁百万千瓦基地项目的建设，对水土保持、改善种植条件、提高当地农产品价值卓有成效。一是有利于水土保持。项目建设打下的支架桩基有固土作用，可有效防止水土流失；光伏板的遮挡，避免了阳光对土地的长期曝晒，有利于土地的保湿保墒；下雨时光伏板对雨水有缓冲作用。光伏电站同步建设水保设施，开挖的沟渠、涵洞排水顺畅，有利于水土保持。二是改善山地种植条件。百万基地农业光伏项目配套建设农灌供水系统，解决种植经济作物的灌溉问题，山地种植条件大为改善，适种农作物范围扩大。三是山区交通条件改善，农产品外销更加顺畅，促进了农民增收。

"过去，这里处处是荒山或不易耕种的土地。光照太强，雨水又少，农民们撒在田间的种子，大多都长不出东西来。即便是发了小苗苗，也常常是被这灼人的太阳光晒死，加上肥料、农药成本，我家一年的种地收入还不够半年吃，也没有其他收入。"张广芬谈道。

"光伏电站的建设，对水土保持、改善种植条件、提高当地农产品价值是卓有成效的。"威宁县么站镇岔河村党支部书记蔡永斌谈道。"项目建设打下的支架桩基有固土作用，可以有效防止水土流失。光伏电站还同步建设水保设施，开挖的沟渠、涵洞排水顺畅，有利于水土保持，光伏板的遮挡，避免了阳光对土地的长期曝晒，有利于土地的保湿保墒，下雨时，光伏板对雨水也有缓冲作用。"

"天无三日晴地无三里平，么站是贵州典型的地情地貌。由于交通闭塞，以前我们的农产品走出大山的可能性很小，最多就是由农民们挑到镇上去卖，一去一来山遥路远不说，收入还少得可怜。"蔡永斌谈到，"如今，我们山区的交通条件也因为电站的建设而大大改善，农产品走出了大山，销售不再是老大难,咱们威宁的苹果、土豆,现在畅销得很,在省会贵阳有很多扶贫超市抢着要进我们的货呢!"谈起农产品顺利出山,走上城里人的饭桌,蔡永斌喜上眉梢。

3.拓展地方税源,促进地方经济发展

"项目的建设和投产拉动了地方经济发展。我们在威宁区域光伏产业总投资共计100多亿元,先后建成威宁百万新能源基地一期、二期项目,贵州金元威宁公司也成为威宁县乃至贵州最大的新能源企业,年上缴税费近亿元,是威宁县纳税大户。"贵州金元党委书记、董事长朱绍纯谈道。

威宁新能源开发,大大增强了威宁县域经济实力和可持续发展能力。"威宁已建成并网发电清洁能源项目62个,实现产值146亿元,全县工业值占比31.6%,增加值占比达50.2%。其中光伏项目产值99亿元,排名全省第一。2022年威宁县地区生产总值增至316.53亿,地区生产总值排名也从2010年毕节市的第六位上升至第二位。"威宁县县长邓林介绍道。

产业链强则产业强,产业强则经济实力强。借助区域光伏建设项目带动,威宁开始着手筹建光伏组件生产厂。2023年2月,贵州一道长通新能源公司光伏组件生产项目试产成功。立足自身资源禀赋优势,威宁围绕风光储等新能源中上游产业补链、强链取得实质突破,经济实力进一步增强。

(三)推广价值

贵州金元"农业种植+光伏发电"助力贵州乡村振兴效果明显。2022年,贵州金元"农光互补+合作社"促进共同增收—农光互补案例荣获第三届全球减贫案例征集活动最佳案例,具有推广价值。

五、工作展望

依托威宁乃至毕节市丰富的风光资源,贵州金元正准备甩开膀子大干一场,已规划建设国家电投集团毕节千万千瓦级综合能源基地,其中新能源达到837万千瓦。基地预计总投资650亿元,投资建设期间,上缴税收58.5亿元;全部建成后,年产值约200亿元(2022年威宁县生产总值316.53亿元),年上缴税收约25亿元,可带动就业人口1万人以上,目的就是通过企业的高质量发展,进一步推动绿色发展,进一步推动助力乡村振兴,更好地履行好央企的社会责任。

2023年4月24日,国家电投集团与贵州省签署深化战略合作协议。贵州省委书记徐麟表示,希望国家电投继续大力支持贵州发展,进一步深化能源领域务实合作,助推贵州新型综合能源基地建设,为贵州高质量发展和现代化建设提供有力支撑和保障。2023年9月28日,贵州金元召开"雪炭N行动"工作动员部署会,旨在贵州省20个乡村振兴重点帮扶县和46个脱贫县,通过试点先行、分批建设、逐步推动实现"雪炭N行动"覆盖,在已建设实施零碳电厂、分布式光伏、独立储能的县域快速推动"雪炭N行动",通过技术、机制、场景、模式创新运用,构建农村新型能源体系,落实农民增收、村集体增收、农村绿色低碳发展见成效,创新性落实中国"3060"目标和乡村振兴战略。

非遗传承绽新彩，人民核电为人民

中国广核集团有限公司

一、单位简介

中国广核集团有限公司（以下简称"中广核"）起步于大亚湾核电站建设，40 多年来积极落实国家战略要求，逐步发展成为以核能为主要特色的世界一流清洁能源企业，并持续优化构建"6+1"产业体系，涵盖核能、核燃料、新能源、非动力核技术应用、数字化、科技型环保和产业金融，拥有 2 个内地上市平台及 3 个香港上市平台。

二、案例背景

中广核党委深入学习贯彻习近平总书记关于生态文明建设和巩固拓展脱贫攻坚成果同乡村振兴有效衔接的重要指示精神，以习近平生态文明思想为指引，全面推进乡村振兴工作。创新提出"生态核电"发展理念，依托惠州核电全国首个"生态核电建设示范基地"，围绕"共生、互生、再生"的理念，促进太平岭核电（核心层）、惠东县（紧密层）、惠州市和深汕合作区（关联层）、粤港澳大湾区（拓展层）的高质量发展，逐步建构"三生四层"理论实践体系，通过采取空间布局、自然环境、生产技术、人居生活、社会人文、"核电＋"经济圈等六大举措，形成电站与公众、环境、社区之间"惠众核谐"的良性局面。

在实现高质量发展的同时，太平岭核电牢牢把握住"坚持人民至上"内在意蕴和时代要求，牢固树立并全面贯彻以人民为中心的发展思想，并逐步探索形成"人民核电为人民"生态核电发展理念。在生态惠核共生发展的乡村振兴实践探索中，推动国家级非遗文化"惠东渔歌"与大国工程太平岭核电紧密融合，迸发时代火花，以"核美渔歌队"组织成立为标志不断塑造乡村振兴高质量发展新格局。

三、实施路径及履责成效

（一）搭平台、建机制，强化乡村振兴党建引领

● 一是深化党的基层组织创新实践。国务院国资委在《国企这十年》组织特刊中评价太平岭核电联合党委"基层党的建设有声有色"。围绕"生态核电"共生发展课题，太平岭核电联合党委充分发挥"政治引领、统筹协调、服务保障"关键作用，组织成立"生态惠核"乡村振兴临时党支部，通过就业

帮扶、人居环境整治、助教助学、村企共建、慰问帮扶等方式，把党的政治优势、组织优势转化为全面推进乡村振兴工作的发展优势，全面落实百千万工程要求，助力乡村振兴。

- 二是优化"大党建"组织机制建设。地方党委搭台、参建单位唱戏、群众百姓受益，"大党建"的组织格局打破了政企警村间一般性管理约束边界，提升了核电项目全链条政治站位，强化了"为群众办实事"的责任意识。通过完善临时党支部规章制度，进一步促进临时党支部认真履职担当，组建起由惠州公司牵头、黄埠镇党委执行和行政村党支部落地的"政企村"三级联动机制，制定支部工作方案，以"三会一课"为抓手，每季度召开一次支部会议，常态化做好支部运作、管理、决策等工作，推进解决村民实际问题，切实发挥临时党支部带帮扶作用。

- 三是具化"惠众核谐"党建品牌内涵。建好一个项目、带动一方经济、造福一方百姓，紧紧围绕群众关心关切，通过座谈交流、主题党课、节日关怀等常态化共建活动组织，以真抓实干解决就业问题，吸引100多名黄埠籍大学生、3000多名周边村镇劳动力到项目参建单位工作；以真心实意解决农民燃眉之急，采购本地西冲莲藕和海产品等120余万元，有效助力农户增收提效；以真金白银解决乡村发展问题，设立375万惠核发展基金有力提升周边宣教文卫事业发展；以真情实感凝练惠众核谐，6000余户次走访慰问切实增强周边居民的获得感、幸福感、安全感；一系列行动举措赋予了"惠众核谐"党建品牌丰富内涵。

（二）办实事、解难题，锚定生态核电共生发展

- 一是共建共享民生设施，为地方发展注入新动能。完善交通基础设施，结合项目进厂公路和应急路建设需要，对接地方交通规划，高标准建设新吉盐公路、望龙公路、平东公路等交通基础设施，打造沙埔–东头绿道，在有效完善20余千米地方交通路网、大幅改善道路沿线居民出行条件的基础上，进一步带动了周边生态旅游业、工业旅游业的蓬勃发展，其中新吉盐公路获评惠州市2022年度"最美农村路"。提高水资源有效保障，以生态核电共生发展为出发点，在修建项目永久供水工程的同时，提前考虑沿线居民和重点项目的迫切用水需要，预留周边社区淡水管线接口，并积极研究推动海水淡化工程建设，为改善群众生活条件、绘就美好生活蓝图创造更多可能。同时，充分考虑周边村镇社区面临的防排洪实际情况，高标准建设厂区两侧排洪工程，疏浚加宽排洪河道，有力保障人民群众生命财产安全。构筑生态核电共生圈层，作为太平岭核电工程建设唯一的整村搬迁村，10月31日，惠东县黄埠镇龙子村新村落成仪式顺利举行，以群众幸福家园建设诠释"人民核电为人民"最质朴的群众愿景，书写新征程上生态惠核共生发展的又一亮眼篇章。作为社会视角新模式下的承包商营地建设样板工程，山下水岸营地生活氛围日渐浓郁、初具规模，生态惠核社会人文共同体初步形成。"人民核电为人民"的生态核电发展愿景正不断实现群众对美好生活的向往和追求。

- 二是同心同愿民心所向，为乡村振兴探索新路径。细化落实"为群众办实事"机制，通过调研访谈等多种形式，摸清查实短板缺项，先后惠及学校10余所，帮扶学生近万名。仅2023年一年，先后完成沙埔村道扩建、望京洲村道升级、霞坑村和新渔村排水渠改造等4个基建项目，村庄面貌焕然一新。筑牢共同富裕机制基础。在项目建设招工用工中，同等条件下优先录用当地居民，并提供就业技能培训，截至2023年6月，5家主体施工单位招用惠东籍人员共695人，其他辅助单位招用271

人，助力当地政府落实保就业、稳就业相关政策措施。主动组织引导相关企业主动与当地村集体经济组织、农业经营者、农民、渔民等建立采购合作协议，推动当地蔬菜、水产品等农副食品向企业食堂、餐厅供应，增加农户收入。

（三）学思想、兴文化，绘就乡村振兴秀美画卷

● 一是以思想统一凝聚共识。坚持支部共建开展党课学习，设立党建宣传专栏，及时宣传党中央最新决策部署和习近平总书记重要讲话精神，把习近平新时代中国特色社会主义思想写在"生态核电"示范建设的广袤大地上。**坚持常态化科普宣传工作创新创优**，依托白沙村核电展厅、惠州市科技馆核电展厅两大科普阵地，定期开展科普宣传，获评"全国电力科普教育基地""广东省科普教育基地""惠州市科普教育基地"等荣誉；在惠州市县镇 14 所学校开展"可持续发展视野下的生态核电"特色科普课程，开展 70 余次校内科普宣传活动覆盖近千人，使"生态核电"理念走进千家万户，让群众成为生态核电"人民核电为人民"最可靠、最可信赖的力量支柱，在公众参与问卷调查中取得了98.7% 支持率的优异成绩，赢得广大公众的认可和支持；协同惠州"碧海蓝天"环保公益协会创新开展红海湾海岸线生态监测及生物多样性走廊建设，获评广东省年度十佳环保案例；常态化开展"聚民心——白鹭公益行"活动。**坚持帮扶结合助力成长成才**。设立"惠核奖学金"，助力黄埠中学教学成绩从 2015 年全县第 15 名提升至 2022 年全县第一；积极参与中广核"彩虹计划"，统筹"彩虹计划"结对帮扶工作，常态化开展接力支教、对接帮扶和爱心捐赠等活动，累计投入人力 100 余人，捐赠物资10 余万元。

● 二是以文化自信凝聚力量。在市县镇 14 所学校常态化组织清洁能源进校园、开学第一课、"可持续发展视野下的生态核电"特色校本课程等活动，带动校园文化与核电知识的相融合。积极联合惠东县政府、周边村镇，发掘地方国家级非遗文化遗产"惠东渔歌"，推动组建非遗传承"核美渔歌队"，31 名渔歌队成员既有经验丰富、唱功卓越的中老年表演者，也有对传统文化有浓厚兴趣的新时代小艺术家，将核安全文化与当地历史文化、生态文明建设深层次结合，助力非遗文化绽放新光彩。

📦 四、工作展望

党的领导党的建设是太平岭核电事业发展的根与魂，新时代、新征程、新使命、新担当，我们坚决落实好习近平总书记对核电行业和中广核的重要指示批示精神，扛好核安全政治责任，落实好上级党委工作要求，不断巩固深化主题教育成果，团结带领广大干部员工以斗争精神迎接挑战，以奋进拼搏开辟未来，努力实现各项经营目标，全力建设好"三大工程"，为地方经济发展贡献力量。

在全国首个生态核电建设示范项目的新时代征程中，中广核将始终坚持人民至上，以"人民核电为人民"的发展理念作为核电高质量建设的出发点，始终把人民群众放在前面，把人民群众关心所系、所急所盼放在实践中，携手并进共筑中国式现代化核电高质量发展新路径。

润泽美好，高质高效推进乡村振兴

华润电力（贺州）有限公司

一、单位简介

华润电力（贺州）有限公司（又称"华润电力广西公司"）是华润电力下属核心区域公司，统筹负责华润电力在桂业务，是华润电力唯一覆盖火电、风电、光伏、分布式能源、配售电、综合能源服务等领域的平台化区域公司，旗下两台百万千瓦火电机组是贺州华润循环经济产业示范区（国家级循环经济示范区）的龙头企业，是国家高新技术企业、国家重点研发计划《电力企业社会责任实施指南》标准研制单位、广西优秀企业、广西百强企业，获评 2022 年度碳达峰碳中和行动典型案例二等奖。截至 2023 年上半年，广西公司共有法人实体 30 家，资产总额约 110 亿元，总装机容量 300.2 万千瓦，其中火电 209 万千瓦、风电 73 万千瓦、光伏 18 万千瓦、生物质 0.2 万千瓦。

二、案例背景

华润电力广西公司已在广西深耕 15 年，从脱贫攻坚到乡村振兴，始终坚定履行社会责任，倾情回馈社会。"十四五"是乘势而上开启全面建设社会主义现代化国家新征程、向第二个百年奋斗目标进军的第一个五年。乡村振兴是实现中华民族伟大复兴的一项重大任务。华润电力广西公司将不断巩固拓展脱贫攻坚成果，接续奋战乡村振兴，持续以实干担当践行央企初心使命，以务实举措推进乡村振兴战略，为全面建设社会主义现代化国家、实现第二个百年奋斗目标作出新的更大贡献。

三、实施路径

华润电力广西公司持续聚焦社会关注和区域发展需求，结合区域发展优势，积极通过产业振兴、人才振兴、文化振兴、生态振兴、组织振兴 5 个方面助推乡村振兴，赋能乡村生态文明建设和乡村经济建设，为社会点亮美好新生活。

四、履责成效

2008—2022 年，在富川瑶族自治县、都安瑶族自治县、田阳县、田东县等 9 个广西原国贫县，华润电力广西公司在乡村振兴领域，投入无偿捐赠资金（含物）超 1350 万元，开展 40 余个慈善公益项目；产业投资金额 100 亿元，开展 1 个产业投资合作帮扶项目；惠及 32000 余户、148000 余人。

（一）产业振兴情况

华润电力广西公司在富川瑶族自治县、田阳县、田东县、隆安县、田林县、德保县、昭平县、融安县注册 10 家实体公司，总投资近 100 亿元。

华润电力广西公司主动承担社会责任，竭力改善周边村民生活水平，助力周边发展建设，积极成为区域美好生活的支持者、参与者。十年来，以华润贺州电厂为支柱的贺州华润循环经济产业示范区在推动富川瑶族自治县经济社会发展上持续发力，使富川瑶族自治县工业实现跨越式发展。示范区以增量配电网为纽带，打造华润循环经济产业示范区园中园——粤桂（四会·富川）扶贫协作产业园。产业园通过发展"飞地经济"模式，帮助 156 个村、社区（含 58 个贫困村）补齐村级集体经济短板，实现每村每年平均增收 5 万元。目前产业园已入驻企业 60 余家，共吸纳就业 2000 多人。

为支持和推动富川瑶族自治县经济社会的高质量、可持续发展，在粤桂两省区各级党委、政府的关心支持下，华润贺州电厂持续推动广西首例大型能源精准扶贫项目"贺电送粤"落地，帮助原国家扶贫开发工作重点县富川瑶族自治县顺利脱贫，从 2019 年至 2023 年 8 月，累计送电广东 141.8 亿千瓦·时，增加工业产值 65 亿元，增加税收 3 亿元，推动粤桂协作开创新局面，为全面实现乡村振兴注入了强劲发展动能，也为两省区能源电力保供工作做出了积极贡献，入选电力行业企业社会责任优秀案例集。项目牵头人被评为"全国脱贫攻坚先进个人"。

华润电力广西公司向河池市都安瑶族自治县高岭镇复兴村捐赠 150 万元，用于援建村集体经济牛场、村集体经济羊舍以及自来水供水项目，推动乡村产业发展提质增效；向贺州市平桂区公会镇清水村捐款 5 万元，助力清水村对村庄道路和防洪堤进行修复及加固，保证村民在雨季时正常生活，直接受益 2190 余人。

华润电力广西公司充分发挥工会组织的职能作用，在端午、中秋、春节等节日通过富川瑶族自治县富泽瑶礼等助农平台采购地方农户农副产品，作为慰问品发放给公司员工，以实际行动助推"以消费促振兴"工作，促进地方农副产品扩大市场、增加销量，实现广大农民群众增产增收，累计采购助农产品近 60 万元。

此外，华润电力广西公司以新能源产业带动乡村绿色经济，以村集体筹资入股、华润电力建设运营的"新能源+"帮扶模式，在梧州苍梧地区打造了华润电力在桂首个风电扶贫项目，累计筹集村集体资金 1167 万元，现项目已实现投产运营，运营容量 5 万千瓦，已为村集体经济创收超 400 万元，帮助苍梧县 2.45 万名贫困户脱贫摘帽。项目风机塔筒印制有苍梧县六堡茶标识，作为旅游景点，有效助推苍梧县六堡茶产业文旅融合发展，在带动茶农增收的同时壮大村集体经济，实现了企业绿色发展与乡村振兴的双赢，2023 年预计可为村集体经济创收 300 万元。同时，华润电力苍梧六堡二期 5 万千瓦风电项目正在建设中，将持续为乡村振兴注入新动能。

富川瑶族自治县牛背岭 60 兆瓦光伏项目与贺州华润循环经济示范区 15.2 兆瓦分布式光伏项目结合乡村发展、美丽乡村建设理念，利用乡村闲置土地、村集体工业厂房闲置屋顶建设集中式、分布式光伏项目，推动生态价值转化，在有效节约标准煤用量、减少二氧化碳排放、助力地区实现"双碳"目标的同时，村民享受租金分红，增加村集体收益，有效带动县域经济发展。其中，富川瑶族自治县牛背岭60兆瓦光伏项目占地面积约1000亩，土地涉及莲山镇莲塘村、牛背岭村、井头村、洞口村4个自然村，共计约500户村民，项目实施后，为村民、村级集体增加收益共计约1000万元。贺州华润循环经济示范区15.2兆瓦分布式光伏项目采用自发自用、余电上网模式，使示范区12栋标准厂房、周边156个村委群众获得收益，大大激发了周边群众努力发展乡村产业的热情，助力富川瑶族自治县牢牢守住脱贫攻坚成果。

（二）人才振兴情况

华润电力广西公司全面落实就业政策，增加就业岗位供给，为高校毕业生、退役军人、周边居民尽可能创造就业机会，进一步保障社区民生稳定，通过社会招聘、校园招聘等渠道招聘原国贫县及原中央苏区工超150人。

华润电力广西公司持续关注各项人才服务政策，为员工提供温暖贴心的政策解读及申报服务。2022年，华润电力广西公司在贺州市高层次人才分类认定申报的文件指引下，组织员工开展高层次人才认定政策宣贯会、内部动员会、认定申报材料编写会、申报流程解析会、员工答疑会等，助力员工取得人才证书和人才服务卡，享受人才公寓租住、子女入学、便捷就医等10余项专属服务。经申报，华润电力广西公司1名员工被认定为E类人才，13名员工被认定为F类人才，60名人才被认定为G类人才，送审通过率100%。

（三）文化振兴情况

华润电力广西公司深入贯彻落实习近平总书记视察广西"4·27"重要讲话精神和对广西工作系列重要指示要求，在推动体育高质量发展上担当作为。2022年，投入50万元支持广西壮族自治区第十五届运动会体育赛事，为自治区体育运动的发展、全民健身运动普及增添活力和动力，争做建设壮美广西的践行者，获评广西壮族自治区第十五届运动会合作伙伴、贡献单位华润电力广西公司组织员工捐款成立爱心公益账号，累计投入爱心公益资金200余万元，在富川瑶族自治县用于开展"金秋助学""六一慰问"等公益活动。至今，广西公司已连续8年开展"金秋助学"活动，累计资助富川瑶族自治县县区以及牛背岭、罗山、大深坝、栗下塘等多个自然村的70余名优秀学子入大学。

华润电力广西公司向富川瑶族自治县捐赠1000万元教育资金援建的华润小学已启用，现有19个教学班，学生750余人，生源主要来源于周边自然村、园区企业子女。2022年，华润电力广西公司积极响应政府部门号召，向富川华润小学捐赠3万元教育基金，优化教育资源配置，为教育事业的和谐、健康和持续发展注入新动能，为乡村振兴添砖加瓦。

此外，华润电力广西公司高度重视教育帮扶工作，从硬件建设、软件提升、学生资助等方面助力经济薄弱地区发展教育事业，用真情呵护学生成长成才，在少数民族聚集地河池市天峨县更新校投入20万元，捐建1所"能量教室"，将优质数字教育资源便捷、高效地输送到学校，为学生们带去爱与希望。

华润电力广西公司还通过举办公众开放月、家庭活动日等方式，开展志愿者授课活动，积极向社会大众传播电力相关知识及红色文化，进一步强化与社区交流，为社会各界人士开启一场难忘的风、光、火之旅，让大家"零距离"了解发电、售电与输电。华润电力广西公司设有循环经济、配电网等多个科普展厅，先后获评国家循环经济教育示范基地、广西绿色环保教育基地等荣誉，接待国内外企业、院校、政府机构、社区等来访人员超 50000 余人次，多次开展"走出去""请进来"系列科普宣传活动，同时联合广西、广东、香港等地的高校及中小学举办科普活动，提供见习、实习机会，成为广西大学、香港理工大学、贺州学院等单位的产学研合作基地，科普成果效果显著。

（四）生态振兴情况

贺州市（所辖县区含昭平县、富川瑶族自治县）享有全国"重钙之都"美称，矿石资源富集，储量较大，碳酸钙产业是贺州市的支柱产业，市区内约有 450 家大理石企业。在碳酸钙产业高速发展的同时环保问题也应运而生，尤其是在切割过程中产生的大量大理石废浆，最让政府和企业为难，如何处置如此大量的废浆成了人们首要思考的问题。华润电力广西公司在得知这一消息后，立刻组织攻坚团队，积极承接广西科技重大专项，结合现有工艺，开始研究如何将大理石废浆重新利用起来，依托火力发电厂，将大理石废浆循环利用于烟气脱硫，在一次次攻克技术难题后，大理石废浆变成高品质的石膏，并通过招商引资引进北新建材，形成"大理石废浆—脱硫石膏—石膏板材"完整的循环经济产业链，脱硫石膏全部就地资源化利用，实现大理石废浆循环再利用。这也是在全国率先采用"大理石废浆循环利用于烟气脱硫"技术，实现了"以废治废、变废为宝"，解决了"重钙之都"废浆排放污染问题。

在机组满负荷的情况下，华润富川电厂每年能消纳 25 万吨大理石废浆，有效实现石材固废循环利用、污染防治、效益提高的"三赢"局面，把循环经济由园区循环推向社会循环，实现全方位多层次的社会大循环目标。

（五）组织振兴情况

华润电力广西公司积极与富川瑶族自治县等原国贫县开展党支部共联共建，组织富川瑶族自治县村镇党员群众到贺州电厂参观党建展厅、循环经济展厅等，并邀请其到"潇贺书院"党建与人才培养平台分享革命时期的艰辛时光，将大家一同带回到那个峥嵘岁月，感受红色革命精神，让红色文化、华润文化深入他们心中。

华润电力广西公司坚持"言商言政"工作"两手抓，两不误"，积极推荐各业务线中的优秀人才进入原国贫县参政议政平台，共有 3 名员工分别成为贺州市党代表、富川瑶族自治县政协委员、田东县政协委员，充分履行代表和委员职责，为区域发展建言献策，展现央企责任担当和大局意识。

五、工作展望

新时代赋予新使命，新征程呼唤新担当。广西公司将坚持党的领导，坚持因地制宜，坚持创新驱动，坚持协同高效，以更强的使命感与责任感，乘势而上、接续奋斗，奋力谱写全面推进乡村振兴新篇章。

规划引领，产业推动，人文赋能——中国电建高质量推进定点帮扶振兴工作

中国电力建设集团有限公司

一、单位简介

中国电力建设集团有限公司（以下简称"中国电建"）注册资本金 319.88 亿元，承担全球清洁低碳能源、水资源与环境、基础设施建设，提供投融资、规划设计、施工承包、装备制造、管理运营全产业链一体化集成服务和整体解决方案。受国家部委委托，承担国家水电、风电、太阳能等清洁能源和新能源的规划、审查等职能。

二、案例背景

中国电建产业聚焦"水、能、砂、城、数"，模式集成"投、建、营"全产业链一体化，秉承"建世界一流企业，创全球卓越品牌"愿景和"事耀民生，业润社会"理念，坚持精工良建、品臻致远，努力创造价值，积极回馈社会。按照国资委部署，目前承担了定点帮扶云南省大理白族自治州剑川县、新疆维吾尔自治区和田地区民丰县助力乡村振兴工作。

三、实施路径

中国电建坚持以产业帮扶为核心，助力定点帮扶县因地制宜发展特色产业，延长产业链，提升价值链，激发定点帮扶县经济发展的内生动力，推动造血式帮扶产业做深做实。

（一）发挥规划设计优势引领乡村有序发展

发挥规划技术优势和专业专长，为民丰县编制新能源基地设计方案；编制民丰县全域旅游规划，为剑川县编制《2022 剑川县沙溪镇石龙村乡村振兴示范项目——精品示范村创建》实施性规划，推动地方经济科学有序发展。

发挥设计优势，按照"源于历史，根植于文化，生长于地域"的博物馆设计理念，用现代的设计手法精心编制了尼雅博物馆设计方案。为剑川提供乡村振兴示范村及乡镇排水管网改造工程的设计方案。

尼雅博物馆设计图

（二）发挥能源投资优势开展新能源项目前期研究

发挥主业特长，充分挖掘定点帮扶县优质新能源资源优势。设立"中国电建民丰县光伏产业基地发展基金"，推进民丰1000万千瓦大型光伏基地开发项目前期工作。光伏资源是民丰县优势资源之一，符合国家积极推进以沙漠、戈壁、荒漠地区为重点的大型风电、光伏基地建设的战略方向，符合公司"十四五"发展战略。

（三）发挥水环境治理优势推动生态旅游产业振兴

发挥水环境综合治理核心技术优势，对云南剑川县的剑湖流域开展了水环境、水生态、水安全、水文化多位一体的综合治理。剑湖治理极大改善了剑川县自然环境条件，剑湖已重现水鸟栖息、岸绿水清的自然风光。县域旅游形象得到进一步提升，促进了生态环境治理与当地社会经济发展的深度融合。

支持民丰县尼雅湾生态治理修复配套项目，建设健身步道、绿化、应急避难场所等配套设施，助力民丰县推进生态文明建设和巩固环境保护成果。

（四）发挥投、建、营优势提升帮扶项目造血能力

一是投资引领放大帮扶力量。充分借助市场的机制和力量，打造中国电建"产业投资引领"帮扶模式，提升帮扶项目造血能力。

向剑川县捐资3000万元作为项目资本金，通过"帮扶单位＋县委县政府产业平台公司＋外部合作企业＋金融机构＋村民合作社＋农场主＋农户"的"1+6产业帮扶模式"，引入社会合作企业——云南皇氏来思尔乳业有限公司，共同建设总投资5.5亿元的万头奶牛养殖及10万亩饲草饲料种植项目。该项目盘活剑川县近10万亩冬闲田，为当地直接提供500个就业岗位、5万个临时用工机会。目前二期项目已开工，三通一平基本完成。

向民丰县捐资2550万元，采取"龙头企业＋合作社＋养殖户"模式助力建设民丰县多胎羊特色

肉羊养殖基地项目。以点带面，辐射全县，助力实现"一人就业，全家脱贫，持续增收"。

二是精工良建打造金字招牌。投入精干力量和优质资源，推动推民丰县尼雅博物馆施工按照高标准建设。派驻专业设计师，常驻项目工地，及时协调解决项目施工中遇到的重点难点问题，为项目施工计划的顺利实施提供全方位技术支持。实施严格规范的标准化现场施工管理，带动和提升县域基础设施建设质量标准。尼雅博物馆将成为民丰县乃至新疆和田地区的地标性建筑，成为尼雅遗址等国家级文化保护地出土的数百件文物藏品的栖息地，成为尼雅文化的展示地，成为两千年文明传承展示的殿堂。

三是加强运营督管发挥实效。发挥运营管理经验，加大对剑川县云端牧场、消化病防控中心、光伏扶贫项目，民丰县全产业链肉羊等运营帮扶项目的督导检查工作，强化运营管理，确保帮扶项目发挥实效。

（五）整合资源，共同促进乡村全面振兴

注重加强中央单位之间合作，积极开展与"东西部协作""沪滇协作"等帮扶力量的携手合作，整合帮扶资源，形成帮扶合力，共同助力乡村振兴。

公司投入建设资金 630 万元，整合上海援扶资金 300 万元，剑川自筹资金 200 万元，共同建设中国电建沙溪镇石龙村乡村旅游示范项目。整治完善石龙村人居环境，提升改造白族非遗文化体验中心和白族原乡博物馆，合力打造剑川乡村振兴旅游示范项目。

对民丰县尼雅文化博物馆项目投入资金 2500 万元，结合中央专项预算内资金 2400 万元，共同推进实施尼雅文化博物馆建设，确保民丰县乡村振兴重点项目如期开工，建设节点计划稳步推进。

捐赠剑川旅游专项资金 460 万元，结合剑川县拨付配套资金 1140 万元，采用"国外品牌 + 石龙村乡村旅游合作社 + 村集体 + 脱贫户"的模式，打造半山酒店知名品牌加农村民宿旅游圈，保障了旅游客流量，带动村集体经济收入增加和脱贫户的稳定就业。

（六）提升培训教育质量助力人才振兴

公司在剑川县设立"中国电建（剑川）乡村振兴工作站"，引进清华大学远程教育教学站模式，携手"本来生活网"等社会机构商务专家加强定点帮扶县乡村基层干部、乡村振兴带头人和各专业技术人才培训。2022 年共培训县党政干部、农村致富带头人、乡村振兴带头人、新型经营主体、卫生健康和派驻干部等 3855 人次。

（七）夯实基层医疗卫生保障基础

在剑川县设立中国电建"剑川消化疾病防控中心"。协助扩充专家医疗资源，加强医生培训，打造服务剑川县及周边县市的"一流消化疾病防控中心"，助力阻断因病致贫和返贫，保障脱贫攻坚成果，助推剑川县康养医疗产业发展。

携手善小公益基金会，开展"你守护村民　我守护你"第四期乡村医生培训活动。举办乡镇卫生院医生专业技术培训及送医上门巡诊、消化类疾病的巡诊义诊等活动。

（八）补短板加强少年儿童教育帮扶

注重"智志双扶"，通过多"补针"、勤"点睛"不断提升定点帮扶县教育质量，消除落后思想的代际传递，阻断因学致贫返贫。一是培训中小学教师；设立第五期"圆梦的手"助学金，资助剑川县参加高考并被录取的"三类"家庭大学生和部分有特殊困难的高等教育阶段学生，项目累计已为300名学生提供资助。二是携手全国妇联中国妇女发展基金会实施"电建家庭成长计划（第二期）"公益项目，为剑川县困难家庭的5~14岁儿童改善房间环境、提供定期入户陪伴及家庭共建等服务，助力青少年儿童健康成长。三是维修民丰县寄宿制初级中学学生生活区校舍，极大改善了住宿学习生活环境，惠及学生约2900名。

（九）建设种植示范基地，大力开展消费帮扶

结合定点县农产品特色，建设中国电建云南剑川县苹果、土豆种植示范基地，以及新疆大枣、甜瓜种植示范基地，提升农产品种植技术水平，打造市场化优质品牌，拓宽农产品销售渠道，促进农产品销售和农民增收。公司所属各级企业和干部员工积极参与购买帮扶地区特色农产品，2022年中国电建消费帮扶平台和央企消费帮扶平台等渠道采购脱贫地区特色农产品共计2721万元，帮助销售农产品423万元，消费帮扶总计3144万元。

四、履责成效

中国电建高质量推进定点帮扶县巩固脱贫攻坚成果，接续推进全面乡村振兴工作，连续五年在中央单位定点帮扶考核中获得"好"的评价，曾荣获"全国脱贫攻坚先进集体"荣誉称号。中国电建生态振兴案例获国资委《中央企业助力乡村振兴蓝皮书（2022）》优秀案例表彰，中国电建帮扶模式案例获中国上市公司协会2022年"上市公司乡村振兴最佳实践案例"表彰。

五、工作展望

中国电建始终以习近平新时代中国特色社会主义思想为指导，继续一如既往地贯彻落实党中央决策部署，落实国家乡村振兴局、国务院国资委以及新疆维吾尔自治区党委各项工作要求，充分发挥央企优势，忠实履行央企责任。中国电建将进一步统筹深化产业帮扶途径，建立工作沟通机制，共同探索长期合作、互利双赢的产业振兴发展模式，为定点帮扶县经济社会可持续发展贡献中国电建智慧和力量。

"益"片绿色，"益"份责任——海原华润生态公益林项目

华润新能源投资有限公司宁夏分公司

一、单位简介

华润电力控股有限公司（以下简称"华润电力"）成立于 2001 年 8 月，是华润（集团）有限公司旗下香港上市公司，是中国效率最高、效益最好的综合能源公司之一，业务涉及风电、火电、水电、光伏发电、分布式能源、售电及智慧能源、煤炭等领域。华润电力 2014 年进驻宁夏，成立华润风电（海原）有限公司、华润新能源（中宁县）有限公司等 8 家实体公司，于 2021 年成立华润电力宁夏公司（以下简称"宁夏公司"），是华润电力在宁夏成立的省级管理公司，有员工 200 余人，运营项目 17 个，主要分布在中卫市、石嘴山市，战略性自建运营 330 千伏输变电工程，前瞻性建成华润电力宁夏集中运维基地和华润海原县华润变（330 千伏）200 兆瓦 400 兆瓦·时新能源共享储能电站，积极引进华润供应商中国中车株洲所风机设备制造基地落户海兴开发区。

宁夏公司先后获得了"全球年度最佳风电项目""亚洲最佳风电项目金奖" 2 项国际大奖，"国家优质工程奖""电力行业优质工程" 2 项国家级大奖以及"香港超卓安全环境健康奖""行业领军企业""宁夏优秀外商投资企业"等 20 余项省部级及以上奖项。

二、案例背景

海原县隶属于宁夏回族自治区中卫市，曾属于六盘山区集中连片特困地区、贫困革命老区、民族地区，因"干旱少雨""自然环境恶劣""水土流失严重"，曾十年九旱、土地贫瘠，生灵涂炭，人地关系失衡，生态持续恶化，陷入了"人口增加—开垦土地—破坏生态—贫困—人口增加"的恶性循环之中，被国家确定为 14 个集中连片特困地区之一，是国家扶贫工作重点县和宁夏脱贫攻坚的主战场和核心区。加之海原大地震侵袭，1972 年被联合国粮食开发署确定为最不适宜人类生存的地区之一。

2012 年，国务院扶贫办新增了宁夏海原县为华润集团第二个扶贫县。华润集团精准帮扶、持续发力，2014 年，华润集团深入调研、全面了解海原县经济社会，充分发挥华润多元化产业优势，助力海原县脱贫攻坚，与海原县人民政府制定了《华润集团定点帮扶海原县发展五年规划（2014—2018年）》，结合海原县产业发展情况、生态环境等方面，通过产业帮扶、投资帮扶、人才帮扶、公益帮扶

多领域全方位多层次开展帮扶工作。宁夏公司认真贯彻落实习近平生态文明思想和集团对口帮扶决策部署，牢固树立和践行绿水青山就是金山银山的理念，坚持扶贫开发和投资增长两手都要硬的原则，恪尽职守、履职尽责，大力发展清洁能源产业同时，有力践行红色央企社会责任，扎实推进《华润集团定点帮扶海原发展协议书》落地见效，在开展投资扶贫同时，持续开展公益扶贫，帮扶建设海原华润生态公益林工程，大力改善海原县的生态环境。截至 2023 年，已累计向海原县捐赠 2840 万元，建设生态公益林 1686 亩，有效防治水土流失，有力改善生态环境，让黄土披上了绿装，成为海原涵养水源功能区和生态环境支撑区，是海原县城绿色生态屏障区，昔日贫穷落后的山区转变成绿水青山的新农村，有力提高群众的幸福指数，得到宁夏回族自治区各级党委、政府高度评价和充分肯定。

2020 年，综合评估后海原县国家贫困县退出贫困县序列，华润集团定点帮扶的宁夏海原县正式"脱贫摘帽"，在对口扶贫工作中建立了"母牛基础银行"等模式，打造了对口帮扶的标杆和典范，华润集团定点帮扶工作组荣获国务院"全国脱贫攻坚先进集体"荣誉称号。同时海原华润生态公益林被媒体誉为：曾被联合国评为最不适宜人类居住的地方之一，如今摇身一变成为沙漠中最靓的绿洲。

三、实施路径

2014 年，华润集团与海原县共同制定签署了《华润集团定点帮扶海原县发展五年规划（2014—2018 年）》，通过产业扶贫、公益扶贫、投资扶贫、人才扶贫四大抓手，助力海原打赢了脱贫攻坚战。

进一步深入贯彻落实习近平总书记对深化东西部协作和定点帮扶工作的重要指示精神及全国东西部协作和中央定点帮扶工作推进会部署要求，践行习近平总书记关于定点帮扶工作"拓宽帮扶领域、创新帮扶举措、提高帮扶实效"和"扶上马，再送一程"的指示精神，为有效巩固拓展脱贫攻坚成果同乡村振兴有效衔接，助力海原县乡村振兴，华润集团与海原县人民政府再次共同确定了总体思路、目标及工作重点，并签署《华润集团定点帮扶海原县框架协议书（2021—2025 年）》，充分发挥央企优势和多元化产业优势，强化使命担当、创新帮扶机制，以投资帮扶、产业合作为主，公益帮扶、社会捐助为辅，进一步深化定点帮扶工作，在电力新能源开发、人才帮扶、消费帮扶等方面实施精准帮扶。

宁夏公司积极响应集团号召，立足宁夏、面向西北，发挥华润电力优势，计划在海兴开发区建设新能源产业基地，引进新能源上下游产业，实现本地化生产，促进地方经济发展，有效带动当地群众就业；在新能源项目大批落地的同时，完善运维检修基地建设，配套建设物资基地、生活基地和人才培养基地，促进人口向海兴开发区聚集。同时，积极开展生态公益林建设，继续帮扶海原县生态公益林建设项目，按照每建成一座 5 万千瓦的风电场，向海原县捐资 200 万元，锲而不舍推动海原县生态环境的改善。

四、履责成效

自 2016 年以来，向海原县捐赠 2840 万元，建设生态公益林 1686 亩。其中，2016 年捐赠 1200 万元定向帮扶海原县开展牌路山森林公园 1500 亩扩建项目。2020 年，为进一步加强海原牌路山森林公园在环境保护和人民休闲功能的和谐统一，全面提升海原县的"城市形象"，捐赠 800 万元帮扶海原县提升牌路山森林公园整体环境。2022 年，公司继续捐赠拨付 840 万元，由海原县规划建设生态公益林。截至 2023 年，宁夏公司在海原已建成 21 万风电项目，为海原县清洁能源可持续发展作出贡献。

宁夏公司大力建设海原华润生态公益林工程，有效防治水土流失，有力改善生态环境，成为海原涵养水源功能区和生态环境支撑区，是海原县城绿色生态屏障区，得到各级党委、政府高度评价。牌路山公园山桃、山杏、阔叶针叶混交构成了一幅"春观花、夏摘果、秋赏叶"的景色，成为海原人民茶后饭余的休闲之地。

此外，宁夏公司积极履行社会责任，践行绿水青山就是金山银山的理念，坚持绿色发展，2017 年宁夏公司开工建设了海原西华山二期风电项目，为有效防止脆弱生态被破坏，创新管理模式，重启"马帮运输、人工掏挖"的传统方式，开辟了承担社会责任的新思路、新模式。2020 年，宁夏公司在共建良好生态、共享美好生活的良性循环长效机制下，把生态治理和发展清洁能源产业有机结合起来，宁夏公司总投资 1.14 亿元，创造性打造了集中运维基地，占地面积约 30 亩，是华润电力首个综合型能源示范基地，2021 年 6 月投入使用，实现了少人值守、无人值守，智慧运营、集中运检的规划愿景和"集中监控、集中办公、集中运维、智慧运营"的目标，走出了一条生态和经济协调发展、人与自然和谐共生之路，为海原经济社会发展和生态保护并重双赢贡献了华润力量。同时，不断巩固脱贫攻坚成果同乡村振兴有机衔接——积极对接新能源上游企业，引进中车株洲所在海兴开发区投资建设了风电制造基地，总投资约 8500 万元，年产值约 20 亿元，年利税约 4000 万元，带动当地就业 300 余人，助力海兴开发区清洁能源产业延链补链；向关桥华润希望小镇捐赠了 2 辆价值 30 万元的水车；组织党员干部向海原县曹洼乡中心小学、赵家山小学捐赠助学物资约 5 万元。同时，在疫情防控的紧要关头，宁夏公司向中卫市沙坡头区、海原县疫情重区，捐赠抗疫保供物资及资金 30 万元，向内蒙古呼和浩特和新疆和田等地员工自筹 2 万余元，以实际行动彰显红色央企社会责任与担当，凝聚起并肩战"疫"的强大动力，共同筑起疫情防控的坚强堡垒。

五、工作展望

在实现"2030 碳达峰、2060 碳中和"的背景下，华润电力提出了成为世界一流的清洁能源供应商和综合能源服务商愿景，为进一步扩大装机规模，吸纳更多就业人员，不断引进上下游产业，助力地方经济社会发展，宁夏公司持续加大在海原县新能源产业投资。同时，深入贯彻落实习近平总书记对深化东西部协作和定点帮扶工作的重要指示精神及全国东西部协作和中央定点帮扶工作推进会部署要求，践行习近平总书记关于定点帮扶工作"拓宽帮扶领域、创新帮扶举措、提高帮扶实效"和"扶上马，再送一程"的指示精神，贯彻落实《华润集团定点帮扶海原县框架协议书（2021–2025 年）》，持续建设以经济林为主的"华润生态公益林"以及在发展清洁能源产业方面，秉持绿色发展理念，做好海原华润生态公益林项目复制延伸拓展探索工作，深化与宁夏各地政府合作，改善更多地区生态环境，彰显央企社会责任。

2023 年宁夏回族自治区政府工作报告提出，突出抓好绿色企业、绿色产业、绿色园区和绿色单位创建，大力推动产业生态化、生态产业化的思路，着力推动绿色低碳高质量发展实现新突破。宁夏作为全国首个新能源综合示范区，发展新能源产业具有得天独厚的资源优势和政策优势。结合宁夏公司发展综合能源服务的意愿，充分利用宁夏优越的地理位置及适宜的气候条件，利用生态公益林海原模式进行推广复制，积极探索以"农光互补"的模式，尝试合作开展菌菇、金银花种植等富民产业，延伸收益链条，最大限度释放光伏电站综合效益，形成"生态修复＋光伏治理"新模式，有效涵养水源、防风固沙，持续改善生态环境。

优化农业结构调整，赋能农户增收致富

国家能源集团云南电力有限公司

一、单位简介

国家能源集团云南电力有限公司（以下简称"云南公司"）成立于 2009 年 1 月，前身为国电云南电力有限公司，2020 年 8 月更名为国家能源集团云南电力有限公司，是国家能源集团在滇设立的二级全资子公司。主要从事电源、热源、水资源、新能源的开发、投资、建设、经营和管理，组织电力（热力）生产和销售，拥有火电、水电、风电、光伏四类完整发电业务。

国家能源集团践行"美丽中国"建设理念，"十四五"期间规划在滇投资 1000 亿元以上，打造国家清洁能源基地，助力云南绿色转型发展。云南公司坚持以党的建设为引领、安全环保为基础、质量效益为中心、转型发展为重点、改革创新为动力，全面贯彻新发展理念，深入实施集团公司"一个目标、三型五化、七个一流"战略，聚焦"四重一要"，统筹推进，确保实现高质量、稳增长，奋力开拓、积极进取，为集团公司建设具有全球竞争力的世界一流能源集团贡献。

二、案例背景

云南公司定点挂联帮扶的贫困村闪当村，地处全国深度贫困地区"三区三州"中的怒江州贡山县捧当乡，属于典型的少数民族"直过区"，社会发育程度低，村民文化素质偏低，生产方式落后；全村呈"两山夹一江"的典型高山峡谷地貌，交通闭塞，98% 以上的土地是不可耕种的陡坡地，是脱贫攻坚的"硬骨头"和"主战场"。2023 年全村户籍在册 570 户 1440 人，常住居民 548 户 1387 人，脱贫户及监测对象 332 户 931 人，共有"三类人员"41 户 104 人，其中已消除风险 10 户 31 人，未消除风险 31 户 73 人。全村低保户 87 户 145 人、特困户 7 户、残疾户 72 人、重大病户 9 户、慢性病 102 人，返贫致贫风险较高，贫困发生率高达 60%。

云南公司高度重视巩固拓展脱贫攻坚成果同乡村振兴有效衔接工作，坚决贯彻落实党中央、国务院关于乡村振兴的决策部署，全面完成省委省政府关于乡村振兴的各项工作要求。公司党政主要领导每年至少两次到村实地调研指导扶贫工作；20 名处级以上帮扶责任人定期到村走访慰问挂联贫困户；每年抽调 5 名精兵强将常年驻村开展帮扶工作。公司充分发挥生产企业的优势，结合闪当村种植养殖产业发展落后的实际村情，确立了以"发展生产脱贫一批"的村脱贫路径，把发展产业作为增加脱贫户收入脱贫致富的主要手段。

三、实施路径

（一）注重谋划论证

基本原则：

（1）组织主导、农民自愿。坚持尊重农民群众意愿，发挥农民主体作用，充分保障农民群众的知情权、参与权、表达权和监督权。

（2）依法组建、规范运行。充分发挥市场在资源配置中的决定性作用和党支部的引领作用，提高农民群众的组织化程度，推动合作社依法组建、依章运营、规范管理。

（3）因地制宜、稳步推进。不搞"一刀切"，充分考虑资源禀赋、产业基础、发展差异，从实际出发，宜农则农、宜工则工、宜游则游，成熟一个、推行一个。坚持既要积极推广，又要稳妥有序，确保不增加村集体和农民负担，取得实实在在的成效。

（4）农民主体、共同富裕。坚持家庭承包经营基础性地位，保障农民合法权益，建立集体经济发展与农民增收的联结机制，真正让农民成为新型农村集体经济发展的积极参与者和直接受益者，引领广大农民群众走向共同富裕。

政策支持：根据《云南省乡村振兴局综合处关于加强县级"十四五"乡村振兴项目库建设管理使用的通知》（云乡振处发〔2021〕10 号文件），自 2021 年下半年开始，公司积极谋划村内产业结构调整，联合州县级农业部门进行分析论证，总结得出闪当村利用大规模林下闲置土地开展林下种植增收致富的路子。云南公司工作队组织人员将论证选定的中药材种植、中药材育苗基地建设、茶叶基地建设、魔芋林下示范种植四个产业项目完善入项目库。经乡党委政府审核，经县级相关部门审核于 2022 年开始实施。

（二）科学实施产业项目

1. 布局中长期发展，开展茶叶规模化种植

村内存活三十年以上老茶树 40 余株，且长势良好，茶叶品质优良。政府整合涉农资金 800 万，利用村内农户闲置坡地开展茶叶种植 500 亩，由农业农村局引进专业公司进行为期三年的技术管护，进入产茶期后归还农户采收，全部收益由农户享有，公司提供技术扶持，对成品进行保底价收购。在项目实施期满后由 240 余户农户持有茶林及收益，解决因照顾老人小孩无法外出务工的老百姓就近务工 200 余人，目前累计已发放务工收入约 90 万元，后续两年还将持续提供就近务工岗位，增加务工收入约 200 余万元。

2. 因地制宜实施中药材育苗基地

因怒江州内中药材苗圃市场需求旺盛，为降低幼苗采购成本，云南公司引进盛大生物科技有限公司，开展中药材育苗基地建设项目，引入公司投资 100 万，争取县内配套资金 200 万，开展规模化育苗 50 亩，主要培育白芨、黄精苗，预计每亩产出成品 10 万余株种苗，目前每株苗市场价约 0.8 元，2023 年预计带来利润约 150 万元，其中村内约增加直接收益 100 余万元，划归村集体经济，由村集体

对 319 户困难户进行分红，实现项目与困难农户的利益联结。项目在 2022 年累计增加土地流转收入 45 万元，就近务工收入 18 万元。

3. 发挥集体经济优势，带动魔芋林下示范种植

2022 年由云南公司出资 9 万，闪当村集体出资 7 万元，开展魔芋林下示范种植 30 亩，项目周期为两年，由贡山县益达种养殖有限公司提供种苗及技术指导并签订保底价收购合同，计划 2023 年 12 月开挖销售 30 亩魔芋，可带动村民就近务工 30 余人，预计增加集体经济 30 万元。此项目还带动 9 户农户自行种植魔芋 70 余亩，全村魔芋种植达 100 亩。项目已带动农户流转土地增收 4.5 万元，发放就近务工工资 8 万元，后续除成品魔芋外还将为本地市场提供优质低价的魔芋种苗，有力带动群众增收致富。

4. 充分发挥村级合作社潜力，带动农户增收

由村级合作社实施中药材石菖蒲种植 30 余亩，由政府提供免费种苗，发放至农户种植，合作社提供技术指导和保价收购，每亩上交管理费 600 元归村集体经济，增加村集体经济 1.8 万元，增加农户收入约 40 余万元。

四、履责成效

2022 年累计实现农户增收达 207.3 万元，其中带动农户土地流转获取地租 49.5 万元，带动就近务工增收 116 万元，农户产品增收 40 万元，集体经济增收 1.8 万元，后期还将持续带动农户增收致富。

闪当村以乡村振兴产业发展为契机，通过政府 + 企业 + 合作社 + 农户的联结机制，农户提供土地资源及劳动力，政府及企业提供资金，引导农民发展高效产业，种植名、特、优、新品种，做大做强做优优势产业和产品，形成了富有特色的农业结构新思路、新格局，促进农业和农村经济快速健康发展，开展白芨、重楼等中药材规模化种植，培养一批党员致富带头能人，助力乡村振兴，最终实现乡村产业兴旺、生态宜居、乡风文明、治理有效、生活富裕。

五、工作展望

展望未来，云南公司将持续帮扶闪当村发展产业，今后云南公司将以中药材、特色农产品种植产业帮扶为核心，不断创新发展，持续做大做强闪当村产业帮扶。云南公司与合作社共同制定"公司 + 合作社 + 种植能人 + 农户"的多方共赢特色农产品种植产业帮扶模式，充分发挥各自聪明才智，以提高种植收益为核心，紧紧围绕降低成本、降低风险、拓展销售渠道等方面，集思广益，勇于创新，不断完善中药材、特色农产品产销链每一个环节，在做好巩固脱贫攻坚成果的同时，全力推进乡村振兴工作。

环境
保护

做"绿色守护者",以光伏发电治沙

北京能源集团有限责任公司

一、单位简介

中利腾晖新能源有限公司共和 50 兆瓦电站,位于海南州共和县城以南约 12 千米,G214 国道东侧的共和县 – 塔拉滩光伏发电园区内,建设面积 1.2 万千米^2,项目场地海拔约 2900 米。气候属于温带大陆性荒漠,其特点干旱少雨,场地属于半退化性草场。项目地势海拔高、空气稀薄,太阳辐射强烈,日照充足,根据资料统计,海南州地区的年均辐射总量为 6549.5 兆焦 / 米^2,年日照小时数为 2910.6 小时,年均等效利用小时数为 1865 小时,属于太阳能资源一类地区。电站于 2013 年 8 月开工建设,2013 年 12 月 31 日成功并网发电,预计 2025 年总发电量为 200306.02 万千瓦·时,项目平均年发电量为 8012.24 万千瓦·时,对于当地的环境保护、减少大气污染具有积极的作用,并有明显的节能、环境和社会效益。

二、案例背景

电站位于光伏发电园区内的一条东西走向的沙带上,当地时常刮西北风,风向与电站走向基本垂直。在西北风的扰动下,形成了新月形沙丘,并进入电站内部。新月形沙丘特点是移动速度快,其风沙灾害呈现极端严重性、形式多样性,会造成大量积沙现象的出现。沙中土质在大风作用下形成粉尘散落附着在太阳能板面上,影响发电效率。电站所处地带沙漠化严重,加之太阳辐射强烈、气候干旱,导致这里植被稀少,很多地方寸草不生,生态环境非常脆弱。电站西侧紧邻沙丘,沙丘占地面积约为 2.5 千米^2,高度约为 10 米。受每年春、冬季沙尘暴天气影响,在西北风力作用下,西部沙丘沿风向自西向东移动,穿过围栏进入光伏场区。积沙造成场区内部多个发电单元光伏组件及道路被掩埋,车辆通行受阻。

公司始终坚持建设一座电站、改善一片环境、带动一方经济、造福一方百姓的理念,关注电站周围生态环境,坚持预防为主,保护和治理并重,以保护和恢复林草植被、遏制沙化发展、改善沙区生态环境、建设海南州光伏发电园区生态文明、促进地方经济和社会可持续发展为目的,让绿色清洁能源真正走进千家万户,与社会全员共同构建低碳环保型经济发展模式。

三、实施路径

为防止积沙继续移动，减少积沙对电站安全生产造成的影响，公司经过多次调研并协调青海省林业厅、海南州林业环保局、共和县环保局专家等到现场勘察研讨治理方案，经过多方研讨最终确定了阻沙、清沙的可持续治沙防沙方案。

项目实施前邀请中国科学院旱区环境与工程研究所治沙专家到现场考察，根据风沙活动特征及沙害情况和各专家的建议，采取远阻、中固、近疏的指导思想，以阻、固、疏相结合的原则，制定了风沙防治方案。

（一）任务一：清运积沙

将场区道路、光伏组件周边积沙清运，疏通道路，保证车辆正常通行。清沙过程中为了避免施工机械作业破坏组件，采用人工清理组件边缘的积沙后，再使用机械将积沙清运到场区100米处的沙丘下风坡落沙区。在夏季连续高温下的沙海中进行室外作业，总有许多出其不意的难题对施工者进行苛刻的考验。高温酷暑，蚊虫叮咬，变幻莫测的天气、随时袭来的沙尘暴……为了赶在雨季前播撒柠条种子、早点清除积沙覆盖的组件确保发电量，全站运维人员共同克服困难，团结协作，共清理积沙约8364米³。

（二）任务二：设置固沙障

在电站西面南北长500米、东西长200米的区域内设置4500~2100米²的1.0米×1.0米低立式固沙障。设置高立式阻沙障栏；在低立式固沙障的西面前沿地带设置两道高1.2米、长500米的高立式阻沙障栏。

前沿阻沙障栅栏：是整个防沙体系外围也是最前沿，起到阻拦沙物质、降低风速的作用。整个防沙体系外围也是最前沿，起到阻拦沙物质、降低风速的作用。按沿垂直主风向设计阻沙障走向，在一条直线上每隔3米确定立柱预埋点；将角铁立柱一端埋在预埋点上，将立柱的0.8米长埋于地面以下并在立柱排列线上挖0.2米深的沟；将阻沙网用固定铁丝固定在立柱上；然后按照高立式阻沙障施工图将固定铁丝安装在立柱上，并用扎带将网与固定铁丝固定；将在沟中0.2米阻沙网埋在沙漠下（即填平沟壑）最后将阻沙网顶部用网扣固定在顶部固定铁丝上。

低立式固沙方格：将接近电站并威胁电站安全的三座沙丘采用"HDPE固沙网格"进行治理（约65000米²），改变流沙的流动性、地表的粗糙性以及对外来流沙的阻滞性，阻截沙丘移动，这是最重要保障措施，起到固沙和防止就地起沙、减小风速作用。

（三）任务三：播无灌溉条件柠条种子

柠条是中国西北、华北、东北西部水土保持和固沙造林的重要树种之一。耐旱、耐寒、耐高温，是干旱草原、荒漠草原地带的旱生灌丛，在黄土丘陵地区、山坡、沟岔也能生长。在肥力极差，沙层含水率 2%~3% 的流动沙地和丘间低地以及固定、半固定沙地上均能正常生长，即使在降雨量 100 毫米的年份，也能正常生长。柠条为深根性树种，主根明显，侧根根系向四周水平方向延伸，纵横交错。柠条不怕沙埋，沙子越埋，分枝越多，生长越旺，固沙能力越强。柠条对环境条件具有广泛的适应性，在形态方面具有旱生结构，其抗旱性、抗热性、抗寒性和耐盐碱性都很强。土壤 PH6.5~PH10.5 的环境下都能正常生长。由于柠条对恶劣环境条件的广泛适应性，使它对生态环境的改善功能很强。

自电站投产以来，坚持每年春季开展义务植树活动，园区道路两侧及电站内累计栽种各类树木 1000 余株，通过电站员工日常定期的松土、施肥、浇水等悉心照料，成活率达 80% 以上。现如今，站内办公楼前绿树成荫、巍峨耸立，他们像一个个哨兵一样，日日夜夜守护着电站，陪伴着电站的员工。冬春季节，漫天的黄沙被他们阻挡在外面；炎炎夏日，牧草在他们的保护下生长。改善了电站的生态环境，也用他们四季不同的妆容为电站变换着色彩。

四、履责成效

共实施治沙面积 126000 米 ^{2}，设置高立式阻沙障栏 1000 米，阻沙面积 20 多万米 ^{2}，设置低立式固沙障 102664 米 ^{2}，播种无灌溉条件柠条种子 89333 米 ^{2}，清运积沙 8364 米 ^{3}。因地制宜，持续治理采用固沙与人工种植相结合的有效手段，通过治沙工程的实施，使当地牧民群众提高了保护生态环境的认识，增强了全民治沙意识，同时也获得了劳务收入。从治理前的有效把关，到治理后的加强管理，光伏电站生产条件得到改善，有助于持续不断地发出绿色电能。没有了黄沙的侵扰，加上一排排光伏组件的"庇佑"，土地的含水量大大地提高，有了水分的滋养，昔日寸草不生的沙土地上长出了丰盛的牧草，使得沙化土地进一步得到遏制，但是长得太高以至于挡住了光伏组件，影响了设备正常发电，而且一到冬天牧草干枯了以后就带来了火灾隐患，电站人员群策群力，想到一个妙招，就是"引羊入站"，引导牧民群众把羊放到园区里，让羊来吃草，于是，"光伏羊"就这样诞生了。"光伏羊"的到来既解决了牧草长得太高引来的设备发电及火灾隐患的问题，同时也让牧民的羊有了"口粮"，吸引当地牧民到光伏区内放羊，形成"牧光互补"的特色产业，"光伏羊"成了海南州乃至青海省的一张靓丽的名片，助力当地牧民群众脱贫致富。马兰花陪伴着低头草，包裹着沙丘，园区内膘肥壮健的绵羊悠闲自得，蓝天白云反射着犹如蓝湖的光伏组件，到处充满着活力，能在海拔 2900 多米的共和塔拉滩看见这样的景象，真是个奇迹。

现如今，青海共和 50 兆瓦治沙工程已绿芽荫茂，在光伏电站西侧的沙丘地上，一排排固沙网格内一颗颗柠条苗壮成长，没有了黄沙的侵扰，治沙区内长出了茂盛的牧草，曾经肆虐的黄沙被挡住了，昔日的沙丘化身为"沙漠绿洲"，吸引了国家二级保护动物环颈雉鸡、隼以及野兔、沙狐、旱獭等大量的野生动物在这里安家，俨然成了高原动物们的"天堂"，"沙老虎"被彻底制服了。这是公司及共和电站全体干部职工用智慧和汗水打造出的"沙漠绿洲"，也是公司践行"绿水青山就是金山银山"绿色发展理念的具体体现。治沙工程的成功实施不仅是公司上下团结一心、精诚合作的典范，也充分彰显了集团公司"固沙为生态，种树为后人"的国企主人翁责任意识，以实际行动践行了"改善一片生态，带动一方经济，造福一方百姓"的愿景！

🗃 五、工作展望

　　共和 50 兆瓦电站治沙的成功，是企业与政府合作共同治理生态环境的典范，和实施过程中的超前谋划、因地制宜、科学决策以及实施后的监测管理、全体参与人员的劳动和智慧是分不开的，为高原防沙治沙工作积累了宝贵的经验和丰富的资料。通过实施过程中发动当地的农牧民群众参与治沙，在提高群众生态环境保护意识的同时也获得了一定的劳务报酬，大大激发了群众的治沙热情。

　　共和县的生态环境是三江源生态系统难以再生的宝贵资源，它不仅维系高原的生态平衡，而且也关乎黄河中下游地区生态安全，同时它还是青海海南藏族州广大藏族牧民赖以生存和发展的重要支撑。因此，建立长江源头天然生态屏障既是国家长远发展目标，又是当地经济发展、社会稳定的重要保障。公司有信心、有决心，在国家和省州县各级政府及林业部门的关心支持帮助下，发扬无私奉献、锲而不舍、艰苦奋斗、持之以恒的首都国企奉献精神，努力把"海南州光伏发电园区"沙化治理工作推向纵深，实现"清洁光伏电站绿色能源示范工程区"。

全国首创用能预算"e 本账"，多方联动破解高能耗城市精准降碳难题

国网浙江省电力有限公司

一、单位简介

国网衢州供电公司成立于 1986 年，是国网浙江省电力有限公司所辖的部属大型供电企业，现有全口径员工 3145 人，公司本部设置 14 个职能部门、10 个业务支撑和实施机构，下辖江山、龙游、常山、开化四个县级供电公司。

近年来，国网衢州供电公司围绕"强基固本、品质发展、特色竞争、源头引领"发展定位，实施"强电网、精管理、优服务、炼队伍"四大工程，构建区县公司"战区主战"、业务机构"军种主建"高质量发展格局，把衢州电网打造成浙江绿色能源蓄水池、四省边际能源中心、调频调峰重要力量。公司先后荣获全国五一劳动奖状、全国用户满意企业、全国文明单位等十余项全国性荣誉，三次获市政府集体三等功，连年获衢州市最佳满意单位、市政府特别奖（杰出贡献奖）。

二、案例背景

2020 年 9 月，习近平总书记在第七十五届联合国大会作出"双碳"目标的重要承诺，给经济社会带来一场广泛而深刻的变革。

当前全球地缘政治紧张、博弈加剧、能源稀缺性凸显、保供形势严峻，衢州是浙江重化工业基地，万元 GDP 碳排放强度是全省平均水平的 2 倍，降碳任务艰巨。2021 年，国网衢州供电公司联合政府全国首创工业企业"碳账户"，记录掌握各能源消费主体用能情况，但仅摸清数据并不能高效精准降碳。我们发现：政府治理与企业消费两端信息不对称、精准降碳控能手段缺失仍是困扰消费侧降碳的难题。

从政府治理端来看，宏观布局较强但提前谋划较弱。原有的四级碳排监控平台"先用能，再监测"，无法实现精准管控，易造成风险预判不足。一旦碳排指标超限，需通过用电调控、限产关停等方式降低控制碳排指标，极易影响经济增速和电网安全运行，带来社会舆情风险，影响城市稳定。同时，以市场化力量主导碳减排无法完全优化资源配置，而政府化减排涉及的科研设备投入较大，难以可持续维持。

从企业消费端来看，经营生产较强但能耗管理较弱。过去，极少企业将碳排作为生产硬性指标，对节能减排缺乏长远眼光。如今因形势变化，企业希望完善用能管控，但不少企业对年度用能缺乏计划，无法合理规划生产与用能平衡，怎样合理规划年度用能、及时掌握用能执行情况、提高能效水平和获取减排激励是企业的共性需求。

对于供电公司而言，助力提升全社会降碳水平势在必行。作为责任央企，如何协助政府做好发展与降碳的平衡，如何协助企业做好生产与用能的平衡，如何运用自身优势缓解电力瓶颈制约、保障电网安全，如何指导企业科学用电、拓展市场蓝海是供电公司思考的课题。

三、实施路径

（一）思路创新

国网衢州供电公司坚持问题、变化和价值导向，主动引入资源整合、创新驱动、透明运营等社会责任理念，聚焦政府、企业两端需求，加强利益相关方沟通合作，成立改革专班，引入"e本账""预算"概念，完善用能分配规则，保障数智实时管控，探索精准降碳新路径。

一是根植多方参与和合作共赢理念，达成共识协同推进。改变过去仅靠一方主做的理念，加强与发展改革委、生态环境局、大数据中心、用能企业、金融单位等利益相关方沟通，梳理需求清单，达成合作共识，设置专班联络和定期会商，各方协同合作、共同破题。

二是根植资源整合和创新驱动理念，厘清优势变化改进。聚焦过去能耗双控事后管控弊端，明确用能预算、账本清单、实时监控、超限预警、余量交易、激励持续是破解之法。由供电公司牵头厘清利益相关方责任边界优势，打通数据壁垒，夯实全面用能数据基数、建立公平预算分配规则、灵活交易转让机制和科学评价应用体系等，将事后管控变为事前事中管控。

堵点及协同措施分析表

各环节堵点	合作利益相关方	协同措施思路
数据协同性差，政府治理与企业消费两端信息不对称的堵点	发改委、经信局、生态环境局、税务局、大数据中心、供电公司、用能企业	将用能企业、能源大数据中心提供的多种能源消耗数值，与市发改委、经信局、生态环境局、税务局、大数据局等提供的多维度政务共享数据相结合，系统分析归集完整涉碳数据
如何合理设置谋划年度用能指标	发改委、统计局、经信局等专业部门	充分发挥专业优势，制定基于用能基数的预算分配办法，实现用能指标差异化分配
仅依靠政府力量来促进碳减排造成的财政压力和企业减排动力不足的难题	发改委、经信局、公共资源交易中心等专业部门、金融机构等	引入余量交易、绿电抵扣、碳金融服务等，通过公共资源交易中心进行余量交易，通过发改委等部门制定要素配置倾斜、超用量次年等量扣减等激励约束机制，通过人民银行等金融主管部门以及相关金融机构给予靶向政策支持
政府、企业不知如何科学识别用能问题和助力技改	用能单位、供电公司、综合能源公司	依靠供电公司、综合能源公司"供电+能效服务"，科学引导企业低碳绿色发展

三是根植平台化和透明运营理念，数字支撑实时监测。改变过去政府信息披露和预警不及时，企业实时掌握用能情况不够的问题，根植数字平台化理念，开发用能预算化管控平台，实现预算一键分配和执行情况全过程透明管理。

四是根植价值提升和复制推广理念，试点实施持续发展。通过试点不断完善固化流程和机制，开展经验交流分享，加强品牌宣传和向上汇报，实现可复制推广。

（二）实施举措

改革专班通过构建"一个机制"加强工作落地、"一套规则"优化用能管理、"一个平台"保障数智管控，对重点企业用能实施预算化管理，让企业用能有计划、政府管控更精准。

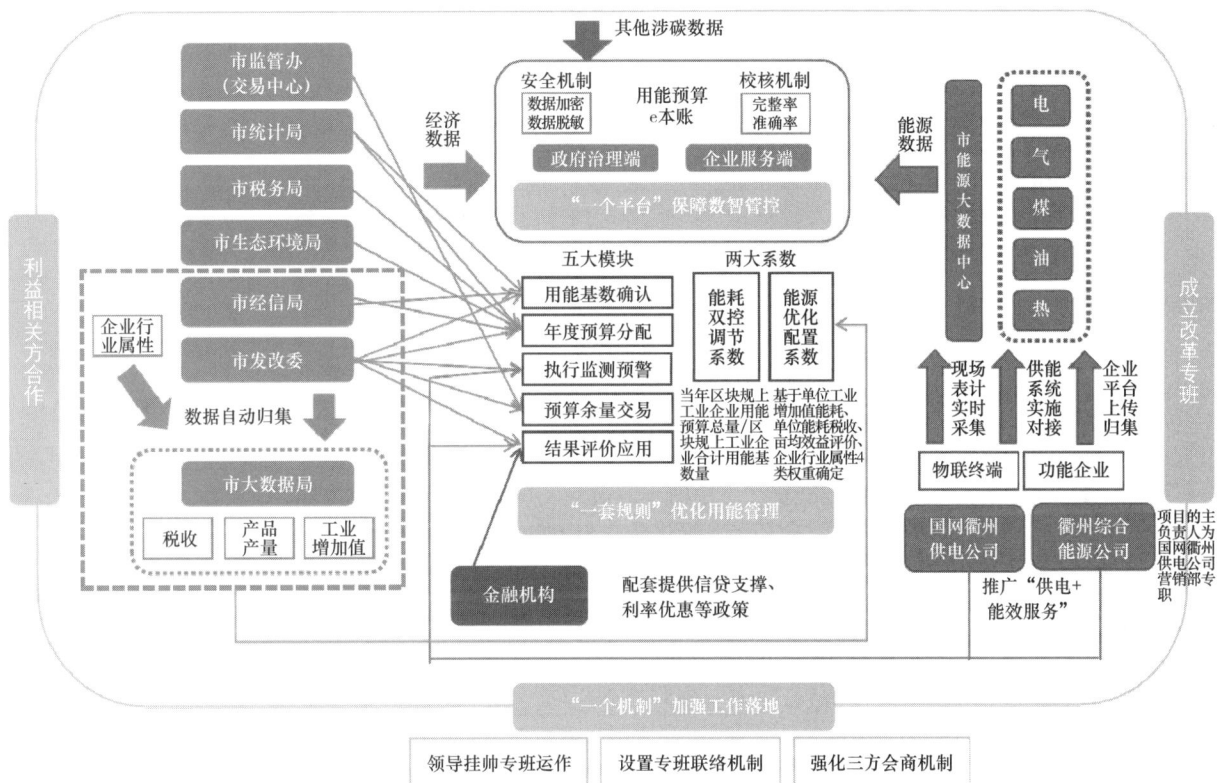

项目实施举措概念图

1. 达成共识、成立专班，"一个机制"加强工作落地

（1）领导挂帅专班运作，协同推进落实。完善专班组织机构，市政府主要领导亲自挂帅，各利益相关方"一把手"主抓，业务专家骨干加入，统筹协调跨单位事项，攻破领域难点。设置专班联络机制，采用"集中讨论任务分配"和"集中办公"两种模式有效推进专班运转。强化三方会商机制，采用"日汇报、周管控、月总结"会商工作模式，管控进度。

（2）梳理需求顶层设计，明晰权责资源。专班通过召开座谈会、实地调研梳理两端需求，由供电公司牵头做好预算化方案顶层设计，明确各方责任、任务和资源支撑，推动政府出台管理办法，各方按照责任边界落地执行。

利益相关方需求和资源支撑清单

利益相关方	亟需解决的需求清单	优势资源支撑清单
政府	1. 解决原有的"先用能再限制测"无法实现精准管控，一旦碳排指标超限，需通过用电调控、限产关停等方式降低控制碳排指标易影响经济增速和社会稳定难题。	1. 行政资源和统筹协调。 2. 碳排放量分配权和定额权。 3. 资金、人力和政府内部激励支撑
发改委、经信局、生态环境局、统计局、税务局等政府相关部门	2. 能精细化柔性化市场化地开展用能管理，制定一套有效规则，提前谋划年度指标，分类情准实施调控、促进能源优化配量，实现能源消费总量控制，科学管控心中有数。 3. 通过一系列激励手段，主动引导企业投入技改，可持续推动高值低耗产业发展和区域能源结构绿色转型。 4. "双碳"目前落地缺少强有力的推进手段，全社会形成降碳的良好氛围。 5. 仅依靠政府力量来促进碳减排，其涉及的科技研发、设备设施改造的前期投入较大，难以可持续维持和发展	1. 碳排放标准制定权力和数值核算能力。 2. 碳排放基础数据库（归集完整涉碳数据，确认用能基数）。 3. 科学制定用能基数确认规则及能耗双控调节系数、能源优化配置系数。 4. 支撑用能预算市场化交易，划转用能预算。 5. 实施绿电抵扣、超用量次年等量扣减、资源要素倾斜等激励机制。 6. 比对企业年度用能总量和年度用能预算，给出评估结果
衢州市公共资源交易中心		支撑用能预算市场化交易，保障余量交易和激励能顺利实现
大数据中心	1. 实时掌握完整的数据，将所有涉碳数据、经济数据归结到一起。 2. 综合评判相关企业碳排放情况。 3. 协同各方做好"双碳"落地	1. "源网荷储售，冷热电水气"能源生产消费全过程数据，构建涵盖电、煤、油、气、水、热等各类能源的生产、输送、存储消费等数据的"数据池"。 2. 多维度接入和应用能源数据、金融数据和政府其他数据。 3. 配合打造预算智能分解和全过程监控的数字化管控平台
供电公司	1. 承担社会责任，协助政府做好发展与降碳的平衡，协助企业做好生产与用能的平衡，为精准降碳贡献智慧与力量。 2. 快速走出传统供售电市场的"舒适区"，提供定制化的能效服务，拓展综合能源市场，助力新型电力系统高质量发展。 3. 保供稳价，确保电网安全稳定运行	1. 数字化产品开发能力。 2. 监测月度能源使用量。 3. 为政府、企业提供辅助决策，配合管理办法修订。 4. 鼓励用能主体参与"绿电交易"，推动能源绿色转型。 5. 指导科学企业用电，推动能源绿色转型
用能企业	1. 对年度用能计划有一个合理的预期，及时掌握自己的用能执行情况，单位产品能耗及能效水平，合理调整生产。 2. 有效识别用能问题，提升单位用能经济价值，获得碳金融激励支持，获取可持续减碳的动力。 3. 需要节能降碳、技改转型的指导	1. 提供生产过程中碳源结构数据和碳排放数据等。 2. 是用能预算化执行落地的重要主体。 3. 在试点过程中提供反馈
金融机构	通过碳排对经济主体进行价值评估，发挥金融优化资源配置的功能，"表扬"高值低耗产业，让低值高耗产业"见贤思齐"，引导其绿色转型，走出一条绿色金融动力激励的新路子	1. 对管控执行到位的企业靶向配套提供信贷支撑、利率优惠等政策优惠，以金融杠杆撬动节能减碳工作。 2. 对管控不佳的企业限制信贷，倒逼企业投入技改、低碳转型

2. 科学设置、流程改进，"一套规则"明确用能分配

（1）归集"e本账"数据信息，描绘企业"碳账户"。打通政府与企业间的数据壁垒，通过现场表计采集、供能系统对接等方式，实时采集全品种能耗数据。联合市发展和改革委、税务局等应用政务数据共享平台，整合经济数据信息，对企业碳效水平的行业先进性、区域贡献度、历史下降率等指标进行综合评估，精准建立企业"碳账户"。

（2）明确"e本账"用能基数，完善分配"规则尺"。制定基于用能基数的预算分配办法，根据3年能源消费最高值及节能验收报告，确定企业本年度用能基数。创新设置能耗双控调节和能源优化配置两大系数，从单位工业增加值能耗等四个维度出发，对企业实施差异化用能预算分配。

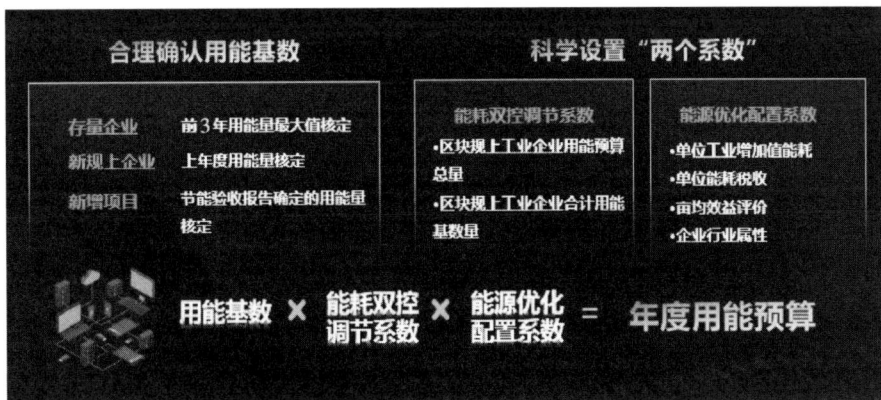

用能预算分配规则

（3）执行"e本账"监测管控，设定超限"预警器"。设置实时监控和超限自动预警规则，政府可对区域、行业、企业能源预算使用情况进行实时监控，超限自动预警；企业可动态跟踪预算执行进度，根据预警合理调整用能和安排生产计划。

（4）推进"e本账"余量交易，高效配置"资源库"。完善年度用能预算余量交易规则，依托衢州市公共资源交易中心进行市场化交易，将用能权的交易转变为用能预算余量的交易，交易量不影响次年预算额，有效激发市场活力。明确企业购入绿电、自用可再生能源可直接抵扣能源消费量，提高企业使用绿色能源积极性。

（5）开展"e本账"结果评价，构建激励"应用仓"。客观评价实施结果，联合金融机构对管控执行到位的企业靶向配套提供信贷支撑、利率优惠；对于执行不到位企业实行预算次年等量扣减、差别化电价等约束机制，引导企业投入技改。供电公司推出"绿能+能效"服务，为企业提供一站式智慧能源服务，指导企业科学用电，保障电网安全。

3. 数字支撑、平台植入，"一个平台"保障数智管控

开发全国首个用能预算化管理平台，植入"浙里办"等掌端平台，在政府治理端实现年度用能预算智能分解、用能进度实时掌控、评价结果多方应用，在企业服务端提供能耗进度实时查询、预算余量交易、节能咨询等特色服务，让政府和企业对能耗控制做到心中有本账。

4. 加强沟通、复制推广，总结项日经验加强宣传

组织开展首轮企业用能基数确认和预算指标分解，全面评估预算化管理实施效果。编制完成《用能预算化平台操作手册》，开展项目制培训，加强项目宣传和沟通汇报，不断完善可复制、推广的典型经验，为全省、全国推广提供"衢州经验"。

四、履责成效

该项目自 2021 年实施至今，投入核心人员 15 人、平台开发资金 60 万元，形成一套政府、客户、电网三方共赢的成熟商业模式，为各利益相关方创造综合价值最大化，极具复制推广价值。

（一）成效分析

1. 环境价值：碳排强度有效降低

截至 2023 年 9 月，衢州全市 1158 家规上企业得到预算分配确认，通过能源要素倾斜，从 184 家高耗能企业调整出 45 万吨标煤支持 974 家优质企业，撬动 241 家高碳低效企业投入技改资金 60 亿元。衢州碳排放总量同比有效降低 6.3%。单位 GDP 能耗下降 2.4%。预计"十四五"期间全市碳排放强度下降 19%，年实现碳减排 700 万吨，清洁能源使用比例提升 5%。

2. 经济价值：降本增效更加有力

通过碳金融激励配套支持和绿电抵扣等激励，为企业节能技改提供资金支持，提升单位用能经济价值，缓解企业资金流压力，累计发放绿色减碳贷 633.51 亿元，助力企业减碳降本 3 亿元。2023 年初，衢州碳交易余量 860 吨，为企业带来创收 4.73 万元。国网衢州供电公司"绿能 + 能效"服务已在 26 家重点用能企业试点开展，预计每年可帮助企业降低成本 1 亿元以上，拉动自身新兴产业投资 1.2 亿元，年产生固定收益 3000 余万元。

3. 社会价值：带来各方增量价值贡献

协助政府谋划年度指标、分类调控，实现能源消费总量控制、科学管控心中有本账，杜绝降碳朝令夕改、一刀切限电等错误操作带来的经济损失和社会不稳定难题；协助企业算清账单、随时查询用能，实现生产调整、用能平衡心中有本账；供电公司运用预算化结果，推进能效服务，拓展市场蓝海，缓解电力供需矛盾，保障电网安全，形成供需互动心中有本账。

（二）社会影响和多方评价

作为浙江省数字政府"一地创新、全省共享"应用项目，引导全省 3 万家重点用能企业参与降碳，年节约电量 165 亿千瓦·时，减少碳排放 913 万吨，并在广东、福建等多地复制推广。多家主流媒体聚焦报道该项目，得到各级领导专家批示肯定和利益相关方高度认可。

项目获评浙江省改革突破提名奖和衢州市改革突破奖"特别贡献奖"，入选浙江省数字化改革"最佳应用"。在 2022 年"金钥匙·国网赛"等多个大赛中夺得金奖，获得 10 项新型专利授权。

五、工作展望

　　这套系统将推广到更多城市，探索更多场景应用的"衢州样本"，并借助该经验探索实践碳排预算化管理，为政府和企业提供预算管理、碳排诊断、节能降碳等支撑服务，形成碳预算化管理体系，全面提升社会能效水平和减碳能力，积极推进"数能中国"建设，助力实现"双碳"目标。

打造"生命鸟巢"社会责任根植实践

国网青海省电力公司

一、单位简介

国网青海省电力公司成立于 2002 年，是国家电网有限公司全额出资的子公司，以建设运营电网为核心业务，承担着保障安全、经济、清洁、可持续的电力供应的基本使命，全省供电面积 72 万千米^2。公司下属 20 个职能部门、14 家业务单位、8 家地市供电公司、42 家县供电公司及 2 家合资公司，共有职工 8620 人。公司连续 10 年保持"青海企业 50 强"前三名。青海电网位于西北电网中西部，南北跨距 800 千米，东西跨距 1200 千米，是东接甘肃、南联西藏、西引新疆和直通中原的交直流混联电网，是西北电网骨干网架的重要组成部分。

二、案例背景

生物丰富而多样是美丽中国应有之义，是实现绿水青山的重要前提。三江源保护区位于青海省南部，素有"中华水塔"之称，有丰富的动植物资源。其中，包括珍稀特有鸟类黑顶鹤、金雕、藏雪鸡等国家一级保护鸟类 5 种，国家二级保护鸟类 20 余种。同时，还分布着 23 种猛禽，均属于国家重点保护物种，超过国内猛禽分布的平均水平。

2011 年起，国家电网青藏联网工程、玉树联网工程、果洛联网工程相继投运，大电网逐步延伸到三江源保护区，铁塔银线相继在人烟稀少的青海高原上拔地而起，连绵延伸，为藏乡群众送去光明，送去致富奔小康的动能。

国网青海省电力公司以人类与自然环境和谐共生为使命，以共同构筑三江源生物多样性安全屏障为目标，针对大型猛禽喜欢"择高而居"的习性，从关注鸟类在电力杆塔停留的需求、降低鸟类活动对电力线路稳定运行的影响、探索可实行可复制可推广的爱鸟护线经验、维护生物多样性、助力"国之大者"等多维度出发，致力探寻电网与自然和谐共生的解决方案，策划实施了"生命鸟巢"公益项目。

自 2016 年起，国网青海省电力公司在青海三江源地区率先尝试在鸟类栖息较多的输电线路经过的地区，共享电力杆塔资源，在杆塔适宜部位搭建人工鸟窝，并不断尝试根据鸟类习惯改善人工鸟窝的尺寸和类型，同时提升输电铁塔外绝缘水平，为鸟类在电力线路杆塔停歇和筑巢提供安全平台，输电线路防鸟从传统的驱鸟已经转化为长期的引鸟护鸟模式。通过 7 年多的摸索实践，三江源地区安装人工鸟窝共计 5018 个，通过观察发现，近 2300 个鸟窝有栖息筑巢痕迹，引鸟筑巢超 50%，实现三江源地区原生鸟类与新生电网的和谐共处。

三、实施路径

1. 2016 年尝试探索

作为试点项目，在青藏联网 ±400 千伏柴拉直流输电线路铁塔上安装天然植物藤蔓编织的人工鸟窝 20 个。

2. 2017 年立项推进

2017 年，"生命鸟巢"正式立项。国网青海省电力公司在前期试点的基础上改良人工鸟窝，在青海玉树藏族自治州、果洛藏族自治州等三江源地区推广实施。在柴拉直流输电线路铁塔安装 16 个栖鸟架式人工鸟窝；在隆宝自然保护区 18 千米输电线路沿途架设 6 个大型招鹰架，10 个小型招鹰架，30 个同塔人工鸟窝；在果洛州甘德县建设 10 个人工鸟窝。

3. 2018 年根植转化

"生命鸟巢"项目正式纳入企业生产经营工作范畴，通过电网运维费用实施后续生命鸟巢制作和推广。在玉树隆宝自然保护区内 5 条 10 千伏线路杆塔上安装生命鸟巢 200 个；在海西柴拉直流输电线路铁塔安装生命鸟巢 50 个。

4. 2019 年推广应用

在玉树州嘉塘草原、巴塘草原、隆宝自然保护区、通天河流域等一市五县范围全面推广安装生命鸟巢。玉树五县安装生命鸟巢 3200 个；海西柴拉直流输电线路铁塔安装生命鸟巢 50 个；果洛州甘德县境内安装生命鸟巢 20 个。

5. 2020 年丰富内涵

进一步拓展项目覆盖范围、加大安装密度，重点在玉树所辖鸟类活动频繁的输电线路上安装生命鸟巢，并试点将生命鸟巢观测纳入电网线路日常视频观测。在玉树所辖 5 个县的 10 千伏和 35 千伏线路杆塔上安装生命鸟巢 960 个。

6. 2021 年至今专业升级

2021 年，国网青海省电力公司推进"生命鸟巢"项目的专业化升级，具体有以下创新举措：

（1）将视角转向科学化管理和可持续打造，引入第三方专业机构可可西里野生动植物保护协会合作共建，新增 9 个同塔、3 个异塔监测和拍摄点位，为做好鸟类筑巢孵化哺育幼鸟全过程影像资料拍摄采集、开展对外传播和鸟类活动分析提供技术支撑。

（2）推动护线爱鸟行动与电网运维一体化管理，联合电网运维专业部门，立项启动"电力设施涉鸟故障隐患在线监测及处置系统"双创项目，通过应用该系统，成功实现对在电网附近鸟类活动相关数据全面监测、采集以及大数据分析，切实推动将护线爱鸟工作融入电网设计、建设、运维全过程。

（3）基于过往对鸟类入住、利用"生命鸟巢"等情况的监测分析，与专业鸟类保护机构共同研究，对 2021 年安装人工鸟巢进一步从鸟窝制作工艺、尺寸和安装方式方面进行了改进。

（4）开展护线爱鸟行动传播载体创作，组织完成"生命鸟巢""动漫＋实景"融合宣传片、项目介绍宣传册制作，丰富了项目传播载体。

（5）与可可西里野生动植物保护协会合作，在青海玉树举办了以高原鸟类生态安全暨生物多样性保护为主题的专家论坛。

2021年，该项目在青海玉树地区、海西青藏联网工程线路沿线和海北地区新安装人工鸟窝446个。

2022年，国网青海省电力公司联合公益组织在青海隆宝国家级自然保护站内设立了一座云端生态屋"生命鸟巢"观测站，该观测站将用于高原地区鸟类生存环境进行长期跟踪监测，持续统计分析"生命鸟巢"项目执行成效并进行优化，并通过适当的手段来了解、评估和研究动物与环境之间的相互作用关系，为保护生物多样性提供一个独特的观测平台。同时，将"生命鸟巢"项目在三江源地区的探索和实践经验，向新疆、西藏、甘肃、四川等青藏高原地区以及内蒙古等其他具有相似生态环境的区域扩展。

四、履责成效

"生命鸟巢"项目实施产生了显著社会效益和生态效益，2016—2023年，国网青海省电力公司累计投入资金近500万元，在三江源地区安装人工鸟窝5018个，招鹰架16个。观测数据显示，"生命鸟巢"成功引鸟筑巢2300余窝，引鸟筑巢超50%，大鵟、金雕、猎隼等猛禽资源数量有了明显增长。在电网安全运行方面，青藏联网工程 ±400 千伏柴拉线和玉树地区 10 千伏输电线路因鸟类活动引起的跳闸次数呈明显下降趋势。

"生命鸟巢"项目的实施，也吸引了媒体的广泛关注，中央电视台、人民日报、新华社、科技日报、中国能源报、中国电力报、青海日报等主流媒体重点报道50余条。先后在中央电视台"新闻直播间""走遍中国""绿水青山看中国"等多个栏目播出，新华社刊发海外版报道，新华社通稿和光明日报客户端稿件浏览量均超100万，央视大型纪录片《我住江之头》，专题介绍展示了"生命鸟巢"项目积极探索维护三江源头"鸟线和谐"的生动实践。

北京大学生命科学院、中国山水自然保护中心等专业环境保护团体和业内专家予以高度评价。山水自然保护中心湿地项目负责人韩雪松评价，"'生命鸟巢'对于整个三江源地区，尤其是玉树藏族自治州猛禽的生存情况，会有一个特别大的改善。"北京大学生命科学院教授吕植评价，"一窝鹰在一个繁殖季节，就是两三个月的这样的一个时间尺度上，他可以吃掉几百只五六百只鼠兔，这样的一个力度，用食物链的方法来控制鼠兔的数量，我们觉得这是一个方向，将来还需要更大面积地推广这个做法，可能才最终才能起到一个控制鼠兔种群的这个作用。"北京大学山水保护中心主任赵翔评价，"通过在草地重点退化的区域来布设这样的一个鸟窝，能够把猛禽招引过来在这里繁殖，从而在这个适宜的巢穴周围通过捕食鼠兔来维持一个完整和健康的草地生态系统"。

五、工作展望

下一步，随着生命鸟巢的数量不断增多，国网青海省电力公司将对高科技手段应用、公益组织合作等课题进行深入研究。一是关注 5G、大数据等新兴先进技术在鸟类活动观测、数据收集方面的应用路径，继续开展人工鸟窝材质改良研究，基于鸟类活动信息数据建立健全人工鸟窝常态更换机制。二是深入开展与公益组织合作，联合科研攻关，发挥专业领域互补优势，催生更多"生态友好"型技术、标准、流程，协同推进电网线路沿线自然环境维护和改善。三是实施创新孵化项目，在前期项目实施经验基础上，建立完善的管理体系，妥善解决废旧鸟窝处置等问题，保证人工鸟窝可持续地利用，尽量减少负面扰动，确保人与自然和谐发展。

打造"光伏牧场共享园区"乡村振兴示范实践

大唐（内蒙古）能源开发有限公司

一、单位简介

大唐（内蒙古）能源开发有限公司（以下简称"内蒙古公司"）是中国大唐集团有限公司（以下简称"集团公司"）在内蒙古区域的二级管理机构，主要负责集团公司在内蒙古区域内的风电、光伏、水电等清洁能源开发、运营与管理，在役发电装机总量 519.98 万千瓦，其中风电装机 440.98 万千瓦，光伏装机 70 万千瓦，水电装机 9 万千瓦。

二、案例背景

乡村振兴战略是习近平总书记于 2017 年 10 月 18 日在党的十九大报告中提出的战略。报告指出，农业农村农民问题是关系国计民生的根本性问题，必须始终把解决好"三农"问题作为全党工作的重中之重，实施乡村振兴战略。

内蒙古公司以布局长远、衔接有力的决心、信心，全面对照党中央、国务院、国务院国资委党委及集团公司、乡村振兴要求，以坚定的决心压紧压实责任，以扎实有效的措施全面夯实基础，增派驻村干部，全面落实常态化驻嘎查村工作机制，为乡村振兴提供了坚强的干部人才支持，确保全面、高质量完成各项任务。内蒙古公司紧密围绕"十四五"高质量发展战略，结合帮扶地区资源禀赋，将乡村振兴与新能源高质量发展高度结合，通过乡村振兴建立与地方政府良好关系，已获取锡盟多伦绿电替代、绿电制氢、老北沟分散式风电共计 34.5 万千瓦新能源开发指标，并为获取锡盟特高压外送新能源三期项目奠定了坚实基础。

近年来，随着地方生态环保意识增强，草原生态保护力度逐年加大，锡林郭勒盟牧区传统放养模式一直陷入生态保护的结构化矛盾而无解。全盟划定了 3 万千米² 禁牧区，这些传统放牧草场都不再允许散养牲畜；退牧还草政策导致很多牧民失去了放牧草场，生态治理也拆除了很多养殖棚舍；大量牧民家庭由于缺少能够抵御冬季严寒的高标准棚舍，无法扩大养殖规模，全盟牧业年度牲畜存栏连续负增长，总规模已从 1700 多万只减少至 1328 万头（只），这意味着牧民减少近 400 万头只牲畜，牧民家庭的主要收入越来越少，致富遇到门槛。锡林浩特市正处在推行实施肉牛肉羊发展五年行动计划，重点推进草原畜牧业转型升级试点的关键时期，本地区畜牧业由传统放养方式向集约化、规模化养殖方式转型，亟需打造样板示范牧场，内蒙古公司在锡林浩特市毛邓牧场帮扶建设的"光伏牧场共享园区"项目的成功实施，将对锡林浩特地区乡村振兴事业起到重要示范带动效应。

三、实施路径

内蒙古电力公司携手锡林浩特市政府在毛登牧场地区通过推动"光伏牧场共享园区"乡村振兴示范项目，围绕项目建设分散式风电、分布式光伏、智慧牧场系统等，打造区内首例"乡村振兴 + 综合智慧能源"示范项目。项目遵循"一次性整体规划，按年分步实施"的基本原则，计划自 2022 年起，分 5 年实施，每年投入 200~300 万元逐步执行。项目建成后预计带动全产业链各环节农牧民脱贫致富5000 人，实现养殖规模 30000~50000 只羊，经济效益每年可达 5000 万元以上，成为锡林浩特市农牧业绿色生态发展的新名片。

"光伏牧场共享园区"乡村振兴示范项目建设分为两个阶段，2022—2023 年为启动建设阶段，2024—2026 年为升级完善阶段。具体方案如下：

（一）启动建设阶段

围绕整改园区基础硬件、完善养殖设施设备、牧民生活设施为主，主要包括：

（1）养殖车间地面、围栏、保暖、上水、电路完善改造，当年完成改造 8 栋。

（2）养殖户生活宿舍建设，配套水电暖，当年完成改造 60 个床位。

（3）牧民集体食堂改造，达到每日供应 80 人用餐服务能力。

（4）改造旅游接待宾馆达到接待客户及民宿运营的基本条件。

（5）修建园区内部道路（柏油及砂石道路），道路通至每栋养殖车间，配套引水沟渠。

（6）养殖区饲草料运输通道砂石路修建，覆盖养殖区全域砂石路共长度 12000 米（宽 3.5 米），碎石垫层（宽 3.5 米、厚度 22 厘米）。

（二）升级完善阶段

从 2024 年开始，共享园区各项工作进入到升级完善阶段：主要实现园区的绿色能源和智慧运营，达到较高水平的软硬条件。具体内容包括：

（1）养殖车间屋顶光伏改造，实现园区 100% 使用光伏绿色能源，分批次改造达到自发自用全部消纳。

（2）智慧牧场系统建设，实现从饲料配方加工、运输，养殖车间全方位感应，可视化运行，养殖全过程溯源，养殖后台全数据管理。

（3）培训中心建设，实现远程授课，现场体验式教学，为入驻养殖户提供长期技术支持。

（4）新建有机肥收储加工车间一处，使用面积 1200 米^2，配套有机肥基本加工设备，提供 1000 吨羊粪加工存储能力。

（5）新建牧草储存库 5000 米^2，达到一万吨储草能力。

（6）新建青储窖池 5000 米^2，达到一万吨青储能力。

（7）新建品种改良工作站，为入驻牧户提供优质冻精配种服务，提升羊只品种质量。

（8）新建兽医服务工作站，为入驻牧户提供全天候疫病防治服务。

（9）新建大型全年恒温储水设施一处，配套覆盖全园区输水管网，达到2000吨牲畜饮用水输送及储备能力。

以上投入形成的固定资产全部归入共享园区，用于园区入驻牧户共享、共用。

四、履责成效

集团公司作为中央直接管理的国有特大型能源企业，坚决贯彻落实习近平总书记要求，立足自身能源建设优势，围绕"三扶三真、五位一体"特色帮扶体系，内蒙古公司在锡林郭勒盟锡林浩特市毛登牧场地区帮扶建设"光伏牧场共享园区"乡村振兴示范项目，推动地方经济社会发展，助力农村牧区经济壮大，真正加强草原保护，努力打造青山常在、绿水长流、空气常新的美丽中国，也把产业发展落到促进农民增收上来。以下是内蒙古公司在锡林浩特市履行社会责任及成效分析情况。

（一）履责情况

1. 公益慈善

内蒙古公司在锡林浩特市毛登牧场地区积极推动建设"光伏牧场共享园区"示范项目，围绕打造"共享牧场"这一核心模式，实现"硬件"+"利益"+"增值"三个共享：通过免费入驻标准化养殖棚舍，提供平价配套水电暖服务，实现"硬件共享"；辅以自产低价配方饲草料支持，同时发展小型乳肉加工厂和牧场体验旅游项目解决更多就业岗位，实现"利益共享"；最终直联市场渠道，销售共享牧场出品的乳肉产品，没有中间商，效益最大化，实现"增值共享"。

2. 环境保护

内蒙古公司在锡林郭勒盟锡林浩特市毛登牧场地区帮扶建设"光伏牧场共享园区"乡村振兴示范项目，推动地方生态发展，助力农村牧区生态恢复，真正加强草原保护，努力打造青山常在、绿水长流、空气常新的美丽乡村。

3. 科技创新

内蒙古公司通过"光伏牧场共享园区"乡村振兴示范项目，积极推动科技创新，围绕分散式风电、分布式光伏、智慧牧场系统等，以新能源技术和智慧牧场系统相结合，助力农牧民畜牧养殖高效率、高标准，减少农牧业生产生活对生态环境的影响。

（二）成效分析

1. 经济效益

项目完成实施后，园区内肉羊存栏数量三年内可达到30000~50000只，经济效益每年可达5000万元以上，每户年均收入可达10万元以上，并且逐年扩大带动辐射面，提高增收水平，项目实施5年期间肉羊年度出栏达到50000只以上。同时，在养殖经济效益的促动下，可以带动周围牧户发展乡村旅游产业，能够形成牧畜业与草原特色文旅发展结合的良性循环，加快牧民致富奔小康的步伐。

2. 社会效益

项目实施后，一是可以带动锡林浩特市及其周边传统养羊业转变发展思维，调动周边养殖牧户发展集中舍饲肉牛肉羊产业的积极性，为牧民增收起到良好的示范带头作用。通过本项目的实施，能够进一步强化牧民经济合作组织作用，形成企业＋牧户的利益运行机制，提高产品的市场知名度，建立完善养殖基地＋牧户的利益连接机制，有助于牧户从标准化养殖中受益。同时，养殖产业的发展又可以带动屠宰、食品加工等二、三产业的发展，为城乡居民就业、农民增收以及增加地方财政收入开辟途径。二是本项目能提供新增就业 45 人，招收人员主要是面向大学毕业生和牧区富余劳动力，在一定程度上可减少本地就业负担，成为大学毕业生和青年牧民的就业基地和创业基地。

3. 生态效益

本项目养殖方式将通过采用秸秆青储的方法将适口性差的针茅草、消化利用率低的农作物及秸秆转变成适口性好、消化利用率高的青储饲料，不仅改善了羊只的瘤胃内环境，提高了饲草料的可消化性和转化率，而且从生态角度上减少了秸秆因焚烧或者堆放不慎引起自燃而造成的大气污染；而牛羊粪便经过堆积发酵无害化处理后运到农田既可降污又可肥田，将农业产生的废弃物和畜牧业产生的废弃物通过角色互换，促进了种养结合，推动建立可持续发展农牧业和生态农牧业。特别是本项目运营达产后，按每只羊传统放养需要 8000 米^2 天然草地计算，集中饲喂羊只数量达到 10000 只，可节省 5 万千米^2 天然草地，本项目完全达产达到 50000 只羊养殖规模，则可节省 400 千米^2 天然草地。由此，草原牧区发展畜牧业与保护草原生态之间的结构性矛盾找到了解决问题的钥匙。

五、工作展望

内蒙古公司发挥地区优势特长，因地制宜、精准施策，结合锡林浩特市地区资源特点，充分发挥主业优势，积极探索高质量发展与乡村振兴深度融合，全力扶持建设"光伏牧场共享园区"乡村振兴示范项目，推动乡村、牧区产业的转型和升级，持续优化项目建设方案，为农牧民探索政策、市场契合度高，收入可观且具有可持续发展能力的优质项目，经过多年的努力，为乡村振兴事业的发展提供"大唐方案"。未来将持续加大宣传引导力度，充分发挥网络媒体的作用，开展形式多样的宣传活动，精心组稿向主流媒体报送，营造良好氛围，提高"共享园区"认可度、知名度，使牧民自觉积极入驻、开拓旅游渠道，提升大唐集团在锡林浩特的美誉度。

同时，借乡村振兴之势大力推进高质量发展，在集团公司支持指导下，内蒙古公司已获得多伦绿电替代、绿电制氢、老北沟分散式风电共计 34.5 万千瓦新能源开发指标，锡盟特高压外送新能源三期项目获得了地方政府的大力支持。同时在毛登牧场规划建设的 2 万千瓦分散式乡村振兴绿色能源项目已开始实施分布式风电申报工作，为实现"光伏牧场共享园区"乡村振兴示范项目达到"一地两用""上光下养""牧光互补"的目标奠定坚实基础。未来，内蒙古公司将继续坚持高质量发展战略，坚定不移贯彻新发展理念，充分发挥集团公司主业优势，积极沟通锡盟政府，在扶贫点周边寻找适合新能源开发的土地资源，结合帮扶地区资源禀赋，将乡村振兴与新能源高质量发展高度结合。通过乡村振兴建立与地方政府良好关系发挥能源企业在乡村振兴中的作用，不断创新发展举措，以"风、光、牧"互补等方式，探索具有乡村振兴属性的综合智慧能源项目的规划发展，为乡村振兴事业绿色能源发展之路赋能。

"电沙成金"——社会责任根植沙漠能源生态圈构建

国网甘肃省电力公司

一、单位简介

国网甘肃省电力公司是国家电网有限公司的全资子公司，承担着建设、运营、发展甘肃电网的任务，为甘肃地方经济社会发展提供安全持续可靠的电力保障。现有 5 个事业部、23 个二级单位、80 个县公司和 1 个产业单位，职工 4.4 万人，服务客户 951 万户。截至 2022 年底，售电量完成 1131.58 亿千瓦·时，同比增长 4.1%。跨区跨省外送电量 560.7 亿千瓦·时，同比增长 8.3%。甘肃电网位于西北电网中心，是西电东送的重要通道、西北电力交换的枢纽，4 条特高压直流线路跨境而过，110 千伏及以上变电站（换流站）445 座，容量 1.19 亿千伏安，110 千伏及以上线路长度 54687 千米。发电总装机容量 6780.76 万千瓦，其中水电 971.82 万千瓦，火电 2312.57 万千瓦，风电 2072.96 万千瓦，光伏 1417.41 万千瓦。

二、案例背景

党的十八大以来，以习近平同志为核心的党中央把生态文明建设摆在全局工作的突出位置，针对一体治理山水林田湖草沙，国家开展了一系列根本性、开创性、长远性工作。2020 年 9 月 22 日，在第七十五届联合国大会一般性辩论上，习近平总书记郑重宣布："中国将提高国家自主贡献力度，采取更加有力的政策和措施，二氧化碳排放力争于 2030 年前达到峰值，努力争取 2060 年前实现碳中和。"2022 年 6 月，国家发展改革委等九部门印发《"十四五"可再生能源发展规划》。其中提出，创新推动光伏治沙规模化发展，重点在内蒙古、新疆、青海、甘肃、陕西等地区，建设一批光伏治沙新能源发电基地，带动沙漠治理、耐旱作物种植、观光旅游等相关产业发展，形成沙漠治理、生态修复、生态经济、沙漠产业多位一体、治用并行、平衡发展的体系。但从当前沙漠治理现状来看，治沙主要靠政府单方面推动、治沙参与面不广，光伏企业风光资源浪费较为严重、企业效益难以支撑光伏治沙可持续发展，治沙模式仍比较传统、未形成共治共建共赢生态恢复新格局。

三、实施路径

国网甘肃电力组织武威供电公司以电为"媒"，倡导组建志愿服务联盟，社会各方签署合作协议，建立长效沟通机制，共同打造示范项目，形成"板上发电、板下种植、板间养殖、厂周种树"的"四位一体"光伏治沙落地模式，实现新能源、生态环境、林畜产业、乡村振兴等要素深度融合，初步构建沙漠能源生态圈。

（一）明确定位，组建"光伏治沙联盟"

电网企业作为源荷两端的连接枢纽，对光伏并网和消纳起着决定性的作用。供电企业充分发挥央企"排头兵"的责任担当，深度参与光伏治沙行动。武威古浪县发展和改革局作为推动者，供电企业作为倡导者，光伏企业作为实施者，共同签署光伏治沙联动合作协议，先行发起组建"光伏治沙志愿服务联盟"，明确联盟各方职责定位、负责内容、工作流程及规范，建立各方不定期沟通交流机制，并逐步引入其他企事业单位、村镇农户等利益相关方，建立常态化信息披露机制，定期宣传光伏治沙工作成效，增强项目透明运营，合力破解治沙难题。

（二）互通对接，光伏企业板上发电

地方政府、供电企业、光伏企业经过多次调研勘察和研究论证，共同确定武威30万千瓦光伏治沙产业化示范项目，光伏电站年发电量约5亿千瓦·时。供电企业主动对接政府部门和光伏企业，建立服务光伏治沙项目"一口对外、一次办理"工作机制，搭建绿色服务通道，动态跟踪，及时给予技术支持，为项目顺利推进提供贴心、便捷、高效的供电服务，保障项目早投运、早见效，实现"板上发电"。在光伏并网消纳过程中，提供详实可靠的数据分析支撑，提高光伏发电利用率和光伏电厂效益。同时，面向施工人员宣讲电力安全知识，普及电价电费、电力市场化交易相关政策。通过"网上国网"及台区大数据平台数据测算功能，为光伏并网消纳提供可靠的数据分析支撑，为光伏并网发电奠定基础。

（三）汇聚资源，企农合作板下种植

供电企业积极协调林业局和外部治沙专家，深入探讨板下种植技术、种植品种和种植方法，共同研究板下种植方案，确定在板下和板间混合种植花棒、柠条、四翅滨藜以及沙米、沙打旺、苦豆子等沙生植物。地方政府提供防沙治沙、投工投劳相关政策扶持，聚集社会各方资源。光伏企业落实光伏组件安装，组织农户实施板下种植，支付养护报酬，及时反馈种植养护情况。供电企业推动，定期召开工作联席会，跟进植物种植情况，邀请36年治沙经验的"八步沙"践行者郭万刚以及兰州大学和武威泰丰公司光伏治沙专家开展技术指导，既满足农业生产的需要，又实现光电转换，达到改善生态，提升农业种植收益和能源发电效益的双赢局面，确保"板下种植"模式落地。

（四）产业融合，政府推进板间养殖

以"产业联合、乡村振兴"为重点，地方政府提供乡村振兴资金和村镇农户承包养殖的政策支持；光伏企业与当地村镇合作，在光伏发电板之间养殖"光伏羊""光伏鸡"，农牧户负责养殖，收入由双方共享。供电企业联合地方政府帮助农户搭建、拓展"光伏羊""光伏鸡"等农产品销售渠道，带动一

批农产品销售加工企业加入光伏治沙志愿服务联盟，优先雇用当地村镇劳动力，拓宽农民增收致富渠道，带动周边农牧民增收致富，实现沙漠农林产业、沙漠光伏发电产业、沙漠特色旅游产业等多产业融合发展，促进乡村振兴。

（五）生态治理，联合开展厂周种树

由地方政府组织林业部门、外部治沙专家，确定种植树木品种。在光伏电站周边种植梭梭木、沙棘等沙生植物抗旱抵挡沙尘，开展公益治沙活动，持续改善周边生态环境，推动旅游观光产业发展。供电企业联合政府部门建立"治沙林草种质资源库"，对适应沙漠的植物品种进行保护、引种、推荐、开发，提升植被存活率，巩固治沙成果，倡导建立公益植树志愿服务队伍，开展常态的公益植树活动，带动沙区产业链的延伸与升级，逐步建成沙漠能源生态圈。

（六）因地制宜，探索实施光伏治沙试点项目

武威古浪县山、川、沙各占 1/3，北部可利用沙漠面积约 1646 千米^2，是全国最具开发潜力的新能源基地之一，在政府确定的 30 万千瓦光伏治沙试点示范项目基础上，经过各相关方协同推进，形成"板上发电、板下种植、板间养殖、厂周种树"的"四位一体"光伏治沙落地模式，实现沙漠地区太阳能资源高效利用、沙漠绿洲经济社会可持续发展、脱贫攻坚与乡村振兴有效衔接的多重收益，形成利益相关方共建共赢的可持续合作机制，实现企业增效、产业增值、农民增收、沙漠增绿。

四、履责成效

（一）聚焦一个点，以合作共同体带动经济发展

供电企业与当地发展和改革局、光伏企业签署联动合作协议，共同确定以"光伏 +"新型产业化模式，有效落地武威 30 万千瓦光伏治沙示范项目，推动自身与光伏企业共同成长。经过初步测算，该项目建成后，年发电收益 1.5 亿元，节能减排年节约资金 2.87 亿元，带动生态工农业企业 33 家、实现沙区现代农业产业链增收 1 亿元以上，帮扶脱贫农户 100 余户，治沙面积达到 6.7 千米^2，促进沙区文旅产业增收 3000 万元以上。

（二）连成一条线，多方参与显著提升社会效益

国网甘肃电力注重沙漠能源生态圈光伏治沙模式传播，以"电沙成金"为主题，联合媒体推出系列报道，争取社会各界认同，为各方参与的"四位一体"治沙工作构建良好舆论生态。从 2022 年 9 月起，不断提炼总结沙漠能源生态圈价值，制作沙盘模型，先后在中宣部"奋进新时代"主题成就展、中国国际进出口博览会、甘肃省"奋进新时代"主题成就展、中国品牌博览会、中国国际智能博览会等高端平台精彩亮相，在更大范围获得社会各界对国家电网公司积极推动光伏治沙行动的理解与支持。

（三）辐射一个面，以能源生态圈促进环境改善

构建沙漠能源生态圈，通过"板上发电"每年可节约标准煤 160694.11 吨，减排二氧化硫 1.5 万吨、氮氧化物 0.7 万吨、二氧化碳 50 万吨，通过在板间种植沙生植物、建设防风林带，有效改善沙漠环境。属地供电企业大力弘扬"八步沙"精神，联合当地政府、企业、农户等各方，开展 2000 人次公益植树活动，参与土地荒漠化、沙漠化治理取得成效。

五、工作展望

下一步，国网甘肃电力将组织属地供电企业，更好加强与当地政府、光伏企业、农户等各方高效沟通合作，积极推动光伏治沙产业化示范项目早日建成投产，引进生态工农业企业，有效拓展治沙面积，持续带动生态修复，带动沙区现代农业产业、文旅产业链和农户增收，实现沙漠地区太阳能资源高效利用、沙漠绿洲经济社会可持续发展、脱贫攻坚与乡村振兴有效衔接的多重收益，促进当地社会各方对国家电网有限公司大国重器"顶梁柱"形象的情感和价值认同。

"绿光森林"共享计划——社会责任根植推动电网互惠型生态圈建设

国网四川省电力公司

一、单位简介

国网眉山供电公司属国网四川省电力公司直属供电企业。供电范围 6049 千米 ^{2}，服务人口 300 万人。截至 2021 年，公司固定资产由成立之初的 5.5 亿元增长到 76.87 亿元；售电量由 13.15 亿千瓦·时增长到 100 亿千瓦·时，综合业绩居全省第四。

国网眉山供电公司相继荣获"全国文明单位""全国五一劳动奖状""全国电力行业优秀企业""全国模范职工之家""国家电网有限公司文明单位""国家电网有限公司先进集体"等 500 余项市级及以上荣誉称号。

二、案例背景

四川眉山，国家级森林园林城市、中国最美生态文化旅游城市，拥有"世界最美桌山"瓦屋山、"长寿福地"彭祖山、"峨眉半山"七里坪等景区，境内森林覆盖率高达 50.2%，高出全国 26.7 个百分点，高出全省近 10 个百分点。

然而，秀美山川却带来烦恼：一方面，电力通道内高大易燃树木多，火灾隐患多。另一方面，当地人工经济林多，简单砍伐线下树木，影响百姓收益，电网建设矛盾突出。

党的二十大报告指出，中国式现代化是人与自然和谐共生的现代化。如何打造出"安全、经济、生态、环保"的和谐发展模式？为解决该难题，国网眉山供电公司启动"绿光森林"共享计划，着力构建以森林防火为基本目标的共建共享共赢发展"生态圈"，实现了生态环境平衡、电力设施保护与森林防火的完美结合。

三、实施路径

国网眉山供电公司通过对各利益相关方走访调研，找到"线下换种"是一条能实现"多方共赢、绿色安全、生态发展"的可持续发展路径。

（一）创新模式资源共享，共建政企高效联动体系

（1）构建市、县（区）、乡（镇）多级工作责任与协同体系。

对外，实现信息共享、队伍共建、联动出勤、统一指挥的森林防火新模式。工作小组先后召开了30 余次森林防火工作碰头会，研究梳理出 13 个问题清单，找到"换种"这条可行路。

对内，编制专项行动方案，细化梳理 3 个方面 14 项隐患排查举措，建立市县部门、一线班组、护线员等多级人员工作责任体系。

（2）建立"电力设施保护区 + 森林防火隔离带""护线员 + 护林员"责任制、"线长 + 村社长"对接制 3 个"二合一"管理模式。以玉屏山景区 10 千伏柳晏线通道为例，完成 8000 余根树木换种建成防火隔离带 8 千米，创新实现生态环境与森林防火的完美结合。

（二）创新赋能精准预患，打造生态经济防火林带

（1）创新赋能，精准预患。眉山供电公司研制并投运输电线路风速监测预警装置，实现风速预警由原来的平均 10.2 分钟缩短至 4.1 秒，风速预测准确率达 99% 以上，精准指导人员调整电网运行方式，避免线路对草木放电产生森林草原火灾。该创新成果获 2022 年全国质量管理小组活动创新成果一等奖、四川省质量管理创新成果一等奖。

（2）打造生态经济防火林带。"横向"做好森林防火职责协同，政企联动形成"供电企业拟定隐患排查清单 – 林场编制上报采伐方案 – 林业局审批采伐权限"的专项快速绿色通道机制。"纵向"立体协同抓好采伐换种工作的上下衔接，对国有林场实行"绿色安全、生态发展"模式，政企协商各出资 50% 换种茶花、杜鹃等生态景观植物，对私有林区建立"一村一策、合作共赢"模式，通过换种柑橘、藤椒等低矮经济作物，助力乡村振兴。

（三）科技助力全域感知，提升电网运行本质安全

（1）预警智能化。眉山供电公司依托高清视频监测装置、无人机巡视手段实现运维可视化。推进接地电阻测试、超声波局部放电检测等科技手段，提升预控能力，实现检测精细化。通过激光雷达三维建模，实时掌控树线距离，实现管理信息化。利用卫星遥感、图像识别、人工智能等技术，实现预警智能化。

（2）防火标准化。构建"变电站—线路—台区"三级火灾隐患隔离体系，实现故障自动定位、快速切除，提升电网故障响应能力，建设全绝缘标准化台区、森林防火标准化示范线路。

（四）构建应急响应平台，筑牢林区智慧"防火墙"

（1）构建应急响应平台。应急部门牵头建立多元化信息沟通机制，各单位一旦发现森林火灾隐患等，即可点对点精准连线相关应急负责人，统筹协调各方力量共同参与应急响应工作。另外，供电企业还在输配电线路走廊装设高清红外在线监测及卫星实时遥感装置，构建全域天眼系统，24 小时在线动态监测沿线情况，并将一手信息共享至该应急响应平台。

（2）筑牢林区智慧"防火墙"。变电站安装故障选线装置，实现线路故障自动定位"全覆盖"；线路安装高精度故障自动定位隔离装置，故障切除时间由平均 30 分钟缩短至 3 秒；台区安装漏电保护在线监测装置，安装率达 100%，位列全省第一，实现林区电力设备运行智慧感知。

四、履责成效

眉山供电公司"绿光森林"共享计划，实现了政企民以及生态环境的多方共赢。

（一）绿色生态，自然环境持续改善

（1）绿色生态。眉山供电公司累计完成通道换种 166667 千米 ^{2}。其中，220 千伏福盛变电站恢复为柑橘林，220 千伏天爱一线恢复为柑橘林，220 千伏祖庙一二线恢复为柑橘林，35 千伏石王线恢复为茶园，10 千伏柳晏线恢复为杜鹃林，35 千伏正金线线恢复为柑橘林。特别是在洪雅县玉屏山景区，建成 8 千米森林防火隔离带，打造出"杜鹃花海"吸引大量游客观赏，当地野生动物由 425 种发展到了现在的 475 种。

（2）环境改善。以玉屏山景区 10 千伏柳晏线为例，在高火险区域输配电线路通道设置 8 千米防火隔离带，实现生态环境平衡与森林防火的完美结合后，白额雁、大熊猫、林麝、山溪鲵、钳嘴鹳等重点保护动物亮相森林。仅洪雅近年来，各类珍稀保护动物从科考报告野生动物的 425 种发展到了现在的 475 种。

（二）线路安全，树线矛盾有效化解

（1）线路安全。眉山供电公司已对 814 千米跨林区输配电线路全面装设智能监控装置，包括 20 套选线装置，194 台一二次融合开关，11924 台配电台区总漏报在线监测装置，1 套微气象装置，308 套线路可视化装置。以往一个人一天的隐患排查工作，现在 1 小时就能完成。

（2）树线共生。林业部门开辟电力通道采伐换种手续"绿色通道"，树线矛盾问题在政企协同配合下迎刃而解。共同完成 10 千伏柳晏线、10 千伏汉旺线等多条森林经济防火带建设，共建"绿光森林"计划公益模型。

（三）政企联动，运维成本全面降低

（1）构建"供电公司–国有林场–市林业局"联动机制。林木采伐审批权限下放至县林业局，审批流程平均从 30 天缩短至 1 周。截至目前，全市输配电线路森林火灾重大风险清单隐患已全部消除，工作成效获新华社等多家主流媒体广泛报道，该套工作方法在全省范围推广。全省构建输配电线路通道防火治理模式样板，常态化推广，在全国范围内形成森林防火工作的"四川经验"。

（2）运维成本降低。以洪雅县为例，配电网运维费、人工成本与车辆租赁费，每年可节省 11.82 万元。通道采伐治理节约成本 13.2 万元，每年降低材料费、检修费，节约成本 6.25 万元。按照玉屏经验，节约一次性通道治理费用 36.41 万元，每年节约林区电网运维、巡视成本将超过 90.72 万元。5 年

累计可节约运维和巡视成本 453.6 万元。

（四）助农增收，生态富民成效凸显

（1）增收明显。以福盛站外东坡区富牛镇村民的经济林区为例，换种柑橘林后，亩产值由原来 600 元增加至 2000 元。经统计，每年可为眉山辖区内群众增收约 10.8 万元，为供电公司节约运维成本约 6.8 万元。洪雅县国有林场的祁明大谈到这片林时说，"绿光森林"计划兼具防火隔离带作用外，还可以丰富生物多样性。眉山市洪雅县供电公司副总经理张明直言，以往 1 个人 1 天的巡查工作，现在一台机器 1 小时就搞定了，每年可为公司节约运维成本约 240 万元。

（2）成效凸显。2020 年以来，眉山分别荣获"中国最美生态文化旅游城市""最佳生态旅游目的地"等多项荣誉，踏上中国国际旅博会、四川国际旅博会、茶博会等平台，生态品牌越来越响，生态福利也逐渐显现。以洪雅县为例，玉屏山旅游区年接待旅游人数约增加 10000 余人，增加旅游收入约 300 万元。此外，不同区域通过"换种"实现生态富民，防火隔离带建设成林间花廊，助力旅游发展，形成合作共赢的良好局面。

"绿光森林"共享计划已成为全省建设"电网互惠型生态圈"样板，获新华社等多家主流媒体广泛报道，在白鹤滩送端换流站建昌至叙府 500 千伏输变电工程开展试点工作，入选"新华网第七届绿色发展论坛"中国绿色影响力典范案例。

五、工作展望

目前，"绿光森林"该套工作方法成为全省构建输配电线路通道防火治理模式样板，在全省范围推广，并可望在全国范围内形成森林防火工作的"四川经验"。

"双长 + 双通道"——构建神农架森林防火生态屏障

国网湖北省电力有限公司

一、单位简介

国网湖北省电力有限公司神农架供电公司（以下简称"国网神农架供电公司"）前身是成立于1999年的神农架林区电力公司，供电区域覆盖神农架林区 6 镇 2 乡，辖区面积 3253 千米^2。供电服务常住人口 7.61 万人，用电客户 44021 户，其中居民客户占比约 82.30%。近年来，国网神农架供电公司坚决贯彻落实"绿水青山就是金山银山"的理念，结合神农架林区独特的地理生态环境，加快推进绿色生态电网建设，为建设生态文明建设示范区，奋力推动新时代神农架高水平保护高质量发展，打造全省生态文明建设样板，为湖北建设全国构建新发展格局先行区提供了坚强稳定的电力供应和支持。

二、案例背景

神农架林区位于湖北省西部，是全国唯一以"林区"命名的行政区，国土面积 3253 千米^2，森林覆盖率 91.12%，拥有 4 张世界级名片（世界自然遗产、世界生物圈保护区、世界地质公园、国际重要湿地）和 6 张国家级名片（国家级自然保护区、国家森林公园、国家地质公园、国家湿地公园、国家生态文明建设示范区、国家 5A 级景区），是全国唯一获得联合国教科文组织三大保护制度冠名的地区，是全球生物多样性保护永久性示范基地和国家重要生态功能区，也是三峡库区（南水北调）、丹江口水库的绿色屏障和水源涵养地，享有"华中屋脊、华中水塔、物种基因库"等众多美誉，被誉为北纬 31° 的"绿色奇迹"。

神农架林区 86% 的输电线路穿越森林、位于山火易发区，运维难度和防山火压力较大。近三年来，林区电力线路因树障跳闸 316 条次，引发小范围火情 3 次。林区基于《神农架林区自然生态保护和统筹发展规划》定位，统筹保护与发展，将全面压减林区林木采伐量，且树障清理需要经过林业管理单位层层审批，流程多、周期长，导致电力线路树障得不到及时清理。

同时，林区电网结构单一、N-1 通过率低，单回线路辐射供电覆盖面广，树障引发的线路跳闸将直接影响能源保供、经济社会发展和民生可靠用电，"林电"矛盾给护林防火、电网安全运行带来双重压力，饱受诟病。

随着 2021 年国家"林长制"全面推行，生态保护力度不断加强，是困难也是机遇，基于"林长"与"线路长"的工作特性，以及林火阻隔带规划建设，创新提出"双长 + 双通道"机制。

三、实施路径

（一）精准识别：明确各方优势资源和合作意愿

为明确神农架林区线树矛盾现状、深入剖析问题成因，国网神农架供电公司自 2021 年起，梳理出林业管理局、其他政府部门、社区居民、外来游客等利益相关方，并通过实地访谈、座谈会等方式对各方的参与意愿、核心诉求和可支配资源进行沟通确认，促进各方达成合作共识。

利益相关方诉求与资源分析表

利益相关方	参与意愿	核心诉求	优势资源
神农架林区林业管理局	愿意	● 建设富美林场，保护林区生态资源。 ● 全面推行"林长制"。 ● 预防和减少山火发生	● 提供政策审批支持。 ● 监督管理林业资源。 ● 基层林业工人队伍。 ● 护林站网络
神农架公司	愿意	● 减少电力线路故障。 ● 提供安全稳定供电	● 专业技术支持。 ● 专业电力设备。 ● 基层电力工人队伍
其他政府部门 （林区气象、工信、规划等部门）	愿意	● 避免和减少灾害发生。 ● 共建美丽神农架	● 提供气象、网络、规划信息支持
社会公众（居民、游客等）	愿意	● 美丽生态环境。 ● 优质用电服务	● 社会监督管理。 ● 提供线路隐患信息

（二）联合联管：搭建"双长 + 双通道"闭环治理模式

为确保项目有效推进和实施，国网神农架供电公司积极探索可持续的"双长 + 双通道"闭环治理合作推进模式，通过完善组织保障、明确合作内容、建立常态化沟通机制、制定建设标准和实施绩效管理评估，形成工作管理闭环，为下阶段向其他林区供电企业推广"双长 + 双通道"经验奠定基础。

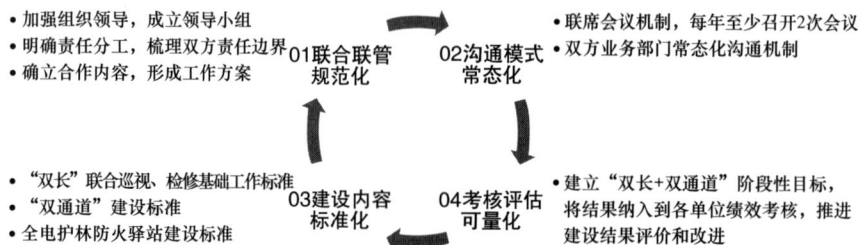

- 加强组织领导，成立领导小组
- 明确责任分工，梳理双方责任边界
- 确立合作内容，形成工作方案

01 联合联管规范化

- 联席会议机制，每年至少召开2次会议
- 双方业务部门常态化沟通机制

02 沟通模式常态化

- "双长"联合巡视、检修基础工作标准
- "双通道"建设标准
- 全电护林防火驿站建设标准

03 建设内容标准化

- 建立"双长+双通道"阶段性目标，将结果纳入到各单位绩效考核，推进建设结果评价和改进

04 考核评估可量化

"双长 + 双通道"闭环治理模式示意图

（三）共建共治：推进"双通道"建设

1. 共建二合一"双通道"

国网神农架供电公司深入开展林火阻隔带、电力线路路径的研究，配合林业管理部门编制神农架林区林火阻隔系统的规划。现有电力线路通道尽量纳入林火阻隔带规划范围内，形成"二合一"森林防火标准化通道。新建电力线路充分考虑林火阻隔带布置规划，在设计阶段合理选择路径，扩宽现有电力线路通道，更换为阻燃低矮植被，发挥生物林火阻隔带作用，达到一条通道、双方应用的效果，形成电力线路通道、林火阻隔带二合一"双通道"，现开展"双通道"建设投入资金约150万元。

2. 共建护林防火网络

在项目实施过程中，国网神农架供电公司与林业管理局一方面联合林业、气象等部门，结合森林防火摄像头分布、网络信号分布等，绘制"神农架林区森林防火信息融合图"，指导"二合一"森林防火标准化通道建设项目规划、申报。另一方面充分发挥125名线路长、324名林长基层引领作用，加强电力巡检专班、供电所所长和护林站站长、林区林长等基层队伍的工作联动，共同制定"防火隐患信息互报流程图"，形成信息互报常态机制，达到防火信息时时共享、防火隐患及时共治的目的；并将每一片林木、每一条线路隐患排查整治监管的具体任务责任落实到人，确保森林有人巡、线路有人管、隐患有人治，构建起森林防火网格化管理模式。截至2023年9月，共投入隐患治理资金60万元，预计2023年全年投入防火隐患治理资金360万元。

3. 共建护林防火驿站

为解决护林员、巡线员吃饭、住宿，无人机机舱充电维护等系列难题，国网神农架供电公司结合护林站分布广、数量多的特点，联合林业管理局共同研究布置森林、线路巡护站网络，对现有的56个护林站开展光伏、充电桩建设，补充防火装备、生活设施，实现站点绿色电源、网络信号全覆盖，共建绿色全电护林防火前沿基地。截至2023年9月，神农架供电公司用于改造升级全电护林站、所共投入资金约90万元。

（四）双向融合：促进"双长"资源共享

为有效发挥各方技术及资源优势，国网神农架供电公司与林业管理部门积极推动"林长"和"线路长"在巡视、检修、科技和宣传领域的全方位深度融合，通过资源整合带动护线防火效率提升。

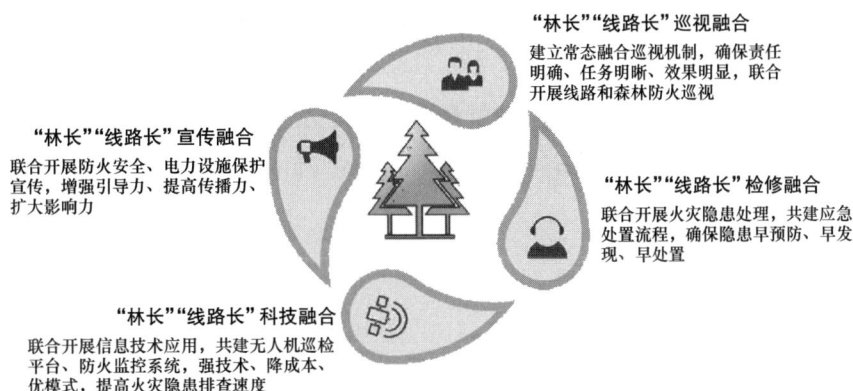

"林长""线路长"巡视融合
建立常态融合巡视机制，确保责任明确、任务明晰、效果明显，联合开展线路和森林防火巡视

"林长""线路长"检修融合
联合开展火灾隐患处理，共建应急处置流程，确保隐患早预防、早发现、早处置

"林长""线路长"科技融合
联合开展信息技术应用，共建无人机巡检平台、防火监控系统，强技术、降成本、优模式，提高火灾隐患排查速度

"林长""线路长"宣传融合
联合开展防火安全、电力设施保护宣传，增强引导力、提高传播力、扩大影响力

"双长"双向融合示意图

四、履责成效

（一）社会效益

通过"双长＋双通道"建设，一是增强了供电可靠性，提升了线路设施本质安全水平，线路跳闸率大幅下降，35千伏及以上线路跳闸率同比下降66.67%，10千伏线路跳闸率同比下降67.95%，助力林区连续43年未发生因电力设施引发的山火事故。二是减少了火灾隐患，联合巡检累计发现和处理火灾隐患1682个，未发生电力设施引发的森林火情。三是扩大了国家电网的品牌效益，通过"双长＋双通道"建设减少了林业部门和公司的"隔阂"，从而避免了各类矛盾纠纷，增强了各界对公司的理解和认可，提高了公司品牌美誉度。

（二）生态效益

一方面，国网神农架供电公司通过与林业管理部门共建驿站、植被恢复，助力碳抵消和碳减排。古庙垭护林站屋顶光伏平均每年可发电1.2万千瓦·时，节约能源消耗量3635千克，减少二氧化碳排放9920千克。另一方面，项目实施有助于减少重复采伐造成的水土流失风险和对原始地貌、动植物栖息地破坏，促进线路与环境和谐相融，助力生物多样性保护、生态修复和富美林场建设。

（三）经济效益

项目加强了电网抵御自然灾害的能力，降低了林区电网因线路跳闸造成的经济损失，同时减轻了基层巡检工作强度，通过与林业管理局的合作，建立了强大的相互支援互补能力，有效提升了隐患排查效率，减少了双方重复性劳动及投资成本，还增加护林员人均劳务收入约600元/月，每年可为古庙垭护林站增加光伏电量收入约6500万元。

五、工作展望

"双长＋双通道"建设的落地应用离不开林业管理部门、林电双方基层工作人员的共同协作。接下来，国网神农架供电公司将全面落实国家电网有限公司和林区党委、政府决策部署，持续改进并传播推广"双长＋双通道"建设经验，在探索中不断总结经验，固化森林火灾防控模式，完善线路通道清理长效机制。通过持续发挥供电公司与林业管理部门的优势资源，纵深推进林电合作，助力林区高水平保护高质量发展，为神农架国家公园建设和国家"双碳"目标实现作出新的更大贡献。

高擎科技创新大旗，点燃高质量发展引擎

中国华电科工集团有限公司

一、单位简介

华电氢能事业部成立于 2020 年 7 月 7 日，是中国华电集团有限公司（以下简称"华电集团"）氢能产业发展的重要平台。业务范围包括工程 EPC 总承包及项目运维服务，氢能材料、装备及系统开发，氢能应用技术及数字化、智能化等。事业部聚焦"双碳"目标和构建新型能源体系要求，以自主创新、合作开发为抓手，以可再生能源资源，产业研发、制造、工程总包、系统集成、投资运营能力为依托，以科技开发、装备制造、工程服务、运营管理、检验检测服务为路径，打造氢能源产业链"链长"及核心材料原创技术的策源地。依托可再生能源资源进行高效绿氢制备，打通氢能高效利用的产业链条，解决可再生能源发电的波动性、间歇性问题。依托"绿氢"推进在包括市政、交通、冶金、化工等更多领域深度脱碳，实现构建以氢能为核心的现代化、低碳化新型能源体系。

二、案例背景

本案例是华电集团 2019 年十大重点课题——可再生能源制氢、大规模储能及氢能综合利用技术研究项目的子课题。华电氢能事业部承担新型电解水制氢装置的开发，并依托科技示范项目平台，利用泸定水电站绿色电力资源，开展可再生能源制氢应用的研究。

泸定项目采用碱性电解槽为 100 标准米^3/ 小时的中压水电解制氢系统，由电解槽、制氢框架、纯化框架、整流系统、控制系统和其他公用工程系统，如冷却水循环系统、纯水系统和仪表空气系统等构成。原料水在直流电解作用下形成氢气和氧气。氢气经换热器、分离器和洗涤器得到原料氢，原料氢经进一步脱氧和干燥，得到合格的产品氢气，储存于氢气罐，供给下游用户。氧气处理过程与氢基本相同。

泸定项目新型电解水制氢装置利用泸定水电站富有的水电资源，开展水电制氢研究，完成不同运行工况的验证。同时，积极配合下游氢燃料电池冷热电三联供、固态储氢和液态储氢等完成联动调试。

三、实施路径

2020 年 8 月，肩负着电解水制氢装置开发的使命，泸定电解水制氢装置开发项目组正式组建。在

两年零三个月的时间里，"拼"出了一个竞相发展、蓬勃向上的生动局面，"干"出了一个比学赶超、争先恐后的发展态势，终于在 2022 年 11 月，成功结题。

（1）以"硬作风"啃项目建设"硬骨头"。在新型电解水制氢装置项目的研发过程中面对专业技术储备不足和工程设计经验不丰富等客观困难，项目组成员主动把办公室搬到条件艰苦的项目一线。面对项目场地狭小、项目所在地物资供应匮乏、新业务施工经验不丰富等客观困难，项目组成员主动把办公室搬到条件艰苦的项目一线。面对项目场地狭小、项目所在地物资供应匮乏、新业务施工经验不足等诸多不利因素，项目团队主动加班加点，连续奋战二十余天，风餐露宿昼夜颠倒，甚至去食堂就餐的时间都不愿浪费，在团队成员相互鼓励和支持下，面包和温水泡面就是人间美味，矿泉水味道堪比玉液琼浆。经过无数个不眠夜的奋斗，最终在预定时间节点内高质量地完成了新型制氢装置的施工调试工作，为实现华电氢能从"0"到"1"的突破默默奉献自己的智慧和力量。

（2）以"高水准"攀技术研发"最高峰"。2022 年 8 月 16 日，泸定项目顺利出炉华电集团首瓶"绿氢"，氢气纯度达到 99.999%，直流电耗等各项技术指标达到国内先进水平。同时，积极配合固态储氢、液态储氢和氢燃料电池等下游储氢、用氢单位，完成制 – 储 – 用的联动调试。团队研究人员针对现有碱性水电解制氢装置存在的问题和不足，积极发挥主观能动性，集思广益，取得了多项创新性成果。

（3）以"硬实力"做氢能产业"领头羊"。泸定电解水制氢装置开发项目的成功实施，为后续华电氢能研发和工程应用奠定了坚实的基础。公司敏锐把握市场前景和"风口"，先后制定 30 余份项目实施方案、可研报告，获得地方政府、集团公司、各区域公司的高度认可，并成功签订内蒙古华电达茂旗 20 万千瓦新能源制氢工程示范项目合同。2022 年 7 月 12 日，华电集团 1200 标准米³/ 小时碱性电解槽产品正式下线，相较传统电解槽，此次下线的电解槽运行电流密度提高约 30%，整体重量减少近10%，在多项关键指标上创造了国际、国内领先和行业引领。2023 年 4 月 12 日，在第八届中国能源发展与创新论坛上，荣获"2022 年度中国氢能产业最具影响力企业奖"。

四、履责成效

（一）聚焦科技攻关，筑牢氢能业务发展基石

一是创新体系更加完善。认真总结梳理"十四五"科技发展规划实施进展情况，明确战略实施的重点方向以及主要措施，为科技创新工作提供了科学指引。科技研发投入较上年同期有明显提升。申报高海拔地区可再生能源制取绿氢绿氧关键技术研究、绿电制绿氨联产硝酸封闭循环新工艺研究等四个科技项目，并开展甲醇电催化氧化耦合制氢技术研究及羟甲基糠醛电催化氧化制氢技术研究工作。中国华电氢能技术研究中心建设方案经审批通过后，根据近期发展目标，在上海搭建氢能装备技术研究中心，积极推进氢能核心装备研发工作。二是科技研发成果捷报频传。高效可再生能源电解水制氢团队荣获公司 2022 年度科技创新优秀团队。国重 QN 项目顺利推进，高活性低贵金属用量催化剂制备、耐腐蚀的高导电性金属基双极板研制等五个课题顺利结题并通过验收。CCM 喷涂产线、PEM 电解水制氢膜电极生产线和电解槽组装线产线建设工作完成，进入产线的调试和试生产阶段。不断加大

自主创新，专利申报工作增量提质。累计申请专利 23 项（2023 年新申请专利 4 项），其中申请实用新型 10 项，发明专利 13 项。目前已经授权专利 8 项，其中实用新型 6 项，发明专利 2 项。三是前沿技术研发力度不断加强。开展对绿氨合成技术、甲醇合成技术、新型氢储能技术在内的多个新技术研究，依托绿氢制备项目进一步丰富下游氢能综合利用场景的技术储备。完成《绿电制绿氨联产硝酸封闭循环新工艺研究》重点科技项目的立项审查工作。积极在可再生能源与电解槽的匹配、SOEC/SOFC 等前沿技术方面进行布局，为后续技术创新与产业发展增添新动能。

（二）紧盯市场机遇，提升"华电氢能"品牌形象

坚持市场引领，准确把握市场营销的新趋势新要求，不断强化市场开发意识和能力，全面推进重点项目落地实施进度，成功签订多个工程项目合同，市场开拓积极有为。全力推进"大市场"布局，配合辽宁、新疆、内蒙古、西藏分公司、当地政府调研项目当地用氢场景，编制项目建议书，获得各区域公司相关部门高度认可。加快构建"大海外"市场战略布局，开展制氢制氨项目交流活动，提供制氢用氢规划方案，努力推动产品、工程业务走出去。积极参加行业内具有影响力的展会，及时获取潜在客户信息、项目信息，抢占市场先机，不断提高"华电氢能"品牌知名度和影响力，进一步提高市场开发工作的前瞻性。

五、工作展望

华电氢能事业部将坚定不移以习近平新时代中国特色社会主义思想为指导，全面学习、全面把握、全面落实党的二十大精神，深入贯彻习近平总书记在全国两会期间的重要讲话精神和关于科技创新重要论述，坚持绿色低碳的发展方向，着力推进创新链、产业链、人才链深度融合，紧盯目标任务，以高水平科技创新支撑引领高质量发展。

（一）紧扣产业链部署创新链，提升硬核科技原创力

习近平总书记 2020 年 9 月在湖南考察时强调，强化企业技术创新主体地位，完善成果转化和激励机制，提升自主创新能力。要围绕产业链各环节的实际需求，把科技创新成果应用到产业发展中。氢能事业部在党支部的带领下，按照产业发展需求部署安排创新链，针对产业链的痛点、卡点、堵点，集成各类创新资源，开展关键核心技术攻关，形成对产业链发展的有效支撑。

（二）围绕创新链布局产业链，促进产业基础高级化发展

聚焦创新链布局产业链，就是要推动科技创新成果转化为高质量发展的现实生产力。在产业链薄弱环节实施关键核心技术攻关，将研发成果嵌入产业链供应链，大力发展新技术、新产品、新业态、新模式，推动产业链优化升级、前瞻部署抢占未来发展制高点的新兴产业链，持续提升产业链供应链韧性和安全可控水平。事业部强调科技创新对产业发展的引领作用以及从创新链到产业链的"基础研究＋技术攻关＋成果产业化"转化接力机制。产业能力重点围绕产品生产、系统集成两大环节进行产业布局。

（三）以人才链贯通产业链创新链，完善"三链"融合保障体制机制

党的十八大以来，党中央作出"人才是实现民族振兴、赢得国际竞争主动的战略资源"的重大论断，对人才的全方位培养、引进和使用进行了重大部署。人才站在科技前沿、引领科技自主创新、承担国家战略科技任务，是支撑高水平科技自立自强的重要力量。近年来，我国深入实施人才强国战略，深化人才体制机制改革，取得显著成效。华电氢能事业部党支部积极响应国家人才战略，牢固树立人才是第一资源的理念，坚持科技将帅人才培养和人才结构调整并举，大力培养使用人才，充分发挥人才价值。"三链融合"中人才链为创新链、产业链提供有力支撑，华电氢能事业部积极吸取科技人才，把素质优良的人才队伍对接到创新链、产业链各环节中。事业部始终坚持以德为先、任人唯贤、人岗匹配的原则，把那些靠得住、有本事、肯干事、群众认可的优秀人才充实到党支部，让他们充分发挥好"领头雁"作用，以担当带动担当，以作为促进作为，带动事业部全体员工铆足干劲、再创佳绩。

变废为宝 焕发新生——社会责任根植废旧铅酸电池再利用

国网河北省电力有限公司

一、单位简介

国网石家庄供电公司是国家电网有限公司大型供电企业，负责依法经营、规划、建设、管理石家庄电网，保障电网安全、可靠、高效运行。截至 2022 年，公司供电面积 1.58 万千米^2、人口 1123 万，电力客户 565 万户。拥有 35 千伏及以上变电站 424 座，变电总容量达 3887 万千伏安，输电线路突破 10000 千米，初步形成了"南北互通、东西横贯、运行灵活、经济高效"的区域电网。2022 年全社会用电量 571.01 亿千瓦·时，完成售电量 517.24 亿千瓦·时，2023 年夏季最大负荷达 1070.3 万千瓦，同比增长 11.1%。

二、案例背景

随着经济社会的快速发展，铅酸电池退役数量越来越多。仅国网石家庄供电公司每年废旧铅酸电池仓储量就达到了 70 吨。如此大量的废旧铅酸电池，带来的危害不容忽视。一是仓储成本高。必须建立或租赁大面积专用仓库存储废旧铅酸电池，仅公司每年的存储费就高达 20~30 万元。二是资源浪费。废旧铅酸电池基本采取报废处理，修复再利用技术未系统性攻关，不符合可持续发展理念。三是社会认可度不高。社会各界对于废旧铅酸电池再利用了解不深入、衔接不顺畅、责任不清晰，影响废旧铅酸电池推广应用。四是存在污染风险。部分铅酸电池会出现渗液、漏液，容易造成重金属污染，后期环境生态修复成本高昂。

三、实施路径

聚焦如何让"退役"铅酸电池最大化发挥剩余价值，减少废旧铅酸电池污染风险和储存成本，国网石家庄供电公司确立《变废为宝 焕发新生》社会责任根植项目，通过调研、沟通、责任界定等社会责任工具，全面梳理工作思路。

（一）全面调研，了解诉求优势

围绕绿色低碳循环发展战略，国网石家庄供电公司融入社会责任理念、管理办法，整合社会资源，通过走访调研、问卷调查等方式，开展利益相关方调研，明确了政府部门、供电公司、通信运营商、废旧电池活化厂商、分布式光伏用户、新闻媒体等利益相关方，了解了各方对废旧铅酸电池再利用的期望、诉求以及优势。

通过调研发现，废旧铅酸电池对于供电公司、通信运营商等不再有使用价值，但经过废旧电池活化厂商活化后，可以在储能装置搭建方面发挥价值，解决分布式光伏用户储能设备成本高昂的问题。

利益相关方诉求及资源优势分析

利益相关方	期望和诉求	资源优势
政府部门	减少环境污染 推动地区绿色能源发展	提供政策支持
供电公司	节约电池仓储成本 解决大量分布式光伏接入对电网造成的影响	数据实验支撑 大量废旧电池
通信运营商	节约电池仓储成本 促进废旧电池二次利用	大量废旧电池
废旧电池活化厂商	拓宽活化铅酸电池应用市场 提供高效电池活化服务 提升企业收益	掌握核心技术 具备科研能力
分布式光伏用户	搭建低成本储能装置 解决光伏短时高电压问题	提供应用场景
媒体	挖掘环保新闻	宣传经验丰富

（二）加强沟通，统筹协调推进

联合政、企、媒等多方力量，国网石家庄供电公司牵头成立"焕活电池"项目团队，利用微信群、公共平台等沟通媒介，成立"政府监督、企业主导、媒体宣传"的内部领导小组，完善相关方的信息

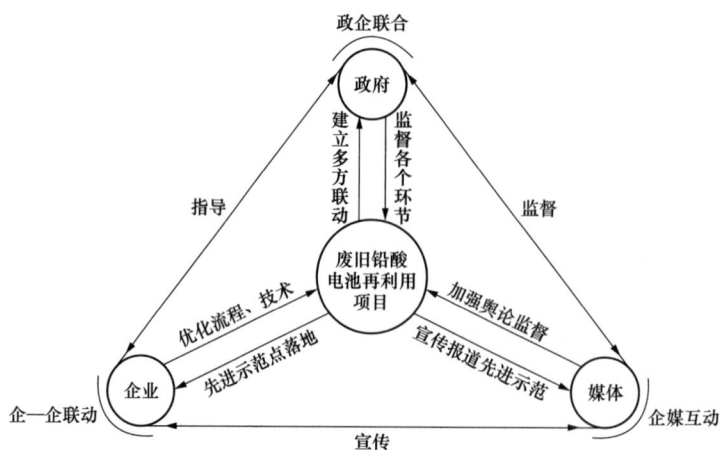

多方协同信息共享机制

互通、日常管理制度，建立长效沟通联络及常态化监督机制，让各个利益相关方充分发挥所长，实现各方深层次沟通，推进利益相关方参与合作。

（三）界定责任，签订责任划分书

属于供电公司产权的废旧铅酸电池，引入透明管理模式，自主选择处置方式。对于已无法回收利用的废旧铅酸电池，统一通过公司物资部框架协议招标第三方开展无害化处置。对于存在回收再利用可能的废旧铅酸电池，登记造册每个废旧铅酸电池的厂家、型号、编码信息。依托活化厂商搭建低成本储能装置，通过"无忧用电"平台进行出租，明确再利用后去向，供需双方签订责任划分书，防止发生社会安全责任风险。

属于其他利益相关方的废旧铅酸电池，由政府环保部门书面告知，督促企业根据废旧铅酸电池可利用价值，依据废旧铅酸电池再利用的全新路径，选择合理的处置方式。同时，界定供需双方责任边界，在必要环节签订责任划分书，并有专人定期开展督查督办。

（四）确定思路，全面推广应用

国网石家庄供电公司瞄准技术攻坚、示范场景、合作共赢三大领域，让废旧铅酸电池"活"起来、用起来、火起来。

1. 开展科研合作，让废旧铅酸电池"活"起来

国网石家庄供电公司以创新驱动与综合价值最大化为引领，引入多方参与、共同发展的根植理念，发挥各方资源优势，聚焦电池活化时间长、成本高等痛点问题，与河北省科技型中小企业——河北艾莎尼环保科技有限公司构建运转高效的科研攻关团队，共同开展"废旧铅酸电池活化"新技术研发，采用大数据分析方法和自适应脉冲电流法，创新研发废旧电池智能巡检活化装置，延长电池使用寿命，可以实现投资更少、活化量更大和活化周期更短等效果，为后续废旧铅酸电池再利用场景落地实施，提供完善技术支持。

2. 搭建应用场景，让活化铅酸电池用起来

了解到分布式光伏用户有利用活化电池搭建低成本储能装置的需求，但对现有的活化电池的质量安全性和利用价值等存在疑虑。国网石家庄供电公司积极协调政府、废旧电池活化厂商、分布式光伏用户、通信运营商等利益相关方，组织召开多次项目方案论证会。充分考虑用户投资成本、建设成本、技术可行性、系统可靠性等多种因素，确定了将活化后的废旧铅酸电池搭建成低成本小型储能电站的应用方向，并在分布式光伏用户成功落地实施。

在石家庄市杜家庄水产养殖基地，用户自有一套30千瓦光伏设备，受夏季光伏出力较大影响，基地经常出现高电压问题，导致增氧机等用电设备损坏，直接经济损失近3万元。综合考虑用户投资成本等需求，项目团队为其搭建了30千瓦的活化铅酸电池微储能电站，对比使用新电池节约成本近10万元，解决了光伏发电短时电压过高问题，还帮助其拥有了低成本的应急电源。在此基础上，通过打造活化铅酸电池应用示范样板，电池活化厂商吸引了更多的潜在用户，通信运营商、供电公司降低了废旧电池仓储成本，各利益相关方均实现了共赢。

3. 加强宣传推广，让活化铅酸电池"火"起来

强化品牌塑造，将活化铅酸电池微储能装置植入国网石家庄供电公司"无忧用电"平台，利用"无忧用电"平台的品牌效应，推动社会层面更广泛地使用活化铅酸电池，解决废旧铅酸电池仓储成本高、资源浪费、社会认可度不高、存在污染风险等问题，推动废旧铅酸电池变废为宝。

自项目开展以来，国网石家庄供电公司邀请政府相关部门、通信运营商、废旧电池活化厂商及媒体等利益相关方，召开5轮"废旧铅酸电池再利用"推介会，在行业内外媒体报道活化铅酸电池储能电站示范项目建设成效，推动项目在全市范围内推广实践，掀起了废旧铅酸电池再利用的社会浪潮。

四、履责成效

废旧铅酸电池再利用社会责任根植项目破解了危险废弃物再利用难题，实现了利益相关方经济、社会、生态综合价值最大化，进一步提升了公司责任央企形象，扩大了品牌影响力。

（一）实现利益相关方互利共赢

通过实施废旧铅酸电池再利用社会责任根植项目，形成了危险废弃物再利用多方获利共赢的新模式。截至2022年年底，废旧铅酸电池再利用项目已推广至8000余个人用户、42家企业客户。在这个过程中，100吨废旧铅酸电池实现了活化再利用，减少了废旧电池拥有企业仓储成本46余万元，降低了需求方企业应用成本270万元，增加了废旧电池活化厂商收益超40万元。预计，随着项目的进一步推广，各方收益将实现几何级增长。

（二）推动绿色低碳循环发展

通过实施废旧铅酸电池再利用社会责任根植项目，为社会提供了一套可复制、可推广的危险废弃物解决方案和示范样板，实现了可再生资源的循环利用，有力推动了党的二十大关于加快发展方式绿色转型要求在基层的落地实践。

（三）引领行业新风向

通过废旧铅酸电池再利用社会责任根植项目品牌化运作，推动了电池再生业务运营方式和工作方式创新，构建了废旧电池规模性再生产业链，形成了多方获利共赢的发展模式，越来越多的用户有意向选择电池活化服务，废旧铅酸电池再利用形成社会共识。

五、工作展望

下一步，国网石家庄供电公司将在技术创新、示范应用、传播推广上持续发力，以活化铅酸电池

微型储能电站示范项目为引领，推动活化铅酸电池在综合能源利用、应急电源搭建、蓄电池组租赁等领域开花结果，不断推动项目更广泛应用，积极履行社会责任，不断汇聚利益相关方，为推动绿色循环低碳发展贡献国网力量。

点沙成金，绿富同兴

中国长江三峡集团有限公司

一、单位简介

中国长江三峡集团有限公司（以下简称"三峡集团"）因建设三峡工程而生，成立于 1993 年 9 月，是国务院国资委确定的首批创建世界一流示范企业之一。历经 30 年持续快速高质量发展，目前集团业务遍布国内 31 个省、自治区、直辖市以及全球 40 多个国家和地区，现已成为全球最大的水电开发运营企业和中国领先的清洁能源集团。三峡集团致力实施清洁能源和长江生态环保"两翼齐飞"，"十四五"时期将基本建成世界一流清洁能源集团和国内领先的生态环保企业。

二、案例背景

库布齐沙漠地处鄂尔多斯高原北部与河套平原的交接地带，黄河"几"字湾南岸，是距北京最近的沙漠地区，区域气候干旱，生态环境脆弱，风沙危害巨大。在"双碳"战略愿景下，我国提出大力发展可再生能源，在沙漠、戈壁、荒漠地区加快规划建设大型风电光伏基地项目的发展目标。三峡集团开启了让荒漠化土地变身新能源绿洲的奋进之路。

内蒙古库布齐沙漠鄂尔多斯中北部新能源基地项目是全球最大规模"沙戈荒"新能源基地项目和国家"沙戈荒"基地首批、首个项目。库布齐沙漠气候干旱，生态环境脆弱，风沙危害巨大，但沙漠地区面积广阔，蕴含有丰富的资源，已经成为国家重要的能源基地。故在该区域开展光伏产业需要关注生态环境治理和改善，以期促进区域生态、社会、经济的全面发展。以生态治理和产业提升为导向，把沙戈荒漠化治理与产业发展和乡村振兴紧密结合起来，全面研究总结提炼现有光伏治沙相关产业案例，探索生态产业发展模式和技术改进，进一步补强和提升光伏治沙的全产业链能力。充分发挥风光资源的生态环境效益和生态治理效益，推动可再生能源开发利用与生态环境保护协调发展、相得益彰，促使沙漠增绿、资源增值、企业增效、政府增税，推动区域协调发展，促进共同富裕，真正实现"治沙"和"治穷"兼顾、生态与致富共赢的发展目标。

三、实施路径

（一）坚持党的领导，强化履责担当

党的坚强领导是根本保证。三峡集团始终铭记习近平总书记考察内蒙古时提出的"内蒙古要大胆

先行先试，积极推进生态文明制度建设和改革"的指示精神，大力构筑祖国北方重要生态安全屏障，持续推进沙漠治理，库布齐大基地项目临时党支部成立以来，组织开展了集中学习，专题党课，通过深入学习习近平总书记系列重要讲话精神、重点学习党的二十大精神，进一步激发广大党员的积极性、创造性，全体党员将习近平总书记重要讲话、重要指示批示精神与大基地实际工作结合起来，转化为统一思想、谋划发展、推动工作的有力武器，推动党建工作与业务工作深度融合，而后更是成立了三峡蒙能公司第一、第二、第三党支部，始终坚持把理论学习贯穿始终，推进党员教育常态化、制度化，深入贯彻党的群众路线，扎实推行并践行"我为群众办实事"，努力提升党支部的凝聚力和战斗力，为社会履责提供强有力的保障。

（二）注重生态治理，打造沙漠经济模式

库布齐大基地项目建设包括"规模化新能源开发、风光火储多能互补、电力跨省外送、沙漠生态治理"四大系统工程。该项目目前是全球最大规模沙戈荒地区风电光伏基地项目，将配套改扩建先进高效煤电装机400万千瓦、新建多型式储能约400万~600万千瓦作为支撑性电源。项目总投资（动态）约800亿元，所发电力将依托国家"十四五"电力规划中拟建的蒙西至京津冀直流输电通道，以风光火储一体化方式外送至京津冀地区，每年向京津冀地区送电约400亿千瓦·时，相当于河北省全社会年用电量十分之一。其中清洁能源占比50%以上，相当于节约标准煤约600万吨，减排二氧化碳约1600万吨。

（三）坚持绿色发展，积极推进林草碳汇

基地生态治理措施包括建立基地外围锁边林草植物带、基地主干道路防护林带、基地内部林草种植等，从而有效增加林草覆盖率，全面治理荒漠化土地，显著改善生物多样性，积极促进林草碳汇。锁边林草植物带布置51千米^{2}的秸秆锁边沙障（包括芦苇、麦草、稻草等）和以白榆、樟子松为主要树种的5千米^{2}的锁边林；基地主干道路防护林带布置4.47千米^{2}的秸秆锁边沙障和建造以沙柳、杨柴、花棒、柠条、等乔灌木结合的4.47千米^{2}内部道路防护林带；基地内部林草种植是指光伏板下、板间的生态修复，敷设138千米^{2}的红泥混砂，并开展生态种植，种植覆盖率达到30%以上。三峡大基地先导工程生态治理项目已开始试种燕麦、苜蓿，已播种0.3千米^{2}并全部出苗。

经过生态综合治理，光伏板下、板间林草覆盖率增加20%~25%，达到30%以上，基地主干道路绿化率达到50%以上。全面遏制区域土壤风蚀，控制沙丘流动，风蚀模数下降10%~15%，沙化土地面积下降30%~40%。通过实施封沙育草、飞播和机械沙障等生物和工程措施相结合的植被建设方法，促进区域生物多样性的恢复，香农威纳指数增加8%~12%。库布齐中北部大基地建设，将全面治理荒漠化土地、有效增加林草覆盖率、显著改善生物多样性、积极促进林草碳汇。经过3~5年生态综合治理，光伏板下、板间林草覆盖率达到60%以上，基地主干道路绿化率达到90%以上，基地外围林草覆盖率达30%~60%，基地周边沙荒地林草覆盖率达20%~35%。全面遏制区域土壤风蚀，控制沙丘流动，风蚀模数下降10%~15%，沙化土地面积下降30%~50%。生态环境系统能力逐渐恢复，植被覆盖度由3%增长到53%。项目建成后年均碳汇总量超过1000吨。

（四）提高区域就业率，改善牧民生活福祉

鼓励当地农牧民积极参与承包经济林养护工程，以及沙漠旅游、光伏板保洁、物业服务等工作，让当地农牧民正成为光伏治沙的受益者。参照达拉特光伏发电应用领跑基地一期项目（建设规模 50 万千瓦）、蒙西基地库布其 200 万千瓦沙漠光伏项目的相关数据统计，库布齐沙漠鄂尔多斯中北部新能源基地 800 万千瓦光伏建成后，预计每年可吸纳就业约 19200 人，人均增收 4200 元，将有效提高区域就业率，增加居民人均收入，减少区域家庭困难人口数量，夯实脱贫攻坚成果，服务乡村振兴。同时，沙漠治理可以有效改善区域生态环境，提高群众健康水平，增加人民福祉。

（五）开展央地企合作，带动产业链发展

三峡集团将积极助力本地企业共同发展，共享绿色高质量发展带来的效益。预计蒙西至京津冀输电通道配套的库布齐沙漠基地外送项目直接投资近 1000 亿元，可带动当地产业投资超过 2000 亿元。预计，库布齐新能源大基地建成后，将实现：

（1）产业规模较快增长。形成年产 500 万千瓦以上风电整机及其零部件、400 万千瓦以上太阳能电池及组件、200 万千瓦以上储能装备、1000 套以上燃料电池汽车电堆系统。在氢储能上具备 20 万吨以上储氢设备的生产能力。新能源装备制造业产值达到 500 亿元以上，助力自治区风光氢储产业延链补链强链。

（2）创新能力明显增强。建成一批自治区级新能源装备制造（产业）创新中心、技术创新中心、产业技术研究院、工程研究中心、重点（工程）实验室等创新平台，在风电、光伏、氢能及储能装备等重点领域，建成 1~2 个国家级企业技术中心和技术创新中心。企业研发投入持续增加，企业研发经费投入占营业收入比例达到 5% 以上。

（3）集聚集约发展水平稳步提升。规划建设新能源装备制造基地，打造风电、光伏装备制造 2 条全产业链，培育氢能、储能装备制造两个新增长极，培育一批链主企业、龙头企业和"专精特新"中小企业。到 2025 年，计划形成 1~2 家年销售收入超 50 亿元、3~5 家超 20 亿元、10 家以上超 10 亿元的企业。随着三峡库布齐基地的建成使用，"风光氢储"全产业将实现本土化的运维与检修，将带动当地就业 2000 人，预计增加产值 20 亿元。

目前，内蒙古能源集团已参与大基地先导工程施工总承包，先导工程光伏组件采用内蒙古本土企业产品。优先支持内蒙古能源集团承接内蒙古区域在建新能源项目的运维服务业务，参与大基地项目设计、施工和运维服务业务。在内蒙古区域的项目优先采用本土企业产品，有效带动央地企合作。

四、履责成效

库布齐基地项目充分发挥了自治区作为国家重要能源基地在全国"双碳"进程中的支撑作用，是融合了规模化新能源开发、风光火储多能互补、电力跨省外送、沙漠生态治理等要素的复杂系统性工程。针对基地电源规模大、类型多、差异大等特点，同时兼顾规模开发、生态治理、产业带动，实现

经济、生态、社会效益协调统一，打造"规模与效益、质量与进度、技术与创新、管理与合规"四个"双一流"的新能源示范基地，创建安全可靠、质量优良、科学有序、指标先进的国际一流、国内"沙戈荒"标杆示范精品工程。

项目建设以"光伏+"为基础，以高效、生态、循环为前提，实现板上发电，光伏板间、板下统筹兼顾特色经济作物、畜牧养殖、生态修复、造林绿化与相关产业发展，打造"一地多用"产业业态模式，将基地打造成为"农光互补""牧光互补"融合发展的示范区。项目建成后将促进地区绿色发展和能源绿色转型，带动光伏产业、储能、数字化等新兴产业集群式发展，推动地区经济可持续发展。

五、工作展望

生态、民生、经济的平衡驱动，让沙漠变成地区经济发展的绿色资产，黄沙遍野变成绿水青山。未来，三峡集团将继续秉持"为国担当、为民造福"的责任初心，坚决服从国家战略，主动担当作为，开展风电光伏防沙治沙、库布齐沙漠生态系统保护和修复的探索，构建新能源发电、生态修复、帮扶利民、生态旅游、荒漠治理等多位一体的循环发展模式。

交能融合，绿动世界——全国首个全路域交能融合示范工程通车

葛洲坝集团交通投资有限公司

一、单位简介

葛洲坝集团交通投资有限公司作为中国能建葛洲坝集团全资子企业，深度融入交通强国战略，主营业务涵盖国内高速公路及其他收费公路等交通基础设施投资、建设、运营和资本运作业务，以及国内高速公路能源、商超、物流、旅游、广告等路衍经济业务。截至 2023 年年底，公司投资建设管理高速公路里程超过 2700 千米，总投资额超过 3400 亿元。

公司坚定践行价值投资、全生命周期投资、理性投资、高质量投资"四大投资"理念，持续做专投资决策支持、建设管理、运营管理和资本运作"四个平台"，做强投资、建设、运营"三个主体"，全面创造以投资拉动承包获取工程收益、以运营增收增效保障投资收益、以资本运作促进投资滚动开发和资产保值增值"三大价值"，充分发挥产业链、业务链、供应链"多链合一"突出优势，致力于打造行业领先的交通基础设施投资建设运营公司，树立"葛洲坝交投"知名品牌。

二、案例背景

实现碳达峰碳中和，是以习近平同志为核心的党中央统筹国内国际两个大局作出的重大决策部署，是着力解决资源环境约束突出问题、实现中华民族永续发展的必然选择。交通运输是应对气候变化的重点领域，目前行业碳排放量约占全社会碳排放总量的 11%，亟需加快推动能源结构转型，大力发展可再生能源。

为积极响应国家"双碳"战略目标，推进交通与能源融合发展，中国能建葛洲坝交投公司依托自持自营的山东省日照（岚山）至菏泽公路枣庄至菏泽段（简称枣菏高速），并以此为基础打造成为国内领先的交能融合创新应用示范平台，以光伏、风力发电等新能源为融合要素，开展各类新技术、新场景、新模式的攻关研发和示范应用，旨在打造成为交能融合关键技术装备与商业模式创新应用的"试验田"。

枣菏高速公路交能融合（源网荷储一体化）示范工程项目位于枣菏高速，起点接京台高速于滕州市，终点接日兰高速止于菏泽市，全长约 178 千米，日照时数 2100~2500 小时，具有充裕的光能资源，太阳能辐照属于 C 级"资源丰富地区"，适宜开发建设光伏电站，稳定度等级属于 B 类等级"稳定"。

项目利用枣菏高速路基阳坡、服务区、停车区、收费管理中心等区域进行光能资源开发建设。共有可用土地 332 万米^2，其中权限边坡 319 万米^2，匝道、互通立交可利用土地约 12 万米^2。项目建成后，运营期内可累计生产清洁电力约 28.9 亿千瓦·时，年均发电量 1.36 亿千瓦·时，每年等效替代标准煤约 4.1 万吨，减少碳排放达 11.4 万吨。

三、实施路径

中国能建葛洲坝交投公司积极探索交通与能源融合发展的新路径，担起交通强国、交通强企、交通富民使命，持续发挥交通基础设施投建营一体化全产业链优势，在"双碳"目标背景下努力当好开路先锋，为推动交通运输行业绿色低碳转型、促进行业高质量发展、加快建设交通强国贡献葛洲坝交投方案，展现葛洲坝交投智慧。

（一）建设思路

以枣菏高速为载体，以太阳能、风能等新能源要素为动力，兼顾储能、氢能等新型技术，通过"科学设计、低碳营造、智慧运营"，在传统"网—荷"交通供电系统的基础上融入清洁能源、储能和微电网技术，构建"源—网—荷—储"多层级一体化交能融合系统。利用服务区、路侧边坡、场站等公路基础设施潜力就地开发新能源，建设以光储充一体化、零碳智慧服务区、光储直柔一体化建筑、交能融合一体化管控平台等主要技术手段为基础的新型交通+能源融合体系。将新能源、公路交通两个由条块分割、行业隔离且各自发展的系统逐渐演变为相互融合、集成衔接的协同发展形态，促进交通基础设施网、运输服务网、能源网与信息网络发展。

（二）打造一体化智慧平台

枣菏高速交能融合一体化智慧平台是交能融合的智能大脑，通过将能源网、交通网和数字网进行信息融合和智慧调控，平台为系统运行提供重要支撑。平台实时监测服务区、收费站、路域光伏等交通和能源设施的运行信息，利用全景监控大屏对能源网、交通网的运行状态，以及能源、环境和经济效益等各项关键指标进行可视化展示，实现交能融合的整体总览和实时监控。平台采集服务区的实时数据，在数字世界中创建了整个服务区的虚拟副本，帮助运维人员实时监测和优化服务区能源消耗和碳排放，降低能源成本，同时可以更有效地管理和维护园区内的设施，提高服务质量，为广大司机和乘客带来更舒适的休息与服务体验。

打造智慧零碳服务区，是枣菏高速公路交能融合示范项目建设又一大亮点。在枣菏高速金乡服务区，阳光洒落在湛蓝车棚光伏、屋面光伏、迎风旋转的风力发电机，还有休闲区的碲化镉发电玻璃凉亭上，通过"多元清洁能源+智能微网+储能+充换电设施"建设源网荷储一体化系统，整个服务区实现"自发自用、余电上网"100% 绿电供应。依托建设智能微网和智慧管控系统的调配，实现"自发自用、余电上网"，最大限度实现交通系统用能保障和清洁能源就地消纳，实现零碳服务区的目标。远期随着运载工具用电需求增加，采用柔性互联技术将边坡光伏向服务区输送清洁能源。

枣菏高速边坡光伏

（三）新技术运用示范

项目依托金乡服务区南侧边坡，打造了一段400米长的边坡光伏试验段，在公路场景下，围绕光伏组件及支架多样化应用、光伏镜面自洁、碲化镉光伏发电玻璃、光伏积灰自动化清洗系统、边坡及结构稳定自动化检测技术、无人机巡查及故障诊断技术等具备较强先进性的示范技术持续攻关和应用检验。

（1）光伏组件和支架多样性技术示范。结合中国能建交能融合重大科技专题，公司持续围绕柔性组件和柔性支架、柔性组件和刚性支架、刚性组件和刚性支架等多样性组合，从边坡稳定性、发电效率、经济性等角度综合比选出适合高速公路边坡的组件、支架组合。

（2）光伏镜面自洁技术。在光伏组件玻璃表面喷涂自洁涂料层，利用自洁技术可减少光伏玻璃镜面灰尘、污垢的附着，结合自然雨水冲刷清洗，实现光伏镜面的自清洁，有效保持光伏玻璃表面的透光性，减少清洁频次，提升3%~5%发电量，该技术的应用有效降低公路边坡长线性光伏组件的清洗工程量。

（3）碲化镉发电玻璃示范。碲化镉发电玻璃具有弱光发电效应，在清晨、傍晚等低光照条件下发电效率明显高于普通晶硅材料发电，而且可以因地制宜进行色彩和图案定制，使光伏组件与周围环境自相适应，且兼具装饰美化功能。

（4）光伏积灰自动化清洗系统。光伏积灰清洗系统主要由水泵、喷头、供水系统及控制系统等组成，通过控制器的自动化程序控制策略，调动高压水泵，自动调节高压喷嘴的高度、角度、方向、流量和压力，使用服务区内的循环中水对光伏面板进行全方位自动冲洗，在提高光伏组件发电效率的同时，实现中水资源循环利用。

（5）边坡及结构稳定自动化监测系统。通过对光伏组件、箱式变电站、开关站等光伏发电设施重点区域设置传感器进行监测布防，重点实时监测倾斜、相对位移、应变、深层水平位移、表层位移、土壤含水率等项目指标数据，基于海量动态数据的综合分析，实时对基础结构及光伏边坡的稳定性进行监测评价和安全预警研判。

（四）分步实施打造行业融合范本

项目整体策划，分三期建设。第一期为枣菏高速金乡段，包括金乡 1~4 段路域边坡光伏、金乡零碳智慧服务区、中国能建交能融合智慧展厅、交能融合一体化管控平台、金乡南零碳智慧收费站（管理中心），总装机容量 24 兆瓦。

第二期包含冷链仓储物流、氢能中心等高耗能产业设施建设，通过拓展高速公路用能场景实现产业延伸并不断提高交能融合用能自洽率，进一步发挥交能融合能源供给的清洁性、经济性、智慧性优势，以持续提升交能融合发电效率和用能自洽率为核心建设要点。

第三期在顺应行业相关产业与技术发展趋势的情况下，分步科学实施交通运输载具的绿色智慧用能技术、新型储能与虚拟储能技术、新型分布式光伏发电材料等新型科学技术，进一步通过技术创新带动项目效益提升。其次，通过绿色金融市场、碳排放交易市场操作深度挖掘交能融合项目在资本市场的价值，提升资金流动性和再投资能力。

枣菏高速智慧零碳服务区

四、履责成效

（一）社会效益

枣菏高速交能融合示范项目是全国首条全路域分布式光伏规模化开发的高速公路，项目利用服务区、路侧边坡等高速公路基础设施潜力，就地开发新能源，构建交能融合系统，将新能源、高速公路两个行业隔离、各自发展的系统，逐渐演变为相互融合、集成衔接、协同发展的形态，在基础设施网、运输服务网、能源网与信息网融合发展中实现源网荷储一体化和车路能云一体化，为基础设施和运输车辆持续提供绿色清洁能源。项目光伏总装机容量 123.99 兆瓦，与相同发电量的火电厂相比，每年可为电网节约 41425.1 吨标准煤，每年可减排二氧化碳约 114000 吨。

（二）经济效益

项目总投资约为 6.69 亿元，光伏发电并网模式采用自发自用余量上网的模式，初期收入主要来源于平价上网。远期随着新能源汽车渗透率提高，资本金内部收益率将随着用能自治率的提升而进一步提高。

（三）推广价值

该项目从技术创新、管理创新、商业模式创新、业态创新和体制机制创新五个维度开展交能融合实践探索，为交能融合行业发展积累可复制、可推广的商业模式和一体化解决方案。该项目的成功实施，提升了交通和能源行业对交能融合项目的利润空间、运作模式、社会效益的认知度，将大力推动交通与清洁能源替代的技术装备创新，推动实现新能源引领、新基建支撑、新产业升级的交能融合发展格局。

五、工作展望

中国能建葛洲坝交投公司始终与国家战略同频共振，积极践行"交通强国"战略，彰显央企担当，从顶层战略、资源配置、组织机构、科技研发和工程实践等方面汇集集团顶尖力量，全方位一体化推动交能融合发展。下一步，中国能建葛洲坝交投公司将继续深入推进交能融合绿色低碳技术创新，循序渐进、先立后破，加快示范项目的部署，围绕枣菏高速进行技术应用试点和推广示范项目，有效降低成本，控制投资风险，积累技术经验。同时，大力推动开放合作，借助中国能建所拥有的多个产业合作平台，充分发挥能源交通、数字化等方面融合优势，在开放合作中提升绿色低碳科技创新能力。

创新高效节水型燃煤烟气超超低排放关键技术

国家能源集团海南电力有限公司

一、单位简介

国家能源集团乐东发电有限公司（以下简称"乐东公司"）是国家能源集团海南电力有限公司（以下简称"海南公司"）所属全资子公司，也是国家能源集团在海南岛唯一的火电厂，更是海南省第一家实现超低排放的发电企业。

乐东公司切实履行能源央企社会责任，所属商业运营 2×350 兆瓦超临界燃煤发电机组，自 2015 年投入运营以来，持续推进近零排放关键技术的研究与环保深度改造，2018 年实施环保协同提标改造后，实现脱硫废水零排放，灰渣、石膏等固体废物利用率 100%，各项环保指标处于世界领先水平。其中，燃煤电厂烟气深度减排技术经专家评定为国际首创，烟气污染物排放达到国内外先进水平。该项目获得实用新型专利 2 项、中国环境保护产业协会脱硫脱硝委员会环境科技进步提名奖、国家能源集团科技进步三等奖，并通过国家生态环境部生态环境评估中心火电行业绿色电厂先进标准认定，以实际行动助力海南自贸港和国家生态文明试验区建设。

二、案例背景

我国燃煤电厂 95% 以上均采用石灰石 – 石膏湿法脱硫装置，国家能源集团所有 350 兆瓦机组湿法脱硫装置每天工艺水耗量高达 80 万吨，作为一家以煤炭生产销售和火力发电作为主营业务之一的大型能源企业，实现燃煤火电厂更加清洁燃烧、节水运行是企业要承担的社会责任，迫切需要开展燃煤火电厂 NO_x、SO_2、烟尘在已经实现超低排放的基础上达到超超低的要求，有必要进行脱硫饱和烟气冷凝技术研究。

三、实施路径

项目累计投资超过 2.13 亿元，经过 4 年攻关，针对精细 SCR 脱硝、双循环脱硫、填料法烟气冷凝除尘节水一体化和烟气消白烟等方面开展集成研究，建成高效节水型燃煤烟气超超低排放系统，在已实现超低排放的基础上达到超超低排放。重点突破了适用于燃煤电站锅炉颗粒物、SO_2、NO_x 全过程高效协同控制集成技术，开发燃煤电站低投资、低能耗污染物超超低排放技术与装备，并实现在国家大气污染防治重点区域内的 300 兆瓦等级或以上机组的应用示范，为建成世界上最大的清洁高效煤电体系及推进重点区域空气质量改善提供关键科技支撑。

（一）烟气超超低脱硝改造

基于 SCR 催化脱硝工艺是最为成熟且技术经济性最佳的脱硝工艺，脱硝催化剂是 SCR 脱硝装置的核心设备，是实现高效脱除的基本条件。为实现较高的脱除效率，乐东公司从提高催化剂体积入手，提高催化剂对烟气的处理能力，实现高脱硝效率和氨逃逸率。催化剂的脱硝性能高低则对 SCR 反应器入口的流场均匀性都有严格的要求，若催化剂体积足够，能够实现高的脱硝效率但氨逃逸较大，则需要保证喷氨均匀性，根据烟气截面不同的 NO_x 浓度控制不同的喷氨量。为实现 96% 以上的脱硝效率，确保烟气 NO_x 排放浓度 < 10 毫克 / 标准米 ^{3}。脱硝改造的具体方案如下：

（1）增加催化剂体积，将 SCR 脱硝催化剂运行层数由 2 层改为 4 层运行。本次改造考虑利用原催化剂备用层的同时，通过 SCR 反应器改造并新增 1 层催化剂，实现 4 层催化剂同时填装运行。单台机组脱硝催化剂用量由改造前的 274 米 ^{3} 增加至 554 米 ^{3}，脱硝效率从 87.5% 提高到 96% 以上。

（2）进行脱硝流场优化。调整脱硝反应器入口导流板布置，增加喷氨装置下游烟道导流板设置，提高烟气混合均匀性，减小 SCR 反应器截面的速度、温度和催化剂入射角偏差。

（3）为解决脱硝装置喷氨不均匀性，本次改造对脱硝喷氨系统进行精细化优化，采用新型的分区驻涡混合喷氨装置。改造原单排涡流混合喷氨为多排混合喷氨，提高对脱硝来流抗干扰能力，同时进一步提高喷氨均匀性，降低 SCR 反应器截面的氨氮摩尔比偏差，由常规脱硝的 ±5% 降至 ±（2%~3%）。

（4）采用基于稀释法采样、化学发光法分析的 NO_x 分区精确测量技术。该技术精度更高，提高了测量的准确性，为脱硝装置整体优化创造条件，通过 SCR 进出口烟道设置的 NO_x 分区测量参数对喷氨量进行分区控制，实现喷氨量的精准调节，进一步提高反应器截面的氨氮均匀性，降低脱硝装置的氨逃逸。

本项目在确保环保指标的前提下使氨逃逸最低，从而整个脱硝系统实现优化运行。改造的同时增设高温烟气旁路（部分烟气从低过烟气侧入口直接旁路至 SCR 反应器入口），保证 SCR 脱硝反应烟气温度，实现机组并网即投入 SCR 脱硝装置。

（二）烟气超超低脱硫改造

在最新排放标准实施以后，排放标准限值规定在 50 毫克 / 标准米 ^{3} 及以下时要求电厂脱硫装置脱硫效率均要大于 98%，传统工艺都法完全适应新排放标准，双循环工艺可以在节能降耗的原则下满足最新排放标准，是一个最佳选择。乐东公司的双循环脱硫系统按 FGD 入口 SO_2 浓度 2700 毫克 / 标准米 ^{3} 设计，浆液循环泵按 3+2 配置。在目前燃煤条件下（Sar < 0.5%），浆液循环泵运行 2+1 或 1+1 就能够满足 35 毫克 / 标准米 ^{3} 的超低排放标准。据核算，当燃用含硫量 Sar < 0.5% 的神华煤或印尼煤时，原脱硫系统循环泵全部投运时，SO_2 出口排放浓度 < 10 毫克 / 标准米 ^{3}，满足 SO_2 超超低要求。

（三）烟气超超低除尘改造

原有除尘设施除尘后的烟气粉尘排放浓度一般在 2~5 毫克 / 标准米 ³，若要满足排放浓度小于 1 毫克 / 标准米 ³ 的超超低排放目标，需要进行烟气除尘增效改造。全面考虑了系统提标的目标，力争采用一种工艺实现多重环保提标改造的目标，采取的技术路线为除尘增效和消白用烟气冷凝共用烟气除尘冷凝一体化技术，包括一体化处理装置、烟气除尘冷凝循环水系统、烟气冷却水换热系统、烟气冷凝水排出和处理系统和脱硫工艺水系统等技术。按照除尘效率 70%~90%，进口粉尘浓度按 < 10 毫克 / 标准米 ³、出口按 2~3 毫克 / 标准米 ³，同时综合考虑烟气消白需要，烟气设计温度按 8℃ 计算：

第一步：将粉尘含量不超过 15 毫克 / 标准米 ³ 的烟气经过原袋式除尘器除尘，浓度不超过 15~20 毫克 / 标准米 ³；

第二步：再经过原脱硫系统协同除尘，浓度降到 10 毫克 / 标准米 ³；

第三步：再经过新增的除尘冷凝一体化系统凝水除尘和水膜除尘，使烟气粉尘降低至 2~3 毫克 / 标准米 ³；

第四步：再经过湿电除尘器除尘，实现粉尘浓度小于 1 毫克 / 标准米 ³ 的排放目标。

烟气的脱硫、深度除尘和冷凝均在改造后的脱硫吸收塔内完成，烟气在原脱硫塔的脱硫吸收段完成一级脱硫后，经吸收塔除雾器除去雾滴后进入吸收塔上部设置的烟气脱硫、除尘冷凝一体化装置进行烟气深度脱硫、除尘和冷凝，进一步降低烟气粉尘、SO_2 的同时降低烟气携带的液态水中的可溶盐含量。

（四）湿烟羽治理

由于乐东公司位于海南省西南部沿海地区，淡水资源匮乏，综合考虑消白烟及电厂对淡水的需求，为减少海水淡化量，降低海水淡化成本，电厂消白烟方案以"脱硫系统零水耗，节约淡化海水最大 100 吨 / 小时"为原则，由于烟气直接加热无法实现消白节水 100 吨 / 小时的目标，采用烟气冷凝 + 烟气加热的消白烟技术路线。

烟气冷凝同样采用烟气除尘冷凝一体化技术，利用除尘改造设置的除尘冷凝循环水进行烟气冷却，在除尘冷凝循环水管道上设置板式循环水冷却器对循环水进行冷却降温，冷却后的循环水在塔内除尘冷凝段对烟气进行冷却，采用喷淋冷却和填料洗涤冷却方式实现烟气降温减湿。烟气析出的冷凝水通过循环水系统设置的烟气冷凝水排出泵排至冷凝水处理系统，经处理后用于吸收塔脱硫除雾器冲洗以及脱硫系统工艺用水。循环水冷却器冷却水采用海水循环水直流冷却。在设计条件下计算，两台炉烟气冷却系统最大将产生约 100 吨 / 小时烟气冷凝水。根据对国内湿法脱硫机组烟道冷凝水取样分析，冷凝水中 SS 含量一般在 200~500 毫克 / 升、全盐量一般在 100~400 毫克 / 升、硫酸盐 < 100 毫克 / 升、pH 值 < 7。因此冷凝水部分由脱硫系统消耗，多余的部分经简单中和及过滤处理降低 SS 后完全可作为全厂淡水系统的补充。

烟气加热采用烟气热风混合加热系统，利用高温热风对脱硫烟气进行混合加热，将脱硫烟气温度加热至合适温度后排放，利用机组空预器二次风作为热源，抽取一部分二次风通过管式空预器加热混合用空气，将其加热为高温空气用于混合加热烟气，使净烟气加热至要求温度后排放。

（五）科技创新技术

（1）首创"冷凝节水除尘一体化技术"，将"脱硫－除尘－冷凝节水"一体化工艺设计，节水效果显著。直流冷却或空气冷却工艺燃煤电厂在脱硫塔内回收烟气冷凝水可实现电厂零补水；循环冷却燃煤电厂"单位发电量取水量"可降低至 1.4 米^3/兆瓦·时，在《节水型企业火力发电行业（GB/T 26925—2011）》节水指标基础上再降低 18%，同时优化脱硫系统水平衡，对长江、黄河以及我国缺水地区水资源保护有重要应用与推广价值。

（2）"填料水膜除尘＋冷凝除尘"的创新性技术实现深度除尘，协同除尘效率＞80%。该技术特别适用于粉尘＜20 毫克/米^{3}的低含尘烟气，仅凭湿式电除尘难以将粉尘浓度稳定降低至 1 毫克/米^3，采用"冷凝节水除尘＋湿式电除尘"工艺可稳定实现出口烟气粉尘浓度＜1 毫克/米^3，实现燃煤电厂烟气中粉尘超低排放。

（3）在湿法 pH 分区多级洗涤脱硫工艺的基础上，开发高 pH 值烟气整流装置，均流提效，增强气液混合，提高传质速率，实现超超低排放，脱硫效率可达 99.9%。

（4）高效精细化 SCR 脱硝技术，通过"流场优化＋NO_x分区精准测量＋喷氨控制"，实现脱硝效率 97.5%，采用高密度高精度整流格栅与新型分区驻涡混合喷氨装置，实现首层催化剂入口断面烟气速度相对标准偏差 ±5% 以内，温度偏差 ±3（~5）℃，氨氮摩尔比 ±（2%~3%），同时做到氨逃逸稳定小于 3 毫克/升。

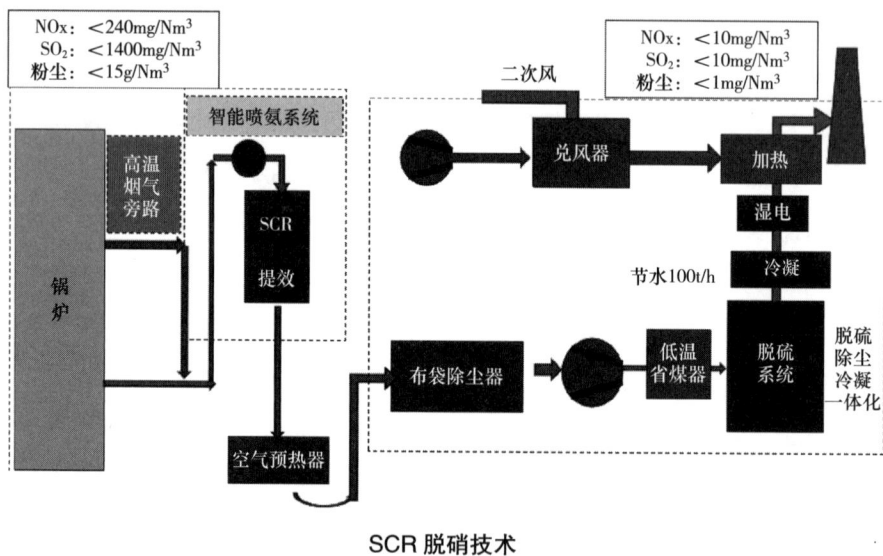

SCR 脱硝技术

四、履责成效

本课题的研究解决了大型燃煤电站烟尘、SO_2、NO_x 等常规污染物超超低排放控制的关键技术问题，在 300 兆瓦以上机组中进行工程示范，是降低燃煤电厂大气污染排放、推进环保产业发展、助推空气质量改善的重要举措，为破解重点地区污染物进一步减排难题、提升煤电节能减排技术能力、支撑清洁高效煤电体系建设提供了支持。实现超超低排放的同时，兼顾脱硝效率与氨逃逸控制，实现烟气除尘和冷凝的一体化处理，仅需通过对已有脱硫塔进行改造即可实现烟气超超低排放，节省建设成本，提高系统运行安全性。能够实现电厂零补水，对于缺水地区，烟气冷凝水不仅可满足脱硫系统运行需要，还可以作为机组补充水得到充分利用，有效利用和保护水资源。

五、工作展望

应用该项目成果能够实现燃煤电厂超超低排放的目标，为我国煤电产业转型提供工程示范。如果全国一半燃煤机组采用本研究成果，预期可推动大气环保产业增长约 500 亿元人民币以上，带动上下游产业 1500 亿元人民币以上。乐东公司将继续加强加快新技术、新产品、新装备研发和产业化推广。

凝聚"人人网"，守护"安全线"

国网上海市电力公司超高压分公司

一、单位简介

国网上海市电力公司超高压分公司成立于 1986 年 4 月，是国网上海市电力公司的分公司暨专业公司之一，承担所辖上海跨区电网直流输电线路、±500 千伏及以下直流换流站、220~1000 千伏交流输变电设备的运维工作；负责管辖范围内随线路架设的电力特种光缆、站内通信机房设备的日常环境巡视，OPGW 线路的检修组织以及其他随线路架设（敷设）光缆、站内通信设备的检修配合工作。

国网上海超高压公司立足"运行公司"和"设备主人"定位，坚持"重心下移、落实责任、贴近设备"，以确保电网安全稳定运行作为"第一责任"，强化安全管理和设备管理，推动改革创新和队伍建设，实现党建和安全生产深度融合，有力保障了上海主电网设备的安全、可靠、稳定运行，先后荣获中共中央、国务院授予的"上海世博会先进集体"，全国"安康杯"竞赛优胜单位、全国五一劳动奖状、全国能源化工系统五一劳动奖状、上海市五一劳动奖状、上海市重点工程实事立功竞赛"金杯公司"、上海市文明单位等众多荣誉，为建设具有中国特色国际领先的能源互联网企业做出贡献。

二、案例背景

上海位于"东亚－澳大利西亚"候鸟迁徙通道的中部，是我国保护迁徙候鸟行动的前沿阵地之一。同时，上海也是中国电力工业的摇篮和勃兴之地，全市 220 千伏及以上变电站数量近 140 座，密度为国内城市之最，两座 500 千伏全地下变电站引入超大城市中心区域更是在全球范围内独树一帜。

特殊的地理位置使得上海电力通道上的鸟类保护存在极高难度。一方面，上海"三跨"区段、城市生命线与鸟类迁徙线通存在交叉。随着城市绿化率提升，来沪的鸟儿数量明显上升，鸟类在输电线路筑巢极易导致线路故障跳闸，使得幼鸟触电死亡，影响鸟类繁衍及生存；另一方面，上海是常住人口约 2500 万人的特大型城市，电力通道跨越农村、开发区、公路、铁路、湿地、公园等特殊场景，尤其在城区楼宇密集、人群密集的区域，全天候线路检测及无人机巡检均难以完全规避鸟线矛盾。

电塔上的实景鸟巢图片

三、实施路径

国网上海超高压公司将社会责任理念融入电网运营实践，开发输电线路精益化运维平台 App，向"居民巡检员"开放输电线路设备日常巡检打卡和疑似鸟类筑巢等在内的安全隐患确认派单功能，探索出线上线下结合、内外资源结合的社会化输电线路及鸟类巡检新模式，前置鸟类安全隐患巡查工作，实现鸟类安全与电网安全"双保障"。

创新社区"居民巡检员"模式。开放"设备主人"认领互动功能，鼓励社区居民"认领"周边电力设备，并向居民开展鸟类生物多样性专项培训，对通过培训测试的居民赋予"居民巡检员"资格和登录输电线路精益化运维平台的权限，截至 2023 年 6 月底，经测试认证通过的"居民巡检员"共 380 名。"居民巡检员"可通过"随手拍"自己认领的电力设备打卡签到，运维人员可根据上传的固定输电线路和设施的照片第一时间发现鸟类在输电杆塔上筑巢的行为，在 24 小时内及时勘探现场并采取相应控制措施。截至 2023 年 6 月底，上海输电设备认领率达到 100%。

派单式互动精准掌握鸟类筑巢情况。针对无法根据上传照片数据完全确认输电线路及设备是否存在鸟类筑巢情况，平台开通派单、抢单机制，由接单的"居民巡检员"到现场对输电线路安全运行情况及鸟类筑巢情况进行再确认，为国网上海超高压公司运维决策及鸟类保护提供更准确有效的数据。抢单和派单的功能也有助于增强平台的互动性和趣味性。

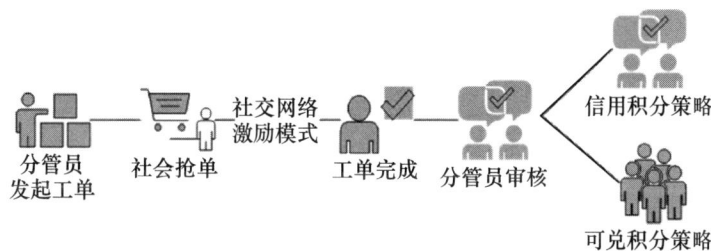

一键式派单、抢单激励机制流程图

积分制激励提升居民巡检积极性。根据"居民巡检员"的参与度和贡献度制定差异化兑换现金的积分激励机制，增加平台的用户黏性，提升项目长期、稳定运行能力，如对社会"设备主人"每日打卡签到、抢单"居民巡检员"定点巡视等活动给予基础积分奖励，对在"随手拍"中发现鸟类在电网筑巢引发的安全隐患、在定点巡视中确认鸟类电网筑巢安全隐患的给予较高积分奖励，充分调动居民参与积极性。获得的平台积分除了可以兑换现金激励之外，也可以提升用户活跃度等级，高等级用户可以优先抢单巡检，让巡检更有趣味性。

加强护鸟宣传力度提升影响力。我们清晰地认识到，鸟类及输电设备周边生物多样性保护绝不仅仅是电网公司能解决的问题，尤其是电网设备上珍稀鸟类的筑巢等问题更需要多方支持解决。因此，我们积极主动与农委、长江委、东海研究所、让候鸟飞协会、高校、科研机构、保护区、兄弟单位等相关单位沟通，利用各方优势，信息共享，共同应对工程建设运维全过程中的生物多样性保护挑战与难点，协商制定科学合理的生物多样性保护方案。此外，积极开展生物多样性研究与科普，带动更多企业、机构、个人参与贡献人与自然和谐共生、经济与环境协同共进、世界各国共同发展的地球家园建设。

突破思维定势，打造巡检"人人网"。巡检工作繁杂、琐碎，仅靠"人防＋监测"难以百分百覆盖。国网上海超高压公司转变思维方向，引入社会力量参与，通过"随手拍"模式打造巡检"人人网"。作为电网日常安全巡检工作的社会化模块，"随手拍"模式为鸟类保护分析提供了大量数据，提升了该公司精准把握各区域电网线的能力，便于实时动态调整化解鸟线矛盾的策略。

全面覆盖，守护电力、鸟类迁徙"安全线"。国网上海超高压公司将社会责任理念融入电网运营实践，开发输电线路精益化运维平台 App，向"居民巡检员"开放输电线路设备日常巡检打卡和疑似鸟类筑巢等在内的安全隐患确认派单功能，探索出线上线下结合、内外资源结合的社会化输电线路及鸟类巡检新模式，前置鸟类安全隐患巡查工作，实现鸟类安全与电网安全"双保障"。

"避、引"结合，差异化管理。一是识别筑巢鸟类活动类型，鸟类对电力设施的使用分为繁殖筑巢和停歇休息两种情况，其中繁殖筑巢隐患较大、地点固定、活动时间长，停歇休息隐患小、随意性强、活动时间短。在电力维护时，要把繁殖筑巢作为重点防护、巡查对象。二是区别对待鸟巢，开展输电线上的鸟巢分析，根据鸟巢的位置、结构、对电力输送是否存在隐患等情况区别对待。对电力输送没

输电检修人员开展铁塔鸟巢隐患处理

有影响的鸟巢应予保留，不采取人为措施；对电力输送可能有影响或存在安全隐患的，采用人工干扰、为鸟类筑巢提供安全环境方式，吸引鸟类到安全地点筑巢；鸟巢存在导电隐患处，采用对易导电处采用绝缘处理方式，避免导电风险。

四、履责成效

（一）环境效益：守护鸟类生物多样性

随着项目的长期有效开展，广泛激发了社区群众对鸟类生物多样性保护的热情，持续优化上海鸟类栖息地生态环境。截至 2023 年 6 月底，通过"随手拍"活动及定点巡视，帮助 1105 只、约 8 类鸟儿远离危险的输电杆塔在安全区域筑巢，有效守护了穿梭在上海都市森林里的可爱"小生灵"，保护了上海丰富的生物多样性。

（二）经济效益：实现多方受益共赢

通过科学引入社会力量承担基础巡线任务，健全合理的激励措施，有效提升运维效果、降低鸟类对输电线路的不良影响，截至 2023 年 6 月底，降低电网维护成本约 600 万元，避免了鸟类引发的停电经济损失约 3000 万元，为"居民巡检员"共发放 5 万元激励基金。

（三）社会效益：提升区域供电可靠性

针对多发、突发、不确定的鸟类造成的线路外损形势，采取灵活多样的巡检和靶向性资源调配工作机制，有效提升国网上海超高压公司对电网安全形势的掌控能力和实时动态调整线路反外损策略的能力，极大避免线路跳闸事故和非计划停电的发生，保障了区域生产生活的可靠用电。社会化输电线路及鸟类巡检新模式应用以来，因鸟类引发输电线路外损导致的电网安全事件 0 件，同比降低 100%。

2022 年，新民晚报对上海市电网生态保护做出了高度肯定，评价该举措为"礼遇自然之钥　欢迎鸟儿与城市电网共成长"。

2023 年 5 月，上海市经济和信息化委员会将国网上海超高压公司守护鸟类和电力线路安全的案例作为系统内典型经验进行宣传推广，充分肯定了在解决输电线路运维检修管理中的鸟线矛盾采取的各项积极举措。

2023 年 6 月 14 日，上海市生态环境局和云南省生态环境厅在调研中对国网上海超高压公司在电网建设和运维管理中积极参与环境生态保护表示高度肯定。

2023 年 6 月 5 日，"社会巡检员"交流会上，多名"居民巡检员"表示，通过"随手拍"将输电线路外破隐患上传至 App 中都能得到及时的反馈和确认，取得了电力安全与鸟类保护的"双赢"结果。

五、工作展望

通过总结多方经验，形成在国网公司范围内可复制可推广的典型经验，用于更多城市电网。结合电网数字化转型，进一步优化和升级输电线路精益化运维平台 App，提升"居民巡检员"的体验感，更好助力生态环境保护和输电线路反外损工作。

打造生态治水"新亮点"，共筑城市景观"新门户"
——芜湖市江东水生态公园中水回用示范项目

中国长江三峡集团有限公司

一、单位简介

中国长江三峡集团有限公司（以下简称"三峡集团"）因建设三峡工程而生，成立于 1993 年 9 月，是国务院国资委确定的首批创建世界一流示范企业之一。历经近 30 年持续快速高质量发展，目前集团业务遍布国内 31 个省、自治区、直辖市以及全球 40 多个国家和地区，现已成为全球最大的水电开发运营企业和中国领先的清洁能源集团。三峡集团致力实施清洁能源和长江生态环保"两翼齐飞"，"十四五"时期将基本建成世界一流清洁能源集团和国内领先的生态环保企业。

二、案例背景

2015 年 4 月 2 日，国务院正式印发了《水污染防治行动计划》，要求到 2020 年，全国水环境质量得到阶段性改善，污染严重水体较大幅度减少，饮用水安全保障水平持续提升，地下水超采得到严格控制，地下水污染加剧趋势得到初步遏制，近岸海域环境质量稳中趋好，京津冀、长三角、珠三角等区域水生态环境状况有所好转。2019 年 1 月生态环境部、发展改革委联合印发《长江保护修复攻坚战行动计划》，提出到 2020 年年底，长江流域水质优良（达到或优于Ⅲ类）的国控断面比例达到 85% 以上。

芜湖市作为长江中下游重要的滨江城市，长江岸线占"八百里皖江"之中的 233 千米，肩负着"长江大保护"的天然使命。三峡集团以城镇污水提质增效为切入点，率先将芜湖市作为"长江经济带中游四城"试点城市之一。芜湖市江东水生态公园——中水回用示范项目位于镜湖区西部、港一路以南、临近长江；项目分为三期，其中一期、二期项目位于港一路以南、银湖北路以西，西、南侧以现状铁路为界，总面积约 57 公顷。本次项目为一期，占地面积约 16.6 公顷，项目范围内水体水质较差、污染严重、场地严重割裂、公共设施缺失。项目建设内容主要是结合朱家桥污水处理厂尾水排放、城市绿地建设规划等，在石城塘区域通过"潜流湿地＋强化净化处理＋表流湿地"等工艺措施，对朱家桥污水处理厂尾水进行深化处理，处理达标后水体进入周边板城埠、保兴埠水系，以改善水动力条件达到活水保质的效果，改善水生态环境，避免朱家桥污水处理厂尾水直排长江，避免尾水对长江水质产生不利影响；同时结合城市绿地规划及区域土地利用现状，提炼城市文化特色，提升城市水生态景观。

三、实施路径

三峡集团致力于将芜湖市江东水生态公园中水回用示范项目打造成城市开放交流"新门户"、芜湖生态治水"新标杆"、城北健康活力"新核心"、水资源再利用"新亮点"。芜湖市江东水生态公园位于芜湖长江大桥桥头，是公路、铁路必经之处，是芜湖市城市的重要展示界面。项目结合朱家桥污水处理厂尾水深化处理、改善城市水生态环境，利用殷家山遗迹的周边环境提升为契机，将历史与今天，将人、湿地、花园、水系通过一系列景观手段进行串联，打造中国最具有特色的"双线湿地公园"。

项目一期工程内容主要包括石城湿地公园湿地设施建设、区域景观建设以及中水回用泵站建设。朱家桥污水厂尾水通过压力管道输送至公园内进行尾水水质提升，通过潜流人工湿地和强化处理湿地并联运行以降低来水中的污染负荷，两部分湿地处理后的出水汇入生态稳定塘进一步改善和活化水质。最终出水通过新建的中水回用泵站加压输送至现状已建中水回用管网。

（1）深化处理污水厂尾水，改善区域水环境，节约利用水资源。朱家桥污水处理厂出水水质在提标到一级 A 以后，水质仍为劣 V 类（或劣五类），水质较差，不能满足区域水环境、水生态及水景观要求，更不能满足《长江保护修复攻坚战行动计划》中提出的 2020 年年底长江流域水质达到或优于Ⅲ类的要求。本项目采用"潜流湿地建设 + 强化净化处理湿地 + 生态涵养湖泊"的水质保障方案。对朱家桥污水处理厂尾水进一步深化处理，提升了水质标准，同时每日处理 4 万 m^3 中水回用于生态环境，有效节约利用水资源。

（2）补充城市内河用水，改善水流动力条件。本项目下游为板城埠水系及保兴埠水系，根据现场调查，板城埠水系及保兴埠水系返黑返臭的原因除了入河污染负荷较大以外，河道水系水动力较差、水体流动性不足也是板城埠水系及保兴埠水系水体返黑返臭的主要原因之一。通过本项目的尾水排入板城埠水系及保兴埠水系，可增大区域河道水系水环境容量，改善板城埠水系及保兴埠水系水动力条件，增大水体流动性，增强河道水系水体自净能力，达到活水保质的效果。

（3）公园海绵化设计，实现无雨水外排。公园内采用海绵城市建设理念对传统的高架雨水排放方式进行改造，结合高架下层中央绿化带设置生物滞留池，高架雨水经收集后依次通过消能井、生物滞留池、溢流管，最终进入沿线水系。内道路分为车行道和步行道，车行道雨水通过道路两侧的植草沟转输到附近的湿地或湿塘内并调蓄净化，步行道采用透水铺装，超过下渗能力的雨水汇集到两侧的植草沟内，转输进入附近的湿地和湿塘内调蓄净化，从而实现整个公园内无雨水外排。同时利用殷家山遗迹的周边环境提升为契机，将历史与今天，将人、湿地、花园、水系通过一系列景观手段进行串联，打造中国最具有特色的"双线湿地公园"，提升居民对环境治理的获得感和幸福感。

四、履责成效

（1）水环境改善。芜湖市江东水生态公园中水回用示范项目通过对地块及水系的串联，利用殷家山遗迹的周边环境提升为契机，通过生态型水质净化工艺，极大提升水的透明度，达到了水清岸绿、鱼翔浅底的效果，增加区域水面率，不破坏原有水杉林，在此基础上新建步道，形成特色景观，为大众提供了游览、休闲、娱乐的好地方。通过对朱家桥污水处理厂尾水水质进一步提升处理，减少朱家桥污水处理厂尾水直排长江，改善流域水生态环境，水质达到地表准Ⅳ水标准后进入周边板城埠水系，以改善水动力条件达到活水保质的效果。

（2）水资源利用。芜湖市江东水生态公园中水回用示范项目通过将中水回用于生态环境，合理调度现有的水源，有效缓解水资源缺乏。朱家桥污水处理厂规划总规模为 45 万米³/天，对朱家桥污水处理厂 4 万米³/天尾水进行处理回用，近期可利用量为 1460 万米³/年，远期可利用量达到 16425 万米³/年，对缓解地区水资源匮乏将产生积极作用。

（3）水安全保障。根据设计理念，晴天或小雨的时候，湿地运行，朱家桥污水处理厂尾水进入湿地净化后用于下游补水；当发生大雨或暴雨时，朱家桥尾水排入长江，停止进入湿地，通过泵站预降湿地水位，在着重解决本地块雨水基础上，剩余空间用于消纳周边涝水，助力城市排涝。

（4）影响力提升。本项目自建设开始就受到了广大媒体的热烈关注。大江晚报、芜湖日报等媒体在项目建设期间即前往项目了解基本情况，认为其"颜值"与"才华"兼具，填补了附近区域多年来无公园配套设施的空白。项目完工后，新华网、人民网、人民代表报等多家媒体陆续发表报道，对芜湖市江东水生态公园表示了高度的赞誉。新华网全国总网在头版显著位置发表新闻，称赞江东水生态公园不仅是滨江公园，更是污水"深度净化器"。项目自建成以来，受到了游客的广泛好评，长期蝉联芜湖市公园广场人气榜首。项目建成后新增就业岗位 37 个，有效带动当地就业，彰显央企责任担当。

五、工作展望

芜湖市江东水生态公园中水回用示范项目的建设，一方面是对城市名片的响应，另一方面科普湿地的相关理念和作用，践行生态保护，一举实现水生态保护、水环境提升、水资源利用、水安全保障、水文化延续。项目的实施改善了区域水生态环境，节约及提高水资源利用，改善周边水系水动力条件，提升区域水文化景观，取得较好生态和社会效益，受到一致好评。

碳捕集、利用与封存（CCUS）技术研究及应用

深圳市深汕特别合作区华润电力有限公司

一、单位简介

深圳市深汕特别合作区华润电力有限公司于 2011 年成立，一期 2×1050 兆瓦机组工程是广东省"十二五"重点工程，也是华润在广东投资的首个百万千瓦级火电项目。1、2 号机组于 2011 年 7 月获国家发展改革委核准，2012 年 12 月 16 日时任广东省委书记汪洋出席开工仪式，1、2 号机组于 2015 年正式投产，是粤港澳大湾区骨干电网重要的支撑性电源。公司已经打造成华润电力首家集风、光、火、储、CCUS、污泥处置于一体的大型能源供应基地，在经营、管理、技术、创新、绿色发展等方面处于行业领先水平。

二、案例背景

广东省作为全国首批低碳试点省份，于 2009 年就开展了相关低碳工作。CCUS 项目是广东省列入《广东省"十二五"控制温室气体排放工作实施方案》的重点项目，是广东省人民政府、省发展和改革委就全面应对气候变化开展的主要工作。2013 年中英双方在伦敦签署了低碳发展联合声明和关于 CCUS 合作的备忘录。为落实相关文件精神，在广东省发展和改革委的主导下，确定将华润海丰电厂作为广东省 CCUS 示范项目牵头单位，开展 CCUS 测试平台的建设和二氧化碳产业相关研究工作。2017 年 3 月，华润电力投资约 1 亿元，由中国能建广东院作为 EPC 总承包方，中英（广东）CCUS 中心作为技术咨询方，于 2018 年 1 月正式动工，2019 年 5 月 15 日投入试运行，建成了亚洲第一个、世界第三个的多线程 CCUS 测试平台。华润电力携手国内外科研院所开展碳捕集、利用与封存商业化技术研发，并于 2021 年建设微藻固碳和干冰转化项目，探索捕集二氧化的综合利用技术。

三、实施路径

（一）建设碳捕集测试平台

深汕电厂碳捕集测试平台投入运行以来，累计捕集 3 万多吨二氧化碳，减少了火电厂二氧化碳的排放，具有显著的社会效益和环境效益。

同时，随着碳捕集技术的研发深入，待具备商业化价值后，可迅速推广至华润电力所属电厂、集

团各燃用化石燃料的企业，并可向社会输出技术，助力国家"双碳"目标的实现。

（二）研究碳捕集与综合利用技术，寻找二氧化碳利用途径

深汕电厂微藻固碳项目是国内首个立柱式微藻光合反应器减排转化燃煤电厂烟气 CO_2 的示范工程，开辟了微藻固碳耦合燃煤电厂烟气的新领域。

微藻固碳项目光生物反应器微藻养殖

深汕电厂开展二氧化碳利用研究，建设微藻固碳和干冰转化项目，实现对捕集后 CO_2 资源的有效利用。微藻固碳项目是利用微生物将大量二氧化碳转化为生物质的技术，建设一个 300 米^2 的封闭玻璃实验室、高达 4.5 米的光生物反应器和跑道池反应器等设备系统，总养殖容积达 30 吨，生产微藻活性细胞液能力达到 2426 吨 / 年。常见的微藻包括螺旋藻、小球藻、红球藻等。微藻中可提取很多功能独特的生物活性物质，如油脂、多糖、蛋白、色素等，在食品、医药、水产养殖、土壤改良、净化黑臭水体等领域具有重要的开发价值。微藻可以生产营养食品、功能性动物饲料和绿色有机肥料等，将取得显著的环境效益和经济效益。微藻固碳技术解决了我国普遍存在的温室气体 CO_2 减排经济效益差的问题，能够实现烟气 CO_2 减排的商业化运行，产生较高的投入产出效益。

作为电厂烟气二氧化碳的再利用，干冰项目减少了其他工艺生产二氧化碳的碳排放，能有效减少社会碳排放总量。干冰可用于精密仪器及模具清洗、冷链运输，市场需求量较大。

（三）积极研发碳捕集、碳利用新技术，开发碳捕集节能工艺，创新电厂减排二氧化碳的新模式

华润电力深汕电厂碳捕集测试平台应用于最新碳捕集技术测试、验证、推广、应用和科学研究。基于低浓度 CO_2 烟道气，开展新型胺溶剂体系研发，形成至少 3 种备选配方吸收体系，开展小型及中型模式实验，连续对其测试与稳定性评估，进行配方体系优化调整，最终筛选出一种适用于低分压、低浓度工业烟气二氧化碳捕集的新型、高效吸收剂，依托华润深汕电厂碳捕集测试平台对吸收剂进行工业中试放大测试，并不断对测试平台工艺进行数字化、智能化改造，耦合华润电力深汕公司节能工艺，进一步降低工艺系统能耗，最终形成具备产业化能力的新型胺溶剂产品及节能工艺包。

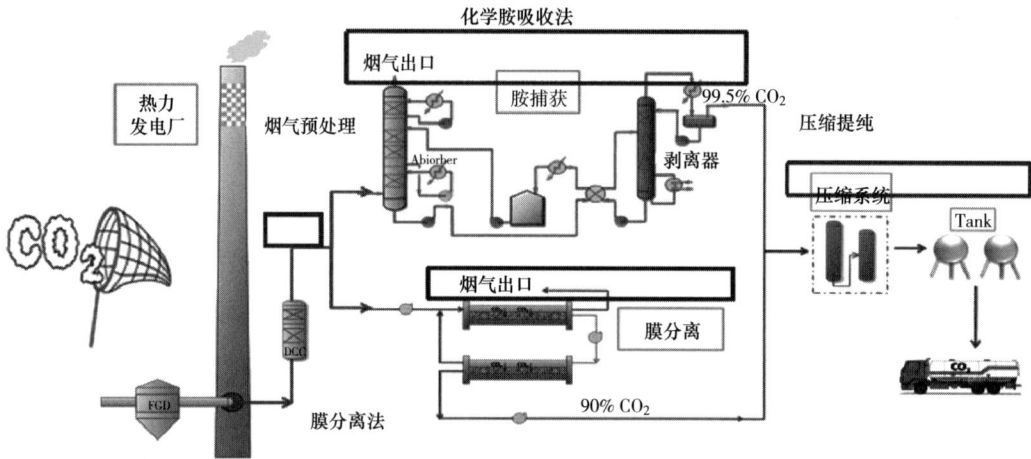

二氧化碳捕集流程图

（四）促进各业态协同创新发展，开展CCUS技术研究和商业化应用

深汕电厂的多线程碳捕集测试平台还可模拟水泥、钢铁等行业的烟气，充分发挥技术测试平台优势，为水泥、钢铁等行业提供技术测试场地，不断探索新型碳捕集技术，将创新碳捕集技术应用于集团水泥、化工等业态，为集团实现"双碳"目标寻找成本下降的解决方案。

深汕电厂微藻固碳项目产生的藻类，可协同华润医药、华润化工等开展微藻保健品、医疗用品等高附加值产品的研发，实现对捕集后二氧化碳资源的有效利用，从而贯通整个碳捕集及利用的CCUS技术与产业全流程，对推进CCUS商业化进程意义重大。

（五）持续开展碳减排应用研究和示范，拓展二氧化碳利用边界

深汕电厂碳捕集测试平台项目在实现二氧化碳的生物利用基础上，创新性地开展微藻养殖与光伏发电相结合项目，采用空间立体布置方案，地面布置封闭立柱式光生物反应器，上边排列安装太阳能光伏电池板，充分利用当地丰富的太阳能资源进行光伏发电和微藻光合固碳，从而提高土地利用效率和单位面积太阳能的利用效率，打造为"广东省微藻固碳藻光互补碳减排示范基地"。后期项目产业化通过开发"养殖 – 产品 – 销售"的链条，打造"华润微藻碳中和利用产业园"，贯通二氧化碳捕集利用产业全链条。

华润电力深圳国际低碳城微藻氧吧项目，在室内建设一套立柱式光生物反应器，形成微藻氧吧，将天然森林氧吧的绿色健康环境带进室内，将室内环境改善至森林级别，能明显降低因人员密集CO_2浓度过高造成的呼吸不畅和头晕眼花等问题，大大提高人的舒适度。该项目是国内第一个将微藻利用于室内空气质量改善的工程示范项目，集成了生物细胞、基因技术、光碳转化、自动控制等多种技术融合，从而形成一整套针对城市高密度人群创造低碳富氧生活环境的碳中和新技术，该技术在医院、会议室、大型写字楼等人员密集和通风不畅环境中具有广阔应用前景，满足人民群众日益增长的健康需求。

（六）深化产学研，输出可复制的行业标准，持续推动技术应用，在不同行业开展 CCUS 项目

华润电力联合中国矿业大学、浙江大学、深圳大学等多方合作单位，在测试平台建设、运营、维护和测试的基础上，积极总结经验，在项目可研、系统设计、工程建设、项目调试和运维等方面，形成了十多项技术标准制度和专利。其中，《燃煤电厂膜法碳捕集运行技术规范》正在申请广东省地方标准。已获得 3 项专利授权，4 项专利已受理，正在审批中。具备良好的行业示范效应，具有复制、推广价值。已经完成国内印染行业首个捕集与固碳综合利用 CCUS 示范项目调试以及亚洲最大火电二氧化碳捕集利用封存项目—国家能源集团江苏泰州电厂项目调试。目前正在开展华润电力海丰公司百万吨碳捕集预可研、华润水泥合浦项目 CCUS 潜力研究、华润电力曹妃甸 15 万吨 CCUS 工程可研、黄陵矿业 CCUS 初步概念性研究等项目。

（七）打造低碳科普教育基地，积极践行社会责任

华润电力将深汕电厂碳捕集测试平台打造成为环境教育基地、CCUS 人才培训基地、应对气候变化科普基地。自 2018 年以来，累计接待国内外企业、科研院所、各大院校（伦敦大学、爱丁堡大学、上海交大、浙江大学、天津大学、武汉大学、中山大学、大连理工大学、中国矿业大学等）、政府机构人员等超过 6000 人，并开展了工业旅游及研学活动，对 CCUS 进行科普教育与宣传，普及低碳减排理念和行为，提升了公众对于华润积极履行社会责任的认可度，展现了低碳创新的华润理念。

微藻固碳项目是深汕特别合作区碳中和示范基地重点建设项目。深圳电视台、南方网、南方都市报、中国报道、羊城晚报以及广东省宣教科等媒体机构对项目做了大量报道，相关报道内容入选学习强国深圳学习平台，产生了积极的社会影响，向公众展示了华润集团的履责认识，提高了公众对低碳发展认识，普及了低碳发展的重要意义。

四、履责成效

（一）经济收益

项目推广应用后，预计每年可生产 2000 吨干冰，每吨干冰市场价约 1000 元，预计每年可带来 200 万元收益。

（二）社会效益

碳捕集测试平台先行先试，为未来 CCUS 技术放大、验证和优化提供技术支持，对推动广东省乃至全国 CCUS 技术示范和应用具有重要意义。干冰生产项目作为火电厂烟气二氧化碳的再利用，减少其他工艺生产二氧化碳排放，能有效减少社会二氧化碳排放总量，具有良好的环保效应。微藻固碳项目产生的藻类，可协同华润医药、华润化工等开展微藻保健品、医疗用品等高附加值产品的研发，实现对捕集后二氧化碳资源的有效利用，从而贯通整个碳捕集及利用的 CCUS 技术与产业全流程，对推进 CCUS 商业化进程意义重大。

（三）专利

一种二氧化碳胺法捕集过程防止胺逃逸的装置系统及方法；

一种胺法二氧化碳捕集耦合燃煤锅炉的能量回收装置系统；

一种藻类培养系统；

一种干燥装置系统及包含其的液态二氧化碳生产系统；

一种二氧化碳捕集系统及方法；

一种烟道气二氧化碳捕集系统胺法解析塔能量利用系统与装置；

一种管道旁路腐蚀测试装置及其测试方法；

一种二氧化碳胺法捕集过程防止胺逃逸的装置系统及方法；

一种微藻固碳生物反应装置系统及包含其的负碳系统；

一种微藻固碳装置系统及应用于水产养殖池塘的负碳系统；

一种胺溶液过滤装置系统；

一种电厂碳捕集烟气二氧化碳浓度调节装置。

五、工作展望

通过不断深化产学研合作，掌握国内领先的 CCUS 技术，培养 CCUS 工程服务技术团队，逐渐将业务扩展至石化、化工、钢铁等行业，打造 CCUS 综合服务商，履行红色央企社会责任，为国家双碳目标的达成贡献华润力量。

企政民"三联合"防风固沙，书写"西电东送"绿色传奇

国网宁夏电力有限公司

一、单位简介

国网宁夏电力有限公司是国家电网有限公司全资子公司，主要从事宁夏回族自治区境内电网建设、运行、管理和经营，供电服务人口 725 万人，覆盖国土面积 6.64 万千米 ^{2}，为宁夏经济社会发展提供充足、稳定的电力供应和优质、高效的服务。

国网宁夏电力有限公司高质量打造宁夏"双样板"——宁夏新能源高质量就地消纳的样板和宁夏新能源大范围优化配置的样板，推动公司"双创新"——推动以建立现代企业制度为主体的管理创新和以提升核心竞争能力为主体的技术创新，建设现代"双一流"——建设现代一流电网和现代一流公司，先后荣获全国脱贫攻坚先进集体、全国文明单位、全国五一劳动奖状、国家科技进步二等奖、全国"工人先锋号"、中央企业"青年文明号"、自治区先进基层党组织、自治区政府质量奖、自治区龙头企业和工业稳增长突出贡献企业、自治区科学技术重大贡献奖、自治区抗击新冠肺炎疫情先进集体、自治区五一劳动奖状等荣誉，为全面建设社会主义现代化美丽新宁夏作贡献，为全面建设具有中国特色国际领先的能源互联网企业赋动能。

二、案例背景

宁夏电网是国家"西电东送"战略的重要送端，已形成了风电、光电、火电、水电多能互补、稳定安全的电力电网体系，是典型的"强电网、大送端"。现有两条直流外送通道，宁东—山东 ±660 千伏直流输电工程和宁东—浙江 ±800 千伏特高压直流输电工程，在全国率先形成覆盖全区的 750 千伏双环网。

2011 年，世界首条 ±660 千伏直流输电工程——银东直流输电工程——投入商业运行，成为国家"西电东送"工程的重要组成部分，承担着推动东西两地经济、社会发展和践行"双碳"目标的重任。然而，银东直流输电线路宁夏段 45 基铁塔都处于沙漠之中，"风动塔摇"不仅影响输电线路的安全稳定运行，恶劣的气候也对当地群众的生产生活造成不便。

群众，要改善生存环境；政府，要为百姓谋福祉；企业，要保障"西电东送"大通道稳定畅通，三方需求不谋而合。2012 年开始，国网宁夏超高压公司成立治沙项目社会责任根植小组，联动当地政

府和群众，发扬艰苦奋斗、愚公移山的精神，十年如一日与风沙做斗争，将多年来的治理经验进行深入实践，以联合评估、联合治理、联合维护的"三联合"铁塔治沙、固沙、防沙工作模式为实施路径，通过"多维度评价、多元化协同、多角度实践"进行项目管理，并不断推广深化治沙模式，最终将线下沙漠变成绿洲，护航"西电东送"通道长周期安全运行，为输电线路沙地铁塔提供典型治理经验进行深入实践，以联合评估、联合治理、联合维护的"三联合"铁塔治沙、固沙、防沙工作模式为实施路径，通过"多维度评价、多元化协同、多角度实践"进行项目管理，并不断推广深化治沙模式，最终将线下沙漠变成绿洲，护航"西电东送"通道长周期安全运行，为输电线路沙地铁塔提供典型治理经验。同时有助于深入挖掘沙漠化土地碳汇潜力，助力实现"双碳"目标，助推区域生态文明建设，为脱贫攻坚、乡村振兴贡献国网力量。

三、实施路径

（一）思路创新

1. 联合评估——多维度进行评估，形成治理新效应

为掌握沙漠动态，公司主动走访盐池县政府、查阅历史资料，对治理环境、气候条件、人员分布等实际情况进行联合评估，开展沙地治理全方位调研工作。将"输电线路面临的风险""提升国网品牌的价值"引入责任模型，系统收集自然资本核算所需数据信息，多维度量化项目履行生物多样性保护责任，从而产生生态效益和社会价值。

2. 联合治理——多元化协同共治，推进治理新举措

公司与盐池县及宁东镇林业局合作，组织当地群众对直流输电通道下方的流动沙地进行治理，将流动沙地改造成固定、半固定沙地，恢复沙漠化造成的植被缺失问题，保障输电线路的安全稳定运行。推动更多"生态友好"型的电力领域新技术运用。公司投入专业测量设备，创新采用无人机倾斜摄影测量技术精准测绘 ±660 千伏银东直流输电线路下方所铺设草方格的面积，巩固前期治沙成果，推进沙害治理工作高效开展。通过运用生物治沙模式以点连线，以线带面，逐步扩大沙漠治理范围，不仅保护了输电线路安全稳定运行，也极大改善了地理环境，助力当地乡村振兴。

3. 联合维护——多角度创新实践，呈现治理新机制

为做好治沙后期维护工作，公司不厌其烦地与盐池县政府、林业部门以及当地群众合作合力、多赢共赢。创新政企民合作新模式，推动与当地政府、村委、群众建立会商、协同、信息数据共享于一体沟通机制。多方定期沟通相关治沙成果和数据，及时查找分析问题成因。在遵循"公司所求、政府主导、民生所向、共同出资、有序推进"的原则上，多方责任形成合力，协调解决治沙、防沙工作中的困难和问题。共同对治沙固沙人员开展业务培训，为调查研究和沙害治理区数据的审核评估奠定基础。

（二）实施举措

1. 政企合作，实施系统治理新举措

自 2012 年起，公司设立沙漠治理工程专项项目，成立治沙项目社会责任根植小组，针对性解决沙

害隐患。通过走访、查阅历史资料，对治理环境、气候条件、人员分布等实际情况进行评估，开展沙地治理的全方位调研。随后，与林业技术人员展开合作，联合制定防沙、治沙、固沙的有效方案，采用布置生物沙障和栽植低矮苗木的方法固定流动沙丘，通过扎草方格、在草方格中杆插低矮苗木等手段，使线下通道的植被覆盖率大大提高，将线下沙漠改造成固定、半固定沙地。这些有益的探索尝试为进一步消除沙害隐患积累了宝贵经验，得到了盐池县政府的认可和大力支持，增强了政企合作的紧密性，构建良好的、更为密切的政企合作关系。

2. 三方协同，建立统筹发力新机制

随着治理效果的逐渐显现，使越来越多的群众受益，吸引了广大群众积极参与防沙治沙。针对居住在线路附近的村民，该公司一方面义务传授栽植技术，指导困难群众在沙障内栽植灌木、撒播林草种子，使群众学会栽植手艺，并将所学栽植技术以及林草收益悉数归群众所有。同时在项目完成后签订长期管护合同委派当地群众管护，直接或间接带来近百个就业岗位，有效拓展了当地群众的增收渠道。在减轻人员运维压力的同时帮助盐池县政府解决群众就业难题，进一步实现生态治理和乡村振兴共赢的目标。经过不断探索，逐渐形成政、企、民三方协同、统筹发力的工作格局。

3. 守正创新，提升联合防治新质效

一是多元会商，巩固治沙成效。公司与当地政府、村委会、当地群众建立会商机制，通过定期会商、专题会商和即时会商三种形式，共同研究安排部署相关工作，共同解决治沙、防沙工作中的困难和问题，共同对治沙、固沙人员开展业务培训，共同维护巩固治沙成效，构建基于防沙治沙的"多方责任"机制。二是创新举措，推动新兴技术运用。积极推动电力新技术运用，采用无人机倾斜摄影测量技术精准测绘输电线路下方草方格面积，推进沙害治理工作高效开展。

四、履责成效

（一）社会效益

一是提高了线路运行安全性。10余年来，累计种植树苗8万余棵，播撒草籽1000多千克，铺设草方格近34万米^2，治理沿线沙漠总长度75千米，治理面积约48万米^2，从根本上解决了线路塔基沙埋问题。二是减轻了线路运维压力。环境改善使人员巡线更便利；对杆塔基础回填土的维护频率从1次/月减少到1次/年；杆塔基础使用寿命增加，每年可减少运维成本约200万元。

750千伏州川Ⅰ、Ⅱ线及银东直流线路沙漠化治理项目

线路名称	治理区段	治理措施	治理面积（米^2）
±660千伏银东直流线路	4~11号杆塔周围及线路通道	铺设草方格	11741
±660千伏银东直流线路	56~72号杆塔周围及线路通道	铺设草方格	24950
750千伏州川Ⅰ线	87~97号杆塔周围及线路通道	铺设草方格	5740
750千伏州川Ⅰ线	87~97号杆塔周围及线路通道	铺设草方格	5740
合计			48171

（二）环境效益

通过恢复林草植被，对遏制生态系统退化及生物多样性丧失，改善生态系统服务功能，维护自然生态系统平衡稳定起到了极为重要的作用。项目累计新增草原面积 1 千米^2，植被覆盖率提高 70%。新增草原植被固碳量约合 16.98 吨，为生态和电网建设和谐发展提供可供借鉴和参考的新思路，同时有助于深入挖掘沙漠化土地碳汇潜力。

（三）品牌效益

在可持续发展论坛上作为国家电网有限公司三个代表项目之一进行展示，并入选《国家电网有限公司生物多样性管理与价值创造》丛书。成效引起社会各界广泛关注，新华社、宁夏电视台等主流媒体对项目先后进行报道，使社会公众从内心感受到国家电网可信赖的品牌形象，扩大了企业知名度和影响力。

五、工作展望

通过"三联合"治沙工作实践案例，国网宁夏电力将继续探索完善治沙工作模式，联合各界力量共同治理，持续开展线下通道沙漠治理工作。同时将加大科技投入力度，通过采用无人机播撒草籽、研制可改善土壤环境的生物制剂等手段，进一步提升防沙治沙的工作质量和效率，造一片"绿水青山"，建一座"金山银山"，营造绿色和谐的发展环境。

作为央企，国网宁夏电力不单单要为人民群众提供高效优质的清洁能源，同时，还肩负着一份重要的社会责任。未来，国网宁夏电力将继续探索电力与环境和谐共生，谋求最适宜的发展道路，在输出清洁能源的同时，创建绿色环境，维护和谐生态，助力电网长周期安全稳定运行，让电力空中走廊横跨于充满生机与希望的田野上。

"新能源 + 尾矿治理"，
让"火星表面"变成绿水青山

中核汇能有限公司

一、单位简介

中核汇能有限公司（以下简称"中核汇能"）于 2011 年 11 月注册成立，是中核集团的一类成员单位，作为中核集团、中国核电非核清洁能源产业开发、建设、运营的专业化平台，产业范围包括风电、光伏、地热、储能、氢能、充电桩等。中核汇能采用"公司本部 – 省级公司（平台公司）– 项目公司"三级法人、二级管控模式，本部设 17 个职能管理部门和 5 大中心，目前下设 29 家省级公司、5 家投资平台公司和 1 家共享平台公司，省级公司所辖项目公司分布在全国 30 个省（自治区、直辖市）。

二、案例背景

甘肃省白银市深部铜矿露天矿是我国大型有色金属矿山，属于白银有色集团股份有限公司，60 多年来，为中国有色金属工业和地方经济发展做出了重要贡献。

自 20 世纪 50 年代采矿以来，白银有色集团股份有限公司在深部铜矿进行了较大规模的露天开采，露天开采的严重后果是大量的开采挖损、废石压占造成的矿山环境生态破坏。由此引发了严峻的矿区大气、水、土壤环境污染和生态环境破坏问题，具体体现在废矿渣（石）、尾砂及矿区沉积物中铜、锌、镉、锰等重金属含量超标，这些在尾矿库、沉积物中大量积累的重金属污染物，在强酸性和高可溶性离子含量环境条件下更容易迁移，在环境条件变化下溶出的重金属可通过东大沟直接排放到黄河，造成黄河水质污染，导致周边草地、农田重金属污染严重。根据兰州大学资源环境学院于 2018—2020 年陆续对矿区周边区域草地、农田重金属污染情况调查结果发现，东大沟、矿区和撂荒地的牧草中镉、铅超出饲料卫生标准限值情况十分普遍，已不适宜植食性动物食取。而农田污染面积近 5 千米 ^{2}、污染深度 0~60 厘米，农作物籽粒重金属含量超过国家食品卫生标准。这不仅对矿区居民生活环境质量、当地的可持续发展造成了影响，而且已经制约了白银有色集团股份有限公司工业的可持续发展。

为深入贯彻习近平生态文明思想，加快推进国土空间生产修复，推进白银有色集团股份有限公司走上可持续发展的道路，促进深部铜矿生态环境建设，中核汇能（甘肃）能源有限公司自 2019 年 12 月以来，结合兰州大学和甘肃省科学院对铜矿区域地质地貌和生态环境的调查情况，经过多次对深部铜矿废石场的踏勘论证，形成了综合利用深部铜矿废石场建设光伏发电项目的初步设想。这种废弃地综合利用模式，不仅能够解决白银有色集团股份有限公司深部铜矿长期以来遗留的废石场生态环境恢复问题，而且为双方企业未来发展模式提供了新的思路，对项目所在地白银市白银区的生态环境改善、经济增长以及矿区和周边群众生活环境质量的提高均具有重要意义。

三、实施路径

根据兰州大学和省科学院前期调查，白银矿山的废矿岩石类型为千枚岩、火山灰沉积岩等，一些废石堆（尾矿）上能较好生长当地植物，且在相对较短时间内覆盖度很高，甚至比周围原始黄土坡和矿山基岩上的植物生长状况还好。因此，通过微生物地球化学原位矿化强化技术，可以促进重金属污染物在环境介质中矿化，减少重金属污染物的迁移扩散，降低重金属污染物在环境介质中的毒性，同时一些微生物可以加速矿山废石堆（尾矿）的风化速度，进而快速形成黄土高坡包围的绿洲和花海。

基于此，白银有色集团股份有限公司自引进中核汇能有限公司以来，双方积极沟通，通过对深部铜矿废石场的踏勘论证，结合兰州大学环境资源学院主创的微生物修复技术，创新性地引入"无土喷播的微生物原位矿化防治技术""多固废协同微生物地球化学原位矿化防治技术"治理技术，充分利用光伏项目中光伏板的遮阴作用和冲洗水有利于微生物大量繁殖、植被健康生长的特点，形成了综合利用深部铜矿废石场建设光伏发电项目的初步治理思路设想。同时还采用平整方案、边坡处理方案、排水及蓄水方案、绿化及施工过程中的环境保护等多种方案，多措并举对场址开展综合治理，对3个废石场进行场地整平、地灾治理工作。

四、履责成效

白银深部铜矿废石场100兆瓦光伏发电项目是2021年度甘肃省与中央企业合作项目之一，也是白银集团2021年度与央企合作的唯一项目。项目采取光伏＋废石场治理措施，利用深部铜矿废石场废弃地建设光伏发电项目模式，加快推进国土空间生态修复，探索构建"政府引导、市场运作、社会参与"的国土空间生态修复新模式，把握新能源技术进步新趋势，创新发展思路，节约集约利用土地资源，提升企业的可持续发展能力，既解决了历史遗留的矿山环境恢复治理问题，又响应国家"双碳"行动。

生态环境效益方面，该项目的实施符合贯彻落实习近平总书记"四个革命、一个合作"能源安全新战略，落实"2030年前碳达峰、2060年前碳中和，2030年非化石能源占一次能源消费比重达到25%左右，全国风电、光伏发电装机达到12亿千瓦以上"的战略目标的需要。项目在有效起到节能减排的作用外，由于光伏板的遮阴作用和冲洗光伏板用水的浇灌作用，矿区植被面积将显著增加，可有效地吸滞粉尘，净化空气，提高环境空气质量，还可防风固沙、减少水土流失、控制周边环境重金属污染、减少土壤水分蒸发，改善土地利用状况，促进了整个矿区自然生态系统的融洽和协调，使得矿区生态环境形成了良性循环，为矿区和周边群众创造良好的生存环境。

经济效益方面，从效益和投资上分析，项目符合国家投资政策，工程全面完成后，在改善提高矿区生态环境、为企业带来经济收益的同时，由于矿区固体废物淋溶物质排放得到有效控制，可以节省大笔的排污费；由于从源头上杜绝了滑坡、崩塌等地质灾害的发生，又减少了地质灾害带来的潜在损失。长远来看，白银公司矿山的污染防控和生态修复未来将为黄河流域的矿山生态修复提供样本和范例，推动黄河流域生态保护和高质量发展，促进白银市等黄河流域资源枯竭型城市的转型升级，对实现矿山可持续发展起到示范作用，有利于矿山经济效益增长。

社会效益方面，利用废弃地进行项目建设，不仅改善矿区生态环境，创造生态效益和环境效益，还能为员工的健康服务，这在一定程度上提高了员工的工作积极性，增加了企业的经济效益和市场竞争力，促进企业的整体良性循环。而未来规划工程建成投产后，也将提供更多的工作岗位，解决部分待岗人员及周边农村闲置剩余劳动力的就业问题，增加居民收入，对于稳定社会秩序、提高人民生活水平具有积极作用。

项目并网半年后，光伏板下已长出红柳、灌木、苔藓等植物，达到项目阶段预期成果。项目顺利运行后，2023 年发电量预计近 1.5 亿千瓦·时，年等效利用小时数超 1500 小时。每年可节约标准煤超 4.5 万吨、减少烟尘排放量超 500 吨、二氧化硫排放量超 1200 吨、氮氧化物排放量超 1000 吨、二氧化碳排放量超 12 万吨。

五、工作展望

根据现有治理思路设想，项目建成后，将在场区内设置微生物修复试验田。待选取微生物修复效果得到验证后，根据光伏项目的盈利情况，将微生物修复在全场区推广实施。根据《中华人民共和国行业标准土地复垦技术标准》，项目治理依据"技术经济合理的原则，兼顾自然条件与土地类型，选择复垦土地的用途，因地制宜，综合治理。宜农则农，宜林则林，宜牧则牧，宜渔则渔，宜建设则建设"的原则。以废兴业，以"新能源"建设项目作为复垦形式，同时结合微生物修复技术，解决源头污染风险问题，逐步形成多样性生物群落的"小绿洲"，充分利用自然可再生能源、节约不可再生化石资源，大大减少矿区对周围环境的污染，节约大量的淡水资源，对改善大气环境、减少大气污染起到了积极的作用，产生明显的节能、环境和社会效益。为后续建设地质公园创造条件，也为提升干旱区矿山生态环境安全保障能力，为黄河流域生态保护和高质量发展提供科技支撑。

下一步，中核汇能将强化思想认识，落实工作责任，凝聚工作合力，强化舆论导向，巩固主流阵地。强化干部职工的担当意识和责任意识，加强对白银深部铜矿废石场尾矿治理 100 兆瓦光伏项目的正面宣传，高度重视新闻宣传与舆情监测工作，加强和上级单位及外部新闻媒体的衔接，推动形成新闻宣传"一盘棋"、舆情应对"一张网"。紧紧围绕意识形态工作部署要求，将意识形态工作融入日常工作中，做细做实保障意识形态工作到位，营造安全稳定的意识形态环境。

以社会责任项目为抓手推进生态文明建设，助力地方经济高质量发展

中国长江三峡集团有限公司

一、单位简介

中国长江三峡集团有限公司（以下简称"三峡集团"）因建设三峡工程而生，成立于 1993 年 9 月，是国务院国资委确定的首批创建世界一流示范企业之一。历经近 30 年持续快速高质量发展，目前集团业务遍布国内 31 个省、自治区、直辖市以及全球 40 多个国家和地区，现已成为全球最大的水电开发运营企业和中国领先的清洁能源集团。三峡集团致力实施清洁能源和长江生态环保"两翼齐飞"，"十四五"时期将基本建成世界一流清洁能源集团和国内领先的生态环保企业。

二、案例背景

城口县地处重庆市东北边缘，位于川、陕、渝三省（市）交界处，全县东西长 96 千米，南北宽 66 千米，辖区面积 3289 千米²，辖 2 街道、10 镇、13 乡。城口县位于大巴山腹地，其独特的地理位置和自然环境，是汉江和嘉陵江流域的"河溪源"和"生态源"，是重庆最大的天然生物基因库和最重要的生态屏障之一，地形和土地利用总体呈"九山半水半分田"格局。由于该区降雨集中，山高坡陡、地形复杂，土层薄且土壤抗蚀力弱，水土流失问题严重，城口县属国家级水土流失重点治理区，全域位于全国水土保持规划区划中的大巴山山地保土生态维护三级区，是丹江口库区及长江上游重点预防区以及重庆市水土流失较严重的区县之一。水土流失防治对于维护"南水北调"工程和长江上游的生态安全和保障县域社会经济发展都具有十分重要的意义。城口县为三峡库区移民县，为三峡工程建设运行做出了牺牲与贡献，同时城口县也是国家级乡村振兴重点县，需要群策群力推进县域社会经济快速发展。

为助力城口县保护良好生态并树立秦巴山区生态安全发展标杆，水利部实施了城口水利帮扶工程。在水利部引领下，三峡集团积极履行央企社会责任，协调对接城口帮助解决水土保持问题。结合城口水利及生态发展实际，重点实施了城口县双河乡水土保持及道路改造项目、复兴街道和平社区山洪沟治理项目、周溪乡三元村安全饮水巩固提升工程等项目。三峡集团援建的项目具备较强的示范带动效应，在解决城口水土保持问题的同时，也开展了有益探索，对地方水土保持、生态保护、乡村振兴发展具有重要示范意义。

三、实施路径

（一）立足大巴山坡地水土保持，切实保护大巴山生态环境，积极涵养长江上游水资源

城口处于三峡库区与大西北交界点，是长江上游重要的生态涵养地，也是南水北调工程重要的水资源供给区。三峡集团援建城口项目重在贯彻落实习近平生态文明思想，践行"绿水青山就是金山银山"重要理念，推进长江经济带建设，强化大巴山生态保护，为长江上游水土保持与生态保护作出贡献。城口县双河乡水土保持项目选址于余坪村。该村位于半山腰一缓坡，为老余坪乡政府所在地，住户较为密集。这种大山上的挂坡地，具有大巴山地区传统农业坡地的典型特征，不成体量，开辟较久，多没有排水沟，也无坚固的堡坎。这些土地一方面较为贫瘠，另一方面耕作比较频繁，加之降雨趋多，经常产生滑坡、泥石流，水土保持影响较大。涵养大巴山水土，必须探索如何改善挂坡地的水土保持环境。项目以余坪村为试点，探索坡地治理办法，实现坡地改梯地 66667 米^2，整治有隐患的山河沟 2 处，建设水土保持设施，切实解决区域水土保持问题。项目于 2022 年 12 月启动，预计 2023 年夏完工并发挥作用。项目完成后，除涵养水土外，还将改善土地耕种环境，为下一步集约利用打下坚实基础。挂坡地的成果整治，有助于大巴山地区开启挂坡地水土保持整治工程，切实为保护大巴山生态，涵养长江上游水资源发挥重要作用。

（二）坚持"民生为上，治水为用"，着重帮助大巴山群众解决"易地扶贫搬迁"后的产业发展难题

城口是全国易地扶贫搬迁成效明显县。从"八五"扶贫实施以来，城口陆续出台高山移民、生态移民、水库移民等举措，为集约节约利用水土资源，保护大巴山国家级自然保护区生态发挥了重要作用。在 2015—2020 年间的脱贫攻坚战中，城口继续大力实施生态移民政策，探索出台了生态移民集中安置办法，在山下平坦之地建起了漂亮的移民安置点，并探索了"产业上山、人口下山、游客进山、产品出山"的发展思路。移民广泛参与森林护林员、防火宣传员、河道守护员等公益事业，对修复、改善生态发挥了重要作用。但随着时间的推移，"易地扶贫搬迁"涌现出系列问题，比如产业体量不足、结构不优、竞争性不强及交通出入不便等诸多问题。三峡集团帮扶实施的双河乡大树坪村道路改造项目致力于农村产业发展环境的改善。项目主要用于扩建和硬化产业道路 3.5 千米，同步建设安防、挡墙、排水沟。项目已于 2023 年 3 月启动，预计夏季完工。项目建成后，除直接改善店坪村 10 社 40 余户 180 余人的出行条件外，更重要的是方便道路沿途 0.3 千米^2 标准梯田的使用，切实为当地农业发展和乡村振兴发挥重要作用。在帮扶工作中，三峡集团始终重视帮助脱贫群众解决产业发展难题。在双河乡余坪村水利帮扶项目中，三峡集团还将整治坡地与建设红色美丽村庄充分结合，助力建设革命教育基地，为革命老区产业发展注入了新的动能，积极探索了水利与农业、文化、旅游组合发展的新路子。

（三）建设标杆项目，积极助力地方获得国家级水土保持示范县等国家级招牌，以生态文明建设引领高质量发展

水利部高位帮扶城口工作，指导城口高质量开展水利工作，制定了国家水土保持示范县、国家生

态文明建设示范区、国家农业标准化示范区、全国水系连通及水美乡村试点县等创建工作目标。三峡集团积极策划项目，将援建项目纳入国家水土保持示范县创建清单，高质量推进相关工作。三峡集团援建的周溪乡三元村农村饮水巩固提升工程成为城口县农村供水"四管"示范工程中的标杆以及集约节约用水的典范。援建的复兴街道和平社区山洪沟治理及配套项目，通过疏浚河沟，建设排洪设施，改变了下雨天道路成河的窘境，改善了群众生活条件，更使得河沟成为一道亮丽的风景。2022年，城口县成功创建国家水土保持示范县，三峡集团援建的水利项目成为城口水利建设亮眼的招牌。国家水土保持示范县既是一种荣誉，更是一种责任，将有力引领城口走上生态保护与绿色发展道路，引领周边区县更加积极开展水土保持工作，积极创建国家名牌，实现大巴山区域生态文明高质量发展，创建长江上游良好生态条件。

（四）始终践行"十六字"治水方针，以项目引领推动习近平生态文明思想传播，着力提升水土保持意识

社会责任项目实施除了改善区域水利条件，改善群众生活品质外，更重视向山区群众传达水土保持意识。三峡集团援建的项目始终遵循"十六字"治水方针，始终以水利保护、涵养生态、惠及人民为重点，让群众看到了国家、社会对于水土保持的重视，看到了生态破坏后再修复将付出的沉重代价，看到了良好水利建设成果对产业发展带来的推动作用。三峡集团援建项目高标准规划、高质量实施，为城口未来水利建设提供了示范，也将发展水利事业、保护生态环境的种子种在了人民群众心里。企业有担当，人民得实惠。项目激发了城口人民学习三峡集团帮扶情怀，保护水土资源和生态环境的意识。如今，城口人民更加珍视来之不易的良好生态条件，自觉参与水土资源保护与良好生态环境创建，积极捍卫国家水土保持示范县成果，争创全国水系连通及水美乡村试点县。

四、履责成效

三峡集团帮扶城口工作是践行习近平生态文明思想的具体举措，是履行"绿水青山就是金山银山"的重要实践，充分诠释了为国担当、为民造福的初心使命，对于引领全社会共同治理污染、保护生态、兴修水利、保持水土具有示范意义。援建项目分别从坡地水土保持、乡村产业发展、生态示范等方面入手，力图在水土保持与乡村振兴间找到更多突破口和结合点。项目选题契合习近平生态文明思想要求，顺应人民群众对良好生态环境的美好期待，符合城口发展实际，均取得较好效果。项目实施有力推动了城口水利建设，促进城口成功创建国家水土保持示范县、国家生态文明建设示范区、国家农业标准化示范区，并顺利进入全国水系连通及水美乡村试点县名录。项目产生的实际效应远不止项目本身，它体现了国家、全社会对生态环境建设的关心，对生态涵养地区保持良好水土的重视，它倡导的水利利民、水利惠农、绿色发展等理念将更加深入人心，它助推创建的国家水土保持示范县等国家荣誉将有力推动城口及周边县市更加深入践行习近平生态文明思想，带动生态保护区域群众更加重视水土保持和生态保护。

五、工作展望

三峡集团援建项目成为城口水利建设的示范性工程，能够以点带面，引领、推动城口水利事业高质量发展，推动城口生态建设结出更加绚丽的果实。城口及周边生态涵养县市将更加珍视来之不易的生态保护成果，更加重视水土保持与生态保护，让长江上游的生态越来越好。社会各界将更加关注秦巴山区生态发展，将会有更多企业参与长江上游生态保护建设，切实为涵养长江上游生态、建设美丽中国作出更多贡献。

"一杆两用"，助力垦区数字化发展

国网黑龙江省电力有限公司

一、单位简介

国网黑龙江兴凯湖供电公司（前身为兴凯湖电业局）成立于 2002 年 1 月，公司担负着黑龙江省牡丹江农垦管理局所属八五零、八五四、八五五、八五六、八五七、八五八、八五一零、八五一一、庆丰、云山、兴凯湖、宁安、海林、双峰 14 个农场等农垦区域内的工农业生产和居民供电营业任务，供电范围 8301 千米 ^{2}，营业总户数 18.2 万余户，年售电量超 5 亿千瓦·时。

近年来，国网黑龙江兴凯湖供电公司广大干部职工在省公司党组的正确领导下，以习近平新时代中国特色社会主义思想为引领，充分践行"人民电业为人民"的服务宗旨，以助推农业航母起航为己任，认真践行"真诚服务、共谋发展"的服务理念，持续转变工作作风优化营商环境，深化优质服务理念，发扬"党史学习教育"学习成果，汲取奋发昂扬的历史精神，深刻践行"我为群众办实事"活动，在守初心、担使命、找差距、抓落实上形成长效机制，当好国网尖兵，不断提升优质服务水平，使人民群众得到更多的获得感、幸福感、安全感。

二、案例背景

垦区群众通信网络服务需求迫切。牡丹江农垦区位于世界三大黑土带之一的三江平原腹地，在保障国家粮食安全和重要农产品有效供给方面发挥着重要作用。近年来，随着乡村振兴全面实施、农业农村现代化加快推进，垦区群众对于通信网络需求更加迫切。然而，由于垦区面积大、群众生产生活分散、通信基础设施较为薄弱，制约垦区产业发展，影响垦区群众生活。

通信基础设施建设存在诸多困难。一是建设投入高，垦区地广人稀、群众分布偏远且分散，通信基础设施建设成本大、回报小；二是建设难度大，在农垦区通信基础设施建设往往需要占用耕地，同时也涉及征地、赔偿等问题，建设工程审批难、多方协调难；三是建设影响大，通信基础设施建设不仅会对当地生态环境带来负面影响，也会影响正常的农业生产。

合作机制缺乏影响优质资源共享。电力电杆不仅具有分布范围广、直连终端用户的特点，其高度和材质对于农田作业的影响程度低，并能为通信基础设施提供电力支持。然而由于缺乏合作机制，长时期以来，配电线路电杆资源未能得到有效充分利用，电杆和通信杆"多杆并立、重复建设"的情况颇为常见，不仅影响了"绿水青山"的视觉美观，更对"金山银山"造成土地资源浪费。

三、实施路径

面对垦区群众通信网络的迫切需求，国网兴凯湖供电公司积极转变工作思路，聚焦通信基础设施建设过程难点，秉持"共谋、共建、共管"的深度共享理念，联合农垦通信公司等利益相关方建立"一杆两用"合作新机制，实现以最小的资源消耗，满足垦区群众高质量通信网络需求，赋能垦区数字化生活和现代化农业发展。

（一）融入外部视角，关注综合价值创造

国网兴凯湖供电公司从外部视角出发重新审视电杆资源利用工作，从综合价值创造的角度评价电杆共享工作，主动推动电杆资源实现深度共享，在充分发挥电力基础设施价值作用的同时，助推农垦区通信基础设施实现高效、经济、环保建设，补齐农村网络基础设施短板，让广大垦区群众能够共享互联网发展成果，创造经济、社会、环境综合价值。

（二）聚焦实施难点，发挥各方资源优势

国网兴凯湖供电公司全面梳理电力电杆资源在共享过程中不同阶段涉及的政府、通信公司、建设单位、农场、垦区群众等核心利益相关方，详细了解其关键诉求和资源优势，明确光缆架设在前期准备、过程建设、后期运维等关键阶段中各方合作难点，通过建立多方常态化沟通及协作机制，联合各方共同探索难题解决方案，有效提高资源利用效率和利用质量，确保光缆架设速度快、过程稳、成效好。

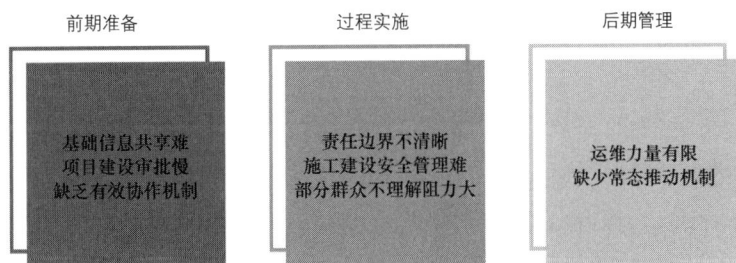

前期准备　　　　　过程实施　　　　　后期管理

基础信息共享难　　　责任边界不清晰　　　运维力量有限
项目建设审批慢　　　施工建设安全管理难　缺少常态推动机制
缺乏有效协作机制　　部分群众不理解阻力大

项目实施中的关键难点

利益相关方核心诉求和优势分析

利益相关方	核心诉求	优势
政府	● 推动垦区可持续发展 ● 加快通信基础设施建设 ● 节约社会资源	● 政府公信力 ● 多方协调能力 ● 项目审批管理
农垦通信公司	● 节约建设及运营成本 ● 缩短建设周期	● 建设资金 ● 建设管理

利益相关方	核心诉求	优势
运营商	● 通信信号稳定可靠 ● 服务覆盖面扩大	● 通信线路传输 ● 运维技术 ● 常态化网络服务
施工单位	● 施工过程安全 ● 降低施工难度 ● 减少施工阻碍	● 专业施工力量 ● 安全管理
农场	● 提升生产生活质量 ● 保护耕地资源和生态环境 ● 垦地融合发展	● 施工协调支持 ● 相关设施共享 ● 线路维护支持
垦区群众	● 信号稳定 ● 优惠优质的网络服务	● 线路维护支持 ● 舆论监督权
国网兴凯湖供电公司	● 彰显社会责任 ● 节约社会资源 ● 提质降本增效 ● 提升电力服务能力	● 丰富的电力杆塔资源 ● 电力专业技术 ● 基础运维保障力量

（三）固化管理机制，实现多方价值共赢

为保障项目管理机制实现长效化运营，推动实现农垦地区通信网络全域高质量覆盖，国网兴凯湖供电公司坚持"价值共创 协同共赢"理念，以"前期共谋、过程共建、成果共管"为推进路径，通过固化多方沟通机制、合作机制、管理协作机制，明确各方在通信光缆建设规划设计、现场施工、日常运维检修等各阶段的职责，探索建立多方合作长效化管理运营机制，确保项目实现常态化运营和可复制化推广。

四、实施举措

（一）凝聚广泛共识，强化顶层设计

深入协商谋良策。在项目实施前期，国网兴凯湖供电公司与农垦通信公司主动进行接洽沟通，双方就开展共享电杆通信线路挂设安装方案、管理职责等进行商讨，共同确立"试点先行、逐步推广"的实施思路。同时，组织双方专业部门围绕共享电杆过程中的涉及的电杆承重、防雷措施各类专业技术进行前期充分论证与沟通，确定项目实施的安全性、可行性，共同制定电杆施工改造方案。

广聚共识增合力。国网兴凯湖供电公司与农垦通信公司、运营商共同促请政府牵头，组织利益相关方参与项目前期沟通，明确项目目标、意义，并签署《合作框架协议》，形成"政府主导、电力主推、通信配合"的政企联动机制，建立多方沟通交流机制，构建"高质量、高标准、快进度"的项目推进方式。同时，国网兴凯湖供电公司主动协调，联合各方重点厘清职责边界，为通信线路架设及后期运维提供全流程协调配合。

利益相关方职责分工表

利益相关方	主要参与阶段	具体职责
政府	项目前期准备，主要包括推进合作及审批	协调支持，推进各方合作依托数字化平台为管线互搭审批提供便利
国网兴凯湖供电公司	项目全流程	负责受理农垦通信公司共享杆塔资源需求申请组织参与杆塔共享工程前期勘察负责通信线路挂载联合施工辅助通信线路维护
农垦通信公司	项目全流程	负责依照运营商通信微基站建设和通信线路需求，组织项目的现场勘查、设计方案制定负责向供电公司提交共享杆塔需求申请负责通信线路架设施工及后期运维
运营商	项目中后期	向农垦通信公司提交通信微基站建设和通信线路需求为垦区群众提供网络服务监测线路运行状态，辅助通信线路运维
农场／社区	项目中后期	审核批复通信微基站建设和通信线路施工项目提供共享资源、媒体资源支持辅助通信线路维护；施工协调及信息宣传辅助通信线路维护

（二）前期规划共谋，夯实协作根基

（1）建立信息分享平台。国网兴凯湖供电公司充分发挥自身管理优势和技术优势，利用智慧管理平台开展基础台账管理，一方面便于前期规划，通过盘点各产权单位、杆线相关信息，制定共享杆线、距离、路径、高度等，明确管线互搭需求，实现供电、通信、运营商在内的电杆基础台账共享，为有关各方提供及时、准确信息，为实现电杆资源共享奠定基础；另一方面便于后期管理。通过平台地图管理功能，做到资产清晰、产权明确，保障各方利益，方便后期的管理和维护，实现对线路及共享电杆的可视化管理，使得管理更加直观。

（2）推动实现联合审批。依托智慧管理平台，部署共享电杆申请管理，统一规划与审批共享建设和整改，做到共享规划合理、建设有序。同时，主动对接政府行政审批，利用行政服务中心"一窗受理、集成服务"改革契机，由兴凯湖供电公司主推、当地政府主导、运营商、农垦通信公司、农场、社区等单位参与，一同推进电杆共享项目管理、审查、审批、备案。

（三）施工过程共建，保障工作质效

（1）常态沟通，共解项目难题。国网兴凯湖供电公司与农垦通信公司、运营商和施工单位保持常态化沟通，一方面，多次召开"共享电杆建设施工协调会"，及时提出现有配电线路评估意见。完善电杆挂设通信光缆施工手续、施工单位安全资信（资质）报备、施工方案等关键事项，合力实现共享电杆光缆挂设工程顺利推进；另一方面，发挥专业人员优势，挑选输业务能力强、专业素养高的2名专工工作为项目成员，制定月度沟通计划，通过"走访、电话"等形式沟通各网格管理人员，确认"施工进度、安全状况"等重点事项，协助解决"矛盾纠纷、施工审批限制"等重点难点，保障项目有效推进。

（2）明确责任，共保施工安全。为进一步加强施工和维护过程中国网兴凯湖供电公司和农垦通信

公司双方的安全责任落实，确保网格内"各方知责、人人明责"，保护施工人员的生命和财产安全，双方就共享电杆建设通信工程生产施工作业安全管理签订协议，明确各方义务和职责，为网格内工作人员明确安全责任。

（3）争取理解，共促顺利实施。国网兴凯湖供电主动与政府部门、农场以及社区村委沟通联系，促请多方共同出面协调因施工问题而产生的矛盾，解除农垦群众的疑虑，并针对通信线路建设可能存在的扰民风险，主动联系农场和当地社区，通过细致解释争取获得居民理解与支持。

（四）建设成果共管，推动长效运营

（1）双方合作，凝聚核心网格力量。按照"一线路一网格"的布局，为每条线路配备由"农垦通信公司网格负责管理员、安全监督员及施工人员和兴凯湖供电公司护线巡视员、运营商技术员"组成的网格化管理团队，确保每个网格内有 1 名供电公司网格管理员 + 农垦通信公司党员，运维形成双方专业优势互补、工作互促互济的运维机制。

（2）多方参与，增强"网格 +"防范能力。兴凯湖供电公司及农垦通信公司、运营商借助设备运维、线路巡视等机会，向附近居民现场讲解涉电知识及共享电杆带来的便捷，并倡导群众积极参与共同维护线路安全运维。同时，依托媒体进一步宣传共享电杆项目成效，凸显共享电杆保护的重要性，进一步放大共享电杆"网格 +"。

（3）筛选重点人员，增强设施防护精准性。即联合农场、社区，针对可能影响到共享电杆的交通运输、工程建设项目，收集运输车辆、农业机械、大型工程设备操作人员信息，定期发送短信予以提醒，并通过建立微信联系群等方式，加强宣传和引导。

（4）深化科技应用，做好运行监控。充分利用远程监控手段，在"共享电杆"附近区域安装智能视频在线监控系统，通过远程视频、图像装置全天候监控线路运行情况，及时发现潜在风险，全面构建"互联网 + 共享电杆"的保护工作体系。

五、履责成效

（一）经济效益—减少成本，提高资源利用率

项目的实施，一方面大幅减少农垦通信建设成本。农垦通信公司在通信线路架设中节省施工材料、人工、征地等各项费用 37.8 万元，通信线路末端可新增网络用户 427 户，可实现经营收入 14.28 万元/年。另一方面有效提高电力电杆资源的利用效率，国网兴凯湖供电公司可创收线路租赁维护费用 4.8 万元/年，获得了可持续实践带来的实在收益，同时，也让更多用户可实现"网上国网"用电交费，提升了用户电力服务体验。

（二）社会效益——便利生活，助力乡村振兴

项目的实施，累计完成牡丹江垦区八五六农场 18 队至 23 队 5.6 千米、庆丰农场 3 队至 4 队 6.8 千米、14 队至 15 队 4.9 千米、18 队至 19 队 7.6 千米，总计 24.9 千米共享电杆通信线路挂设工程，为农垦地区 427 户偏远群众提供高质量通信网络服务，不仅为提高农业现代化奠定基础，也便利了垦区群众的生产生活，让 159 名学生在疫情期间实现线上教学上课，为实现乡村振兴贡献积极力量。

（三）环境效益——节约资源，减少环境破坏

项目的实施，一方面有效提高了土地资源的利用效率，避免了杆塔重复建设对土地资源的占用，另一方面也降低建设施工过程中对当地生态环境的破坏，减少了建设过程中各类废弃物的排放，维护了当地良好的自然生态风貌。后续，项目模式将在兴凯湖电网内推广应用，将辐射兴凯湖电网内 30 座变电站、56 条配电线路，预计覆盖 2000 千米^2。

六、工作展望

国网兴凯湖供电公司一方面在试点结束后，联合农垦通信、施工单位等共同开展项目复盘交流工作，总结试点过程中的典型经验和主要问题，进一步优化和调整项目实施方案，推动在更大范围实现复制推广；另一方面，基于电杆共享项目对共享共赢理念的全流程贯彻和带来的实际成效，国网兴凯湖供电公司积极向各利益相关方宣贯可持续理念，以期破解各方专业壁垒，培养合作理念和机制，推动在更多领域开展合作，提升各方优势资源增量价值。

虚拟电厂的探索和实践

南方电网深圳供电局有限公司

一、单位简介

1979 年，南方电网深圳供电局有限公司（以下简称"深圳供电局"）伴随着深圳改革开放的步伐正式成立。2012 年，在南方电网公司的统一部署下，正式注册为深圳供电局有限公司，成为南方电网公司直接管理的全资子公司。承担着深圳市及深汕特别合作区的供电任务，供电面积 2421 千米²，供电客户 353 万户；共有 110 千伏及以上变电站 282 座，110 千伏及以上输电线路 5314 千米。

深圳供电局始终坚持"为客户创造价值"的服务理念，率先在南方电网公司基本建成现代供电服务体系，深圳电网已发展成为用电营商环境全国最优、用户平均停电时间全国最短、供电密度全国最大、经营质量效益全国领先、改革发展全国领先的超大型城市电网。深圳客户年平均停电时间连续两年进入"半小时圈"，达世界一流水平，"获得电力"始终保持全国第一；深圳供电服务公众满意度连续 12 年在深圳市 40 项政府公共服务满意度评价中排名第一。公司获评国务院国资委国有重点企业管理标杆创建行动"标杆企业"和国有企业公司治理基层示范企业（南方电网公司唯一），也是全国"双百企业"中唯一供电企业。

二、案例背景

深圳电网作为典型的受端电网，具有土地等资源紧缺、城市电气化水平高、本地新能源发电占比低"一紧一高一低"的特点。深圳每平方千米供电负荷已达 1.07 万千瓦，位居内地首位；日电力峰谷比高达 2.08，尖峰负荷短，2022 年 5% 尖峰负荷持续时间约 10 小时；同时，局部电力设备长期重载、季节性电力供应偏紧问题日益凸显。迫切需要根据城市特点，推动构建深圳现代化城市新型电力系统，提升能源电力保障能力，助力深圳实现"双碳"目标走前列。虚拟电厂在节能环保方面主要发挥以下作用：

（1）促进清洁能源消纳。虚拟电厂通过发挥灵活调节作用，调动储能、电动汽车、蓄冰/蓄冷空调负荷等资源在负荷低谷时段消纳清洁能源，降低用电高峰时段的负荷需求、减小火电出力。按满足深圳 5% 最高负荷（约 100 万千瓦）的供电需求测算，虚拟电厂每年可减少错峰损失 5 亿元。

（2）促进发电、用能行业节能减排。火电发电量减少一方面节约了燃煤，另一方面降低了二氧化碳和二氧化硫排放；对于工商业用户，接入虚拟电厂能够促进其优化用能行为，提升用户用电的精益化和智能化水平，降低企业能耗。按满足深圳5%最高负荷（约100万千瓦）的供电需求测算，虚拟电厂每年可减少碳排放54万吨。

（3）节约土地资源。虚拟电厂主要通过改变用户用电方式达到响应的目的，通过虚拟电厂的建设能在不进行变电站扩容或者新建变电站的情况下满足现阶段部分电力用户的负荷要求，且不占用土地资源，也无需新建输电通道。为满足深圳5%最高负荷（约100万千瓦）的供电需求，按建设同等容量燃气电厂来进行测算：同等容量燃气电厂占地约6万米^2；配套建设4回线路（同塔双回），按照线路两侧保护区15米及走廊宽度10米，合计用地宽度40米，计算得出配套出线走廊占地约12万米^2；合计占地约18万米^2。

综上，虚拟电厂能聚合协同优化电网海量分布式资源，以较小成本解决城市电网存在的系列问题，是深圳市政府、深圳供电局统筹好绿色低碳发展与电力保障、电能供应经济性的重要抓手，有效提升深圳电力系统灵活性、实现网荷互动、增强电网韧性及可靠性，支撑深圳新型能源体系构建。

三、实施路径

目前，国内虚拟电厂正处于初级发展阶段，可参考的虚拟电厂建设运营经验相对匮乏，存在场景单一、利润空间受限、终端缺乏等多个技术痛点，缺乏参与电网不同层级和多类型市场的关键技术和有效途径。本项目攻关虚拟电厂构建与调度关键技术、应用平台及接入终端，打造虚拟电厂应用标杆，具体包括：

（1）针对虚拟电厂低成本、高安全、大规模接入调度系统的迫切需求，提出海量异构资源即插即用并网接入和安全防护技术，研发首个网地一体虚拟电厂运营管理云平台和虚拟电厂并网运行控制、测试终端，实现虚拟电厂数据采集、并网接入、调度控制、市场交易、性能测试等功能，满足虚拟电厂接入调度的高等级网络安防和实时互动要求，支撑1500兆瓦多元异构用户资源规范化低成本接入电网调度，参与网省地精准响应、电力市场、辅助服务等多样化应用。

（2）针对点多、量小、异构，随机性及时变性强的灵活资源在线响应特性分析和高效聚合的基础难题，提出基于知识–数据联合驱动的分布式资源在线响应特性建模技术，全方位描述虚拟电厂碳排放特性的精准刻画方法，基于多胞体重构和投影的灵活资源高效聚合技术，解决虚拟电厂资源可观可测难题。

（3）针对虚拟电厂调度需要兼顾电网绿色低碳安全经济运行和灵活资源可信能力不确定性的现实需求，提出基于分布式资源集群动态划分和递阶协同的虚拟电厂内部资源调度方法，考虑能量共享机制和风险规避的多虚拟电厂间协同优化方法，计及多虚拟电厂灵活性、复杂城市电网拓扑等因素的网荷互动低碳调度技术，支撑虚拟电厂协同超大城市电网提供阻塞管理、调频调峰等多种灵活调节服务。

（4）针对多种市场类型、多因素耦合交互的复杂市场环境，提出基于多参数优化与模拟竞争者网络的多市场联合报价方法及基于复合博弈和价值评估的虚拟电厂利益分配方法，实现不同时间尺度和考虑分布式资源边际贡献等因素的虚拟电厂竞价决策与效益合理分配，为虚拟电厂参与多品种市场获得稳定收益提供技术支持。

四、履责成效

一是建成投运国内首个网地一体虚拟电厂运营管理平台，接入管理虚拟电厂运营商超30家、资源容量超150万千瓦、可调能力超30万千瓦，建成国内数据采集密度最高、直控资源最多、应用场景最全的虚拟电厂；二是支撑国内首家虚拟电厂管理中心挂牌成立，促成政府印发虚拟电厂精准响应实施细则和管理办法等系列文件，实现深圳虚拟电厂常态化参与电网调控；三是基于"5G+边缘计算+智能网关"等技术，在国内首次开展虚拟电厂参与调频技术验证，使深圳虚拟电厂具备实体电厂功能；四是首次基于城市电网拓扑和电碳耦合关系，实现虚拟电厂碳排放流监测与分析，应用于深圳全市840个110千伏及以上节点、1350条线路、260个负荷资源点碳排放分析；五是推动打造虚拟电厂技术标准体系，立项行业/团体/企业标准共10余项，牵头制定南方电网首个虚拟电厂企业标准以及国内首批三项虚拟电厂地方标准；五是创新研发"瀚海"系列国产化自主可控产品，实现灵活资源低成本高安全接入电网调度，解决了虚拟电厂并网运行多项技术难题。

同时，该项目引领各级运营商适应灵活可调资源与电网的互动，共同探索新能源体系下超大型城市电网源网荷储的协同构建，从2023年5月开始常态化、市场化开展精准响应工作。截至7月27日，共开展13次精准响应，有效调节电量总和约13.5万千瓦·时，最大调节功率约7万千瓦。针对城市电网运行与市场交易的不同场景，各类响应均有显著成效，直接经济效益达365万元，减少碳排放113吨。

项目完成发明专利42项（授权17项、实审25项），授权软著3项；发表SCI/EI/核心论文37篇；立项团体/企业/地方标准10余项。接入负荷聚合商30余家，负荷容量超过2100兆瓦，实时最大可调能力约390兆瓦，建成数据采集密度最高、直控资源最多、应用场景最全的虚拟电厂，可助力深圳2022年、2025年、2030年分别节约土地资源12.5亿元、50亿元及100亿元。累计为负荷聚合商带来新增产值5047万元、利税2998万元、增收节支总额3736万元；经第三方审计，2020—2022年度累计为本企业新增利润、利税4.07亿元、5.08亿元。

成果通过中国电机工程学会鉴定，中国工程院王成山、饶宏院士为正、副主任的鉴定委员会一致认为，项目成果整体达到国际领先。

成果促成深圳市政府授权成立国内首家虚拟电厂管理中心，发布了《深圳市虚拟电厂落地工作方案（2022—2025年）》和《深圳市支持虚拟电厂加快发展的若干措施（征求意见稿）》等系列文件，获市长批示、60多家媒体报道，中央候补委员、国务院国资委、国家能源局等各级领导、院士专家、30余家供电局现场调研，入选2022年深圳十大改革亮点，打造了深圳虚拟电厂品牌形象和应用标杆，支撑构建深圳虚拟电厂政策环境和产业生态，引领推动虚拟电厂技术发展。

五、工作展望

一是虚拟电厂参与各类电力市场的相关机制尚不完善；虚拟电厂运营商参与电力市场的准入门槛

仍有待进一步明确；负荷侧各类可调资源有效容量仍没有统一标准。项目将按照广东省能监局、南网总调部署要求，将深圳虚拟电厂参与跨省备用市场交易运行作为重点工作任务。

二是现有电网企业与虚拟电厂运营商、代理用户等主体间的结算尚未形成标准，存在一定的纠纷风险。项目将探索建立各类市场主体的标准化套餐，推动形成有利于市场公开透明的虚拟电厂结算机制。

三是目前接入深圳虚拟电厂平台的各类资源中，充电桩类的占比与响应参与度较高，其余资源有待进一步挖掘与应用。项目将协助并推动政府统筹全市负荷侧资源，充分发挥充储放一张网的可调潜力，探索空调负荷统一接入虚拟电厂管理平台。

南方电网、深圳供电局将按照国家能源战略部署的要求，发挥企业创新主体作用，在 2025 年建成满足深圳 5% 最高负荷（约 100 万千瓦）的供电需求的虚拟电厂，不断塑造高质量发展的新动能新优势，开辟新领域新赛道，为构建新型能源体系、新型电力系统贡献力量。

高标准落实"双碳"目标，厚植高质量发展的绿色底色——华电碳资产公司碳资产运营管理经验

中国华电集团碳资产运营有限公司

一、单位简介

中国华电集团碳资产运营有限公司（以下简称"华电碳资产公司"）成立于2021年6月。公司成立以来，忠实履行央企政治、经济和社会责任，持续深入学习贯彻习近平生态文明思想，践行习近平总书记"绿水青山就是金山银山"环保理念，贯彻落实国家"双碳"重大战略决策，进一步发挥"低碳减排平台"载体作用，以中国华电碳达峰行动方案为指引，积极参与全国碳市场建设，在全国碳市场交易履约和核算核查等方面完成一系列"历史首次"突破性实践，实现多个百分之百。代表中国能源企业参加第27届联合国气候大会并发表主旨演讲，传递华电绿色品牌价值，助力中国华电连续三年入选"中国企业碳中和贡献力50强榜单"，2022年、2023年均排名第一，公司成功入围"2023碳中和绿色影响力领跑品牌"。华电碳资产公司在提升碳管理水平、探索绿色金融产品创新、实现碳资产保值增值方面取得了积极成效。

二、案例背景

党的十九届六中全会强调，"必须坚持绿水青山就是金山银山的理念，更加自觉地推进绿色发展、循环发展、低碳发展，坚持走生产发展、生活富裕、生态良好的文明发展道路"。

"要把思想和行动统一到党中央、国务院的决策部署上来，坚持以人民为中心，认真落实中国华电各项工作要求，切实增强使命感、责任感，切实履行央企社会责任，把落实'双碳'目标作为最重要的政治任务抓紧抓好。"作为实现绿色低碳的"国家队"，华电碳资产公司高度重视，牢记"国之大者"，发出绿色低碳"动员令"，将"绿水青山就是金山银山"环保理念落到实处，守护碧水蓝天共建美丽中国。

三、实施路径

（一）固本强基，下好管理"先手棋"

实现"双碳"目标是一项复杂的系统工程，没有完备的体制机制做保障，就难以走出一条质量高、

结构优、活力足的低碳转型发展之道。华电碳资产公司紧紧围绕"健全完善碳资产管理体系"这一课题下功夫、抓落实，形成了上下贯通、整体联动、层层担责、合力攻坚的碳资产管理模式。

搭建碳资产管理制度体系和数据管理体系。积极参与中国华电碳资产管理"1+5+N"制度体系建设，配合先后印发中国华电《温室气体排放管理办法》《温室气体排放统计核算管理办法》《碳排放权交易和履约管理办法》等制度，制定公司《碳交易及履约工作规范》等规则，为碳资产管理、配额清缴工作顺利开展提供坚强保障。统一核算标准，指导重点排放单位开展温室气体排放相关数据的收集、统计、核算工作。大力开展碳排放管理质量专项提升行动，创新开展碳排放数据质量管理示范创建，指导典型火电厂围绕碳排放数据质量提升开展数据质量控制、燃煤采制化示范，有效发挥央企的示范引领作用。

（二）蹄疾步稳，打好市场"主动仗"

积极参与全国碳市场 MRV、注册登记交易、配额分配、监督管理等核心规则研讨，配合开展"全国碳排放报送系统""全国碳排放权注册登记系统""全国碳市场管理平台"等的测试。参与生态环境部组织的各类政策研讨会与座谈会，结合各企业生产实际，针对碳排放数据核算、配额分配方案、碳市场监督管理、区块链技术应用等核心规则提出大量建设性意见，形成书面意见反馈 20 余份，向生态环境部、国资委等及时反馈意见，在配额分配方案、核算指南上的多项建议被采纳，在政策制定层面推动减轻企业管理及经营压力，推动碳排放数据规范管理，提升碳资产价值，助推全国碳市场平稳有效运行和健康发展。积极参与生态环境部分布式可再生能源、海上风电 CCER 方法学编制工作，积极拓展更多碳减排项目类型纳入 CCER 开发范围，深度挖掘减排项目绿色价值。立足新发展阶段，于变局中开新局，主动迎接全国碳市场鸣锣开市，圆满完成全国碳市场首日首批交易，单日交易额超 2500 万元。科学制定中国华电全国碳市场碳排放权交易履约方案，实现了在全国碳市场首个履约期及 2021 年、2022 年度 100% 履约，率先完成全国碳市场首笔 CCER 抵销碳配额清缴、全国首笔 2021 年、2022 年度碳排放配额清缴等多项"历史首次""全国首次"，总体交易金额超过 3 亿元，积极助力全国碳市场建设，获得上海环境能源交易所、北京绿色交易所等交易机构颁发的多项荣誉证书。多措并举节能降碳，积极布局 CCUS 碳捕集与利用等关键示范项目，建成华电江苏句容百万千瓦机组碳捕集示范工程、华电襄阳公司生物质耦合发电项目等一系列碳减排技术攻关重点项目，积极推进储能、氢能技术揭榜挂帅项目，自主研发的 1200 标准立方米 / 时碱性电解槽下线，可再生能源制氢取得重大进展。碳减排成效显著，2021 年全口径供电碳排放强度、万元产值二氧化碳排放比 2015 年分别降低 5.2% 和 8.46%，"十三五"期间累计减排二氧化碳 5.5 亿吨，是"十二五"期间累计减排量的 2.6 倍，被国务院国资委评为"节能减排突出贡献企业"。探索盘活碳资产多种路径，落地全国碳排放权质押融资业务 1.4 亿元，实现碳资产价值化创新。统筹开展碳排放权交易。按照"双碳引领、全局统筹、集约管理、防范风险"原则，科学制定全国碳排放权交易策略及履约方案，开展多种形式的交易工作，运用市场化机制促进企业节能降碳。持续推进碳资产运营优化管理。为确保纳入全国碳市场的全部重点排放单位数据真实、准确，组织开展中国华电火电板块碳盘查全覆盖，建立盘查标准化流程，在盘查中帮助企业发现问题、解决问题。通过碳资产集约化管理、运营和交易等工作，促使中国华电碳排放管理规范化，碳资产管理价值化，《集约化平台助力华电绿色发展》获得中国大连高级经理学院"2022 年度碳达峰碳中和行动典型案例"三等奖。

（三）奋楫笃行，争当创新"排头兵"

全国碳市场上线启动后，发电行业作为唯一纳入全国碳市场的行业，碳资产相关业务管理需求日益增强。截至目前，中国华电已有百余家火电企业纳入全国碳市场，以及新能源项目产生的 CCER 预期进入全国碳市场，华电碳资产公司围绕碳排放数据核算核查、碳交易履约等工作，创新性开发碳资产管理平台，开展与国家环境信息平台数据对接、数据智能交叉验证等关键内容研究，解决了碳排放数据相关性无法验证、人工填报碳排放数据工作量大等问题。通过建设基于区块链的碳资产数据管理与运营服务平台，实现报送、交易、履约、清缴等全流程数字化管控，以信息化平台为契机全面提升中国华电碳资产管理能力。

为全面提高从业人员职业素养和工作能力，创新开展多元化培训，从不同管理层面全面加强碳排放管理能力建设。协助中国华电开展首个"双碳"高端培训，培训对象侧重于各直属单位和基层企业分管领导，加深领导层对碳排放数据质量管理重要性的理解和认识，进一步提高领导层双碳工作决策力度。开展中国华电全范围培训，培训对象侧重各直属单位和企业一线工作人员，进一步提高碳排放管理工作实施力度和细度。每月在中国华电系统发布《碳市场动态》，宣贯"双碳"工作重要指示批示精神、重要会议精神，及时解读国家政策标准，传播低碳理念知识，将"双碳"意识融入到每一位员工的工作中，全面提升碳排放管理工作在中国华电系统的认知度和认可度，推进双碳意识走深走实，以全民响应绿色低碳的生活方式潜移默化地影响一代人。

发布"2022 年全国低碳日活动倡议书"，完成中国华电全国首笔碳市场配额公益捐赠，助力"全国低碳日"国家主场活动实现碳中和；完成中国华电碳排放管理能力评价专题培训配额自愿注销，助力中国华电首次"零碳"培训圆满完成；向中碳登捐赠 100 吨配额用于 2023 年开展的全国碳市场相关活动碳中和，展现了央企责任担当。

四、履责成效

奋勇争先，领航致远。华电碳资产公司应邀在第 27 届联合国气候大会上发表主旨演讲，荣膺"中国能源企业低碳发展贡献力 50 强榜单"第一名。升级打造"区块链＋碳资产管理"信息平台，凭借长安链技术全自主可控、高性能可信存证等优势，实时对接国家环境信息平台，实现碳数据存证、碳排放数据管理、碳资产管理全流程数字化管控，推动碳数据、碳资产精细化管理水平再上新台阶。完成 2023 年全国首笔碳排放配额捐赠及自愿注销，荣获北京绿交所颁发的 2022 年度"特殊贡献奖"、上海环交所授予的"全国碳市场 2022 年度优秀市场服务及管理实践企业"荣誉，助力中国华电绿色低碳高质量发展"再加速"。全国碳市场开市以来，累计完成碳配额公益捐赠和自愿注销 192 吨，用于抵销"全国低碳日"等大型活动部分温室气体排放。全国碳市场开市以来，累计完成碳配额公益捐赠和自愿注销 192 吨，用于抵销"全国低碳日"等大型活动部分温室气体排放。积极参与气候变化相关活动代表中国企业发声，受国际能源署、世界银行等国内外相关机构邀请参与碳市场建设研讨、合作科研等活动，连续九次荣获联合国全球契约最佳实践奖突出创新主体地位。

五、工作展望

华电碳资产运营有限公司将坚持以习近平新时代中国特色社会主义思想为指导，锚定"双碳"目标的持续实践、稳步推进，以一体化综合服务为抓手，打造碳资产信息化管理、碳咨询管理、碳交易管理、碳金融管理四个管理体系，构建碳资产管理集约化平台，积极探索碳资产运营管理新模式，着力提升低碳科技创新能力，充分利用碳市场机制减排作用，助力中国华电打开更为广阔的绿色发展新图景，持续助推中国华电绿色低碳高质量发展行稳致远，让绿色真正成为高质量发展最鲜明的底色，努力在国家碳达峰、碳中和决策部署推进中贡献华电力量。

中国大唐帮扶兴海县清洁供暖项目

大唐青海能源开发有限公司

一、单位简介

大唐青海能源开发有限公司海南新能源事业部系大唐青海能源开发有限公司派出海南区域的管理机构，2022 年 2 月 21 日正式揭牌运营，目前办公地位于青海省海南藏族自治州共和县恰卜恰镇。

海南事业部当前共管理 10 个生产场站，装机 114.5 万千瓦，其中在役 64.5 万千瓦（光伏 48 万千瓦，风电 16.5 万千瓦），在建 50 万千瓦，项目分布于海南州、海北州，总资产 39.65 亿元，现有员工 83 人，共设有 4 个党支部，党员 30 人。海南事业部也是大唐青海公司系统内平均海拔最高，发电场站集中度最高、单位千瓦用工数量最少的单位。所属电站多次荣获全国青年文明号、全国首批二星级青年文明号等国家级荣誉，拥有青海省劳模创新工作室——"周海林劳模创新工作室"。

二、案例背景

（一）兴海县概况

兴海取"振兴青海"之意而命名，位于青藏高原东部，青海省西南部，地处"三江源"国家自然保护核心区。全县总面积 1.21 万千米²，南北长 159 千米，东西宽 119 千米。东面黄河，西邻海西，南连果洛，北接共和，距省会西宁 270 千米，距海南藏族自治州首府恰卜恰 128 千米。全县平均海拔 4300 米，县政府驻地子科滩镇海拔 3323 米，境内居住着汉、藏、回、蒙、撒拉、东乡、土、满等 17 个民族，现有人口 7.6 万人，藏族占总人口的 81%，全县辖 4 乡 3 镇 57 个行政村 7 个社区，全县共有天然草场 1 万千米²，耕地面积 12893 万米²，存栏各类牲畜 114.59 万头（只），是一个以牧为主、农牧结合的县，境内有丰富的农牧业、矿产、水电、汉藏药材及旅游五大优势资源。

青海省海南藏族自治州兴海县是中国大唐集团有限公司（以下简称中国大唐）定点对口援建县，位于青藏高原东北部，地处三江源国家级自然保护区和三江源国家生态综合试验区，平均海拔 3300 米，气候高寒干旱，年均气温接近零摄氏度，取暖期长达 7 个月，基础设施建设滞后，发展基础薄弱。就做好巩固拓展脱贫攻坚成果同乡村振兴有效衔接，改善民生提升当地群众生产生活质量，中国大唐发挥主业优势，扎实推动"三扶三真、五位一体"特色帮扶体系落实落地，基于当地能源结构特点和供暖实际，在兴海县实施清洁能源供暖项目，探索出一条绿色与民生双赢的乡村振兴之路。

（二）兴海县清洁供暖项目情况

为全面深入贯彻落实习近平总书记关于能源发展的重要指示和党的二十大精神、习近平总书记在十三届全国人大四次会议青海代表团视察时的重要讲话精神、习近平总书记关于推进北方地区冬季清洁供暖和保护三江源地区生态环境重要指示精神，紧紧围绕青海省"三个最大"省情定位，2021 年 3 月，青海省能源局下发《关于青海省三江源清洁供暖示范县建设的通知》，由大唐青海公司负责兴海县清洁供暖示范县建设。2021 年 9 月，青海省能源局下发《关于兴海县清洁供暖示范县建设方案的批复》（青能油气〔2021〕123 号），明确兴海县清洁供暖项目实施规模、建设内容及企业和政府出资比例，并要求 2023 年前完成示范县建设任务。

按照《青海省能源局关于兴海县清洁供暖示范县建设方案的批复》文件中对兴海县清洁供暖改造中新增用电负荷方面要求和以协议方式落实企业清洁供暖项目投资要求，2023 年 3 月，大唐青海公司与兴海县人民政府签订了兴海县清洁供暖项目合作开发协议，明确了清洁供暖项目由大唐青海公司开发建设。作为"源网荷储一体化"模式的负荷，兴海县清洁供暖项目将配套建设相应光伏项目作为电源保障。

大唐青海公司依托大唐集团公司"三扶三真，五位一体"特色帮扶体系，抓实抓紧抓细对口援建兴海县特色典型，认真落实能源保供政治责任，按照《青海省冬季清洁取暖实施方案》利用天然气、电力对现有燃煤锅炉、散烧煤炉进行清洁改造，打好"经济、生态、民生"三张牌，深入调研结合县情制定详细技术方案，开展兴海县清洁能源供暖项目，增强产业造血能力，真正实现双赢，构建绿色、和谐、清洁的现代高原供暖体系。

在项目推进过程中，大唐青海公司创新开展"揭榜挂帅"，持续开展清洁能源供暖项目开发建设攻坚、清洁能源供暖高质量运维专项攻坚，争创"四优工程"、争创青海省江河源杯奖和行业（省部级）科技奖，全面打造高原、高海拔地区具有大唐特色的清洁供暖示范工程。

（三）项目建设的必要性

1. 通过清洁能源供暖建设解决当地民生需要

青海省兴海县地处"三江源"腹地，平均海拔 3300 米，当地自然条件恶劣，冬季异常寒冷干燥，年均温度接近零摄氏度，取暖期长达 7 个月。2021 年以前，全县仅有两台已运行 15 年锅炉维持全县冬季供暖，环境污染大、覆盖面积小、供热温度长期不达标，甚至部分乡镇藏族群众依然沿用的千百年来烧牛粪取暖的方式，冻疮、重感冒成为藏区群众难以言说的痛，已经进入小康社会的藏族民族居民们对温暖过冬的期盼非常强烈。

2. 通过清洁能源供暖建设解决地方经济需要

兴海县集中供暖热源为燃煤热水锅炉，当地集中供暖期由每年 10 月初至次年 4 月底，共计 7 个月。集中供暖的居民采暖供暖单价为 4.7 元 / 米 ^{2}·月（32.9 元 / 米 ^{2}），商业采暖单价为 5.6 元 / 米 ^{2}·月（39.2 元 / 米 ^{2}）。根据热力公司运行资料，2021—2022 年采暖季共消耗热值约 4800 千卡 / 千克燃煤31130.83 吨，燃煤锅炉效率按 60% 计算，年实现供热量 10425.55 万千瓦·时。

热力公司多批采购合同平均煤价 1118.5 元 / 吨，年燃煤费用 3481.98 万元。该采暖季实际供暖缴费面积为 52.65 万米²，单位供暖面积燃煤费用 66.13 元 / 米²，远高于供热收费标准，县财政需为供热公司提供每年 2000 万元以上的补贴。

若采用电锅炉供暖系统，系统综合效率可提升至 95%，年供暖耗电量 10974.3 万千瓦·时。电价按照青海省发展和改革委员会发布的《关于调整清洁取暖峰谷分时电价政策等有关事项的通知》（青发改价格〔2021〕790 号）执行，谷电电价 0.16 元 / 千瓦·时占比 85%，平电 0.35 元 / 千瓦·时占比 15% 计算，年供暖电费为 2068.7 万元，相较于燃煤供热燃料成本节省 1413.3 万元，节约 40.6%，有效降低了当地政府供暖工程运维财政负担。

3. 通过清洁能源供暖建设解决三江源生态需要

青海省委十三届四次全体会议审议通过了《中共青海省委青海省人民政府关于坚持生态保护优先推动高质量发展创造高品质生活的若干意见》，作出了实施"一优两高"的战略部署，即坚持生态保护优先，推动高质量发展，创造高品质生活。兴海县所在的三江源地区是我国重要的生态文明保护试验区，坚持生态优先是一切工作的前提。

三、实施路径

（一）本案例先行试点

2021 年由大唐青海公司首期实施的兴海县民族高级中学清洁供暖试点项目，结合海拔、供暖效果、经济性等指标，经过专家实地调研、反复论证，采用"空气源热泵 + 电锅炉 + 水蓄热"技术方案，对兴海县民族高级中学实施"以电代煤"清洁能源供暖改造。本案例投资 620 多万元，通过新建电锅炉以及储热配套设施等方式，全校 3.58 万米² 教室、体育馆和宿舍等区域实现了清洁供暖。

本案例新建一座 4000 千瓦（4×1000 千瓦电阻式锅炉）锅炉房、400 米³ 蓄热水罐及配套设施，于 2021 年 5 月初开展前期工作，9 月中旬开工建设，10 月 15 日投入试运行。相比常见的燃煤锅炉供暖，采用使用寿命长、能耗低、升温快，可连续不间断工作的蓄热式电锅炉供暖，配置 8 小时额定供热量的热水蓄热罐及辅助柴油发电机，能够实现'停电不停暖'。

2021 年兴海县民族中学电锅炉通过直热方式进行供热，用电价格 0.28 元 / 千瓦·时，供暖季用电量 375 万千瓦·时（1.77 万千瓦·时 / 天），电费 105 万元（4950 元 / 天）；水费 0.14 万元；运行人员 1 人，由学校电工兼职，合计运行成本 105.14 万元，财政年供暖费拨款 140 万元（学校每月 5.6 元 / 米²），节约供暖费 34.86 万元。2022 年供暖季用电量 350 万千瓦·时（1.65 万千瓦·时 / 天），电费 98 万元（4950 元 / 天），运行成本 98.14 万元，节约供暖费 41.86 万元。

项目投运以来，学校供暖得到极大改善，教室及宿舍温度明显得到提升（室内温度由原来 16 摄氏度提升至 20 摄氏度以上），供暖效果较好，较集中燃煤供热供暖费用节约 20%~30%。同时，本案例的投运有效缓解县城集中燃煤供热锅炉运行压力，减少燃煤消耗，改善自然生态环境，全面构建绿色、和谐、清洁的现代高原供暖体系试点，为进一步推进全县清洁集中供暖、提升兴海地区能源利用清洁化水平、推动青海省清洁供暖建设和节能减排工作、积极稳妥推进碳达峰、碳中和作积极贡献。

（二）本案例建设工程

大唐青海公司深度参与青海省能源规划实施，锚定清洁能源样板典型建设目标，将清洁能源供暖项目稳定供热作为保民生重要任务和头等大事，攻坚克难、力争 2023 年建成投运国内高海拔高寒地区首个智慧化运维的集中式清洁能源供暖项目——兴海县子科滩镇和河卡镇清洁供暖项目。以"清洁智慧、高效节能"清洁供暖样板典型和大唐系统调研示范项目建设为目标，推广实施"以电代煤"，改变兴海县以往的污染大、覆盖小、温度低的老旧燃煤锅炉供暖局势。

大唐青海公司已于 2023 年 6 月初开工建设兴海县集中清洁供暖项目（总面积 101.16 万米^2，其中子科滩镇 97.36 万米^2，河卡镇 3.8 万米^2），并在 2023 年 9 月 30 日前项目全部建成投运，项目总投资约 14095 万元，其中政府专项资金 8316 万元，占项目总投资的 59%；大唐青海公司出资 5779 万元，占总投资的 41%。

本案例采用"空气源热泵 + 电锅炉 + 水蓄热 + 智慧控制"技术路线，通过"煤改电"方式在子科滩镇和河卡镇分别建设 1 座热源站，并在每个热源站建设 1 个控制室，配套智慧能源管理系统，利用青海省富裕的清洁电力及用电价格优惠政策，采用蓄热模式享受白天 0.16 元 / 千瓦·时低谷电价，在保障民生供暖的同时提高项目经济收益。

本案例建成后，将惠及群众约 4 万人，占全县人口 50% 以上，每年节约标煤约 3.8 万吨、减少二氧化碳排放 7.75 万吨、粉尘 2.1 万吨、二氧化硫 0.23 万吨，彻底改变当前依靠烧煤和牛粪等低效取暖方式，实现"新能源—电力—供热"就地、清洁转化，实现全过程"零排放、零污染"，全面构建绿色、和谐、清洁的现代高原供暖体系。

截至目前，本案例已完成所有前期手续办理，已按照既定的项目开工时间节点，全面推动工程施工准备及开工各项条件落实工作。

（三）本案例设计亮点

（1）大规模空气源热泵技术应用以及"空气源热泵 + 电锅炉 + 蓄热 + 智慧控制"技术路线在高海拔地区首次应用，打造智慧化清洁供暖项目，供热能耗达到国内先进水平。

（2）利用青海省丰富的风光资源，就地配套建设 50 万千瓦光伏系统，为项目提供电实现"风、光能源—电能—热能"全清洁转化和污染物"0"排放。

（3）有效提升了供热效率，切实解决了当前煤电锅炉供暖效率低下、供热质量不高等突出问题，有效提升当地牧民群众的获得感、幸福感、安全感。

（4）在设计初期就采取积极推动智慧化清洁供暖项目建设，实现了整个项目无人值班、少人值守，降低项目运营成本的同时，提升了工作效率。

（5）推动了乡村振兴产业帮扶，整个清洁能源供暖和配套光伏项目预计实现投资超 20 亿元，有效拉动了当地固定资产投资和人员就业，为地方经济发展贡献了力量。

四、履责成效

（一）本案例成效

一是实现乡村振兴和"双碳"目标共赢。兴海县实施清洁能源供暖，每年可节约标煤近 3 万吨，减少二氧化碳排放 7.75 万吨，改善地区环境质量，为"三江源"地区保护奠定了坚实基础。

二是洁供暖改造项目实施以来，吸纳当地群众深度参与项目建设、项目运维全过程，已解决当地人员就业 13 人，有效助力地方经济发展和地方群众增收。同时，以清洁能源供暖项目为依托，配套 50 万千瓦国家大基地光伏项目正在加紧建设，作为兴海县最大能源项目，实现投资近 30 亿元，为当地培养专业化的光伏施工队伍，吸纳当地劳务人员 500 人左右，进一步增强产业"造血"能力，真正实现"双赢"。

三是先期投运的项目有效提升了供暖效率，兴海县民族中学学生宿舍、教室、图书馆等地温度由往年的 15℃提升到 20℃，教职工感冒人数较往年下降一半以上，学校的温度更暖了，环境更好了，生活幸福感也更强了。

四是中国大唐帮扶品牌更加彰显。兴海县民族高级中学清洁能源供暖试点案例《"15℃"到 "20℃"，清洁供暖背后的"温度"——积极探索"绿色"与民生的双赢之路》在青海日报、"学习强国"等平台宣传报道，中国大唐帮扶品牌影响力更加彰显。

（二）本案例推广

（1）以项目发展促乡村振兴，通过项目发展有效拉动固定资产投资、人员就业，为对口帮扶地区提供稳定财政收入和人员就业，从"授之以鱼"向"授之以渔"的转变。

（2）聚焦解决帮扶地区群众最迫切、最直接、最关心的问题，深入开展调查研究，全面了解人民群众疾苦和诉求，对症下药，持续提升人民群众获得感、幸福感、安全感和乡村振兴成效。

（3）乡村振兴应与环境保护深度融合，始终践行绿水青山就是金山银山理念，始终坚持乡村振兴绝不能以牺牲环境为代价，在深化乡村振兴的同时抓好环境保护，确保乡村振兴是可持续的、是绿色的。

五、工作展望

"十四五"期间，大唐青海公司将持续深入贯彻党的二十大精神关于增进民生福祉和乡村振兴决策部署，坚持"三扶"并重、"三真"融合，扩大清洁供暖改造成果，助力在青乡村振兴工作获实效、结实果，继续投资 2 亿元左右，深化清洁能源供暖工程建设，争取成为青海省最大的一流清洁能源供暖综合能源服务商，让"三江源"的天更蓝、水更绿，群众更幸福。

一是将清洁供暖作为解决青海省内清洁能源消纳和负荷侧调峰的重要手段，后续计划在都兰县、西宁市等地区实施清洁供暖改造，建设国内高海拔高寒地区首个智慧化运维的集中式空气源热泵＋电极锅炉（燃气锅炉）＋储热罐清洁能源供暖项目，配套建设清洁供暖改造新能源项目。

二是与相关企业合作利用新增负荷建设能源项目，积极引入战略合作伙伴落地青海投资装备制造等清洁能源上下游产业，助力全省新能源产业强链补链，提升消纳能力，共同推动实施"源网荷储"一体化项目。

三是后续将建设青海省首个智慧化运维集控中心，依托数字化、智慧化、少人化的自主运维＋远程监控的运维模式，构建一支标准化、规范化、专业化的高质量运维团队，形成一套专业的运营技术标准、管理流程体系，有力支撑远程监控、少人值守、高效运行的高质量运维团队，助力高原高寒藏区清洁能源供暖高质量运维，形成富有稳定保供、可靠运行暖民心的清洁能源供暖工程。

"乐"享好"施"——社会责任根植基础设施共建共享共赢工作创新

国网福建省电力有限公司

一、单位简介

国网三明供电公司自觉服务党和国家工作大局，担当好兴企利民的"大国重器"，发挥好央企"顶梁柱"作用，始终保持电网可靠运行和电力可靠供应。一是坚持以客户为中心，全力做好为民办实事项目，通过改造老旧小区供配电设施、安装智能电能表、建成"零计划停电示范区"和新建改造农村配电网台区等举措，持续提升供电服务品质。二是坚持把快接电摆在首位，开辟"绿色通道"，保障省市重点项目早投产早用电。落实"三省""三零"等举措，减少企业用电成本。建立电量预测分析旬报机制，助力党委政府精准调度经济。三是围绕"双碳"目标，高标准建设新型电力系统省级示范区，加快建设新型能源体系，积极助力"清新福建"建设。按时投运清洁能源配套送出工程，保持清洁能源100%消纳，为绿色能源发展源源不断注入动能。

二、案例背景

三明市地处福建省中西部，是全国最绿的城市，境内以山地及丘陵为主，杆塔、光纤等基础设施建设很多需跨越山脉、河流、森林等复杂地形。公安、林业、通信、电力等设施设备分散建设、各自运维、融合困难，引发如下问题。

一是重复建设破坏生态环境。不同单位基础设施建设常穿越自然生态保护区，重复建设对保护区内森林、水土、珍稀动植物造成多次破坏，设施设备运维时极易触碰生态红线。

二是重复建设影响生活环境。不同单位的基础设施重复建设不仅占用大量用地，还破坏周边群众生活环境，持续周期长，线路横跨、杆塔竖立一定程度上影响了群众生活的便利程度。

三是重复投入造成资源浪费。三明人口分布稀疏，基础设施建设分散且各自独立，杆塔、光纤等基础设施建设存在重复投资；因强台风、洪涝、泥石流等灾害易发常发，基础设施极易受损，各自运维难度大、成本高且重复度高。

四是融合共建存在现实难点。不同行业管理模式、工作标准、利益需求不同，存在沟通壁垒，实施难度大；电力塔杆及铁塔为高压线路，存在低压设备取电难等技术问题；不同单位设施台账不透明，涉电安装维护安全风险高。

为解决以上矛盾，助力美丽中国建设，2022 年 1 月—2023 年 6 月国网三明供电公司在福建省三明市及其所辖县利用与公安、林业、通信等多行业基础设施建设范围有天然吻合的优势，联合多个利益相关方，根植"综合价值最大化"的理念，打造联盟协作、设施共享、运维保障"三部曲"，将建成的高标准基础设施由独享变共享更乐享，通过节约基础资源和保护生态环境，推动形成人与自然和谐发展，助力地区高质量发展和绿色低碳可持续发展。

三、实施路径

（一）谱好联盟协作"前奏曲"

1. 开展场景式实地调研，精准挖掘合作需求

国网三明供电公司成立涵盖数字化部、运检部、信通分公司等部门的专项工作小组，通过"走访、座谈、汇报、电话沟通"等形式开展场景式实地调研，聚焦各利益相关方杆塔、光纤等基础设施投入大、建设周期长等痛点难点，宣传电力基础资源稳定性好、可靠性高等优势，推动公安部门、通信运营商等潜在合作利益相关方将基础设施共享共建纳入议事日程。

2. 构建多元化协同机制，加速项目合作推进

一是构建职责划分机制，国网三明供电公司遵循"谁投资、谁负责"原则，按照资产归属关系，梳理互换原则、区域、维护职责界面，订立共建共维规范、标准和方式，明确各方维护保障各自负安全责任的设施设备；二是构建资源共享机制，梳理各自基础设施资源富余情况和薄弱点，建立共享共建设备清单，摸清资源共享"家底"；三是构建联合运营机制，签订《应急传输互备框架协议》等合作协议，搭建业务交流平台，在保证核心业务安全可靠运行的前提下，推动共同规划、建设和运维。

（二）奏响共建共享"进行曲"

1. 深化研讨磋商，明确商务合作模式

国网三明供电公司专项工作小组牵头协调推进共享建设，参照《福建省电信基础设施共建共享价格指导标准》等规范，开展多轮次研讨磋商，制定平等合理的杆塔共享服务价格和商务合作模式，避免重复投资；开辟一站式便捷办电服务"绿色通道"，在业务与技术方面指定专人对接执行，确保共享杆塔建设过程安全、高效与合规。

2. 深化规划共商，优化杆塔规划建设

国网三明供电公司统筹考虑电力杆塔分布及新建杆塔规划，共同会商优化监控布点投资安排；立足森林防火监控设备敷挂需求，共同开展 110 千伏及 35 千伏杆塔共享技术攻关及共享杆塔建设，综合评估公安部门监控设施覆盖需求区域新建电力杆塔设施布点、设计并进行优化配置，切实提升资源利用率。

3. 深化科学协商，盘活利用光纤资源

国网三明供电公司与利益相关方共同分析各自光缆资源现状及特点、光纤资源建设情况及投资成本，按照"纤芯 × 长度"使用权一比一置换原则，选取末端纤芯资源富余站点开展置换工作，在山区

乡镇等薄弱站点开展共享；精选引接光缆路由，优先选择通信运营商多年来未受灾的杆路或管道，并充分利用电力线路走廊和电缆管道，避开河道、滑坡等易受灾区域，减少对环境的二次破坏。

（三）共弹运维保障"协奏曲"

1. 以风险联防为前提，融合运维保安全

商定共享设施运维工作机制，建立"供电公司负责计量表前、相关方负责表后"的协同运维模式，针对性开展安全监督、设备防雷、防外破等风险防控。充分发挥各方通信网络监控效能，通过共享资源台账资料、检修计划和故障信息，加强检修、故障处置工作协同，实现"分工不分家"，全面提升现场快速反应能力。

2. 以信息联享为抓手，共享合作快预警

依托森林防火及电力线路监控探头，国网三明供电公司与利益相关方深化视频信息共享合作，开放无人机设备及技术力量共享服务，拓展无人机网格巡山火、巡盗伐业务，与应急局共享末端网络通信台账及运行方式，建立险情互联互通预警机制，实现现场快速响应和处置。

3. 以队伍联建为补充，加强协同育人才

定期组织开展利益相关方人员学习交流，在重大灾情中互助支援，开展联合实战演练、桌面推演、竞赛比武等多方合作，增强队伍协同作战能力；在日常运维协同过程中，与利益相关方互派运维人员前往对方一线班组参加"传帮带"培训，全面提升双方运维团队的默契程度和技能水平。

四、履责成效

（一）乐享环境质量有效提高

一是以实际行动践行了"绿水青山就是金山银山"的理念，打造绿色生态电网，构建了基础设施与地区生态和谐共处的新关系，有效保护生物多样性。二是减少了公安、林业、通信等单位山区杆塔重复建设，降低了杆塔建设、线路走廊、管沟挖掘对植被的影响，避免了近12000余米²森林被破坏，保护了绿水青山。三是促进了公安、林业、通信等单位摒弃"单打独斗"模式，建立险情互联互通预警机制，提升森林防火防盗安全及电网设备安全监测能力，避免了近10起火烧森林事件，保护了当地的生态环境和林业经济。

（二）乐享节约资源显著提升

一是以"节约资源实现环境保护"为抓手，实现基础资源共建共享，避免杆塔、光纤等基础资源工业品复建污染，减少碳排放，目前已建成共享杆塔596基，有效降低公安部门杆塔自建数量48.6%、移动公司杆塔自建数量15.1%；盘活乡镇末端富余光缆纤芯资源，累计完成41条光缆段、2057.58芯·千米光缆共享，节约杆塔、光纤等基础资源建设总投资2200余万元。二是实现无人机共享100架次，有效解决乡村林区火情、病虫害、动植物等监测难题，为林业部门节约投资330万元，用高科技为绿水青山护航。

（三）乐享安全保障更加可靠

一是有效提升乡村森林防火防盗伐及电力设备线路安全监控能力，缩短风险隐患及问题故障发现时长 20%。二是大力增强电力与通信应急保障能力，提高站点通信基础设施可靠率 25.5%、缩短故障恢复时长 16.86%。三是有力支撑公安部门"雪亮工程"建设，完善立体化社会治安防控体系，切实提高农村等偏远地区的治安防控水平，同时敷挂监控设备持续完善电力设施设备监控手段，为可靠供电提供保障。

（四）乐享社会责任充分彰显

一是电力基础资源共享共建共赢模式多次获三明市政府批示肯定，有效解决了政府关注的社会资源建设投入大、复用难等问题，相关合作共享经验入选国网云课堂 2022 年提质增效精品课程。二是"电力＋公安"合作模式入选《国家电网工作动态》及《国家电网公司基础设施共享运营典型案例集》。三是"电力＋通信"光纤共享模式获省工信厅及时任中国移动通信集团总经理董昕专程实地调研并充分肯定，并由国家电网有限公司国家电力调度中心在系统内行文推广。四是"电力＋林业"资源共享模式获得当地林业部门及森林公安多次表扬，并对国网三明供电公司在资源优化利用及应急抢险支援方面的工作给予肯定。五是电力基础资源共享共建共赢模式服务新型基础资源建设和地方经济发展，得到了中国新闻网、中国能源网、福建日报、新浪网、改革网等央媒、省媒、行业媒体及其他重要媒体的广泛报道，具有显著的社会效益。

五、工作展望

国网三明供电公司将持续坚持绿水青山就是金山银山的发展理念，做好生态环境保护，充分挖掘城市、农村电网全覆盖的基础资源优势，拓展应用面，协同打造多领域、多场景"互利互惠、融通发展"新兴产业生态圈，助力地区高质量发展和绿色低碳可持续发展。一是充分挖掘基础资源共享潜力，积极推动市、县政企战略合作框架协议有效落地，实现运营模式持续创新、共享市场持续开拓、共享规模持续扩大，有效助力"共享共赢"能源互联网生态圈构建。二是充分发挥杆塔共享、站房共享、光纤共享等优势资源，逐步扩大与公安、住建等政府部门和通信运营商等企业合作范围，持续优化公共服务，切实保障和改善民生。三是结合当地乡村产业特色推动电烤烟、电烤莲子、电烤笋等共建共享项目，助力"双碳"目标实现，以高品质生态环境支撑高质量发展。

铸就核能供热绿色品牌，锻造清洁低碳发展优势

山东核电有限公司

一、单位简介

山东核电有限公司于 2004 年 9 月在烟台注册成立，全面负责海阳核电项目的开发、建造、运营和维护管理。项目于 1983 年开始厂址普选，2002 年电力体制改革后，由中电投集团接管、加快了前期工作。海阳核电一期工程项目规划建设 6 台百万千瓦级核电机组、预留 2 台扩建余地，是国家三代核电自主化依托项目，是山东省首个开工建设并建成投运的核电项目。2018 年 10 月 22 日 1 号机组正式投产商运、2019 年 1 月 9 日 2 号机组投产商运。2022 年 9 月 14 日三期工程 5、6 号机组与小堆项目已取得开展前期工作许可。截至 2023 年 8 月底，山东核电在运电力装机 250 万千瓦，全部为核电机组，清洁能源装机占比 100%；资产规模 719.80 亿元，在册员工 1381 人；现有基层党组织 28 个（含党总支 1 个），党员 585 名。

山东核电有限公司致力于企业自身可持续发展能力建设，公司获评全国五一劳动奖状、"全国文明单位"、中国核学会科普奖先进单位、全国安全文化建设示范企业、山东省"十四五"规划实施创新试点单位、山东省"十强"产业集群领军企业、山东省新能源产业高质量发展龙头企业等，多个集体、多名员工受到国资委、中央企业团工委、国家电投集团、省市、行业协会等表彰。

二、案例背景

（一）核能供热的相关政策与发展必要性

近年来，能源安全及清洁能源发展受到党中央、国务院的高度重视，从 2014 年习近平总书记提出"四个革命、一个合作"能源安全新战略，到 2016 年"推进北方地区冬季清洁取暖"的重要指示精神，以及 2020 年向世界郑重宣布中国"双碳"目标。能源系统脱碳日益迫切，以高效、清洁、多元化为主要特征的能源转型进程加快推进，核能在能源减碳方面的潜力受到普遍重视。随着核电安全性及经济性得到进一步发展和验证，核电及核能综合利用的重要性日益凸显。国家"十四五"规划明确提出"开展山东海阳等核能综合利用示范"，中共中央、国务院《关于完整准确全面贯彻新发展理念做好碳达峰碳中和工作的意见》指出，"积极稳妥推进核电余热供暖"。

（二）核能供热面临的机遇和挑战

能源清洁化低碳化背景下，在民生供暖等方面，今后较长一段时间，大体量可负担、稳定可靠的

清洁低碳能源极其稀缺，核能是目前最可行的解决方案，为核能供热等综合利用提供了前所未有的新机遇。作为我国首个核能供热商用示范工程，"暖核一号"核能供热工程是一项开创性工作，项目推进过程中，需要解决大量技术难题，同时也面临商业模式创新的挑战。

三、责任行动

按照国家"十四五"规划"开展山东海阳等核能综合利用示范"部署，国家电投山东核电在确保一期工程安全稳定发电的同时，在全国范围内率先开展大型压水堆核能供热研究，开发出我国首个具有完全自主知识产权的核能零碳供热技术，同步推动核能技术向核能品牌转变，打造我国首个核能综合利用技术品牌——"暖核一号"，以品牌创新驱动企业高质量发展。

（一）"暖核一号"工程实践

（1）建成"暖核一号"一期 31.5 兆瓦"园区级"核能供热工程。2019 年 11 月，国家电投山东核电在国内率先建成投运"暖核一号"一期 31.5 兆瓦"园区级"核能供热工程，实现国内核能供热商用零的突破，被国家能源局命名为"国家能源核能供热商用示范工程"。2020 年 4 月，"暖核一号"一期工程圆满完成首个供暖季供热任务，持续为 70 万米^{2}居民用户供热 129 天。在国家能源局和山东省能源局的指导下，西安热工研究院作为独立第三方对"暖核一号"一期核能供热工程首个供暖季进行了后评价工作，指出该工程在技术上实现了电厂核能利用效率的提高，经济上具备了与燃煤供热的竞争力，总体取得了"居民用暖价格不上涨、政府财政负担不增长、热力公司利益不受损、核电企业经营作贡献、生态环保效益大提升"多重效果。

（2）建成"暖核一号"二期 202.5 兆瓦"县域级"核能供热工程。2020 年，"暖核一号"核能供热再启新篇，国家电投山东核电提报的海阳核电远距离大规模核能供热可研报告通过专家评审，国家电投山东核电与烟台市签订战略合作框架协议，核能供热正逐步向海阳全市及胶东地区推广，力争为全国核能商业供热提供可复制、可参照的"标准方案"。2021 年 11 月，"暖核一号"二期 202.5 兆瓦"县域级"核能供热工程投运，为海阳市全城区近 500 万米^{2}的 20 万居民持续提供清洁稳定的热能，助力海阳市成为全国首个"零碳"供暖城市，为"推进北方地区冬季清洁取暖"贡献了可复制、可推广的整县制核能供暖"国家电投方案"。该工程首个供暖季（2021—2022 年）持续稳定供热 143 天，累计对外提供清洁热量 200 万吉焦，同比核能供热前，节约标准煤消耗 18 万吨，减排二氧化碳 33 万吨、氮氧化物 2021 吨、二氧化硫 2138 吨、烟尘 1243 吨，供暖季空气中 PM2.5 下降了 16%，天气优良率上升了 17%，明显提升了区域供暖季空气质量。同时减少向环境排放热量 150 万吉焦，2℃海洋温升面积缩减了 25 公顷，有效改善了周边海洋生态环境，为我国核电基地海洋生态环境建设提供了新示范。

（3）启动"暖核一号"三期 900 兆瓦"区域级"核能供热工程。2022 年 7 月，"暖核一号"三期 900 兆瓦"区域级"核能供热工程开工，是世界最大的单台机组抽汽供热工程，配套输热管网是我国首个跨地级市的核能供热长输管网工程。该工程计划于 2023 年年底供暖季投运，届时实现跨地级市核能供热，供热区域至威海乳山，年供热能力可达 970 万吉焦，供热区域可达青烟威地区，满足 100 万居民供暖需求，同时可替代标准煤消耗 90 万吨，减排二氧化碳 165 万吨。

（二）"暖核一号"品牌打造

（1）抢占先机，推出我国首个核能综合利用品牌，形成从产业到品牌的态势。在海阳核能供热项目建设之初，山东核电就强化规划计划，将品牌建设与项目建设同谋划、同部署、同推进，全面布局品牌发展路径，高标准谋划品牌发布和立体化、分阶段推广，把品牌建设与核能供热重大工程节点和重要事件相结合，策划推进品牌发布、推广、传播等工作。"暖核一号"获评"第七届中国品牌论坛创新案例奖""首批入选核电工程建设高推广价值五新技术成果""央企十大超级工程""核领域十大事件"等，推动海阳核能供热从产品走向品牌，实现了品牌建设与核能事业发展的互促互进。

（2）统筹推进，塑造高辨识度的品牌形象，打响核能供热知名品牌。创建统一的品牌形象识别系统，可以提高传播效率，强化品牌认知。尤其"暖核一号"作为核能领域品牌，可重塑核能可亲可近的新形象，进一步提高公众对核能的接受度，有效化解"邻避效应"。山东核电在全网开展"暖核一号"Logo 及传播语征集、评选，发布正式注册成功的 Logo；上线"暖核一号"表情包 3 套，充分展示"暖核一号"清洁、安全、稳定、高效的核心价值，总使用量数万人次；提炼丰富"暖核一号"品牌定位、核心价值、品牌优势，作为首批十大品牌之一入驻"国家电投品牌商店"；创作"暖核一号"主题歌曲及 MV，开发"暖核一号"系列品牌传播及科普文创品，推出文创品线下商店，获得行业内外、社会公众的一致好评，获评第四届中国核学会科普奖二等奖、国家电投"我心中最美的国家电投"品牌故事文创品类一等奖。

（3）系统谋划，制定立体化品牌传播策略，实现从点到面的裂变效应。依托主流媒体提高品牌传播力，充分运用各种宣传资源和媒体平台，重点联动主流媒体，对海阳核能供热全过程进行多媒体报道、多样化展示、多终端推送。自"暖核一号"品牌发布以来，被《人民日报》、新华社、央视三大核心央媒报道 50 余次，共在上千家媒体、网站、客户端及自媒体传播信息 3.5 万篇，"暖核一号"被百度百科收录。打造专项行动提高品牌凝聚力。借势海阳马拉松，开展"仙境海岸·暖核一号"品牌宣传活动，直接受众万余人次；连续两年开展"暖核一号"品牌大使"千人行动"，山东核电 1200 余名来自全国各地的员工、"暖核一号"百名用户、项目参加单位建设者担任品牌大使，广泛普及核能供热科普知识，讲述"暖核一号"品牌故事，覆盖受众 4 万人次。发动专家代言提高品牌公信力。推出 2 期海阳核能综合利用论坛，邀请有影响力的院士、行业专家、官方权威人士为"暖核一号"代言，有效提升了品牌公信力。加强国际传播提高品牌影响力。金砖国家、世界核协会、国际原子能机构（IAEA）、美国电力研究协会（EPRI）等国际组织及协会多次推介，多家国际主流媒体进行报道，进一步提高了国家电投在国际上的影响力。

经过 3 年的探索与实践，"暖核一号"品牌影响力不断凸显，形成了具有一定震撼性、冲击力的社会传播效果，实现了品牌建设与核能事业发展的互促互融，走出了一条品牌赋能核能产业高质量发展的新路径。

四、履责成效

国家电投山东核电从核能发电跨界到核能供热，通过融合创新突破了核能在我国能源体系中原有的边界。通过运用"成熟技术＋跨界学科"的能源供给侧科研新机制，使"核"和"暖"有机结合，"暖核一号"成为广受关注和赞誉的创新品牌，成为推动我国能源供给侧革命、实现多元发展的样板，为我国能源行业的跨界发展树立了品牌示范。

（一）环保效益显著

核能供热采用核电机组二回路的蒸汽作为热源，完全不排放二氧化碳、二氧化硫、氮氧化物等物质，是"零碳"清洁供暖，可大大节约环保投资，同时因燃煤产生的污染、运输压力、资金问题等也得到了极大的缓解。以"暖核一号"二期202.5兆瓦核能供热工程首个供暖季为例，同比核能供热前，节约标准煤消耗18万吨，减排二氧化碳33万吨，供暖季空气中PM2.5下降了16%，天气优良率上升了17%，明显提升了区域供暖季空气质量。

（二）经济社会效益显著

"暖核一号"作为我国首个核能供热商用项目，首次让核能以暖的形式"飞入寻常百姓家"，在拓展了核能在我国能源体系中原有的边界的同时，进一步满足了人民群众对美好生活的新期待。2021年，在煤炭价格波动较大，保供形势复杂严峻的情况下，"暖核一号"二期核能供热工程投运后，海阳市居民住宅供热价格由原来的每建筑平方米22元下降至21元，让海阳市民切实享受到了核能发展的红利，得到了切切实实的实惠，增强了人民群众获得感、幸福感、安全感，为核能事业发展营造了良好的舆论氛围。"暖核一号"的良好发展实践在获得国内广泛传播的同时，赢得了国际广泛关注，进一步提高了我国核能创新发展在国际上的影响力。

（三）能源利用效率显著提升

"暖核一号"逐步提升了核电机组热效率，进而提高能源利用效率和电站经济性。"暖核一号"一期31.5兆瓦核能供热工程投运后，全厂热效率由36.69%提升至37.17%；"暖核一号"二期202.5兆瓦核能供热工程投运后，热效率提高至39.94%；"暖核一号"三期900兆瓦核能供热工程投运后，机组热效率将提升到55.9%，是原来的1.5倍。若海阳核电两台机组同时开展900兆瓦核能供热改造，相当于用不到5%的投资，增加了一台百万千瓦级核电机组。

五、工作展望

未来，国家电投山东核电将持续打响"暖核一号"品牌，积极探索更大规模、更高效率、更长距离的供热，为核能供热的规模化发展提供可复制的模板和标准，推进核能与其他新能源耦合一体化建设，加快核能综合利用多元化、智慧化发展进程，不断提升能源利用效率和资源利用率，打造绿色低碳循环经济，为助力"双碳"目标如期实现和经济社会高质量发展作出更大贡献。

国家电投内蒙古公司霍林河循环经济示范工程项目

内蒙古霍煤鸿骏铝电有限责任公司电力分公司

一、单位简介

在全球绿色低碳循环发展的趋势下，建设清洁低碳、高效安全的现代能源体系，全面节约和高效利用资源，树立节约循环利用的资源观，是现代能源企业发展的新方向。2014年国家电力投资集团内蒙古能源有限公司（简称"国家电投内蒙古公司"）霍林河循环经济示范工程全面投产，项目依托该公司在霍林河地区的3座露天煤矿、180万千瓦自备火电装机、105万千瓦新能源装机和产能为86万吨电解铝产业打造了全国首个"煤-电-铝"绿色产业链，并于同年12月在利马联合国气候大会上一举斩获"今日变革进步奖"。

在新时代、新背景下，国家电投内蒙古公司贯彻落实该集团公司"2035一流战略"，结合"五大板块"产业特色，实施"绿色效益再翻番；低碳智慧创双一"转型战略，积极探索储能示范、绿电交通、氢能应用等新产业，延长循环经济产业链，一体化推动综合智慧能源企业转型进程，打造霍林河循环经济升级版。

二、案例背景

在全国能源企业积极推动清洁低碳转型的大环境下，以化石能源为根基的霍林河循环经济示范工程面临前所未有的严峻考验。履行能源国企社会责任，推动项目转型升级已成为当务之急。

（一）循环经济升级是推动"双碳"目标实现的必然要求

在"双碳"目标及构建新型电力系统的大背景下，推动新能源从补充能源走向主体能源，化石能源从主体能源走向保障性能源已成为主流趋势，风光发电、储能将在当下和未来的一个时期内，迎来新一轮的爆发式增长。可再生能源大比例接入，势必给电网安全稳定运行带来严峻挑战。这都需要清洁高效的燃煤发电等灵活性电源作为调峰电源平抑电力波动，因此，必须构建一套灵活高效，发电侧、负荷侧调节能力强，电网侧资源配置能力强的新型电力系统。

（二）循环经济升级是加速循环经济效能释放的必然要求

霍林河循环经济示范工程建设的初衷之一是完成对年产量1000万吨的劣质褐煤的就地消纳，这就要求在循环经济运转过程中，必然存在具备足够消纳能力的燃煤电厂。如今，随着新能源发电的大比例接入，如何提升绿电消纳能力已成为转型发展的"拦路虎"。因此，推动煤电行业实施节能降耗改造、供热改造和灵活性改造制造"三改联动"，通过发展煤电节能降耗，不断提升改进燃煤发电技术。聚焦燃煤发电的高效率、低碳化、灵活性、智能化以及经济性，使得燃煤发电扬长避短，成为新型电力系统的压舱石，进一步释放循环经济效能的问题也已不可避免地摆在了我们的面前。

（三）循环经济升级是保障绿色可持续发展的必然要求

作为我国北方的重要生态屏障和能源基地，内蒙古的资源禀赋、发展模式和发展阶段决定了其高碳化的经济发展模式，对能源的刚性需求较大、依赖性较强。因此，建设清洁低碳、安全高效的现代化能源体系是保障内蒙古经济可持续发展的必然选择。

三、实施路径

（一）火电机组三改联动方面

（1）节能改造。以电力分公司 7、8 号 300 兆瓦火电机组为试点机组，开展汽轮机通流改造。采用全三维启动热力技术对汽轮机高、低压缸通流部分进行全面改造。更换高压转子，将原双列调节级改为单列调节级，同时将高压转子增加一级压力级。在保证机组热耗率和高、低压缸效率的前提下，最大限度地利用原有设备，保留高、低压汽缸和低压转子主轴，降低改造成本。保持热力系统、各管道接口位置、汽轮机与发电机连接方式和位置不变，同时保持回热设备参数基本不变。提高汽轮机组高、低压汽缸效率，降低机组热耗率。改造后的高压缸通流部分由单列调节级和 15 级压力机组成。经改造后，两台机组热效率分别降低 433 千焦 / 千瓦·时、451 千焦 / 千瓦·时，降幅均达到 5.5 以上。

（2）灵活性改造。积极落实国家"双碳"目标，响应自治区政府相关政策需求，对电力分公司 7~10 号机组进行了灵活性改造，挖掘机组深度调峰潜力，主要推动机组灵活性能力提升与新能源项目的建设进行耦合和匹配，为高比例的可再生能源的电力体系奠定基础，支持我国的中长期的能源低碳转型进程和应对气候变化。

（3）供热改造。以电力分公司 A 厂 5、6 号机组为试点机组，进行背压式供热改造。经背压式供热改造后，中压缸排气口上方增设供热密封蝶阀，供热蒸汽由阀前抽出，并增设中低压缸连通管旁路，控制背压运行时的低压缸冷却蒸汽流量。机组在背压供热运行状态下，中压缸排汽几乎全用于热网供热，供热能力大大提升，电负荷进一步降低，而进入低压缸的蒸汽仅保留约 30 吨 / 小时。

（二）新型电力系统构建方面

（1）"源"的自动调整。通过 PCS-9000 调度自动化系统，实现对局域电网火电、新能源和储能的协同控制，保障电网安全的前提下提升电网经济性和新能源消纳能力。调度计划管理模块通过获取各类调度计划数据，用于自动发电控制等功能。

（2）"网"的结构强化。以网络为主，网络和专线并存且互为主备，通过对各节点数据采集，及时发现数据通道等故障。此模块还实现电网运行工况的监视，包括有功、无功、电流、电压、频率及越限监视，断路器、刀闸状态及变位监视等，通过拓扑颜色使系统各元件在 SCADA 画面中显现不同状态。WANS 模块功能为系统安全稳定运行提供基础保障。

（3）"储"的智能配置。结合不同场景下的系统调频响应需求，梯次完善储能装置配置，建设锂电储能、飞轮储能、铁 – 铬液流储能混合式储能配置示范项目，并配套建设储能规划系统，结合局域电网网络拓扑结构变化进行实时储能容量规划。

（4）"荷"的双向调节。电解铝主动支撑电网技术。该项目实现将局域电网打造成综合智慧能源电网的目标，在发挥常规机组调频能力的同时，需要借助频率控制系统实现整流负荷参与系统的一次调频，增加系统频率稳定水平，保障负荷安全可持续运行。

数字化电解槽改造。电解槽是电解铝厂的核心设备，电解槽的运行好坏直接决定了一个电解铝厂的利润水平与盈利能力。

（三）履行生态环保责任方面

（1）超低排放改造。考虑不同的机组类型、场地条件、煤质标准以及现有环保设备等因素，在经过全面论证后，选择出适合不同机组的技术路线方案，以确保改造后机组能长周期达到超低排放水平。

在克服了一系列困难之后，电力分公司高质量完成在役 8 台火电机组的超低排放工作，改造后的各台机组全部达到大气污染物排放浓度全部达到烟尘浓度 ≤ 5 毫克 / 标准米^3，SO_2 浓度 ≤ 35 毫克 / 标准米^3，NO_X 浓度 ≤ 50 毫克 / 标准米^3 的排放要求。

（2）储灰场及风机基础复垦。贯彻落实"安全、高效、绿色、智慧"的发展理念，坚持走可持续发展道路，推进风机基础植被恢复项目，采取过程跟踪、全程检查、重点监护等措施，改善风场建设过程中被破坏的生态环境。截至 2020 年 8 月末，一 ~ 四期风电项目风机基础复垦率达 100%。电力分公司还将继续开展风机道路两侧植被恢复工作，增强草原的水源涵养功能，实现真正意义上的绿色发展、和谐发展。对闭库储灰场进行生态重建，以乔木、灌木、草本植物为主建设高效混林草生态体系，覆土种植并使灰场的植被覆盖度由原来的不足 2% 提高到 95% 以上。彻底治理了灰场原来难以利用的土地，使其成为高效、优质的饲草料基地。可使灰场污染的环境体系向稳定的生态平衡系统发展，为工业生态学理论的发展提供了科学的基础。

四、履责成效

（一）社会效益

在节能减排方面为高载能产业低碳清洁发展起到了良好示范作用。火电机组年消耗劣质褐煤 1000 万吨左右，解决了低热值劣质褐煤外销不出去，露天堆放自燃堆污染环境的问题，提高了资源利用率，保护了环境。风电年发电量约 35 亿千瓦·时，可减少标准燃煤 115 万吨，减排二氧化硫 263 吨，氮氧化物 463 吨，二氧化碳 108 万吨，环保减排效果十分明显。

（二）经济效益

在大比例消纳可再生能源方面示范意义显著。局域电网风机等效利用小时数达到 3200 小时左右，远远高于本地区风电场平均值，处于全国领先水平，在企业自备局域电网风火互补运行和对局域电网大比例接纳风电方面积累了一定的经验，尤其对风资源丰富地区推广局域电网大规模接纳可再生能源就地消纳能力，形成"煤、电、铝"绿色循环经济产业链具有重要的借鉴作用和示范意义。

项目经济效益明显，企业成本大幅度下降。电解铝吨铝生产成本降低明显。2015 年供电单位全成本完成 0.2068 元 / 千瓦·时，同比降低 0.0503 元 / 千瓦·时，折合电解铝吨铝供电单位成本降低 684 元 / 吨，降低供电成本 5.82 亿元。2016 年供电单位全成本完成 0.2062 元 / 千瓦·时。2017 年 6 月，霍林河循环经济示范工程荣获"2016—2017 年度国家优质投资项目奖"。

（三）推广价值

在大比例消纳可再生能源方面示范意义显著。局域电网风机等效利用小时数达到 3200 小时左右，远远高于本地区风电场平均值，处于全国领先水平，在企业自备局域电网风火互补运行和对局域电网大比例接纳风电方面积累了一定的经验，尤其对风资源丰富地区推广局域电网大规模接纳可再生能源就地消纳能力，形成"煤、电、铝"绿色循环经济产业链具有重要的借鉴作用和示范意义。

为我国能源产业结构布局和优化调整进行了有益探索和良好实践。依托霍林河循环经济示范项目，完成了国家能源局、科技部多项课题，为我国能源结构政策研究、高载能产业优化调整、能源产业布局进行了有益的探索和实践。为在我国风能富集区，利用风电建成若干个整合资源、高载能、低成本、具有国际竞争力的绿色重化工园区，打造风电铝等有色冶金产业链起到了良好的示范作用。

五、工作展望

1. 提高循环经济局域电网智能化运行水平

一是实施经济调度。开发应用局域电网内火电机组安全经济发电策略程序。以风电不弃风为前提，按经济发电和安全调峰兼顾的原则，调度计划系统自动生成发电计划并实时向各火电厂下达带负荷指令，确保局域电网处于最佳经济运行方式。二是提升局域电网稳定运行能力。结合火电机组一次调频速率，优化控制逻辑、策略定值与机组控制系统定值的配合逻辑关系，优化局域电网安稳系统控制策略，提高局域电网安全稳定控制水平。

2. 开展储能研究，推进综合能源优化运营

利用智慧电厂、智能电网技术，将现有电力监控指挥中心升级完善，打造成为"智慧能源网管控中心"。进一步优化可再生能源消纳，通过风、光、火、储互补运行，提高可再生能源消纳的比例及范围，全面提升系统运行的经济性和可靠性。

3. 研究开展碳交易

结合风电、光伏发电等新能源项目的开发利用和节能减排成效，根据相关碳排放交易规则，着手研究开展碳交易工作，争取节能减排的经济效益。

求"桶"存"椅"——报废油桶等危险废物再利用

国网新疆电力有限公司昌吉供电公司

一、单位简介

国网昌吉供电公司是国网新疆电力有限公司直属的地州级Ⅰ型企业，以建设运营电网为核心业务，承担着贯彻落实新时代党的治疆方略，保障辖区安全、经济、清洁、可持续电力供应的基本使命。公司成立于1984年，承担着昌吉州2市、5县和兵团六师、十二师部分团场供电任务，供电服务面积约7.99万千米²。截至2022年年底，国网昌吉供电公司下设15个职能部室、11个业务支撑机构、9个县级供电公司（其中大型县供1个），各类班组96个，供电所66个。

国网昌吉供电公司先后获得全国文明单位称号、全国模范职工之家、全国电力行业优秀企业、全国安康杯优胜单位、国家电网有限公司文明单位标兵及先进企业、自治区"开发建设新疆奖状"、自治区一级企业、自治区民族团结进步模范集体、昌吉州维护社会稳定工作先进单位和国网新疆电力公司先进企业等荣誉称号，国网昌吉供电公司连续15年行风建设民主评议为优秀。1家基层单位被评为国家电网有限公司社会责任示范基地，2项企业社会责任根植项目纳入国家电网有限公司重点项目目录。

二、案例背景

变电站是电压转换的关键环节，变压器是变电站的"心脏"，为有效避免变压器内部放电，需充入变压器油绝缘。在当前大量需求变压器油的情况下，作为变压器油存储运输利器——油桶的报废处理存在以下问题。

（一）变压器油在电力生产中"至关重要"

变压器油是天然石油中经过蒸馏、精炼而获得的一种矿物油，它在变压器中的作用主要体现在以下三点：首先，它具有比空气高得多的绝缘强度，可以提高绝缘材料整体的绝缘强度；其次，变压器油会在电弧的高温作用下分解出大量气体，产生较大压力，从而提高介质的灭弧性能，使电弧很快熄灭；变压器油比热大，它有很好的散热作用，常用作冷却剂，维持变压器温度，保证其可以正常运行。废旧油桶含油体残留，具有毒性、易燃性等危险特性，在安全储存、运输、处置回收等过程环节要求较高，加之产生总量有限且布局分散，经济处置废旧油桶面临难题。

（二）报废油桶占据站内大量可用空间亟待处理

变压器油桶面临着各种不同情况导致的破损以及使用年限达到后报废的情况，其中部分油桶并没有实质性破损，但已经不满足用于变压器油运输时所需的质量要求，无法再次使用。经统计，国网昌吉供电公司近三年有 200 个左右的空油桶被搁置在库房中，占用仓库空间，由于废旧油桶中会有少量油体残留，长久堆积在库房中，存在消防安全隐患；且废旧油桶属危险废物，随意倾倒或利用处置不当会严重危害人体健康，甚至对生态环境造成难以恢复的损害。由于变压器油桶本身抗腐蚀性好，很大一部分废旧油桶整体并无明显损坏，质量很好，具有资源再利用价值，有经改造作为户外座椅主要结构的可能，也为其报废提供另一种可行的方案。

（三）户外场所供休息的座椅仍待补足

随着人口的增长及人民生活质量的提升，户外娱乐休闲场所的数量也在与日俱增。然而部分户外公共场所提供的座椅并不能满足其所承载人数的休息需求。经过调查，户外公共场所供群众休息的座椅数量每千米配置不足 1 个，且很多为木制，经风蚀或人为损坏部分无法使用，致使户外游玩的人们得不到端坐休息的机会。通过投用经油桶改装的座椅可以有效改善这样的情况。同时，废弃油桶再利用也对社会绿色环保做出了相应贡献，提高了材料利用率。

综上所述，在内外部利益相关方的需求下，废旧油桶危险废物再利用处置具有经济、社会和环境的综合价值，废旧油桶回收利用势在必行，厘清废旧油桶回收利用的机制方法是工作的重中之重。对此，国网昌吉供电公司本着"合理利用废旧物资，发挥废旧油桶余热"的原则，为废旧油桶的合理利用寻找途径。

三、实施路径

国网昌吉供电公司以报废物资合理化的再利用为出发点，结合专业特色，有效利用"沟通"工具，开展新媒体调研，进行客户访谈，与政府、社区、客户、媒体等积极进行沟通交流，掌握各方基本情

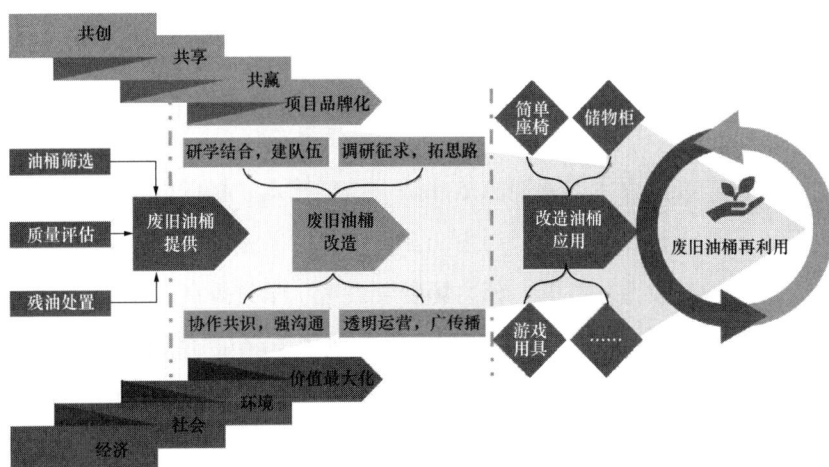

废旧油桶再利用工作思路

况，明确各方核心诉求，将国家电网有限公司企业社会责任管理理念、方法和工具融入报废油桶处置流程，实现报废物资管理微改进微提升。

（一）研学结合，建队伍：保障项目按期推进

成立领导小组、废旧油桶改造团队，明确人员相应职责，细化分工，确保项目有推进、过程有痕迹、工作有闭环。同时组织人员定期开展工作讨论推进会，对工作中遇到的问题进行沟通交流，对工作方向及时纠偏。聚焦项目立项及实施过程中的短板和不足，针对性开展人员培训。

（二）调研征求，拓思路：明确各方合作机制

本着"合理利用废旧物资，发挥废旧油桶余热"原则，对内部员工、外部利益相关方开展调研，确定报废油桶需求方，全面梳理征集废旧油桶的改造意见和建议，制定初步改造设计方案，建立问题解决机制和动态协调机制。

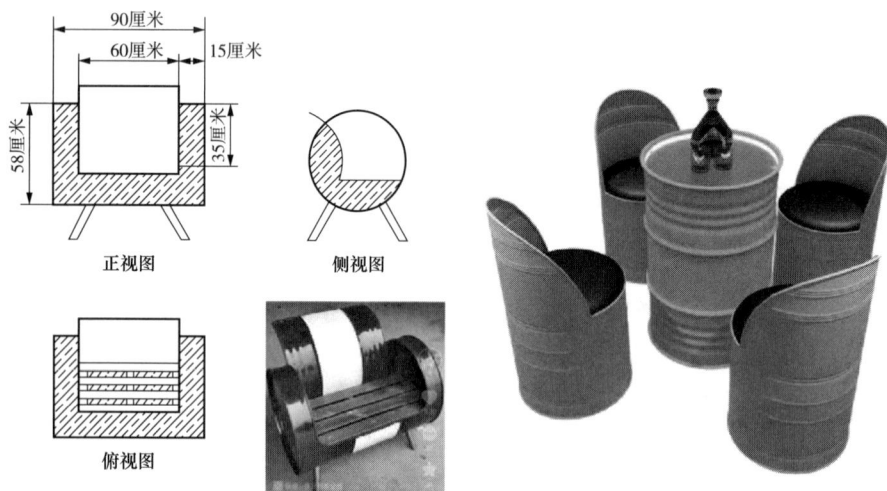

根据诉求初步拟定的改造产品模型

进一步挖掘政府部门、公共场所管理方、学校、社区等社会组织的实际需求，将废旧油桶改造方向延伸为包括储物柜、烧烤炉在内的一系列生活用具，寻找更广泛的废旧油桶再利用途径。

（三）协作共治，强沟通：推进成果落地应用

由昌吉公司变电检修中心负责废旧油桶质量评估、油桶筛选、桶内残余变压器油处置。油桶改造项目对切割、电焊等工艺要求较高，昌吉公司废旧油桶改造团队主动寻求外界加工商合作，与外界钢铁加工商批量化推进废旧油桶改造。政府、公共场所管理者、学校等利益相关方提出废旧油桶改造成果需求，合理安置应用。昌吉公司向昌吉市柏思幼儿园提供了10个处理后的废旧油桶作为户外游戏用具，并与园方签订责任承诺书，对潜在风险进行合理规避，并对投放废旧油桶的试点进行使用反馈收集，总结分析后续是否存在更好的改造利用途径。

（四）透明运营，广传播：带动社会节约环保

围绕"废旧物资再利用"主题，结合绿色环保理念，昌吉公司充分抓住世界地球日、国际臭氧层保护日等节点，在媒体平台进行社会责任履责宣传，推广绿色发展理念。同时，借助新媒体平台，对项目实施进程进行合理透明运营，扩大项目影响力。

四、履责成效

（一）为废旧油桶的处置提供了新工作思路

国网昌吉供电公司将社会责任管理覆盖企业运营的全过程和整个生命周期，涵盖所有的生产经营流程和职能管理体系，着眼实现与企业运营相关的价值链的整体优化。通过将社会责任理念与方法全面融入废旧变压器油桶进行处置流程，解决原本存在的物资积压安全隐患大、物资处置不合规、环境容易污染、维护成本高等问题，为安全管理废旧物资绿色、合规处置提供一个新的思路。

（二）利用社会责任工具解决问题

在项目开展过程中，国网昌吉供电公司利用社会责任工具，厘清各部门、各班组之间的工作边界问题，明确本单位针对不同对象应履行的社会责任，包括员工责任、客户责任、伙伴责任、社区责任、企业公民责任等对利益相关方的责任。同时，建立了与利益相关方沟通与交流的常态工作机制，能够发挥促进企业运营透明度提升的平台作用。全体干部职工履责意愿、能力和绩效的逐步提升作出制度性安排，实现发展方式、管理方式、工作方式和社会表达方式的微改变。

（三）品牌形象显著提升

通过推进求"桶"存"椅"社会责任根植项目的实施，将社会责任理念和要求全面融入公司日常工作中，形成符合社会价值规范要求的核心竞争优势，协调推进企业与社会的可持续发展，进一步树立公司良好的社会服务形象。通过与各利益相关方的合作，包括捐赠改造物品、联手开展社会责任相关活动、品牌活动日等活动，在宣传绿色环保低碳理念的同时，让客户进一步了解电网工作，得到大众的理解及支持，夯实坚实的群众基础。

五、工作展望

（一）加强理念导入，促进人员知识提升

制定常态化开展社会责任理念导入实施方案，建立责任管理机构，抓住重点部门和重点人员组建社会责任联络员队伍，针对开展定制化培训。依托社会责任联络员队伍，通过"走出去""沉下去""请进来"形式，组织开展社会责任培训班，分层分级开展理念导入活动，进一步宣贯社会责任理念，持续巩固员工社会责任意识。梳理编制印发三个层级（领导读本、中层读本、员工读本）知识读

本，通过社会责任知识竞赛、社会责任论坛等活动，不断提升公司全员对社会责任基础知识及理念方法工具的运用能力。

（二）举办沟通活动，增进利益相关方认同

持续开展形式多样社会责任沟通活动，在全国品牌日、公众开发日、品牌影响力活动中积极推广"求'桶'存'椅'"等社会责任根植项目，积极参加"金钥匙—面向中国的 SDG 中国行动"等各级各类论坛交流活动，展现公司在推动绿色低碳发展、实现"双碳"目标的良好实践与成效。通过快手、抖音等新媒体进行广泛宣传，结合实际将项目与相关利益合作方进行联合推广，引导利益相关方全过程参与，倡导废旧物资再利用理念，向社会展示国家电网对环境负责的形象，推广绿色发展理念。

（三）开展子品牌打造，提升特色子品牌影响力

依托"'帽'美如花""求'桶'存'椅'""小喇叭守护大安全"特色子品牌打造，结合重大新闻事件节点，联动策划组织品牌塑造活动，强化公众对国家电网品牌的美好记忆。借助品牌效应，吸引各领域利益相关方关注电力企业发展，对外彰显企业精神、赢取社会认同，促进建立公司"朋友圈"。强化活动二次传播，全方位、立体化、多层次展现国家电网品牌内涵，让国家电网的品牌理念内涵获得社会各界的广泛认同和充分肯定。

加快推动碳资产管理能力建设

北京能源集团有限责任公司

一、单位简介

北京京能碳资产管理有限公司（以下简称"京能碳资产"）成立于2014年，系京能集团下属公司，属于专业从事碳资产经营管理的运作平台，服务宗旨为"专业服务、创造价值"，主营业务范围包括碳资产管理与开发、能源交易、低碳咨询服务、双碳业务支撑、碳金融服务等，持续为政府、企事业单位、高校等输出碳资产管理服务。

京能碳资产作为京能集团的统一碳资产管理平台，紧密围绕服务京能集团早日实现碳达峰、碳中和的总体目标和方案路径，建言献策、贡献价值，服务好集团内部企业，确保做好集团碳资产管理业务的基础上，按需为集团下属企业提供专业的碳资产交易策略，有效提高集团整体碳资产管理能力，形成规模优势，提高市场议价能力，降低碳资产管理成本及风险，努力实现京能集团碳资产的保值增值。

同时，京能碳资产依托专业化服务队伍，服务集团的同时，积极稳妥开拓外部市场，输出专业化碳资产管理能力，为各地方政府、高校、医院、企业等提供碳资产管理与减排项目开发、能源交易、低成本履约服务、低碳咨询课题研究等服务。例如与中信证券股份有限公司、北京环境交易所签署了国内首笔碳排放权场外掉期合约；为山西晋城科裕达铸造有限公司窨井盖系列产品碳足迹盘查，行业内首次碳足迹认证；开展田家寨风电场工程、阿苏卫循环经济园垃圾焚烧发电等项目CCER开发工作，推进余热方法学开发；受北京市发展和改革委北京节能环保中心委托，开展碳排放在线监测试点工作；受北京市经信局委托，开展北京市新能源产业状况调研及促进措施研究；开展山东聊城碳达峰行动方案等"双碳"课题研究；以及每年为集团内企业开展碳盘查、核查支撑、履约交易等碳资产管理服务，提高数据质量。

京能碳资产将致力于发挥服务集团职能和双碳引领作用，力争打造成为行业一流碳资产管理服务公司，助力实现"双碳"目标。

二、案例背景

针对京能集团碳资产公司、火电企业、热力企业、其他行业企业展开调研工作，发现目前京能集团的碳排放统计工作都是通过重点排放单位提供的相关报表凭证来计算，数据会存在一定的偏差，准确性不高；另外，传统的人为因素碳排放测算模型基于历史数据，往往以年为尺度，时效性较差，数据价值也较为局限。碳排放数据是双碳目标规划及落实行动方案的第一步，是制定科学合理减排决策的基础和前提。因此，集团亟需加快建设数字化、智能化碳管理平台，实现全流程智慧管理，强化碳排放形势分析和预测预警，探索系统平台的深度应用，实现碳排放数据监测标准化、碳排放数据管理智能化、碳交易分析决策专业化，助力集团轻松应对全国碳市场。

在"双碳"大背景下，为促进党建与业务工作深度融合，以高质量党建引领保障企业高质量发展，根据集团指示要求，由京能碳资产与京能信息联合开发完成京能集团碳资产管理信息平台。平台以国家碳达峰碳中和 1+N 政策体系为指导，结合京能集团《碳资产管理办法》，以合规化管理为原则，以碳效领跑为目标，聚焦达峰预测、数据合规管理等模块应用，覆盖 6 大产业平台，百余家排放单位，通过对集团碳资产管理现状和需求进行全面评估，立足火电、热力、煤炭、化工等能源业务实际，构建可靠安全的碳资产管控平台系统，建立集团企业级碳资产管理体系，规范集团碳资产管理工作，全方位支撑集团碳资产管理标准实施落地，实现碳排放数据数字化、精细化管理，支撑助力实现集团碳达峰碳中和战略目标。

三、实施路径

（一）功能设计

根据平台设计蓝图，系统建设分为本期建设及远期规划，其中本期平台建设将开发数据合规管理、碳配额管理、交易履约管理、减排项目开发、对标管理、达峰监测、双碳资讯 7 个功能模块，远期规划将开发碳普惠、碳足迹、碳金融等进阶功能模块。

在数据合规管理模块中，京能电力、清洁能源平台实现基础数据自动采集和手动填报的双数据来源，确保数据的即时性和准确性。重点功能模块"数据合规预警"实行"一企一策"制，根据行业核算办法，结合企业历史经验数据，对碳排放关键参数进行范围限定，建立判定程序，实现超规数据自动识别预警功能，以提升碳排放数据报送的准确性和科学性。

碳配额管理模块主要包含配额登记、配额预估、盈亏分析、配额预警等功能。重点功能模块"盈亏分析"通过年度、月度配额盈缺情况预测及实时预警，实现重点排放单位配额盈缺情况的全景展示与有效预测，为碳交易决策做有力支撑。

交易履约管理模块主要包含交易分析、交易辅助决策、履约登记等功能。重点功能模块"交易辅助决策"定期录入全国、北京碳市场成交情况，形成碳交易趋势变化曲线，结合环比、同比趋势，进行碳价预测，评估集团碳交易收益，设定碳交易辅助决策模板，包括当期最高、最低、均价，同期价格等信息，定期形成交易分析报告，为交易工作开展提供参考依据。

减排项目开发模块包含项目信息管理、项目效益预估、减排潜势分析等功能。重点功能模块"减排潜势分析"通过建设减排项目基本信息录入模块和开发库模块，供项目初步筛查和识别，并可以实时跟踪开发进展，与碳市场价格趋势相呼应。

对标管理模块主要包含对标数据管理及对标数据分析功能，针对同一平台内各个企业开展对标管理工作。对标管理内容包括单位的月度、年度的各类数据信息横向、纵向对比分析、统计，并依据"双碳"管控要求，按区域、行业、产品等多维角度就碳排放总量和碳排放强度两个主要指标进行对标。

在达峰监测模块中，按集团各所属平台及企业所在区域对碳排放数据进行全面趋势分析，基于预设的碳达峰测算数据和计划，实行动态统计与监测，助力集团碳达峰如期实现。

在双碳资讯模块中，碳资产公司按月度编制双碳政策资讯及碳市场分析报告并上传至平台，平台用户可在平台上实时查看，实现信息共享。

（二）任务时间节点

自 2022 年 8 月 11 日系统项目启动后，京能碳资产严格监督工程进度，参与调研活动，不定期组织召开专项会议，设置计算公式、梳理数据，协调与京能电力的数据对接等事宜，按系统建设时间进度表，积极开展平台建设工作。截至 2022 年年底，系统已基本完成本期 7 个模块的需求设计和功能框架建设，并逐步推进页面美化设计、系统错误修正、数据公式修订等上线前的准备工作。

截至 2023 年一季度末，平台已基本完成本期 7 个模块的总体功能建设，同时完成用户使用手册编制及京能电力、清洁能源、北京热力、京煤集团、昊华能源等平台所属企业的填报培训工作。

截至 2023 年第二季度末，平台上线试运行，完成各级企业的培训工作，并采用调查问卷的方式，收集试运行过程中出现的问题。同时，平台还延伸开发了两项数据管理功能，一是根据 2023 年发电行业的碳排放核算指南，同步对数据填报功能进行完善；二是新增了月度数据填报、盘查数据填报、核查数据填报共三套数据的模板导入功能，并支持在线数据比对，协助集团和各级企业对不同核算数据来源进行分析统计。

截至 2023 年三季度末，平台已对数据录入模板进行完善修订，完成重点排放单位碳排放数据导入测试工作，实现企业 2021—2023 年碳排放数据准确上传。

四、履责成效

平台在充分继承京能集团碳资产管理业务相关成果的基础上，按照"顶层设计，逐步演进""继承发展、先进实用""协同共赢、价值生态"的发展方向履行社会责任。

顶层设计，逐步演进，统筹考虑与碳资产业务相关的专业系统现有架构、运行状况、业务支撑情况等要素，聚焦集团碳达峰碳中和战略目标，提升碳排放监测能力，规范碳排放交易机制，推行节能减排，加快集团发展低碳节能工程、绿色加工生产，建设低碳工厂，构建集团企业级碳排放管理体系，完善顶层规划。

继承发展，先进实用，继承现有碳资产相关业务部门的建设成果，创新经验，充分利用新技术，助力集团碳资产业务开展，服务集团火电、热力、煤炭、化工、新能源发展。同时，尊重客观规律，在设计过程中统筹考虑业务的实用性，保证未来成果的先进性、适用性和有效性有机统一。

协同共赢，价值生态，整合公司综合能源服务品牌、技术、产业等优势资源。按照"平台＋生态"思路，聚集服务能源企业，建立合作共赢的综合能源服务生态圈。在现有能源体系中，注入企业价值链和产品价值链，实现传统价值链转升华为企业生态级价值链，助力能源行业实现"碳达峰、碳中和"。

五、工作展望

充分发挥平台优势，按照行业类型对企业碳排放数据进行全面趋势分析，基于预设的碳达峰测算数据和计划，年度实行动态统计与监测，助力集团碳达峰如期实现。

针对同一平台内各个企业开展对标管理工作，对标管理内容包括单位的月度、年度的各类数据信息横向、纵向对比分析、统计，并依据"双碳"管控要求，按区域、行业、产品等多维角度就碳排放总量和碳排放强度两个主要指标进行对标，为企业提供数据质量分析。

在完成原有功能的基础上，运用碳普惠工具，激励集团全体员工的低碳减排活动；增强集团节能降碳的综合竞争力，践行集团保护环境的社会责任，提升集团绿色低碳的社会形象，最终实现集团低碳发展目标。

打造绿色智能微电网，赋能淀中翡翠谋新篇

许继集团有限公司

一、单位简介

许继集团综合能源服务分公司致力于综合能源服务关键技术研究、核心产品研制，业务涵盖了用户能源系统规划设计、低碳绿色新能源开发和利用、能源工程项目建设、智慧能源运行管控、能源设施运维等全产业链条，面向用户提供综合能源服务的规划咨询、方案设计、成套设备总包集成、工程建设、科研合作等多种服务。产品覆盖新能源、储能、零碳园区、智慧线路、智慧用能、微电网等应用场景，包含产品研制、规划咨询、方案设计、EPC 总包、科研合作、增值服务等多种业务模式。先后开展雄安高铁站站房屋顶光伏、淀中翡翠智能微电网、神木余热发电、同里综合能源服务等一大批综合能源项目，有力支撑我国"双碳"目标实现。

目前公司全口径用工总量 132 人，本科以上学历人员 111 人（其中硕士以上研究生学历 24 人），占比 84%。中级职称以上人员 67 人（其中高级职称以上人员 17 人），占比 50.6%。具备建造师、造价师、安全员等职业资格 31 人，占比 23.5%。公司拥有电力工程施工总承包二级、承装（修、试）二级资质。公司长期以来坚持以研发为核心竞争力，被授予"河南省综合能源服务工程技术研究中心""河南省输电线路工程技术研究中心"。目前公司已承担完成 10 项国家级、省级政府科技项目及 16 项国家、行业标准起草及制定，申请专利 50 余项。

二、案例背景

自 2017 年 4 月 1 日雄安新区设立以来，习近平总书记亲自决策、亲自部署、亲自推动，强调要加强白洋淀生态环境治理和保护，必须统筹谋划，扎实推进。许继集团有限公司（以下简称"许继集团"）作为河南省综合能源领域的龙头企业，始终积极响应习近平总书记关于雄安新区建设的重要指示批示精神，自主深耕综合能源领域高端技术攻关及装备研制，充分发挥在清洁能源利用、数字化主动配电、绿色低碳微电网、低压直流、智能运维等领域先进的研究成果和实践经验优势，高标准高质量助推雄安新区建设。

项目建设地位于雄安安新县东部的王家寨村，是白洋淀中唯一不通陆路的纯水区村，按照《河北雄安新区规划纲要》中白洋淀生态环境治理要求，需要在该村开展"煤改电"工程，增加大量空气源热泵负荷后该村冬季典型日负荷峰值将达到 4.4 兆瓦，但该村独特的地理环境影响了现有电网发展，

传统电网改造方案将面临水中立塔、穿越生态红线等问题，不符合《白洋淀生态环境治理和保护规划》要求，如采用水下电缆敷设方案，后续运维检修会面临巨大困难。

三、实施路径

《白洋淀生态环境治理和保护规划》将王家寨功能定位为生态涵养区和旅游区，亟需转变生产生活和用能方式，建设北方水乡民俗特色村落和全电绿色生态景区。2020 年 8 月许继集团配合国网雄安新区供电公司，深入白洋淀淀区对王家寨村进行现场踏勘，收集大量基础数据，以先进性和现代性为目标，以数字化为方向以集中办公的方式初步制定了王家寨绿色智能微电网示范工程建设方案。

2020 年 8 月 28 日，雄安新区改革发展局组织雄安新区规建局、安新县政府以及国网河北电力省公司发展部、国网雄安供电公司、国网河北省经研院对王家寨绿色智能微电网示范工程建设方案进行论证，进一步细化了工程建设方案，并针对项目占地协调、新能源并网立户问题讨论确定了相关工作意见。2020 年 9 月 21 日，工程可研报告通过国网河北省经研院评审，2020 年 10 月 10 日，工程正式启动建设。

王家寨绿色智能微电网示范工程建设变电站级、村级、邻里级、家庭级四个层级微电网，示范建设 N 个电力创新元素。利用储能设备实现削峰填谷，电网负荷低谷时，储能存储光伏和风力所发电量；负荷高峰时，特别是煤改电后，储能投入运行，与外部电力一起供应电力负荷用电。其次，当外部线路故障后，储能投入运行，并与光伏配合，为 35 千伏郭里口站及王家寨村负荷供电，当 10 千伏电网故障后，各台区微网孤立运行，保证微网所在台区不停电。

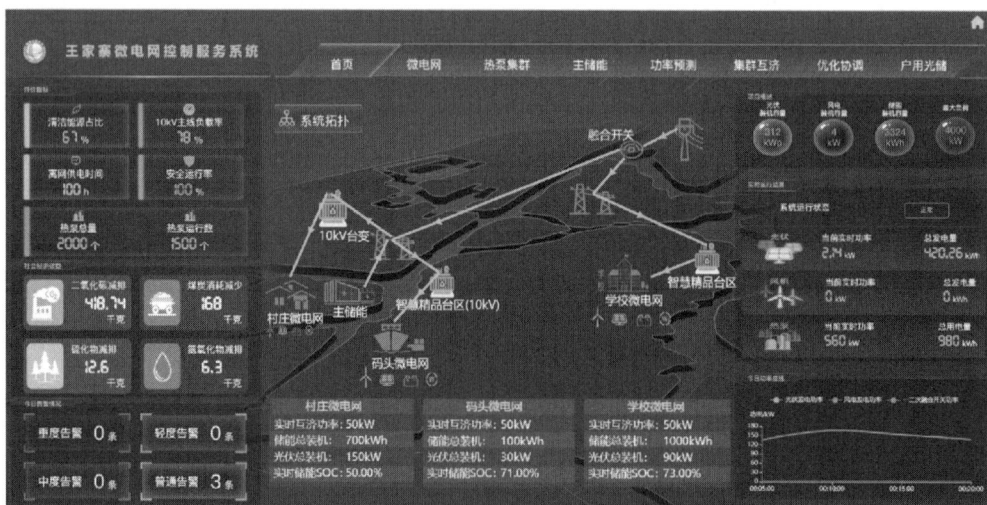

王家寨微电网控制服务系统界面

1. 站级微电网

35 千伏郭里口变电站站级微电网，由该区域 5.3 兆瓦分布式光伏发电系统、郭里口站 10 千伏 6 兆瓦 /6 兆瓦·时储能设备、白洋淀文化苑景区 10 千伏 2 兆瓦 /2 兆瓦·时储能设备组成。

2. 村级微电网

王家寨 10 千伏村级微电网，由 1 个 10 千伏电压等级的储能系统、3 个低压台区侧微电网组成，可再生能源总装机容量304千瓦，其中光伏发电300千瓦，风力发电4千瓦，锂电池储能安装总容量为3300千瓦·时，可用于可再生能源调节和离网供电保障。

10千伏1.5兆瓦/1.5兆瓦·时储能设备位于码头广场对岸，是村级微电网的主电源设备，统一协调各子微网光伏、储能设备，实现全村微网、外部电网与全村负荷之间的能量调配。

3个低压台区侧微电网分别是码头广场子微网、学校子微网、农庄子微网。码头广场子微网由50千瓦/100千瓦·时储能设备组成，主要为码头广场路灯、地埋变大屏等负荷供电；学校子微网由500千瓦/1000千瓦·时储能设备组成，主要为学校3台区居民负荷供电；农庄子微网由500千瓦/700千瓦·时储能设备组成，主要为新增1台区居民负荷供电。

3. 邻里级微电网

邻里级微电网依托王家寨互助会建设，互助会是该村的福利机构，每年传统节日为村里320余位70岁以上老人及困难村民提供医疗、餐饮等服务，同时村里各项集体活动也在这里进行，是王家寨村的公共枢纽。邻里级微电网由通过7千瓦分布式光伏、54千瓦·时储能设备、AC/DC变换器柜等智能低压直流电力设备，以及电饭煲、净水器、空调、空气净化器、电视等直流家电组成。

4. 家庭级微电网

结合村内屋顶资源，通过光伏＋储能模式，实现了电量时段调配，最大化利用太阳能等可再生能源，降低碳排放。每户家庭级微网包括2千瓦屋顶光伏和4千瓦储能设备，共建设家庭级微电网5个，包括村委会在内的2处集体建筑、3户建档立卡家庭，助力王家寨村巩固脱贫攻坚成果。

5. N个创新元素

通过融入智慧精品台区、地埋变、压电步道、智能垃圾箱等十几项绿电创新应用，让村民亲身体验到智能绿电给大家带来的节能和快捷服务。

N个创新元素示意图

四、履责成效

许继集团按照进度计划高质量开展项目实施工作，建设过程中克服了疫情、水路运输、岛内施工、冬季施工等多重困难，于2020年12月30日完成一期示范工程建设，2021年6月30日完成二期示范工程建设，2022年8月22日完成全部示范工程建设。

该项目的顺利实施，对提高雄安王家寨村、白洋淀文化苑景区等区域供电可靠性，改善冬季供暖窘境，助力新型电力系统建设、提高居民用能体验具有重大示范意义。

一是实现能源供应清洁化。基于水乡特色供电需求，优化区域能源供给模式，灵活建设集中式储能和户用分布式储能，通过风、光、储多能耦合互补及其与台区低压负荷的智能互动，彻底转变淀中孤岛生产生活用能方式，提高可再生资源利用率，大幅度改善了空气质量。

二是实现能源消费电气化。结合旅游观光特色，在码头水岸、学校、民俗村等景区或地点，建设电动船等交直流充电设施、直流路灯等清洁用能元素，打造绿色用能典范。

三是实现控制运维智能化。实时监视电网运行信息，主动控制网络拓扑、电力设备和源荷侧资源。基于微电网控制服务系统，提供一键恢复供电、电压自治、并离网保护自适应等功能，为用户提供可靠电力服务。

四是实现客户服务精益化。应用智慧精品台区、无人机巡检等技术，实现设备缺陷管理、故障告警、电压监测，为用户提供主动运维等服务。应用无感服务技术，实现一键通电、随时结算、足不出户缴费等优质服务。

王家寨10千伏村站级微电网通过微网控制系统实现负荷预测、群调群控、无感并离网切换等功能，实现本地分布式能源消纳100%、电能终端消费占比100%、终端智能化率100%，全村最长可连续离网运行38.37小时，为故障抢修争取时间，保障电网供电可靠性，年户均停电时间将减少80%，供电可靠率可达99.94%。每年可减少燃煤2080吨，减少二氧化碳排放5184.4吨。王家寨互助会邻里级微电网可实现互助会全年365天不间断供电供应。王家寨家庭级微电网降低居民家庭负荷峰值功率，减小对电网冲击，提高电网稳定性，在冬季可实现"电代煤"清洁取暖，在夏季可实现24小时家庭绿电，每年可为单户家庭带来1382元收益。

示范建设的N个电力创新元素，既可以向村民、游客宣传电力知识，传播绿色用能文化；又可为王家寨增加一处全电绿色生态景点，让游客在游览中享受不一样的声光盛宴，服务人民美好生活。

五、工作展望

一是为新型电力系统建设探索新道路。王家寨绿色智能微电网示范工程在分布式新能源100%就地消纳、分布式光伏和储能的四层级主动并离网无缝切换、微电网黑启动方面进行了创新实践与深入探索。微电网可作为电力用户的备用电源，在电网供电不足时或电网故障时向用户供电，从而提升供电可靠性。示范项目中储能系统的响应速度可以达到秒级，电池的充放电转换时间低于300毫秒，可以满足电网AGC调频的需求。

二是为储能大规模发展、政策制定提供数据支撑。通过储能示范项目为我国储能企业提供重要的工程实践机会，为未来大规模应用积累技术数据和运行经验。按照国家有关法律法规的鼓励政策精神，探索项目建设在土地使用、招商引资、生态治理、基础设施、财政税收等方面的扶持新政策，为储能产业发展创造宽松的政策环境。

风光无限好　绿电助环保

中国安能集团第一工程局有限公司南宁分公司

一、单位简介

中国安能集团第一工程局有限公司（简称"中国安能一局"），是国务院国资委直管的中央业——中国安能建设集团有限公司的全资子公司，前身为 1966 年 8 月组建的中国人民解放军基建工程兵 61 支队，2018 年 8 月由武警水电第一总队集体转制而来，2019 年公司挂牌成立。

公司注册地广西南宁，下辖 3 个子公司（质量检测公司、海南公司、贵州公司）、3 个分公司（唐山分公司、合肥分公司、南宁分公司）、1 个区域总部（云南区域总部）。

公司深耕水利水电建设行业 60 余年，先后承建国家重大能源工程建设近 150 项，参加了三峡工程、西电东送、西气东输、南水北调等四大"跨世纪工程"。

荣获国家建筑行业最高荣誉"鲁班奖"3 次、"国际里程碑工程奖"4 次，摘得土木工程"詹天佑奖"4 次，取得国家科技进步奖 2 项，专利 29 项，软件著作权 2 项，认定国家级工法 2 项，并获得"用户满意工程先进单位""质量效益型先进企业"等诸多奖项。

二、案例背景

内蒙古自治区能源局发布了《内蒙古自治区"十四五"可再生能源发展规划》的通知，"十四五"时期，内蒙古自治区可再生能源发电装机达到 1.35 亿千瓦以上，其中风电 8900 万千瓦、光伏发电 4500 万千瓦，"十四五"期间可再生能源新增装机 8000 万千瓦以上。到 2030 年，自治区新能源装机容量超过 2 亿千瓦，新能源发电总量超过火电发电总量。

中国气象局风能太阳能中心发布《2022 年中国风能太阳能资源年景公报》。《公报》指出，在风能资源方面，2022 年，我国东北地区东部、内蒙古中东部、新疆北部和东部、甘肃西部和北部、青藏高原大部等地高空 70 米风力发电机常用安装高度的风能资源较好，有利于风力发电。

作为我国风光大省，内蒙古在建设新能源项目上有着得天独厚的优势。首先，内蒙古位于我国北部，太阳能与土地资源较为丰富，太阳能年总辐射量在 1342~1948 千瓦·时 /nf 之间，年日照时数在 2600~3400 小时之间，是全国高值地区之一。

而包头市固阳县作为内蒙古自治区风、光资源丰富的地区，经测算 70 米高度平均风速约为 7.9 米 / 秒，风功率密度等级在 4 级以上，年可利用小时数约为 2800 小时，风能资源储量为 8.3 吉瓦。太阳能辐射较强，年日照时数在 2800~3300 小时，辐射总量在 6000 兆焦 / 米² 以上，光伏发电小时数达 1800 小时，是全国的高值地区之一，可开发规模 2.8 吉瓦。

"大风起兮电劲足"，依托风光资源的优势，中国安能一局坚持"宜风则风、宜光则光"的原则，贯彻落实"碳达峰、碳中和"要求，积极谋划实施新能源项目。

三、实施路径

包头市固阳县 30 万千瓦光储一体化项目位于内蒙古自治区包头市固阳县金山子镇，四方子村北部，距离固阳县约 30 千米，固阳县属中温带大陆型干旱半干旱季风气候特征。气候偏低，降水少，光照充足，温差大是最明显的气候特征。其年日照时数为 1524.4 小时左右，年平均气温 5.5℃，年平均降雨量在 300 毫米左右，年平均蒸发量 1941.4 毫米。

项目规划装机容量为 300 兆瓦，实际装机 344.331 兆瓦，占地面积 3 千米²。项目包括光伏主体、箱变部分。项目光伏电站采用分块发电、集中并网方案：每 54 块 545 瓦单晶硅高效 PERC 组件组成一串，每个组需 26 块单晶硅电池板，对应布置 241 个支架，每 27 个组串布置一个逆变器，以满足每个方阵供需 6264 块组件的需求。9 台逆变器接入 1 台 3150 千伏 A 箱变，共计 54 个 3.44 兆瓦方阵组成；每 6~8 台箱变通过 1 回 35 千伏集电线路接入升压站 35 千伏母线，最终将通过 8 回 35 千伏线路汇集至 220 千伏升压站；升压站输出 1 回 220 千伏线路至电网，线路长度 1×22 千米，导线截面 1×400 毫米²。

本期工程 184.33 兆瓦光伏发电系统由 54 个 3.44 兆瓦单晶硅光伏发电分系统组成，每个 3.44 兆瓦光伏发电分系统配置 241 个组串，每个组串由 26 块组件串联。每台逆变器接入 27 个组串，接入功率为 320 千瓦。3.44 兆瓦光伏发电分系统配置 9 台 320 千瓦逆变器。逆变器输出的交流电接至箱变低压侧母线，由 1 台 3250 千伏 A 箱变将电压至 35 千伏。

包头市固阳县 40 万千瓦风电基地项目位于内蒙古自治区包头市固阳县境内，场区中心坐标为东经 110°32'39.3851"、北纬 41°09'47.1742"，距离西南方向固阳县城直线距离约 37 千米，距离西南方向包头市直线距离约 75 千米，距离东南方向呼和浩特市直线距离约 100 千米，场区周围有省道 S211、S311 及县道 X082、X065 经过，外部交通条件较便利。场区高程约为 1660~2025 米。风电场采用 80 台单机容量 5.0 兆瓦的风电机组布置方案，其中西部场区布置 32 台，容量 160 兆瓦，东部场区布置 48 台，容量 240 兆瓦，整个场区总容量 400 兆瓦，新建 220 千伏升压站一座，新建 220 千伏送出线路一回。

我部承建 24 万千瓦风电场区工程：包括风机基础工程、道路工程、吊装工程及集电线路工程；项目装机规模为 240 兆瓦，安装 48 台单机容量 5000 千瓦风电机组。

（1）基础工程：风机基础结构均采用现浇钢筋混凝土圆形扩展基础，基础总厚度 4.05 米，下节直径为 21.8 米、高 0.9 米的圆柱体，上节为直径 6.8 米、高 1.05 米的圆柱体，中节为连接上下节高度为 2.1 米的圆台，坡面比为 1：3.57，每台风机配备一台箱式变压器，配套箱变基础 48 台。

（2）道路工程：本项目道路共 29 条，总长 54.665 千米；道路路基宽度 6 米，施工期不铺设路面，待大件运输完成后，铺设 5 米宽 20 厘米厚砂砾石作为检修期路面。

道路土方采用挖掘机开挖，推土机集料，装载机配 15 吨自卸汽车运至道路填方部位或相应的弃渣场，并根据现场开挖后的地质条件，在填方路段砌筑挡墙。土石方填筑采用 15 吨自卸汽车卸料，推土机推平，按设计要求振动、分层碾压至设计密实度。

场内施工道路工程施工用风主要为路基开挖设备用风，本标工程采用移动式柴油空压机供风。

施工用水主要为路基路面施工用水、挡土墙施工时砂浆拌和用水、养护用水。采用移动式 2 米^3 水箱（自制）放置于施工点附近，由水车向各水箱供水。

施工用电较少，只考虑夜间施工时照明用电和个别机械设备用电，施工用电自备小功率发电机，或就近农电。

（3）集电线路：本工程采用架空集电线路，全线采用铁塔进行输送。

架空集电线路总长 120 千米，其中双回路 240 导线路径总长 69 千米，单回路 240 导线路径总长 73.2 千米，单回路单分裂 150 导线路径总长 1.8 千米。全线架设一根 OPGW-50 型复合光纤地线用作避雷线使用。全线路共设计铁塔 507 基。包括直线塔 387 基，转角、终端 120 基。铁塔呼称高多选择 18 米或 24 米；各风机光缆采用穿管直埋敷设方式至主控室。光缆敷设前管孔内穿放子孔，本工程集电线路均位风电场区域内，线路靠近风机、道路走线，汽车运输条件较好。经估算交通运输情况：汽车运距为 14 千米，平均人力运距为 0.1 千米。

风机安装：本工程风电项目装机规模为 240 兆瓦，安装 48 台单机容量 5 兆瓦的风电机组。采用 1200 吨履带吊作为主吊进行吊装。本工程主要包括：拼装平台组装以及划线、风机平台安装、箱式变电站基础、钢塔筒拼装、吊装、叶轮组装、叶轮吊装以及塔筒内风机附属电器设备的安装调试、变压器及其附属设备安装调试。

从项目伊始到项目结束，项目部克服了路远、施工战线长，场地受限、材料运输、冬季施工等生产困难挑战。项目部一班人不等不靠，始终坚持用"四铁精神"凝聚全员意志，以"建精品工程、做超值贡献"为目标导向，坚持"三抓一升"，通过抓经营、抓技术、抓管理，提升团队高效运转能力，实现工程项目"质量安全可托底、节点任务能实现"的目标。

四、履责成效

包头市固阳县 30 万千瓦光储一体化项目采用先进设备，结合生态修复和牧光互补模式，采用山地分布式光伏，涵盖了丘陵、沟壑、荒地等多种地貌，地理位置地形高低起伏、坡向差异大，部分区域沟壑纵横交错，施工时有不同程度的难点。大面积的光伏板会覆盖在地面上，把原来的地表太阳能转化为电能，减少了照射到地面的太阳辐射，对地表辐射情况进行了平衡和调节作用，在这种作用下，场站周围就会形成新的小气候，为动植物提供屏障。而且光伏组件吸收太阳能，遮挡日照辐射，减少水分蒸发，促进植物的成活和生长。所有光伏组件均是东西向布置，从整体上看，所有光伏组件均为"一"字型，沿东西向布置。我部施工单位通过现场放线，根据设计图纸桩位测量放点、钻孔。

建成后，同燃煤火电站相比，每年可节约标准煤约 17.69 万吨，可减少二氧化碳排放量约 48.29 万吨、二氧化硫排放量约 92.87 吨、氮氧化物排放量约 104.48 吨。建成后，预计可实现年销售收入 2 亿元，年纳税 3000 万元，新增就业岗位 500 个，亩均产值 2 万元。

包头市固阳县 40 万千瓦风电基地项目建成后，同燃煤火电站相比，每年可节约标准煤约 17.69 万吨，可减少二氧化碳排放量约 48.29 万吨、二氧化硫排放量约 92.87 吨、氮氧化物排放量约 104.48 吨。

两个项目的实施，对扩大就业和发展第三产业将起到积极作用，有利于缓解该地区电力工业的环境保护压力，促进地区经济的持续发展。

五、工作展望

征程万里风正劲，重任千钧再奋蹄。目前，包头市固阳县 30 万千瓦光储一体化项目已经首并，包头市固阳县 40 万千瓦风电基地项目已经并网发电，日发电量 220 万兆瓦。

一块块光伏板在阳光下折射出耀眼的光芒，一台台风机随风转动带来绿色风电。我们的目标不是一个光伏项目，不是一个风电项目，而是在条件允许的情况下，善用大自然的馈赠，创造绿能世界，行而不辍，未来可期。

厚植高质量发展的绿色底色

陕西华电榆横煤电有限责任公司榆横发电厂

一、单位简介

陕西华电榆横煤电有限责任公司榆横发电厂（以下简称"华电榆横电厂"）位于榆林市榆横工业园区内。华电榆横电厂系煤电一体化项目，配套年产 1000 万吨的小纪汗煤矿，是陕西省电力发展规划的重点能源项目和陕北能源化工基地煤电转换的示范项目，也是榆横工业园区规划建设的唯一煤电一体化项目。规划建设总装机容量为 5320 兆瓦，一次规划，分步实施。

华电榆横电厂一期项目以 750 千伏电压等级接入系统，按高效、节能、绿色、环保煤电一体化设计、建设。项目安装石灰石—石膏湿法脱硫、高效静电除尘、脱硝和在线烟气连续检测装置，是陕西区域内首台采用脱硝系统的 600 兆瓦等级燃煤机组。2016 年 12 月 27 日，华电榆横电厂 1 号机组超低排放改造工程验收取得环保电价批复，成为陕北区域首台实现超低排放的机组。2017 年 10 月 30 日，2 号机组完成超低排放改造项目，华电榆横电厂成为陕北地区首家超净排放的火电企业。该项目对促进榆林地区煤炭资源实施"三个转化"，保障陕北能源化工基地建设用电，推动榆林地区经济社会快速发展具有重要意义。

二、案例背景

2020 年 9 月 22 日，国家主席习近平在第七十五届联合国大会上宣布，中国力争 2030 年前二氧化碳排放达到峰值，努力争取 2060 年前实现碳中和目标。"双碳"目标已上升至国家战略目标并纳入"十四五"规划当中。作为实现"双碳"目标的主力军和排头兵，中国华电以期形成自身的绿色低碳核心竞争优势，稳步有序地实现能源利用效率达到世界一流企业的先进水平，为国家顺利实现碳中和目标肩负历史使命作出积极贡献。

在"双碳"背景下，火电"压舱石"的作用体现在保障电力安全、降低电力系统碳排放等方面。为此，榆横电厂积极响应政策号召，深入践行绿色环保发展理念，大力推进设备升级改造，积极参与"塞上森林城"活动，爱护家园，节能减排、守护碧水蓝天共建美丽中国。

三、实施路径

榆横电厂深入贯彻落实习近平生态文明思想，积极践行"绿水青山就是金山银山"理念，坚持"生态优先、绿色发展"的环保理念，着力做好"绿色、低碳、增值"三篇文章，阔步走在一条以生态优先、绿色发展为导向的高质量发展道路上。

榆横电厂成立以党委书记、总经理为组长的生态环保领导小组，明确小组及个人职责，并在每年年初根据人员调整情况及时更新小组成员，压实生态环保"三管三必须"责任；定期组织学习国家和地方各项环保政策、法律法规，深化生态环保合规性管理提升，制定具体的工作方案和任务清单，深入推进生态环保责任传导机制建设，建立健全环保管理、监督考核体系和信息报送机制共 18 项，积极落实全周期、全要素环保管理；制定并及时更新生态环境保护责任清单，明确厂领导和各部门在企业发展、生产经营、资金投入、文化建设、应急管理和责任追究等生态环境保护方面的工作职责。榆横电厂不断优化污染物排放控制方案，强化环境监测数据的监督管理，2022 年来实现了污染物排放"零超标"，先后荣获榆林市"绿色标杆企业"和陕西省"十三五"节能减排先进企业荣誉。

积极响应政策号召，环保改造促企业绿色发展。在 2016 年 4 月，榆横电厂就实施超低排放改造，分别于 2016 年 11 月和 2017 年 10 月提前两年完成两台机组的超低排放改造，成为陕北首家实现超低排放的企业。并按照榆林市铁腕治污二十二项攻坚行动的要求，于 2019 年率先启动环保型储煤场的建设，投资 1.1 亿元建设成榆林市最大的环保型储煤场。通过升级改造，榆横电厂脱硫、脱硝效率分别达到 99.9%、88% 以上，烟气的综合除尘效率可以达到 99.99%，2021 年全年污染物二氧化硫、氮氧化物、烟尘排放浓度分别低于国家排放标准的 44.6%、38.1%、76.4%。

榆横电厂深入学习贯彻习近平生态文明思想和关于"碳达峰、碳中和"等重要指示批示精神，超前预判发展形势，提前谋划五年规划，着力攻坚，主动作为，在未进行改造的前提下，先后解决锅炉低负荷稳燃、脱硝系统入口烟气温度等"卡脖子"问题。2018 年总投资 2 亿元实施供热改造，项目建成投产后使得供电煤耗降低 29.09 克/千瓦·时，更是通过集中供热让园区其他企业无须建设小型自备电厂，减少二氧化碳排放量 37 万吨、二氧化硫排放量 1163 吨。2019—2021 年逐年实现双机 37.5%、33%、29.5% 额定容量的深度调峰，并在 2022 年依托工业供汽一举突破实现双机 20% 额定负荷（132 兆瓦）的深度调峰能力。为切实达到节能减排实效，榆横电厂多次邀请华电电力科学研究院专家组对机组开展专项能耗分析，深度摸清设备性能，集中技术与队伍力量合力解决"卡脖子"问题，通过空冷岛喷淋改造降低煤耗 5.61 克/千瓦·时。同时将容易被忽视的能耗项目纳入小指标管理，机组各项指标得到持续改善，节能降耗效益稳步提升，两台机组分别荣获 2021 年度中电联"600 兆瓦级超临界空冷机组"能效水平对标 5A 级第一、第二名，位居集团公司、西北区域首位，处于行业领先地位。

积极履行社会责任，传播绿色发展理念。榆横电厂全面践行"全员尽责 防治并举 绿色友好"安全环保观，生产区和生活区绿化覆盖率达到 30% 以上，在茫茫大漠中打造出一片绿色花园式现代化电厂。榆横电厂连续三年参与榆林市"塞上森林城"建设,先后投入资金2921.82万元,种植绿植21千米^2,通过配合"塞上森林城"提质增效行动,助力榆林市生态文明建设与黄河流域生态保护和高质量发展。

连续7年在520公众开放日组织志愿者走上街头,讲解生活中的环保小知识和节能小技巧、发放环保宣传册、宣传低碳环保型电厂,组织榆林学院、榆林三小等大学生、中小学生,以及厂区周边群众和职工家属来厂参观,激发师生们热爱绿色能源、热爱低碳生活情怀。通过线上直播"云游榆横""走进现代化绿色电厂"等讲解,让公众了解电厂环保设施、传播绿色发展理念,为进一步推动"中国华电 度度关爱"社会责任品牌建设树立了良好形象。

布局新型能源体系,平稳推进绿色低碳转型。榆横电厂始终坚持以习近平新时代中国特色社会主义思想为指导,全面贯彻党的二十大精神,深入落实"四个革命、一个合作"能源安全新战略。榆横电厂积极响应国家及陕西省、榆林市关于加快屋顶分布式光伏发电项目建设有关工作的号召,与榆横工业园区石油兰石化厂深入合作,在供热项目的基础上,积极打造屋顶光伏示范项目。2022年,4兆瓦屋顶光伏建设项目正式投运,平均每年可节约标准煤1480吨,减少二氧化碳排放量3950吨,减少硫氧化物排放量30吨,减少氮氧化物排放量10吨,具有显著的环境效益。同时,为扎实拓展新能源开发及工程建设,榆横电厂分别在延安、榆林成立项目开发机构,在宜川、蒲城成立工程建设项目部,持续加大清洁能源开发力度。

四、履责成效

在新型电力形势下,榆横电厂坚持走绿色低碳发展道路,在生态环保合规管理工作中,坚持边学习、边检视、边对照、边整改,坚持问题导向,把问题整改贯穿于合规管理提升全过程;在节能减排工作中,积极响应国家、地方环保政策号召,不断挖潜降耗,提高机组利用效能;在绿色低碳发展的路上,创新奋进、奋勇争先,努力开拓综合能源市场,在"奉献清洁能源、共建美好家园"的高质量道路上稳步前行。

榆横电厂先后荣获陕西省"十三五"节能减排先进企业、陕西省安全文化建设示范企业、中国华电五星级企业、安全环保先进企业、中国华电文明单位(标兵)、榆林市造林绿化先进单位、榆林市绿色标杆企业、榆林市"塞上森林城"提质增效行动先进单位等多项称号。

五、工作展望

榆横电厂将继续坚持以习近平新时代中国特色社会主义思想为指导,深入贯彻落实习近平生态文明思想,积极落实"双碳"相关战略部署,坚守生态环保红线底线,及时消除潜在隐患,不断提升环保自律能力和风险防控能力。认真践行"绿水青山就是金山银山"的理念,巩固完善工作成果,进一步坚持问题导向、开拓创新、重点探索、点面结合,抓好生态环保合规性管理深化提升,加强对现场气、水、声、渣等污染防治、排污许可和碳排放情况的监督检查,确保污染物达标排放率100%,碳排放权履约完成率 100%。深入学习贯彻习近平总书记关于坚持总体国家安全观的重要论述和能源安全新战略，压实保供责任，落实保供措施，确保电热可靠供应。严格落实生态环保问题"一本台账"并推动"一案一策一结论"整改，做好延安宜川、蒲城排碱渠等新能源项目环保水保合规监督指导，化解生态环保风险，为助力可持续绿色发展而不懈奋斗。

提高污水处理水平 夯实环境整治根基

黄河万家寨水利枢纽有限公司

一、单位简介

黄河万家寨水利枢纽有限公司前身是 1993 年成立的"水利部万家寨工程建设管理局"，1997 年按现代企业制度改制为"黄河万家寨水利枢纽有限公司"（以下简称"万家寨公司"），由水利部、山西省、内蒙古自治区三方出资组建，主要经营范围为供水、发电、水利水电工程开发与运营管理、代建管理技术服务、建设咨询等。

万家寨公司先后投资兴建了万家寨和龙口两座大型水利枢纽工程，立足流域重要战略地位，在黄河北干流防洪防凌体系、黄河流域水资源配置、黄河水沙调控体系、晋蒙两网电力调度中发挥着重要作用。

党的十八大以来，在习近平新时代中国特色社会主义思想指导下，万家寨公司立足新发展阶段，贯彻新发展理念、构建新发展格局，认真贯彻水利部党组决策部署，以提升水旱灾害防御能力、提升水资源节约集约利用能力、提升水资源优化配置能力、提升大江大河大湖生态保护治理能力"四种能力"为重要抓手，以完善流域防洪工程体系、实施国家水网重大工程、复苏河湖生态环境、推进智慧水利建设、建立健全节水制度政策、强化体制机制法治管理"六条实施路径"为具体举措，奋力建设"绿色智慧和谐安全"万家寨，为全力推进新阶段水利高质量发展、黄河流域生态保护和高质量发展贡献万家寨力量。

二、案例背景

水是生命之源、生产之要、生态之基。水资源是不可替代的重要资源，水资源短缺已成为全世界关注的重要问题之一。习近平总书记强调，水已经成为我国严重短缺的产品，成了制约环境质量的主要因素，成了经济社会发展面临的严重安全问题。这一问题在资源性缺水的黄河流域表现得尤为突出。党的十八大以来，习近平总书记多次就节水用水工作作出重要论述，强调节水工作意义重大，对历史、对民族功德无量，从观念、意识、措施等各方面都要把节水放在优先位置。节水即开源增效、节水即减排治污、节水即文明培育。减排治污作为节水的重要措施之一，事关黄河水资源节约、水生态修复、水环境治理，事关人民群众的获得感、幸福感和安全感。

黄河哺育中华民族，孕育华夏文明，是中华民族的母亲河。黄河沿岸生活污水是一种错位的资源，只要经科学处理就会变为有用、可用的水资源，实现污水回收利用。相反如果直接乱排乱放，将严重污水黄河水质、污染土壤、污染生态，进而影响沿岸群众的生产生活。在人民群众日益增长的美好生态环境需要下，污水处理成为改善生态环境质量的重要举措。污水处理站是生活污水的净化"处理器"，主要功能包括废水的集中收集、净化处理、输出利用等，在循环利用水资源、持续改善水生态、有效治理水环境方面发挥着重要作用。

共同抓好大保护，协同推进大治理。保护黄河是事关中华民族伟大复兴的千秋大计。黄河流域生态环境脆弱，生态本底差，中游水土流失严重、污染问题突出。习近平总书记亲自谋划、亲自部署、亲自推动，黄河流域生态保护和高质量发展上升为国家战略。万家寨、龙口水利枢纽作为黄河流域大型枢纽工程，必须统筹发展和保护，统筹节水和治污，精打细算用好水资源，从严从细管好水资源，守护好"一库碧水"。为依法依规、科学处置枢纽日常运行管理产生的生活污水，两枢纽区分别建有适当规模的污水处理站。随着现代信息技术的日新月异和设备设施的更新迭代，为进一步优化污水处理站工艺流程，提升日污水处理能力，提高水质监测水平，促进中水回收利用，万家寨公司立足企业管理职能，强化责任担当，统筹谋划、系统实施，逐步推进枢纽区污水处理系统提标改造，不断促进污水处理全过程、全链条提质增效，确保生活污水向黄河"零排放"，为黄河流域生态和高质量发展注入新鲜"血液"。

三、实施路径

2017年8—2023年9月，万家寨公司采用"新工艺、新技术、新设备、新材料"四新技术，分阶段、分步骤、全覆盖完成对万家寨、龙口枢纽建有的污水处理站进行提标改造，包括基础设施建设、设备设施更换、生产环境改善等。

一是加强顶层设计，优化污水处理工艺流程。按照"需求牵引、节能高效、安全可靠"原则，坚持问题导向、效用导向，深入开展污水处理调查研究，查找现有污水处理站运行短板，加强学习交流借鉴，明确具体改造事项，委托设计单位进行全面规划设计，做到应改造尽改造、应提升尽提升。

二是强化组织领导，夯实污水处理改造根基。建一座电站，促一方经济，更要护一方生态。污水处理提标改造是民生工程、生态工程，拖不得也慢不得。将污水处理改造作为一项重大政治任务，以工程项目为抓手，统筹纳入年度项目实施清单，进一步明确时间表、任务书，按照项目合同要求有序推进项目实施。

三是强化要素保障，推进污水处理改造项目实施。污水处理改造提升是一项系统化工程、精细化工程，需要加强人力、物力、财力统筹协调，加强过程监督管理。项目实施过程中成立项目管理团队，安排专人监督学习，紧盯关键施工节点，聚焦重要设备设施采购安装，围绕运行管理技术掌握，进行全过程、各环节、多要素统筹安排，系统推进。

四是强化信息支撑，提升污水处理质效。引进先进设备设施，改造落后处理工艺设备，同步进行在线监测，做到污水处理时时监测，进一步提高预警监管能力，有效处置突发情况，不断提高污水处理站信息化、现代化、科学化水平。

目前，万家寨、龙口枢纽污水处理站已全面完成改造提升工作，费用投入约 500 万元。经优化改造，各污水处理站日处理能力大幅提升，处理标准极大提高。其中，万家寨枢纽 1 号、2 号污水处理站设计处理能力分别为 240、24 米^3/天，龙口枢纽 3 号、4 号污水处理站设计处理能力分别为 80、24 米^3/天。据统计，2022 年全年，万家寨、龙口枢纽污水处理站完成污水处理约 70000 米^3，全部用于枢纽区林木浇灌和道路清扫。

四、履责成效

现阶段，万家寨、龙口枢纽污水处理站更加系统集成、科学完备、安全高效，有效实现污水变"绿水"转变，在彰显企业担当、践行社会责任、保护黄河生态环境中走在前、做表率，成为万家寨一张靓丽名片，不断向现资源节约型、环境友好型单位创建迈进。

一是高度站位，生态保护政治责任进一步扛牢。深入贯彻习近平生态文明思想、习近平总书记"节水优先、空间均衡、系统治理、两手发力"治水思路，积极践行绿水青山就是金山银山理念，坚持生态优先、绿色发展，坚决守护好一库碧水，持续深入打好碧水保卫战，实现污水向黄河"零排放"目标。

二是精打细算，水资源循环利用效率进一步提高。深入贯彻落实"节水、洁水、护水"理念，严格污水规范处理，严禁跑冒滴漏，加强中水回收利用，科学用于园林绿化浇灌和道路管护清扫，从一点一滴做起，从一物一事抓起，着力建设节水型单位。

三是示范带动，企业社会形象进一步彰显。认真履行企业帮扶带动职责，充分发挥行业技术优势、管理优势，组织实施偏关县万家寨镇污水临时应急处置项目，进一步完善乡村基础设施建设，提升村容村貌，改善乡村居住环境，为走好乡村生态振兴之路奠定坚实基础，提供有力支撑。

四是积极探索，污水处理管理经验进一步丰富。借鉴好的管理经验、好的管护做法，不断补短板、强根基，加强污水处理站日常运行监督管护，逐步实现规模化运营、标准化管理、信息化监管。

五、工作展望

实施污水处理是贯彻落实黄河流域生态保护和高质量发展的重要实践，是贯彻落实全面节约战略的内在要求，是有效提升水资源节约集约利用能力的迫切要求，是解决水资源短缺、水生态损害、水环境污染的重要举措。万家寨公司将坚持以习近平生态文明思想为指引，贯彻落实《黄河保护法》，牢固树立绿水青山就是金山银山理念，深入贯彻习近平总书记"节水优先、空间均衡、系统治理、两手发力"治水思路和关于治水的重要论述，全面落实习近平总书记在全国生态环境保护大会上的重要讲话精神，牢牢把握黄河流域生态保护和高质量发展这一基准线，紧紧围绕水资源这一生态要素，依托污水处理站这一重要设施，不断优化改进污水处理系统，学习借鉴先进管理技术，加快培养专业型人才，规范标准日常运行管理，全面高效中水回收利用，打造万家寨"绿水"新名片，力争在企业生活污水处理方面取得新突破、新成效，进行有益探索，积累有效经验，确保可推广、可借鉴、可复制，经得起行业内外的检验、经得起时间的检验。

以"四勇四敢"华能江苏海上风电精神
赋能公司高质量发展

华能江苏清洁能源分公司

一、单位简介

华能江苏清洁能源分公司成立于 2011 年，公司采取"总厂制"管理模式，负责华能集团公司在江苏区域的风电及其他清洁能源开发、建设和经营管理任务。公司始终坚持绿色发展理念，牢牢把握清洁能源发展政策方向，以集团公司"三六六"发展战略为指引，全面落实江苏公司建设清洁化智慧化精益化一流区域公司的各项决策部署，大力推进千万千瓦级海上风电基地建设，走出了一条以"以海为主，海陆并举"的高质量发展之路，实现了经营业绩大幅提升、企业发展扎实稳健的新局面。截至 2023 年年底，公司投产装机总容量达 301 万千瓦，其中海上风电装机容量为 251 万千瓦，海上风电规模在江苏省内占比达 21%，已经成为华能江苏公司转增量、调结构的重要一翼。

公司充分发挥集约化管理优势，积极推行"远程监控、设备预判、区域运维、无人值守"运维模式，在管理的 13 家风电场集中设立 5 个区域运维站，在南京本部设立江苏清能集控中心，集控中心与运维站上下联动，全面实现"区域运维、无人值班、少人值守"，为千万千瓦级规模化、集约化管理提供保障。

二、案例背景

习近平总书记在全国两会期间参加江苏代表团审议时强调，"高质量发展是全面建设社会主义现代化国家的首要任务""加快实现高水平科技自立自强，是推动高质量发展的必由之路""加快构建新发展格局，是推动高质量发展的战略基点"。

2015 年 1 月，江苏省发展和改革委核准了华能江苏如东八仙角 30 万千瓦海上风电项目，承担"华能首个海上风电项目"建设任务，公司在国内没有任何经验借鉴的困难情况下，公司全体职工充分发挥华能江苏海上风电人勇立潮头、劈波斩浪的信心与决心，项目于 2017 年 9 月顺利投产，实现了从无到有的飞跃。在"双碳"背景下，2019 年 5 月，中国华能集团与江苏省签署战略合作协议，投入 1600 亿元打造华能江苏千万千瓦级海上风电基地，以基地型规模化、投资建设运维一体化为路径，掀开华能江苏海上风电新篇章。

公司认真总结"华能首个海上风电项目"建设过程中涌现的精神力量，通过提炼升华，总结凝练海上风电项目在建过程中形成的精神力量，形成了"勇立潮头，红色领航敢为先；勇担使命，同心协力敢担当；勇搏风浪，向海图强敢斗争；勇闯新路，开拓奋进敢创"的"四勇四敢"华能江苏海上风电精神，它宛如海上升压站的四根导管柱，深深扎根在茫茫黄海，激励华能江苏海上风电人夜以继日奋战，建设"大国重器"，3年间（2019—2021年）建成总装机容量220万千瓦的5个海上风电项目，在建设过程中创下国内第一个开创海缆中间设置海上预制式中间接头工艺，第一个批量化、规模化应用5兆瓦级国产机组等数10个国内第一。7年磨一剑，华能江苏海上风电规模已达到251万千瓦，成为华能集团新能源发展的一面金字招牌。

三、实施路径

（一）顺应发展趋势，下好战略"先手棋"

时针回拨到2013年，华能江苏公司在发展陆上风电的同时，将目光投向了海上。江苏清能分公司扛起海上风电"主力军"大旗，项目前期团队快速铺开，一年内取得核准所需的20多个文件，2015年1月，江苏省发展和改革委核准了华能江苏如东八仙角海上风电项目30万千瓦，建设"华能首个海上风电项目"的任务，刻不容缓！

2016年4月25日，华能如东八仙角海上风电项目正式开工建设。离岸距离约25千米，用海面积约82千米^2，集团内没有任何海上风电建设经验可以借鉴，面对工期紧、供货慢、施工难、天气恶劣等一个个"拦路虎"，平均年龄不到30岁的建设团队迎难而上，没有丝毫退缩，扎根黄海，全力攻坚。

"办法总比困难多。"8家主体单位齐聚海上，而此时的如东项目部仅有12人，他们相互鼓励，开启了一场与时间的"较量赛"。紧盯海上施工、陆上升压站倒送电、首根海缆敷设及首批机组安装调试等重要节点；向设计院和厂家的技术人员询问原理和工艺，没日没夜地看设计图纸、查资料、熟悉设备，一边学习一边开疆拓土；将支部建在海上，公司主要负责人将组织关系调整至重点项目，打造坚强战斗堡垒；与地方政府、参建单位组成党建联盟，开展"五联共建"活动，解决主机供货、船机锁定等难题，1000多个日夜的辛勤耕耘，华能江苏海上风电人以坚定执着的信念，树起了华能海上风电项目的标杆；70台风机悠然矗立，华能首个海上风电项目从无到有，正式落成，这也是同期建设的亚洲最大容量风电场，为华能海上风电建设奠定了坚实的基础。

（二）依托技术驱动，落子创新"关键棋"

"不断地超越自我，做到技术领先，真正实现大国重器掌握在自己手里，推进中国由海上风电大国向强国迈进。"华能如东八仙角海上风电场是华能江苏海上风电"梦开始的地方"，从此逐梦黄海，闯出一条属于华能江苏海上风电的"智造"之路。

在江苏绵延954千米的海岸上，先后建成当时一次建成容量最大的全球首个高地震烈度区海上风电场——华能大丰海上风电场；国内首个旋转流潮汐海域海上风力发电场——华能灌云海上风电场；国内国产化程度最高的海上风电场——华能盛东如东海上风电场；创造国内海上风电建设周期最短新纪录的海上风电场——华能射阳海上风电场等 5 个海上风电项目，为海上风电技术创新提供了广阔天地。

为破解华能江苏海上风电生产运维中的技术堵点、难点，激发全体职工创新创造智慧，公司组织成立党员科技攻关组、青年创新工作室，投运国内首台套 5 兆瓦和 7 兆瓦国产化海上风电机组；实地验证华能集团首个自主研制的 ROV 水下机器人；海陆应用华能集团首项海上风电机组不停机叶片无人巡检技术；打造华能"东线"战略首个新能源"数据中心"——智慧运维中心，打破海上风电项目前期、基建期和运行期间的藩篱，打通数据壁垒，实现数据共享，通过数据的秒级存储、调用、查询，挖掘数据潜在价值，为提取、甄别有效信息提供强大的智慧支撑，进一步提高海上风电场运维效率、降低运维成本，提升海上风电经济和社会效益。

在实践的基础上，不断总结和创新，科技创新潜力得到充分释放，随之而来的便是源源不断的成果。截至 2023 年 6 月，公司发明专利授权 12 项，受理 169 项，实用新型专利授权 86 项，受理 42 项，获集团、中电联等科技一、二等奖 4 项，成功为近海漂浮式光伏国重项目研发、深远海海上风电探索提供了有效支撑。

（三）秉承工匠精神，激活发展"满盘棋"

如东八仙角海上风电场选取了远景 4.2 兆瓦、上海电气 4 兆瓦、海装 5 兆瓦风电机组，基本囊括了当时国产风机所有主流机型，如东八仙角海上风电场成为国产海上风电设备的试验场，更是华能海上风电人才的"黄埔军校"。从"黄埔军校"毕业的大批学员，分散到后续开发的大丰、灌云等海上风电项目，从"小白"蜕变成各自分管工作独当一面的"专家"了。

如今，华能江苏海上风电人才培养模式已逐渐从单一技术技能人才培训转变为综合性运维管理人才培养。挖掘自主检修潜力，以陆上风电场为试点，逐步向海上风电场推广，组建风机自主检修团队，完成灌云、启东、如东风电场全停继电保护自主检修，累计节约检修维护费用 100 多万元，完成省内首例国产化线路继电保护装置的自主更换调试工作，为风机出质保后检修运维奠定技能人才基础。公司青年职工在全国海上风电引领性劳动竞赛、江苏省电力行业协会风电运维技能竞赛、华能集团 2023 年度风电智慧运维技能竞赛、全国第三届风力发电运维职业技能竞赛中喜报频发，取得优异成绩。

延伸校企合作"触角"，打造海上风电原创技术策源地，坚持产学研用一体化模式，与清华大学等知名高校以及科研院所合作开展项目攻关。参与华能集团牵头研制的国内首台 5 兆瓦国产化海上风电机组设计，积极推动主轴承、齿轮箱、电气系统、PLC 主控系统等部件国产化，实现海上风电关键核心技术自主可控。成功认定公司首个市级研发创新平台–盐城市（华能大丰）新能源工程技术研究中心。积极推进集团级风电技能实训基地（江苏）建设，与河海大学能源与电气学院签订校企联合科技创新与人才培养协议，与河海大学签约"河海大学——华能江苏新能源中心"项目，打通产学研培训渠道，擦亮新能源人才培育品牌。

（四）增强竞争优势，谋划资源"制胜棋"

习近平总书记指出："要充分发挥集中力量办大事的制度优势和超大规模的市场优势，打好产业基础高级化、产业链现代化的攻坚战。"

公司充分发挥华能江苏海上风电"链长"优势，扩大新能源全产业链朋友圈。在建设海上风电的同时，打造"强强联合型"产业链条，与南通、连云港、盐城等地方政府联创共建，彼此互为资源支撑，为海上光伏资源获取、光伏项目建设提供强力支持；打造"交流理解型"产业链条，通过信息互通、资源共享等方式，实现相互理解和支持合作，推动与新能源产业链上游建立长期、广泛、稳定的合作关系，切实提升华能江苏海上风电产业的竞争力。

实现新能源高质量发展需要"新速度"，公司全心全意服务乡村振兴，通过与地方政府的深度沟通，全面推进射阳、阜宁、灌南整县光伏项目开发工作，采用委托设计院协助地方政府编制整县光伏项目推进方案的方式，打造与当地建设规划相匹配，具有特色、亮点的光伏项目；创新打造"新能源+"示范项目，如东外农20万千瓦"渔光互补"光伏项目正在有序推进，建成后将成为集中式光伏项目"新样板"，为江苏苏北地区经济社会发展注入强劲动力。

四、履责成效

（一）经济效益持续稳定增长

2022年，公司全年完成发电量69.62亿千瓦·时，同比增长60.87%；效益贡献保持领先，实现利润26.8亿元，同比增长89.47%，位居江苏省前列，经营利润创历史新高。同时，公司锚定国家、江苏地区以及华能集团"十四五"发展规划不动摇，在深远海示范项目和海上风电竞配项目上关口前移、主动出击，聚焦新能源项目增量，确保海上风电项目取得突破的同时，稳抓光伏项目建设。2022年，公司全年完成光伏备案163.44兆瓦，投资决策766.01兆瓦，完成并网70.25兆瓦。

项目创优成果显著。华能如东八仙角海上风电场荣获2018—2019年度国家优质投资项目特别奖、华能集团公司2019年科技进步奖一等奖、中国电力优质工程奖。华能大丰海上风电场荣获2021年度电力优质工程奖、2022—2023年度"国家优质工程奖"、华东区域江苏省海上地区AAA级风电场及国家优质工程奖。公司开发运行的安全管理平台得到业内权威机构认可，获得"中电联2021年电力创新奖一等奖"和"中电建协科学技术进步奖二等奖"。

（二）环境效益全面高效提升

公司投产海上风电装机容量251万千瓦，每年可输送清洁电量69亿千瓦·时，可供336万个中国家庭使用一年，可节约标煤276万吨，减排二氧化碳687.93万吨，减排效益相当于在长江三角洲地区种植了37595万棵树，社会经济环保效益显著。同时，公司始终坚持与自然环境和谐共生的绿色发展理念，积极开展增殖放流、沿海岸线修复等工作，对每个海上风电项目施工及运营期间造成的相关海域渔业资源损失等进行生态补偿修复，有效改善了项目海域渔业资源和生态环境。

（三）形成广泛社会传播效应

与央媒形成良性互动循环。2021年，华能如东海上风电场建设三登央视报道，以现场直播及专题报道形式探秘如东海上风电场建设实况，充分展现了华能集团全力打造世界一流现代化清洁能源企业，推行"东线"战略，在建设海上风电大国重器中取得重要成果。《大丰记忆》档案微视频成为国家档案局推广视频 20 部之一，海上风电建设典型事迹《青春之花海上开》入选第五届中央企业优秀作品创作展示活动。

五、工作展望

江苏清能分公司将继续秉承华能集团公司"三色"使命，认真贯彻落实集团公司"三六六"发展战略和"3855"发展目标，围绕国网江苏电力"三大任务、两大特色"工作部署，布局绿色发展"先手棋"，落子创新领先"制胜棋"，走活精益管理"关键棋"，持续发扬"四勇四敢"华能江苏海上风电精神，持续保持行业领先优势，为国网江苏电力建设三化一流区域公司赋能，为集团公司领跑中国电力、争创世界一流做出新的更大贡献。

电力企业
社会责任及 ESG
优秀案例集 下册

中国电力企业联合会 ‖ 编

中国电力出版社
CHINA ELECTRIC POWER PRESS

图书在版编目（CIP）数据

电力企业社会责任及 ESG 优秀案例集 . 下册 / 中国电力企业联合会编 . —北京：中国电力出版社，2024.5
ISBN 978-7-5198-8874-9

Ⅰ.①电… Ⅱ.①中… Ⅲ.①电力工业—工业企业—企业责任—社会责任—中国—文集 ②电力工业—工业企业管理—中国—文集 Ⅳ.① F426.61-53

中国国家版本馆 CIP 数据核字（2024）第 086778 号

出版发行：中国电力出版社
地　　址：北京市东城区北京站西街 19 号（邮政编码 100005）
网　　址：http://www.cepp.sgcc.com.cn
责任编辑：莫冰莹　王杏芸　杨　扬　崔素媛　丁　钊　马淑范
责任校对：黄　蓓　王海南　马　宁　朱丽芳　郝军燕
装帧设计：赵丽媛
责任印制：杨晓东

印　　刷：三河市万龙印装有限公司
版　　次：2024 年 5 月第一版
印　　次：2024 年 5 月北京第一次印刷
开　　本：889 毫米 × 1194 毫米　16 开本
印　　张：49
字　　数：1021 千字
定　　价：218.00 元（上、下册）

目录
CONTENTS

下　册

肆｜社会公益

海外履责

陆 | 责任管理

ESG

行业重点调研

综合实践

环境实践

肆 | 社会公益

南网知行教育帮扶行动——让乡村孩子享受更优质教学资源

中国南方电网有限责任公司

一、单位简介

中国南方电网有限责任公司（以下简称"公司"）是中央管理的国有重要骨干企业，由国务院国资委履行出资人职责。公司负责投资、建设和经营管理南方区域电网，参与投资、建设和经营相关的跨区域输变电和联网工程，为广东、广西、云南、贵州、海南五省区和港澳地区提供电力供应服务保障；从事电力购销业务，负责电力交易与调度；从事国内外投融资业务；自主开展外贸流通经营、国际合作、对外工程承包和对外劳务合作等业务。

二、案例背景

广西、云南、贵州、海南以及广东的广大农村地区，有数千个乡村小学，由于交通不便，乡村儿童很少有机会看到外面的世界，更难以像城市的孩子们一样享受优质的教育资源，一定程度制约着孩子们的学习成长。

党的十八大以来，习近平总书记站在新时代党和国家事业发展全局的高度，把教育事业摆在更加突出的优先发展战略地位，在党的二十大报告更是把教育科技人才单独成章进行布局。聚焦乡村振兴领域，习近平总书记更强调人才振兴为乡村振兴的基础，把人力资本开发放在首要位置。公司作为国有重点骨干企业，心怀"国之大者"，践行"人民电业为人民"的宗旨，认真贯彻落实党中央、国务院关于科教兴国战略和乡村振兴战略的决策部署，创新实施南网知行教育帮扶行动，统筹助力广东、广西、云南、贵州和海南五省区乡村人才振兴。

三、实施路径

（一）创新探索，试点建设南网知行书屋

2019年初，公司孟振平董事长在调研期间，关注到了贫困地区教育问题，思考如何为乡村教育办点实事，表示"南方电网公司决不当过客"，并首次提出了南网知行书屋的构想，致力于让乡村孩子受到

更有质量的教育。在充分调研后，公司相继在广西东兰县、云南维西县试点建设了50所南网知行书屋。书屋的实用性和创新性受到当地教育部门、学校师生高度评价，逐步成为校园文化的"靓丽名片"。

（二）创新突破，打造南网知行教育帮扶行动品牌

迈进乡村振兴阶段，公司坚决贯彻习近平总书记关于切实做好巩固拓展脱贫攻坚成果同乡村振兴有效衔接和以人民为中心发展教育的重要指示精神，以南网知行书屋项目为支点，全面启动南网知行教育帮扶行动，打造覆盖南方五省区教育帮扶品牌。

2021年6月，公司联合中国乡村发展基金会设立南网知行教育发展基金，计划用五年时间捐赠1.5亿元，在南方五省区脱贫地区特别是乡村振兴重点县、革命老区、涉藏地区建设不少于300间南网知行书屋，让更多乡村儿童享受到城市优良的教育资源和机会。

遵循品牌化管理理念的南网知行书屋，奠定了标准化、规范化、数字化的发展思路，保障了项目的可持续发展。一是联合中国新闻出版研究院调研并发布了《乡村小学阅读状况调查报告》，为南网知行书屋的发展奠定了理论基础，找准着力点。二是举办南网知行书屋设计大赛，征集兼具实用性和设计感的设计方案。南网知行书屋设置了书籍阅读区、脑互动教学区、益智手工区等模块，通过模块选配形成"全面型""普通型"和"精简型"三种标准设计方案，各学校可结合当地人文建筑特色、场地规模等选择。遵循标准化设计，南网知行书屋做到了建配管用"四统一"（统一设计、统一建设、统一配置、统一管理），实现了建设可复制，质量可控制的品牌管理模式。三是邀请国内知名教育专家、一线教师等成立专家组，历时3个月研制4000余册的乡村儿童"专属"书单，并配送到每一间书屋中，保障孩子们读上好书。四是立足数字化、网络化教育发展趋势，在每间南网知行书屋配备一批平板电脑、电子读物、有声读物、一体机电子黑板等数字教育产品，为乡村儿童打开更广阔的虚拟书籍世界，进一步凸显了南网知行书屋的数字化属性。五是构建教育部门、学校、属地供电局和基金会"四位一体"的协同机制和统一规范化的书屋管理机制，保障了书屋的可持续发展。

（三）书屋为媒，南网知行教育帮扶行动如火如荼

为践行习近平总书记在党的二十大报告中强调的"坚持教育公益性原则，强化学校教育主阵地作用"，公司在建好书屋的同时，以书屋为载体，围绕"学生所盼、学校所需、我们所能"，实施了一系列教育帮扶行动，让更多乡村儿童享受到城市优良的教育资源和机会，以实际行动推动教育均等化。

聚焦乡村儿童全面素质发展。一是以世界读书日、六一儿童节等为契机，先后在广东、广西、云南、海南举办南网知行儿童读书节活动，让乡村儿童成为主角，向大山之外展示学习阅读的快乐和成效，活动同步开展线上直播，累计观看超80万人次，得到了央视、新华网等媒体的报道。二是在云南昆明、广西南宁举行南网知行小喇叭夏令营活动，来自云南维西傈僳族自治县、广西东兰县等6所乡村小学的40名优秀学生第一次走进省博物馆、图书馆，开展沉浸式的学习实践。三是开展"山里娃走进云课堂"、南网知行·老科学家科普行等系列活动，邀请来自北京、深圳等地的教育名师、老科学家、专家教授等依托南网知行书屋远程教学系统开展线上授课，让乡村孩子享受到更优质的教学资源。

围绕乡村教师教学能力提升。一是先后举办八场南网知行教育培训班，邀请教育领域的专家学者、资深教师开展授课，帮助 360 所学校超过 1300 名一线骨干教师提升教学水平。二是实施乡村领读人计划，举办 28 场线上"阅读与分享"学习沙龙，由专业阅读教育团队带领，通过线上交流形式，提升乡村教师阅读教学能力。

开辟公益行动新阵地。 一是组建"电博士"青年志愿服务队，利用自身科研优势，把前沿电力科研成果转化成有趣的科学小实验，在广西南网知行书屋全覆盖举办科学课堂，服务师生超 100 万人次。"电博士"志愿服务入选全国电力企业履行社会责任典型案例，先后荣获中国青年志愿服务大赛金奖、中国青年志愿者优秀项目奖、中央企业青年文明号等。二是结合"世界读书日"，邀请李立涅院士、优秀帮扶干部吴长碧等五人录制了"我为乡村孩子送本书"荐书短片，发挥榜样的力量，向乡村孩子们推荐一本好书，短片获得广泛关注与转载。三是开展了"点亮开学季 知行校园行"活动，汇聚公司"爱心款"40 余万元，向 1473 名学生发放奖学金、助学金，购买 60 个爱心礼包。

四、履责成效

（一）落地生花，南网知行书屋绽放南方五省

截至 2023 年，公司已在五省区建成 360 间南网知行书屋，覆盖 57 个县（市），配置近 125 万册优质图书，直接受益学生人数近 36 万人。其中，坐落于海拔 2500 米以上山区书屋 34 所，最高海拔超过 4000 米。据统计，南网知行书屋平均每周使用时间超过 20 个课时，书屋的使用频率、欢迎热度持续攀升。南网知行书屋打造的不仅是一个师生喜爱阅读空间，更是承载南方电网公司助力乡村人才振兴的重要载体。

2022 年，南网知行书屋项目入选国家乡村振兴局社会帮扶助力巩固脱贫攻坚成果同乡村振兴有效衔接典型案例，是入选的 10 家央企之一。

（二）巩固拓展，持续丰富南网知行教育品牌内涵

功以才成，业由才广，乡村振兴，关键在人。习近平总书记强调"要积极培养本土人才，为乡村振兴提供人才保障。"公司深刻理解教育与人才在推进乡村振兴工作中的极端重要性，将南网知行教育帮扶行动纳入公司文化强企战略体系，以南网知行书屋为支点，不断探索实践了一系列教育帮扶行动，持续巩固拓展南网知行教育帮扶行动的品牌内涵。

探索"定向培养 + 转移就业"教育帮扶的新路子。 公司每年选取迪庆州 30 名迪庆籍应届高中毕业生，到云南省内公立高校的电气类专业开展委托培养，通过校企合作培养合格后统筹安排就业。截至目前，公司已累计委托培养迪庆籍学生 94 名，其中，第一批 33 名毕业生已在云南电网公司下属单位就业。今年，受益于公司定向委培的李绍军回到维西县白济汛乡成为家乡的一名帮扶干部，谱写了大山里的动人故事。

真实版《放牛班的春天》为山区儿童带来艺术与文化熏陶。 公司牢记习近平总书记"促进学生德智体美劳全面发展"的要求，在实施"幸福厨房"项目，为广东山区小学援建 20 间幸福厨房的同时，帮助留守儿童成立合唱团——幸福赫兹合唱团，让留守儿童不仅能吃上了热饭热菜，更能在音乐艺术

的熏陶中快乐地成长。

在贵州省紫云县，开展党的二十大精神进校园系列活动，公司的二十大代表龙福刚同志分享二十大精神和"加油"典故由来，圆梦孩子"微心愿"；在海南白沙县，"光明与爱"青年志愿者团队走进学校，通过生动有趣的电力科普课激发孩子们对知识的兴趣；在老挝，公司与老挝南塔河公司建设了两所中老友好学校，正推动中老教育交流，支持乡村儿童教育。

随着越来越多的教育帮扶行动落地，南网知行教育帮扶行动正逐步打造成为具有广泛影响力的公益品牌。

五、工作展望

乡村兴则国家兴，教育强则国家强。乡村教育关乎国计民生，关乎乡村振兴，对巩固脱贫攻坚成果，助力实现共同富裕具有重大意义。习近平总书记一直高度重视乡村教育，对此寄予殷切期望。

下一步，公司将继续贯彻落实习近平总书记关于科教兴国战略和乡村振兴战略的重要指示精神，广泛联合国家相关部委、中央企业、高等院校等，开启南网知行教育帮扶行动提升计划，为教育帮扶谱写新的篇章，将南网知行教育帮扶行动打造成为央企助力乡村振兴和推动乡村教育发展的样板工程，吸引和带动更多行业企业和社会爱心力量积极参与进来，帮助更多的乡村孩子丰富课外阅读，充实精神世界，树立远大理想，实现早日圆梦。

"救援电塔"架起野外逃生通道

国网浙江省电力有限公司超高压分公司

一、单位简介

国网浙江省电力有限公司超高压分公司(简称"国网浙江超高压公司")是浙江省电力主网架运维管理单位,负责运维全省特高压交直流变电站6座、500千伏变电站43座,管理特高压线路1866千米、500千伏线路8871千米,公司管辖设备覆盖全省,共有职工948人,运维资产1176亿元。

二、案例背景

随着乡村振兴战略的实施,各地纷纷开展"美丽乡村"的建设,乡村旅游、登山、探险等活动越来越受人们欢迎,随之而来的野外遇险事件也时有发生。据中国探险协会发布的《2022年度中国户外探险类事故报告》显示,2022年共发生户外探险事故372起,受伤194人,死亡162人,失踪52人。登山作为事故率最高项目,占总量的37.36%。2021年5月,甘肃山地马拉松事故造成21人不幸遇难,"野外应急救援"成为时下热点议题。

高压输电线路大多位于深山丛林之间,道路崎岖、杂草丛生,隐藏着许多看不见的危险,电力工人长期往返于此,也难免遇到紧急情况。

巡线遇险、驴友迷路、老人走失……当在野外遭遇紧急情况,手机却丢失信号时,应该如何自救呢?

据杭州蓝天救援队介绍,野外救援最困难也是最关键的,就是锁定遇险人员位置。如何破解野外救援"定位难",提高救援效率,保障遇险人员生命安全呢?"救援电塔"解决方案给出了一份精彩答案。

本项着眼于解决野外应急救援"定位难"的痛点,将社会责任管理理念引入公司服务提升工作中,充分挖掘电力企业具备的现有资源,联合杭州蓝天救援队等利益相关方,共同建设以搭建"铁塔救援中心"为平台,户外"天眼"为媒介,铁塔救援站为支点的野外应急救援联盟,打通野外应急救援生命通道,共同构建安全、绿色的乡村旅游环境,助力乡村振兴和可持续发展。

三、实施路径

建设"铁塔救援中心",破解"受困人员定位难"。迷路可以说是登山过程中最常见的,也是最大的安全风险。野外应急救援最难解决的是"受困人员定位"问题。这一切的源头,都是定位。有人的地方，就有电力铁塔，将电力铁塔打造成"救援灯塔"，不仅能帮助驴友们辅助定位，关键时刻甚至能救命。项目团队依托分布全省各地的特高压电力铁塔资源，利用安装在电力铁塔顶部的视频监控装置，整合覆盖全省 7 个地市的 2934 套 24 小时视频监控装置资源，形成集主动呼救、被动搜寻于一体的"铁塔救援中心"，帮助蓝天救援队等应急救援组织开展救援搜索，解决野外应急救援受困人员定位难、救援效率低的痛点。

建设铁塔应急救援点，破解"应急物资缺乏自救难"。户外电力铁塔众多，并非所有铁塔都配备有救援物资，项目团队在前期实施经验的基础上，为相关电力铁塔安装"太阳能航空信号灯"，让受困人员能快速识别救援铁塔。同时，项目团队还为救援铁塔安装应急救援箱、逃生导航图、一键呼救装置、户外防水箱、应急药品等设施，将电力铁塔打造成户外应急救援点，进一步发挥电力铁塔"救援灯塔"功能。

单基铁塔固定设施和应急物资配置表

序号	物品	单位	数量
1	北斗应急呼救站	个	选配
2	北斗野外 SOS 站	个	选配
3	太阳航空能信号灯（主动发信）	个	1
4	快速逃生导航图	块	1
5	无线呼叫器（需 2G 信号）	个	选配
6	户外防水箱	个	1
7	防爆手电筒（半年充电 1 次）	个	1
8	应急药品（半年更换 1 次）	套	若干
9	饮用水（每月更换 1 次）	瓶	2

建设"590"无线公网，破解"信号丢失呼救难"。在前期实践基础上，依托"铁塔救援中心"搭建野外救援平台，为电力铁塔装设"无线对讲中继"，实现铁塔周边 10 千米范围内无线电网络覆盖。户外爱好者常备无线对讲机，在网络覆盖范围内，通过"590"铁塔救援专用无线电频道，可实现一呼百应，实现由被动救援到主动呼救的转变。对于部分地处偏僻山区，通信信号无法覆盖且无线中继信号也相对较差的环境，项目团队应用北斗短报文技术有效解决无公网传输问题，遇险人员可通过北斗应急呼救站、北斗野外 SOS 站、北斗救援手持终端等向铁塔救援中心求救，确保实现铁塔周边"永不失联"。

共享"救援铁塔"资源，打造安全旅游体验区。浙江具有丰富的山地旅游资源，湖州天目山、绍兴天姥山等景区深受户外旅游爱好者喜爱。景区周边包含多基电力铁塔。项目团队拟为相关铁塔安装救援设施，户外旅游爱好者前往景区游玩，可体验"救援铁塔"铁塔救援设施，确保突发险情一键呼救，提升景区游玩的安全感。

积极宣传推广，搭建野外应急救援联盟。加强与主流媒体的沟通协作，定期邀请媒体记者、社会公众走进安全旅游体验区，通过现场体验、应急演练等方式，广泛宣传"救援铁塔"解决方案，扩大该项目在户外登山、露营、探险等领域的影响力，集合各类社会组织力量，提升野外应急救援成效。

加强与蓝天救援队应答中心、110 报警服务台、属地应急办、各类应急救援组织的信息共享，完善沟通协作机制，进一步激活"救援铁塔"在野外导航、事故调查、人员搜寻、危害预警等方面潜能，搭建铁塔救援生态联盟，推进联盟各方多方共赢。

该项目经过 3 年的持续创新实践，实现了以下 4 个方面的突破。

在理念上，转变以往公益项目依赖物资捐赠、依靠单打独斗的发展观念，围绕"共享共建"制定项目长远发展的目标、价值和需求，以电力廊道资源共享、应急救援网络共建为核心，联合利益相关方共同搭建项目工作团队。积极与蓝天救援队、户外运动协会、媒体机构等利益相关方沟通，交流"铁塔救援"的新思路、新方向，明确工作团队及职责分工，并邀请社会责任专家进行指导协助。积极向属地应急管理部门宣传"共享共建"发展理念，提升"铁塔救援"项目的价值认同，让共享共建、提效增速的应急救援理念深入人心。

在体系上，结合当前现实基础与未来远景规划，制定"脉动 590"铁塔救援项目三步走战略，将工作分为初创期、成熟期、推广期三个阶段。初创期着力解决"受困人员定位难"的痛点，通过电力廊道资源共享，建立以铁塔救援为基础的机制，打造山区天眼，不断优化救援网络；成熟期着力解决"野外资源缺乏自救难"的痛点，为电力铁塔增设设施，探讨不同场景下的救援模式，完善野外应急救援的长效运维机制，致力于形成可持续的野外应急救援解决方案；推广期，着力解决"信号丢失呼救难"的痛点，为电力铁塔新增北斗应急呼救系统，同时聚焦公益品牌运作和社会传播，努力唤起更多团体和公众野外应急救援的社会关注，逐步拓宽"脉动 590"公益品牌的资源共享渠道。联合国网浙江综合服务中心、国网绍兴供电公司、杭州拱墅蓝天救援队等 3 家单位共建"脉动 590"公益项目，持续为电力铁塔安装通信、救援设施，打通野外救援生命通道。

在技术上，针对野外应急救援设备户外空置时间长、通信信号弱、温湿度变化大等特点，专项开发更能适应环境变化，更能抵御雷雨风暴、高温冰冻等恶劣环境的铁塔应急救援设备，以及容量更大、耐用性更好的户外储能电池，解决户外设备痛点、通信安全等难点。联络嘉兴国电通新能源科技有限公司，应用北斗短报文技术有效解决山区无公网传输问题，同步研制北斗指挥机、北斗应急呼救站、北斗野外 SOS 站、北斗救援手持终端等设备，持续优化升级铁塔救援设施，提升野外应急救援效率。

在示范性上，项目开展至今，先后完成"一键呼救装置""铁塔救援中继""北斗应急呼救站"等设备的开发、装配和试用，据试用对象反馈，铁塔救援设施在野外救援搜寻、野外受困、野外迷路等场景下有诸多应用需求。开展"电力铁塔成'救援灯塔'关键时刻为生命引航"等系列宣传，相关报道在中新社、浙江在线、中国蓝新闻、中国电力报、电网头条等媒体平台刊发，唤起了社会对野外应急救援的关注，争取到属地应急办、蓝天救援队、"驴友"组织及其他志愿服务单位的认可。制作品牌故事微电影《小人物》，参评国家电网有限公司品牌故事大赛。该项目连续 3 年获评国网浙江电力重点社会责任根植项目。

四、履责成效

（一）社会效益

一是促进国家电网价值认同，该项目的实施促进了公司员工社会责任思维理念的提升以及业务和工作模式的改进，赢得了社会公众对国家电网有限公司公益品牌的认可和尊重，塑造了国企积极履行社会责任的良好形象。二是创新社会治理实践，该项目为野外应急救援提供了新思路、新方法，为解决相关社会治理难点和痛点提供了"电网方案"，不仅促进了救援组织自身业务发展与成长，也吸引了更多利益相关方共同参与到"平安中国"建设中来。

（二）经济效益

一是促进乡村旅游产业发展，低配版"SOS"一键呼救装置成本不足 500 元，可适用于浙江 97% 以上的电塔，能有效提升户外旅游的安全性和体验感，促进乡村旅游、户外旅游等产业的可持续发展，带来的隐性价值远超过经济投入。二是节约企业安全管理费用，该项目还解决了山区网络传输问题，为电力作业人员提供内部沟通应答平台，在电力巡线人员遭遇车辆故障、人身安全等意外情况时，可及时提供救援保障。

（三）推广价值

一是拓展项目应用场景，该项目成果还可应用于森林防火、环境监测、动物保护，以及防止"阿尔茨海默"病人走失等场景，项目团队将进一步加强利益相关方合作，持续拓宽项目应用场景。二是拓宽项目覆盖范围，该项目在地广人稀的西北地区更具推广应用价值，项目团队将根据地形复杂程度、通信信号强弱、人员出入频次等，制订"低、中、高"三大解决方案，并随着项目推广范围扩大，持续降低推广成本。

五、工作展望

该项目经过 3 年培育，构建了北斗 SOS 呼救台、"590"无线公网、野外救援"天眼"等三大应用场景。

场景一：北斗 SOS 消除通信盲区

电力巡线遇险、登山受困等人员可通过北斗 SOS 呼救台向铁塔救援中心求救。铁塔救援中心获取受困人员定位后，第一时间通知蓝天救援队等组织展开救援。

场景二："590"公网锁定救援频道

利用铁塔专用无线中继，组建信号更强、覆盖更广的"590"铁塔救援公网。迷路"驴友"可接入"590"救援频道，与铁塔周边 20 千米内的队友、救援组织等取得联系。

场景三：野外"天眼"缩短救援时间

蓝天救援队搜救过程中，可借助"线路通道可视化监控装置"调取走失人员行动轨迹，缩小搜救范围，并利用无人机喊话，引导走失人员找到就近的救援铁塔，等待救援。

下阶段，项目团队将持续升级"救援铁塔"相关设施，促进该项目在国家电网有限公司立项，推进项目在四川、甘肃等西北地区的推广应用，持续拓展项目覆盖范围，让有电塔的地方，就有生命救援的微光。

守护童"心"共筑希望——三峡集团在青海资助千余名儿童重获"心"声

中国长江三峡集团有限公司

一、单位简介

中国长江三峡集团有限公司（以下简称"三峡集团"）因建设三峡工程而生，成立于1993年9月，是国务院国资委确定的首批创建世界一流示范企业之一。历经30年持续快速高质量发展，目前集团业务遍布国内31个省、自治区、直辖市以及全球40多个国家和地区，现已成为全球最大的水电开发运营企业和中国领先的清洁能源集团。三峡集团致力实施清洁能源和长江生态环保"两翼齐飞"，"十四五"时期将基本建成世界一流清洁能源集团和国内领先的生态环保企业。

二、案例背景

先天性心脏病，简称先心病，是指在胚胎发育过程中心脏结构发生异常的一类疾病，属于出生缺陷范畴。先心病对儿童的身心健康造成极大危害，也给家庭、社会带来较大负担。青海省地处青藏高原东部，因海拔高，含氧量低，先天性心脏病发病率高于国内其他地区，尤其是玉树、果洛等地先心病发病率高达8‰。加之 些高海拔偏远地区医疗水平有限，交通不便利，不少先心病患儿延误了最佳治疗期，导致病情加重甚至死亡。先心病对儿童的身心健康造成极大危害，也给家庭、社会带来较大负担。

党的十八大以来，以习近平同志为核心的党中央高度重视儿童发展及权利保护，坚持优先发展儿童事业，促进儿童全面发展。党的二十大报告提出"推进健康中国建设。人民健康是民族昌盛和国家强盛的重要标志。把保障人民健康放在优先发展的战略位置。"作为一家具有强烈责任感和使命感的中央企业，三峡集团始终秉持"善若水 润天下"的责任理念，始终坚守"为国担当、为民造福"的责任初心，积极履行社会责任，积极参与乡村振兴，关心人民身体健康。为深入贯彻落实党的二十大精神，积极履行中央企业社会责任，帮助青海省困难家庭先心病儿童摆脱疾病，恢复健康，造福患儿家庭及社会，三峡集团于2021—2022年捐赠1000万元，联合青海省红十字会，实施青海省先心病儿童救助项目。

三、实施路径

项目采用与定点救治医院合作模式，成立由各定点医院专家组成的团队，建立完善的救助工作流程和管理制度，在救助人员和资助资金上实行兜底式服务，让患儿家庭实现救治"零负担"。项目实施内容为对青海省 0 ~ 18 岁儿童开展先心病的筛查、诊断、治疗及回访，通过早发现、早诊断、早治疗，有效提升青海省先天性心脏病患儿的治愈率，帮助青海省先心病患儿早日解除病痛，健康成长。

- **筛查患儿。** 联合青海省心脑血管病专科医院、青海大学附属医院、青海红十字医院、青海省人民医院、青海省妇女儿童 5 家定点医院，在全青海省范围内对 0 ~ 18 岁儿童开展先天性心脏病的筛查。通过筛查确诊符合先心病手术，具有青海省户籍 0 ~ 18 岁的困难家庭先心病患儿。

- **治疗申请。** 患儿家庭填写《资助申请表》，提交户口簿复印件（户主及患儿页）、监护人户口本及身份证复印件、患儿心脏彩超单等资料，报当地红十字会或定点医院申请资助。

- **手术评审。** 青海省红十字会定期组织 5 家定点医院的先心病治疗专家召开评审会，评审申请救助的患儿是否符合手术治疗条件（对于病情严重需及时治疗的患儿适时进行网络评审，以缩短申请时间）。

- **手术治疗。** 通过评审的患儿，由各定点医院及时进行手术治疗。实行住院、治疗、结算"一站式"服务，保证患儿家庭"无顾虑、零负担"。

- **术后回访。** 定点医院及青海省红十字会采取上门和电话回访的方式对已实施手术治疗的患儿进行回访，了解治疗、恢复等情况并及时给予问题解答。

四、履责成效

- **帮助孩子们健康成长。** 自 2021 年起，三峡集团连续两年捐助资金 1000 万元实施青海省先心病儿童救助项目，1000 多名先心病儿童受到三峡集团的资助，重获"心"生，从此"怀揣"着健康的心脏踏上成长旅程，与正常的孩子一样拥有快乐的童年。

- **有效减轻患者家庭困难。** 项目实施在资助资金上实行兜底式服务，让患儿家庭实现救治"无顾虑、零负担"，有效解决青海省困难家庭先心病患儿及患儿家庭"筹款难、看病难"的问题，减轻患儿家庭困难。

- **传播三峡公益正能量。** 项目的实施动员及带动更多社会爱心力量持续推进青海省先心病及其他大病求助工作的开展，为更多困难家庭的大病患者带来希望，为建设健康青海做出积极贡献。

- **项目实施得到地方肯定。** 2023 年 4 月，青海省红十字会向三峡集团专门发来感谢信，对三峡集团在青海省先天性心脏病儿童救治工作中给予的资助表示感谢。2023 年 5 月，青海省红十字会在西宁市举办"5·8"世界红十字日活动，将与三峡集团共同实施的先心病救助项目作为典型帮扶案例进行展示并为三峡集团颁发感谢状。

五、工作展望

奉献三峡爱心，增进民生福祉。三峡集团将始终秉持"善若水 润天下"的公益理念，始终牢记"为国担当、为民造福"的初心使命，以实际行动践行公益担当，积极回馈社会，开展公益救助，助力更多"天使之心"有力跳动，为更多的先心病患儿带去健康，为儿童先心病救助事业发展传递三峡温暖，贡献三峡力量。

以"金融＋慈善"模式开启央企公益服务新范式

国家电投集团产融控股股份有限公司

一、单位简介

国家电投集团产融控股股份有限公司（以下简称"电投产融"）是国家电力投资集团有限公司（以下简称"国家电投"）旗下上市公司，A 股证券简称"电投产融"，股票代码 000958。

电投产融坚持央企能源产业金融定位，立足国家电投的企业使命和"绿色、创新、融合，真信、真干、真成"的核心价值观，以"赋能清洁能源，创造绿色价值"为宗旨，扎实推进"2035 一流战略"落地，致力于建设一流绿色能源产融企业。

二、案例背景

党的二十大报告指出，"中国式现代化是全体人民共同富裕的现代化。""着力促进全体人民共同富裕，坚决防止两极分化。""全面推进乡村振兴，扎实推动乡村产业、人才、文化、生态、组织振兴。"

作为国家电投的综合金融服务平台，电投产融以党的二十大精神为指引，积极践行国家电投核心价值观，在"能源＋金融"双主业发展道路上，彰显央企担当，践行社会责任，依托所属企业百瑞信托有限责任公司（以下简称"百瑞信托"）专业优势，着力打造"金融＋慈善"模式，发起设立慈善信托，用金融给慈善装上动力系统，助力共同富裕，推动全面乡村振兴，让金融更有温度，让公益更有力量。

电投产融坚持以融促产、以融强产，依托所属百瑞信托专业优势，运用"集合资金信托＋慈善目的"创新模式，积极履行社会责任，致力公益慈善事业。2008 年发起设立为期 10 年的"百瑞信托郑州慈善（四川灾区及贫困地区教育援助）公益信托"，援助汶川地震灾区教育事业。2013—2015 年，落地百瑞仁爱天使基金、瑞祥基金等公益目的信托项目，开创本金返还、收益捐赠的创新慈善类信托模式。

2016 年 3 月 16 日《慈善法》出台，慈善信托作为推动公益慈善个性化发展的重要力量自此有法可依。电投产融百瑞信托先后备案成立 23 单慈善信托、3 单准公益信托，包括支持教育事业、精准帮扶困境儿童、环境保护、灾害救助等。

本案例以"百瑞仁爱·天使基金""百瑞仁爱·映山红慈善信托""百瑞仁爱·春晖慈善信托"三单慈善信托为例阐述电投产融的"金融＋慈善"模式公益实践。

三、实施路径

（一）百瑞仁爱·天使基金：为折翼天使插上爱的翅膀

2013 年夏天，电投产融所属百瑞信托员工在河南金庚康复医院接触到一群特殊的孩子，他们中最小的不足满月，稍大的有五六岁，但看起来却像两三岁；他们想说话，却只能含糊不清地发出一些吱吱呀呀的音节，想站立，却只能歪歪扭扭挣扎地爬起；医院床位紧张，一些小一点的孩子只能被护工直接放在垫子上，静静地躺着，几乎发不出任何声音，好像这个世界与他们没有任何关系。这群特殊的孩子就是脑瘫弃儿。

百瑞信托员工当即就决定要帮助这群孩子，可是通过什么方式呢？捐钱、捐物？从事金融行业的他们有了一个大胆的想法——设立一个以公益为目的的信托项目，通过对信托本金的持续滚动投资从根本上解决这群特殊孩子们的治疗费用问题，同时引入基金会担任信托监察人，确保每一分善款都用于需要救助的脑瘫患儿。他们给这个计划起了个名字，叫"百瑞仁爱·天使基金"。首期募资 1100 万元，随后增至 1400 万元，帮助被遗弃的脑瘫儿童和贫困家庭脑瘫儿童筹集治疗费用。

现在，孩子们用上了先进的治疗设备，大一点的孩子有了定制的矫正器，每一个孩子都有了专属的小床，再也不用在炎热的夏天挤在一起，更欣慰的是，孩子们拥有了独立的早教室，治疗之余有了学知识的地方，孩子们的生活环境、治疗条件得到了很大改善。

与传统"输血式"公益信托项目相比，百瑞仁爱·天使基金信托具有三个突出特点：①实现了公益救助的可持续发展，使天使基金作为公益救助平台自身具备造血功能；②信托计划为开放式，各参与方均不收取任何报酬，委托人可随时加入，随时注资，同时允许申请赎回；③通过引入基金会担任信托监察人，对善款的使用进行全程监督，建立了透明公开的信息披露机制，确保每一分善款都用于需要救助的脑瘫孩子。

（二）百瑞仁爱·映山红慈善信托：送你一朵小红花

江西省靖安县岭下村，坐落着国家电投旗下装机容量最小的水电厂——江西三和罗湾水电厂。罗湾水电厂库区因为地理环境偏僻，资源匮乏，居住在这里的人们，世世代代过着贫困的生活。目睹这样的情景，罗湾水电厂的团员青年们从心底涌动出一种最纯真最朴实的念头——一定要让这些孩子上学。2003 年，"映山红"爱心助学公益行动最早在江西公司罗湾水电厂开展起来。2010 年 7 月，"映山红"爱心助学活动正式提升为国家电投共青团"映山红"青年志愿服务行动，"映山红"成为国家电投重要平台和践行社会责任的重要途径。

2017 年 6 月，以《慈善法》颁布为契机，国家电投团委将多年运作积累下来的 195 万元"映山红"基金，通过电投产融百瑞信托设立"百瑞仁爱·映山红慈善信托"的方式进行专业化运作、统一管理。这是全国首支由央企团委发起的慈善信托，是国家电投"映山红"爱心助学行动的拓展与升级，也是河南省首支慈善信托。

电投产融"百瑞仁爱·映山红"慈善信托一方面为"映山红"青年志愿服务行动提供了资金保障

支持，另一方面助力国家电投探索出了"金融＋公益"的志愿服务新路、创新打造出具有金融产业特色的志愿服务品牌，走出了一条卓有成效的可持续发展之路。

（三）百瑞仁爱·春晖慈善信托：春风化雨，爱如春晖

2023 年 4 月 12 日，电投产融联合所属企业百瑞信托、先融期货赴贵州省遵义市文化小学忠庄校区，开展"映山红·百瑞仁爱春晖慈善信托"爱心助学捐赠活动，捐赠金额共计约 25 万元。

映山红·百瑞仁爱春晖慈善信托爱心助学捐赠仪式

2018 年，由电投产融党委主导、团工委组织，全体干部员工共同参与牵头发起的慈善信托——百瑞仁爱·春晖慈善信托在郑州市民政局完成备案后正式成立，成立规模 73.34 万元，2020 年初第二次募集资金 37.9 万元，2021 年 3 月第三次募集资金 68.97 万元，共计 180 余万元。信托期限为 10 年，募集爱心善款及收益用于资助全国偏远地区的留守儿童、贫困儿童，为其在教育、生活、医疗等方面提供必要的帮助，这也是我国第一单募集资金全部来自大型央企下属企业员工个人捐款的创新型慈善信托，同时开创了"个人或企业＋公益慈善基金会＋信托公司"的慈善信托业务新模式。

四、履责成效

电投产融通过"金融＋慈善"模式在公益慈善领域积累了丰富的经验，开启了央企公益服务新范式，向社会传递爱心，促进社会和谐与稳定，体现了企业社会责任感，并有效提升了企业形象和社会信誉度。

（一）社会效益

作为央企上市公司，电投产融以"金融＋慈善"模式公益实践积极践行 ESG 理念，高标准履行央企社会责任。

第一，企业通过信托的结构设置，充分发挥信托制度灵活、高效、专业的资产管理能力，使慈善信托财产保值增值，解决了公益捐赠自身造血的可持续发展问题，为慈善事业提供无限增量。第二，电投产融通过慈善信托为需要帮助的人群送去温暖，建立"扶智＋扶志"模式，助力优秀人才培养和地区可持续发展，助力共同富裕，推动全面乡村振兴。第三，电投产融为企业参与公益慈善事业提供了更充分、更多元的运作方式，开创了中央企业以"慈善＋金融"模式践行公益事业的新路径，为中央企业和 NGO 组织如何更好与金融机构合作推进社会慈善公益事业发展，实现多方合作共赢提供了可资借鉴的样本。

2021 年，映山红青年志愿服务项目荣获第五届中国青年志愿服务公益创业赛铜奖。2022 年，电投产融荣获第六届中国青年志愿服务项目银奖，"百瑞仁爱·映山红慈善信托"已进入第十二届"中华慈善奖"候选名单，并进行公示。

（二）经济效益

电投产融通过自身的慈善信托实践长期关注边远地区的慈善公益事业，让善款实现自身造血功能，并持续进行对外捐赠，源源不断输送爱与责任，累计管理公益慈善类资金近 1 亿元，为公益慈善事业创造投资收益超 3000 万元。

截至 2023 年，百瑞仁爱·天使基金已拨付资金 614 万元，救助 700 余名脑瘫患儿。

国家电投"映山红"爱心助学公益行动自 2003 年启动，至今已经 20 年了。"百瑞仁爱·映山红慈善信托"自 2017 年 6 月 6 日成立以来，也已经走过了 6 个年头，投资收益超 60 万元，已将 20 笔善款共计 150 万元用于新疆、西藏、贵州等地的慈善公益事业。

"百瑞仁爱·春晖慈善信托"成立于 2018 年 12 月 21 日，目前总收益超 30 万元。2023 年，百瑞仁爱·春晖慈善信托也正式成为国家电投"映山红"爱心助学子品牌——"映山红·春晖"，这支慈善信托累计捐赠 25 万元用于帮助到边远山区的孩子们。

2023 年，电投产融百瑞信托作为受托人设立的慈善信托及公益信托累计对外捐赠 27 笔，累计捐赠金额 483.85 万元。

（三）推广价值

电投产融创新性提出并实践"金融＋慈善"模式，获得了较大的社会关注度，引发了主流媒体的广泛传播，斩获多个重磅奖项，有效提升了企业公众形象和社会美誉度。

央视《焦点访谈》、新华社、中青在线、共青团中央新闻联播、《中国青年》、新华网等主流媒体广泛宣传电投产融在公益慈善方面所做出的努力。

五、工作展望

电投产融"金融＋慈善"模式的实践仍然在继续，助力共同富裕，推动乡村振兴仍然在路上。2023 年 8 月 4 日，源福慈善信托在郑州市民政局完成备案，这是百瑞信托作为受托人设立的第 23 单慈善信托。

截至目前，电投产融百瑞信托累计管理公益慈善类资金近 1 亿元，为公益慈善事业创造投资收益超 3000 万元，实现了善款的自我造血功能，开创本金返还、收益捐赠的创新慈善类信托模式。电投产融以"金融＋慈善"模式开启了央企公益服务新范式，建立了"扶智＋扶志"长效机制。

作为央企上市公司，电投产融将继续践行 ESG 理念，履行社会责任，扎实推进"金融＋慈善"模式，持续探索慈善信托创新路径，全力打造可持续的财产运用机制和长效帮扶机制，有效引导企业、社会组织和家庭以慈善信托方式积极参与公益慈善事业，努力为推动我国慈善事业高质量发展贡献智慧和力量。

十年，铸就新时代"都江堰"

大唐四川发电有限公司

一、单位简介

大唐四川发电有限公司是中国大唐集团公司的全资子公司，其前身为中国大唐集团公司四川分公司，成立于 2006 年 12 月 22 日，注册资本 85.84 亿元。2005 年，中国大唐集团联合四川省内的四家省属公司按照一定的股份比例，共同组建嘉陵江亭子口水利水电开发有限公司，由大唐四川分公司负责开发建设和运行管理。

嘉陵江亭子口水利枢纽位于红四方面军北上抗日出发地——苍溪县，是国务院完善长江防洪体系六大重点工程之一，是四川省"再造一个都江堰"灌区骨干工程，西部大开发重点工程，是嘉陵江干流唯一的控制性骨干水利枢纽工程，是四川省"五横六纵"引水补水生态水网的重要组成部分，是川东北干旱地区、革命老区、贫困山区经济社会发展的重要基础支撑。工程规模为大一等（Ⅰ）型，具有防洪灌溉、城乡供水、清洁发电、拦沙减淤、梯级补偿、交通航运等综合功能。水库总库容 40.67 亿米^3，灌溉面积 371 万亩，电站装机 110 万千瓦（4×27.5 万千瓦），设计多年平均发电量 31.75 亿千瓦·时~29.51 亿千瓦·时（无灌溉—全灌溉），是川东北地区规模最大的具有年调节能力的大型水电电源。通航建筑物为 2×500 吨级升船机。亭子口水利枢纽是集团公司在川发展的"桥头堡"项目，也是央企控股建设运行的唯一水利项目。

二、案例背景

嘉陵江作为我国六大内河航运骨干之一，是长江上游的一条支流，长 1119 千米，流域面积近 16 万千米^2。嘉陵江上游行经高山地区，多暴雨，洪水历时短、洪峰高，常常发生严重洪灾。据史料记载和不完全统计，自 1543 年以来，阆中城区共遭受严重灾害性洪水近 40 次，中华人民共和国成立以来，发生了 10 次大洪灾。其中，1981 年嘉陵江特大洪水发生时，阆中城区大半淹没。此外，川东北老区一遇干旱且不说农业灌溉，许多地方就连群众吃水都很困难。翻阅中华人民共和国成立后的广元历史，没有哪一个话题比"大唐亭子口水利枢纽工程"更让广元人民魂牵梦绕而又倍感沉重。早在 20 世纪50 年代就开始了大唐亭子口工程的勘测工作，为了工程立项上马，广元人民努力了 50 多年，奋斗了半个世纪。

大唐亭子口水利枢纽项目总投资 168.53 亿元，其中用于环保、移民安置的资金达 65.29 亿元，占项目投资近 40%。企业将承担大量的公益职能，而经济效益明显偏低，经营不好则有可能造成巨额亏损。这正是半个世纪当中没有一个企业敢于并愿意接手的真正原因。

2005 年，中国大唐集团发挥央企责任担当，敢于"吃螃蟹"，高瞻远瞩作出了开发建设大唐亭子口项目的重大战略决策，以项目法人责任制、工程监理制、招标投标制、合同管理制和资本金制为主线，联合四川省内的 4 家公司按一定的股份比例，共同组建嘉陵江亭子口水利水电开发有限公司，控股参与大型水利工程的建设。

三、实施路径

（一）这十年，是确保江河安澜安居乐业的十年

嘉陵江是长江水系中流域面积最大的支流，洪水陡涨陡落，沿岸百姓"十年九灾"。枢纽总库容 40.67 亿米³，正常防洪库容 10.6 亿米³。投运以来，有效控制上游来水，并与下游城市堤防相结合，将下游沿岸农田的防洪标准由 2 ～ 5 年一遇提高到 10 年一遇，下游城市防洪标准由 20 年一遇提高到 50 年一遇，已然是嘉陵江一江安澜的"总开关"。

投运十年，多次成功应对超大洪水。特别是，2018 年 7 月，枢纽成功应对新中国成立以来最大规模的"7·11"洪水，将超 50 年一遇标准洪水削减至 6 年一遇标准洪水，避免了下游上百万群众紧急避险转移；2020 年成功应对"8·11"近 50 年一遇宽峰洪水，拦截近 20 个西湖水量的洪水，为统筹疫情防控、经济社会发展和长江中下游抗洪作出了突出贡献；2021 年 10 月，成功应对近 40 多年来最强秋汛，三次拦洪消峰，最大程度减轻了强降雨造成的洪水灾害影响，为战胜长江流域防洪度汛作出了重要贡献。多年的防洪调度、拦洪错峰，多次得到水利部、长江委、四川省委省政府高度肯定。

（二）这十年，是实现黄金水道通江达海的十年

嘉陵江在渠化改造前，江流曲折、滩险礁石多、航行条件差，只能承载几十吨的小船通过，年通过能力约 200 万吨。亭子口水利枢纽建成后，梯级渠化 150 千米，实现国内首个全江渠化通航，年通过能力可达 4000 万吨。

2019 年 6 月 29 日，亭子口投资超 10 亿元、规模为 2×500 吨级的升船机工程投入试运行。近 4 年来，安全运送广元周边及陕西、甘肃货运船舶、公务船舶及工程船舶等近 500 艘。相比公路运输，河运节约了四分之三的运价，实现运载能力、运载方式、运载成本、资源节约和战略安全多重保障，打通川东北通江达海经济社会发展水运要塞，成为名副其实的"黄金要道"，支撑秦巴山区、川陕革命老区融入国家"一带一路""成渝双城经济圈"。

（三）这十年，是致力水润山川惠泽万家的十年

让百姓喝上"放心水"，为生态发展注入"活力水"，是亭子口水利枢纽建设的一大落脚点。工程建成后，水质长期保持在Ⅰ类水标准的亭子口水库成为广元市苍溪县自来水主水源地，彻底解决县城区 20 万人的安全饮水及应急输水等问题。

2016年9月，流域久旱无雨，下游城市用水出现困难，向下游补水近1亿米³，极大缓解了下游城镇居民的用水问题。2022年四川省遭遇60年一遇旱情，面对"三最"叠加形势，8月枢纽累计向下游补水超7亿米³，极大缓解了下游旱情。

此外，亭子口灌区作为嘉亭子口水利枢纽的配套项目，设计灌面371.47万亩，年均供水量9.87亿米³，供水人口413.79万人。据预测，一期工程建成后，灌区耕地灌溉率将由37.7%提高到71.3%，亩平均产粮将由508公斤提高到680千克，年均增加直接收入16亿元。

（四）这十年，是全力精准扶贫共赴小康的十年

大唐亭子口水利枢纽是"经济、政治、文化、社会、生态"五位一体协同锻造民生工程，践行"为民服务"宗旨，工程移民环境投资超80亿元。移民搬迁安置超3万移民，迁建集镇13个，复建等级公路115千米，大中型桥梁25座，极大地改善了库区基础设施和移民住房等生产生活条件，实现了搬得出、稳得住、能致富，助推川东北革命老区经济社会跨越式发展、人民生活安居乐业，为乡村振兴铺设了康庄大道。

大唐亭子口公司响应国家脱贫攻坚工作号召，精准帮扶苍溪县岫云村、三会村、四凤村、弓灯村和友谊村相继脱贫摘帽。其中，岫云村"以购代捐"扶贫模式，被写进党中央国务院打赢脱贫攻坚战三年行动指导意见，在全国推广；三会村打造"康养旅游"美丽生态乡村，2019年村集体经济收入实现近50万元，村民人均纯收入超1.5万元，成为2019年度四川省实施乡村振兴战略工作示范村。

（五）这十年，是落实清洁发电反哺老区的十年

亭子口装机容量4×275兆瓦，是川东北调峰调频、黑启动主要电源点，曾多次完成能源保供任务，累计清洁发电超271亿千瓦·时，相当于节约1080万吨标准煤，减少二氧化碳排放2690万吨，为碳达峰、碳中和作出积极贡献，为万家灯火、能源保供提供了强力支撑。

同时，大唐亭子口公司还积极构建安全文化和家文化体系，以"本质安全、文化引领"作为"鸟之两翼、车之双轮"，形成全员、全过程、全方位的安全管理模式，通过构建家企互动模式，搭建起与职工家庭共守安全的"连心桥"，以"家文化"建设推动企业"安全文化"建设，形成了"想安全、会安全、能安全"的安全文化和"一人在岗　全家牵挂""同心一家亲　家和万事兴"的家文化，极大鼓舞了职工工作和生活热情，助力公司高质量发展，枢纽已安全运行超3700天。不仅如此，通过亭子口水库调节，提高下游15座梯级电站的保证出力188兆瓦、枯水期增加多年平均发电量约4.5亿千瓦·时。116米高的大坝拦沙减淤，延长了各梯级电站使用寿命并减缓淤积速率，改善其运用条件，有力促进流域水能有效开发、效益共享、利益最大。

（六）这十年，是奋力科技创新二次创业的十年

大唐亭子口公司服务国家战略，着力打造创新智慧型枢纽，践行"能源革命"要求，全力推进水风光互补、荷源网储一体化。该公司"冯磊创新工作室"被评为四川省机电冶煤系统劳模和工匠人才创新工作室，目前拥有专利40项，创新成果20项，参编行业标准4部，特别是，"5G+水下智能巡检

机器人"作为"5G+智慧水利枢纽"项目的代表作，受到行业内外广泛青睐，具有很好的示范和推广意义，获四川省科学进步奖一等奖、全国设备创新成果特等奖等荣誉。

亭子口坝区分布式自发自用光伏已于2022年6月投产发电，该光伏发电与坝区环境保护、职工农场等融合，形成"光伏＋N"的开发模式，实现资源综合利用连乘效应。2023年，亭子口公司充分利用有利政策，借助枢纽年调节水库和500千伏送出通道优势，正式获得亭子口库区水风光互补110万千瓦新能源项目开发权，为公司"二次创业"走出扎实的一步。

（七）这十年，是打造碧水蓝天人水和谐的十年

好的管理造就好的生态，亭子口水利枢纽投运十年，打造出了一方盛景。在前往枢纽的路上，建成的绵巴高速桥梁横跨枢纽尾水和两侧的山崖紧密结合，沿着山崖蜿蜒向前，放眼望去水清如镜、层林尽染，孕育出嘉陵江"千年古蜀水道，七彩山水画廊"千里胜景。

鱼类增殖放流站以一流的设施设备培育该流域珍稀鱼苗，连续10年开展放流活动，累计增殖放流超400万尾。国内首创的"水温诱鱼方式"过鱼设施已完工，将帮助鱼儿洄游，更有效维护天然水域生态平衡。建成剑阁县污水处理厂，提升水库水环境质量。配合地方政府将占地1290亩的洄水坝料场打造为梨仙湖湿地公园，形成"水清＋岸绿"的生态景观，助推生态文明建设，2021年获"国家水土保持示范工程"荣誉。

四、履责成效

亭子口水利枢纽立足治水兴水、人水和谐，全力推动治蜀兴川再上新台阶，被誉为新时代"都江堰"。防洪灌溉、城乡供水、清洁发电、拦沙减淤、梯级补偿、交通航运，亭子口水利枢纽凭着一己之力，实现了嘉陵江"通江达海"，抵御了多次超大洪水，提供了清洁能源超271亿千瓦·时，上缴税收超22亿元，有效缓解旱情和下游用水困难，有效保障了嘉陵江一江安澜，有力促进了当地经济社会发展，是川东北干旱地区、革命老区、贫困山区经济社会发展的重要基础支撑。

工程建成以来，硕果累累。荣获"人民治水、百年功绩"工程、"中央企业先进集体""全国安全文化示范企业""全国水利工程建设文明工地""国家水土保持示范工程""全国电力企业思想政治优秀单位""全国发电企业最美工会金牌奖""中电联AAAA标准化良好行为企业""大型水电站节能减排劳动竞赛先进单位"，荣获四川省"文明单位""健康企业""电力安全生产先进单位""防汛抗旱先进集体""五一劳动奖状""电力行业统计工作先进集体""县域经济创新发展优秀企业"等称号。

五、工作展望

立足一轮岁月新起点，亭子口水利枢纽将主动融入中国梦，契合四川省"经济实力大幅提升、生态环境持续改善、民生福祉明显提升、治理效能显著增强"发展目标，扎根革命老区，秉承为民初心，坚持守正创新，着力安全生产长治久安、依法治企管理规范、公益共赢基业长青、党建思政引领保障，

优化运行对标赶超，打造公益亭子口品牌核心竞争力，建设知识型、技能型、创造型劳动者大军，弘扬劳模精神和工匠精神，营造劳动光荣的社会风尚和精益求精的敬业风气，加快建设"公益、价值、创新、法治、美丽"的亭子口。不断做优存量、做精增量，"驱水""驭风""沐光"，源源不断输出"绿色动力"，扎根老区、服务老区、反哺老区，有力发挥水利枢纽"大国重器"优势，助推革命老区高质量发展，确保公益功能有效发挥、利民长远，为推动新时代治蜀兴川再上新台阶贡献大唐力量。

争做义务护线员，守护电能"动脉"

内蒙古电力（集团）有限责任公司锡林郭勒超高压供电分公司

一、单位简介

锡林郭勒超高压供电公司输电管理处成立于 2016 年 3 月，现有超希望志愿者 62 名，平均年龄 27 岁，是一支大学生和退伍军人构成的志愿者队伍。自成立以来，秉承着"人民电业为人民"的服务宗旨，充分发挥自身行业优势和工作特点，将志愿活动做到制度化、精细化、公益化，为锡林郭勒地区经济、教育、社会发展服务贡献力量，从而真正体现供电企业在服务地方经济社会发展中起到的作用，进一步加强了供电企业和地方单位、人民群众合作和友好关系的建立。

二、案例背景

锡林郭勒超高压供电公司输电管理处负责运行维护输电线路横跨锡林郭勒盟，地形复杂多样，气候条件恶劣，电力设施点多、面广、线长，日常巡视检修难度较大，为了能够第一时间了解线路运行情况，保证线路安全稳定运行。2016 年 3 月，锡林郭勒超高压供电公司输电管理处组织开展"争做义务护线员，守护电能'动脉'"——护线宣传志愿服务项目应运而生。通过问卷调查、谈心谈话等方式摸清所辖线路周边村庄农牧民群众需求，因地制宜，精准施策，最终确定开展扶贫济困、科技推广、电力法规普及与咨询、环境保护、用户用电常识普及、文明劝导、应急救援等工作，履行企业社会责任，服务草原人民，用心、用情、用力为草原人民办实事解难事，在带动地方农牧民增收致富、共同发展方面作出积极贡献，使全盟各族人民"电力"获得感和幸福感持续提高。"争做义务护线员"志愿服务项目实施 6 年来，已开展服务 300 余次，参与护线宣传的青年职工达 1000 余人次，累计走访苏木、嘎查 600 余个，接受护线宣传志愿服务的农牧民群众达 2 万余人。

三、实施路径

2016 年 3 月，"争做义务护线员，守护电能'动脉'"——护线宣传志愿服务项目正式启动，从项目提出到细节实施，包括工作人员配置、活动物品采购及宣传方式方法等均有明确的工作计划和安排，此项目产生了良好的社会影响力和公众认同度，推动公司更好履行企业社会责任，不断提升各族群众电力获得感和用电满意度上取得实效，具有推广可行性。

（一）践行蒙电责任　对外帮扶显担当

1. 坚持党建统领，构筑上下联动"一盘棋"

紧盯贫困旗县所需、农牧民所盼，锡林郭勒超高压供电公司输电管理处深入开展"争做义务护线员，守护电能'动脉'"——护线宣传志愿服务项目，推动基层党建与乡村振兴深度融合、双向提升。一是发挥青年志愿服务作用：将锡林郭勒超高压供电公司输电管理处在职职工均纳入超希望志愿服务输电支队招募遴选中，积极动员广大员工加入输电线路周边电力设施保护宣传宣讲，使沿线居民深刻认识到保护电力设施的重要性，提高沿线电力用户安全用电、保护电力设施的意识，对减少电力设施外力破坏有着重要意义。二是发挥党员先锋模范作用：落实党员先锋队、党员突击队、党员服务队、党员示范岗、党员责任区实践活动，组织 10 个队、区主动前往缺少劳动力的贫困农牧民家里，拉运草料，帮助沿线困难牧民，修缮围栏门，并多次帮助沿线牧民寻回丢失家畜、物品，帮助他们救援车辆、运送物资等，进一步促进贫困旗县各族群众的交往交流交融，积极投身贫困旗县建设，共同助推乡村振兴发展；三是发挥支部战斗堡垒作用：面向当地贫困农牧民送去文明实践宣讲，让农牧民深入了解民族法规政策、卫生健康宣讲、普法宣讲、民族宣讲等工作要求，鼓励他们积极探索发展新模式，带领群众干实事、兴产业，进一步夯实乡村振兴的组织基础和经济基础，构建民企一家亲，共同守护电网安全，为巩固民族团结、守护社会和谐做积极贡献。

2. 注重因地制宜，探索多方共建"新模式"

立足实际需求及工作条件，锡林郭勒超高压供电公司输电管理处积极推行支部结对、结对联帮、多线联建等多种志愿服务模式。一是支部结对，主动发起与线路沿线嘎查、牧场党支部联合共建，结合日常巡检工作，深入贫困农牧户家中，了解生产生活情况及当前存在的困难等实际问题，力所能及地给予帮助、关心。二是结对联帮，尤其在关爱少年儿童和为老服务方面，携手各单位、各群体，紧盯贫困农牧户急难险盼，持续在解决群众实际困难上下功夫，与锡林郭勒地区公安局展开紧密合作，通过卫生健康宣讲、普法宣讲、民族宣讲等形式多样的宣传活动，提升贫困农牧民参与电力设施保护的积极性，引导群众依法用电、安全用电，实现"运维检修"和"警情处理"的双重功效，不仅能实现业务上的优势互补，更能实现对电力设施行为的有效震慑；同时联合开展草原保护治理等各项互助工作，构建民企一家亲，共同守护电网安全，为巩固民族团结、守护社会和谐做积极贡献；三是多线联建，主动与国家电网有限公司、锡林郭勒供电公司等单位联合，共享实时线路状况，全方位 24 小时对线路进行监控，达到联动保护的效果，进一步提高草原人民的供电服务保障质量和水平，共同守护线路安全，提高沿线电力用户安全用电、保护电力设施的意识，对减少电力设施外力破坏有着重要意义。

3. 集聚资源要素，做好产业发展"助推器"

锡林郭勒超高压供电公司输电管理处大力实施政策驱动、市场拉动，真正让"争做义务护线员，守护电能'动脉'"——护线宣传志愿服务项目落地落实。一是强化政策落实，严格贯彻落实自治区《关于做好乡村振兴重点帮扶旗县"双包联"工作的通知》工作要求，超希望志愿服务输电支队深入贫困旗县正镶白旗开展乡村振兴工作，主动对接白旗朝格温都嘎查驻村队的"爱心超市"，捐赠卫生纸、洗衣液、锅具等日常生活物品，助力驻村工作队的"爱心超市"正常运营，引导周边牧民以行动换积分，以积分转习惯，以习惯树新风，积极投身嘎查建设，主动参与到各项活动中，用"小超市"汇聚起乡村振兴的"大动能"；二是拓宽销售渠道，超希望志愿服务输电支队主动"爱心认购"白旗朝格温都尔嘎查航盖奶食品加工厂的奶豆腐、黄油、奶渣、卷啃、奶皮、酸油、酸奶糖等多种奶制品，发动单位职工主动向身边亲朋好友宣传、推广贫困旗县奶制品，进一步带动当地经济消费，实现周边奶制品生产户共同发展。

（二）弘扬蒙古马精神 对内展现新作为

1. 广泛开展志愿服务系列活动

开展志愿服务项目宣传活动。精心设计抓手，创新方法手段，注重实际效果，推动志愿服务精神进单位进一线，与群众面对面交流，充分发挥志愿服务感召人、影响人、带动人的重要作用，使单位职工群众跟着学、照着做，形成点燃一盏灯、照亮一大片的效应。以志愿服务的力量引导广大党员干部和职工群众对标先进、见贤思齐，锐意进取、忠诚履责，推动我公司各项工作不断取得新突破。

开展身边先进榜样宣讲活动，以"榜样在身边"为鲜明主题，通过地方媒体采访、利用公司门户、微信公众号、抖音平台推出专栏专题，以新闻报道、视频等形式大力传播志愿服务事迹和精神，扩大志愿服务项目宣传受众面和影响力，吸引广大群众积极参与到学习宣传志愿服务项目推进过程中涌现的先进典型事迹，使好故事广为传唱，激励更多人行动起来，学先进、赶先进、当先进。

开展群众性精神文明创建活动。"争做义务护线员，守护电能'动脉'"——护线宣传志愿服务项目主动融入文明城市、文明单位、文明家庭等精神文明创建活动，大力弘扬助人为乐、见义勇为、诚实守信、敬业奉献、孝老爱亲品德，教育引导群众进行自我教育、提升道德素质，引导人们向先进看齐，作模范践行者。

2. 深入拓展志愿服务项目内涵

开展"我帮你·温暖"活动。在生活中，针对处室员工生产任务重，外出工作时间长的情况，锡林郭勒超高压输电管理处高度重视并做好职工与家庭的沟通、协调工作，组织超希望志愿服务输电支队针对员工家庭情况、困难及时了解、协助解决，经常性组织开展家属座谈会、健步走等独具特色、充满家庭氛围的活动，让输电家人生活共享，共助，使广大员工对输电大家庭产生归属感。

开展"我帮你·提升"活动。在学习中，发挥先进典型引领，创新"先进"带"后进"模式，以技术骨干、岗位能手带头学习做表率，采取以老带新、交叉互学等办法，为员工专业技能水平持续提升搭建平台，助力员工成长成才，为管理处各项工作奠定坚实的人才基础。

开展"我帮你·超越"活动。在工作中，以支部建设为核心，以党员模范为主导，构建"三交流"机制，即班组经验交流、先进榜样工作交流、意识形态思想交流，学习好的工作思路、工作方式、借鉴好的工作经验和做法，开拓视野，增长见识，打破工作局限性，实现取长补短。

四、履责成效

（一）坚持党的领导，建强战斗堡垒

始终坚持把加强党的领导、加强党的建设贯穿志愿服务工作全过程、各方面，调动草原农牧民主

动担负起义务护线的重任，与沿线企事业单位沟通交流也不断加强，社会各界对于电力设施保护的意识和对电力工作的理解与支持不断提升，逐渐形成了义务护线员队伍，共同维护输电线路的安全稳定运行，实现志愿服务与中心工作的有机结合，保障了志愿服务效益的长效化和常态化。

（二）吸纳多方力量，强化共建共治

充分结合自身行业优势和工作特点，将"争做义务护线员　守护电能'动脉'"志愿服务项目做到制度化、精细化、公益化。与沿线其他单位、派出所、村庄、牧民的沟通交流不断加强，主动解决地方社会人民实际困难，为锡林郭勒地区发展做出贡献，产生了良好的社会影响力和公众认同度，推动公司更好履行企业社会责任，不断提升各族群众电力获得感和用电满意度上取得实效。

（三）聚焦需求导向，走好群众路线

坚持"人民电业为人民"的重要理念，摸清贫困农牧民群众需求，因地制宜，精准施策，在不断实践的过程中解决人民群众急难愁盼问题，切实解决农牧民实际困难，在取得成效的过程中总结先进经验做法，真正构建起民企一家亲，共同守护电网安全的氛围，为锡林郭勒地区发展做出贡献。

五、工作展望

纵横的线路，绵延着深情，下一步，锡林郭勒超高压供电公司输电管理处将充分结合自身行业优势和工作特点，将志愿活动做到制度化、精细化、公益化，用行动赢得草原人民信赖，用真情获得草原人民真心，切实履行企业社会责任，在带动地方农牧民增收致富、共同发展方面作出更大贡献，为锡林郭勒地区经济、教育、社会发展服务贡献力量。

实施"五民工程"，助推"千年大计"

中国水利水电第九工程局有限公司

一、单位简介

中国水利水电第九工程局有限公司（简称"水电九局"）成立于1958年，注册资本金10亿元，是国务院国资委直属央企中国电力建设集团骨干企业，也是中央驻黔唯一特级建筑企业、国家高新技术企业、全国企业信用评价AAA级信用企业，也是投资、建造、运营"三商合一"的大型建筑央企，具备水利水电工程、建筑工程施工总承包特级、电力工程、矿山工程、市政工程施工总承包壹级、五项行业工程设计甲级资质，及对外承包工程资格和对外援助成套项目总承包资质。

水电九局聚焦"能源电力、水资源与环境治理、绿色砂石矿山及建材、城市建设与基础设施"四大主业，培育军民融合、城市区域性综合开发等战略性新兴业务，具备一体化设计施工能力和多元化集群发展优势，拥有全产业链集成、整体解决方案服务能力。先后被授予全国"守合同重信用"单位、全国优秀施工单位、全国党建和企业文化典范企业、全国诚信建设示范单位、全国电力建设优秀施工企业，数十项精品工程荣获全国科学大会奖、鲁班奖、詹天佑奖、国家优质工程奖、大禹奖、黄果树杯等国家及省部级奖项，百余项科研成果、管理成果及创新技术获国家科技进步奖、省部级科技进步奖、国家发明专利等。水电九局秉承"精工善建·精彩九局"企业文化理念，积极倡导并履行社会责任，全方位、多维度开展社会公益活动，展现央企勇担社会责任、积极主动作为的良好形象。

二、案例背景

设立雄安新区，是以习近平同志为核心的党中央深入推进京津冀协同发展作出的一项重大决策部署，是习近平总书记亲自谋划、亲自指挥、亲自推进的千年大计、国家大事。雄安·电建智汇城项目位于雄安新区容东片区南北中轴线核心位置，邻近城市发展主干道，昭示性强、交通便利，周边办公、居住、酒店、产业服务等功能业态齐全。为使雄安新区持续高质量建设，水电九局通过项目高效履约、履行央企责任，助力建设雄安"未来之城"。

三、实施路径

雄安·电建智汇城项目部在工程建设过程中，始终坚持"责任是兴业之基"的企业文化理念，创新工作方法，狠抓工作落实，全面实施精品利民、救灾安民、维权惠民、助学爱民、服务便民"五民工程"，全方位助力属地经济社会和公益事业发展，积极履行央企责任，增进民生福祉。

（一）坚持把项目优质履约作为主线，实施精品利民工程

2021 年年底，水电九局项目建设团队进入雄安·电建智汇城项目。自进场施工以来，项目部积极应用钢筋定位框、三段式止水螺旋杆、BIM+ 视频技术应用等新技术、新工艺，进行虚拟建造、可视化交底和施工，保障项目主体结构及后续环节的高质量建设，为项目建设提质增速，把好"雄安质量"金字招牌。此外，项目部还通过抢抓黄金施工季节，加大资源投入、动态调整施工组织、持续优化施工方案等多项措施，全力高效优质推进工程建设，体现了水电九局积极服务国家战略的政治担当和践行央企社会责任的主动实践。

（二）坚持把生命财产安全摆在首位，实施救灾安民工程

2023 年 7 月底，我国华北等地持续遭遇强降雨袭击，部分区域最大累计降雨量达到 1000 毫米，最大小时降雨量超 100 毫米，面对本轮强降雨天气，水电九局闻"汛"而动，全力以赴，撑起汛期"安全伞"。8 月 1 日 16 时，水电九局积极响应雄安新区管委会号召，组建雄安·电建智汇城项目部防洪防汛突击队，50 余名志愿者急速出动，奔赴雄县张青口大清河抗洪现场，吹响抗洪抢险战斗号角，筑牢人民群众生命财产安全堤坝。同时，自 2021 年进场至今，项目部持续举行"悦容行动"志愿服务活动，常态化、长效化组织志愿者团队赴回迁房交付点，开展雄安新区容东片区回迁房交付志愿服务活动，在深化属地社会服务中彰显央企担当。

（三）坚持把做好信访维稳抓在手里，实施维权惠民工程

做好信访工作是服务雄安新区建设发展大局的重要保障，水电九局作为中央企业，始终牢记使命，严格落实信访稳定工作，扎实开展服务群众工作。一方面，项目进场施工以来，项目部持续以高质量党建引领，保障高效率推进信访维稳工作，将农民工工资支付工作作为项目重点工作之一，组织成立了信访维稳工作与农民工工资支付工作领导小组，建立农民工兄弟维权中心，配备相应信访接待人员，提供个人法律援助。另一方面，项目部积极开展"工地银行"活动，邀请当地银行工作人员来到项目，为农民工开通手机银行、办理实名制工资卡，并设置劳资管理专员，建立实名制工资卡管理台账。此外，项目部还开展了信访普法宣传教育、农民工夜校培训班等多项活动，有效强化人员对《信访工作条例》学习与贯彻落实，确保"有人真管事""为群众办实事"。

（四）坚持把教育事业发展落到实处，实施助学爱民工程

校企共建，崇文重教。2023 年 1 月，项目部充分了解了雄安容和红杰初级中学师生的阅读需求后，组织 10 余名志愿者精心为学校筹集了《论语》《正面管教》等书籍，到学校开展"书香传递，润泽心灵"爱心助学公益活动，不断丰富学校图书馆藏书，为学校的教育事业和学生的成长成才提供力所能及的帮助。4 月，在"世界读书日"浓厚的学习氛围中，项目部志愿者来到雄安容和红杰初级中学参加"师生《论语》共读"主题活动启动仪式，为学校送去《论语》书籍。通过书籍捐赠、读书活动、志愿服务活动等，将央企的社会责任融入教育事业的发展，真正将助学爱民做实、做深。

（五）坚持把服务为民理念放在心上，实施服务便民工程

项目党支部以"全心全意为人民服务"为宗旨，不断丰富志愿服务内容，努力把党支部打造成兼具思想引领、传播党的声音、提供惠民服务的"暖心"党支部。一是致力打造服务型党支部，把项目部打造成"帮扶、维权、服务"三位一体的综合性职工之家，成为传递党、政府与企业关爱的服务平台。二是开展"爱心义诊进工地"志愿服务活动，组织一线工友进行职业健康体检及健康问题咨询，关爱项目全体建设者职业健康，让员工在基层项目就能感受到暖心舒心贴心的服务。三是通过开展节日慰问、面对面交流、素质拓展等暖心活动，营造出浓厚"项目大家庭"氛围，丰富职工业余生活，增强团队凝聚力与向心力。

▤ 四、履责成效

（一）推进工程完工，助推当地经济繁荣

科技创新、数智赋能让项目在建设中跑出了"加速度"。经1000余名一线施工人员同心协力，累计约5000人次参建人员、580余天昼夜奋战，项目先后完成了筏板基础混凝土浇筑、钢筋混凝土型钢柱安装、提前10天破土而出、首栋单体封顶、主体结构全面封顶、主体通过验收、工程完工等节点目标，为后续项目推进奠定了坚实基础。项目建成投用后，将成为城市级标杆商业综合体，包括精品购物中心、商业街区、独栋商业等多业态，与周边的雄安之翼、碳中和展示中心、国际甲级写字楼及特色商办共同构筑成容东片区首位商圈，对雄安新区构建市场化营商环境具有重要意义。项目顺利完工，充分展现了水电九局的高质量履约能力和社会担当，将雄安·电建智汇城商业广场项目打造为雄安未来之城的商业标杆，为助力雄安新区建设提交了一份满意答卷。

（二）夯实志愿行动，心系群众办好实事

迎难而上，筑牢防汛"安全网"。在抗洪抢险过程中，项目部充分结合现场抢险工作的实际需要，聚焦大清河两岸安全、河道防洪及周边地质灾害等领域，找准抢险重点地段和薄弱部位，将突击队成员分为搬运组、物资组、填筑组、修筑组4个抢险小组，历时4天，确保了人民生命财产安全。同时，按照防洪工作部署，突击队员们在大清河两岸危险地段拉设起警戒线，并对河流水位展开不间断监测，用"辛苦指数"换来群众的"安全系数"。另外，项目部积极践行和弘扬雷锋精神，定期组织项目全体青年志愿者，常态化、长效化开展"悦容行动早班车"志愿服务活动，围绕容东片区主次干道，开展捡烟头、收垃圾等清洁清扫行动，得到当地政府部门的肯定和回迁群众的赞扬。

（三）传递爱与温暖，守护孩子梦想之光

雄安容和红杰初级中学是雄安新区汇聚优质教育资源高起点规划、高标准建设的首批新建学校，是容东片区先期开办的两所初级中学之一，具有示范和标杆意义。项目部了解到学校图书馆不能满足全校师生的求知需求的情况后，迅速行动，筹集各类书籍物资，为学校师生送去近2000册书籍，收到雄安新区容东管委会党组成员、副主任王锋和校长刘晓燕赠送的"校企心手相牵　书香点亮未来""捐书义举利当代　文化传承写春秋"两面锦旗，对水电九局职工助力雄安教育事业发展表示衷心感谢。

（四）真心服务群众，为民办事取得实效

项目部一直将农民工切身利益放在首位，夯实信访工作基础，不断加强民生福祉的力度，在持续推动解决群众身边"急难愁盼"问题上下真功夫。一是以农民工实名制管理为抓手，保障进场农民工实名制工资卡实现全覆盖，并统一通过农民工工资专户发放，严控用工支付环节，优化财务结算流程，缩短结算时间，从源头上预防、化解矛盾隐患，确保有机制、真保障、有钱真办事。二是采取加大收款力度、及时代付农民工工资等措施，按时足额发放农民工工资，确保发放全程受控、不漏一人。三是及时掌握农民工诉求，对来访农民工不推诿、不拖延、不堵压，并通过发放宣传手册、广场大屏滚动播放视频等手段加强教育，引导1000余名农民工依法理性维权，合法合规反映诉求，做到信访事件"一线"解决。四是在工地设立农民工维权中心，开设农民工夜校、学习书屋、提供法律援助等暖心服务，邀请容城县中医院工作人员进驻施工一线，开展急救培训讲座和健康检查10余次，覆盖项目近2000余名农民工。先后获得雄安新区2022、2023年第1~2季度"暖心企业"荣誉称号。

五、工作展望

水电九局将继续积极倡导并践行主流的社会价值观念和道德理想，深入践行社会主义核心价值观，不断加大民生福祉的力度、广度、温度，持续为人民群众办实事、解难题、做成事，让履职尽责的志愿服务精神遍地开花，进一步将"民生无小事、事事贴民心"的志愿服务活动常态化、长效化、机制化，更加全方位、多维度开展社会公益活动，展现央企勇担社会责任、积极主动作为的良好形象。

重建有声世界，开启幸福生活——央企组团救助重度听障患者重获"新声"

中国长江三峡集团有限公司

一、单位简介

中国长江三峡集团有限公司（以下简称"三峡集团"）因建设三峡工程而生，成立于 1993 年 9 月，是国务院国资委确定的首批创建世界一流示范企业之一。历经 30 年持续快速高质量发展，目前集团业务遍布国内 31 个省、自治区、直辖市以及全球 40 多个国家和地区，现已成为全球最大的水电开发运营企业和中国领先的清洁能源集团。三峡集团致力实施清洁能源和长江生态环保"两翼齐飞"，"十四五"时期将基本建成世界一流清洁能源集团和国内领先的生态环保企业。

二、案例背景

习近平总书记在致中国残疾人福利基金会成立 30 周年的贺信中指出："残疾人是一个特殊困难的群体，需要格外关心、格外关注。让广大残疾人安居乐业、衣食无忧，过上幸福美好的生活，是我们党全心全意为人民服务宗旨的重要体现，是我国社会主义制度的必然要求。"党的二十大报告强调"完善残疾人社会保障制度和关爱服务体系，促进残疾人事业全面发展"，这体现了党中央对残疾人等困难群体的重视和关怀。

三峡集团定点帮扶县重庆市巫山县、奉节县、江西省万安县、内蒙古巴林左旗，以及对口支援县新疆皮山县有重度听障患者约 6800 人。为深入贯彻落实党的二十大精神、坚决贯彻落实习近平总书记重要指示精神、积极贯彻落实党中央、国务院有关加强残疾人权益保障、促进残疾人事业发展的决策部署，三峡集团于 2021—2023 年累计捐赠 3050 万元，携手新兴际华集团，实施人工耳蜗听障救助项目，按照 10 万元 / 人的标准，为定点帮扶县和对口支援县的重度听障患者提供人工耳蜗费用、术前检查费、手术费、耳蜗开调机费、维保费及成人康复指导费，帮助患者从术前筛查到术后康复的全程诊治。目前，该项目已累计帮助 305 名重度听障患者重获"新声"。

三、实施路径

人工耳蜗是一种电子装置，它能帮助重度、极重度耳聋的患者获得或恢复听觉。它代替病变受损的听觉器官，把声音信号转化为编码的电信号传入内耳蜗，刺激分布在耳蜗蜗轴内的听力神经末梢纤维，再由大脑产生听觉。三峡集团人工耳蜗听障救助项目实施流程分为六个步骤：

一是签订项目协议。由三峡集团公益基金会与巫山县、奉节县和万安县政府分别签订项目捐赠协议，拨付年度专项帮扶资金，救助重度听障患者。

二是开展项目动员。联合定点帮扶县残联通过下发救助项目通知至各乡、镇、村以及新媒体传播等方式，让救助项目做到家喻户晓，并在每年 3 月"爱耳月"组织听障残疾人进科普教育活动。

三是组织听力筛查。本着自愿的原则，由听障患者本人或监护人向所在县主管部门或机构提交救助申请。根据项目报名情况，各县组织安排听力筛查，由专家根据筛查结果确定符合人工耳蜗植入的具体救助人员名单。专家通过耳科学、听力学、影像学检查等系列检查，了解患者耳聋病因和发病的过程，筛查确定手术对象。

四是实施植入手术。为患者制订最合理的听觉植入方案，在省内三甲定点医院实施植入手术，手术医生为省内或上海著名耳鼻喉科专家，确保手术安全性。

五是开机调机康复。患者手术后一个月开机，后续进行多次机器调试、开机后经过一段时间康复训练，逐步帮助患者完成听力重建，植入者听觉言语功能有明显提升。一般在经过 3~6 个月的康复训练后，患者即可实现正常的语言交流。

人工耳蜗受助对象佩戴效果

六是进行评估总结。项目实施后，通过实地检查、电话随访、效果追踪等形式开展项目评估检查，由各县主管部门进行项目总结，并根据实际运行情况，进一步制订和完善工作方案，确定下一年度实施计划。

四、履责成效

目前，人工耳蜗听障救助项目手术已累计实施 305 人，通过实施人工耳蜗植入手术，帮助患者重建有声世界、开启幸福生活。

帮助患者重启聆听之门。数据表明，开机一个月后植入者听力得到显著提升，部分植入者开机三个月、六个月、十二个月逐步提高，能够满足日常听声需求，成功实现帮助听障患者重新回归有声世界的目标。

患者生活质量显著提高。人工耳蜗项目帮助听障患者重返有声世界，回归主流社会，树立生活信心。对于儿童来说，可促进听觉和语言的康复，实现生活和学习各方面赶上同龄健听儿童；对于老年人来说，不仅可让老年人的生活更加丰富多彩，还有效预防老年痴呆的病症。

患者就业能力显著增强。由于沟通交流障碍，使得听障患者就业较难。人工耳蜗的植入大大提高了听障患者的社会参与度，增进了听障患者的社会交际能力，提升了听障残疾人的工作能力，增加了听障残疾人创业就业机会。巫山县巫峡镇龙井乡石里村 31 岁的江晨（化名），5 岁那年，一场高烧导致他听力严重受损。江晨的父亲带他四处求医，多方了解得知，人工耳蜗是目前让江晨恢复听觉的唯一办法，但高额的费用让他望而却步。在接受人工耳蜗听障救助项目，完成人工耳蜗开机后，江晨和父亲一同回到了自己的理发店，继续营业。5 年前，江晨学会了理发的手艺，在巫山县城开了一家小理发店。但因为听力近乎丧失，江晨和顾客交流困难，理发店的生意并不好。装上人工耳蜗，听到了声音，让江晨浑身充满了干劲。江晨激动地说，"听力逐步恢复了，理发店的生意一定能好起来，我就可以挣到更多的钱，让家人过上好日子。"

当地医疗技术水平得到提升。项目术前筛查均在当地县人民医院，由省级三甲医院耳鼻喉科教授全程指导，当地县医院科室在项目实施过程中得到技术指导和帮扶，提高了当地医疗技术水平。

国资央企品牌形象得到彰显。项目的实施获得了定点帮扶县政府、医院、地方群众、听障患者及家属的高度评价和广泛好评。今日头条、网易、腾讯、三峡小微、地方融媒体等 10 多家新闻媒体争相报道，充分展示了中央企业社会责任担当，树立了"善创新、有责任、有担当"的国资央企品牌形象。

五、工作展望

三峡集团将深入贯彻落实党的二十大精神，实现好、维护好、发展好最广大人民根本利益，紧紧抓住人民最关心最直接最现实的利益问题，深入群众、深入基层，采取更多惠民生、暖民心举措，着力解决好人民群众急难愁盼问题，增进民生福祉，不断提升人民的幸福指数，不断实现人民对美好生活的向往。

开展住宅小区公共用电设施质量抽检，
保障千家万户生命财产安全

东莞市电力行业协会

一、单位简介

东莞市电力行业协会（以下简称"协会"）成立于 2013 年 8 月，是由东莞市电力行业相关单位（企业）、用电大客户、新能源企业等自愿组成的非营利性社会组织。截至 2023 年 8 月，协会共有会员单位 530 家。理事会成员共 105 名，监事会成员 3 名。协会秉承"立足行业、服务会员、联系政府、沟通社会"的宗旨，始终坚持"会员为根，服务为本"的工作理念，统筹推进行业自律、自治，凝心聚力，攻坚克难，以务实举措推动全市电力行业规范、健康发展，加快建设具有行业影响力的国内一流协会。

二、案例背景

应急管理部消防救援局发布 2021 年全国消防救援队伍火灾情况。据统计，2021 年共接报火灾 74.8 万起，死亡 1987 人，受伤 2225 人，直接财产损失 67.5 亿元。其中住宅火灾伤亡人数占比较高：住宅火灾的起数只占总数的 34.5%，死亡人数占总数的 73.8%，有 1746 人死于住宅火灾中。电气仍是引发火灾的首要原因：从引发火灾的直接原因看，因电气引发的占 28.4%，而较大以上火灾则有三分之一是电气原因引起且以电气线路故障居多，占电气火灾总数比例近八成。一直以来东莞市每年因用电客户设备故障出门而导致停电的事故事件和电气火灾事故事件居高不下，过去三年共发生 3340 起公用线路故障跳闸，其中因用户设备故障引起的有 1285 起，占比达 39%，严重影响了东莞地区广大人民群众的生命财产安全和放心用电。

为了保障千家万户生命财产安全，做好住宅小区用电设施安全隐患排查，降低因电气设施故障引起安全事件发生，有效遏制电气火灾势头，确保人民群众生命财产安全，投入 79.2 万元"开展住宅小区公共用电设施质量抽检，保障千家万户生命财产安全"项目。

三、实施路径

协会勇于担当、主动作为，对标"行业最好 国内一流"行业协会目标，精准诊断东莞市住宅小区用电安全治理的痛点、堵点和发展需要，并对标系统谋划治理行动方案，探索多方协同提升治理能力。2022年3月~2023年2月期间，项目组共组织专家每周2~3次共计526人次分别到15个镇街，对88个住宅小区的高、低压配电室、地下室线路、电能表间、电缆竖井、地面电动自行车充电设施开展安全隐患排查工作，并组织11场住宅小区用电宣贯培训会议，参加培训人数共535人。通过以上项目实施，开展源头治理、系统治理、信用治理、制度治理"四项工程"，有效解决了东莞市住宅小区安全用电治理难题，为建设品质用电东莞作出重大贡献。

（一）精准把脉发展现况，协同提升治理能力

"查听研"三措并举，科学把握发展情况。**一是坚持"深入聆听"**，协会执行会长不定期带领秘书处成员奔赴东莞市九大片区的供电局、服务中心开展多形式实地调研访谈，深入了解住宅小区用电建设、电力需求发展、生产生活与公共用电等情况，重点梳理需介入解决住宅小区用电安全治理问题。**二是坚持"眼见为实"**，基于聆听所获信息，协会组织专家小组免费上门为住宅小区开展电力设施检查、检测行动，分别进一步核实东莞市住宅小区用电领域发展中存在的质量问题、用电安全隐患等情况，查找电力行业生产、人才发展、城市用电等方面切实存在的服务需求以及对策。**三是坚持"科学研判"**，协会联动政府部门、电力行业企业代表、领域专家举办专题研讨，共同剖析住宅小区用电安全事故发生的根本原因，智力汇聚共谋问题解决之策、共商提升住宅小区用电安全发展质量与东莞市用电品质的可行举措。

（二）打出四套"组合拳"，加快深化治理效果

坚持技术引导，强化源头治理。响应东莞市推进制造业质量变革战略要求，协会挑起电力行业技术标准化建设担子。2019年起，协会陆续起草（修订）6项团体技术标准，包括《东莞市电力行业协会10千伏及以下用户电气装置安装工程电气设备交接试验技术规范》《东莞市高可靠性区域智能配电站改造技术指引》《东莞市充换电设施规划设计、施工建设、运行维护、安全管理技术规范》等。同时，协会受东莞市消防安全委员会、东莞市发展改革局等单位委托，起草《东莞市物业管理区域新能源汽车充电设施安全建设管理指引》等5项高度契合当地公共用电需要的技术文本，将安全用电关口移至了用电客户受电工程项目最前端。

坚持精细管理，强化系统治理。协会建立涉住宅小区用电工程全生命周期质量监控体系，把好设计质量关口的同时，瞄准住宅小区用电安全质量监管"盲点"，开展住宅小区电力抽检工作。协会组织电力专家赴15个镇街进行现场质量查验，2022年3月~2023年2月，共对88个住宅小区、68个物业管理公司进行免费质量检查，覆盖居民88727户，间接受益群体超过331万人。项目期间，发布了1份《项目分析报告》、88份《住宅小区用电设施质量抽检（电气安全隐患排查）技术报告》、85份《电力行业协会关于住宅小区用电设施质量抽检工作简报》、2期《电力行业协会客户受电工程常见问题通病及规范做法示例》、64篇宣传文稿，举办11场宣贯培训会（共535人参与）。这些数据资料与培训工作，为电气火灾防控提供了宝贵支持，推动了用电安全知识的传播和普及。立足检查结果，推进质量问题整改，确保抽检住宅小区公共场所电力设施得到良好运行。

坚持诚信建设，强化信用治理。紧扣东莞市信用建设规划，密切结合电力行业诚信建设实际，协会建立"三维"信用建设机制。探索以评价强建设，2019 年，协会推动涉电力企业信用评价工作在东莞市落地，通过与广东省能源协会签订信用评价框架合作协议，编制了《东莞市电力行业协会电力企业信用评价方案》。通过实施多项信用惠企服务，极大提高了涉电力企业参与信用建设的积极性，如组织 192 家会员单位参与在"信用中国（广东东莞）"网站亮信用承诺、免费协助 10 家会员单位完成信用修复、对 17 家获得 10 年以上"广东省守合同重信用"的会员单位多渠道宣传等。

坚持建立管理机制，强化制度治理。协会建议政府有关部门借鉴广东省电梯安全管理的经验，从法治方面提高用电用户的安全管理水平，推动立法明确要求住宅小区用电用户建立电气安全管理制度，定期开展电气设施和电气线路的巡视、维护、试验检查测试，及时发现电气安全隐患。保证千家万户安全用电、放心用电，保障千家万户生命财产安全，为东莞市高质量发展保驾护航。

（三）梳理提炼实战成果，建立四维行动框架

协会坚持从实践中发现问题和总结经验，经全面梳理过往四年治理工作，初步构建住宅小区用电安全四维治理行动框架。行动框架的**四个维度**，分别为**指导思想、实际需求、治理主体和专业技术**。住宅小区用电安全治理必须以专业技术为蓝本，对标科学、对标规范、对标优秀，才能推动电力行业高质量发展、推动东莞市用电品质提升。

四、履责成效

治理成效逐步显现，实现"四提升"和"三降低"。

顺利取得四项质量提升成果。通过行业技术规范标准引领和电力工程设计前置性审查，大幅提升设计人员对小区住宅用电客户受电工程相关技术规范的熟悉程度，帮助减少电力工程设计中拟选用设备类型、设备性能、设备材质不符合技术标准要求等问题发生，提高电气设施合格设计产品"出生率"。借助专业技能培训考核、职业技能竞赛和在岗教育"三管齐下"，帮助东莞市超过 7.35 万电力行业从业人员"强身健体"（其中 4.13 万人获得职业技能培训合格证书），提高了他们对高低压电工作业技术、安全管理技术等专业技术的掌握运用水平，极大提升我市电力行业专业技术人才质量。得益于严格的过程质量监控，及时整改了开关柜铜排截面积不够、IP 防护等级不符合要求、高压开关柜继电保护装置未设置后备电源等质量问题，实现住宅小区用电客户受电工程设备质量和施工安装质量双提升。住宅小区用电安全抽检工作，项目工作得到广大人民群众的积极支持与热烈拥护，成果斐然。根据后续的回访调查结果显示，用户满意度得到显著提升，受众满意度达到 100%（受众群体包括电力行业从业人员、设计师、施工人员、设备制造商、房地产商以及物业公司相关人士等）。

有力推动实现"三个降低"。依赖专业、有效的源头稳控工作实施，设计阶段得以纠正不符合国家、行业技术标准及相关设计技术规范的工程设计问题，避免因工程设计不合理导致发生施工质量问题，降低工程质量整改带来的物料、经费、时间等成本浪费。通过质量检查与信用建设"双叠加"，有效减少了欺骗用户的不诚信行为在新建住宅小区工程项目中的发生次数。借助常态化专项质量检查实

施，不仅有效防止在公共用电设施领域因电气设备、电力线缆引发电气火灾或人身触电伤亡事故，也提高了住宅小区生活用电的安全性，助力降低用电事故发生率。

五、工作展望

（一）积极做好电气安全隐患排查、预防电气火灾知识的培训和宣传工作

● 加大住宅小区电气安全隐患排查工作宣传力度，广派发宣传单张，让人民群众了解防范电气火灾、预防触电、火灾时应急处理措施等。

● 加大专业技术培训，除了对电力施工单位技术人员技能培训外，还对其他行业人员进行电气火灾知识培训，宣传"电气火灾可防可控"的理念；发挥专家组的技术优势与镇街消防救援大队共同开展专业人员的电气隐患排查知识培训，组织的《乡村地区电气火灾综合治理电气安全隐患排查预防电气火灾事故的发生》培训班等。

● 在协会抖音号、快手号中《东莞市电力行业协电气火灾安全隐患系列》专题对电气安全隐患预防电气火灾进行系列广泛宣讲。

（二）制定相关技术规范，为开展用电设施安全隐患排查提供技术支撑

2020年4月东莞市电力行业协会编制了《东莞市企业用电设施安全隐患排查（巡检）技术指引》《东莞市企业用电设施安全隐患排查（定期试验）技术指引》，为用电安全隐患排查工作提供技术支撑，2023年将编制《住宅小区电力配置规范》。

用电安全关系到千家万户、各行各业，由于各种原因，仅靠政府监管、行业自律，用电用户主动做好用电安全隐患排查工作可能性不大，行业协会向东莞市司法局建议制定《东莞市用电设施使用安全条例》项日建议书。

通过立法，明确要求用电用户建立电气安全管理制度，定期开展电气设施和电气线路的巡视、维护、试验检查测试，及时发现电气安全隐患。

十百千爱心工程，传递爱的力量

大唐江苏发电有限公司

一、单位简介

大唐江苏发电有限公司（以下简称"大唐江苏公司"）成立于 2006 年 12 月，是中国大唐集团有限公司（以下简称"大唐集团"）的二级子公司，主要从事传统能源、新能源、供热、售电和综合能源服务项目的投资开发、建设和运营管理。截至 2023 年 6 月，在役装机总容量 797 万千瓦，已核准、备案、在建清洁能源项目容量近 300 万千瓦，所属企业包括四家燃煤发电厂、四家天然气发电厂、两家新能源发电企业和一家综合能源服务企业。

大唐江苏公司积极践行"四个革命、一个合作"能源安全新战略，全面落实大唐集团公司高质量发展战略部署，认真履行能源央企经济责任、政治责任、社会责任，扎实做好能源电力保供，有效保障地方经济稳定发展。

面向"十四五"及未来发展，大唐江苏公司完整、准确、全面贯彻新发展理念，积极服务国家"双碳"目标要求，加快能源结构调整、绿色低碳转型，助力构建新型能源体系，为建设"强富美高"新江苏提供坚强能源保障，为中国大唐打造"绿色低碳、多能互补、高效协同、数字智慧"的世界一流能源供应商，为美丽中国建设的领军企业贡献江苏力量。

二、单位简介

近年来，大唐江苏公司以习近平新时代中国特色社会主义思想为指导，深入学习党的百年奋斗历史经验，弘扬伟大建党精神，坚决贯彻党中央、国务院关于乡村振兴工作的决策部署，认真落实江苏省委、省政府"万企联万村、共走振兴路"行动部署和大唐集团有关工作要求，坚持项目发展与乡村振兴相结合，实施"十百千"爱心工程，充分彰显了中央驻苏企业责任担当，积极为建设"强富美高"新江苏贡献大唐力量。

三、实施路径

加强组织领导。认真梳理爱心工程攻坚任务目标，制定了《大唐江苏发电有限公司"十百千"爱心工程三年规划》，计划捐资挂牌 10 所爱心学校、资助 100 名优秀困难大学生、帮扶 1000 名困难弱势群众，确保项目落地、人员到位、资金落实、成效显著。设置爱心工程工作机构，实行二级管理：一级为大唐江苏公司爱心工程领导小组；二级为大唐江苏公司系统基层企业爱心工程工作站。大唐江苏公司爱心工程领导小组由党委书记、董事长任组长，党委委员任副组长。领导小组下设办公室，负责组织、指导和监督各基层企业爱心工程的实施，以及工作组机制和制度的建立完善。大唐江苏公司与江苏省淮安市顺河镇何桥村建立结对共建关系，每年开展经济援建和文明共建。基层企业纷纷就近参与"万企联万村　共走振兴路""三联三促"村企联建和党支部结对共建活动。

层层落实责任。基层企业爱心工程工作站由党委主要负责人任工作站主任，工会工作负责人任副主任。积极加强与各级党委、政府沟通协调，做好工作对接；健全完善爱心工程工作流程、资金筹措、保障监督等机制，抓好任务落实。

开展爱心捐助。江苏公司成立爱心工程协会，负责慈善救助基金和物品的筹集、管理和使用，以及慈善救助会工作机制、制度的建立和完善。系统 10 家基层企业均成立了爱心工程协会的分支机构，形成工作组织体系。2019 年开始，大唐江苏公司在成立纪念日举办"爱心工程月"捐助活动，系统全体员工纷纷慷慨解囊，2019—2021 年累计捐款 113 万元。

四、履责成效

● **扎实推进产业项目对接**。在盐城市、淮安市、扬州市等地建设风电项目，累计投产容量 57 万千瓦，在连云港市、南通市、南京市、无锡市、镇江市等地建设光伏项目，累计备案容量 163 万千瓦，服务地方经济发展，创造就业岗位。

● **积极开展村企共建**。大唐江苏公司所辖吕四港公司帮助合作镇村修缮了活动室，配备电脑、电子显示屏、音响、宣传展板等设备，建设了图书角、健身器材、会议桌椅等价值 8 万元。南京电厂与所在社区马渡村党总支深化结对共建，实现资源整合、优势互补、共同提高，南京电厂先后出资数十万元修建了 3 条村级道路，并亮化道路，方便村民夜间出行，南京电厂获得全国文明单位、马渡村获得全国文明村镇。徐塘公司常态化开展"情暖孤儿"活动，建立帮扶长效机制。金坛公司青年志愿者定期走访慰问抗美援朝老英雄，为老人整理衣物、打扫卫生。苏州公司建立了定期慰问"五保户"机制，和村民一起包粽子，清理村里的街道卫生，打扫公交站台。泰州公司"大唐牵手志愿服务队"关爱残障儿童、资助困难学生、大唐启明星课堂、爱心餐桌等一系列服务社会的助学活动，累计帮扶孩子超过 70 人次。新能源公司落实"项目发展到哪里，救助帮扶就推进到哪里"要求，建立了为项目周边群众办实事的常态化机制。滨海公司积极落实"建设海洋强国""拓展蓝色经济空间"的海洋战略，探索海上风电 + 海洋牧场、海上风电 + 制氢及海上风电 + 综合能源利用等发展路径，最大化开发和善用海洋资源。南京热电、如皋公司通过与服务对象、政府相关部门的支部共建，开展精准化志愿服务。

● **捐资挂牌大唐爱心学校 10 所，累计投入资金 202.8 万元**。其中徐州睢宁县庆安镇 1 所、泰州兴化市安丰镇 1 所、扬州市宝应县夏集镇 1 所、淮安市淮安区顺河镇 1 所、南京市高淳区阳江镇 1 所、常州市金坛区 1 所、南通市启东东海镇 1 所、苏州市吴江区黎里镇 1 所、镇江市丹阳云林镇、盐城市滨海县正红镇1所。在学校挂牌后，继续做好后续服务，及时帮助学校解决困难，开展企业开放日、大唐"启明星课堂"等活动，每年"教师节""儿童节"做好走访慰问工作。

- **累计资助优秀困难大学生81名，累计资助30.6万元。** 2020年，与南京工程学院签订战略合作协议，校企双方合作育人、合作办学、合作研发共促高质量发展。设立"大唐奖学金"，每年给予获奖学生4500元。2021年还专门组织召开座谈会，鼓励他们积极克服生活困难，刻苦学习，高质量完成学业，成为栋梁之材。

- **帮扶系统内外困难群众796人次，慰问帮扶资金50.9万元。** 落实"我为群众办实事"实践活动要求，开展"我助妇儿康　与爱同行"捐赠活动、慰问老红军、老革命，看望"五保户"、留守儿童、儿童福利院、敬老院等，帮扶慰问困难职工。公司系统成立11个"为民服务中心"，152个"为民服务工作站"，坚持每年为员工办"十件实事"、员工慰问"十必到"制度，办理和协调解决员工诉求241件。

- **评选表彰"道德模范"，发挥引领示范作用。** 每年评选表彰系统内在"十百千"爱心工程建设中涌现出的社会公德、职业道德、家庭美德、个人品德类道德模范12名，激励全体干部员工学习模范、崇尚模范、争当模范，促进广大干部员工道德素质提升，为服务地方经济社会发展和推动企业高质量发展提供不竭的精神动力和道德滋养。

五、工作展望

大唐江苏公司将继续深入贯彻党中央、国务院关于乡村振兴工作的决策部署，认真落实江苏省委、省政府和大唐集团有关工作要求，把乡村振兴工作作为一项重大政治任务，作为分内之事、必尽之责，抓紧抓实、抓出实效，高质量完成乡村振兴攻坚任务。大唐江苏公司着力发挥省级文明单位示范带动作用，推动城乡文明一体发展，为构筑道德风尚建设高地、建设社会文明程度高的新江苏作出积极贡献，根据省文明办、省农业农村厅、省政府扶贫办的工作要求，签订"城乡结对、文明共建"协议，通过城乡结对共建活动，在基础设施建设、销售渠道拓展、文明乡风打造、农民文明素质和乡村文明程度提升等方面与淮安市淮安区顺河镇何桥村展开合作。

深耕电热，实业兴邦

华电渠东发电有限公司

一、单位简介

华电渠东发电有限公司（以下简称"渠东公司"）位于黄河之滨，历史名城河南省新乡市，2009年11月6日注册成立，装机容量为2×33万千瓦，处于华中、华北和西北三大电网交汇处，是全国形成联网的重要电源支撑点、新乡市区主要热源点。多年以来，该公司坚持以习近平新时代中国特色社会主义思想为指导，全力打造一点一网四线"热联网"战略布局，倾心铸就"华电热力、守护蓝天、温润新乡"供热品牌，着力构建"资源节约、绿色环保，电热并重、两翼齐飞"的发展格局。先后荣获全国安全文化建设示范企业、河南省电力安全生产先进单位、河南省节能减排竞赛先进单位、河南省节水型企业、华电集团公司本质安全型五星级企业、华电集团安全环保先进企业、华电集团文明单位标兵、华电集团四星级发电企业、华电集团公司"三清"企业创建先进单位、新乡市五一劳动奖状等荣誉号。

二、案例背景

一直以来，渠东公司以提供稳定优质的电能、热能为使命，以"华电热力　守护蓝天　温润新乡"为己任，致力于绿色环保可持续发展，深入推进社会责任管理工作，积极履行央企社会责任，真诚搭建与社会各界沟通、交流的平台，满足公众获知企业生产经营、履行社会责任及可持续发展的相关信息需求，高效完成能源保供任务，将送稳定优质的清洁气源输至华兰生物、拓新药业等19家蒸汽用户，进一步履行企业社会责任，提升企业品牌美誉度和竞争力。

三、实施路径

（一）聚焦安全生产，筑牢能源保供基石

能源是工业的粮食、国民经济的命脉。近年来，渠东公司党委始终把保障能源安全可靠供应作为首要任务，践行央企责任，统筹发展和安全，确保能源供应，服务地方经济社会平稳健康发展。

始终坚持"安全第一、预防为主、综合治理"的方针，坚持以人为本，不断创新安全管理方式方法，加强双重预防体系建设，全面提升企业安全管理工作水平。2021年，脱硝还原剂液氨改尿素项目顺利通过168小时试运行，标志着渠东公司切实消除重大隐患，防范了安全风险。2020、2022年先后

完成两台机组大修，不断优化机组工况，努力实现长周期安全稳定运行，为能源保供筑牢安全基石。

渠东公司持续提升管理理念，以安全环保、提高效益为目标，以星级企业创建为载体，提高精细化管理水平，加强机组对标管理，加大科技投入和设备升级改造进行节能降耗工作。在节能降耗工作上，该公司依靠科技进步获得了丰硕成果，先后进行了高压电机的变频改造、电除尘高频电源改造、1号机组新型凝抽背改造、磨煤机多变煤种情况下钢球配比寻优、工业蒸汽抽汽汽源改造等多项节能改造，大大降低了机组的供电煤耗、厂用电率，取得了良好的效果。该公司不断提升机组管理水平和可靠性指标，规定各种运行工况下设备系统的经济运行方式，使机组的综合性能得以提高，设备系统的节能潜力得到充分挖掘。截至 2023 年 9 月，渠东公司已连续安全生产 2600 余天。

2021 年煤炭供需关系极度紧张，煤价高企，市场成本倒挂。渠东公司以党中央、国务院关于能源保供的决策部署精神为指导，传达落实集团公司党组、上级公司能源保供会议工作安排，提高政治站位，全力以赴保能源供应，在人民群众最需要的时候，展现"大国顶梁柱"勇于挺身而出的责任担当。十一年来，公司累计完成发电量 270 亿千瓦·时，其中，新乡市内销占比 100%，累计上缴税费 4 多亿元。

（二）聚焦减碳增绿，增强可持续发展原动力

近年来，该公司坚持可持续发展，持续提升品牌理念，以安全环保、提高效益为目标，提高精细化管理水平，加大科技投入和设备升级改造进行节能减碳工作，让"黑金"生绿，让产业变"净"，让生态优先、绿色发展导向更加鲜明。

渠东公司认真学习贯彻习近平生态文明思想，加快节能减排步伐，坚持科技是第一生产力、创新是第一动力，投入大量资金，进行科技创新，获得了丰硕成果。2016 年，两台机组先后完成超低排放改造，烟尘、二氧化硫、氮氧化物排放达到燃气机组排放标准，有效解决了区域燃煤锅炉供热对环境造成的污染，为河南省打赢蓝天碧水净土保卫战贡献华电力量。2018、2021 年累计投入 7200 万元，实现 3 个储煤场全封闭，煤场粉尘无组织排放得到有效控制；2021 年完成深度优化用水和水污染防治改造；2022 年投资 3000 万元，完成机组工业供汽能力扩展改造，预计每年可减少燃煤消耗 10 万吨，减少二氧化碳排放 27 万吨。让绿色成为高质量发展最鲜明的底色，为助力新乡市打赢环保攻坚战，为清洁能源建设，助力实现碳达峰、碳中和目标，作出华电贡献。

（三）聚焦公众开放，厚植责任品牌影响力

"我家的用的电就是这样发出来的。"

"咱们这厂管理真是规范，连过道都这么整洁……"

自 2017 年以来，渠东公司积极开展"中国品牌日"暨"社会责任月"系列活动，邀请河南师范大学附中学生、河南工学院大学生、上下游企业的公众走进渠东公司，零距离了解发电原理，见证了清洁能源的产生，感受绿色生态电厂的魅力，增进公众对电力工作的理解和信任。每年开展"访民问暖"进社区、售电服务进企业等系列活动，普及用暖知识，解决用电问题，提升服务群众口碑。

面对媒体格局、舆论生态、受众对象、传播技术的深刻变化，渠东公司主动适应新形势，紧跟融媒体发展节奏，将宣传思想工作与市场营销有机联动。2020 年首次通过抖音、斗鱼网络平台向新乡市广大网民直播供热流程，宣传中国华电"度度关爱"理念，推介华电渠东热力品牌"云端"探秘"一度热"的旅行，大胆迈出"直播带货"的第一步以积极主动的姿态，敞开胸怀欢迎公众监督、接受客户"品鉴"，在营销浪潮下大力推介"华电热力、守护蓝天、温润新乡"品牌。该公司坚持守正创新，2021年成立记者站、2023年成立品牌与宣传中心，以品牌建设提升公司核心竞争力、引领企业高质量发展。

（四）聚焦公益帮扶，提升企业形象渗透力

"非常感谢渠东公司一直关心帮助着这里的孤残老人，每次给我们带来的不仅是生活用品，更是给孤独的老人们送来了爱心和温暖，我代表养老院的全体老人向你们表示深深的感谢！"

渠东公司作为新乡市主要供热企业，在注重发展的同时，还要更多地回馈社会。连续十一年走进辖区养老院开展志愿服务活动，每次慰问品价值两千余元，累计慰问300余人次。用实际行动弘扬中华民族尊老爱老的传统美德、践行中国华电"度度关爱"责任品牌理念。

近年来，渠东公司先后组织开展"抗洪救灾爱心捐助""核酸检测志愿服务进社区"等多项党团志愿服务活动，其中新乡"7·20"特大暴雨灾情后，渠东公司工会时刻受灾群众情况，组织员工开展抗洪救灾爱心捐活动，赠共计赠衣物757件、生活用品432件，用实际行动践行初心使命，用自己的模范行为和高尚人格感召群众、带动群众，弘扬新风正气，促进企业和谐。面对新冠肺炎疫情带来的电热保供压力，在华电集团公司党组、河南公司党委的指导下，华电渠东公司将"4家药企、8家医院"列为供汽供暖"特护对象"，其中新乡市传染病医院抢修事迹突出。该公司克服春节期间缺人员、缺物资的困难条件，党员干部抗住压力，腊月二十九、正月初六先后两次临危受命，驰援新乡市传染病医院抢修，圆满完成任务。由该故事改编成微电影《临危驰援》荣获第十六届全国党员教育电视片观摩交流活动二等奖、国资委第四届中央企业优秀故事奖、全国产业行业微电影一等奖等7项大奖。

四、履责成效

十年来，渠东公司辛苦耕耘，播光送暖，积极履行央企社会责任，真诚搭建与社会各界沟通、交流的平台，满足公众获知企业生产经营、履行社会责任及可持续发展的相关信息需求，高效完成能源保供任务，将送稳定优质的清洁汽源输至蒸汽用户，擦亮了"华电热力、守护蓝天、温润新乡"的金字招牌。十年来，换热站从8座到如今251座，供暖面积从83.4万米^{2}到突破1000万米^2，工业蒸汽用户达到19家，惠及居民超20万户；累计完成发电量270亿千瓦·时，工业供汽220万吨。先后荣获全国电力行业用户满意企业、新乡市五一劳动奖状、新乡市诚信公共服务品牌等荣誉称号，成为河南省首家连续五年荣获节能低碳标杆引领机组的企业。不断刷新的成绩，不变的是为民服务、履行社会责任的初心，为河南省打赢蓝天碧水净土保卫战、中原更加出彩贡献华电力量。

五、工作展望

习近平总书记强调，"做企业、做事业不是仅仅赚几个钱的问题。实实在在、心无旁骛做实业，这是本分。"作为一个有追求的能源企业，既关系其他企业发展，又肩负着民生工程，想要实现可持续发展，不能单纯追求经济利润而不履行社会责任，要努力开展企业社会实践活动，加强社会责任管理，推动电力企业高质量发展。下一步，渠东公司进一步深化和完善社会责任工作路径和管理模式，开展形式多样的社会责任实践创新工作，传播社会责任理念，展现央企良好形象，促进企业和社会可持续发展。

赓续红色血脉，彰显央企担当

大唐四川发电有限公司

一、单位简介

大唐四川发电有限公司所属四川大唐国际甘孜水电开发有限公司（以下简称"甘孜公司"）于2006年7月在四川省甘孜藏族自治州注册成立，大唐国际发电股份有限公司与大唐四川发电有限公司分别占股52.73%、47.27%。

甘孜公司作为中国大唐集团有限公司在藏区最大的清洁能源企业和四川电网主力电厂，目前设置9个部门，在编职工211人，负责建设和运营长河坝、黄金坪、江咀三座水电站，项目总投资约350亿元人民币，在役总装机346.26万千瓦，设计年总发电量约147亿千瓦·时，现已形成"一个公司、两个大坝、三座电站、四个厂房、十二台机组"的生产运营规模。截至2022年年底，公司累计完成发电量761亿千瓦·时，累计向甘孜州上缴税费超30亿元，纳税能力在甘孜州排名第一。

甘孜公司作为中国大唐集团有限公司在川最大基层企业，秉承"建设一座电站、拉动一方经济、造福一方百姓"的理念，时刻牢记做强做优做大国有资本和国有企业这一重要使命，准确把握国家实现"碳达峰""碳中和"这一重要目标，锚定"中国最好、世界一流"能源供应商愿景，立足长河坝、黄金坪两级水电站，大力探索多能互补、水光蓄一体化等能源综合开发模式，建设数字智慧、管理一流、行业先进、千万千瓦级水风光一体化清洁能源明珠企业，为甘孜州经济蓬勃发展持续贡献中国大唐力量。

二、案例背景

1935年，红一、四方面军经过长途跋涉，艰苦转战，先后进入甘孜藏区。1936年，红二、六军团为北上抗日，也从云南进入甘孜藏区，与红四方面军在甘孜胜利会师。从1935年5月～1936年7月的15个月时间里，中国工农红军第一、二、四方面军先后在甘孜藏区的泸定、康定、丹巴、道孚、炉霍、甘孜、白玉、巴塘、得荣、雅江、理塘等地有过不同时间的停留。

甘孜藏族自治州作为红军经过和驻停时间最长的地方，红色的气息浸染着甘孜州的每一片土地、每一条河流，既上演了红一方面军"大渡桥横铁索寒"、22名勇士飞夺泸定桥的壮举，从而一举打破了蒋介石政府的围追堵截；还有着在缺衣少食的情况下，甘孜藏区的藏族同胞们为红军提供粮食约900万斤，即15个县10余万人口人均为红军供应了约90斤～100斤粮食，为保护受伤红军而牺牲的感人故事。1950年，邓小平同志对甘孜藏区人民做出了"甘孜藏区人民对保存红军尽了最大的责任"的评价。

甘孜公司地处四川省甘孜藏族自治州，下距"飞夺泸定桥，强渡大渡河"的泸定县44千米，上距甘孜州康定市47千米。为传承红色精神，甘孜公司以"一个公司、两个大坝、三座电站、四个厂房、十二台机组，346.26万千瓦总装机规模"的长河坝、黄金坪两级水电站，四川省网主力发电厂为依托，用修桥造路、植树造林、能源保供、生态养护、乡村振兴、抗震救灾等实际行动，传承红色精神，彰显央企担当。

三、实施路径

甘孜公司以身边红色资源为载体，创新推出"云上重走长征路""二十大精神进乡村"等系列活动，"线上线下"同步开展，带领党员"走出去"，前往泸定桥、泸定长征文化公园、大邑建川博物馆开展沉浸式红色教育，将省委党校教授"请进来"到现场开展读书班，提升理论修养。

甘孜公司将理论学习与中心工作深度融合，以开展"党建引领+"攻关项目，"党建引领+提质增效"和"党建引领+乡村振兴"等多个项目取得阶段性成果，入选集团公司、四川公司优秀攻关项目。

面对2022年7月~8月，四川省连续两个月高温，遭遇历史"三最"叠加的极端天气，该公司长河坝、黄金坪两级电站所在的大渡河流域来水量较往年偏枯64%，发电能力比同期下降了将近一半的实际困难。该公司及时建立"党建引领+能源保供"项目，顶"峰"而上，两级电站联合调度，上游长河坝水电站连续13天压库区极限死水位运行，下游黄金坪全力以赴增发电量，两个月累计发出电量27.74亿千瓦·时，为缓解四川省用电压力贡献了大唐力量，荣获四川省2022年度四川省能源保供突出贡献单位。

"关键时刻冲得上去、危难关头豁得出来，才是真正的共产党人"。在发挥央企支柱作用的同时，面对洪水、地震等自然灾害，甘孜公司广大党员始终牢记初心使命，在关键时刻用担当彰显责任、用行动践行使命。

四、履责成效

（一）社会效益

高温干旱期间，甘孜公司及时建立"党建引领+能源保供"项目，顶"峰"而上，两级电站联合调度，上游长河坝水电站连续13天压库区极限死水位运行，下游黄金坪全力以赴增发电量，两个月累计发出电量27.74亿千瓦·时，为缓解四川省用电压力贡献了大唐力量，荣获四川省2022年度四川省能源保供突出贡献单位。

2022年"9·5"泸定地震发生的第一时间，作为中国大唐旗下距离震中最近的能源央企，甘孜公司迅速成立抗震救灾党员突击队，以党员为点、党支部为面，迅速辐射至营地、厂房的各个角落，5分钟内完成全体职工清点、设备状况排查，同时立即启动长河坝、黄金坪两级电站5台备用机组，两站增加出力450兆瓦，为抗震救灾电力供应增加旋转备用容量2000兆瓦。

"职工要安全，群众要帮助，我们要时刻同人民群众站在一起"。在这片红色土地上，全员齐心抗震的关键时期，该公司主动联系甘孜州应急局，成立"中国大唐抗震救灾党员突击队"24小时内将连夜筹措物资送达泸定得妥镇；24小时内根据救灾需要，将抗震救灾党员突击队细化为"中国大唐"水上救援突击队和电力抢修突击队，在泸定得妥镇开展救援、恢复供电线路。截至2022年9月14日，6人组成的"中国大唐水上救援队"驾驶甘孜公司提供的得妥镇第一条冲锋舟，累计转运被困居民及救援人员近400人；8人组成的"中国大唐电力抢修队"6天的时间里，累计排查10千伏线路60余千米，消除故障隐患10余处；完成得妥镇279户居民送电前隐患排查，消除44户危房用电隐患，帮助得妥镇街道及周边3个村近400余户的供电得到迅速恢复。

（二）经济效益

在红色精神的引领下，甘孜公司全体职工，积极面对极端天气下的各项挑战，形成奋斗共识，凝聚攻坚合力。担当"国之大者"，时刻践行能源央企使命，发挥国民经济发展中坚力量，将绿色发展理念贯彻始终，截至2023年5月，多年累计送出清洁能源789.85亿千瓦·时，相当于节约标煤约2468万吨，减少二氧化碳排放约6664万吨。累计向甘孜藏族自治州上缴税费超30亿元，是甘孜州重要经济支柱产业，被誉称为"甘孜州第一纳税大户"。

（三）推广价值

传播红色精神之抗震救灾的行为荣获甘孜州抗震救灾荣誉证书2份，甘孜州、泸定县感谢信2封，泸定县抗震救灾荣誉证书1份，泸定县抗震救灾锦旗1面。挖掘出的事迹故事对内发布37次，对外在人民网、央视网、中央广电总台国际在线、中国青年报、国资小新、四川发布、中国电力报、中能传媒发电频道等多家媒体发布达26次。传播红色精神之能源保供行为荣获2022年四川省能源保供突出贡献单位，其《全力以赴守住库区最后一米水位线》《全力以赴保障电力供应》等稿件在人民网、央视频、学习强国、中国电力报、中国能源网等多家媒体刊发。

📦 五、工作展望 ////

大事难事见担当，危难时刻显本色。作为中央企业的一员，甘孜公司深入学习贯彻习近平新时代中国特色社会主义思想，将更加深刻领悟"两个确立"的决定性意义，增强"四个意识"、坚定"四个自信"、做到"两个维护"，自觉在思想上政治上行动上同以习近平同志为核心的党中央保持高度一致，树立底线思维、极限思维，以更高的标准、更有力的措施，下好先手棋，打好主动仗，迎难而上，筑牢安全底线，加强生产管理，强化防汛减灾应急措施，完善工作预案，提高应急响应处置能力，全力提升能源保供能力。

在高质量发展的道路上，自觉落实发挥国有经济战略支撑作用的根本要求，履行中央企业社会责任，攻坚克难，履职担当，走好新时代"长征路"不断在高质量发展的道路上阔步前行，用实际行动创造经济价值、弘扬时代正能量，以更加昂扬状态和奋斗姿态奋进新征程、建功新时代。

华鑫信托"益"心为民——践行金融工作的政治性和人民性

华鑫国际信托有限公司

一、单位简介

华鑫国际信托有限公司（以下简称"华鑫信托"）是中国华电集团有限公司全资控股的金融机构，2010 年 3 月 18 日正式运营，注册地为北京，注册资本金 73.95 亿元。截至 2022 年，营业收入 22.67 亿元，利润总额 17.08 亿元，同比增长 16.05% 和 14.33%。根据银行间市场披露 2023 年上半年相关财务信息，华鑫信托营业收入、净利润、信托业务收入分别升至行业第 10 位、第 7 位、第 8 位。华鑫信托高质量发展态势凸显，已经成为中国华电集团产融板块的重要组成部分，信托行业的中坚力量。目前，华鑫信托共有员工 256 人，党员 108 人。华鑫信托荣获"中国企业诚信文化十佳单位""企业文化建设百佳单位"，华电集团"文明单位""先进集体""争创一流先进企业"，以及卓越竞争力信托公司、优秀风控信托公司、卓越竞争力财富管理品牌等多项行业荣誉；作为北京首批重点总部企业，连续多年荣获西城区经济社会发展综合贡献奖，入选北京金融街合作发展理事会首批理事单位，连续四年荣获信托行业最高评级"A 级信托公司"。

二、案例背景

习近平总书记指出，"金融活，经济活；金融稳，经济稳。经济兴，金融兴；经济强，金融强。"在推进中国式现代化的征程中，金融业肩负着新的历史使命。金融工作的政治性与人民性，决定了华鑫信托在"为了谁"这一根本问题上的定位与导向。党的二十大报告明确提出，引导、支持有意愿、有能力的企业、社会组织和个人积极参与公益慈善事业。华鑫信托深入学习习近平新时代中国特色社会主义思想，始终坚持以人民为中心的立业初心，以满足广大人民群众对美好生活的向往为出发点和落脚点，奋力书写"央企信托、人民金融"新篇章，坚定履行金融国企的社会责任。

三、实施路径

在中国华电集团党组的领导下，华鑫信托将"深入推进社会公益服务"作为推动企业员工道德实践养成的重要内容，着力通过党员先锋岗和党员服务队，激发先锋模范作用和为民服务意识，带动广大职工群众在社会公益活动中深刻领会金融工作的政治性与人民性，在乡村振兴、绿色环保、志愿服务、金融消费者权益保护等领域，以实际行动传爱心、树新风、践承诺，传承发扬志愿服务精神，增强基层党组织凝聚力和战斗力，丰富企业文化的深厚内涵，彰显金融国企的社会责任与担当，不断增强人民群众的获得感、幸福感和安全感。

四、履责成效

（一）坚持党建引领，完善文明单位创建机制建设

华鑫信托党委将文明单位创建作为企业履行社会责任的重要载体，持续强化机制建设，充分发挥党委把方向、管大局、保落实的领导作用。根据中央文明委《关于深化新时代文明单位创建工作的意见》，依据公司实际情况制订《文明创建工作管理办法》，号召全体员工签署《创建文明单位倡议书》，推动文明创建工作的制度化常态化发展，弘扬新时代公益精神。华鑫信托党委统筹规划文明单位创建工作，制订年度方案，以大党建总体布局不断深化文明创建，建立健全领导体制、协调机制和各项制度，引导党员先锋岗在具体工作中践行社会主义核心价值观，将爱岗敬业、拼搏奋斗的满腔热情转化为推动公司高质量发展的不竭动力，指导党员服务队扎实开展社会公益服务活动，将"金融为民、服务群众"的理念落到实处。

（二）帮扶乡村困难群体，圆梦共同富裕

坚持以人民为中心是华鑫信托践行政治性和人民性的显著标志。华鑫信托通过爱心捐赠、慈善信托等形式，积极投身乡村振兴事业，向农村贫困群众、学龄儿童少年、边疆少数民族同胞等群体奉献金融向善的温暖力量，在追求共同富裕的社会主义新时代诠释金融向善的大爱情怀。作为党员集体先锋岗，华鑫信托江浙业务总部设立 2022 年度国内备案规模最大的教育类慈善信托"同鑫善行一号横店创享教育慈善信托"，备案规模达 2 亿元，期限为 20 年，为浙江省共同富裕示范区建设和当地青少年教育事业提供长期助力。华鑫信托党员服务队每年组织团员青年、职工群众捐赠爱心物资数百件，通过"爱心积分超市"向集团对口帮扶地区的农村贫困群众提供爱心物资支持。在 2023 年 3 月"爱鑫汇聚力量"捐赠活动中，党员服务队组织全体员工向新疆维吾尔自治区喀什疏勒县亚曼牙乡哈达提克村的居民，捐赠日用品、小型家电、衣物鞋服等生活用品 196 件，儿童益智类电子产品、学生课外书籍、书包、羽毛球、乒乓球、足球等文体用品 177 件，表达了华鑫信托心系边疆少数民族同胞的深厚感情，展现了中华民族一家亲、共同富裕一个都不能少的共同心声。

（三）践行"两山"理念，点亮绿色文明

紧紧跟党走、投身新时代建设是华鑫信托践行政治性和人民性的重要内涵。"两山"理念是习近平生态思想的突出表现，"绿水青山"是新时代人民群众对美好生活的重要期盼。华鑫信托大力践行"两山"理念，积极拓展绿色金融业务，打造"金融＋产业＋生态＋公益"联动模式，引导党员先锋岗和党员服务队投身生态文明建设，为新时代公益事业添加绿色文明的注脚。作为党员集体先锋岗，华鑫

信托风险管理部助力公司绿色金融业务，参与制订公司《绿色金融发展专项方案》，协助公司党委对绿色金融发展的各项工作进行科学规划和统筹安排。2021年华鑫信托发行"碳中和"绿色定向资产支持票据40.50亿元，助力清洁能源类绿色低碳产业项目建设运营，按照资金募集使用比例对应产生的环境效益折算，每年节约标煤量48.99万吨，减排二氧化硫257.10吨，减排氮氧化物287.64吨，减排烟尘51.42吨。在2023年世界环境日之际，华鑫信托党员服务队开展"爱鑫护绿行"环保活动，带动公司员工在北京大运河森林公园捡拾垃圾、浇灌树木、呵护绿植，为京杭大运河增添亮丽的华鑫色彩，共建人与自然和谐发展的绿色文明。

（四）弘扬志愿精神，服务百姓民生

服务百姓、无私奉献是华鑫信托践行政治性和人民性的鲜明底色。华鑫信托积极参与首都精神文明建设，通过丰富多彩的志愿服务，在城区共创、社区共建等诸多活动中，生动诠释"奉献、友爱、互助、进步"的志愿服务精神。2023年5月以来，华鑫信托党员服务队带领员工参加北京西城区"文明100+"示范路口志愿服务，凝聚共建共治共享的创建合力，大力营造文明有序、和谐畅通的交通环境。党员服务队成员在交通繁忙的十字路口，分别于早晚高峰时段内，维护路口斑马线的通行秩序，及时帮助高龄老人、残障人士等行动不便人群。华鑫信托党员服务队忠实维护金融消费者合法权益，持续做好消费者权益保护工作，守好老百姓钱袋子。在首都重大赛会服务方面，华鑫信托员工参加2022年北京马拉松赛志愿服务，协助组委会圆满完成收尾、清场工作，用青春活力点亮青春北京的志愿风采。在金融消费者权益保护方面，从2022年9月至今，党员服务队成员在北京秉正银行业消费者权益保护促进中心担任兼职调解员，积极化解金融纠纷，以专业、敬业的调解工作，最大程度保护了人民群众的合法权益，该中心特地向公司发来感谢信。2022年以来，党员服务队走进北京西绒线社区、新华里社区等基层社区共计4次，向居民普及金融知识，提示金融风险，围绕"一老一少"重点群体进行宣教，引导老年消费者"不乱投"、年轻消费者"不乱贷"。2023年6月，党员服务队参与西城区金融街服务局"守袋行动　结对共建"活动，与白纸坊街道结对共建，开展金融风险防范宣教活动，全面提升街道居民金融风险能力与金融素养，共建社区良好金融生态。

五、工作展望

在中国华电集团党组的正确领导下，华鑫信托坚守金融工作的政治性和人民性，2021年以来始终保持中国华电集团"文明单位"荣誉称号，2023年9月入选"首都文明单位"公示名单。

下一步，华鑫信托在领导党员先锋岗和党员服务队"益"心为民投身社会公益事业的过程中，将持之以恒地做好以下"三个坚持"：

坚持把履行社会责任纳入党建总体布局。华鑫信托坚持把学习贯彻习近平新时代中国特色社会主义思想摆在首要位置，将党性教育贯穿于履行金融国企社会责任的全过程，通过党员先锋岗和党员服务队的实践活动，切实提升广大党员、团员和职工群众的公益责任意识和社会道德素养。

坚持密切联系企业实际。华鑫信托将悉心研判信托行业的发展趋势，紧紧围绕央企信托的实际情

况，继续开发绿色信托、慈善信托等特色产品，通过对口帮扶地区的爱心捐赠、清洁能源产业的绿色定向资产支持票据等载体，采取党建带团建、党建促群建等方式，继续增强党员先锋岗和党员服务队相关活动的针对性和实效性，用好行业特色资源，以广大人民群众乐于接受、便于参加的方式开展社会公益服务，不断扩大受益群体的覆盖面，持续提升志愿服务活动的公益效应。

坚持发挥先锋模范作用。华鑫信托将坚持把党员先锋岗和党员服务队作为宝贵资源，完善组织体系，搭建活动团队，组织开展转型攻坚、联建共建、志愿服务等活动，激励和引导党员先锋岗和党员服务队的成员各尽其能，积极发挥先锋模范作用。华鑫信托将坚持以人为本的原则，为党员骨干、先进分子等群体创造条件、拓宽舞台，引导广大党员、团员和职工群众展现自身价值，扛起金融国企的社会责任，弘扬社会主义核心价值观。

协手行，心连鑫

协鑫能源科技股份有限公司

一、单位简介

协鑫（集团）控股有限公司（以下简称"协鑫集团"）是一家以风光储氢、源网荷储一体化，新能源、清洁能源、移动能源产业新生态，硅材料、锂材料、碳材料、集成电路核心材料等关联产业协同发展，以领先的绿色低碳零碳科技主导创新发展的全球化创新型领先企业。集团坚持以绿色能源科技驱动企业创新发展，在"碳达峰""碳中和"国家战略背景下打造全新的"科技协鑫""数字协鑫""绿色协鑫"。协鑫集团位列全球新能源 500 强企业第 2 位，中国企业 500 强新能源行业前列、中国民营企业 500 强前 80 位。是全球太阳能理事会主席单位、亚洲光伏产业协会主席单位、中国电力企业联合会副理事长单位。

协鑫能源科技股份有限公司（证券简称：协鑫能科 002015.SZ）系协鑫（集团）控股有限公司旗下企业。公司于 2019 年 5 月在深圳证券交易所上市，主营业务为清洁能源运营、移动能源运营以及综合能源服务。协鑫能科倾力打造从清洁能源生产、补能服务到储能的便捷、经济、绿色的出行生态圈，为电动化出行提供一体化能源解决方案，致力于成为领先的移动数字能源科技运营商。

截至 2023 年 6 月 30 日，协鑫能科并网运营总装机容量为 2903.04 兆瓦，其中，燃机热电联产 1777.14 兆瓦，风电 743.9 兆瓦，垃圾发电 116 兆瓦，燃煤热电联产 266 兆瓦。协鑫能科将重点提升可再生能源装机占比，聚焦广东、江苏、浙江等经济基础好、营商环境佳的东南部沿海区域，大力开发分散式风电项目，适度开发热电联产项目；依托运营电厂热用户，大力开拓可再生能源分布式项目，并进一步探索绿电新产品、新服务、新业态。

二、案例背景

希望小学是中国青少年发展基金会发起倡导并组织实施的一项社会公益事业，目的在于通过援助资金、物资等有意义的活动，帮助落后省、市、县、乡镇等地方建校办学，或对接贫困学生，或长期在教育教学方面全面帮助提高，以此给一个地方带来希望与梦想。然而当前，校园规模较小、教学资源匮乏、师资力量薄弱、硬件设施落后、信息化水平较低等问题制约着许多希望小学的办学水平；而广大农村，特别是偏远山区大量劳动力流向城市，也让留守儿童成为一个规模越来越庞大的群体，家庭经济窘困，缺乏父母关爱，这些孩子的学习与生活情况堪忧。

20 世纪 80 年代，国家鼓励多元化资本投资发电侧，开启了集资办电的探索，协鑫把握难得的历史机遇，于 1996 年在江苏省太仓市投资建设了首家热电联产企业，由此拉开了发展清洁能源产业的大幕。由江苏省到长三角，再到珠三角、京津冀，进而辐射全国，协鑫逐步成长为装机规模最大的民营能源企业，项目覆盖国内十余个省份。在开疆拓土的过程中，协鑫能科积极与项目所在地方各级政府沟通，了解当地的经济社会、民俗风情，教育情况，发现一些贫瘠、偏远山区都有需要帮助的学校和学生。

"希望每个孩子都能得到一件棉衣，一双棉鞋。"这是云南某小学负责人提出的要求，正是这种简单得震撼人心的单纯愿望，让协鑫能科萌发了创办一个以兴教助学为特色品牌公益活动的想法，并很快付诸实践。

心存善念，付诸善举，让那些孩子即便远隔着千山万水，也能感受到一群素未谋面的热心人，正在默默关注他们的成长；尽己所能，让他们的视野不再为群山所阻，让他们的学业不再为贫困所累，让他们的童年也有金色的渲染，让他们的生活不缺温煦的阳光，这何尝不是一件幸事？ 2016 年，经公司领导、工会委员会批准，"协手行·心连鑫"公益品牌正式创立。

三、实施路径

一旦出发，就砥砺前行。自 2016—2022 年，除了因新冠疫情冲击中断过一次，"协手行·心连鑫"活动始终未曾停下脚步。这是一种肩扛责任的前行，一种不计名利的奉献，另一种令人动容的坚持，更是一场没有终点的爱心接力。

（一）助学活动与项目推进相结合

项目建到哪里，就把爱心接力棒传递到哪里，把项目开发和公益活动融合，通过建设校企关系巩固政企合作，为项目的争取和推进增加砝码；也为项目日后的运营和发展，乃至向周边辐射拓展更多项目积累了宝贵的人脉资源，树立了良好的品牌形象，充分体现一家优秀企业的经营哲学和发展智慧，以及扎根当地服务社会经济发展的决心。

这期间，协鑫能科的贵州雷山风电、重庆石柱七曜山玉龙风电、广西全州风电、四川眉山 3 万吨电池级碳酸锂等一批项目加速推进，已经投产或正在建设中。

（二）公司集采与员工捐赠相结合

"协手行·心连鑫"活动总在每年的四季度开展，因为御寒的棉衣棉裤、羽绒服装往往是山区孩子度过冬季最迫切需要的，这也是公司热情倡议，号召员工积极捐赠的物品。一条横幅、一具展架、几张桌椅、数名工作人员，捐赠活动总是在简简单单的布置中拉开帷幕，大约持续一周。公司工会将员工捐赠的衣物、书籍、文具、玩具分装打包，提前寄往学校所在地区的项目公司。

与此同时，工会每年也会拨出专项经费，购买笔记本电脑，打印机、校服、文具大礼包等物品，用于改善学校办学条件和信息化水平。在 2022 年的活动中，协鑫能科还专门捐资为重庆冷水镇小学安装了乒乓球桌和配套发球机，丰富孩子们的文体生活。

（三）现场互动与定向帮扶相结合

每次活动，公司工会代表带着全体员工的祝福和爱心，千里跋涉，走进深山。受助小学都会举办一个简单的捐赠仪式，孩子们载歌载舞欢迎远方的来客。每到一处，公司工会主席都会向师生介绍协鑫能科的发展，勉励孩子们好好学习、奋发图强、尊敬老师、友爱同学，用知识改变命运，用勤劳的双手打拼明天，长大后为家乡和人民作出自己的贡献。

除了向学校捐赠物品，协鑫能科还特别关注家庭特别贫困的优秀学生，单独发放助学金，持续资助他们，直至完成大学学业。不搞形象工程，不做一锤子买卖，让爱细水长流地灌溉学子心田，在他们追寻梦想的长跑中始终相随左右。

四、履责成效

这些年来，"协手行·心连鑫"的影响力越来越大，越来越多的员工自发自觉地加入兴教助学的行动中，百川归海，其势益壮。

2022 年底，协鑫能科制作《上善若水 大爱无疆》短片，回顾了公司"协手行·心连鑫"兴教助学活动六年间不畏艰辛的跋涉。"远征队"的足迹遍布四川、贵州、广西、陕西、云南、重庆五省一市，累计行程超过 18000 千米，为云南双柏九石完小、贵州省雷山县达地水族乡小乌小学、陕西省榆林市榆阳区麻黄梁镇十八墩小学、广西全州白宝乡中心小学和洋田小学、四川省甘孜州炉霍县宗麦乡中心校、重庆石柱土家族自治县冷水镇小学校等 7 所学校的千余名学子在艰苦环境中完成学业献上了拳拳爱心。短片播放后在员工中引起强烈反响，好评如潮。这期间，协鑫能科的贵州雷山风电、重庆石柱七曜山玉龙风电、四川眉山 3 万吨电池级碳酸锂等一批项目加速推进，已经投产或正在建设中。

把责任扛在肩上的企业，就能聚拢让爱常驻心间的员工。公司在一次次赈灾救援、扶贫济困活动中义无反顾的身影感染着许多员工，让他们倍感自豪，自发自觉地认为要为这个社会，为需要帮助的人做些什么。

2018 年，如东协鑫环保热电有限公司生产管理部运行二值值长田登峰成为江苏省如东县史第四位，也是协鑫集团首位造血干细胞捐赠者；2022 年疫情期间，苏州工业园区蓝天燃气热电有限公司的一支青年志愿军逆向前行，在紧张的工作之余，协助园区进驻社区、企业开展核酸检测、门岗查验等服务，累计服务市民超 1 万人次；太仓电厂的一位员工十几年如一日，资助一对双胞胎兄弟完成学业……在协鑫能科下属数十家企业中，这样的例子不胜枚举。这些员工将爱的涓涓细流，汇入到协鑫能科回馈社会的磅礴洪流之中。

不止于企业内部的声名鹊起，"协手行·心连鑫"作为协鑫能科倾力打造、精心呵护的公益品牌，在行业内、社会上的影响力也越来越大。

一些项目所在地政府领导、受助小学的校长表示，发展教育是"功在当代、利在千秋"的德政工程，协鑫能科的善举，不仅是对教育事业的支持和鼓舞，更是践行党和国家落实精准扶贫、关注民生和关心教育的具体行动。一位参加捐赠仪式的乡镇政府领导曾由衷感慨道："这样的企业在我们家乡承建项目，信得过，也靠得住！"

2021 年 10 月，"协手行·心连鑫"入选了中国电力企业联合会评选的 2021 年度电力企业社会责任优秀案例，协鑫能科成为唯一一家获评"社会公益类"优秀案例的民营企业。

这是协鑫能科践行责任反哺社会诸多义举的缩影，也在协鑫集团环保公益、教育扶持、灾难救助"三位一体"慈善公益体系沃壤中，一股向阳而生的蓬勃力量。

五、工作展望

协鑫集团致力于打造环保公益、教育扶持、灾难救助三位一体的协鑫阳光慈善基金会，始终把对受助者的关爱作为回馈社会的方式，发起"阳光关爱行动"，并作为基金会一项长远公益计划长期坚持下去。

而在"双碳"背景下，协鑫能科牢牢把握电力体制深化改革，以及能源与汽车加速融合的机遇快速布局，积极发展，传统业务与转型业务并驾齐驱，拓展的项目遍布国内绝大多数省份，这让"协手行·心连鑫"活动有了更多服务于社会，关爱、帮助弱势群体的触点。

未来，协鑫能科也将紧密结合国家"乡村振兴"战略、精准扶贫计划，充分发挥"协手行·心连鑫"的品牌影响力，号召更多员工，呼吁更多社会爱心人士加入进来，为社会的和谐发展作出更大的贡献。

校企共建"小螺号"护苗美育行动

国能浙江宁海发电有限公司

一、单位简介

国能浙江宁海发电有限公司（以下简称"宁海电厂"）注册成立于 2002 年 7 月，由北京国电电力有限公司和浙江浙能电力股份有限公司按照 6：4 的比例共同投资组建，投资总额 162 亿元，宁海电厂地处浙江省重要的经济中心和电力负荷中心，位于宁波市象山港畔的宁海县强蛟镇，距宁波市区 70 千米。目前电厂总装机容量 4626.31 兆瓦，包括一期工程 4 台 630 兆瓦亚临界燃煤机组和二期工程 2 台百万级超超临界燃煤机组、厂内 14.56 兆瓦光伏发电项目（厂内一期光伏）和厂内新能源示范园项目（36.75 兆瓦）。首台火电机组（一期 2 号机组）于 2005 年 12 月 31 日投入商业运行，是中国电力装机容量突破 5 亿千瓦标志性机组。整个火电工程于 2009 年 10 月 14 日建成投产，一期工程获得国家优质工程金质奖，二期工程获得中国建设工程质量最高奖项"鲁班奖"。厂内一期光伏项目于 2021 年底全容量并网，厂内新能源示范园项目于 2022 年 6 月全容量并网。

基建时期，时任浙江省委书记习近平非常关心宁海电厂的建设，多次过问宁海电厂工程进展情况。2006 年 9 月 14 日，习近平视察宁海电厂，现场考察时指出"只要我们始终坚持以科学发展观为统领，比较快的经济增长速度和比较好的发展质量、发展效益是可以兼得的"。2006 年 12 月 26 日，公司一期工程竣工、二期工程开工建设，习近平亲自发贺电表示祝贺，赞扬宁海电厂一期工程"以其投资省、环保好而成为电力建设项目的一个标杆"；希望宁海电厂"再接再厉，勇于进取，努力把二期工程建设成为示范工程"。

截至 2022 年，宁海电厂连续安全生产 6209 天，累计发电 3650.5 亿千瓦·时，实现利润 243.3 亿元，累计纳税 157.3 亿元。

二、案例背景

强蛟镇中心小学位于宁海县强蛟镇，现有学生 480 名，其中近半数为农民工子弟和农村留守儿童，与大多数农村小学一样，学校教育存在着地处偏远、知识基础薄弱、硬件设施落后、师资紧张、学生经济条件困难等问题。

立足强蛟、发展强蛟，宁海电厂主动扛起央企责任，吹响校企共建"小螺号"，本着"扶困先扶志，扶困必扶智"的原则，全面助力"控辍保学"任务，持续为困难群体办实事、办好事，推动志愿服务活动走实走深。

三、实施路径

吹响"小螺号"，做好对口帮扶。自 2018 年宁海电厂志愿服务队开始对口帮扶强蛟镇中心小学之后，不断组织多次捐衣捐物、红色课堂、一对一帮助等特色活动，在 2021 年以前，帮扶活动主要通过捐款、捐物等方式进行，2021 年"小螺号"正式挂牌之后，活动内容逐渐开始丰富起来。

吹响"小螺号"，点亮微心愿。2021 年 3 月在强蛟镇中心小学开展"点亮'微心愿'、情暖开学季"活动，为强蛟小学品学兼优和家庭困难学生微心愿 92 个，花费一万余元，捐赠仪式上，该校校长代表全体师生感谢浙江公司团委开展的爱心助学活动，号召学生学习志愿者无私奉献精神，用优异的成绩回馈社会。青年志愿者向学生们介绍国家能源集团企业文化理念，鼓励学生们刻苦学习知识，加强锻炼强健体魄，养成好读书、读好书的好习惯，成为国家栋梁之才。活动期间，学生们还为志愿者戴上红领巾。

吹响"小螺号"，上好思政课。2021 年 9 月在强蛟镇中心小学，组织开展"弘扬党史文化，传承红色基因"主题党日活动，共同开展红色教育活动，组织浙江省"五一劳动奖章"获得者魏良为新学期学生代表送上第一节热血澎湃的红色思政课，并通过合理利用党费为学生们送上红色大礼包，包括各类书籍和学生们需要的文具用品，充分弘扬爱党爱国主义精神，引导广大学生"学党史、强信念、跟党走"。

吹响"小螺号"，电力大科普。2021 年 10 月在宁海电厂开展火电知识科普活动，给学生进行沙盘模型讲解、现场实地参观，带他们仔细了解火电厂的整体生产流程。学生们通过 VR 模拟体验、沙盘模型讲解、现场实地参观，仔细了解火电厂的整体生产流程。座谈交流会上，青年员工代表从发电流程、节能环保、安全用电三方面进行接地气的讲解，将实地参观与理论紧密结合，更好加深大家对火电厂的认识，消除了大家心中"凡是冒气都是烟囱"的误解。活动最后，该厂为所有学生赠送《集团安全生产漫画作品集》一书作为礼物，希望大家延伸火电低碳环保、安全生产的宣传链，集众人合力，争做环境保护的宣传者、推动者和践行者，共同助力美丽生态建设。

吹响"小螺号"，一起向未来。2022 年 3 月在强蛟镇中心小学"爱心传递开·一起向未来"主题志愿助学活动，通过校企共建"智慧图书室"，通过优化升级图书设施，拓宽图书借阅渠道，让孩子们接触到很多以前没有接触到的书籍，同时通过高科技方式有效分配、利用图书资源，让乡村教学点的少年儿童共享阅读盛宴，营造"书香校园"浓厚氛围。2022 年 6 月校企联合开展"同心关爱、共沐书香"爱心捐书活动，两百余职工为强蛟镇中心小学上学期 45 名优秀三好学生送上爱心"书籍大礼包"，邀请专业人员优化学校图书软件系统，共建"智慧图书室"，旨在充分发挥校企共建的"小螺号"基地优势，真正实现以关爱留守儿童、提升德育美育为目标，在爱心志愿、结对帮扶方面深化共建共育行动，推动学生德智体美劳全面发展，将志愿服务做深做实，持续为困难群体办实事、解难事，更好助力社会主义精神文明建设。

吹响"小螺号"，义务大宣讲。2023 年 3 月在宁海电厂南湖生态园开展义务宣讲活动，为他们上了一堂有趣、生动的用电安全知识课，让学生们更好地学以致用，将实践融入理论，通过开展有奖问答，让学生们在乐中学、在学中悟，真正达到了"护苗美育"的效果。2023年6月，宁海电厂结合世界日主题在强蛟中学开展专题讲课活动，团委联合安健环监察部首次进入强蛟中学为初中生带去一堂生动的环保课，为学生们介绍了宁海电厂绿色发展以及新能源发展的过程，同时为学生们送上了精美的文具，后续，青年志愿者带领学生们一起去海边进行垃圾清理活动，以实际行动响应世界环境日的主题。

吹响"小螺号"，帮扶进校园。2023年9月，宁海电厂团委与志愿服务队就开学季积极策划"学习二十大　创文明单位　帮扶进校园"主题志愿活动，积极号召公司各党支部与团支部参与到"小螺号"护苗美育活动中来，通过党员一带一、团员一带一定点帮扶的形式为需要帮助的学生们带去更大更为突出的帮助，活动计划于九月底展开。

四、履责成效

"小书屋"打造"大书库"。为丰富强蛟中心小学的"校园书屋"，宁海电厂发挥全国"职工书屋"示范点引领作用，利用职工书屋"三互"功能，将更多图书资源引入强蛟中心小学"校园书屋"，实现"小书屋，大书库"，优化升级图书设施，拓宽图书借阅渠道，有效地分配、利用图书资源，让乡村教学点的少年儿童共享阅读盛宴，营造"书香校园"浓厚氛围。

"微心愿"点亮"小星愿"。定期组织"公益捐赠"系列爱心志愿活动。宁海电厂持续关注青少年成长成才和困难儿童所需所求，每年以雷锋月、公益日为契机，传承雷锋精神接力棒，组织青年志愿者为困难人群带去关怀和关爱，彰显央企担当。

五年来，"小螺号"护苗美育行动，已开展爱心助学20余次，捐献衣物1800余件，书籍12000余册，惠及10个行政村（社区）64名建档立卡贫困学生，志愿服务队发挥全国"职工书屋"示范点引领作用，利用职工书屋"三互"功能，将更多图书资源引入强蛟小学"校园书屋"，实现"小书屋，大书库"，通过开展"点亮微心愿·情暖开学季""爱心传递开·一起向未来"等志愿帮助学活动，志愿者积极认领品学兼优和家庭困难学生填写的92个"微心愿"，为强蛟中心小学的学生们带去实质性的帮助，"小螺号"护苗美育项目获2021年度浙江省直机关主题实践活动优秀案例成果，相关志愿服务活动被宁波晚报等多家媒体发表。

五、工作展望

未来，宁海电厂将继续以"小螺号"为基础，积极开展各类特色志愿服务活动，为强蛟镇中心小学的困难学生提供更多的帮助和支持。通过努力扩大覆盖范围，确保更多地区和学校能够受益。通过与政府、学校和社区合作，建立更多的助学项目和机构，以满足不同地区和学校的需求。

宁海电厂将关注学生的经济困难情况，计划设立奖学金和助学金，资助贫困学生的学习费用和生活费用，同时组织募捐活动，为学生提供学习用品和生活必需品。

　　我们相信，通过努力，学校的办学质量将得到进一步提升，学生的学习成绩和生活品质也将得到显著改善。宁海电厂将始终秉持"扶困先扶志，扶困必扶智"的原则，为困难学生提供更多的关爱和支持，让他们能够充分发展自己的潜力，实现自己的人生目标。

金陵城的"公益侠客"故事——中国能建"员工博爱基金"爱心之旅纪实

中国能源建设集团江苏省电力设计院有限公司

一、单位简介

中国能源建设集团江苏省电力设计院有限公司（以下简称"中国能建江苏院"）创建于 1958 年，是中国能建旗下具有工程设计和工程勘察综合甲级资质的国家高新技术企业，服务领域覆盖能源电力、建筑市政、环境保护等多个行业，实现规划咨询、投资开发、总承包、工程设计等业务全覆盖的大型综合性工程公司。

中国能建江苏院一直秉承"和合、务实、创新、为民"的核心价值理念和"同舟共济、奋勇争先"的企业精神，综合实力连续多年位居江苏省勘测设计企业首位，多次入选 ENR/ 建筑时报"中国工程设计企业 60 强"，获评全国勘察设计行业建国七十年优秀勘察设计单位。中国能建江苏院坚持以人为本，持续营造"快乐工作、健康生活"的氛围。伴随着品牌的构建和打造、文化的修炼与积淀，和谐的企业氛围和卓越的工作业绩备受社会各界广泛赞誉，获评"全国文明单位""全国模范职工之家""全国青年文明号""全国模范劳动关系和谐企业"，荣获"江苏省文明单位""中国能建文明单位标兵""江苏省五一劳动奖状""江苏省厂务公开民主管理先进单位""江苏省巾帼文明岗""江苏省优秀企业""江苏省青年安全生产示范岗"等称号，多次获评全国电力行业企业文化优秀奖。中国能建江苏院积极履行央企责任担当，参与江苏省慈善总会、中国能建精准扶贫活动，成立"员工博爱基金"、学雷锋志愿者服务队，开展爱心助学、城乡结对共建等公益活动，荣获江苏省慈善之星称号、江苏省青年志愿服务事业贡献奖和青年志愿服务行动组织奖等称号。

二、案例背景

中华民族自古就有乐善好施、扶危济困的优良传统，社会公益事业正是这种优良传统在现代的继承和弘扬。2012 年，受企业爱心职工个体公益善举启发，为将涓涓细流汇聚成爱心之河，建设一个更丰富、更完善的公益生态系统，由中国能建江苏院工会牵头推动，成立了"员工博爱基金"，从此，中国能建江苏院"公益侠客"汇聚成了组织力量，他们将央企担当化作一次次的爱心善举，定格了人间一幕幕的"温情瞬间"。在基金成立的第十一年，基金再次惠及贫困学子 70 人，帮助困难家庭 3 户、公司内部困难职工家庭 7 户。

"员工博爱基金"能够坚持运作十余年，离不开基金的科学规范管理。基金由中国能建江苏院工会财务代为管理，实行专户管理、专款专用，由中国能建江苏院的职工代表组建的"博爱基金监管委员会"，对爱心基金进行全过程管理和监督，捐助详情在企业内网公示，接受所有参与人员的监督。

三、实施路径

（一）"公益侠客"化身祖国花朵的托举力量

以善引众，行善致远。孩子是民族的希望，莘莘学子更是国家的未来、民族的希望，自然也是基金捐助的重点人群。作为一家拥有高学历职工队伍的综合性工程公司，为履行央企担当，基金启动之初，中国能建江苏院便把目光转向以培养工程技术人才为主的东南大学，连续多年与东南大学教育基金会签订助学协议，帮助品学兼优的困难学子完成学业。博爱基金不仅授贫困学子以鱼，也授之以渔，在给予助学金的同时，给予东南大学学子实习机会，助力他们更好成长发展；此外，基金也给予成人学子细节的呵护，捐助未设置任何流于形式的仪式，以尽可能的方式保护受助学子的自尊心。十年助学路，充满了爱心与暖心。

在基金成立的第三年，缘于企业与江苏泗洪双沟镇李庄村开展"城乡结对共建"活动时，了解到当地存在一些因父母病残、离异等多种原因导致生活困难的孩子，他们触动了中国能建江苏院"公益侠客"的心，经大家商议，一致同意开启基金对双沟镇实验学校中小学生的助学之旅，用爱托起少年儿童的美好明天。为了确保爱心款最大限度受惠于孩子们，经过博爱基金监管委员会与学校的商讨，确定将爱心款以孩子们的名义直接打至学校财务，作为孩子们的食宿费，这一善举，一做就是九年，至今还在延续。

时任双沟实验学校校长的孟平军动情地表示，正是"中国能建江苏院员工博爱基金"的支持，使得这些因各种原因陷入困境的孩子有条件迈出人生的第一步。孟校长介绍道："在中国能建江苏院等社会各界的支持下，近年来学校教育质量持续攀升，位列泗洪县乡镇学校首位，荣获'宿迁市文明校园''宿迁市优秀少先队集体''宿迁市教育工作先进集体'"。

中国能建江苏院的"公益侠客"说："一个人的力量是有限的，一群人的力量是不可估量的，我们将个人有限的爱心汇聚起来，一起做有意义的事情，帮助那些自强不息的孩子完成学业，让他们感受到人与人发自内心的关心。让他们从小就有一颗充满爱的心，当他们长大成人后，把这份爱扩散开来、延续下去。"

近年，中国能建江苏院还以"项目＋公益"的模式，在国内、国际项目所在地开展爱心助学活动，先后为青海克宁完小、江苏盐城大有小学、菲律宾达沃市公立小学等学校的孩子们送去了体育、学习、生活用品，就地开展了"童眼看电力"活动，一次次跨越民族、跨越国界的美丽邂逅，讲述了中国能建江苏院一个个践行央企责任担当的爱心故事。十一年来，中国能建江苏院累计为335个孩子点燃了梦想之火。

（二）"公益侠客"化身帮扶济困的爱心使者

扶贫济困、崇德向善，是中华民族的传统美德，也是社会主义核心价值观的重要内容；乐善好施、助人为乐，是社会倡导的时代新风，也是实践中国梦的时代要求。十余年来，中国能建江苏院"公益侠客"用满满的爱心共同编织起公益慈善的大网，见证着扶危济困的感动，谱写了大爱无疆的华章。

2022年10月下旬，中国能建江苏院"公益侠客"代表一行来到了南京鼓楼区热河南路街道三汊河社区，为社区孝老爱亲典范及重点帮扶对象等 3 个困难家庭送去了温暖。这已是基金帮扶鼓楼区困难家庭的第六年。基金成立至今，中国能建江苏院"公益侠客"已为 119 个家庭带去了希望之光。

南京市鼓楼区三汊河社区党委书记梁学银表示，长期以来，中国能建江苏院将困难家庭的冷暖放在心上，为大家排忧解难并提供帮扶，让困难家庭感受到了社会的温暖。疫情期间，受基金资助的家庭成员还主动参与社区疫情防控志愿服务，使得爱心持续传递。

2022 年，当再次走进结对帮扶的双沟镇，大家欣喜不已，当年无法直视的工棚、垃圾满地的破败乡村，已被整洁的街道、漂亮的楼房取代。面对帮扶村翻天覆地的变化，十一年全程参与捐助工作的一名中国能建江苏院"公益侠客"感慨道，"帮扶的过程是我们走进乡村、了解民生疾苦的过程，也是我们与国家和社会同频共振、心灵蜕变的过程！"时任双沟镇党委副书记的薛业森说，"结对的两个帮扶村还上榜了年度镇级'五星村'，这一切得益于党中央巩固脱贫攻坚成果、推进乡村振兴的决策部署，也离不开像中国能建江苏院这样的央企对乡村振兴的大力支持。"

值得一提的是，中国能建江苏院"公益侠客"不仅对外帮扶济困，也倾心关爱中国能建江苏院的困难职工、离退休老同志，有难大家帮。今年，经委员会全体讨论通过，爱心范围再次拓展，在职去世职工的学龄子女可以领取助学金直至成年。

四、履责成效

中国能建江苏院发展到今天，得益于企业上下的共同努力，也离不开社会各界的关心和支持。"员工博爱基金"的成立，能够唤起更多人心中的温暖和善意，参与到公益事业中来，为社会发展助力，为美好生活加油，这是央企的使命担当，也是中国能建江苏院"公益侠客"发自内心的共同心声。

基金成立至今，共募集善款 147.0151 万元，累计参捐 7885 人次，连续十年资助东南大学困难学子 50 人次、连续九年资助双沟镇实验学校中小学生 285 人次，累计帮扶南京市鼓楼区困难户及江苏泗洪双沟镇李庄村贫困户 26 户、企业内困难家庭 93 户，定向捐助江苏盐城龙卷风灾区 4.5 万元。除基金外，中国能建江苏院还分三年向江苏省慈善总会累计捐助 100 万元，还利用党费结对帮扶双沟镇李庄村、周冲村、汤南村党员和困难户 80 户。

五、工作展望

如果说，一个公益人物是一盏明灯，指引人们走向向善的彼岸；那么，一个公益集体就是一本鲜活的教材，向人们展示出集体爱的无上荣光。十一年的爱心之旅，是中国能建江苏院"公益侠客"播撒爱心种子的修善之旅，也是践行央企责任与担当的修为之旅。中国能建"员工博爱基金"的"公益侠客"就犹如我们身边的精神标杆，指引着我们追寻社会真善美，真正让做公益变成了触手可及的现实。公益的征程永无止境，善行的力量永不枯竭。未来，中国能建江苏院将一如既往发扬乐善好施、助人为乐的传统美德，用"公益侠客"的豪气柔情践行央企担当，为全面建设社会主义现代化国家、全面推进中华民族伟大复兴贡献央企力量！

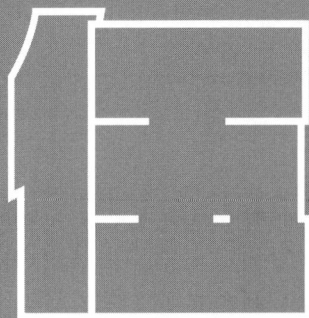

海外履责

"丝绸之路"明珠——karot 水电站铸就"一带一路"首个精品工程

中国葛洲坝集团第三工程有限公司

一、单位简介

中国葛洲坝集团第三工程有限公司（以下简称"公司"）是世界 500 强中国能源建设股份有限公司（以下简称"中国能建"）的全资子公司，于 2013 年 11 月由原葛洲坝新疆工程局（有限公司）和中国葛洲坝集团股份有限公司西北分公司重组成立，注册地位于中国西安。2021 年 11 月，中国能建全面实施生产力和产业、市场和区域、资源和资本"三大布局"调整，决定将公司提级管理，并以公司为主体，整合西北区域相关资源，在西安设立一体化、集约化、区域化、平台化的 2.0 级企业，即中国能建总承包分公司和葛洲坝三公司"一门两牌"运作，代表中国能建行使投资项目和特大型项目、战略性项目管理职能。

二、案例背景

"巴基斯坦 karot 水电站工程"是巴基斯坦境内吉拉姆河（Jhelum）规划的 5 个梯级电站中的第 4 级。坝址位于巴基斯坦旁遮普省与 AJK 特区交界处的卡洛特桥上游 1 千米处，距伊斯兰堡直线距离约 55 千米。该工程为单一发电任务的水电枢纽，II 等大型工程，枢纽工程主体建筑物由挡水建筑物、泄水建筑物、引水发电建筑物等组成。水库总库容 1.88 亿米^3、坝高 95.5 米，正常蓄水位以下库容 1.52 亿米^3，电站装机容量 720 兆瓦（4×180 兆瓦），保证出力 116.1 兆瓦，多年平均年发电量 32.06 亿千瓦·时，年利用小时数 4452 小时。

公司 2015 年开始筹建巴基斯坦 karot 水电站工程，2016 年 12 月主体工程开工，2022 年 6 月 28 日投产发电，标志着中国首个"一带一路"落地、采用中国标准工程正式投入商业运营。

三、实施路径

建设期间，公司克服了动荡的社会环境、复杂的地质环境、艰难的三年疫情，历时 7 年保质保量按期实现下闸蓄水、首台机组发电、COD 等重要节点目标。

（一）融合国际工程管理理念，推行中国标准

karot水电站工程是典型的内资外投、世界银行及当地金融机构融资参与、中国企业建设、运营，国际咨询公司参与建设管理的工程，其管理模式较为复杂、管理理念相互碰撞。在如此复杂的背景下推行中国设计标准、中国建设标准，具有划时代意义的工程。

国内、国际工程管理理念有效融合。 karot水电站工程是在国内项目管理模式下进行的招投标，当时为快速实现投资收益，在总体设计方案下，现场局部优化设计、报批施工方案，同时进行资源组织，现场施工人员普遍需要加班，但这种管理模式不适宜国际工程。国际咨询公司进驻现场后，首先遵循"以合同管理、程序管理"为主，在上一道程序批复后才能开始后续工作，时间大量消耗在方案批复、材料报批等程序上；同时按照当地劳动法规定，属地员工不允许在超过正常法律规定的情况下加班。因此，国内、国际工程建设管理理念发生了较大分歧。

为加快工程进度，融合双方管理理念，与国际咨询公司之间，建立沟通交流平台，在设计优化、技术方案、材料报批等程序方面，提前沟通交流，双方达成一致意见后，现场工作准备和程序同步进行；为适应当地用工法律，增加属地员工招聘数量，减少用工时间，现场不停工，施工人员轮换工作，以达到抢工程进度需求。

做好技术准备、推行中国标准。 国际工程惯例实行欧美标准，为尽快让咨询公司人员适宜中国技术标准，中国公司向他们提供了70余本中国标准翻译版。同时，自行设计验收标准清单，既符合国际工程验收程序，又能显示中国标准验收条件，咨询工程师可一目了然清楚验收情况和标准，也正是经过karot水电站工程建设的不断磨合，推动了中国标准快速走向国际。

（二）战疫情、抢进度，完美实现履约

公司面对工程地质变化和疫情暴发等外界环境影响，及时优化组织机构、合理调配资源、调整赶工方案和进度计划，确保karot水电站项目现场工程履约、工程质量圆满实现效果预期。

合理调配优化组织机构。 管理初期，为适应新形势管理要求、匹配委托方管理职能，项目部优化调整了组织机构、细化了部门职能，先后剥离原工程管理部质量管理职能，增设质量管理部，增加职能部门岗位人员，确保在内资外投项目的多头管理模式下，保证工程质量优质、履约顺畅。

建设高峰期，部门之间相互联动，岗位人员相互调配，在不增加人员成本的情况下满足工作需求。如施工高峰期，技术、商务等部门向工程管理部、质量部调配人员，配合现场管理；疫情暴发期或E&S高频检查期，所有部门人员向综合部调配，进行疫情、E&S整改方面管理工作；工程收尾阶段，再次向商务经营倾斜，动态调整部门人员。

工程收尾期间，精简部门人员，组建综合部室，一人多岗，兼任多项职责。

项目部班子成员实行"一岗双责"的同时，部分领导兼任部门长，有效加强部门管理、更好组织项目部决策。

资源调配管理有力。 在项目建设实施阶段，项目部采取了架子队＋劳务分包＋专业分包多种模式组合的方式，专业的事由专业队伍施工。"劳务分包＋架子队自营"有利于规避单价低、有利于高峰期

资源调配、有利于工期控制，不同情况采取不同的模式更能提高生产效率。特别是疫情期间，项目部正处于施工高峰期，在疫情管控模式影响下，资源进场受到严重制约，也极为考验项目团队实力。经过精心策划，项目部采取"与友邻单位共商共用设备、材料物资""架子队与劳务队伍共用人力资源"等多种模式，确保最终能够按期完工，这种模式再次证明了项目资源调配管理实力。

战疫情、抢进度、实现履约。2020初疫情暴发，karot水电站受到严重影响，特别是公司承建的合同标段，正处于施工高峰期，工期进度受到严重挑战。为确保工程按期投入商业运行，项目部在指挥部、总承包方共同努力下，一边编制实行防疫方案，一边编制 V3.0、NK3.1 版赶工计划方案。在确保安全前提下，项目部克服了巴基斯坦多变的社会安全风险，解决了工程地质条件差、工期紧、任务重等各种难题，战胜了三年疫情新冠灾难，经过两千多个日夜的不懈奋斗，优质、高效、安全、圆满地实现下闸蓄水、首台机组发电、COD 等重要节点目标，为投入发电商业运行做出了不可或缺的重要贡献。

四、履责成效

公司所承建的工程质量符合合同约定的质量标准，资料完整，未发生质量事故，安全环保管理到位，未发生安全事故和环保投诉事件。除此之外，karot 水电站为巴基斯坦解决了用电荒的困境，在经济、就业、人才培养等多方面作出了突出贡献，得到当地政府和人民群众一致好评，受到国内外主流媒体广泛宣传。

五、工作展望

karot 水电站作为"一带一路"首个落地的建设运营工程，是在中巴两国领导人共同见证下开工建设，为中国公司"抱团出海，互利共赢"作出了典型示范，对推行中国标准具有里程碑式意义，也成了巴基斯坦解决重要用电困境的"明珠"工程。下一步，公司将坚持走开放融通、包容普惠、互利共赢之路，积极融入当地，履行社会责任，推动绿色发展，为巴基斯坦民众生活和社会发展的方方面面带来了崭新希望和无限可能。

创新助力创收，创收实现脱贫——三峡巴西公司开展创收创业试点项目助力当地脱贫

中国长江三峡集团有限公司

一、单位简介

中国长江三峡集团有限公司（以下简称"三峡集团"）因建设三峡工程而生，成立于 1993 年 9 月，是国务院国资委确定的首批创建世界一流示范企业之一。历经近 30 年持续快速高质量发展，目前集团业务遍布国内 31 个省、自治区、直辖市以及全球 40 多个国家和地区，现已成为全球最大的水电开发运营企业和中国领先的清洁能源集团。三峡集团致力实施清洁能源和长江生态环保"两翼齐飞"，"十四五"时期将基本建成世界一流清洁能源集团和国内领先的生态环保企业。

二、案例背景

三峡集团巴西公司成立于 2013 年，乘着中巴两国全面升级为战略伙伴关系，在经贸、科技、文化、教育等领域交流合作日益密切的东风，经过十年发展，已成为当地第三大电力企业。在三峡集团"善若水、润天下"社会责任理念的引领下，三峡集团巴西公司在切实做优做强业务的同时，将可持续发展融入企业基因，坚持电站建设运营和生态环境保护、经济文化发展有机结合，协同发展，树立良好企业形象。

2020 年暴发的新冠疫情给巴西经济造成了严重影响，2021 年巴西又遭遇了严重的干旱期，更加抑制了农业的恢复发展。随着疫情逐渐好转，人们对于疫情后经济的调整、恢复和发展更加关注，疫情也倒逼思考，如何更好地顺应当前市场倡导的生态、绿色发展趋势，在促进农业等国民经济支柱产业可持续发展同时，增强抵御风险能力，尤为重要。

为了帮助巴西电站所在地区恢复经济，三峡集团巴西公司坚定履行央企社会责任，依托三峡集团在国内脱贫攻坚、全面建设小康的丰富经验，充分发挥企业优势，联合当地知名非营利组织发起了创收创业试点项目，创新并赋能经济发展方式，将资源用到点上、用到根上，帮助当地小微经济从业者和农户提高收入水平，释放经济活力，为摆脱贫困这一全球治理重点和难题注入新动能。

三、实施路径

2020—2021 年，三峡集团巴西公司与当地非营利机构梅奥可持续研究所合作，在所辖的朱茹梅里

电站（位于巴拉那帕内马河流域）和格利保吉电站（位于舟河流域）开展创业创收主题试点项目，为小微企业家和农户提供专业支持，并挑选出具有发展潜力的小微企业家与农户，对其进行专业培训及孵化支持，促进其电站周边地区实现经济转型与可持续发展。

创业创收主题试点项目宣传海报

在格利保吉电站地区，该项目为农业生产个体户、小型农业合作社等生产性群体提供面对面或远程专业指导，帮助他们提高生产率和收入，缓解融资难等困境。项目从 5 个关键标准出发，即当地相关性、执行能力、商业潜力、当地社区公共脆弱性和项目影响潜力，从来自圣卡塔琳娜州阿布顿巴蒂斯塔、塞罗内格罗和安妮塔格利保吉市的 25 名申请者中选出 3 个具有潜力的生产小组进行投资加速孵化，使其获得更充分的发展自主权，同时对进展和成效进行持续跟踪评估。小组首先进入为期 3 个月的预加速阶段，之后进入下一个为期 12 个月的加速和孵化阶段。加速和孵化阶段后，通过持续跟踪和监测，逐步提升生产小组的发展自主权。

三峡集团巴西公司可持续发展顾问保拉·艾伯琳指出，"我们考察了圣卡塔琳娜州的生产性职业，这里种植了蔬菜和水果，养殖了奶牛和蜂蜜，选中的 3 个生产小组都来自农业和畜牧业区，并且已经初步正规化，具有开展好该项目的潜力。"

3 个生产小组包括：

● 越冬基伦博拉生产者协会（基伦博拉为巴西非洲后裔群体）。协会由来自 21 个家庭的 52 人组成，主要活动为木薯、玉米、豆类、大米、奶酪、蔬菜、蜂蜜等农产品生产和销售。

● 山之味协会。协会由来自 14 个家庭的 30 人组成，主要活动为草莓、蓝莓、黑莓的生产和销售。

● Cruzeirinho 妇女协会。协会由 30 名妇女组成，主要活动为生菜、卷心菜、甜菜根的生产和销售。

三峡集团巴西公司主要给生产小组提供设备、化肥和种子、培训和资金等方面支持。在朱茹梅里电站地区，该项目为当地小微企业家提供为期两个月的在线培训，聚焦管理、金融与市场营销方面知识，共有 274 名小微企业家报名参加，惠及 400 多名间接受益者。培训结束后，有 3 名企业家通过筛选获得了 4000 雷亚尔的"种子资金"，以推进业务进展并将其所学知识应用于实际。

2022 年，三峡集团巴西公司将该项目扩展到所辖的朱比亚电站和夏文特电站，在朱比亚电站地区支持农业生产小组生产活动，并在夏文特电站地区发展可持续旅游业。该项目直接受益者（参加培训的小微企业家及农户）约 150 人，间接受益者达 400 余人，参与项目的小微企业家收入提升了约 42%。2023 年，三峡集团巴西公司将继续在朱比亚电站和夏文特电站开展该项目，并将该项目扩展到新的电站地区，为更多小微企业家与农户提供支持。

梅奥可持续发展研究所是巴西知名非营利机构，17 年来一直在开发和实施创业和生产性包容项目，其提供的专业知识对于生产小组制订商业计划至关重要。通过与专业机构加强合作，三峡集团巴西公司积极实施该项目，项目实施前每个生产小组和农户家庭收入水平都较低，项目实施后，他们的家庭收入增长了一倍多。自 2021 年首次推进实施以来，通过设定多个关键绩效指标，持续跟踪执行效果以及在经济、社会和环境等综合方面创造的价值，积极在其他电站地区推广，在展示该项目良好成效的同时，也提升了三峡集团巴西公司在当地社区的认知度。

四、履责成效

（一）授人以渔，切实助力当地脱贫

三峡集团巴西公司在做强做大清洁能源主业的同时，充分发挥自身优势，积极推动当地实现可持续发展，结合项目所在地区资源禀赋，精准施策，扶贫扶智，让当地低收入群体，不仅能鼓起口袋，更能稳住口袋，过上有尊严的生活，实现稳定脱贫、长久脱贫。

在格力保吉水电站周边社区实施的 3 个生产小组，都获得了三峡集团巴西公司提供的资金技术和专业培训，包括如何制订商业计划以及对产品深加工以提高产品附加值等。"如果不是因为种植草莓，我们可能都不在这里生活了，项目让我们的生活更有尊严，享有像城里人一样的机会，每月收入都有了保证，还能继续在这片土地上生活"，协会的主席克洛多瓦雷拉这样说。生产力的提高、收入的增加并变得更加稳定，成了每个群体实现生产自主性的内在驱动力。

（二）命运与共，切实打造发展共同体

三峡集团巴西公司发起的创收创业试点项目，帮助当地农民和小微企业家脱贫脱困，创新经济模式，赋能可持续发展，切实促进了社区的转型升级，打造了与当地社区和谐发展的命运共同体，以实际行动搭建了中巴两国民心相通的桥梁。三峡集团巴西公司给这些具有潜力的创收创业试点项目提供支持，不仅提供资金帮扶，更提供专业培训，使从业者具备足够的知识与技能，把想法变成现实，项目的参与者纷纷对三峡集团巴西公司表达感谢。

（三）品牌认知，切实推动三峡品牌获得更大认可

创收创业试点项目以不同的传播举措影响了不同的受众，对于三峡品牌在巴西市场的传播意义深远。该项目在发起后得到当地小微企业家和农户的广泛响应，使三峡品牌更多地走入大众视野。此外，该倡议在巴西的传统媒体和社交网络中都引起了很大的正面反响，巴西主流与地方媒体、网络与电视台都进行了相关报道。同时，由于该项目也曾获得全球减贫优秀案例奖项，将三峡品牌带到国际舞台，影响深远。

（四）享誉国际，荣获脱贫攻坚类奖项

该帮扶项目不仅在巴西社会获得了良好的口碑，也在国际社会上赢得了良好的评价。在 2022 年，在中国国际扶贫中心、中国互联网新闻中心、世界银行、联合国粮食及农业组织、国际农业发展基金、联合国世界粮食计划署、亚洲开发银行联合发起的"第三届全球减贫案例征集活动"中，该项目荣获最佳案例奖项。该案例能够与各国际组织等报送的案例同台竞技并成功入选，充分表明了国际社会对三峡集团巴西公司在当地履行社会责任工作成绩的充分认可。

五、未来展望

过去十年，在开展业务的同时，三峡集团巴西公司利用自有资源、税收优惠资源、电监会创新研发项目资源等开展丰富多样的社会项目，倾情回馈社区。自 2020 年开展创收创业主题试点项目以来，三峡集团巴西公司以实际行动，促进电站周边发展水平较低的地区实现真正意义上的转型与可持续发展，该项目也从管理、影响到创新性和系统性方面都实现了较大发展。这是三峡集团巴西公司社会责任工作在社区创收方面的一次有益尝试和实践。

放眼未来，三峡集团巴西公司将继续秉承人类命运共同体理念，以市场为导向，立足长期价值创造，本着平等、互利、开放、包容的原则，继续深入探索本地化经营之路，努力打造"一带一路"建设标杆，搭建中巴民心相通桥梁，在国际清洁能源市场彰显央企责任担当。特别是 2023 年，随着巴西总统访华，中巴两国全面加强合作，三峡巴西公司创收创业试点项目必将发挥更大的作用，意义将更为深远。

"5+N"海外履行社会责任促进中柬民心相通

桑河二级水电有限公司

一、单位简介

桑河二级水电站（以下简称"电站"）位于柬埔寨东北部上丁省西山区境内的湄公河（国内段称澜沧江）支流的桑河干流上，大坝全长 6.5 千米，是**亚洲第一水电长坝**。电站安装 8 台 5 万千瓦灯泡贯流式机组，总装机容量 40 万千瓦，全部机组投产后占柬埔寨全国**总装机容量的近 20%**，是目前柬埔寨国内装机容量**最大清洁能源发电站**。电站由中国华能控股，柬埔寨和越南公司分别参股，中国华能负责建设、运营和管理。电站于 2013 年 10 月开始进点建设，2017 年 12 月 9 日首台机组投产发电，2018 年 10 月 21 日全部机组投产发电，2018 年 12 月 17 日宣布竣工投产。

二、案例背景

中国华能始终秉持："建设一座电站，带动一方经济，保护一片环境，造福一方百姓，共建一方和谐，共享发展成果"的社会责任理念，将履行中央企业职责使命写进参与"一带一路"建设的进程中，做到主动融入、兼容并蓄、合作共赢，取得良好发展成绩，逐渐形成了与当地融合发展的"5+N"履行社会责任工作模式，为央企海外可持续发展提供了有益借鉴，促进了中柬两国人民民心相通，生动诠释人类命运共同体理念。电站建设运营实现**"中国设备 + 中国技术 + 中国管理 + 中国标准"**全链条**"走出去"**，完全采用中国华能生产运营标准管理电站。截至 2023 年 8 月 31 日，电站保持安全生产"零事故"记录，投产累计连续安全稳定运行 2092 天，已累计发电 93 亿千瓦·时。

（一）提供强大能源支撑，保障社会经济发展

电站以 BOT 方式进行投资开发和经营，投入商业运营 40 年后全部移交柬埔寨政府。电站法人主体是桑河二级水电有限公司，由中国、柬埔寨和越南三国公司合资成立，分别由中国华能澜沧江水电股份有限公司持股 51%，柬埔寨皇家集团持股 39%，越南电力国际股份公司持股 10%。电站设计年发电量 19.7 亿千瓦·时，投产后极大缓解柬埔寨国内电力紧张局面，据测算每年可有效解决柬埔寨约 300 万人的用电需求。柬埔寨时任首相洪森出席电站竣工仪式时表示："**电站的竣工投产，解决了柬埔寨发展的很多问题，进一步推动了柬埔寨工业、农业、制造业、旅游服务业的发展，为柬埔寨的能源安全、降低电价、减少贫困作出重要贡献。**"

（二）引入中国式扶贫经验，建设中柬友好示范村

电站建设过程中，因水库建设促成柬埔寨有史以来涉及人数最多、搬迁规模最大的水电移民项目，完成 840 户、3690 名村民的整体搬迁。中国华能引入"中国式扶贫"管理经验，极大改善库区居民的生产生活条件。根据移民规划方案，中国华能充分尊重移民生活习俗，设立三个移民村，提供三种移民方式，为每户配置 5 公顷种植地、1000 米² 宅基地、80 米² 住房。每个移民村建设全部配套基础设施，包括道路、学校、医院、警察局、乡政府等公共设施，家家通水通电，村民用上了稳定便宜的电力，现在村民家里用上了电视机、洗衣机等家用电器。通过搬迁安置项目实现水电移民和减贫事业的共同发展。

中国华能坚持减贫"输血"与"造血"相结合，电站投产运营后，中国华能持续关注和帮助村民生产生活，多次聘请国内农业专家传授村民种植技术。联合中国水利水电科学研究院在移民新村实施"澜湄甘泉"公益项目，已经累计为移民村完善安全饮水设施 17 处，较大地改善了移民村用水安全。持续帮扶移民村村民家禽、水产和蔬菜等农副产品市场销售难问题，电站食堂长期批量收购，把帮扶工作做到村民家里，将华能品牌植入村民心里。

（三）坚持绿色发展，保护湄公河流域生物多样性

中国华能主动投入约 1000 万元，建成了亚洲水电工程领域抬升高度最大、长度最长（2900 米）的仿自然洄游鱼道，降低工程建设对水生生物的影响，有效保障 34 种洄游鱼类生存繁衍环境，维持鱼类生物多样性、河流连通性和河流生态系统健康，实现资源开发与环境保护协调发展。鱼道建成后，中国华能联合柬埔寨渔业部门每年开展鱼类增殖放流活动，累计投放土著鱼苗超过 12 种 20 万尾。主动联系柬埔寨媒体对鱼道工程和鱼类增殖流放活动进行宣传报道，树立中国华能绿色环保良好社会形象。

（四）推行"本土化"带动就业，培养柬埔寨新一代电力工程师

根据中国华能"走出去"战略部署和海外项目"本土化"管理要求，电站建设高峰期直接提供约 2000 余人就业岗位，间接带动周边就业超万人；电站运营期中国华能致力于培养柬埔寨新一代电力工程师，坚持高校和社会招聘相结合引入本地人才，柬埔寨籍电力专业技术员工比例占到电站员工约 20%，在推进电力企业专业技术人才"本土化"过程中逐步摸索出一套从招聘到培养使用逐步形成的"稳得住、善融合、强技能"的管理机制，形成一套适应企业发展并在"一带一路"共建国家均具有较强的示范推广作用的管理模式。

（五）深度参与社会公益，树立央企海外责任担当形象

中国华能高度重视参与海外社会公益活动，自 2014 年起连续 10 年参与柬埔寨红十字会捐款，截至 2023 年，累计捐款 36.5 万美元，帮助柬埔寨疫情防控、灾后重建和扶贫事业。建立爱心扶贫基金，发动广大职工爱心捐款，实施"华能助学金"计划，连续 6 年向电站移民新村学校发放"华能助学金"，合计 180 余名中小学生受益。2022 年首次在柬埔寨皇家科学院实施"华能助学金"计划，10 名品学兼优的中文系柬埔寨大学生受益。疫情期间，积极响应柬埔寨政府倡议，与当地政府建立联防联控机制，向医院、学校和相关单位捐赠口罩等防疫物资，助力柬埔寨疫情防控。

（六）N：多元化多渠道履行社会责任，践行中柬命运共同体理念

一是严格履行特殊时期保供电责任。中国华能积极响应柬埔寨政府和中国驻柬大使馆号召，在两国重大活动期间，如：召开党的二十大、东盟运动会、柬埔寨大选、两国领导人会晤等活动，严格履行能源企业保供电责任，严格领导干部值班保供电责任，制定特殊时期保供电措施，确保重大活动期间电站安全稳定供电。**二是严格履行防洪渡汛责任。**科学统筹发电和防洪两大任务，制定防洪度汛应急预案，建立与柬埔寨政府防洪度汛联动机制。2021 年电站优化水库调度，与柬埔寨、老挝和越南三国联动，有效缓解桑河上下游洪涝灾害，体现中国企业责任与担当。**三是常态化举办中柬文化交流活动。**2020—2022 年，连续 3 年面向全球举办"云"开放日活动，拉近柬埔寨乃至各国民众与电站的距离。协同中央广播电视总台和柬埔寨主流媒体组织各类文化活动，2019 年在电站移民新村播放"露天"电影，2023 年组织仙女电视台在移民新村开展柬埔寨传统皮影戏，电站周边千余人围观参加。中国华能通过组织各类文化交流活动，彰显中柬"铁杆"友谊，促进中柬民心相通。

三、履责成效

有效解决了柬埔寨能源领域多个问题。电站投产运营不仅极大缓解了柬埔寨国内电力紧张局面，还进一步减轻柬埔寨人民的生活负担，柬埔寨王国时任首相洪森在电站竣工仪式上宣布决定：下调 2019—2021 年工业和居民电价，对改善民生、促进工业发展发挥了重要作用。电站投产后有效扭转柬埔寨高度依赖周边国家进口电力的局面，大幅提升本国清洁能源生产能力，柬埔寨主流媒体称电站是**柬埔寨"能源独立"的象征。**电站持续安全稳定运行对改善柬埔寨电网频率、电压及稳定柬埔寨国家电网起到重要作用，进一步提高用电企业生产产品质量。

树立了中国华能参与全球减贫的样板。通过搬迁安置项目，村民的生产生活水平得到了极大改善，中国华能修建学校、医院、警察局、寺庙、公路、排水系统、电网、水井等基础设施，让移民居有其屋，耕有其田，老有所养，幼有所依。近年来，在当地政府和中国华能的帮助下，村民持续增产增收，人口持续增长，被当地主流媒体称为"中柬友好示范村"，成为中国华能参与全球减贫事业的样板项目。2019—2022 年，电站连续 4 年荣获柬埔寨上丁省政府颁发的"社会责任"奖，高度评价中国华能在柬履行社会责任做出的积极贡献。

引领了水电绿色环保发展之路。中国华能建设的仿生鱼道不仅为途经电站的鱼类提供了洄游路线，还发挥了生态廊道功能，配合常态化增殖鱼类放流活动，有效保护湄公河和桑河流域生物多样性，树立了中国企业重环保、负责任的良好形象，实现了清洁能源开发与环境保护协调发展。电站运用国内先进的"过鱼"在线监测系统，持续论证和研究鱼道项目效果，有关研究成果荣获 2022 年度电力行业技术监督创新成果二等奖，鱼道工程被新华社和国资委新闻中心亲切地称为"鱼儿回家的路"。

树立了中国企业在柬责任与担当品牌形象。中国华能从 2020 年起已连续三年发布《中国华能在柬

埔寨可持续发展报告（ESG）》。报告系统展示了中国华能桑河二级水电站生产运营过程中在经济、环保和履行社会责任等方面所取得的成就。中国华能通过"5+N"海外履行社会责任有效做法，持续在环保、减贫助困、促进教育、增加就业、参与公益事业等方面积极作为，打造中国华能良好海外社会责任品牌形象，与柬埔寨百姓共享发展成果，用实际行动诠释了构建中柬命运共同体理念。

四、工作展望

2023 年是共建"一带一路"倡议提出十周年，中国华能作为全球装机规模最大的发电企业之一和"一带一路"建设的首批耕耘者，将进一步深化中柬能源电力合作，紧紧围绕两国领导人达成的"钻石六边"合作框架，打造中柬"一带一路"绿色能源合作样板，持续扩大和加深在柬积极履行社会责任，筑牢中柬"铁杆"友谊，促进中柬民心相通。

俄乌战火中的万里归途

中国电建集团国际工程有限公司

一、单位简介

中国电力建设集团有限公司（以下简称"中国电建"）是经国务院批准，于 2011 年 9 月 29 日在中国水利水电建设集团公司、中国水电工程顾问集团公司和国家电网有限公司、中国南方电网有限责任公司所属的 14 个省（区、市）电力勘测设计、工程、装备制造企业基础上组建的国有独资公司。

中国电建是全球能源电力、水资源与环境、基础设施及房地产领域提供全产业链集成、整体解决方案服务的综合性特大型建筑集团，主营业务横向跨越国内外能源电力、水利、铁路（地铁）、公路、机场、房屋建筑、水环境治理、市政基础设施及大土木、大建筑多行业，纵向覆盖投资开发、规划设计、工程承包、装备制造、项目运营等工程建设及运营全过程，具有懂水熟电的核心能力和产业链一体化的突出优势。此外，受国家有关部委委托，承担了国家水电、风电、太阳能等清洁能源和新能源的规划、审查等职能。电力建设（规划、设计、施工等）能力和业绩位居全球行业第一。

中国电建位居 2023 年《财富》世界 500 强企业第 105 位、中国企业 500 强第 32 位；2023 年 ENR 全球工程设计公司 150 强第 1 位，位居中资企业第一，2023 年 ENR 全球工程承包商 250 强第 6 位。公司拥有丰富的国际经营管理经验和核心领先技术，SINOHYDRO、HYDROCHINA、SEPCO、SEPCO Ⅲ、HYPEC 等多个知名品牌蜚声海内外。

二、案例背景

2022 年 2 月 24 日，俄乌战争爆发，当地安全局势紧张，我国在乌克兰同胞始终牵动着祖国的心。

2022 年 2 月 26 日，国务院国资委乌克兰专题会议在中国电建国际大厦召开，涉乌克兰 15 家央企相关人员参会。会议传达了外交部关于人员撤离会议精神，明确中国电建牵头组织央企乌克兰撤离工作，研讨了下一步应急处置工作。中国电建高度重视，践行初心使命、彰显央企担当，迅速反应、实时跟踪、提前研判、周密安排，第一时间启动了应急响应机制，全力组织落实中央企业在乌人员撤离工作。

三、实施路径

（一）勇毅担当，周密制订撤离方案

● 担当作为快行动。中国电建始终从树牢"四个意识"、做到"两个维护"、践行"人民至上、生命至上"理念的高度来认识这项工作的极端重要性，根据事态发展，启动不同层级响应，成立集团乌克兰应急工作专班和前方应急指挥领导小组，先后三次召开乌克兰社会安全应急处置专题会，提出行之有效的应对举措，前后方多部门协同，厘清纷繁复杂的情况，将具体任务分配给具体人员负责，确保撤离行动得以整体高效地执行。

● 信息共享底数清。建立在乌央企工作群，开展在乌央企机构、人员、安全、应急预案等信息统计，及时向中国能源集团、中钢、中远海运、中国成套、中核、中国土木、铁建十四局、中国航天宏华、中国能建、中国西电、中国建材、保利集团、金风、中国信科等单位传达上级撤离安排，坚持24小时应急值守进行信息收集和形势研判，每日编辑、汇报、共享安全信息，并向上级单位报送。

● 研判形势定方案。中国电建前后方协同搜集了大量预警、新闻报道并积极研判安全形势，结合在乌央企人员情况，制订详细的撤离计划，勘察撤离路线，寻找撤离资源，最终确定基辅—摩尔多瓦及敖德萨—摩尔多瓦陆路撤离路线，确定路线后，及时向其他央企传递撤离路线信息，确保各央企在摩尔多瓦胜利会合。

● 统筹资源保落实。时值冬季，大雪纷飞、寒风凛冽，为确保撤离人员生活物资及住宿保障，中国电建实地探访，在摩尔多瓦共租赁两个临时营地，一号营地已有大量人员入住，安排12个人临时居住；二号营地有三栋建筑可供居住，约90个房间，200个床位，每个房间均有独立的卫生间及洗澡间，可提供热水；中国电建摩尔多瓦接应工作组提前做好撤离人员食宿安排，做好房间编号，分配好撤离人员住宿房间和名单，配置床上用品、洗漱用品、拖鞋、厕纸、热水壶、取暖器、桶装水等，工作组安排大巴和接应人员从入关到入住营地全程护送，确保大家在艰难的撤离途中的也能感受到温暖。

（二）慎之又慎，稳妥有序分批撤离

● 有备无患早准备。在俄乌爆发冲突之前，中国电建各境外机构和项目均制订了突发事件应急预案并积极开展应急演练，并实时更新。冲突发生后，中国电建储备了足量的食品、燃油等应急物资，常备适量欧元及美元现金，以应对不时之需，良好的资源储备为本次撤离行动提供了良好的物质基础。

● 有序撤离措施实。本次撤离过程经历数十个关卡，各撤离车队建立车长制度，组建微信车长沟通群，利用当地所能掌握的社会资源，安排懂当地语言的人员驾驶头车先行，实时互动必经路段的道路交通情况，每个关卡检查时经确认几辆头车没问题后，后车直接放行，节省了车队大量时间。

● 分批撤离保接应。中国电建结合使馆工作安排及各企业情况，组织在乌人员分批次撤离，中国电建摩尔多瓦接应工作组根据撤离人员人数，统筹做好迎接车辆安排，确定所有人员乘车名单，每辆车安排专人对接，撤离人员上车后清点人数，保证不漏一人；摩尔多瓦接应工作组在边境接应时在每个座位上备好2~3瓶矿泉水、两个面包供撤离人员食用，所有人员安全抵达驻地后报摩尔多瓦使

（领）馆和所在单位。

● 落实指示包机返。2月28日—3月7日，在乌中央企业人员陆续撤离至摩尔多瓦，人员转危为安，中国驻摩尔多瓦大使亲自来到临时营地，慰问撤离人员。在国资委及驻外使馆指示下，中国电建向各企业代表传达了人员乘国内包机从罗马尼亚回国的撤离安排，确定住宿资源后中国电建安排大巴将拟回国人员（包括国家能源集团、金风等企业人员）集中转移至罗马尼亚首都布加勒斯特，各中资企业逐步转移至罗马尼亚等待回国航班。截至3月27日，中央企业151人、19名家属及当地招聘中方员工、1名台湾同胞、3名巴基斯坦员工均已安全转移，撤离工作圆满结束。

（三）党建引领，团结一致共克时艰

● 党员模范做表率。危急时刻，中国电建充分发挥党建引领作用，把优秀的骨干配置到关键环节和关键岗位，发挥党员和各级领导干部的示范带头作用，做到一切行动听指挥，通过网格化管理，将撤离队伍细化到组，确保撤离工作有序有效执行。

● 人文关怀暖人心。在本次俄乌冲突撤离时，女士和儿童都受到优先的待遇，撤离车辆尽量将女性和儿童放在最安全的位置，撤离的道路本来就崎岖不平，再加上当地人在路上堆放了大量的路障、石块等，使得撤离的道路更加艰难，党员干部争抢着纷纷下车，清理路障，推车前进，确保人员平安顺利抵达摩尔多瓦边境。

● 扶危救困同进退。中国电建积极协调解决中核、中建材等企业在乌期间存在缺少撤离车辆、缺少生活物资等困难，组织各企业零散人员与我集团大部队人员共同撤离，互相照应，减少路途风险，统筹安排中钢集团、国家能源集团等20余人入住电建在摩临时租赁营地。

● 支援使馆助撤离。中国在乌克兰约6000余人，大部分人员均由摩尔多瓦撤离且零散人员居多，中国电建主动与驻摩尔多瓦使馆对接，派员随领事及政务参赞前往关卡迎接撤离队伍，协助安排食宿、车辆、防疫物资，为撤离人员提供尽可能的帮助和便利，受到使馆的高度赞扬。

四、履责成效

圆满完成了撤离任务。 中国电建带领16家涉乌中资企业圆满完成了151名中方人员、19名家属及当地招聘员工、1名台湾同胞、3名巴基斯坦员工、1名越南员工等共计175人平安撤离乌克兰的任务，此次撤离作为中国电建牵头央企所组织的规模最大、撤离人数最多、危险性最高的海外撤离行动，具有积极深远的意义。

彰显了大国风范。 俄乌冲突发生后，几名外籍员工因无法获得其使领馆的直接支持，也跟随中方队伍一起撤离。撤离过程中，中国电建前后方工作组积极同其使馆及家属沟通，为其获取通关批文等。3月8日，3名巴基斯坦籍员工乘机从罗马尼亚撤回巴基斯坦，其中一名员工在登机时，对前来送行的中方同事说道，全世界都知道"巴铁"，本次撤离行动中国兄弟给予他们极大的帮助，他相信中巴两国的友谊将万古长青，未来他将继续为中国电建贡献他的力量。这种灾难面前鼎力相助、扶危救困的精神令人感动，同时对外展示了团结友善的中国风范。

践行了人民至上理念。员工们肩负着责任和使命来到异国他乡，我们有责任和义务将所有人员安全地送返回家，此次撤离行动的圆满完成，是在国家的坚强领导下，群策群力，以确保安全为前提，做出了细致和妥善的撤离方案并落实。在整个撤离的过程中，中国电建协助中国驻乌克兰、摩尔多瓦和罗马尼亚使领馆、当地商会等，为打赢这场的激动人心的撤离硬仗提供了巨大的帮助，正是践行"人民至上、生命至上"理念，积极履行央企社会责任的生动体现。

最大限度保全国有资产。中国电建在乌机构（项目）存有大量的文件、施工机械设备（大部分为租赁）、建筑材料及办公车辆、办公设施等，固定资产总额约 2040 万美元。为最大限度地减少国有资产损失，中国电建各项目部梳理资产信息，对现场物资设备进行清点、登记、封存，清点已到场永久设备和已安装完成工程量；提升安防等级，雇佣安保团队进行监管；此外，各项目部在项目合同框架内做好与业主的沟通和不可抗力索赔相关准备，减少项目履约风险。

五、工作展望

中国电建作为国资央企，将不断提高思想认识，进一步树立和深化社会责任意识履行好，坚持深入践行以人民为中心的发展思想，汇聚起团结奋斗的磅礴力量，聚焦科技创新笃行实干，聚焦产业控制担当作为，聚焦安全支撑勇担使命，聚焦民生难题倾情倾力，重实践、建新功，实现新提升，彰显"为民"的央企底色，做好践行社会责任的排头兵。

勇担使命，融入大局，助力海外员工安全回国

山东电力建设第三工程有限公司

一、单位简介

山东电力建设第三工程有限公司（以下简称"山东电建三公司"）是中国电力建设集团全资 A 级子公司，成立于 1985 年，是以 EPCO、EPC 等方式承包各类型电站、海水淡化、基础设施等工程建设为主，广泛涉足项目投资、项目策划、设计咨询、设备采购监造、远洋运输、建设安装、调试运行等多个领域的综合性建设集团，能够为客户提供从项目规划到可研、融资、勘察、设计、采购、施工、调试、运行维护、检修改造等一揽子解决方案。拥有电力工程施工总承包特级资质、电力行业工程设计甲级资质、建筑工程施工总承包一级资质、市政公用工程施工总承包一级资质、公路工程施工总承包一级资质、钢结构工程专业承包一级资质、电源工程类调试一级资质、火电风电光伏发电设备监理甲级资质。

山东电建三公司作为电力"丝绸之路"的先行者、"一带一路"倡议的践行者、国家"走出去"战略的重要参与者，是中国运作国际电站 EPC 最早、在建项目最多、市场竞争力最强的专业化电力工程公司，先后荣获 10 座鲁班奖和 7 座国优金奖。公司先后荣获"中央企业先进集体""全国五一劳动奖状"等荣誉称号。

作为负责任、有担当的红色央企，山东电建三公司始终胸怀"国之大者"，坚持企业发展与社会责任同频共振，始终把履行社会责任扛在肩上、放在心上、落实在行动上，组织开展了防疫抗疫、抢险救灾、志愿服务、扶贫助弱、爱心捐助等活动，彰显了央企担当。

二、案例背景

2020 年初全球疫情暴发，随之而来的回国航班熔断受阻、商业航班承载力不足、机票价格飞涨，多数海外发展企业受到疫情严重冲击，广大海外员工长期滞留海外，"回国难"的问题成为参与海外工程项目建设职工和劳务人员最"急难愁盼"的焦点问题，为解决境外滞留人员"回国难"问题，2021年国资委党委及时启动"1014"专项工作。在专项接返任务中，山东电建三公司牢记"国之大者"，认真践行习近平总书记"人民至上、生命至上"理念，以高度的政治责任感和使命感，勇担使命融入防疫大局，作为入境地青岛的共建企业以及阿联酋、孟加拉国两国的境外牵头企业，顺利完成阿联酋国别 25 架次、5413 人接返任务，孟加拉国别 9 架次、1884 人接返任务。在专项任务 20 个国别中，创造接返架次最多、人数最多、上座率最高、接返年龄最小的纪录，顺利实现全体接返人员"零输入"目

标，切实保障了接返员工的生命安全和身体健康。

三、实施路径

（一）加强企地共建，高效推进包机接返任务

在接到境内共建任务后，山东电建三公司立即成立境内共建对接专班，先行与青岛市委、市政府相关领导就境内共建相关事宜进行对接，落实青岛市现有隔离场所、医疗资源、生活物资、转运保障、隔离管理、健康监测、舆情管控等相关情况。为确保入境地资源保障到位，山东电建三公司提前部署"一廊两站"建设工作，并与青岛市崂山区疫情防治专家组和区疾控中心专家组密切沟通，成功争取到由青岛市出具的针对阿联酋检测机构核酸检测标准的一致性、符合性书面确认函，为后续专项工作的顺利实施奠定坚实基础。为进一步理顺各参与部门工作接口，山东电建三公司又积极会同市、区两级指挥部，以及疾控中心、隔离管控部、机场管控部、交通运输管控部、公安局、文旅委、海关等相关部门成立联合工作小组，在历次的接返任务中，联合工作小组统一安排启动会进行各项工作再部署，逐项开展实地演练，确保接返工作万无一失。

（二）加快隔离点建设，高质量做好境内外隔离服务保障

为缓解青岛市隔离酒店紧张局面，根据青岛市委市政府领导小组专题会议安排，选定莱西宏远健康颐养中心为境内集中隔离点。山东电建三公司作为隔离点改造建设单位，先行垫付资金4300余万元，两个月内全部完成莱西国际健康驿站的改造工作，确保了春节前顺利投用，以优质高效的施工动员与组织执行能力兑现了公司"说到做到"的郑重承诺。时任山东省委书记李干杰在2022年3月12日到莱西实地检查指导疫情处置工作时，对莱西国际健康驿站的及时投用表示高度肯定。2022年全年，健康驿站实际接收、服务各类隔离人员5737人次，为隔离人员提供了安全、舒适、温馨的服务保障。

与此同时，阿联酋作为接返需求、接返人数最多的国别，山东电建三公司准确理解专项政策要求、及时关注外部防疫形势变化，租赁Al Bahya营地作为始发地"健康驿站"进行全封闭集中隔离点。该营地为阿布扎比政府规划建设的合法营地，规划合理，营地配套设施完善，可同时满足300人进行单人单间全封闭隔离管理；营地距离大使馆指定的回国人员防疫检测机构G42仅15分钟车程，距离阿布扎比机场20分钟车程，交通便利，便于送机和检测，大大降低了途中风险。孟加拉国别因地制宜，选择多家独立独栋酒店作为回国人员的隔离酒店，在满足集团内单位使用驿站的同时，也为其他央企单位提供额外7家酒店作为驿站候选点，极大节约了其时间成本，有效促进在孟企业团结互助、共克时艰。

（三）优化做好内控管理，确保人员安全回国

为严防境外输入病例，切实将"一廊两站"境外健康驿站的内控管理要求落实到位，山东电建三公司结合境外项目所在地新冠疫情防控和检测需求，在阿联酋、孟加拉国等国健康驿站内自建检测实验室，阿联酋自建实验室检测能力可达1300人次/天，孟加拉国自建实验室检测能力可达800人次/天，

并在集团的协调下配备了由黄河医院专家及山东电建三公司自有医护人员组成的专业检测团队进行加密检测，对检测出现的异常结果进行科学研判，为实现"零输入"目标保驾护航。在专项任务中，阿联酋自建实验室累计完成包机核酸检测 30000 余人次，孟加拉国自建实验室累计完成包机核酸检测 16000 余人次。

山东电建三公司各国别健康驿站管理团队严格规范回国人员隔离管控，对每一批包机回国人员均实行网格化管理，各级网格从入营后的核酸检测、隔离期间管理、途中防疫措施培训、舆情动态管控、防疫责任压实，到入境国内隔离协调、需求跟踪直至解除隔离，实现过程全覆盖，并实行管防疫、管稳定、管安全、管健康、管思想、管情绪、管行为穿透式管理，在精神上安慰、在心理上疏导、在生活上关爱、在情感上交流，确保回国人员身心健康。通过科学细化的网格管理，降低了途中感染风险，顺利实现了"零输入"目标。

（四）人道主义接返，彰显电建关怀

山东电建三公司在接返任务中认真贯彻习近平总书记关于海外人员回国的有关重要指示批示精神，结合实际制订相关政策，科学合理安排患有严重基础性疾病、家中发生重大变故、签证到期无法延续、项目完工滞留境外过久、长期未能轮换回国等五类人员优先搭乘包机回国。包机专项工作开展过程中，公司先后接返特急人员、特危人员、承担专项任务（JR）非央企人员等特殊群体，创造了"接返年龄最小"的纪录，确保了心梗患者及时救治，有效解决了滞留人员的"急难愁盼"问题，实现了人道主义接返，践行了专项工作的核心内涵。2021 年 12 月，山东电建三公司协调心梗患者梅长心搭乘包机成功接返回国，并在其隔离期间多方联系安排线上会诊、住院治疗。梅长心搭乘包机行前在机场深深鞠躬感谢，返乡后又在医院书写感谢信，展现了对电建关怀的高度肯定。2022 年 6 月，山东电建三公司牵头包机成功接返了中国电建塔维勒项目分包商江西中泰的员工周宇航夫妇及其年仅 18 个月龄、4个月龄大的两名幼子。由于婴儿的特殊性，山东电建三公司高度重视，制订了既讲科学防疫又讲人性化的工作方案，创造了"接返年龄最小"纪录，传递了浓浓的电建温度。

四、履责成效

（一）勇担使命，圆满完成包机接返任务，彰显央企担当

山东电建三公司始终以高度的站位，将专项包机接返工作作为重大政治任务，面对接返人员数量多、过程管控难度大、不确定性因素多的挑战，从组织策划、多方对接、落地实施、过程保障等全链条、全方面搭建了安全顺畅的回国通道，积极推进接返工作有序开展。在 7000 余人接返过程中顺利实现了无一起输入疫情的优秀成绩，切实做到了"外防输入，万无一失"，圆满完成了上级交予的使命任务，获得了国资委和集团公司党委的充分肯定。

（二）以人为本，充分发挥党组织优势，有效解决海外员工"急难愁盼"难题

在包机接返过程中，山东电建三公司认真践行习近平总书记"人民至上、生命至上"理念，充分

发挥党组织优势，将党员干部充实到网格中任网格长，切实发挥好基层党组织的战斗堡垒作用、党员干部先锋模范作用、群团组织的桥梁纽带作用，以实际行动将"以人为本"理念贯穿接返任务全过程，传达了党中央的关怀与温暖，让一线员工真正感受到祖国的无尽牵挂，使身在海外的员工切实感受到背后祖国的强大与温暖，保障了海外滞留员工陆续安全顺利回国，有效解决了海外员工"急难愁盼"难题，得到了海外员工及其家属的一致肯定与称赞。

（三）总结经验，形成可推广的疫情防控有效模式，切实保障"一带一路"重点项目落地实施

在包机接返任务中，山东电建三公司积极总结"一廊两站"检测管理、网格化管理等工作经验，形成可推广的疫情防控有效模式，实现派出与接返有序进行，有效解决公司海外项目建设疫情期间"用人难"问题，山东电建三公司承建的沙特拉比格三期、阿布扎比塔维勒、朱拜勒二期等海水淡化项目顺利投产，切实保障了"一带一路"重点项目的落地实施。

五、工作展望

专项包机接返工作的圆满完成是党领导下的中央企业始终牢记"国之大者"，认真践行习近平总书记"人民至上、生命至上"理念的生动实践，彰显了党领导下的强大组织优势和集中力量办大事的制度优势。作为红色央企，山东电建三公司将时刻以习近平新时代中国特色社会主义思想为指导，牢牢厚植为民情怀，尽最大努力解决员工"急难愁盼"问题，用改革发展新成果为广大员工谋求更多福利。作为国际化电建企业，山东电建三公司也将紧紧围绕集团公司"事耀民生，业润社会"的社会责任理念和公司"缔造精品工程，成就客户愿望，彰显企业价值，带动社会发展"的企业使命，坚持履行社会责任与促进公司改革发展相结合，充分发挥公司国际化优势，积极履行海外社会责任，树立中国电建良好企业形象。

用爱点亮"一带一路"——2.8 万名学生求学路

中国广核集团有限公司

一、单位简介

中国广核集团（以下简称"中广核"）起步于大亚湾核电站建设，40 多年来积极落实国家战略要求，逐步发展成为以核能为主要特色的世界一流清洁能源企业，并持续优化构建"6+1"产业体系，涵盖核能、核燃料、新能源、非动力核技术应用、数字化、科技型环保和产业金融，拥有两个内地上市平台及 3 个香港上市平台。

二、案例背景

在国际化经营过程中，中广核始终坚持"共商、共建、共享"发展原则，努力融入项目所在地国情、民情、社情，在用绿电点亮万家灯火的同时，积极履行社会责任，用爱守护着每一片热土。

中广核长期助力马来西亚等项目所在国家和地区的文化、教育、社区等事业发展，设立"埃德拉助学计划"累计帮助东南亚 2.8 万名学生；设立奖学金帮助马来西亚低收入家庭优秀大学生，并优先提供就业机会；开展多个社会公益项目，累计援助超过 2400 户贫困家庭。通过一系列履责行动，中广核有效促进了当地经济社会发展，在各项目所在地树立了良好的国际形象。

三、实施路径

（一）支持教育事业发展，助学计划惠及 2.8 万名学生

在马来西亚，中广核能源国际下属埃德拉电力控股有限公司（以下简称"埃德拉公司"）的电厂多数分布在马来西亚三四线城市或乡镇地区，当地公众大多收入不高，用于教育的经费也很有限。学校若要开展课外活动或添置器材，往往需要向家长收费或向公众募捐，一些孩子迫于经济压力早早辍学。为了响应马来西亚教育部关于提高入学率的号召，埃德拉公司于 2005 年发起"埃德拉助学计划"。

该计划除了助学资金捐赠，还每年向全体五年级学生每人提供一个书包、一张鞋券，协助减轻贫困家庭准备新学年的负担，鼓励学生努力读书，迎接马来西亚小升初考试的挑战。

2022 年 4 月助学行动走进马来西亚吉打州小学

新冠疫情期间，马来西亚教育部推出离线和在线教学双模式，不少偏远地区学校没有相应的硬件设备，老师和家长也不精通信息化设备操作，导致学生们无法继续学业，甚至被迫辍学。针对这一情况，埃德拉公司结合助学计划积极为学校捐款捐物，帮助学校渡过难关。甘榜沙哇国民小学英语老师卡米莎表示："埃德拉援助行动及时解决了线上课硬件设备不足的问题，也帮助学生们跟上课程进度。"

收到新书包的孩子们

自 2005 年以来，埃德拉助学计划已惠及东南亚 2.8 万名学生，累计贡献超过 385 万林吉特（折合人民币超 500 万元）助学金。每年埃德拉助学活动都是当地小学生最期待的活动之一，助学计划每到一处，学生们都非常开心，盛装开展传统舞蹈和乐器演奏等文艺表演。

（二）提供大学奖学金及就业机会，教育援助与人才储备共赢

除了针对小学的援助外，埃德拉公司还在马来西亚的国家能源大学和几所公立大学设立奖学金，为低收入家庭的优秀大学生提供帮助。在员工招聘时，埃德拉公司还优先考虑受资助的大学生。这一奖学金计划，也成为埃德拉公司加强人才储备、优化人力资源体系的有效手段之一。目前，已有数十位奖学金获得者在毕业后进入埃德拉公司工作。

沙迪斯古玛从马来西亚国家能源大学毕业后，就顺利进入埃德拉公司工作。对他而言，获得奖学

金既是对自身努力的肯定，也给了他一份未来的希望，"在中国企业工作，我每天都在累积经验、提高技术，希望自己未来能成为一名出色的工程师"。

《新海峡时报》专题报道埃德拉助学行动

埃德拉助学计划和大学生奖学金计划，不仅得到当地学校和公众的好评，也获得马新社、《新海峡时报》等当地主流媒体的聚焦报道，进一步提升了企业的海外品牌美誉度和影响力。

（三）援助马来西亚弱势群体，与项目所在国共渡疫情难关

受新冠疫情影响，马来西亚政府多次执行行动管制令，马来西亚不少低收入群体受此影响，许多靠日薪过活的低收入家庭被切断生活来源，或是家庭支柱遭减薪甚至被裁员，家庭生活一度陷入窘境。

为帮助弱势群体走出困境，埃德拉公司响应马来西亚政府援助计划的号召，将马来西亚吉打州吉打电厂周围 40 英亩的缓冲区，拨给农民种植菠萝和其他农作物，交由瓜拉吉底区农民协会管理，收成后在槟城和亚罗士打等邻近乡镇销售，该种植项目平均每个周期约产利 6 万林吉特。

埃德拉公司为马来西亚弱势妇女发放粮食包

此外，埃德拉公司还持续开展多项企业社会责任计划。与马六甲投资发展机构和马接再社区服务中心合作，在马六甲贫困社区向 1600 人派发粮食包。同时，与致力于改善当地弱势妇女生活的非营利组织——妇女意志会（Women of Will）合作，开展"社区领导力培训计划""就业援助计划""小额贷款援助计划""心理健康计划"等各项弱势妇女援助行动。截至目前，相关行动累计援助超过 2400 户弱势家庭，帮助不少贫困家庭、单亲妈妈和小摊贩等减轻财务负担、维持正常生活。马来西亚收视率第一的第三电视台，在黄金时段晚间新闻"Buletin Utama TV3"报道了埃德拉公司派发粮食与必需品等援助行动。

四、履责成效

（一）企业文化凝聚人心，人才储备得到加强

"发展清洁能源，造福人类社会"是中广核的企业使命，通过坚持履行社会责任，让属地员工对中广核文化有了更加深入的认知。这对于增强员工企业认同感、归属感发挥了重要作用，为跨文化沟通融合打开了通道，更为公司管理体系的建立、运营效率的提升奠定了基础。此外，对当地教育产业的支持，还成为企业人才储备的渠道之一。

（二）企业公民身份确认，品牌影响持续提升

通过一系列社会责任行动，中广核能源国际不仅与当地政府建立了良好关系，更与当地公众、非政府组织及其他利益相关方，建立了长远的互信关系，企业在当地的公民身份得以确认，进一步提升了企业在当地的品牌认知度、美誉度。这对于化解发展战略风险、实现既定发展目标和可持续发展奠定了坚实基础。

（三）政企关系不断加强，业务发展持续向好

面对多元化的差异、未知的挑战，社会责任的高效履行成为公司与当地合作共赢、推动企业可持续发展的重要因素之一，马来西亚吉打太阳能场站、马来西亚 EMPP 电厂等项目全面投入商运，有力推动公司塑造中国企业品牌、展示良好国际形象。

五、工作展望

随着"一带一路"的推进与深化，中国企业的海外发展之路将越来越宽广。与此同时，发展所及之地的增加，意味面临更多未知的挑战，面对更多元化的差异。在这一进程中，社会责任的高效履行成为与当地公众和谐共处、促进当地经济长期可持续发展的重要因素之一，将促进中国企业积极承担全球社会责任、打造中国企业品牌、展示良好国际形象。

中广核将在已有良好实践基础上，继续探索企业社会责任履行的体系建设，使企业与项目所在国共同实现可持续发展，为不同文化的交流互鉴、沟通融合搭建桥梁，助力中广核成为世界一流清洁能源企业，践行"发展清洁能源，造福人类社会"的光荣使命。

推进国际化人才培养，"校企联合"扬名柬埔寨

中国华电集团发电运营柬埔寨有限公司

一、单位简介

功崇惟志，业广惟勤。中国华电集团发电运营柬埔寨有限公司（以下简称"柬埔寨公司"）成立于 2012 年，主要承接华电额勒赛下游上下两级水电站（2×103 兆瓦 +2×66 兆瓦）的运营维护管理工作。该公司积极响应"一带一路"倡议，历经风雨兼程、不忘初心使命、勇创一流树品牌，彰显中国华电央企责任担当，把桀骜不驯的额勒赛河源源不断地化为绿色能源动力，持续点亮国公省（Koh Kong Province）这个曾与柬埔寨国家电网隔绝的电力孤岛，并为当地群众提供百余个工作岗位，在缓解该国电力紧张局面、促进当地经济社会可持续发展、加深中柬两国人民友谊等方面作出了积极贡献。

二、案例背景

柬埔寨国公省额勒赛下游水电站是中国华电集团在境外投资兴建的第一大水电项目，位于湄公河下游的国公省，是中国华电集团在"一带一路"倡议下的重要合作项目。该水电站于 2014 年 7 月投入商运，每年可为柬埔寨提供约 10 亿千瓦·时的清洁能源，对于满足柬埔寨日益增长的电力需求、改善电力结构、推动当地经济发展具有重要意义。

该项目的实施不仅带来清洁能源，还为柬埔寨创造了大量就业机会，推动了当地经济的增长和社会的稳定。中国华电集团积极响应中国政府的"一带一路"倡议，通过在柬埔寨等国家投资兴建重要基础设施项目，促进了地区间的合作与发展，也为中柬两国的友好关系打下了坚实的基础。

在该项目的基础上，柬埔寨公司不仅承担项目的正常生产和运营工作，更注重社区发展和人才培养。通过积极参与当地社区的发展和开展职业教育培训，为推动中国与柬埔寨两国的经济合作、文化交流做出了积极的贡献。这种社会责任感和可持续发展理念，体现了中国企业在境外投资中的责任担当。

三、实施路径

（一）开展"华电国公中文讲堂"培训

为进一步推进本地化用工队伍建设，为项目发展提供连续的人才队伍梯次及储备，同时为柬埔寨国公高中学生打好语言基础以及创造更多的就业方向与机会，柬埔寨公司经过近半年的精心筹备，

2019 年 6 月，"华电国公中文讲堂"在柬埔寨国公省国公高中正式开班，开启了中国企业和本地学校联合办学的新模式。柬埔寨公司每周组织五位具备优秀的中文教学水平和丰富的电力企业工作经验的老师担任授课老师，为学生配备中英文教材，努力为开展中文教学提供良好基础。

"华电国公中文讲堂"累计开展 24 期，共培训学生 630 余人次。"华电国公中文讲堂"的开展，建立了柬埔寨公司本地化用工的教育培训基地，努力解决柬工的语言问题，同时将中国文化和中国华电的企业文化带进了学堂，使当地人民加深了对中国电力企业的了解，增进公司员工与当地人民的友谊。

（二）开展华电"一带一路"能源学院首期柬埔寨本地员工培训班

2018 年 11 月，中国华电集团有限公司与华北电力大学合作共建的华电"一带一路"能源学院在华北电力大学正式成立。2019 年 11 月 11 日，华电"一带一路"能源学院"华电柬埔寨培训中心"在柬埔寨额勒赛下游水电站挂牌成立，柬埔寨公司立足长远发展需要，秉承"是人才就会有舞台"的理念，组织开展多种形式的技术培训，不断提高当地员工的专业能力和业务水平，坚定不移地推动"属地化"经营，为公司培养本地化高素质人才队伍和继续构建中国华电与柬埔寨人民的利益共同体、命运共同体奠定基础。

在为期一个月的华电"一带一路"能源学院首期柬埔寨本地员工培训班上，华北电力大学授课老师与柬埔寨公司结合参与培训的 25 名本地员工实际，量身定制了"专业理论 + 贴岗实习"的授课模式，配备专职中柬双语讲师和柬埔寨语教材，制订动态培训计划，从基础入门课程开始，由浅入深逐步提升至较难的专业课程，相继完成了电工基础、电机基础、继电保护、水轮发电机、水工建筑、水电站电气设备及运行、计算机监控技术等培训内容，保证员工接收到系统化、规范化、专业化的全方位课程。同时培训班实行每日一结、每周一考，将柬埔寨本地学员的每日表现、考试成绩写进学员培训档案，激发了学员的学习热情，特别在最后一次的水电站电气设备及运行、计算机监控技术考试中，参加考试的 21 名学员中，有 10 人考试成绩在 80 分以上，班级平均分超过 74 分，培训取得了较好的效果。

（三）开展"中文 + 职业技能"培训

为满足柬埔寨籍员工中文与职业技能的学习需求，在 2022 年 7 月，柬埔寨公司与广西水利电力职业技术学院（以下简称"广西水电学院"）签订《校企合作框架协议书》和成立"国际化人才培养基地"，校企双方共同推动人才培养、职业技能培训、技能竞赛、师资互兼互聘、学生实习等项目，是柬埔寨公司加大国际化人才培养力度、提升本地化员工比例的有益尝试，也是实现校企合作双赢的积极举措。

柬埔寨公司以"中文 + 职业技能"培训为切入点，校企双方坚持"干什么学什么、缺什么补什么"的原则，努力为柬籍员工提供语言学习环境和教学支持。在 2022 年开展的 55 期"中文 + 职业技能"培训中，共有 800 余人次参加培训，使柬籍员工的中文、职业技能水平有了很大的提升，部分柬籍员工已经基本具备独立操作资格，运行专业的柬籍员工可以完成机组 C 级检修的热备用转检修操作，水工专业的柬籍员工可完成精密水准沉降观测，公司本地化建设和员工培训初显成效。

2023 年"中文＋职业技能"培训如期开展，结合上年度培训效果，结合公司实际情况，调整授课科目，主要以《初级综合汉语》《水电站运行与管理》和《汉语听力》等授课内容为主，进一步提高柬籍员工专业素质水平。同时，校企双方积极创新培训效果，组织开展"中文＋职业技能"线下培训，邀请 6 名优秀柬籍员工前往广西水电学院开展培训。在线下培训过程中，柬埔寨公司柬籍员工实地参观学校实训基地，有针对性地开展了"中文＋轻型触控仪控制技能""中文＋水轮机结构及安装技能""TRIZ 创新方法"等一系列专项培训，以"输电线路距离保护装置检验"为主题开展中柬技能大比拼活动，中柬双方互相组队，让柬籍员工同中国学生一起同台竞技，不仅促进了技能交流，还增进了中柬双方之间的友谊，让先进的实训设备和多样化的实训场景带给柬籍员工不一样的中国式教育。

四、履责成效

（一）社会效益

在广西教育厅与广西水电学院的大力支持和帮助下，开展校企合作，一是有效解决柬籍员工职业技能知识储备少、实际动手能力差问题；二是培养出一批认同中国文化、中国技术、中国品牌和中国教育的柬埔寨籍员工；三是要解决中方员工与柬埔寨籍员工沟通障碍问题，培养出一批具有职业素质、职业技能强的柬埔寨籍员工，积极传播中国文化、中国技术。

在 2023 年 5 月两地专程组织内容丰富、形式多样的中柬交流活动，一个星期里，柬籍交流员工参观了广西民族博物馆，体验铜鼓、绣球、民族服装；参观了学校水利、电力、自动化、信息、机电实训基地，体验 3D 打印、地铁驾驶、机械手臂等专业技术，亲自动手泡茶、包饺子，体验茶艺文化、香道文化、美食文化，感受中国文化和教育深厚的底蕴；其中"中文＋职业技能"培训对柬籍帮助最大，从开始的通过手势到现在简单的语言文字交流，老师能结合工作基础进行教学，对日常生活、工作交流起到了很大的帮助，现在大多数员工已经能大胆地同中国员工用中文简单交流，深刻体会到了"中文＋职业技能"培训带来的好处。中国行之后，参加中国行的柬籍员工变得更加刻苦，从日常中开始学起，学中文、写汉字，理解中文意思，为工作打下基础。潘那作为发电运行部的调度翻译，不满足于只做电网调度"传话筒"的工作，主动向公司请缨"我要做一名合格的运行值班员"。他走出控制室，走向生产现场，虚心向中国师傅请教，从基础开始学起、做起，从认识设备记熟位置开始，熟记操作规程，深入学习电站主要设备的原理与结构，逐步掌握了开停机、调整机组负荷、机组运行监盘、机组状况巡视、厂用电切换、设备定期试验等工作，他的技能水平和沟通能力在自己的辛勤努力下逐步提升。

目前柬埔寨公司与广西水电学校成立的"国际化人才培养基地"和开展的"中文＋职业技能"培训已经取得了初步成效。近年来，学校为公司输送了 27 名优秀毕业生，目前已经成长为公司的管理和生产技术骨干；"中文＋职业技能"培训超 1000 人次，帮助公司培养出柬埔寨籍管理人员 5 名、技术骨干 7 名，为公司发展储备动力，为柬埔寨培养了一支水电人才队伍。

（二）经济效益

柬埔寨公司认真履行社会责任，积极推进本地员工培训，既为公司发展储备了大批高素质人才，又为促进当地就业和社会经济发展做出积极贡献。

公司结合培训取得的成效和上级公司本地化推进要求，将更多柬籍员工配置到生产岗位上，逐步替代和减少中方员工数量。目前公司柬籍员工占比已达公司总人数的 60%，总定员数较国内同类型、同规模电厂定员减少 51 人，每年可节约人工成本费用上千万元，极大降低了运维成本，助力公司提质增效。

（三）推广价值

校企合作职业教育的开展，既解决了柬籍员工职业技能短板问题，还培养了认同中国文化和中国技术的人才队伍。目前，中柬水电"教—研—培"一体化基地项目被评为中国—东盟高职院校特色合作项目，并入选双百职校强强合作旗舰计划，其"育人 + 训技 + 文化"的特色充分展现出中国企业在境外项目中的尽心履行责任，借助国际职业教育合作，推动两地共同发展、共同繁荣，为参与国家和地区创造更多互利共赢的机会，促进了国际合作的不断深化，也为未来的类似合作提供了可借鉴的经验。

五、工作展望

建设一座电站，带动一方经济，富裕一方百姓，改善一方环境。柬埔寨国公省额勒赛下游水电站项目的成功实施体现了中国华电集团作为中国领先能源企业的责任担当和全球公民的形象。该项目不仅是一个水电站，更是中国企业参与"一带一路"倡议的生动实践，展示了中国企业在境外投资、合作中的创新和贡献。

该项目为清洁能源发展树立了典范。随着全球对清洁能源需求的不断增加，中国作为世界上最大的清洁能源投资者和生产者，通过在柬埔寨建设水电站项目，为清洁能源发展提供了示范。这对全球应对气候变化，实现可持续发展目标起到了积极推动作用。中国华电集团积极参与当地社区的发展，共建"桂水工坊"职业教育基地，推动中柬两国的人才培养和文化交流。通过这种方式，不仅解决了当地员工职业技能短板问题，还培养了认同中国文化和技术的人才队伍。这种社会责任感和可持续发展理念，树立了中国企业在境外投资的良好形象。

中柬校企合作项目为国际合作提供了新范本。通过中国企业与柬埔寨政府的合作，共同实施了这一项目。这种成功合作经验可借鉴到其他国际合作项目中，推动更多的国际合作，实现互利共通、共同发展、共同繁荣，为参与国家和地区创造更多携手共赢的机会。

综合来看，柬埔寨国公省额勒赛下游水电站项目的成功实施充分，展示了中国华电集团作为中国领先能源企业的社会责任感和创新能力。项目的成功经验可为未来类似合作提供借鉴，也为中国企业在境外投资树立了积极向上的形象。随着"一带一路"倡议的推进和全球清洁能源的需求不断增加，相信中国企业在国际舞台上的合作与贡献将不断扩展，为全球可持续发展作出更多积极贡献。

"中国建造"撑起电力保护伞——土耳其胡努特鲁电厂在应对强震中发挥重要作用

中能建建筑集团有限公司

一、单位简介

中能建建筑集团有限公司成立于1952年，拥有建筑工程施工总承包特级及行业设计甲级，电力、市政、公路、机电工程施工总承包壹级等资质80余项，具有国家对外承包工程和进出口经营资格，是中国工程建设社会信用 AAA 级企业、国家 AAAAA 级标准化良好行为企业、电力行业 AAAAA 级卓越绩效标杆企业，构建了房屋建筑、能源电力"两大主业"，市政、综合交通、环保水务"三大辅业"的"2+3"业务格局，业务遍布国内 31 个省份和海外 22 个国家。

二、案例背景

当地时间 2023 年 2 月 6 日凌晨 4 时 17 分和 13 时 24 分，土耳其卡赫拉曼马拉什省先后发生两次 7.8 级强震。由中国能建建筑集团主要建设和运维的土耳其胡努特鲁电厂震感强烈，但厂房结构未受影响，发电机组正常运行。

三、实施路径

地震发生后，中国能建建筑集团胡努特鲁项目部快速响应联动，第一时间启动自然灾害应急预案，安排做好人员撤离、人数清点、生产生活设施检查、信息通报。电厂经受两次强震考验，保持可靠稳定运行，彰显了中国建造的卓越质量，受到各方高度关注和赞誉。

（一）设计设备是工程质量的基础

结构设计遵循土耳其和欧盟标准，结合中国抗震设计的相关标准和经验，主厂房采用钢结构，材料使用中国标准的高延性抗震钢材；储煤仓采用欧罗仓，设计采用半地下布置，使得地震产生的惯性力能充分消散；冷却塔采用高耸的旋转壳体结构，结合设计地震烈度以及场地岩层分布全面优化设计，确保地震工况下结构的安全稳定；电站主机、辅机和主要装置性材料均选用国内一流供应商制造，先进的设计及设备选型为工程质量打下基础。

（二）精益建造是工程质量的保障

中能建建筑集团高度重视土耳其项目建设，组建由公司副总工程师担任项目经理和198名管理技术骨干组成的项目部，保障项目优质履约；建立符合国际惯例与实际的质量管理体系，融入国标、欧标、美标、CE标准，在土耳其项目有效运行；深化卓越绩效模式，持续创新以"四精"为核心理念的全面质量管理方法，贯穿项目精益建造全过程。

该管理成果荣获第二届中国质量奖提名奖和第六届安徽省政府质量奖提名奖；全面推行项目管理模块化、施工工艺标准化、施工作业机械化等项目"十化"管理；实施0.8倍质量管控原则，严格执行首基样板和举牌验收制度，强化质量"四点见证"执行、特殊过程质量控制、深度调试与运维等过程管理，全面实现机组关键指标优良、"七个一次成功"和机组移交"三个一百"目标。

正在建设中的土耳其胡努特鲁电厂

土耳其项目建设期间面临严重疫情影响、航班熔断、物资紧缺、异域文化影响等诸多困难，项目部坚持"三要"要求，统筹策划、提前预判、精心组织、加大投入、上下联动，保障了工程建设快速推进。

（三）关键技术是工程质量的核心

土耳其项目共有效实施工程建设类中国技术标准515项，提升了中国标准的国际影响力；广泛应用涉及工法、专利、科技成果等独有核心技术30余项，其中660兆瓦超超临界锅炉安装技术（工法）、上汽660兆瓦汽轮机安装技术（工法）、火力发电厂焊接接头相控阵超声检测技术（发明专利、科技成果、标准）、P92全自动焊接技术（科技成果）、精密超重大件设备液压提升就位技术（发明专利、工法、首台套装备）等技术是锅炉和汽轮机安装、管道焊接、大型设备安装质量保障的"独门绝技"，贡献了中能建解决方案；项目大量采用超大型平臂式塔机、全自动焊机、组合式起重机械、大功率成套滤油设备等国产高效专用装备，极大提高了施工作业效率。

（四）应急处突是坚实保障

项目建立业主、总包、施工多方参与的应急领导小组和应急救援队伍，现场设置两处施工人员紧急疏散集合点，制订了 1+15 应急预案，开展 12 次应急演练；实施元旦、中秋、春节等节假日项目领导现场应急值班值守，公司本部实施风险预警和视频检查指导；与中国驻土耳其大使馆（土耳其首都安卡拉）保持日常联系，畅通应急渠道；与阿达纳城市医院签署合作协议，在现场设置医务室，配备医护人员和 1 辆救护车，并从国内聘请一名中国全科医生进驻现场，加强了应急处突医护力量；与所辖地区政府、机构、商会特别是宪兵队保持友好协作、及时联动，在主要入场道路口安排警力站岗执勤、夜间巡逻等，强化项目社会治安管理；项目应急处突快速有效响应能力在本次地震中得到充分验证。

（五）文化趋同是合作动力

国际工程受合同属地配额限制，须雇佣一定比例的属地员工，实施文化趋同尤为重要。项目部通过公益活动吸引属地企业和员工、举办技能培训、评选优秀外籍员工，促进文化趋同、合作共赢；工程建设期间为属地员工提供住宿、防疫物资和药品、雇佣属地工程师加强属地人员心理、文化引导疏导等，建立跨文化交流的和谐氛围；通过"点亮海龟回家的路""胡努特鲁电站水资源造福当地居民""我和我的外国朋友"等专题行动，促进相互交流与文化认同，并多次在中土两国主流媒体上宣传，极大提升中能建海外知名度和认可度。

开展"精彩能见·企业开放日"活动

四、履责成效

土耳其胡努特鲁电厂 1、2 号机组分别于 2022 年 6 月 28 日和 2022 年 10 月 3 日投运，较合同工期提前三个月。每年向土耳其供应电力 90 亿千瓦·时，保障 400 多万土耳其人用电，带动当地 1500 多人就业，为属地经济发展和民生改善作出了重要贡献。

五、工作展望

百年大计、质量第一。中能建建筑集团作为能源电力建设的主力军，在接下来所承建的国内外工程建设，尤其是胡努特鲁后续运维项目中，将一如既往地坚持质量强企、坚持诚信履约、坚持精益求精、坚持创新驱动、坚持文化引领，加强统筹协调、加强高效联动、加强总部服务，为土耳其胡努特鲁电厂震后安全运行、灾后重建、共建"一带一路"做出新的更大贡献。

共促合作发展路，栉风沐雨砥砺行

中国大唐集团海外投资有限公司

一、单位简介

印尼大唐金光电力有限公司（以下简称"大唐金光公司"）是中国大唐海外（香港）有限公司公司与 PT Energi Mas Anugerah Semesta 于 2020 年 12 月 23 日共同出资建立的合资企业，主要从事燃煤火电机组生产、运营，战略组织规划、营销、生产的规划、调度和控制、咨询协助、指导和运作，电力领域的管理咨询。公司本部设在印度尼西亚首都雅加达，下设 5 个管理部门，所属三个电厂分别在印尼南门答腊省、东南苏拉威西省、中加里曼丹省投资运营的三个燃煤电厂——苏姆赛电厂、肯达里电厂、卡尔登电厂，设计额定装机容量总计 692MW。

二、案例背景

近几年，大唐金光公司持续深入开展"惠民生""保生态"系列活动，涉及助力社区发展、保护环境、发展教育和帮扶弱势群体等多方面。大唐金光公司积极创造环境价值，关注生物多样性保护，加强海洋生态和陆地生态治理；通过帮扶小微企业计划改善本地经济；通过建造图书馆等改善电厂附近教育水平。企业社会责任工作取得一系列亮眼成果，在电厂所在地进一步彰显中资企业的社会责任形象。

三、实施路径

大唐金光公司为当地提供稳定可靠电力能源的同时，积极践行企业社会责任，融入当地，建设当地，助力本地社区开展了基础设施建设、环境保护、健康防疫、经济发展、文化交流、捐赠助学、技能培训、救灾援助、宗教活动场所建设等系列活动，真正把"进社区、精农业、稳教育、促生态"理念推广践行，获得当地政府和社区的充分认可，真正融入当地社会。以"高标准、可持续、惠民生"的方式，由浅入深、潜移默化传播中国文化和中国内涵，以中国大唐技术优势、管理优势为支撑，逐步促进企业管理融合、文化融合，树立起了大唐金光公司优质企业品牌形象，打造了一批有特色、有亮点的企业社会责任实施项目。

四、履责成效

助社区发展,"扶贫脱困"见真情。大唐金光公司为社区解决最实际问题,从三个电厂所在地区出发,从当地之所急入手,深入开展"大唐金光进社区"系列活动。持续开展孕妇幼儿定向医疗帮扶项目和社区居民体检项目,持续助力社区贫困家庭生活水平提升和医疗条件改善,为农村卫生所捐赠基本营养品和药品,为所在村庄修缮公路和宗教活动场所,新建藤球、羽毛球、足球等简易体育活动场地,支持当地文化建设,改建传统文化工作室,物质捐赠和精神帮扶两手抓,助力改变偏远地区的贫困现状,展现中资企业的真情关怀。

"走进社区"系列活动中,大唐金光公司及所属三个电厂帮助 1200 余名贫困人员参加了印尼基本社保,近五十余户当地贫困家庭在定向帮扶活动中解决了温饱问题,超七十余名幼儿生长过缓病情得到缓解,百余名孕妇的营养不良问题得到了解决,对三个村庄近 300 名贫困人口开展专项食物礼包捐赠,累计已有超 3000 多名困难人员从系列活动中受益。活动得到了当地媒体的广泛宣传和社区民众的高度赞扬,雅加达社保局和电厂所在地区社保部门相关负责人专程到公司表达谢意并颁发了证书和奖牌。

抓产业共建,"授人以渔"见实效。在苏姆赛,大唐金光携手当地居民共谋发展致富之路,在 Sindang Marga 社区开展 UMKM 小微企业产业扶植计划。大唐金光公司秉持"授之以鱼不如授之以渔"的初衷,以全产业链"一揽子"扶植为抓手,产业扶植涵盖农业、渔业、种植业、畜牧业等。从提供初始资本和初始原材料,到持续邀请行业专家开展系列培训讲授专业知识,到帮助寻找销售市场、拓宽销售渠道,再到协助获取当地政府优惠政策和商业许可执照,扶植计划的持续推进,改变了 Sindang Marga 社区以依附棕榈油制品厂为主要收入的经济模式,改进了技术简单、设备简陋、供销单一、收益较低的小作坊模式,提升了受扶植企业员工的创新能力和专业化水平,促进了电厂所在地区居民谋生技能的综合提升。UMKM 计划自 2021 年 6 月实施以来,至今已有十二家小微企业参与该计划,为受帮扶企业收入带来质的增长,受益当地居民数量过百人,为小微企业加速发展和贫困地区脱贫致富注入了中国智慧。

促文化共鸣,"书香聚友"见真章。大唐金光公司组织开展有特色的地方文化提升工程,丰富电厂员工和当地人员的文化活动,促进中印尼文化的融合交流。其中最值得一提的是"藏于村落、长于海边、融于乡土"的大唐金光图书馆顺利落成,他们是肯达里电厂"海上图书馆"项目和苏姆赛电厂"电子图书馆"项目。"海上图书馆"于 2020 年正式投入运行,建筑特色鲜明的海上木屋由七彩色块组成,绵延的木质栈道与海岸相连,成为了肯达里地区的独特海岸风景。项目运行团队同时开设了海外社交媒体账号 Panredilao,及时更新海上图书馆的系列读书活动,扩大了项目的知名度和影响力,获得了印尼 CSR 最高奖项。"电子图书馆"项目是苏姆赛电厂 2022 年实施的重要企业社会责任项目,与海上图书馆不同,电子图书馆建筑风格更融入社区和村庄,馆内采用电子图书和纸质图书相结合的模式,电子图书利用互联网技术实现智能化的管理,为读者提供全自助式图书储藏、借阅、归还、续借等服务,吸引更多人走进图书馆,提升阅读兴趣,丰富了当地居民的文化活动,增长了农业养殖业等专业知识,11 月投入使用以来成为了当地居民纷纷打卡的"网红地",掀起了电子图书的"阅读热"。

图书馆项目融入社区居民和青年学生的生活，探索青少年活动营地与社区建设的结合模式，助力当地精神文明建设，成为当地村民的公共生活纽带，为青少年成长和乡村发展持续赋能。金光公司力争将大唐金光图书馆项目做出亮点、做成品牌，持续更新书籍，定期举办青少年读书活动、演讲比赛、读书交流会、文化展览等多元化活动，带动社区居民和青年学生营造"爱读书、读好书、善读书"的良好风尚，提升项目的社会影响力。

创产学联合，"合作共荣"谋未来。 大唐金光公司高度重视当地教育水平提升和青年人才培育，充分发挥中资企业优势，与本地大学及社会团体形成常态化参观、学习及访问机制，邀请本地青年学生走进电厂学习基础电力知识，走进院校开展 EDP/PTPL 人才培训项目，与当地警方和公共卫生中心合作，对学生开展毒品危害和生理健康的专项教育培训，切实履行中国企业社会责任，树立助力地区发展和教育进步的良好企业形象。

三个电厂扎扎实实开展"走进校园"系列活动，肯达里发电公司作为高校教育合作基地，充分发挥实践教学作用，邀请肯达里大学学生到电厂实地参观，加深大学生对电厂了解，加强电力企业与当地教育机构的积极交流；卡尔登电厂走进所在社区小学，对学生开展有奖问答活动和安全宣传活动，电厂班组与各个年级结对子，点对点开展专项安全教育和校园安全风险排查实践活动；苏姆赛电厂为所在地学校捐赠课桌椅和公共区域牌匾，切实提升硬件设施，定期为教职工和学生捐赠图书，不断丰富精神食粮。第一届 EDP/PTPL 项目实施成效超出预期，通过一年的实地见习和专业培训，三个电厂共 78 人顺利通过考核留厂成为大唐金光公司正式员工，巩固了三个电厂与当地大学和电力职业学校的合作，形成了产学联合的长效机制，为公司发展提供综合素质高、配适能力强的青年人才队伍。

求自然共生，"蔚蓝守护"见真格。 大唐金光公司立足当前，着眼长远，积极创造环境价值。持续优化项目周边环境，改善项目周边生态，多措并举做好"一带一路"上的环境守护者。

肯达里电厂项目位于印尼东南苏拉威西省纳威南部，电厂临海，周围海洋资源丰富，当地社区以渔业开发为主要收入来源，由于捕鱼技术和环保观念的限制，渔民暴力捕鱼、过度捕鱼造成了珊瑚礁群落的生态破坏。为促进当地渔业可持续发展，保护海底生态环境多样性，以定期跟踪分析成活率为手段，以修复电厂周边海域珊瑚礁群落为目标，肯达里电厂主动发起海岸线和海洋生态保护行动，结合当地政府的大力支持，与哈利雷奥大学海洋渔业学院、兰卡威潜水俱乐部共同推进"珊瑚礁修复长期生态保护计划"，项目分两阶段实施，自 2022 年 5 月实施以来，已完成 1400 株海底珊瑚的移植工作。珊瑚礁修复项目得到了印尼当地政府的大力支持，多名政府官员出席项目启动仪式，珊瑚礁修复计划在当地引起了强烈的社会反响，两家印尼电视台、两家当地知名报社、4 家线上媒体对该活动进行了跟踪报道。肯达里电厂也被印尼环保部授予环保 Proper 评级蓝色等级证书（目前为止东南苏拉威西省最高的环保级别），荣获了印尼东南苏拉威西省颁发的 2022 年度职业安全与健康月优胜奖。

不仅海洋生态，大唐金光公司针对陆地生态保护和绿色植被种植也开展了一系列专项活动。肯达里电厂 2022 年全年在电厂周边 12700 米^2 的海岸线上，共种植了 1 万余株红树，增强了红树林湿地生态功能，全面提升红树林生态系统健康水平。同时，三个电厂协同开展"流域保护计划"，合计种植 30 品类共计 5365 株热带植物，提高电厂周边植被覆盖率，维护生态多样性，持续推动生态功能修复与提升，使生态环境得到了整体可持续的保护。

五、工作展望

　　两年来，大唐金光公司在印尼的企业社会责任刚迈出了一小步，未来，大唐金光还将勇毅奋进，不断探索，踏着"一带一路"的灯塔，持续点亮印尼之光，进一步讲好央企海外履责故事，进一步塑造好责任央企的品牌形象，助力当地经济发展，环境保护，生活改善，携手当地打造共同发展的合作平台，传播中国声音，提出中国思路，以勇于创新的争先精神在国际化发展中跨出坚实的一大步。

践行海外社会责任，打造中巴典范工程

中国水利水电第十一工程局有限公司

一、单位简介

中国水利水电第十一工程局有限公司（以下简称"水电十一局"）为中国电力建设集团有限公司下属特级子企业，前身为黄河三门峡工程局，成立于 1955 年，是新中国成立后经国务院批准组建的第一支机械化水电施工队伍，被誉为"新中国水电建设的摇篮"。水电十一局注册资本金 26 亿元，年营业收入近 300 亿元，现有在职员工 9000 余人，具有"双特双甲"资质，是集建设施工、勘测设计、投融资和商贸服务为一体的国有大型综合建筑施工运营企业。六十多年来，水电十一局足迹遍布全国各地，完成了一大批具有重大影响力的工程建设项目，国际工程先后进入到亚洲、非洲、美洲等 30 多个国家和地区，先后获得国家专利 716 项，省部级科技进步奖 123 项，国家级工法 9 项，鲁班奖 7 项，詹天佑奖 8 项，国家优质工程奖 16 项，大禹奖 12 项。

二、案例背景

近年来，在中巴共同深化以开放包容、合作共赢为特征的中巴全面战略伙伴关系背景下，中国企业赴巴投资规模迅速增长，领域不断拓宽，水平日益提高，由于中巴两国经济互补性强，在产能、基础设施、农业、能源等领域的合作前景广阔，中巴投资合作已步入"快车道"。中国电建作为最早进军巴西的中国企业，自 2006 年进入巴西市场以来至今，已经在巴西走过 16 个年头，签署合同 53 份，共计总金额 23.54 亿美元，是中巴全面战略合作关系的经历者、见证者。其中，由水电十一局承建的巴西圣保罗地铁 2 号线项目的坚持"诚信履约、安全履约、规范履约、优质履行"的履约理念，多次登上中央卫视，并得到中国驻巴西圣保罗领事馆、巴西圣保罗州州长等领导的高度认可，为加快推进中巴全面战略伙伴关系不断向前发展做出了积极贡献。

三、实施路径

（一）优质履约，携手伙伴共赢

南美市场的国际承包商参与程度较高，规范标准执行严苛。2019 年中国电建与圣保罗地铁公司完成了地铁 2 号线项目 3、4、5 标段合同的签约工作，该项目是中国电建在美洲的首个轨道交通类项目，也是中国电建在巴西市场的第一个政府资金项目，该项目交由水电十一局组织施工，项目管理采用和当地合作伙伴紧密联营、共同履约的新模式，属于水电十一局在海外的试点项目。在项目履约过程中，水电十一局对施工管理经验进行总结，创新施工组织模式，持续加强并深化属地化管理，重视优势互补和资源整合，不断适应当地市场竞争环境，克服巴西疫情高风险的干扰和影响，团结一心、主动作为、不等不靠，保安全、提质量、抓进度，项目履约和施工进度均受到圣保罗地铁公司的高度认可。中国驻巴西圣保罗领事馆陈佩洁总领事对项目安全生产和社会履责工作高度评价，该项目的良好履约，对在巴西的中资企业形象起到了良好的示范效应和宣传效应。2023 年 1 月 28 日，CCTV4 和 CCTV13 对圣保罗地铁 2 号线项目工程进度、安全标准化等方面进行深度报道，高度赞扬中国电建在巴西圣保罗城市基础建设做出的贡献。

（二）融入本土，共享发展成果

2020 年以来，巴西建筑业受疫情影响严重，失业率也因新冠疫情的影响已达到了创纪录的水平。疫情的暴发挑战着中国电建和其联营体伙伴 Mendes Junior 公司的项目管理工作，思路就是出路，水电十一局吸取国内疫情防控经验，向属地管理人员宣贯中国抗疫成果的同时，毅然决策将中国防疫措施引入项目联营体，在联营体双方共同努力下，项目联营体防疫措施力度和效果远超其他各标段参建单位，中国电建在整个 2 号线扩延项目各标段中生产进度排名首位，果敢和突出的表现得到了业主的极大认可，优质履约的同时，社会效果也逐步显现。

截至 2023 年 6 月，圣保罗地铁 2 号线项目为圣保罗市创造 13.64 亿雷亚尔 GDP；累计提供 2633 个工作岗位；直接参与到项目建设的分包商、供货商 303 家，提供分包商工作岗位 1077 个；此项目不仅为当地工人提供岗位，而且为在校大学生累计提供实习岗位 23 个，并有 19 位社会残障人士分别获得相应的工作岗位。

（三）授人以渔，造福当地社会

结合当地经济发展现状，水电十一局坚持"突出技能、造福当地"的责任理念，积极履行社会责任，造福当地百姓。针对巴西建筑市场缺少专业人员、招聘竞争力比较大的现状，水电十一局巴西圣保罗地铁 2 号线项目与巴西最好的培训机构——国家工业学习服务机构（SENAI）签署战略协议，依托圣保罗地铁 2 号线项目，通过多样化、专业化、系统化的课程，免费培训联营体的工长及相关工种，以"促进提高专业技术教育、创新工业技术转让，为巴西企业作出贡献"为任务目标，使培训人员完成了合格学员即是合格工人的"无缝对接"，不仅为圣保罗地铁 2 号线的工程建设培养了迫切需要的技能人才，满足了项目工种的需求。而且有效增强了现有员工的技能，提高专业人员的水平，实现了企业"本土化"战略的全面推进。同时，进一步解决当地建筑工程行业技能人才严重短缺的现状，为当地社会提供了免费技能培训和就业岗位，向巴西输送了社会经济发展所需工程建设技能型人才，使海外企业社会责任履行实现新突破，取得显著社会效益。2022 年累计培训 146 名学员，累计投入约 16 万雷亚尔；2023 年计划招收 226 人，预计投入 30 万雷亚尔。

四、履责成效

巴西圣保罗地铁 2 号线项目是巴西城市轨道交通体系的重要一环，对圣保罗经济发展带来良好的促进作用。同时，对宣传中资企业良好形象起到了巨大的推动作用，尤其是地铁项目与巴西国家工业学习服务机构（SENAI）签署战略培训协议，源源不断为巴西建筑行业提供专业性人才。这是中国电建积极践行国家"一带一路"倡议、"讲好中国故事"实实在在的真实写照，为中国电建进一步开拓巴西轨道交通领域项目奠定了良好的基础。

五、工作展望

水电十一局将会始终坚持"干一个工程，树一座丰碑，交一方朋友，造福一方百姓"的理念，在做好项目履约，为巴西人民创造更好生活环境的同时，积极履行社会责任，以高度的责任感和使命感进一步推动巴西经济、社会、环境的可持续发展，为中巴友谊深化再立新功。

把草原"绿电"送出国门，安全保供 20 年

内蒙古电力（集团）有限责任公司阿拉善供电分公司

一、单位简介

阿拉善盟位于内蒙古自治区最西部，阿拉善供电公司管辖供电面积域覆盖三旗四区 27 万千米^2 的范围。其所辖的额济纳供电分公司策克供电所，承担着策克口岸周边 2400 千米^2 范围内的供电任务，为当地边防连队、边贸企业、守土边民、"两检一关"及居延海湿地等 622 户电力用户提供安全稳定的电力保障，以及高效、可靠、便捷、优质的电力服务。

二、案例背景

（一）特殊地理位置

内蒙古阿拉善盟额济纳旗位于内蒙古自治区最西端，西与甘肃毗邻，北与蒙古国接壤，地区风能、光能资源禀赋。策克口岸距额济纳旗达来呼布镇 77 千米，东距巴盟甘其毛道口岸 800 千米，西距新疆老爷庙口岸 1200 千米，与蒙古国南戈壁省西伯库伦口岸对应，是阿拉善盟对外开放的唯一国际通道，以及内蒙古、陕、甘、宁、青五省区所共有的陆路口岸，也是内蒙古第三大口岸。

（二）发展战略需要

在国家"碳达峰""碳中和"大背景下，内蒙古电力集团大力推进新型电力系统建设，阿拉善盟额济纳旗新能源"绿电"得到大力开发利用。同时，内蒙古电力集团公司坚持"走出去"发展战略，依托与蒙古国邻近的地缘优势，积极践行国家"一带一路"倡议和自治区向北开放政策，不断加强"蒙电外送"通道及配套电源项目建设，2003 年 4 月建成 35 千伏策纳线，开始将草原"绿电"安全稳定地送到蒙古国边境地区。

三、实施路径

（一）树立"服务三边，点亮国门"班组文化理念

做好边境策克口岸中蒙人民的供电服务工作，意义深远而重大。阿拉善供电公司立足区域特色，树立了"服务三边，点亮国门"的文化理念，服务于守土边民、边防连队、边贸企业，用蒙电服务点

亮国门。对内，围绕中心工作，筑牢安全生产基石；对外，用优质服务维护边境良好的供用电秩序，成为了内蒙古电力集团跨国供电的桥头堡和优质服务的先锋队。

（二）对内，围绕中心工作筑牢安全生产基石

1. 设备主人制的深化应用

阿拉善供电公司对"设备主人制"进行深化应用，建立了以制订工作计划—跟踪执行—反馈整改监督—定期分析总结的"设备主人"运转机制，完善了设备主人"工作质量考评"机制，发挥生产设备主人的主观能动性。另外将设备主人的管理职责纳入员工安全生产责任书，明确责任，强化履职。在首届全国电力企业班组创新创效案例评比活动中，《提升配电设备运维质效的"设备主人制"管理》获得二等奖的好成绩。

2. 抓点拓面强化班组建标

阿拉善供电公司持续推进生产精益化管理，将5S理念应用于生产经营管理各环节，深挖核心业务中的堵点、难点、痛点，促进管理"软实力"和设备"硬实力"同步提升。结合实际制定分阶段、分步骤的推进计划，定期召开"5S"推进会，提炼亮点、总结不足。阿拉善供电公司着力打造"5S"班组管理样板，发挥示范引领作用，其5S管理成果应用被内蒙古电力集团公司生产部采纳，并推荐作为班组对标典型案例推广应用。

3. 新技术的应用

配电一体化微电网控制和企业数字化应用，在保障城镇供电能力和大用户用电领域服务中，发挥着提升综合保障能力的作用。该公司编写的《配电一体化微电网控制系统实践应用》论文，经过内蒙古电力集团公司生产审核，推送中电设协。公司制定了《配网定值手册》及配网线路多元化自愈方案，提高配网管理自动化水平，自动化终端在线率、遥测数据准确率实现100%。通过不同通信资源收集整合各类用电信息，实现电力基础数据的精准分析和预控。

（三）对外，用优质服务维护良好的供用电秩序

1. 严控营销服务指标

以内蒙古电力集团公司优化用电营商环境劳动竞赛为主线，阿拉善供电公司全力推动劳动竞赛方案的实施，将营销重点工作融入优化用电营商工作中，始终把客户用电需求放在第一位，深入推进优化用电营商环境相关政策，通过"双经理""电管家"等网格化服务工作方式，为客户提供高效、可靠、便捷、优质的电力服务，切实增强客户的获得感、幸福感和安全感。该公司对各项服务指标进行日监控、日整改，将服务前置，实现服务能力、服务效率有效提升。2022年95598派发任务3次，同比降低72.72%，工单处理及时率100%，业务处理满意率100%，三零低压客户平均接电时长均在规定时间内完成。

2. 企业服务参谋官

阿拉善供电公司将优化用电营商环境、提升服务保障能力和水平作为一项重要政治任务。2022年策克口岸地区计划实施运煤通道闭环管理监控设备安装工程、中蒙边民互市贸易区建设、疫情防控隔离点建设等13项盟级重点工程，公司提前介入项目前期配套服务，紧盯每一环节，主动上门提供办电咨询，安排专人跟进项目实施进展，配套开展电网工程规划建设，当好企业服务"参谋官"，有效确保了各项工程的安全顺利投产。

3. 强化用户侧用电管控

做好用户侧管理这篇文章，是提升服务质效的工作重点。阿拉善供电公司采用服务、技术、行政三个手段协调推进，提升用户侧管理水平。

● 服务方面。本着突出重点企业，兼顾一般企业的原则，开展"点对点、面对面"的客户侧用电安全延伸服务工作，利用建立起来的客户用电档案，随时掌握其负荷变化，对其提供差异化服务；协助用户加强代维单位的管理，消除客户侧安全隐患。

● 技术方面。继续加强分界点处分界开关智能化改造。

● 行政方面，发挥政企联动效能，推动用户侧安全隐患整改力度。将用户安全隐患和分公司督促整改的工作痕迹，形成书面和影像双重资料，为联动政府有效督促提供相关遵循，用政府监管的影响力，督促相关企业重视用电。

4. 双语服务，架起沟通桥梁

策克口岸是中蒙双边性常年通关，过往的蒙古族用户多，阿拉善供电公司结合当地地域特点，创造性地开展了全流程"双语服务"。当地蒙古族职工充分发挥语言优势，担当"翻译"，并对其他职工不定期开展蒙语培训，从最基础的"问好、数字"学起，一直学到能与蒙古用电客户进行简单的沟通和交流。对外，阿拉善供电公司还积极主动与边民、边贸企业、商铺沟通服务，消除用户在用电及办理业务时的语言不便，架起了中蒙电力网的"桥梁"，奏响了中蒙边境线上民族团结进步的和谐曲，共建中蒙民族和谐关系，得到了用户的广泛认可，"电"亮了策克口岸一片边塞美景。

（四）精准防控为顺利复关保驾护航

策克口岸是丝绸之路经济带北方交通要冲，是全国第四大陆路口岸，在中国能源资源进口方面具有重要的地位，2022年在国家"外防输入、内防反弹"的疫情防控总方针下，策克口岸被国家疫情联防联控部门列为疫情重点防控区域。2022年5月25日口岸正式恢复通关运行，阿拉善供电公司立足防疫工作最前端，积极主动作为，紧跟管委会用电需求，调整变台负荷分配，及时对相关用电设备进行接入，实施精准服务，全力保障了策克口岸复关用电，当日通关车辆55辆，煤炭进口量8030吨。疫情期间，该班组全力完成了策克口岸地区保供电和生产经营工作，完成了8家洗煤厂复工复产，3家用户工程的生产用电，512户商户的用电服务及一个连队、四个哨所的戍边保障用电，实现了连续60天的岗位坚守。策克供电所疫情防控工作做到了"零感染""零确诊"，得到了盟、旗两级政府的高度认可，成为了内蒙古电力公司疫情防控和运输通关保供电的"守关人"。

四、履责成效

（一）社会效益

阿拉善供电公司以"星级班组"评价为平台集中开展班组建设，将电力服务与班组建设的深度融合，切实为基层班组减负，提升班组的基础管理、安全素养和专业水平，用"星级"赋能打造一流班组。2022 年底，该公司策克供电所凭借优秀的专业业绩、精益的班组管理，荣获内蒙古电力公司 2022 年（第一批）营配合一专业"五星班组"，也是阿拉善供电公司唯一获评班组。

（二）经济效益

阿拉善供电公司以文化引领价值，打造"服务三边，点亮国门"文化建设，坚决守牢国门疫情防控和电力保障"双"平稳，为地区用户守住了疫情防控"救命电"。自 2003 年起，安全保供 20 年，累计向蒙古国供电 13530.665 万千瓦时，为策克地区和蒙古国口岸地区经济社会发展做出了突出贡献。

（三）推广价值

阿拉善供电公司立足口岸特殊地理位置，坚持把"强基固本、行稳致远"作为建设思路，着力以"三化"机制筑牢安全防线，即设备主人制的深化应用、抓点拓面强化班组建标、新技术的优化应用；以"双经理""电的管家"的服务方式，主动服务于守土边民、边防连队、边贸企业，助力口岸通关运行，为如何做好口岸地区供电服务工作提供了借鉴，具有较好的推广运用价值。

五、工作展望

企业之道，始于责任。阿拉善供电公司将始终秉持"责任蒙电　亮丽北疆"的社会责任理念，坚决贯彻执行内蒙古电力集团"1469"中长期发展战略，通过不断提升企业管理能力和管理水平，切实履行国有企业的社会责任与担当，实现企业发展与社会发展同频共振，发扬和继承好"蒙古马"精神，用勤劳和智慧保障好、服务好阿拉善盟地区和国门边境线上的经济社会发展。

开放共享助力属地发展，共融共处赋能社区繁荣

中国电建集团海外投资有限公司

一、单位简介

中国电建集团海外投资有限公司是中国电建专业从事海外投资业务市场开发、项目建设、项目运营与投资风险管理的法人主体，长期致力于为全球用户提供绿色清洁的电力资源，为当地的经济发展提供源源不断的强劲动力。澳大利亚牧牛山风电项目（以下简称"项目"）是代表中国电力建设集团有限公司在发达国家市场、开展可再生能源投资业务的"先行先试"项目，战略意义重大，示范效应明显。

二、案例背景

2022年，牧牛山风电项目在遵守中澳两国疫情防控要求的同时，积极践行中国电建集团"全球绿色清洁能源的优质开发者、项目属地经济社会的责任分担者、中外多元文化融合的积极推动者"的战略引领，秉承"建设一座电站、带动一方经济、结交一方朋友、造福一片社区、改善一方环境"的发展理念，通过实际行动深化现场环境保护建设，抓好疫情防控及安全管理，回馈当地社区，营造了有利于项目建设、运营的良好外部环境，体现了中国企业的责任和担当，较好地履行了大国央企的社会责任。

三、实施路径

（一）开展公益事业，改善当地民生

牧牛山风电项目积极开展各项公益事业，用实际行动帮助改善当地居民生活环境、提高生活水平，惠及居民生活的方方面面。牧牛山风电项目严格按照澳大利亚清洁能源署的指导意见，有序开展社区基金各项工作。经项目公司、当地政府、社区评审委员会、合作方金风以"改善当地社区民生，增加项目社会价值"为标准多轮筛选评估，评选出最优的社区服务机构及项目，通过在当地社区为中老年民众增加送餐次数、帮助老年人在家解决健身困难等问题以及对当地社区布雷迪湖棚户区的饮用水水箱进行升级改造，切实解决当地居民面临的日常生活、求职就业、身体健康等问题，助力改善当地民生，积极履行大国央企对于当地社区的社会责任。

（二）促进居民就业，造福社区民众

牧牛山风电项目积极响应塔斯马尼亚州政府的倡导，成功举办"做一名拥有自主择业权的女生"主题活动，邀请当地女高中生、教师及塔州电网代表赴牧牛山项目现场进行参观和座谈。活动期间，牧牛山风电项目组织受邀全体人员参观了 IDF 鹰类识别保护系统，并为全体师生详细介绍了风力发电的基本原理以及项目运维的主要工作内容，带领全体师生参观了项目运维办公室、场内升压站、风机机位等重要设施。全体师生对牧牛山项目表现出浓厚的兴趣，尤其是当看到项目现场为保护当地濒危鹰类所安装的 IDF 鹰类识别保护系统，在惊叹该系统智能性和先进性的同时，也为公司深度践行"全球绿色清洁能源的优质开发者"，为当地经济发展做出突出贡献纷纷点赞。随后的座谈环节，项目现场的女工程师通过分享其在风电行业的从业经历，介绍了自己从事风电项目运维工作的心得体会，向现场师生介绍了可再生能源行业领域中适合女性从业的相关工作岗位。

牧牛山风电项目通过成功举办此次活动，进一步帮助了当地社区的高校女性学习并了解与风电及可再生能源领域相关的工作范围，进一步梳理和明确个人职业发展方向，同时鼓励和支持她们未来优先从事可再生能源相关工作，进而为当地经济发展注入活力、促进就业、造福社区。

（三）助力小镇活动，促进共同发展

2022 年 10 月，牧牛山风电项目受邀参加项目所在地博思韦尔镇举办的成立 200 周年庆典活动。在活动开幕式上，当地市长特里菲特先生首先分享了小镇的发展历史和精彩故事，同时对牧牛山风电项目在履行当地社会责任方面的突出贡献给予高度评价和衷心感谢。

为支持和参与本次活动，进一步提升牧牛山风电项目在当地的知名度和美誉度，牧牛山风电项目提前规划，精心准备，按照项目社区基金年度计划和预算给予部分资金支持，并通过在现场悬挂企业标识、树立展板等宣传方式，积极展示中国电建形象，弘扬电建文化。

通过参与本次活动，进一步加深了牧牛山项目与博思韦尔镇双方睦邻友好关系，增进友谊和感情，扎实落实电建集团"扎根当地、开放共享、创造价值、共同发展"的属地化经营理念，充分展现牧牛山风电项目作为大国央企积极承担社会责任的良好形象，为牧牛山项目在当地的长期可持续发展创造有利条件。

（四）成功举办社区开放日，积极推广企业品牌

作为澳大利亚中国总商会墨尔本分会"纪念中澳两国建交 50 周年"系列活动之一，塔州大学应牧牛山风电项目邀请和统一安排，成功举办"塔斯马尼亚大学师生参观牧牛山项目现场开放日"（University of Tasmania Site Visit Open Day）主题活动，多名该校学生及教授赴现场观摩学习，向塔大师生进一步展示了牧牛山风电项目的先进管理流程和塔州新能源行业发展趋势，为受邀学生未来的职业发展方向提供帮助。师生在参观过程中学到许多在大学课程中涉及不到的专业知识以及管理经验，目睹牧牛山项目风力发电设施及 IDF 鹰类识别保护系统的智慧性和先进性，全体师生对牧牛山风电项目勇于担当"全球绿色清洁能源的优质开发者"，为当地经济发展做出的突出贡献纷纷称赞不已。

四、履责成效

自项目进入商业运营以来，牧牛山风电项目成功举办了多次"社区开放日"主题活动，邀请包括州政府各级官员、当地民众、塔州高中及大学师生前往牧牛山项目现场进行参观和交流，积极宣传电建企业品牌，大力弘扬电建企业文化。牧牛山风电项目始终以打造全生命周期"中澳两国示范性优质新能源项目"为己任，秉承"共商、共建、共享"的"一带一路"精神，全面践行属地经济社会责任分担者的使命责任，有效促进了当地社区与牧牛山项目的共融共处，加强了项目与当地社区的纽带联系，为当地经济发展提供助力、促进就业、造福社区，实现与当地政府、企业和民众的和谐发展，深化新时代中外务实合作做出应有的贡献。

五、工作展望

（一）要将社会责任作为企业经营管理的重要议题

习近平总书记强调"企业发展要坚持经济和社会效益相统一，更好承担起社会责任和道德责任"。企业的发展与社会责任有着密切联系。随着企业发展和壮大，企业的社会责任也越来越大。无数中外企业经营管理实践告诉我们，企业只有积极主动承担社会责任才能获得自身存在的价值和意义，才能取得更好的发展。"走出去"中国企业要想在更高层次和更广泛范围内参与国际合作竞争，就必须重视履行社会责任，不断强化履责意识和能力。

（二）要将社会责任工作纳入企业经营管理各个体系

"走出去"中国企业面临着不同的政治体制、法律体系、经济水平、民族宗教、文化风俗等方面复杂环境的风险与挑战，必须更加科学、系统谋划和开展社会责任管理工作。要树立责任理念，建立责任组织，制订责任战略，推进责任融入，开展责任绩效，提升责任能力。要建立社会责任管理及运行机制，包括融入组织体系，做到同部署；融入管理职责，做到同落实；融入制度体系，做到同检查；融入绩效评估，做到同考评。以企业日常运行管理体系为依托，确保社会责任工作有效落地。

（三）要将社会责任打造为企业可持续发展的核心竞争力

"走出去"中国企业要坚持"把企业责任融入社会，把社会责任纳入企业"管理理念。做到企业自身发展战略与所在国经济发展、民生福祉紧密结合，坚持共商共建共享发展理念。持续完善社会责任工作管理体系，因地制宜，积极开展"主题突出、特色鲜明，融入中心、创造价值"的责任实践。通过强化责任理念、丰富责任文化、深化责任管理、扩大责任传播，建设良好社区关系，与当地社会打造利益共同体、发展共同体和命运共同体。将社会责任打造为企业的可持续发展的核心竞争力，以良好履责更好推动"走出去"中国企业海外业务实现高质量发展。

　　未来，牧牛山风电项目将继续坚持"责任、创新、诚信、共赢"的核心价值观，秉承"创新、协调、绿色、开放、共享"的发展理念，注重利益相关者管理，紧密联系社区民众，充分借助社区基金的作用改善民生，尽全力积极打造属地化绿色能源典范，为将项目全生命周期打造成"中澳两国示范性可再生能源项目"而不懈努力奋斗。

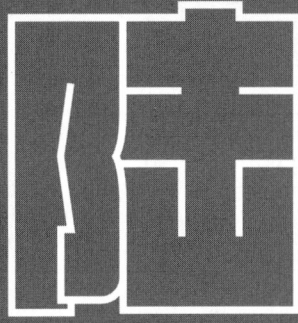

陆

"安心梯"化解电梯停电困人难题——社会责任根植社区公共设施可靠供电管理

国网江苏省电力有限公司

一、单位简介

国网江苏省电力有限公司常州供电分公司辖金坛区、溧阳市两个地区,营业区覆盖溧阳市和金坛区、武进区、新北区、天宁区、钟楼区等5个区,营业厅数量45个,服务客户293.45万户。

截至2023年8月末,常州地区共有35千伏及以上变电站235座(其中,500千伏换流站1座、500千伏变电站5座、220千伏变电站55座、110千伏及以下变电站174座),变电容量4824万千伏·安,35千伏及以上输电线路762条,总长7159千米。

2022年,常州全社会用电量突破600亿大关,达609.37亿千瓦·时,同比增长3.57%。公司完成售电量564.76亿千瓦·时,同比增长6.07%。调度最高用电负荷首次突破千万千瓦,达1045.4万千瓦,同比增长6.85%。

常州供电分公司先后荣获"全国文明单位""全国五一劳动奖状""全国用户满意企业(市场质量信用AA级)""国家电网公司先进集体""国家电网公司文明单位""江苏省先进基层党组织""江苏省文明单位标兵""常州市'特别重大贡献奖'"等荣誉称号。

二、案例背景

电梯是现代高层建筑必不可少的配套设备。截至2022年年底,我国电梯保有量达964.46万台,电梯保有量、年产量、年增长量均为世界第一。

随着城市电梯保有量的逐年增加,电梯安全形势日益严峻。《2021年度常州市电梯安全状况白皮书》显示,2021年常州市"119(96333)"电梯应急救援处置平台全年共接警5102起,累计处置困人故障4817起,电梯故障主要集中在人为原因(乘客使用不当)、外部原因(停电、进水等)、门系统及安全保护装置故障等方面。2021年,常州供电分公司共接到电梯停电困人求助156次。

电梯停电困人对乘客心理造成恶劣影响,容易引发负面舆情,损害供电公司品牌美誉度,建立一种能够有效防范事故发生、保护乘客人身安全的电梯电源保障机制,是深入贯彻落实常州"532"发展战略,打造"安全示范区"的有益之举。

常州供电分公司针对电梯停电困人问题，携手政府、物业、电梯广告商等利益相关方，共同开展"安心梯"专项行动，有效提升社区公共设施供电可靠性，助力常州打造"人文宜居"的城市名片。

⚙️ 三、实施路径

常州供电分公司秉持多方合作共赢与综合价值创造理念，聚焦"安心梯"专项行动中，"需求怎么激发"和"资金怎么盘活"两大痛点问题，综合考虑利益相关方核心诉求与优势资源，形成"安心梯"推进模式。

（一）细摸排，了解小区电梯电源总体情况

常州供电分公司对常州市新北区 210 个小区 6484 部电梯进行深入摸排，重点检查电梯电源供电方式、供电可靠性等情况，形成城市电梯电源安全体检报告和实景图，在宏观层面评估"安心梯"在技术和投资等方面的可行性。

摸排结果大致可分为四种情况。

电梯电源情况和改造方案

摸排结果	情况描述	占比	改造方案	改造投资
单电源电梯	整个小区只有一路电源，小区外部停电后，电梯将停止运行直至供电恢复	21%	加装电梯停电应急装置	2000～3000 元
伪双电源电梯	电梯两路电源均来自同一台配电变压器，有效电源点只有一个，主供电源停电后，电梯将停止运行直至供电恢复	2%	改造电梯接线方式	主要为电缆敷设费用，具体金额视现场情况而定
需手动切换的双电源电梯	电梯有真正意义上的双电源，但电梯停电后需手动合上备用电源，电梯将会短时停止运行	72%	更换双电源自动切换装置	500～1000 元
具备电源自动切换能力的双电源电梯	一路电源停电后，电梯停顿数秒便可自动恢复运行，能有效避免电梯停电困人	5%	—	—

（二）深沟通，了解利益相关方诉求与资源

常州供电分公司与政府、物业、电梯广告商等"安心梯"利益相关方积极沟通，了解各方核心诉求和期望，整合各方优势资源，实现多方互利共赢。

2022 年 2 月 21 日，常州供电分公司与常州市应急管理局举行战略合作协议签订仪式。会上，双方就"安心梯"专项行动实施的必要性和可行路径开展深入探讨并达成一致意向。

（三）识问题，明确"安心梯"痛点问题

常州供电分公司基于利益相关方沟通调研情况，梳理出"安心梯"两大痛点问题："需求怎么激

发"和"资金怎么盘活"。

尤其是资金问题，根据摸排结果，单台电梯的改造费用在几百元到数千元不等，未来可能还需持续投入设备运维成本，考虑到全社会庞大的电梯保有量，"安心梯"专项行动在全市推广需要大约5000万元。但供电公司、政府、物业等各方均无相关专项资金，由某一方承担全部改造费用可行性较低，从业主群体筹措更是面临众口难调的问题。因此，能否找到一种各方都容易接受的商业推进模式，分散投资压力，是实现"社会问题社会解决"的重要前提。

针对以上问题，常州供电分公司依托自身专业优势，探索政府支持、供电公司主导、多利益相关方参与的"安心梯"推广模式，解决"安心梯"痛点问题，推动专项行动往纵深发展。

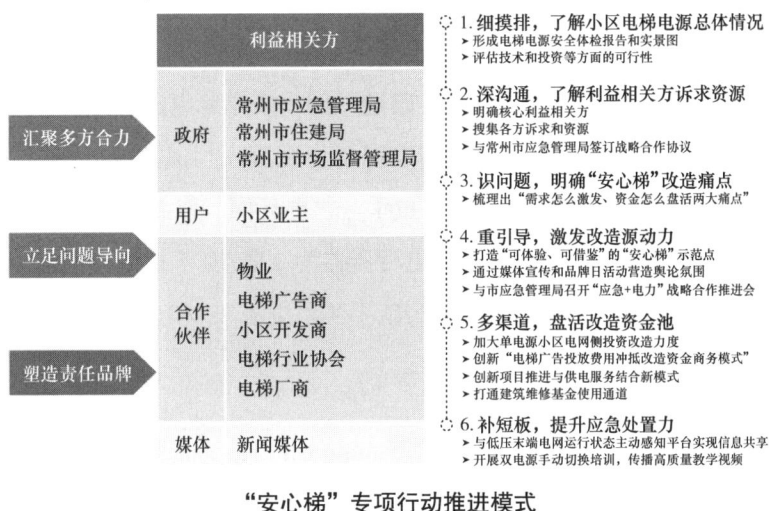

"安心梯"专项行动推进模式

（四）重引导，激发改造动力

针对"需求怎么激发"的问题，公司本着"以点带面、循序渐进"的原则，打造"可体验、可借鉴"的"安心梯"示范点，通过媒体宣传和品牌日活动营造舆论氛围，形成"安心梯"示范效应，激发"安心梯"推进动力。

1. 打造示范点

常州供电分公司先后将常发豪庭苑、世贸香槟湖、百草苑等小区选为项目示范点，以志愿服务的方式，在试点小区开展电梯双电源改造工作。

6月29日，常州供电分公司举办"可靠电力　平安龙城"2022年度"常乐电"品牌日活动，"安心梯"专项行动作为可靠电力惠民服务案例在活动上发布和分享，获得政府、社会群众等利益相关方高度认可。

活动后，市住建局先后组织20余家本地物业公司进入试点小区参观调研，模拟演示电梯停电处置流程。在政府的大力倡导和支持下，"安心梯"首批非示范类改造工程很快在全市50余个小区启动实施。

2. 政府牵头推进

7月13日，市应急管理局和常州供电分公司召开"应急＋电力"战略合作推进会，敦促"安心梯"各利益相关方发挥自身资源优势，真正提升电梯供电可靠性，让广大居民出入无忧、乘梯安心。

3. 营造宣传氛围

常州供电分公司在新华日报、扬子晚报等各大媒体宣传报道"安心梯"专项行动成效，通过电视、广播、移动互联网等途径科普电梯安全知识，主动回应利益相关方关切问题，增强社会各界对"安心梯"的感知和认同，进一步扩大"安心梯"影响力，激发改造意愿。

（五）多渠道，盘活改造资金

针对"资金怎么盘活"的问题，考虑到每个小区实际情况各不相同，公司秉持"一小区一策"的原则，积极寻找各方协作"最大公约数"，通过多种渠道盘活改造资金。

1. 实施电网改造

常州供电分公司加大单电源小区电网侧投资改造力度，使原单电源小区具备双电源接入条件，提升小区整体供电可靠性。常州供电分公司将常州电网划分为 58 个供电网格，统筹网格内的供电资源，通过新建、改造等方式，在网格内形成数个"手拉手"供电环网。以新铭雅居小区为例，通过实施 10 千伏配网改造工程，该小区已由 1 条 10 千伏供电变压器为 2 条 10 千伏线路互联互供，拥有了真正的双电源。截至 2023 年 9 月，常州供电分公司已实施小区单电源改双电源配网工程 19 项，惠及居民超过 15 万人。

2. 创新"安心梯 + 电梯广告"商业模式

常州供电分公司与小区物业、电梯广告商积极协商，提出用电梯广告投放费用冲抵电梯双电源改造费用的商业模式，解决"安心梯"初次改造投资和后续每年的维保费用问题。通过这种模式，电梯广告商获得了在小区电梯内投放商业广告的许可，小区物业无需额外筹措资金即可提升电梯供电可靠性，小区业主无需自掏腰包便能为自己增添一份安全保障，各方利益和意愿在该模式下达成一致。截至 2023 年 9 月底，该商业模式已在 29 个小区成功推进实施。

3. 创新"安心梯 + 充电桩"商业模式

常州供电分公司积极探索"电网企业参与社区治理"新路径，创新社会履责行动与供电服务结合的新模式。邀请国网常州电动汽车服务有限公司参与"安心梯"专项行动，由该公司出资实施电梯电源改造，换取小区公共充电桩建设权。该模式释放了很多老旧小区本就存在的电动汽车充电桩建设需求，同时又让小区业主免费享受"安心梯"改造服务，实现了各方共赢。截至 2023 年 9 月，该模式已在 23 个小区推进实施。

（六）补短板，提升应急处置力

针对尚不具备改造条件或暂时没有改造意愿的小区，常州供电分公司把小区电梯电源摸排信息共享至"低压末端电网运行状态主动感知"平台，精准聚焦失电可能性较大的电梯电能表，分钟级采集用电数据。一旦发现电梯停电情况，通过短信及时通知市应急管理局、小区物业、电梯维保公司等单位，提升应急响应速度。

四、履责成效

"安心梯"可以大幅度减少电梯停电困人事件的发生概率，是一个解民忧、纾民困、暖民心的社会责任履责行动。2022年1月以来，公司坚持问题导向原则，秉持"社会问题交给社会解决"的工作思路，在改造方案制定、电缆敷设、设备安装、设备运维等环节提供技术支撑，累计开展履责实践1500余小时，完成161个小区5324部电梯的电源改造工作，在保障乘梯安全方面取得显著成效，打造出可推广、可复制的常州样板。

（一）各方合作共赢，打造平安常州

在全社会掀起电梯电源改造热潮，实现政府、物业、业主、电梯广告商、电动汽车公司等利益相关方合作共赢，切实降低电梯停电困人事件发生的可能性，保障乘客人身安全，助力常州打造"安全示范区"，真正实现全面安全、系统安全、长效安全，塑造"人文宜居"的城市形象，提升"电力橙""常乐电"品牌美誉度。

（二）提升供电可靠性，降低舆情风险

"安心梯"专项行动实施一年以来，居民乘梯安全性得到明显提升，守住了公众心理安全线，舆情风险大幅降低，用户投诉显著减少。据统计，2023年上半年，常州供电分公司接到停电困人事件仅36起，同比下降约50%，全社会电梯停电应急处置能力和电梯供电可靠性得到显著提升。

（三）形成示范效应，彰显品牌形象

形成"安心梯"技术标准，明确软硬件配置要求，为推广复制打下技术基础。发布服务地方经济社会发展履责报告，系统总结"安心梯"履责举措和成效，借助媒体力量开展线上线下多渠道宣传，有效提升"电力橙""常乐电"品牌影响力，彰显忠诚担当、追求卓越的责任央企形象。

五、工作展望

未来，常州供电分公司将持续扩大"安心梯"专项行动的城市覆盖面，在更多小区开展电梯供电可靠性提升工作，继续完善"安心梯"技术方案，创新"安心梯"商业模式，使"安心梯"真正惠及所有市民。同时，形成成熟的"安心梯"行动案例，通过各类成果交流平台分享经验，推动"安心梯"在更多城市复制推广。

聚光灯——社会责任根植解决树灯矛盾问题

国网北京市电力公司

一、单位简介

北京市城市照明管理中心（简称"照明中心"）隶属于国网北京市电力公司，北京市城市管理委员会对其进行业务指导。受北京市城市管理委员会的委托，照明中心负责北京市城六区市政道路照明设施的运行维护管理工作，为郊区县道路照明提供技术指导和业务支持，参加本市道路照明规划、工程设计和施工，参加市属景观照明项目的组织、运行维护以及重点地区景观照明设施运行监控管理工作。作为"首都掌灯人"，照明中心现管辖光源 30.12 万盏、供电线路 8698 千米，负责 4 处市属景观照明设施的运行维护工作，直接服务人口约 1276 万人，服务面积约 1385 千米 ^{2}。

二、案例背景

党的十八大以来，以习近平同志为核心的党中央提出以人民为中心的发展思想。2019 年以来，北京市委、市政府深入贯彻习近平总书记重要指示精神，着眼首都改革发展，坚持民有所呼、我有所应。2021 年，北京市委、市政府推出"每月一题"机制，聚焦市民诉求，梳理出包含路灯问题在内的 27 个民生问题，推动接诉即办改革向主动治理、未诉先办深化，下大力气抓改革，促治理，求实效。在党的二十大胜利召开之际，习近平总书记再次强调了要坚持以人民为中心的发展思想，坚持人民至上，维护人民根本利益，增进民生福祉。"接诉即办"就是深入贯彻习近平总书记对北京一系列重要讲话精神过程中探索形成的，是以市民诉求驱动超大城市治理的生动实践。

在过往实践中，照明中心通过政民企合作，解决了老旧小区的"无灯"问题；通过多方联合研发复合型灯杆，解决了各类基础设施资源杂乱闲置等问题。然而，随着城市发展，特别是城市绿化工程的提升，树木的生长和路灯之间的矛盾逐渐突出。城市道路旁边很多枝繁叶茂的树木遮挡或分散了路灯灯光，导致灯光昏暗，降低了道路的明亮程度，影响了市民出行，因而此类问题逐步增多。2022 年，照明中心诉求工单中由于树灯矛盾引起的占 6%。通过系统梳理，当前已有 925 条道路路灯照明存在树木遮挡，在解决这一难题中，照明中心主要面临以下问题：一是照明中心无砍树、移栽的权限，同时，也不了解树木情况，若由自身处理，容易破坏树木生长。二是解决手段单一，仅靠更换老旧灯具、加大光源、加装支臂等方式也无法得到有效解决。三是单靠自身努力，资金和人力投入都极为有限，且不可持续。

　　针对以上情况，照明中心深入贯彻习近平总书记"城市管理应该像绣花一样精细"的讲话精神，始终坚持"人民城市为人民"理念，用心用情用力解决好群众身边的路灯诉求，以实际行动践行首都掌灯人的使命和责任。依托"接诉即办"平台，汇集市民的路灯昏暗诉求，转变思想观念、创新工作模式，以系统化思维，统筹树灯矛盾发展和解决中的各利益相关方，有效整合各方资源，共同努力、相互协作，深化树灯矛盾问题接诉即办和主动治理工作，提升昏暗路段的道路照明质量，还出行道路一盏明亮的"聚光灯"，更好地满足人民日益增长的美好生活需要。

三、实施路径

　　照明中心以"接诉即办"平台为契机和依托，联合政府部门、行业单位、供应商家等各利益相关方，按照"规划为要、修剪为主、移动为辅、改造为上"的原则，对树灯矛盾的不同情况实施四类处理方法，并及时通过回访调查，了解居民诉求及感受，实现让发散的、模糊的灯光持续地亮起来，照亮回家路。

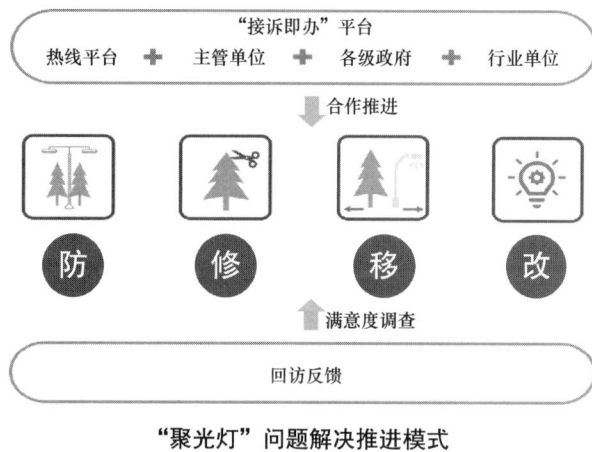

"接诉即办"平台

热线平台　**+**　主管单位　**+**　各级政府　**+**　行业单位

合作推进

防　　修　　移　　改

满意度调查

回访反馈

"聚光灯"问题解决推进模式

（一）聚平台：一个平台强沟通

　　照明中心发挥政府"接诉即办"平台机制作用，汇聚各方，积极沟通，对上协调共同解决问题的各关键方，对下及时了解市民对于路灯影响的实际需求。

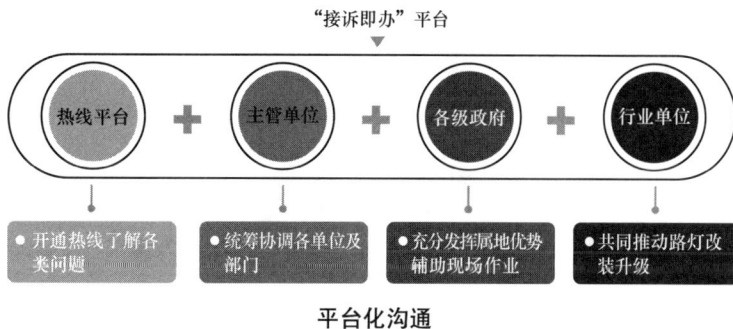

"接诉即办"平台

热线平台　**+**　主管单位　**+**　各级政府　**+**　行业单位

● 开通热线了解各类问题　　● 统筹协调各单位及部门　　● 充分发挥属地优势辅助现场作业　　● 共同推动路灯改装升级

平台化沟通

与热线平台沟通，及时了解市民诉求。照明中心创新与 12345 市民热线服务中心、95598 供电服务热线以及市区管委平台的沟通机制，多方面汇集市民反映的灯光昏暗诉求。为提升树灯矛盾问题派单的及时性与精准性，多次与 12345 平台沟通反馈，实时更新完备路灯专业知识库，梳理备案照明中心管辖在运设备 2700 余条道路名称，形成《关于路灯诉求的派单建议》，进一步明确路灯设备权属、树灯矛盾问题的职责划分等问题，确保第一时间响应市民诉求。

与上级主管单位沟通，发挥统筹协调优势。树灯矛盾是多年未解决的难题，也是路灯行业亟待解决的疑难诉求。为共同攻克行业难题，照明中心积极与市城管委沟通，通过市管委"接诉即办"点评会和各类专业会议，梳理问题台账、积极反映现存问题，研讨树灯矛盾问题的职责划分和解决措施，促进市城管委发布实施《关于印发做好北京市道路照明管理工作意见的通知》《关于印发北京市路灯照明问题专项整治工作方案的通知》等政策文件，进一步协调联动各方力量提升道路照明质量。同时，照明中心积极向市城管委报送立项请示，申请专项资金落实，推进树灯矛盾问题的专项治理工作，提高照明保障的必要投入。

与各级政府部门沟通，发挥属地协调优势。照明中心强化与城六区管委的沟通协调，建立线下对接机制，配合各区管委和街道快速解决辖区内市民反映的树灯矛盾问题，做到"街乡吹哨、部门报道"。同时，借助各区政府和街道的属地优势，联合开展群众工作，针对现场装灯位置、改造方式等协商市民快速达成一致意见，避免"聚光灯"引发灯光扰民诉求。

与行业单位高效沟通，协同推动工单实施。照明中心作为城六区市政路灯的"主人"，积极发挥主责意识，主动与城六区园林部门建立高效联动机制。定期更新树灯矛盾台账，提前备案至园林部门，促使园林部门列入每年季节性树木修剪计划。针对树木遮挡严重的路段，通过更换光源、修剪树木、加装"聚光灯"等方式多措并举解决树灯矛盾难题。

（二）聚合作：四种方法解矛盾

照明中心与园林部门、制造厂商协作，通过针对不同情况的树灯矛盾，采取不同的解决方式。首先，通过大数据分析，照明中心梳理高频区域、热点诉求和疑难问题，与全设备普查相结合，分类建立问题台账，细化每一类问题的产生原因，明确主动治理的方向和措施。针对管辖范围内的灯树矛盾问题道路进行统计汇总和分类，根据 2021 年运维业务片区委托明细，分为 9 大片区，总共 800 多条道路，将按轻重缓急，按照"规划为要、修剪为主、移动为辅、改造为上"的原则，依据资金批复情况分批分步解决。

四种方式协同处理

● "防"——提前规划。"防"是指提前预防问题发生，在树木或路灯落地前，照明中心和园林部门提前沟通规划，协调双方部署，从源头规避后续问题。

树灯矛盾解决的根本，重点还是要从源头出发，以此杜绝该类问题。一是在新建路灯或新栽树木时，照明中心与园林部门提前沟通、协调和规划，统一"布点"，避免绿化树与路灯"紧挨"在一起，使二者间距拉大，和谐共生发展。二是协调更换树木类型，北京地区的气候适合国槐的生长，而国槐的树冠高度与路灯几乎齐平，在两部门沟通协调下，北京市也开始增加了树冠较小的银杏和枝叶较稀疏的梧桐的种植，从而确保树木和路灯不相互影响。三是在方案阶段、设计阶段即最大限度地提供充足照明，抵御未来树木成材后的遮挡，并确保电源容量，布局满足一公里范围间距密度，确保供电半径和末端电压，能为后来的补装新灯预留负荷和技术空间。

● "修"——修剪树木。"修"是指联系园林部门对挡住路灯灯光的树木进行修剪。

对已经存在的树灯矛盾问题，修剪是常用之策，也是最直接便捷的方式。路灯被围绕在树中间，无法照射地面，同时考虑到园林绿化单位有专门的整形队，他们在对"挡光树"进行修剪时，除了能兼顾路灯的基本功能之外，还会尽量保持树形的完整性，从而能更好地保护树木。照明中心积极与市园林局沟通，获取了各区园林绿化局树木遮挡清理通信联络表，确保在有相关需求时能够及时沟通联系。

● "移"——移杆移树。"移"是指在条件允许的情况下，对树木或者路灯进行移栽、易地。

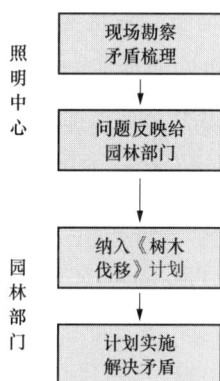

协作实施流程

园林部门每年都有《树木伐移》计划，根据前一年上报修剪树木树枝的滚动需求，申请专项资金，当年实际处理。因此，照明中心通过对现场提前踏勘，将辖区内树灯矛盾导致昏暗现象严重的路段整理出来，与园林部门提前联络，积极沟通，充分利用其的年度专项项目予以提前处理，变一事一议为计划办理，主动向未诉先办转变，从而压降树灯矛盾工单总量。

此外，针对影响严重且树木无法调整的情况，考虑移杆处理。照明中心利用路灯运维期间工作流程，针对不同区域的路灯，与当地供电公司沟通协商，确定责任权属，沟通路灯拆改移方式，从而保障路灯的顺利迁移。

● "改"——装备升级。"改"是指对于已经在运的路灯，联合厂商进行新型灯具和新型灯杆的研发升级，优化树木与路灯之间的矛盾。

探索新型灯具。对于已经在运的路灯大范围的更改位置投入过高且操作复杂。因此，针对树木特别茂盛，呈伞形状将路灯光源完全阻隔，灯光无法照射地面的情况，照明中心开启新型灯具的探索，尝试在灯杆下方加挂 LED 投光灯，可以较大程度地解决伞形状树木遮挡灯光问题。但投光灯自重加大，安全运行方面有待继续试验论证。同时开启新型轻质灯具的研发，在解决灯树矛盾问题的基础上，最大限度保证运行安全。

研发新型灯杆。利用大修技改项目——《老旧铁杆改造》对片区内超期服役和基础锈蚀老化的铁杆进行更换的实施契机，借助该项目，综合排序，对灯杆本体急需更换，同时兼顾树木遮挡路灯严重的路段，优先予以替换。据统计，市民反映辅路步道"树挡灯"的占比较高，因此，照明中心协同灯杆厂家一同研制，将灯头适当延长主要用于照射主路路面，在灯杆背部灯门上方 2 米~4 米位置预留长条空间，用透光性较好的玻璃或亚克力材料密封，内置灯带专门照射辅路及步道，可以极大限度地提高痛点位置的亮度。

（三）聚诉求：多方回访明效果

为能够更好地了解路灯运营情况、对居民出行的影响照明以及路灯服务的有效性，照明中心创新建立高效回访机制，根据市民的不同诉求、不同现场情况，制定内部回访原则，完善沟通回访话术，从市民角度出发，感受市民对树灯矛盾问题的解决效果是否满意。针对市民无法再次到现场勘查解决效果的情况，中心会将处理前后的对比照片发送至市民，让市民亲身感受照明效果的提升。在执行层面，照明中心多次组织客服人员培训，邀请各行业优秀客服代表进行经验座谈交流，通过业务培训、录音评价、情景演练等方式及时纠偏，改进沟通技巧，提升为民服务能力。针对现场情况复杂、特殊的诉求，照明中心提级管理，由各专业负责人亲自到现场督办、沟通解决。同时，在回访过程中，照明中心以市民需求为导向，积极收集市民提出的意见建议，各部门优质服务专责人员也会积极采纳、整改，以工单的完成促进生产模式的改进。

四、履责成效

（一）助力提升城市路灯照明服务水平

"聚光灯"项目让分散的灯光重新汇集，让昏暗的道路更加清晰，有效解决了由于树灯矛盾问题带来的各类诉求，大大降低了市民对灯光昏暗问题的投诉。2019 年至今，照明中心通过"接诉即办"平台累计解决市民反映的灯光昏暗诉求 152 件，从市民角度出发，用实际行动为市民办实事、解难题。同时，2021 年照明中心主动梳理了树木遮挡严重的昏暗道路，实时更新树灯矛盾问题台账，集中攻坚解决了灯光昏暗道路 134 条，涉及灯杆 3987 基；对主城区 130 多条存在照明问题的胡同小巷及其他路段，综合采取降低路灯高度、补装灯具、协调园林去树等措施改善路面照明，以"聚光灯"驱动城市照明精细化管理。

自 2022 年项目实施以来，由树灯矛盾引起的诉求工单同比下降 48.1%，工单处理市民回访满意度达到 100%，有效提升了群众的获得感、幸福感、安全感。在回访稽查过程中，照明中心收获了很多市民的认可满意，多次收到电话表扬、表扬信和锦旗等，用实际行动诠释了"人民电业为人民"的服务宗旨，彰显了首都"掌灯人"的使命和价值，大力提升了城市路灯照明服务的水平。

（二）形成树灯矛盾解决的常态化路径

"聚光灯"项目的实施，依托"接诉即办"平台，改变了以往在解决树灯矛盾中仅靠照明中心自身移杆改灯的处理方式，更加系统化梳理了树灯矛盾产生的不同情况，并针对性地提出了差异化的处理方式。通过联合政府、园林部门、制作厂商，以"防、修、移、改"四种方式，由点及面、由当前到长远的视角，持续地解决该类问题，为不同类型的情况都提供了有效的解决方式，攻克了困扰路灯行业多年的难题，也为行业单位提供了有力的技术支撑。2019年至今，市民满意率由89.91%提升至100%，"接诉即办"月度成绩取得22个100分满分，在行业单位和市属委办局均排名前列。2022年，承办12345有效工单较上一年同期相比降低61.4%。照明中心通过"接诉即办"与主动治理相结合的方式，协同各方力量、研究新型灯具、创新工作模式，通过"聚光灯"形成了树灯矛盾问题治理的长效机制，有效解决了困扰路灯行业多年的难题。

（三）有效提升城市道路路灯照明效果

"聚光灯"项目的实施，通过系统化的路径，解决了部分道路区域树挡灯造成的灯光昏暗问题，降低了居民出行的安全危险隐患，为市民提供了优质、可靠的照明服务，实现居民夜间出行安全无忧。通过点亮一盏盏"聚光灯"，提升了道路夜间照明环境，进一步提升了城市品质生活感知，让"夜生活"更加丰富多彩。其中，学院南路解决灯光昏暗、四方桥解决桥区照明等专项治理获得了市民的高度认可，照明中心的经验做法登上了《人民日报》头版头条、《北京日报》《北京支部生活》等。

五、工作展望

党的二十大已经胜利召开，习近平总书记在报告中再次强调了要坚持以人民为中心的发展思想，坚持人民至上，维护人民根本利益，增进民生福祉。北京市委、市政府接诉即办工作深刻践行了党中央以人民为中心的发展思想，将理论研究上升为实践行动，紧紧抓住了百姓最关心、最直接、最切身的利益问题；经过实践，"聚光灯"项目的实施成效显著、深入人心，得到了百姓的高度认可，群众满意度不断提升。下阶段，照明中心作为首都城市照明重要的运维管理单位，将在党的二十大精神指引下，持之以恒落实好为民服务各项工作部署，切实维护群众照明需求，提升照明质量，更好地满足人民日益增长的美好生活需要，让首都路更明、灯更亮、都更美、心更暖。

支撑高品质供电的自愈型智能配电网建设

南方电网广东深圳供电局

一、单位简介

南方电网广东深圳供电局电力调度控制中心（简称"深圳中调"）是隶属中国南方电网有限责任公司的省级调度机构，依法行使生产指挥权，对系统运行进行组织、指挥、指导和协调，负责电力电量平衡、发电生产组织、电力系统安全运行、电网运行操作和事故处理，依法依规落实电力市场交易结果，保障电网安全、稳定和优质、经济运行。深圳中调采用统一调度管理，形成"发、输、供、配"一体化调度模式，是南方电网公司首家实现集调度、监视、控制为一体的单位，为 365 万客户提供安全、优质、可靠的电力供应。

二、案例背景

2020 年，国家发展和改革委员会、国家能源局印发《关于全面提升"获得电力"服务水平　持续优化用电营商环境的意见》，提出减少停电时间和停电次数，同时在深圳中国特色社会主义先行示范区及粤港澳大湾区的"双区"建设的背景下，配电网故障停电多、传统人工抢修复电慢等问题难以满足深圳"20+8"产业集群发展对供电可靠性提出的更高要求。同时按照电网企业三项制度改革工作推进要求，通过技术创新进一步提高劳动生产率势在必行。"双碳"国家战略目标提出后，迫切需要加快配电网智能化改造以支撑构建新型电力系统。

深圳中调投运国内首个超大城市电网主配一体化调度自动化系统

在上述背景下，自2020年以来，深圳中调在电网改造升级、技术创新应用与管理转型提升三个方面先行先试，以推进配电网自动化及光纤全覆盖建设为基础，以融入数字化转型为主线，以实现配电网自愈高水平应用为目标，全力开展高质量自愈型智能配电网建设，提升配电网故障处置效率和供电可靠性，满足深圳特区高品质供电需求，同时提高生产效率，推动企业实现高质量发展。

三、实施路径

（一）建立技术及运行管理标准，确立自愈技术路线和制度体系

一是外部调研与内部研讨相结合，国内率先提出并实践基于馈线组的主站集中与就地级差协同自愈技术路线，制定《深圳配网主站集中式自愈功能设计方案》等一系列技术规范，兼顾自愈技术的效率和安全。二是建立以自愈应用为导向的配电网自动化实用化评价指标体系，创建快速复电应用成效、自愈复电有效率等可综合体现配电网自动化建设与自愈应用水平的评价指标，并在业内广泛推广。三是建立并持续运作自愈建设应用评价机制，全方位深化评价结果应用，通过数字化手段实现所有评价指标系统自动统计，支撑自愈运行评价透明化、规范化。四是建立并持续完善自愈运行管理体系，制定修编《配网集中式自愈运行管理规定》等7项管理制度及作业标准，实现自愈运行规范化、精益化管理。

（二）大力推进配电自动化系统建设，夯实自愈应用基础

1.主站系统建设方面

一是建成全国首个超大城市主配一体化调度自动化系统，58项技术深圳首创，配电网自动化终端接入容量扩大15倍，系统达国际领先水平，为自愈提供坚强智能的系统平台保障。二是结合配网运行管理系统（OMS）建设，实现自愈规划、建设、运维、评价等全业务流程线上信息化管理，并在网内率先应用首套基于图像识别的配电网自动化终端信号自验收系统，实现主站侧联调无人化。三是坚持全网"一张图"思路，打造主配协同的先进图模系统，国内率先实现"营-配-调"横向贯通，配网图模准确率达100%，夯实自愈应用图模基础。

2.配电终端建设方面

一是牵头配电网自动化终端三年专项建设，首创"有效覆盖率"指标并全网推广，配电网自动化建设从"只求数量"向"追求实效"转变，在全网率先实现有效覆盖率100%，为自愈规模化应用筑牢坚实设备基础。二是建立运规协同机制，有效撮合网架类、运行类问题并统筹立项；建立"保底项目"机制，确保关键点位配电网自动化项目资金优先下达、工程按期完工；建立配电自动化终端及配套光纤、配电网网架一次设备同步建设管控机制，确保终端"应投必投"。三是坚持按照"线路配电自动化开关设备高密度覆盖＋光纤传输高稳定通信"模式高规格建设自愈电网，配网线路主干节点三遥覆盖率和光纤终端占比分别达66%和73%，均为全国最高，为自愈实现"精准定位、精准隔离、全面复电"的高质量应用提供良好的设备和通信条件。四是完成8000台存量无线配电终端无线加密安防改造，大幅提升具备遥控功能终端数量，保障配电自动化系统网络安全。

（三）构建配电终端智能运维体系，提升自愈动作成功率

一是建立了高效协同的数字化、集约化、专业化自愈运维体系，以配电终端在线率为首要抓手，持续通过数字化手段提升缺陷流转和处置效率，配电网自动化终端在线率达 99.5% 的网内领先水平。二是基于配网主站系统研发应用配电网自动化终端批量遥控预置、蓄电池状态异常智能研判等终端远程巡检功能，支撑运维单位事前主动运维，大幅提高终端运维效率质量。三是国内首创并持续深化配网"晨操"机制，对近 2 年内无遥控记录的开关实现调度实操检验全覆盖，提前发现机构卡涩等隐性问题，支撑自愈动作成功率达 97%。

（四）创建智能调控指挥体系，丰富自愈应用场景

一是国内首创"配网调度智能指挥平台"，对配网调度业务全过程执行流程进行数字化改造，实现配网计划业务全景可视化管理、多任务的"自主巡航"以及调度员工作量的智能均衡分配，调度生产指挥效率提高 60%。二是基于配网智能程序化功能常态化应用，在配网快速复电、计划检修、转供电、重合闸投退等全业务场景实现"全操全控"，配网三遥开关操作效率较传统操作模式提升 87%，同时全局范围内大力推进现场无人远控模式试点，切实减员增效。三是网内率先建成配网调度运行"信息高度集成、异常自动监视、智能辅助分析决策"的智能决策中控平台。通过数据结构化和电网事件可视化，实现电网异常自动诊断、电网风险自动解析、事故预案自动生成等一系列智能化功能，配网异常跳闸自动识别准确率达 99% 以上，支撑调度精准高效决策。

（五）推进自愈全覆盖建设，保障自愈安全高效应用

一是坚持以"N 供一备"为目标网架持续推进一次电网改造，打牢自愈应用网架基础，首创自愈逻辑隔离牌功能，突破非标准网架条件下的自愈应用瓶颈。二是 2020 年在条件较好的盐田局率先建成国内首个"三百"单位（有效覆盖率 100%、光纤覆盖率 100%、自愈覆盖率 100%），打造高标准自愈示范区，树立自愈应用标杆。三是坚持以线路实现有效覆盖为条件，于 2022 年实现全市自愈 100% 全覆盖，5432 条目标线路全部投入自愈运行，自愈平均复电用时 2 分钟以内，相对传统人工复电用时减少 98%。四是在实现馈线自愈全覆盖的基础上，成功研发并应用配网母线自愈功能，母线失压故障处置时间由小时级降至分钟级，进一步提高故障处置效率和安全性。五是研发 12 项主站自愈安全闭锁功能，辅助配网图模动态系统自动校核技术，筑牢自愈安全运行防线，确保自愈"零误动"。

四、履责成效

（一）工作成效

率先建成国内自动化程度最高的自愈型智能配电网，入选国家能源局"获得电力优秀案例""基于数字化转型的高质量自愈型智能配电网关键技术研究与应用""超大城市电网全景智慧调度技术支持体系关键技术研究及应用"等科技成果被鉴定为国际领先水平，获得南方电网公司科技进步奖三等奖、

深圳供电局科技进步奖一等奖等多项创新成果奖励。配网智能指挥、自愈应用等重点成果，获得中电联电力创新二等奖，入选南方电网公司配网调度运行管理"十佳案例""基于数字化转型的配网调度集约管理实践"管理成果入选中国南方电网有限责任公司管理提升"标杆项目"。深圳配电自动化实用化评价在中国南方电网有限责任公司连续 4 个季度排名第一。

配网智能指挥、自愈应用等重点成果，获得中电联电力创新二等奖，入选中国南方电网有限责任公司配网调度运行管理"十佳案例"，获得南网新闻、南方电网报、北极星电力等权威媒体报道，多次受邀在全国专业会议上报告经验。

（二）社会影响

通过支撑高品质供电的自愈型智能配电网建设，深圳全市自愈覆盖率达 100%，自愈平均复电用时 110 秒，相对传统人工复电用时减少 98%，2022 年通过自愈减少全市用户平均停电时间 16 分钟，用户总停电时间减少 50%，支撑深圳供电可靠性达世界领先水平。按照深圳 29.8 元度电产值，近三年支撑社会经济产值约 1.7 亿元，有力保障特区社会经济发展。

深圳中调相关工作成果被《深圳晚报》《深圳商报》《南方电网报》《深圳发布》、深圳供电视频号等多家权威媒体报道，取得广泛社会反响，并多次受邀在全国专业会议上报告经验，成为业内标杆示范，对推进全国自愈建设和应用起到积极作用。

五、工作展望

下一步，深圳中调将坚定不移贯彻新发展理念，坚持"人民电业为人民"的企业宗旨，持续提升电力供应水平。加强原创性、引领性科技攻关，充分应用数字化、智能化技术，在新能源调控、用户快速响应等方面持续发力，研究适应海量分布式能源接入的自愈技术，支撑新型电力系统建设，不断优化配网调度管理体系、加大配电网自动化建设力度、大力推广高品质供电技术，持续提升自愈型智能配电网建设水平和运行成效，为深圳实现"2025 年客户平均停电时间小于 10 分钟，2035 年不超过5 分钟"的总目标奠定基础，全力打造国际一流用电营商环境，服务特区高质量发展。

依托"源网荷储"，助力"双碳"目标实现

内蒙古电力（集团）有限责任公司阿拉善供电分公司

一、单位简介

阿拉善供电分公司是内蒙古电力（集团）有限责任公司（简称"内蒙古电力集团公司"）直属国有供电企业，其位于内蒙古自治区最西部，供电面积 27 万千米^2。经过半个世纪的强劲发展，高耸入云的铁塔拔地而起，满载着现代光明的银线翻越星罗棋布的电站，把充足的电能源源不断地递送到沙漠戈壁、草原深处。阿拉善新能源总储量高达 1 亿千瓦，打造国家现代化能源经济示范基地具有得天独厚的条件，地区新能源快速发展，为公司电网建设提档升级带来新的历史机遇。

二、案例背景

随着国家"双碳"目标的深入实施，构建新型电力系统成为能源体系重构的核心。内蒙古自治区风能资源技术可开发量约占全国 57%，太阳能资源技术可开发量约占全国 21%。身处"大基地"，内蒙古电力集团公司立足将科技创新作为构建新型电力系统的关键支撑。内蒙古自治区阿拉善盟额济纳旗，拥有着富足的光照资源和大漠戈壁四季无闲的风力，为新能源发电提供了得天独厚的"肥沃土壤"，让额济纳成为内蒙古自治区首批建设光伏电站和风电场的地区之一，为额济纳高比例新能源电力系统构建电力供应提供了重要保障，额济纳"源网荷储"微电网示范工程随之应运而生。该工程是以"电源、电网、负荷、储能"为整体规划的新型电力运行模式，其特点是源网联动和荷储协同，将在额济纳地区电网形成以构网型储能系统为核心、储（柴）- 风 - 光 - 荷一体化协同控制的新型电力系统，为电网架构优化和供电可靠性提升探索出新的发展道路。

三、实施路径

（一）科技创新，解思维破难题

当前，随着国家能源绿色低碳转型持续推进，新能源装机占比连年飙升，新能源电力的波动性、间歇性带来的系统安全稳定问题日益突出。内蒙古电力集团公司首次将重点科技项目与重大示范工程建设融合开展，以基建工程为载体，由集团公司生产技术部牵头，常态化组织专题会议研究分析、确定试验安排，明确具体实施细节，编印专项工作方案，建立组织机构，统筹协调多方力量，助力试验

提前推进。额济纳"源网荷储"微电网示范工程就这样一步步进入可研、开工和投产阶段。2022 年 9 月 10 日，该工程进场开工；2023 年 5 月 8 日，储能站全站带电进入调试阶段；5 月 26 日，纯新能源黑启动试验成功；6 月 19 日，全域离网长周期运行试验成功……工程建设看似短暂顺利，实则攻克了重重难关。该工程大胆采用国内先进的构网型储能技术，以新建的构网型储能电站为离网系统建频建压支撑电源，对工程配套建设的安全稳定控制系统和主站能量管理系统进行全面升级完善，为重大科技创新试验开展创造实施条件，充分协调发挥区域新能源场站发电能力，成功构建储（柴）- 风 - 光 - 荷新型电力系统，有效破解了以新能源主体的新型电力系统稳定运行难题。

作为工程管理单位和科研项目牵头单位，阿拉善供电公司全力抢抓施工黄金期，努力克服额济纳突发疫情影响，在全国疫情防控的严峻形势下，与工程承建单位综合能源公司密切合作，全面克服交通管控、物资匮乏、人力短缺等困难，切实保障工程质量和进度。调控公司全过程指导参与方案编审，提供坚实业务及数据支撑，电科院配套计算分析及设备入网性能测试。累计完成 30 余项方案与报告编制，为试验顺利开展提供可靠支撑。以工程新建的构网型储能系统为支撑，率先在国内成功开展纯新能源黑启动试验。通过创新实施多级数据交互及高柔性人机协同控制，圆满实现额济纳旗全域源 - 网 - 荷 - 储互联长周期离网运行，实现新型电力系统构建的全新重大突破。

（二）"零感"切换，"并网""离网"双模式无缝对接

在人机高协同控制下，随着 220 千伏额济纳变电站主电源泰额线 251 开关的拉开，额济纳旗全域特高比例新能源电力系统由并网模式顺利切换至离网模式，实现了系统并离网"零感"无缝对接，在 220 千伏额济纳集控站的监控大屏上，额济纳地区"源网荷储"监控操作平台上离网新型电力系统清晰呈现。

额济纳"源网荷储"全县域新型电力系统，由 5 个电源、17 座变电站、28 台主变压器、25 条主网输电线路和 77 条供电线路组成。包含Ⅰ、Ⅱ、Ⅲ全负荷品类以及风、光、储全新能源种类，运行经历 6 种特别复杂场景，数据交换难度特别高，系统控制柔性要求特别高，并网离网转换难度大，呈现出"广、大、全、特"等显著特点。该系统可在经历高风速风电停机脱网、柴油机组长期退出运行、接地故障扰动、高比例大负荷波动冲击、储能单支撑超低载的情况下，实现全域负荷纯新能源离网运行、全时段供电的目标。在电网调度与"源网荷储"一体化控制系统的智能协同控制下，系统可顺利实现"零感"切换，"并网""离网"双模式无缝对接，开启新型电力系统的长周期离网运行，切实保障额济纳旗各族人民正常生产生活供电，也为新型电力系统并离网技术的发展及调控运行管理优化提供了重要借鉴价值。

（三）绿电"保险"，单电源困境终结者

作为自治区县域面积之首、蒙西电网唯一一个单电源供电旗县，肩负着偏远边疆民族地区供电重任，额济纳旗成为内蒙古电力集团公司探索建设构网型储能系统、建强局部电网建设的首选区域。以前，额济纳开展一次主网停电检修，必须整个旗县全停，并且两三年都无法开展一次检修，地区电网设备运维压力非常大。2023 年额济纳地区主网停电检修，等到了额济纳地区"源网荷储"微电网示范

工程离网中长期运行试验的良好契机。该系统供电范围横贯额济纳旗东西 490 千米、南北 324 千米、覆盖 11.46 万千米^{2}的区域。地区电网输电线路总长 950 千米，总装机容量 142.2 兆瓦，历史最大负荷规模 75 兆瓦。"源网荷储"微电网工程建设期间，进一步优化和强化了电网结构，构建了"源网荷储"风、光、柴、储、网联合运行模式，形成了分布式新能源、微电网和大电网融合模式，实现了单主电源停电不停供的高可靠性电力系统，确保了额济纳旗城镇、牧区，以及当地边防连队、边贸企业、"两检一关"重要电力用户的提供电可靠性。自此给额济纳地区电网上了一道可靠的绿电"保险"，单主电源停电造成的全旗停电问题得到彻底解决。同时，"源网荷储"新型电力系统直接有效地带动了额济纳地区的新能源发展，为新能源就地消纳，提供保障和支撑，实现了额济纳旗地区发展与电网发展双赢，新能源发展与"源网荷储"项目双赢，大力推动了地区与电网"双绿色"发展。

（四）3 年 3 类黑启动，应急处置能力升级

自 2016 年，内蒙古电力集团公司以研究开展多种类型黑启动试验为起点，历经 5 年理论研究和创新，积累了丰富的理论经验。2021 年起先后成功实施了万家寨水电机组黑启动试验、呼和浩特抽水蓄能电站黑启动试验和本次纯新能源黑启动试验。此次，额济纳地区"源网荷储"微电网工程，同时设计配置了储能系统整体黑启动功能，实现了多机并联快速黑启动技术。在黑启动过程中，储能变流器离网多机构网模式并联控制技术，通过模拟同步发电机的电气模型、下垂调频、调压特性对逆变器进行调节，使其在并网外部特性上与传统同步发电机相似。一方面提高系统的阻尼和惯性，另一方面能够同时适应并网和离网运行状态，无需控制模式转换，能够保证并离网无缝切换。2023 年 5 月 26 日，国内首例广域大网架纯新能源黑启动试验在额济纳地区试验成功，地区电网光伏、风电 3 场 4 站 7 线平稳运行 22 分钟后，顺利并入主网运行。该黑启动实验的成功，打破了传统电力系统运行对常规旋转机组的依赖，为构网型储能技术发展开辟了全新应用场景，也实现了内蒙古电力集团公司 3 年完成 3 类黑启动试验的圆满收官，为提高电网应急处置能力取得了里程碑成就，内蒙古电网应急供电恢复能力全面提升。

四、履责成效

（一）社会效益

额济纳地区"源网荷储"微电网示范项目是我国向能源互联网迈进的有效尝试。从国内情形看，近年来围绕高比例新能源电网或系统的概念提法很多。从本质上看，多源互补以电为核心是趋势，微电网将逐步能源互联网稳步迈进。在人工智能、能源互联网等技术将发挥重要作用，将继续带动微电网运行控制技术快速革新。随着多元融合高弹性电网建设需求，电网对新设备、新技术的需求更加迫切，源网荷微电网以源源互动、源以荷动提升了电网的可靠性和富裕度，充分展示了新型电网建设的前瞻性。为践行"创新、协调、绿色、开放、共享"的新发展理念和"四个革命、一个合作"能源发展战略。源网荷储微电网为实现"双碳"开启了供电新模式。对服务国家能源战略，促进绿色可持续发展具有借鉴作用。

在 2022 年中国（第五届）电力技术市场协会创新技术活动中，该项目创新优秀论文《区域电网新能源互补与源网荷储配电一体化系统构建》荣获"二等奖"，《源网荷储微电网示范项目管理及实践》入围中国能源报"双碳科技创新典型案例"。

（二）经济效益

据测算，若为额济纳建设第二电源输变电工程，预估投资 10 亿元以上。此次工程投资 1.25 亿元，成功验证了以 1.25 亿元新型电力系统示范工程替代 10 亿元输变电工程投资的可行性，并有效缩短 2 年建设期，充分体现了"六化"战略路径中的集约化，对今后边远地区解决第二电源，提高电网建设经济性，具有重要意义。

额济纳地区"源网荷储"互动能够调动全域灵活性资源，节约电网投资，合理开发新能源资源，降低地区能耗及能源转型的综合成本，减少电网对负荷的支撑需求，可全面提升该地区供电可靠性，更好地服务于边疆民族地区经济社会发展，成为新型能源体系构建和电网绿色低碳转型道路的一次重大科研探索和重要创新实践。

五、工作展望

当下，内蒙古电力公司正处于构建新型电力系统的主战场和关键期。随着额济纳"源网荷储"工程的建成投产、乌海抽水蓄能项目的高质效实施，为后续电网侧新型储能及抽水蓄能项目的爆发式建设发展奠定了坚实基础，蒙电人正在以敢于作为、敢于创新、敢于尝试的奋进者、开拓者和担当者姿态，努力将"1469"中长期发展战略幻变成实景，全面贯彻落实自治区打造新能源产业高地和发展新能源"两率先、两超过"目标要求，为新型电力系统建设持续贡献蒙电力量。

万家灯火南海有我，心系祖国乐于奉献

南方电网海南三沙供电局

一、单位简介

三沙市于 2021 年 7 月 24 日成立，永兴岛是三沙市的政治、经济、文化、军事中心，也是三沙市政府所在地。为支持三沙市开发建设，2012 年 8 月 6 日，南方电网公司正式批准海南电网有限责任公司设立三沙供电局。2012 年 8 月 28 日，三沙供电局在永兴岛挂牌成立，永兴岛也是目前三沙供电局主要的供电岛屿。按照南方电网公司部署要求，对三沙供电局进行组织形式调整，于 2020 年 12 月 23 日成立三沙供电局有限责任公司，作为海南电网有限责任公司的全资子公司；于 2021 年 11 月 15 日注销海南电网有限责任公司三沙供电局。

二、案例背景

2016 年 7 月 12 日，南海仲裁案仲裁庭作出非法无效的所谓最终裁决。当晚，南方电网公司制作发布了一张以南海三沙永兴岛为背景"万家灯火　南海有我——中国南方电网供电服务已至三沙"的主题宣传海报，在微信朋友圈引起了现象级的持续刷屏与转发！国务院国资委、共青团中央、人民日报、经济日报等主流媒体通过各自网站、微信、新闻客户端等平台，以《南海，中国央企已出手！干

"万家灯火　南海有我——中国南方电网供电服务已至三沙"的主题宣传海报

得漂亮》等为题进行头条转发，向世界宣告了"咱自己的地儿，通自己的电，接自己的信号。有理有据，自强更有底气！中国的信号中国的电，中国的领海世界看得见！"由此迅速点燃了社会大众的爱国热情，南方电网公司企业形象得到广泛关注，三沙供电局"万家灯火　南海有我"的品牌初步形成并开始得到传播。

三、实施路径

"万家灯火·南海有我"是南方电网公司"知行"文化体系落地的有效实践，是服务三沙市国防经济建设的金字招牌，是彰显祖国强盛国力的央企缩影。《南方电网企业文化理念》指出南方电网公司品牌形象是"万家灯火，南网情深"，具体到三沙供电局有限责任公司，是"万家灯火，南海有我"，它既是三沙供电局有限责任公司的党建品牌，也是服务品牌，更是公司在党旗前许下的庄严承诺。"我"的形象，是由一个个舍小家、顾大家奋斗在前的共产党员，是由一名名无私奉献的三沙供电员工汇聚而成。"我"之精神，是由一个个具体的原生形态精神升华而成。无数个"我"即夜空中繁星点点，发光发热点亮三沙星空。"南海有我"通过"守岛有我""建设有我""安全有我""服务有我"融入生产经营工作方方面面，致力于打造岛礁新型电力系统示范先行区。

（一）万家灯火，守岛有我，铸就靠得住的南海供电铁军

作为守护祖国南大门的电力戍边人，三沙供电局全体员工紧紧围绕打造"军民融合示范基地"目标，为保卫海疆兢兢业业，点亮海上航行的灯塔，担起"万家灯火，南海有我"的神圣使命。三沙市与三沙供电局共成长。三沙供电局始终将服务三沙市国防经济建设作为一切工作的出发点和落脚点。从起步到发展、壮大，各项指标大幅提升，为今后的长远发展奠定了良好基础。十年来，用电量翻了14倍；用电负荷翻了27倍；营业收入年均增长26%。三沙供电局从北京路的一间10米²的营业厅，发展为10亩新厂区，供电能力不断增强。2022年，已首次通过低压方式将市电送入电网，实现了供电服务的延伸与突破，圆满完成应急供电阶段各项目标，得到中央军委后勤保障部的高度认可，并获批省军民融合发展专项资金，为三沙供电局可持续发展开创新局面。建立党员、团员志愿服务队。积极发挥党员的带头示范作用，激发员工的主观能动性，通过开展保密教育、观看爱国主题片、树立模范员工等形式加强员工的爱国主义教育，以"上岛就是上战场，出海就是去打仗"的精神信条，积极融入卫国戍边工作中。策划"春节我在岗""我为岛民办好事""争当'抗疫保电先锋'"等一系列活动，定期开展"永兴岛用心护家国"志愿服务，常态化开展安全用电义务检查"到灯头"、电力情景式教学进校园和"军民融合"等形式多样活动。

（二）万家灯火，建设有我，建成坚强可靠智能配电网。积极响应"双碳"要求，作出"服务双碳"南网示范

十年来，永兴岛供电网架结构从成立时的低压点对点单辐射供电，发展为目前正在建设的10千伏三环网供电。从单一柴油发电，到建成海岛智能微电网示范工程，实现风光柴浪储多种能源协调互补、

源网荷储灵活互动。其中10千伏高压供电工程荣获"中国南方电网有限责任公司年度基建优质工程奖"，永兴岛智能海岛微电网项目荣获"第二届全国电力行业标杆工程、示范工程项目"。累计完成电网建设投资3.25亿元，初步建成军民融合可再生能源局域网。军民融合可再生能源局域网建设团队荣获南方电网三等功。

三沙供电局始终紧扣三沙特殊战略意义和高温高盐高湿特殊气候环境两个特点，以实现"双碳"目标为牵引，超前部署。党委坚持"三联"发力，踏上构建新型电力系统的新的"赶考"之路。联建组织，开展党旗在基层一线高高飘扬活动，成立跨部门跨单位的"党员突击队"，党员主动增加双倍驻岛时间，通过签订项目建设军令状，在项目建设、科技攻关的最前沿勇挑重担、攻坚克难，获得有效专利25个。联育队伍，紧紧抓牢企业"三基"建设，带着"在高温、高盐、高湿条件下如何提高设备运维可靠性"的课题到发电设备厂交流学习，大力实施"飞鱼""灯塔""雄鹰"员工成长计划，印发《三沙供电局有限责任公司落实青年精神素养提升工程具体举措》，培育出南方电网技术能手、南方电网劳动模范等一批优秀人才。联办项目，供电所、地方政府联动配合，共同推进项目建设。此外试点了垂直风力发电装置及全球首个成功并网发电的波浪能发电系统。

（三）万家灯火，安全有我，坚守电网安全运行生命线

以安全生产风险体系冲四钻为契机，践行体系思想方法，加强风险意识，推动安全生产管理持续向好。增强全员安全意识。永兴岛位于"台风走廊"上，几乎每一个刮向海南岛或大陆的台风都会经过永兴岛。人身安全、供电安全、设备安全是重中之重。公司全体员工牢固树立"一切事故都可以预防"安全理念，每日开展"安全生产仪式"，宣读连续安全生产天数，提升安全生产意识，截至目前，已连续安全生产运行4047天。每周开展"安风体系知识竞赛"活动，营造安全文化氛围。加强需求侧管理。每年举办群众喜闻乐见的涉电公共安全宣传，使安全用电深入人心。克服远海孤岛交通不便、物资匮乏等困难，强化海岛微电网自主运维能力，大力推进自主运维核心能力打造。截至2022年年底，发电机组故障自行解决率同比增长19.72%。电缆、光伏、储能等业务基本实现自主运维。以提高岗位胜任能力为重点，逐步建立员工证岗匹配，能力和绩效双高就高岗的岗位晋级体系。截至目前，成立技术技能专家工作室1个，中级及以上职称35人，技师及以上技能等级12人。在聘技术专家2人，技能专家2人，技能尖兵3人。健全供电可靠性管理机制。推进"预安排零停电"，对所有可能造成客户停电的作业履行提级审批手续，充分利用10千伏环网、配变低压互供、应急发电机等条件实现"近零停电"。

（四）万家灯火，服务有我，践行三沙特色5A服务机制

结合三沙市特殊的政治、军事和地理环境，提出5A（Anyone、Anytime、Anywhere、Anyway、Anything）准军事化服务机制，为岛上军警民提供全方位的供电服务，满足任何一个客户的用电诉求。推出一户一经理、常态走访、有需必录、15分钟服务圈等举措，持续改进提升了供电服务体验。下大力气优化电力营商环境，全面实现用电报装"三零"和"三省"，即低压小微企业用电报装"零上门、零审批、零投资"，高压用户用电报装"省力、省时、省钱"，研究解决客户用电"堵点、难点"问题，

不断提升客户用电体验，让客户用电放心，用电安心，用电舒心，连续 10 年实现客户服务"零投诉"，电费回收"零欠费"。主动延伸服务范围。常态开展岛礁用电检查，2022 年，完成供电抢修 10 次，前往永兴岛周边岛礁开展电缆检修等工作 4 次，最长驻扎了 7 天时间，帮助排查电缆线路故障并及时快速复电。

四、履责成效

（一）责任形象更彰显

三沙供电局在从零开始、从无到有的创业过程中，用心保障供电安全，用爱做好供电服务，用情擦亮央企形象，以"岛上无小事，服务最大化"的共识，完成了永兴岛各项供电服务工作，为国家充分维护主权、促进三沙国防经济社会发展提供了动力支撑，获得了各方的认可和肯定。"南海值守团队""党员 idol"的事迹被各大主流媒体竞相报道和广泛传播，先后获得全国爱国拥军模范单位、全国文明单位、中央企业先进集体、先进基层党组织、南方电网公司集体一等功、南方电网公司五一劳动奖状等荣誉称号。

（二）经营指标更卓越

新能源发电占比大幅提升，截至 2022 年年底，光伏日最大发电量持续增高，已累计减少碳排放约 5096 吨。供电能力坚强可靠、电能质量大幅提高，户均停电时间（低压）从 2012 年超过 200 小时，下降到 2022 年的 0.07 小时，在全国排名中位列第一。永兴岛综合电压合格率、频率合格率均达到 100%，支撑岛上军民用电设备效能发挥，满足高质量用电需求。圆满完成了各类保电任务，成功抵御多个台风侵袭，实现重大政治、国防保电"零跳闸、零损失"，交出了一份"零停电、零投诉"的满意答卷。

五、工作展望

一是始终坚持统一思想。以南方电网公司"知行"文化为引领，在长期工作实践中不断丰富"万家灯火 南海有我"服务品牌，让文化品牌在潜移默化中感化广大党员群众的价值取向和行为方式，提升职工归属感，提振员工精气神。二是始终坚持责任上肩。用好党建项目载体，将国家、网省公司重点工作安排，生产经营工作重难点问题党建项目化，进一步促党建与生产经营工作深度融合。层层传递责任，通过明确工作任务，将责任落实到每一名党员身上，党员充分发挥先锋模范作用，带动群众攻坚克难。三是始终坚持夯基固本。紧紧围绕打造"三个示范基地"工作主线，大力培养人才，优化组织结构，不断提升全体员工自主运维能力和整体队伍素质，充分营造争先创优的工作氛围。

绿电"魔方"让工业企业降碳稳准好

国网浙江省电力有限公司宁波供电公司

一、单位简介

北仑区供电公司为国网浙江省电力有限公司宁波供电公司下辖直属单位，承担着北仑区 11 个街道 36.2 万户客户的电网建设、运行及供电服务工作，下设 6 个职能部室、2 个支撑机构、5 个供电所和 1 家产业单位，职工 531 人。截至 2023 年上半年，北仑区拥有 35 千伏及以上变电站 107 座，10 千伏及以上线路 4102 千米。2022 年，北仑全社会最高负荷达到 286.52 万千瓦，全社会用电量 179.68 亿千瓦·时，均列全天市第一、全省第二。2023 年北仑全社会最高负荷再创新高，率先突破 300 万千瓦。

二、案例背景

工业企业作为经济社会发展的重要引擎，同时也是能源消耗和碳排放的重要单位，扮演着实现"双碳"目标的主力军角色。2021 年 10 月，国务院印发《2030 年前碳达峰行动方案》将工业领域碳达峰行动作为重点任务，提出要加快推动工业领域绿色低碳发展；2022 年 8 月，工信部、发展改革委、生态环境部联合发布《工业领域碳达峰实施方案》将深入推进节能降碳作为控制工业领域二氧化碳排放的重点任务，并提出具体的降碳目标。在国家"双碳"政策驱动下，工业企业的节能降碳已经从过去的"选做题"成为道"必答题"。

国网宁波供电公司通过"供电＋能效"的服务模式积极促进工业企业节能降碳，然而在实际服务过程中通过与大量工业企业、工业园区管理者、技术设备服务商等交流中也发现：一方面，缺资金、少技术、管理水平低、市场不透明、降碳效益不突出等系列难题，阻碍着工业企业节能降碳的步伐；另一方面，尽管目前市场上有各类各样的企业为工业企业实现节能降碳提供各类产品和服务，但大多是从设备改造、工艺优化、管理系统等某个单独层面出发进行优化提升，往往是"头痛治头脚痛治脚"，不能实现"标本兼治"。因此，只有系统化帮助企业应对节能降碳多重难题，才能有效推动企业实现绿色低碳发展。

三、实施路径

（一）双网融合，共建"邻里圈"

融入社区服务，拉近企业距离。 国网宁波供电公司积极与北仑灵峰工业社区建立常态化的沟通协作机制，共同组建"电企党建联盟"，促进双方在资源、信息和人员等方面的交流，由国网宁波北仑供电公司党委书记担任北仑工业社区客户经理，国网宁波仑南供电所所长受聘工业社区党委兼职委员，共同推动供电服务网络与工业社区服务网络之间的有效融合。通过在北仑工业社区设置金色电力驿站，常态化为企业提供"供电＋能效"服务、用电设备检查、用电安全检查、用电咨询、业务办理等服务活动，让工业企业享受到家门口的服务体验，进一步拉近与企业之间的沟通距离，加深彼此的信任与了解，做工业企业的"自家人"。

联合开展调研，了解企业难点。国网宁波供电公司联合北仑工业社区，由国网宁波仑南供电所与社区工作者、社区志愿者共同组成企业用能现状调研团队，通过问卷调研和现场访谈相结合的方式，对工业社区内的工业企业开展专项调研，形成专项分析报告。

（二）平台搭建，构建"朋友圈"

创建能源联络站，打造沟通平台。聚焦于工业企业节能降碳面临的系列难题，国网宁波供电公司与北仑灵峰工业社区进行多次专项沟通，在工业社区服务中心建设宁波市首家工业社区能源联络站。"工业社区能源联络站"，由工业社区提供场地支持，国网宁波供电公司选派骨干员工长期驻点服务。

了解各方诉求，奠定合作基础。国网宁波供电公司在与工业社区合作的基础上，系统梳理分析节能降碳涉及的政府经信部门、环保部门、金融机构、设备厂商、投资企业等不同利益相关方，了解各利益相关方在推动企业节能降碳过程中的核心诉求以及资源优势，以工业社区能源联络站为沟通协作平台，共同探索在促进企业节能降碳方面的合作路径。

工业企业节能降碳利益相关方诉求

利益相关方	参与意愿	核心诉求	优势资源
经信部门	非常强烈	推动地区工业企业绿色发展	工业企业资金支持 发展政策 发展监管 协调组织力
		保障工业企业高质量发展	
		促进绿色工厂建设	
环保部门	非常强烈	降低企业污染物排放	工业企业环保审批 环境保护监管
		了解企业排放数据	
工业社区	非常强烈	助力工业企业健康发展	完善的服务网络 服务资源协调
		增强工业企业服务能力	
工业企业	非常强烈	满足环境监管要求	资金优势 场地资源优势
		降低生产成本	
		提高生产效益	
		获得绿色标签	
		实现可持续发展	

利益相关方	参与意愿	核心诉求	优势资源
供电公司	非常强烈	提高能效服务水平	能效服务技术优势 电力资源调度 光伏项目支持能力 电力服务政策
		推动电能替代	
		开拓能源服务水平	
		塑造责任品牌形象	
金融机构	强烈	支持绿色产业发展	资金优势 金融服务资源优势
		拓展优质客户	
设备厂商	强烈	拓展经营渠道	设备技术优势
		增加业务量和市场占有率	
外部机构	强烈	拓展市场	专业技术优势
科研机构	强烈	开展技术研究	专业技术优势
		推动科研成果转化	
媒体	强烈	宣传热点问题	舆论影响力 公信力

智慧数字赋能，挖掘降碳潜力。联合工业社区，由工业社区出资、供电公司提供资源和技术支撑，为工业企业安装用能采集系统，建设形成工业社区智慧能效管理平台，通过大数据分析建立自动诊断分析模型，分析电能替代潜力、可再生能源潜力、能效提升潜力，实现了园区企业能耗数字化、直观化。同时，创新开发"企业用能健康码"，实现企业能源消费状态动态全感知。

成立绿电协会，协同各方力量。通过区人大代表议案，联合区发改局，推动成立宁波市首个绿色电力协会，并担任首任会长。绿电协会在政府、供电企业和市场主体之间发挥纽带和桥梁作用，促进顺畅沟通，加强政策预期管理，汇聚清洁能源发展技术力量、前沿资讯，开展绿色低碳知识科普、绿电碳权交易咨询、绿色电力技术服务、绿色项目示范等工作。协会服务于区域"双碳"工作，凝聚推动"双碳"的工作合力，为企业发展节能降耗，增强区域发展动力，提升区域社会环境质量。

（三）绿电魔方，营造"生态圈"

在能源联络站沟通合作平台和智慧能效管理平台基础上，国网宁波供电公司与工业社区、社会各方开展紧密合作，有效发挥不同利益相关方的资源优势，按照"识别需求、资源整合、定制方案、共同实施"四大关键步骤，打造绿电"魔方"能源服务平台，创新提出并形成涵盖"绿电金融、绿电服务、绿电改造、绿电监测、绿电产业、绿电交易"等六大方面的服务方案内容，为工业企业制定了像"魔方"一样系统化、个性化的全面解决方案。

工业企业可以结合自身发展需求和面对的具体问题，通过"绿电魔方"11N服务模式随机组合，方便、便捷地选择适合自身的节能降碳路径。不仅工业企业的节能降碳难题得到有效解决，参与合作的利益相关方也都可以在助力企业节能降碳过程中满足自身的期望和诉求，共同把"朋友圈"打造成多方共赢的生态圈。

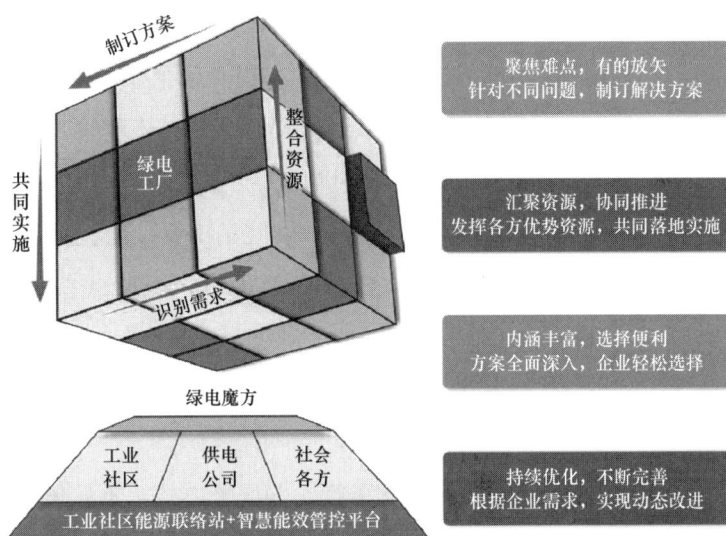

绿电魔方解决方案及特点

（四）长效运营，构筑"服务圈"

多元宣传，提高"魔方"知晓度。 加大绿电"魔方"的宣传介绍，提高服务获取的便捷度。一是线下宣传，联合工业社区服务企业、服务队和社区工作者，以及绿电"魔方"参与主体，通过能源微课堂、沙龙培训、政策宣传等多种渠道，帮助企业深入了解绿电"魔方"多样化的服务内容和不同业务的办理流程。二是线上宣传，建立灵峰工业社区节能降碳微信群，覆盖园区 95% 以上企业，分享相关政策咨询，解答企业服务咨询，在企业服务微信群、企业日常服务过程中。三是媒体宣传，加强媒体沟通联络，邀请新闻媒体走进工业社区，对绿电"魔方"涉及的不同服务方案进行宣传报道，让更多工业企业了解绿电"魔方"。

全程跟进，增强"魔方"落地率。 针对有降碳需求的工业企业，在方案制定过程中，国网宁波供电公司联合相关利益相关方共同成专项工作小组，为企业进一步定制个性化的服务方案，帮助企业选择最为合适的降碳方案。在方案实施过程，根据绿电"魔方"合作方案共同推进，高质量满足企业节能降碳服务诉求。在项目结束后，依托智慧能效管控平台持续监测企业节能降碳成果，根据实际情况制定优化改进方案，助力企业轻松实现节能降碳目标。

持续优化，提升"魔方"满意度。 在绿电"魔方"现有六大服务内容的基础上，国网宁波供电公司联合工业社区持续收集工业企业降碳新需求，整合利益相关方资源优势，持续对绿电"魔方"内容持续进行丰富和优化，加快推动碳排评估服务，帮助企业解自身碳排放实际情况，促进设备智慧运维服务落地，进一步提升工业企业设备管理水平，让绿电"魔方"可以持续性地满足企业多元化的降碳服务诉求。

四、履责成效

（一）充分释放降碳潜力，助力绿色转型发展

绿电"魔方"项目的实施，提供了企业节能降碳系统性解决方案，在帮助企业化解在节能降碳

过程中遇到的资金不足、技术落后、设备陈旧、管理水平不强、专业人员缺乏、市场信息不透明等多个方面关键阻碍的同时，也让企业在实现节能降碳过程中，提升了企业管理水平，降低了生产经营成本，提高了产品绿色竞争力，塑造了绿色品牌形象，获取了更多支持政策，答好了绿色发展"新答卷"，实现绿色可持续发展。截至 2022 年年底，"绿电魔方"工业社区电力服务模式获得经信局、发改局等政府部门高度肯定，并拓展到北仑区青峙工业社区、春晓湖工业社区、横河等 15 个工业社区，覆盖 6000 余家工业企业。通过进一步的复制推广，将为全国其他 1000 多个类似工业社区内的更多企业，解决节能降碳难题，为"双碳"目标在工业领域的实现提供新路径。

（二）有效拓展服务市场，树立责任品牌形象

绿电"魔方"项目的实施，转变了公司传统服务视角和服务方式，不仅拓展了国网宁波供电公司能效服务内容和能效服务市场，也推动了公司从单一的能效服务向绿色金融、绿电产业、碳服务交易等多元领域的发展。同时，通过绿电"魔方"项目进一步树立了国网宁波供电公司责任品牌形象，加强了与政府部门、工业社区、工业企业、供应商等利益相关方之间的沟通及合作关系。

（三）实现多方互利共赢，创造更大综合价值

截至 2022 年年底，绿电"魔方"项目已经吸引国家能源局、经济和信息化局等多个政府部门、8 家银行，2 家绿电交易商、3 家光伏安装企业、4 家电能设备制造商共同加入，打造工业企业节能降耗多方共治、多方共赢的新局面。项目积极参与外部沟通交流，持续提升了项目的影响力，在 2022 年"金钥匙——面向 SDG 的中国行动·国家电网主题赛"活动中从 130 余项项目中脱颖而出，荣获"助力消费侧的降碳减排"类别金奖，为其他地区、其他行业、其他企业解决节能降碳难题找到了一把切实可行的"金钥匙"。

五、工作展望

国网宁波供电公司正在北仑灵峰现代产业园建设数字化牵引新型电力系统综合示范项目，这将为工业园区提供更智能、绿色、高效的能源利用方式，促进兆瓦级低压分布式光伏、电动汽车充电桩等零碳、低碳要素的 100% 就地消纳。未来，工业企业的用能将更低碳。

津津乐"道"——社会责任根植树障清理"阻工"变"帮工"

国网重庆市电力公司

一、单位简介

国网重庆市电力公司北碚供电公司（以下简称"北碚供电公司"）承担着北碚区全部 17 个镇街的供电服务，供区面积 730 千米 ^{2}，供电服务人口约 81.1 万，客户 47.55 万户。供区范围内，500 千伏 1 座、220 千伏 6 座、110 千伏 17 座、35 千伏 4 座；输电线路 106 条、746 千米；配电线路 303 条、2417 千米。

北碚供电公司始终坚持安全生产和优质服务主线，积极探索、传承创新，为区域客户提供优质、高效、便捷、安全的电能供应服务。2022 年，投资总额 2.25 亿元；售电量 59.07 亿千瓦·时，同比增长 6.99%。公司获得全国文明单位、国资委"中央企业先进基层党组织"、国家电网"红旗党委"等荣誉。

二、案例背景

1. 经济发展需要和生态环境保护存在矛盾点

近年来，随着国家生态文明建设持续推进和城镇环境的美化绿化，绿植的广度密度逐年递增，许多自然林保护区、重点绿化区，演变成输配电线路密集区，线路通道内高杆绿植严重危及电网安全稳定运行，且导线对树竹放电极易引森林火灾等重大灾害，给人民生命财产及生态安全带来潜在隐患。如何破解树线矛盾，处理电力安全和生态保护两者之间的关系，成为迫切需求。

2. 政府部门和电网企业处理树线矛盾缺乏平衡点

维护电力设施运行安全，是电力公司应尽的职责与义务。当树障隐患危及线路设备安全时，电力部门需清理砍伐线路通道内超高树木。而林业部门则基于对林木等森林资源的保护，依据相关规定禁止电力部门对林木进行砍伐。电力公司和林业部门各有立场，环保法规的实施与电网的安全运行现实状况"脱节"，双方急需寻求互利共赢方案。

3. 森林安全维护与人文需求满足缺乏科学分界点

当涉及线下私有林砍伐赔偿问题时，由于目前没有一个明确、可参照的赔偿标准；且村民整体文化程度较低，往往因一己私利而置人身、电网、生态安全于不顾，漫天要价，甚至与电力公司产生肢体冲突，引发法律纠纷，进一步加剧树障清理难度。在 2020—2022 年间，北碚供电公司树障砍伐赔偿支出高达 180 万元，甚至出现 18888 元/棵的天价赔偿树。更有甚者，阻工村民拿着镰刀一路追赶树障清理工人，最终只能选择报警调解纠纷。

三、实施路径

（一）根植沟通理念，识别多方核心诉求

北碚公司从利益相关方视角重新思考"树线矛盾"的本质，深入了解他们的所思所想、所求所盼，经过调研分析，最终将"树线矛盾"的关键利益相关方确定为政府部门、林业局、供电公司、自然保护景区、线路廊道沿线村社及林农。通过院坝会、坝坝讨论、采访村支书、寻访林农意见等方式，零距离掌握社情民意，广泛听取群众意见和呼声，梳理多方利益诉求，积极探索以政府为主导的多元主体共同治理模式。

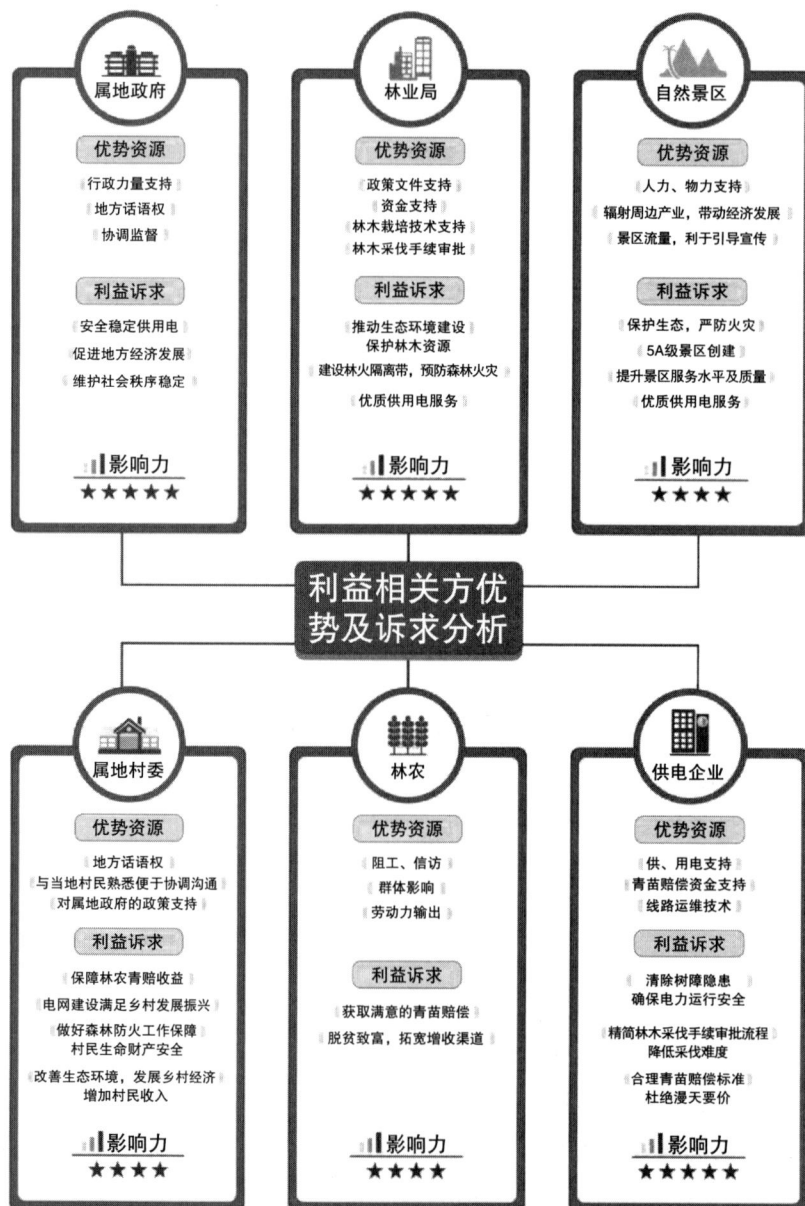

利益相关优势资源及诉求分析

（二）根植共赢理念，寻求综合价值最大化

打破传统自转思维模式，将解决"树线矛盾"的焦点转移到满足各方利益诉求，整合各方所思所需所盼作为工作开展的出发点和落脚点，充分调动各利益相关方积极性，全面盘活各方优势资源，探索多元主体协作建设"生态廊道"，实现互利共赢的新路径。

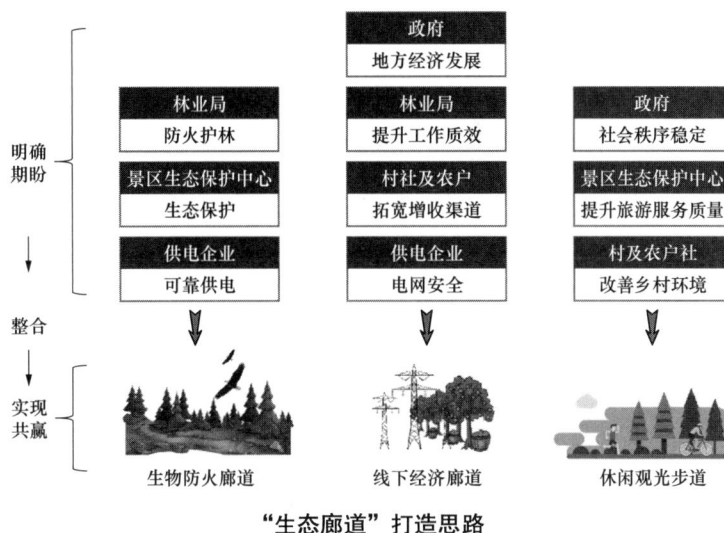

"生态廊道"打造思路

（三）根植边界理念，明确各方责任分工

在多方协作共同治理过程中，坚持"谁专业，谁负责"原则，明确责任分工，把控项目各环节、各流程，确保各方履责到位，有效解决"树线矛盾"。政府主要提供政策支持与行政监督，林业局重点强化风险防控，建立森林草原火灾源头治理长效机制，自然景区保护中心主导负责加强生态环境保护，因地制宜打造景区特色文化；村委给予电力设施保护支持和帮助，加强对村民、林农的引导和管理；供电公司最大化发挥运维队伍力量，及时处理各类缺陷及隐患。

（四）打造生态廊道，筑牢生态电网"防火墙"

北碚供电公司以打造精品示范工程为目标，以"1+N+3"（即打造一条生态廊道、联合 N 个利益相关方协作、实现"防火""经济""观赏"3 个功能）生态廊道打造模式为思路，完善"生态廊道"生物防火功能、线下经济功能、休闲观光功能，筑牢生态电网"防火墙"，打造乡村振兴"新引擎"，助力景区提档升级。

安全要"道"，打造生物防火隔离带。 将跨越林区已建、拟建输配电线路廊道防火纳入林业局"十四五"森林防火规划，以辖区内输配电线路走廊为重要参考线，统筹规划、设计生物防火阻隔系统。第一年先以跨越北碚观音峡林场的输配电线路走廊作为试点，林业局出资 450 万在蔡家、施家梁、童家溪三个区域修建长 20 千米，宽 30 米的防火隔离带，并配套修建多条消防应急便道，以提高森林火灾应急处置能力，总建造面积 1000 余亩；整个"十四五"期间，陆续累计修建 50 千米生物防火隔离带。

利益相关方	角 色	工作内容
北碚区政府	总牵头方	• 1.协调处理林业局、供电公司、景区、线路廊道沿线村社及林农各方困难，推动全过程配合发展 • 2.牵头具体方案制定，并对整个项目实施进行全过程监督管控
北碚供电公司	主办方	• 1.提供项目实施过程中所需人力支持，或树障清理产生的青苗赔偿 • 2.梳理并提供辖区电力线路廊道树障集中区域台账 • 3.参与方案制定实施 • 4.主要负责整个项目的宣传工作
北碚林业局	参与方	• 1.参与方案制定实施,并协助宣传 • 2.负责项目中"生物防火廊道"规划设计及建造，筑牢生态"防火墙" • 3.协助项目中"线下经济廊道""休闲观光步道"规划建设
缙云山生态保护管理中心	参与方	• 1.参与方案制定实施，并协助宣传 • 2.负责项目中"休闲观光步道"规划设计及建造，提升景区服务质量 • 3.协助项目中"生物防火廊道""线下经济廊道"规划建设
线路廊道沿线村社及林农	参与方	• 1.主要参与项目中"线下经济廊道"建设，并对该廊道进行管理维护 • 2.提供劳动力支持 • 3.配合参与项目的宣传工作

各利益相关方角色及分工

"1+N+3"生态廊道打造模型

生财有"道"，打造电网线下经济带。因地制宜提出"线下经济廊道建设"思路，将电力廊道下林农的高杆林木改种为耐火性强、经济价值高的低杆树种。林业局选取北碚西山坪村作为"线下经济廊道建设"项目首个试点村社。北碚公司联合林业局、村委走进村里为村民讲解"线下经济廊道"带来的生态效益和经济效益，组织村民签署《"线下经济廊道"试点项目建设承诺书》，根据廊道下土质条件，结合林业局专家建议，将电力廊道下毛竹全部清理后改种西瓜或脐橙等果树。项目实施还为廊道沿线林农、村里的贫困户提供了就业岗位，以协助清理电力廊道树障、维护电力通道安全等无危险性质的工作为条件，政府牵头提供"就业"补偿。

休闲之"道"，打造景区休闲观光带。规划启动环山生态绿道建设项目，对沿线景观进行升级改造。促请政府部门主导推动，与缙云山生态保护管理中心举行恳谈会，对供电单位梳理的超高树障隐患集中区域考虑纳入景区休闲观光步道建设规划，进行统一处理。该休闲观光步道将以自然生态环境为背景，融合山、水、林、泉等独特自然景观和人文景观于一体，并沿线设置观景平台等配套服务设施。

四、履责成效

（一）安全风险显著降低

自项目实施以来，该公司梳理输配电线路树障安全隐患共 268 项，相较于项目实施前一年的 588 项，同比下降 54%；因树线矛盾引发的线路故障从 2021 年的 4 起下降至 1 起，降幅达 75%，供电可靠性逐年稳步提升。该项目实施后，极大减轻了通道运维压力和成本，初步估算每年将为公司节约通道运维成本 100 余万，减少树障清理工作量 30% 以上，实现降本增效。

（二）"多"赢局面成效凸显

"生物防火廊道"从源头防范化解了森林草原输配电线路火灾安全风险，减少了因供电企业重复采伐而造成的林木资源浪费；同时，减少了林业局为电力公司办理林木采伐手续近 30% 工作量，政府行政审批工作提质增效成效显著。试点村社西山坪村林农第一年整体收益增长 30%，获得了远超毛竹青赔带来的收益，部分林农为了获得更多的收益，主动要求拓宽线下廊道以增加种植面积。同时廊道沿线村农通过协助供电公司清理廊道树障，得到了有偿"就业"机会，人均收入增加近 3000 元。

（三）品牌形象广获赞誉

北碚供电公司聚焦林木资源保护、电网运行安全，积极回应民生诉求，将社会责任融入企业发展，有力推动生态林业、绿色电网、社会经济和谐发展，促进社会各界、利益各方对电力企业的情感认同和价值认同，为企业发展营造良好的内外部环境，有效提升国家电网的品牌美誉度，彰显责任央企良好形象。

五、工作展望

下一步计划以跨越观音峡林场的输电线路作为重要参考线，在北碚区蔡家、施家梁、童家溪三个区域修建示范防火隔离带，惠及 220 千伏思水东、西线，220 千伏水玉东、西线，110 千伏村童牵线、新牵西线、翡五东西线、玉井线、玉同线、玉碚线等 26 条输电线路，建成后将显著提升电网安全运行水平，并为公司节约树障砍伐及赔偿成本约 649 万元。"十四五"期间，计划修建森林防火隔离带 50 千米，初步估算将为供电公司节约线路通道隐患治理资金 1500 万元。

同时，计划面向辖区村社广泛宣传"生态廊道"乡村经济协作创收模式，复制创收经验，联动属地村社、开展植被更换行动，将麻竹公益林置换为经济果林，提高当地村民的经济收入，从源头上解决农场超高树障砍伐难问题，让供电企业"常砍伐，难砍伐"变为"不砍伐、少砍伐"。

北碚供电公司聚焦森林资源保护、电网运行安全，积极回应民生诉求，推动履行社会责任和企业发展同向同频，赢得各界对企业的利益认同、情感认同和价值认同，为企业发展营造良好的内外部环境，有效提升国家电网的品牌美誉度，彰显责任央企良好形象。

社会责任管理体系在基层电网企业落地的探索与实践

南方电网广东广州供电局

一、单位简介

南方电网广东广州供电局（简称"广州供电局"）主要从事广州电网的投资、建设与运营，负责广州市 11 个区的电力供应与服务。广州电网是中国最早的区域电网之一，位于广东 500 千伏主环网中部，是南方电网交直流混联运行、西电东送的受端负荷中心，也是全国供电负荷密度最大的城市电网之一。广州供电局以安全、可靠、优质的能源供给，每度电支撑广州 GDP 产出 27.56 元，以"百年供电出新彩"服务支撑广州实现城市新活力、"四个出新出彩"。

二、案例背景

（一）促进电力高质量发展的积极探索

作为能源电力央企，南方电网公司始终牢记"国之大者"，积极研究探索深化数字化绿色化协同、推动构建新型电力系统和新型能源体系，促进电力高质量发展。如何以高质量社会责任实践推动电力高质量发展，是面临的新挑战。因此，通过体系化的社会责任管理，积极承担社会责任，以系统的管理带动社会责任实践，树立良好的央企履责形象，成为广州供电局推进高质量发展的重要内容。

（二）电网企业可持续发展的必然要求

作为支撑城市基础运行的电网企业，政府、媒体、公众、合作方等众多利益相关方对广州供电局有着不同的期望。承担社会责任，为城市提供能源动力支撑与优质电力服务，需要我们贯彻社会责任理念，在生产中落实可持续发展要求，做到绿色低碳及生态友好，不断促进与利益相关方的互信互助，满足利益相关方的美好期盼与需求。通过构建社会责任体系，立足利益相关方需求，将可持续发展的要求融入生产实践，打造可靠、负责任的央企形象，是电网企业承担社会责任、促进可持续发展的必然要求。

（三）破解社会责任管理问题的实际需要

在社会责任管理的实践中，往往存在着部分职能部门及生产部门员工认为社会责任是专业管理部门的责任，与自身无关；社会责任管理与日常工作脱节；社会责任管理流于形式等问题。通过构建社会责任体系，能厘清各部门与社会责任实践的联系，通过搭建互联互通的社会责任管理平台，合理配置各部门资源，实现资源的有效配置，为企业社会责任实践提供支撑。并可以推动社会责任管理融入日常工作，进一步深化社会责任管理实践。将社会责任落到实处。

三、实施路径

（一）搭建社会责任管理体系，获得国家体系认证

广州供电局自2022年开始，以"党建+专业部门"的模式开展多部门协作，组建工作专班，立足《社会责任管理体系要求及使用指南》（GB/T 39604—2020），根据管理体系七要素，即组织所处的环境（组织的背景）- 领导作用和利益相关方参与（领导力）- 策划（计划）- 支持 - 运行 - 绩效评价 - 改进，建立社会责任管理体系，形成标准化、可执行的工作要求，将国家标准运用于企业社会责任实践、融入日常决策和活动之中。

广州供电局从利益相关方需求出发，在社会责任管理体系搭建过程中，围绕环境、消费者、社区参与和发展等7大社会责任主题梳理出电力安全稳定运行、绿色环保、社会和谐等3大维度共40项社会责任议题。结合议题，锚定社会责任方针并由最高管理者批准实施，充分发挥领导作用，从上到下推动方针落实落地。研判识别社会责任风险与机遇，针对性制定措施减少风险，并及时抓住机遇及时提升社会责任绩效。进一步建立运行监督机制及引入绩效评价机制，对社会责任管理体系运行情况进行监测和评价，发现缺陷并及时改进，形成消缺闭环，确保体系持续运行。

广州供电局通过搭建社会责任管理体系，更精确、高效提高社会责任管理水平，改进社会责任绩效，并进一步开展标准符合性评价，提升企业社会责任实践的可信度，成为华南地区首个、南方电网公司首个执行社会责任管理体系国家标准的单位。

（二）将社会责任管理理念融入生产经营

将社会责任管理融入生产经营，以体系化标准化的管理推动生产效益提高，以社会责任管理体系建设推动基层班组工作持续提升。基层班组在体系实施过程中，对照社会责任管理体系标准不断梳理本班组工作，根据识别出的风险点和利益相关方期望弥补短板、加以改进，持续提升生产质量。以变电一所继保自动化部为例，在对照体系优化班组工作的过程中，班组效率得到显著提高，原计划耗时4年完成的10千伏馈线自动化技术改造工程提前了1年完成，变电管理一所也因此成为南方电网公司首个100%实现10千伏馈线软压板远方操作的单位。

（三）将社会责任管理体系融入公司现有管理体系

在现有管理体系基础上，结合利益相关方需求及社会责任议题，融入社会责任管理理念，搭建社会责任管理体系，提高运行效率。以风险管理为例，广州供电局在试点推进社会责任管理体系贯标建设过程中，充分利用现已建立的安全生产风险管理体系，统筹管理各类社会责任议题涉及的风险，通

过风险作业库全面识别管理作业风险、人身安全、设备安全等风险，并将风险分为可接受风险、低风险、中等风险和高风险等，实现风险分级管控，对业务运营过程中的不良因素进行全面识别和管理，有效提升管理效能。

四、履责成效

（一）体系化管理，促进从与业务脱节到主动履责

在以往的社会责任管理过程中，可能存在社会责任管理由专业部门承担并组织开展，生产部门被动推进的问题。体系化的社会责任管理，以社会责任议题与利益相关方需求为基础，通过制度与手册规范社会责任在生产实践中的落实应用，将社会责任理念内化到生产实践之中。通过社会责任管理体系贯标工作转变促进生产部门转变理念，促进生产部门主动梳理现有生产实践中的社会责任履责短板，查漏补缺，将其固化到生产经营制度中，主动落实到生产实践，推动社会责任管理从与生产脱节到生产部门主动履责的转变。

（二）管理创新促生产理念创新，电力设施建设迈入高质量发展新阶段

广州供电局依托社会责任管理体系，在体系运行中，将社会责任管理融入企业经营全过程，积极推动绿色低碳电网建设，在电网规划、建设、运行与维护中对生态环境采取严格保护举措，引导利益相关方积极开展环境保护、生态修复，以可持续发展之道创环境之美。

社会责任履责理念的融入，有效推动变电站建设从注重建设速度和功能性的 1.0 阶段，到注重规划建设与环境融合的 2.0 阶段，并迈入多方共赢的高质量发展路径的 3.0 阶段。在 110 千伏艺苑变电站，通过融入垂直绿化、彩绘和谐地融入城市环境，俨然成为一座公园；在 110 千伏中旅变电站，在顶部建设了一座标准化足球场，实现对土地资源的充分利用；在 110 千伏嘉业变电站，运用超静音降噪技术，将变电站对环境的影响降至最低。作为 3.0 阶段的典范，110 千伏猎桥变电站不仅是全国首个获得国际、国内绿色双认证的变电站，还是南方电网首个 100% 远程操控的数字化变电站，其规划、设计、施工、运营各阶段全过程融入了社会责任理念及低碳、环保的可持续发展理念，是南方电网履行社会责任，以数字化、绿色化协同促进新型电力系统和新型能源体系建设是变电站的最新体现。

（三）依托体系，打造央企社会责任履责窗口

依托社会责任管理体系，广州供电局将社会责任的履行落实到生产与运营，以开放、透明、创新的姿态积极与利益相关方交流，在广州变电站科普中心（110 千伏猎桥变电站）开展社会责任议题沟通探索。作为首个具有科普功能、常态化对外开放的变电站，以猎桥变电站为平台，针对不同利益相关方需求及其感兴趣的社会责任议题，通过实时披露的电磁感应数据、透明的电力设施知识科普、丰富多样的公益活动开展高精度的社会责任履责活动。

广州变电站科普中心（110 千伏猎桥变电站）

广州供电局在社会责任管理体系下，根据利益相关方反馈不断优化社会责任履责实践，以广州变电站科普中心为窗口和平台，通过创新开放的运营与社会责任履责形式，使其成为代表花城形象的"城市会客厅"和代表中国绿色低碳名片的"国际会客厅"，接待国内政府、企业、公众等众多访客和30 多个国家及地区的外宾，越南国资委主席阮皇英表示："参观猎桥变电站给我留下了非常深刻的印象，帮助我认识到中国在电力行业的巨大技术变革"。通过体系化的社会责任管理优化运营，广州供电局将广州变电站科普中心打造为央企社会责任的履责窗口。

五、工作展望

未来，广州供电局将继续积极与国际接轨，形成更加系统化、科学化的社会责任管理模式，优化社会责任管理体系运行模式，打造央企将社会责任融入经营管理的标杆示范。以广州变电站科普中心（110 千伏猎桥变电站）为平台，发挥窗口作用，加强与利益相关方的沟通协作，通过各类社会责任履责活动塑造负责任的电力央企形象。此外，通过全力推进能源绿色低碳转型和安全高效利用，广州供电局还将贯彻社会责任理念，并融入积极探索南方电网公司以"数字化绿色化协同促进新型电力系统、新型能源体系建设"的生动实践，为实现可持续发展贡献供电力量。

中国核电"核美家园"生物多样性保护实践

中国核能电力股份有限公司

一、单位简介

中国核工业集团有限公司作为控股股东，联合中国长江三峡集团有限公司、中国远洋海运集团有限公司和航天投资控股有限公司共同出资设立中国核能电力股份有限公司。2015 年 6 月 10 日，中国核能电力股份有限公司在 A 股上市，经营范围涵盖核电项目的开发、投资、建设、运营与管理；清洁能源项目的投资、开发；输配电项目投资、投资管理；核电运行安全技术研究及相关技术服务与咨询业务；售电等领域。截至 2023 年 9 月 30 日，公司核电控股在运机组 25 台，装机容量 2375.00 万千瓦；控股在建及核准待建机组 13 台，装机容量 1513.50 万千瓦。公司新能源控股在运装机容量 1，556.28 万千瓦，包括风电 512.19 万千瓦、光伏 1044.09 万千瓦，另控股独立储能电站 45.10 万千瓦；控股在建装机容量 955.08 万千瓦，包括风电 157.50 万千瓦，光伏 797.58 万千瓦。

二、案例背景

自 1983 年起，中国核电便开启了生物多样性保护工作，四十年来，始终探索、实践核能助力人与自然和谐共生的解决之道，在坚持实施核能发展和生态保护协同并进、开展水生生物、陆生生物、栖息地保护以及与利益相关方共享核能福祉等方面做出了巨大的努力。与此同时，在 2016 年发布的"3C"公众沟通理念基础上，中国核电升华形成了以"共治（Coordinated governance）、共生（Coexistence）、共荣（Common prosperity）"为内容的新"3C"生物多样性保护理念，标志着中国核电对公众沟通的理解，上升到"善用核能力量、赋能美好生活"的新高度。

2022 年以来，中国核电已连续举办两届"核美家园"生物多样性保护实践活动。从摄影及绘画作品中可以看到，中国核电生物多样性保护实践以光影、线条和色彩为主，充分展现了核电的科技之美、工业之美、人文之美、生态之美等，侧面彰显了中国核电生态文明建设和生物多样性保护的良好实践，以及实现经济与环境和谐共进、人与自然和谐共生、企业与社会和谐共荣的发展目标。

在今年 7 月召开的全国生态环境保护大会上，习近平总书记强调要"全面推进美丽中国建设，加快推进人与自然和谐共生的现代化"。这凸显了生态文明建设在国家发展大局中的战略定位，体现了党中央对加强生态文明建设前所未有的决心和力度。近年来，中核集团在"绿水青山就是金山银山"的指引下，始终秉承"尊重自然，绿色发展"的环保理念，促进经济与环境"核"谐共进。中国核电作为中核集团控股企业，将推动可持续发展和环境保护深深刻入企业基因，尤其在生物多样性保护实践方面发挥了重要作用。

三、实施路径

（一）"进一步"践行生物多样性保护，积极履行社会责任

● 企业社会责任管理是生物多样性保护的重要保障。建立完善的社会责任管理体系，明确企业社会责任的内涵、目标和实现方式，确保企业各项活动符合社会责任标准和企业标准。这有助于企业更好地履行社会责任，促进生物多样性保护工作的开展。

● 生物多样性保护是企业社会责任重要组成部分之一。作为社会经济活动的重要参与者，不仅需要关注自身的经济利益，还需要关注对环境、社会和治理等方面的影响，积极履行社会责任。生物多样性保护是其中一个重要的方面，可以通过采取措施来减少对自然生态系统的破坏和干扰，促进生态系统的恢复和保护，从而维护生物多样性。

● 生物多样性保护有助于企业的可持续发展。通过与环保组织、科研机构等合作，共同开展生物多样性保护项目，提高企业的环保声誉和形象，增强企业的市场竞争力。同时，还可以通过开发环保产品、推广绿色生产方式等，提高企业的经济效益和社会效益，实现可持续发展。

（二）"进一步"增强核美家园品牌带动性

● 进一步挖掘核美家园品牌的理念内涵。深入探索生物多样性的保护模式，主动研究、强化思考，打造具有地域特色的生态标杆品牌，通过讲好生物多样性保护与和谐发展共赢故事，分享保护生物多样性的成果与经验，向各利益相关方传递保护生物多样性的理念，释放行业信心，传递企业温度，强化社会和各利益相关方对中国核电的信任，推进价值共创。

● 进一步拓展核美家园品牌的外部影响。通过权威平台传播核美家园宣传片、数字藏品，广泛组织"核"你共成长漫画征集及蒲公英之夏小小科普员、国家动物博物馆奇妙夜核电专场、推广中国核电原创萌宠科普童话绘本《萌宠英雄团》，"核"而不同科普直播及摄影展等活动，拓宽传播渠道、优化传播内容，进一步拉近核能与公众的距离，加深公众对核能的认识，增强公众对核能绿色清洁能源属性的了解和支持。

● 进一步强化核美家园品牌的成果展示。通过联合专业院校以及定点帮扶和对口支援地区，征集和展示各核电站在生物多样性保护方面的优秀实践案例，展现中国核电在积极推动乡村振兴、生物多样性保护以及生态文明建设方面的成果，积极参加案例分享和总结，形成可视化成果。

（三）"进一步"推进核美家园品牌引领性

● 中国核电双"C"萌宠团（Colorful CNNP）。中国核电高度重视清洁能源开发和生态文明、生物多样性保护协同，将所属的在运在建核电基地和风电、光伏基地周边具有代表性的动物形象，如白鹭、黑脸琵鹭、中华白海豚等打造为双"C"萌宠团（Colorful CNNP）卡通形象，展示中国核电为实现"人与自然和谐共生"的愿景而不断努力的立体形象。

● "核美家园"生物多样性保护实践活动。2022年，在第17届中国企业社会责任国际论坛上，中国核电发布中核集团首份生物多样性保护实践报告，并同步展出首届"核谐之美"生物多样性保护实践获奖作品。大赛设置活跃生灵组、苍翠草木组、蓬勃山水组，共吸引核电职工摄影师和社会专业摄影家52人参与，征集到高品质照片500+份，评选出一等奖6名、二等奖15名、三等奖24名。

2023年8月15日（首个全国生态日），"核美家园"于江苏连云港田湾核电站携手专业摄影师携手用镜头记录核电与自然的双向奔赴。本次采风活动产出多幅优秀作品在第20届中国－东盟博览会上展出。2023年7月19日至2023年8月20日，"核美家园"艺术展览作品征集正式启动，作品类别包含摄影作品、美术作品、声像作品三大类，面向全社会各年龄段相关专业人士及爱好者。9月16日，"核美家园"艺术展览于第20届中国－东盟博览会正式开幕。作品来自中国核电第一届、第二届"核美家园"作品征集大赛共精选70余件优秀作品按照共治、共生、共荣三个篇章进行展出，通过摄影作品、油画、插画、国际宣传片等多视角为大家呈现了一场核能科技工业与周边环境、生态、人文和谐共生的视觉盛宴。同时，现场还设有碳足迹转盘、核电文创娃娃机等互动装置，增添更多趣味性的同时更具备科普意义。本次展览还创新搭建了线上展厅，便于更多观览者"云逛展"，将中国核电守护生态、关爱自然的理念传递给大众。

中国核电主题宣传片《生态核能 核美家园》通过"核美家园"是辽阔天空中的洁白身影、浩瀚汪洋中的璀璨明珠、万家同乐的共生之道、秀丽江山中的生态画卷四个篇章，讲述中国核电践行"共治、共生、共荣"生物多样性保护理念，积极开展白鹭观赏保护活动、温排水养殖白蝶贝、携手创建"零碳示范村"的绿色生态故事，展现核能与自然和谐发展的静谧之美，文化与现代相互交融传承的共生之道。

四、履责成效

（一）数据见证绿色，行动达碳中和

中国核电每日发电量超过6亿度，累计发电超过1.6万亿千瓦·时，相当于减排二氧化碳约119189万吨，每发出6度电，相当于栽种1棵树木，用实际行动真正实现低碳生活，持续推动"核美家园"的社会责任理念。

2023 年核美家园生物多样性实践活动累计传播 50000 名受众，其中深度影响 8000+ 名参与者共同关注中国核电生态保护相关内容，让公众切实了解并参与自然环境的保护，有效助力全社会形成共谋可持续发展的良好氛围。

（二）与自然和谐共生

2022 年，在第 17 届中国企业社会责任国际论坛上，中国核电发布中核集团首份生物多样性保护实践报告，展现了中国核电在发展核能的同时，与生态保护协同并进，开展水生生物、陆生生物、栖息地保护以及与利益相关方共享核能福祉等方面做出的努力。如海南核电二期 3、4 号机组用海区域及附近海域均有珊瑚分布，为减少施工可能对珊瑚产生的影响，海南核电在建设过程中采用防污帘降低悬浮泥沙扩散，确保水质洁净；利用核电温排水余热养殖"珍稀瑰宝"白蝶贝，既保护了白蝶贝，又抑制浮游藻类的大量滋生，切实维护了生态系统的平衡。

五、工作展望

立足当下，眺望未来。"核美家园"生物多样性保护实践活动将继续深化其品牌化影响力，深化中国核电生态理念影响力，以携手全球合作伙伴共同推动生物多样性保护事业为己任，加强与国际组织和相关国家的合作，共同开展生物多样性保护工作，通过分享经验、知识和成果，致力于提升全球生物多样性保护的整体水平。把可持续发展理念深度融入实践活动，进一步提高公众的参与度和认识度，积极探索新的保护方式和方法，加强生物多样性保护的监测与评估工作，以更有效地推动生物多样性保护事业的发展。

与此同时，中国核电将通过创新的合作模式和行动策略，以"核美家园"为引擎，将推动可持续发展事业不断向前，为构建人类命运共同体做出更大贡献。

深化党建引领、牢记使命担当，开创新时代国有企业改革和航天保电新局面

南方电网海南文昌供电局

一、单位简介

文昌供电局是海南电网有限责任公司所属 19 家供电局之一，近年来文昌供电局坚持以习近平新时代中国特色社会主义思想为指导，认真贯彻落实党中央、国务院以及网、省公司关于国有企业改革的决策部署，坚持问题、目标和结果导向，以高质量服务保障文昌航天发射任务为目标，持之以恒加强党的领导和党的建设，统筹发挥管理改革和创新合力，优化现有生产经营管理模式，在全面融入和服务海南自贸港建设中贡献力量。2022 年，文昌供电局获得海南省五一劳动奖状，获评南方电网公司"管理提升标杆县级供电企业"。

二、案例背景

实现党建工作与企业改革发展生产经营深度融合是国企改革三年行动的一项重点工作，也是新时代国有企业面临的重要课题。自文昌航天发射基地竣工并投入使用以后，文昌航天发射保供电工作便成为文昌供电局首要的国防政治任务。改革三年行动实施以来，文昌供电局紧跟改革步伐，积极研究党建引领航天发射任务保供电工作新机制，面对航天发射密度不断加大，保供电要求也随之不断提高的新趋势，经过深入调研，发现局内党建引领不够强、协同机制不完善、管理模式不健全、人才基础不扎实等问题。为此，文昌供电局在如何坚持党对国有企业的领导，以国企党建工作带动生产经营工作的道路上不断探索，创新形成了一系列改革成果，切实为企业高质量发展保驾护航。

三、实施路径

（一）聚焦组织领导，形成党建融合同心圆

一是以政治建设统领改革发展全局。坚持并深化党委会"第一议题"机制，将习近平总书记重要讲话和重要指示批示精神，特别是关于国有企业改革发展的重要论述纳入党委理论学习中心组学习、领导干部培训、党员日常教育，建立健全政治要件台账并滚动更新，广泛开展党员干部思想交流研讨。

统筹运用"学习强国"、专题读书班、支部主题党日等形式，推动党的创新理论进支部、进基层、进一线，引导党员干部员工从习近平新时代中国特色社会主义思想中找方法、找钥匙、找答案，切实把学思践悟成果转化为推动企业高质量发展的实际行动。

二是构建"党委牵头、支部联动、党员带头"航天保供电工作机制。领导班子成员分头挂点，靠前指挥，检查、指导和督促各单位抓好重点场所各项保供电工作措施落实到位，有效发挥了"党委牵头"作用。坚持党建与生产经营深度融合，将文昌航天发射保供电热点和难点问题作为"两创两争"党建攻坚项目，以党支部为单位，提升支部标准化建设水平，有效发挥了"支部联动"作用。围绕航天保供电工作特点，成立党员服务队，设立党员责任区和党员示范岗，打造"网格化管理＋党支部战斗堡垒＋党员先锋模范"特色模式，有效发挥了"党员带头"作用。

（二）聚焦交流合作，开创工作协同新格局

一是勇担"总牵头"职责，全力做好航天保供电前期准备工作。文昌航天发射保供电工作不仅是一项重大的国防政治任务，也是一项特级保供电工作任务。其特点是每逢发射前一个月需要围绕组织策划、电网运行、设备运维、客户服务、网络安全、应急值班值守、安保维稳及应急资源保障管理等七个方面落实保供电各项相关工作，重点在于全域防电压暂降和保电压质量。由于保供电工作涉及全省多家单位，日常交流缺乏良好平台，信息传递容易出现不及时、不顺畅等情况。因此，文昌供电局主动承担保供电"总牵头"职责，组织编制《文昌供电局文昌航天发射任务常态化保供电工作方案》，全面梳理航天保供电 65 项重点工作，利用"三张表单"（常态化保供电工作任务表，客户侧设备查改表，输、变、配设备运维管控表）动态管控各项保供电工作落实情况。创新构建航天保供电工作会商会机制，牵头组织省内兄弟单位于每次发射前 30 天、15 天、5 天分别召开 3 次会商会，协调联动促进工作的有序落实，共商难题解决对策，讨论编排值守分布，进行工作流程预演，形成线上电话沟通、信息互通，线下会商交流、相互协助的立体工作模式，全方位护航航天发射保供电工作。

二是发挥"协调器"作用，全面深化沟通交流合作。在"军企"沟通方面，通过座谈会、电话、函件、走访等多种方式，详细了解各场所供电需求、重要保障区域及防控电压暂降的要求，全方位落实客户服务保障工作；联动做好风险分析评估，健全完善故障处置预案、应急方案以及场区内部电网运行方案，进一步提升自主保障能力。在"政企"沟通方面，以属地市委、市政府航天发射协调会和指挥部为纽带，及时反馈存在的问题，加快客户侧安全隐患问题整改进度，同时落实疏散安置点用电安全检查，成立团青志愿服务队，配合做好村民疏散和引导，以实际行动展现央企担当。

（三）聚焦电网安全，构筑特色保电新模式

一是强日常，持续提升供电可靠性。坚持以提升供电可靠性为总抓手，探索实施"无人机集约化巡视"＋"人员属地化运维"的配网管理模式，创新成立无人机配网全覆盖巡视工作专班，划清巡视和运维的管理责任，实现生产运维管理模式从"事后应对"向"事前防范"、从"分散管控"向"集中指挥"、从"人为驱动"向"智能驱动"的转变，推动运检模式向自动化、智能化、集约化转型。通过下发"工作任务单"的形式督促供电所属地化开展网格内设备隐患消缺等工作，实现运维精益化管理。

二是抓核心，守住电网安全生命线。充分结合属地线路特点，探索构建"网格化应急"管理机制，全面梳理 11 条保供电输电线路，明确关键值守点并于发射前 12 小时安排人员进驻巡视值守；结合文昌区域特点和线路分布情况划分网格化单元，成立 58 支机动巡查队伍，不间断对输配电线路及变电站周边开展巡视，全面排查线路附近管沟开挖、顶管作业、线下吊装挖掘作业等行为，切实防范线路设备遭受外力破坏和电压暂降行为。

（四）聚焦能力建设，培育人才成长新沃土

一是设擂台，提升干部员工战斗力。坚持正确选人用人导向，建立健全"揭榜挂帅""赛场选马"机制，统筹开展中层管理岗位竞争上岗工作，着力解决中层干部担当不足、作风不实、执行不力等问题，进一步畅通"下"的渠道，激发"上"的动力，激活了选人用人"一池春水"。研究制定供电所负责人岗位"大练兵、大比武"工作实施方案，围绕"理论知识测评"和"一张图绘制"两大方面，重点考核供电所主要负责人党建、生产经营相关业务知识和辖区管辖线路熟悉程度，有力促进基层干部队伍素质进一步提升。

二是搭平台，增强干部队伍凝聚力。建立健全干部人才上挂下派交流锻炼机制，选派优秀年轻干部人才到省外及系统内部"外挂充电"，开展职能部门与基层干部轮岗交流任职，有效提升干部综合能力素质。围绕关键指标和管理短板，设立"中层管理人员优秀奖""优秀供电所所长（副所长）奖""特殊贡献奖励"等专项奖励，强化业绩考核和激励水平"双对标"，激励管理人员争优创先，积极进取。建立干部人才库，将优秀"80 后"和"90 后"员工纳入重点培养对象，健全定期考察和测评管理机制，实现"能进能出"的动态管理，为干部队伍建设打下坚实基础。

三是建舞台，提升员工技能硬实力。围绕打造服务企业高质量人才队伍目标，以"加强基层基础基本技能"建设为抓手，以培养技能人才为引擎，以提升能力素质和技能水平为重点，创新打造全省首个具有电缆实操、计量运维、无人机等多项关键业务的核心能力培育基地，坚持"预约练、集中训、日常学、阶段评"全过程、全覆盖的培养方式，着力打造"阶梯型"人才培养模式，全面推进员工"专业能力"建设和创新工作开展，实现人才培养体系化、系统化，为打造知识型、技能型、创新型职工队伍奠定坚实基础。编制印发技术技能尖兵选聘工作方案，对 7 个技术专业及 5 个技能工种开展选聘，进一步拓展技术技能人员成长通道，形成"培养一个人、带动一批人，培养一个骨干、建强一个团队"效应，为企业高质量发展提供必备的技能人才支撑。

四、履责成效

文昌供电局深化党建引领，推进党建与生产经营业务深度融合发展，干部员工精神面貌持续向好，有力形成了"党委负总责、党委书记带头抓、分管领导具体抓、党支部抓落实"的党建工作格局，不断推动生产经营工作持续向好。

一是构建文昌特色保供电模式，交出万无一失"电网答卷"。文昌供电局充分总结历次航天发射保供电经验，印发了《文昌航天发射任务常态化保供电工作方案》，组建专业化保供电核心团队，围绕重

点场所和设备细化任务编排，衔接贯通各个工作阶段，畅通工作机制，固化特级保供电工作流程。自2016年至今累计保障21次航天发射保供电任务万无一失，文昌航天发射保供电核心团队荣获网公司集体二等功荣誉。

二是提炼"戍卫飞天"保供电文化，党建与业务融合发展成效显著。文昌供电局充分利用"两创两争"党建载体，通过网格化管理的方式，发挥党支部战斗堡垒及党员先锋模范作用，攻坚克难，结合常态化保供电实施阶段与核心保供电实施阶段工作特性，从七个方面和关键时间节点十项任务，提炼出"防""盯""疏""守"戍卫飞天保供电文化，形成"农家灯火飞天有我"的特色名片。

三是锻造高素质专业化干部人才队伍，员工素质能力水平不断提升。文昌供电局通过建设文昌首个核心能力培育基地，聘任17名技术技能尖兵为基地讲师，重点解决基层员工技术技能短板，持续强化员工设备运维、供电服务、应急保障等保供电专业"核心能力"，为打造知识型、技能型、创新型保供电队伍奠定了坚实基础，为文昌航天发射保供电任务提供了坚强的人才保障。2022年，文昌供电局新提拔管理人员竞争上岗占比100%，管理人员末等调整占比16.67%，新聘任上岗的管理人员竞争上岗占比80%，有力激发了干部员工的竞争意识，促使了优秀人才脱颖而出和干部队伍结构进一步优化。

五、工作展望

立足新起点，启航新征程。今后，中国探索太空的脚步会迈得更大、更远。文昌供电局党委将继续以习近平新时代中国特色社会主义思想为指导，在上级党组织的正确领导下，怀揣航天强国梦，勇担保电新使命，持续做好常态化文昌航天发射保供电工作，在全面融入和服务海南自贸港、文昌航天城建设大局中，加快推进世界一流企业建设，用"戍卫飞天、保电有我"的责任担当，助力我国航天事业不断发展。

深入贯彻新时代人才强企战略，持续推动员工与企业共同成长

华能江苏能源开发有限公司

一、单位简介

华能江苏能源开发有限公司（简称"公司"）成立于 2009 年 3 月，承担中国华能在江苏区域内的能源电力产业管理职责。截至 2023 年 7 月，运营装机 1405 万千瓦（其中煤机 783 万千瓦、燃机 247.06 万千瓦、陆上风电 43.99 万千瓦、海上风电 251.15 万千瓦、光伏 80.11 万千瓦），低碳清洁能源占比 44.29%，占江苏统调装机 10.5%。华能江苏能源开发有限公司管理南通电厂等 12 家基层企业，员工总数 3969 人，平均年龄 40 周岁，大专及以上学历超过 3000 人。

二、案例背景

党的二十大报告指出，必须坚持科技是第一生产力，人才是第一资源，创新是第一动力。当前，华能集团公司提出了"三六六"发展战略和"3855"发展目标，全面开启"领跑中国电力、争创世界一流"的新征程，将人才强企战略提升到新的高度，作为华能集团重要骨干企业，华能江苏能源开发有限公司正处于加快建设清洁化、智慧化、精益化一流区域公司的关键时期，企业一线人才队伍建设的决定性作用进一步凸显。近年来，华能江苏能源开发有限公司积极落实《新时期产业工人队伍建设改革方案》各项要求，围绕企业中心工作，着力培养规模宏大、素质优良的高技能人才队伍。

三、实施路径

（一）技能人才培训体系持续升级完善

建立"1+1+4"培训体系。2021 年成立华能集团首家区域公司级人才评价与培训中心，整合区域范围内教培资源，将分散的培训资源整合为系统化、多层次的教育培训系统，打造服务整个区域公司的"1+1+4"培训体系，即 1 个网络学院、1 个管理培训基地和 4 个技能培训基地（检修技能培训基地、运行技能培训基地、清洁能源运维技能培训基地、燃机运维技能培训基地）。

打造线上培训平台。公司依托"华能网络学院"，打造职工"身边的课堂"。两年组织线上培训班

1277 个，线上考试 2184 次，上传线上课程 1368 门，累计培训人数 85153 人次，保证了"在线随时学"，有效运用互联网促进职工提升职业技能，公司网络学院连续三年被评为集团公司网络学院管理"先进单位"。

丰富管理业务培训。 除去针对财务、技经、营销等定期开展的培训班，公司持续开展领导干部培训班、基层党支部书记、党务骨干示范培训班、董事监事、股权管理、新闻舆情应对等多期管理类培训，共计 141 班次，培训 10906 人次，全面提升干部队伍综合素质，完善业务工作能力，有效提高公司管理水平。

加大生产技能培训基地建设力度。 公司集中专业优势，打造集控运行、火电检修、燃机运维、风电运维等四个技能实训基地，两年累计投入建设费用约 2678 万元，开发了国产 DCS 系统维护、热工检修、燃煤集控值班员、燃机集控值班员等课程，组织编写并出版发行了发电企业新员工入职培训、风电运维、燃机运维等培训教材。火电检修、风电运维基地被集团公司授予集团级技能实训基地，燃机运维基地正在申报集团级燃机实训基地。

（二）课程建设与一线需求持续融合

火电检修实训基地 充分利用部分关停机组场地和设备优势，开发了大量技能培训实操课程。建立的热工实训室是华能集团级 3 个热工实训室中的其中之一，可开展 PLC 培训、汽轮机主保护系统检修及维护等 187 个培训模块的热工技能培训，具备实操条件的模块有 173 个，实操覆盖率达到 92.5% 以上。依托关停的汽轮机组建设的汽轮机本体实训室是华能集团唯一、在全国也屈指可数的汽轮机本体实训室，可提供汽轮机解体、部件喷丸除锈、轴承室清理等培训。紧跟技术发展潮流，开发了全国产化睿渥 DCS 维护检修、转动机械状态检修等新兴课程，帮助职工快速掌握新技术、新技能。

风电技能实训基地 与河海大学签订共建新能源中心（实训基地）合作协议，加快推进项目实施，已完成项目建设初可研及设备投入论证，组织开展新能源专业继电保护专项提升培训班。同时结合新能源特点，补充完善了华能集团风电培训规范中海上风电相关培训内容，编制了风电设备运维《题库考核要素细目表》，涵盖风电专业 547 个知识点和技能点、1805 个考核点、3023 道知识理论题目、146 道技能操作题目，推动较为年轻的风电技能培训课程向纵深发展。

燃机运维实训基地 坚持以提升燃机发电产业整体自主运维水平和核心竞争力为目标导向，建设开发了通用、三菱、西门子、阿尔斯通 4 种品牌仿真机培训课程，是国内少有的涵盖所有主流燃机机型的实训基地。基地主导编写了《GE 燃气 - 蒸汽联合循环机组事故处理及案例分析》《燃气轮机维护检修手册》，填补了国内燃机轮机及辅助设备检修培训规范化的空白。开设燃机专业技能鉴定培训班，为系统内燃机技能人才提供了专业化技能认证条件。

太仓集控运行实训基地 先后投资 800 余万元建立了 300 兆瓦、600 兆瓦 5 套仿真模型，可供 7 组学员同时上机操作，目前已成为公司运行人员定期开展实训的重要基地，从 2011 年开始，承办过 7 次股份公司超临界燃煤机组集控值班员竞赛及培训，2 次集团公司超临界燃煤机组集控值班员竞赛及培训，具备承办各类大赛的成熟经验和资源条件。

（三）人才激励机制持续落实完善

鼓励员工立足一线成长成才。公司在充分调研基础上不断完善激励措施，出台班组一线技能人才培养选拔使用长效机制指导意见，要求在干部选拔中将班组长任职经历作为任职条件，明确新入职应届毕业生应全部安排到班组一线岗位工作、新员工转正定级后至少在班组工作满一年才能转至其他岗位等要求，为基层生产一线"留住人、用好人"提供了政策依据。同时持续加强基层企业技术技能职务序列"双通道"建设，制定出台了《技术专家管理办法》《技能专家管理办法》等制度，选拔59名江苏公司技术技能专家，其中1人被聘为集团公司首席专家，2人被聘为集团公司首席技师。同时指导基层企业开展技术技能岗位选聘工作，累计聘任96人次，同比2021年增加12%，不断畅通职工成长通道，激发职工立足技术技能岗位成长成才。

深化收入分配制度改革。公司突出技能价值导向激励，推动薪酬分配向高技术技能人才和一线苦脏险累岗位倾斜，完善生产班组绩效考评办法，提高二次分配力度，所辖企业一线岗位收入相较于管理岗位收入高出20%以上。此外，出台制度向符合条件的高技能人才发放"高技能人才津贴"，切实提高一线员工待遇，提高生产岗位吸引力。在转型发展方面制定《光伏项目专项奖励方案》《重大工程专项奖励方案》等专项奖励制度，对解决企业重点难点任务做出重大贡献的团队和个人给予专项激励，鼓励技高者多得、多劳者多得。

竞赛组织能力逐渐提升。公司坚持以赛促练，常态化开展各类技能竞赛，为职工提升技能、交流技术搭建平台，选拔推荐优秀技能人才参加更高级别的技能竞赛，促进员工共成长，对于获奖人员制定专项奖励及优先提职提岗等激励政策，帮助员工实现自身价值，增强员工归属感、荣誉感和获得感。同时，公司持续升级硬件设施，改善人员配置，努力提升竞赛组织能力，先后承办了上海市、浙江省、安徽省、江苏省"三省一市"总工会组织的长三角地区燃机值班员技能竞赛、华能集团首届燃机运维技能竞赛、集团公司2023年热工仪表自动化技能竞赛、江苏省电力行业热工技能竞赛等，展现出公司对高技能人才的高度重视，为员工创造良好的成长环境，促进企业与员工共成长。

（四）师资队伍建设持续加强

内部师资队伍不断壮大。公司以各类技能大赛的获奖选手和59名公司技术、技能专家为班底，充分引进集团公司技术专家、劳动模范、技术能手等骨干力量，组建超过200人的内训师、仿真教练员、考评员等专兼职培训师资库。积极举办内训师培训班，提高讲课授课水平，不断提升教学质量。同时，公司外聘东南大学、河海大学、上海电力大学、南京工程学院等高等院校老师、主要专业设备厂家技术人员等作为外部培训力量，共同承担培训班授课和带训任务。如火电检修实训基地，其师资包括博士生导师1名、硕士生导师2名、教授4名、副教授8名，正高级工程师1名、高级工程师13名、高级技师2名。

产教融合不断深化。公司与南京大学、东南大学、天津大学、河海大学等签订战略合作协议，聘请14名专家教授担任公司科技、管理顾问，推荐公司内7名技术专家被东南大学聘请为校外导师，帮助高校研究生在产业方面进行认知实习。挂牌成立"南京大学全国干部教育培训基地华能江苏教学基地"。与河海大学签订了共建协议，共同推进风电实训基地建设和专升本继续教育专班。设立东南大学、南京工程学院研究生认识实习和生产实习基地等高级人才交流平台，促进产教融合协同，培养更多有技能、有发展、有地位的高技能人才。

四、履责成效

项目开展以来，公司技能人才结构不断优化，高层次人才比例不断提高，相较于两年前，公司本科及以上学历人员占比较提高了 3 个百分点，具有中级及以上员工 806 人，占比 20.7%，同比提高 5 个百分点，高级工及以上员工 1362 人，同比增长 7%。近两年，近 90 人在国家级、集团级、省级技能竞赛中脱颖而出，获得"全国技术能手""中央企业技术能手""江苏省五一创新能手""江苏省五一劳动奖章""电力行业技术能手""华能工匠"等荣誉称号。金陵电厂陈辉获中国能源化学地质工会全国委员会授予的"大国工匠"称号。

两年累计发布国际标准 5 项，行业标准 1 项，团体标准 16 项，集团标准 5 项，18 人次分别担任 IEC 5 个技术委员会中 13 个工作组成员，2 人次担任 IEC 标准召集人，获两项 2021 年度"IEC 1906 奖"。公司产改案例被评为"长三角地区深入推进产业工人队伍建设改革工作优秀案例"，荣获"全国能源化学地质系统产业工人队伍建设改革示范单位"。公司也被人力资源和社会保障部评为"国家技能人才培育突出贡献单位"，这也是国家在技能人才培育方面的最高表彰。

五、工作展望

未来，公司将紧紧围绕党中央决策部署，认真落实集团公司工作要求，不断推进公司人才工作与发展目标有效衔接，持续深化人才发展体制机制改革，加快形成有利于人尽其才的评价机制、使用机制、激励机制，不断加强卓越工程师、高技能人才和工匠人才等高层次人才培育，探索建立覆盖各专业、多层次、系统完备的人才队伍建设体系，全方位培养、引进、用好各类人才，打造人才发展新优势，将人才优势转化为核心竞争力，把各类优秀人才聚集到华能的奋斗事业中，为加快建设世界一流企业做出新的更大贡献。

打造 NICER 履责模式，树立央企担当典范

中国广核集团有限公司

一、单位简介

中国广核集团有限公司（简称"中广核"）起步于大亚湾核电站建设，40多年来积极落实国家战略要求，逐步发展成为以核能为主要特色的世界一流清洁能源企业，并持续优化构建"6+1"产业体系，涵盖核能、核燃料、新能源、非动力核技术应用、数字化、科技型环保和产业金融，拥有2个内地上市平台及3个香港上市平台。

二、案例背景

中广核坚守央企"姓党为民"政治本色，完整、准确、全面贯彻新发展理念，积极主动服务国家战略，深耕细作"保障核安全""扩大影响力""参与社区发展""坚持环境可持续""做好责任沟通"等五大社会责任领域，努力建立公众联结，争取赢得社会信赖，逐步走出一条"使命引领、透明驱动"的担当履责之路。

2022年，中广核总结过去40多年实践经验，立足核能特色提炼形成"使命引领、透明驱动型"社会责任管理模式。取上述五大社会责任领域名称英文首字母，使命引领、透明驱动型社会责任管理模式也称"NICER模式"，NICER是NICE（美好）的比较级，寓意持续美好、追求更善，更好满足人民对美好生活的向往和需要，这既与中广核"善用自然的能量"品牌口号高度契合，又与"成为具有全球竞争力的世界一流清洁能源企业"美好愿景不谋而合，为公司进一步打造优秀履责典范提供了行动指南，为加快创建世界一流企业指明了方向。

三、实施路径

中广核以"NICER模式"为指引，积极推动社会责任管理融入企业发展，积极推动责任行动更精、更实、更深，为企业长青、经济发展和社会进步注入动力。

（一）压实安全责任：践行"严慎细实"，确保核安全万无一失

中广核秉持"严慎细实"工作作风，把"核安全高于一切"作为企业对社会及公众最重要的承诺

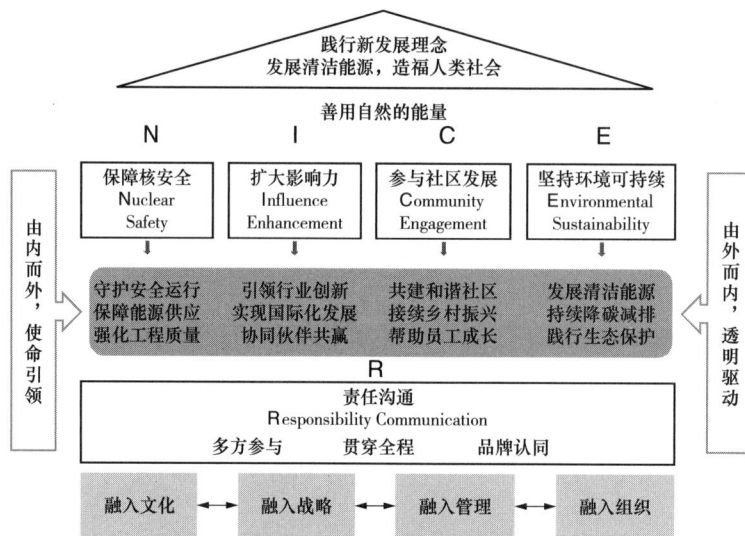

NICER社会责任管理模式示意

和责任。**一是全力以赴抓安全，**坚持不懈抓好核电站的安全、质量、进度、投资、技术和环境六大控制，不断强化"我要安全"的主动安全观，高层领导率先垂范，骨干力量层层推进，基层班组严格执行，做到"人人都是一道屏障"，确保核安全万无一失，让国家放心、让公众信赖。**二是千方百计保供应，**从"增量""增发""增质"三方面落实能源保供，在北京冬残奥会等保供关键时期能发尽发、多发满发，高质量推进辽宁红沿河核电、内蒙古兴安盟300万千瓦风电项目一期等重大项目落地，为经济社会发展和民生需求提供清洁能源保障。**三是多措并举强质量，**始终以"行为零违规、质量零缺陷"为目标，对"华龙一号"等各建设项目进行全方位全流程管控，在质量问题上绝不让步，不制造缺陷、不传递缺陷、不隐瞒缺陷，着力提升工程建设全产业链的质量意识和安全意识。

（二）扛起经济责任：坚持创新引领，打造高质量发展引擎

中广核以科技创新作为引领发展第一动力，高度重视关键核心技术自主研发，打造责任供应链，朝着世界一流清洁能源企业迈进。**一是全面引领行业创新，**在关键核心技术自主化方面下狠功夫，逐步形成两大中心、9个国家级研发平台、多个省部级和集团级研发中心，持续打造优化"华龙一号""和睦系统"等"国之重器"，全面提升核心竞争力。**二是全力推动国际化发展，**推动核能、核燃料、新能源、非动力核技术、数字化等产业"出海"，与近20个国家和地区开展业务合作，带动我国高端装备产业走出去。**三是全程协同伙伴共赢，**发挥产业龙头和资源平台作用，加强供应链、产业链管理，通过"讲给他听""做给他看""看着他干"等专项举措，在安全、质量、研发等领域促进管理水平提升。

（三）践行社区责任：坚守"3N"理念，用情造福人类社会

中广核将安邻、友邻、暖邻的"3N"理念融入企业发展，积极参与社区建设，争当优秀企业公民。**一是参与和谐社区共建，**建立利益共享机制，带动就业，增加税收，常态化开展各类志愿公益服务；在核电基地成立社区基金，建立"一对一村企联系机制"，大力支持周边社区建设。**二是落实乡村振兴举措，因地制宜打造帮扶地区特色发展模式，量身定制清洁能源项目，为 63 个村 11 万人带来风电收益分红；开办 18 个教育帮扶"白鹭班"，培养少数民族家庭致富顶梁柱。**三是助力员工成长发展**，坚持多元雇佣，为 16 个不同国籍不同文化背景员工提供平等就业及职业发展机会；坚持人才先行，针对技术、管理、国际化、党建等不同群体人才，打造"白鹭计划""红鹭计划""鹭越重洋"等专项培养。

（四）恪守环境责任：落实"三生"模式，推动绿色低碳发展

中广核全力服务"双碳"目标，善用自然的能量，努力实现与周边自然环境共生、互生、再生。**一是大力发展清洁能源**，推进多元化产业布局，积极有序发展核能项目，全力推进新能源大基地建设，发力新能源与氢能、储能等新兴业态融合发展，以多元化、规模化、可持续的清洁能源产品和服务助力能源转型。**二是瞄准"三侧"降碳减排**，在供给侧，高质量发展核电，加快发展新能源，从源头减少碳排放；在生产侧，研发节能技术、加强节能管理、倡导绿色办公，降低运营碳排放；在消费侧，通过开展绿电交易、绿证交易、碳交易等业务，促进能源消费结构调整。**三是合力守护生物多样性**，以"友善者"身份将自然环境扰动降至最低，以"参与者"身份带动周边村镇社区发展，以"贡献者"身份提供清洁电力等优质生态产品，构建绿色、和谐、繁荣的清洁能源产业链生态圈。

（五）履行沟通责任：立足"四个内涵"，强化透明品牌特色

中广核立足"安全、绿色、创新、担当"四个主要品牌内涵，策划开展责任品牌行动，推进责任品牌认同。**一是扩大责任沟通覆盖面**，综合利用互联网、新媒体、展览、讲座、科普活动等线上线下立体渠道，实现与政府、客户、社区、媒体等多元利益相关方深入沟通全覆盖。**二是发挥责任沟通影响力**，保障利益相关方的知情权，及时披露真实公正信息并抵达利益相关方，切实将透明沟通融入工程项目全生命周期。**三是提升责任沟通知名度**，长期借助全媒体渠道坚持不懈把品牌推介出去，在清洁能源与公众之间建立起更加密切的沟通和互动关系，收获广泛的社会认同和行业品牌肯定。

四、履责成效

中广核依托"使命引领、透明驱动"型社会责任管理之道，助力企业加快建设"公众信赖、更具责任，技术领先、更具实力，持续发展、更具价值"的世界一流清洁能源企业。

（一）迈入全球领先行列

在创造世界一流的清洁能源企业道路上，深耕细作企业社会责任，推动行业竞争力和品牌影响力不断扩大。三代核电自主品牌"华龙一号"同时满足国际原子能机构的安全要求和美国、欧洲三代技术标准，成为核电市场接受度最高的三代核电机型之一。"和睦系统"实现核电站"中枢神经"中国造，掌握了 10 余项关键技术，打造出我国首个具有自主知识产权的通用核级数字化仪控（DCS）平台。

（二）创造领先综合价值

在社会责任的驱动下，中广核从多个方面积极发力，有力支撑服务经济社会健康发展。能源安全供应达到新水平，随着 2022 年辽宁红沿河核电站 6 号机组投运，我国在运最大核电基地——红沿河核电基地——全面建成，中广核全球清洁能源装机容量超 7700 万千瓦，为能源安全稳定供应提供有力保障。和谐社区共建取得新成效，持续助力乡村振兴，在境内外推进文教体卫公益事业，2022 年累计为336 万个欧洲家庭供应清洁电力，纳米比亚湖山铀矿为当地提供近 2000 个就业岗位，建好一个项目、带动一地经济、造福一方人民。助力"双碳"目标迈出新步伐，截至 2023 年 6 月底，清洁能源累计发电超过 2.5 万亿度，等效减排二氧化碳超 21 亿吨，相当于种植森林超 577 万公顷，可覆盖整个粤港澳大湾区九市两区的面积。

（三）形成领先责任品牌

中广核在履行社会责任中不断提升企业"魅力"，世界一流卓著品牌形象更加清晰、立体、生动。品牌影响力持续加强，进一步提炼总结出清晰一致的品牌核心价值，品牌发展得以注入更温暖的人性光辉和更强大的生命力。可持续品牌形象更加稳固，以社会责任实践为基础，核心品牌商标"中广核"在 2022 年被认定为"驰名商标"，市场知名度、质量信誉度和品牌影响力有效彰显。公众信赖和信心与日俱增，连续 11 年举办 8·7 公众开放日责任沟通行动，连续 12 年出版发布社会责任报告，连续 6 年在海外举办"开放日"公众体验活动，为清洁能源发展营造良好社会环境和舆论氛围。

五、工作展望

中广核将善用"NICER 模式"，继续在"保障核安全""扩大影响力""参与社区发展""坚持环境可持续""做好责任沟通"等五大社会责任领域下功夫，进一步打造优秀履责典范，加快创建世界一流企业。

基于双碳与管理结合的碳管理体系

上海外高桥第三发电有限责任公司

一、单位简介

上海外高桥第三发电有限责任公司（简称"外三发电"）于 2005 年成立。装机两台 1000 兆瓦超超临界机组、接入上海 500 千伏环网。机组年发电量在 100 亿千瓦·时左右，是上海电网乃至华东电网的主力机组。

外三发电在科技创新、节能减排、技术经济指标方面创造了很多世界纪录。公司自主研究并实施了 23 项世界首创技术和 5 项国内首创项目，2011 年两台机组实现供电煤耗 276 克 / 千瓦·时，成为世界上率先冲破 280 克 / 千瓦·时最低煤耗整数关口的电厂，在世界火电领域上树起了一道中国标杆。

外三发电先后获得上海市劳模集体、"十一五"全国节能先进集体、全国五一劳动奖章、国家优质工程金质奖、亚洲年度最佳环保电厂金奖、上海市科学技术一等奖、上海市创新型企业、国家科学技术二等奖、全国低碳经济示范单位、上海市质量管理奖、全国质量奖、全球卓越绩效金奖、世界顶级燃煤电厂、Peabody 全球清洁煤领导者奖、保护母亲河绿色贡献奖、上海节能 30 周年十件大事、上海市先进基层党组织等荣誉。

二、案例背景

2020 年 9 月，习近平主席在第七十五届联合国大会一般性辩论上的讲话中表示："中国将提高国家自主贡献力度，采取更加有力的政策和措施，二氧化碳排放力争于 2030 年前达到峰值，努力争取 2060 年前实现碳中和"。而在同年 12 月的气候雄心峰会上，习近平主席进一步对碳达峰和碳中和目标做出了具体细致的安排和规划，即"到 2030 年，中国单位国内生产总值二氧化碳排放将比 2005 年下降 65% 以上，非化石能源占一次能源消费比重将达到 25% 左右，森林蓄积量将比 2005 年增加 60 亿米 ^{3}，风电、太阳能发电总装机容量将达到 12 亿千瓦以上"在此后至 2021 年 1 月下旬期间，习近平主席又针对"碳达峰目标和碳中和愿景"进行了 5 次重要讲话。最高领导的密集表态，"3060"目标的提出，既是中国对国际社会的承诺，也是对国内的动员令。"十四五"时期我国进入新发展阶段，开启全面建设社会主义现代化国家新征程。深入贯彻新发展理念，加快构建新发展格局，推动高质量发展，创造高品质生活，这些都对加强生态文明建设、加快推动绿色低碳发展提出了新的要求。

2020 年以来，全国各行业都在积极助力"3060"碳达峰碳中和"双碳"目标的实现。2021 年全国碳交易市场正式启动，火力发电企业是第一批纳入全国碳交易的组织。国内外针对火力发电企业尚未有覆盖碳排放、碳交易、碳中和、碳资产管理的火力发电企业碳管理体系。碳管理是对组织现有节能降碳管理手段的一个整合与提升，其直接服务于"双碳"目标，碳管理体系的建立则进一步促进火力发电企业研发应用先进节能技术等。在此背景下，2022 年外三发电围绕上级公司工作部署要求，狠抓生产经营，着力转型发展，确保发展平稳有序。作为落实"双碳管理"的重要抓手，公司按照 T/CIECCPA 002—2021《碳管理体系要求及使用指南》建立了覆盖主营业务，并与其他管理体系整合的碳管理体系。

三、实施路径

本项目建设周期为 2022 年 3 月至 2023 年 3 月。

第一阶段：2022 年 3 月至 8 月为项目设计策划启动阶段，公司成立碳管理体系推进组织机构，分别成立了碳管理体系推进领导小组及碳管理体系推进工作小组负责推进 EATNS 碳管理体系建设。

第二阶段：2022 年 9 月至 2022 年 11 月，根据贯标体系要求公司进入实施试运行阶段。公司根据碳管理体系要求形成了碳排放管理、碳资产管理、碳交易管理、碳中和管理四个子体系的搭建。碳排放管理能够为公司持续地减少温室气体排放；碳资产管理为公司在碳减排方面的资源投入与产出提供以资产的形式量化显现；碳交易管理使公司能够充分利用碳交易规则来实现阶段性温室气体减排履约目标；碳中和管理使公司能够沿着温室气体减排与增储的最佳途径实现零碳目标。

第三阶段：2022 年 11 月下旬至 2022 年 12 月上旬，进行了公司碳管理体系建立、运行后的首次内部审核，因受疫情影响，采取了现场审核与远程审核相结合的方式。以部门为审核单元，通过访谈、查阅文件资料、现场查勘等方法收集了公司各部门碳管理体系运行的相关证据信息。公司于 2022 年 12 月 14 日通过线上腾讯会议的形式召开了碳体系管理评审会议，对公司的碳管理体系进行内部总结和评估。本次内部审核完善了聚焦于组织环境分析、了解相关方的需求和期望、目标管理、碳中和评审以及碳减排绩效参数方面的要求。

第四阶段：2022 年 12 月中旬至 2023 年 1 月中旬，由上海质量管理科学研究院有限公司对我公司进行两阶段外部评审。外部审核中完善了相关方主要是政府部门、上级公司与交易单位，进一步加强相关方的识别与需求分析。在外部审核阶段得到评审组推荐评定结论。

第五阶段：2023 年 3 月经上海环境能源交易所碳管理体系评定委员会审核并授予公司碳管理体系评定证书。

四、履责成效

公司作为上海市社会责任标准发起联盟单位之一，按照上海市团体标准《企业社会责任指南》，建立了最高管理层直接领导的社会责任建设领导小组和工作小组，明确企业责任各项工作的职责和跨部门协调机制，逐步完善可持续发展管理体系，经过不断完善控制流程，使得各项管理标准更规范、更实用。2023 年 3 月，经由上海环境能源交易所碳管理体系评定委员会审核并授予公司碳管理体系评定证书。随后公司也在内部进行了碳管理体系评定总结会议，会议由总经理主持，公司碳管理者代表、部门负责人、碳管理工作小组成员出席会议。根据各部门的总结材料和汇报，会议对碳管理体系运行所取得的成效和需要进一步改进内容进行了充分讨论，总经理对公司碳管理体系的持续适宜性、充分性和有效性进行了评价，并达成共识，主要有以下几方面：

（一）组织环境分析

组织对公司的内外部环境进行了分析，分析内容包括宏观环境、行业 / 产业形势、发展趋势、公司业务及近年来收入占比、组织架构及管理模式、企业文化、人力资源状况，明确了公司后续的发展战略，并从环境机遇、政策环境、经济环境、经营风险、财务风险、环境风险、职业健康安全风险、公共卫生安全等维度确定风险内容及应对措施，碳管理方面的风险主要来源于外部的政策风险、环境风险经营中的运行风险，如耦合燃烧在双碳背景下对电厂的影响。

（二）相关方需求分析

组织对公司碳管理有关的相关方及其需求进行了识别。目前碳管理有关的相关方主要是政府部门、上级公司与交易机构。

（三）碳管理方针的适宜性和目标完成情况

根据发展定位及主业内容，公司领导制定了"安全第一遵纪守法、预防为主风险预控、优质服务奉献精品、以人为本永续发展、绿色电力低碳转型"的管理方针，并在公司内进行了宣传。在公司标准化组织架构改革后，公司制订并完成了 2022 年碳管理目标，目标要求包括"煤耗指标、全年温室气体排放量较上一年下降、综合厂用电率指标、供电碳排放强度和供热碳排放强度相比前一年同比下降等"，并在相关的职能层次、活动内容、排放单元上进行了分解，形成了完整的碳管理目标体系。

（四）碳管理体系的范围与边界

位于上海市浦东新区海徐路 1281 号的地理位置区域由组织边界界定的发电设施（2 套发电机组）等主要生产系统，脱硫装置、消防水泵、应急发电机等辅助生产系统，以及厂区内的机动车辆和其他移动设施、办公区域建筑、后勤食堂等附属生产系统内的碳排放、碳资产、碳交易、碳中和活动，包括公司管理层与相关部门。

（五）温室气体排放源的识别与评价结果

公司聚焦采购和生产的全生命周期，组织对 GHG 排放源进行了识别、评价，并编制了清单，目前共识别出了 8 类排放源，主要是发电行业主要生产系统即锅炉发电机组、涡轮、压缩机在发电过程中所产生的化石燃料燃烧直接排放和消耗电力间接排放。

（六）碳管理体系文件构成及适宜性

公司明确了碳管理体系的文件框架，并与原有管理体系文件及企业标准化文件整合，确定了管理体系文件框架，并按照文件框架组织开展了体系文件编审工作，形成了整合型的《管理手册》、11 个程序文件，以及包含《能源计量管理制度》《碳管理制度》等在内的 96 个支撑性文件。从目前的文件使用情况来看，体系文件结构合理，内容完整规范，覆盖了公司碳管理运行及监督的各项工作要求，具有较强的指导性和可操作性，对公司管理方针、目标的实现和管理方案的实施与完成起到有效的推动作用。

综上所述，公司的碳管理过程识别充分，制定的管理方针、目标以及内部组织机构与职能划分与公司实际运营相适宜，所建立的管理体系文件也符合 T/CIECCPA 002—2021《碳管理体系要求及使用指南》标准。通过体系运行，逐步建立并完善了持续改进机制，员工碳管理意识与能力进一步提高，整体碳管理绩效不断提升，公司的碳管理体系是适宜、充分的、有效的。公司以贯标体系要求构建了科学有效的碳排放、碳资产、碳交易、碳中和四个管理子体系。碳排放管理体系助力公司碳排放制度标准化、过程精细化、数据合规化，有效持续地减少温室气体排放；碳资产管理体系使公司碳减排方面的资源投入与产出提供以资产的形式量化显现；碳交易管理体系使公司能够充分利用碳交易规则来实现阶段性温室气体减排履约目标；碳中和管理体系使公司能够沿着温室气体减排与增储的最佳途径实现零碳目标。

五、工作展望

一直以来，公司循着"绿色、高效"的战略路径，围绕节能减碳有针对性地开展了诸多重大技术创新，在世界火电领域上树起了一个中国标杆。为积极响应国家实现 2030 年前碳达峰，2060 年前碳中和的号召，以实际行动推动国家"双碳"目标实现，致力于成为行业碳管理标杆企业，公司在发电行业率先贯标创建 EATNS 碳管理体系。体系的评定确立了公司以节能技术开发为主的碳中和途径，秉承着"节能是最好的减碳"的理念，开发了火储联合运行系统、引增合一改造、CO_2 制甲醇万吨级中试等系列节能减碳项目。落实"双碳"目标对公司而言即是重大挑战、重大责任，公司将充分发挥技术、平台、产业、人才等方面优势，加大技术攻关力度，打造成为碳捕集及再利用技术的先行者、领军者和技术高地，更好地服务国家战略，服务城市发展，向着实现"3060"双碳的目标不断迈进。

践行"将改变和创新进行到底"，打造 H 级燃机电源项目筹建管控新模式

广州发展南沙电力有限公司

一、单位简介

广州珠江 LNG 电厂二期骨干支撑调峰 H 级燃机电源项目（简称"珠江二期项目"）为建设两台 600 兆瓦级（H 级）燃气 – 蒸汽联合循环机组，是广东省重点建设项目和广州市"攻城拔寨"项目，由广州发展集团股份有限公司（简称"广州发展"）属下广州发展电力集团有限公司控股投资建设。项目建设单位为广州发展南沙电力有限公司（简称"南沙电力公司"），采用 EPC 建设模式，计划总投资 34.41 亿元。

二、案例背景

（一）项目造价控制难度较大

由于本项目采用 EPC 的建设模式，其中，EPC 固定价格部分约占总投资的 70%，且项目作为原百万燃煤机组建设项目的"气代煤"替代项目，需充分利用原百万燃煤机组项目已建成的资产，因此，可考虑建设成本控制的空间已不大，仅涉及 EPC 合同中的非固定总价部分、EPC 合同外建设支出、资本化利息等。此外，目前，国内已投产的 H 级燃气机组仅 2 个，珠江二期项目作为目前国内在建的 2 个 H 级燃气机组项目之一，可参考的数据和经验不足，项目造价控制难度较大。

（二）融资渠道单一，债务规模大

燃机电源项目具有投资周期长、投资规模大的特点，目前国内电源项目的资金来源一般是投资方注入资本金、银行贷款两种主要渠道。除少数企业可以通过股权融资和债券融资满足部分资金需求外，绝大多数企业发展所需的中长期资金仍然依赖于银行信贷资金。南沙电力公司在当下融资事项审批权限收归集团公司统一管理的情况下，项目公司在融资渠道和融资议价能力上不可避免地存在一定局限性。

（三）资本金分阶段到位，建设资金紧张

根据股东决议，项目公司股东对项目出资款分三个阶段到位，第一阶段为项目主厂房浇筑第一方

混凝土时注入 40% 资本金，第二阶段为项目浇筑第一方混凝土时注入 30% 资本金，第三阶段为项目进入 168 试运行阶段时注入 30% 资本金。其中，第三笔资本金的到位时间是机组 168 试运阶段，此时已接近项目建设尾声，未能使该笔资本金在项目建设高峰期发挥资金支持作用，可能使 2022 年项目面临因资本金投入并使用比例不足而导致银行拒绝放款以及项目资金链断裂的风险。同时，项目建设期借款总额的增加也不利于控制本项目建设期贷款利息支出，不利于项目造价控制。

（四）政府对于 H 级燃机电源项目的相关优惠政策不多

燃气发电项目行业划分尽管属于清洁能源项目，但在归类上仍属于火电项目，无论是税收优惠，还是政府补贴等相关政策，都难以匹配到适用的优惠政策，且 H 级燃气机组属于新型大型燃气机组，政府各部门对于政策的更新存在滞后性，对燃气机组建设的支持具有局限性。

三、实施路径

（一）建设模式方面，首次在 H 级重型燃机电源建设项目上采用主机 +EPC 建设模式，为项目创优和高效推进提供了有效保障

1. E+P+C 建设模式与 EPC 建设模式的比选

包括重型燃机在内的大型火力电源建设项目常规采用 E+P+C 建设模式，极少采用 EPC 模式，尚无 H 级燃机建设项目应用案例。

经调研了解，E+P+C 和 EPC 模式均是成熟的电力项目建设模式。E+P+C 模式的优势是便于建设方把握项目设计、采购、施工等各个主要环节的大方向；缺点是对建设方各方面的管控水平和内控效率要求很高，项目管理上难度大，要协调所有参建方，项目推进时间相对较长，容易发生参建方相互扯皮以及最终建设指标或目标未达到但责任难以界定等情况。EPC 模式的优势是使建设方从具体事务中解放出来，关注影响项目的重大因素上，确保项目管理的大方向，同时也便于 EPC 总承包商负责整个项目的实施过程管控，不再以单独的分包商身份建设项目，有利于整个项目的统筹规划和协同运作，可以有效解决设计与施工的衔接问题、减少采购与施工的中间环节，顺利解决施工方案中的实用性、技术性、安全性之间的矛盾；缺点是建设方对工程实施中间过程参与程度和控制力度较低。

2. 结合项目实际，确定采用主机 +EPC 建设模式

根据调研分析并结合项目建设目标、进度、管控能力等各个方面实际情况，珠江二期项目最终决定采用主机 +EPC 建设模式，主要理由如下：

● 建设方先行采购主机设备并将主机设备装入 EPC 总承包合同，一方面可以有效管控主机设备的性能质量；另一方面也可以便于 EPC 总承包各潜在投标方根据建设方确定的主机设备各项性能指标及参数进行对应的设计和投标，在确保投标设计等技术文件有效性的同时更能有效管控项目造价风险。

● 可以弥补项目筹建工作组成员较少、专业技术力量和项目建设管理经验相对不足的实际情况，大幅减少项目筹建工作组纷繁复杂的协调工作，将主要精力放在关键事项上。

- 可以有效提升项目推进速度，特别是设备采购速度，利用 EPC 总承包方内部招标采购平台，确保了项目设计、采购、施工协同高效运作和项目进度的有效控制。

- 可以有效保障项目建设各项指标和目标的实现。

3. 探索创新、扬长避短，发挥 EPC 项目优势

针对采用的 EPC 模式中建设单位对工程实施中间过程参与程度和控制力度较低的问题，通过在 EPC 合同中对中间过程的重点环节探索创新，明确具体管控要求，避免中间过程出现较大偏差，在有效发挥 EPC 模式优势的同时，扬长避短，有效管控重点风险。工程实施过程的重要环节及其管控措施主要有以下几个方面：

- 严格比选和管控包括 EPC 总承包方在内的主要参建方，对设计为龙头的 EPC 总承包方、施工总承包、监理单位、监造单位、质量检验单位、创优咨询单位、去工业化设计单位等从资质、业绩、能力、第三方、短名单等多个方面在招标文件和 EPC 合同中进行了详细的明确和具体的约定，确保项目选择的参建单位具有较高的专业素质和能力。

- 明确界定设计变更，避免 EPC 总承包方为追求效益在项目实施过程通过设计变更实现设计简化，给建设单位带来不必要的损失。

- 详细界定重要辅机设备短名单，并根据重要性、关键技术性能指标等对短名单进行分级管控，避免 EPC 总承包方为追求效益在选择短名单设备时主要只考虑价格因素，保障了建设单位的利益。

- 明确要求由 EPC 总承包方委托的项目监造、检测、创优等第三方咨询类参建单位必须与建设单位、EPC 总承包签订三方协议，以确保建设单位对第三方咨询单位的有效管控。

- 明确《主机设备采购合同转让协议》，保障建设方对主机设备必须的管理权益，并具体界定了主机采购合同中建设方的权利不转移。

（二）商务管控方式方面，内部收益率（IRR）、长协纳入主机采购、短名单分级管控等方法首次在 H 级燃机电源项目上的有效应用，为项目参建方的选择提供了有效保障

- 首次在 H 级（600 兆瓦级）燃机公开招标采购中使用内部收益率（IRR）评审办法，有利于建设方选择整个寿命期内收益与投资总额综合性价比最优的燃机设备。

在评审燃机等主机设备采购经济标时，通过采用内部收益率（IRR）评审办法可以有效解决因 H 级（600 兆瓦级）燃机各主要投标机型容量、效率、造价、维护成本等存在明显差异导致使用常规综合评标法无法真实反映燃机设备性价比以及对今后生产运营影响的问题。

内部收益率（IRR）评审办法依据珠江二期项目核准文件，在常规综合评标法基础上进行了优化改进，重点考虑了燃机等主机投标价格、设备效率、用气和用水量等性能技术参数，综合评估主机设备对项目造价、发电量、燃料成本、维护维修成本的影响，通过内部收益率（IRR）计算公式量化体现出来，并按照计算出来的项目内部收益率高低进行价格评分，科学合理解决了 H 级机组容量和效率差异、维修成本高低的评审难题，且提前锁定了项目投资过程的主要成本因素。

- 首次在 H 级（600 兆瓦级）燃机采购中并入燃机长期维护服务，有效规避经营风险。

重型燃气轮机长协费用占机组维护成本一半以上，若采购时只采购主机设备价格而不同时考虑长协项目及费用，会给机组正常生产经营期带来较大的经营风险。此外，H级（600兆瓦级）燃机国内尚无将长协纳入主机采购的可借鉴经验，且各厂家机型长协项目均不完全一致，给长协纳入主机采购带来一定的难度。

根据研究，珠江二期项目最终决定将燃机长协与主机设备采购捆绑公开招标采购，并结合项目全面细致的调研收资，在招标文件中对相关内容进行了明确和约束，以确保投标人提供的长协项目与价格真实有效。

- 首次在EPC招标过程中根据辅机设备或材料重要性、关键技术性能指标等对短名单进行分级管控，以保障EPC总承包方采购的设备或材料满足项目高标准建设需要以及建设方利益。

针对EPC总承包项目中建设方对EPC总承包方负责采购设备的质量及性能管控力度较弱的问题，在经过充分调研并合理编制行业技术相对领先、业绩较好、信誉较高《主要设备、材料供应商短名单》的基础上，珠江二期项目首次采用在招标文件中根据辅机设备或材料重要性、关键技术性能指标等对短名单进行分级管控，以此约束EPC总承包商在短名单内选择优质的高性价比的主要辅机设备及材料。

- 首次在EPC项目招标过程中明确界定设计变更，避免EPC总承包方在项目实施过程通过设计变更实现设计简化，保障建设方项目造价控制及权益。

针对EPC总承包项目中建设方对EPC总承包方实施过程设计变更管控力度较弱的问题，在经过认真分析的基础上，珠江二期项目首次在EPC总承包项目中以初步设计审查为基准点，对设计变更及对应费用进行了事前约定。

（三）技术文件及方案确定方面，多项首台、首创在项目蓝图设计和技术文件中得以体现，项目技术方案亮点纷呈

为实现珠江二期项目创优目标，在项目技术文件及方案评审方面以"改变和创新"为理念，通过邀请集团内部专家集中会审、专项方案由各家电力设计院多方论证、全厂总平面布置提前由电规总院专家评审以及要求西安热工院专家参与主机关键指标核算等方式，使得多项首创在项目上得以应用。主要包括以下几个方面：

- 首台H级燃机智能DCS（ICS）应用。通过与各大电力设计院和国内知名的工业自动化控制厂家进行多次交流的基础上，珠江二期项目明确了智能DCS建设方向并编制了全面的技术方案，编制并确定了智能分析、智能监盘、智能报警、智能运行、智能控制等五大功能建设模块以及硬件配置和软件要求，在传统DCS基础上内嵌人工智能和大数据引擎，实现机组系统性能综合优化，减轻运行人员工作强度，并克服信息系统建设大部分只有功能界定缺乏刚性指标的短板，在合同中明确约定了项目验收刚性指标以及后期运维、升级等服务要求。

- 首创高位收水机械通风冷却塔。高位收水冷却塔在大型燃煤机组项目有广泛应用，但在机械通风冷却塔上应用尚属首次。珠江二期项目在机械通风冷却塔填料下方布置收水装置，取消塔底的集水池，实现冷却水的高位收集，具有以下优势：①能有效降低循环水泵扬程，总体降低全厂厂用电率超过0.1%，节能效果显著；②能有效降低冷却塔区域噪声，改善厂内噪声环境；③循环水泵房全地上布置，减轻循泵汽蚀，提高循环水泵运行的安全性和检修便利性。

- 国内首次选用日本三菱 J 型高效燃机以及先进节能设备，机组主要技术经济指标"三同"领先。珠江二期项目联合循环燃气轮机选用日本三菱 M701J 型燃机，并通过对燃气轮机、蒸汽轮机、余热锅炉、凝汽器、换热器、四大管道等所有热力系统进行最优匹配设计，使得本工程性能保证工况联合循环毛效率高达 63.7%，为国内目前已建和在建联合循环效率最高的 600 兆瓦级燃机机组。

此外，珠江二期项目通过采用变频或永磁调速节能装置、全厂智能照明系统、锅炉废热利用空调制冷利用等方式，生产厂用电率性能保证不高于 1.541%，三同领先。

- 首创钢结构 64m 单跨主厂房燃机项目。较以往三排柱两跨布置主厂房，珠江二期项目首创钢结构两排柱 64m 超大单跨主厂房，具有便于检修起吊、运转层空间感良好、便于设备布置等优势，能够有效提高厂房有效利用率超过 5% 以上。

- 打造南沙自贸区首个"去工业化"大型发电企业，实现企业与周边社区和谐共处。

珠江二期项目位于南沙电力、油品、煤炭能源基地，北临珠江航道，东、南靠近环市主干道，本项目确定建设南沙区及湾区首个去工业化大型发电项目，为实现企业与周边社区和环境友好、和谐创造了条件，具有示范效应。

- 充分利用原百万机组桩基础、循环水直管段工程，优化全厂总平面布置及降噪方案。

珠江二期项目是在原百万机组项目厂址上建设，并与珠江电厂相接邻，为了合理控制项目造价，确定了与珠江电厂共用尿素制备车间、利用百万机组地下已建成的循环直管段和桩基础等建设方案，并根据方案对全厂总平面和降噪方案进行了优化，实现了既能充分利用原有工程基础设施降低项目造价，又能满足现工程功能需求，厂区合理布置及美化。

（四）业务管理方面，不断提升项目筹建管控效能

- 首次清晰确定暂列金项目与固定价项目界限以及暂列金项目的设计深度，为项目顺利实施提供有效保障。

根据调研，几乎所有的 EPC 总承包项目中的暂列金项目只列明了暂列金项目名称，未明确暂列金项目与固定价项目之间的边界，为后续项目合同执行产生纠纷埋下了隐患。因此，珠江二期项目对包括去工业化、智慧电厂、精装修、全厂景观绿化等 9 个暂列金项目与相应固定价部分的边界进行了全面和具体的划分，并将暂列金项目的总体设计以及暂列金项目策划费用、招标费用、项目管理费等包含在固定总价中，有效保障了项目后续的顺利执行和费用受控。

- 首创制定燃机设备贸易管制风险防控措施，防控外部风险。针对当前复杂的国际形势，为防范进口燃机设备及其备品、配件进口管制风险，经研究分析，首创制定了相关贸易管制风险防控措施，主要具体内容包括：①在主机设备招标中明确任何国家和地区发生的贸易管制，均不构成本合同自动解除、中止或者终止的明示或者默示条件，也不构成乙方解除、免除或者减轻其在本合同项下的任何义务和责任的理由；②任何国家或地区的贸易管制导致乙方履行合同义务受到影响的，乙方应积极采取措施消除该等影响，包括但不限于获得履行本合同所需的全部批准 / 许可并承担相应费用；③乙方在本合同项下的全部或者部分义务确实无法履行的，经甲方书面同意和认可后，乙方可提供不低于本合同约定标准的设备、部件和服务以替代履行，因此发生的费用、责任和时间损失等由乙方承担。替

代设备、部件和服务由第三方生产或者提供的，乙方和第三方向甲方承担连带责任。

● 率先在筹建期提前布局专用设备所得税优惠抵免工作，保障项目公司合法权益。根据相关政策，项目建设中使用了符合国家政策要求的环境保护、节能节水、安全生产专用设备可以获得相关设备的所得税优惠。为保障项目合规、合法、完整获得相应优惠，珠江二期项目率先在筹建期提前布局专用设备所得税优惠抵免工作。

● EPC 总包方负责投保项目建安工程一切险、第三者责任险及延误投产损失险。基于 EPC 建设模式下，总包方代表我司方负责项目总体管理和性能指标保障，最大限度保障建设方权益的同时充分发挥 EPC 总承包管理优势，减少索赔时因施工单位对保险条款、范围不明确而造成的经济纠纷，项目公司首次确定了将建筑安装工程一切险及第三者责任险、工程延误险放入 EPC 招标文件，并在 EPC 总包合同中在明确"发包人为第一受益人"的基础上，进一步明确界定了双方的权利义务、责任范围、投保限额、保障期间等，以充分发挥项目总承包优势，使建设方可以集中精力抓好重点管控工作。

● 安健环管理在引入经济奖励的同时率先推行"五个 1+"罚则。针对建设项目安健环管理的难点，充分发挥"安全生产，人人有责"的理念，强化分级管控意识，珠江二期项目在集团内率先引入经济奖励和推行"五个 1+"罚则。

四、履责成效

（一）建设模式方面

采用主机 +EPC 建设模式并针对薄弱环节制定有针对性的管控措施，在项目核准推迟 5 个月的情况下实现了在两个半月内完成主机、EPC、监理项目招定标，比预定 11 个月完成项目筹建提前了 1 个半月，比同类项目至少超前 3 个月。圆满完成了筹建工作组年底签订主机合同并完成年度 1 亿元投资任务的工作目标。

（二）商务管控方式方面

● 内部收益率（IRR）等评标办法的有效应用，在性能保证工况机组容量、热效率指标最优的同时，主机投资造价最低。

● 项目招标选择的主机供货单位、EPC 总包单位及监理单位均为国内同类项目行业翘楚。

● 采用长协与主机捆绑招标方式，有效降低生产运营期燃机维护成本，预计一个大修周期内备品备件及检修服务费比其他同类项目降低 10% 以上。

（三）技术文件及方案确定方面

多项首台、首创在项目蓝图设计和技术文件中得以体现，项目技术方案亮点纷呈，为项目创建国家优质工程提供了技术保障，其中截至目前 600 兆瓦级最优的联合循环效率以及"三同"领先的生产厂用电率等关键技术经济指标，为今后机组生产经营和参与电力市场提供了较强的经营竞争力。

（四）业务管理方面

有效提升了项目管控水平，明显增强了项目抵御内、外部风险的能力，全面保障了项目公司合法获得政府税收优惠权益。

（五）团队建设方面

筹建团队从初期的项目建设经验少到专业技能和项目管理能力明显提升，从初期存在畏难情绪到敢闯敢拼和勇于创新。其中，主机合同签订过程用"五个绝无仅有"充分展现了筹建团队勇于担当、攻坚克难、敢为人先的精神。"五个绝无仅有"即：11月25日取得核准文件后12天（即12月8日）进行主机开评标，绝无仅有；主机12月11日上午专家评委提交评审意见，当天完成两级公司审批并实现当天挂网公示，绝无仅有；为疫情防控全程通过远程及视频会议方式洽谈主机合同，绝无仅有；一周时间内完成了超过三百多项偏差洽谈并达成一致，且部分重点事项优于招标文件要求，没有低于投标和澄清文件的情况，绝无仅有；从主机开标到签订主机合同20天时间，绝无仅有。

南沙电力公司在对前期筹备工作进行全面梳理、回顾的基础上，总结成可推广、借鉴的经验模式，有助于日后其他项目建设单位在项目造价控制、融资管理、资金管控、税收筹划等业务全过程管理方面进行提升，进一步实现全方位工程造价控制，降低项目融资成本，提升项目竞争力。

五、工作展望

2020年4月至今，得益于项目前期筹备工作的快速推进和管理工作的有效组织，珠江二期项目克服了时间紧、任务重等重重困难，已按计划逐步完成了项目开工、建设、设备安装、调试等工作。

南沙电力公司将积极承担起作为国有企业的社会责任，继续探索更多行之有效、可向社会推广的企业和工程管理方式，与更多企业一起分享，共同提高管理水平，推动社会的发展进步。

政企渔社共织海缆保护安全网

国网辽宁省电力有限公司

一、单位简介

国网大连供电公司隶属于国网辽宁省电力有限公司，是国家特大型供电企业。负责大连地区的电网规划、建设、运营和电力供应，供电区域 1.26 万千米^2。被命名为首批"全国一流供电企业"，先后荣获全国五一劳动奖状、全国文明单位、全国实施卓越绩效模式先进企业特别奖、全国电力行业质量管理奖、全国电力行业企业文化建设工作先进单位、中央创建文明行业先进单位、中央企业先进集体、中央企业先进基层党组织、国家电网公司文明单位标兵、辽宁省五一劳动奖状、先进基层党组织、文明单位标兵、模范劳动关系和谐企业、行风建设工作先进基层单位、省公司双文明标兵单位等荣誉称号。

二、案例背景

长海县（又称长海群岛）隶属于辽宁省大连市，是东北地区唯一的海岛县、全国唯一海岛边境县，由 112 个岛屿组成，全县的电力供应完全依靠 32 条各电压等级的海底电缆。

长海每年有两个捕捞季共计约 6 个月时间，期间渔业经济发展不断繁荣的同时，海底电缆遭遇外力破坏的风险也在逐步加大。根据《海底电缆管道保护规定》第七条规定，海缆保护区内为禁渔区，但部分渔船徘徊在海底电缆保护海域作业，甚至存在非法捕捞，海底电缆时常遭遇拖网、张网、抛锚等外力破坏，不但让供电公司面临较大的海底电缆运维成本及压力，更是让诸多海岛面临供电可靠性挑战，给海岛居民民生和渔业经济发展带来诸多不便和重大经济损失。据统计，2021 年间共出现海底电缆事故 8 次，（其中 35 千伏海缆故障 4 次，10 千伏海缆 4 次），在海洋岛等 4 个岛屿共出现非计划停电 8 次；故障点查找耗时共计 34 天，租赁海底电缆作业船 18 次，共计花费 46.8 万。

三、实施路径

在社会责任根植项目实践中，国网大连供电公司以政企渔社共治、数据生态共融、过程风险共管、多方价值共赢为工作原则，通过信息共享、政企联动、企社创新、文化共育、成本共担等措施，以事前预警为主、事后抢修为辅，共同探索实现以海岛电缆保护为核心、政企渔社合作共赢的海岛电力"安全网"。

（一）信息共享：数据共融打造智能海事预警系统

为了实现对非法捕捞行为的事前预警、从源头阻断海底电缆被破坏风险，大连供电公司与海事、海警、渔政等部门联合打造基于数据资源共享的 AIS（自动识别）海事预警系统。一是供电公司共享海缆位置信息，借助海监局近期正在开展的渔船 AIS 设备配备及使用管理，对办理船舶登记审验的渔船，将海底电缆位置信息嵌入到最新的电子海图；二是通过与海事部门合作共建供电公司的 AIS 系统，通过"万海大数据中心"共享其已经建立的 AIS 信息系统接口，对于进入禁渔区的渔船，实时共享其船位信息、动态航行状态信息、航行计划信息、联系方式等，由供电公司获取并通过发送预警信息等方式开展预警和干预，以确保电缆免受破坏；三是与海警在联合预警执法方面开展合作，在获取进入禁渔区渔船信息后通过海警的公共频道，一方面进行喊话提醒和预警，同步通过公共频道发送预警信息；另一方面开展动态监控和持续跟踪记录，随时进行实时画面监控取证。

（二）政企联动：全生命周期联动共护海底电缆安全

大连供电公司从与政府不同部门的共同关注点出发，结合海底电缆被破坏的全过程周期的风险管控，由长海县政府协调推动，与海警、海事、渔政、乡镇政府等多个政府主体开展动态系统的联合执法与联合抢修。

一是县政府推动探索政企联动模式。由长海县政府进行协调，通过不定期联席会议方式，联动海警、海事、渔政、各级乡镇政府等开展信息共享、联合预警、联合执法与联合抢修，在社会责任根植项目期间逐渐形成了双方共同认同的联动协作模式。通过不定期的联席会议，海警、海事与供电公司就巡检计划、信息资源共享情况、海底电缆运行情况等进行实时沟通，并在会上达成未来特定时期的联动协作方案，通过公函方式与政府及相关部门达成协作意见。

二是边界清晰共建海警局、海事局、海洋渔业局、海监局多方联动巡查机制。其中，与海监局、海事局开展数据共享机制建设，由供电公司主动嵌入海底电缆位置信息到电子海图中，并由海事局将 AIS 系统特定数据集共享给供电公司，建立了信息安全、权限共享的智能预警系统。与海警局开展联合执法，根据联席会议中双方的信息共享及对海底电缆周边船舶活动的风险分析，开展定期或不定期的联合巡查，对于可能破坏海底电缆的船只进行预警喊话和劝离，或者对涉及海底电缆保护的重点海域进行联合巡检，并基于提高应对海底电缆损坏事故的能力开展联合演练，如事故应急响应、损坏电缆抢修、追责处理等，以提高各部门在实际执法过程中的协同能力。2022 年期间，供电公司与海警局在捕鱼旺季共开展联合巡检活动 3 次，初步探索了供电公司与多个政府部门进行资源共享与联合行动的实践模式。

（三）企社创新：组织创新共建非法捕捞管制生态圈

由于海底电缆被破坏大多是处于非法捕捞，而非法捕捞具有极强的隐蔽性，依靠政府和供电公司的力量很难实现实时、常态化的监管和预警，联合社会力量开拓更广大范围的非法捕捞管制生态圈尤为重要。大连供电公司积极探索利用社会资源进行海岛供电系统的"共同保护"，基于社会大众对于安全稳定供电的一致共同需要，开展制度创新，通过系列组织创新模式共建志愿护线生态圈和船舶违法行事随手拍，依靠社会力量实现对分散、不易察觉的非法捕捞损害电缆行为的强监管。

一是基于稳定供电、可持续捕捞的共同愿景，招募渔船主动进行违法捕捞预警。在利益相关方访谈过程中，发现有很多从事渔业经营的渔民或个体户具有较强的持续发展意识，对于非法捕捞行为持有强烈反对态度，且对于稳定供电环境需求强烈，愿意在捕捞过程中承担志愿护线责任，这为通过社会招募志愿护线员奠定了基础。自2022年3月起，大连供电公司依托供电所、本地渔业集团獐子岛集团向本地区渔民进行志愿护线员招募，由他们在途经海底电缆附近海域时，对海缆保护区的海面情况和海缆登陆点的冲刷情况进行巡视，提醒附近逗留的船只，及时汇报海缆隐患和危险点。

二是由网格员发动本地海岛居民通过微信群对船舶违法行为随手拍，充分发挥海岛居民的群防群护力量。海岛供电的稳定性与海岛居民的生活息息相关，大部分居民具有较强的动力参与海缆破坏危险行为的举报与监督，对于形成强有力的社会监管氛围起到尤为积极的作用。自2022年3月起，由长海供电公司向各供电所及巡线员下发"群防群护共保海岛光明行动"的通知以来，有3名群众参与违法行为预警，为预防海缆破坏提供了群众力量。

（四）文化共育：多维协同共筑"共护光明海岛"愿景

为实现海岛地区供电稳定和海底电缆安全，大连供电公司与多个利益相关方积极开展联合教育、联合宣传活动，提升海岛居民、渔民、企业共同守护海缆安全的意识。

一是借助赛事平台开展具有传播度的海缆保护宣传活动。结合本地特色赛事活动如国际钓鱼比赛等，大连公司与赛事主办方合作将海缆保护相关内容嵌入赛事活动，提升宣传曝光度，提升本地渔民对海底电缆保护的感知与认识。

二是联合政府部门开展针对海岛渔民的宣传活动，提升海缆保护意识。大连供电公司通过制定海底电缆保护的宣传手册、海底电缆分布图等宣传资料，通过渔监部门、本地村镇政府、网格员等多方渠道对渔民进行定向发放，提升渔民对海底电缆的保护意识。

三是深化校园宣传，强化青年学生的海缆保护意识教育。大连供电公司通过与本地小学石城岛小学开展合作，由共产党员服务队派出党员进行"海底电缆保护知识科普"为主题的安全教育专题讲座，让青少年从小认识到海缆与日常生活的关系，增强对海底电缆保护的认识和责任感。

四是品牌化建设与宣传，构建以"共护光明海岛"为愿景的媒体传播矩阵。在海底电缆保护的区域文化孕育过程中，品牌形象的号召力尤为重要，因此大连供电公司在社会责任根植项目实施过程中，开展以"共护光明海岛"为愿景的品牌宣传，在自媒体、传统媒体等多种媒体传播形式中强化大众对多方协作共同保护海岛用电稳定的共同愿景的理解度和认同度。

（五）资源共济：多方发力共破"事后"海缆抢修难题

当外力破坏海缆的事件一旦发生，海缆抢修便如箭在弦上。过去，依靠供电公司一方力量进行海底电缆抢修时，往往会面对故障点难找、运维成本高等难题。基于此，如何降低排障难度、减少运维成本，成为实现快速抢修的关键。国网大连供电公司通过与大型渔业公司、高校开展合作，分别在降低排障难度、减少运维成本方面实现了共赢合作。

一是与獐子岛渔业集团开展排障合作和运维成本共担。獐子岛渔业集团作为长海地区最大的渔业集团，其旗下有大量渔船在从事捕捞活动，也存在非法捕捞导致的海缆破坏事件。该渔业集团在推进其旗下渔船参与志愿巡线员的同时，对于出现在其海域内的海缆事故，与供电公司在故障点排查与运维方面开展合作，派出部分人力协同开展故障点排查，一定程度上提供了人力支持。

二是与高校开展联合科研攻关，降低运维成本和难度。通过与大连海事大学从事水下机器人研发的项目合作，开发并推广应用适合潜水维修的水下机器人进行海缆修复。这一方面帮助供电公司提升人工下水进行海底电缆运维的安全性；另一方面为高校机器人研发团队提供了设备试用机会，在推进其科研成果应用与优化方面提供了实际场景。

四、履责成效

国网大连供电公司通过社会责任根植项目推动基于政企渔社联动共赢的海缆保护生态网，切实减少了海底电缆被破坏的风险程度，为各利益相关方创造了共赢价值，在为海岛经济社会发展提供高质量供电方面探索了可行的模式。

（一）海底电缆事故明显减少

在政府、社会、渔民及渔业企业等多方主体的共同协作下，海底电缆因渔船非法捕捞等行为导致的事故明显减少。截止到 2023 年 3 月，长海地区的海底电缆因外力破坏而发生故障 2 起，比 2021 年间的 8 次减少了 4 次。与此同时，因海底电缆被破坏而导致供电中断等情况 0 次，海岛供电的稳定可靠性得以保障。

（二）利益相关方共赢价值创造明显

对于政府部门来说，通过有效地海底电缆保护实现了海岛供电稳定性的提升，为稳定本地渔业经济发展提供了良好的基础设施环境。

对于本地渔民来说，以预警为主的政企渔社海缆保护体系实现了对渔民的非法捕捞行为、潜在海缆破坏行为的更精准预警与监控，从短期来看减少了避免非法捕捞导致的电缆损坏和罚款；从长期来看，为渔民提供长期稳定的渔业资源。

对于渔业企业而言，通过参与海底电缆保护的志愿巡线员招募、抢修合作，表现出对社会责任的关注，提升企业形象。

对于供电公司而言，通过与多个利益相关方协作，供电公司海底电缆被损坏的风险得到有效监控，其运维成本相比 2021 年同期大幅下降。此外，通过与政府、渔民及渔业企业、社会大众的协同合作，优化了供电公司的利益相关方关系，有助于在未来项目中取得更多支持。

（三）基于数据共融的数字预警系统初步建成

通过借助海事局的 AIS 系统，通过共享万海大数据中心的海面船舶实时数据，供电公司将预警信息通过海警公共频道进行发布，实现了对威胁海缆安全的危险行为的精准预警，数字预警系统初步建立。

（四）社会参与式志愿护线生态圈初步建立

自 2022 年 3 月起，大连供电公司依托海岛 7 个供电所向本地区渔民进行志愿护线员招募，与本地最大的獐子岛渔业集团公司合作面向其旗下的渔船主开展招募，初步建成由 6 个人组成、长期活动于 3 个岛屿的志愿巡线群体，在社会力量参与海底电缆保护方面提供了模式探索。

（五）责任形象明显提升

截至 2023 年 3 月，国网大连供电公司与利益相关方联动开展海底电缆保护的社会责任实践模式得到了广泛的社会关注与认可。一是在岛民、渔民群体中，通过与海警、海事、海监、乡镇政府等政府部门的联合执法、联合宣传活动，以及志愿护线员招募等主题互动，其维护海缆安全、提供高质量供电的责任形象得到优化提升。二是开展以"共护光明海岛"为愿景的媒体传播矩阵，在自媒体公众号、视频号，以及国家电网报、人民政协报、人民日报、中国能源报及中央电视台、电网头条视频号共发布相关新闻稿件 9 篇，网络点击量累计超过 544 次，初步建立"共护光明海岛"的社会责任品牌形象。

五、工作展望

第一，海岛电缆保护的模式示范与推广。国网大连供电公司在项目实施过程中初步形成了政企渔社联动共赢的海缆保护生态网，并发挥生态利益相关方的协作力量创造了共赢价值，在解决海岛地区电缆保护问题方面形成了可行的模式。下一步，国网大连供电公司将联动周边其他的兄弟公司，对多方共赢的海盗电缆保护模式进行复制推广，为丹东等其他同样面临渔业发展与海缆保护矛盾的企业提供解决方案的复制与推广。

第二，基于数据共融的数字预警系统建设的进一步推进。数字化的预警系统在多方共赢的海缆保护模式下发挥着重要作用，决定了实践模式的可持续性、利益相关方沟通协调的即时性。当前，国网大连供电公司通过打破数据孤岛实现了 AIS 系统为载体的多方数据共享，在海缆保护与精准预警方面发挥了重要的作用，下一步将以 AIS 系统为基础，持续打破与其他数据主体的数据孤岛，持续挖掘大数据价值，通过数字生态建设打造多源数据共融、多方信息共享的精准化海缆保护预警体系，为海岛电缆保护贡献数字生态化解决方案。

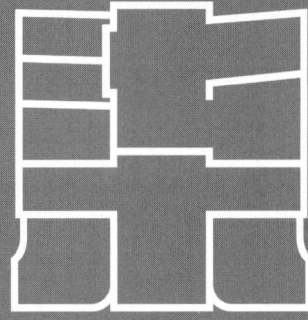

ESG

行业重点调研

电力行业 ESG 体系研究

中国电力企业联合会

一、ESG 内涵、发展及趋势

（一）ESG 内涵

ESG 代表环境（Environment）、社会（Social）和公司治理（Governance），是近年来兴起的企业管理和金融投资领域的重要理念，强调企业经济活动与环境、社会间的协同发展，更多关注于非传统财务绩效，是一种综合考量企业可持续发展表现的核心框架，也是资本市场评估企业长期价值和风险管理能力的重要参考。

从 ESG 内容涵盖来看，ESG 包括环境、社会和公司治理三个维度。环境方面（E）重点关注生态保护、资源消耗、气候变化和生物多样性等内容，旨在降低企业生产经营活动对环境带来的负面影响。社会方面（S）重点关注企业利益相关方权益，包括社区关系、员工关系、供应链关系等内容。公司治理方面（G）重点关注贿赂和腐败、法人治理结构、税务透明度、风险管理和内控等内容，强调构建科学的企业内部治理体系。国际上 ESG 三个维度的常见内容如下。

ESG 的常见内容

	环境（E）	社会（S）	公司治理（G）
具体内容	• 环境污染 • 清洁制造 • 可再生能源 • 温室气体排放 • 能源效率 • 水资源管理 • 土地资源管理 • 生物多样性	• 社区关系 • 供应链关系 • 人力资源发展 • 员工福利与关系 • 工作环境 • 多元化与包容性 • 慈善活动 • 产品安全与质量	• 贿赂与腐败 • 风险与危机管理 • 董事会结构 • 股东权益保护 • 薪酬制度 • 税务透明 • 反竞争行为 • 商业道德

从 ESG 体系构成来看，ESG 体系涉及政府、企业、投资者、评级机构、金融机构、中介机构等多个层面的复杂网络。其中，企业端是核心，与投资端、评级端、监管端构成 ESG 体系的主要组成，通过各方面共同作用促进企业的可持续发展。

从 ESG 程序环节来看，ESG 全流程包括 ESG 实践、ESG 披露、ESG 评价以及 ESG 投资四个关键环节。企业采取可持续发展措施，提升环境、社会和公司治理方面绩效，增强对 ESG 风险与机遇的把握，满足利益相关方需求，通过对相应信息进行披露，受到评级机构对企业 ESG 绩效的评价评级，进而影响投资者对企业的投资决策。同时，投资收益与回报有利于更好促进企业改善和提升 ESG 治理能力。各个环节相互关联、彼此促进，形成 ESG 一体化运作机制。

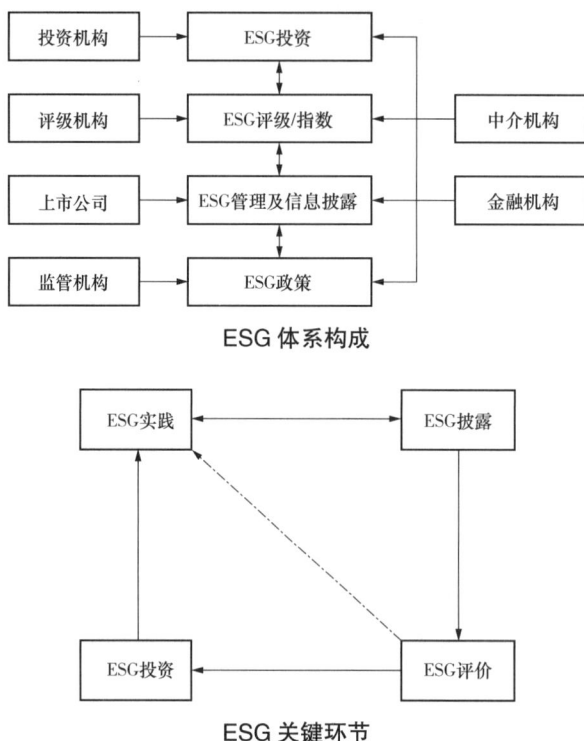

ESG 体系构成

ESG 关键环节

需要强调的是，ESG 理念具有高度包容性，与可持续发展和企业社会责任间既有紧密的内在联系，也有显著的区别特点。

首先，ESG 是衡量可持续发展的重要依据。ESG 理念将可持续发展目标包含的丰富内涵进行归纳整合，两者间具有高度的统一性，积极践行 ESG 理念能够为推动可持续发展做出实质性贡献。同时，基于 ESG 理念的评价方法，可以有效评估企业在环境、社会和公司治理方面的水平，也是综合衡量企业可持续发展能力的系统性方法论。

其次，ESG 是企业社会责任的延伸和拓展。一方面体现为社会责任在资本市场的延伸。ESG 使企业社会责任与资金端更紧密地联系起来，强调企业经济行为与环境、社会间的交互性，利用投资驱动，使社会责任与融资成本、市值等直接挂钩，而非传统道义性的责任输出与奉献。另一方面体现为社会责任在公司治理内容上的拓展。ESG 聚焦环境、社会和公司治理三大核心议题，强调全面量化评估以及风险和机遇意识，更加注重和发挥公司治理功能，精准识别负面影响和薄弱环节，通过内部治理的改善提升，将企业履行社会责任与实现可持续发展、提升综合价值创造有机结合。

（二）国际 ESG 发展情况

随着全球经济快速发展和人口不断增长，对环境、社会造成的影响愈发严重，引发各国对可持续发展的高度关注。自 20 世纪 70 年代起，伦理投资、社会责任投资、可持续发展投资等概念相继诞生并快速发展，通过负面筛选，排除严重影响环境、社会发展的企业与行为，非经济性因素越来越受到投资者关注，甚至成为投资决策的考虑因素。ESG 理念起源于社会责任投资，2004 年，联合国发布

《Who Cares Wins》报告首次提出 ESG 概念，倡导将环境、社会及公司治理问题充分纳入资产管理、金融证券等服务和相关研究，提升企业价值和股东权益，更好促进全球可持续发展。2006 年，《联合国负责任投资原则》（PRI）正式发布，旨在推动投资机构将 ESG 因素纳入投资决策。2015 年，《2030 年可持续发展议程》提出 17 个领域 169 个可持续发展目标，强调以综合方式彻底解决社会、经济和环境三个维度的发展问题。此后，ESG 理念日益得到各国监管机构、投资机构的广泛认同，引起了国际多双边组织的高度重视。

面对新冠疫情、气候变化、劳工矛盾激化等全球性危机频发的严峻挑战，历经十余年发展，代表可持续发展的 ESG 理念逐步成为国际企业界和金融界的重要管理和投资理念，围绕 ESG 理念还形成了较为完备的生态体系。包括 GRI、SASB 等 ESG 信息披露标准，MSCI、富时罗素等 ESG 指标体系和评价方法，ESG 指数、ESG ETF 等投资工具，负面屏蔽、正面筛选、ESG 整合法等多种投资策略。截至 2023 年，标准普尔 500 家大型企业中，已有超过 490 家企业宣布在公司战略中加入 ESG 因素。特别是近几年，国际 ESG 领域动作频频、力度加大。国际可持续发展准则委员会发布《国际财务报告可持续披露准则第 1 号 – 可持续相关财务信息披露一般要求》（IFRS S1）、《国际财务报告可持续披露准则第 2 号 – 气候相关披露》（IFRS S2）等标准，旨在推动建立全球一致、具有可比性的披露标准。欧盟通过建立高标准 ESG 体系加高"碳壁垒"，欧美国家持续强化对企业虚假误导性披露信息的监管力度，遏制"漂绿"现象。这些举动，进一步增强了发达国家在 ESG 领域的话语权和主动权，同时也推高了发展中国家开展国际贸易、投资运营、海外上市等方面的门槛，加大了中国企业"走出去"的违规风险。

1. 欧盟"政策法规先行"

欧盟是最早响应并支持联合国可持续发展目标和负责任投资原则的区域性组织之一，通过建立、完善可持续投资相关政策法规和监管条例，引导带动 ESG 投资发展，是 ESG 政策领域的先行者。欧盟的 ESG 政策具有两方面特点。一方面是突出将公司治理作为切入点，注重企业内部治理架构设计和管控；另一方面是强调非财务信息披露，逐步完善披露政策的操作细节，扩大市场参与主体，提出了明确的强制性要求。例如，2020 年 4 月，欧盟理事会发布《可持续金融分类方案》，明确了可持续投资的统一界定方法；2021 年 3 月，《金融服务业可持续性相关披露条例》提出强化金融产品的信息披露监管；2022 年 11 月，《企业可持续发展报告指令》进一步明确了企业可持续发展报告的强制性披露内容，从法律和技术两个层面共同规范 ESG 发展，构成了 ESG 领域的监管框架；2023 年 7 月，欧盟委员会通过了首批 12 项《欧盟可持续发展报告标准》，标志着欧盟经济向可持续发展转型更进一步。值得一提的是，欧盟在应对气候变化领域采取了更为积极的措施，除欧盟整体政策规定外，多数成员国也在采取额外举措，大力推动可再生能源发展、提高能源利用效率等，相比美国在环境气候议题的反复态度，更具政策的连贯性和一致性，具有较为成熟的 ESG 发展理念、政策体系以及更加丰富的行动措施。

2. 美国"资本市场前瞻"

资本市场是企业一切投融资活动的主要阵地，而投融资活动亦对企业运营和管理产生深刻影响。美国作为全球最大经济体，具有高度发达的资本市场和金融体系，在成熟的市场驱动和调控下，投资者更愿意主动筛选投资标的，控制投资风险、确保收益的安全性。与欧盟 ESG "政策法规先行"形成对比，其 ESG 发展主要呈现"资本市场前瞻"特点，即由资本市场先行反应，随后政策法规相伴而行。例如，美国企业的信息披露在很长时间属于企业自主行动和关联企业要求，政府部门均未作出立法规定。截至 2020 年，美国市场的 ESG 总投资规模达 17.08 万亿美元，占据了世界 ESG 投资总额 48%，并在此后长期位列 ESG 投资规模全球第一，近十年来美国推出的可持续金融产品种类越来越多，形成了较为完整的 ESG 投资产业链和价值链，亦对全球经济产生了重要影响。期间，美国伴随 ESG 投资市场的快速发展逐步跟进完善相关政策法规，颁布《解释公告 IB 2015-01》等明确信息披露相关要求，特别是 2022 年美国证券交易委员会加入"洗绿"行动，更加关注于 ESG 的规范发展。

3. 日本"后发先至赶超"

日本是 ESG 发展领域"后发先至"的典型国家，ESG 发展起点低、时间晚，甚至被联合国前任秘书长安南称作"全世界负责任投资的沙漠"。2014 年，日本可持续投资规模仅为 8400 亿日元，2016 年跃升至 57.06 万亿日元，2018 年达到 221.95 万亿日元，此后日本的可持续投资飞速增长。在 2018—2020 年期间，日本的 ESG 投资规模以 34% 的增速，跃居全球 ESG 总资产规模第三位，仅次于美国及欧洲地区，之后连续稳定保持全世界第三，亚洲第一。日本可持续金融的迅猛发展得益于政策和市场的"双轮驱动"，2014—2015 年先后发布《日本尽职管理守则》《日本公司治理守则》，构成了日本 ESG 政策的两大基石，将可持续发展议题和 ESG 要素纳入董事会责任范畴。此后，以平均每年制修订一至两部相关法规的速度加快健全 ESG 制度体系。此外，日本资本市场亦相对发达，依靠大型机构投资者的积极实践和推进，以及各市场主体的广泛参与，充分将可持续发展和 ESG 理念纳入资本活动当中，共同促进了日本 ESG 的快速发展。

（三）国内 ESG 现状趋势

ESG 理念进入中国时间较晚，其发展可以视作企业社会责任在投资领域不断吸纳国际理念的逐步演变。2006 年，《中华人民共和国公司法》修订案首次明确企业应当承担社会责任，同年，国家电网公司发布了中国第一份企业社会责任报告，带动了社会责任从企业自发的"争议性行为"向企业系统的战略性行为过渡转变。2008 年，国务院国资委印发《关于中央企业履行社会责任的指导意见》，首次针对中央企业社会责任工作提出明确要求，中国证监会出台《关于加强上市公司社会责任的指导意见》，鼓励资本市场上市公司编制和发布社会责任报告。直至 2012 年，国务院国资委发布《关于中央企业开展管理提升活动的指导意见》，将社会责任纳入央企管理提升的重点领域，确立了企业社会责任的明确地位并延续发展至今。此后，随着国内工业化、市场化进程加快，中国企业海外投资、运营规模大幅增长，ESG 理念逐步引入国内，不同主体对企业社会责任与 ESG 的认识程度越来越高，但企业社会责任的主流模式并未改变，仍然多数采用定性方式描述企业在适应利益相关方面的做法和成效，侧重讲好企业故事，还无法有效促使企业通过内部治理来实现社会目标。

党的十八大以来，中国特色社会主义进入新时代，党中央高度重视可持续发展工作，全方位深化可持续发展战略，着力推动我国经济社会的全面协调发展，习近平总书记有关新发展理念、高质量发展等一系列重要论述深刻阐释了我国发展面临的新形势、新任务、新要求，加快和完善公司治理成为提升国家治理体系和治理能力现代化的重要组成，这也为促进国内 ESG 发展奠定了良好基础。其间，企业社会责任的绩效量化需求得到强化，例如，2016 年，中国证监会要求上市公司必须在年报中披露环境信息，促进企业重视环境问题，亦使投资者能够更好地了解和评估企业环保行为。2018 年，中国证监会修订《上市公司治理准则》，确立了环境、社会及公司治理信息披露基本框架；2019 年，联交所发布《环境、社会及管治报告指引》，成为国内 ESG 理念发展的里程碑事件。此后，在国务院国资委等有关部门的大力推动下，ESG 理念的中国内涵持续深化，企业的 ESG 实践不断丰富，进入了快速发展阶段。

总体上来看，我国 ESG 发展尚处于初级阶段，但发展速度快，发展潜力大，探索一条立足当下又面向未来的 ESG 中国化发展之路势在必行。电力行业是国民经济的先导和基础、是生产生活的必需资料、更是现代产业体系的重要支柱以及应对气候变化和降碳减排的主力军，其社会价值与 ESG 涵盖的重要目标高度吻合。积极践行 ESG 理念，不仅关系到企业的高质量发展，整个行业的可持续发展，也关系到经济社会的健康发展。党的二十大报告指出，要全面贯彻新发展理念，加快构建新发展格局，着力推动高质量发展，协同推进降碳、减污、扩绿、增长，积极稳妥推进"碳达峰、碳中和"，推动能源清洁低碳高效利用，完善碳排放统计核算制度，这为我国能源电力加强 ESG 治理提供了根本遵循和科学指引。电力行业更应主动适应 ESG 发展趋势，既是顺应剧烈变化的国际经济形势的迫切需要，也是深入推进清洁绿色低碳转型和实现行业高质量发展的重要举措，更是加快培育具有国际竞争力、世界一流企业的内在要求。

二、电力行业 ESG 发展情况

截至 2022 年年底，A 股上市公司总数为 5079 家，包含电力相关上市公司 360 家，占比为 7.1%。**发电、供电企业方面**。沪深两市共有 73 家上市公司。其中，火电企业 35 家、水电企业 9 家、电网企业 9 家、其他发电（含新能源、核电）20 家。以 2022 年 12 月 31 日收盘价计算，电力板块总市值为 22555 亿元，比上年减少 0.69%，约占全市场总市值的 2.6%。**电力装备企业方面**。沪深两市共有 287 家电力设备及新能源上市公司。其中，电气设备企业 161 家、电源设备企业 78 家、新能源动力系统企业 48 家。以 2022 年 12 月 31 日收盘价计算，电力设备及新能源板块总市值为 61899 亿元，比上年减少 17.8%，约占全市场总市值的 7.6%。本次课题研究对象主要为央企控股电力上市公司及部分民营上市公司，涉及沪深港三市，从 ESG 政策、ESG 治理及信息披露、ESG 评价以及 ESG 投资等方面进行分析研究。

（一）ESG 政策方面

我国 ESG 起步较晚，但 ESG 倡导的环境可持续发展、社会价值更大化、公司治理最优化等内涵与国内政策、发展战略呈现高度一致，从 ESG 视角进行梳理回溯可以发现，早在 ESG 概念普及之前，我国政府部门和监管机构先后颁布的一系列相关政策法规，其内容与 ESG 理念不谋而合，构成了电力行业 ESG 发展的政策基础。

1. 环境方面

我国历来高度重视生态环境保护工作，将生态文明建设摆在全局工作的突出位置，采取了一系列有力措施推动环境保护与经济社会协同发展，构建了以《中华人民共和国环境保护法》《中华人民共和国水污染防治法》《中华人民共和国固体废物污染环境防治法》《中华人民共和国大气污染防治法》等有关法律为主体的顶层设计，形成了整套的环境保护政策体系。原环境保护部、上交所分别制定《环境信息公开办法（试行）》《上海证券交易所上市公司环境信息披露指引》等，亦为 ESG 信息披露打下了良好基础。随着"双碳"目标确立和现代环境治理体系建设的持续推进，环境政策更为聚焦在环保体系、低碳体系、绿色金融等重点领域，为推动我国环境治理发挥了重要作用。

我国环境方面相关政策

时间	主体	政策
2002 年	全国人大常委会	《中华人民共和国环境影响评价法》
2007 年	原环保总局	《环境信息公开办法（试行）》
2008 年	原环境保护部	《关于加强上市公司环境保护监督管理工作指导意见》
	上交所	《上海证券交易所上市公司环境信息披露指引》
2012 年	原银监会	《绿色信贷指引》
2014 年	国家发展改革委等	《煤电节能减排升级与改造行动计划（2014—2020 年）》
2016 年	中国人民银行等	《关于构建绿色金融体系的指导意见》
2017 年	原环境保护部、证监会	《关于共同开展上市公司环境信息披露工作的合作协议》
2020 年	生态环境部等	《关于促进应对气候变化投融资的指导意见》
2021 年	国务院国资委	《关于推进中央企业高质量发展做好碳达峰碳中和工作的指导意见》《中央企业节约能源与生态环境保护监督管理办法》
	生态环境部	《环境信息依法披露制度改革方案》《企业环境信息依法披露管理办法》
	国家能源局	《能源碳达峰碳中和标准化提升行动计划》

2. 社会方面

企业社会责任更具多样性特点，涉及社区关系、劳工实践、消费者问题、产品安全、公益慈善等诸多方面。电力行业具有公用事业属性，和社会互动极为频繁，关联着社会的正常运转。早期国内就已出台《中华人民共和国妇女权益保障法》《中华人民共和国消费者权益保护法》《中华人民共和国劳动法》等，重视各类人群的权益保障。行业主管部门出台有关电力营商环境、安全生产等政策法规也越发密集。此外，社会责任领域已经形成了相对完善的标准体系，例如，《社会责任指南》（GB/T 36000—2015）、《社会责任管理体系要求及使用指南》（GB/T 39604—2020）、《电力企业社会责任实施指南》等，为企业践行社会责任提供了参考依据。

我国社会方面相关政策

时间	主体	政策
2001 年	全国人大常委会	《中华人民共和国职业病防治法》
2002 年	全国人大常委会	《中华人民共和国安全生产法》
	国务院	《禁止使用童工规定》

时间	主体	政策
2006 年	国务院	《大中型水利水电工程建设征地补偿和移民安置条例》
2007 年	全国人大常委会	《中华人民共和国劳动合同法》
	国务院	《职工带薪年休假条例》《工伤保险条例》
2012 年	国务院	《女职工劳动保护特别规定》
2013 年	国家能源局	《供电企业信息公开实施办法》《电网安全风险管控办法》
2015 年	国家发展改革委	《电力安全生产监督管理办法》《电力建设工程施工安全监督管理办法》
2016 年	全国人民代表大会	《中华人民共和国慈善法》
2020 年	国资委、国家知识产权局	《关于推进中央企业知识产权工作高质量发展的指导意见》
2021 年	全国人大常委会	《中华人民共和国乡村振兴促进法》

3. 公司治理方面

公司治理是现代企业制度建设的核心，是增强企业竞争力的基础，上市公司作为资本市场的重要构成，其治理水平更是资本市场成熟的重要标志。随着近年来国有企业改革不断深入、上市公司规模不断扩大，国内出台了一系列指导上市公司改善公司治理的政策文件，推动了治理理念日益深入、治理实践蓬勃开展、治理水平稳步提升，促进了资本市场的长期健康稳定发展。

我国公司治理方面相关政策

时间	主体	政策
2015 年	党中央、国务院	《关于深化国有企业改革的指导意见》
	国务院	《关于改革与完善国有资产管理体制的若干意见》
2018 年	全国人大常委会	《中华人民共和国公司法》
	证监会	《上市公司治理准则》
2019 年	全国人大常委会	《中华人民共和国证券法》
	国务院国资委	《关于加强中央企业内部控制体系建设与监督工作的实施意见》
2020 年	国务院办公厅	《关于进一步提高上市公司质量的意见》
2022 年	全国人大常委会	《中华人民共和国反垄断法》
	国务院国资委	《关于国有资本投资公司改革有关事项的通知》《中央企业重大经营风险事件报告工作规则》
	证监会	《上市公司章程指引》《上市公司股东大会规则》《上市公司投资者关系管理工作指引》《关于完善上市公司退市后监管工作的指导意见》
2023 年	国务院办公厅	《关于上市公司独立董事制度改革的意见》

续表

时间	主体	政策
2023年	证监会	《上市公司独立董事管理办法》
	上交所	《上海证券交易所股票上市规则》 《上海证券交易所科创板股票上市规则》
	深交所	《深圳证券交易所股票上市规则》 《深圳证券交易所创业板股票上市规则》

4. ESG 综合性政策

2018年，中国证监会出台《上市公司治理准则》，首次完整提出 ESG 概念并明确相关要求，此后以资本市场监管政策为主体，ESG 的出现频率越发增加。2022年5月，国务院国资委印发《提高央企控股上市公司质量工作方案》，要求央企控股上市公司完善 ESG 工作机制，健全 ESG 体系，完善信息披露，力争到2023年实现 ESG 专项报告全覆盖，有力推动了国内 ESG 的快速发展。电力行业多以国有企业为主，受政策导向，亦加快了 ESG 发展步伐。

我国 ESG 综合性政策

时间	主体	政策
2018年	证监会	《上市公司治理准则》修订版
2019年	联交所	《环境、社会及管治报告指引》
2020年	深交所	《深圳证券交易所上市公司信息披露工作考核办法》
2021年	证监会	《公开发行证券的公司信息披露内容与格式准则第2号年度报告的内容与格式（2021年修订）》 《公开发行证券的公司信息披露内容与格式准则第3号半年度报告的内容与格式（2021年修订）》
2022年	国务院国资委	《提高央企控股上市公司质量工作方案》
	上交所	《上海证券交易所上市公司自律监管指引第9号信息披露工作评价》
2023年	国务院国资委	《关于转发〈央企控股上市公司 ESG 专项报告编制研究〉的通知》 《央企控股上市公司 ESG 专项报告参考指标体系》
	深交所	《深圳证券交易所上市公司自律监管指引第3号行业信息披露》

此外，面对 ESG 快速发展带来的机遇与挑战，国内行业协会作为政府与企业之间的重要桥梁和纽带，也开展了一系列有益探索和大胆尝试。2022年4月，中国企业改革与发展研究会发布我国首部企业 ESG 信息披露团体标准《企业 ESG 披露指南》（T/CERDS 2—2022），同年11月，中国质量协会发布《企业 ESG 管理体系要求》《企业 ESG 评价指南》两项标准，石油、电力等专业性质行业协会纷纷启动 ESG 发展有关专项研究，为我国制定 ESG 配套政策提供了重要依据，对加快构建中国特色 ESG 体系具有重要意义。

（二）ESG 治理及信息披露方面

近年来电力上市公司对 ESG 发展越发重视，将 ESG 治理视为企业战略发展的重要组成。课题通过现场调研、领导访谈以及问卷调查等形式，重点了解了主要电力上市公司在 ESG 领导机构设置、战略规划制定、主管部门设置、绩效考核以及 ESG 培训等方面的情况。

1. ESG 领导机构设置方面

据不完全统计，超六成电力上市公司已在董事会层面设立 ESG 相关领导机构，较上年增加近两成。例如，大唐新能源、明星电力等企业设立 ESG 委员会 / 工作小组，华润电力、中国能建等企业设立社会责任 / 可持续发展委员会，华电国际、华银电力等设立战略委员会 / 董事会战略委员会，负责 ESG 战略制定、重大事项决策等，定期向董事会汇报 ESG 相关工作并接受监管。

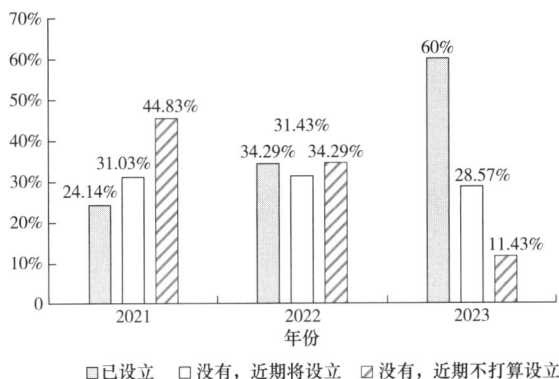

2021—2023 年电力上市公司 ESG 领导机构设置情况

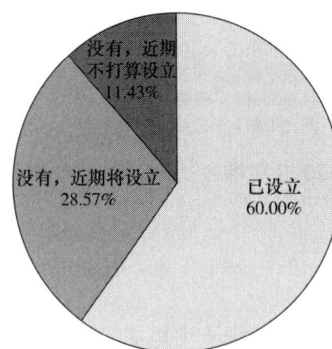

2023 年电力上市公司 ESG 领导机构设置情况

──────────── 典型案例 ────────────

华润电力设置"领导小组－指导小组－统筹小组－推进小组"四级可持续发展管治架构，形成从决策、沟通、执行到汇报考核的闭环管理体系。持续完善可持续发展委员会职能，对委员会角色、职责、成员组成、汇报制度等作出详细规定，并强调委员会对可持续发展事项的监督及检查。在可持续发展委员会指导下，华润电力统筹制定 ESG 管理与实践规划，加强管治机制建设，推动特色责任实践；加大责任沟通与传播力度，加强舆情监测与市场回应，实现可持续发展管理水平及传播水平双提升。

中电控股由董事会负责 ESG 汇报及可持续发展事宜，搭建"最高管治机构－董事会监督－管理层监督－协调层－执行层"的五级 ESG 治理架构，将可持续发展治理纳入企业治理架构，定期审视 ESG 风险和机遇的策略重点，并采用双重重要性概念进一步加强评估。可持续发展委员会在监督集团可持续发展事宜的管理方面承担主要角色，由可持续发展执行委员会支持，并由集团可持续发展部负责协调工作；审核及风险委员会负责监督重大 ESG 风险和 ESG 数据的鉴证工作；集团职能部门和业务单位负责可持续发展相关策略、政策和目标的具体实施。

2. ESG 战略规划制定情况

近八成电力上市公司制定了 ESG 有关战略规划。其中，约两成企业制定专项战略规划，例如，《龙源电力 ESG 建设三年规划》《南网储能环境、社会、治理（ESG）管理体系规划及工作计划》等，约六成企业在已有的公司战略中包含 ESG 相关内容。

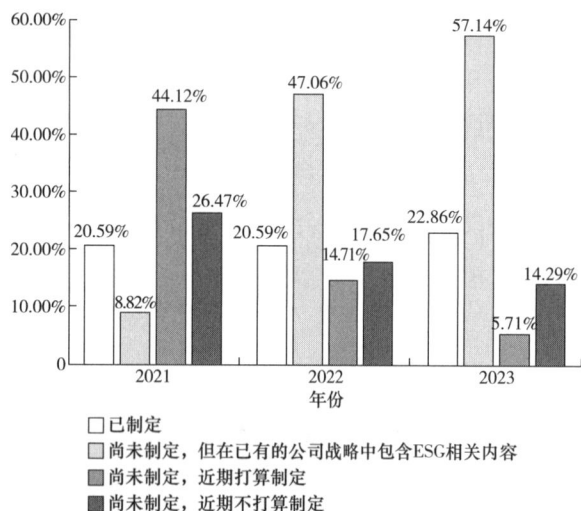

2021—2023 年电力上市公司 ESG 有关战略规划制定情况

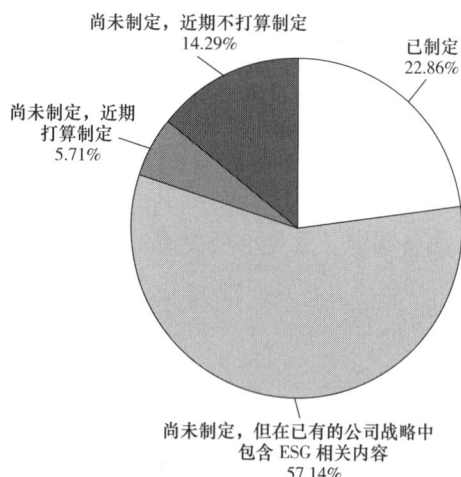

2023 年电力上市公司 ESG 有关战略规划制定情况

─────────── 典型案例 ───────────

国家电投作为全球最大清洁能源企业，依托国企改革三年行动，推动公司治理体系和治理能力现代化，将 ESG 目标融入国家电投"2035 一流战略"和"十四五"规划优化升级方案，制定《建设世界一流企业实施方案》，提出"到 2035 年，ESG 指数（含碳排放强度）进入国际前 20%"的目标；开展"学习型、战略型、创新型"世界一流董事会建设，积极探索董事会深度参与战略规划研究和引领创新机制，注重在董事会和管理层增加女性比例，在董事会层面建立健全贯通上下的 ESG 管治架构，打造央企现代化管治示范样本。

国家电网公司在国内率先开展可持续性管理理论研究，编制发布《国家电网有限公司可持续性管理实务 2.0》，建立具有中国特色的 3V-5S-5C-6M 理论体系。以实务 2.0 为培训教材，采取培训班、专题讨论等形式，组织全层级覆盖、全员参与的公司可持续性管理理念和实践培训，普及可持续性管理知识，凝聚推动公司可持续发展的共识，不断深化对可持续发展和可持续性管理内涵的认识，营造践行可持续发展理念、实施可持续性管理的良好氛围。

─────────── • ───────────

3. ESG 主管部门设置情况

近九成电力上市公司明确了 ESG 工作主管部门。其中，部分企业设立了社会责任/ESG 等单独部门；部分企业 ESG 工作设在证券部或企业法律部；部分企业由宣传部、董事会办公室等部门兼任；一些企业 ESG 工作由两个或多个部门共同负责。由主管部门牵头开展 ESG 重大议题识别、制定 ESG 专项制度等工作。

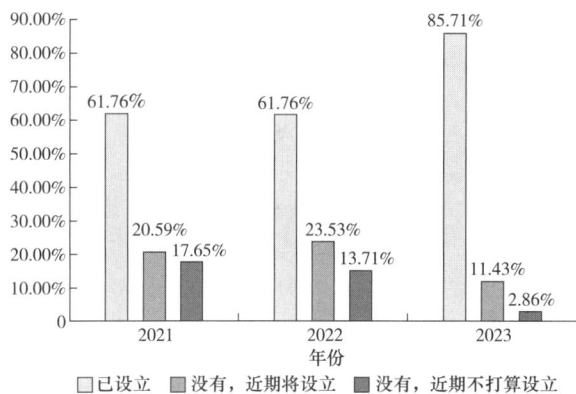

2021—2023 年电力上市公司 ESG 主管部门设置情况

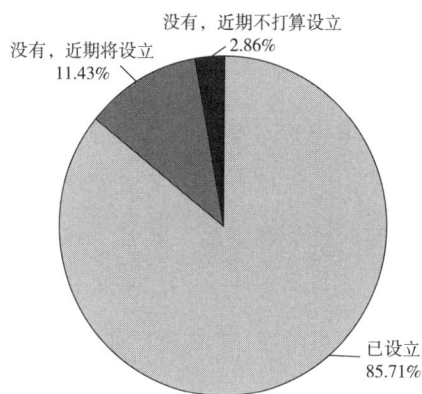

2023 年电力上市公司 ESG 主管部门设置情况

———— 典型案例 ————

中国三峡是首家宣布在总部机构专设社会责任职能部门的中央企业，在履行企业社会责任方面发挥了表率作用。为进一步强化集团公司 ESG 统筹管理，加大技术支撑，筹划成立了三峡集团 ESG 中心，全面开展 ESG 研究和集团相关技术支撑工作。目前，三峡集团已形成了总部职能部门牵头集团层面的管理和监督体系建设、集团 ESG 中心提供技术支撑、集团控股上市公司具体落实的 ESG 组织体系。

中国华能不断强化 ESG 理念的融入渗透，成立了社会责任（ESG）管理委员会，由公司董事会主管，规划发展部归口统筹，下设社会责任处具体执行，总部部门及所属单位设立社会责任负责人，形成了上下联动的社会责任工作体系。在社会责任（ESG）管理委员会的指导下，公司开展了一系列 ESG 管理的创新与探索：滚动更新 ESG 工作规划、编制形成 ESG 制度体系；将 ESG 纳入《党建工作责任制考核评价办法》，促进 ESG 融入生产运营；每年开展优秀责任案例及最美责任图片评选活动，树立先锋楷模，促进所属单位更好地开展 ESG 工作。

4. ESG 纳入考核情况

约三分之一的电力上市公司将 ESG 绩效纳入管理层薪酬考核范畴。例如，中国电力、国电电力、中国广核均为高管设置了 ESG 相关考核指标。但仅两成企业制定了 ESG 专项考核体系或在已有考核体系中加入 ESC 相关内容，实现对部门 ESG 绩效的考核评估。

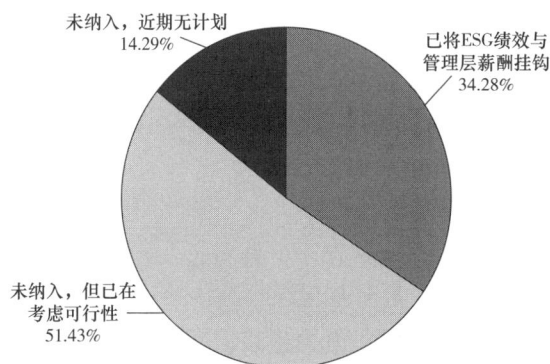

2023 年电力上市公司将 ESG 绩效纳入管理层薪酬考核范畴情况

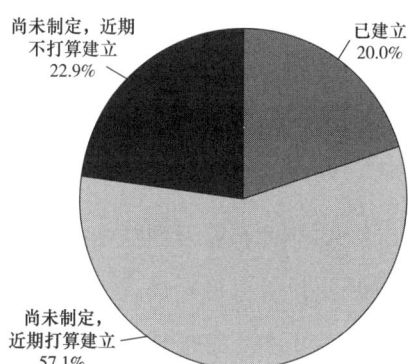

2023 年电力上市公司 ESG 考核体系建设情况

─── **典型案例** ───

中国神华将 ESG 绩效纳入董事会及高管薪酬考核。在董事会设立薪酬与考核委员会，就制定董事、监事、总经理和其他高级管理人员的薪酬计划或方案向董事会提出建议。公司建立管理层任期制和契约化管理制度，签订《经理层成员 2022 年度经营业绩责任书》，将 ESG 指标纳入经营业绩考核，其中安全生产和环境保护作为约束性指标，完成年度目标不加分，未完成扣分；其他 ESG 指标如公司治理、"双碳"目标落实、绿色矿山建设、科技创新等作为个人业绩指标，考核分数占比约为 30%。

长江电力通过明确 ESG 考核指标，为自身可持续发展进展制定标准化的监督框架。在环境方面（E），制定《年度环保绩效考核细则》，明确对生产经营活动中环境管理体系与制度建设、环保管理质量、环保重点工作、环保管理效果及环境责任事件进行考核评分，综合应用于公司各部门、各单位年度业绩考核结果。在治理方面（G），将公司治理作为年度重点任务纳入相关部门考核指标，促进公司股东会、董事会、经理层等各治理主体之间的履职界面、议事流程和规范履职要求等更加清晰。此外，公司董事会对高管人员实行任期制与契约化管理，将安全生产、违规违纪、反腐败等作为考核事项纳入考核指标体系，开展年度经营业绩考核和任期经营业绩考核。

• ───

5. ESG 相关培训情况

超八成电力上市公司每年定期参与外部专业机构组织的 ESG 培训，其中，超六成企业曾组织内部 ESG 培训。此外，约 10% 的企业加入了 ESG 相关行业组织，更好紧跟 ESG 前沿、分享 ESG 成果，参与共建中国 ESG 生态系统。近六成电力上市公司开展了 ESG 优秀评选活动，积极参与"中国 ESG 上市公司先锋 100"榜单、"中央企业 ESG 联盟 ESG 案例征集"等活动。

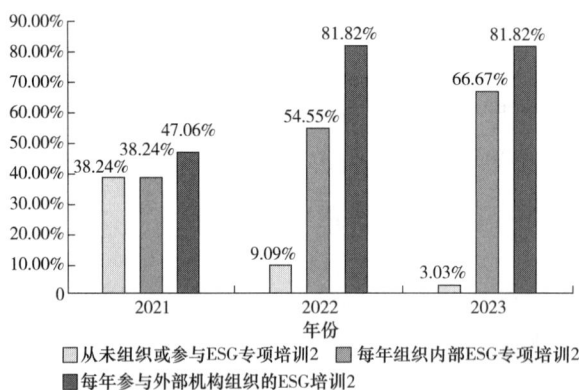

2021—2023 年电力上市公司参与 ESG 培训情况

6. ESG 信息披露及利益相关方沟通情况

根据公开渠道搜集情况，截至 2023 年 6 月，约九成电力上市公司已发布 ESG 相关报告，包括 ESG 报告、可持续发展报告、社会责任报告等。从编制依据来看，电力上市公司 ESG 报告编写的主要参考集中在可持续发展标准委员会《可持续发展报告标准》《中国企业社会责任报告编制指南》、香港联合交易所《环境、社会及管治报告指引》、联合国《2030年可持续发展议程》以及国务院国资委《关于国有企业更好履行社会责任的指导意见》等。**从编制方式来看**，多数企业聘请第三方机构指导或编写 ESG 报告，仅两成企业选择自行编制 ESG 报告，同时部分企业邀请第三方机构对 ESG 报告数据或质量进行审验。

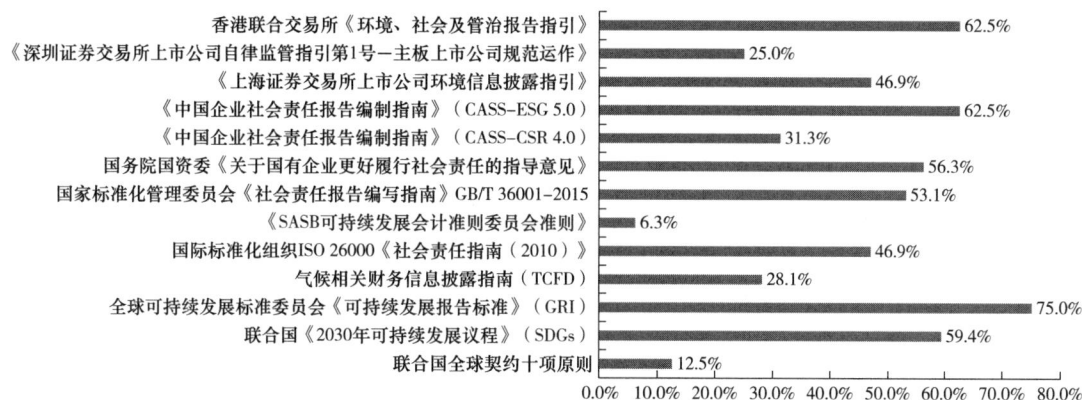

香港联合交易所《环境、社会及管治报告指引》 ┤ 62.5%
《深圳证券交易所上市公司自律监管指引第1号–主板上市公司规范运作》 ┤ 25.0%
《上海证券交易所上市公司环境信息披露指引》 ┤ 46.9%
《中国企业社会责任报告编制指南》（CASS–ESG 5.0） ┤ 62.5%
《中国企业社会责任报告编制指南》（CASS–CSR 4.0） ┤ 31.3%
国务院国资委《关于国有企业更好履行社会责任的指导意见》 ┤ 56.3%
国家标准化管理委员会《社会责任报告编写指南》GB/T 36001–2015 ┤ 53.1%
《SASB可持续发展会计准则委员会准则》 ┤ 6.3%
国际标准化组织ISO 26000《社会责任指南（2010）》 ┤ 46.9%
气候相关财务信息披露指南（TCFD） ┤ 28.1%
全球可持续发展标准委员会《可持续发展报告标准》（GRI） ┤ 75.0%
联合国《2030年可持续发展议程》（SDGs） ┤ 59.4%
联合国全球契约十项原则 ┤ 12.5%

0.0% 10.0% 20.0% 30.0% 40.0% 50.0% 60.0% 70.0% 80.0%

电力上市公司 ESG 报告参考的主要标准

———— **典型案例** ————

中国核电积极推进 ESG 信息披露，健全多元披露机制，明确 ESG 报告管理部门和联络人，协调各职能部门和成员单位共同开展报告的撰写和审核工作，完整、准确、客观地向内外部利益相关方传达中国核电环境、社会及治理工作的进展。截至 2022 年 5 月底，公司发布 10 次社会责任报告和 4 次环境、社会及公司治理报告，积极落实 ESG 管理和行动，提升 ESG 管理水平。两本报告均有中、英文两种版本和纸质版、电子版等形式，有效扩大信息披露范围。面向社会公众，中国核电秉承 Confidence（信心）、Connection（联结）Coordination（协同）的"3C"沟通理念，不断拓宽信息公开渠道，通过官方网站、自媒体微信公众号、新闻发布会、内刊等方式加强非财务信息披露；编制《利益相关方沟通管理手册》，加强利益相关方沟通管理精准化；每年举办"中国核电周""魅力之光"核电科普活动，覆盖范围涉及大、中、小学生等；定期报送环境监测月报和环境监测年报，在生态环境部官方网站公开实时环境监测信息，以多渠道和多方式开展透明沟通管理，赢得公众认可。

国家能源自重组成立以来连续六年发布企业社会责任/可持续发展报告。报告以集团"CE·CE 社会责任管理体系"为蓝本，以 ESG 指标体系为框架，力求最大限度回应国内外社会对能源企业在 ESG 等领域的关注，是央企集团对接 ESG 国际规则进行中国化本土化企业化的实践探索，引起上级部门、众多机构以及利益相关方的广泛关切。编发内蒙古、新疆区域专项报告，明确要求 70 多家考核口径的二级单位都要编制独立的可持续发展报告或 ESG 报告，下属中国神华、国电电力、龙源电力、长源电力、龙源技术、英力特等 6 家上市公司完成 ESG 报告印发，提前实现所属上市公司 ESG 报告全覆盖，打造了"1+M+N（主报告＋专项报告＋子分公司报告）"报告矩阵，向社会展示世界一流的价值追求和"全球可持续能源典范"形象。

总体上看，当前电力行业上市公司 ESG 发展水平整体高于国内平均水平，在推进 ESG 治理方面开展了大量探索实践。但 ESG 作为新兴领域，仍有近九成企业表示希望得到有关 ESG 工作的具体指导，在明确 ESG 标准指引和制度框架、构建本土化 ESG 指标体系、加强 ESG 专项培训、提供 ESG 案例参考、加强 ESG 沟通交流等方面给予支持，更好帮助电力上市公司完善 ESG 治理机制，掌握编制发布 ESG 报告的方法技巧，提升 ESG 工作能力与工作水平。

（三）ESG 评价方面

ESG 评价是 ESG 体系的重要组成，通过评价机构对企业披露信息的整合、分析与评价，一定程度上弥合了投资者与企业间的信息不对称，帮助投资者更好地识别潜在投资标的的 ESG 风险与价值。

1. 国内外主流评价体系

国际方面，当前全球 ESG 评价机构已达 600 余家，基于不同底层逻辑、指标体系、计算方式、权重设定等形成了各具特色的评价标准，明晟（MSCI）、标普道琼斯（S＆P）、晨星（Sustainalytics）、富时罗素（FTSE Russell）等主流 ESG 评价体系均建立了多维度通用型指标库，获得了全球资本市场的高度认可，影响力较大。

国际主流 ESG 评价体系

评价体系	覆盖范围	体系构成	方法论特点	评分等级
明晟（MSCI）ESG 评级	全球范围内 8500 多家公司，以及超过 68 万种股权和固定收益证券	3 个层面、10 个议题、33 个指标	同时考虑风险和机遇；风险评估分为风险敞口和管理，风险敞口表示根据具体公司当前业务和地理区域机遇与该公司的相关性，管理表示公司是否有把握机会的能力；机会评估的工作原理与风险评估类似	分为 7 档，由高到低为 AAA、AA、A、BBB、BB、B、CCC 七个等级
标普道琼斯（S&P）ESG 评级	全球范围内 13000 多家公司	3 项维度近 1000 个数据点	专注于将企业可持续发展表现与经济绩效融合起来，以财务重要性为中心，整合对公司业务价值驱动因素产生影响的长期无形因素；以媒体和利益相关者分析（MSA）跟踪公司的负面争议	评估结果为 0 ~ 100 分，行业前 10% 入选，不区分等级
晨星（Sustainalytics）ESG 评级	全球范围内 14000 多家企业	企业管理模块、实质性 ESG 议题模块及企业独特议题模块三个模块的各类综合指标	ESG 风险评级最终分数是对未管理风险的衡量，该风险定义为尚未由公司管理的重大 ESG 风险	分为 5 档，由高到低为可忽略、低风险、中风险、高风险、严重
富时罗素 FTSE Russell ESG 评级	包括 47 个发达和新兴市场的 7200 多只证券	3 大核心内容、14 项的主题评价、300 多项独立的考察指标	仅使用公开资料（包括公司年报、季报和企业社会责任报告，强制性会计披露，证券交易所监管文件，非政府组织和媒体披露文件等）；排除争议行业，如烟草煤炭、军工等，以及可能违反联合国全球契约（UNGC）原则的公司	分为 5 档，由高到低为 4~5 分，3~4 分，2~3 分，1~2 分，0~1 分

国内方面，相较于国际 ESG 评价体系，国内评价机构通常剔除不适用于中国企业或数据无法获取的有关指标，同时增加中国特色指标。例如，国务院国资委 ESG 评级指标体系设置社会价值板块，从国家、产业、环境及民生价值四个维度，注重考察企业服务国家战略、服务产业发展、服务生态文明建设、服务人民美好生活等水平。国内主流的 ESG 评级体系包括华证 ESG 评级、国证 ESG 评级、万得（Wind）ESG 评级、中证 ESG 评级等。

国内主流 ESG 评价体系

评价体系	覆盖范围	体系构成	方法论特点	评分等级
华证 ESG 评级	全部 A 股上市公司	一级指标 3 个、二级指标 14 个、三级指标 26 个以及超过 130 个底层数据指标	基于当前国内 ESG 信息披露的现实情况，选择披露程度较高的指标；其次，根据行业商业模式特点选择对应评价指标；最后，通过追溯测试选择投资绩效表现好的 ESG 指标。不仅考虑了国内当前 ESG 信息披露现状剔除了不可获取数据的指标，同时新增了较多贴合国内发展阶段的指标，如披露质量、证监会处罚、乡村振兴等	共设置 9 个级别，从高到低依次为：AAA、AA、A、BBB、BB、B、CCC、CC、C
国证 ESG 评级	全部 A 股公司，对满足数据完备性要求的主体开展绩效评价	3 个维度、15 个主题、32 个领域、200 余个指标	评价方法综合考虑 ESG 评价逻辑、数据可得性和有效性，从环境、社会责任、公司治理三个维度全面反映公司可持续发展方面的实践和绩效，根据受评主体的主营业务类别，差异化设置指标和权重，综合体现国际关注要点与国内发展方向	共设置 10 个级别，从高到低依次为：AAA、AA、A、BBB、BB、B、CCC、CC、C、D
万得 ESG 评级	全部 A 股、港股上市公司与重要发债主体，约 8000+ 家	3 个维度、25 个议题、2000+ 数据点	万得 ESG 综合评分计算方法为管理实践评分与争议事件评分加权后求和，管理实践评分的权重占 70%，争议事件评分的权重占 30%	分为 7 档，由高到低为 AAA、AA、A、BBB、BB、B、CCC
中证 ESG 评级	全部 A 股和港股上市公司	3 个维度、13 个主题、22 个单元和 180 余个指标	加权的权重综合考虑公司所处行业特征和指标数据质量；关注上市公司绿色收入、隐含违约率等中证特色信息	分为 10 档，由高到低为 AAA、AA、A、BBB、BB、B、CCC、CC、C、D

2. 电力行业 ESG 评价情况

国际 ESG 评价情况。从不同行业间评价结果对比来看，国际 ESG 评价机构普遍认为电力行业是高耗能、高排放行业，对电力企业 ESG 评价整体偏低。例如，基于明晟 ESG 评价体系的 MSCI 全球 ESG 领袖指数中，与电力相关的能源行业及公共事业行业占比仅为 3.26% 和 1.87%，远低于信息技术、金融等行业。**从国内外企业评价结果对比来看**，国际 ESG 评价机构对中国企业的评价结果普遍较低，明晟对 A 股国企上市公司 ESG 评价结果中，52% 的中国企业处于落后区间（CCC 和 B），没有达到领先区间的中国企业。其中，电力行业中华润电力、中国电力的评级为 BBB，国电电力、东方电气、深圳能源、中国电建的评级为 CCC。

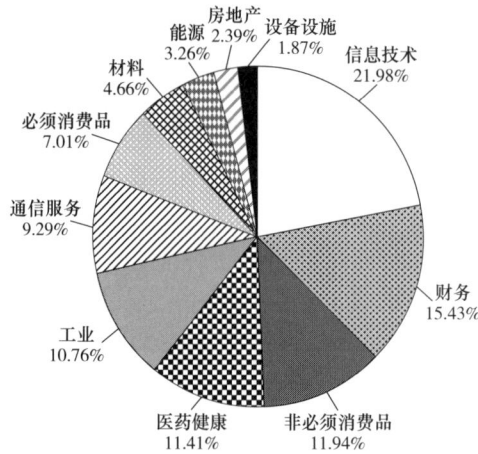

MSCI 全球 ESG 领袖指数行业占比

MSCI A 股国企上市公司 ESG 评级结果分布

评级区间	评级等级	结果分布
领先	AAA	0.00%
	AA	0.00%
平均	A	3.96%
	BBB	11.39%
	BB	20.79%
落后	B	36.63%
	CCC	27.23%

　　国内 ESG 评价情况。以中央广播电视总台 ESG 评价体系为例，以截至 2023 年 4 月 30 日的 A 股、港股的中国上市公司为样本池，依据上市公司市值规模、报告发布情况、影响力、ESG 活跃度等要素，筛选出 855 家上市公司作为评价对象，进行 ESG 综合评价。与国际评价情况相比，855 家企业中约有 35% 的企业达到了领先水平（MSCI 全球为 28.5%），48% 处于居中水平（MSCI 全球为 53%），17% 处于落后水平（MSCI 全球亦为 17%）。评价结果明显高于国际评价机构对我国企业的评价结果，ESG 发展水平与全球大企业相当。

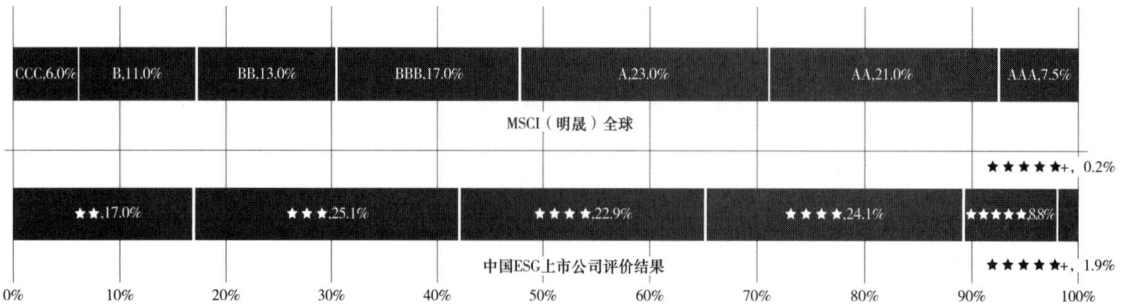

中国上市公司 ESG 评价结果分布

（注：引自中央广播电视总台《年度 ESG 行动报告》）

此外,《年度ESG行动报告》评选出ESG分数领先的100家上市公司构成"中国ESG上市公司先锋100"榜单。其中,10家电力行业上市公司入围,占比达到10%,在所有行业中排名第二。

"中国ESG上市公司先锋100"电力行业表现

母公司	排名	证券简称	证券代码	星级
华润	2	华润电力	00836.HK	★★★★★+
国家能源	19	中国神华	601088.SH/01088.HK	★★★★☆
	63	国电电力	600795.SH	★★★★☆
国家电网	35	国电南瑞	600406.SH	★★★★☆
	47	国网英大	600517.SH	★★★★☆
东方电气	37	东方电气	600875.SH/01072.HK	★★★★☆
国家电投	42	中国电力	02380.HK	★★★★☆
深圳能源	75	深圳能源	000027.SZ	★★★★☆
中国电建	78	中国电建	601669.SH	★★★★☆
南方电网	92	南网储能	600995.SH	★★★★☆

（四）ESG 投资方面

ESG投资概念由联合国全球契约组织提出,是一种将ESG要素纳入投资考量的投资方式,旨在避免ESG风险、挖掘ESG机遇。近年来,ESG投资浪潮席卷全球,各国市场根据自身经济社会发展阶段、资本市场成熟度以及地缘文化等特点,开展了大量探索实践。

从全球视角来看,《联合国负责任投资原则》发布以来,根据万得数据显示,签署机构已达5372家,管理资产总规模达到121万亿美元,有力推动了管理全球一半以上资产的投资机构承诺将ESG因素纳入投资决策。当前全球ESG投资实际规模达到35.3万亿美元,增速远超全球整体资产管理规模。尤其是在2020年新冠肺炎疫情引发市场抛售局势下,ESG投资展现了更为突出的风险规避能力和社会价值,仍然保持了较快的发展态势。预计到2025年,ESG投资规模将超过50万亿美元。这其中,**以欧美为代表领跑投资市场**,采取自下而上的驱动方式,凸显资本驱动主体,近年ESG投资保持两位数增长,ESG资产逐渐成为市场主流产品。**以中印为代表呈现快速发展**,受国内政策和海外资本驱动,基于全球ESG标准进行了一定程度的本土化调整,探索适合自身国情的ESG投资方式,涌现出大量绿色投资产品,但ESG基础设施方面仍有明显短板。**以越南等国为代表探索起步较晚**,受联合国可持续发展目标影响,着手开展ESG监管和评级探索工作,但ESG诉求较弱,ESG投资理念和市场发展整体处于初级阶段。

从国内视角来看,早在ESG理念进入我国以前,国内在可持续发展领域的战略布局就已日趋紧密,通过调整产业结构、优化能源结构、着力提高能效、推进碳市场建设等措施,加快绿色清洁低碳转型,积极应对气候变化等可持续发展议题。其中,绿色金融的国家战略化程度不断加深,顶层设计及监管政策逐步完善,形成了具有中国特色的ESG投资市场。中国绿色金融体系与ESG投资的范围类

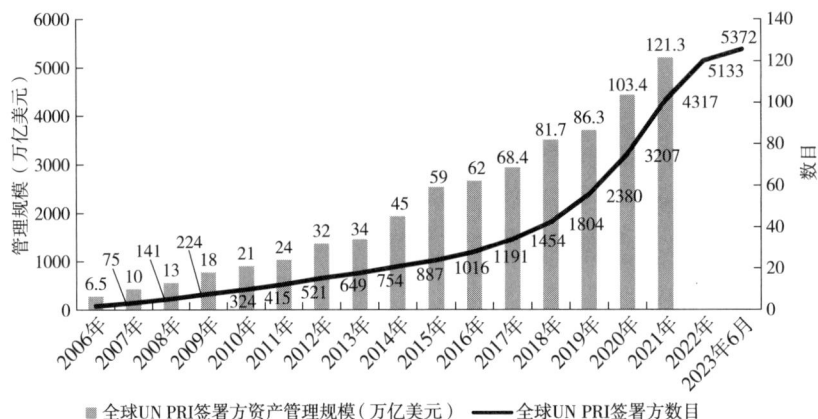

全球 UN PRI 签署者累计数量与管理规模

（注：2022、2023 年 PRI 签署资产管理规模未发布）

似，但具体内涵和框架不尽相同，更强调为支持环境改善、应对气候变化和资源节约高效利用的经济活动提供金融服务，除涉及 ESG 投资外，还包括绿色信贷、绿色债券、绿色保险等内容。

近年来，"双碳"目标的确立是撬动国内 ESG 投资快速发展的最主要力量，带来了庞大的绿色投资需求。特别是 2020 年以后，我国 ESG 基金数量和规模呈现出爆发式增长。按照全球可持续投资联盟定义，国内明确 ESG 投资策略的 ESG 公募基金数量超过 70 只，规模达到 1600 亿，投资标的不仅涉及诸如新能源在内的绿色领域，在消除贫困、乡村振兴、公共卫生等中国特色领域也同样带来了投资机会。值得注意的是，更多基金逐步将 ESG 理念纳入投资决策，虽不作为核心投资策略，但表明了更多机构开始接纳和认可 ESG 理念。按中国绿色金融市场 ESG 投资定义，当前投资策略提及 ESG 概念的泛 ESG 基金投资规模已经超过 6600 亿，加上绿色产业基金、ESG 私募股权基金和 ESG 理财产品等，国内 ESG 投资市场规模已近万亿规模。预计到 2025 年，中国 ESG 投资规模将达到 20 万亿 ~ 30 万亿元，占资产管理行业总规模的 20% ~ 30%，有利于为企业改善经营状况和提升长期盈利能力带来积极影响。

电力 ESG 投资的重点领域包括清洁能源、电力改造、氢能源等，通常以公共事业为分类参与到 ESG 投资当中。其中，风力发电、光伏得到国家政策支持，发展前景好，ESG 投资潜力大；水力发电、核电作为零碳排能源，ESG 投资价值高，但开发难度大。根据万得数据显示，以证监会行业分类计算，截至 2023 年第二季度，ESG 主题公募基金中仅约 2% 的资金配置于电力及电力相关行业。与电力行业在 A 股中的总市值相比，针对电力行业的 ESG 投资仍有较大开发潜力。

三、电力行业 ESG 发展面临的问题挑战

基于当前国内 ESG 发展的整体环境，电力行业 ESG 发展既面临有诸多的共性和普遍性问题，反映出国内 ESG "基础设施"方面的薄弱环节，同时，也存在着一些具有电力行业特点的问题与不足。

（一）行业 ESG 缺少成熟的发展环境

1. ESG 政策缺乏统一性和指导性

ESG 进入我国时间较短，但其先进理念快速受到了国内政府及监管机构的高度关注，逐步发展

为推动企业履行社会责任的重要抓手之一，但总体上政策覆盖和强度仍有不足。**从内容覆盖度来看**，ESG 涵盖环境、社会和治理三方面重点，是复合型概念，但国内政策更多关注于单维度问题，仅少数政策从 ESG 整体角度对企业提出了明确要求。政策覆盖因政府部门职能存在较大差异，在部分领域有着明显短板。这种分散的 ESG 政策模式缺乏整体性指导和协调，缺少推动企业 ESG 发展的顶层设计。**从企业覆盖度来看**，当前 ESG 政策与资本市场关联度较弱，宏观政策对企业的覆盖范围存在缺失或交叉。例如，政府监管层面，主要针对中央企业，不涉及民营及外资企业。资本监管层面，沪深交易所、港交所等监管机构仅关注在其挂牌的上市公司。两种情况均未实现对电力企业的全覆盖，但当某央企所属上市公司在多个交易所挂牌上市时，又会面临多重监管问题，增加了企业的执行难度。

2. ESG 监管深度力度不足

如前所述，近年来欧美等发达国家通过建立高标准 ESG 体系加高"碳壁垒"，提高了我国企业开展国际贸易、投资运营、海外上市等方面门槛，加大了"走出去"的违规风险。基于这样的外部环境，国内 ESG 政策普遍集中在 ESG 信息披露和评价评级相关内容，更多关注"是否披露""提升评级"等现实问题，对于 ESG 治理、披露质量、评价应用等少有约束。加之，电力行业 ESG 标准体系建设滞后，关键技术标准缺失，国际标准关注度不高，难以对企业 ESG 表现进行准确评估，导致了企业在 ESG 实践方面具有较大的自由度和灵活性。一些企业一味关注 ESG 报告的编制和表面符合性，ESG 风险仍然处于高位。

（二）企业 ESG 治理能力有待提升

1. 对 ESG 本质和逻辑认识不足

从社会责任到 ESG 的延续与转变，是可持续发展理念在企业实践中的不断具象和量化，准确把握和处理可持续发展、社会责任和 ESG 的关系是企业推动 ESG 高质量发展的关键所在。当前部分企业缺少对 ESG 理念的充分认识。**一些企业脱离了可持续发展的本质要求**，没有从可持续发展角度来推动环境、社会、治理的发展，反而关注将已开展的工作与 E、S、G"对号入座"，重视短期效益，忽视长期价值增长，没有将 ESG 理念真正作为经营和投资决策的影响因素。少数企业甚至对 ESG 理念存在认知误解，将其视为企业经营中的"合规负担"，缺少推动 ESG 发展的主动性和积极性。**一些企业忽略了与社会责任的内在联系**，搞两条思路、两套体系，存在"两张皮"现象，缺少推动 ESG 发展的思路举措。实际上，长期以来电力企业在社会责任方面积累了大量经验，具有较为健全的工作体系，科学地转化和合理地拓展才是做好 ESG 工作的重要基础。

此外，电力是关系国民经济和社会发展的基础产业，电力企业以大型国有企业为主体，多数并非上市公司。由于 ESG 主要应用于资本市场，政府部门亦未对非上市公司提出有关要求，电力非上市公司普遍对 ESG 认识不足，也缺少对控股上市公司的指导支持。事实上，近年来伴随我国电力企业在海外的影响力不断增加，非上市公司亦会受到国际机构的"被动评价"、面临欧美国家设置的市场准入"门槛"，特别是作为高碳行业，盈利能力已不再是衡量企业优劣的唯一标准，很多具有海外业务的电力企业都会面临 ESG 方面的挑战与风险，尤其是环境表现的评估和考察，需要引起电力企业的高度重视。

2. ESG 治理架构不健全

ESG 管理是一项系统性、整体性、协同性工作，需要"理念—战略—规划—评估"的全要素融合以及"决策—管理—执行"的多层次推进。相较欧美等发达国家，国内电力企业实施 ESG 时间较短，存在 ESG 治理架构不健全的问题。例如，未明确董事会是 ESG 事务的决策机构、未制定 ESG 规划及目标、未明确相关执行部门等。部分企业缺乏 PDCA（计划—实施—检查—处置）的系统观念，尚未形成理念带动实践、实践获得评价、评价引导改善的良性循环，影响了电力企业 ESG 工作的决策效率、执行力度和实施结果。

3. ESG 管理专业化水平有待提升

ESG 理念在国内蓬勃兴起并快速发展，为更好满足自身发展需要，适应海外 ESG 体系标准要求，电力企业对 ESG 领域的专业支撑和人才需求大幅增加。当前我国 ESG 市场的"基础设施"和服务体系尚处于初建阶段，尚未形成完整、专业的培训体系，缺乏普遍认可的行业标准和专业认证，使得企业在 ESG 人才培养和专业管理方面存在一定滞后性。值得注意的是，在 ESG 发展的"火热"背景下快速催生了 ESG 服务产业，大量第三方机构或企业下属机构从事 ESG 咨询、ESG 评价等相关工作，水平参差不齐。行业协会争相制定 ESG 披露、评级等有关标准，由于缺少顶层设计，缺乏权威性和一致性，企业执行也较为困难，需要高度警惕由"过热"引起的"乱象"风险。

（三）ESG 信息披露质量存在较大差距

电力行业面对的利益相关方广泛且多元，可靠可信的 ESG 信息披露是投资者评判企业经营风险的重要工具。当前国内电力企业对 GRI、SASB、ISO26000 等国际标准进行了广泛应用，但受诸多内外因素影响，在信息披露的完整性、可比性和准确性方面均存在一定差距。

1. 信息披露完整性不足

主要体现在三个方面：**首先，政策导向不足**，国内 ESG 信息披露指标多集中于"环境"方面，在"双碳"背景下，关注维度不断丰富，涉及环境管理、绿色金融、清洁低碳、生物多样性等多个层面，而当前对于"社会"和"治理"方面的规定则明显薄弱，缺乏明确的指标规范，导致了 ESG 信息披露体系的发展不平衡。**其次，受到信息敏感性制约**，ESG 信息披露点多面广，部分数据商业敏感性较强，同时电力行业作为重要的能源基础产业，出于数据安全和保密等考虑，企业的披露意愿通常较低。**最后，企业自主性过高**，当前国内 ESG 信息披露仍以自愿性为主，企业在"自愿披露"机制下受利益驱动影响容易产生"择优披露"，致使许多电力企业的披露信息以主观和片面的定性描述为主，倾向于突出正面贡献，而对所带来的环境污染、破坏、违规等负面信息避而不谈。例如，中小型企业更加注重规避声誉风险，火电企业的业务属性在应对气候变化、推动绿色低碳转型方面难度较大，因此部分火电企业缺乏足够的外源推力和内在动力，披露比率仅达 10%～20%。这些问题导致了企业 ESG 信息披露得不客观、不全面和不透明。

2. 信息披露可比性较差

从国内国外对比来看，现行国际 ESG 标准体系由以欧美为代表的资本主义发达国家构建，与我国发展情境中的经济体制和主体、经济发展目标、经济发展阶段不匹配，不涉及中国特色议题的针对性探讨，致使国际标准框架下的很多披露信息对国内企业缺少实质性和可靠性，亦增加了企业信息获取、整合的成本，提高了信息披露难度。**从国内电力企业对比来看**，当前国内尚未出台 ESG 信息披露的统一框架和指标体系，行业内信息披露的横纵可比性均比较弱，不同企业使用不同的数据来源和衡量方法，企业间的披露内容差异较大。即使同一家企业，每年披露的标准及数据统计口径也不尽一致，增加了利益相关方误判的可能性，亟待基于通用框架、行业标准以及特色议题等组合方式，加快探索建立符合中国国情的 ESG 信息披露体系。

3. ESG 信息披露准确性欠佳

国内 ESG 信息披露要求主要聚焦在指引层面，即工作思路和工作成果的要求，并不包括定量指标的披露指导。电力企业覆盖业务布局广、上下游产业链长，在信息采集、处理和披露过程中涉及多专业、多部门协同，面临着数据采集难度大、量化难度大、整合成本高等一系列问题，致使 ESG 信息披露的准确性水平偏低。值得注意的是，ESG 中环境议题与我国"双碳"目标高度契合。当前国内碳排放总量 80% 以上与能源行业相关，其中 40% 又与电力企业相关，作为能源转型和推动"双碳"目标的主力先锋，环境信息披露对于电力企业格外关键，在缺乏明确、统一的披露范式情况下，一些企业主观上具有"漂绿"意愿，进而影响信息披露的准确性。

（四）ESG 评价差异化结果带来一定负面影响

1. ESG 评价的一致性和有效性较差

当前全球 ESG 评价体系呈现多元化发展，评价机构自主制定标准体系，在指标选取、分值、权重等方面存在显著差异，不同机构的评价一致性较差，甚至对一些企业得出截然相反的评价结果。这种情况一方面由于 ESG 评价缺乏有效的企业信息，仅能通过披露内容进行评价；另一方面国际上 ESG 评价也处于发展阶段，还未形成统一的共识和体系。这些问题一定程度削弱了 ESG 评价的公信力和影响力，使得企业难以有效评估自身表现，影响了推动 ESG 发展的主动性。国内评价机构对于电力企业的评价结果同样面临相似情况，且国内评价结果缺少国际话语权，尚未得到国际主流评价机构和投资者的认可。

2. 国际评价机构对我国电力企业评级系统性偏低

虽然国际上不同评价机构的评价结果一致性较差，但对包括电力企业在内的中国企业评级却出现系统性偏低，且中央企业整体低于民营企业。基于明晟（MSCI）评价体系对全球可投资市场的主要新能源企业的评价结果，中国 A 股仅 1 家上市公司进入成分股筛选指数，港股上市公司权重排名基本聚集于末端，落后于全球平均水平，客观推高了企业海外上市、投资运营等门槛。其主要原因在于，国际主流 ESG 评价体系体现了西方发达资本主义国家的价值标准，与中国特色社会主义存在着诸多根本性差异，尤其在"S""G"两个评价维度中更为突出。例如，"党的建设""乡村振兴""共同富裕"等具有中国特色的理念实践，与高度关注风险控制、追求商业利益的评价标准矛盾突出。再者，国有企业是我国国民经济的重要载体，部分经济活动存在着投入大、回报率低、回报周期长等特点，国际评价体系对于非传统市场机制运行下的国有企业经济行为，无法良好地适配。加之西方凭借掌握 ESG 国际话语权，一定程度通过人权、透明度、供应链等问题打压中国企业"走出去"，低估企业价值，误导投资决策，甚至做空中国企业，短期内消除和弥补这种差异的难度极大。

3. 通用性评价体系难以满足电力行业实际需要

近年来国际 ESG 评价体系正逐步缓慢地向着标准化、专业化方向过渡，以标准化手段弥合评价机构间的显著差异，以专业化手段更好适配于不同行业领域的特征评价。现行 ESG 评价普遍不具备典型的行业特征，大部分评价体系还未涉及某个行业的单一性评价方法。但事实上，行业间的巨大差异客观上要求对评价指标进行合理的区分，例如，高耗能行业需要更多绿色转型方面的指标来衡量，而类似金融、互联网等行业则涉及更多的用户隐私、数据安全等指标。对于电力行业来说，传统火电企业与新能源企业的 ESG 指标差异显著，通用性评价指标的准确性、颗粒度以及权重设置难以有效满足电力行业的实际需要。当前，明晟（MSCI）等国际主流评价机构已提出将更加关注不同行业的评价指标和聚合规则。加快推动中国特色 ESG 评价体系建设，是我国实现 ESG 评价领域"弯道超车"的重要途径。

（五）ESG 投资实际驱动效果不佳

"双碳"作为国家长期战略目标，是推动国内 ESG 投资发展的重要契机，根据有关机构预测，将为中国市场带来长达 40 年的投资主题以及至少 70 万亿元的投资机会，涉及光伏、核能、储能、新能源车等诸多赛道。但需要清晰认识的是，ESG 投资作为相对新兴的领域，在国内尚未广泛应用，电力 ESG 投资更加面临诸多局限和挑战。**一方面是投资理念不足**。当前国内 ESG 投资市场尚不成熟，传统投资理念占据主流地位，倾向于短期回报和投机行为，忽视企业长期可持续发展带来的价值提升。当前 ESG 对投资者而言更多用来规避风险，而非正面筛选投资，例如，通过对电力企业的 ESG 要素风险评估，对高风险企业减持投资，反之却很少对 ESG 表现优异的企业增加投资。**另一方面是驱动能力不足**。发展 ESG 投资的本质目的是更好驱动企业普及和实践 ESG 理念，但实际中 ESG 投资并没有成为 ESG 发展的内在动力。近年来在国际 ESG 投资的"过热"激增后，受 ESG 评级有效性、"漂绿"等问题影响，ESG 投资增速回落。对于电力行业而言，作为 ESG 投资标的的企业规模不足，电力上市公司多以中小型企业为主，大型电网、发电企业普遍没有上市，面对市场投资缺乏足够的知名度和吸引力。同时，中小企业和非上市企业又因 ESG 信息更为不透明且难以获取，使得投资者难以准确衡量企业的 ESG 风险和机会，容易形成强者愈强、弱者愈弱的"马太效应"。

四、有关意见建议

积极践行 ESG 理念，是推动电力行业企业高质量发展的重要举措，要加快构建政府主导、企业履责、行业组织引领、专业机构支持、社会公众监督的共治格局和共建机制，合力打造好电力行业 ESG 发展的良好生态。

（一）有序引导电力行业 ESG 健康发展

1. 推动行业 ESG 发展服务于国家重大战略

伴随"双碳"目标的深入推进以及金融市场的双向开放，我国 ESG 发展迅速进入"快车道"。作为 ESG 体系的各方面主体，应当充分认识 ESG 理念的丰富内涵、实践逻辑和科学方法，深刻了解 ESG 与可持续发展、社会责任的内在联系，通过多方协同，着力营造良好的 ESG 发展生态。电力企业作为践行 ESG 理念的实施主体，要坚持以新发展理念为引领，发挥电力"先行"特点，顺应 ESG 发展浪潮，主动响应并深度服务于"一带一路"建设、乡村振兴等国家重大战略目标，推动区域协调发展，创造优质民生价值，塑造更多具有中国特色的 ESG 实践，使电力行业成为推动中国 ESG 发展更深入、更广泛的关键力量。

2. 充分发挥政策引导和监管约束作用

一是健全 ESG 监管机制。巩固和加强以证监会、证券交易机构对资本市场及上市公司监管的主体地位，进一步提升政策覆盖面和一致性，有效连同能源主管部门及国务院国资委等形成合力，增强行业政策与资本市场间的协同联动，推动 ESG 各领域政策均衡发展，形成主辅清晰、各有侧重的 ESG 监管体系。**二是强化 ESG 政策性导向**。充分利用后发优势，用好现有全球性 ESG 成果，吸取国外经验教训，有效发挥"政策驱动"和"市场驱动"两个导向，完善 ESG 发展的顶层设计，推动 ESG 政策法规建设，突出"理念先行、实践为重"，自上而下地推动 ESG 发展进程。**三是加大政府部门监管力度**。加快推动 ESG 标准体系建设，攻关信息披露、评价评级等关键技术标准，为企业提供可靠依据。逐步推动企业 ESG 披露由"自愿"到"半强制"再到"强制"的监管过渡，注重"漂亮报告"与"优秀管理"的关系，重心下移，更多关注披露质量、风险防控、评级结果应用等，积极引导企业 ESG 创新，坚决惩治"洗绿""漂绿"等行为。

3. 稳步有序推动电力行业 ESG 发展

当前 ESG 理念在国内发展火热，但整体上 ESG 发展进程仍处于初级阶段。ESG 着眼于长期效果，短期内需要企业承担一定成本，盲目大范围铺开既不现实也缺少必要性，应根据企业性质、规模，稳步有序地引导电力行业 ESG 健康发展。**对于具有海外业务的电力上市公司要坚持"快步走"**，对标国际一流企业，先试先行，积极扩大信息披露范围、提升评价等级、拓展结果应用；**对于其他电力上市公司要坚持"稳步走"**，以提升 ESG 治理能力为重点，由内向外，通过高质量 ESG 实践有力带动 ESG 披露、评级水平，形成持续改善的良性循环；**对于电力非上市公司要坚持"并排走"**，充分认识 ESG 理念的重要意义，更加注重运用 ESG 理念推动企业可持续发展和价值提升，提高风险防控能力，增强海外运营合规性。此外，通过"先锋 50"指数、"先锋 100"榜单等途径，选取代表性 ESG 企业引领电力行业 ESG 发展，突出央企带头作用，以点带面，逐步扩大 ESG 的实施主体范围和应用深度。

中电联应充分发挥行业智库力量，持续开展 ESG 重点领域的深化研究，积极建言献策，推动完善 ESG 相关政策。加强与有关专业协会、ESG 专业机构沟通协作，建立"电力 +"工作机制，探索涉电领域上市公司 ESG 的全过程服务，更好发挥"立足行业、服务企业、联系政府、沟通社会"功能定位，引导行业 ESG 又好又快发展。

（二）以高质量 ESG 实践推动企业多重价值提升

1. 提高企业 ESG 治理能力

一是塑造企业 ESG 理念。以可持续发展为导向，推动企业经济价值与社会价值相统一，注重长期价值创造，从股东利益最大化观念转向更为广泛地关注利益相关方。进一步增强董事会对 ESG 重视程度，将环境、社会、治理因素融入企业经营和投资决策，夯实 ESG 发展战略基础。**二是健全企业**

ESG 治理架构。积极推动构建可持续发展 /ESG 组织架构及相关工作机制，降低形式化成本，形成组织化、规范化治理体系。以制度化方式健全与利益相关方沟通机制，增强跨部门协同能力，满足 ESG 治理的实际需要。牢固树立 PDCA 系统观念，形成理念带动实践、实践获得评价、评价引导改善的良性循环和闭环管理，有效推动 ESG 在企业的落地落实。**三是倡导全员 ESG 行动**。主动引导企业员工参与到环境、社会、治理的各领域和各层面，将 ESG 表现与考核激励机制挂钩，通过环保倡议、社会服务、道德经营、透明治理等方式，最大程度引入企业员工广泛参与，更好塑造企业形象和品牌声誉。

2. 积极开展多元化 ESG 实践

电力企业是我国企业"走出去"的主力军、先锋队，在国内外具有广泛影响力，更应主动践行 ESG 理念、持续丰富多元化实践，加快提升全球竞争力和治理能力现代化，既是贯彻落实党的二十大精神的具体行动，也是加快建设世界一流企业的客观需要。**环境方面（E）**。要紧密围绕"双碳"目标，坚定绿色清洁低碳发展方向，连同发输配用各领域、源网荷储各环节协同发力，以实际行动推动降碳、减污、扩绿，推进生态优先、节约集约、绿色低碳发展。积极应对气候变化，关注生态系统保护、生物多样性保护等，引导社会节约用能、高效用能、绿色用能。**社会方面（S）**。要高标准高要求履行企业社会责任，扛稳电力保供政治责任，持续改进电力营商环境，积极贡献乡村振兴和公益慈善，创造更大社会价值，引导社会各界了解电力、认同电力、支持电力。要高度重视供应链管理，健全供应链审查机制，有力带动电力上下游企业创造长期的可持续价值，共同面对 ESG 挑战，助力产业 ESG 升级。**治理方面（G）**。要坚持以党的建设为引领，把党的领导优势更好地转化为治理效能，嵌入中国特色 ESG 实践，推动党建引领、公司治理、ESG 治理相互融合。完善透明公开的信息披露机制，健全风险管理体系，持续推动党风廉政建设和反腐败斗争，深入实施创新驱动发展战略，切实发挥电力行业在建设现代化产业体系、构建新发展格局中的重要支撑作用。

3. 提升企业 ESG 专业化水平

广泛普及 ESG 理念及基础知识，加大企业员工培训力度，积极营造可持续发展文化氛围。加大企业 ESG 管理人才培养，促进在跨境投融资、标准建设等领域国内外交流合作，吸纳先进经验、融入自身实际，大力培养复合型 ESG 人才。提升数据采集、分析、整合等治理能力，根据实际需要，适时提高信息化水平。充分发挥行业协会桥梁和平台作用，积极推进 ESG 领域的信息共享，用好主题研讨、学术交流、专业培训等平台机制，通过案例汇编、蓝皮书等多种形式，促进行业 ESG 典型实践交流分享，推动可持续文化理念的传播推广，有效提升企业 ESG 管理专业水平。

（三）加快构建电力行业 ESG 信息披露体系

1. 建立多层次 ESG 信息披露标准

参考全球报告倡议组织（GRI）、国际可持续发展准则理事会（ISSB）等主流机构信披指引，助力国内信息披露规范化发展，基于通用标准、行业标准、特色议题等维度，构建电力行业 ESG 信息披露标准体系，指导企业开展相关工作。**一是通用标准层面**。涵盖环境、社会、治理等各领域，适用于不同行业及不同规模企业，明确应当披露的基础性、关键性信息，提供标准范式、绩效度量、通用指南等相关内容，补强"S""G"披露指标短板，满足投资者等利益相关方的基本需求，增强披露的可比性和透明度。**二是行业标准层面**。聚焦电力行业特点，明确特定 ESG 指标及度量方式，合理区分自愿性和强制性披露划分，明晰披露边界，着重反映行业可持续发展的优秀实践与创新，促进行业内企业的比较竞争。**三是特色标准层面**。基于"十四五"规划和"双碳"目标背景，探索建立 ESG 信息披露的模块化特色标准，充分考虑我国的特色大国情境，以及经济发展目标、经济发展阶段等，将诸如国有企业、电力可靠性、生物多样性、"双碳"等特色模块纳入特色标准制定参考，提升信息披露的针对性。

2. 提升 ESG 信息披露质量时效

分规模、分阶段扩大 ESG 信息披露主体范围，明确企业信息披露义务和要求，加快实现央企控股上市公司 ESG 报告发布全覆盖，积极引导中小企业增强 ESG 信息披露主动性。严格执行信息披露时限规定，统筹、客观做好负面信息披露工作，提高 ESG 报告发布的时效性和均衡性。健全 ESG 信息披露监督机制，通过企业内部审查，第三方机构评价、引入利益相关方监督等方式，满足议题实质、数据可比、信息平衡、内容完整、报告可验证等要求，防止企业数据造假，扰乱市场秩序等行为，保障电力行业 ESG 信息披露体系建设的有序推进。

中电联应发挥行业标准化管理优势，持续跟进国内外 ESG 信息披露最新进展，组织编制电力行业 ESG 信息披露有关标准，提高企业信息披露标准化、规范化水平。统筹建立涉电领域上市公司数据信息库，提升第三方服务和评价能力，以自主申报方式开展常态化统计监测，结合电力信用体系建设，支撑对企业信息披露可靠性的监督治理。

（四）构建符合中国特色、行业特征、国际接轨的 ESG 评价体系

1. 建设中国特色 ESG 评价体系

坚持立足国际"求大同"、本土特色"存小异"的总体思路，吸收可持续发展框架内的全球共识议题，通过引入反映中国特色的 ESG 价值观，将国际共识原则和我国特色路径有机融合，避免另起炉灶、另搞一套，为客观评判企业 ESG 表现提供本土化工具。**"求大同"方面**，基于联合国可持续发展目标等具有国际共识的框架设置相关议题，例如，环境维度中温室气体排放总量、强度以及管理等核心议题，社会维度中充分就业、员工福利、职业健康等普遍关注，保持与国际评价体系协同性和可比性。**"存小异"方面**，充分考虑我国新兴市场在发展阶段、投资者结构和监管制度等方面的差异，增强指标设置、权重的包容性和适用性。例如，环境维度中重点考察"双碳"举措，充分体现企业在节能减排、防治污染等方面取得的成效；社会维度中设置共同富裕、乡村振兴等契合中国式现代化建设目标的特色议题；治理维度中纳入"党的建设"相关指标，考察内控质量对企业经营的重要影响。通过兼顾本土特色，探索多样化"ESG 组合"，准确评价企业 ESG 的综合绩效表现。

2. 持续加强国际交流与合作

准确把握全球 ESG 发展动态与走势，积极参与国际规则、标准和公共政策等制定，推动国内外 ESG 标准的接轨互认。大力传播 ESG 实践和低碳转型发展的中国经验，讲好电力故事、传播电力价值，扩大本土 ESG 评价体系影响力，逐步提升我国在国际 ESG 评价领域的认可度和话语权。支持头部企业发起或加入 ESG 相关国际组织，大力服务电力企业"走出去"，促进企业开拓国际市场，着力在适应全球化竞争中改善和提升可持续发展能力。

3. 探索细分领域的电力专业性评价标准

针对电网、发电、电力建设等多种企业类型，以及企业经营方式、供应链管理等多方面差异，逐步探索建立适应电力行业需求的精细化、差异化评价标准，突出能源产出与排放、能源转型、电力供应可靠性等行业特点，着力消除诸如水电、火电企业间的本质性差异，聚焦电力企业 ESG 实践表现，为推动企业 ESG 建设发展提供适配可行的专业指引，为投资者审视电力企业 ESG 表现提供更具公信力的科学参考。中电联应结合新型能源体系建设，动态关注数字能源、移动能源等新产业新业态，分批有序、系统科学地构建电力企业评价指标体系，积极培育电力行业 ESG 评价专业机构和专业人才，逐步扩大国内 ESG 评价影响力。

（五）以 ESG 投资带动 ESG 治理能力提升

随着 ESG 理念在国内的普及和发展，未来 ESG 投资具备着较好的发展潜力和空间，在优化投资结构，促进企业可持续发展方面贡献积极作用。**首先，注重以高质量信息披露吸引 ESG 投资**，进一步加强 ESG 信息披露和公示，拓展 ESG 评价结果应用场景，提高企业的透明度和可信度，使投资者可以更加全面准确掌握企业情况。**其次，注重培育良好的投资理念和环境**，要充分发挥资本市场在资源配置中的决定性作用，引导各类市场主体加大 ESG 产品供给，持续吸引更多公募基金、保险机构、社保机构等中长期投资机构参与 ESG 投资，促进 ESG 投资产品的多样化和市场化。增强第三方机构在 ESG 领域的估值定价能力，客观评价企业可持续发展能力，提高 ESG 投资回报率。**最后，注重以 ESG 投资驱动企业改善经营行为**。积极倡导践行 ESG 投资策略，凭借金融市场风险规避功能，有效"屏蔽"企业不良行为，甄别不良项目潜藏风险，引导电力企业主动改善经营行为，形成 ESG 全流程的闭环管理，更好促进电力行业的转型升级。

综上所述，ESG 的快速发展得益于 ESG 体系的不断健全与完善，在政府、企业、评价机构、投资机构等多方共同作用下，积极构建良好的 ESG 发展生态，有利于促进电力行业 ESG 有序健康发展。电力企业应坚持以可持续发展理念引领 ESG 发展，将加快低碳转型作为行动自觉，加快提升全球竞争力和现代治理能力，为推动企业可持续发展、促进行业高质量发展、助力中国式现代化建设贡献新的更大力量。

综合实践

光伏汇蓝海，沙漠变绿洲——宁夏腾格里沙漠新能源基地项目

龙源电力集团股份有限公司

一、单位简介

　　龙源电力集团股份有限公司（以下简称"龙源电力"），是中国最早开发风电的专业化公司，率先开拓了我国海上、低风速、高海拔等风电领域，率先实现中国风电"走出去"，构建了业内领先的场站设计、技能培训、预知服务、技术监督、功率预测、数据分析、建模仿真、绿电交易、碳资产管理、前期咨询等十大技术服务体系，不断引领行业发展和技术进步。2023年上半年，龙源电力营业收入198.52亿元，归属权益持有人净利润49.58亿元，主要业绩和财务指标实现快速增长，可再生能源控股装机容量达到2974.8万千瓦·时，持续保持世界第一大风电运营商领先地位。

二、案例背景

　　荒漠化已经成为一个不容忽视的全球性环境和社会难题。"沙戈荒"地区虽不适合人类生存，却是实实在在的能源绿洲。中国政府提出要持续推进产业结构和能源结构调整，大力发展可再生能源，在沙漠、戈壁、荒漠地区加快规划建设大型风电光伏基地项目。自此，中国开始向"沙戈荒"地区进军，宁夏腾格里沙漠新能源基地应运而生。由龙源电力集团股份有限公司实施的宁夏腾格里沙漠新能源基地是全国首批首个"沙戈荒"新能源基地项目，是国家第一条以开发沙漠光伏大基地、输送新能源为主的特高压输电通道——"宁电入湘"工程的重点配套项目。

三、实施路径

　　项目1期规模为100万千瓦，总投资53.3亿元，光伏场区占地面积约2.8万亩，配套建设1座330千伏升压站，1座100兆瓦/200兆瓦时储能电站。

1.解决沙漠地区新能源建设难题

为践行ESG理念，生态治理与工程建设同步实施，将光伏组件中心点提升至距地面3米，增大地

面耕种空间，为地表治沙、植被种植、后期发展"光伏＋农业"示范项目留足空间。

由于工程建设难度高、时间紧、任务重、施工体量大，龙源电力成立项目保投产领导组，进驻现场，倒排工期，施工节点细化到日，不断优化施工组织方案，科学调配有效资源，项目建设势如破竹。10天完成2.8万亩场地平整，在沙漠地区，交通运输难度非常大，上千车辆奋战十天十夜，才将流动沙丘规整为平整沙地。28天完成330千伏升压站土建工程，60天完成330千伏升压站电气安装。70天完成330千伏送出线路144基铁塔组立和51千米导线展放。90天完成33万根PHC管桩施工、安装组件1.2吉瓦；48小时内完成311台箱式变压器送电、4354台逆变器的带电工作。

联合北京设计院、中卫市林草集团等机构，编制《集中式沙漠光伏建设方案》，定期组织专业技术骨干进驻现场，全程指导施工过程中发现的设计缺陷和各类问题，提高工程质量。

注重承包商管理，将工期节点、质量控制、安全管理三大目标写入承包商服务合同约定。因地处沙漠深处，地层结构复杂多变，打桩作业坍塌不成孔，仅用3天时间就摸索出"注水加6米引孔机"的精准施工方法。

2. 探索"物理＋生物＋种植实验"综合治沙模式

（1）物理治沙—沙障＋草方格。为防止流沙，龙源电力在光伏方阵外围搭建1.2米～1.8米高的三道立体防沙障及一道1.8米高的防护围栏，共形成四道防护网，降低外部输沙量，犹如长城般将移动沙丘拦截在外，保障固沙植物的存活率，为场区防沙治沙保驾护航。

在光伏板下扎2.6万亩半隐蔽式1米²草方格，形成地面小挡风墙，有效增加沙地表面的粗糙度，避免流沙堆积。

（2）生物治沙—播撒荒漠植物的种子。通过植物专家协助、对标国内外领先行业经验，完成草方格扎设后，采用人工撒播的方式，在光伏板下草方格中播撒了42吨沙蒿、沙米、沙打旺、木地肤、蒙古冰草等沙生植物草籽。项目还就地播撒花棒、沙拐枣等荒漠植物的种子，种植沙柳、红柳等灌木，将它们精心培育成树苗种植到光伏治沙场区，进一步巩固固沙成果。通过光伏板的安装，能够有效降低光伏板下沙地的蒸发量，提高水分保有量，改善沙漠地区高温干旱情况，更加有利于沙生植物的茁壮生长。

（3）其他治沙探索—沙柳栽植、大棚种植和生态观测点。通过与学术界、当地社区的紧密合作，针对性开展治沙实验。在项目驻地北侧选取两处5米×20米地块建设薄膜温室大棚，直接在原始沙地上混合农家肥，进行菠菜、萝卜、油菜、蘑菇等蔬菜作物种植实验。邀请当地具有丰富栽植经验的居民全程指导，选用20亩光伏区原始地貌的20厘米～30厘米沙柳枝，进行沙柳枝自发芽栽植实验，在场区道路两侧种植600棵成品沙柳苗，试验不同种植方式下的成活情况，为"光伏＋生态治理"示范项目积累经验。

设置生态观测点，采用华为9寸球机800万星光级红外球形摄像机，通过手机App等方式实时观测和提取影像图片资料、监测项目温度、湿度等数据变化，为项目生态修复探索提供数据和影像资料支撑。

3. 建设信息化、数字化、智慧化电站

采用80%固定可调支架和20%平单轴支架和针对性场平方案，提高项目发电能力并降低项目整体造价，大幅提升了项目整体效益，用实践持续助力设计数字化转型。

同时，项目大幅提高智能设备配备，实现动态环境管控，全站智能监控、预警的功能有效提高项目新能源送出比例。

四、履责成效

1. 实现发电效益、生态效益、社会效益多赢

项目每年可提供清洁电能 18 亿千瓦·时，可满足 150 万个家庭一年的用电量，相当于节约用煤 54 万吨，减排二氧化碳 150 万吨。沙漠地区光伏电站选址及用地条件较为复杂严苛，运维难度大，运维成本以及风险相对较高，流动性的沙丘、沙尘暴对电站的破坏不言而喻。通过开展多元治沙模式和治沙经济，在防风固沙的同时，降低电场的运营风险，为电场正常运营维护增添保障，实现经济、社会、环境效益融合多赢。

2. 创新探索出新路径新模式

项目运用"林光互补""农光互补"技术，采取"林草结合"模式，扎草方格并在草方格中播撒耐旱植物种子，通过 2.6 万亩草方格铺设及草籽播种的方式防风固沙。在草方格中播撒的种子已经冒出绿芽，板间实验的蔬菜、花卉长势良好。同时开展大棚种植、沙柳栽植实验，设置生态观测点，实现"板上发电、板间种植、板下修复"新格局，形成光、林、草相结合的林沙产业新模式。下一步，还将通过生态观测点监测草籽、灌木等林草长势，积极开展农产品种植实验，为生态修复和沙地农光互补提供数据支撑。

3. "新能源 +"融合发展示范效应初步显现

在建设方面，该项目在开工设计、寻求专业支持、加强承包商管控等领域，不断优化施工组织方案，科学调配有效资源，并且组织编辑《集中式沙漠光伏建设方案》，为行业内企业开发类"沙戈荒"项目提供了实际的落地经验。**在生态保护方面**，该项目提出多种光伏治沙理念与实验，通过扎草方格、播撒耐旱植物种子，同时开展大棚种植、沙柳栽植实验，设置生态观测点，开创"板上发电、板间种植、板下修复"新格局，形成光、林、草相结合的林沙产业新模式，实现单位土地资源的立体多重应用的新理念。**在技术方面**，该项目运用平单轴支架通过风速传感器数据及时调整倾角，做好大风期间的支架安全性保护；采用微控制器处理技术，利用高精度倾角传感器和太阳运行轨迹相结合的方式，实现对太阳的精确跟踪，可提升约 10% 发电效能，为同行企业提升沙漠地区光伏电站发电量提供了重要技术参考。

作为沙戈荒大基地项目的先行者，龙源电力通过宁夏腾格里沙漠新能源基地一期项目探索出的"新能源建设 + 沙戈荒生态系统保护和修复"发展模式，将为今后的沙戈荒大基地项目建设提供了新能源 + 融合发展的新思路、新路径、新示范。项目获 CCTV1 新闻联播、CCTV13 朝闻天下、宁夏新闻联播报道，同时获宁夏日报、中卫日报等报刊刊登。

五、工作展望

龙源电力将持续谋划大基地项目开发，不断创新探索新能源 + 融合发展模式，坚持将 ESG 理念切实融入每个项目的全生命周期中。面向未来，作为新能源行业的领军企业，我们将以 ESG 为驱动，持续创新探索，为提高国家能源安全保障能力、推动能源清洁低碳转型、实现行业的可持续发展，如期实现"碳达峰、碳中和"目标任务贡献力量。

以 ESG 驱动"一带一路"能源高质量发展

上海电力股份有限公司

一、单位简介

上海电力股份有限公司（以下简称"上海电力"）致力于做绿色低碳行动的先行者和示范者，是一家集火力发电、风力发电、光伏发电、氢能、储能、楼宇供能、综合智慧零碳电厂、智慧能源科技研发与应用等于一体的现代能源企业。

近年来，上海电力坚持把 ESG 治理融入生产经营、改革发展全过程，积极健全 ESG 工作机制，努力创造企业社会效益和经济效益，推动快速高质量发展。积极响应国家"一带一路"倡议，以应对气候变化、带动产业发展等为切入口，大力拓展境外能源市场，实现互惠多赢发展。目前已在土耳其、日本、马耳他、黑山、匈牙利等"一带一路"沿线 12 个国家建成投产了一批能源项目，境外资产总额超过 240 亿元，在运在建总装机超过 220 万千瓦，国际化指数 18.91%。上海电力"一带一路"投资项目均做到效益良好、合规运行，为所在国家和地区的能源安全提供了有力保障，是不可或缺的重要基础设施，得到了当地政府和社区民众的好评与赞誉，树立了良好的国际声誉。

二、案例背景

国家电投上海电力于 2013 年启动土耳其胡努特鲁电厂项目，2018 年 7 月份场平开工，2019 年 9 月份浇筑主厂房第一罐混凝土。在项目推进过程中，上海电力始终秉承 ESG 理念，将环境、安全、治理等理念融入前期设计、工程建设、生产运营全过程，全力克服疫情、俄乌冲突等挑战，一路攻坚克难，一路闯关夺隘，真信、真干、真成，高质量高标准推进工程建设。2 台 66 万千瓦超超临界火电机组先后于 2022 年 6 月份、10 月份实现投产，中国设备供货率超过 90%，年发电量约 90 亿千瓦·时，约占土耳其年发电量的 3%，同时利用厂区屋顶、空地、边坡等建设光伏项目，打造火电＋新能源混合电站。自投产以来，胡努特鲁电厂取得了良好经营效益，同时在能源保供、抗震救灾、履行社会责任方面积极担当作为，其中抗震救灾相关事迹仅在央视就报道了 9 次，并得到了土耳其能源部和当地民众等高度肯定。

三、实施路径

（一）环保为先，建设海龟宜居家园

作为 ESG 的第一个字母，"环境"是关键一环。由于工程现场位于土耳其自然保护和国家森林公

园总局于 2009 年 10 月颁布的《海龟保护通则》中规定的海龟筑窝区，是濒危动物绿海龟的产卵地，每年 5 月~9 月，绿海龟来到这里的沙滩上产卵。胡努特鲁电厂为保护这一珍稀濒危物种，营造良好的海洋生态环境，制定实施《海龟保护施工管理规定》，优化施工设计，采取了一系列措施。

为尽量减少对海洋生态环境的影响，上海电力大力推广应用最先进的环保技术，在脱硫、脱硝、除尘、废水处理、生态保护等方面的总投资超过了 7 亿元。如结合当地夏季平均相对湿度小于 80%、平均气温小于 32℃等情况，经过与设计院多次优化设计，将原项目一次循环冷却水方案优化为"烟塔合一"二次循环冷却水方案，冷却塔高 175 米、热力抬升高度 250 米，烟气物通过冷却塔热力抬升后排放，使烟气在高空中得到了充分的扩散和稀释，大大降低落地浓度；同时，采取二次循环方案，在降低排水量、控制排水温升等方面成效显著，海水取水点推远了近 1 千米，排水量大幅降低为一次循环方案的 1.7%，排水温升由原来的 7℃降到小于 1℃，大大减少了对海洋生态环境的影响。通过创新应用"烟塔合一"技术，建成了国家电投首座境外没有烟囱的发电厂，得到了土耳其环境和城市规划部等政府部门以及当地环保组织、民众的高度赞誉。

为尽量减小对海龟生活环境的影响，胡努特鲁电厂把输煤栈桥和引接道路创新设计为大跨距桁架桥方案，直接跨越属于第一类和第二类海龟保护区的沙滩部分，使海龟产卵地得到了良好的保护。此外，在海龟产卵期间，胡努特鲁电厂采用长波长光源，控制亮度和散射，以及停止现场施工、组织志愿者清理杂物等措施，最大限度地减少对海龟产卵、小海龟返回大海的影响。2020 年以来，当地海龟保护专家多次前往检查，如 2021 年海龟产卵季，在沙滩上共计发现了 61 个海龟巢穴，约能孵化出 3500 只左右的小海龟，较往年的巢穴和小海龟数目均有显著增长，证实项目所在地的环境得到了良好的保护，对电厂采取的保护措施给予高度肯定，也得到了土耳其国家广播电视台等主流媒体的广泛报道，有力塑造了负责任的中资企业品牌形象。

（二）融合发展，促进能源供应安全与结构转型

在胡努特鲁电厂建设过程中，上海电力秉承国家电投建设世界一流清洁能源企业的战略愿景，结合当地用电紧缺局面，以及厂区内太阳能资源丰富、非常适合光伏电站建设的情况，在推进火电项目建设的同时，积极筹划，全力推进光伏项目开发，成功打造火力发电＋新能源融合式能源大基地，也是该国装机容量最大的混合电站项目。目前，一期 21 兆瓦光伏项目已实现全容量并网，二期光伏项目 26.9 兆瓦光伏项目计划 2023 年年底全容量并网。项目全部建成后，每年可提供清洁电能约 3338.6 万千瓦·时，节约标准煤约 10179.4 吨，减少污染物排放约 27789.6 吨，实现了中国技术、中国方案、中国设备"走出去"在土耳其落地升级，在切实提高电力供应保障能力的同时推动当地能源结构转型。自开工建设以来，胡努特鲁电厂在带动就业、服务民生等方面，积极履行社会责任，如积极雇佣当地员工，提供了一大批就业岗位。同时，依托项目建设及运维，通过传帮带等方式，培养土耳其籍电力专业人才，为当地电力事业发展提供有力支撑。

（三）勇于担当，抗震救灾彰显中国力量

2023 年 2 月 6 日，土耳其卡赫拉曼马拉什省连续发生 7.8 级、7.6 级两次特大地震，造成巨大的人员伤亡和财产损失。上海电力胡努特鲁电厂距离震中仅 110 千米，在地震发生后，一方面，上海电力从国内抽调技术骨干万里驰援；另一方面，电厂迅速开展隐患排查和应急抢修，迅速消除了氢气系统、卸船机系统等故障，保证了电厂的连续安全运行，也成为阿达纳省区域唯一一家保持连续运行的发电厂，保障了震后灾区的用能需求。在抢修保供的同时，胡努特鲁电厂全力配合开展抗震救灾行动。当获悉中国国家救援队抵达阿达纳机场，由于无法携带大量救援物资，救援队需要当地中资企业帮助准备救援方木和医疗夹板等情况后，迅速组织员工联系当地木材商和加工厂等单位，多方争取，与时间赛跑，最终完成了全部救援方木的切割和装车工作，同中国国家救援队一起将救援物资送到抗震一线。此外，胡努特鲁电厂自发做好受灾员工家庭的救助工作。比如了解到有的员工家中房屋已经完全不能居住，立即腾出厂区员工宿舍、职工活动室等进行安置，并提供食堂就餐、医疗药品、生活物资等，帮助他们渡过难关，生动诠释了"一方有难、八方关怀"。胡努特鲁电厂能源保供、抗震救灾事迹也在中央电视台 3 个频道、8 档栏目共播报了 9 次，取得了良好效应。

四、履责成效

（一）社会效益

胡努特鲁电厂的高质量投产，不仅有效缓解了当地用电紧张局势，而且电厂自工程建设以来，坚持大力雇佣属地员工，土耳其籍员工始终维持在 600～850 人之间，拉动了当地就业。顺利经受了 2023 年 2 月土耳其强震的严峻考验，始终保持了安全运行，为当地民生和灾后重建提供了强有力支撑。此外，通过传帮带等方式，不断加大对当地电力人才的培养力度，推动中国能源电力标准、技术、经验等"走出去"，迄今为止已培养了 350 多名属地电力专业人才，将有力推动当地电力事业的未来发展。

（二）经济效益

胡努特鲁电厂自两台机组投入商业运行以来，机组负荷率高，主要经济指标在同类型机组中处于领先水平，此外，通过狠抓电力市场营销、燃料成本控制以及打造混合电站等举措，保持了优异的盈利能力，推动了国有资本的保值增值。

（三）推广价值

胡努特鲁电厂始终秉承生态环保、环境友好理念，创新实施了"双塔合一"等环保发电技术，有力减少了环保排放，为当地海洋生态环境保护积极贡献力量。同时，在项目融资、火电＋光伏发展、社区共建等方面，对于共建"一带一路"倡议、促进国际能源合作具有良好的推广价值。

五、工作展望

展望未来，上海电力将聚焦"一带一路"，深入开展 ESG 行动，大力发展清洁能源项目，为应对全球气候变化、推动能源清洁转型、带动能源产业发展不断做出新贡献。

多措并举全面践行绿色低碳使命

中国大唐集团新能源股份公司

一、单位简介

中国大唐集团新能源股份有限公司（以下简称"大唐新能源"）前身为 2004 年 9 月 23 日成立的大唐赤峰塞罕坝风力发电有限公司，是中国最早从事新能源开发的电力企业之一。本公司成立以来，经过几年的快速发展，于 2010 年 12 月 17 日在香港联交所主板成功上市。截至 2022 年 12 月 31 日，本公司已发行股份总数为 7273701000 股。其中中国大唐集团有限公司合并持股比例为 65.61%，为公司控股股东。主要从事风力发电等新能源的开发、投资、建设与管理；低碳技术的研发、应用与推广，新能源相关设备的研制、销售、检测与维修，电力生产，境内外电力工程设计、施工安装、检修与维护，新能源设备与技术的进出口服务，对外投资，与新能源业务相关的咨询服务等。截至 2022 年 12 月 31 日，大唐集团控股装机容量 14193.37 兆瓦，其中风电控股装机容量 12687.90 兆瓦，光伏控股装机容量 1500.47 兆瓦。

二、案例背景

大唐新能源坚持以绿色、低碳、清洁能源发电为主攻方向，聚焦"十四五"规划和高质量发展，为助力国家"碳中和、碳达峰"目标（"双碳"目标）的实现，积极抢抓机遇，主动作为，全力争取自主开发项目取得突破。大唐新能源积极配合各区域开展竞配工作，加强谋划布局"沙戈荒"、大基地和海上风电项目资源，不断加大前期开发、优质资源储备和获取力度。同大唐新能源科学高效开展投资决策、投资计划、投资合作等工作，认真组织开展企业综合治理、提质增效专项活动，整体提升主营业务的整体质量。大唐新能源作为中国领先的清洁能源综合服务商，继续践行大唐使命，践行生态文明、绿色发展理念并普及节能降碳知识，开拓绿色低碳发展之路，更好地在落实"碳达峰、碳中和"目标中彰显新能源企业战略支撑作用，助力集团公司打造"绿色低碳、多能互补、高效协同、数字智能"的世界一流能源供货商发展愿景的实现。

三、实施路径

（一）积极应对气候变化

大唐新能源作为清洁能源供货商，深刻意识到气候变化会对企业运营产生影响。2022 年度，在自身运营过程中为社会提供应对气候变化的能源基础，加快发展风电、太阳能发电的机遇，不断优化项目资产布局，实现绿色低碳转型和高质量发展。本公司多措并举抢占资源，继续通过自主开发和收并购等多种方式，持续加大项目资源获取力度。本公司持续跟踪各省区新能源"十四五"规划的实施行程和方案，紧盯国家政策并密切联系各分子公司，配合做好项目获取工作，积极协调以大唐新能源为投资主体参与海上基地竞配，力争在海上风电项目取得新的进展和突破。同时，我们积极开展前沿性、前瞻性布局和研究，新能源发电行业科技更迭快，科技创新不断涌现，深远海风电、漂浮式光伏、储能科技、智慧能源、都市综合能源、氢能等新业态加速发展。大唐新能源积极跟踪前沿技术，开展新业态的布局和研究，发挥公司产业优势，谋划示范项目开发和建设，助力本公司开展科技攻关和科技转化。

（二）持续开展环境保护

大唐新能源根据国家、行业有关环境的政策、法规等审核内部制度、规划、目标和措施，持续完善生态环境工作管理机制和职责落实，建立健全本公司的生态环境保护管理体系，检查、监督各级分子公司各项生态环境保护指标完成情况和生态环境保护措施的执行情况。各分子公司积极落实集团总部下达的年度环保指标和重点工作并就环境保护工作实施监督考核，制定环保年度培训计划以保证定期开展国家和行业最新环保法规要求，总结实践经验并推广先进技术。

大唐新能源保证环境信息的及时、准确、全面报告，报告须将时间、地点、事件经过、处理方式及结果全部包含在内，借助环境信息报告开展有效的环境监督工作和制定针对性环保对策。环境信息报告须经各场站、项目部负责人审批后报送，环境事件与责任单位的考核情况挂钩，做到责任单位对环境事件的责任落实。

（三）全面落实排放物管理

大唐新能源遵守排放物相关法律法规及制度，在生产运营过程中严格控制各类排放物的产生和排放，通过多项举措有效减少各类排放，确保排放工作合规有效、尽量减少对环境的影响。通过对所有风电场、光伏电站项目进行多方面的监测与评估，确保风电场、光伏电站具备环境保护设施正常运转条件，污染物排放符合国家标准。

在大唐新能源的工程项目建设运营过程及日常生活中，编制危险废物应急预案并进行演练，制订年度危险废物管理培训计划并组织实施。处理各类废弃物的措施如下：

1. 无害废弃物

（1）各分公司、子公司依照当地环境主管部门环保相关规定，对生活垃圾实行垃圾分类处理，集中妥善处理，并委托有资质的第三方进行垃圾处理工作；

（2）所产生的固体废物应严格按要求存放，存放场所应具备防雨淋、防泄漏、防扬散、防流失等功能；

（3）各项目部应严格建立固废物品台账，并定期检查。严格监督固废物品的保管，安监部对固废物品的保管、检查进行监督，计划营销部负责组织对准予的废旧物品进行竞卖工作；

（4）存放固废物品处应符合消防安全按要求设定灭火器等消防物资有害废弃物。

2. 有害废弃物

（1）各场站需由专人做细危险废物制度、培训材料、台账报表等相关材料，形成完整的危险废物台账；

（2）危险废物台账需要明确危险废物名称、种类、数量等内容，台账中的危废数量需与危废库房中贮存的危废数量、环保部门危险废物管理平台月报表数量保持一致；

（3）各风电场、光伏电站严格执行危险废物转移计划，如实填写纸质危险废物转移联单，并在环保部门危险废物管理平台进行填报，保持数据一致性。

3. 废水污染物

（1）各场站明确废水来源，清洗设备或生产过程中产生的废水应排入污水管道，高浓度残液桶应放到规定的存放地点，交由有资质的组织处理；

（2）禁止用废水冲洗管道，如必须进行时应报组织机构同意并采取相应的措施避免造成污染；

（3）现场污水池污水过多造成排水不畅时，应联系有资质的污水处理组织进行处理；

（4）严禁将残油、剩饭菜渣倒入污水管道，严禁使用含磷洗涤剂冲洗餐具；

（5）生活垃圾应及时清理，避免雨水冲刷造成水污染；

（6）大唐新能源对各场站水保环保设施管理情况进行检查与考核，对因管理不善造成水保环保设施损坏或造成不良环境事件的，根据各分子公司安全生产奖惩实施细则进行考核。

（四）切实强化各类资源使用

大唐新能源持续助力实现"绿色低碳、多能互补、高效协同、数字智能"的世界一流新能源供货商发展愿景。2022年度，公司营运用水主要源于市政水资源网络，在取水过程中未碰到任何困难，同时，大唐新能源所提供的产品和服务均不涉及包装材料的使用。大唐新能源已深入分析内部能源使用情况，根据实际情况优化对各类资源的使用效率，确保以最高效率使用各类能源，避免浪费情况的发生。大唐新能源看重办公场所的日常管理，推进节能技术和营运设备的升级改造，保证能源利用效率进一步提升。

大唐新能源制定《节能管理制度》《节能技术监督标准》等相关制度督促并引导员工在日常办公中合理使用能源资源，为落实大唐新能源的绿色发展理念，并采取了多种措施：降低空调使用频率，温度设定不低于26℃，杜绝空调运行和门窗大开同时发生的现象。提倡使用节能灯，做到人走灯灭、随时关灯。调控办公场所及现场休息场所房间温度设定，规范电暖器的使用，制定相应的管理办法，降低相关运营能耗水平；将计算机设定成自动待机或自动休眠模式，下班后对各办公室计算机关机情况进行检查。推行纸张双面打印，提倡无纸化网络办公，更多使用电子文件、电子邮件。定时检查水龙头滴漏情况，不使用大功率热水器。提倡员工自带水杯，减少使用一次性杯子。自觉践行"光盘"行动和落实"文明餐桌"行动，防止"舌尖上的浪费"，养成健康用餐、文明用餐好习惯。积极开展修旧利废工作：主要针对风机UPS、电机、IGBT等设备进行利旧维修，对技改换下物资进行充分利旧，助力节能降耗，同时降低生产维护成本，提升职工专业技能水平。

四、履责成效

（一）始终大力发展清洁能源

按照公司年度任务要求，从年初开始，积极谋划资源获取，深入挖掘区域资源储备情况，通过引入外资、协助产业落地等方式，积极获取资源，提高竞配竞争力，不断增加新能源公司项目储备容量。

截至 2022 年年底，实现控股装机容量 14193.37 兆瓦，较 2021 年同期增加 1115.35 兆瓦；在建项目容量 2471.50 兆瓦，其中，风力发电在建项目 1236.50 兆瓦、光伏发电在建项目 1235.00 兆瓦；全年共获取新能源项目投资建设指针 3646.90 兆瓦，已核准备案项目 2531.10 兆瓦。

（二）持续强化绿色低碳发展

本公司围绕"双碳"任务目标，深耕主责主业，着力探索绿色经济发展实现路径，不断创新绿色低碳能源模式，积极探索"风电＋光伏＋农林渔互补"的多业态融合发展模式；构建"源网荷储"新型电力系统，提供冷、热、蒸汽和电力等综合能源，有效推进能源生产和消费革命，构建了清洁低碳、安全高效的能源体系。

截至 2022 年年底，全年实现新能源发电量 28787028 兆瓦时，同比增加 2608597 兆瓦时，相当于节省标准煤 867.93 万吨，实现二氧化碳减排 2383.57 万吨。

五、工作展望

未来，大唐新能源更将以基地化集约化开发为主，加快发展"风光储"一体化清洁能源基地和荒漠、沙漠、戈壁大型风电光伏基地。大力发展风电，积极开发平地和山地集中式风电资源，推动老旧风场改造。全力获取海上风电资源，积极发展深远海、漂浮式风电，积极打造规模化集约化海上风电基地，高效发展太阳能，优化项目规划开发布局，有序发展"光伏＋"项目，探索发展光热发电，积极推进低风速风机、深远海漂浮式海上风电、压缩空气储能、太阳能光热技术、新型光伏系统集成应用技术研究，促进示范项目落地。着力加快公司绿色低碳转型和高质量发展，为国家如期实现碳达峰碳中和，为构建清洁低碳安全高效能源体系贡献力量。

一种基于信息融合的智能变电站数据可靠性识别方法

国电南京自动化股份有限公司

一、单位介绍

国电南京自动化股份有限公司（以下简称"国电南自"）是 1999 年 11 月 18 日在上海证券交易所上市的国家电力系统首家高科技上市公司，被誉为中国电力高科技第一股，现为中国华电集团直属单位。公司及公司全资、控股公司累计拥有有效专利约 1679 项。作为中国华电集团科工产业的主力军，近年来，国电南自坚定不移贯彻新发展理念，坚持"稳中求进"的发展基调，坚持党建引领，保持战略定力，突出发展理念，深化创新驱动，注重产业协同，聚焦"5+2"产业体系，推进向智能化、数字化、自主化、国际化转型，积极向新技术、新专业、新产品、新市场方向拓展，在"求实、创新、和谐、奋进"的华电核心价值引领下，围绕"为人类创造进步、为客户创造价值、为员工创造幸福"的公司使命，大力弘扬"创造、担当、搏击"的创造者精神，倡导"马上就办、办就办好"的工作作风，以建成行业领先、国际一流、受人尊重的高科技上市公司为目标而不懈努力。

二、案例背景

2022 年 7 月 26 日，国家知识产权局发布《关于第二十三届中国专利奖授奖的决定》（国知发运字〔2022〕31 号），国电南自发明专利"一种基于信息融合的智能变电站数据可靠性识别方法（ZL201710373630.7）"荣获中国专利金奖、"一种防止差动保护装置不正确动作的方法"（ZL201310187740.6）荣获中国专利优秀奖。

中国专利奖由国家知识产权局和世界知识产权组织共同主办，是中国知识产权领域的最高奖项，也是中国唯一的专门对授予专利权的发明创造给予奖励的政府部门奖。

三、实施路径

专利的诞生要追溯至 2017 年，据专利主要发明人张灏回顾，当时正值国家电网公司六统一检测，也赶上了智能变电站的大范围推广应用，在实践中多次发生了因为保护数据异常造成继电保护不正确动作，引起停电事故的案例。针对此问题他进行了深入的思考，保护上的很多难点问题本质上都是采集信息未真实反映一次系统状态而导致的，其核心问题在于异常特征与故障特征接近时如何去识别，是否可以从全局视角解决。有了灵感后便是将理论付诸实践的过程，他协同所在部门的线路保护、母线保护、主变压器保护等专家进行深入的调查研究，结合智能站相关特点，对逻辑设计反复斟酌，最终提出了通过母线保护对相邻保护信息进行融合，共享给线路和变压器保护，通过虚拟采样信息结合特征信息进行扩大范围差动判别，利用空间换取时间，在不牺牲保护动作时间基础上实现全链路异常识别的方案，并形成了这篇专利的初稿。而本专利的特点是不局限于单一的保护，而是结合了线路、母线、主变压器保护，凝练出一些可用信息进行数据融合从而进行综合判别，数据异常的这一大类问题均可以迎刃而解。此后，团队成员秉持精益求精的态度，不断交换修改意见，反复完善了多个版本，三个月后才完成了最后的定稿提交并一次性通过授权。

2021年9月初，通过专业机构对公司的近千余篇专利进行各项指标分析，最终本专利凭借多个维度的优势脱颖而出成为参与申报专利。申报材料同样体现了集体的力量，国电南自公司党委高度重视，主要负责人亲自挂帅，组织研究院和南自自动化成立了专利金奖申报专项工作组，全程负责专利奖申报方案策划、专利遴选、材料编写，以及现场答辩等全环节工作。集中统筹协调，技术、财务等多个部门通力协作，借鉴了中国专利优秀奖经验以及内外部多轮评审，重点从专利质量、技术先进性、运用及保护措施和成效、社会效益及发展前景四个方面准备申报书与支撑材料。经历了字斟句酌反复修改之后，完成了四十多页、两万多字的申报书，在尊重事实的基础上，做到了面面俱到并且重点突出，对专利方方面面做了全面细致的展示。基于专利本身的高质量以及申报书的全面细致的呈现，从数千件初审专利中突出重围，进入复审环节。到了这一环节，可以说竞争对手无一不是高质量专利。在收到线上答辩通知后，公司便邀请了各方专家进行多轮评审修改及答辩预演，将近两万字的申报材料，高度总结概括成汇报PPT，并通过反复的修与一次次的答辩预演，将所有可能遇到的问题进行了精简且重点突出的回答预演，最终在团队协同作战下，PPT陈述以及问题回答均发挥得淋漓尽致，出色地完成了答辩环节，受到了评审专家的高度认可，最终荣获了国电南自首个中国专利金奖，实现了专利奖项方面的重大突破。

荣誉的取得非一朝一夕之功，得益于国电南自多年来始终坚持创新驱动和人才引领发展的战略地位，是对国电南自创新能力、技术实力和市场竞争力的高度认可与肯定，不仅体现了国电南自在技术研发方面的实力，也展示了国电南自对于知识产权保护的重视，此次获奖专利的发明人张灏、周小波、陈实等青年研发人员均为国电南自近年来挖掘培养的核心技术骨干，他们充分发挥了青年人敢想敢拼的精神状态。积极弘扬科学家精神，激励和引导广大科技人员争做重大科研成果的创造者、建设科技强企的奉献者、崇高思想品格的践行者，是国电南自始终践行不渝的奋斗方向。

四、履责成效

专利金奖技术"一种基于信息融合的智能变电站数据可靠性识别方法"，突破了常规技术中数据异常与系统故障难以区分的技术瓶颈，从空间维度实现了智能变电站全链路数据可靠性识别，提升继电保护可靠性的同时可保障其速动性。该项专利技术的应用，提升了中国继电保护产品的设计水平，保障了电网的安全稳定运行，推动了新能源消纳，促进了智能电网产业链发展，助推了中国电力二次设备自主可控的替代进程。该专利属于国电南自继电保护领域核心专利，以本专利技术为基础，已形成系列专利群，应用于国电南自全系列近百个型号的继电保护产品，在全国智能变电站得到广泛应用。

五、工作展望

大力推进"央企创新联合体"工程，拓展新技术、新产品、新课题。为贯彻落实习近平总书记关于建立关键核心技术攻关的新型举国体制和构建创新联合体要求，国电南自将持续积极主动服务国家重大战略，加快推进"央企攻坚工程"，推动科技创新。积极联合央企就关键核心技术开展合作研究，拓展新技术、新课题、新产品，承担多项创新联合体的攻关任务。紧抓"新型电力系统"建设发展机遇，谋划新布局。深入研判国家"双碳"目标要求下的行业形势和动态，积极应对以新能源为主体的新型电力系统给公司带来的挑战和机遇，以市场需求为导向，依靠自身研发、生产、业务能力，制定了覆盖"源、网、荷、储"及智能运检各应用领域的专业规划，重点面向大规模新能源发电基地、分布式新能源、海上风电、虚拟电厂、综合能源、工业数字化等业务，加强源网友好并网控制、海上风电模块化建设、主动探测式继电保护、虚拟电厂智慧管控平台、区域电网智能运行控制、变电站主辅设备全面监控、直流保护及控制系统等核心技术攻关。助力公司向"新型电力系统建设的设备供应商和技术服务商"转型发展。

协鑫智慧能源苏中区域转型升级综合实践

协鑫智慧能源苏中区域运营中心

一、单位简介

协鑫智慧能源（苏州）有限公司苏中区域运营中心系协鑫（集团）控股有限公司旗下上市公司协鑫能源科技股份有限公司的分支机构，依托苏中区域如东协鑫环保热电有限公司（以下简称"如东热电"）、东台苏中环保热电有限公司（以下简称"东台热电"）、南通海门鑫源热电有限公司（以下简称"海门鑫源"）、扬州港口污泥发电有限公司（以下简称"扬州港电"）、阜宁协鑫再生能源发电有限公司（以下简称"阜宁再生"）等多家发电企业二十余年的运营管理经验及专业管理团队，为客户提供电、热、冷等综合能源服务。

二、案例背景

协鑫智慧能源苏中区域运营中心下辖覆盖燃煤热电、生物质发电、垃圾发电等不同类型的运营企业，历史遗留问题多，转型压力大。这几年来，大宗商品价格持续上涨，市场竞争日益加剧，安全环保政策愈加严格，企业面临着严峻的转型挑战。

（1）2018 年，在"去煤化"的时代背景下，阜宁协鑫环保热电有限公司关停，取而代之的是垃圾发电企业阜宁协鑫再生能源发电有限公司。但垃圾焚烧发电企业全生命周期合理利用小时数为 82500 小时，超过时间将不再享受电价补贴。2025 年盐城市及区域县城将实现全部生活垃圾分类，无疑给垃圾发电企业后续发展带来严重影响。

（2）近几年来，煤电企业经营形势严峻，亏损现象普遍。从长期来看，受资源、环境和气候变化约束，绿色低碳已经成为能源变革的主流。

（3）东台苏中环保热电有限公司机组运行接近 30 年，设备老化安全性能降低，中温中压机组能效水平低，运行成本逐年升高。

（4）海门鑫源环保热电有限公司的经营和发展受到现有厂址的制约，且周边热用户逐步搬迁，企业生产和生活环境的冲突越发突出。

（5）燃煤热电抽凝发电机组煤耗高、经济性差、抗风险能力差，且抽凝机组能效不能满足 GB 35574—2017《热电联产单位产品能源消耗限额》规定（热电比大于 100%，热效率大于 45%，供电标煤耗为 305 克／千瓦·时），加之煤炭价格持续飙升，电力市场交易竞价不具优势。

（6）阜宁力金天然气供热有限公司和宝应协鑫生物质发电有限公司，曾作为重要的热源点，在过去的岁月里为地方经济发展做出了突出贡献。但淘汰不适应时代需求的落后产能，是企业优化资产结构，减负轻装前行，实现高质量发展的关键。

三、实施路径及履责成效

（一）突破：垃圾焚烧发电项目实现对外供热

为了解决垃圾发电企业存在的困难，2021年，协鑫智慧能源苏中区域运营中心管理层牵头组织项目团队经过深入调研、广泛论证，决定由阜宁协鑫再生能源发电有限公司率先实现垃圾焚烧发电项目对外供热。

供热管网建设期间，正值新冠疫情严格管控时期，项目团队克服物资短缺、物流受限、人手紧缺等困难，紧盯时间节点，狠抓工程质量，强化安全管理，落实疫情防控措施，安排专人负责物流报备与接洽，主动帮助施工单位联系监检部门，全力推动项目建设提速增效。经过一个月的不懈努力，试点热用户江苏高地新型建材有限公司具备了正常用汽条件。

2022年6月15日，阜宁再生供热管网一期项目提前半个月正式投运，开创了协鑫垃圾焚烧发电项目对外供热之先河。该项目年售汽3万吨，吨汽较发电增加利润60元，不仅打造了公司利润的第二增长曲线，实现了全周期的持续盈利和可持续发展，还作为江苏省唯一入选城镇生活垃圾焚烧热电联产供热项目，对行业同类企业形成了示范效应。

（二）开拓：取得一般工业固废掺烧协同处置资质

为推进一般工业固废掺烧项目顺利开展，协鑫智慧能源苏中区域运营中心牵头成立一般工业固废市场拓展小组，建立完善有效的激励机制，鼓励扬州港电和阜宁再生大力拓展一般工业固废市场。

经过充分调研、多次研讨和反复论证，2022年3月，扬州港电决定启动掺烧一般工业固废项目。7月，项目团队多次赴行业单位技术咨询、参观学习，并通过扬州市环保局固废中心协调，项目成功备案。11月，在项目环境影响报告书技术咨询会上，专家初评意见将石膏和灰渣定性为一般固废。12月，召开项目环境影响报告书技术评审会，形成了技术评审意见。2023年2月3日，扬州港电取得一般工业固废掺烧协同处置批复，成为协鑫首家取得一般工业固废掺烧资质的燃煤热电企业，同时作为扬州市工业固废处置点被列入扬州市"十四五"环保规划。

2021年，阜宁协鑫再生能源发电有限公司管理团队着手申报掺烧一般工业固体废弃物。经过近一年的沟通协调，2022年9月21日，取得江苏省投资项目备案证；2023年7月，取得一般工业固体废弃物掺烧项目环评批复，开启了再生能源掺烧一般工业固体废弃物新方向。扬州港电和阜宁再生申报掺烧一般工业固体废弃物，不仅是积极寻求转型、谋求可持续发展的革命性举措，也将彻底解决地方一般工业固体废弃物的处置难题，通过无害化处置手段促进清洁生产和循环经济发展，使资源得到充分、综合利用。

（三）进阶：打造燃煤供热机组新标杆

协鑫智慧能源苏中区域运营中心管理层审时度势，抢抓机遇，全力推进东台热电异地重建项目和海门鑫源异地重建项目。

苏中区域管理团队稳步推进东台异地项目建设和南通海门异地项目前期工作。在机组选型方面选用了高温超高压的参数，效率超过目前市场主流设备。在电厂选址和土地规划方面预留了协同处置一般工业固体废弃物场所，为未来多元化经营留足发展空间。东台协鑫热电燃煤背压项目拟建设 3×90 吨/小时高温超高压循环流化床锅炉 +1×15 兆瓦抽背式汽轮发电机组 1×9 兆瓦背压式汽轮发电机组，配套建设 SNCR+SCR 脱硝系统、炉后电袋除尘系统、湿法脱硫系统及烟气在线监控系统，目前异地建设有条不紊推进，预计 2024 年年底投产。海门鑫源异地重建项目纳入南通市政府"十四五"热力规划并获省能源局批准，目前异地重建前期工作已经完成。东台异地、海门异地燃煤背压项目建设对实现区域集中供热、提高能源利用效率将起到十分重要的作用。

（四）提质：开展背压机组提效改造

2022 年，协鑫智慧能源苏中区域运营中心对南通海门鑫源热电有限公司、如东协鑫环保热电有限公司和扬州港口污泥发电有限公司三家公司实施背压机组提效改造。

海门鑫源 1 号背压机改造项目提前 15 天并网，供电标煤耗由 430 克/（千瓦·时）大幅下降至 190 克/（千瓦·时），发电平衡煤价由 775 元/吨上升到 1750 元/吨，年减亏 800 余万元；扬州港电 2 号机通流改造提前 15 天完成，供电煤耗由 363 克/（千瓦·时）下降至 200 克/（千瓦·时），同比降低 163 克/（千瓦·时），年产生经济效益 700 余万元；如东热电 2 号背压机组提前 56 天并网，成为协鑫集团首家燃煤热电全背压机组企业，经测算年减少"双减"供汽量 20 余万吨，增加发电量 270 万千瓦·时，增加收益 1300 余万元。三家公司供电煤耗从平均近 400 克下降到 200 克，年增盈利近 3000 万元。

（五）减负：按下淘汰落后产能"快进键"

2022 年 3 月，经过多轮谈判，阜宁力金天然气供热有限公司项目补偿协议签订，供热站清算和移交工作妥善安排。宝应协鑫生物质发电有限公司于 2023 年 4 月 3 日完成全面关停，年减少亏损额 6000 余万元，完成人员分流。目前，宝应热电资产处置、收购资金回收及节能量无形资产处置等工作正稳步推进。

四、工作展望

"双碳"目标提出以来，协鑫智慧能源苏中区域运营中心自觉将企业经济责任、社会责任、环境责任背负于身，将 ESG 要素渗透到生产经营的各个领域，在生态优先、绿色低碳发展的道路上迈出了坚定的步伐，开创了长远发展、健康发展、持续发展的全新格局。

未来几年，协鑫智慧能源苏中区域运营中心将始终秉承"绿色协鑫"发展理念，持续提升绿色低碳竞争力。一方面，向管理要效益。狠抓管理转型升级，不断规范企业管理体系，加强对供电煤耗、热网管损等关键指标的定性定量分析和监控，将节能降耗工作落到实处；日日有测算，周周有计划，实时调整优化运行方式；研判煤炭价格走势，确保区域煤炭采购成本低于集团兄弟单位及周边发电企业，同时以 ESG 为行动指南，加强人才培养，增强人才密度和梯队厚度。另一方面，向开发要未来。能源革命给传统能源电力带来了巨大压力和挑战，向新能源转型势在必行。协鑫智慧能源苏中区域运营中心将践行国家"双碳"目标，积极推进多能互补、"源网荷储"一体化综合能源服务体系，探索风、光、储、氢零碳生态体系，共建新型电力系统，重点开发分布式光伏发电、分散式风力发电、储能等新能源项目，积极开拓和形成绿色低碳的新亮点、新模式，为实现"碳达峰、碳中和"目标作出不懈努力。

打造光伏科普教育基地，开创海上风电新时代

中国广核新能源控股有限公司

一、单位简介

中国广核新能源控股有限公司（以下简称"中广核新能源"）是中国广核集团（以下简称"中广核"）重要二级成员公司，于 2014 年 10 月在香港上市，定位为中广核开发、运营非核清洁及可再生能源发电项目的重要平台，全面负责中广核国内新能源产业的改革创新和经营发展。

中广核于 2007 年正式开拓新能源业务。历经十余年发展，新能源已成为中广核"6+1"产业体系的重要支柱产业，全面覆盖风力发电、光伏发电、光热发电、抽水蓄能、储能、氢能、水力发电、燃气、热电联产等业务类型。截至 2023 年 7 月，中广核新能源在运装机总容量超过 3500 万千瓦，其中风电项目 2475 万千瓦，太阳能项目 1020 万千瓦，排名行业前列。规划到 2025 年，装机规模突破 6000 万千瓦。

中广核新能源秉承"发展清洁能源，建设美丽中国"企业使命，坚持以市场为导向、以客户为中心，在积极发展风电光伏业务基础上，拓展光热＋、海风＋、绿电＋等三类特色业务。同时，积极探索区域能源综合利用解决方案，在区域能源、煤改电、清洁供暖、售电等新产品以及运维检修、能源托管等新业务上，力求为客户提供最佳的能源解决方案和能源供应。

二、案例背景

科技创新为中广核新能源可持续发展策略的一大支柱，在探索新能源发展之路上，不但要面对市场监管要求的不稳定性，更要维持业务的核心竞争力。中广核新能源高度重视科技创新，克服研发周期长和短期成本效益等重重难关，持续提升各电站的运营及发电效能。为了探讨完善的发展策略，积极与相关单位、企业就科技研发与创新进行沟通，其中包括长期战略合作单位、产业政策制定单位、中国电力企业联合会、能源行业技术联盟集团内技术专家库等。中广核新能源将聚焦信息化、数字化管理转型，深入推进创新驱动发展战略工程，重点做好科技创新和信息化支撑，继续实现高质量可持续发展。

三、实施路径

中广核新能源本着"科教为先"的原则，通过制定《科技管理制度》，积极鼓励各项目公司自主开

展内外部各科研课题申报。每年通过科创中心收集各项目公司新一年度的科研需求，项目公司成功申报课题后，即会开展其科研课题的工作。同时，亦根据各项目公司的实际情况，将科研纳入为其中一个年度关键绩效指标，该指标从三个维度出发，包括执行、技术及品质。项目公司会根据进度计划节点的完成率、课题的迫切性、科学性、难度以及成果的技术价值、经济价值来进行分阶段分层次的制定指标。另外，项目公司亦会定期向科创中心汇报课题进展、进度报告和合同执行情况，保证每年的科研课题及目标能按时完成。

四、履责成效

在经济方面，科技创新能力提升能有效降低度电成本。科研课题成果在工程项目上得到推广应用，关键设备预测性健康管理系统部署预警模型突破 50 个，规避重大安全事故 172 起。在环境方面，科技研发与创新助力加快发展绿色转型，积极稳妥推进碳达峰碳中和，促进生态环境建设，为新型电力系统发展助力。

中广核新能源业务同时覆盖中国及韩国，涉及过百个新能源项目，其中安徽省当涂太白光伏电站及浙江省嵊泗 5 号、6 号海上风电项目全面体现了"科技创新、精益求精"的精神。

（一）打造光伏科普教育基地

当涂太白光伏电站为水面光伏，位于安徽省马鞍山市当涂县大陇镇双潭湖境内，总体利用水面总面积约 400 公顷，由 72 个光伏矩阵组成，总装机容量 260 兆瓦，是安徽省 2019 年首批投运的平价光伏示范项目，同时是目前华东地区单体最大的平价光伏项目，项目总投资人民币 9.71 亿元。自投运以来，项目每年发电量约 3.3 亿千瓦·时。

另外，当涂太白光伏电站积极践行"绿水青山就是金山银山"理念，打造了"春堤连翠"等七大生态景观。在项目建设及运营过程中，始终将绿色、生态、环保的发展理念贯彻在电站的选址、论证、建设和运维全过程，持续开展环境监测及复绿工作，有效保护了项目所在地的生产环境。与传统火力发电相比，项目每年可节约标准煤约 10 万吨，减少二氧化碳排放约 30 万吨，持续助力"双碳"目标实现。

当涂太白光伏电站是一个典型的渔光互补电站。通过打桩、抬高支架，光伏板得以在水面上方接收太阳光的照射，进而产生发电量。这也为组件以下的空间提供了更多的利用可能性。广阔的水面可以用于渔业养殖，例如，养殖鱼虾，或者种植水产农作物。"光伏 + 农业"优势互补，板上光伏发电，板下渔业养殖，一方面极大提高了单位面积产值；另一方面也为当地带来了更多的就业岗位。此外，优良的生态环境与农业观光旅游业的结合，还将进一步推动产业融合，更与南京航空航天大学合作打造产学研基地和科普基地，成为当地渔业、农业、文化旅游业与新能源产业融合发展的特色示范项目。

"春堤连翠"七大生态景观

当涂太白光伏电站自投运以来，始终坚持"以科学创新为引领，以科学普及为目标"，结合光伏特有条件，积极打造光伏科普教育基地，并获得"马鞍山科普教育基地"的荣誉。此项目创新使用高桩大平台设计，在建设过程中通过优化光伏区接地网设计，获得2020年度电力建设科学技术进步奖。同时针对项目地形特色，首次创新设计运维船及光伏元件安装工器具，继而获得相关实用型专利。项目开展新能源场站谐波源定位分析技术研究，采用智慧运维系统，并针对水面光伏电站冬季防寒问题开展研究，全面采用油浸式耐寒电力变压器并获得实用型专利。项目同时鼓励全员全面深入开展品质管制、专利等研究，先后在光伏电站项目进行交直流容配优化的研究与应用，当中包括一种自供电式互感器二次回路检测装置，以及一种运维船平衡器及其运维船等方面获得相关专利，直至本报告期内已累计获得25项专利及9项质量管制研究成果。

科技与创新对于当涂太白光伏电站日常的营运带来巨大的效益。由于电站架高于水面，湖水深浅常有波幅，同时部分浅水区域有水草遮挡组件，导致难以统一把控设备维护的高度，运维船亦无法进入内部进行设备维护，加大了日常检修的难度。有见及此，项目积极进行船只创新改造，通过加装船只升降平台平衡器、防碰撞胶圈及割草刀等，成功将现场三艘运维船只改造成两艘升降平台船及一艘割草船。通过此次整体改造，项目已全面完善船只运维功能，大幅缩减维护周期，降低运维成本，大大提升发电效率，于本报告期内光伏发电效率已较2021年同比提升5%。与此同时，项目继续开展电子组件自动清洗技术研究，结合无人机定期红外热成像巡视及站内采用机器人巡视，定方位开启元件自动喷淋系统，全面实现电子组件自动清洗功能。

巡视机器人与无人机

（二）开创海上风电新时代

嵊泗5号、6号海上风电项目

嵊泗5号、6号海上风电项目位于浙江省舟山市嵊泗县东海大桥东侧海域，总装机容量281.25兆瓦，共计安装45台6.25兆瓦风电机组，同步配建一座220千伏特海上升压站，场内铺设10组35千伏特海底海缆和一回220千伏特海底海缆，将风机与升压站相连，接入位于鱼山岛的陆上集控中心，最终以220千伏特电压等级接入电网系统。

项目用海面积约296公顷，建成后年上网电量达828吉瓦·时，与同等规模的火电相比，每年可节约标煤25.9万吨，减少各类有害气体及烟尘排放约69万吨，环境效益明显。风电场工程的开发建设有助于当地产业结构的调整，促进当地的经济发展，具有良好的社会效益和综合经济效益。项目于2021年实现全容量投运，成为同期核准的海上风电项目中首个实现全场投运的项目，为中国广核集团"十四五"海上风电发展打响了第一枪。

嵊泗 5 号、6 号海上风电项目自投运以来已经表现出众，首创应用国产化 D6/7MW 全旋转式海上单叶片吊具，并获得多项荣誉。2022 年 4 月，项目获得浙江省总工会颁发的"浙江省工人先锋号"。另外于 2022 年度获得集团多次肯定，荣获"隐患排查与治理一等奖"及"公司安质环标杆班组"等。此外，项目组织全场向创建国际标杆三级目标发起冲击，在运维事业部和分公司的大力支持下，于 2022 年 9 月底获得海风国际标杆三级场站。

嵊泗 5 号、6 号海上风电项目进行了多个科研课题的研究，并有效提升整体营运效益和解决营运困难：

（1）应用"浮吊船 + 风机安装船"组合吊装方案，由单作业面"流水施工"变为多作业面"平行施工"。此技术最大程度利用海上短暂的有效视窗期，将施工窗口期从 5~7 天缩短至 1~2 天，极大提高了项目的风机安装进度，为国内其他海上风电项目施工提供了技术示范和技术输出。

（2）创新性应用海底电缆管道定向钻施工方案，解决了海底电缆管道交越难题。

（3）创新性提出利用地勘支腿船作为海缆接头制作平台的方案，解决了大风极端天气期间海缆敷缆船不能进行海缆接头制作的弊端。

（4）强潮流深厚淤泥地质条件海上风力发电机组安装关键技术系统总结了自升船桩靴贯入过程的破坏模式及计算方法，形成了完整的自升船桩靴贯入深度预测方法，在国内首次实现了深厚黏土地基中 35 米以上的插桩深度。同时为满足地基承载力作为软弱海床坐底式平台地基稳性的控制因素，此项目研究采用了船舶迎流坐底、超打压载水再卸载等成套控制措施，解决了软弱地质条件风机坐底安装的地基稳性技术难题。

（5）海上升压站分段模组吊装变形分析研究控制可提高分段模组吊装过程中的安全性及品质，减少吊装变形，提高建造合格率，保障海上升压站建造品质。

（6）潮流能同海上风能联合开发关键技术可实现海上风能与潮流能融合发展，落实分层立体用海，发展海上新能源多能互补发电运行的新模式。

（7）嵊泗 5 号、6 号海上风电项目持续在科研课题上学习和追求进步，由于风电场的海缆跨度长，所以更需要通过技术创新来防护海缆，降低被锚害风险，以保证海缆安全。

五、工作展望

创新是推动绿色发展的关键，中广核新能源致力于发展清洁及可再生能源，"发展清洁能源、建设美丽中国"是我们坚定不移的使命。在秉承该使命的同时，我们将持续迈步走向可持续发展的未来，推动国家绿色低碳转型。

打造绿色、智慧、高效的零碳矩阵

协鑫能源科技股份有限公司

一、单位简介

协鑫能源科技股份有限公司（以下简称"协鑫能科"）系协鑫（集团）控股有限公司旗下企业。公司于 2019 年 5 月在深圳证券交易所上市，主营业务为清洁能源运营、移动能源运营以及综合能源服务。公司倾力打造从清洁能源生产、补能服务到储能的便捷、经济、绿色的出行生态圈，为电动化出行提供一体化能源解决方案，致力于成为领先的移动数字能源科技运营商。

二、案例背景

全球气候变暖，严重威胁人类未来的生存，当前，包括中国在内，全球已有近 130 个国家宣布了"碳达峰、碳中和"目标。中国力争 2030 年前二氧化碳排放达到峰值，努力争取 2060 年前实现碳中和目标。这是全球第二大经济体对人类做出的庄严承诺。2021 年 10 月，《关于完整准确全面贯彻新发展理念做好碳达峰碳中和工作的意见》以及《2030 年前碳达峰行动方案》，这两个重要文件的相继出台，共同构建了中国"碳达峰、碳中和""1+N"政策体系的顶层设计，而重点领域和行业的配套政策也将围绕以上意见及方案陆续出台。

2022 年 3 月 22 日，国家发展改革委、国家能源局印发《"十四五"现代能源体系规划》（以下简称规划），主要阐明中国能源发展方针、主要目标和任务举措，是"十四五"时期加快构建现代能源体系、推动能源高质量发展的总体蓝图和行动纲领。"清洁低碳安全高效"八个字，就是现代能源体系的核心内涵，同时也是对能源系统如何实现现代化的总体要求。规划主要从增强能源供应链安全性和稳定性、推动能源生产消费方式绿色低碳变革、提升能源产业链现代化水平等 3 个方面，推动构建现代能源体系。

在这场关系到人类共同命运的角逐中，数以万千计的企业全力以赴。跨入"十四五"，作为能源领域的零碳先锋，协鑫能源科技股份有限公司一马当先，聚焦能源、交通、建筑、公共设施等关键领域，在"双碳"赛道上拼出一幅富有协鑫特色的，能够为全球碳中和提供示范的绿色版图。

三、实施路径与履责成效

多年来，协鑫能科紧抓中国新一轮电力体制改革机遇，依托深耕绿电近三十年的先发布局，以及在能源产品、技术、服务等方面的硬核优势，在国内率先开展以微网为载体的综合能源服务探索实践。目前已与苏州、无锡、济南、扬中等国内数十个高端产业园全面开展零碳产业园合作，打造出苏州工业园区双示范工程、协鑫泰州核心港区微网集群等一批具有示范效应和推广价值的零碳园区、零碳工厂标杆项目。截至 2022 年年底，协鑫能科已投运储能、分布式能源、微网等能源服务项目超 32 项，已取得能源系统相关实用新型专利 11 项。

2023 年以来，协鑫能科再接再厉，先后打造出苏州市首家企业零碳总部、首家零碳三甲医院和首家零碳 5A 级写字楼，均获得了权威认证机构颁发的《碳中和证书》。

（一）零碳园区——泰州军民融合产业园

由协鑫能科提供综合能源管理与服务的泰州军民融合产业园是江苏省内首批获得碳中和权威认证的零碳产业园区。

2018 年 6 月，协鑫能科即与江苏省泰州市高港区永安洲镇政府签署战略框架协议。协鑫能科以核心港区唯一清洁能源综合服务商的身份，主导推动永成科技、港易成科技、军民融合产业园的微网集群建设。军民融合产业园占地 142 亩，入驻企业 20 余家，建有 10 栋标准厂房和 1 栋科研办公楼，建筑面积近 25 万米^2。在 2021 年 8 月 1 日至 2022 年 7 月 31 日的检测周期内，该园区通过可再生能源项目、充电桩、储能系统建设，国际认证的碳资产交易，以及可追溯的区块链碳资产排放大数据平台，全面实现了碳中和。

军民融合产业园建有 3.18 兆瓦分布式能源项目，250 千瓦 /1 兆瓦时用户侧储能项目，360 千瓦充电场站，每年可提供约 8000 车次充电服务，满足园区清洁、高效用能以及新能源车辆补能需求。当前，园区用电低碳比例已实现 100%，其中绿色分布式能源就地供应率达到 30%。

（二）零碳总部——协鑫能源中心（协鑫全球总部）

协鑫能源中心重点探索光伏、天然气热电冷联产、风能、地源热泵、LED、储能六种能源系统有机结合组成的"六位一体"微能源网，是苏州首个获得碳中和权威认证的企业总部大楼。

协鑫能源中心 100% 使用绿电，其中自供绿电能力超过 50%。园区建筑屋顶、车棚顶面，甚至湖面都得到了最充分的利用，大面积铺设光伏及钙钛矿黑科技组件，总功率超 500 千瓦，每年可供超过 50 万千瓦·时绿电；400 千瓦功率生物质天然气分布式能源采用园区餐厨垃圾生物质天然气，也可产生 150 万千瓦·时电能。园区湖底埋着的 800 根换热管每年可节约 360 万千瓦·时电能，再加上 200 千瓦·时智能调控的储能系统及高效 LED 照明，建筑整体节能效果可超过 60%。在多重减排措施加持下，建筑面积 96000 米^2 的办公楼一年碳排放量仅 3869 吨，每平方米二氧化碳排放量仅约 40 千克，远低于同类建筑。

该项目采用供能侧、供需侧双向调峰技术方案，可根据负荷情况计算用能变化幅度，调节范围；多热源、多电源自动调配，并通过物理设定，参数监控，以及低碳、经济、高效、受限、优化五种运行模式的自动切换，实现能源安全、清洁、高效、低碳利用，还可在无外部电网的情况下实现黑启动和孤网运行。

（三）零碳医院——常熟市第二人民医院

常熟市第二人民医院是苏州市一所集医疗、教学、科研、预防、康复为一体的三甲综合医院，其中仅台山路院区规划建筑总面积已超 17 万米^2，2022 年用电量约 1400 万千瓦·时，天然气消费量达 100 万米^3，是苏州首家获得碳中和权威认证的三甲医院。

苏州吴都能源为该院区打造了专业高效的能源管理数字化平台，包含 400 千瓦天然气分布式能源、50 千瓦光热系统的多能互补系统，可实现全年节能降耗 5% 以上。凭借能源数字化领域的先进技术与成功经验，协鑫能科又进一步为该医院提供了涵盖热电冷的碳中和综合能源解决方案，多措并举降低用能成本，深挖减碳降耗技术改造潜力。双方通过绿电采购、天然气热电冷三联供、分布式可再生能源和能源智能微网等多项融合手段，协同降碳，助力医院实现百分之百碳中和，抵消碳排放 10497 吨。

（四）零碳大厦——协鑫广场

坐落于姑苏金鸡湖畔的协鑫广场是协鑫集团在苏州湖东 CBD 倾力打造的高端精品综合体。也是苏州首家获得碳中和权威认证的零碳 5A 级写字楼。

大厦总建筑面积 25.4 万米^2，其中写字楼建筑面积 5.7 万米^2，2022 年用电量约 373 万千瓦·时，蒸汽消耗量约 1839 吨。协鑫能科携手协鑫广场整合资源与优势，制定并实施全面的碳中和方案，通过应用新技术节能降耗、绿电采购等综合措施，抵消 2022 年 1 月 1 日至 2022 年 12 月 31 日检测周期内该建筑产生的 2674 吨碳排放，成为真正的零碳大厦。

在此期间，协鑫综合能源基于专业、高效的能源管理数字化平台，调度挖掘写字楼节能降耗改造潜力；利用大数据系统实时监测各类设备的用能数据，对比历史数据进行智能优化调整，实现能源消耗的最优模型。与此同时，公司对大厦的冷水机组实施基于恒温差变流量的优化运行控制策略，对冷却水泵实施节能变频技术改造，制冷辅机系统由此可节省约 30% 的耗电量。

四、工作展望

（一）大力发展可再生能源，助力新型电力系统建设

协鑫能科将聚焦内蒙古、新疆、陕西等地风力发电大基地，以及集中式可再生能源项目，加快推动大型沙漠戈壁荒漠可再生能源基地建设，在新能源资源禀赋优越，具备持续整装开发条件地区推动新能源发电基地化、规模化开发；紧密结合"新型电力系统建设"、乡村振兴战略等，布局分布式、分散式项目；配套开发当前技术最成熟、经济性最优、最具大规模开发条件的电力系统绿色低碳清洁灵活调节电源——抽水蓄能项目。

（二）打造低碳、智慧、高效的综合能源服务生态

协鑫能科将构建以高比例可再生能源接入，综合运用"云大物移智链"技术，"源网荷储一体化"为特色的零碳产业园，为园区企业提供高品质的绿色能源产品，交互、友好、智慧的服务，科学、高

效、经济的一体化解决方案，降低碳排放与综合能耗，实现绿色循环经济；加强电源侧、电网侧、负荷侧、储能的多向互动，提升电网调峰能力，风光接纳能力，增强电网安全性与稳定性；聚焦区块链技术在"互联网 +"智慧能源协同管理、建立信任机制、增强安全性等方向的应用，推动能源资产管理、能源设备系统管理、能源交易、绿色认证、安全监控等能源系统化建设，构建面向区域型、微网级、用户侧多层级的综合能源服务系统。

（三）电 + 算 + 储一体化发展，赋能千行百业

在储能领域，协鑫拥有全球唯一的物理干法正极材料、硅负极材料、超分子电解液，高能效电芯等关键材料与科技，可推动储能产业链全链降本、大幅增效，在能量密度、安全性能、循环寿命、储能性能等方面再次突破。协鑫能科将以苏州为算力总部，集聚产业链生态力量在全国进行布局，打造全球能源算力的超级领跑者，通过能源 AI 让虚拟电厂插上翅膀，让新型电力系统更有速度。同时借助算力网与电力网双网协同，赋能政务、城市、社区、交通、制造等千行百业，更好地把绿色能源带进生活。

（四）响应"一带一路"倡议，打造跨国新能源合作典范

公司将聚焦"一带一路"沿线机遇可期、风险可控的国家和区域，积极拓展国内及海外合作渠道，持续扩大清洁能源储备，提高开发成功率。通过项目投资与管理，技术与人才输出，打造跨国新能源合作典范，帮助"一带一路"国家升级能源结构，加快低碳进程，为推动全球碳中和目标贡献更大力量。

打造高标准、可持续、惠民生的赫利俄斯风电项目群

金风科技股份有限公司

一、单位简介

金风科技股份有限公司（以下简称"金风科技"）是全球可信赖的清洁能源战略合作伙伴。自成立至今，金风科技亲历并见证中国可再生能源事业蓬勃发展，并以全面深度的国际化能力帮助全球客户挖掘清洁能源的价值。目前，金风科技业务已遍及全球 6 大洲、38 个国家，全球员工超 11000 名，研发和技术人员超 3400 名。金风科技已在北美、南美、欧洲、非洲、澳洲、亚洲、中东北非、中亚俄语区设立 8 大区域中心，全面实现资本、市场、技术、人才、管理的国际化。作为深交所、港交所两地上市企业，金风科技总资产超 1368 亿元，2022 年，金风科技实现营业收入超 464 亿元。

二、案例背景

赫利俄斯（Helios）项目群是阿根廷目前最大的风电项目群，由金风科技投资建设。项目群由 5 个独立风电场组成，分别为：丘布特省的罗马布兰卡一期、二期、三期、六期风电场和布宜诺斯艾利斯省的米拉马尔风电场。根据项目规划，5 个风电场共安装 109 台风力发电机组，总装机容量 355 兆瓦，均采用金风科技自主研发的 GW3S 直驱永磁风电机组。项目群于 2018 年 6 月开工，2021 年 4 月全部并网并进入商业运行期。

赫利俄斯（Helios）项目群在风电场设计、施工资源、设备采购、设备运输、安装建设等方面都面临很大挑战。项目需投入大量资源研究阿根廷当地相关标准，解决好不同国家在安全环境、设计标准、施工资源等诸多难题。还要针对项目群特点整合优化相关管理模式，保证 5 个独立项目在统筹管理下有条不紊地推进执行。此外，赫利俄斯风电项目群建设高峰，恰逢全球新冠肺炎疫情暴发，如何在保障项目建设人员健康安全、配合当地政府防疫要求的同时保证项目建设进度，也成为项目必须思考和应对难题。

赫利俄斯风电项目群建成后，每年为阿根廷提供约 16 亿千瓦·时的清洁能源，风电场可以满足 36 万户居民用电，相当于减少 80 万吨标准煤使用，减少约 200 万吨二氧化碳排放。项目群建设期为当地带来超过 1500 个就业机会，运营期培养了一大批风电机组属地化运维人才。项目进入商业运营阶

段，推动阿根廷实现到 2025 年可再生能源发电占比达 20% 的目标，进一步提升了阿根廷能源结构中的可再生能源比例，为促进阿能源绿色转型发挥了积极作用。

三、实施路径

1. 治理体系（G）

针对项目群建设规模大、风电场分布零散的实际情况，为提高综合管理效率、降低因同时推进不同项目产生的高昂管理成本，5 个项目采取项目群强矩阵管理模式，建立联合项目工作团队，由项目团队进行统一的集群式管理。一方面，协同管理便于管理人员同时推进多个项目，提高了项目参建各方的沟通效率，减少了项目在人员和配套方面的投入；另一方面，统筹管理也降低了项目参建方的沟通成本，方便对项目群中 5 个项目的设计、土建、物流、吊装、清关等诸多分包工作进行集中谈判和采购，有效降低了分包成本。

依照阿根廷当地环境安全标准，项目建设阶段编制了完善的安全环境的管理条例，详细规定现场人员安全、环境保护、职业健康的相关内容，作为项目各参建方的安全环境管理执行准则。在项目商业运行阶段，金风科技作为运营商设立属地化的 QHSE 团队并制定了运营期的安全环境保护制度，来管理环境安全相关事项。在全球新冠疫情肆虐期间，项目团队多次组织各参建方召开抗疫保障和隔离复工会议，组织分包商编制防疫细则和复工方案，多措并举，全力保证疫情期间的安全施工。对项目建设期间的各种难题和突发情况，组织各方群策群力，攻坚克难，在保证安全质量的情况下，紧抓项目工期，保证项目施工进度的整体节奏。

2. 环境绩效（E）

（1）环境管理制度。项目团队制定了全面的环境管理计划及环境管理体系，制定了动植物保护条例、固体废物和有害危化品的处理规范、土壤保护要求、噪声控制等规范，通过定期监控空气质量、水质、土壤、噪声等硬指标，在风电项目群建设过程中规范落实相关管理制度。针对风电项目可能产生的噪声干扰和电磁干扰，项目群聘请了当地第三方环境机构对风电场环境进行监控，对机组噪声、光影和电磁进行评估。此外，项目运用 ISO14001：2015 环境管理制度进行项目的整体环境管理，按照项目所在地的环境保护制度实施。项目群的五个风电场均取得 TüV 认证 ISO14001：2015 环境管理体系证书，风电项目群之一的米拉玛尔风电项目在建设过程中还邀请了中阿两国的环境专家对环境影响进行了充分评估，最大程度减少了对当地环境的影响。

（2）资源效率。通过对当地风资源的深入研究和对机组适应性和发电量的严格计算，风电项目群中的 109 台风力发电机组均采用金风科技 GW3S 直驱永磁风电机组，单台机组额度发电功率为 3.2 兆瓦～344 兆瓦，采用 140 米大直径叶轮有效捕捉风能；同时升级"智能感知"发电模式，提高传输发电效率，减少电力损耗，实现了发电转化率最大化，有效提高了阿根廷的风力发电能力。据阿根廷批发电力市场管理有限公司公布的数据，2022 年阿根廷运行效率（容量系数）最高的 10 座风电场中有 4 座是赫利俄斯风电项目群中由金风科技运营的风电场，其中罗马布兰卡一期、三期风电场分别以 60.84% 和 60.83%，在全部 60 多个在运营风电场中排名第一和第二。在风电场的运行维护方面，风电场创新使用双线控制技术，基本实现了风电机组全天候"无专人值守"自动化发电运行，数字化运营中心 7×24 小时监测风机运行状态，通过大数据算法实现重大故障的提前预警，自动对故障进行分析和派发工单，有效减少了风机运行阶段的资源投入，大幅降低了后期的运营维护成本。

3. 社会绩效（S）

（1）促进就业。项目团队坚持公平一致的属地化用工原则，严格落实禁止童工、强迫劳动、禁止歧视等管理制度，严格遵照阿根廷劳动法开展属地化雇员的招聘和管理工作。在赫利俄斯风电项目群建设阶段，累计为当地居民创造了 1500 个就业机会。在五个项目的商业运营间，项目团队积极践行人员属地化战略，聘请当地优秀的人员参与资产管理和风电场运维，做好企业社会责任，与当地合作伙伴一起，助力阿根廷实现能源转型目标，为当地人民带来实实在在的福祉。

（2）技能培训。项目团队依托其完善的职业技能培训管理体系，在项目建设阶段为属地化员工提供系统性的职业培训，帮助属地员工快速掌握风电场工作的各项知识技能。风电项目群投产运营后，项目团队持续扩充属地化运营和维护团队，不断为当地员工提供体系化的培训赋能，一批高技术水平的本地运维人员逐渐成长起来，成为风电机组运营阶段的主力。

（3）社会公益。在支持农村地区教育方面，项目团队为项目所在地贫困学校捐赠取暖器和学生餐厅的桌椅家具，更新学习及生活必备设施，极大地改善了学生的学习环境和教学设施；组织来自罗马布兰卡和米拉马尔风力发电场附近学校的学生参观风电场，通过近距离参观，让学生们真实了解绿色能源、风机构造、风力发电原理以及风力发电场，增加学生在有关环境保护和绿色能源方面的参与感。

在支持公共卫生事业方面，在全球新冠疫情期间，项目团队向项目所在的多地政府部门捐赠医疗设备、疫情防护物资，包括视频喉镜、高压灭菌器、实验室专用生物安全柜、护理呼叫器系统等医疗设备。项目团队还向阿根廷国家民航管理局和卫生办公室、科研机构、社区消防局、社会公益组织、绿地公园以及免费接纳贫困社区儿童的足球学校等，捐赠集装箱、包装木材、防雨布等可重复利用的物资，主动融入当地社区，为项目所在国和周边地区民众提供力所能及的帮助。

四、履责成效

在高标准的治理体系建设方面：项目团队履行全球契约原则在人权方面的第 1、2 项之规定，推进联合国可持续发展目标第 9、10、17 项之倡议，组建多方共同参与的基础设施合作网络，整合各方比较优势，为阿根廷建设高标准、可持续、惠民生的风电站；高度关注施工现场环境安全，完善相关管理条例，保证施工零事故少污染；组织多次筹备交流会，畅通各参建方的沟通渠道，使得施工过程顺利开展。项目通过风电站补足阿根廷清洁能源发电短板，为当地相关产业发展注入绿色动力，促进经济可持续发展和民生改善。

在实现环境保护方面：项目团队履行全球契约原则在环境保护方面的第 7、8 项之规定，推进联合国可持续发展目标第 7 项之倡议，赫利俄斯项目群在建设阶段开发和推广环境友好型技术，并且主动增加环保责任，进行环境管理评估，五个风电场均取得 TüV 认证的 ISO14001：2015 环境管理体系证书。赫利俄斯项目群的成功投产，减少了阿根廷对传统燃煤等化石燃料的依赖，降低温室气体排放和环境污染，有助于阿根廷实现能源结构的调整和升级，也为当地经济、环境的可持续发展提供了更好的机遇。

在促进社会发展方面： 项目团队履行全球契约原则在人权、劳工方面的第 4、5、6 项规定，严格落实禁止童工、强迫劳动、禁止歧视等的管理制度。推进联合国可持续发展目标第 1、3、8、10、11 项，项目群在建设和运营过程中创造了就业机会，提高了当地的经济活力，带动了相关行业的发展，为当地居民提供了更多的工作机会和经济来源，同时可以解决阿根廷能源供应不足的问题，极大改善当地基础设施建设水平，疫情期间及时捐赠医疗设备和疫情防护物资，提升社区的健康水平和福祉，积极支持当地教育和健康事业的可持续发展。

五、工作展望

赫利俄斯风电项目群的建成投产，不仅是阿根廷推进能源结构升级转型的一大举措，也是中阿清洁能源合作取得的丰硕成果。中阿两国正在以风电项目群为契机，着眼疫情后复苏和高质量、可持续发展，制定落实各层级、各领域交流合作计划，推动两国全面战略伙伴关系持续走深走实。

秦山核电勇拓同位素生产创新之路

中核核电运行管理有限公司

一、单位简介

中核集团秦山核电基地（以下简称"秦山核电"）位于中国浙江省嘉兴市海盐县，处于华东电网的负荷中心地区，于1985年开工建设，1991年并网发电。目前，秦山核电共有9台运行机组，总装机容量666万千瓦，年发电量约520亿千瓦·时，是目前中国核电机组数量最多、堆型最丰富的核电基地，被誉为"国之光荣"。秦山核电拥有中国唯一的两台商用重水堆核电机组，并具有技术储备和人才优势，自主研发生产放射性同位素并积极打造全国最大的同位素生产基地，为中国同位素产业链供应链韧性和安全发展做出积极贡献。

二、案例背景

同位素技术在改造传统产业、拓展前沿科学技术、发展新兴技术产业、提高综合竞争力和提升国防实力等方面发挥着越来越重要的作用。为保障同位素的生产与供应，2021年中国发布《医用同位素中长期发展规划（2021—2035年）》，目标为逐步建立稳定自主的医用同位素供应保障体系，满足人民日益增长的健康需求，为建成与社会主义现代化国家相适应的健康国家提供坚强保障。

在了解到我国医用放射性同位素供应几乎全部依赖进口的情况后，秦山核电充分发挥拥有中国唯一的两台商用重水堆核电机组的反应堆资源优势、作为中国大陆首个核电基地的技术和人才储备优势、地处长三角中心地点的区位优势，逐步开放并掌握医用放射性同位素生产技术并形成稳定供应，帮助国家解决医用放射性同位素供应依赖进口的问题。

三、实施路径

秦山核电两台商用重水堆核电机组，具备生产同位素的先天优势和条件：

一是技术优势。重水堆的热中子通量与高通量堆相当，是压水堆的4~5倍。通量越高，生产周期越短，经济性越好，可辐照生产的种类越多，且基本不会对堆芯的安全性和经济性构成明显影响。此外重水堆机组堆芯结构特殊，慢化剂区域空间充足、低温、常压，且采用不停堆换料设计，可采用多种方式开展放射性同位素生产。

二是成本优势。利用已建成的核电机组，在发电的同时进行同位素生产，既节省了生产堆的建造成本、燃料成本，又大大降低了同位素生产设施的维护费用，成本优势显著。

三是稳定性优势。商用重水堆年稳定运行时间在 300 天（大修年）~359 天（无大修年），同位素生产的稳定性和持续性优势显著。

秦山核电重水堆主要利用辐射俘获和裂变等方式进行同位素生产，可生产钴 -60、碳 -14、镥 -177、锶 -89、钇 -90、钼 -99、碘 -131 等同位素，后续将进一步探索开发其他同位素的生产能力。生产出的这些放射性同位素可广泛应用工业、农业、医疗以及科研等领域。

四、履责成效

（一）发布秦山核电同位素生产规划，明确工作方向

为保证秦山核电核技术应用（同位素生产）工作有条不紊地循序推进，项目启动伊始，领导小组即布置开展秦山核电同位素生产规划的编制工作。经过各技术专业组、协作单位的共同努力，编制并发布了秦山核电同位素生产规划。规划梳理国内外行业发展现状，结合秦山核电技术、资源和地理位置优势，提出了秦山核电同位素基地建设整体规划，为后续工作指明了方向。

（二）建立同位素生产基地建设管理体系，形成长效机制

根据秦山核电与核技术应用产业协同发展需要，组织了同位素生产领导小组，以更好地协调公司内外部资源和技术力量，为秦山核电核技术应用产业发展提供组织保障。同时根据各个同位素生产过程的特点，组建各相关项目专业组，落实项目经理制，保证各个项目有人负责、有人支持。专门在专项工程处设置科级机构，作为秦山核电核技术应用产业（同位素生产）的专职机构，牵头上述同位素相关专项的技术研发工作，同时承担秦山核电核技术应用产业发展的日常管理工作。策划建设同位素工程研究中心，并申报省级中心，以此为集放射性同位素生产、放射性新药研发、生物与动物实验、临床转化等放射性同位素生产与应用各环节平台，对内可以形成长效机制，保证同位素生产产业的长期可持续发展，对外可以吸纳行业内的领军人才，整合行业内优质资源，缩短需求、科研、试验到生产的时间，提高科研成果转化率，让研发成果更好地服务社会。

（三）扎实推进同位素生产技术研发项目，科研与生产成果显著

2003 年，秦山核电组织开展钴 -60 自主设计和研制。2009 年开展工业钴 -60 批量化生产，2010 年首批钴调节棒顺利出堆；2017 年开展医用钴 -60 批量化生产，2019 年首批医用钴 -60 放射源应用到国产伽玛刀设备上，为国产设备提供充足的"中国芯"，确保患者获得及时救治。秦山核电生产的工业钴 -60 同位可满足国内约 70% 市场需求，医用钴 -60 可完全满足国内市场需求。尤其是在近年全球工业钴 -60 供应紧张的情况下，中国已连续向国际市场出口工业钴 -60 数百万居里，成为全球三大钴 -60 供应国之一。

钴 -60 的生产经验为属于国际首创商用堆生产碳 -14 提供了良好借鉴，项目团队攻破一道道技术

难关，2022 年 4 月首批碳 –14 靶件在秦山核电入堆生产，将于 2024 年出堆，届时秦山核电将成为国内最大的碳 –14 原料生产地，年产能完全满足国内市场需求，提前完成我国"十四五"期间碳 –14 生产目标，打破我国碳 –14 几乎全部依赖进口的历史。

除生产钴 –60 和碳 –14 外，秦山核电正重点攻关镥 –177、锶 –89、钇 –90 和碘 –131 等重要短半衰期医用同位素生产技术，目标在"十四五"期间建成投产产业化生产能力，实现国产供应。2021 年完成重水堆辐照生产镥 –177、锶 –89、钇 –90 和碘 –131 的可行性评估，2022 年完成规模化辐照生产平台的原理验证。

（四）联合推进核技术应用产业园建设，企地融合发展

秦山核电协同海盐县在做大做强核电关联产业的同时，加快拓展核技术应用（同位素）产业。当前，双方正在全力开展核技术应用（同位素）产业园建设，围绕"核素、核药、核医疗"三大核心，全力推进医用同位素产业"千亩千亿"集群发展。近期规划面积约 1900 亩，致力于打造集同位素研究与生产、核药研发与制备、核医学基础研究与临床转化、核特色康养、核应急救援为一体的全国核技术应用产业示范基地。现已引进项目 12 个，项目总投资超 40 亿元。中核秦山同位素有限公司项目和同位素标准厂房已开工建设，计划于 2024 年建成投产。国际核药领头企业准备在海盐建立先进的镥 –177 核药生产线。

一是完成热操作间改造，作为后端分离提取的试验设施，全线打通制靶、辐照、解靶、分离提取流程，结合已有同位素辐照生产研发平台，尽快启动生产试验，为后续批量化生产打通技术路线。

二是高质量完成批量化生产装置研发工作。稳步推进工程装置制造、安装准备等工作，保证在 2024 年机组大修期间顺利安装与调试，具备镥 –177、钇 –90 和锶 –89 等同位素批量化生产能力。

三是稳步推进配套生产线建设。放射性同位素辐照生产上下游是一个有机的整体，辐照装置和后端配套生产线均具备条件后才能开始生产，需稳步推进地区配套生产线建设工作，保证上下游投产时间匹配好，以完成尽快实现重要医用短寿命放射性同位素国产化的既定目标。

五、工作展望

面对目前中国自主生产的锶 –89 仅能满足国内 20% 的需求、镥 –177 仅能满足国内 5% 的需求等现状，秦山核电制定了"三步走"战略规划：2023 年，钇 –90 满足小规模临床试验需求；到 2024 年，高质量完成批量化生产装置研发及后端分离提取生产线建设工作，建成锶 –89、镥 –177 和钇 –90 等同位素的生产和供应能力，覆盖国内市场需求；到 2025 年，建成碘 –131 生产能力，部分满足部分国内市场需求的目标。

总体而言，中国的同位素与核药仍处于市场培育阶段，应当保供应、扩应用、促发展。同位素的充足稳定供应是首位的，应加强政府引导，统筹社会资源，完善医用同位素生产、运输和安全环保相关的政策与标准，畅通同位素与核药的生产与研发道路，促进多渠道的同位素生产与供应，推动建立国家引导和支持的科研同位素生产体系，以及按照市场化原则发展的产业化应用体系。在保供应的同

时，需要加强政策引导和资金投入，促进创新核药的研发，解决创新药研发和审评过程中的瓶颈问题及核医疗人才短缺问题，健全核医疗相关的制度以及行业规范标准。建立自主稳定同位素与核药供应体系，确保供应的持续性、稳定性和前瞻性，推动一县一科的发展，扩大应用范围。

奋进新征程，建功新时代。秦山核电将深入贯彻落实党的二十大精神和"健康中国"建设战略部署，与地方政府协同推进同位素生产基地建设和同位素产业发展，建成中国最大的同位素生产基地，着力解决"卡脖子"问题，保障同位素产业链供应链安全和发展，同时积极布局国际市场，努力发展成为全球医学、工业、农业和科研等领域同位素的重要供应基地，勇做国际核科技发展的引领者，谱写"国之光荣"更加绚丽的华章。

环境实践

打造蒙西基地库布其沙漠光伏示范基地

中国三峡新能源（集团）股份有限公司

一、单位简介

中国三峡新能源（集团）股份有限公司作为三峡集团新能源战略主体和上市平台，坚持生态优先、绿色发展，风光协同、海陆并进，始终坚持将清洁能源产业优势与农村地区资源禀赋相结合，以"新能源＋乡村振兴"为主抓手、主平台、主战场，通过产业带动、环境优化、就业帮扶、教育启智、党建共建等多维发力，扎实推进乡村振兴，促进农业高质高效、乡村宜居宜业、农民富裕富足。截至2022年年底，装机规模超2600万千瓦、资产总额超2600亿元。

二、案例背景

荒漠化问题是影响全球的重大生态问题之一。荒漠化是因人类活动（如森林砍伐、土地开垦、过度放牧等）和自然因素（如干旱、风灾等）而导致的土地退化和生态系统的破坏，它恶化生态环境，破坏生存条件，加剧自然灾害发生，制约经济发展，加深贫困程度，严重影响社会稳定，给人类生存和发展造成极大危害。数据显示，全球荒漠化面积已达3600万平方千米[2]，占整个地球陆地面积的1/4，荒漠化威胁着全球三分之二国家和地区、五分之一人口的生存和发展。中国是世界上荒漠化面积最大、受影响人口最多、风沙危害最重的国家之一，荒漠化土地面积为262.2万平方千米[2]，占国土面积的27.2%，约有4亿人口受到荒漠化危害，每年因荒漠化造成的直接经济损失约为541亿人民币。为了防治荒漠化，中国组织实施了"三北"防护林体系建设、京津风沙源治理、天然林保护等一系列重大生态工程，持续推进荒漠化沙化土地治理进程。

全球气候变暖是另一个影响全球的重要环境问题。全球气候变暖会导致极端气候事件频发、冰川和冻土消融、海平面上升等，不仅危害自然生态系统的平衡，还影响人类健康甚至威胁人类的生存。人类活动导致的二氧化碳等多种温室气体排放增加是全球气候变暖的主要原因，而其中又以能源消费为最大的贡献者。因此，提高能源利用技术和能源利用效率，发展低碳能源和推广节能减排，从而减少二氧化碳等温室气体的排放，是应对全球气候变暖的重要措施。2020年9月，习近平主席在第七十五届联合国大会一般性辩论会上发表重要讲话，提出中国2030年"碳达峰"与2060年"碳中和"

的目标。在"双碳"目标的落地实施中，以风力发电、光伏发电等为代表的清洁新能源将发挥重要的支撑作用。

内蒙古作为中国荒漠化和沙化土地最为集中、危害最为严重的省区之一，境内分布有四大沙漠和四大沙地，生态环境十分脆弱，面临艰巨的荒漠化防治任务。与此同时，内蒙古地区具有良好的"风光资源"，具有发展清洁新能源的天然禀赋。光伏治沙作为一种新业态，将荒漠治理和清洁能源发电结合在一起，将产生显著的生态环境效益。

2021 年国家发展改革委与国家能源局明确了第一批约 1 亿千瓦大型风电光伏基地项目，其中就包括蒙西基地库布其 200 万千瓦光伏治沙项目。蒙西基地库布其 200 万千瓦光伏治沙项目位于内蒙古自治区鄂尔多斯市杭锦旗库布其沙漠腹地，是黄河流域和京津冀地区重要生态安全的重要节点，同时太阳能资源丰富，多为未利用荒沙地，适宜发展光伏治沙产业。项目并网总容量 200 万千瓦，总投资 111.5 亿元，项目于 2022 年 6 月 13 日正式开工建设。项目总占地 10 万亩，包括项目周边荒沙修复整治区 33319 亩和光伏发电核心区 66681 亩。项目建设内容主要包含光伏发电、沙漠治理、生态修复、种植养殖等，以光伏电站建设运行减少土壤水分蒸发和增加清洁能源供给，解决后续防沙治沙的用能需求，实现沙漠地区太阳能资源高效利用和沙漠变绿洲的双重收益。

三、实施路径

项目充分利用库布其沙漠丰富的光照资源、广阔的未利用荒漠化土地，采用"板上双面发电、板下双层生态、板间双层养殖"的立体生态光伏治沙模式，充分发挥光伏空间优势，以组件板减少蒸发、以组件基础固沙、板下种植养殖、以作物治沙改土，光伏板建设、板下种植与畜牧养殖的生态良性互动，可有效遏制沙丘移动、治沙改土，创造绿色生态效益、经济效益。项目走出一条新能源发电、沙漠治理、生态修复、种植养殖、富民利民的科学共赢治沙之路，以立体科学的防沙治沙模式矢志不渝践行新时代习近平生态文明思想，为碳中和背景下的"新能源 + 治沙"提供试验示范。项目在沙地保护和治理方面的具体做法包括：

1. 光伏区治沙

光伏阵列分为跟踪系统阵列和固定阵列两种，合理的布设间距如同一排排防护林，可大幅度地削弱风速，可有效固定沙地，降低扬沙起沙，起到很好的防风固沙效果。光伏发电电池组件吸收太阳能后可以有效降低太阳光对地面直射，起到对地面很好的遮阴效果，降低地面温度，从而可以降低地面水分的蒸发。光伏建设后期，对光伏区板间、板下沙漠土地全覆盖撒施芦苇沙障，要求芦苇沙障长短结合，覆盖后无裸露地表，有效减少地表蒸发，最大限度保持土壤的保水量；同时在雨季来临前，采用喷播机、人工结合的方式，对沙障撒施区域进行全覆盖混播草籽的复绿工程。

2. 外围防风阻沙林带

利用乔、灌、草、沙障结合的方式进行建设，遵循因地制宜，因害设防，就地取材原则，主要栽植小美旱杨、沙柳、杨柴、花棒等灌木，利用水冲法进行栽植；同时选择利用无人机或喷播机进行播种草本植物达到防风复绿目标，机械人工配合进行草方格沙障设置，保障防风固沙，配套供水、供电系统。

3. 沙漠生态养殖

合理利用沙化土地，开展沙漠牧鸡生产活动，利用鸡的施肥、松土、灭蝗、播种等特性，实现土壤改良和牧草增收，通过围栏将场地进行分区，划区轮牧，低密度笼式散养。按此方式牧鸡，每年可向沙地生物施肥约 300 千克 / 亩 ~ 360 千克 / 亩，三年后实现植被覆盖度达到 80% 以上，产草量达到 400 千克 / 亩以上。

4. 柔性支架 + 土壤改良

项目建设 508 兆瓦大跨度柔性支架光伏区。大跨度柔性支架每组跨度达 32 米、高 4 米，可以满足大型机械作业条件。在柔性支架区域，项目通过播撒微生物有机肥，改善土壤微生物环境。微生物有机肥营养元素齐全，能够改良土壤，改善使用化肥造成的土壤板结，改善土壤理化性质的作用。

此外种植区每亩土地使用沙漠土壤改良剂 50 千克 ~ 70 千克，将沙化土壤改良剂均匀散撒在相应处理区，具有防止沙化、风蚀，增强土壤保水、保肥、供肥的能力，进一步促进固沙治沙工作。

通过上述措施，可使原沙漠土地满足种植要求，使当地植被增加、生态环境逐渐改善。

四、履责成效

本项目计划于 2023 年内实现全容量并网发电，项目建成后将产生良好的节能减排效益、生态治理效益、社会发展效益。

1. 节能减排效益

项目建成后，可实现向蒙西电网年均供应绿色电力约 41 亿千瓦·时，满足超 160 万户家庭一年的用电，有效改善当地能源结构，助力地方经济发展。按照火电煤耗（标准煤）304.9 克 / 千瓦·时计算，项目每年可节约标煤 125.07 万吨，节约水资源 496.34 万吨。此外，项目每年可以减少多种有害气体和废气排放，其中减少烟尘排放约 78.78 吨，二氧化硫排放量约 393.92 吨，二氧化碳排放量约 204.84 万吨，氮氧化物排放量约 440.69 吨，有效减轻大气污染。

2. 生态治理效益

项目建成后，项目所在区域植被覆盖率有望由不足 3% 提升至 60% 以上，可修复 10 万亩沙漠，年均减少向黄河输沙 200 万吨，可促进黄河流域生态保护和高质量发展目标，并可以让黄河流域生态环境得到修复和改善。项目将有效构筑北方生态安全屏障，保障黄河上游和京津冀地区生态安全，提高碳中和贡献水平。

3. 社会发展效益

项目的建设将有力带动地方经济发展，一是项目前期通过流转租赁当地农牧民未利用荒沙土地，可实现当地原住农牧民每亩每年 300 元的土地增值红利；二是项目建设期，可有效吸纳至少 1000 人次具备务工能力的原住农牧民到项目进行就业，包括施工安装、材料倒运、板下种植及管护等工作，每个家庭可实现年均增收 10 万元左右；三是项目运营期，通过"公司 + 农户 + 合作社"的乡村振兴互助模式，每年可稳定吸纳 500 人次到项目进行组件清洗、板下种植作物除草浇水管护、开展牧业养殖等工作，可为每户农牧民年均增收 5 万元左右。光伏治沙项目能够有效带动当地农牧民增收致富，为乡村振兴注入"能源动力"。

随着绿化治沙的不断深入，环境的不断改善，将陆续吸引各类引资开发项目，逐步增强经济发展后劲，不仅为当地带来大量工作就业机会，不断增加居民经济收入，以此带动其他各行各业的经济发展；还能进一步提高人们对保护生态、治理沙地意识，取得良好的社会效益，提升当地居民幸福指数。此外，项目建成后，犹如深蓝色海洋的光伏区域可打造成旅游观光的景点，吸引众多的游客前往，促进当地旅游业发展。

五、工作展望

蒙西基地库布其 200 万千瓦光伏治沙项目目前正处于项目建设高峰期，各项工作正在安全有序开展，项目建成后将在节能降耗、绿色低碳、沙漠治理等方面发挥显著的示范效应，助力国家"双碳"目标、黄河保护和高质量发展战略的顺利实施。项目还将发挥临近库布其国际沙漠论坛永久会址的位置优势，通过库布其国际沙漠论坛这一世界级平台，展现中国防沙治沙的新技术、新模式，向全球面临荒漠化威胁的国家提供可参考、可复制的荒漠化治理成功经验。

关注海洋生态修复，谋求和谐发展

龙源电力集团股份有限公司

一、公司简介

　　龙源电力集团股份有限公司（以下简称"龙源电力"）是中国最早开发风电的专业化公司，率先开拓了中国海上、低风速、高海拔等风电领域，率先实现中国风电"走出去"，构建了业内领先的场站设计、技能培训、预知服务、技术监督、功率预测、数据分析、建模仿真、绿电交易、碳资产管理、前期咨询等十大技术服务体系，不断引领行业发展和技术进步。2023 年上半年，龙源电力营业收入198.52 亿元，归属权益持有人净利润 49.58 亿元，主要业绩和财务指标实现快速增长，可再生能源控股装机容量达到 2974.8 万千瓦·时，持续保持世界第一大风电运营商领先地位。

二、项目背景

　　龙源电力江苏海域的海上风电项目分布于南黄海区域内，海上风电工程建设对海洋生态有一定的影响，施工期机桩基施工、电缆敷设，悬浮泥沙造成浮游生物损失，工程风机基础采用液压式打桩锤进行沉桩施工，海缆埋设过程中的开挖、填埋作业都将对海洋底栖环境造成破坏，使底栖生物丧失生存环境，间接影响了渔业资源和鸟类栖息环境。根据调查结果显示，江苏南通如东至盐城东台地区的鸟种数目为 386 种，占江苏省鸟类总数的 75%。其中还包括勺嘴鹬等 23 种被世界自然保护联盟列为极危或濒危的鸟种，这意味着研发海上风电与海岸线生物多样性协同发展的创新型风电项目模式迫在眉睫。

　　早在 2009 年龙源电力建设世界首个海上潮间带风电项目时，就前瞻性意识到海上风电项目可能会对"东亚 – 澳大利西亚"鸟类迁飞路径中迁徙鸟类产生一定的影响。此后，龙源电力持续围绕海上风电项目积极开展生态修复与生物多样性保护工作，为保护黄海地区海岸线、滩涂和"东亚 – 澳大利亚"等鸟类觅食地、停歇地、换羽地与迁徙路径以及海洋生物多样性贡献龙源力量。

三、行动举措

1. 建设鸟类观测站，探索风电与鸟类和谐共生之路

　　2012 年 4 月，龙源电力江苏海上公司与南通博物共同携手保护鸟类资源，在全球首座潮间带风电场如东环港海上升压站建立国内首个野生鸟类观测站——如东监测站。该监测站是中国第一个基于海

上潮间带项目的鸟类观测科研项目。为当时海上风电项目建设对区域内鸟类可能存在影响的相关研究及观测成果填补了空白。

龙源电力联合国内鸟类观测权威机构，开展"海上风电对鸟类影响"课题研究。充分发挥龙源电力江苏海上公司如东海上风电场鸟类观测站的平台优势，多年来持续为专家和鸟类观测者提供基础设施和物质保障，先后协助"勺嘴鹬在中国""东亚－澳大利西亚鸟类迁飞组织"等环保机构开展风电场海域内的鸟类观测、与研究等科研活动。

2. 推行"一项一策"，量身定制海洋生态修复方案

龙源电力江苏海上公司会同省、市及县海洋与渔业局，就海上风电场生态修复项目进行专家论证，现场勘测每个海上风电项目，为其量身定做"海洋生态修复项目实施方案"，建立合理用海开发模式，研究工程对海洋底栖生物、浮游动植物、潮间带生物及渔业资源的影响，使所开发项目充分与如东地区紫菜、文蛤养殖等渔业资源、盐城地区湿地珍禽保护项目相兼容。

如东海上风电项目与江苏省签署国内首个合作协议，斥资一千五百余万元用于四方共同实施水生生物增殖放流、养殖示范区构建、鸟类保护、湿地景观整治、环境监测及效果评估等生态保护工程，成为中国海上风电工程生态修复的经典案例。

2017 年 1 月，在江苏省海洋与渔业局的见证下，龙源电力江苏海上公司与江苏省"两沙"海域管委会在南京签订海安海上风电场海洋生态修复协议，斥资 300 余万元用于该海上风电场生态修复工作，这是当时由海洋科研机构编制的最规范全面的海洋生态修复协议，对推动中国海洋工程环保具有示范效应。

四、行动成效

1. 初步证实海上风电场建设对候鸟迁徙无明显影响

生态系统多样化。近年来随着江苏如东黄海海域生态环境不断改善，如东海上风电场不仅成为生态渔业发展的重要基地，也成为许多珍稀鸟类迁徙的必经之路和营养补充地。曾经全球仅存 600 多只的珍稀鸟类黑脸琵鹭也多次现身如东黄海滩涂休憩。

企业与生物共赢。龙源电力设立观测站对鸟类种群、数量、迁徙时间等数据的实地观测、统计分析，不仅能保护鸟类，也为风电开发提供翔实的科研依据，有助于风电场的选址、设计和经营，达到野生动物保护和风能开发双赢的效果。

先验性研究结论。如东海上风电场定期开展鸟类观测活动，经过长期观察发现，海上风电场建设对候鸟迁徙无明显影响，各类候鸟特别是诸如勺嘴鹬等珍稀鸟类种群数量历年呈增长趋势。

2. 海洋生态修复项目生态效益显著

龙源电力江苏海上公司累计斥资超 5400 万元向黄海海域投放各类鱼苗、蟹苗约 10 亿尾（株），通过长期跟踪监测，增殖放流工作取得了显著效果，海上风电场海域各类水生生物种群数量和结构始终保持在较高水平，产生了良好的经济价值和生态效益。

五、经验总结与启示

1. 积极开展生物多样性保护行动

龙源电力依托如东监测站，开展分布于南黄海区域内江苏海域的海上风电项目因对勺嘴鹬等鸟类觅食、栖息、迁徙等活动产生影响而面临的生物多样性风险的监测和评估工作；通过推行"一项一策"为每一个海上风电项目制定生态修复方案避免和减少项目建设施工过程中对海洋生态造成的负面影响。为其他海上风电项目建设过程中面临的生态风险提供了借鉴和指导。

2. 持续探索海上风电业务新模式

龙源电力通过研究海上风电项目对海洋底栖生物、浮游动植物、潮间带生物及渔业资源的影响，在开发项目时充分考虑项目地渔业等海洋相关产业的布局与发展情况，实现海上风电项目与其他产业的有机融合，形成"风电+"的业务模式，为其他海上风电项目的模式创新提供新思路。

深耕电动汽车充换电技术，助力"双碳"目标实现

南瑞集团有限公司

一、单位简介

国电南瑞科技股份有限公司（以下简称"国电南瑞"）成立于 2001 年 2 月 28 日，2003 年在上海证券交易所上市。公司坐落于南京，行业分类为软件和信息技术服务，是以能源电力智能化为核心的能源互联网整体解决方案提供商，是中国能源电力及工业控制领域卓越的 IT 企业和电力智能化领军企业。公司以先进的控制技术和信息技术为基础，以"大数据、云计算、物联网、移动互联、人工智能、区块链"等技术为核心，为电网、发电、轨道交通、水利水务、市政公用、工矿等行业和客户提供软硬件产品、整体解决方案及应用服务。拥有电网自动化及工业控制、继电保护及柔性输电、电力自动化信息通信、发电及水利环保四大业务板块，下设 1 个研究院、4 个事业部，18 家分公司、26 家子公司。国电南瑞旗下南瑞联研为全国科改企业。2023 年，国电南瑞入选国资委"科改示范企业"。

二、案例背景

发展新能源汽车是中国应对气候变化、推动绿色发展的战略举措，也是构建新型电力系统、服务"双碳"目标实现的应有之义。近年来，中国新能源汽车产业发展迅猛，已连续五年产销量、保有量居世界首位。在政策和市场的双轮驱动下，提升新能源汽车及关联产业融合创新能力，大力推动充换电网络等基础设施建设显得尤为必要和迫切。

国家电网公司积极贯彻落实党中央、国务院决策部署，按照适度超前的原则，从 2009 年就启动了电动汽车充换电设施的建设应用。国电南瑞集中各方面优势资源组建技术团队，从零开始充换电领域的技术研究、标准编制和产品研发，经过多年深耕，国电南瑞已成为国内电动汽车充换电领域的先行者和引导者，在充电设施技术体系、标准规范、检验试验、科研产业等形成了完整体系架构。十多年来，国电南瑞充换电技术团队奋勇争先、从无到有，从技术研究到产品研制，从典型设计到标准制定，从国家电网公司系统内第一台充电桩到"ChaoJi"充电桩，形成了交流充电桩、直流充电机、换电站、电动汽车充换电运营管理平台、政府监管平台等系列化自主核心产品，为推动我国电动汽车产业健康发展做出积极贡献。

三、实施路径

（一）首创充电设施标准化典型设计

2009 年 11 月，国家电网公司启动电动汽车充电设施建设工作。国电南瑞作为技术支撑单位参与编制充电设施建设的第一个纲领性文件——《国家电网公司电动汽车充电设施建设指导意见》，并按照"统一标准、统一规范、统一标识、优化分布、安全可靠、适度超前"原则，牵头组织完成《国家电网公司电动汽车充电设施典型设计》，并于 2010 年 2 月正式印发。

在研究编制典型设计的同时，国电南瑞迅速组织精干力量组成研发团队，从技术路线、方案设计、软件开发等各个环节反复研讨、评审，研制出了**国内首台首套交流充电桩及直流充电机**。2010 年 3 月牵头组织完成的国家电网公司第一座典型设计标准化充电站—唐山南湖电动汽车充电站投运。2022 年，国电南瑞承担完成江苏、天津、重庆等省市 300 余座充电站 EPC 总承包建设，累计在全国建设国家电网公司标准化充电站超过 2000 座。

（二）持续迭代升级充电桩系列产品

在完成首台套充电桩研发基础上，国电南瑞从结构设计、电气拓扑、安全防护、功率控制、用户体验等方面，不断对产品开展迭代优化。紧紧围绕私人电动汽车、电动公交车、物流、环卫、网约出租车等不同类型车辆需求特点，研制形成了**全系列充电桩产品**。产品包括交流充电桩、一体式、分体式、群充群控充电机、预装式充电站、共享移动充电机等，全面覆盖各类电动汽车充电功率等级和电压需求范围，灵活满足居住区、园区、高速公路服务区、商超公共停车场、路边车位等不同场景的需求。基于上述工作，2019 年，牵头制订国家电网公司直流充电设备标准化技术方案，引领行业向标准化迈进。2021 年，牵头完成国家电网公司统一控制器研发，助力国家电网公司充电设备实现软件标准化。2022 年，牵头承担国家电网公司充电设施智能运维体系方案设计，进一步推动实现充电设备的智能化标准化。

全国首座高速公路服务区充电站

（三）支撑政府强化监管推动产业健康发展

电动汽车快速发展同时，也存在着充电运营商众多，产品和服务质量良莠不齐，不同运营商无法互联互通，建设规划缺乏科学依据等问题。在电动汽车及充电设施补贴政策背景下，部分运营商存在弄虚作假伺机骗补的行为。

针对上述问题，国电南瑞发挥技术、人才和工程经验优势，综合运用移动互联网、车联网、大数据和云计算等最新前沿技术，研发**电动汽车充电设施运行监管服务平台**。该平台具备数据采集、实时监测、安全监管、补贴管理、运营商监管、统计分析、公共服务等功能，可为政府提供运行监管服务，帮助主管部门实时掌握行业动态，为充电运营企业提供托管运营服务，为电动汽车车主提供便捷的充电桩查询、预约充电、支付结算等服务，进一步规范行业健康发展。

2017年，国电南瑞开发建设的**全国首个市级新能源汽车及充电设施政府监管平台**在南京部署上线，实现全市充电设施和电动汽车数据全覆盖采集，实现人、车、桩、网等资源整合。2018年，国电南瑞承建的贵州省充电设施政府监管平台亮相贵州数博会，得到业界广泛好评。2019年，国电南瑞承担建设的江苏省级充电设施政府监管平台部署上线。2022年，实现江苏全域省市监管平台"1+13"的全覆盖全贯通，为江苏省电动汽车推广应用提供了有力保障。

（四）主导制定"ChaoJi"充电国际标准优化充电体验

当前，国际上现有的CHAdeMO、GB/T、CCS三大直流充电接口都存在尺寸过大、机械强度不够、没有考虑向后兼容性等共性问题。同时，随着电动汽车的加速普及，现有的充电系统在大功率充电、充电安全、即插即充、V2X应用等方面无法满足新的更高应用需求。世界电动汽车产业迫切需要一个国际统一的、安全的、兼容的充电接口解决方案。

国电南瑞自2016年开始全力支撑国家电网公司开展电动汽车新一代大功率充电技术研究，并以"超级"中文拼音"ChaoJi"命名，解决了国际上现有充电系统存在的一系列缺陷和问题，在充电安全、充电功率、结构设计、向前兼容性及面向未来应用方面进行全面提升。2021年8月22日，国电南瑞主导发起的IEC（国际电工委员会）TS62196-7电动汽车传导式充电车辆适配器国际标准，在IEC SC23H立项投票中获全票通过，并由国电南瑞的专家担任召集人。该标准的立项成功，标志着中国提出的"ChaoJi"充电技术迈入了国际标准制定与全球产业应用新阶段，对新能源汽车发展具有里程碑意义。2022年，国电南瑞承担建设的北京、上海、济南、南京、泰州五座ChaoJi示范站建成投运。

四、履责成效

（一）科技创新成果方面

获得省部级科技奖励10项，发明专利70余项，软件著作权12项；参与编制国际标准12项，其中主导编制的3项IEC标准已正式发布；主持编制国家标准9项、能源行业标准10余项；充放电设施试验检测系统获得国家实验室资质认可、国家检验机构资质认定、CBTL认可，以及德国TUV、美国

UL、德国 DEKRA 等国际认证机构授权，为提升中国在电动汽车及充电设施在国际上的影响力和话语权提供了重要支撑。

（二）产业发展成果方面

研制的全系列充电桩设备在全国各个省市推广应用，累计建成各类充电桩 7 万余个，充电站 2000 余座。电动汽车充电设施政府监管平台在江苏、海南、贵州、四川、辽宁、重庆等多个省市应用，有力支撑当地电动汽车产业发展。以江苏省充电设施政府监管平台为例，该平台已接入充电桩 9 万余台，2022 年充电量突破 12 亿度，为相关政府主管部门提供各类数据分析报告 300 余份。2022 年，支撑国网江苏电力开展新能源汽车下乡活动，在南京溧水、无锡江阴等乡村开展充电桩的建设和推广。

五、工作展望

在新能源汽车加速发展的大趋势下，国电南瑞将在电动汽车充换电技术领域持续发力，聚焦新型电力系统建设、智慧交通等领域，研判未来产业和技术发展趋势，加强前瞻性技术研究，以科技项目为引领，开展新标准、新技术、新设备、新型业务等科研及试点工作，结合 5G、能源互联网、智慧交通等推动融合创新，扎实做好技术和产品研发应用，助力推动绿色交通发展，为服务能源清洁低碳转型、助力"双碳"目标实现贡献南瑞力量。

打造绿色产融新高地，领航双碳行业创价值

国网英大股份有限公司

一、单位简介

国网英大股份有限公司（以下简称"国网英大"）是国家电网有限公司旗下上市公司，公司前身为上海置信电气股份有限公司，2020 年完成重大资产重组，注入信托、证券、期货等金融业务；控股子公司包括英大国际信托有限责任公司（以下简称"英大信托"）、英大证券有限责任公司（以下简称"英大证券"）、国网英大碳资产管理（上海）有限公司（以下简称"英大碳资产"）、上海置信电气有限公司（以下简称"置信电气"）。

二、案例背景

气候变化是人类不可持续发展模式的产物。2020 年 9 月，中国向世界作出了庄严承诺，宣布 2030 年前二氧化碳排放达峰目标和 2060 年前碳中和愿景。实现"双碳"目标是我们对国际社会的承诺，推动低碳经济发展、缓解气候变化是中国承担的国际义务和责任。企业作为碳排放的重要责任主体，需责无旁贷、应力任其难。

国网英大始终坚持"稳健、崇实、进取、善成"的发展理念，不断提升 ESG 治理能力，完善 ESG 工作机制、绩效评价和信息披露，打造 ESG 国网英大新样本，落实"碳达峰、碳中和"战略部署，在绿色金融、碳金融、碳资产管理等方面巩固先发优势和竞争优势，服务新型电力系统建设和绿色产业发展，实现绿色金融上规模、创效益，在资本市场成为央企产融服务双碳的风向标。

三、实施路径

（一）完善公司治理，争创 ESG 治理新标杆

国网英大不断完善公司治理，强基固本，落实落细国资、金融和上市公司监管要求，治理更加规范，治理能力显著提升，实现稳健合规高效运转；持续提升信息披露质量，保持考核"A"级最高评级；全方位守住风险底线，强化事前、事中、事后全流程大风控体系；从 2010 年度起已连续 13 年披露社会责任报告或 ESG 报告，不断提升 ESG 治理能力，加强 ESG 战略顶层设计，完善 ESG 工作机制、绩效评价及信息披露，2022 年度，获得国资委"央企 ESG·社会价值先锋 50 指数"第二名，连

续两年入选中国上市公司协会上市公司 ESG 优秀实践案例，与利益相关方保持密切沟通，加入"中国 ESG 领导者组织"，推动国网英大可持续发展迈上新台阶。

（二）创新 ESG 实践，助推绿色发展新格局

1. 聚焦气候变化，助力社会降碳绿色发展

国网英大密切关注、积极响应国家"双碳"目标引领，开展碳排放管理等咨询服务，为行业内气候风险冲击可能带来的影响提供专业化支持；建成国网英大浦东双碳展厅，向社会宣传低碳理念，累计接待参观客群近 3000 人。2022 年，研究制定《碳管理办法》《碳管理工作手册》，建立全方位碳管理体系，带动社会降碳；碳科技立题破题，碳资产管理平台迭代升级，基于区块链的碳普惠功能在 S365 正式上线。

经核算，国网英大及下属子公司 2022 年度的总碳排放量为 17420.11 吨，连续三年通过购买 CCER 实现公司（包括下属所有子公司）碳中和。

推出"碳账户"体系，提供普惠算碳服务，推动社会低碳转型的同时助力用户降本增效。2022 年，碳 e 融业务全年实际落地规模超 66 亿元，累计开立碳账户 4016 家，有力推动服务对象绿色供应链金融的模式、产品、机制创新。公司探索出"建立碳算法，盘点碳家底，明确碳目标，构建碳体系，提升碳能力，披露碳贡献，挖掘碳价值"七步行动法电网碳管理标准工作路径，并推广应用于电网供应链企业。

2. 引领绿色金融，服务低碳经济转型升级

国网英大持续以金融服务能源转型、赋能低碳发展，绿色金融体系业内领先，2022 年，科学指导各单位积极发展绿色债券、绿色信托、碳金融等产品，开发 6 项绿色金融业务、创新 8 款绿色金融产品，逐步建立多层次绿色金融产品和服务体系，金融支持绿色发展的资源配置、风险管理和市场定价的功能得到充分发挥，绿色金融业务规模 105 亿元；英大信托创新碳中和资产支持商业票据等产品，嵌入双碳重点领域提供金融支持，汇聚资金力量支持清洁能源发展；英大证券成为深圳绿金协绿色金融标准委员会副主任委员单位，全力助推绿色金融蓬勃发展、效能释放。

创新"绿色交碳保"，以精准降碳评估支持绿色供应链升级。2022 年 4 月，英大碳资产联合其他公司成功推动基于碳信用评估的绿色订单贷产品——"交碳保"落地。该电缆企业通过申请"交碳保"产品获得 2400 万元的授信审批，根据碳账户绿色低碳认定结果实现 30 个基点（BP）降息。2022 年 8 月，浙江温州乐清某电缆制造商获得"绿色交碳保"信贷批复。该供应商中标某电力物资公司变压器类协议库存采购，获得"绿色交碳保"授信 2100 万元，大幅缓解了备产资金压力。

3. 深化绿色制造，助力新型电力系统建设

国网英大电气制造板块置信电气始终围绕"高端化、智能化、绿色化"的产业发展思路，强化创新驱动，树立绿色制造先进典型，为加快建设绿色制造体系作出贡献。置信电气高度重视环境管理，设立明确的环境管理目标，注重环境影响；全面实施绿色转型，建设具有能源低碳化等特点的绿色工厂。2022 年，置信电气旗下上海置信电气非晶有限公司荣获 4 星级"绿色工厂"称号；非晶合金闭口立体卷铁芯配电变压器、纳米铝合金金具等多个绿色化产品入选《国家工业和信息化领域节能技术装

备推荐目录（2022 年版）》高效节能装备名单。

4. 推进绿色运营，凝心聚力共护绿色家园

国网英大积极践行绿色办公，践行节约资源、降低消耗的办公方式，积极倡导办公电器节能、水资源节约和办公室器材节省的绿色办公方式；加强环保培训和宣传教育，加强日常用水、用电及耗材管理，践行"无纸化"办公；鼓励员工使用公共交通工具、自行车或步行上下班，推广可持续绿色交通方式。努力践行习近平"绿水青山就是金山银山"重要理念，坚持同筑生态文明之基，带领员工共同走绿色发展之路，积极倡导保护绿色生态，组织员工志愿者举办、参加各项保护环境活动，凝心聚力共护绿色家园。

四、履责成效

（一）ESG 工作荣获多方认可，取得上市公司金名片

国网英大荣获 2021 年中国上市公司百强"中国百强企业奖""中国道德企业奖"，2022 年获评国务院国资委"央企 ESG 社会责任先锋 50 指数"第二名，连续两年取得上交所信息披露考核 A 级最高评级，连续两年入选中国上市公司协会 ESG 优秀案例，荣获中国上市公司协会"2022 上市公司董事会办公室最佳实践奖"、2022 年度"上市公司监事会最佳实践案例积极进取奖"，荣获中国社会责任百人论坛 ESG 金牛奖"双碳先锋"奖项。2023 年，公司入选中央广播电视总台（财经节目中心）"中国 ESG 上市公司先锋 100"榜单、"中国 ESG 上市公司金融业先锋 30"榜单，入选国资委 2023 年"央企 ESG·先锋 100 指数"榜单，荣获证券时报"中国上市公司 ESG 百强"奖。

（二）ESG 实践有效助力降碳，成为服务"双碳"风向标

服务"双碳"，自身先行。国网英大坚持绿色运营，连续三年通过购买中国核证自愿减排量（CCER）实现公司（包括下属所有子公司）碳中和，并在各业务领域持续发力，树立"双碳"典范。

在绿色金融方面，英大证券当选"深圳市绿色金融协会副会长单位"；碳资产管理平台以各界碳服务需求为导向，为企业低碳转型提供"管理+技术+资金"整体解决方案，获评中国能源报"2021双碳高质量发展技术创新优秀解决方案"。2022 年，碳 e 融为企业引入低成本融资超 65 亿元；参与的 2 项团体标准相继发布，牵头的 2 项国家电网公司企业标准正式立项，监管认可度和行业影响力大幅提升。

在绿色制造方面，国网英大多款变压器获得中国节能产品认证证书，SBH25-M·RL-200/10-NX1 等三个高效节能非晶变压器产品以及纳米改性铝合金金具入选《国家工业和信息化领域节能技术装备推荐目录（2022 年版）》高效节能装备名单；SBH-M.RL-400/10-NX2 非晶变压器获"产品碳足迹认证证书"；"非晶合金闭口立体卷铁芯变压器支撑配电网碳达峰碳中和"案例获国务院国资委 2022 年度碳达峰碳中和行动典型案例评选二等奖；全钒液流电池储能获评"2022 年度中国储能产业最佳系统集成解决方案奖"。

在绿色生态方面，英大碳资产荣获上海环境能源交易所"2021 年度优秀会员双碳实践奖"，并被

上海市质量协会授予"上海市技术标准创新基地"成员单位，被中国金融学会绿色金融专业委员会推荐为年度"优秀第三方绿色金融服务机构"。

五、工作展望

国网英大将坚持围绕双碳重点领域，深化拓展绿色融资、绿色资产管理业务，打造标志性绿色金融产品，深度嵌入国家电网公司双碳行动和绿色现代数智供应链行动，实现碳业务核心领域的新突破，打造碳业务制高点，持续推动绿色金融发展上台阶上水平，建立绿色金融产品名录，有序推进国家标准、行业标准立项发布，提升绿色金融标准话语权，打造央企金融服务国家"双碳"目标的新高地，为有效落实"双碳"目标、促进经济社会高质量发展作出应有贡献。

"生态治理＋乡村振兴＋百万光伏"可再生能源项目实践

大唐华银电力股份有限公司

一、单位简介

大唐华银电力股份有限公司（以下简称"华银公司"）原名湖南华银电力股份有限公司，于 1993 年 3 月 22 日正式成立。2003 年 9 月，根据电力体制改革要求，华银公司从湖南省电力公司划转至中国大唐集团公司管理。2006 年 7 月 10 日，更名为大唐华银电力股份有限公司。华银公司现管理装机 765.536 万千瓦，占湖南省统调发电装机的 15.24%。其中火电装机 608 万千瓦，占全省统调火电装机的 25.53%；清洁能源 157.536 万千瓦，占全省统调装机的 5.96%。

作为湖南省内历史最悠久的发电企业，华银公司在湖南电力系统具有重要地位，为湖南经济建设作出了重要贡献。华银公司自 2012 年以来连续保持"湖南省文明行业"荣誉，2016 年获得"全国五一劳动奖状"殊荣，2021 年获评"湖南省文明标兵单位"，多次获评"中国大唐集团有限公司文明单位"称号。

二、案例背景

党的十八大以来，习近平总书记站在中华民族永续发展和构建人类命运共同体的高度，对生态文明建设作出战略部署，创造性地形成了习近平生态文明思想；统揽国家安全和发展大局，洞察国内外能源发展大势，创造性地提出"四个革命、一个合作"能源安全新战略。党的二十大报告对推动新能源等战略性新兴产业融合集群发展、推进"碳达峰、碳中和"，建设新型能源体系作出重要部署。

娄底市作为世界锑都、百里煤海，煤炭年产量历史最高达 1500 万吨，占湖南省的三分之一，资源优势十分明显，为经济社会发展曾作出历史性突出贡献。近年来，随着资源逐渐枯竭，煤炭落后产能持续淘汰，在娄底市境内遗留下大量的"采矿沉陷区、重金属污染区和石漠化区"。据统计，娄底石漠化区域面积约 1068 千米^2，潜在石漠化区域面积约 735 千米^2；重金属污染区主要分布在冷水江市锡矿山区域面积约 70 千米^2；采矿塌陷区共 39 个，总面积约 1114 千米^2，针对采矿塌陷区域的治理初步匡算需投入资金高达 646 亿元。

2021 年 11 月 24 日，国家发展改革委、国家能源局正式印发了第一批以沙漠、戈壁、荒漠地区为重点的大型风电光伏基地项目清单，大唐华银娄底"生态治理＋乡村振兴＋百万千瓦光伏项目"（以下简称本案例）正式获得批准，是中南四省唯一被列入建设清单的项目，也是湖南省 2021 年唯一核准的新能源项目。本案例规划总容量 100 万千瓦，分两期建设，一期二期各 50 万千瓦，分别于 2022 年、2023 年投产，总投资约 60 亿元。

三、实施路径

本案例利用娄底"三区"规划建设"生态治理＋乡村振兴＋百万千瓦光伏"可再生能源基地，以"清洁能源开发"的方式推动生态治理，**创新"五化、五示范"协同推进**，全力促进地方经济由资源枯竭型向绿色低碳转型发展。

（1）**一体化规划，打造"生态治理＋"示范。**结合娄底重金属污染区、石漠化区、采矿塌陷区域的生态修复，将生态治理、资源枯竭型城市转型与国家级生态绿色清洁能源基地建设一体化规划，通过风光火储、源网荷储一体化＋外送通道消纳及协同建设，实现生态治理、产业发展与能源转型的有机结合。

（2）**区域化设计，打造"清洁能源＋"示范。**根据重金属污染区、石漠化区、采矿塌陷区域的特点因地制宜分区域进行开发设计，同时与现有治理成果有机结合、深度融合，实现三类土地治理与能源开发利用的成效最佳。

（3）**模块化构建，打造"乡村振兴＋"示范。**以光、水、储、农业种植养殖、碳汇草种植作为三个区域生态治理的基本模块，融合"云大物智移"等先进技术、集成要素，形成不同区域的典型发展模式，实现"乡村振兴＋"开发模式的高效推进。

（4）**基地化建设，打造"产业发展＋"示范。**以规模化开发为抓手，推动实现资源开发、土地利用、特色产业链的协调发展，以基地建设为契机，实现一批先进技术、理念、农牧养殖特色产业链的先行示范，实现引领地方产业发展，打造具有湖南特色的生态绿色清洁能源基地。

（5）**数字化管理，打造"数字智慧＋"示范。**打造高效、统一的数字化管理平台，构建涵盖规划、建设、生产、运维等全过程的数字体系，实现"光风水火储、源网荷储"一体化运行和能源实时监控、能耗动态分析、资源优化配置，以满足基地多能互补的运营需要。

四、履责成效

2022 年 11 月 28 日和 30 日，本案例首批冷水江、新化两个示范项目分别并网发电，自此娄底基地正式进入投产时期，宣告华银公司新能源发展提质增效战暨娄底生态治理 100 万千瓦光伏示范项目研究取得重大胜利，达到了"生态治理，企地双赢，群众受益"的良好效果。

一是实现良好社会示范效应。本案例为湖南省乃至中部内陆同类资源型地区生态修复治理和低碳转型融合发展进行有效探索、先行示范。项目建成还将助力娄底各县市乡村振兴，促进乡村供电、供水、交通等基础设施建设，通过采用农光、林光、牧光等复合型开发方式，促进当地农林牧业协同发展，增加乡村收入，让乡村成为安居乐业的美丽家园。

本案例自建设以来，得到了新华社、经济参考报、中国新闻网、环球网、中国电力报、中国能源网、能见、澎湃等国内媒体的关注和娄底电视台、湖南卫视等的重视，通过现场参观、实地采访、听取汇报、座谈交流、观看专题片等方式，切实感受到了华银公司加快新能源项目发展、造福当地经济建设社会、加强美丽乡村建设、巩固脱贫攻坚成果等方面的坚定信心和有力举措。《新春走基层：锡矿山上的"追光者"》《一米阳光》《大唐华银娄底光伏基地以实际行动喜迎党的二十大胜利召开》等在新华网、中国电力报、湖南卫视等媒体宣传报道，充分肯定了本案例示范成效。

二是实现良好生态治理成效。 据测算，本案例实施后，预计每年可提供清洁电量超12亿千瓦·时，相当于为400万个家庭提供一年的清洁用电；节约标煤超30万吨，相当于节约6万吨煤矿5年产能；减少二氧化碳排放80万吨以上，相当于每年新种4500棵树。

同时，在荒山荒坡地带铺设光伏板可起到防风带的作用，也可缓解地下水位下降，还可降低地表风速，减缓土壤风蚀，减少地表水分过度蒸发，有利于植被再生。在不改变土地性质的前提下，利用现有荒芜的耕地进行农光互补开发，通过种植耐阴农作物、多年生牧草、中草药种植等，将光伏发电与当地特色农业生产有机结合起来，提高土地综合利用率，杜绝用地"非农化""非粮化"，形成规模化种植，达到提高种植产量和效率的目的。对推进"重金属污染区、石漠化区、采矿塌陷区"三区土地治理，推动县域经济高质量发展带来积极影响。

三是实现企地良性共赢。 锡矿山地区（重金属污染区）为全国38个重金属污染治理重点区域之一，被列入省"一号重点工程"湘江保护与治理五大重点实施区域之一，初步匡算治理投资约646亿元，且采煤沉陷区综合治理项目大部分属于基础性、公益性项目，融资难度大，资金短缺成为娄底市治理采煤沉陷区的重要瓶颈。本案例的建设充分利用上述三种土地2.6万亩，采取更加科学、高效的生态治理模式解决土壤治理难题，在充分利用资源的同时深化企地合作共赢，真正实现"双赢"。

四是实现群众稳定受益。 本案例实施期间，解决了当地800多名劳动力就业问题，为当地带来劳务收入5000余万元，并为当地培养了专业化的光伏施工队伍，提高了当地劳动力的就业能力；案例实施后，充分利用荒山荒坡闲置土地，每年为当地带来税收约7000万元，为乡村提供土地租金约700余万元；同时通过"荒山发展光伏发电＋光伏场空地种植牧草＋牧草养殖湘中特色黑牛"的牧光互补特色产业链建设、村集体基础设施建设、消费帮扶等多形式，推动涟源新光村创建"湘中黑牛"品牌并成为远近闻名的拳头产品，建成牛湾、石头塘两个秀美屋场，其中牛湾秀美屋场为涟源市最大屋场，成为网红打卡地，真正实现了群众稳定受益。2022年，牧光互补产业链为村集体经济增收19.8万元，集体经济总收入由入驻前的0.8万元上升到27.7万元。

五、工作展望

深入贯彻落实国家能源局关于首批戈壁、沙漠、荒漠风光大基地的建设要求，持续发力"五化"统筹机制，充分总结娄底基地开发经验，坚持"生态治理，企地双赢，群众受益"发展理念，积极谋划娄底基地后续项目，扩大大唐华银娄底"生态治理＋乡村振兴＋百万光伏"案例示范效应。

持续深耕综合能源服务领域，争当绿色低碳发展领跑者

南方电网综合能源股份有限公司

一、单位简介

南方电网综合能源股份有限公司（以下简称"南网能源"）自成立以来，一直深耕节能服务领域，不断提升节能技术水平构建了覆盖节能设计、改造、服务等环节的综合节能服务体系，打造了服务经济社会发展的绿色平台。南网能源持续积累项目经验，投建了一大批在全国有影响力的大型绿色能源示范项目，形成了立足南方五省、遍及全国的市场格局。凭借丰富的项目经验、完整的项目建设及管理体系、良好的品牌形象等综合优势，南网能源始终处于分布式光伏节能服务行业领先地位，并在医院、学校、通信等建筑节能领域形成独特优势，成为行业中少数能够为客户提供节能服务一揽子解决方案的大型节能综合服务机构之一。

二、案例背景

党的二十大报告提出"要加快发展方式绿色转型，实施全面节约战略发展绿色低碳产业，倡导绿色消费，推动形成绿色低碳的生产方式和生活方式"。提出实施全面节约战略，积极倡导全民低碳消费，在全社会范围内实施绿色低碳行动，重点提升工业、建筑、交通、公共机构、新型基础设施等重点行业和领域的能效水平。

南网能源以"整合技术、研究政策、服务社会"为使命，围绕综合能源供应商（用"好能源"）和综合能源服务商（"用好"能源）两大战略定位，以引领综合能源产业新生态为愿景，为客户能源使用提供诊断、设计改造、综合能源项目投资及运营维护等一站式综合节能服务，在满足客户对各类能源需求的同时，降低客户用能投资风险，提升客户能源使用效率、减少能源费用和碳排放，从而实现良好的经济效益和社会效益。南网能源通过综合能源解决方案，帮助客户有效提升能源效率、大幅减少能源支出，是用能侧完成碳达峰碳中和目标的重要参与者。

三、实施路径

（一）能源供给端、消费端高效降碳

1. 能源供给端

南网能源是全国最大的屋顶分布式光伏投资运营服务商，以自身投资建设运营并向客户提供清洁能源，所发电量以"自发自用，余电上网"的模式为主，按照用能单位原有电价协商确定折扣向其提供电力，剩余发电量并入所在区域电网。分布式光伏系统所发电量首先满足工业用能单位的用电需求，该部分电量实现就地消纳，可以有效解决远距离输送电损耗大的难题，提高用电效率；余电上网部分电量按照国家政策，由电网公司全额收购。

典型案例：广汽埃安分布式光伏项目

该项目充分利用客户总装车间、冲压车间以及焊装车间、员工停车场等空余面积约 17 万米^2 安装分布式光伏发电设备，总装机容量 17.18 兆瓦。经独立第三方检测，本项目标准能效比达到 81.01%、逆变器加权效率 98.2%（远超当时 CNCA 要求 96%），行业一线品牌的设备选型，结合南网能源一系列技术、建设、运营分布式光伏内部标准体系（行业、企业、内部标准等），有效地保障了项目的整体建设实施质量。

该项目实现了绿色低碳、经济高效的综合效益。项目累计发电 8051.402 万千瓦·时，光伏平均消纳率近 93%，减排二氧化碳 5.73 万吨，年均为客户节约电费约 300 万元。

2. 能源消费端

南网能源是全国领军的节能投资运营服务商，根据客户所在行业特性、外部环境资源禀赋情况、客户自身经营特点和节能减排需求，通过整合先进节能环保技术，充分利用高效节能环保设备，转变客户用能来源、用能方式，在满足客户对各类能源（电、热、冷、蒸汽、压缩气体等）需求的同时，降低客户用能投资风险，提升客户能源使用效率、减少能源费用和碳排放。

典型案例：南方医院能源托管服务项目

该项目采用能源费用托管型合同能源管理模式。南网能源通过诊断、测试，在充分评估医院现有能耗状况的基础上，对医院进行节能改造，代替原有多家能源相关产品供应商，为医院提供所需要的包括电力、制冷制热、照明、"智慧后勤"等一揽子能源相关产品及服务。在该模式下实现了节能企业、客户以及社会效益的"三赢"局面：医院在没有增加额外成本的情况下，实现用能系统的安全提升和高效运行、老旧设备的更新拥有更加智慧的后勤系统，管理更为规范便捷；南网能源则通过项目的能耗降低以及能源使用效率的提升中获取适当收益；而整个社会的总能耗水平也会随之降低。该项目总投资 3200 万元，投产后年节约费用超过 500 万元，综合节费率超过 15%。

3. 践行绿色运营

南网能源注重运营与资源环境的和谐统一，建立健全环境管理体系，鼓励绿色低碳办公，强化资源高效利用、污染排放管控，推动人与自然和谐共处。

（1）完善环境管理。南网能源严格遵守《中华人民共和国环境保护法》等法律法规，结合南网能源实际建立环境管理体系，实施环境影响评价机制，制定环境自行监测方案、突发环境事件应急预案，持续不断完善环境管理。

（2）推进绿色施工。南网能源严格遵守《建筑工程绿色施工评价标准》等国家标准，在施工过程中综合考虑环境和周边社区影响，积极围绕节能、节地、节水和保护环境四大目标，有效管理开发项目的施工现场环境，加强施工后的影响评价，最大限度地减少施工对周边环境的影响。

（3）绿色办公。南网能源制定《关于深入推进公司行政办公领域绿色低碳发展重点任务清单》，明确绿色办公重点工作任务与指标目标，支撑和服务其绿色低碳发展转型。

（二）创新驱动发展：低碳数字转型领航者

南网能源以创新驱动为引领，持续强化探索实践，以"看能"平台及光伏运营平台打造综合能源数字运营管理体系，数字化智慧运营有效支撑南网能源生产经济活动分析，以积累的行业客户（约600家）和负荷侧资源池（超2000千瓦·时）为依托，以平台积累的海量运营数据为基础，实现"用数据说话，以数据辅助决策"，务实走好差异化的特色数字化转型之路。

（1）新能源集中生产运营管理系统是南网能源建设的新能源监测和运营系统，为分布式新能源业务提供数字化、智能化技术手段。该系统对南网能源的分布式光伏项目进行集中监视、运营和运检管理，并利用物联网、大数据、人工智能等技术，整合、分析项目运行管理数据，实现标准化统计、流程化闭环、智能化分析，逐步形成"数据＋平台＋生态"的新能源生态系统服务。截至目前，系统累计接入全国光伏项目246个，装机容量1460兆瓦。

（2）"看能"能源数字化管理平台，由南网能源自主研发，是融合能源信息感知、能源最优调度、能源数字化管理等全方位综合服务的能源数字化管理工具。平台能针对节约型公共机构、智慧医院、绿色学校、大型商业综合体、绿色数据中心、低碳产业园区、绿色交通枢纽等细分场景，提供个性化定制能源解决方案，为用户提供最优能源全生命周期管理服务，"看能"持续在线运营服务项目超200个，实现管理节能5%以上。

（3）智慧路灯。南网能源提供城市、工商业、农业、家居等多领域照明服务，累计推广LED照明灯具300多万盏，综合节电率超50%，自主研发灯具品牌"乐客思"，先后开发5大类、33个LED照明产品，现已形成照明全领域的解决方案，覆盖变电站、城市道路、室内智慧照明、港口、地铁、高速公路等多个行业领域，并扩展到智慧灯杆、智慧城市等领域。

四、履责成效

多年来，南网能源牢记初心使命，在追求经济效益的同时，注重企业可持续发展，主动履行社会责任，完整准确全面贯彻新发展理念，助力国家战略及政策落地，将国之所需、民之所盼落实到工作实践中，不断做强做优做大综合能源业务，为股东、社会创造更多价值。2022 年 1 月至 2023 年 6 月，新增通过决策的分布式光伏项目装机容量达 120.8 万千瓦；新增投产分布式光伏项目 105 个，装机容量达 53.5 万千瓦；新增工业冷站装机 2.06 万千瓦，工业气站装机 2.27 万千瓦；新增建筑节能服务面积约 172.84 万米^2、托管电量 1.03 亿千瓦·时。截至 2023 年 6 月，公司累计实现项目节约电量 158.5 亿千瓦·时，相当于节约标煤 515.66 万吨，减少二氧化碳 1465.65 万吨，积极应对气候变化，推动绿色用能，践行绿色运营和绿色办公，为实现"双碳"目标贡献力量。

经过多年积累，南网能源成功实施了多领域的节能改造项目，在行业内树立了良好的口碑，形成了聚焦强的客户黏性和品牌效应，为后续业务扩张打下坚实基础。公司主编或参的编国家标准、行业标准、团体标准超过 30 项，拥有的有效授权专利 86 项，其中发明专利 10 项，并拥有一系列自主知识产权技术与成果。研发的"基于数字孪生技术的配电设施智慧运维管理系统"荣获 2023 年电力行业设备管理与技术创新成果一等奖。"中国电信股份有限公司广州分公司环市西机楼合同能源项目"等 7 个项目被评为合同能源管理优秀示范项目。作为南方电网系统内第一家自主上市公司，南网能源积极树立良好的资本市场形象，首次参与深交所年度信息披露考核获"A"级评价，被国务院国资委评为"投资者关系管理工作先进典型"，并连续两年被中上协评为"上市公司年报业绩说明会最佳实践"。ESG 方面，获评中证国新央企 ESG 成长 100 指数，国证 ESG 指数 AA 评级，中国企业社会责任高峰论坛 2023 环境、社会及治理（ESG）年度案例以及金蜜蜂智库企业社会责任报告 A+ 卓越（最高）评级等。

📦 五、工作展望

站在新的历史起点上，南网能源始终置身于国家经济建设和社会发展大局之中，将继续发挥在分布式光伏领域的优势，大力发展分布式光伏节能业务；加大能源托管、综合能源供应以及综合能源服务业务拓展力度针对客户冷、热、气、电等多种能源需求，打造一体化的高效能源站供应服务体系；积极实施多种应用模式的资源综合利用项目，为实现"双碳"目标和可持续发展贡献南网能源力量。

"电享家"数字化能源服务平台，助力低碳用能管控

国网信息通信股份有限公司

一、单位简介

国网信息通信股份有限公司（以下简称"国网信通"）前身为四川岷江水利电力股份有限公司，经重大资产重组，2020年2月更名为"国网信息通信股份有限公司"。国网信通以支撑电力能源数字化转型为抓手，以成为能源互联网领域国内领先的云网融合技术产品提供商和运营服务商为目标，秉承"互联·共享、让能源更智慧、让生活更美好"的发展使命，以"数字底座 + 能源应用"为核心定位，聚焦新型电力系统引领下的电网市场和以电为延伸的能源产业链上下游市场，做大做强电力数字化服务、企业数字化服务、云网基础设施三大板块业务，沿着能源智慧化服务主线，打造更加优质的算力基础设施和更加丰富的行业多场景应用服务，推动先进信息通信技术与能源行业的深度融合，实现公司高层次、高质量、高效益发展。

二、案例背景

随着电力改革及能源消费侧市场的放开，以及"双碳"目标的要求，电力企业面临前所未有的变局，需要深刻把握能源互联网这一未来能源发展方向，在新一轮能源革命中牢牢掌握主动权。对能源消费侧的末端工商业企业及相关能源服务企业而言，提升精细化管理水平、提高数字化管理能力，实现降本增效的目标，既是满足国家对低碳应用改造和可持续发展的需求，也是提升服务范围与服务能力的重要举措。

为积极响应国家政策要求，面向企业用户节能降耗、提升能效的迫切需求，国网信通下属全资子公司四川中电启明星信息技术有限公司（以下简称"中电启明星"）依托常年深度参与全国电力市场建设所积累的各类电力市场交易规则业务经验，极力打造"电享家"数字化能源服务平台，目前包含配电运维、售电运营、能源管理、碳资产管理、光储电站运营、虚拟电厂六个子系统。为各类市场主体开展市场化电力交易、电力运维、能效管理、碳资产管理、光储电站运营、负荷聚合与需求响应等业务提供数字化支撑服务，助力企业实现安全用能、智慧用能、经济用能、低碳用能。

三、实施路径

（一）创新打造

"电享家"数字化能源服务平台打造过程中致力于技术与业务创新，采用"PC+移动"双系统运作，通过用户侧数据采集＋线上数据分析＋线下服务响应的模式，辅助线上电力交易活动开展，并为线下运维检修、节能改造等服务提供强大的数据支撑，提升用户使用的便捷性、高效性。

（二）产品介绍

"电享家"数字化能源服务平台通过商业模式创新，新技术的应用，构建集配电运维、售电运营、能源管理、碳资产管理、光储电站运营、虚拟电厂六个子系统为一体的客户侧数字化能源服务平台，开辟客户侧能源服务的互联网模式。平台赋能专变用户、供电企业、售电企业、运维企业、政府及金融机构等各方收益，支撑电网留住优质客户，通过线上数据分析，线下服务响应的方式，实现用户用能降本增效的刚需，解决用户安全用能、智慧用能、经济用能、低碳用能服务痛点，打造具有国家电网品牌影响力的数字化智慧能源服务与双碳运营品牌，助力中国特色能源互联网企业战略的落地。

"电享家"数字化能源服务平台应用示意图

（三）功能特点

"电享家"数字化能源服务平台的工作模式是通过前端智能硬件设备及各类传感器采集数据，将数据汇总于平台，基于平台的算法模型及数据分析，提供指导方案，辅助线上电力交易并为线下运维检修、节能改造等服务提供数据支撑，平台的 6 个系统实现 PC 端与移动端双系统搭载，服务于用户的高效、便捷使用。

配电运维子系统：通过对企业用户进行配电房智能化改造，支撑运维机构实现对企业用户配网设备的实时监测、智能巡检、故障预警、运维抢修等智能运维工作。帮助运维机构提高配电运维工作效率、降低运维成本、提升用户满意度。

售电运营子系统：基于用电数据及交易数据，结合智能算法模型，实现对售电公司直购电交易"售前—售中—售后"的业务支撑，辅助售电公司进行报价测算、交易策略制定、购售电费结算等，全面支撑售电公司高效、精准、灵活、规范地开展市场化电力交易。

碳资产管理子系统：通过对控排企业电、气、煤、油等能源消耗数据的实时采集，实现碳排放的实时监测、精准核算、智能分析和碳交易辅助等"双碳"服务功能，帮助控排企业摸清碳家底、盘活碳资产、降低碳排放，助力企业低碳、绿色化转型。

能源管理子系统：通过对用能企业的水、电、气、煤、油等多种能源数据的采集，实现能耗监测、能耗分析、用能成本分析、自动抄表等综合能源管理功能，帮助用能企业挖掘节能空间，优化用能结构，降低用能成本，实现企业安全用能，经济用能，智慧用能。

光储电站运营子系统：主要通过对分布式光伏电站、储能电站的运营数据、设备数据、监控数据的采集分析，实现光储电站的可观可测、可调可控，通过电站大数据驱动和平台智能化应用，赋能电站资产优化，解决电站的安全运营和资产增值问题。

作为中小企业的能源服务管家，对企业用户来说，"电享家"数字化能源服务平台能提供24小时实时能耗和安全监管，节约人工成本，实现安全、智慧、经济的用能目标，企业用户可依托"电享家"数字化能源服务平台构建的MRV碳排放管理体系，有效支撑企业的碳资产管理，服务企业摸清家底；对供电公司来说，"电享家"数字化能源服务平台能提升对高价值客户的服务水平，增强客户黏性和认可度；售电公司通过"电享家"数字化能源服务平台的售电运营系统，实现购售电业务全流程管理，实现用电实时监测与交易规则的灵活配置，降低市场人员投入成本，提升售电公司市场竞争力；对政府机构来说，"电享家"数字化能源服务平台能够提供大中型能耗企业的用能数据，服务政府配额分配、清缴履约监管，为实现"双碳"目标提供数据支撑。

四、履责成效

"电享家"数字化能源服务平台将云计算、大数据、物联网、移动应用及人工智能等各项先进技术服务于企业的生产、管理活动中，强力支撑了区域内企业用户电力设备运行的监测预警及故障预警，助力企业电力运维快速变革，减少终端用户侧电力负荷波动带来的冲击及影响，提升了电网运行的安全性和可靠性，保障地区经济安全平稳发展。

截至2023年4月，"电享家"数字化能源服务平台已推广至四川、陕西、河北、重庆等地，接入企业用户2000余家，配电房约700余个，实现四川省40余家重点企业能耗数据接入省级政府平台，为10余家企业出具碳排放报告，与12家大型企业达成能源管控、碳资产管理建设合作意向，并完成3座光伏站的接入及运营支撑，实现电网侧状态估计准确率80%，有功功率、无功控制准确率90%；负荷预测准确率80%，降低运维成本23%。平台的售电运营系统通过云部署租用与自建的方式与全国100余家售电公司建立合作关系，服务于近4000家市场用户，为售电公司降低了运营成本、提高了工作效率，有效支撑售电公司参与电力市场交易。

"电享家"数字化能源服务平台已申请软件著作权4项、发明专利2项，发表核心论文8篇、核心期刊 1 篇，获得荣誉和奖项，获得四川省科技厅的智慧电力交易，配电物联网智能终端的推荐示范，并获评"2021 年全国企业数字化赋能十佳案例"、2021 年"电力企业数字化转型优秀案例""2021 年上市公司数字化转型典型案例"、2022 年（第 5 届）电力信息通信技术大会"新型电力系统数字技术案例优秀案例"，在 2022 数字中国创新大赛数字低碳赛道复赛荣获第二名。

五、工作展望

　　未来，国网信通将在国家"双碳"目标要求与新型电力构建的浪潮中，发挥并壮大自身优势，继续贯彻落实国家"发展数字经济、建设数字中国"的总体要求，始终秉承"互联·共享　让能源更智慧　让生活更美好"的发展使命，以打造成为国内领先的云网融合技术产品提供商和运营服务商为发展目标，不断打造国网信通核心竞争能力，攻坚克难，砥砺前行，沉淀并推广先进经验，强化新技术研发、新业务孵化，深化市场运营、项目落地实施，优化"电享家"数字化能源服务平台各项功能与应用场景，进一步赋能企业降本增效、减碳减排，帮助企业提升能源智慧管理水平、提高能源利用效率，助力各类用能企业实现能源数字化转型与"双碳"目标下的绿色经营转型。

燃煤与生物质气化耦合发电技术探索与实践

国家能源集团长源电力股份有限公司

一、单位简介

国家能源集团长源电力股份有限公司（以下简称"长源电力"）所属国能长源荆门发电有限公司，地处著名历史文化名城荆门市，紧邻荆门化工循环产业园，距离中心城区仅3千米，地理位置优越，交通便利，2台64万千瓦机组分别于2006年12月、2007年6月投产，是湖北乃至华中电网的主力发电厂之一。荆门公司积极履行国有企业的社会责任，确保国有资产保值增值，生产经营和精神文明建设取得了丰硕的成果。企业连续六次荣获"全国文明单位"荣誉称号，连续十七次保持"湖北省最佳文明单位"荣誉称号，荣获"全国节能先进单位""全国资源综合利用先进企业""全国环境优美工厂"等多项国家级荣誉称号，多次获得长源公司考核A级。

二、案例背景

生物质能目前是仅次于煤炭、石油、天然气而居于世界能源消费总量第四位的能源，在能源系统中占有重要地位。中国是一个农业大国，生物质资源相当丰富，为了节约常规化石能源消耗、减少污染，生物质能的合理利用已经越来越受到重视。同时生物质能利用具有的二氧化碳零排放的特点，对于缓解日益严重的"温室效应"有着特殊意义。

国外生物质气化领域处于领先水平的国家有丹麦、荷兰、意大利、德国等。目前，国外生物质气化装置一般规模较大，自动化程度高，工艺较复杂。国外生物质气化应用情况主要为：生物质气化发电、生物质燃气区域供热、水泥厂供燃气与发电并用的生物质气化站、生物质气化合成甲醇或二甲醚、生物质气化制氢、生物质气化合成氨等。中国对生物质利用技术的深入研究始于20世纪80年代，经过多年的努力，在生物质直燃发电、小型气化发电等方面研发与应用取得了一定进展，生物质发电成为国内生物质能利用的最普遍方式之一，但与发达国家生物质利用技术相比，仍存在效率偏低、规模偏小、处理技术落后、投资费用高等各种问题，制约了生物质的高效利用。研究开发经济上可行、效率较高且适合国情的生物质发电系统是中国今后能否有效利用秸秆等生物质资源的关键。

依托大型燃煤机组耦合生物质气化发电技术，是生物质能最高效、最洁净的利用方法之一。荆门公司建设了首台10.8兆瓦燃煤电站锅炉秸秆气化再燃系统工业示范项目，采用高速循环流化床生物质气化工艺，在生物质气化原料前期处理、给料密封、循环流化床气化、循环操控、高温灰冷却、高温输送、燃气最佳入炉与切断、燃料多样化、焦油催化裂解利用等方面深入研发，实现了用空气将生物质高效气化，产生低热值燃气，结合国电长源荆门热电厂大型超临界燃煤发电机组，将生物质燃气送入锅炉与煤粉混烧实现发电，其综合发电能源利用效率远高于现有生物质直燃电厂的发电利用效率，实现了生物质高效利用并替代部分化石能源。

三、实施路径

本项目的工艺路线是稻壳或生物质成型燃料通过车辆运输到料棚存储，经上料皮带输送至炉前料仓，由螺旋给料机送入高速循环流化床气化炉，在气化炉中热解气化，生成可燃气体，燃气流量16000标准立方米/小时，热值1400大卡左右，可燃成分主要有一氧化碳、氢气、甲烷等。经过除尘、降温后，以400℃的高温送入火力发电厂现有燃煤锅炉，利用原有发电系统实现高效发电。

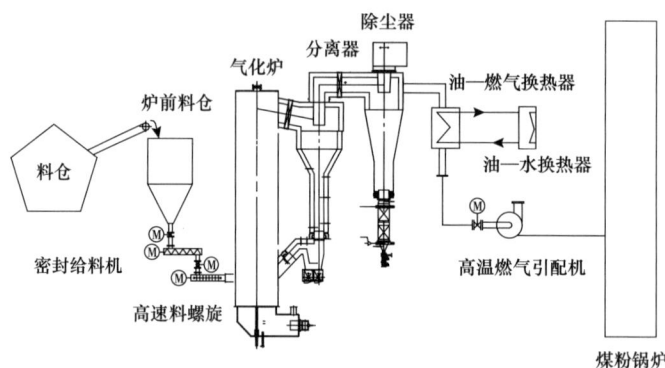

燃煤耦合生物质气化项目工艺路线图

项目生物质燃气再燃设计出力折合约为10.8兆瓦电负荷，以稻壳作为主要原料，额定燃料量8吨/小时，气化效率大于70%，气化炉整体热效率大于85%。燃气入炉与煤混燃，不改变燃煤锅炉原有设计性能。

气化炉采用平衡通风，循环流化床内物料的循环由风机提供动力，空气通过鼓风机加压后进入提升管底部风室，经过布风板上的风帽实现床料及燃料流化，高温热燃气先后经循环分离器和除尘分离器后，再经换热器适度降温后，由引风机加压送入燃煤电厂锅炉，从电厂锅炉两侧送入4台专用燃气燃烧器再燃。

项目采用计算机分散控制系统集中控制，完成对生物质气化炉及其相关的上料系统、除灰系统、辅机设备等的统一监控，保证机组安全、可靠、经济地运行。

项目上网电量目前实行以"燃气热量折电量"的办法进行计量。燃气流量计量采用标准孔板式流量测量，采用在线测量分析仪测量燃气各成分的含量计算出燃气热值；燃气热量计根据燃气流量和燃气热值数据，实时自动计算燃气发热量。电量计量则通过热量折算成电量和生物质燃气与电量实时转换仪两种方式计量。燃气热量信号实时远传到电网公司，用于监督、结算。

四、履责成效

项目每小时耗用约 8 吨生物质燃料，目前燃料主要为稻壳、废弃模板粉碎料、树干粉碎料等，也可以与青储能源草、玉米秸秆及垃圾等掺烧。

运行 10 年来，完成发电量 5.4 亿千瓦·时，耗用生物质燃料 35 万吨，减少煤炭耗用约 17 万吨。减排二氧化碳 40 万吨，二氧化硫 1590 吨，减排氮氧化物 1750 吨，减排烟尘 250 吨，缓解农民焚烧秸秆造成的"狼烟"及"雾霾"的污染，并为当地农民增收约 1.5 亿元。废弃建筑模板的大量使用，消除了环境污染，灰渣送到火电锅炉循环燃烧，彻底消除了模板制造中存在的污染物质。

项目共获 12 项专利，其中获发明专利 2 项，10 项成果获实用新型专利，形成了完整的自主拥有的全套专利与专有技术。通过专利授权等方式赢利上千万。

项目通过了科技项目成果鉴定。鉴定委员会认定，项目研发的生物质气化燃气与煤混燃技术在大型电站的成功应用属国内首例，居国际先进水平，鉴定委员会同时建议国家有关部门给予政策支持，促进成果的推广应用。在中国电机工程学会举办的"清洁高效发电技术协作网 2014 年年会"上，长源电力提交的《10.8 兆瓦生物质气化再燃发电项目工业应用》论文被评为一等奖，与会专家一致认为项目高效节能、清洁环保，具有良好的推广应用前景。项目获荆门市科学技术进步二等奖、中国国电集团公司科学技术进步二等奖、中国国电集团公司奖励基金一等奖。在第 6 届国际燃煤耦合生物质发电研讨会上，提交的《10.8MW 生物质气化再燃发电项目的工业应用》获得了与会专家一致好评。论文《中国燃煤与生物质气化耦合发电技术的探索与实践》在《神华科技》上发表。

项目列入国家可再生能源电价附加资金补助目录，2018 年湖北省发展改革委将燃煤耦合生物质气化发电电价调整为火电标杆电价。为支持燃煤耦合生物质发电项目可持续发展，湖北省能源局于近几年出台了电量补贴支持政策，按照燃煤耦合生物质气化发电项目年度申量计划的一定比例安排燃煤机组电量计划，2020、2021 年为 1.5 倍，2022 年为 3 倍，2023 年为 4 倍。随着煤价下跌火电盈利，生物质气化炉每年能产生可观经济效益。

项目在技术上存在诸多优点，一是项目生物质能转化效率高。本项目采用最新研发的生物质循环流化床气化炉，输入热功率为 32 兆瓦。由于采用原有大型高效发电系统，生物质转化为电能的效率可超过 35%，远远大于现有的生物质直燃发电及小型生物质气化内燃机发电方式。项目采用的高速循环流化床气化热效率可以达 90% 以上，燃气中显热及焦油被锅炉完全利用，系统整体效率高。项目秸秆耗用量约为 720 克 /（千瓦·时）。二是投资少，运行方式灵活。本项目充分利用了现有的电厂资源，包括闲置的工业用地，不需要投资汽轮发电机组、发电辅助设施和配套输电工程等。一般直燃式生物质项目建设成本约为 9000 元 / 千瓦 ~ 10000 元 / 千瓦，本项目约为 2800 元 / 千瓦；本项目装置与系统启停灵活，不影响大机组的运行。

为了摸清对比掺烧生物质燃气对锅炉燃烧情况和环保排放的影响，西安热工研究院有限公司进行了燃煤机组 450 兆瓦及 600 兆瓦负荷下生物质燃气掺烧前后对比试验工作。试验表明，锅炉掺烧生物质燃气后，满负荷下飞灰可燃物含量从 4.90% 下降至 4.11%，锅炉的固体未完全燃烧热损失从 1.71%

下降至 1.41%，空预器出口的一氧化碳下降明显，排烟温度变化不大，锅炉热效率提高了 0.26%，SCR 入口氮氧化合物降低了 11.2mg/Nm³。表明本项目可降低电厂锅炉飞灰含碳量、降低机组氮氧化合物的排放量。项目运行以来，未发现生物质燃气对锅炉燃烧及环保排放产生负面的影响。

五、工作展望

本项目具有极大的推广应用价值和前景。生物质发电属于环保和民生效应优先的低碳可再生能源清洁电力，其燃料的购买、收集、装运和存储等很多工作需要农民参与，可以显著增加农民就业和收入。本项目燃煤耦合生物质气化发电技术充分利用了现役煤电机组的高效发电系统和环保集中治理平台，大大降低了建设资金，缩短了建设周期，对提高生物质发电规模意义重大。从煤电机组在电力结构中占主体地位的国情出发，燃煤生物质气化耦合发电技术是优化能源资源配置、破解污染治理难题、促进生态文明建设、推动经济社会绿色发展的有力举措。该技术属于国家产业政策鼓励的范畴，符合国家开展能源生产和消费革命，建设生态文明与美丽中国的政策导向。

荆门公司将积极拓展项目后续发展、盈利能力。对外将继续多方面向相关政府部门、电网公司反映实际困境，展示项目的社会、环保效益，最大化地获得政策支持，提高气化炉综合盈利能力。对内，进一步积极探索开发新型燃料，开展能源草、光伏闲置土地农作物燃料种植，形成光伏 + 生物质综合效应；适当发展燃料草、青玉米秸秆的收储、加工，降低燃料成本。探索生物质制气提纯技术研究，将生物质燃气中有关可燃气体分离提纯，将生物质气化灰进行深加工利用，提高生物质气化炉气体附加值；根据周边生物质燃料情况，适时开展生物质气化炉的新建扩容，加大燃气量供应，实施火电大锅炉深度低负荷调峰燃气稳燃技术；探索生物质气化燃气炉供气项目开发；利用好生物质"碳减排"政策增利。

开展增殖放流，共护水域生态

广西桂冠电力股份有限公司

一、单位简介

广西桂冠电力股份有限公司（以下简称"桂冠电力"）成立于1992年9月，2000年3月在上交所A股上市，是全国第一家以股份制形式筹集资金进行大中型水电站建设的企业，是广西市值最大的上市公司和装机规模最大的发电企业。桂冠电力获有中国主板上市公司价值100强、中国上市公司创新品牌价值100强、投资者关系天马奖——最佳董事会奖、中国上市公司协会2022年中国上市公司百强企业、大众证券报2022年度绿色发展"星"公司、大众证券报2023年度主板"星"公司、大众证券报第十八届中国上市公司竞争力公信力"星"公司、入选国资委"双百企业"名单、2023金蜜蜂企业社会责任·中国榜"ESG竞争力·乡村振兴"、荣获万得ESG评级A级等奖项。

二、案例背景

桂冠电力深入贯彻落实习近平生态文明思想，落实相关环境保护法规和建设项目环境保护管理要求，严控项目开发建设中的生态环境影响，通过增殖放流的形式补充恢复流域内鱼类资源，其中包括珍稀特有鱼类，以促进区域生物多样性保护，维护生态系统平稳健康。

红水河是珠江流域西江水系的干流，其中游河段建设有岩滩、大化、百龙滩和乐滩4个水电梯级电站，有力带动地方经济发展的同时却对红水河中游水生生物繁殖、种类组成及生物多样性产生不利影响。为了解决这个问题，桂冠电力在其下属企业广西桂冠电力股份有限公司大化水力发电总厂（以下简称大化总厂）建设一个集珍稀鱼类人工繁殖科学研究、鱼类人工增殖放流和珍稀水生野生动物科普教育为一体的红水河中游水电梯级（岩滩—乐滩）珍稀特有鱼类增殖放流中心站（以下简称鱼类增殖站），站主要对野生亲本进行人工繁殖和苗种培育，根据不同品种幼鱼的习性，在红水河库区和坝下选择与养殖环境相似、营养饵料丰富处实施放流，并长期对鱼类增殖放流效果进行评估。

鱼类增殖站总占地面积9.1公顷，主要繁育和放流白甲鱼、三角鲤、长臀鮠等11种稀有鱼类，每年放流规模达132万尾。以2022年为例，乌原鲤3万尾，长臀鮠6万尾，卷口鱼1万尾，三角鲤122万尾共132万尾鱼苗将分别在四个梯级水库（岩滩、大化、百龙滩、乐滩）库区的9个放流地点进行放流，桂冠电力已累计放流约500万尾，对维护红水河中游水生生态系统具有重要意义。

三、实施路径

2019 年桂冠电力完成鱼类增殖站综合楼、催产孵化车间、亲鱼车间、苗种培育车间、室外鱼种池及生态处理池等基础设施建设，后交由大化总厂自主运营管理。

（一）主动作为，探索鱼类增殖站自主运营管理模式

鱼类增殖站环保定位高、专业性极强、科研攻关任务艰巨，在无专业人员指导、无现成经验可借鉴情况下，大化总厂及时成立生态环保党员突击队。2019 年以来，突击队员多次到广西区内水产科研单位、水产良种场和相关政府单位学习、沟通、协调，经多方案论证，最终确定鱼类增殖站自主运营管理模式，即与南宁市水产良种场签订技术服务协议，通过技术服务合作模式，确保现场得到专业人员技术指导，同时培养企业水产专业人才，打造一支属于自己的水产技术团队，保证鱼类增殖站可持续发展。

（二）攻坚克难，抓好鱼类增殖站运营"最初一公里"

鱼类增殖站建成之初，养殖设施尚未完善，鱼苗培育车间还不能正常运行，催产孵化车间水温测试系统未完备，室外鱼种池的增氧机未到位，且鱼种亲本获取难度极大，面对重重困难，2020 年 1 月起，突击队完善养殖设施，想方设法获取鱼种亲本，尝试在室外鱼池开展珍稀特有鱼类养殖，通过铺设鹅卵石鱼巢、种植水草、打捞水葫芦等水生植物来模拟珍稀特有鱼类的自然生存环境，确保"供一处、投一处、保一处"。

（三）建章立制，推动鱼类增殖站走上规范化管理

2020 年 11 月，突击队开始着手鱼类增殖站的建章立制工作。通过大量考察调研、查阅相关书籍和图纸资料、参照相关法律法规和规程制度等，最终完成了鱼类增殖站运行规程、技术规范和管理规定等制度的编写，并采用"理论＋实践＋考核"的方式对鱼类增殖站相关人员在整个生产期内随时随地进行规程制度培训，不断掌握珍稀鱼类核心生产技术，丰富水产养殖经验，让鱼类增殖站逐渐规范化运行。

（四）科学运营，打造鱼类增殖站珍稀鱼类孵化高地

2021 年 3 月，鱼类增殖站进入生产期，突击队开始鱼种的人工催产孵化和繁育工作。在鱼病频发的挑战下，突击队执行 24 小时轮班制，白天喂鱼、巡塘、拉网、分苗、搬塘、消毒、清洗、水质检测，晚上巡塘、喂鱼、拉网吊池、打针催产等，历经 3 个月成功催产孵化鱼苗 140 余万尾，再经过 6 个月的精心培育，所有鱼苗达到自治区水生动物增殖放流技术规程标准要求。

（五）精心组织，落实鱼类增殖站放流"最后一公里"

2021 年 10 月，鱼类增殖站首次增殖放流，放流前要与自治区、市、县三级政府主管部门沟通协调，组织专家组召开增殖放流工作会，确定红水河中游增殖放流的总体实施方案，并召开现场查定及成果鉴定会，验收鱼苗是否达到相关放流标准。11月在政府相关部门的监督下，进行鱼苗称重、计数、装车并运输到红水河中游各增殖放流点放流，圆满完成鱼类增殖站132万尾鱼苗的放流任务。

（六）安排活动，将鱼类增殖放流行动根植在人们心间

2022年6月世界环境日期间，龙滩电厂再次组织开展鱼类增殖放流行动，参与放流活动的职工代表在龙滩库区放流鳊鱼、鲢鱼、鳙鱼、赤眼鳟、倒刺鲃等5种鱼类共计30万尾，鱼类增殖放流工作对维持红水河生物多样性和保护流域渔业生态环境起到积极的作用。公司计划在未来的每个世界环境日都进行增殖放流活动，将这类活动的意义根植在人们心间，潜移默化地呼吁人们注重生物多样性保护。

四、履责成效

（1）鱼类增殖站的建成投产标志着桂冠电力绿色发展又上新台阶，是中国大唐集团有限公司履行央企责任担当、促进生态文明建设的又一标志性工程。

（2）红水河中游水电梯级（岩滩—乐滩）珍稀特有鱼类增殖站不断人工繁育珍稀鱼类，2022年6月岩滩镇大化库区放流22万尾珍稀鱼苗，保证了珍稀鱼类的地区性繁衍。

（3）公司2021、2022年共放流白甲鱼、三角鲤、卷口鱼、乌原鲤、长臂鮠等稀有鱼类264万尾，到2023年6月已累计放流500万尾对增强红水河渔业资源再生能力、维护红水河生态平衡具有深远意义。

（4）2021、2022年"6·5"世界环境日，大化总厂联合大化瑶族自治县农业农村、生态环保、教育局等部门在鱼类增殖站为大化县高级中学、新城中学、实验小学等600多名学生开展"保护红水河水生生态"为主题的环保宣传教育活动，让孩子们从小根植生态环保理念。

（5）鱼类增殖站放流获得人民网、广西广播电视台、广西新闻网、头条河池、大化时讯网等社会各级媒体广泛关注，得到社会各界的高度赞誉。

五、工作展望

红水河中游水电梯级（岩滩—乐滩）珍稀特有鱼类增殖站作为桂冠电力守护红水河流域生物多样性的重要工程，桂冠电力公司将继续着力于红水河濒危特有鱼类的驯化培育，运用现场生态学理念，采取人工繁殖、天然增殖等方法，以珍稀濒危保护鱼种作为增殖放流鱼种，承担红水河中游岩滩、大化、百龙滩和乐滩四家水电站的珍稀特有鱼类增殖放流任务，年放流规模保证132万尾，放流对象为稀有白甲鱼、三角鲤、长臂鮠、卷口鱼和乌原鲤5种近期人工增殖对象；大眼卷口鱼、小口白甲鱼、叶结鱼、单纹似鳡、瓣结鱼和鲭6种中远期人工增殖对象，并进一步研究放流存活率高的鱼苗，培育野外优生品种。通过自主运营，每年可节约人工费约93万元。

桂冠电力将继续致力于保护红水河流域生态平衡，从维护流域河段鱼类资源多样性出发，通过集中实施增殖放流，推动以鱼养水，以鱼净水，既改善了红水河水域生态环境，又对红水河珍稀濒危特有鱼类进行了有效保护，以实际行动促进人与自然和谐共生。

桂冠电力将进一步推行增殖放流活动，每年举办放流活动超过 10 次，参与对象遍及大化县高级中学、新城中学、实验小学等中小学生，企业职工等相关人员，以及各行各业的环保人士，使增殖放流行动成为公司的著名活动，打响企业名号，将环境保护理念根植在人们心间。

社会实践

打造海上救援绿色通道

华润电力（浙江）有限公司

一、单位简介

华润电力（浙江）有限公司隶属于华润电力华东大区，于 2021 年 1 月成立，业务包含浙江、福建两省的火力发电、风力发电、供热、光伏、售电、综合能源等业态。管理两家火力发电公司、16 家新能源公司、1 家售电公司。

其中，火电一期建设 2×1000 兆瓦超超临界燃煤发电机组，于 2014 年投入商业运行。华润电力（浙江）有限公司先后荣获中国建筑行业最高荣誉奖——"鲁班奖"、香港"超卓环保安全健康—银奖"、香港中银环保领先大奖之"环保优秀企业"、浙江省五星级美丽码头、中国电力联合会之企业标准化良好行为 AAAAA 级等荣誉。截至 2022 年年底累计发电量 872 亿千瓦·时，营业额 318 亿元，纳税 25.54 亿元。

二、案例背景

华润电力（浙江）有限公司港口处于浙江与福建交界的温州南部，港口有一条浅海深用人工开挖的航道，周边多为浅滩且水域水深较浅，此区域每天潮差较大（3 米~6 米），华润电力浙江公司常年维护疏浚使航道水深任何时段都可进出拖轮及巡逻船。港口附近有较大的肥艚渔港和鳌江货运码头，但因其水深条件不好，每天很多船舶进出都需要乘高潮水，靠岸时间受限制。因此，当附近海域出现人员落水、受伤或沉船事故事件时，该港口就成为救援最佳上岸场所。

三、实施路径

（1）明确目标。华润电力（浙江）有限公司始终秉承"人民至上，生命至上"的理念，时刻将红色央企的社会责任担当放在第一位，在人民需要帮助的时候及时伸出援助之手，快速、高效地完成海上救援任务。

（2）救援工具及救援力量。华润电力（浙江）有限公司港口常年备有 3600 马力以上，抗风浪等级约 10 级的拖轮 2 艘，还备有机动灵活的巡逻船 1 艘，这是海上救援的主要工具。港航管理部已经编制海上救援应急处置方案，成立救援小组，安排港航调度 24 小时值守。一旦接收到落水、受伤和沉船等事故事件求救信号，港航管理部便立即启动应急预案，通知值班人员和救援船舶前往事发海域开展施救。"海上救援绿色通道"作为华润电力浙江公司第三党支部党建品牌，也是救援小组主要成员，不畏艰辛，冲锋在前的党员先锋是救援力量的重要保证。

（3）加强协同合作。海上救援不仅仅是华润电力（浙江）有限公司港航管理部任务，还需要得到当地海事主管部门、海上救援机构、急救中心以及其他部门的支持和配合。当地海事主管部门对附近海域海况条件熟悉，并且拥有丰富的海上救援经验，现场指导救援可大大提高救援效率；海上救援机构是专业救援组织，海上救援实战能力强，经验丰富，能够大大提高救援成功率；急救中心则是被救人员安全转移和生命保障的最终环节，"时间就是生命"，华润电力浙江公司办公室安全保卫科每次救援活动均提前为救援力量开辟绿色通道，并安排安保人员指引路线，确保救援力量最快到达。

（4）风险评估。每次海上救援活动均发生在海况天气不良情况，能见度差、风浪大给救援带来很大难度的同时也给救援人员造成很大安全隐患。对海上救援我们已经开展了详细的风险评估，主要存在船舶倾覆，人员落水，船舶碰撞风险。针对各风险因素制定相应的防范措施，如：密切关注附近海域海况天气变化，安排抗风浪等级适宜的船舶出行，配备足够的救援设施设备，个人正确穿戴安全防护用品，加强沟通与协作。

（5）优化与提升。为了提高海上救援效率和成功率，华润电力（浙江）有限公司每次在完成救援任务之后均会组织总结和分析，主要探讨救援过程中存在的问题和不足。通过优化应急处置方案，加强与海事主管部门和海上救援组织之间的沟通与交流，不断提升救援能力；每年组织各相关部门开展应急演练活动，让救援小组熟悉救援流程，提升应急响应效率。

四、履责成效

自 2015 年至今，华润电力（浙江）有限公司港航管理部每年都要在港口附近海域开展海上救援活动，共开展海上救援 18 次，成功拖救船舶 2 艘次，救援人数 67 人。其中，2015 年救援次数 2 次，拖救船舶 1 艘次，救援人数 5 人；2016 年救援次数 2 次，拖救船舶 0 艘次，救援人数 1 人；2017 年救援次数 1 次，拖救船舶 0 艘次，救援人数 2 人；2018 年救援次数 1 次，拖救船舶 0 艘次，救援人数 1 人；2019 年救援次数 3 次，拖救船舶 0 艘次，救援人数 13 人；2020 年救援次数 3 次，拖救船舶 0 艘次，救援人数 12 人；2021 年救援次数 2 次，拖救船舶 1 艘次，救援人数 16 人；2022 年救援次数 3 次，拖救船舶 0 艘次，救援人数 15 人；2023 年救援次数 1 次，拖救船舶 0 艘次，救援人数 2 人。

凭借华润电力（浙江）有限公司每年在海上救援工作上的无私付出，经常受到当地海事和渔政等主管部门的表扬，也收到了当地民众赠送的锦旗。

"海水无情人有情，危难时刻显担当"，当渔民在海上遭遇困难时，华润电力（浙江）有限公司每次都在第一时间伸出支援之手，让渔民真真切切地感受到华润电力员工的友善，感受到央企的社会担当，更感受到党员的先锋带头和服务于人民群众的精神。也助力政企互相增进了解，政府充分认可华润电力浙江公司对社会的贡献，在工作上更是给予了很大的支持。

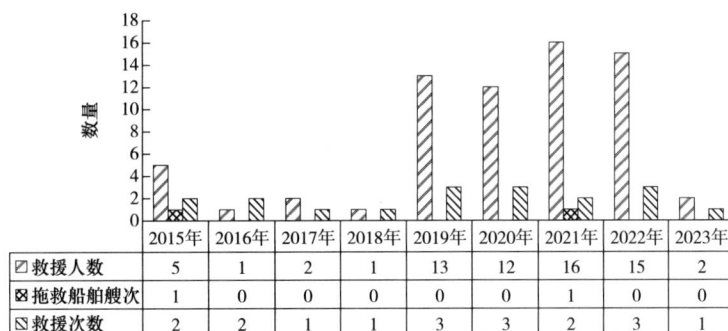

	2015年	2016年	2017年	2018年	2019年	2020年	2021年	2022年	2023年
▨ 救援人数	5	1	2	1	13	12	16	15	2
▧ 拖救船舶艘次	1	0	0	0	0	0	1	0	0
▨ 救援次数	2	2	1	1	3	3	2	3	1

港口历年海上救援统计

为了让更多民众了解华润电力（浙江）有限公司，了解华润电力，华润电力（浙江）有限公司每年都会组织开展公众开放日活动，邀请利益相关方走进绿色电厂；华润电力（浙江）有限公司工会每年都会自发前往周边学校、敬老院、村委会等相关单位慰问，企民关系更加融洽，在生活和工作上也得到附近民众的支持和配合，特别是渔民朋友海产养殖远离航道，再也不争抢航道，为港口船舶通航安全奠定了坚实的基础。

五、工作展望

"海上救援绿色通道"，是华润电力（浙江）有限公司 2019 着力打造的党支部品牌，2015 年至今，海上救援取得了一些成绩。但是，我们仍然在不断地学习，强化演练，努力打造出一支勇敢、专业、高效的"红色"海上救援队。我们始终不渝地坚守着"人民至上，生命至上"遵旨，始终将人民的生命财产安全置于首位，始终将央企的社会责任放在最前头。

保障"电热满格"，共赴冰雪之约

大唐国际发电股份有限公司

一、单位简介

大唐国际发电股份有限公司（以下简称"大唐国际"）成立于 1994 年，是第一家在伦敦上市的中国企业，第一家在香港上市的中国电力企业，第一家同时在香港、伦敦、上海三地上市的中国企业。经营产业以发电为主，涉及煤炭、交通、循环经济、售电等领域，是涉足多个领域、多种产业的综合能源公司。2022 年，大唐国际全面贯彻新发展理念和能源安全新战略，着力推进绿色低碳转型，高质量发展迈出坚实步伐。截至 2022 年年末，资产总额 3051 亿元，营业总收入 1168.28 亿元，员工总数 31127 人，所属运营企业及在建项目遍及全国 19 个省区。

大唐国际始终致力于提供优质的能源电力产品和服务，主动适应电力市场化改革进程，努力与客户建立长期、稳定、互信、共赢的合作关系。坚持以客户为中心，持续完善客户服务机制，优化客户服务热线和微信公众号服务，不断提高客户的满意度，塑造良好的品牌形象。

二、案例背景

濒临渤海、背靠太岳、携揽"三北"，这里是地缘相接、人缘相亲的京畿大地。"一核"辐射、"两翼"齐飞，协同发展天高海阔，这里正腾跃着蝶变新生的万千气象。扎根于斯、奋斗于斯，大唐国际的生长肌理早已深深融于这片热土，蔓延至五湖四海。在 2022 年北京冬奥会、冬残奥会之际，大唐国际作为能源电力央企，全面贯彻落实习近平总书记重要指示精神，落实国资委党委、北京冬奥组委、中国大唐集团有限公司（以下简称"集团公司"）各项工作要求，坚决履行责任使命，结合自身专业优势，将服务创新与奥运精神相融合。在服务北京冬奥会、冬残奥期间，以京津冀协作保障冬奥会优质能源供应，以绿色低碳、安全高效的现代智慧新能源体系助力冬奥场馆绿色运行，以赤忱、朝气蓬勃的志愿精神营造全民共享的冬奥氛围，践诺履责为北京冬奥会同心护航，为中国在全球舞台上的形象提升做出积极贡献，彰显出央企责任风范。

三、实施路径

（一）下好保供先手棋

大唐国际未雨绸缪、精心备战，全面落实集团公司关于做好冬奥会期间设备、设施、人员保障的工作要求，制定冬奥会电力安全保障建设计划，与安全生产专项整治三年行动、"六查六严"等工作紧密结合，深入排查安全隐患，全面提升队伍保障能力，按照"全国保华北、华北保京津唐、京津唐保京张、京张保重点用户"的原则，将北京、张家口两地保电工作一体谋划、一体实施，以保供电稳定、供热安全为核心任务，对冬奥会期间供电、供热、环保、网络信息、燃料保障等各方面风险和挑战进行了深入分析，提早谋划应对措施，多管齐下补齐短板。

从消除设备隐患、保障供热安全、深化队伍建设、保障绿电送出、升级安保管理、严控环保风险、保障燃料物资供应、防范网络安全风险以及做好疫情防控等九个方面制定了冬奥会电力安全保障建设计划，持续完善防疫、防火、防事故等风险防范措施，扎实开展保电应急演练，全面提升安全生产综合管理水平。

（二）源源绿电送冬奥

在辽阔的张垣大地上，风力发电机星罗棋布，迎风飞旋。张家口新能源事业部将绿电汇流入网、源源输送。该事业部统筹生产经营和疫情防控，为冬奥场馆输送绿电，所辖共计33.25万千瓦新能源机组"火力全开"，保障冬奥场馆电力可靠供应。该事业部乌登山、闪电河、索拉风三个风电场在北京冬奥会场馆2022年1月~4月绿色电力交易中累计成交电量1450万千瓦·时，占总交易量13.68%。为保障冬奥场馆绿色运行，该事业部各风电场不断深化设备治理工作，高质量开展4座风电场1座光伏站预试和检修消缺工作，对20条集电线路、258台箱进行检修预试，开展风机定检900余台次，让设备健康水平更上层楼。

2022年冬奥会"低碳绿"底色鲜亮、意蕴深远。大唐国际信守绿色承诺，持续推进绿色低碳、安全高效的现代智慧新能源体系建设，通过集中、共享、协同的云平台，实现新能源企业生产管理的信息化和精细化，精准治理安全隐患、破解运转低效难题，让智慧风场持续输出优质电能。

（三）电热供应保无虞

冬奥会、冬残奥会期间，大唐国际京津冀区域煤电机组和全部燃机"火力全开"，确保电热满格，系统各企业进入战时状态，对现场作业提级监护，全面加强安全风险管控，确保冬奥期间机组负荷"顶得上、降得下"、电力热力可靠供应。

托克托发电公司提高燃料及大宗物资库存，降低冬奥保电期间道路运输限制影响。张家口热电公司落实防寒防冻措施和极端天气应对方案，加大供热系统设备巡查和参数分析，通过实现全厂机组蒸汽侧的互联互备，以及更换两台热网加热器，进一步提高供热突发事件应急处置能力。高井热电厂制定实施能源保供总体工作方案，按照任务推进计划9类50条，领导班子牵头，各部门领导靠前指挥，各车间、班组专业互联，构建网格式能源保供体系，全力以赴做好冬奥会、冬残奥会保电工作。

（四）坚守履责显担当

节假日的坚守，是电力人始终不变的奉献底色。从京津冀到内蒙古，从热电企业到供热公司，大唐国际广大干部职工坚守在岗、实干担当，切实履行"电热满格"的坚定承诺。

农历大年初四，冬奥会开幕当天，大唐国际领导班子驻守在保电一线，扑下身子坐镇督导保电工作，"暖心"陪伴一线员工，全力保障各项保电工作做实做细，万无一失。各企业领导班子同步做好保电值班值守，与一线干部职工共同坚守，坚决打赢年度保电"首战"、冬奥保电"决战"。春节期间，托克托发电公司 1700 余名来自天南地北的电力人放弃了家人团聚、共度佳节的机会，冲锋在保电一线。当保电叠加疫情，京西供热主力高井热电厂对职工日常出行、饮食起居、娱乐活动进行细致安排，确保冬奥期间保电保供热无忧。

（五）志愿之光映冰雪

大唐国际圆满完成冬奥志愿服务任务，持续创新志愿服务模式，青年职工们活跃在冬奥城市服务、社区工作及赛事服务的各个领域。北京冬奥会期间，北京、张家口区域共 61 名志愿者参与了冬奥志愿服务。

高井热电公司秉承"冬奥让社区更美好"理念，与北京市首个冬奥社区签订共建协议，积极参与到冬奥社区主题曲 MV、宣传片视频录制、彩绘文化墙等活动中。组建 3 支保冬奥党员突击队，为社区提供报纸翻译、英语公益讲堂、文明宣传等多项志愿服务，被北京市石景山团区委授予冬奥"青年先锋突击队"徽章。

承德新能源事业部西桥梁风电场距离冬奥赛场太舞小镇不足 30 千米，新能源装机比例占整个崇礼地区 16.3%，数九天里的最高温度仅零下 17℃。在鏖战严寒、认真履责的同时，该风电场主动成立"冬奥志愿小分队"，为村民讲解防疫及消防知识，为空巢老人清理积雪，得到了桦林子村村民的一致好评。

四、履责成效

（一）有力：输送绿色能源

张北的风点亮北京的灯。大唐国际张家口新能源事业部将绿电汇流入网、源源输送，以实际行动践行"绿色办奥"理念，全力以赴服务绿色冬奥。其中，乌登山、闪电河、索拉风三个风电场在北京冬奥会场馆 2021 年 7 月～12 月绿电交易中累计成交电量 400 万千瓦·时，2022 年 1 月～4 月绿色电力交易中累计成交电量 1450 万千瓦·时，共计减少标煤燃烧约 480 吨，减少二氧化碳排放约 1200 吨。

为将"大唐绿电"源源不断地送往冬奥场馆，为冬奥场馆的"绿色运行"提供坚实保障，张家口新能源事业部坚守安全生产底线，不断深化设备治理及增发电量工作，高质量开展预试和检修消缺工作，并持续开展风机定检，设备发电能力稳步提升，风机可利用率始终保持在 98% 以上。

（二）有情：圆满服务冬奥

张家口发电厂还选派了优秀青年参与到张家口市冬奥城市志愿者的选拔当中，10 名同志成功入选，主要负责冬奥广场内的巡视讲解、出入安检、活动保障等工作，当前已圆满完成冬奥会开、闭幕式当天冬奥广场内的各项志愿服务活动，同时积极参与到冬残奥会张家口赛区火炬塔点燃仪式的活动现场，全力做好配合工作，良好的精神面貌让大唐志愿服务品牌在冬奥服务保障一线熠熠生辉。大唐国际将继续把保供电和保供热作为重要任务，以优质、安全、可靠能源供应守护民生温暖，保障经济社会发展，为全面建设社会主义现代化国家、全面推进中华民族伟大复兴不断作出新的更大贡献。

（三）有心：塑造责任品牌

大唐国际始终将能源保供作为履行社会责任的重要领域，团结带领广大干部员工胸怀"国之大者"，用最朴素的情怀坚守保供一线，用最严密的措施防范疫情风险，用最清洁的电力点亮千家万户，从大局出发，肩负"做好冬奥会电力热力供应"的神圣使命，践行北京冬奥会"绿色办奥"重要理念，狠抓落实，统筹调控，电热"满格"为冬奥护航，高质量完成北京冬奥会、冬残奥会重大政治保电任务。

保障冬奥期间能源保供，责任重大，使命光荣。大唐国际通过输送绿色能源、志愿服务冬奥等举措，保障冬奥场馆绿色运行，确保机组负荷"顶得上、降得下"，电力热力可靠供应，圆满完成北京冬奥会、冬残奥会志愿服务任务，不遗余力地讲述 2022 年冰雪盛会下的能源故事，助力冬奥圣火照耀美丽中国，为确保"两个奥运"同样精彩贡献了大唐力量，生动诠释了"顶梁柱"顶得住、"压舱石"压得住的关键作用。

五、工作展望

2023 年是全面贯彻落实党的二十大精神的开局之年，是实施"十四五"规划承上启下的关键之年。大唐国际将以习近平新时代中国特色社会主义思想为指导，深入贯彻落实党的二十大精神，进一步深化改革、对标提升、提质增效、创新发展，全面打好"四大攻坚战"，全面推进"六大工程"，全力推动全年各项重点工作稳中有进、稳中提质、稳中向好，奋力谱写"二次创业"新篇章，以新气象、新作为奋力开创高质量发展新局面。

（一）保障能源供应

始终把保供电和保供热作为重要任务，以优质、安全、可靠能源供应守护民生温暖，保障经济社会发展。充分了解客户需求，加强客户分类、分级、分区域管理，持续提升客户服务水平和服务质量。

（二）坚持创新驱动

坚持完善创新发展体系，健全制度机制，充分发挥各级各类企业的创新主体作用。推进"云大物移智链"、智慧点检定修系统等项目，继续开展数字化仓储、智慧燃料等项目，推动数字智慧工程。

（三）践行绿色低碳

坚定落实"两个联营"，实现老厂优化转型，推进煤电转型发展。全力建设"四优工程"，加快成熟先进新技术集成应用，全面提高新投新能源项目建设质效。

（四）守牢安全底线

不断健全两级管理体系，强化"大安全"理念，促进"保证、监督、技术支撑"三个体系有效运转。持续强化基建两个体系建设，全力保证现场安全，坚决杜绝人身事故。

（五）凝聚共赢合力

全力推进人才强企战略，完善引才、聚才、用才、爱才机制，使各方面人才脱颖而出。深化与政府、企业、银行各方多领域务实合作，打造新时代互利共赢新关系。聚焦巩固拓展脱贫攻坚成果，全力服务乡村振兴。积极参与公益活动，践行为民服务理念，共建和谐社区。

分层分级网格化管控，筑牢安全生产红线底线

许继电气股份有限公司

一、单位简介

许继电气股份有限公司（以下简称"许继电气"）是中国电力装备行业的大型骨干和龙头企业，是专注于电力、自动化和智能制造的高科技现代产业公司，致力于为国民经济和社会发展提供高端能源和电力技术装备，为清洁能源生产、传输、配送以及高效使用提供全面的技术和服务支撑。许继是全国首批创新型企业，荣获首届"中国工业大奖"表彰奖、首届"中国质量奖"提名奖等诸多荣誉称号，拥有国家认定的企业技术中心、国家高压直流输变电设备工程技术研究中心、国家能源主动配电网技术研发中心，国家级工业设计中心以及国家电工仪器仪表质量监督检验中心，是IEC/TC85技术委员会秘书处和全国电工仪器仪表标准化技术委员会秘书处承担单位。

二、案例背景

1. 安全管理体系满足更高高标准的需要

现行安全管理体系注重纵向到底，从部门、车间、班组处于被动接受检查的局面，各部门、车间、班组缺乏安全隐患自查自纠的主动性。一线员工安全意识不强，发现隐患问题能力不够。各种安全隐患居高不下，重复问题频繁，意外事件时有发生。不能有效支撑目前高标准的安全要求。

2. "三多一大"安全管理能力提升的需要

许继电气有许昌电气城、智能产业园、新能源产业园以及珠海、福州、厦门等8个主要生产基地，各类机械设备多、全口径用工人员多、各类风险点多、产业分布大，安全管理形势复杂严峻，单靠安全监督管理部门无法满足安全管理需求。

3. 各级管理人员对安全关注度提升的需要

严峻的安全管理形势需要全面提升全员对安全的关注度，目前从各级管理人员对安全工作缺乏主动性。仅仅局限于关心自身负责区域的安全问题，对于不属于自己领域的漠不关心，不利于安全工作的开展。

三、实施路径

1. 先行先试，探索网格化管控方式

一是借鉴社区网格化管理方式，纵向到底，压实责任，横向到边，交叉监督。全面提升安全生产

管理预警能力。从安全只有主管部门关注，到所有部门都积极参与，监管联动、协抓共管。提高各级管理人员，各职能部门对安全的关注度。创建安全人人有责，人人负责的良好氛围。二是许继电气按照"稳住安全基本盘，试点先行，逐步推进"的原则，根据各单位规模、作业风险、设备数量等情况，全面梳理各单位情况，积极寻找安全管理工作基础较好、生产作业具备代表性的典型单位，以确保安全网格化管理成果的可复制性、可推广性。制造中心主要从事电力装备钣金结构件机械加工及电子装联制造，是支撑许继电气各产业发展的综合性通用制造平台，在许继电气产品交付链条中处于承上启下硬件制造环节。有电气城、五里岗、智能产业园 3 个主要生产基地，各类机械设备 1000 多台（套），全口径用工人员 1900 多人，各类风险点 80 多处，危险源 460 多个，占地面积 7 万多米^2，安全生产管理工作任务艰巨。经过多轮次的筛选，最终确定制造中心为试点单位。面对安全生产管理形势日趋严峻，要求标准高、处罚力度大、涉及面广的情形，2019 年 5 月，制造中心成立以安全质量部为主导的安全网格化项目推进团队。

2. 理现状、明职责、分区域、绘图谱

一是组织项目成员对制造中心现状进行深入分析，厘清制造中心安全管理现状。明确目前的管理现状不能够满足安全高标准的要求、有限的安全管理人员难以应对"三多一大"的安全现状、各级管理人员对安全的关注度不够等 3 项主要问题，制定了以建立系统的安全网格化管理体系，打造安全监管联动、协抓共管的有利格局，创建安全人人有责，人人负责的良好氛围。二是明确各级人员职责。安全网格化管理体系包含安全生产保证体系和安全生产监督体系两大部分。总经理、党委书记、各分管副总，各部门 / 单元经理在自身业务范围内正常履行"管行业必须管安全，管业务必须管安全，管生产经营必须管安全"职责，属于安全生产保证体系。将中心区域分成若干网格责任田，各级管理人员每人一块，对该区域内安全生产工作履行监督职责，并对监督结果负责，属于安全生产监督体系。两大体系并存，既履行业务安全职能，又可对业务范围外的网格区域履行监督职能，有助于形成相互学习，相互补充的良好氛围。三是划分区域，搭建基本网格框架。经项目团队多研讨论证，确定了总经理作为一级网格长，对制造中心全部区域安全工作负总责。总经理和党委书记作为二级网格长（总经理兼任二级网格长），将制造中心区域一分为二，负责网格区域内的安全监督工作，二级责网格长向一级网格长负责。各主管副总作为三级网格长（总经理和党委书记兼任三级网格长），各划定一块区域作为安全网格责任田，负责网格区域内的安全监督工作，三级网格长分别对本人对应的二级网格长负责。各部门、各业务单元经理作为四级网格长，将制造中心区域分成若干安全网格责任田，对负责网格区域内的安全监督工作，四级网格长分别对本人对应的三级网格长负责。以此类推，构建了从总经理、党委书记、分管副总、部门 / 单元经理、巴长到线长 / 班组长的六层级安全网格化的管理网络，明确了各部门、单元网格长目标和职责，初步形成六个层级的安全生产网格责任制。通过搭建安全网格框架，使各职能部门负责人也在生产现场也有自己的安全网格责任田，安全工作由单一部门关注变成全员协抓共管，基本形成了纵向到底，横向到边的安全网络。同时根据业务相似，区域就近原则，将中心区域分为 22 块安全网格责任田，各级网格长在本人责任田内履行监督职责。四是绘制责任图谱公示。项目推进团队通过对制造中心电气城、智能产业园、五里岗厂区进行一级到四级网格长责任区域划分，形成制造中心安全网格化责任总图谱，明确区域范围、职责，各级网格长进行安全承诺签字，对责任区域进行明示，接受群众监督。各级网格长参照制造中心总图谱，结合自身区域，形成各级网格长责任图谱，形成网格长层层递进，层层落实，交叉监督、有机结合、相互弥补的高效机制，不断提升安全管理监管能力和效果。

3. 辨风险、定评价、理清单、常巡检

一是为确保标准制定有效，检查执行到位，项目团队结合双重预防机制建设要求，组织四级网格长、专兼职安全员对各个生产及办公场所进行危险源辨识和风险分级。**二是**运用 LEC 法（作业条件评价法）、LSR（风险矩阵法）两种方法对区域内的风险点、危险源进行排查梳理、分级评定。**三是**形成覆盖 30 项作业风险点、60 项设备设施风险点及其安全管控措施的《许继电气制造中心风险点分级管控清单》并根据业务情况及时调整更新，实施动态管理，为下一步制定安全网格长化检查规范提供可靠依据。**四是**为更好地做到网格长监督检查有制度可依、有源头可查、目的明确、标准统一，项目团队组织编制了《许继电气制造中心安全环保网格化分层分级检查规范》，明确了各级网格长检查频次，点检要点，点检线路图，形成了日点检、周巡检、月巡查的安全网格化管理方式。即五级、六级网格长依据检查要点对网格区域所有风险点进行每日点检，4 级网格长依据检查要点对网格区域较大风险进行每周巡检，对所有风险点进行每月巡检，同时检查五级、六级网格长安全工作是否到位。一级～三级网格长依据检查要点对网格长区域较大风险点进行每月巡查，同时检查四级网格长安全工作是否到位。这样层层把关，逐级压实安全生产监督责任，使每位员工心中时刻绷紧安全之弦，主动发现并消除隐患，提升制造中心安全管控的综合能力。

4. 网格化、信息化、数据化

分阶段、分层次开展安全信息化平台搭建工作，建立三个信息化管理模块，即安全监督管理模块、环保管理模块、职业健康安全管理模块。三个模块之间实现信息共享互通，数据收集分析运用达到 70% 以上。采用智能打卡系统，对各级网格长巡查主要区域进行打卡确认，对网格长履职情况进行数据化收集，并将监督检查结果录入 MIS 系统，形成安全网格化分层分级监管体系，使安全问题通过信息化手段快速查询、解决，加强了安全网格化管控手段，安全环保整体管理水平得到有效提升。

5. 逐步推开，不断强化安全生产管控

许继电气及时验收、总结试点单位建设成果，并在公司范围内进行推广，各单位积极发挥主观能动性，进一步丰富安全网格化管理内容和方式方法。电源公司开展"猎鼹"行动，将隐患比喻为藏于深洞中的鼹鼠，将一级～五级网格长比喻为老虎、豹子、猫头鹰等，使安全网格化管理更加具象化，进一步加深各级人员的认识；开展"党建＋安全"行动，充分发挥各级党组织战斗堡垒作用和党员网格长先锋模范带头作用，进一步推动隐患"早发现、早治理"。变压器公司明确各级网格长工作要求及工作内容，健全安全网格化考核内容和要求，进一步推动各级网格长履责，压紧压实各网格长安全责任，确保安全网格化管理有效落地。电力电子公司制定《安全网格化管理检查规范》，明确"日、周、月"巡查要求及标准，建立各级网格格长安全责任履行情况安全积分考核机制，并印发《安全质量积分管理实施细则》，进一步完善安全责任考核方式。厦门许继为保证各班组、各区域的安全工作能切实开展，制定了各班组各区域的安全绩效考核评比标准，每月对各区域的安全管理工作进行检查和评比，排名前 3 的班组由公司进行奖励，进一步激发员工安全工作积极性。珠海许继充分利用当地政府双重预防体系信息系统，建立岗位清单及风险排查清单，各级网格长定期对岗位清单、风险排查清单等任务进行逐项排查并递交检查情况结果，确保安全责任有效落地执行。

四、履责成效

1. 营造公司高质量发展安全环境

通过安全网格化推广，进一步压实了全员安全责任，真正实现了安全生产"全员参与"，有效提升了安全管理能力，许继电气近两年来未发生安全生产事故，圆满完成各项安全目标，为许继电气稳步发展提供了安全稳定的环境基础。

2. 有效提升员工安全生产能力

安全网格化过程开展了危险源辨识与管控相关知识的讲解，并明确了岗位安全风险，进一步提升员工的安全意识和知识水平。通过逐级明确隐患排查标准，并对排查方法进行培训，有效提升员工隐患排查能力，如制造中心2019年5月～2021年10月，网格长督办安全问题325项，立行立改完成整改325项，进一步提高安全隐患排查治理效率。

五、工作展望

许继电气通过试点单位厘清现状定目标明职责、分区域绘图谱建体系、辨风险定评价理清单、日点检周巡检月巡查、网格化信息化数据化管理等有效举措，一套完整的安全网格化分层分级监督管理体系建设经验，并在全公司范围内推广网格化的安全风险隐患双重预防体系，确保风险有效控制、隐患及时消除，最大限度防范安全事故发生；实现风险管控与隐患治理的法治化、常态化、标准化、清单化和信息化；实现本质安全提升、各级安全监督水平提高，生产安全环境普遍改善，安全生产形势持续稳定向好，从根本上取得事故防范工作的主动权。

科技自立助推企业数字化转型升级

远光软件股份有限公司

一、单位简介

远光软件股份有限公司是国内主流的企业管理、能源互联和社会服务信息技术、产品和服务提供商，公司控股股东为国家电网全资子公司国网数字科技控股有限公司。远光软件始终以先进的信息技术、能源技术等核心技术为根本动力，聚焦"大云物移智链"等新技术应用研发，在数字企业、智慧能源、信创平台和社会互联等领域为广大客户提供优质的产品和服务，推动企业升级、能源革命、经济增长和社会进步。

远光软件专注大型集团企业管理信息化逾30年，在能源电力、航天航空、高端装备、冶金冶炼、制造、金融、医疗卫生、轨道交通等行业服务了众多集团企业，在能源电力行业企业管理软件领域长期处于领先地位。

二、案例背景

企业管理软件呈现新的发展趋势。企业的信息化历经了MRP、MRPII、ERP、EBC等阶段，企业由传统ERP转变为以数据为驱动、从端到端连接信息孤岛的EBC是大势所趋，远光软件将以坚实的专业本领不断深入企业管理信息化研究，做好EBC时代的先行者。

科技自立自强已上升为国家战略，自主可控被各方高度重视。科技自立自强是国家强盛之基、安全之要。"十四五"规划强调科技自立自强在国家发展中的战略支撑作用，科技强国和自主可控被国家高度重视，国家部委密集出台了与国产自主、行业信创等相关的政策。基于此，作为民族软件品牌，远光软件将积极为服务国家战略贡献力量。

信创政策不断推动加码，信创产业迎来新发展机遇期。2022年1月6日，发展改革委印发《"十四五"推进国家政务信息化规划》，2022年1月12日，国务院发布《"十四五"数字经济发展规划》，2022年6月，国务院印发《关于加强数字政府建设的指导意见》，各项信创政策加速落地，产业将迎来可观增长，也为新一代的企业资源管理平台发展带来良好机遇。

数字化转型浪潮下，企业对于数字化转型的需求已经非常迫切，远光软件基于三十多年集团企业信息化、数字化建设的实践经验，沉淀出一套先进的方法论，采用新理念、新技术、新模式研发推出新一代企业数字核心系统——远光达普（YG-DAP），助力企业打造实时感知、数据驱动、智能运营的管理模式，全面提升业务价值。

三、责任行动

（一）顶层设计

远光达普（YG-DAP）完整覆盖人、财、物、设备、资产、项目、数据等核心资源管理，构建以计划预算等经营管控类应用为先导、以监控分析等数字运营类应用为结果的闭环体系，打通政企、银企、税企、企企融合通道，在线数据交互，业务高效协同，实现业务与财务、业务与业务、业务与社会的一体化应用。

远光达普（YG-DAP）构建在云平台上，以自主研发的智能一体化云平台为基座，向企业中台及前端应用提供技术支持和多云适配能力；加强企业架构管理，统一数据标准及模型，统一服务链接组件。助力企业数字化转型升级。

远光达普（YG-DAP）在架构和实现上具有三高三全的特点：高度适应管理变化，将复杂业务管理分解为小单元，可快速组合装配，满足集团企业可持续、高质量发展。高度满足集团管控，实现自上到下全层级的集中管控，加强集团管控和风险控制。高度支持共建共享，保证企业最大限度利用已有信息系统的软件资源和数据资源。全自主可控，实现了全栈式国产适配，保障数据安全。全智能引领，全面应用新技术，提升工作效率和用户获得感。

（二）技术突破

远光达普（YG-DAP）始终坚持"自主可控软件产品"发展方向、服务"安全可靠应用替代"国家战略的根本定位。基于全栈自主可靠技术路线，遵循"以自主可靠的工具研发自主可靠的系统，运行在自主可靠的基础设施之上"的理念，提供具有研发、实施、运维全过程一体化研发平台，具备可持续扩展、迭代优化应用功能和服务能力，支持低代码开发，助力企业数字化转型。

远光达普（YG-DAP）遵从国家统一的技术路线标准，深度融合"云大物移智链"等新兴技术，有效提升企业级中台、模型及服务、AI 应用、全业务协同、用户体验五大方面能力：一是企业级中台增强，梳理企业各领域核心业务场景，统一数据、规则等企业级核心资源，整合形成通用共性能力，沉淀企业级中台服务能力，为各前端业务赋能。二是模型及服务增强，内置 10 大类数据核心模型，共计 100+ 算法；覆盖财务、计划、设备、营销等 153 个业务场景化模型应用；模型在行业间贯通，创新产生更多、更大价值；训练垂直领域的轻量化私域大语言模型，以 AIGC 技术赋能企业数智化转型。三是 AI 应用增强，构建企业级一站式人工智能应用平台，以数智员工为载体，RPA 机器人、智能硬件为抓手，结合企业的细分业务场景，打造出具有行业特征的应用解决方案。四是全业务协同增强，强化企业内部业务协同融合，促进企业上下游间数据标准统一、业务场景融合贯通。引入区块链新技术，打造可相信的上下游协同数据，提供金融增值服务，加快产业链/供应链生态建设步伐。五是用户体验增强，以高效、易用、人性化为设计目标，为用户提供更有温度的产品体验；通过数据分析和机器学习能力，为用户提供更人性化的推荐和建议；千人千面，充分考虑用户获得感。

（三）信创适配

远光达普（YG-DAP）实现从处理器、操作系统、数据库到运行平台、应用软件的全过程、全栈式国产适配，取得国产化适配认证，通过第三方专业测试。目前已完成与华为鲲鹏、飞腾、长城、麒麟、统信、中创、达梦、360、奇安信、金山、奔图等各大国产软硬件厂商的适配认证，全面达到国产软硬件平台的通用兼容性要求，为共建国产化软件互信合作生态环境，更好地满足大型集团企业对国产化安全可控的需求，为企业高质量发展提供核心支撑。

（四）打造产品生态

采用开放合作的生态运营模式，构建以远光达普（YG-DAP）为核心的整体服务平台，最大化连接用户；利用平台的开放服务能力，开放给各厂商进行协同研发，构建共建、共创的生态化研发模式，打造专业级 ISV 伙伴，实现从产品销售到实施及增值服务全链路贯通；以客户为中心，组建利益共享、协同创新的价值生态系统，与专业服务伙伴合作，共同推动技术创新、价值共享的生态模式。

四、履责成效

（一）科技创新成果

自投入运行以来，远光达普（YG-DAP）凭借其创新性、示范性和推广性以及其在助力企业数字化转型升级过程中的卓越表现多次荣获行业重量级奖项，入围"2021 年数字技术融合创新应用典型解决方案"、荣获"2021 年广东省优秀软件产品"奖、入选华为《鲲鹏精选解决方案·2021 年刊》、获评"2021 年度珠海市科技创新产品"、入选工信部网安中心"信息技术应用创新典型解决方案"、获评中软协"2022 年软件行业创新项目"、获评"2022 年工业软件优秀产品""2023 年软件行业典型示范案例"等多项荣誉，并通过了工信部赛迪研究院等专业权威机构测评，安全、性能、功能实现业内领先，得到了权威专家的充分认可。

（二）客户价值提升

远光达普（YG-DAP）已在国家电网公司、南方电网、国家能源集团、国家电投等多家大型集团企业成功应用，产品的性能、安全性、稳定性经过万亿级资产规模集团的充分检验。

（1）在国家电网公司，一是结合企业中台建设，进行经营管理领域，特别是财务核心应用的整体数字化升级。以全面预算管理为起点配置和管控企业资源，以集团一本账、司库管理、资本运营为核心驱动横向业财一体化和纵向管控集约化，构建了智慧数字运营中心，沉淀业财精益分析、资金监控调度等 20 类、300+ 明细场景，构建了足以支撑 4000 多个分子公司集团化运作的智慧共享财务平台。其中，资源实时配置、标准统一管理、规则自动校验、操作自动触发、业务智能处理、"启动即响应""发起即合规""获取即存档""千人千面"沉浸式用户体验等都具有高度的创新性。二是在省管产业单位试点应用远光达普（YG-DAP）"人、财、物、项目"等企业核心资源管理，促进全业务协同、产业链协同。三是在国网数科公司，应用远光达普（YG-DAP）采购、销售、项目、资产设备、财务等模块，全面替代 SAP，覆盖 31 家单位主体，122 个利润中心，为上下游产业链提供数字化服务。

（2）在南方电网，依托远光达普（YG-DAP）构建全栈自主可控的云化、微服务化建设业财一体化应用，涵盖核算、预算、司库、工程、物资、资产等 15 个模块。沉淀业务标准、核算标准、控制标准等 8 大类要素融合标准。"数据自动采集、一处录入、多处共享"，业财一体化全面单轨应用，覆盖全南网省市县四级单位和非管制单位 533 家，注册用户数超过 20 万。全面云化、微服务化，终端、应用、中间件、数据库、操作系统、服务器全面自主可控。

（3）在国家电投，应用远光达普（YG-DAP）构建集团公司 1+6+X 共享管理模式，实现管理远程投放，体系灵活可控，构建集团一本账、一键式报表模式，满足集团全级次、多维度、智能化经营分析，财务共享、税务共享、资金管理、资本运营、经营分析、智慧商旅、RPA 等 20 个模块覆盖了全集团 3011 家会计主体，注册用户 13 万。

（4）在国家能源集团，应用远光达普（YG-DAP）司库管理实现集团资金资源集中管理、统一调度、统筹运作。覆盖国家能源集团 1800 家单位，建立全球账户体系与公司资金池，实现资金预算刚性约束，发挥规模协同效应，资金资源"看得见、管得住、调得动、用得好"。

（5）在华电建团、华能集团、大唐集团，重点应用了远光达普（YG-DAP）风险内控合规管理。将"被动式"风险管理升级为"主动式"智能风控服务，开展多维度体系管理、全量化风险评估、融入经营管理的内部控制、嵌入式监控预警、智能化决策分析等应用。

（6）在电力央企以外的远光达普（YG-DAP）客户，涉及建筑、高端装备制造、能源化工、白色家电、冶金冶炼、轨道交通、天然气、航空、地产、医疗、教育、金融等多个行业。应用的远光达普（YG-DAP）产品包括战略规划应用中的预算管理，资源管理应用中的财务管理、司库管理、物资管理、资产管理、项目管理，生产经营应用中的施工管理、安健环管理、设备管理，以及共享服务、数字运营。

五、工作展望

未来，远光软件将以服务"基础软件国产化""数字转型"等为导向，积聚力量加强关键核心技术攻关，继续加大研发投入，不断提高研发与创新能力，助力加快实现高水平科技自立自强，提升业务场景与技术的融合创新能力，强化产品技术布局，完善产品应用模块，积极拓展行业应用，为推动企业数字化转型，助力营造开放、健康、安全的数字生态，加快建设数字中国、网络强国贡献更多力量。积极响应时代需求，通过数智技术赋能商业创新，助力企业迈上数字化转型升级的新台阶，为推动企业升级、能源革命、经济增长和社会进步持续注入强大动力。

以电力装备全流程质量管控实现"三零"目标

许继电气股份有限公司

一、单位简介

许继电气保护自动化系统分公司（简称"保自公司"）是许继电力系统二次装备领域的核心产业单位，聚焦源、网两大核心领域，专业从事发电、变电、新能源领域继电保护及安全自动装置、厂站监控、预制舱式二次组合设备三大核心产品的营销、研发、生产及服务。

保自公司在发、变电二次装备领域具有全系列的产品配套能力，为浙北—福州特高压、秦山核电、三峡右岸等国家重大工程提供保护监控等核心设备。保护监控产品在全球 38 个国家和地区取得应用，在运设备 40 余万套，为全球 11300 余座厂站提供优质产品和服务。公司现有员工 806 人，本科以上学历人员占比 72%（本科学历 493 人，研究生 69 人，博士 1 人）；副高级及以上职称 109 人，占比 14%，中级职称 313 人（其中经济师 8 人），占比 40%。获中国电力企业联合会科技进步奖二等奖、国家电网公司"四交"特高压工程先进单位、国家电网公司精神文明建设创新奖提名奖等先进荣誉称号。

二、案例背景

2020 年国家基于推动实现可持续发展的要求和构建人类命运共同体的责任担当，宣布了"双碳"的目标愿景。要实现"双碳"目标，能源是主战场、电力系统是主力军、电网保障是排头兵，发展以新能源为主题的新型电力系统成为企业转型升级的战略要求。保自公司目前主要以常规及智能电网二次保护供货为主要业务，产品体系相对标准，质量管理趋于成熟。而新能源电力装备安全性、可靠性、多样性、环保性、高效性的特点，注定装备市场端个性化需求更多、对全流程生产过程质量管控要求更高、现场运行环境更复杂。要想满足新能源电力系统的快速转型升级，提升产品核心竞争力，保自公司面临产品转型升级、外采需求扩大、交付周期变短、配套服务骤增带来的交付问题和隐性质量问题，需要开展管理体系变革，提升全业务、全流程质量管理水平。

三、实施路径

（一）搭建数字化运营管理平台，实现全流程质量问题提前预警

1. 建立全流程指标体系

质量指标体系建设涵盖新能源电力装备生产过程 6 段 12 个环节，例如，软件开发正确率、装置加工合格率、外购物资合格率、履约交付及时率、服务问题处理闭环率等所有质量指标。每项指标下发分解到不同部门，每个部门均找准定位，瞄准目标，制定本部门质量战略计划。

2. 质量信息自动化提取

保自公司建设 PLM 系统实现研发质量信息自动化传递、SAP 系统实现采购物资全供应管理、CRM 系统实现产品全生命周期服务运维。MES 系统深度集成 PLM 系统、SAP 系统、CRM 系统信息传递功能，将内网、外网、专网三个系统信息进行互联互通，解决因生产链较长带来的质量信息收集、跟踪、处理渠道不统一、不标准问题，实现全流程质量信息自动化提取。按研发、计划、采购、制造、服务、运行等固化的问题处理阶段进行跟踪，各部门通过质量管理模块对反馈质量信息进行传递、提取、跟踪。

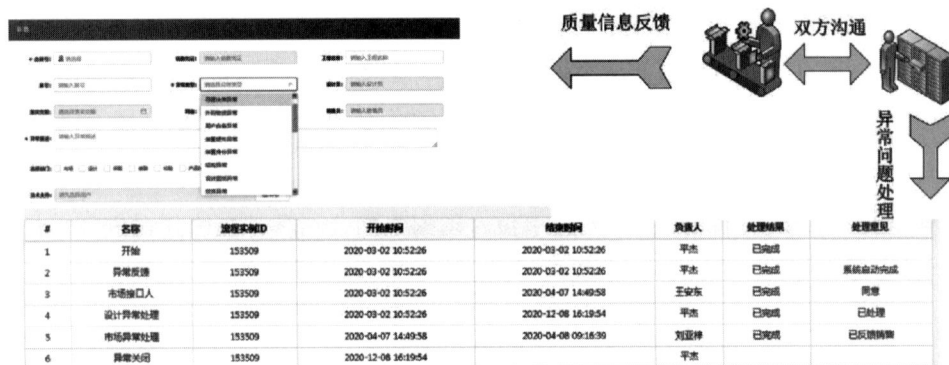

质量信息自动化提取

3. "五维一体"大数据分析

通过反馈问题自动提取、智能分类，开展五维一体的大数据分析。通过图表法，实现对质量问题类型的宏观展示；通过分层法对不同电压等级、不同型号产品的问题进行分类展示；饼状图展示质量问题占比状态；通过趋势分析法实现运行产品年份、故障占比统计；通过相关表法实现质量成本金额、质量类别、责任部门之间的相关关系展示，成为质量指标展示的"仪表盘"。

4. 三端智能化质量预警

通过电脑端、手机端、云端 App 等三类工具，对公司六段过程产生的各类质量问题进行实时预警，精准推送至相关部门。如工程设计部 4 月份设计质量指标设置为 100%，实际完成只有 96%，可点对点将指标完成情况推送给工程设计部，工程设计部通过问题表进行跳转，观测主要设计问题有哪些，并进行针对性整改。

五维大数据分析法

维度一：图表法宏观展示质量问题分布

问题类型	2017 年数量	2018 年数量	2019 年数量	2020 年数量	2021 年数量
研发问题	245	259	240	220	149
采购问题	117	202	190	164	89
制造问题	25	48	9	1	0
服务问题	11	12	17	21	14
运行问题	17	29	16	21	4
生产问题	15	47			180
小 结	430	597	472	431	436

维度二：分层法对不同型号产品质量问题分布展示

一层 二层	中低压	高压	调控类	拉制品	二层小计	总计
CPU 类	17	35	18	1	71	90
电源类	14	6	2	1	23	35
信号类	21	3	1	0	25	52
通讯类	4	12	1	0	17	4
液晶面板类	4	1	0	0	5	22
交流类	7	1	0	0	8	17
一层小计	67	58	22	2	149	220

维度三：饼状图展示展示质量问题分布

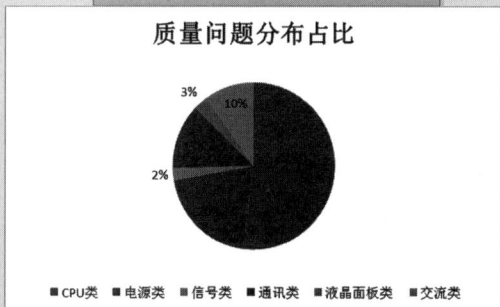

质量问题分布占比

■CPU类 ■电源类 ■信号类 ■通讯类 ■液晶面板类 ■交流类

维度四：趋势法展示产品运行年份

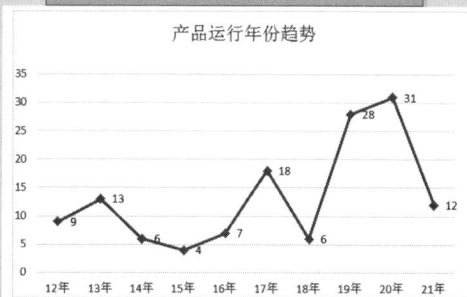

产品运行年份趋势

维度五：分层相关表法实现质量成本、质量类别、责任主题之间的相关关系

内部质量成本大类		质量部门（金额/万元）		
问题大类	成本金额	责任部门	智能制造部	校验部
电路技术方案问题		市场		
系统配置问题		新能源		
版本升级	材料费 返修工时费 停工费	技术中心		0.1
底层软件配置		产品技术部		0.79
应用软件问题		制造中心		0.6
结构问题		制造中心		0.12
研发设计问题		技术中心		
工艺制作问题		工程设计部	0.33	0.36
物料采购问题		生产物资部		0.03
交期系统问题		智能制造部		0.1

外部质量成本大类		反馈部门（万元）	
问题大类	成本金额	责任部门	售后服务部
软件问题		技术中心	16.62
硬件问题		制造中心	
设计问题	差旅费 返修维修费 运输费 索赔费	工程设计部	5.1
质量问题		生产物资部	5.15
结构问题		校验部	
服务问题		售后服务部	
异常交付		生产物资部	
质量升级		技术中心	

质量问题大数据分析

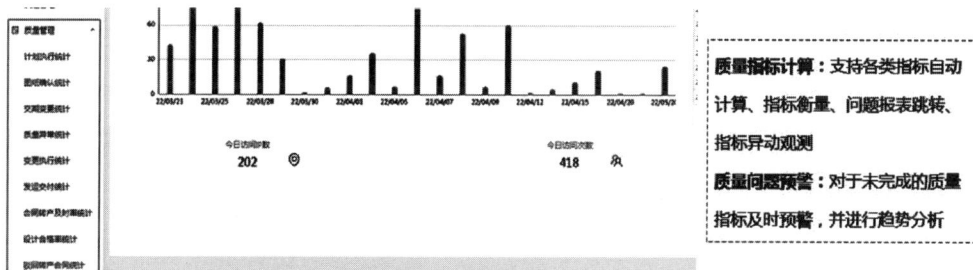

质量管理
计划审核统计
图纸确认统计
交期变更统计
质量异常统计
变更执行统计
发运交付统计
合同履约及时率统计
设计合格率统计
到现场产品合同统计

今日访问印数 202

今日结算次数 418 次

质量指标计算：支持各类指标自动计算、指标衡量、问题报表跳转、指标异动观测

质量问题预警：对于未完成的质量指标及时预警，并进行趋势分析

开始日期：2022-01-01	结束日期：2022-03-23	查询

指标名称	计划生产量	实际按计划值及时完成量	及期率	目标值
全周期产品达成度	601	5	99.27%	100%

起始日期：2022-03-01	结束日期：2022-03-23	查询

指标名称	设计符合产品总量	质量符合计问题总量	合格率	目标值
设计合格率	584	22	96.06%	100%

质量指标智能化预警

（二）标准化六段质量过程控制，推动全流程一次作对

1. 预制性、前瞻性产品研发模式

通过对新能源、国网、南网标准前瞻性研究，采用预制性、前瞻性产品研发模式形成"三系列、三标准"产品代系，通过预制舱设备典型布局标准化实施、预制舱走线标准化提升预制舱设计、制造过程的顶层设计流程，保证产品工艺质量一致性。

2. 六化一式生产质量管理

全面梳理新能源装备生产现状问题，标准化建设生产模块包含流程制度标准化、需求管理标准化、方案协议标准化、设计工具标准化、物料选型标准化、生产作业标准化等几个方面。通过和信息系统的结合以实现库存指标、计划执行异常等自动化预警。通过信息化平台实现原料准备、生产计划、加工过程可视化提升物料配送精度，实现设备信息可视化。通过用户的运单需求倒推生产计划变革，精准地识别合同执行断点、及时排除问题，实现生产交付的准时化、均衡化、自愈化的新能源装备生产目标。

3. 链条化五关采购质量管理

新能源装备配套物资多达 3 千余种，涉及采购供应商逾千家。公司通过设计、入围、制造、验收、服务五关控制，实现链条化采购质量管理。

设计关：强化设计优选，明确物资技术规范。

入围关：采取资料审查、实地考察、专家评审等方式对新供应商进行评价，作为供应商入围前提条件；从履约交付、到货质量、服务保障等维度对供应商开展绩效考评，建立供应商"黑名单"淘汰机制。

制造关：组建质量管控团队，制定监造方案，对供应商产品制造过程各流程节点的管控现状开展监造，并将监造结果纳入供货商绩效考评。

验收关：分种类制定物资管控策略，制定相应的入厂检验指导书，通过入厂检验、抽样送检、核心组部件 100% 全检等方式，实现了对不同物资的分类管控。

服务关：紧盯物资问题闭环管理，落实"问题分析 + 预防改进 + 评估与持续跟踪"的工作方法，做到问题闭环。

4. 自动化制造质量管理

新能源产品种类繁多、逻辑功能复杂、测试项目齐全，为人工全面测试带来挑战。保自公司引进自动化测试产线，开发 3 类装置通用测试系统，将人工手动测试改为自动测试；开发 4 类通用模块化测试针盘，解决手工连接费时、易出错的问题；开发专用数据库，对装置信息模板进行统一创建管理和信息调取，测试报告可自动生成。

引进自动化单屏生产线。主要包含组装前屏柜组件流水生产线，组装后单屏总装调试生产主线，以及配合转运的智能调度系统三部分组成，共 114 个工位，实现对新能源屏体装备的组装、配线、查线、耐压、调试等工作。

秉承"3 系列、3 标准、5 特性"的预制舱顶层设计理念，模块化设计方面将预制舱体标准化为 3

种尺寸，智能化配送系统通过 MES 系统信息共享与 AGV 转运配合准时将舱体、屏柜、地板配送至指定工位，实现物流智能化。引进人工智能技术，采用七轴机器人完成地板铺设和屏柜进舱。

5. 平台化服务质量管理

保自公司梳理标准调试、日常维护、异常处理、技术反措、主动维保 5 大场景服务需求，推出平台化服务质量管理模式，搭建标准流程制度、标准作业规范、标准信息系统三大平台，通过风险梳理和技能培训，坚持事前预防，通过服务标准化和监督体系，坚持事中控制，通过服务复盘总结建立问题经验库，坚持事后修正。

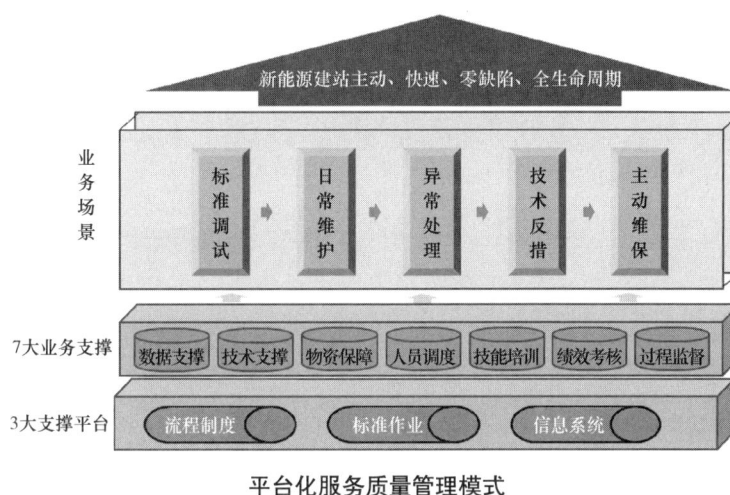

平台化服务质量管理模式

6. 快速化运行质量管理

保自公司通过智能化运营平台的大数据分析功能构建主动维保体系，全生命周期隐性质量问题提前预警、主动维保，应急型显性质量问题高效处理闭环消缺。

（三）五大质量改善引擎，推动质量问题全面整改

通过推广人才活水计划，激发质量问题整改动能；开展质量专项提升，打破质量整改畏难情绪；打造质量免疫系统，构建质量风险防控机制；引进先进管理工具，保证质量问题闭环整改。推动质量问题全面整改。

四、履责成效

保自公司投入 1073.2 万元，60 余人参与提升全流程质量管理创新活动，建立数字化 MES 系统信息管理平台，搭建 3 条自动化生产线。2020 年 1 月实施以来新能源电力项目实施周期平均缩短 6.6 天，2021 年实现新签销售合同额 19.89 亿元，营业收入 14.7 亿元，利润总额 0.75 亿元，回款 19.06 亿元，人均劳动生产率 28.11 万元。市场份额占比逐年增长，由 2020 年占比 5.67% 上升至 6.69%。并先后荣获南方电网"金点奖"、中国机械工业科学技术三等奖、河南省企业管理现代化创新成果二等奖等奖项，用户满意度逐年上升。

🗄 五、工作展望

　　全流程质量管控实施以后，在数字化运营平台支撑、六化一式生产调度、三条自动化产线联合发力下，质量管理效益将会稳步提升，新能源电力项目实施周期平均缩短 5 天。经过大数据统计分析、标准化六段过程控制、PDCA 专项提升，新能源装备年度故障量逐年降低，产品合格率逐渐提高。围绕新能源电力装置质量提升，为新型电力系统转型提供了有力的保障，支撑张北特高压工程零缺陷投运、为国网雄安新区建设、"数字南网"建设等重点项目贡献力量，随着智慧型质量管理体系的趋于成熟，质量信息 App 端智能接入系统、物资身份追溯系统、质量成本智能分析系统逐渐接入，智慧型质量体系将会发挥更广泛、更深入的应用。

全面提升科技创新能力，夯实高质量发展根基

广东电力发展股份有限公司

一、单位简介

广东电力发展股份有限公司（以下简称粤电力）成立于 1992 年 11 月，1993 年、1995 年分别发行并在深交所上市 A 股和 B 股，是广东省最早的股份制改制企业和中国首批电力上市公司之一，是广东省内最大的电力上市公司，也是广东能源集团境内发电资产的唯一上市平台。主要从事电力项目、新能源项目的投资、建设和经营管理，电力的生产和销售业务。自成立以来，粤电力一直坚持"取资于民，用资于电，惠之于众"的经营宗旨和"办电为主，多元发展"的经营方针，专注于电力主业，电源结构呈多元化发展，拥有大型燃煤发电、天然气发电、水力发电和新能源发电等多种能源项目，以先进的技术和管理为经济和社会的发展提供安全、环保的能源支撑。

二、案例背景

能源作为现代社会不可或缺的动力源，正面临着日益严重的环境和资源挑战。在这一背景下，能源创新成为推动未来可持续发展的关键。通过引入新技术、新材料和新理念，能源创新正引领着一场科技革命，为能源生产、转型和利用带来了全新的可能性。粤电力作为以火电为主的能源企业，在"碳达峰、碳中和"目标背景下更需要通过科技引领实现煤炭清洁高效利用以及可再生能源开发工作，从而助力"双碳"目标的实现。

三、实施路径

（一）加强创新管理

不断健全科技创新体制机制，制订《科技创新管理办法》《知识产权管理办法》等制度文件，持续推进科技创新管理制度化、规范化建设；全面推广研发工作"揭榜挂帅"机制，提升科技创新活力

（二）提升创新能力

不断加大科研费用投入，推进创新研发平台建设，加强科技创新人才的培养和引进，优化科技创新激励机制，打造科技创新人才队伍，整合科技创新资源，加强产学研用合作。2022 年，粤电力科技

研发总投入 14.19 亿元，承担国家级科研项目 2 项、省级科研项目 1 项。

1. 建设科研平台

持续推进各类研发平台机构建设。粤电力实现了管理单位研发机构全覆盖，并获评专精特新中小企业 1 家，高新技术企业 4 家，省级工程技术研究中心 6 家，市级工程技术中心 7 家。

其中省级工程技术研究中心分别为：广东省智慧低碳火力发电工程技术研究中心、广东省城市污水与污泥综合利用发电工程技术研究中心、广东省火力发电工程技术研究中心、广东省高效环保生物质发电工程技术研究开发中心、广东省燃气轮机发电工程技术研究中心、广东省绿色节能火力发电工程技术研究中心。

市级工程技术中心 7 家分别为：汕尾市企业研究开发中心、汕尾市电力能源研究院、湛江市高效环保生物质发电工程技术研究中心、中山市能源系统工程（中山热电）工程技术研究中心、云浮市绿色能源工程技术研究中心、云浮市热电联产工程技术研究中心、江门市天然气热电联产发电工程技术研究中心。

2. 组建科研队伍

加大专业技术人才引进力度，创新人才工作机制，结合内部培养，增强科研人员配置。修订《科技创新管理办法》，加大对科技人员的奖励力度，激发活力能力，2020—2022 年共颁发科技激励支出资金 420 万元，科技激励涉及人员 2993 人次。

截至 2022 年年底，粤电力拥有研发人员 2568 人，其中本科以上学历或中级以上职称人数 1851 人；拥有高级工程师及以上人才 1176 人，拥有高级技师 357 人，拥有技师 1882 人。

3. 产学研合作

粤电力与华中科技大学、中国科学院广州能源研究所、山东大学、浙江大学等科研院所联合申报国家重点研发计划《煤与生物质耦合发电技术》，与华中科技大学等单位联合申报开展的中国和丹麦政府间合作项目安全、灵活、高效的生物质直燃发电关键技术研究与应用，与广东能源集团研究院共同参与了广东省重点领域研发计划项目微藻减排生物质电厂烟气 CO_2 关键技术研究与示范。

煤与生物质耦合发电技术项目以形成符合中国国情和具有自主知识产权的煤与生物质直接耦合发电技术体系为目标，拟重点开展低能耗生物质预处理提质、受热面沾污特性在线监测、三维变空间强化传热、基于碳 14 检测的耦合燃烧状态定量分析等技术装备研发，并在 660 兆瓦燃煤机组上进行技术集成和工业验证。

安全、灵活、高效的生物质直燃发电关键技术研究与应用项目拟结合实验模拟等理论研究与技术装备研发，在突破生物质低温氧化机理、非球形颗粒气力动力学及燃烧模型、复合高分子脱硝剂的高温裂解与有效基团转化机理、喷涂材料对熔盐腐蚀行为的抑制机制等关键科学问题的基础上，形成以下五大关键技术与装备：生物质料堆非接触式温度 / 湿度实时检测方法与技术、生物质"悬浮 – 炉排"复合燃烧技术与工艺、生物质高效燃烧运行优化技术、生物质直燃炉内高效复合协同脱硝技术、生物质锅炉高效防腐喷涂技术。

微藻减排生物质电厂烟气二氧化碳关键技术研究与示范项目通过诱变驯化等先进技术手段，获得国际领先的、具有自主知识产权的适合大规模推广的耐受生物质电厂原始烟气二氧化碳及多种杂质的高效固碳藻株 1 株 ~ 2 株，丰富我国微藻种质资源库，为我国藻类基础和应用研究及产业化提供科技支撑。

（三）培育创新成果

粤电力切实扛起国企使命担当，以创新驱动发展为内核，紧紧聚焦科技自立自强，积极促进科技成果转化，以实际行动助力"双碳"目标早日实现。近五年新增授权实用新型专利 436 项，发明专利 26 项；获得省部级以上奖项 5 项，中国电力科学技术奖 4 项。

（四）深化数字转型

粤电力大力推动智慧电厂项目建设工作，以控股的惠州天然气发电公司为典型，坚持"需求导向、价值驱动、数据赋能"理念，遵循"总体规划、分步实施，安全经济上做加法，人员工作上做减法"原则，基于联合循环机组自主运维能力和"云大物移智"技术逐步构建"安全高效，卓越管控"的智慧型电厂，持续提升企业核心竞争力和探索电力数字化转型有效途径。

四、履责成效

科技创新是企业高质量发展的不竭动力。粤电力通过提高科研攻关能力，在安全生产、节能环保等发电核心技术上不断实现突破，为公司发展提供高质量的科技支撑，近年来共荣获 5 项省级科学技术奖。

"基于非杀生性化学工程的海水冷却系统生物污损控制""大型发电设备信息化智能化预警诊断技术""面向电力现货市场的火电机组快速调频关键控制技术研究与应用""面向深度节能和碳减排的电站锅炉智能经济运行关键技术"项目荣获广东省科学技术奖二等奖；"液态余压能量回收装置关键技术及应用"项目荣获河北省科学技术奖三等奖。

"基于非杀生性化学工程的海水冷却系统生物污损控制"项目通过自主创新，形成完整的海生物控制技术体系，一方面有利于打破国外技术垄断；另一方面，电厂相关技术人员通过参与研究开发，掌握关键技术要点，有效地提升了电厂对海生物污染控制的技术水平。

"大型发电设备信息化智能化预警诊断技术"项目针对粤西地区火力发电厂大型发电机组辅机运行的预警分析及安全控制实现的关键问题，研究了大型发电设备信息化智能化预警诊断技术，实现发电设备管理向全要素、全方位、全周期"数据驱动管理"的重大转变。

"面向深度节能和碳减排的电站锅炉智能经济运行关键技术"项目面对燃煤机组 AGC 快速调频面临负荷响应慢、负荷速率低、负荷调节精度不高、锅炉易超温超压等难题，项目组在国内率先开展了面向电力现货市场的火电机组快速调频关键技术攻关，取得原创性和系统性突破，通过快速变负荷技术控制优化，提高了机组综合调频性能和调频能力。项目成果目前已在全国范围内多家火力发电公司进行了推广和应用，获得了高额的调频收益，具有巨大的经济价值和社会价值。

"向深度节能和碳减排的电站锅炉智能经济运行关键技术"项目通过研发新型监测产品，解决入炉煤特性辨识、煤粉参数在线测量和飞灰含碳量监测的难题，并通过开发基于上述监测辨识数据的智能控制系统，实现监测与控制的一体化，可单独或集成应用于电站锅炉的深度节能和智慧电厂建设。

"液态余压能量回收装置关键技术及应用"项目提出了能量回收装置整套技术解决方案。主要内容包括液体余压能量回收装置的适用性和可行性分析、能量回收透平泵水力参数计算和结构设计、能量回收节能效益预测，以及能量回收工艺、控制策略和系统集成研究等。研究结果表明对单套脱盐水处理系统进行能量回收利用，可减少反渗透高压泵的能耗，实现系统的节能增效；透平增压泵能量回收效率为 60.3%，节能率为 40.9%；单套脱盐水处理系统能量回收改造费用约 80 万元，每年可节省电费 25.9 万元，投资回收期 3 年。

五、工作展望

未来，粤电力将坚持创新为魂，坚持面向世界科技前沿、面向能源行业重大需求、面向生产经营主战场、面向绿色低碳技术研发，聚焦行业科技前沿，聚焦公司重大战略和重大工程，聚焦安全环保、低碳绿色、智慧能源，全面提升公司科技创新能力，积极响应国家能源行业转型战略，夯实公司高质量发展根基。

弘扬"老兵精神"，践行社会责任

沧州热力有限公司

一、单位简介

沧州热力有限公司（以下简称"沧州热力"）成立于 2007 年，是华润电力沧州公司的全资子公司，现有正式员工 166 人，党员 90 名，其中复转军人 58 名，占党员总数的 64%。沧州热力目前承担沧州市 505 座换热站、1100 个小区与企事业单位约 26 万用户的供热任务，总供热在网面积达 3200 万米^2，是国内人均供热面积最大的供热企业。

二、案例背景

2008—2012 年是沧州热力飞速发展的几年，供暖面积成倍增加，但员工人数增加有限，每位员工承担的任务非常繁重，很多同志连续 20 多天中午不回家，工作到夜里 2、3 点钟是平常事，公司领导和分区班长们每天随身携带 3 块手机电池，接打 200 多个电话。有的共产党员、复转军人员工连续 4 昼夜奋战在沧运宿舍换热站投运现场，吃住在换热站，以方便面和自来水充饥，直到换热站投运成功。人员不足和不断提升供热服务质量的矛盾逐渐凸显。

三、实施路径

集中供热工作涉及民生，事关和谐稳定，责任重大。沧州热力历年承接各种突发、急难险重的任务有很多，如：老旧小区管网改造工程、三供一业改造工程、燃煤替代工程等，稍一不慎不能按期保质供暖，就会引发社会舆情，造成不良影响。面对压力，他们默默付出，克服许多难以想象的困难，完成了一个又一个不可能完成的任务。能够完成这些艰巨任务，政府部门、上级党委对民生工程重视程度高是一个方面，另一方面与热力员工非凡的努力是分不开的，是高度正相关的。沧州热力党支部发现，一是沧州热力公司党员、复转军人、党员复转军人在员工中占比非常高；二是在工作中能吃苦，敢担当，执行力强的员工大部分都是复转军人和党员，他们充满了正能量，为社会服务的责任意识强；他们服从指挥，执行力强，富于自我牺牲精神，遇到困难豁得出去；他们心齐，互助，团队意识强，能吃苦，敢打敢拼，直奔目标。

沧州热力党支部发现这个群体的特质后，经与上级党委多次研讨，最终达成了共识，认为以党建为引领，把复转军人团结在支部周围，创立"老兵精神"，通过精心的培育，一定可以发挥巨大的能量。明确了目标和方向，党支部先后制定和实施了一系列举措，在沧州热力逐渐形成拼搏奉献、积极向上、服务至上的团队风气与整体氛围。

一是树立"老兵精神"根本宗旨。确定以"听党指挥，本领高强；甘心为民，温暖一方"为根本宗旨，即切实做到时刻听从党的召唤，闻令而动、不畏艰险；忠于职守，善作善为；攻坚克难，敢于胜利。切实做到具备处理复杂问题的资源储备、知识技能、工作技巧；关键时刻拿得出、用得上、效果好。切实做到牢记党的初心和使命，时刻关心人民群众根本利益。切实做到打造完备的党和政府靠得住、人民群众信得过、服务品牌叫得响的供暖服务保障体系。

二是形成"老兵精神"价值追求。沧州热力党支部在实践中总结出"老兵精神"的价值追求，即"初心不改意志弥坚，急难险重冲锋在前，为民服务排忧解难，无怨无悔甘于奉献。"价值追求的形成，为广大员工提供了"精神图腾"，激励大家始终走在干事创业、甘于奉献的前线。

三是锤炼"老兵精神"内在素养。党性修养需要在日常锤炼，结合平时工作的点滴，沧州热力党支部锤炼"老兵精神"内在素养，即"胜心勇为，凝心善为，匠心巧为，爱心恒为"。通过强化担当，锤炼内心，突出团队协作，推动创新创造、鼓励爱心奉献、平凡积累，良好的工作、学习、生活习惯蔚然成风，引领广大员工进一步提升自我、服务大众。

四是确立"老兵精神"工作态度。态度决定一切，为进一步推动公司发展、收获认同，沧州热力确立了"有令必行，有诉必应，有难必帮，有患必除"的工作态度要求，号召广大员工以"老兵精神"为引领，以用户为先、以公司为先，切实在保安全的前提下，做好供热服务。

五是明确"老兵精神"发展方向。为推动企业经营可持续发展，沧州热力明确了"服务流程标准化、运营管理智能化、社会履责制度化、公司商誉品牌化"的发展方向，有方向，有目标，才得以精准提高服务质量，强化企业在市场上的竞争能力，从而形成企业自身所特有的竞争优势。

四、履责成效

持续开展"热力党员老兵志愿服务进社区"等特色党建活动，深入居民小区为新入网小区客户提供送热力卡上门等便民服务，走访宣传，发放用热小常识，现场解决小区用户的各种供热问题；春节期间开展老旧小区"访民问暖送祝福"活动，为用户送上新春的祝福，重点关注供暖区域内参加革命的老干部、孤老残疾人群的用暖情况，积极践行社会责任，有效提高了社会影响力。近年来，沧州热力以服务民生为基准点，持续深化"老兵精神"党建品牌，着力提高党建工作水平，先后获得河北省、沧州市、华润集团、华润电力等授予的各项荣誉 30 余项，代表性的有华润集团先进基层党组织、华润集团"五好"基层示范党支部；华润电力控股先进基层党组织、五好达标党支部；华润电力华北大区先进基层党组织；沧州市思想政治工作先进单位、国资委先进基层党组织、"标准化党支部"、中国城镇供热行业"热力先锋"集体等称号。相关事迹被"学习强国"《国防时报》《人民教育在线》《百姓中国周刊》《中国电力新闻网》《华润杂志》及多个省市电视台等媒体先后报道，其中 2022—2023 年热力老兵们为群众热力保供的身影连续两年被中央电视台"焦点访谈"和"晚间新闻"栏目报道。

五、工作展望

　　热力关乎百姓冷暖，沧州热力今后将继续坚持以人为本，践行以人民为中心的发展理念，要把改善民生、提升民生福祉的社会责任落在实处。认真做事，踏实做人，了解群众所想、所期、所盼，勇于担当，狠抓落实。用踏实行动服务好人民群众，用温暖与光亮打通为民服务最后一公里。"金杯银杯不如老百姓的口碑"，真心实意地去解决人民群众的困难和问题，在平凡岗位上刻骨钻研奋发有为，就是为实现第二个百年奋斗目标贡献力量。

治理实践

"七步法"强化上市公司治理

华能澜沧江水电股份有限公司

一、单位简介

华能澜沧江水电股份有限公司是由中国华能集团有限公司控股和管理的大型流域水电企业，装机容量超 2400 万千瓦，资产规模超 1600 亿元，资产负债率、盈利能力等指标保持行业领先，是一家集水、风、光等清洁能源领域的上市公司，已成为云南装机规模第一、中国第二、澜沧江—湄公河次区域最大的清洁电力运营商，于 2017 年 12 月在上海证券交易所成功上市。在规范治理的保障下，秉承建设世界一流绿色现代化电力企业的目标，相继建成小湾、糯扎渡、黄登等具有国际里程碑意义的大型水电工程 13 座，创造出国内最高碾压混凝土重力坝、亚洲最高黏土心墙堆石坝、全球第一座 300 米级混凝土特高拱坝、世界首座水力式升船机等多个"中国第一""世界第一"，推动世界水电行业技术进步，引领世界坝工领域发展，在打造世界原创技术策源地、水电产业链"链长"中取得了显著成效，为国家构建清洁低碳、安全高效的能源体系做出了积极贡献。

二、案例背景

作为国有企业多年来形成了符合国资监管要求的管理机制，上市公司在公司治理、信息披露等方面面临着更加严格的监管要求，上市公司和国有企业两套监管体系并不完全相同，各有独特之处。在公司谋划上市之初，就围绕着建立符合国有企业管理实际的上市公司治理体系、打造一流上市公司这一目标开展了研究与探索，重点围绕如何实现坚持党的领导与上市公司治理的有机统一、如何构建上市公司治理结构促进公司规范运营、如何树立公司在资本市场的良好品牌形象、如何创造更好经营业绩为投资者创造丰厚的回报、如何体现上市公司治理成效履行更大的社会责任等重点问题入手，走出了一条上市公司治理与国有企业监管相结合的"七步法"路子，有效保障了公司规范运作，切实履行了国有控股上市公司的政治责任、经济责任、社会责任。

三、实施路径

（一）加强顶层设计，党的领导深度融入公司治理

公司牢牢把握国有企业定位，深入践行习近平总书记"两个一以贯之"重要论述，坚持将党的领导融入公司治理各个环节，全面落实"四个同步""四个对接"，充分发挥党组织在公司治理体系中"把方向、管大局、保落实"的领导核心作用，将党建工作要求纳入公司及所属子企业的章程。进一步巩固"双向进入、交叉任职"的领导体制，推动党建责任制落实与生产经营改革发展同向发力、深度融合，实现加强党的领导和完善公司治理的有机统一，为推动公司治理体系和治理能力现代化提供坚强政治保证，实现从"管理"到"治理"的转变。

（二）强化系统布局，"四会一层"治理结构有效运行

公司建立党委会前置审议、股东大会和董事会按权限决策、监事会监督、经理层执行的"四会一层"治理结构，制定各治理主体《议事规则》，形成了所有权、决策权、监督权、经营权之间权责分明、各司其职、相互促进、协调发展的运行机制。加强董事会建设，董事会下设战略与决策、薪酬与考核、提名、审计4个专业委员会，引入5名外部独立董事，外部董事占比达80%。创建独立董事宽松就职氛围和信息获取渠道。建立实施董事会向经理层授权及经理层向董事会报告机制。构建以公司章程为基础，囊括15类386项制度的中国特色现代企业制度体系。加大制度执行力度，持续推动制度优势转化为治理效能。

（三）规范上市管理，公司治理品牌效应明显提升

坚决贯彻落实《国务院关于进一步提高上市公司质量的意见》，严格遵守上市监管要求，及时、真实、准确、完整地履行信息披露义务，不断提高上市公司治理水平。加强"三会"管理，推动上市公司独立经营，股东大会、董事会、监事会、经理层依法合规运作，董事、监事和高级管理人员忠实勤勉履职，独立董事、监事会作用充分发挥。高度重视投资者关系管理工作，建立公司与投资者良好沟通机制，健全机构投资者参与公司治理的渠道和方式，确保资本市场与公司信息互通。

（四）优化要素体系，流域综合管理模式持续升级

通过多年实践，建立起适应流域开发、资源配置优良、可持续发展的科学管理体系。以"小业主、大监理""设计是龙头"的管理思路优化项目管理，以"大公司、小电厂、远程集控、无人值班（少人值守）、运维合一"的管理模式强化生产管理。推进"一级法人、分级管理"的管理机制，加强集约化管理。实施本部机构改革，全力打造功能强能力强、工作标准高工作效率高的"两强""两高"一流本部，本部部门、定员人数分别精简38%、23%。优化资源配置，成立财务、信息等共享管理中心，将标准操作服务整合为集中服务模式，加快打造智能化、平台化工作体系。

（五）完善监督体系，构筑公司治理依法合规屏障

坚持底线思维，加强对治理体系运转的监督，把风险防控转化为治理保障。加强合规管理，梳理建立 13 个合规风险库，明确底线清单，编制《合规手册》，制订重大决策、合同、制度 3 个合规审查专项指引。夯实风险和内控管理，完善风险清单及风险防范措施，做好内控体系动态调整，新增新能源和境外项目内控流程，体系覆盖 331 个业务流程、483 个控制点，强化内控测评实效，抓好缺陷整改。充分发挥纪检党内监督、审计专业监督、本部部门职能监督等多途径监督作用，高质量开展巡视巡察、重点领域监督、专项监督、"关键少数"监督，推进各类监督贯通联动、有效协同。

（六）突出文化引领，治理价值理念达成广泛共识

坚持将企业文化建设作为公司治理的软实力，推动股东价值趋向统一。以华能"三色"文化为根本遵循，以"客户"价值为导向，确立"高起点、敢创新、严管理、重效益"的管理理念、"以奋斗者为本、以奋斗者为荣"的人才理念，形成既有共通性又有独特性的企业文化体系。以企业文化提升公司治理水平，推动企业跨越式发展，完成从项目公司到流域公司的转变。围绕利益相关方，构建"大治理"格局，实施"直过民族""挂包帮"、西藏"强基惠民""百千万工程"四大板块扶贫援助任务，践行"建设一座电站、带动一方经济、保护一片环境、造福一方百姓、共建一方和谐"，彰显现代治理模式下资源配置的有效性。

（七）推进信息赋能，数字转型助力治理能力跃升

全面推进数字化和智慧化建设与应用，大力提升公司业务管理效率和水平，为公司治理体系和治理能力现代化提供加速引擎。推进云平台、数据治理、数据中心、网络安全等核心技术保障能力的建设，构建先进的智能基础设施。推进绿色智能建造、智慧电厂、智慧供应链、工业互联网、综合业务管理等项目，完成业务管理、企业结构优化调整和转型升级。启动互联网时代的智慧企业建设，强化企业内外部环境全面态势感知能力，以新型智慧企业管理模式构筑激励、控制、协调、监督一体化全链条治理体系，锻造一流的企业智慧管理能力。

四、履责成效

一是规模实力显著增强。装机容量超过 2400 万千瓦，日发电量突破 5 亿千瓦·时大关，年发电量超过千亿千瓦·时，资产总额超 1600 亿元，股东权益近 700 亿元。业绩呈跨越式发展，公司市值增长超过 3 倍达 1335 亿元。打造了小湾、黄登等荣获国优金奖、国际里程碑奖的世界级大坝工程，以及世界首创中国原创的景洪升船机、水电四大核心国产化系统等重大成果，公司竞争力显著增强。

二是企业活力得到释放。全面推行经理层任期制和契约化管理，签约率 100%。全员劳动生产率超 700 万元 / 人，中高级职称、技能人才占比超过 60%。推动薪酬分配向突出贡献单位、基层一线岗位大幅倾斜，员工参与"三大基地"建设的热情高涨。

三是经营水平持续提升。顶住"水枯煤缺"发电能力减少近百亿千瓦·时、长协限制电价增长等压力，全力统筹水火风光协同增发，发电量连续三年突破千亿千瓦·时，日发电量创历史新高，汛期中上游六厂连续满发。电量增速跑赢大盘 2.5 个百分点，利用小时超统调 120 小时。全国首创发电侧带曲线邀请报价模式，助推全省市场价格同比提高 1.8 分。

四是核心技术攻关突破。围绕国家重点科技项目、华能十大科技示范项目，有效发挥国家能源研发中心等科创平台作用，在高海拔水电建设、大坝安全管理等方面强化技术攻关。国内单机容量（700兆瓦）最大的全国产水电计算机监控系统研发成功，首次采用 AGC/AVC 独立装置，并在国内水电行业工控领域首次成功应用全球通用标准 IEC-61850 通信协议，为我国水电计算机监控系统国产化推广应用提供了"华能样板"。

五是获得多项重大表彰。获国资委"国有企业公司治理示范企业"称号，连续五年获上交所信息披露工作评价为 A（优秀），连续多年获集团公司 A 级评级，并获优秀表彰奖励。"突破世界技术难题的流域梯级水电工程项目建设与运营管理"获全国企业管理现代化创新成果一等奖；"全流域开发保护工程建设管理"入选国资委管理提升标杆项目。澜沧江公司成功入选国资委创建世界一流专精特新示范企业、华能集团创一流示范引领试点单位、云南省重点产业领军企业。

五、工作展望

下一步，澜沧江公司将持续深化"七步法"公司治理路径，紧盯创建世界一流现代化绿色电力企业目标，实现国有企业管理与上市公司治理的有机结合，持续深化治理完善、经营合规、管理规范、守法诚信，紧紧围绕公司"两步走"战略安排、"123"战略定位，全力实现公司"469"中长期发展战略目标、"十四五""4131"目标，全面履行政治责任、经济责任、社会责任，为股东创造更加丰厚的投资回报，为国家经济社会发展提供更加安全可靠的绿色电力支撑。

争创"5A"级海上风电场——海上风电数字化、智能化运维的实践和探索

大唐国信滨海海上风力发电有限公司

一、单位简介

大唐国信滨海海上风力发电有限公司于 2011 年 12 月 15 日在盐城市注册成立。滨海风电场主体工程于 2018 年 7 月 30 日开工建设；2019 年 1 月 4 日，首台风机并网发电；2019 年 12 月 25 日，96 台风机全部并网发电；2020 年 7 月 15 日，通过 240 小时试运行正式投产。滨海海上风电项目位于盐城市滨海县近海海域，90 米高度年平均风速 7.3 米 / 秒，风电场规划范围呈梯形，涉海面积 48 千米²，中间位置离海岸线直线距离 21 千米。海水深度 17 米～22 米。总装机容量 301.8 兆瓦，共安装 46 台单机容量为 3.3 兆瓦、叶轮直径 140 米的金风直驱风力发电机组和 50 台单机容量 3.0 兆瓦、叶轮直径 135 米的明阳半直驱风力发电机组，通过 12 条 35 千伏集电线路送至海上升压站，海上升压站安装两台主变压器，将 35 千伏电压升至 220 千伏电压经 3 条单芯光电复合缆输送至陆上集控中心开关站，再以 1 回 220 千伏架空线路接入电网。

二、案例背景

为落实国家"双碳"目标，构建以清洁低碳能源为主体能源供应体系，新能源业务快速迅猛发展，为大型能源电力企业带来新的技术与管理挑战。

一是科技发展方面，互联网技术、大数据分析、智慧运行管理、智慧检修安全、智慧新能源发电等多重措施，有效提升了发电企业的核心竞争力，持续推动着电力行业的智慧化进程。

二是政策支持方面，《"十四五"现代能源体系规划》提出要"推动场站智能运行、作业机器人代替、大数据辅助决策等技术应用，推进电站数字化与无人化管理，开展新一代调度自动化系统示范"。

三是场站管理方面，风电场设备管理对象点多、面广、线长，难以实现对海量设备的实时监测和精准管控。现场缺乏多学科和全寿命周期分析工具，难以对机组设备事故隐患全面掌握，进行事故根本原因分析。同时海上风电可达性差、工作环境恶劣、运维成本高。

三、实施路径

滨海海上风电是大唐集团公司首个海上智慧风电场建设示范项目，该项目基于海上风电台风、海

浪、海冰以及撞击等恶劣特殊环境，人员、设备和船只在海上作业危险性高等问题，通过研究智能传感、人工智能技术代替人工现场安保、巡视、远程操作等实现海上风电数字化、智能化，从而进行机组和数据的深入研究。根据项目状况公司创建 1+5+N 的建设体系，即：**1 个智能运检全场景三维数字化平台、5 个智能化系统服务、N 个智能应用建设思路。**

5 个智能化系统服务包括：

（1）海上风电机组整机结构安全监测系统。

（2）海上升压站输变电设备状态智能监测系统。

（3）海上风电自组网络传输系统。

（4）海空一体化自动巡检系统。

（5）海洋环境下风电机组健康管理关键技术研究与应用系统。

N 个智能应用建设思路如下：

状态监测，汇聚传感器、机器人、业务系统等多源数据，实现一套平台查看设备的多维数据，掌握设备的实时运行动态。

自动巡检，利用物联感知终端、机器人、监控等手段，实现站内设备的自动巡检，提高巡检效率、降低人工成本、提高巡检质量。

主动预警，基于设备缺陷报告、检修记录、运行工况等历史数据，建立设备故障预测模型，采用人工智能算法，反映故障发生规律，实现对故障的预测。

检修决策，利用人工智能算法及知识图谱，自动分析故障原因，定位故障位置，并通过专家经验模型推荐的处置建议和历史相似案例，辅助检修，提升检修效率。

智能联动，系统与主辅设备监控系统形成告警联动，实现当主辅设备监控系统发出告警时，系统可根据预配置的巡视任务对相应的告警场景形成联动任务。

作业管控，通过智能设备，结合作业违章分析算法，实现作业管控的数字化、智能化和专业化，同时提高作业质量，确保人员安全。

设备管理，实现设备全生命周期管理以及各项相关管控流程标准化、数字化和智能化，实现精细化管理，降本增效。

四、履责成效

一是海上风电机组整机结构安全监测，研究风电机组整机结构的远程监测及故障预警系统，通过在线监测和数据分析，揭示和掌握关键部件的劣化机制，有效发现叶轮、塔筒、基础的故障隐患，预测整机结构疲劳寿命，为风机控制策略优化提供载荷依据和验证优化控制效果。开展在役风电机组结构健康评估，对故障分析、安全预警提供技术支持，减少风机故障停机时间和次数，提高经济效益。

二是海上升压站输变电设备状态智能监测系统，使运行值班人员可及时监测升压站内情况并进行数据收集，通过在蓄电池室、水泵房、低压、应急配电室、1、2 号开关室、GIS 室、1、2 号主变室 9 个房间加装红外热成像仪、仪表摄像机、拾音器、微正压传感器、温湿度传感器等设置 3000 余个预置位实现对仪表、设备状态、油位等参数的实时监测和智能录入，在继电保护室增设轮式机器人实现对设备仪表的移动式巡检。实现站内图像监控、告警管理、视频采集、红外测温、音频采集、音视频远传等，并实现对火灾的早期预警与处置，保障升压站内设备的稳定安全运行。

三是海上风电自组网络传输系统，融合无线自组网和传输技术，采用无中心、分布式网络架构，支持随机网络拓扑、动态组网、多跳中继。同时增加了船载及单兵网络信号接入设备，在自组网信号覆盖区域范围内实现网络设备的接入。通过构建无线自组网络的方式探究一种新的海上风电信息传输技术的可行性，随着技术的发展，可替代光纤传输方式。

四是海空一体化自动巡检系统，开展无人机海上风电定检技术的研究，开发适合海上应用的无人机定检系统，研究自动飞行定检、自动起降、电子避障防撞、远程通信控制，实现对海上风电机组叶片、塔筒、海上升压站、海事的移动监控和小型备件的临时送达。

五是三维数字化风电场系统，基于三维技术，结合相关设备的实时数据，实现海上风电场重要设备可视化、三维化、在线化，将故障、报警信息等通过系统平台，直观、高效地展现给运行人员，实现运维任务的路径规划和耗时估算。系统采集了风电场发电设备的全量数据，包括风机、升压站、主辅控设备等的全部运行数据，利用大数据技术对各种运行数据进行分析、处理，为决策优化、运维管理、分析预测提供支撑，实现了风电资产的全数字化。

六是故障预警系统可以提前预判故障，提前介入，可以减少设备损失电量，提升发电能力。将故障预警与故障管理相结合，致力于提高故障发生前的预判及故障发生后的处理能力。同时为每一台生产设备建立各自专属的故障历史档案，通过深度神经网络算法，利用大数据环境下强大的机器学习能力，可自动收集和学习每台设备的故障产生模式进而提高系统的预警处理水平并逐步完善企业的故障知识库体系，进而实现提前预警功能。

该项目应用后有效提升了公司的管控水平，为公司带来了良好的经济效益和社会效益。

一是经济效益方面：通过风机监测预警并影响相关的控制策略优化，设备的故障预警和评估，有效提高风机设备的可利用率，降低了成本。通过测算，全场发电量可提高 0.5%，按照年发电量 10 亿度计算，每年可增加收入 425 万元。通过运用故障预警、健康管理等技术，提前预知设备故障，进而优化设备维护策略；经系统性测算和折算，降低机组维护费用约 10%，按每台机组 3 万元/年的维护费用测算，每年可节省维护费用约 18 万元，滨海海上风电项目共 96 台风机，目前有 6 台示范机组。运用无人机和水下监测设备，实现海上风电机组和升压站的无人化自动巡检，可减少人员出海次数和巡检次数，按照每次每人 0.05 万元成本核算，每年出海 100 次，运维人员 10 人，每年可节省人工费用 50 万元。通过运用知识智库、故障诊断、劣化分析等技术和方法，提前预判大部件潜在故障，有效降低大部件维修频次和范围。经测算可减少大部件维修 2 次/年～3 次/年，按照每次大部件检修费用 100 万元核算，每年可节省检修费用 300 万元。

二是社会效益方面：海上风电数字化、智能化的建设，不仅提升公司在海上风电运营的管理水平，实现精细化的管理、降本增效，也可以助力于企业实现数字化的转型。

三是管理效益方面：利用数字化、智能化的手段提升整个生产运营的规范化、精细化的管理水平。

四是安全效益方面：通过对人员、船舶的安全管理，从海上升压站的智能安全，无人机的巡检减少人员出海的次数，预计每年减少人员出海次数大概 20 次左右，降低现场发生事故的概率，保证了人员的安全。

五、工作展望

通过海上风电数字化、智能化的实践和探索，提升公司生产管理水平和智能化程度，推动"区域集控、无人值班、少人值守、运维一体化、检修专业化"的生产管控模式，实现设备精细化管理，提升公司的管控职责和能力。

飞行巡检无人机

无人机拍照的图片

该设备是飞行巡检无人机，机翼长 3.4 米，续航时间 280 分钟，起降抗风等级 6 级，巡航抗风等级 8 级，最大控制距离 100 千米，最大载重 5.5 千克，最大航速 70 千米 / 小时。

三维智慧可视化平台

三维化

该系统为三维智慧可视化平台结合相关设备的实时数据，实现海上风电场重要设备可视化、三维化、在线化，将本研究中涉及的监测（风电机组整机结构安全监测系统数据、海上升压站输变电设备状态智能监测数据、海空一体自动巡检数据）结果、故障、报警信息等通过系统平台的集成，消除了各子系统之间的信息孤岛，直观、高效地展现给维管工作人员，为维管人员的工作提供精准指导。

构建华能水电特色 ESG 体系，助力企业实现高质量发展

华能澜沧江水电股份有限公司

一、单位简介

华能澜沧江水电股份有限公司是由中国华能集团有限公司控股和管理的大型流域水电企业，是培育云南省水电支柱产业和实施"西电东送""云电外送""藏电外送"的核心龙头企业。主要从事澜沧江流域及周边地区水电、太阳能光伏、风电等清洁能源建设运营。建成 13 座具有里程碑意义的世界级水电站，先后获国际里程碑工程奖、国家优质工程金奖、詹天佑奖和菲迪克奖。建造的 4 个光伏项目成为云南首例水光多能互补先行示范。拥有大型水电工程建设、大规模水电站集群运营管理和水风光多能互补基地开发的丰富经验。坚定不移实施"走出去"战略，主动融入澜湄区域能源大通道和统一电力市场建设，积极参与周边国家清洁能源开发。截至 2022 年年底，公司装机容量 2356.38 万千瓦，年发电量超千亿千瓦·时，均占云南省 1/3，在建、筹建、前期装机规模超过 2000 万千瓦，资产总额 1629 亿元，成为云南打造绿色经济强省的骨干企业、澜沧江——湄公河次区域重要清洁电力运营商。

二、案例背景

ESG 是构建企业与社会和谐关系的基本理念，企业推进 ESG 工作是企业发展和社会发展的根本需要，良好的 ESG 管理已成为企业提高核心竞争力的有效途径和有力手段。国务院国资委一直以来高度重视中央企业 ESG 管理工作，2022 年，国资委印发《提高央企控股上市公司质量工作方案》，要求中央企业控股上市公司完善治理和规范运作，贯彻落实新发展理念，探索建立健全 ESG 体系。

华能澜沧江水电股份有限公司作为中国华能集团所属 A 股上市公司，为全面落实国务院国资委对企业 ESG 工作的相关部署，加快创建世界一流现代化绿色电力企业，持续提升企业管理能力和管理水平，由公司征地移民与社会责任部牵头联合外部专业 ESG 咨询机构成立专项课题组，共同开展"构建华能水电特色 ESG（环境、社会与企业管治）体系"研究项目，助力公司实现高质量、可持续发展。

三、实施路径

（一）对标研究

课题组采用对标分析法，对标世界一流企业 ESG 模型和指标体系及国内、国际 ESG 主流标准，分

析列举世界一流企业的优秀 ESG 管理实践案例，编制《ESG 政策对标分析报告》和《企业 ESG 对标分析报告》，为后期研究具有自身企业特色的 ESG 体系奠定坚实的理论基础。

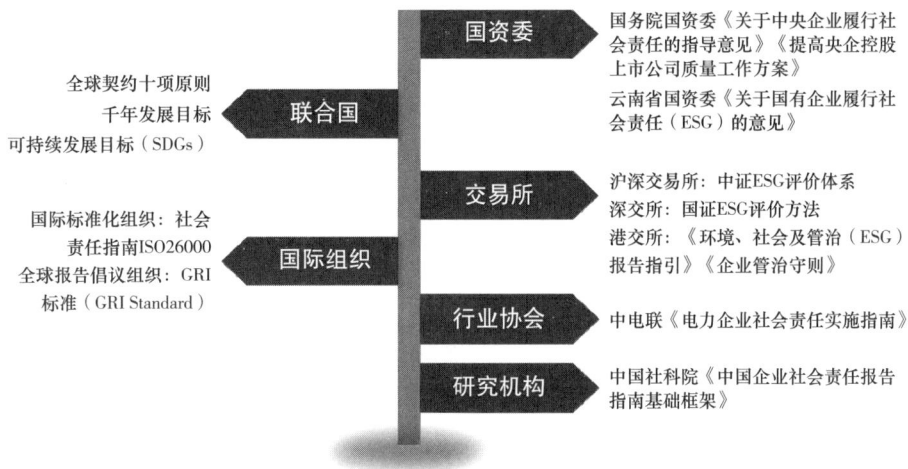

企业 ESG 管理实践案例对标主要结论

主要对标的 ESG 相关政策列表

企业	履责特点	可借鉴经验
法电集团	• 积极响应全球倡议 • 设立多个负责企业社会责任集体相关事务的组织机构 • 不断细化责任议题，将责任实践做实做细 • 颁布《EDF 企业道德守则》，牢固树立企业责任文化 • 重视利益相关方，对话机制完善	• 与业务结合，制定健全的 ESG 指标体系，将其融入企业经营活动的各个环节，开展 ESG 的全生命周期管理
意电公司	• 强化治理结构，健全内部管理 • 重视社会责任绩效体系建设，尤其关注环境绩效 • 建立完善报告发布、监测和倾听、投诉等沟通机制	• 紧跟国家政策要求及时代发展热点，每年对核心议题进行相关调查研究及时调整企业履责方向 • 发布环境及乡村振兴专项报告，回应利益相关方关注重点
华润集团	• 使命引领性社会责任管理模式 • 构建系统覆盖的社会责任管理指标体系 • 社会责任工作全生命周期管理 • 设立社会责任考核评优体系，正向激励形成责任文化 • 希望小镇品牌公益项目，提升企业责任形象	• 建立融合行业特色和企业特点的管理模型、指标体系 • 发挥 ESG 报告编制对 ESG 管理工作的促进作用 • 开展 ESG 考核评优，激发全体员工责任意识 • 将公益与业务结合起来，建立高层参与机制，打造公益明星品牌，提升责任影响力
国家电网	• 确立了全面社会责任管理模型 • 注重社会责任理论研究，为责任实践提供方法论 • 组织实施社会责任根植项目，推动责任融合 • 细化责任披露工作，重视环境专项披露	• 重视 ESG 研究能力建设 • 将信息披露工作做得更加专业详尽 • 将 ESG 理念与管理方法根植到公司特定工作或业务中，从而解决企业或利益相关方面临的问题
中铝集团	• 建立负面清单，把住责任底线 • 责任归口，提升所有职能部门与下属企业的参与度	• 建立负面指标清单，调动内部参与度，为责任管理奠定发展基石
中国电建	• 建立有效的志愿服务组织体系 • 根据自身产业优势，结合所在国情，创新开展志愿服务，打造品牌项目	• 从根本入手，做好公益管理 • 充分考虑所在国或者所在地的文化习俗，注重文化融合 • 倾听社区相关方的诉求与心声，实现与当地社区的融合 • 组建志愿者团队，打造成熟的志愿服务品牌 • 做好品牌传播，提升责任影响力

（二）现状分析

课题组统筹开展公司 ESG 工作现状"摸底"，采用问卷调查与数据分析相结合的方式，从 ESG 工作顶层设计、纵深融合以及品牌传播三个方面对公司 ESG 主管部门及相关职能部门开展"普查"，编制形成《公司 ESG 水平现状分析报告》。

本次填报工作发出针对公司ESG管理工作及ESG实践现状的两类问卷，其中ESG工作主管部门填报两种问卷，其他相关职能部门则只填报工作现状调研问卷，共计回收问卷21份，均为有效问卷，涉及到所有职能部门共20个。

在ESG实践方面，充分调动起各职能部门的积极性，明确了各自负责的工作内容，并为之开展了卓有成效的工作，取得了一批具有企业特色的责任成果。

➤ **ESG实践全面，议题覆盖率100%**

➤ **履责水平相对较高，典型案例经验丰富**

➤ **责任归属有待细化，指标划分欠规范**

➤ **ESG对标不够充分，指标披露存在缺失**

相对ESG实践而言，华能澜沧江公司的ESG管理则存在较大提升空间，在ESG管理顶层设计、ESG纵深融合、ESG品牌传播的层面均存在较为明显的工作缺失。

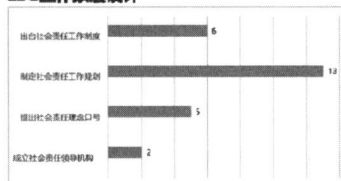
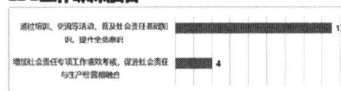

公司 ESG 水平现状分析主要结论

（三）成果输出

课题组综合梳理《ESG 政策对标分析报告》《企业 ESG 对标分析报告》和《公司 ESG 水平现状分析报告》等前期阶段性成果，经过提炼与创新，构建适用于公司实际运营情况的 ESG 模型及配套的指标体系，编制形成《"华能水电特色 ESG（环境、社会与企业管治）体系"研究报告》。

（四）专家评审

课题组组织召开专家评审会，邀请来自政府、高校、企业、研究机构等专业领域专家学者参与。课题组广泛听取并吸收专家意见，对《"华能水电特色 ESG（环境、社会与企业管治）体系"研究报告》进行修改完善，提升研究成果的可操作性、可持续性，为后期进一步应用推广做好铺垫工作。

四、履责成效

（一）公司 ESG 模型

本模型充分考虑公司作为中央企业、上市公司以及所属电力行业的三重属性，将传统企业社会责任与 ESG 的内涵进行有机融合，创造性地提出了 ESG 责任价值（ESG+V）模型，即在 ESG 原本环境、社会、企业管治三重维度的基础上，加入主业价值 ESG 领域，既涵盖了 ESG 的各项工作内容，充分响应资本市场对于上市公司的各项要求；又兼顾了公司作为中央企业、所属电力行业对于国家、行业和人民的责任与贡献。

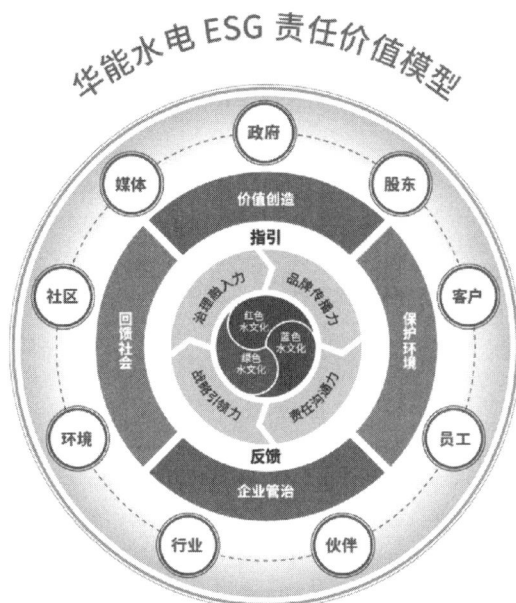

ESG 责任价值（ESG+V）模型

ESG 责任价值（ESG+V）模型分核心、内、中、外四个圈层，核心层为企业文化层，内圈层为 ESG 管理层、中间层代为 ESG 实践层、外圈层为 ESG 相关方层，寓意公司在"三色"水文化的引领下，不断加强 ESG 顶层设计，以 ESG 管理为中心，积极开展 ESG 实践，同时时刻保持与利益相关方的密切沟通，形成多层次、多维度的 ESG 工作机制。

● **企业文化层（核心层）**：包括企业信仰、企业愿景、战略目标、企业使命、企业核心价值观、社会责任理念等内容，体现公司的价值追求和精神境界。

● **ESG 管理层（内圈层）**：整个模型的核心统领部分，也可独立作为"四力·循环 ESG 管理模型"指导公司 ESG 管理专项工作的开展。以战略引领力为起点，与治理融入力、品牌传播力、责任沟通力合成"四力"（四大 ESG 管理议题），其中战略引领力、治理融入力为公司内部工作，品牌传播力、责任沟通力为公司外部工作，内部指引外部，外部向内部反馈，形成"四力"循环管理模式。

● **ESG 实践层（中间层）**：以环境（E）、社会（S）、企业管治（G）三重维度为基础架构，创新增加主业价值（V）维度，形成"保护环境、回馈社会、企业管治、价值创造"四大实践领域。在四大实践领域之下设置 ESG 议题层，暂列环绿色生产、员工责任、董事会管理、稳健经营等十三大 ESG 实践议题，在应用中紧跟政策倾向、公众关注等外部环境变化，适时动态调整更新实践议题，形成与时俱进的 ESG 工作机制，确保工作开展保持领域内先进水平。

● **ESG 相关方层（外圈层）**：包含政府、股东、客户、员工等九大利益相关方，与公司 ESG 管理和实践融合形成良性履责生态圈，共同推进企业可持续发展。

（二）公司 ESG 指标体系

本指标体系立足于公司中央企业、上市公司以及所属电力行业的三重特性，基于公司 ESG 责任价值（ESG+V）模型，广泛参考 GRI、ISO26000、港交所及上交所等国内外主流 ESG 指引内容，构建出一套完整的指标体系。该指标体系架构与 ESG 责任价值（ESG+V）模型配套，分为 ESG 管理（A）、保护环境（E）、回馈社会（S）、企业管治（G）、价值创造（V）五大领域，涵盖 17 项 ESG 议题、95 个具体指标。

ESG 领域	ESG 议题	ESG 指标
ESG 管理（A）	A1 战略引领力	A1.1 ESG 理念或愿景
		A1.2 ESG 组织体系及管理制度
		A1.3 企业高层参与 ESG 工作
	A2 治理融入力	A2.1 实质性议题识别
		A2.2 ESG 专项培训
		A2.3 ESG 融入生产经营
	A3 品牌传播力	A3.1 常态化信息披露机制
		A3.2 打造 ESG 品牌活动
		A3.3 多元化的 ESG 传播
	A4 责任沟通力	A4.1 定期开展开放日活动
		A4.2 定期开展社区共建座谈会
		A4.3 促进不同文化背景的交流融合
		A4.4 相关方参与机制
保护环境（E）	E1 环境管理	E1.1 环境管理制度
		E1.2 环境风险应急预案
		E1.3 环保投资金额
		E1.4 节能技术改造投入金额
		E1.5 参与碳交易市场建设
		E1.6 识别及降低业务对环境的重大影响
		E1.7 识别及应对气候变化带来的风险和机遇
	E2 绿色生产	E2.1 低碳环保技术开发
		E2.2 环保设施的建设和运行情况
		E2.3 清洁能源开发措施和绩效
		E2.4 资源 / 能源消耗总量
		E2.5 提高资源 / 能源使用效率
		E2.6 水电 / 光伏 / 风电装机容量及发电量
		E2.7 废气 / 废水 / 废弃物管理
		E2.8 降低温室气体排放
		E2.9 循环经济建设
		E2.10 危险有害废弃物处理

ESG 领域	ESG 议题	ESG 指标
保护环境（E）	E3 生态保护	E3.1 提升环保意识
		E3.2 绿色办公
		E3.3 碳汇
		E3.4 保护、修复生态系统
		E3.5 提高生物多样性
回馈社会（S）	S1 员工责任	S1.1 保障基本权益
		S1.2 员工总数 / 新进员工总数 / 员工流失率
		S1.3 按性别、雇佣类型、年龄组别及地区划分的员工总数 / 新进员工总数 / 员工流失率
		S1.4 畅通职业发展晋升通道
		S1.5 职业技能培训
		S1.6 民主管理
		S1.7 工作生活平衡
	S2 安全生产	S2.1 安全生产管理
		S2.2 安全生产培训
		S2.3 安全应急管理
		S2.4 生产设备安全运行
		S2.5 职业健康安全保障
		S2.6 安全生产事故处理
		S2.7 安全生产事故数 / 员工伤亡人数
	S3 伙伴责任	S3.1 供应链管理
		S3.2 搭建战略合作平台
		S3.3 公平竞争
	S4 带动发展	S4.1 纳税总额
		S4.2 参与行业标准制定
		S4.3 电站移民安置
		S4.4 本地采购
		S4.5 带动地方就业
		S4.6 参与"一带一路"沿线水电开发
		S4.7 乡村振兴
		S4.8 打造公益慈善品牌
		S4.9 鼓励员工参与志愿服务
企业管治（G）	G1 董事会管理	G1.1 董事会独立性说明
		G1.2 董事会构成情况

ESG 领域	ESG 议题	ESG 指标
企业管治（G）	G1 董事会管理	G1.3 预防和减缓利益冲突
		G1.4 薪酬政策
		G1.5 董事会次数
		G1.6 董事出席会议情况
		G1.7 实现任期制和契约化管理的经理层成员占比
		G1.8 年度总薪酬比率
	G2 稳健经营	G2.1 公司治理结构和机制
		G2.2 直接经济价值
		G2.3 负责任商业承诺
		G2.4 中小股东权益保护
		G2.5 守法合规运营
		G2.6 风险管防控
		G2.7 反商业腐败
		G2.8 全员劳动生产率
	G3 国企责任	G3.1 加强企业党建
		G3.2 国有资产保值增值
		G3.3 深化国企改革
价值创造（V）	V1 保障供应	V1.1 优化电站运行调度
		V1.2 保障电力供应
		V1.3 发挥水电主业综合效益
		V1.4 保障电力基建工程质量
		V1.5 公司总装机容量及其占全国/全省/区域的装机比重
	V2 科技创新	V2.1 科研投入
		V2.2 科技创新研发
		V2.3 科技创新平台搭建和成果转化
		V2.4 尊重产权
		V2.5 信息化智慧企业建设
		V2.6 鼓励员工创新
		V2.7 科技创新专利申请及授权
	V3 客户服务	V3.1 规范电力营销
		V3.2 市场化交易电量
		V3.3 提高客户服务质量

五、工作展望

在未来，华能澜沧江水电股份有限公司将通过研究成果的应用推广，不断增强企业 ESG 意识、推进 ESG 工作真正融入公司运营发展的全过程，助力企业在"十四五"新的历史发展阶段实现 ESG 管理新的飞跃，提高企业在国内外资本市场 A 股主流 ESG 评价体系中的等级水平，从而提升企业在资本市场的认同度，获得更多、更优质的投资者认可，创造更大的经济价值；同时以持续提升的内在管理水平稳步推动企业 ESG 工作的外在卓越表现，促进全面落实国务院国资委对企业 ESG 工作的相关部署，成为国有企业、上市公司 ESG 工作的带动者和引领者，在电力行业 ESG 工作中进一步掌握话语权，有力打造华能水电知名品牌，加快创建世界一流现代化绿色电力企业，助力企业实现高质量发展。

支撑新型电力系统构建，送绿色电能进万家
——攻克高压大容量柔性直流输电关键技术

电力规划设计总院

一、单位简介

电力规划设计总院（以下简称"电规总院"）是一所具有 70 年发展历程的国家级高端咨询机构，是中央编办登记管理的事业单位，主要面向政府部门、金融机构、能源及电力企业，提供产业政策、发展战略、发展规划、新技术研究以及工程项目的评审、咨询和技术服务，组织开展科研标准化、信息化、国际交流与合作等工作。

电规总院主要面向政府部门、金融机构、能源及电力企业，提供产业政策、发展战略、发展规划、新技术研究以及工程项目的评审、咨询和技术服务，组织开展科研标准化、信息化、国际交流与合作等工作。拥有辐射全国的研究体系，组建"中心总部 +7 个区域中心 +13 个省中心"国家电力规划研究中心组织架构，同时布局西藏、内蒙古、青海、广州等重点区域。依靠领先的技术水平和卓越的创新能力，服务国家战略、引领行业发展，电规总院完成了中国 90% 以上的电力规划研究、咨询评审和行业标准制定。先后入选中国社会科学院"中国核心智库"、中央企业智库联盟、"一带一路"智库合作联盟和中国智库索引来源智库，在上海社科院《中国智库报告》等权威排名中位列前茅；获评"第六届全国文明单位""首都文明单位"（2015—2018 年度）等荣誉称号。

二、案例背景

中国电网已进入大规模特高压交直流混联时代，"双高""双峰"特征明显，但当前电力系统调节灵活性欠缺，远距离大容量跨区直流输电受端换相失败、输电通道利用不均衡、调峰能力不足等问题突出，未来需积极研发应用先进电网技术，不断提高电网运行灵活性和调节能力以适应更高比例新能源接入。柔性直流输电是新一代先进直流输电技术，与常规直流输电相比，具有不存在换相失败、能够实现功率连续调节、可向电网提供电压和频率支持、输出谐波少等优点。柔性直流输电技术的特点决定了它是构建新型电力系统的关键技术之一，在支撑送端弱交流电网下大规模新能源送出、提高多直流集中馈入受端电网安全稳定水平、实现大区电网异步互联等场合具有迫切应用需求。为有效支撑柔性直流输电工程推进落地，亟须对高电压大容量柔性直流输电工程关键技术开展深入研究。

三、实施路径

（一）开展柔直换流站设计研究

针对 ±800 千伏柔性直流换流站、±500 千伏柔性直流换流站、柔性直流背靠背换流站设计技术开展研究，根据不同电压等级、不同类型柔直换流站的特点，有针对性地提出了推荐的电气主接线方案、主要电气设备参数及选型原则、电气总平面布置方案；进行了过电压与绝缘配合研究计算，并得出相关结论；针对柔直阀厅跨度较大的特点，优化了阀厅布置及结构设计。突破了高压大容量柔性直流换流站工程大跨度阀厅结构设计技术难题，首次提出 ±800 千伏高、低端阀厅采用三层网架屋盖 + 大柱距钢管格构柱 + 刚性桁架托梁竖向承重的结构体系，创新优化 ±800 千伏柔直换流站电气总平面布置，大幅节省了工程占地面积；建立了高地震烈度区 ±500 千伏柔性直流阀厅基于耗能型屈曲约束支撑 + 钢球铰支座的结构减震体系，提出了换流阀与直流断路器联合布置方案，解决了阀厅分区域不停电检修难题。

特高压柔直阀厅网架结构体系

（二）开展柔性直流输电系统拓扑接线设计研究

首次提出了基于"对称双极 + 高低阀组串联 + 模块式多电平"的 ±800 千伏柔直换流站主接线方案，实现了与传统特高压换流站接线和运行方式相匹配，攻克了超大容量、极高可靠性要求的特高压混合直流输电系统构建难题；针对 ±500 千伏柔性直流电网，提出了适应对称双极和基于高压直流断路器作为故障清除手段的主回路拓扑接线方案，实现了任一换流站或直流线路故障跳开后的潮流转移，大幅提升了系统供电可靠性。

（三）研制高压大容量直流断路器

面向高压直流电网中装备"卡脖子"问题，以攻克世界性直流开断技术难题为目标，与清华大学开展产学研联合攻关，研制迄今世界电压等级最高、开断容量最大的 535 千伏耦合负压混合式直流断路器，可在 3 毫秒内开断正反向 25 千安培范围内的任意短路故障电流。创新完成了 535 千伏耦合负压混合式直流断路器的研制及应用，填补了全球 500 千伏电压等级直流断路器空白，提升了柔直装备的自主可控能力，具有完全自主知识产权。

四、履责成效

研究内容顺应国家能源发展战略，符合推进能源生产和消费革命，构建清洁低碳、安全高效的能源体系建设的发展方向。提出了柔性直流换流站对称双极的接线方式、阀厅采用换流阀与直流断路器联合布置方案、给出了柔直换流变联结区以及直流场的布置方案，相关研究成果已应用于张北柔性直流工程丰宁 ±500 千伏换流站、渝鄂直流背靠背联网工程南、北两个 ±420 千伏换流站、乌东德电站送电广东广西特高压多端直流示范工程（昆柳龙直流工程）±800 千伏龙门换流站中，并取得了明显的经济效益和社会效益。研制的 535 千伏耦合负压式直流断路器已经成功应用于张北可再生能源柔性直流电网示范工程康保换流站，为后期高压柔性直流电网输电工程的推广将起到重大的推动作用，应用前景广阔。研究成果保障了可再生能源柔直送出的有序开发、高效送出、灵活消纳，并对探索未来电网形态、推动能源革命起到科技引领示范作用，为发展特高压，使用清洁能源做出了重要贡献。

五、工作展望

在"碳达峰、碳中和"目标下，未来中国新能源将迎来快速增长，作为新能源并网消纳、电网互联和远距离输电的重要方式，高压大容量柔性直流输电技术的发展前景十分广阔。面对未来柔直输电技术广阔的发展前景和市场空间，未来需要在以下几方面继续深化研究。

（1）核心技术研发。为了更好地发挥柔直输电技术的优良性能，在柔直与纯新能源以及储能系统的协调、宽频振荡抑制、多端协调控制以及基于柔直的更先进的输电技术等多方面还亟待深入研究。应深耕细作，争取成果创新，提升科技实力。

（2）关键装备研制。柔直换流阀、直流断路器、耗能装置、直流电缆等关键设备还在持续地进行技术迭代更新，应抓住机遇，联合集团公司下属设备厂家，联合开展关键设备的研制工作，创新优化，推动工程应用。

中国式现代化私募股权基金 ESG 投资体系

国家电投集团创新投资有限公司

📇 一、单位简介

国电投清洁能源基金管理有限公司（以下简称"清能基金"）成立于 2019 年 5 月，注册资本 1 亿元，私募股权基金管理人，为国家电力投资集团有限公司（以下简称集团公司）下属国家电投集团创新投资有限公司（以下简称创新投资公司）全资子公司，主营业务包括股权投资等。清能基金聚焦清洁能源股权投资及 REITs 等业务，管理参与基金规模超过 400 亿元，以高等级（Gm-1）标准获得市场权威机构认证，成为国内首家获得绿色主体认证的基金管理公司。

📜 二、案例背景

极端天气频发、空气污染的加重，对人类的生产、生活产生了较大的负面影响，经济持续增长与可持续发展面临了较大的挑战。党的二十大报告中多次提到"碳达峰、碳中和"、乡村振兴等与 ESG 理念契合的关键字，并提出了"中国式现代化"的发展思路，为 ESG 在中国的实践提供了基础。

清能基金在集团公司与创新投资指导下，围绕产融结合、资本运作和绿色金融，对 ESG 中国化进行深度研究，逐步形成了符合央企特色的 ESG 私募股权基金投资体系，并将该体系落实到公司的实际经营中。

⚙️ 三、实施路径

2021 年起，清能基金率先召开了 ESG 研讨会。多人（公司全员 22 人、北京大学 13 人，国浩律师事务所 5 人）参与，确定了 ESG 具体实施路径。

（一）创新性地提高 ESG 的应用层级，实现 ESG 理念的本土化

ESG 是一个舶来品，很多 ESG 理念在中国本土应用出现噪声；对于 ESG 在国外起源时，更多关注企业层面的事项，如果将企业上升到国家层面，将中国特色植入其中，对于 ESG 理念将有更新、更深层次的认识。将 ESG 理念本土化，是建立中国式现代化私募股权投资基金 ESG 体系的重要一步。

清能基金仔细阅读党的二十大报告，其中包括多项ESG内容，如"保护自然""不断实现人民对美好生活的向往""推进国家治理体系和治理能力现代化"等。尤其是"中国式现代化"的概念——既有各国现代化的共同特征，更有基于自己国情的中国特色。

（二）联合专业机构，共同研究前沿、专业的ESG议题

清能基金的ESG研究得到了北京大学光华管理学院的认可，作为唯一中央企业背景的单位与光华管理学院合作开展ESG私募股权基金体系项目。双方在ESG与企业管理、ESG与资本市场的关系方面开展研究，为ESG私募股权基金投资体系奠定了坚实基础。

（三）分析中国式现代化ESG企业特点，建立全方位的ESG私募基金管理模式

清能基金根据私募股权基金行业特点，从组织结构、制度流程、运行机制、考核激励、支持保障五个企业管理的重要环节出发，充分融入ESG理念，建立具有创新性的ESG私募股权基金管理模式。

1. 建立符合中国式现代化的ESG组织结构

（1）明确党的领导在公司治理的地位与作用。清能基金建立党支部，对投资方向、人员委派等重要事项进行前置审议，将"三重一大决策事项清单""党组织决策事项清单""董事会授权决策清单"由同一部门负责，避免矛盾或遗漏。严格落实"党的领导"进章程等要求，通过制定和实施企业章程，强化企业治理结构，确保符合法律法规和市场规则，以实现私募股权基金管理人的ESG理念的本土化。

（2）建立专门负责ESG工作的机构。清能基金由公司董事会办公室负责公司ESG相关工作。董事会作为企业的决策机构，在ESG管理中承担决策与监督责任。董事会办公室从公司战略、公司治理落实ESG理念，并负责各利益相关方的ESG议题管理等。

（3）促进ESG理念在经营管理发挥作用。清能基金根据公司ESG战略，划分各层级、各部门的ESG职责。公司管理层指导公司各部门负责相应的ESG工作；业务部门负责制定基金的ESG投资策略等；合规风控部门建立ESG制度和流程、审查方法与核查指标；投后管理相关部门负责建立被投企业ESG台账，积极行使作为股东的合法权利实施ESG计划；人力资源、综合管理相关部门负责ESG培训、引进相关专业人才等保障工作。

2. 完善制度建设，将ESG理念融入公司具体业务中

清能基金按照国资委、证监会要求制定相关制度与流程，将各类ESG事项列入制度体系，确保企业ESG管理体系有章可循，责任界定清晰。包括与自身运营《绿色投资指引》等ESG相关制度；业务类《风电投资操作指引》等ESG制度，并定期进行评估与宣讲。

3. 完善运行机制，推进ESG在具体工作中的衔接

（1）根据部门ESG工作职责，内部细化ESG工作分工。

清能基金将各部门的ESG工作进行划分之后，各部门应该将具体的职责分配至每一个员工，逐步形成工作手册。根据手册指导开展ESG工作对接。

（2）建立良好的内部间ESG对接机制。业务部门、合规风控部与投后管理部门针对ESG各类指标、风险进行充分披露与沟通，在尽职调查、投后管理过程中共同参与各项业务的开展，及时交流信息，形成良好的对接机制。

（3）明确ESG工作流程。清能基金针对ESG的战略规划、项目审查、投资决策、合同审批、三会治理、投资审批、资金支付等各方面应建立明确的工作流程，并严格按流程开展工作，防止操作风险，也增强了管理人ESG治理的能力。

4. ESG工作成果纳入公司及员工激励与考核

清能基金将ESG工作流程及合规管理等列为公司的考核对象，与员工评价进行挂钩，对于执行完成ESG任务及遵守ESG规则的部门或员工将给予奖励；由于违反ESG规则、流程等事项造成公司损失的部门与员工，将在激励、晋升、评奖等多方面予以考虑。

5. 重视ESG的保障，为后续ESG工作开展奠定基础

（1）推进公司ESG品牌的建立。清能基金重视ESG品牌建设与投资业务的关系，利用品牌效应进行募资、拓展项目资源等，加速自身发展，达到投资人与管理人的双赢。

（2）构建公司的ESG企业文化。清能基金致力于将ESG延伸到公司经营的各个方面，清能基金通过塑造ESG核心价值观、ESG理念宣贯、ESG各种活动等方式，在企业中逐步建立ESG的文化，从而在长期实现经济价值与社会价值。

（3）建设企业ESG系统。清能基金积极开展系统建设，将投资及投后管理中涉及的ESG指标、流程通过系统完成，对ESG信息进行统计，提高数据管理能力。通过ESG信息管理系统，推进ESG管理的标准化和高效化。

（4）ESG专业人才的引进与培训。清能基金通过人才引进来扩充企业的ESG人才，通过培训迅速让员工了解ESG相关理念。清能基金鼓励员工在UNPRI等学习ESG知识，有部分员工正在准备考取ESG相关证书。

四、履责成效

（一）社会效益

1. 运用ESG投资策略，电投信能基金获得E-1级ESG基金认证

清能基金设立的电投信能基金在"募投管退"过程融入ESG理念，使用ESG正面筛选与负面筛选投资策略，主要投资于清洁能源资产与产业上下游优质企业。投后管理方面，作为股东规范被投企业公司治理，提升被投企业ESG表现。业内权威机构根据联合国可持续发展目标（SDGs）等文件对电投信能基金进行综合评估，认为实现既定ESG目标的可能性极高，从而获得E-1等级（最高等级）的ESG基金认证。

2. 管理能力突出，清能基金屡获业内ESG奖项

清能基金在ESG投资领域得到了业内的认可，多次获得业内权威奖项。2021年清能基金以最高等级（Gm-1）标准成为国内首家获得绿色主体认证的基金管理公司。2022—2023年，清能基金荣膺"金桂奖"绿色金融聚力共赢中介机构奖、年度最佳ESG资产管理机构等多个ESG奖项。

3. 发布清能基金 ESG 白皮书

基金业协会鼓励私募基金管理人践行绿色投资，编制自评估报告。2023 年 1 月，清能基金首次发布 ESG 白皮书，对清能基金 2022 年 ESG 方面的信息进行了披露与介绍，包括公司情况、党的领导、绿色投资、员工情况、公司治理等 ESG 因素，起到了正面的宣传作用。

4. 利益相关方合作

清能基金践行 ESG 投资理念，在与中国人寿积极落实国家乡村振兴战略，引入国寿美丽乡村（丹江口）产业基金合伙企业（有限合伙）（简称美丽乡村基金）增资 0.8 亿元。该事项刊登于国家电投官网，并被新华网、中国网等多家外媒转发报道。

5. 绿色基金创造社会价值

电投信能基金所投资的 57 个新能源类项目在 2022 年节能量为 20.43 万吨标准煤，减排量为 52.54 万吨二氧化碳（具体请见上传附件）；碳中和一期基金 2020 年节能量为 103.29 万吨标准煤，减排量为 24.46 万吨二氧化碳。创造了良好的社会价值。

（二）经济效益

1. 践行 ESG 私募股权投资体系有利于吸引投资

在资金越来越重视正影响的背景下，规避高污染生产，提高员工权益标准等 ESG 因素能够吸引投资人直接投资，对境外资金更加明显。ESG 理念丰富了私募基金管理人行业的融资渠道，增加私募股权基金管理资产规模，促进行业积极向上发展。

2. ESG 私募股权投资体系促进被投企业提升企业价值

ESG 更加注重环境友好和社会责任，促进产业链实现经济效益和非经济效益的统一。环境友好意味着被投企业的负外部性较小或具有正外部性，兼具财务与环境效益；较高的社会责任意味着被投企业重视客户、员工等利益相关方，形成较高的市场认同度。

3. ESG 私募股权投资体系是集团公司金融板块的重要组成部分

基金投资是集团公司提高资本运作的能力的重要手段，有利于集团公司转正国有资本投资公司。借助基金投资，集团公司快速布局新兴产业，加快集团公司产业升级与转型发展，为创新型企业提供资金支持，提升企业的竞争力。

（三）推广价值

1. ESG 为核心的合规风控体系

（1）创新的立体式审查方法。清能基金重点分析在注册制下的 IPO 及清洁能源类资产的审查要点，结合 ESG 建立了 4×3×2 的立体式业务审查方法。"4" 是基金业务"募、投、管、退"四个业务阶段；"3" 是 ESG 三个要素；"2" 是私募股权基金"商业财务、法律合规"的重点审查领域。

（2）全方位的审查指标。清能基金根据投资标的分类，针对 PE 投资与另类资产投资的特点，建立不同的 ESG 审查指标。在污染防治、资源消耗、员工权益、股东适格、财务管理等 ESG 重点指标进行审查，涉及 200 多个指标，并对指标注明审查方法，逐步推进审查方法的细化与完善，优化指标数量，突出重点，促进审查效率提升，防范重大风险。

2. ESG 私募股权投资体系产生绿色创新溢出效应

ESG 的绿色信号是符合中国式现代化发展规律的，加快 ESG 合规管理理念在私募股权业内传播，推动私募股权基金行业进行绿色创新，有益于私募股权行业的可持续发展，并加速绿色低碳技术变革，增强绿色创新能力。

3. 通过金融形式，促进新型电力系统的实现

通过 ESG 私募股权基金投资体系，建立金融与产业的协同，将培育电力系统技术创新，推动电力创新链产业链融合发展，促进新型电力系统实现。

五、工作展望

1. ESG 基金绩效的评价

清能基金对已经落实的部分进行评估，进行优化与完善。同时建立 ESG 基金的绩效评价，通过基金绩效的来评价 ESG 投资策略与一般投资策略的区别。

2. ESG 与资本市场退出

资本市场是私募股权基金的重要的退出渠道之一，退出时机更关系到是否能够实现国有资产的保值增值目标。

3. 促进新型电力系统的实现

进一步通过 ESG 投资，发现与培育新型电力系统技术，投资新型电力系统重要技术与新能源电站资产，推动金融与产业链的协同融合，促进新型电力系统实现。

清能基金将继续以"服务产业战略，创造绿色价值"为使命，以"建设成为具有全国一流清洁能源资产管理能力的基金管理公司"为愿景，充分发挥 ESG 投资优势，促进新型电力系统实现，为集团公司"2035 一流战略"实现贡献力量。

贯彻落实新发展理念，着力推动高质量 ESG 信息披露

华能国际电力股份有限公司

一、单位简介

华能国际电力股份有限公司（以下简称"华能国际"）成立于 1994 年 6 月 30 日，主要业务是利用现代化的技术和设备，利用国内外资金，在全国范围内开发、建设和运营大型发电厂，是中国最大的上市发电公司之一，也是国内第一家实现在纽约、香港、上海三地上市的发电公司。

华能国际致力于成为国际一流上市发电公司，始终坚持为社会提供充足、可靠、环保的电能及优质的能源服务，始终坚持技术、体制和管理创新，在电力技术进步、电厂建设和管理方式等方面创造了多项国内行业第一和里程碑工程，推动了中国电力事业的跨越式发展和电站设备制造业的技术进步，促进了中国发电企业技术水平和管理水平的提高。

截至 2023 年 9 月 30 日，公司可控发电装机容量 131511 兆瓦，公司境内电厂广泛分布在中国 26 个省、自治区和直辖市，同时在新加坡全资拥有一家营运电力公司，在巴基斯坦投资一家营运电力公司。

二、案例背景

作为一家上市公司，华能国际自成立以来，一直高度重视环境、社会及管治（简称 ESG）工作。公司以加快创建国际一流上市发电公司为引领，强化使命担当，坚持新发展理念，统筹能源安全和绿色发展，深化合规运营和转型升级，在做强主业、创造价值的同时，积极探索开展 ESG 相关工作，持续做好 ESG 信息披露。

2015 年以来，华能国际以遵循香港联交所《环境、社会及管治报告指引》为契机，在国内率先启动 ESG 报告编制及披露工作，并于 2017 年 4 月顺利披露公司首份 ESG 报告——2016 年度《环境、社会及管治报告》，报告在中国的上海、香港，以及美国三个上市地同步披露。随着首份 ESG 报告的披露，公司开始着力研究并落实 ESG 工作的常态化管理，不断深入探索和推进 ESG 管理长效机制建设。

经过多年的探索和实践，华能国际严格遵循香港联交所的监管要求，连续七年以独立报告形式高质量披露 ESG 报告。报告在符合监管要求的基础上，主题鲜明、重点突出、内容翔实，充分体现了华能国际作为国内一流上市发电公司在环境、社会及管治方面做出的努力和贡献，进一步提升了华能国际在资本市场的良好声誉。

三、实施路径

（一）健全完善 ESG 管治架构

为更好地实施战略性 ESG 管理，华能国际构建了董事会决策、管理层领导、本部各部门所属各单位全员参与、横向协调、纵向联动的 ESG 管治架构，保证了公司 ESG 管理的全面性、有效性和持续性。

决策层面，华能国际董事会对公司在 ESG 方面的管理策略及报告承担全部责任，负责评估及确定公司 ESG 方面的重大风险，并确保公司设立合适及有效的 ESG 风险管理及内部监控系统。公司董事会定期召开会议，听取管理层关于 ESG 重大事项的汇报，并进行监督和指导。董事会和各专门委员会对安全生产、员工健康、节能环保、企业文化等 ESG 方面的管理已融入日常工作中。

执行层面，华能国际由本部各专业部门、下属各基层单位根据职责分工和管理权限负责相应的环境、社会及管治工作。公司成立 ESG 工作领导小组，由公司董事长担任组长，其他公司领导担任副组长，各业务部门主要负责人担任组员，在开展 ESG 工作过程中对重大事项进行决策。公司明确法律与合规管理部为 ESG 归口管理部门，对 ESG 工作领导小组负责，牵头开展日常工作，并负责 ESG 报告的编制和对外披露。

（二）深入推动 ESG 与企业经营融合

公司根据境内外上市地监管法律法规的要求，结合电力行业特点和经营管理实际，按照"全面设计、动态完善"的原则，建立起完善的制度体系，覆盖环境、社会及治理等各方面，并将 ESG 报告编制和披露工作作为单独的一个业务流程纳入公司《内部控制手册》中，有力地保障和促进了包括 ESG 工作在内的各项业务流程持续健康发展，全面实现 ESG 管理的制度化和流程化。公司每年对管理制度和《内部控制手册》的有效性进行评估并定期修订，实现了制度体系的动态维护。

（三）不断加强 ESG 培训和宣贯

华能国际扎实推进全员、全方位、全过程的 ESG 培训，宣贯 ESG 管理理念，解读 ESG 政策法规，讲解指标填报方式，提高公司各部门、各单位对 ESG 工作的认识和重视，加强对 ESG 披露政策的把握，确保 ESG 工作落实落地。

（四）持续关注 ESG 政策，积极开展同业对标

华能国际持续关注国内外 ESG 相关政策和发展态势，深入分析专业评级机构出具的评级结果，对标可比优秀公司的 ESG 报告，学先进，找差距，为进一步提升公司 ESG 管理水平提供有力参考。

（五）建立常态化 ESG 信息披露机制

1.规范统一的信息收集机制

ESG 报告是公司年度信息披露的一项重要工作。为保证信息填报的及时性和准确性，公司建立了包括一套指标体系手册、一套数据填报工具和一套填报审核流程等规范的 ESG 信息收集机制。

（1）一套指标体系手册。根据香港联交所 ESG 指引要求，结合全球报告倡议组织发布的《可持续

发展报告标准》和利益相关方调查结果，确定报告拟披露的重要议题及数据指标。指标体系手册明确了公司需收集的文字信息及数据指标、具体定义以及归口管理部门，为ESG信息收集和披露工作提供了明确的框架及指引。公司各归口管理部门及下属单位根据指标手册统计并填报信息。公司每年根据报告披露标准、国家法规政策、公司规章制度等变化对指标体系手册进行更新，确保适用性。

（2）一套数据填报工具。在指标体系手册的基础上，为便于数据指标的填报，公司设计完成一套数据填报工具，明确公司本部、区域公司和基层单位分别需要填报的数据指标，并规定数据收集模式、适用范围以及指标定义等。

（3）一套填报审核流程。在梳理数据指标时，区分可由公司本部直接获取的指标以及需要基层单位配合上报的指标。对需上报的指标采用"逐级上报、层层审核"的收集模式，基础数据由基层单位填写，经区域公司和公司业务部门审核汇总后统一报送ESG管理部门。公司ESG管理部门收齐全部指标数据后，再次进行核查和校验。自下而上、逐级审核的填报流程保证了披露数据的真实、准确和完整。

2. 高度重视利益相关方沟通与交流

华能国际践行"为社会提供充足、可靠、环保的电能；为股东创造长期、稳定、增长的回报；为员工营造建功立业、全面发展的氛围"的企业责任，与投资者、客户、员工、供应商、社区、监管机构等内外部利益相关方保持积极有效沟通，充分考虑并有效回应利益相关方的关切和诉求，与利益相关方共同促进经济社会发展，共享发展成果。

在ESG报告的编制过程中，公司以利益相关方重要性评估为依据，以体现行业特点和公司特色为目标，合理确定、动态调整、不断优化披露内容。在ESG报告发布后，公司持续关注资本市场的反应，对于投资者及投资机构提出的疑问，公司予以积极解答，尊重投资者知情权。

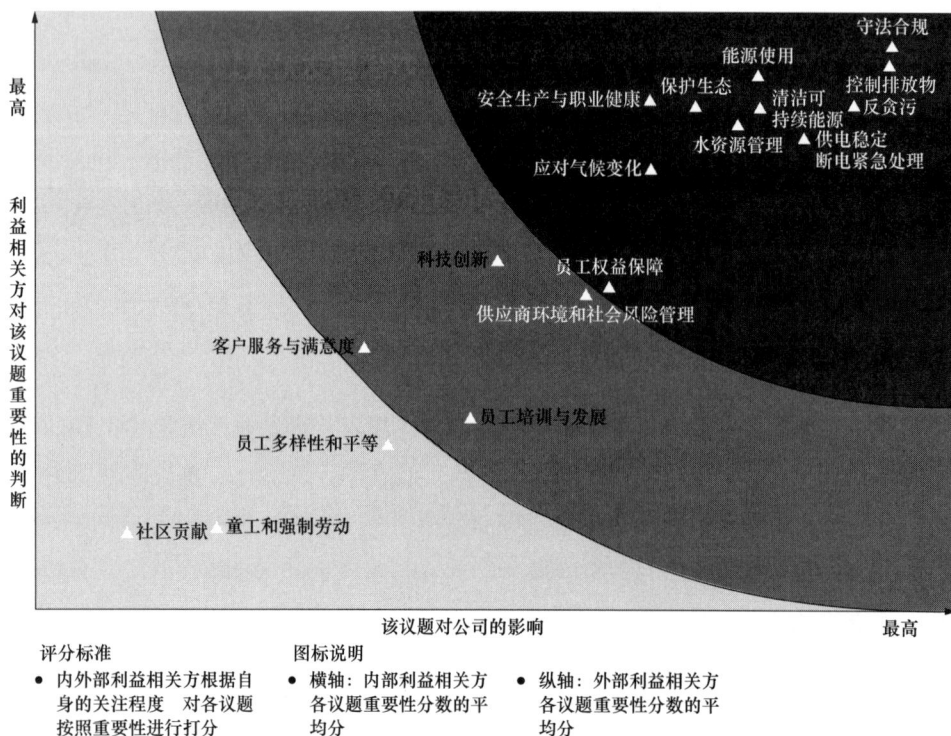

2022年度利益相关方重要性议题评估结果

3."提前部署、提前适用"的工作模式

2019年12月，香港联交所发布新修订的ESG指引，根据要求，公司应自2021年度起按照新版指引要求编制并披露ESG报告。鉴于修订后的ESG指引要求更细致，新增很多强制披露内容，为将有关要求落实到日常管理中，公司采用"提前部署、提前适用"模式，一方面及时将指引要求传达到各业务部门及下属单位，了解管理实际与指引要求的差距，摸清公司现有ESG报告指标的统计方法、需新增指标收集的难度以及可能存在的问题，另一方面在2020年度ESG报告编制过程中就2021年拟新增的内容实行预填报，提前演练，及时发现问题，解决问题，为顺利披露2021年度ESG报告做好充足准备。

4.多维度展示报告成果

为提升来自三个上市地不同投资者的阅读体验，公司发布的ESG报告包括简体中文、繁体中文和英文三个版本，并精心制作报告设计版，通过图文并茂的形式，更加直观、立体地传达报告信息，方便投资者阅读、使用报告。

四、履责成效

ESG理念所代表的可持续发展观与国家碳达峰、碳中和战略密切吻合，与公司的发展紧密联系，推进ESG工作有助于公司以更加可持续、对社会和环境更加友好的方式实现长期、稳健增长，从而兼顾长期目标和短期目标，实现企业的高质量发展。随着ESG管理的不断深入，完成信息披露已不再是公司ESG工作的主要目标，公司通过对照境内外ESG信息披露要求、分析同业对标及外部评级结果，多视角审视公司与世界一流企业在环境、社会及管治方面的差距与不足，并制定有针对性的措施，有力地推动了公司管理水平的不断提升。

公司ESG实践经验获得国家部委、监管机构和行业协会高度评价，并被新华网等主流财经媒体广泛宣传报道。公司连续两年（2021年和2022年）入选中国上市公司协会ESG优秀实践案例，并荣获"2022年A股上市公司最佳实践案例"。公司多次受上交所和北京证监局邀请分享经验，为国资委、上交所ESG关键绩效指标和信息披露指引积极建言献策。

五、工作展望

行者方致远，奋斗路正长。作为发电行业的龙头企业，华能国际将以习近平新时代中国特色社会主义思想为指导，以碳达峰、碳中和为目标引领，以高质量发展为主题，以改革创新为根本动力，加快新能源跨越式发展，推进煤电结构优化升级，提高企业现代化经营管控水平，实现更高质量、更有效率、更可持续、更为安全的发展，在资本市场中发挥带头示范作用，为我国能源电力高质量发展做出新的更大贡献。